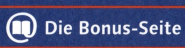

Ihr Vorteil als Käufer dieses Buches

Auf der Bonus-Webseite zu diesem Buch finden Sie zusätzliche Informationen und Services. Dazu gehört auch ein kostenloser **Testzugang** zur Online-Fassung Ihres Buches. Und der besondere Vorteil: Wenn Sie Ihr **Online-Buch** auch weiterhin nutzen wollen, erhalten Sie den vollen Zugang zum **Vorzugspreis**.

So nutzen Sie Ihren Vorteil

Halten Sie den unten abgedruckten Zugangscode bereit und gehen Sie auf **www.galileodesign.de**. Dort finden Sie den Kasten **Die Bonus-Seite für Buchkäufer**. Klicken Sie auf **Zur Bonus-Seite / Buch registrieren**, und geben Sie Ihren **Zugangs-code** ein. Schon stehen Ihnen die Bonus-Angebote zur Verfügung.

Ihr persönlicher
Zugangscode   zr3x-bku5-v49t-p6jm

Philippe Fontaine

Adobe After Effects CS5

Das Praxisbuch zum Lernen und Nachschlagen

Galileo Press

Liebe Leserin, lieber Leser,

kaum ein Tool aus Adobes Creative Suite wird so vielseitig eingesetzt wie Adobe After Effects CS5: Von der einfachen Logoanimation bis hin zur aufwendigen Post Production á la Hollywood ist mit der Software quasi alles möglich. Diese Vielseitigkeit macht sie aber auch so komplex: Unzählige Funktionen und Werkzeuge wollen beherrscht und möglichst kreativ eingesetzt werden.

Umso mehr freue ich mich, Ihnen die Neuauflage unseres Standardwerks zu After Effects präsentieren zu können. Es führt Sie gekonnt in die Arbeit mit After Effects ein und verhilft Ihnen anhand zahlreicher Workshops zu erster Praxiserfahrung. Alle Workshopdateien finden Sie natürlich auf der beiliegenden DVD, so dass Sie die Übungen Schritt für Schritt nacharbeiten können.

Das Buch begleitet Sie von Ihrem ersten Projekt über das Arbeiten mit Keyframes, mit denen Sie Ihre Animationen erstellen, bis hin zu fortgeschrittenen Techniken wie Maskierung, Motion Tracking, dem Programmieren mit Expressions und natürlich den Effekten! Auch der immer bedeutenderen Integration mit anderer Software wie Photoshop, Illustrator, Flash, Premiere Pro, Encore DVD, aber auch Cinema 4D widmet es sich ausführlich. Kennen Sie sich mit After Effects schon aus, nutzen Sie das Buch am besten als Nachschlagewerk: Der ausführliche Index leitet Sie sicher zur richtigen Erklärung.

So bleibt mir nur zu hoffen, dass sich dieses Buch zu Ihrem ständigen Begleiter entwickelt und Sie mit After Effects bald die schönsten Animationen zaubern. Viel Spaß dabei!

Katharina Geißler
Lektorat Galileo Design
katharina.geissler@galileo-press.de

www.galileodesign.de
Galileo Press • Rheinwerkallee 4 • 53227 Bonn

Auf einen Blick

Inhalt

Teil III: Vom Rohmaterial zur Ebene

Teil V: Raus zum Film

Teil VI: Titel und Texte

Teil VII: Masken und Effekte

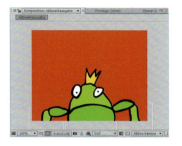

Workshops

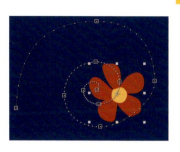
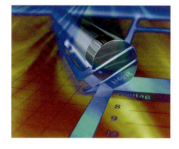

Video-Lektionen auf der Buch-DVD

Kapitel 1: Animationen erstellen

1.1 Animieren mit Keyframes (09:35 Min.)

1.2 Parenting: Arbeiten mit mehreren Ebenen (13:15 Min.)

1.3 Verflüssigen & Marionetten-Werkzeug (10:34 Min.)

Kapitel 2: Effekte

2.1 Textureffekte erzeugen (08:17 Min.)

2.2 Zeitlupe und Zeitverkrümmung (12:37 Min.)

Kapitel 3: 3D mit After Effects

3.1 Im 3D-Raum navigieren (10:41 Min.)

3.2 Das richtige Licht setzen (06:58 Min.)

3.3 3D-Effekte mit FreeForm (08:43 Min.)

Vorwort

Dieses Buch wurde für all diejenigen geschrieben, die so viel wie möglich über After Effects und dessen Möglichkeiten wissen wollen. Das Gewicht von vielen Seiten und langjähriger Erfahrung mit After Effects liegt nun in Ihren Händen. Sie müssen nur noch alles lesen, am besten von der ersten bis zur letzten Seite. Vielleicht mögen Sie es aber nicht, unendlich dicke Computerbücher jeden Abend mit ins Bett zu nehmen, um bei Ihrer ohnehin schon arg knappen Freizeit überhaupt durch den Schmöker zu kommen. In diesem Fall bietet es sich an, das Buch am Arbeitsplatz bereitzuhalten und die relevanten Teile passend zu Ihrem Arbeitskontext nachzuschlagen. Sie glauben es bei den vielen Seiten vielleicht nicht, aber ich habe versucht, mich kurzzufassen.

Ich fühle mich auch ganz unschuldig, dass die Seitenzahl so angewachsen ist. Eigentlich ist das engagierte After-Effects-Team daran schuld. Die haben dem Programm nämlich in den vielen Jahren seiner Entwicklung ständig neue Funktionen hinzugefügt und es zu einer Art Werkzeug für alle Lebenslagen gemacht.

In den über 60 Workshops, die ich für Sie geschrieben habe, kommen Sie den unterschiedlichen Programmfunktionen Schritt für Schritt näher. Die übrigen Texte sind nicht dazu gedacht, Sie zu quälen, auch wenn sich hier und da dornige und sperrige Konzepte von After Effects dem Verständnis in den Weg stellen wollen. Diesen Weg durch die Widrigkeiten habe ich für Sie zu ebnen versucht, indem ich schwierige Begriffe und Hintergründe erläutert und mit Beispielen veranschaulicht habe, und zwar von den Grundlagen der Animation bis zu den fortgeschrittenen Themen wie Farbkorrektur, Motion Tracking und Expressions.

Das war manchmal wie im Märchen von Dornröschen, aber es hat nicht hundert Jahre gedauert. Im Märchen schaffte der Prinz es allein, durch die Dornen zu kommen; eigentlich auch nur, weil er zufällig nach hundert Jahren vorbeikam. Da Sie als Leser sicher nicht so lange warten wollen, um an die für Sie wichtigen Informationen zu gelangen, möchte ich Ihnen das vorliegende Buch zur Beschleunigung anbieten.

Um einen solchen Wälzer zu schreiben, waren das entspannende Lesen einiger Bücher (von Thomas Mann bis Jorge Volpi) wichtig, die Kochabende mit Thomas, Anke, Viktor, Katja, Jörg, Uta, Eileen und Katrin, die dafür gesorgt haben, den Schreiber bei Laune und Normalgewicht zu halten, die anregenden Gespräche mit Kerstin und das unterhaltsame Talent von Jens.

Sie sehen schon, ab hier wird das Vorwort zur Danksagung, denn in der Realität bin ich kein Prinz, das Programm ist keine Prinzessin, und vollkommen allein habe ich den Berg an Arbeit auch nicht bewältigt.

Dank

Ganz konkret möchte ich mich an erster Stelle bei Ruth Lahres für die Anregung bedanken, dieses Buch zu schreiben. Außerdem für die Überstunden, die ihr durch meine viele Schreiberei entstanden sind, und für die Freude, die mir die Zusammenarbeit bereitet hat.

Außer Frau Lahres musste schon Robert Seidel (*www.2minds. de*) das ganze Buch durchlesen und hat mit vielen kompetenten Anregungen sehr freundlich geholfen. Danke Robert! Für die zweite, dritte und vierte Auflage mussten auch noch Katharina Geißler und Anne Scheibe nach Fehlern in den vielen Sätzen suchen. – Vielen Dank für die tolle Zusammenarbeit! Ralf Kaulisch vielen Dank für das engagierte Marketing! Dank auch an die Korrektorin Petra Biedermann.

I'm very grateful for the support of David Simons (DaveS – there is a 50 % chance my name is Dave ☺), Nina Ramos (thanks a lot for the picture) and Steve Kilisky. Creating After Effects was a great job!

Thanks a lot to Matt Hillman for many images that are printed in this book!

David Pfluger hat einen großen Anteil daran, dass Kapitel 14, »Filme für das Kino«, so geworden ist, wie er ist, und war dabei tatkräftig und sehr zuverlässig. Für viele Fragen hatte Michael Lehmann-Horn immer ein offenes Ohr. Vielen Dank an die magic multi media GmbH (*www.digitalschnitt.de*).

Zu neuen Videoformaten hat Claus Pfeifer von Sony Deutschland kompetenten Rat gegeben, für den ich sehr dankbar bin.

Zum Thema Prozessorarchitektur stand mir Thomas Kaminski von Intel mit viel Detailwissen sehr freundlich zur Seite.

Die Vorteile eines 64-Bit-Systems gegenüber einem 32-Bit-System für After Effects bzw. die gesamte Adobe Suite lernen Sie durch die Zusammenarbeit mit Michael Mörtl von Adobe ganz genau kennen. Vielen Dank dafür!

Vor Robert hat Thomas Skornia das Buch schon neben seiner Arbeit gelesen und dafür gesorgt, dass die Korrekturarbeit erheblich vereinfacht wurde – eine hervorragende Freundschaftstat. Großen Dank, mein Freund! Großartig geholfen hat Heiko Schlichting mit wertvollen Hinweisen und klasse Ergänzungen sozusagen als Programmierer-TÜV.

Bei Katrin bedanke ich mich besonders und von Herzen für die unendliche, unermüdliche Unterstützung, Geduld und konkrete Hilfe, vielerlei Dornen in Blumen zu verwandeln!

An Prinzessin, Frosch und Kalif können Sie sich im Buch erfreuen, weil Anke Thomas (*www.anketho.de*) sie extra dafür geschaffen hat.

Des Weiteren haben mich Maria Osende, Reno Sartorius, Jule Flierl, Lorella Borrelli und Anne Mate ☺ unterstützt. Michael Walz (*michael.w.al.z@web.de*) hat das freundlicherweise mit Sounds getan.

Außerdem haben mir Kerstin Gürke (*www.k---g.de*) und Constance Hybsier (eigentlich Constance H.-F. oder F.-H.?) frisch und freundlich immer Beistand geleistet. Bedanken möchte ich mich auch bei Martin Hertkorn vom Inqua-Institut (*www.inqua-institut.de*) und bei Andrea Lang.

Philippe Fontaine

In Liebe für meine Eltern Dirk und Griseldis,
für Katrin und meinen Sohn

TEIL I
Grundlagen

1 Einleitung

In diesem Kapitel erhalten Sie einen Überblick über After Effects und seine Geschichte, die Neuerungen in After Effects seit der Version 4 und in der Version CS5 sowie Empfehlungen für die günstigste Systemkonfiguration.

After Effects ist die richtige Wahl für jeden Anwender, der in den Bereich Bewegtbild vordringen will oder schon vorgedrungen ist. Eine optimale Voraussetzung für die Arbeit mit After Effects ist die Kenntnis von Grafik- und Bildbearbeitungsprogrammen. Wer vom Schnitt kommt, wird in After Effects eine ideale Ergänzung seiner Werkzeuge finden. Effektbearbeitungen, Titelanimationen und Farbkorrektur finden in After Effects neben Video- und Audiobearbeitung bis hin zur 3D-Animation ihren Platz. Durch die weitreichende Funktionalität des Programms und die benutzerfreundliche Bedienung erreicht After Effects eine Zielgruppe, die vom Hobbyfilmer bis zum Profianwender reicht. Für Filmschaffende, Mediengestalter, On-Air- und Webdesigner ist es das Werkzeug der Wahl.

Wer mit den Programmen von Adobe vertraut ist, wird sich als Neuling in After Effects schnell orientieren können, da bis auf einige Werkzeuge die Benutzeroberflächen der Adobe-Software angeglichen wurden.

1.1 Ziel des Buches

Bevor Sie richtig in die Materie einsteigen, möchte ich Ihnen verraten, wie das vorliegende Buch aufgebaut ist. Dieses Buch richtet sich sowohl an den Einsteiger als auch an den Fortgeschrittenen.

1.1.1 Einsteiger

Für den Einsteiger ist es ratsam, aber nicht zwingend erforderlich, die Kapitel linear durchzuarbeiten. In späteren Kapiteln werden Grundfunktionen des Programms vorausgesetzt, auch wenn

Was kann After Effects?

After Effects bietet die Möglichkeit, Bild und Ton, Video, Typografie und 3D-Animation miteinander zu kombinieren und als Film in verschiedenste Präsentationsformate auszugeben. Die Ausgabe für Medien wie CD-ROM, DVD, HD-DVD, Blu-ray Disc, mobile Geräte, die Verteilung über das Web und die Ausgabe für Film und Fernsehen gehören zum Funktionsumfang des Programms.

die Erläuterungen dazu so einfach und verständlich wie möglich gehalten wurden. Am Beginn eines Kapitels finden Sie immer eine kurze Einleitung, die Ihnen den Inhalt des Kapitels überschaubar beschreibt. Jedes Kapitel enthält meist ein oder mehrere Projekte, die Schritt für Schritt in Workshops erläutert werden. Hier erlernen Sie den Arbeitsablauf mit dem Programm am besten.

Themen, die nicht in den Workshops besprochen werden, lassen sich über zugehörige Screenshots und detaillierte Beschreibungen erschließen. Dazu finden Sie oft zusätzlich einige Projektdateien zur Vertiefung auf der DVD.

1.1.2 Fortgeschrittene

Für den Fortgeschrittenen habe ich versucht, das Buch so zu gestalten, dass es auch als Nachschlagewerk dienen kann. Sie können nervige Vorreden schnell überspringen, indem Sie das Gesuchte im Index nachschlagen. In den Workshops können Sie sich an den Überschriften orientieren und so, auch ohne einen Workshop durchzuarbeiten, schnell zum Punkt kommen. Zahlreiche Zwischenüberschriften helfen, sich schnell innerhalb eines Themas zu orientieren.

1.1.3 Die DVD zum Buch

Mehr zum Inhalt der DVD finden Sie in Kapitel 28, »Die DVD zum Buch«.

In diesem Buch finden Sie zu den wichtigen Themen zahlreiche Workshops. Die Dateien, die Sie für Ihre Arbeit benötigen, liegen für Sie auf der dem Buch beigelegten DVD bereit. Dort sind die Projekte nach Kapitelnummern in Ordnern abgelegt.

Meistens enthält jeder Ordner einen fertigen Film des Projekts, die zum Nachbau nötigen einzelnen Dateien und eine Projektdatei (».aep«). Die Dateiendung ».aep« bezeichnet eine After-Effects-Projektdatei. Legen Sie die Projektdatei am besten gleich zu Beginn Ihrer Arbeit an, indem Sie das Projekt nach dem Start von After Effects unter einem aussagekräftigen Namen speichern. Löschen Sie diese Datei nie unbedacht! Sie enthält Ihre gesamte Arbeit und ist immer nötig, um später eventuell notwendige Veränderungen einzuarbeiten.

QuickTime

Die auf der DVD mitgelieferten Filmdateien der fertigen Projekte schauen Sie sich am besten mit dem QuickTime Player an, bevor Sie das Projekt beginnen. Unter Windows ist der Player nicht vorinstalliert. Sie können den aktuellsten Player kostenlos von der Apple-Website herunterladen. Der Link ist: *www.apple.com/quicktime/download*.

1.1.4 Unterschiede unter Mac und Windows

After Effects ist sowohl für die Mac- als auch für die Windows-Plattform erhältlich. Das Programm läuft auf beiden Systemen gleich, auch die Programmfenster sehen beinahe identisch aus. Daher wurde im Buch auf die Abbildung der Mac-Programmoberfläche verzichtet.

Außer bei einigen Tastaturübersichten sind die Mac-Tastaturkürzel in diesem Buch unerwähnt geblieben, da ich davon ausgehe, dass eine Übertragung kein Problem darstellt und die Beschreibung der Tastenkürzel nicht unnötig verkompliziert werden soll. Daher erläutere ich hier die Unterschiede zwischen den Tastaturbezeichnungen.

- ▶ **Wichtige Tasten:** Viele Funktionen werden unter Windows mit den Tasten ⌷Strg⌷, ⌷Alt⌷, ⌷⇧⌷ und der rechten Maustaste erschlossen.
- ▶ **Eingabetaste:** Oft wird die Eingabetaste ⌷↵⌷ verwendet, die auch als Taste »Enter« oder »Return« bekannt ist. Auf der Tastatur gibt es zwei dieser Eingabetasten, die mitunter Verschiedenes bewirken. Im Text ist daher zur Unterscheidung von der Taste »Eingabe« die Rede, wenn es sich um »Eingabetaste im Haupttastaturfeld« handelt (beim Mac Zeilenschalter), und im anderen Fall von der Taste »Eingabe im Ziffernblock«.
- ▶ **Datei oder Ablage:** Ein weiterer Unterschied besteht in der Menübezeichnung DATEI unter Windows, die dem Menüeintrag ABLAGE auf dem Mac entspricht. Wenn also von DATEI • IMPORTIEREN oder SPEICHERN UNTER die Rede ist, entspricht das beim Mac ABLAGE • IMPORTIEREN bzw. SPEICHERN UNTER.
- ▶ **Mac- und Windows-Voreinstellungen:** Die Voreinstellungen verbergen sich beim Mac und unter Windows an unterschiedlichen Orten. Unter Windows wählen Sie BEARBEITEN • VOREINSTELLUNGEN. Beim Mac ist es AFTER EFFECTS • EINSTELLUNGEN.

Bevor es richtig losgeht und Sie das Programm starten, schauen wir uns rund um das Programm etwas um.

1.2 Die früheren Versionen von After Effects

Wir beginnen mit einem kurzen Überblick über die interessantesten Funktionen, die ab der Version 4 neu hinzugekommen sind.

Version 4 | Die sicherlich auffälligste Änderung von der Version 3 zur Version 4 bestand im neuen Design der Benutzeroberfläche. Hinzu kam die Möglichkeit, mehrere Masken auf einer Ebene anzulegen. Auch an der Integration der Adobe-Produktpalette wurde bereits gearbeitet. Premiere-Projekte und Photoshop-Dateien konnten als Kompositionen importiert werden. Neue Effekte wie Audio-Wellenform, Motion Tile usw. und neue Modi waren weitere Neuerungen.

Windows	Mac
⌷Strg⌷	⌷⌘⌷
⌷Alt⌷	⌷⌥⌷
Kontextmenü: rechte Maustaste	Kontextmenü: ⌷Ctrl⌷ + Klick

▲ **Tabelle 1.1**
Entsprechungen der Tasten Windows – Mac

Kontextmenüs

Kontextmenüs, die sich unter Windows über die rechte Maustaste öffnen, werden auf dem Mac durch einen Klick auf das entsprechende Element bei gleichzeitigem Drücken der Taste ⌷Strg⌷ eingeblendet.

Tastaturtabellen

Falls Sie dennoch unsicher sind, welche Tastaturbefehle Sie verwenden können, kommen Sie ganz einfach innerhalb von After Effects über HILFE • TASTATURBEFEHLE zu sämtlichen relevanten Tastaturkürzeln.

Version 5 | Als gravierendste Änderung kann zweifellos die Einführung der dritten Dimension in After Effects ab der Version 5 gelten, die gleich komplett mit animierbaren Kameras und Lichteinstellungen aufwartete, sowie die Möglichkeit, Animationen und Eigenschaftsabhängigkeiten durch **Expressions** zu definieren, eine auf JavaScript basierende Programmiersprache. Zusätzlich kam der **3D-Invigorator** als Plug-in der Firma Zaxwerks mit der Version 5.5 hinzu, der es gestattet, echtes 3D in After Effects zu gestalten. Auch das ebenfalls mit der Version 5 eingeführte Parenting, das die Definition ebenenhierarchischer Abhängigkeiten ermöglicht, gehört zu den größeren Funktionserweiterungen.

Natürlich wurde an der Verbesserung schon vorhandener, ebenso bedeutsamer Programmerweiterungen weitergearbeitet. Dazu gehört die Verbesserung des mit der Version 5 eingeführten Motion Trackers, der das Verfolgen und Stabilisieren von sogenannten Track-Punkten in Videomaterial ermöglicht.

 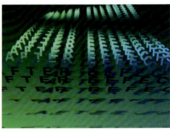 

▲ **Abbildung 1.1**
Die dritte Dimension kam mit animierbaren Kameras und Lichtern bereits in der Version 5 von After Effects hinzu.

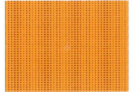   

▲ **Abbildung 1.2**
Hier wurde der Effekt PARTIKELSIMULATION mit dem Effekt RADIOWELLE kombiniert und auf Texteigenschaften angewendet.

▲ **Abbildung 1.3**
Der Effekt PARTIKELSIMULATION in Verbindung mit Text

Version 6 | Ab der Version 6 hat das Team von Adobe After Effects dem Anwender ein vollkommen neues Text-Werkzeug gegönnt, das eine sehr komfortable Erstellung, Bearbeitung und Animation von Text ermöglicht. Erweiterte Maskierungsfunktionen wie RotoBézier-Masken kamen ebenfalls mit der Version 6 hinzu. Rotoscoping-Arbeiten bzw. Retusche selbst in bewegtem Filmmaterial sind seit der Einführung der Mal-, Kopier- und Radier-Werkzeuge problemlos durchführbar und gehören zu den geschätzten Erweiterungen der Programmfunktionen.

▲ **Abbildung 1.4**
Mit der Tracker-Steuerungen-Palette lassen sich Punkte in bewegtem Material verfolgen und verwackelte Aufnahmen stabilisieren. Die vom Tracker ermittelten Bewegungsdaten können auf Effekte und Ebenen übertragen werden.

▲ **Abbildung 1.5**
Text kann seit der Version 6 direkt im Kompositionsfenster von After Effects eingegeben werden. Die Zeichen-Palette ähnelt der in anderen Adobe-Anwendungen.

Version 6.5 | Seit der Version 6.5 wird Color Finesse der Firma Synthetic Aperture zur Farbkorrektur auf höchstem Niveau mitgeliefert. Dies ist ebenfalls eine der großartigen Neuerungen. Allerdings erfordert die Arbeit in der Color-Finesse-eigenen Benutzeroberfläche einen anderen Arbeitsstil.

Version 7 | Mit der Version 7 erschien After Effects in einem neuen, professionellen Gewand mit einer anpassbaren Bedienoberfläche. Fließend verschiebbare Fenster erleichtern seither das Arbeiten.

Wie bei jedem Update wurde an der Vorschau-Performance gearbeitet und dem Programm eine verbesserte OpenGL-Unterstützung gegönnt. Neuerungen wie Adobe Bridge und Dynamic Link ermöglichen einen besseren Workflow. Auch die verbesserte Integration mit Premiere (Export eines Premiere-Pro-Projekts aus After Effects) und Photoshop gehörte zu den erfreulichen Neuerungen.

Camera Raw

Hervorzuheben ist die Möglichkeit, Camera-Raw-Dateien in Adobe Bridge zu öffnen, zu importieren und zu bearbeiten. Die Camera-Raw-Dateien werden nach der Bearbeitung in einem mit Photoshop kompatiblen Format abgespeichert. Mehr zu Camera Raw finden Sie in Abschnitt 5.5.2, »Import von Camera-Raw-Dateien«.

Ebenfalls seit der Version 7 ist der Diagrammeditor hinzugekommen, der die Bearbeitung von Zeitkurven bei Eigenschaftsveränderungen vereinfacht. Mit der Unterstützung von Bilddaten in 32-Bit-Qualität in Version 7 richtete sich Adobe bereits auf die zukünftige Entwicklung in der Bildbearbeitung ein.

Eine Erweiterung gab es bei den Animationsvorgaben für ein schnelleres Arbeiten.

▲ **Abbildung 1.6**
Hier sehen Sie eine Animationsvorgabe für den Hintergrund, die mit einer Animationsvorgabe für den Text kombiniert wurde.

Abbildung 1.7 ▶
In diesem Bild mit einer Farbtiefe von 8 Bit sind die Glanzlichter relativ schwach gezeichnet.

Abbildung 1.8 ▶
Bei einer Farbtiefe von 32 Bit sind die Glanzlichter in bester Qualität dargestellt. Die Farben und Verläufe wirken brillanter.

Version CS3 | Mit der Version CS3 kamen die **Formebenen-Werk-zeuge** in After Effects hinzu, mit denen Sie einfache vektorbasierte Grundformen erzeugen und mit Transformatoren komplex animieren können.

◄ **Abbildung 1.9**
Mit den Formebenen-Werkzeu-gen erzeugen und animieren Sie in After Effects schnell unter-schiedlichste Vektorformen.

Ebenfalls neu war das **Puppen-Werkzeug**, mit dem Sie Grafiken, Text, Malstriche, Formebenen – schlicht jedes grafische Objekt – wie eine Marionette animieren, indem Sie Gelenkpunkte setzen, die Sie zur Deformation des Objekts nutzen.

After Effects noch als Pro-Version?

After Effects wird seit der Version CS3 nicht mehr in zwei Versionen vertrieben. Sie können seitdem den vollen im Buch beschriebenen Funktionsumfang des Programms ausschöpfen, wenn Sie mit einer aktuellen After-Effects-Version arbeiten. Zu den Features, die früher nur dem Besitzer der Pro-Version von After Effects vorbehalten waren, gehörten unter anderem die größere Farbtiefe, bessere Keying-Effekte, Partikeleffekte und der Motion Tracker.

◄ **Abbildung 1.10**
Mit dem Puppen-Werkzeug defi-nieren Sie Gelenkpunkte und ani-mieren diese.

Mit der zeichenbasierten **3D-Textanimation** verhalf Adobe in CS3 dem bekannten Text-Werkzeug zur dritten Dimension. Einzelne Zeichen sind seitdem auch räumlich animierbar.

Auch an der **Integration** mit Photoshop und Flash wurde weiter gearbeitet. Seit der Version CS3 können Sie Fluchtpunktdaten aus Photoshop Extended nutzen, um aus einem 2D-Bild ein 3D-Objekt zu generieren. Photoshop CS3 Extended wurde um die Integration von Videoebenen in PSDs erweitert, die After Effects importieren und korrekt wiedergeben kann. Außerdem werden Photoshop-Ebenstile in After Effects korrekt erkannt und sind animierbar. Für Flash sind die Ausgabe in FLV-Dateien mit Cue Points – also unsichtbaren Markern, die Sie in Flash direkt ansteuern können – sowie die korrekte Wiedergabe importierter SWFs hinzugekommen.

Der Workflow wurde durch **Clip Notes** – Anmerkungen, die Sie in PDFs ausgeben – verbessert. Außerdem wurde der vollständige farbverwaltete Workflow, also die Arbeit mit Farbprofilen, in After Effects eingeführt, um die Farbübereinstimmung von Rohmaterial, Projektfarben und der Darstellung im Zielmedium zu gewährleisten.

Zur Eroberung der Welt der mobilen Geräte erhielt CS3 in den Programmpaketen Production Premium und Master Collection das Programm **Adobe Device Central** mitgeliefert, um dort eigene Animationen auf simulierten Mobilgeräten der wichtigsten Hersteller zu testen.

Die **Performance** wurde durch die Unterstützung von Multiprozessor- und Multicore-Systemen erhöht, die ein gleichzeitiges Rendern mehrerer Frames ermöglichen.

Mit der Funktion BRAINSTORMING setzen seit CS3 von After Effects generierte Animationsvorschläge der Phantasielosigkeit ein Ende.

▼ **Abbildung 1.13**
Im Dialog BRAINSTORMING erscheinen neun Varianten Ihrer Animationen.

Version CS4 | Seit der Version CS4 wird After Effects mit dem Programm **Mocha** ausgeliefert. Das Programm von Imagineer Systems verwenden Sie anstelle des in After Effects integrierten Motion Trackers, um Objekte in aufgenommenem Video- und Filmmaterial zu verfolgen. Mocha ermöglicht ein genaueres und schnelleres Tracking auch dann noch, wenn das Material Artefakte aufweist, Unschärfen enthält oder das Objekt sich zeitweise außerhalb des Bildes befindet.

Wie alle Programme der Creative Suite und einiger anderer Anbieter unterstützt After Effects seit der Version CS4 **XMP-Metadaten**, über die Sie einer Datei Informationen wie Datum, Copyright, Autor, Auflösung, Farbraum, Kameratyp etc. mitgeben, um damit den Workflow zu beschleunigen.

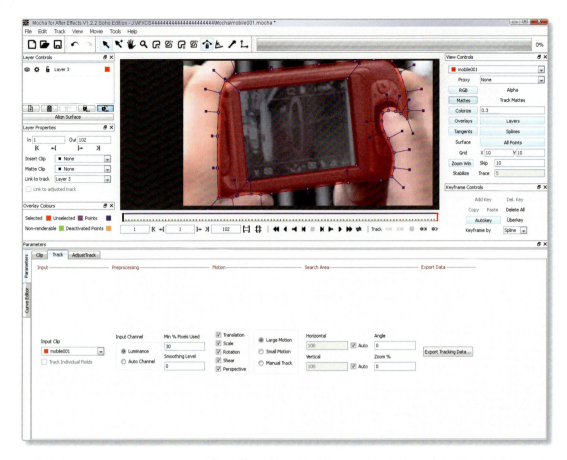

▲ Abbildung 1.14
Mit dem mitgelieferten Programm
Mocha verfolgen Sie schnell und
präzise Objekte in Video- und
Filmaufnahmen.

After Effects-Projekte können Sie seit CS4 als **XML-Projekte** speichern und somit automatisierte Änderungen an der After-Effects-Datei vornehmen, ohne das AEP-Projekt selbst öffnen zu müssen.

After Effects und Flash, in das einige Funktionen von After Effects eingeflossen sind, wachsen durch die Importmöglichkeit von **FLV-Dateien** in After Effects und die Ausgabemöglichkeit in **FLV- und F4V-Dateien** zusammen. Ganze Kompositionen mit ihrem Zeitleisteninhalt übernehmen Sie per **XFL-Export** nach Flash CS4 Professional und machen in After Effects importiertes Material in Flash verfügbar.

Mit der Photoshop Extended-CS4-Version können Sie die Dateien **.3ds** (3D Studio Max), **.u3D** (Universal 3D), **.obj**, **.kmz** (Google Earth) und **.dae** (Collada) in Photoshop importieren und weiterverarbeiten. Die dann gespeicherte PSD-Datei kann After Effects importieren und somit die 3D-Daten verwenden und … animieren – eine kleine Revolution.

◀ **Abbildung 1.15**
3D-Daten lassen sich über Photoshop Extended in After Effects
animieren.

Seit CS4 verwendet Adobe eine **neue Pixelseitenverhältnis-
Berechnung** für die Standardformate D1/DV PAL und D1/DV
NTSC, die zwar genauer ist, beim Öffnen älterer After-Effects-Pro-
jekte jedoch importiertes Material verzerrt anzeigt.

Das **Pixel Bender Toolkit** erweitert die Möglichkeiten der
Effektbearbeitung in ungekanntem Ausmaß. Allerdings sind dafür
Programmierkenntnisse erforderlich.

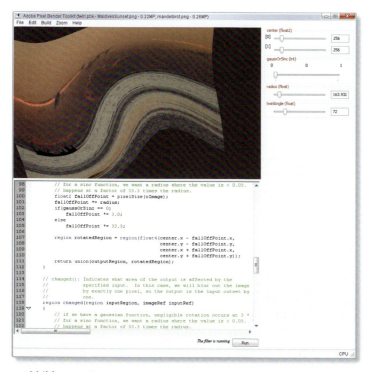

▲ **Abbildung 1.16**
Mit dem Adobe Pixel Bender Toolkit kreieren Sie Ihre eigenen Effekte,
Filter und Mischmodi.

Adobe Production Premium

Adobe liefert beim Kauf von
Adobe Production Premium
oder der Master Collection Pro-
grammpakete, die laut Adobe
den Anforderungen der Postpro-
duktion in höchstem Umfang ge-
recht werden.
Im Paket **Adobe Production
Premium** sind die Programme
Adobe After Effects CS5 mit
Mocha, Adobe Premiere Pro
CS5, Adobe Photoshop CS5
Extended, Adobe Illustrator CS5,
Adobe Flash Professional CS5,
Adobe Soundbooth CS5, Adobe
OnLocation CS5, Adobe Encore
CS5, Adobe Flash Catalyst™ CS5
enthalten. Hinzu kommen Ad-
obe Bridge CS5 und Dynamik
Link für eine hocheffiziente Ge-
staltung des Workflows zwischen
den einzelnen Applikationen so-
wie Adobe Device Central CS5
und die Integration mit dem
kostenpflichtigen neuen Adobe
CS Live Online Service Adobe
Story.

In der Version CS4 kamen die Effekte ZEICHENTRICK und TURBU-
LENTE STÖRUNG hinzu.

Abbildung 1.17 ▶
Mit dem neuen ZEICHENTRICK-
Effekt lassen Sie Filmmaterial
schnell wie einen Trickfilm wirken.

Master Collection

Neben dem Adobe-Production-
Premium-Paket können Sie die
Master Collection erwerben.
Diese enthält zusätzlich zu den
in Adobe Production Premium
enthaltenen Programmen noch
InDesign CS5, Acrobat 9 Pro,
Flash Builder 4, Fireworks CS5,
Dreamweaver CS5 und Contri-
bute CS5.
Beide Suiten laufen auf Macin-
tosh und Windows-Systemen.
Durch den gegenüber der
Summe der Einzelprogramme
günstigeren Preis der Gesamt-
pakete erhofft sich Adobe, seine
Kunden an alle seine Werkzeuge
zu binden. Tatsächlich ist die
sehr gute Integration der Adobe-
Programme untereinander ein
großer Vorteil gegenüber den
Konkurrenzprodukten von After
Effects. Beispielsweise arbeitet
After Effects dem Authoring-Programm Encore CS5 zu, da Sie in
After Effects DVD-Schaltflächen
erstellen und diese in Encore
CS5 verwenden können. Ob-
wohl die Integration der Programme sehr lobenswert ist und
die Einarbeitung aufgrund der
ähnlichen Benutzeroberflächen
stark erleichtert wird, finden Sie
für ähnliche Funktionen oft verschiedene Tastaturkürzel vor.
Ihre Verbesserungsvorschläge
dafür oder andere Ideen können
Sie dem Team von Adobe After
Effects unter *aftereffects@adobe.
com* mittteilen.

Für die Positionseigenschaften können Sie **Keyframes separat setzen**. Somit kann beispielsweise die x-Achse kontinuierlich animiert
werden, während die y- oder z-Achse gleichzeitig zufällig generierte Keyframes enthält oder mit beschleunigter Bewegung animiert wurde.

After Effects CS4 unterstützt die **Plug-ins** EXtractoR.aex,
IDentifier.aex, OpenEXR.aex, OrphExtract.aex und ProEXR Comp
Creator.aex von der Firma fnord. EXtractoR.aex und IDentifier.
aex sind bereits vorinstalliert.

After Effects CS4 unterstützt die **bandlosen Dateiformate**
AVCHD, XDCAM EX, XDCAM HD und R3D.

Seit CS4 können Sie in After Effects endlich die von Ihnen
installierte **Audio-Hardware auswählen** und konfigurieren.

1.3 Neu in After Effects CS5

Die wichtigsten Besonderheiten, Funktionen und Möglichkeiten
der Version CS5 von After Effects werden auf den folgenden Seiten
das Thema sein.

1.3.1 Native 64-Bit-Unterstützung

Mit After Effects CS5 arbeiten Sie dank der nativen 64-Bit-Unter-
stützung mit mehr Leistung bei der Bearbeitung von hochauflösen-
den Inhalten. Da der gesamte verfügbare RAM-Speicher durch die

64-Bit-Unterstützung ausgenutzt werden kann, lassen sich HD-, 2K- und 4K-Projekte effizienter umsetzen.

1.3.2 Adobe Roto-Pinsel

Der Adobe Roto-Pinsel ist ein neues Werkzeug, das es Ihnen ermöglicht, ohne komplizierte Zwischenschritte bewegte Objekte automatisch von ihrem Hintergrund zu isolieren. Das Werkzeug arbeitet ähnlich wie das Schnellauswahl-Werkzeug in Photoshop.

▲ Abbildung 1.18
Mit dem Roto-Pinsel separieren Sie mit unaufwendigen Schritten den Vordergrund vom Hintergrund.

▲ Abbildung 1.19
Ohne Blue- oder Greenscreen bauen Sie neue Hintergründe in Ihr Videomaterial.

1.3.3 Effekt »Maske verbessern«

Der Effekt MASKE VERBESSERN ist sowohl innerhalb des durch das Roto-Pinsel-Werkzeug geschaffenen Effekts ROTO-PINSEL enthalten als auch als separater Effekt. Wie der Name schon verrät, dient er dazu, bestehende Masken qualitativ aufzuwerten. Auch Matten, wie Sie sie beispielsweise durch Keying-Effekte schaffen, können verbessert werden.

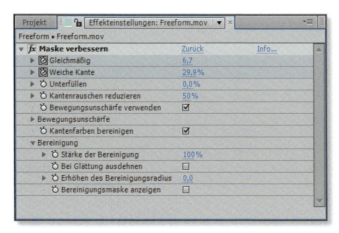

◀ Abbildung 1.20
Der Effekt MASKE VERBESSERN ist nicht nur für Masken, sondern auch für Matten.

1.3.4 Auto-Keyframe-Modus

Mit dem neuen Auto-Keyframe-Modus setzen Sie in vielen Eigenschaften automatisch Anfangs-Keyframes und arbeiten so komfortabler.

1.3.5 Digieffects FreeForm

▼ Abbildung 1.21
Mit Digieffects FreeForm kreieren Sie echte 3D-Objekte, die Sie sogar morphen können – alles innerhalb von After Effects.

Neu hinzugekommen ist in After Effects CS5 das sonst kostenpflichtige Plug-in FreeForm von Digieffects. Mit seiner Hilfe verformen Sie Bilder und Videos in jeder erdenklichen Weise und schaffen echte 3D-Objekte innerhalb von After Effects.

1.3.6 Mocha 2

Das bereits in After Effects CS4 mitgelieferte Mocha wurde verbessert. Auf selbsterstellte Masken können Sie nun Funktionen zur Bewegungssteuerung anwenden. Masken mit weichen Kanten und variabler Breite können Sie in After Effects CS5 importieren. Zudem wird Mocha mit dem Plug-in »Mocha Shape« geliefert, mit dem Sie Matten für After Effects erstellen, um Rotoscoping-Arbeiten zu erleichtern.

1.3.7 Unterstützung von AVC-Intra und RED

Hinzugekommen ist eine breite Unterstützung für bandlose Formate gängiger Kameras. Die bereits in der Version CS4 gegebene Unterstützung für RED-R3D-Dateien wurde verbessert. Rohmaterial von Panasonic-Kameras mit dem Videocodec AVC-Intra 50 bzw. AVC-Intra 100 wird in After Effects CS5 unterstützt und kann nativ bearbeitet werden.

1.3.8 Unterstützung von Lookup-Tabellen (LUT)

Durch die Unterstützung von Lookup-Tabellen (LUT) für Farben gewährleisten Sie eine konsistente Farbdarstellung während der gesamten Bearbeitung. Verwendet werden die Lookup-Tabellen in den Standardformaten 3DL und CUBE.

1.3.9 Color Finesse 3

Die bereits in den Vorgängerversionen mitgelieferte Farbkorrektur-Umgebung Color Finesse wurde in After Effects CS5 verbessert. Neue Funktionen sind beispielsweise Kurven für Farbton und Sättigung direkt in der After-Effects-Oberfläche und die Möglichkeit des Exports von Einstellungen als Lookup-Tabellen.

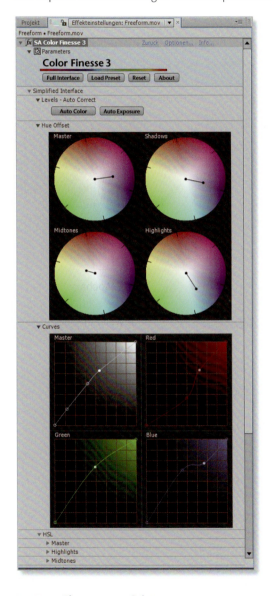

◄ **Abbildung 1.22**
Color Finesse wurde in
After Effects CS5 verbessert.

1.3.10 Ebenen ausrichten

Verbessert wurde auch die Ausrichten-Funktionalität für Ebenen. Sie können Ebenen nun auch am Rand oder in der Mitte der Komposition ausrichten.

1.4 Systemvoraussetzungen

After Effects lässt sich in einer Minimalkonfiguration verwenden, die für den Einstieg ausreicht. Um den Funktionsumfang des Programms aber so richtig schätzen zu lernen, ist mehr nötig.

1.4.1 Minimalkonfiguration

Macintosh
- ▶ Intel-Multi-Core-Prozessor mit 64-Bit-Unterstützung
- ▶ Mac OS X Version 10.5.7 oder 10.6
- ▶ keine Installation auf Dateisystemen, bei denen die Groß- und Kleinschreibung beachtet werden muss
- ▶ Monitorauflösung 1.280 × 900 Pixel

Windows
- ▶ Intel® Pentium® 4 oder AMD Athlon® 64 (Intel Core™ 2 Duo oder AMD Phenom® II empfohlen) mit 64-Bit-Unterstützung
- ▶ 64-Bit-Edition von Microsoft® Windows Vista® Home Premium, Business, Ultimate oder Enterprise mit Service Pack 1 oder Windows® 7
- ▶ Monitorauflösung 1.280 × 1.024 Pixel

Alle Systeme
- ▶ 64-Bit-Betriebssystem
- ▶ 2 GB RAM
- ▶ 3 GB freier Festplattenspeicher (Mac 4 GB) und 2 GB für optionale Zusatzinhalte (zusätzlicher Speicher für die Installation erforderlich; keine Installation auf portablen Flash-Speichermedien möglich)
- ▶ Grafikkarte mit OpenGL 2.0-Unterstützung
- ▶ DVD-ROM-Laufwerk
- ▶ QuickTime 7.6.2 erforderlich für QuickTime-Funktionen
- ▶ Internet- oder Telefonanschluss für die Produktaktivierung
- ▶ Breitband-Internetverbindung für Online-Dienste wie Adobe Story und weitere Services erforderlich

1.4.2 Empfohlene Systemkonfiguration

Ich rate Ihnen, nicht mit der Minimalkonfiguration zu arbeiten, Sie werden sonst womöglich nicht die volle Freude an den After-Effects-Funktionen haben.

Die Arbeitsgeschwindigkeit Ihres Systems hängt stark von schnellen Prozessoren und von der Größe Ihres Arbeitsspeichers ab.

Prozessor | Sie können optimal mit After Effects arbeiten, wenn Sie bei beiden Systemen multiple Prozessoren und Kerne verwenden. After Effects kann dann bei entsprechenden Einstellungen im Programm mehrere Frames Ihrer Animation gleichzeitig berechnen. So profitieren Sie von einer schnelleren Vorschau und kürzeren Renderzeiten. Die leistungsfähigsten derzeit verfügbaren Prozessoren sind der Intel® Core™ i7 (Extreme) Prozessor, den es mit 4 oder 6 Kernen gibt, wobei jeder Kern mit Hyper Threading versehen ist und sich so als 8- oder 12-Prozessorsystem darstellt. Wenn Sie noch mehr Leistung benötigen lohnt sich die Investition in die Intel® Xeon™ Multiprozessor Technologie. Hier werden dann wirklich zwei (oder noch mehr) physikalische Prozessoren verbaut. Auch diese Prozessoren haben bis zu 6 Kerne und Hyperthreading, so dass Sie in einem PC mit zwei CPUs bis zu 24 Prozessoren zum Rendern zur Verfügung haben.

Mein Rat: Beim normalen Arbeiten ist ein einzelner Sechskern Prozessor mit 3,33GHz schneller als zwei Sechskern Prozessoren mit z. B. 2,6GHz. Wenn Sie sich also ein Dual Prozessor System anschaffen, dann sollten Sie auch dort zwei CPUs mit möglichst maximaler Leistung nutzen. Der zurzeit leistungsstärkste Dual Prozessor fähige Prozessor ist der intel W5590.

Ein weiterer Vorteil der Dual-Xeon Systeme ist, dass diese zwei bis drei Mal so viele Speicherbänke haben wie normale PCs. So lässt sich deutlich mehr Arbeitsspeicher verbauen, und man muss nicht auf die teuersten Module mit höchster Kapazität zurückgreifen, sondern kann auch kleinere Module nutzen.

Für mobile Arbeitsstationen sind die mobilen Intel® i7-Prozessoren, die es in Dual- und Quadcore Ausführungen gibt, empfehlenswert. Die mobilen i7-CPUs haben jedoch kein Hyperthreading, so dass man hier maximal vier Prozesse parallel nutzen kann.

Arbeitsspeicher | Ein weiteres Kriterium für ein stressminimiertes Arbeiten ist die Größe des Arbeitsspeichers. Wenn Sie in After Effects große Dateien verwenden oder aufwendige Effektberechnungen durchführen, kommen Sie immer wieder schnell an die Grenzen der in After Effects verwendeten Vorschau. Die Vorschau kann nur so viel von Ihrer Animation anzeigen, wie in den Arbeitsspeicher »passt«. Es gilt: Je mehr Arbeitsspeicher Sie haben, desto besser. Optimal ist die Verwendung von 2 GB installiertem RAM pro CPU (Prozessorkern). Bei einem inzwischen gängigen System mit vier Prozessorkernen sind es also bereits 8 GB, um bei intensiven Bearbeitungen eine Performancesteigerung zu bemerken.

DirectX

Ebenfalls unterstützend wirkt sich bei Windows-Usern die DirectX-Technologie zur besseren Wiedergabe von Audiodaten und von 2D-Inhalten aus.

Grenzen für den Arbeitsspeicher

Für ältere After Effects-Versionen, die Sie unter Windows XP oder Vista mit 32 Bit verwendet haben, gelten folgende Einschränkungen.
Unter Windows XP Professional mit 32 Bit kann After Effects bis zu 3,25 GB RAM adressieren, wenn Windows entsprechend konfiguriert wurde und keine zusätzliche PCI-Hardware den oberen Speicherbereich belegt. Andernfalls sind es maximal 2,5 GB RAM. Auch unter einem 32-Bit-Windows-Vista oder Windows 7 gelten diese Einschränkungen.

Nicht zu vernachlässigen ist auch die Geschwindigkeit des Arbeitsspeichers. Auch hier gilt wieder: je schneller, desto besser.

Empfehlenswert ist der Einsatz der Dual-Channel-Speichermodule DDR2 mit 1333/1600 oder DDR3 mit 1066/1333 MHz oder schneller. Durch die 64-Bit-Unterstützung von After Effects haben sich die Grenzen für den verwendbaren Speicher weit nach oben verschoben.

Bei einem 64-Bit-Betriebssystem von Windows (XP, Vista oder 7) können Sie je nach verwendeter Version bis zu 128 GB RAM (Vista Business, Ultimate, Enterprise 64 Bit) verwenden. Die 64-Bit-Versionen der Editionen Ultimate, Enterprise und Professional von Windows 7 können sogar bis zu 192 GB Arbeitsspeicher verwalten.

Für Mac-User empfiehlt sich, um After Effects CS5 bzw. die gesamte Creative Suite optimal nutzen zu können, ein aktueller Mac mit dedizierter Grafikkarte (MacBook Pro, iMac, Mac Pro) und mindestens 2 GB RAM pro Prozessorkern. Mac OS X 10.6 Snow Leopard ist in der Lage, den maximalen RAM-Ausbau jedes Mac auszunutzen, derzeit sind das 32 GB beim Mac Pro.

OpenGL | Vorteilhaft für die Vorschaubeschleunigung wirkt sich besonders auch die von After Effects unterstützte OpenGL-Technologie aus. Wenn Sie eine Grafikkarte verwenden, die OpenGL unterstützt, gewinnen Sie bei der Darstellung Ihrer Animationen – eine leistungsfähige Grafikkarte, z. B. Nvidia® Quadro® FX, vorausgesetzt.

Festplatte | Für Ihre Festplatte gilt wie für den Arbeitsspeicher: je mehr davon und je schneller, desto weiter, höher und besser. Oft werden Animationen mehrfach oder nur zur Kontrolle gerendert. Sie benötigen also zusätzlich zu den Daten, die Sie ohnehin im Projekt verwenden und die nicht selten bereits sehr groß sind, weiteren Platz. Wollen Sie eine Stunde unkomprimiertes Video in voller Auflösung speichern, sind dafür schon mehr als 100 GB nötig.

Wie schnell Daten von der Festplatte gelesen werden, ist wesentlich für ein flüssiges Abspielen Ihres Filmmaterials. Und auch für das Komprimieren von Daten mit einigen Codecs benötigen Sie schnelle Festplatten. Die Geschwindigkeit der Festplatten spielt also bei der Videobearbeitung eine wichtige Rolle, häufig kommt es daher zum Einsatz von RAID-Systemen. RAID0 (Stripe) ist hier die einfachste Lösung. Dabei werden zwei Festplatten zu einer verbunden, und somit steht die Kapazität beider Platten voll zur Verfügung, bei annähernd verdoppelter Geschwindigkeit. Auch Systeme ohne Hardware-RAID-Controller erlauben ein solches Stripeset, z. B. durch die Datenträgerverwaltung von Windows XP Pro.

Zusätzlicher Monitor | Der solo existierende Computermonitor sollte noch einen Bruder erhalten, um die Arbeit mit den Fenstern und Paletten in After Effects bequemer zu gestalten. Und noch ein Monitor gehört ins Equipment – der Videokontrollmonitor, der für Video- und Fernsehprojekte als Kontrollbildschirm unerlässlich ist. Bei einem kleineren Budget kann auch ein normaler alter Fernseher (kein TFT) gute Dienste leisten.

Vorschau, Schnittstellen und Karten | Wenn Sie nur mit DV-Material arbeiten, genügt zur Ausgabe des DV-Signals eine Firewire-Schnittstelle, auch iLink oder IEEE 1394 genannt.

Sollte Ihr PC eine solche Schnittstelle nicht haben, lässt sich diese als PCI-Karte (oder für ein Notebook: PCMCIA-Karte) einfach nachrüsten (ca. 30 EUR).

Die Vorschau wird dann als DV-Datenstrom über diesen Firewire-Anschluss ausgegeben und automatisch von einem angeschlossenen DV-in-fähigen Gerät (wie einem DV-Rekorder oder DV/D8-Camcorder) nach analog umgewandelt. Um die Vorschau auf einem Fernsehmonitor auszugeben, verbinden Sie den Camcorder mit dem Fernsehmonitor.

Steht kein DV-Gerät zur Verfügung, empfiehlt sich als A/D-Wandler der Canopus ADVC-110, -300, -500 oder -700. Ab dem 300er bietet er sogar zusätzliche YUV-Komponentenausgänge.

Sollte Ihnen ein DV-Gerät und der Firewire-Anschluss fehlen, können Sie auch eine kombinierte Karte wie den canopus ACED-Vio einsetzen, der neben Firewire auch gleich analoge Ein- und Ausgänge mitbringt (ca. 300 EUR).

HD- und SD-Editing | Für die Vorschau von HD-Material können spezielle Schnittkarten für den PC wie Grass Valley Canopus HD Spark (HDMI), HD Spark Pro (HD-SDI), Canopus HD STORM plus (HDMI + F-BAS + S-Video + YUV) und HD Thunder (HDMI + HD-SDI), für Mac und PC: Matrox MXO2 mini (HDMI + F-BAS + S-Video + YUV) oder Matrox MXO2 (HD-SDI + HDMI + F-BAS + S-Video + YUV) sowie weitere Karten von Blackmagic Design und AJA eingesetzt werden. Tipp: Mit den Matrox-MXO2-mini- und MXO2-»MAX«-Boxen kann auch die Echtzeitleistung in Adobe Premiere Pro CS5 und die Ausgabegeschwindigkeit in H.264 verbessert werden.

Die enge Zusammenarbeit von Adobe und Matrox gewährleistet eine bestmögliche Integration von Hard- und Software.

DV-in freischalten

Verfügt Ihr DV-Camcorder nicht über DV-in, kann dies bei manchen – vor allem älteren – Modellen im Nachhinein für einen geringen Aufpreis freigeschaltet werden. Eine aktuelle Liste aller Camcorder, bei denen DV-in freigeschaltet werden kann, finden Sie auf *www.dv-in.de*.

www.digitalschnitt.de

magic multi media ist einer von wenigen autorisierten Adobe-Video-Fachhändlern in Deutschland. Ihre Webseite *www.digital-schnitt.de* bietet zahlreiche Informationen zu Erweiterungsmöglichkeiten zu den Adobe-Video-Programmen. Unter (0800) 3 88 43 36 erreichen Sie eine kostenlose Beratungs- und Support-Hotline.

1.4.3 After Effects und der Prozessor

Die Leistung von Compositing-Programmen wie After Effects hängt unter anderem stark vom Prozessor des verwendeten Systems ab. Für Bearbeitungen von HDTV-Formaten, die deutlich mehr von der Hardware fordern als die Standard-Formate, ist leistungsfähige Hardware eine wichtige Voraussetzung.

Dank der Forschung und Entwicklung von Firmen wie Intel werden die Prozessoren schon seit Jahrzehnten immer schneller und günstiger. Wie wird diese permanente Steigerung umgesetzt?

Seit Jahrzehnten geht es bei der Herstellung der Prozessoren darum, die Fertigungstechnologie zu verkleinern und immer kleinere Elemente auf der CPU unterzubringen. Ganz nach dem Moore'schen Gesetz verdoppelt sich dabei die Transistorendichte (Anzahl der Transistoren pro Fläche) auf einem Mikrochip etwa alle 24 Monate. So hat sich die Anzahl seit dem ersten Intel-Prozessor von 1971 (Mikroprozessor 4004) mit 2.300 Transistoren auf inzwischen 731 Millionen Transistoren bei der neuen 45-nm-Variante des Prozessors Quadcore Intel® Core i7 erhöht. Ein Nanometer (nm) ist ein Milliardstel-Meter. Im Vergleich zu einem menschlichen Haar ist dies unvorstellbar klein, denn ein menschliches Haar ist etwa 90.000 nm dick.

Durch diese Miniaturisierung ist es möglich, immer mehr Schaltelemente, die Transistoren, auf einem Prozessor unterzubringen. Dies wirkt sich direkt auf die Leistungssteigerung, Energieeffizienz und den Preis aus. Kleinere Transistoren schalten schneller, benötigen eine geringere Versorgungsspannung, haben einen niedrigeren Stromverbrauch, erzeugen weniger Abwärme und sind günstiger in der Herstellung. Daneben wirken sich aber auch die Taktfrequenz, die Anzahl der Rechenkerne und die Architektur der CPU auf Leistung und den Energiebedarf aus.

Jede neue Prozessorarchitektur wird seit der Einführung des »Tick-Tock«-Modells 2005 in einem Zyklus von zwei Jahren eingeführt. Nach diesem Modell führt Intel im Jahres-Rhythmus mit jedem »Tock« eine neue Mikroarchitektur und mit jedem »Tick« ganz im Sinne des Moore'schen Gesetzes einen neuen Fertigungsprozess ein.

Damit hält Intel das Moore'sche Gesetz ein, das Intel-Mitbegründer Gordon Moore bereits 1965 formulierte. Diese Regel gilt bist heute und ist eines der wichtigsten Leitprinzipien der IT-Industrie.

Die Zukunft des Wachstums | Ist eine immerwährende Steigerung möglich, oder ist irgendwann die Grenze des Wachstums erreicht?

Intel Core i7

Weitere Informationen zum Prozessor Intel® Core™ i7 Extreme finden Sie unter: *http://www. intel.com/cd/products/services/ emea/deu/processors/ corei7/406040.htm.*

Derzeit können die leitenden und die nichtleitenden Elemente auf einer CPU zwar noch gegeneinander abgegrenzt werden, so dass den nächsten Prozessorgenerationen mit Strukturen von zuerst 32 nm und später 22 nm nichts im Wege steht. Am Fernziel von 11 nm kleinen Strukturen jedoch – was nur noch einem Atom Abstand zwischen den leitenden und den nichtleitenden Elementen entspricht – wird in den Intel-Laboren ebenfalls bereits gearbeitet. So kommen in der Herstellung immer neue Materialien wie Hafnium hinzu, das die größte Veränderung in der Halbleiterindustrie in den letzten 40 Jahren darstellt. Und auch in Zukunft werden sicherlich weitere Elemente mit in den Transistor aufgenommen, um die Prozesse zu verfeinern.

Die Hyper-Threading-Technik | Die vier Prozessorkerne des Intel® Core™ i7-Prozessors können dank der Intel® Hyper-Threading-Technik zusammen bis zu acht Threads gleichzeitig bearbeiten. Das ist vergleichbar mit einer achtspurigen Autobahn, auf der die Fahrer keine Rücksicht auf langsamere Fahrzeuge auf den anderen Spuren nehmen müssen. Alle acht kommen schneller ans Ziel. Immer mehr Anwendungen wie zum Beispiel Adobe After Effects nutzen vier oder mehr Threads und bearbeiten auf einem PC mit einem Intel® Core™ i7-Prozessor Anfragen in nie gekannter Geschwindigkeit. Im Vergleich zu herkömmlichen Quadcore-Prozessoren bietet der Intel® Core™ i7-Prozessor bis zu 40 % mehr Leistung. Auch beim Multitasking, der Nutzung mehrerer Programme gleichzeitig, wirkt sich dieser Effekt aus.

Die Turbo-Boost-Technik | Eine weitere Neuerung der Intel® Core™ i7-Prozessoren beschleunigt Anwendungen, egal ob diese für Mehrkern-Prozessoren optimiert sind. Die Intel® Turbo-Boost-Technik stellt je nach individuellen Anforderungen immer das Optimum an Leistung zur Verfügung. Der Intel® Core™ i7-Prozessor ist mit seinen vier Kernen auf Anwendungen spezialisiert, die mehrere Threads parallel nutzen. Wird hingegen ein Programm verwendet, das z. B. nur zwei der vier Kerne benötigt, werden zwei Kerne abgeschaltet und die verbleibenden zwei aktiven Kerne automatisch hochgetaktet. Wird nur ein einziger Kern benötigt, wird dieser bis an ein vertretbares Limit übertaktet. Damit reagiert der Prozessor von allein auf aktuelle Anforderungen und stellt immer die maximale Performance zur Verfügung. Egal ob bei der Bildbearbeitung, beim Videoschnitt oder anderen rechenintensiven Programmen, der Intel® Core™ i7-Prozessor bearbeitet Anfragen im Handumdrehen und schafft damit mehr Zeit für die wichtigen Dinge im Leben. Videobearbeitung mit After Effects zum Beispiel.

Infos zu Hyper-Threading

Angaben dazu, welche Prozessoren für die Hyper-Threading-Technik geeignet sind, erhalten Sie unter *http://www.intel.de/hyperthreading/info.htm*.

Infos zu Turbo-Boost

Weitere Informationen zu Turbo-Boost finden Sie unter *http://www.intel.com/technology/turboboost* (englisch).

Thread

Ein Thread ist vergleichbar mit einer Teilaufgabe in einer Aufgabenkette und kann als Teil des Betriebssystems (Kernelthread) oder als Teil einer Anwendung (User Thread) ablaufen.

Weitere Informationen finden Sie in Abschnitt 13.2.1, »Mehrprozessorverarbeitung mit After Effects«.

Integrierte Arbeitsspeicherverwaltung | Bisher lief die Arbeitsspeicherverwaltung auf einem separaten Chip auf dem Mainboard. Bei dem neuen Prozessor Intel® Core™ i7 Extreme ist die Arbeitsspeicherverwaltung in der CPU integriert. Dadurch verbessert sich die Anbindung des Speichers an den Prozessor und erhöht sich die Geschwindigkeit.

1.4.4 32-Bit- versus 64-Bit-Systeme

Der Unterschied zwischen 32-Bit- und 64-Bit-Systemen besteht darin, dass 64-Bit-Systeme Daten in längeren Einheiten bewegen können und im Grunde Zugriff auf unbegrenzten Speicherplatz haben, während 32-Bit-Systeme auf 4 GB begrenzt sind und davon in der Praxis sogar noch weniger nutzen können.

64-Bit-Systeme schneiden daher im Vergleich zu 32-Bit-Systemen in ihrer Performance deutlich besser ab. Das heißt, wenn Sie Ihr System mit 16 GB RAM ausrüsten, könnte dies das beste Investment zur Leistungssteigerung sein, seit RAM so preiswert ist. Außerdem ist ein Upgrade von 32 Bit auf 64 Bit sehr preiswert und einfach.

Adobe unterstützt 64-Bit-Systeme in fast allen Applikationen der Creative Suite. After Effects wie Premiere Pro werden seit CS4 für 64-Bit-Systeme gebaut und optimiert.

Bedeutung von 64-Bit-Systemen für die Videobearbeitung | Durch die stets steigende hohe Auflösung der Videoframes und dem Wunsch nach Echtzeitbearbeitung sind 64-Bit-Systeme eine der Kernkomponenten des modernen Workflows.

Zudem werden in der Videoproduktion meist mehrere Applikationen gleichzeitig benötigt, die parallel genutzt werden sollen. Dem trägt bereits die Entwicklung der Prozessoren Rechnung, indem die Anzahl der Prozessorkerne pro CPU kontinuierlich ansteigt, genauso wie auch die verwaltbare RAM-Menge pro Kern (auf bis zu 32 GB und sogar darüber hinaus).

64-Bit-Systeme ermöglichen es, die Prozessorleistung optimal auszunutzen und viele Applikationen simultan laufen zu lassen – meistenteils in Echtzeit. Außerdem sind 64-Bit-Systeme den sich fortwährend erhöhenden Kamera-Auflösungen und Farbtiefe-Anforderungen der zu verarbeitenden Dateien gewachsen.

So kann sich der Produktionsprozess beschleunigen, und das freut uns Software-Nutzer erheblich. Wenn sich Wartezeiten vor dem Rechner verkürzen, können Sie sich wieder auf die kreative

Seite der Arbeit konzentrieren, es sei denn, Sie haben, während After Effects renderte, immer schon neue Projekte entworfen.

Vorteile von 64-Bit-Systemen | Die Performance kann mit 64-Bit-Systemen um etwa das Zehnfache steigen, wenn mit besonders großen Dateien gearbeitet wird, da 64-Bit-Applikationen größere Mengen Speicher adressieren können. Dadurch wird das Auslagern von Dateien auf die Festplatte verringert – einer der größten Faktoren, die die Datenverarbeitungsgeschwindigkeit beeinflussen können.

Für das Zwischenspeichern von Frames ist mehr Speicher verfügbar, wodurch bereits abgespieltes Material länger im Speicher gehalten wird und sich so die Interaktivität bei der Bearbeitung erhöht.

Durch die Verwendung von 64-Bit-Systemen ergeben sich zusammengefasst folgende Vorteile:

- ▶ Da der Arbeitsspeicher den einzelnen Prozessorkernen zugewiesen werden kann, erreichen Sie eine bessere Mehrprozessorverarbeitung und längere RAM-Vorschau in After Effects.
- ▶ Editing in Adobe Premiere Pro wird schneller, besonders bei Dateien in hoher Auflösung.
- ▶ Mehrere Aufgaben können parallel abgearbeitet werden, und die Integration über Dynamic Link geht schneller.
- ▶ Die Anzeige und Arbeit mit Photoshop (bei Windows Vista und Windows 7) wird schneller, besonders bei extrem großen PSD-Dateien
- ▶ Projekte mit hoher Auflösung und Komplexität profitieren vom zusätzlich verfügbaren Speicher.
- ▶ Hintergrundprozesse laufen effizienter.
- ▶ After Effects und Premiere Pro wurden für 64 Bit neu gestaltet, um große Mengen Arbeitsspeicher effektiver zu nutzen (bis zu 20 GB für Premiere Pro allein und bis zu 64 GB für einen großen Production-Premium-Workflow).

Wenn Sie hoffen, 64-Bit-Systeme würden dazu führen, dass, während After Effects rendert, gleichzeitig im Programm weitergearbeitet werden kann, so muss das verneint werden. Dies ist aber möglich, wenn Sie Ihre After-Effects-Kompositionen nicht direkt aus After Effects, sondern über den Standalone-Media-Encoder ausgeben. Dieser arbeitet bei einem Mehrprozessorsystem im Hintergrund alle zugewiesenen Renderaufgaben ab, während Sie die laufenden Applikationen weiter nutzen können.

Typischer Workflow

Als Beispiel könnten in einem typischen Workflow folgende Anwendungen parallel laufen: Compositing in After Effects, Bearbeitung von HD-Material in Adobe Premiere Pro, Verwendung von Kompositionen per Dynamic Link in After Effects und Premiere Pro, Rendern einer Komposition aus After Effects im Hintergrund mit dem Standalone Adobe Media Encoder, Brennen einer Blu-ray Disc in Encore unter Verwendung von via Dynamic Link importiertem Material. Diese fünf konkurrierenden Aktivitäten initiieren etwa zehn Prozesse, wovon jeder bis zu 4 GB Speicher verschlingen kann. Dank der 64-Bit-Optimierung benötigt Production Premium CS5 sehr viel weniger Zeit beim Wechseln zwischen den Applikationen.

Wie viel RAM für After Effects? | Minimal sollten Sie für CS5 2 GB RAM pro Prozessorkern installieren.

▶ **Windows:** Für Windows Vista oder Windows 7 in der 64-Bit-Version können Sie 4 GB pro Prozessorkern verwenden. Bei einem System mit acht Prozessorkernen sind das also maximal 32 GB. After Effects nutzt diesen großen Speicher und die Prozessoren besonders bei höheren Belastungen wie der Vorschauberechnung (RAM-Vorschau) und bei der Mehrprozessorverarbeitung (Rendering). Dazu stellen Sie unter BEARBEITEN • VOREINSTELLUNGEN • SPEICHER & MEHRPROZESSORVERARBEITUNG den benötigten RAM pro CPU ein. Während Sie Ihre Kompositionen bearbeiten, ist keine so hohe Leistung nötig, daher nutzt After Effects bei der Bearbeitung nur einen Prozessorkern und 4 GB.

▶ **Mac:** Arbeiten Sie noch mit Mac OS 10.5, ist der maximal nutzbare Speicher pro Prozessorkern mit 3 GB etwas geringer. Insgesamt reicht es also bei einem System mit acht Prozessorkernen, 24 GB RAM zu installieren.

▶ **Systembremse:** Wie viel Speicher eine Applikation nutzen kann, ist leider durch das verwendete System begrenzt. So kann After Effects unter Mac OS X zwar 3,5 GB RAM verwenden, aber nur 3 GB sind tatsächlich für After Effects nutzbar, da 500 MB für Bibliotheken verwendet werden.

Unter einem 64-Bit-Windows-System werden 4 GB ohne besondere Konfiguration genutzt.

Upgrade auf 64 Bit für Mac | Mac OS Leopard ist bereits 64-Bit-fähig und kann weiteren Arbeitsspeicher nutzen. Sie müssen also nur mehr Arbeitsspeicher installieren.

Upgrade auf 64 Bit für Windows | Wenn Sie 64-Bit-Vista oder 64-Bit-Windows 7 installieren, stellen Sie sicher, dass Ihre Hardware-Treiber für die jeweilige 64-Bit-Version von Windows verfügbar sind, denn die regulären 32-Bit-Treiber funktionieren für diesen Zweck nicht. Außerdem müssen Sie für Vista das Service Pack 1 verwenden. Bei den Applikationen müssen Sie After Effects ab Version 9.0.1 einsetzen bzw. Premiere Pro ab Version 4.0.1.

Wenn Sie 64-Bit-Vista oder -Windows 7, die passenden Treiber und After Effects ab CS4 installiert haben, gehen Sie in After Effects unter BEARBEITEN • VOREINSTELLUNGEN • SPEICHER & MEHRPROZESSORVERARBEITUNG und stellen dort den gewünschten RAM pro Prozessorkern ein. Jeder Kern kann bis zu 4 GB verwenden.

Durch diese Aufteilung kann After Effects die Prozessorkerne optimal ausnutzen.

Einen Überblick, wie viel Speicher Sie jeweils installieren sollten, gibt Ihnen Tabelle 1.2.

	After Effects	Premiere Pro	Production Premium
solider Basis-Workflow	4 GB	4 GB	4 GB
Performance-Konfiguration	8 GB	8 GB	16 GB
High-Performance-Konfiguration	16 GB	16 GB	32 GB

▲ **Tabelle 1.2**
Speicherempfehlung für komfortables Arbeiten

Zukünftige Anforderungen | Adobe bezieht sich zur Vorhersage zukünftiger Anforderungen auf das Moore'sche Gesetz, wie es Intel ebenfalls tut, um die Entwicklung neuer Prozessorarchitekturen vorauszuplanen. So wird die Softwarearchitektur in einem ähnlichen Rhythmus angepasst und optimiert wie die Prozessorarchitektur. Laut Moore'schem Gesetz wird alle zwei Jahre eine neue Prozessorarchitektur eingeführt. Die Tabelle gibt Ihnen einen Überblick über die gegenwärtigen und zukünftigen Anforderungen, die im Bereich der Schnittbearbeitung und des Compositings zu erwarten sind.

Sie können also nichts falsch machen, wenn Sie an Ihrer Altersvorsorge sparen, um mit den zukünftigen Entwicklungen Schritt zu halten. Aber trösten Sie sich ruhig damit, dass schon die meisten der seit 2006 verfügbaren Arbeitsstationen und der seit 2007 verfügbaren Laptops 64-Bit-fähig sind und Sie im Grunde nur noch ein paar Gigabyte RAM besorgen müssen.

	allgemeiner Workflow	High-End-Workflow	Speicher (allgemeiner Workflow)	Speicher (High-End-Workflow)
2004	SD	HD	1 GB	6 GB
2008	HD	2K, 4K, RAW	2 GB	16 GB
zukünftig	4K	8K und mehr, Stereo und höhere Bittiefen	8 GB	64 GB

▲ **Tabelle 1.3**
»SD« steht für Standard Definition und »HD« für High Definition.

2   Begriffe und Standards

In diesem Kapitel erfahren Sie Grundlegendes zur Animation, zu Frames und Keyframes, zu Vollbild und Halbbild, zu Fernseh- und Videonormen und einigem mehr. Einige Begriffe und Standards, die im Folgenden beschrieben werden, begegnen Ihnen nicht nur in After Effects, sondern auch in anderen Applikationen zur Videobearbeitung. Es lohnt sich also, vor der eigentlichen Arbeit mit dem Programm ein paar Minuten auf die folgenden Themen zu verwenden.

2.1   Was ist Animation?

Hätten Sie diese Frage vor zwanzig Jahren gestellt, hätte die Antwort sicher immer gelautet: Animation hat etwas mit Trickfilm zu tun. Und falsch ist die Antwort ja auch heute noch nicht. Aus dem Fernsehen und Kino sind Animationen nicht mehr wegzudenken; mit der klassischen Trickfilmanimation haben sie aber meistens nicht viel zu tun, jedenfalls was den Arbeitsablauf betrifft. Man kann die Art der Animation in zwei Kategorien einteilen: die traditionelle Einzelbildanimation und die modernere Keyframe-Animation.

2.1.1   Einzelbildanimation

Zusammenfassend gesagt, setzt sich eine Animation aus schnell nacheinander gezeigten Einzelbildern zusammen, wobei jedes Bild eine leichte Veränderung gegenüber dem vorigen Bild enthält.

Es gibt verschiedene Möglichkeiten, wie die einzelnen Bilder erstellt werden. Für den Trickfilm wurde jeder Bewegungsschritt beispielsweise einzeln auf sogenannten **Cels** (Kurzname für Celluloid) gezeichnet. Es handelt sich dabei um transparente Folien, die es ermöglichen, einen unbewegten Hintergrund durch mehrere Folien mit unterschiedlichen Bewegungsschritten zu überlagern. Erst durch das schnelle Abspielen der einzelnen Bilder nacheinander entsteht der Eindruck einer Bewegung.

Animationen aus einzeln erstellten Bildern können Sie in After Effects leicht herstellen, was in Kapitel 5, »Der Import«, zur Sprache kommt.

Einzelbildsequenzen kommen in After Effects häufig sowohl beim Import als auch beim Export zum Einsatz – sei es, um Animationen in höchster Qualität aus anderen Applikationen zur Weiterverarbeitung in After Effects zu übernehmen oder um Daten aus After Effects zur Weiterverwendung zu nutzen, beispielsweise für den Transfer auf Filmmaterial.

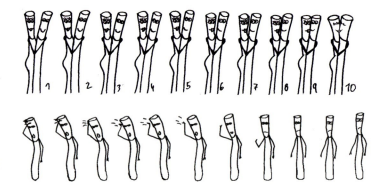

Abbildung 2.1 ▶
Die Bilder einer Einzelbildanimation erwecken den Eindruck einer Bewegung, wenn sie schnell nacheinander abgespielt werden.

Abbildung 2.2 ▶
Für einen Trickfilm wird jedes Bild einzeln gezeichnet.

2.1.2   Keyframe-Animation

Der große Vorteil der computergestützten Animation liegt in der Automatisierung vieler Animationsprozesse. Veränderungen einer Form in die andere, Positionsveränderungen, Drehungen und dergleichen werden automatisch berechnet. In After Effects können Sie beinahe jede Eigenschaft eines Bildes, Videos oder einer Tondatei über die Zeit verändern, also animieren. Was Sie dazu benötigen, sind die sogenannten Keyframes.

Abbildung 2.3 ▶
In After Effects kann beinahe jede Eigenschaft animiert werden.

▲ **Abbildung 2.4**
Der animierte Effekt EINFÄRBEN

Frames und Keyframes | In After Effects setzen sich Animationen aus einzelnen Bildern zusammen: den Frames. Jeder Frame enthält dabei wieder eine kleine Veränderung gegenüber dem vorigen und dem nachfolgenden Bild. Alle Bilder zusammen abgespielt ergeben die Animation, die Bewegung.

Es ist aber nicht nötig, jedes einzelne Bild selbst zu »zeichnen«. Es werden nur ein Anfangs- und ein Endbild der Animation und die **Interpolationsart** für die fehlenden Zwischenbilder definiert. In mindestens zwei Schlüsselbildern, den Keyframes, werden die Ausgangssituation und die Veränderung »gespeichert«. Mehr ist für eine Animation grundsätzlich nicht nötig. Den Rest erledigt After Effects für Sie.

▼ **Abbildung 2.5**
Mindestens zwei Keyframes sind für eine Animation nötig. Das Berechnen der Zwischenwerte für die einzelnen veränderten Bilder nennt man Interpolation.

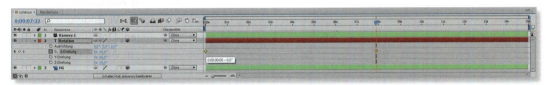

Framerate | Wie schon erwähnt wurde, entsteht der Eindruck von bewegten Bildern durch ein schnelles Abspielen der Bilder nacheinander. Bei einem Kinofilm sind dies immer volle Bilder. Damit unser Auge die einzelnen Bilder nicht mehr als solche erkennt, müssen sie in einer bestimmten Geschwindigkeit abgespielt werden. Diese Geschwindigkeit nennt man **Abspielgeschwindigkeit** oder auch Framerate.

Damit unser Auge die einzelnen Bilder als Bewegungsablauf und einigermaßen flüssig wahrnimmt, müssen mindestens 16 Bilder pro Sekunde angezeigt werden. Für einen Kinofilm werden 24 Bilder pro Sekunde projiziert, beim Fernsehstandard PAL 25 und bei NTSC 29,97. Die Maßeinheit für die Framerate ist fps (Frames per Second) oder bps (Bilder pro Sekunde).

Wenn Sie After Effects verwenden, können Sie mit verschiedenen Frameraten innerhalb eines Projekts arbeiten, das heißt, Sie können Rohmaterial mit unterschiedlichen Frameraten importieren und Kompositionen mit verschiedenen Frameraten anlegen und ausgeben.

[Interpolation]
Interpolation ist das Berechnen von Zwischenwerten aus vorhandenen Werten. Dies können beispielsweise Farb- und andere Bildinformationen sein. Durch die Interpolation kann die fehlende (Bild-)Information errechnet werden.
Dabei kann die Interpolationsart z. B. zwischen »Linear« und »Bézier« gewechselt werden, was jeweils eine andere Berechnung der Zwischenwerte zur Folge hat. Das Ergebnis ist in Werte- oder Geschwindigkeitskurven darstellbar.

2.2   Auflösung

Ein Bild wird in einzelne Punkte aufgelöst, um es zu drucken oder am Computer sichtbar zu machen. Die Qualität eines Bildes hängt von der Dichte der dargestellten Bildpunkte auf einer bestimmten Fläche ab. Je mehr Punkte pro Zoll vorhanden sind, desto feiner ist die Auflösung. Die Maßeinheit hierfür ist dpi (Dots per Inch).

In der analogen Fernseh- und Videotechnik wird ein Bild nicht in Punkte zerlegt, sondern in Zeilen. Die Auflösung eines analogen Videobildes hängt somit von der Anzahl der Zeilen ab, aus denen sich ein Video- oder Fernsehbild zusammensetzt. Für die Darstellung eines analogen Video- oder Fernsehbildes am Computermonitor wird die zeilenweise Auflösung in Pixel umgerechnet.

Für die Auflösung in der Video- und Fernsehtechnik haben sich einige Standards durchgesetzt, wie später noch eingehend gezeigt wird.

2.2.1   Vollbild oder Halbbild

Zeilensprungverfahren und Bildwechselfrequenz | Im analogen Fernseher werden die empfangenen Bilder nicht etwa wie bei einem Diavortrag hintereinander auf den Bildschirm projiziert, sondern jedes Bild wird im sogenannten **Zeilensprungverfahren** in zwei Halbbilder geteilt. Der Elektronenstrahl »zeichnet« dabei zuerst die Zeilen eines Halbbildes mit gerader Nummerierung auf den Bildschirm und anschließend die Zeilen eines Halbbildes mit ungerader Nummerierung. Dies geschieht mit einer bestimmten Frequenz, der **Bildwechselfrequenz**, die dafür sorgt, dass der Wechsel der Bilder von unserem trägen menschlichen Auge nicht wahrgenommen wird. Darum erscheinen uns die beiden nacheinander gezeigten Halbbilder wie ein volles Bild. Außerdem leuchtet die Beschichtung auf dem Bildschirm noch eine Weile nach, nachdem der Elektronenstrahl sie dazu angeregt hat.

Die Splittung der einzelnen Bilder sorgt wie die Bildwechselfrequenz für ein »flüssigeres« Sehen. Wenn pro Sekunde beispielsweise 25 volle Bilder dargestellt werden sollen, entstehen durch das Splitting 50 halbe Bilder pro Sekunde.

Mit der 100-Hz-Technik bei Fernsehgeräten wurde dem besonders bei schnell bewegten Aufnahmen wie in Sportsendungen wahrnehmbaren Flimmern entgegengewirkt. Bei 3D-Fernsehgeräten ist sogar die 200-Hz-Technik für ein flüssiges Fernsehbild nötig. Diese Frequenz wird in den entsprechend ausgestatteten Geräten selbst erzeugt, das heißt, die Sendefrequenz von 50 Hz wird im Gerät mittels Zwischenspeicherung der Bilder und anschließend verdoppelter Frequenz auf 100 Hz bzw. 200 Hz gesteigert.

▲ **Abbildung 2.6**
Beim Zeilensprungverfahren wird ein volles Bild in zwei Halbbilder geteilt, die auch oberes ...

▲ **Abbildung 2.7**
... und unteres Halbbild genannt werden.

Interlaced | Bei der Beschäftigung mit Videodaten wird Ihnen der Begriff **interlaced** immer wieder begegnen. Er bezeichnet die Aufteilung eines Vollbildes in die beiden Halbbilder. Die Halbbilder werden **oberes Halbbild** (oder »Upper Field«, »Field 1« oder »Odd Field«) und **unteres Halbbild** (»Lower Field«, »Field 2« oder »Even Field«) genannt.

▲ **Abbildung 2.8**
Zwei halbe, in Zeilen aufgelöste Bilder ergeben dieses Vollbild.

▲ **Abbildung 2.9**
Beim Progressive Scan wird das Bild in einem Durchgang zeilenweise aufgebaut. Halbbilder entstehen dabei nicht.

In After Effects können Sie verschiedene Videodateiformate verarbeiten und Ihre fertige Animation für die Ausgabe auf Video in

Halbbildern ausgeben. Wenn Sie eine Animation für den Computer produzieren, müssen Sie sich bei der Ausgabe um die Halbbilder keine Gedanken machen und geben die Animation in vollen Bildern aus. Der Computermonitor, aber auch Plasmageräte und Beamer stellen jedes Bild zeilenweise von oben nach unten in einem einzigen Durchgang dar (**Progressive Scan**). Halbbilder sind in diesen Fällen unerwünscht, da sie Artefakte verursachen. Ebenso verhält es sich mit heutigen LCD-Fernsehern.

HDTV | Auch in Zeiten von HDTV wird das Zeilensprungverfahren noch angewendet. Dies hat vor allem damit zu tun, dass derzeit noch für ältere Empfangsgeräte eine Kompatibilität erreicht werden muss. Technisch ist für HDTV jedoch sowohl die Aufzeichnung als auch das Senden von Vollbildmaterial möglich. Die Aufzeichnung in Zeilen lässt HDTV ebenfalls zu, um die Kompatibilität nötigenfalls zu sichern. Letztlich entscheiden die Sendeanstalten, ob sie im Vollbild- oder im Halbbildmodus senden. Eine Umwandlung von Vollbildern in Zeilen erfolgt gegebenenfalls durch Geräte wie Digital-Receiver oder DVD-Player. Umgekehrt ist die Umwandlung von in Zeilen zerlegten Bildern in Vollbilder (Deinterlacing), die die aktuellen LCD- und Plasmafernseher bei interlaced gesendetem Material leisten müssen, problematischer, da hierbei Artefakte, also Bildstörungen, auftreten können und ein einzelnes Halbbild zu einem Vollbild skaliert werden muss.

2.2.2　Bildformat

Das noch heute verbreitete Bildformat mit einem Verhältnis von Breite zu Höhe von 4:3 fand schon zu Beginn der Filmgeschichte im Stummfilm Verwendung. Es wird auch als **Normalformat** oder als 1:1,33-Format bezeichnet. Zum Standard wurde das Format von der Academy of Motion Picture Arts and Sciences erklärt, weshalb es auch den Namen **Academy Ratio** trägt. Es entwickelte sich in den fünfziger Jahren zu einem weitverbreiteten Format, da auch das Fernsehbild nach diesem Standard definiert wurde.

Demgegenüber gibt es Breitwandformate mit einem Verhältnis von Breite zu Höhe von 16:9. Das 16:9-Format heißt auch **Widescreen** und wird bei HDTV verwendet.

Das Frame- oder Bildseitenverhältnis steht für die Breite und Höhe des gesamten Bildes. Neben den Bildformaten bzw. Frameseitenverhältnissen spielt das Pixelseitenverhältnis eine wichtige Rolle. Dazu erfahren Sie mehr in Abschnitt 2.3.5, »Pixelseitenverhältnis«.

◄ **Abbildung 2.10**
Das 16:9-Format (Widescreen)
entspricht den menschlichen Sehgewohnheiten am besten.

2.2.3 8 Bit, 16 Bit und 32 Bit

In After Effects können Sie die **Projektfarbtiefe** mit 8, 16 oder 32 Bit wählen.

Wenn Sie mit einer höheren Farbtiefe als 8 Bit arbeiten, können mehr Farben pro Pixel dargestellt werden, wodurch die Bildqualität höher ist. Mit einer höheren Farbtiefe erreichen Sie feinere Details, Glanzlichter und Verläufe. Für Effektbearbeitungen, Farbkorrektur und das Keying ist eine höher gewählte Farbtiefe allemal ratsam.

Während eine Farbtiefe von 8 Bit allgemein noch recht verbreitet ist, ist eine höhere Farbtiefe im professionellen Bereich schon lange gang und gäbe. Die bereits in After Effects 7 hinzugekommene Unterstützung der 32-Bit-Farbtiefe ist allerdings für den allgemeinen Gebrauch noch Zukunftsmusik. Trotzdem können Sie Dateien in Photoshop und in 3D-Software in 32 Bit erstellen und in After Effects verwenden. Effekte wie Tonwertkorrektur, Leuchten, Richtungsunschärfe, Malen und sehr viele mehr sind bereits in der 32-Bit-Farbwelt einsetzbar. Sie erkennen das in der Palette EFFEKTE UND VORGABEN an einer kleinen »32« an den Effektordnern.

Sie bestimmen die Projektfarbtiefe über DATEI • PROJEKTEINSTELLUNGEN unter TIEFE.

[Farbtiefe]
Die Farben eines Pixels werden in After Effects durch je einen Farbkanal für Rot, Blau und Grün dargestellt. Je höher der pro Kanal zur Verfügung stehende Bit-Wert ist, desto mehr Farbabstufungen sind pro Kanal darstellbar.
Die Farbtiefe bezeichnet also die Anzahl der Bits pro Kanal (bpc).

2.3 Fernsehnormen

Zur Übertragung von Bildsignalen vom Ausstrahlungsort zum Empfänger wurden verschiedene Standards entwickelt. Beim früheren Schwarzweißfernsehen wurden nur die Helligkeitswerte übertragen, erst später kamen die Farbinformationen hinzu. Die Normen unterscheiden sich unter anderem durch die unterschiedliche Anzahl der Zeilen und durch die verschiedene Bildwechselfrequenz.

Für die Übertragung der Farbinformation haben sich NTSC, PAL und SECAM als Standards durchgesetzt.

2.3.1 NTSC

1940 wurde das National Televisions System Committee (NTSC) in den USA gegründet, um den über eine einheitliche Fernsehnorm entbrannten Konflikt einiger Firmen zu lösen. 1941 folgte die Einführung des NTSC-Systems in Schwarzweiß und 1953 in Farbe.

Bei der Einführung in Schwarzweiß wurde die Bildwechselfrequenz an das Wechselstromnetz der USA angepasst und lief mit 60 Hz. Es wurden 30 volle Bilder bzw. 60 Halbbilder pro Sekunde übertragen, was für eine flimmerfreie Darstellung der Bilder ausreichte. Die Auflösung wurde auf 525 Zeilen pro Bild festgelegt. Davon werden 480 Zeilen für die Bildinformation benutzt, der Rest für andere Informationen wie Untertitel.

[Hertz]
Hertz (Hz) bezeichnet die physikalische Einheit für Schwingungen pro Sekunde (Frequenz).
1 Kilohertz (kHz) = 1.000 Hz.

Die Einführung des Farbfernsehens baute auf der Schwarzweißtechnologie auf. Die Bildwechselfrequenz wurde dabei auf 29,97 Vollbilder pro Sekunde festgelegt. Ein großer Nachteil des NTSC-Systems besteht in der Anfälligkeit des Bildsignals bei der Übertragung über Funk und Kabel, was zu erheblichen Farbtonveränderungen führen kann.

Verwendung findet das NTSC-System heute in Nord-, Mittel- und Südamerika und in Ostasien.

CCIR

Das europäische Pendant zum NTSC (National Televisions System Committee) ist das CCIR (Comité Consultatif International des Radiocommunications). Inzwischen hat das CCIR den Namen gewechselt: Es heißt ITU-R (Radiocommunication Bureau) und ist Teilorganisation der ITU (International Telecommunications Union).
Das CCIR legte den Standard für ein Schwarzweißformat mit einer Auflösung von 625 Zeilen pro Bild und einer Bildwechselfrequenz von 25 Vollbildern bzw. 50 Halbbildern pro Sekunde fest. PAL und SECAM basieren größtenteils auf diesem Standard und bilden eine Farbspezifikation.

2.3.2 PAL

Die PAL-Spezifikation (Phase Alternating Line) basiert auf der NTSC-Technologie und wurde von der Firma Telefunken in Deutschland entwickelt. Beim PAL-System treten die störenden Farbschwankungen des NTSC-Systems nicht mehr auf.

Der Standard, der das PAL- und das NTSC-System definiert, wurde 1998 von der ITU unter dem Titel ITU-R BT.470-6 publiziert. Die ITU geht auf den 1865 gegründeten Internationalen Telegraphenverein zurück und ist heute Teilorganisation der UNO.

Die Bildwechselfrequenz wurde bei PAL auf 50 Hz, passend zur europäischen Netzfrequenz, festgelegt. Es werden 25 Vollbilder, also 50 Halbbilder pro Sekunde, übertragen. Allgemein üblich benutzt das PAL-System ein Videoformat mit 625 Zeilen pro Bild. Davon werden 575 Zeilen für die Bildinformation und die übrigen für andere Informationen wie Videotext benutzt.

Verbreitet ist PAL in Deutschland und weiten Teilen Europas, in einigen afrikanischen und asiatischen Ländern und in Australien.

2.3.3   SECAM

Das SECAM-System (Séquentiel Couleur avec Mémoire) wurde in Frankreich aus politischen Gründen entwickelt, um die einheimischen Gerätehersteller vor Importen ausländischer Geräte zu schützen. In Frankreich wurde die Anzahl der Zeilen pro Bild auf 819 erhöht. In den früheren Ostblockstaaten, in denen das SECAM-System ebenfalls aus politisch motivierten Gründen eingeführt wurde, hielt man sich an die Norm der CCIR mit 625 Zeilen pro Bild. Das SECAM-System arbeitet wie das PAL-System mit 50 Hz und überträgt 25 Vollbilder bzw. 50 Halbbilder. Nachteil des SECAM-Systems ist die Störanfälligkeit des Signals, die zu Farbrauschen führen kann.

SECAM wird heute noch in vielen Ländern Osteuropas und in Frankreich verwendet.

2.3.4   PAL, SECAM und NTSC digital

Die Standards PAL, SECAM und NTSC existieren nicht nur im analogen, sondern auch im digitalen Bereich. Allerdings gibt es dabei einige Unterschiede zu den analogen Normen. Die Bildauflösung wird zwar noch von der Auflösung in Zeilen hergeleitet, die Maßeinheit ist aber Pixel. So hat ein digitales PAL-Format eine Auflösung von 720 × 576 rechteckigen Pixeln. Ein digitales NTSC-Format hat eine Auflösung von 720 × 480 Pixeln.

Im Gegensatz zu den analogen Standards sind DVDs mit digitalem PAL und digitalem NTSC nicht mit verschiedenen Farbsystemen kodiert, sondern mit YUV 4:2:0, einer Kompressionsform beim **Farbsampling**. Erst im DVD-Player wird ein SECAM-, NTSC- oder PAL-Videosignal erzeugt. So ist es möglich, eine NTSC-DVD auf einem PAL-DVD-Player abzuspielen und umgekehrt. Ebenso verhält es sich bei der Wiedergabe einer PAL-DVD auf einem SECAM-DVD-Player.

Auch die unterschiedliche Bildwechselfrequenz von 25 Vollbildern pro Sekunde bei PAL und SECAM und 30 Vollbildern pro Sekunde bei NTSC kann von den meisten DVD-Playern entsprechend erzeugt werden; eher verhindert der Fernseher oder der Regionalcode die Wiedergabe.

[Farbsampling]
Durch das Farbsampling ist eine Verringerung der Datenmenge von analogen Videosignalen vor der Speicherung möglich. Weitere Informationen dazu erhalten Sie in Kapitel 20, »Farbkorrektur«.

2.3.5   Pixelseitenverhältnis

In der Videobearbeitung am Computer taucht häufig der Begriff **Pixel Aspect Ratio** (PAR) oder **Pixelseitenverhältnis** auf. Man unterscheidet quadratische Pixel mit einem gleichen Seitenverhältnis (1:1) und rechteckige Pixel mit einem unterschiedlichen Pixelseitenverhältnis (z. B. 1:1,067). Dieser Umstand führt oft zur

Verwirrung. Er resultiert aus der Umwandlung von Videodaten von der analogen in die digitale Welt und umgekehrt.

Eine Zeile mehr | In der analogen Fernsehtechnik wurden für die PAL-Fernsehnorm 575 Bildzeilen für das aus zwei Halbbildern bestehende Fernsehbild festgelegt. Für die digitale Welt wurden die 575 Zeilen jedoch in 576 Pixel für die Bildhöhe bei digitalem PAL übersetzt. Der Grund liegt in der besseren Berechnung bei der Interpretation der analogen Halbbilder, die in die digitalen Pixel übersetzt werden müssen. Aus 575 Zeilen hätten sich so 287,5 Pixel für ein Halbbild ergeben. Bei 576 Bildpunkten erhalten wir die gerade Zahl von 288 Pixeln.

PAL digital | Der digitale PAL-Standard wurde vom CCIR (Comité Consultatif International des Radiocommunications, heute ITU) im Protokoll ITU-R BT.601 festgelegt. Das Bildseitenverhältnis wurde für digitales PAL mit 4:3 festgeschrieben. Bei 576 Pixeln Höhe ergibt sich also eine Breite von 768 Pixeln. Um eine Annäherung an den digitalen NTSC-Standard zu erreichen, der mit 640 × 480 quadratischen Pixeln festgelegt ist, wurde das PAL-Format auf eine Größe von 720 × 576 rechteckigen Pixeln geschrumpft. Und da haben wir das Problem.

Damit bei der analogen Übertragung die PAL-Fernsehnorm mit einer Breite von 768 Pixeln auch mit den 720 Pixeln erreicht wird, müssen die 720 Pixel etwas breiter sein. Die Pixel sind nicht mehr quadratisch, sondern rechteckig, und das Seitenverhältnis beträgt etwa 1:1,067 bei PAL. Daraus ergibt sich, dass ein DV-PAL-Video am Computermonitor schmaler aussieht als im Original, denn der Computermonitor stellt wiederum nur quadratische Pixel dar. Andersherum können Grafiken, die im Computer erstellt wurden, im Fernseher breiter dargestellt werden, wenn die Grafik nicht entsprechend vorbereitet wurde.

Mehr wissen?

Wenn Sie wissen wollen, wie Sie der Problematik Pixelseitenverhältnis in After Effects begegnen, lesen Sie weiter in Abschnitt 5.6.3, »Pixel Aspect Ratio (PAR)«.

2.4 HDTV

HDTV (High Definition Television), das hochauflösende Fernsehen, bildet neben den analogen Fernsehsystemen eine dem digitalen Zeitalter gerechte Weiterentwicklung des Fernsehens. HDTV ist ein Sammelbegriff für mehrere Fernsehnormen und arbeitet gegenüber PAL, SECAM und NTSC mit einer weit höheren Bildauflösung.

Bei der progressiven Wiedergabe (nur Vollbilder) wird eine Bildauflösung von 1.280 × 720 Pixeln verwendet. Die Bezeichnung dafür lautet »720p«. Für die Interlaced-Wiedergabe (in

Halbbildern) mit der Bezeichnung »1080i« wird eine Bildauflösung von 1.920 × 1.080 Pixeln verwendet.

Die Bildwechselfrequenz kann bei HDTV 25 oder 50 volle Bilder pro Sekunde bzw. 50 Halbbilder pro Sekunde (EBU) und 24, 30 oder 60 volle Bilder pro Sekunde bzw. 60 Halbbilder pro Sekunde (FCC/ATSC-System) betragen.

Während in Europa die Einführung des HDTV erst so langsam in Gang gekommen ist, wird in den USA bereits seit der Jahrtausendwende in HDTV gesendet. In Japan wurden schon Mitte der neunziger Jahre Programme in HDTV übertragen.

Ähnlich wie in dem Märchen von Hase und Igel, die einen Wettlauf machen, hat Europa durch seine Langsamkeit den Vorteil gewonnen, später entwickelte Technologieverbesserungen wie die Übertragung der Bilddaten in MPEG-4 für sein HDTV verwenden zu können. Europa hat dadurch, wie zuvor mit dem PAL-System, die Nase vorn.

After Effects ist schon seit Langem auf die HDTV-Auflösungen vorbereitet und bietet Einstellungen sowohl für 1.280 × 720 Pixel als auch für 1.920 × 1.080 Pixel.

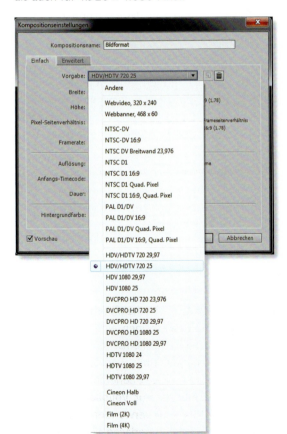

▲ **Abbildung 2.11**
Geräte mit dem Gütesiegel »HD ready« sind HDTV-fähig.

HDTV-fähige Geräte

In Europa werden HDTV-fähige Geräte (also Monitore, Fernseher und Displays) mit dem Gütesiegel »HD ready« versehen.

Für die Vergabe des »HD ready«-Siegels müssen die Geräte eine minimale native Auflösung von 720 Bildschirmzeilen, das 16:9-Seitenverhältnis und die Formate 720p (1.280 × 720 bei 50/60 progressiv) und 1080i (1.920 × 1.080 bei 50/60 interlaced) unterstützen. Mit dem HDTV-Symbol werden HDTV-fähige Receiver und Empfangsgeräte gekennzeichnet.

▲ **Abbildung 2.12**
HDTV-fähige Receiver und Empfangsgeräte werden mit dem HDTV-Symbol gekennzeichnet.

Wer keinen alten Computermonitor besitzt, kann sich freuen, bereits ein Wiedergabegerät für HDTV zu haben, da die neuen Monitore über eine entsprechende Auflösung verfügen.

◄ **Abbildung 2.13**
After Effects bietet Einstellungen für die HDV- und HDTV-Produktion als voreingestellte Formate an.

2.4.1   4:3- und 16:9-Format

Das allgemein gebräuchliche 4:3-Format mit einem Bildseitenverhältnis von 1,33:1 findet bei HDTV keine Anwendung mehr, obwohl es auf den Wiedergabegeräten ausgestrahlt werden kann. Stattdessen arbeitet HDTV mit einem 16:9-Format mit einem Bildseitenverhältnis von 1,78:1 und quadratischen Pixeln. Das auch unter dem Namen Widescreen bekannte Format ergibt einen breitwandigen Kinoeindruck und entspricht den menschlichen Sehgewohnheiten besser als das 4:3-Format.

2.5   Ultra HDTV

Ultra HDTV (Ultra High Definition [UHD], Ultra High Definition Video [UHDV], Extreme Definition Video and 8K) ist derzeit noch ein experimentelles Fernsehformat des staatlichen japanischen Rundfunksenders NHK, in dem etwa 2025 regulär gesendet werden könnte. Getestet wurde es 2003.

Im Vergleich zum HDTV-Standard ist das Format vier Mal so breit und hoch und weist somit eine Auflösung von 7.680 × 4.320 Pixel auf. Dies ist die 16-fache Auflösung von HDTV. Die Bildwechselfrequenz liegt bei 60 Vollbildern pro Sekunde, die Farbtiefe pro Kanal bei 10 Bit.

Hinzu kommt eine deutlich höhere Soundqualität bei 24 Audiokanälen, die mit 24 Lautsprechern nutzbar sind.

Nicht zu verwechseln ist Ultra HDTV (UHDTV) mit Ultra Definition Television (UDTV), das nur ein Zwischenformat auf dem Weg zu Ultra HDTV darstellt.

2.6   Videonormen

Für die Aufzeichnung von Bilddaten ist in der Vergangenheit eine ganze Reihe an Aufzeichnungsverfahren entstanden. Ein einheitlicher Standard hat sich dabei leider nicht durchgesetzt. Am bekanntesten sind sicherlich die Aufzeichnungsverfahren VHS und S-VHS, die es ermöglichen, Videos auf älteren Videorekordern abzuspielen. Etwas neueren Datums ist die DV-Technologie, die sowohl im Consumer- als auch im Profibereich eingesetzt wird.

2.6.1   DV

DV ist ein Sammelbegriff, der sowohl für eine bestimmte Bandart zur Aufzeichnung von Videodaten als auch für eine speziell bei dieser Aufzeichnung verwendete Komprimierung der Videodaten

---

VHS und S-VHS

VHS (Video Home System) wurde von der Firma JVC entwickelt und ist ein analoges Aufnahme- und Wiedergabesystem. Die Daten werden bei VHS auf einem Magnetband gespeichert. S-VHS (Super Video Home System) ist eine Weiterentwicklung von VHS und damit abwärtskompatibel. S-VHS erlaubt die Aufzeichnung einer gegenüber VHS beinahe verdoppelten Auflösung. Die bessere Bildqualität gegenüber VHS resultiert außerdem aus der Trennung der Farb- und der Helligkeitsinformation bei der Aufzeichnung, einem schnelleren Bandtransport und einer höheren Bandqualität.

---

verwendet wird. Außerdem werden Kameras, die eine entsprechende Komprimierung und ein Band für die Aufzeichnung verwenden, als DV-Kameras bezeichnet.

Zunächst wurde das DV-Aufzeichnungsverfahren von Sony
1997 für den Consumer-Bereich eingeführt. Bald kamen DVCAM
von Sony und DVCPRO von Panasonic als Weiterentwicklung für
den Profibereich hinzu. Das Revolutionäre an der Technologie von
Sony ist, dass Bilddaten nicht analog, sondern digital aufgezeichnet werden. Das heißt, die in der Kamera ankommenden analogen Bildsignale werden vor der Speicherung in digitale Signale
umgewandelt und erst dann auf ein Magnetband aufgezeichnet.

Während bei der analogen Aufzeichnungsvariante Bildverluste bei Bandfehlern nicht wiederherstellbar waren, können
diese bei DV durch Korrekturmechanismen vermieden werden.
Auch bei der Übertragung der Videodaten ergeben sich Vorteile
durch die vorherige Digitalisierung, da keine sogenannten Gene-
rationenverluste mehr entstehen.

Die Qualität der DV-Aufnahmen im Consumer-Bereich wird
durch mehrere Komprimierungsvorgänge der Bilddaten **vor** der
Aufzeichnung geschmälert, obwohl immer noch eine sehr hohe
Qualität erreicht wird. Vor der Speicherung durchlaufen die
ankommenden Bilddaten eine kleine Fabrik, bei der sie mehrfach komprimiert werden, bis eine kontinuierliche Datenrate von
25 Mbit/s erreicht wird. Diese Komprimierung wird als **DV25**
bezeichnet. Die CCD-Wandler der Kamera liefern dabei ein RGB-
Signal. Die Abtastung des Signals erfolgt mit 4:2:0-Farbsampling,
wobei die RGB-Daten in den YUV-Farbraum übertragen werden.

Die Daten können digital über die Firewire-Schnittstelle (auch
als IEEE 1394 und i.LINK bekannt) übertragen und auf der Festplatte gespeichert werden. DV-Camcorder im Consumer-Bereich
verwenden zur Speicherung auf Band MiniDV-Kassetten.

[Datenrate]
Die Datenrate bezeichnet die
Menge der innerhalb einer bestimmten Zeit übertragenen Daten. Mit der Datenrate wird auch
die Geschwindigkeit beschrieben,
mit der Daten von Speicherme-
dien gelesen werden.

2.6.2   DVCAM und DVC Pro

DVCAM ist die professionelle Variante des DV-Formats und ist mit
DV kompatibel. DVCAM-Geräte sind in der Lage, DV-Aufnahmen
abzuspielen und umgekehrt. Die Bandgeschwindigkeit ist gegenüber DV erhöht, wodurch weniger Daten auf einem Band gespeichert werden und dieses dadurch weniger störanfällig wird. Ein
weiterer Vorteil gegenüber DV besteht darin, dass Signale mit einer
um die Hälfte verbreiterten Spur auf das Band geschrieben werden.
Das Resultat ist eine bessere Resistenz gegen Störungen wie z. B.
Staub, Spurabweichungen oder mechanische Einwirkungen wie
Rütteln. Außerdem sind Audio und Video starr verkoppelt, was bei

DV leider nicht der Fall ist. Zusätzlich ist eine Audioaufzeichnung mit vier Tonspuren möglich. Die Komprimierung erfolgt wie bei DV.

Das Format DVCPRO basiert ebenfalls auf dem DV-Format. Auch hier wurde die Bandgeschwindigkeit erhöht. Für PAL wird mit einer Komprimierung der Farbinformation von 4:1:1 gearbeitet. Das weiterentwickelte Format DVCPRO50 arbeitet mit einer höheren Datenrate von 50 Mbit/s und einem Farbsampling von 4:2:2.

2.6.3 DVCPROHD

Wie DVCAM und DVCPRO wurde auch DVCPROHD von Panasonic aus dem DV-Format entwickelt. DVCPROHD arbeitet mit 4:2:2-Farbsampling und einer Datenrate von 100 Mbps. Die Komprimierung der Bilddaten erfolgt Intra-Frame wie bei den anderen DV-Formaten. Die Bandgeschwindigkeit ist im Vergleich zu DVCPRO viermal so hoch, so dass sich somit die Laufzeit der Kassette verringert. Allerdings kann auch auf P2-Karten bandlos aufgezeichnet werden, und die Speicherkapazität dieser Karten nimmt weiterhin zu.

2.6.4 HDV

HDV (High Definition Video) wurde entwickelt, um hochauflösendes Video auf den im Consumer-Bereich eingesetzten MiniDV-Kassetten aufzuzeichnen. Dabei wird eine MPEG-2-Komprimierung verwendet.

Bei dieser Kompression werden mehrere aufeinanderfolgende Bilder zu Bildblöcken (GOP- bzw. IBP-Struktur) zusammengefasst. Ein framegenauer Schnitt von solchem MPEG-2-Long-GOP-Material ist problemlos möglich, und das mit allen aktuellen Schnittsystemen.

Die Auflösung ist gegenüber HDTV geringer und beträgt 1.440 × 1.080 Pixel, wenn mit bester Qualität aufgezeichnet wird. Die Aufzeichnung ist in dieser Auflösung bei älteren HDV-Camcordern nur im Interlaced-Modus, also in Halbbildern, möglich. Mittlerweile bieten Sony und Canon HDV-Camcorder an, die auch im 1.080-Format eine progressive Aufzeichnung mit 24, 25 oder 30p erlauben.

Bei der Framerate kann zwischen 60 und 50 Halbbildern pro Sekunde gewählt werden. Bei der Aufzeichnung mit 1.280 × 720 Pixeln ist auch bei älteren Camcordern eine Aufzeichnung im Vollbildmodus möglich, also progressiv mit den Frameraten 60, 50, 30 und 25 pro Sekunde.

Dieses Format wird in Zukunft immer wichtiger werden. After Effects ist bereits seit der Version 7 durch entsprechende Kompositionsvorgaben dafür gerüstet.

D1, D5

D1 ist ein Videokassetten- und Videorekorderformat, das die Videonorm CCIR-601 bzw. ITU-R 601 verwendet. Die Pixel sind in dieser Norm nicht rechteckig und werden bei der Darstellung auf dem Computermonitor leicht verzerrt. Bei D1 und dem neueren D5-Standard werden die Videodaten, der Videonorm entsprechend, mit einer Auflösung von 4:2:2 und unkomprimiert gespeichert. Aufgrund der hohen Qualität der nach dieser Norm gespeicherten Videodaten werden D1 und D5 zur Archivierung sowie als Mastertapes in der Musikindustrie und in der Werbung verwendet und eignen sich für hochwertige Postproduktion. Das D1-Format bildet die Basis für die digitalen Bandformate und die digitale Signalverarbeitung von Video-Informationen.

2.6.5 HDCAM und HDCAM SR

Das HDCAM-Format wird im Profibereich eingesetzt, vor allem in der HDTV-Produktion und für Kinofilme. HDCAM wurde 1997 von Sony entwickelt und 2003 durch HDCAM SR ergänzt.

HDCAM arbeitet mit einem digitalen Pre-Filter, weswegen aus den 1.920 × 1.080 (16:9-Bildformat) in 4:2:2 nur noch 1.440 × 1.080 in 3:1:1 aufgezeichnet werden. Eine hohe Detailtreue, ein hoher Kontrastumfang und eine hohe Schärfe sind hierbei gewährleistet.

Nur HDCAM SR kann die volle HD-Auflösung (oder auch 1.280 × 720) in 10 Bit mit 4:2:2 bzw. 4:4:4 aufzeichnen, woraus eine Datenrate von 440 bzw. 880 Mbit/s entsteht.

Die Framerate von HDCAM-Camcordern kann zwischen 24 Frames und den für die Broadcast-Produktion üblichen Frameraten umgeschaltet werden.

2.6.6 XDCAM SD, XDCAM HD und XDCAM EX

XDCAM wurde 2003 von Sony eingeführt. Die Aufzeichnung erfolgt nicht mehr auf Band, sondern auf Professional Disc mit Speichergrößen von 23,3 und 50 GB.

XDCAM (SD) arbeitet mit 8 Bit und einer Datenrate von 25 Megabit pro Sekunde. Es kann zwischen IMX-Codec (MPEG-2, 4:2:2, I-Frame only) und DV-Codec (DV, 4:2:0, egal ob PAL oder NTSC) umgeschaltet werden. Das aufgezeichnete Bildformat beträgt, wie für SD-Produktionen üblich, bei NTSC 720 × 480 Pixel und bei PAL 720 × 576 Pixel.

Auf XDCAM HD kann man HD (MPEG-2 Long GOP, 8 Bit, 4:2:0) oder DV (4:2:0) mit Datenraten von 18, 25 und 35 Megabit pro Sekunde aufzeichnen. Die Aufzeichnung erfolgt in dem für HD-Produktionen üblichen Bildformat von 1.440 × 1.080.

Das neue XDCAM HD 422 (ab April 2008) bietet die Aufzeichnung von voller HD-Auflösung mit 1.920 × 1.080 oder 1.280 × 720 in 4:2:2-Abtastung mit 50 Mbit/s (MPEG-2 Long GOP) und bis zu acht Audiospuren. Aber es kann auch in die Codecs von XDCAM HD und XDCAM (auch IMX und DV) umgeschaltet werden.

XDCAM EX zeichnet auf **SxS Pro Express Card**s auf. Die Aufzeichnung erfolgt mit 35 Mbit/s in 1.920 × 1.080 bzw. 1.280 × 720 oder mit 25 Mbit/s in 1.440 × 1.080. Das Farbsampling ist jeweils 4:2:0. Audiodaten werden unkomprimiert und in Stereo aufgezeichnet.

Sony Deutschland

Weitere Informationen zu allen Produkten finden Sie unter *www.sony.de*.

SxS Pro Express Cards

SxS Pro Express Cards wurden speziell für den neuesten XD-CAM EX-Camcorder entworfen. Diese kompakten Flash-Speicherkarten bieten nahezu unverzögerte Lese- und Schreibleistungen mit einer Übertragungsrate von bis zu 800 Mbit/s.

2.6.7 AVCHD

Das AVCHD-Format wurde im Mai 2006 gemeinsam von den beiden Entwicklerfirmen Panasonic und Sony als bandloses High-Definition-Aufnahmeformat vorgestellt. Die Aufzeichnung erfolgt je nach Camcorder auf Festplatten, DVDs, SD-Karten oder Memory-Sticks.

Seit Oktober 2008 ist die Aufzeichnung von 1080i, 1080p und 720p möglich (mit Panasonic AG-HMC150). Die Aufzeichnung erfolgt mit MPEG-4-AVC/H.264-Kompression für die Videodaten und mit Dolby AC-3 für die Audiodaten. Unkomprimierte Audiodaten in Form von Linear PCM Audio sind für den Consumer-Bereich nicht vorgesehen.

Im Januar 2009 brachte Panasonic AVCHD Lite auf den Markt. Geräte, die dieses Format verwenden, können maximal in 720p aufzeichnen.

Die AVCHD-Aufnahmen können direkt über USB oder über Kartenlesegeräte in den Computer eingespeist werden.

Ein Nachteil von AVCHD-Aufnahmen ist ihre Systemressourcen verschlingende Kompression, die die Arbeit damit im Vergleich mit HDV-Aufnahmen sehr langsam gestaltet bzw. neueste Prozessortechnologie voraussetzt.

Das Warten vor dem Rechner und das daraus resultierende Kaffeetrinken, Rauchen oder unkontrollierte Herumwerfen von Monitoren wird wohl nie enden ...

2.6.8 Panasonic P2-Format

Das Panasonic P2-Format ist ein Speicherformat für digitales Video, das 2004 von Panasonic eingeführt wurde. Genau genommen ist die P2-Karte ein Festspeichermedium in den Abmessungen einer PCMCIA-Karte. Sie kann auch in einem PCMCIA-Slot eines PCs verwendet werden. Video- und Audiodaten werden bei einer P2-Speicherkarte auf Flash-Memory aufgezeichnet. Die digitalen Video- und Audiodaten der Kamera werden im codec-unabhängigen Format MXF (**M**edia **E**xchange **F**ormat) auf die P2-Karte aufgenommen. Vom P2-Format spricht man, wenn Bild und Ton eines Clips in Panasonic-Op-Atom-MXF-Dateien enthalten sind und sich in einer spezifischen Dateistruktur befinden. Die P2-Karte unterstützt bandlose Aufzeichnungsformate wie DVCPRO, DVCPRO 50, DVCPRO HD und AVC-Intra.

2.6.9 DPX

Das DPX-Dateiformat (Digital Picture Exchange) war ursprünglich vom Cineon-Format (».cin«) des Filmscanners Kodak Cineon »FIDO« abgeleitet. Verwendet wird es in einer digitalen

Zwischenstufe (Digital Intermediate) der Postproduktion, bei der analoges Filmmaterial gescannt und digital umgewandelt wird, und zur Effektbearbeitung. Digitales Kameramaterial wird direkt genutzt. Das umgewandelte Material wird digital nachbearbeitet (Schnitt, Farbkorrektur etc.). Da das Format einen sehr großen Kontrastumfang pro Farbkanal unterstützt (10 Bit umkomprimiert), ist es das allgemein verbreitete gebräuchliche Dateiformat in der Spielfilmproduktion.

2.6.10   REDCODE

Das RAW-Format REDCODE wird in der RED One, einer digitalen 35-mm-Kinokamera, verwendet, die sich in der Filmindustrie zunehmender Beliebtheit erfreut.

Redcode RAW ist ein Codec, der es erlaubt, RAW-Daten des Kamerasensors mit Auflösungen bis zu 4.096 × 2.304 (4K) so zu komprimieren, dass diese Datenmengen fortlaufend gespeichert werden können.

Von diesem Codec gibt es zwei Ausführungen, eine mit 224 Mbit und eine mit 288 Mbit. Der Codec ähnelt dem JPEG-2000-Codec. Die Farbtiefe beträgt 12 Bit.

3 Tour durch das Programm

In diesem Kapitel erhalten Sie einen Überblick über die Arbeitsoberfläche von After Effects. Es werden die wichtigsten Fenster und Paletten von After Effects erläutert, und Sie führen Ihr erstes komplettes Projekt durch!

3.1 Die Benutzeroberfläche im Überblick

Die wichtigsten Fenster von After Effects sind das Projektfenster ❷, das Kompositionsfenster ❺ und die Zeitleiste ❸. Daneben werden Ihnen häufig das Effektfenster sowie ab und an das Footage-Fenster und das Ebenenfenster begegnen.

▼ **Abbildung 3.1**
Die drei Hauptfenster von After Effects sind das Projektfenster, das Kompositionsfenster und die Zeitleiste. Die Abbildung zeigt eine für viele Arbeiten optimale Einrichtung der Bedienoberfläche.

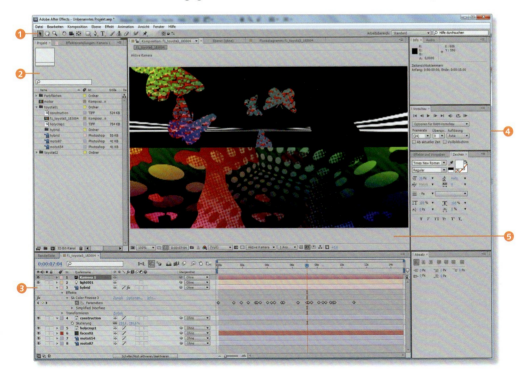

Projektfenster | Im Projektfenster ❷ verwalten Sie Ihre importierten Rohmaterialdateien, die **Footage** genannt werden. Sie finden neben jeder importierten Datei eine Reihe an Informationen, die Ihnen etwas über den Typ der Datei, ihre Dauer und ihren Pfad auf der Festplatte verraten. Außerdem können Sie Dateien in Ordnern ablegen und im Suchfeld nach Dateinamen suchen.

Kompositionsfenster | Das Kompositionsfenster ❺ legt die Ausgabegröße Ihres Films fest. Das Layout Ihrer Dateien gestalten Sie im Kompositionsfenster ähnlich wie in Grafikprogrammen. Bild- und Videodaten ordnen Sie darin räumlich an. Sie haben die Möglichkeit, mehrere Kompositionen mit unterschiedlichen Einstellungen anzulegen, und können diese ineinander verschachteln. Die räumlichen Eigenschaften wie Skalierung, Drehung oder Position Ihres Rohmaterials können Sie in der Komposition festlegen. Bei größeren Projekten werden Sie sicher mit mehreren Kompositionen arbeiten. Diese ermöglichen Ihnen zum einen Übersichtlichkeit und zum anderen auch manche Effekte, die in einer einzigen Komposition nicht möglich sind.

Zeitleiste | In erster Linie dient die Zeitleiste ❸ dazu, festzulegen, zu welchem Zeitpunkt welches Material im Kompositionsfenster zu sehen ist. Auch den Beginn und das Ende der Animation einer Eigenschaft stellen Sie in der Zeitleiste ein. Mehrere Rohmaterialdateien werden in der Zeitleiste übereinander angeordnet, wobei die jeweils oberste die unteren verdeckt. So können mehrere zeitliche Veränderungen nebeneinander stattfinden. In der Zeitleiste wird jede Rohmaterialdatei **Ebene** genannt, egal um welchen Dateityp es sich dabei handelt. Jede Ebene besitzt mehrere animierbare Eigenschaften.

Footage-Fenster | Im Footage-Fenster können Sie eine importierte Datei in ihrem Originalzustand begutachten. Audio- und Videodateien werden ebenfalls abgespielt. Sie zeigen das Footage-Fenster über einen Doppelklick auf die entsprechende importierte Datei im Projektfenster an. Daraufhin öffnet sich für Standbilder und für Video- und Audiodateien das Footage-Fenster, das wie eine Karteikarte neben dem Kompositionsfenster angeordnet wird. Sie können die Dateien abspielen, indem Sie die Taste 0 im Ziffernblock drücken.

Ebenenfenster | Das Ebenenfenster bietet die Möglichkeit, eine Ebene getrennt von anderen Ebenen der Komposition zu betrachten. Sie öffnen das Ebenenfenster über einen Doppelklick auf die

markierte Ebene in der Zeitleiste oder über das Menü EBENE •
EBENE ÖFFNEN. Auch das Ebenenfenster wird wie eine Karteikarte
neben dem Kompositionsfenster eingeblendet.

Essentiell wird das Ebenenfenster bei Verwendung der Mal-
werkzeuge, die sich nicht im Kompositionsfenster anwenden lassen. Masken können schon seit Längerem auch im Kompositionsfenster erzeugt werden, aber auch dabei ist die Bearbeitung im
Ebenenfenster manchmal einfacher.

▲ **Abbildung 3.2**
Im Footage-Fenster werden die unbearbeiteten
Dateien angezeigt.

▲ **Abbildung 3.3**
Das Ebenenfenster unterscheidet sich kaum vom
Kompositionsfenster. Manche Bearbeitungen sind
im Ebenenfenster jedoch einfacher.

Effektfenster | Im Effektfenster verwalten Sie einen oder mehrere
Effekte und können selbst vorgenommene Einstellungen als Vorlagen speichern. Der erfahrene Anwender kann Animationen von
Effekteinstellungen oft schneller im Effektfenster als in der Zeitleiste vornehmen. Sie öffnen das Fenster, indem Sie die Ebene, die
einen Effekt enthält, in der Zeitleiste markieren und dann EFFEKT
• EFFEKTEINSTELLUNGEN ÖFFNEN oder F3 wählen, oder Sie klicken
einfach auf den Namen des Effekts in der Zeitleiste.

Viewer | Zur besseren Übersicht und Organisation Ihres Materials,
der Kompositionen, Ebenen und Effekte werden in After Effects
Elemente der gleichen Art nicht in etlichen neuen Registerkarten
angezeigt, sondern innerhalb einer einzigen Registerkarte. Das
heißt, alle Elemente einer Kategorie, z. B. Footage (importiertes
Material), werden innerhalb einer Registerkarte geöffnet. Über

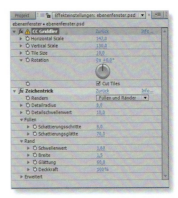

▲ **Abbildung 3.4**
Im Effektfenster werden ein oder
mehrere Effekte verwaltet und
eingestellt.

ein Popup-Menü können Sie zwischen den geöffneten Elementen wechseln.

In der Praxis sieht das so aus: Sie doppelklicken nacheinander mehrere Footage-Elemente im Projektfenster an, um sie im Footage-Fenster zu öffnen. Wie in Abbildung 3.5 ersichtlich, wählen Sie die jeweiligen Elemente anschließend über das Popup-Menü aus. Oben links an der Registerkarte finden Sie ein kleines Schloss. Wenn Sie es anklicken, wird es geschlossen bzw. geöffnet. Ist es geschlossen und öffnen Sie erneut ein Footage-Element, so wird dieses in einer neuen Registerkarte angezeigt. Ebenso verhält es sich bei Kompositionen, Ebenen und Effekten mit ihrem jeweiligen Fenster (Kompositions-, Ebenen-, Effektfenster), die Sie separat öffnen können.

▲ **Abbildung 3.5**
Im Footage-Fenster werden nur die geöffneten Footage-Elemente im Popup-Menü angezeigt.

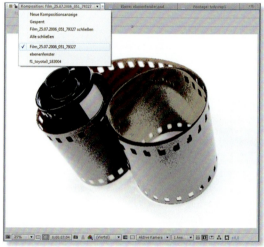

▲ **Abbildung 3.6**
Ebenso im Kompositionsfenster: Nur Kompositionen werden angezeigt.

▲ **Abbildung 3.7**
Die Vorschau-Palette enthält die Abspielsteuerung für Kompositionen und Vorschauoptionen.

Abbildung 3.8 ▶
Die Werkzeugpalette hält unter anderem Werkzeuge zur Bearbeitung von Masken, Text und zum Malen in Ebenen bereit.

Vorschau und Werkzeugpalette | Neben den Fenstern werden Sie von Anfang an mit der Vorschau-Palette ❹ (siehe Abbildung 3.1) zu tun haben, die Sie über FENSTER • VORSCHAU öffnen. Auch die Werkzeugpalette ❶, die Sie gegebenenfalls über FENSTER • WERKZEUGE anzeigen, wird Sie nie verlassen.

Ein paar weitere interessante Fenster, auf die ich später in diesem Buch noch intensiv eingehe, seien vorab kurz vorgestellt.

Tracker-Palette | Die Tracker-Palette, die Sie über FENSTER • TRA-CKER öffnen, ermöglicht es, ausgewählte Punkte in bewegtem Footage wie Video zu tracken bzw. zu verfolgen. Das Ergebnis lässt sich beispielsweise auf Effekte anwenden und macht es möglich, einen Effekt einem bewegten Objekt in Video-Footage folgen zu lassen. Eine andere Möglichkeit besteht darin, verwackelte Kameraaufnahmen zu stabilisieren.

Zeichen-Palette | Die Zeichen-Palette, die Sie über FENSTER • ZEI-CHEN öffnen, enthält umfangreiche Editiermöglichkeiten für Text. Laufweiten, Zeilenabstände oder Zeichenabstände lassen sich problemlos ändern, ebenso wie die Textfarbe, die Kontur oder die Schriftart. Der Wechsel zwischen Kursivschrift oder hoch- und tiefgestellten Zeichen ist mühelos.

Masken-Interpolation-Palette | Mit der Masken-Interpolation-Palette, die Sie über FENSTER • MASKEN-INTERPOLATION öffnen, stellen Sie bessere Übergänge zwischen Maskenformen her.

Im Laufe der Arbeit mit diesem Buch werden Sie noch einige weitere Fenster und Paletten von After Effects kennenlernen. Aber alles zu seiner Zeit.

▲ **Abbildung 3.9**
Mit der Tracker-Palette lassen sich Trackpunkte in Videomaterial verfolgen und verwackelte Kameraaufnahmen stabilisieren.

▲ **Abbildung 3.10**
Umfangreiche Editiermöglichkeiten für Text bietet die Zeichen-Palette.

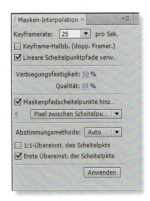

▲ **Abbildung 3.11**
Für bessere Übergänge zwischen Maskenformen sorgt die Masken-Interpolation-Palette.

3.2 Ein erstes Projekt

Schritt für Schritt werden Sie nun ein Projekt vom Import bis hin zur fertigen Ausgabe selbst gestalten und sich so einen schnellen Einblick in die Arbeitsweise mit After Effects verschaffen. Der Umgang mit den Grundfunktionen wird Ihnen schon bald leichtfallen.

Schritt für Schritt: Ihr erstes Projekt

Bevor Sie beginnen, schauen Sie sich erst einmal Ihr Ziel an: den fertigen kleinen Film »meer.mov«. Starten Sie dazu den QuickTime Player, und gehen Sie dann unter DATEI auf FILM ÖFFNEN. Der Film befindet sich wie die Projektdatei »erstesProjekt.aep« im Ordner 03_TOUR auf der DVD zum Buch.

Abbildung 3.12 ▶
Unser Projekt: das Meer

Projektorganisation

Oft ist es günstig, die für die Projekte in den verschiedenen Workshops benötigten Dateien auf die Festplatte zu kopieren. Legen Sie sich dafür am besten bei der zukünftigen Arbeit für jeden Workshop jeweils entsprechende Ordner an.

1 **Projekt anlegen**

Starten Sie After Effects per Doppelklick auf das After-Effects-Icon. Als Erstes erscheint ein leeres Projektfenster ❶.

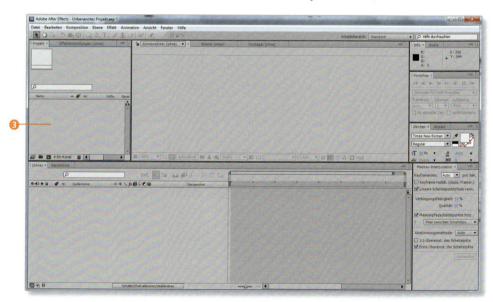

Abbildung 3.13 ▲
Nach dem Start von After Effects finden Sie zunächst ein leeres, unbenanntes Projekt vor.

Geben Sie dem Projekt unter DATEI • SPEICHERN UNTER gleich einen Namen. Wählen Sie einen Verzeichnispfad, den Sie nachher leicht wiederfinden. Speichern Sie das Projekt günstigenfalls in dem Ordner, der auch die im Projekt verwendeten Dateien enthält.

2 Import der Rohmaterialien

Importieren Sie nun die Dateien »meer.psd«, »wolken.psd« und »albatros.psd« über DATEI • IMPORTIEREN • DATEI. Beim Import erscheint gegebenenfalls ein Dialogfenster, über das Sie auswählen können, welche Ebenen einer Datei Sie importieren möchten. Wählen Sie dort AUF EINE EBENE REDUZIERT, und bestätigen Sie mit OK. Die Dateien befinden sich nun im Projektfenster ❷, wo sie verwaltet werden (ordnen, löschen etc).

◄ **Abbildung 3.14**
Die Daten liegen nun im Projektfenster.

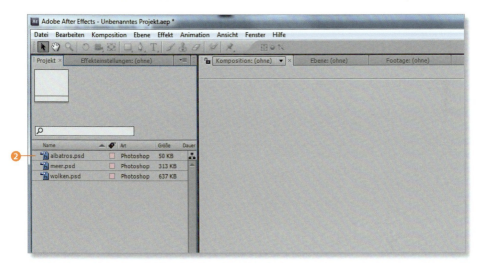

3 Komposition anlegen

Markieren Sie die Datei »meer.psd« ❸, und ziehen Sie sie auf das Symbol NEUE KOMPOSITION ❹ im Projektfenster.

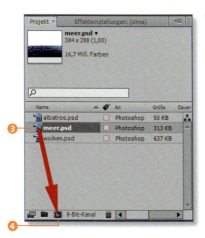

◄ **Abbildung 3.15**
Die Datei »meer.psd« ziehen Sie auf das Kompositionssymbol im Projektfenster.

Es wird automatisch eine Komposition in der Größe der Datei »meer.psd« angelegt. Außerdem ist die zur Komposition gehörende Zeitleiste entstanden, die schon die Datei »meer.psd« enthält.

Auch im Projektfenster wird die Komposition mit einem Symbol angezeigt.

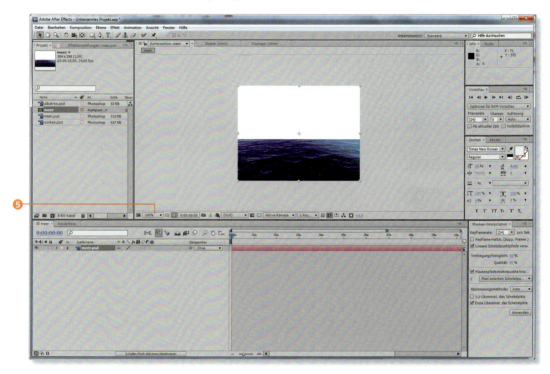

▲ **Abbildung 3.16**
So sieht Ihre Oberfläche jetzt aus.

Öffnen Sie über Komposition • Kompositionseinstellungen den Einstellungsdialog, und markieren Sie unter Dauer den eingetragenen Wert. Tragen Sie dort den Wert »500«, der für die gewünschte Dauer von 5:00 Sekunden steht, in das Feld ein, und bestätigen Sie dann mit OK.

Zum Ändern der Ansichtsgröße wählen Sie aus dem Popup-Menü ❺ des Kompositionsfensters einen neuen Prozentwert.

4   Weiteres Rohmaterial hinzufügen

Um die Wolken über dem Meer zu positionieren und das Layout festzulegen, das zu Beginn sichtbar sein soll, müssen Sie weiteres Material der Zeitleiste hinzufügen. Ziehen Sie die Datei »wolken. psd« nach unten in den linken, dunkelgrauen Bereich der Zeitleiste, und lassen Sie sie direkt über dem »Meer« los.

Die Wolken sind ein bisschen groß geraten und füllen das gesamte Kompositionsfenster aus. Das Meer wird von den Wolken verdeckt, da diese in der Zeitleiste über dem Meer liegen.

In der Zeitleiste schichten Sie die Dateien wie Papierbögen übereinander. Wenn Sie die Ebene »wolken.psd« in der Zeitleiste markieren, sehen Sie im Kompositionsfenster ein kleines Kreuz ❻.

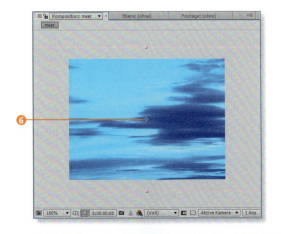

◄ **Abbildung 3.17**
Das kleine Kreuz, der Ankerpunkt, liegt standardmäßig immer in der Ebenenmitte.

Das ist der Ankerpunkt. Der Ankerpunkt ist ein Bezugspunkt der Ebene, der standardmäßig immer in der Mitte der Ebene liegt. In Kapitel 10, »Keyframe-Grundlagen«, komme ich darauf noch näher zu sprechen.

▲ **Abbildung 3.18**
In der Zeitleiste werden die Rohmaterialdateien in Ebenen übereinandergeschichtet.

5 Ebenen positionieren

Verkleinern Sie zuerst das Kompositionsfenster auf 25 %. Am unteren linken Rand des Kompositionsfensters finden Sie dafür einen kleinen Button ❽. Die Ebene »wolken.psd« ist größer als die Komposition und wird daher mit einem Rahmen ❼ angezeigt.

Sie können die Ebene direkt im Kompositionsfenster anklicken und darin verschieben. Ziehen Sie die Ebene wie in der Abbildung, bis das Meer sichtbar wird und der linke Rand der Ebene mit der Komposition abschließt.

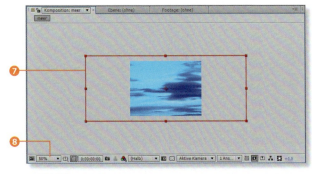

▲ **Abbildung 3.19**
Verkleinern Sie die Ansicht, werden die Umrisse der Himmel-Ebene sichtbar.

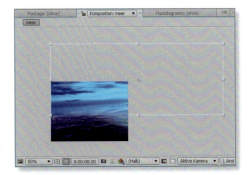

▲ **Abbildung 3.20**
Zur Animation definieren Sie zuerst die Ausgangsposition der Himmel-Ebene.

6 Animation der Wolken

Für die Animation soll die Ebenenposition in einem ersten Keyframe festgehalten werden.

Öffnen Sie dazu in der Zeitleiste die Transformieren-Eigenschaften. Klicken Sie dafür zuerst auf das kleine Dreieck ❶ und anschließend auf das danach erscheinende Dreieck ❷. Setzen Sie einen ersten Keyframe bei der Eigenschaft POSITION, und klicken Sie dazu auf das Stoppuhr-Symbol ❸.

Vorsicht! Ein zweiter Klick auf die Stoppuhr löscht alle Ihre Keyframes, die Sie bei dieser Eigenschaft gesetzt haben! Im Moment ist das noch kein Problem für Sie – Sie haben ja erst einen Keyframe ❺. Um einen zweiten Keyframe zu setzen, den Sie mindestens noch benötigen, damit sich etwas bewegt, klicken Sie **nicht** auf die Stoppuhr!

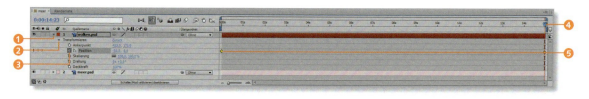

▲ **Abbildung 3.21**
In der Zeitleiste sind für die zwei Himmel-Positionen zwei Keyframes entstanden.

Ziehen Sie stattdessen die Zeitmarke ❹ auf das Ende der Zeitleiste. Wenn Sie jetzt im Kompositionsfenster die Ebene »wolken.psd« verschieben, wird automatisch ein zweiter Keyframe genau an der Position der Zeitmarke gesetzt. Richten Sie die Ebene »wolken.psd« am rechten Rand der Komposition aus (siehe Abbildung 3.22). Die Linie, die am Ankerpunkt ansetzt, wird **Bewegungspfad** genannt.

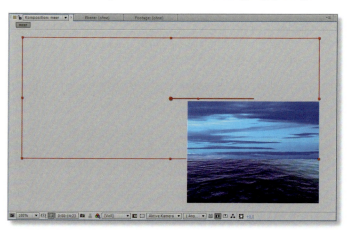

Abbildung 3.22 ▶
Anschließend definieren Sie die Endposition der Himmel-Ebene.

Nun ist Ihre erste Animation fertig. After Effects rechnet sämtliche Einzelbilder der Animation zwischen den beiden Keyframes aus. Sie haben lediglich das Anfangs- und das Endbild festgelegt.

7 Abspielen

Ihre Animationen können Sie als Vorschau anzeigen lassen und im Kompositionsfenster abspielen. Im Menü FENSTER • VORSCHAU finden Sie die Abspielsteuerung. Diese sollte allerdings bereits sichtbar sein. Betätigen Sie PLAY **6**, um Ihre Animation ohne Sound abzuspielen. Starten Sie die RAM-VORSCHAU **7**, um Ihre Animationen mit Sound und in Echtzeit abzuspielen.

After Effects errechnet zuerst die Animation und spielt sie danach ab. Die bereits berechneten Bilder werden in der Zeitleiste mit einer grünen Linie dargestellt.

▲ **Abbildung 3.23**
Die Palette VORSCHAU bietet verschiedene Abspieloptionen zur Vorschau der Animation.

8 Ein Albatros fliegt dahin

Der Albatros überquert gerade das Südchinesische Meer auf dem Weg von Haiphong nach Thiruvananthapuram und verschwindet später am Horizont.

Positionieren Sie die Zeitmarke auf den Beginn Ihrer Komposition bei 0 Sekunden. Ziehen Sie die Datei »albatros.psd« in den linken, dunkelgrauen Bereich der Zeitleiste über die Datei »wolken.psd«. Die Ebene wird mit dem sogenannten **In-Point** **9**, also dem Beginn der Ebene, am Zeitpunkt 00:00 ausgerichtet.

▼ **Abbildung 3.24**
Alle Ebenen haben einen In-Point. Das ist der Punkt, an dem die Ebene sichtbar wird.

Öffnen Sie wie vorhin bei den Wolken die Transformieren-Eigenschaften per Klick auf die kleinen Dreiecke. Ziehen Sie den Albatros nach rechts aus der Komposition heraus, so dass er nur noch als Rahmen sichtbar ist. Dieser außerhalb liegende Bereich ist die Arbeitsfläche. Sie können Ebenen dort positionieren, um sie später von außen ins Bild kommen zu lassen.

Setzen Sie wieder einen ersten Keyframe bei der Eigenschaft POSITION per Klick auf das Stoppuhr-Symbol. Um weitere Keyframes zu setzen, gehen Sie in Ein-Sekunden-Schritten wie folgt vor: Klicken Sie auf AKTUELLER ZEITPUNKT **8**, geben Sie den Wert »100« ein, und bestätigen Sie mit ⏎.

After Effects interpretiert diesen Wert als Sekunde 01:00. Die Zeitmarke springt zur Sekunde 1. Verändern Sie nun die Position der Ebene »albatros.psd«, um einen weiteren Keyframe zu setzen. Wiederholen Sie die Schritte bis zum Zeitpunkt »5 Sekunden«. Die Keyframes sollten dann denen bei der POSITIONSEIGENSCHAFT in Abbildung 3.26 ähneln. Der entstandene

Bewegungspfad könnte so aussehen wie im Kompositionsfenster in Abbildung 3.25.

Abbildung 3.25 ▶
Der Bewegungspfad des Albatros sollte nach der Animation so oder ähnlich aussehen.

▲ Abbildung 3.26
Sämtliche Keyframes zur Animation von Position und Skalierung des Albatros sind in der Zeitleiste sichtbar.

In Abbildung 3.26 sehen Sie, dass nicht nur die Positionseigenschaft animiert wurde, sondern auch die Eigenschaft SKALIERUNG. Setzen Sie für die Eigenschaft SKALIERUNG den ersten Keyframe bei Sekunde 01:00. Ziehen Sie anschließend die Zeitmarke auf das Ende der Zeitleiste. Klicken Sie dann in das Wertefeld neben der Eigenschaft SKALIERUNG, und tragen Sie den Wert »0« ein. Bestätigen Sie mit der Taste ⏎ auf dem Haupttastaturfeld oder per Klick auf einen leeren Bereich.

Der Albatros sollte nun, während die Wolken vorbeiziehen, am Horizont verschwinden.

9 Ausgabe

Um Ihren eigenen Film jetzt in einem Player wie dem QuickTime Player anzeigen zu können, muss der Film noch gerendert werden. Ihre Projektdatei bleibt dabei für spätere Änderungen erhalten. Der gerenderte Film ist eine Extradatei neben Ihren verwendeten Rohmaterialien.

Um eine Komposition zu rendern, markieren Sie sie im Projektfenster. Wählen Sie dann im Menü KOMPOSITION • FILM ERSTELLEN. Es öffnet sich zunächst der Dialog FILM AUSGEBEN

UNTER. Suchen Sie hier einen Ordner, in den der fertige Film gespeichert werden soll. Benennen Sie Ihren Film.

Anschließend öffnet sich die Renderliste. Hier können Sie gegebenenfalls den Speicherort noch bei SPEICHERN UNTER ändern. Neben dem Eintrag RENDEREINSTELLUNGEN steht mit farbiger Schrift OPTIMALE EINSTELLUNGEN ❷. Ändern Sie hier nichts. Neben dem Eintrag AUSGABEMODUL klicken Sie auf das Wort VERLUSTFREI ❶. Es öffnet sich die Dialogbox EINSTELLUNGEN FÜR AUSGABEMODULE.

▲ **Abbildung 3.27**
Die fertige Komposition wird an die Renderliste angefügt, um anschließend ein eigenständiges Movie zu erhalten.

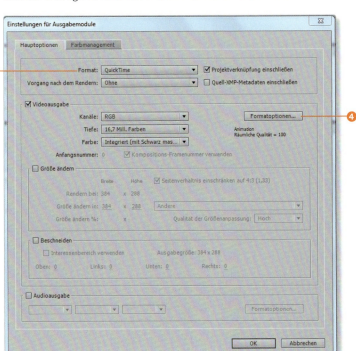

◄ **Abbildung 3.28**
Im Ausgabemodul legen Sie das Format des fertigen Films und einiges mehr fest.

Unter dem Eintrag FORMAT ❸ wählen Sie QUICKTIME-FILM (Voraussetzung hierfür ist, dass Sie QuickTime auf Ihrem System installiert haben). Sie können Ihren Film natürlich auch in andere Formate ausgeben. Beim Rendern eines Films wird ein Codec verwendet. Dieser sorgt für eine bestimmte Kompression der Bilddaten. Wählen Sie in unserem Falle unter FORMATOPTIONEN ❹ den Codec ANIMATION. Hat sich das Fenster QUICKTIME-OPTIONEN automatisch geöffnet, wählen Sie die Einstellung unter VIDEO-CODEC. Setzen Sie unter ERWEITERTE EINSTELLUNGEN ein Häkchen bei KEYFRAME ALLE, und tippen Sie den Wert »25« ein. Bestätigen Sie die Dialoge mit OK.

Um den Rendervorgang zu starten, klicken Sie auf den Button RENDERN in der Renderliste. Am Fortschrittsbalken erkennen Sie, wann der Film in etwa fertig gerendert ist. Nach dem Rendervorgang ertönt ein Signal, das bei langen Renderzeiten dazu dient, Sie aus Ihrem Nickerchen zu wecken. Schließlich ist After Effects während des Renderns blockiert, es sei denn, Sie nutzen das Netzwerk-Rendering.

10 Das Ergebnis

Starten Sie den gerenderten Film im QuickTime Player. Wenn Sie Fehler bemerken oder nicht zufrieden sind, korrigieren Sie die Animation in Ihrer Projektdatei (».aep«) und rendern die Komposition anschließend noch einmal.

Abbildung 3.29 ▶
Im Fenster QUICKTIME-OPTIONEN wählen Sie den VIDEO-CODEC für den zu rendernden Film.

TEIL II
Konzeption und Import

4 Ein Filmprojekt vorbereiten

Vor dem Compositing in After Effects stehen die Konzeption des Films und die Erfassung und Bearbeitung unterschiedlicher Medienformate. Was Sie besser vor dem Import von Rohmaterial erledigen, lesen Sie in diesem Kapitel.

4.1 Projektplanung und -organisation

4.1.1 Idee

Die Planung eines Films, auch wenn er kurz ist, beginnt weit vor der Bearbeitung der Rohmaterialien und dem Import in After Effects. Bevor Sie anfangen, Sounds und Videos aufzunehmen oder Grafiken zu zeichnen, sollte Ihnen klar sein, welche Idee Sie ausdrücken wollen und welche Aussage Ihr Film enthalten soll. Sie können später anhand Ihrer vorherigen Festlegungen testen, ob Ihre Aussage auch beim Publikum ankommt oder ob Sie andere Ausdrucksmittel benötigen.

Sie können sich mühen wie Sisyphos, ständig neues Material aufnehmen, bereits bearbeitetes Material verwerfen ... Bei guter Planung können Sie Ihre Nerven schonen, Zeit sparen und es vermeiden, im schlimmsten Fall den ganzen Film zu opfern.

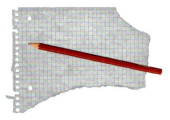

▲ **Abbildung 4.1**
Ideen lassen sich auch einfach mit Papier und Bleistift festhalten.

4.1.2 Storyboard

Der beste Weg, Fehler und Lücken im Konzept zu entdecken oder einer »so« nicht gemeinten Aussage auf die Spur zu kommen, ist, die Idee und alle zugehörigen Gedanken zu fixieren. Formulieren Sie Ihre Idee und die gewünschte Aussage. Legen Sie Mittel fest, wie die Aussage erreicht werden soll. Die von Ihnen verwendeten Mittel machen Ihre Kunst aus. Vielleicht arbeiten Sie nur mit gescannten Zeichnungen, vielleicht zeichnen Sie lieber vektororientiert in After Effects (ja, das geht!) oder einem Bildbearbeitungsprogramm. Vielleicht besteht Ihr Film aber auch ausschließlich aus Videomaterial, das Sie in After Effects verändern. In welche

▲ Abbildung 4.2
Skizzen oder ein Storyboard
sind grundlegend für eine gute
Planung wichtiger Schlüsselsze-
nen oder von Animationen und
Effekten.

Farbigkeit oder Stimmung möchten Sie Ihren Film tauchen? Wel-
che Effekte sollen verwendet werden, und was wollen Sie mit den
Effekten erreichen? Welche Schriften sind passend? Und vergessen
Sie auch den Sound nicht – die Stummfilmzeiten sind vorbei.

Haben Sie ein entsprechendes Exposé für Ihren Film formu-
liert, folgen Überlegungen zum zeitlichen Ablauf Ihres Films. Und
da Sie mit einem visuellen Medium arbeiten, ist es sehr vorteilhaft, die Schlüsselszenen Ihres Films im Zeitverlauf darzustellen.
Die einzelnen Szenen mitsamt den geplanten Effekten zeichnen
Sie dazu in einem Storyboard. Ein Storyboard kann sehr detailliert
ausgeführt sein und ähnelt bisweilen einem Comic. Es genügt
aber auch ein Scribble, eine kleine Freihandskizze. Sie müssen
nicht zeichnen können wie Henri de Toulouse-Lautrec, um eine
Idee zu Papier zu bringen.

4.1.3 Vorbereiten von Rohmaterial

Bevor Sie Rohmaterial (**Footage**) in After Effects importieren, ist
es günstig, die Rohmaterialien weitgehend vorbereitet zu haben.
Wichtig ist dabei, auf eine möglichst optimale Qualität Ihrer Stand-
bild-, 3D-, Video- und Audiodaten zu achten. Die Vorbereitung
beginnt also bei der Aufnahme eines Fotos oder Videos bzw. bei
der Audioaufnahme.

Standbilddateien | Fotos, 2D- und 3D-Grafiken werden nicht in
After Effects vorbereitet. Das bedeutet für Sie, dass Sie zunächst
einzelne Bildbearbeitungen in pixelorientierten Anwendungen wie
Photoshop oder vektororientierten Programmen wie Illustrator
machen müssen, da After Effects nicht den gleichen Umfang und
Komfort für die Bildbearbeitung bietet.

▲ Abbildung 4.3
Bildbearbeitungen wie diese Auswahl sollten Sie in
entsprechenden Bildbearbeitungsprogrammen und
nicht in After Effects durchführen.

▲ Abbildung 4.4
Zur Vorbereitung von Grafiken eignen sich Programme
wie Adobe Illustrator.

Video- und Audiomaterial | Auch für die Verwendung von Video-material ist vorausschauendes Denken vorteilhaft. Das fängt bereits bei der Aufnahme des Materials an. In jeder Minute Material steckt am Ende eine lange Nachbearbeitung – sowohl beim Schnitt als auch beim Compositing. Es geht dabei nicht darum, so wenig wie möglich aufzunehmen, sondern um eine gute Vorplanung. Nach der Aufnahme schneiden Sie Ihr Videomaterial in einem entsprechenden Programm wie **Premiere Pro**, danach erfolgt der Import in After Effects.

Ähnlich verhält es sich mit Audiomaterial. Auch hier gilt es, eine Aufnahme in möglichst hoher Qualität vorbereitet zu haben und diese in einem Soundprogramm wie **Adobe Soundbooth** zu bearbeiten und zu schneiden, bevor Sie die Sounddatei in After Effects importieren. Dies gilt natürlich nicht für die komplette Nachvertonung eines Films. In diesem Fall würden Sie den fertigen Film oder einen Dummy davon zur Vertonung in ein Sound-programm laden.

3D-Material | After Effects bietet einige Möglichkeiten zur Ver-arbeitung von 3D-Material. Ein wirkliches 3D zum aufwendigen Modelling ist jedoch nicht die Sache von After Effects. Sie sind auch hier auf andere Applikationen angewiesen. After Effects bietet dafür eine unterschiedlich gute Integration mit 3D-Programmen, die es ermöglicht, viele 3D-Daten in After Effects zu übernehmen.

▼ **Abbildung 4.5**
Filmmaterial schneiden Sie vor dem Import in After Effects in einem Editing-Programm wie Premiere Pro.

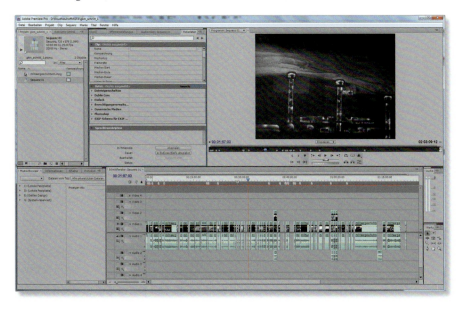

Hervorzuheben ist dabei die Zusammenarbeit zwischen **Cinema 4D** und After Effects. In Kapitel 27, »Integration mit 3D-Applikationen«, zeige ich Möglichkeiten der Datenübernahme aus 3D-Applikationen auf. Außerdem können Sie viele Aufgaben über Plug-ins wie **3D-Invigorator** der Firma Zaxwerks erledigen, das »echtes« 3D in After Effects ermöglicht, sowie über PlaneSpace von Red Giant Software (früher **3D Assistants** von Digital Anarchy), mit dem Sie 3D-Ebenen zu Objekten wie Würfeln, Zylindern etc. formen.

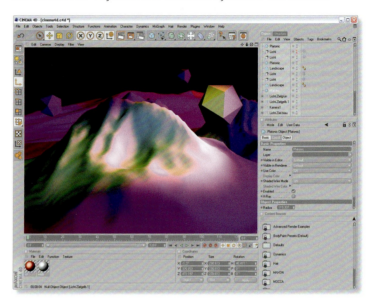

Abbildung 4.6 ▶
After Effects bietet eine gute Integration mit 3D-Applikationen. Für das 3D-Modelling sollten Sie diese Applikationen, hier am Beispiel von Cinema 4D, einsetzen.

Bevor das Compositing beginnt, ist also eine Menge an vorbereitenden Schritten nötig. Allerdings können Sie natürlich auch während der Arbeit am Projekt neues Rohmaterial erstellen oder in der Originalanwendung korrigieren.

Sie sollten nun aber keine Angst haben, mit After Effects nichts anfangen zu können, weil Sie nicht die ganze Palette der Programme beherrschen. Es ist mit After Effects immer eine Menge möglich. Und für die Arbeit mit diesem Buch liegen alle in den Workshops verwendeten Rohmaterialien bereits auf der DVD für Sie bereit.

▲ **Abbildung 4.7**
Mit After Effects können Sie Filme für die verschiedensten Medien produzieren. Vor der Arbeit mit After Effects sollten Sie sich auf eines davon festlegen.

4.1.4   Das Ausgabemedium in den Kompositions-einstellungen einstellen

Sobald das Storyboard konzipiert ist und bevor Sie ein Projekt in After Effects anlegen, sollte das Verteilermedium geklärt sein, d. h. die Frage, für welches Medium produziert wird. Überlegen Sie also immer: Wie wird der Film am Ende ausgegeben? Für die Ausgabe eines Kinofilms sind z. B. andere Einstellungen nötig als für eine Ausgabe, die nur im Computer läuft. Sie nehmen diese Einstellungen gleich am Anfang beim Anlegen einer Komposition vor.

Wählen Sie KOMPOSITION • NEUE KOMPOSITION. Es öffnet sich das Fenster KOMPOSITIONSEINSTELLUNGEN. Dort wählen Sie unter VORGABE eines der gebräuchlichen Formate. Hier legen Sie z. B. auch die FRAMERATE und die Framegröße fest.

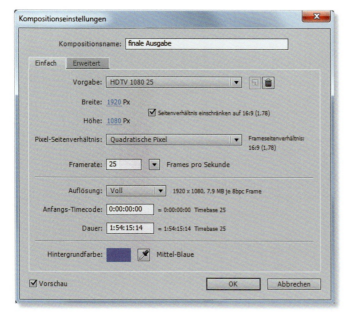

◄ Abbildung 4.8
Bevor Sie mit der Animation beginnen, muss klar sein, mit welcher Kompositionsgröße und welcher Framerate Sie arbeiten. Das hängt vom Ausgabemedium ab.

Es ist günstig, das Format nicht zu wechseln. Wenn Sie das Ausgabeformat im Nachhinein vergrößern, müssen Sie mit Qualitätseinbußen rechnen. Eine Ausgabe in ein kleineres Format bereitet in dieser Hinsicht nicht so große Probleme. Das Verteilerformat ist auch für die Rohmaterialien entscheidend, die Sie im Projekt verwenden wollen. Eine Grafik für die Ausgabe auf Video muss beispielsweise anders erstellt werden als für die Ausgabe auf ein Filmformat. Sie sollten sich also auf jeden Fall mit den Spezifikationen Ihres Verteilermediums vertraut machen, bevor Sie mit der Arbeit beginnen.

4.2 Projekte anlegen, speichern und öffnen

4.2.1 Projekt anlegen

Ein neues Projekt legen Sie einfach über DATEI • NEU • NEUES PROJEKT oder ⌈Strg⌉+⌈Alt⌉+⌈N⌉ an. After Effects speichert in Ihrer **Projektdatei** mit der Dateiendung ».aep« die Verknüpfungen zu Rohmaterialdateien, Projekteinstellungen, Ihre Kompositionen, Animationen, Effekteinstellungen und den Inhalt der Renderliste.

Die kleine Projektdatei enthält also alles, was Sie zur Weiterarbeit an laufenden Projekten benötigen.

Projektdatei: .aep

Abbildung 4.9 ▶
In der Projektdatei (».aep«) werden Verknüpfungen zu den importierten Rohmaterialien, Ihre Kompositionen, Animationen etc. gespeichert.

Voreinstellungsdatei | Eine in den Anwendungsordnern von After Effects versteckte Datei regelt derweil die Erscheinung aller Ihrer Projekte auf dem Bildschirm: die **Voreinstellungsdatei**. After Effects startet mit Standardeinstellungen, die in dieser Voreinstellungsdatei gespeichert sind.

In dieser Voreinstellungsdatei werden Einstellungen gespeichert, die Sie während der Arbeit mit After Effects geändert haben. Dazu zählen z. B. Positionen von Fenstern und Paletten sowie Arbeitsbereiche, die Sie selbst definieren können. Wie das geht, lesen Sie im Abschnitt »Eigener Arbeitsbereich« weiter hinten im Text nach.

Voreinstellungsdatei zurücksetzen | Manchmal ist es nötig, die Voreinstellungsdatei auf die Standardeinstellungen zurückzusetzen, zum Beispiel, wenn After Effects einmal gar nicht mehr »will«. Beenden Sie dazu After Effects, und halten Sie beim Neustart des Programms die Tasten (Alt)+(Strg)+(⇧) gedrückt, bis After Effects fragt, ob die Voreinstellungsdatei tatsächlich gelöscht werden soll. Bestätigen Sie mit OK. Danach hat After Effects alle veränderten Einstellungen vergessen und ist auf die Standardeinstellungen zurückgesetzt, als wäre es gerade erst installiert worden.

4.2.2 Projekte öffnen und schließen

Zum Öffnen bereits angelegter Projekte wählen Sie DATEI • PROJEKT ÖFFNEN. Unter DATEI • LETZTE PROJEKTE ÖFFNEN können Sie sich eine Auswahlliste zum schnellen Auffinden Ihrer früheren Projekte anzeigen lassen. Haben Sie die Voreinstellungsdatei zuvor gelöscht, ist damit allerdings auch die Auswahlliste verschwunden. Natürlich wird sie aber neu angelegt.

Ältere Projekte in CS5

Projekte, die in Versionen älter als After Effects 6.0 erstellt wurden, können Sie in After Effects CS5 nicht öffnen.

Zum Schließen von Projekten wählen Sie natürlich DATEI • PROJEKT SCHLIESSEN.

4.2.3 Projekte speichern

Sobald Sie After Effects starten, können Sie anhand des Startbildschirms entscheiden, ob Sie ein vorhandenes Projekt oder eine neue Komposition und damit ein Projekt ohne Titel öffnen. Günstig ist es, das Projekt gleich zu Beginn zu speichern und einen passenden Titel einzutragen. Wählen Sie dazu DATEI • SPEICHERN UNTER.

Unter BEARBEITEN • VOREINSTELLUNGEN • AUTO-SPEICHERN können Sie das Speicherintervall festlegen, und unter MAXIMALE PROJEKTVERSIONEN bestimmen Sie, nach dem wievielten Speichervorgang die älteste Projektversion überschrieben wird.

Sie können Kopien Ihres Projekts komfortabel mit einer fortlaufenden Nummerierung speichern. Die entsprechende Option findet sich unter DATEI • INKREMENTIEREN UND SPEICHERN. Dem Projektnamen wird bei jedem Aufrufen des Befehls eine neue Nummer hinzugefügt.

Sicher ist sicher

Obwohl After Effects wie bei anderen Programmen Ihr Projekt automatisch in bestimmten Zeitintervallen speichern kann, sollten Sie sich angewöhnen, nach wichtigen Schritten ⌨Strg+S zu betätigen. Änderungen in einem bereits angelegten Projekt werden dann unter gleichem Namen gesichert.

4.2.4 Projektvorlagen

In After Effects können Sie vordefinierte Projektvorlagen laden, die Ihnen als Ausgangspunkt für eigene Animationen oder DVD-Menüs dienen. Lassen Sie sich davon aber nicht abhalten, eigene Projekte zu kreieren, schließlich ist After Effects ein ideales Werkzeug für die unterschiedlichsten Kreationen.

◄ **Abbildung 4.10**
In Adobe Bridge werden die verfügbaren Vorlagenprojekte im Vorschaufenster angezeigt und können per Doppelklick geöffnet werden. Sie können den kreativen Kopf nicht ersetzen, bilden aber vielleicht manchmal einen guten Start.

Sie finden die Vorlagen unter DATEI • VORLAGENPROJEKTE DURCHSUCHEN. Die Projektvorlagen werden anschließend im Vorschaufenster von Adobe Bridge angezeigt und können über einen Doppelklick auf das betreffende Projekt geöffnet werden. After Effects öffnet daraufhin ein neues unbenanntes Projekt, so dass Änderungen sich nicht auf die Vorlagendatei auswirken.

Eigene Vorlagenprojekte | Sie können Ihre Projekte nutzen, um eigene Vorlagenprojekte zu schaffen. Der Vorteil davon ist, dass die Projektvorlage unangetastet bleibt, da sie nie selbst geöffnet und verändert werden kann, sondern immer ein neues unbenanntes Projekt erstellt, das allerdings sinnvollerweise alle Inhalte und Einstellungen der Vorlage enthält. Dazu müssen Sie nur die Dateiendung eines vorhandenen Projekts von ».aep« in ».aet« ändern. Ebenso können Sie aus einem Projekt heraus eine Vorlage speichern. Wählen Sie dazu DATEI • KOPIE SPEICHERN UNTER, und ändern Sie dann dort die Dateiendung in ».aet«. Die ».aet«-Datei öffnen Sie wie jedes andere Projekt auch.

4.2.5 XML-Projekte

XML-Projekte geben Ihnen die Möglichkeit, automatisierte Änderungen in der After-Effects-Datei vorzunehmen, ohne dass Sie dazu das After-Effects-Projekt öffnen müssen. XML-Projekte können Sie in einem Texteditor öffnen und dort die angezeigte Textinformation mit den Editor-Tools verändern.

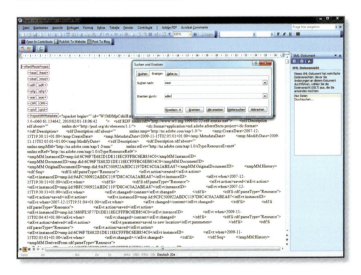

Abbildung 4.11 ▶
Eine aus After Effects generierte XML-Datei können Sie wie hier in einem Texteditor öffnen und bearbeiten.

Um ein After-Effects-Projekt als XML zu speichern, wählen Sie DATEI • KOPIE ALS XML SPEICHERN. Die entstehende Datei hat die Endung ».aepx«. Diese Datei können Sie in einem Texteditor öffnen und dort beispielsweise mit der Funktion SUCHEN UND ERSETZEN Namen von Rohmaterialien austauschen. Wenn Sie danach die ».aepx«-Datei in After Effects öffnen, sind die entsprechenden

Namen der Rohmaterialien durch die neuen Namen ersetzt worden. Leider werden dabei nicht gleich automatisch die neuen Rohmaterialien anstelle der vorherigen geladen.

Außer den Namen für Rohmaterialien, Kompositionen, Ebenen und Ordner können Sie im Texteditor Attribute von Marken wie Kommentare und Parameter von Kapitelpunkten und Cue-Points ändern. Dateipfade von Rohmaterialien inklusive eventuell verwendeter Stellvertreter lassen sich laut Adobe ebenfalls ändern. Im Praxistest sind die Dateipfade jedoch mit der SUCHEN UND ERSETZEN-Funktion nicht editierbar.

Primäres Dateiformat

Das primäre Dateiformat von After Effects ist ».aep«. Verwenden Sie dieses Format weiterhin als das Arbeitsformat und die XML-Datei nur für Kopien und automatisierte Bearbeitungen.

4.3 Projekteinstellungen

In After Effects können Sie in den Projekteinstellungen die Timecode-Anzeige und die Farbeinstellungen für Ihr Projekt ändern. Sie finden die Einstellungen unter DATEI • PROJEKTEINSTELLUNGEN.

◄ **Abbildung 4.12**
Der Dialog PROJEKTEINSTELLUNGEN

[Timecode]
Mit dem Timecode wird eine Einheit zur Zeitmessung angegeben. In Videobändern wird der Timecode mitgespeichert und dient so als Referenz für die spätere Schnittbearbeitung. Ein bild- bzw. framegenaues Schneiden ist somit möglich.

4.3.1 Projekt-Timecode festlegen

In After Effects wird standardmäßig mit dem **SMPTE-Timecode** der Society of Motion Picture and Television Engineers gearbeitet. Der SMPTE-Timecode gibt die Zeit in Stunden, Minuten, Sekunden und

Frames im Format 00:00:00:00 an. Dabei werden die einzelnen Zeiteinheiten durch einen Doppelpunkt voneinander getrennt. Bei einem PAL-Projekt ergeben 25 Frames eine Sekunde Animation, da der PAL-Standard mit 25 fps (Frames per Second) definiert ist.

Sie können die Timecode-Anzeige an Ihre Arbeitsaufgabe anpassen. Wenn Sie in After Effects einen anderen Timecode wählen, wird dadurch lediglich die Nummerierung der Frames geändert.

Framerate des Rohmaterials oder der Komposition verwenden | In den Projekteinstellungen wählen Sie unter TIMECODEBASIS den Eintrag AUTO, um die Framerate des importierten Rohmaterials oder einer Komposition zu verwenden. Feste Frameraten von 24 fps, 25 fps, 30 fps etc. sind ebenfalls wählbar.

NTSC an SMPTE-Timecode-Format angleichen | NTSC-Material arbeitet mit einer annähernden tatsächlichen Framerate von 29,97 fps. Um die Anzeige an das SMPTE-Timecode-Format anzugleichen, wird auf glatte 30 fps aufgerundet. Als Methoden stehen hierbei NON-DROP-FRAME und DROP-FRAME zur Auswahl.

▶ Wählen Sie NON-DROP-FRAME, zählt After Effects nach jeder abgelaufenen Stunde zusätzliche 3 Sekunden und 18 Frames dazu, um den zeitlichen Unterschied zwischen 29,97 und 30 fps auszugleichen.

▶ Beim Timecode DROP-FRAME erfolgt die Berechnung etwas anders: Nach jeder vergangenen Minute werden 2 Frames übersprungen, außer bei jeder zehnten Minute.

Frames | Wenn Sie den Eintrag FRAMES aktivieren, werden die Einzelbilder Ihrer Animation fortlaufend nummeriert. Die Anzeige eignet sich daher besonders für Einzelbildanimationen. Unter FEET + FRAMES legen Sie fest, ob Ihre Animation mit einer Framerate von 16-mm- oder 35-mm-Film dargestellt wird. Wählen Sie diese Anzeige, wenn Sie vorhaben, Ihre Animation auf 16-mm- oder 35-mm-Filmmaterial auszugeben.

Timecode-Anzeige wechseln

Die Timecode-Anzeige können Sie in der Zeitleiste und im Kompositionsfenster schnell wechseln, wenn Sie bei gedrückter Strg-Taste auf die Zeitanzeige ❶ klicken.

Voreinstellungen für die Arbeit mit dem Buch

Für die Projekte in diesem Buch verwenden Sie die SMPTE-Anzeige im Format 00:00:00:00 und wählen AUTO als TimecodeBasis.

▼ **Abbildung 4.13**
Die Zeitanzeige können Sie zwischen dem SMPTE-Format, Frames oder Feet + Frames umschalten.

4.3.2 Projektfarbtiefe wählen

Sie haben in After Effects die Möglichkeit, die Projektfarbtiefe zwischen 8, 16 und 32 Bit (Float) pro Kanal zu wechseln. Bei der Arbeit in einer höheren Farbtiefe können brillantere Ergebnisse vor allem bei der Bearbeitung von Effekten, beim Keying, beim Motion Tracking, bei der Farbkorrektur und bei der Verwendung von HDR-Bildmaterial erzielt werden.

Sie müssen die Tiefe nicht unbedingt in den Projekteinstellungen wählen, Sie können sie auch schnell wechseln, indem Sie bei gedrückter [Alt]-Taste auf die Anzeige der Farbtiefe im Projektfenster ❷ klicken. Sie sollten dabei die für Ihr Projekt nötige Farbtiefe einstellen. Es ergibt keinen Sinn, grundsätzlich mit einer höheren Farbtiefe zu arbeiten, da mit steigender Genauigkeit auch die Rechenzeit und der Speicherbedarf steigen. Zudem unterstützen nicht alle Plug-ins eine hohe Farbtiefe.

❷

▲ **Abbildung 4.14**
Die Projektfarbtiefe können Sie auch im Projektfenster direkt ändern.

4.3.3 Arbeitsfarbraum wählen

Um beste Ergebnisse bei der Farbübereinstimmung Ihrer Animationen am Monitor mit dem Ausgabemedium zu erzielen, ist es ratsam, einen zum Ausgabemedium passenden Arbeitsfarbraum zu wählen. Im Dialog Projekteinstellungen haben Sie die Wahl zwischen Arbeitsfarbraum zwischen verschiedenen Farbprofilen.

Bei der Einstellung Ohne verwendet After Effects den Farbraum des Monitors. Wenn Sie eine Ausgabe für **Standard Definition Television**, also für herkömmliche Fernsehübertragung planen, wählen Sie SDTV PAL oder SDTV NTSC (Amerika), für eine Ausgabe für **High Definition Television** oder einen Kinofilm

▲ **Abbildung 4.15**
In After Effects können Sie passend zum Ausgabemedium zwischen verschiedenen Arbeitsfarbräumen wählen.

wählen Sie HDTV (Rec. 709) und bei einer Ausgabe im Web sRGB IEC61966-2.1. Voraussetzung ist ein kalibrierter Monitor, anderenfalls wäre die Farbdarstellung durch diesen verfälscht! Beim Kauf eines LCD- oder Plasmageräts sollten Sie auf die Kalibrierbarkeit und die farbgenaue Darstellung des Monitors achten. Der Nachteil bei der Arbeit mit einem Arbeitsfarbraum ist, dass sich die Vorschau Ihrer Animationen möglicherweise erheblich verlangsamt.

4.4 Die Arbeitsoberfläche anpassen

Alle Fenster und Paletten können Sie an Ihre Arbeitsbedürfnisse anpassen. Sie können jedes Fenster oder jede Palette an einen anderen Ort verschieben und neu andocken. In der Voreinstellung existieren keine überlappenden Fenster. Alle Fenster und Paletten werden dynamisch an Veränderungen angepasst. Aber auch das Loslösen aus dem Fensterverbund ist möglich und insbesondere bei der Arbeit mit mehreren Monitoren hilfreich. Solche abgedockten Fenster werden zuoberst dargestellt.

Fenster und Paletten an- und abdocken | Um ein Fenster oder eine Palette an einen anderen Ort zu verschieben, klicken Sie auf den Reiter des entsprechenden Fensters und ziehen es auf die neue Position.

Wenn Sie zu den Standardeinstellungen zurückkehren möchten, wählen Sie Fenster • Arbeitsbereich • »Standard« zurücksetzen. Sie finden dort auch weitere vordefinierte Arbeitsbereiche für spezifische Arbeiten wie Malen, Effekte, Animation oder Motion-Tracking.

Jedes Fenster und jede Palette enthält ein kleines Menü für weitere Fensteroptionen, die selbsterklärend sind. Es verbirgt sich unter der kleinen Schaltfläche oben rechts in jedem Fenster. Wählen Sie beispielsweise den Eintrag Fenster abdocken, um ein Fenster aus dem Gesamtverbund zu lösen (Abbildung 4.16).

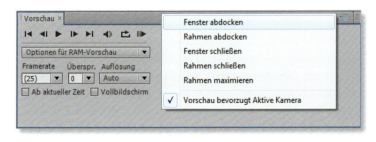

Abbildung 4.16 ▶
Jedes Fenster besitzt ein Einblendmenü mit weiteren Optionen, z. B. zum Abdocken des Fensters.

Eigener Arbeitsbereich | Wenn Sie sich für eine bestimmte Verteilung der Fenster entschieden haben, die nicht als Voreinstellung existiert, können Sie Ihren individuellen Arbeitsbereich über FENSTER • ARBEITSBEREICH • NEUER ARBEITSBEREICH abspeichern. Nachdem Sie einen Namen vergeben haben, können Sie diesen Arbeitsbereich in der Menüleiste ❶ abrufen oder über den Eintrag ARBEITSBEREICH LÖSCHEN entfernen.

Mehrere Kompositionsansichten | In After Effects haben Sie die Möglichkeit, mit mehr als einer Kompositionsansicht zu arbeiten. Im Kompositionsfenster können Sie im Einblendmenü ❷ wählen, ob eine, zwei oder vier Ansichten der Komposition angezeigt werden. Mehrere Ansichten sind besonders beim 3D-Compositing in After Effects hilfreich. Fürs Erste wird es Ihnen reichen, mit einer Kompositionsansicht zu arbeiten. Sie müssen also erst einmal nichts ändern.

▲ **Abbildung 4.17**
Jeder voreingestellte oder selbsterstellte Arbeitsbereich ist in der Menüleiste abrufbar.

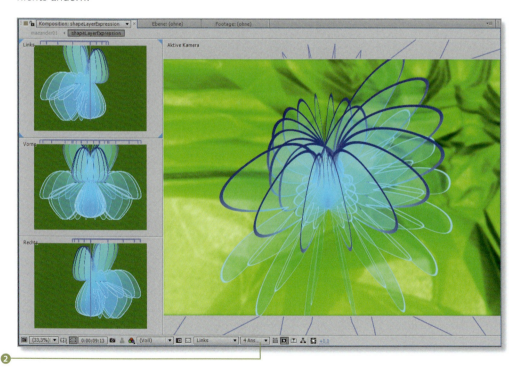

Erscheinungsbild | Wenn Ihnen die Farbe der Benutzeroberfläche zu dunkel oder zu hell erscheint, können Sie die Farben aller Fenster, Paletten und Dialogfelder insgesamt abdunkeln bzw. aufhellen. Wählen Sie beim Mac AFTER EFFECTS • EINSTELLUNGEN • ERSCHEINUNGSBILD, unter Windows BEARBEITEN • VOREINSTELLUNGEN • ERSCHEINUNGSBILD. Per Klick auf die Schaltfläche STANDARD kehren Sie zum Ausgangszustand zurück.

▲ **Abbildung 4.18**
Ein Arbeitsbereich mit vier Kompositionsansichten erleichtert die Arbeit beim 3D-Compositing in After Effects.

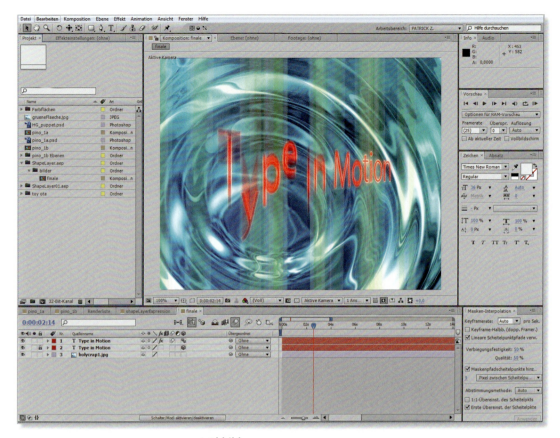

▲ **Abbildung 4.19**
In After Effects können Sie die Farbe der Benutzeroberfläche mit der Helligkeitseinstellung abdunkeln oder aufhellen.

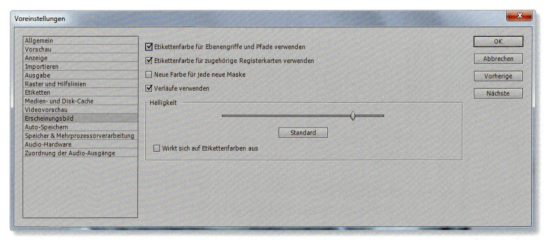

▲ **Abbildung 4.20**
Das Dialogfenster zur Einstellung der HELLIGKEIT.

5 Der Import

Wie Sie gesehen haben, kann After Effects mit einer ganzen Menge an Rohmaterialien (Footage) aus verschiedensten Anwendungen umgehen. Daher ist es auch manchmal nötig, beim Import Optionen für das jeweilige Rohmaterial festzulegen. So kann ein Standbild aus einer oder mehreren Ebenen bestehen, oder die Transparenzinformation des Materials ist unterschiedlich gespeichert. Videomaterial besteht aus Halbbildern, und beim Import muss die Reihenfolge der Halbbilder interpretiert werden.

Für die folgenden Erläuterungen können Sie die Dateien im Ordner BEISPIELMATERIAL/05_IMPORT von der DVD verwenden.

5.1 Der Importdialog

Über den Importdialog wählen Sie die Art des Imports und das entsprechende Material. After Effects bietet Ihnen verschiedene Möglichkeiten an, Dateien zu importieren:

▶ Wählen Sie im Menü DATEI/ABLAGE • IMPORTIEREN • DATEI… oder MEHRERE DATEIEN.

▶ Klicken Sie mit der rechten Maustaste bzw. `Ctrl`+Mausklick (Mac) ins Projektfenster.

▶ Drücken Sie das Tastaturkürzel `Strg`+`I`.

▶ Ziehen Sie die Dateien per Drag & Drop ins Projektfenster.

Unter DATEITYP ❶ bzw. ZEIGEN (Mac) können Sie die für den Import anzuzeigenden Formate eingrenzen. Wählen Sie ALLE ZULÄSSIGEN FORMATE, um nur die von After Effects unterstützten Formate anzuzeigen. Der Auswahlpunkt ALLE FOOTAGEDATEIEN schließt Dateien wie After-Effects- oder Premiere-Pro-Projekte vom Import aus. Nicht unterstützte Formate blenden Sie über die Auswahl von ALLE DATEIEN ein. Wenn Sie ein ganz bestimmtes Format auswählen, werden nur die Dateien dieses Formats angezeigt, andere Dateien werden ausgeblendet.

Auf die IMPORTIEREN ALS-Einstellungen ❷ komme ich auf den nächsten Seiten zu sprechen.

> **Mehrere Dateien importieren**
>
> Sie können im Importdialogfenster mehrere Dateien auswählen, indem Sie, wie im Einführungsworkshop beschrieben, mit gedrückter Maustaste einen Rahmen über die zu importierenden Dateien ziehen oder diese per `Strg`-Taste einzeln auswählen.

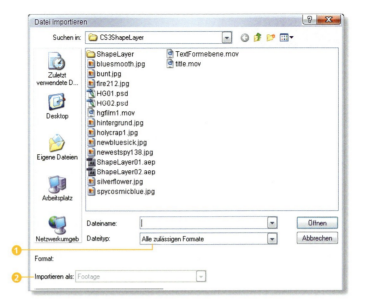

5.2 Import von Photoshop- und Illustrator-Dateien

5.2.1 Pixel und Vektoren

In After Effects lassen sich sowohl pixelorientierte Dateien (aus Photoshop) als auch vektororientierte Dateien wie Illustrator- und EPS-Dateien verarbeiten.

Der Unterschied besteht vor allem in der Auflösung bei der Skalierung. Während eine pixelorientierte Datei bei einer Skalierung über ihre Originalabmessungen hinaus verschwommen wirkt, behält die Vektorgrafik ihre scharfen Kanten auch bei hohen Skalierungswerten bei.

▲ **Abbildung 5.2**
Ein Vektorbild ohne Skalierung und ...

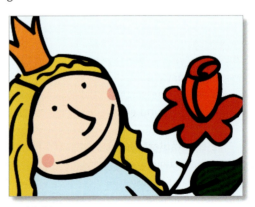

▲ **Abbildung 5.3**
... das gleiche Bild skaliert. Die Konturen bleiben scharf.

▲ Abbildung 5.4
Eine pixelorientierte Datei ohne Vergrößerung ...

▲ Abbildung 5.5
... und ein skalierter Ausschnitt derselben Datei. Zur Verdeutlichung wurde hier der Qualitätsmodus ENTWURF eingestellt.

Bei der Dateigröße findet sich der nächste Unterschied: Vektorgrafiken sind recht klein, Pixelbilder größer. Die Vorteile bei der Skalierung büßt die Vektorgrafik bei der Farbvielfalt und der Darstellung von Texturen ein.

Die unterschiedliche Dateigröße von Vektorgrafiken und Pixelbildern erklärt sich aus der unterschiedlichen Berechnung der Bilddaten. Pixelbilder setzen sich aus einer genau definierten Anzahl einzelner Bildpunkte, den **Pixeln**, zusammen, die in einem Raster angeordnet werden. Jedes einzelne Pixel wird mit Farb- und Helligkeitsinformationen gespeichert. Bei einer größeren Bilddatei werden entsprechend mehr Pixel zur Darstellung benötigt, was den Speicherbedarf der Datei anwachsen lässt. Beim Skalieren werden die Pixel proportional vergrößert. Die Struktur des Rasters, auf dem die Pixel angeordnet sind, wird dabei sichtbar.

Vektorgrafiken hingegen bestehen aus einfachen grafischen Elementen wie Linie, Kurve, Kreis und Rechteck, die mathematisch beschrieben werden können. So wird eine Linie durch ihren Anfangs- und Endpunkt definiert, ein Kreis durch Kreismittelpunkt und -durchmesser. Bei jeder Skalierung wird die Vektorgrafik neu berechnet, und es sind keine Pixelstrukturen erkennbar.

5.2.2 Ein komplettes Layout importieren

Bei der Vorbereitung Ihrer Bilddaten ist es häufig günstig, ein komplettes Layout in Photoshop oder in Illustrator anzulegen und After Effects »nur« noch zur Animation zu verwenden.

After Effects bietet Ihnen die Möglichkeit, Photoshop- und Illustrator-Dateien, die aus mehreren Ebenen bestehen, komplett

Für die nächsten Erläuterungen können Sie die Datei »5ebenen.psd« und die Datei »prinzessin.ai« aus dem Ordner 05_IMPORT auf der DVD zum Ausprobieren verwenden.

als eine Komposition zu importieren. Dabei übernimmt After Effects die genaue Positionierung der einzelnen Ebenen. Auch Ebenennamen, Hilfslinien und Ebenenmasken werden übernommen, manches bleibt aber auch auf der Strecke. Vertiefende Informationen finden Sie in Teil 9, »After Effects im Workflow«.

Aus einer Datei mit mehreren Ebenen können Sie einzelne Ebenen beim Import auswählen. Es ist daher sehr wichtig, die Ebenen in Photoshop oder Illustrator eindeutig zu benennen, sonst kommen Sie durcheinander.

Import als Komposition | Für den Import als Komposition selektieren Sie die Datei, die mehrere Ebenen enthält, und wählen dann unter IMPORTIEREN ALS die Bezeichnung KOMPOSITION bzw. KOMPOSITION – EBENENGRÖSSEN BEIBEHALTEN.

Wenn Sie KOMPOSITION wählen, werden Ihre Ebenen auf die Größe Ihres Layouts beschnitten, das heißt, überstehende Ebenen werden abgeschnitten. Bei der anderen Option, KOMPOSITION – EBENENGRÖSSEN BEIBEHALTEN, bleiben die Ebenen in ihrer Ursprungsgröße erhalten.

Zunächst erscheint bei Photoshop-Dateien ein weiterer Dialog, den Sie einfach mit OK verlassen können. Unter EBENENOPTIONEN legen Sie dort bei Bedarf fest, wie in Photoshop hinzugefügte Ebenenstile in After Effects verwendet werden. Die Option LIVE PHOTOSHOP 3D dient dem korrekten Darstellen von in Photoshop erstellten 3D-Dateien; doch mehr dazu im Kapitel 25, »Workflow mit Photoshop und Illustrator«.

Im Projektfenster von After Effects wird ohne Ihr Zutun eine Komposition angelegt. Die Framegröße der Komposition entspricht den Abmessungen der Datei in Photoshop bzw. Illustrator. Zusätzlich befindet sich über der Komposition ein Ordner, der sämtliche Ebenen der Datei im Einzelnen enthält. Doppelklicken Sie auf das Kompositions-Symbol, um die Komposition und die dazugehörige Zeitleiste zu öffnen. Sie können nun sämtliche Ebenen einzeln animieren.

▲ Abbildung 5.6
Einige Dateien, die aus mehreren Ebenen bestehen, können als Komposition importiert werden. Ein komplettes Layout lässt sich so übernehmen.

Photoshop-Ebenenstile

Photoshop-Ebenenstile werden absolut korrekt nach After Effects übernommen. Außerdem können Sie auch innerhalb von After Effects Ebenenstile festlegen und diese animieren. Wählen Sie dazu EBENE • EBENENSTILE. Weitere Informationen finden Sie in Kapitel 25, »Workflow mit Photoshop und Illustrator«.

Abbildung 5.7 ▶
Im Projektfenster werden automatisch eine Komposition und ein Ordner mit allen einzelnen Ebenen der importierten Datei angelegt.

Einzelne Ebenen importieren | Zum Import von einzelnen Ebenen wählen Sie unter Importieren Als die Bezeichnung Footage. Enthält die Datei mehrere Ebenen, bietet After Effects Ihnen daraufhin Ebenenoptionen an. Wählen Sie Auf eine Ebene reduziert, um alle Ebenen zusammenzurechnen. Markieren Sie Ebene auswählen, um eine bestimmte Ebene aus der Datei zu importieren. Unter Footage-Masse wählen Sie Dokumentgrösse, um die Ebene in der Größe entsprechend zum Photoshop-Dokument zu importieren, und Ebenengrösse, um die Ebene unbeschnitten zu importieren. Bei dieser Importvariante entsteht die Komposition nicht automatisch.

Import von Audiodaten

Audiodaten importieren Sie genauso in After-Effects-Projekte wie anderes Footage auch.

◄ **Abbildung 5.8**
Beim Footage-Import einer Datei, die mehrere Ebenen enthält, können Sie einzelne Ebenen aus dieser Datei importieren.

Schritt für Schritt: Die Bilder lernen laufen – Trickfilm

In dem folgenden kleinen Workshop werden Sie lernen, aus einer Reihe von einzelnen Bildern einen Film zu machen und den Umgang von After Effects mit Dateien nach dem Import neu zu definieren.

1 Komposition anlegen

Schauen Sie sich zuerst das Movie »AllesTrick.mov« aus dem Ordner 05_Import/Allestrick an. Starten Sie After Effects, und speichern Sie zuerst das noch leere Projekt über Datei • Speichern unter. Legen Sie eine Komposition über Komposition • Neue Komposition oder Strg+N an.

In dem Dialogfenster Kompositionseinstellungen tragen Sie möglichst immer zuerst einen Namen für die Komposition ein, da es später sehr viele Kompositionen in einem Projekt geben kann. Geben Sie unter Breite »320« ein und unter Höhe »240«. Als Framerate wählen Sie 25 Bilder bzw. Frames pro Sekunde (PAL). Bei der Dauer soll der voreingestellte Wert auf 8 Sekunden geändert werden. Es genügt, wenn Sie dazu den voreingestellten Wert markieren und »800« ins Feld tippen. After Effects trägt selbstständig die Doppelpunkte nach (0:00:08:00) und erkennt, dass es sich um eine Dauer von 8 Sekunden handelt. Die anderen Einstellungen ignorieren Sie vorerst. Bestätigen Sie mit OK.

Abbildung 5.9 ▶
Nehmen Sie diese Einstellungen
vor.

**Kompositionseinstellungen
überprüfen**

Falls Sie die Einstellungen noch
einmal ansehen oder verändern
möchten, können Sie dies über
KOMPOSITION • KOMPOSITIONS-
EINSTELLUNGEN oder Strg + K
tun.

2 **Import einer Bildsequenz**

Wählen Sie über KOMPOSITION • KOMPOSITIONSEINSTELLUNGEN die
Farbe Weiß im Farbwähler bei dem Eintrag HINTERGRUNDFARBE aus.

Für das Projekt habe ich einige Dateien vorbereitet, die als
Trickfilm abgespielt werden sollen. Jede Datei enthält gegenüber
der vorhergehenden einen kleinen Bewegungsschritt. Schnell
nacheinander abgespielt, ergeben die Dateien einen kleinen Film.

Wählen Sie im Importdialog den Ordner 05_IMPORT/ALLES-
TRICK/SEQUENZ1, und markieren Sie die erste Datei in der Liste.
Achten Sie darauf, dass ein Häkchen bei PHOTOSHOP-SEQUENZ
gesetzt ist, und klicken Sie auf ÖFFNEN bzw. IMPORTIEREN. Der
Eintrag ALPHABETISCHE REIHENFOLGE ERZWINGEN dient übrigens
dazu, Bilder in alphabetischer Reihenfolge zu ordnen.

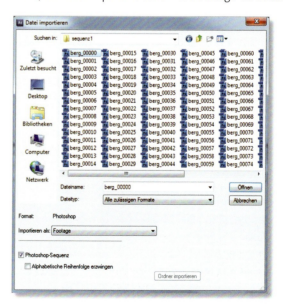

Abbildung 5.10 ▶
In After Effects lassen sich verschiedenste Dateiformate als Bildsequenzen importieren.

Die Einzelbilder werden nun im Projektfenster als eine einzige Datei, als Bildsequenz, angezeigt. Sie haben auch die Möglichkeit, Targa-, JPG-, TIFF-Sequenzen und viele mehr zu importieren. Importieren Sie nun noch die Bilder aus dem Ordner Sequenz2 in gleicher Weise.

Damit After Effects die Bildsequenz als solche erkennen kann, ist eine fortlaufende Nummerierung der Einzelbilder erforderlich. Wichtig bei der Benennung der Dateien ist, jeder Bildnummer mehrere Nullen voranzustellen, sonst geht es schief. Außerdem müssen die Einzelbilder sämtlich die gleichen Bildabmessungen aufweisen, da sonst eventuell der Bildausschnitt falsch interpretiert wird. Ausschlaggebend für alle nachfolgenden Bilder ist das erste Bild der Sequenz. Wenn Sie diese Prämissen beachten, wird Ihnen das Erstellen kurzer Sequenzen bald Spaß machen. Noch etwas: 16 Bilder pro Sekunde benötigen Sie mindestens für einen einigermaßen flüssigen Bewegungsablauf.

Importieren Sie die dritte Sequenz aus dem Ordner Sequenz3, und wählen Sie immer IMPORTIEREN ALS • FOOTAGE. Importieren Sie dann die Datei »sisyphos.ai«, und wählen Sie beim Import gegebenenfalls AUF EINE EBENE REDUZIERT, um die Ebenen der Datei zusammenzufassen. Jetzt haben Sie alle Dateien verfügbar.

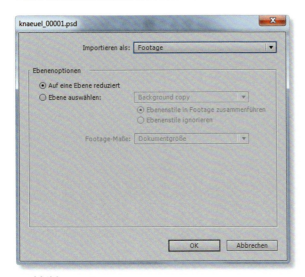

▲ **Abbildung 5.11**
Beim Import müssen Dateien oft auf eine Ebene reduziert werden.

▲ **Abbildung 5.12**
Im Projektfenster wird jede Bildsequenz mit einem Symbol für eine Reihe von Bildern angezeigt.

3 Los geht's mit der Animation

Ziehen Sie zuerst Ihre Zeitmarke auf den Zeitpunkt 00:00. Sie können auch die Taste (Pos1) verwenden, um die Zeitmarke an den

Anfang der Komposition springen zu lassen. Ziehen Sie die Datei »sisyphos.ai« in den linken, dunkelgrauen Bereich der Zeitleiste. Der In-Point der Ebene wird genau am Zeitpunkt 00:00 ausgerichtet, so dass die Ebene ab diesem Zeitpunkt sichtbar ist.

Öffnen Sie die Transformationseigenschaften der Ebene »sisyphos.ai«. Ziehen Sie die Zeitmarke auf 00:14, und setzen Sie per Klick auf das Stoppuhr-Symbol bei DECKKRAFT einen ersten Keyframe. Damit eine Animation zustande kommt, setzen Sie einen zweiten Keyframe. Positionieren Sie die Zeitmarke bei 02:00, klicken Sie in den Wert bei DECKKRAFT (100 %), und tragen Sie »0« ein. Der Keyframe entsteht automatisch, sobald Sie neben das Wertefeld klicken. Der Text blendet sich nun allmählich aus. Übrigens müssen Sie keine Fremdapplikationen zum Erstellen von Text verwenden. Wir machen das nur für den Import und weil Sie Teil 6, »Titel und Texte«, noch nicht kennen.

▲ **Abbildung 5.13**
Für das Ausblenden des Textes werden zwei Keyframes bei der
DECKKRAFT gesetzt.

4 Ebenen positionieren

Ziehen Sie die Sequenz »sisyphos« unter den Text in die Zeitleiste.

Klicken Sie die Ebene einmal in der Mitte an, und halten Sie, um sie zu verschieben, die Maustaste gedrückt. Wenn Sie nun noch die Taste ⌂ hinzunehmen, richtet sich der In-Point wie magnetisch an Keyframes oder der Zeitleiste aus.

▲ **Abbildung 5.14**
Mit der Taste ⌂ springen Ebenen, die Sie verschieben, automatisch auf In-Points, Keyframes oder die Zeitmarke.

Beim Verschieben von Keyframes funktioniert das genauso. Lassen Sie auf diese Weise die Ebene dort beginnen, wo Sie den ersten Keyframe für den Text gesetzt haben. Ebenso richten Sie die Sequenz »berg« am Out-Point, also dem Ende der Sequenz »sisyphos«, aus.

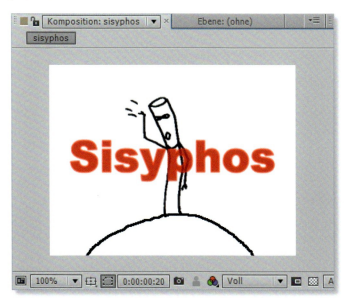

▲ **Abbildung 5.15**
Der Text wird über der Tricksequenz positioniert.

5 Footage interpretieren

Nach dem Import von Dateien ins Projektfenster ist es nicht selten nötig, den Umgang von After Effects mit diesen Dateien neu zu definieren. So lassen sich beispielsweise in einer Datei die Optionen für die Interpretation des Alphakanals im Nachhinein ändern. Auch die Framerate einer Datei, die Halbbildreihenfolge und das Pixelseitenverhältnis sind noch nach dem Import änderbar. Der Weg zur Dialogbox, um das Footage im Nachhinein zu interpretieren, ist bei allen Dateien der gleiche, die Optionen sind es nicht.

Um Footage zu interpretieren, markieren Sie in unserem Falle die Sequenz »knaeuel« im Projektfenster. Klicken Sie die Sequenz mit der rechten Maustaste an, oder gehen Sie über das Menü DATEI • FOOTAGE INTERPRETIEREN • FOOTAGE EINSTELLEN.

In dem erscheinenden Dialogfeld finden Sie unter ANDERE OPTIONEN den Eintrag SCHLEIFE. Tragen Sie hier den Wert »10« ein. Die Bildsequenz wird nun beim Abspielen zehnmal wiederholt. Sie können auch Filme oder Sounddateien auf diese Weise loopen lassen.

Vorschauoption

Im Dialogfeld FOOTAGE INTERPRETIEREN befindet sich eine Option VORSCHAU. Sie können durch Setzen oder Entfernen des Häkchens das Resultat Ihrer Änderungen ein- bzw. ausblenden.

Abbildung 5.16 ▶
Im Dialog FOOTAGE INTERPRETIE-
REN wählen Sie unter SCHLEIFE,
wie oft das Material hintereinander abgespielt wird.

6   Abschluss der Animation

Ziehen Sie die loopende Sequenz »knaeuel« in die Zeitleiste über
die Sequenz »sisyphos«, und richten Sie den In-Point der Knäuel-
Sequenz am In-Point der Sequenz »sisyphos« aus. Positionieren Sie
das Knäuel im Kompositionsfenster wie in Abbildung 5.17. Dazu
müssen Sie nur auf das Knäuel klicken und es verschieben.

Abbildung 5.17 ▶
Sisyphos' Knäuel sollte etwa hier
positioniert werden.

Öffnen Sie die Transformationseigenschaften der Sequenz »knaeuel«, und wählen Sie die Eigenschaft POSITION, oder markieren Sie

die Ebene, und drücken Sie die Taste $\boxed{\text{P}}$. Setzen Sie einen ersten Keyframe für die Position bei 01:09. Erstellen Sie den zweiten Keyframe automatisch, indem Sie die Zeitmarke auf den Out-Point, also das Ende der Ebene »knaeuel«, ziehen und die Ebene wie in Abbildung 5.18 aus der Komposition herausziehen.

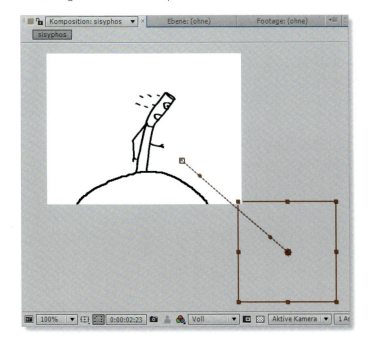

◄ **Abbildung 5.18**
Der zweite Positions-Keyframe entsteht automatisch, wenn Sie das Knäuel aus dem Bild ziehen.

Tja, das Knäuel ist nun den Berg hinabgerollt, und Sisyphos muss von vorn anfangen. Wenn Sie die Sequenz »berg« richtig angeordnet haben, tut er dies auch. Das fertige Projekt rendern Sie am besten noch auf dem gleichen Wege, wie es bereits in Abschnitt 3.2, »Ein erstes Projekt«, beschrieben wurde.

◄ **Abbildung 5.19**
Sisyphos muss sich hier mühen, das Knäuel erneut den Berg hinaufzurollen. ■

5.2.3 Transparentes Material importieren

Wie schon erwähnt wurde, sollte die Bildbearbeitung vor dem Import möglichst abgeschlossen sein. Dazu gehört auch das Festlegen transparenter Bildbereiche. Da Transparenzen in verschiedenen Programmen erstellt werden können, ist es nicht verwunderlich, dass verschiedene Möglichkeiten existieren, Transparenzen zu definieren.

Footage interpretieren | Beim Import von Dateien, die Transparenzen enthalten, erscheint der Dialog FOOTAGE INTERPRETIEREN. After Effects »fragt« Sie, wie es die Transparenzinformation in der Datei interpretieren soll.

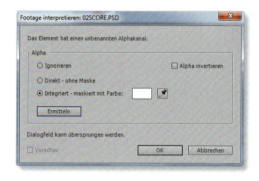

Wenn Sie sich unsicher sind, wählen Sie hier einfach ERMITTELN. After Effects findet dann automatisch heraus, wie die Transparenzinformation in der Datei gespeichert wurde.

Wird Ihnen das Klicken auf die ERMITTELN-Schaltfläche zu umständlich und wollen Sie nicht mehr gefragt werden, weil Sie etliche Dateien mit einem Alphakanal importieren, können Sie die Importvoreinstellung unter BEARBEITEN • VOREINSTELLUNGEN • IMPORT ändern.

Direkter Alphakanal

Die Transparenzinformation wird neben den RGB-Farbkanälen in einem Extrakanal, dem Alphakanal, in der Datei gespeichert.

Integrierter Alphakanal

Die Transparenzinformation wird sowohl in einem Extrakanal gespeichert als auch in die RGB-Farbkanäle eingerechnet – d. h. für halbe Deckkraft 50 % der Farbe des Pixels und 50 % der eingerechneten Farbe.

Alphakanal und Transparenz | Wenn Sie mit Photoshop arbeiten, entdecken Sie im Fenster KANÄLE bei einer Datei, die einen Alphakanal enthält, den Alphakanal neben den RGB-Kanälen.

Abbildung 5.21 ▶

In Photoshop ist der Alphakanal neben den RGB-Kanälen leicht zu entdecken.

In After Effects können Sie den Farbanteil eines jeden Kanals in einer Datei über das Kompositionsfenster anzeigen lassen. Auch die Alphainformation ist separat darstellbar. Unter der kleinen Schaltfläche ❶ verbirgt sich ein Menü, in dem Sie den jeweiligen Kanal einzeln auswählen.

Importvoreinstellung ändern

Wählen Sie VOREINSTELLUNGEN • IMPORTIEREN. Unter UNBENANN-TES ALPHA INTERPRETIEREN ALS wählen Sie dann ERMITTELN.

◄ **Abbildung 5.22**
Die Farbinformation können Sie für jeden Farbkanal einzeln anzeigen. Das Gleiche gilt für den Alphakanal.

Sie können sicher sein, dass After Effects Ihre Transparenzen, sofern es sie richtig interpretiert, korrekt darstellt. Schon wenn Sie in After Effects mit einer Farbtiefe von nur 8 Bit arbeiten, stehen für jeden der vier Kanäle 8 Bit zur Verfügung. Es ist also genügend »Platz« für die Information im Alphakanal vorhanden.

Enthält Ihr importiertes Footage keinen Alphakanal oder ist die Farbtiefe des Footage geringer als die 32 Bit der vier Kanäle zusammen, legt After Effects für die Datei einen Kanal an, der mit weißer Farbe gefüllt ist. Damit wird die Datei als vollständig deckend definiert. Bei Dateien mit 16 oder 32 Bit Farbtiefe pro Kanal, für die Sie die entsprechende Farbtiefe im Projekt einstellen, ist noch mehr Platz für feine Abstufungen und bessere Detailgenauigkeit vorhanden.

Weitere Informationen zu Transparenzen und Alphakanälen finden Sie auch in Kapitel 18, »Masken, Matten und Alphakanäle«.

5.3 Import von After-Effects-Projekten

Sollten Sie an größeren Projekten arbeiten, ist es oft nötig, mit mehreren Projektdateien zu arbeiten. Möglicherweise arbeiten auch mehrere Personen an einem Projekt und speichern ihre Arbeit

Import älterer Projekte
Beachten Sie, dass After Effects in der Version CS5 keine älteren Projekte als aus Version 6.0 importieren kann.

in verschiedene Projektdateien. Um diese am Ende wieder zusammenzubringen, ist es möglich, komplette After-Effects-Projekte in ein finales Projekt zu importieren. Der Import erfolgt dabei wie bei jedem anderen Rohmaterial. Das importierte Projekt erhält einen eigenen Ordner, der wiederum sämtliche Kompositionen und Verknüpfungen zu Rohmaterialdateien des Ursprungsprojekts enthält. Sämtliche im importierten Projekt vorhandenen Kompositionen, Animationen oder sonstige Einstellungen bleiben hundertprozentig erhalten. Sie sollten aber nicht vergessen, die Rohmaterialdateien des importierten Projekts auch auf Ihrer Festplatte zur Verfügung zu stellen, ansonsten zeigt After Effects Ihnen nur Platzhalter an. Beachten Sie auch, dass After Effects CS5 keine älteren Projekte als aus Version 6.0 importieren kann.

5.3.1 Projekte einbetten (nur CS4 und CS5)

Beim Rendern oder Exportieren von Containerformaten wie QuickTime-(MOV)-, Video-für-Windows-(AVI)-, FLV- oder F4V-Dateien können Sie auch eine Verknüpfung zum Projekt einbetten (die Option ist bei der Ausgabe standardmäßig aktiviert). Wollen Sie dieses Projekt wieder in After Effects importieren, so wählen Sie die gerenderte Datei aus und aktivieren beim Import unter IMPORTIEREN ALS die Option PROJEKT. Allerdings ist dabei zu beachten, dass Sie den exportierten Film nicht irgendwo auf der Festplatte oder auf einem anderen Speichermedium ablegen. Das eingebettete Projekt enthält nur Verknüpfungen zu den Rohmaterialdateien und kann daher nicht importiert werden, wenn der Film nicht zuvor in denselben Ordner wie die Rohmaterialien gerendert wurde.

5.4 Import von Premiere Pro-Projekten

Sehr komfortabel ist die Zusammenarbeit von After Effects mit dem Schnittprogramm Premiere Pro. Premiere-Pro-Projekte müssen nicht gerendert werden, um sie in After Effects weiterzubearbeiten. Sichern Sie einfach nur ganz normal die Projektdatei.

Um Premiere-Pro-Projekte zu importieren, wählen Sie DATEI • IMPORTIEREN • ADOBE PREMIERE PRO PROJEKT. Wählen Sie eine Premiere-Pro-Datei aus. Im Dialog PREMIERE PRO IMPORTER importieren Sie unter SEQUENZ AUSWÄHLEN einzelne Sequenzen des Projekts und deaktivieren bei Bedarf AUDIO IMPORTIEREN. Im Projektfenster erscheint nach dem Import ein Ordner, der sämtliche Clips aus dem Premiere-Pro-Projekt enthält. Sequenzen werden in dem Ordner als Kompositionen angelegt, verschachtelte Sequenzen werden zu verschachtelten Kompositionen.

RGB- und CMYK-Dateien

After Effects arbeitet im RGB-Farbraum. Das heißt, Dateien mit den Kanälen Rot, Grün, Blau und Alpha können importiert werden. CMYK-Dateien können ebenfalls importiert werden. CMYK-Dateien werden für eine Ausgabe auf Papier verwendet. Dabei steht CMYK für die Druckfarben Cyan, Magenta, Yellow und Key (Schwarz).

Zu beachten ist, dass After Effects CS5 Projekte der Version Premiere 6.5 und älter nicht importiert. Um dies dennoch zu erreichen, öffnen Sie das Premiere-Projekt in einer Premiere-Pro-Version, die 6.5-Projekte unterstützt, und speichern es in einer neueren Version ab.

▼ **Abbildung 5.23**
Die Zeitleiste eines Schnittprojekts in Premiere Pro ...

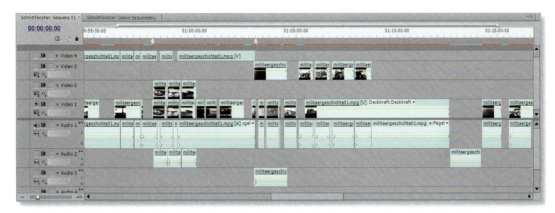

Um sich eine in Premiere Pro geschnittene Sequenz in After Effects anzeigen zu lassen, klicken Sie die Sequenz, die in After Effects eine Komposition geworden ist, doppelt an. Daraufhin öffnen sich das Kompositionsfenster und die Zeitleiste.

In der Zeitleiste von After Effects erscheinen in Premiere Pro gesetzte Marker als Kompositionsmarken. Die geschnittenen Clips behalten ihre In- und Out-Points bei. Allerdings sind sie nicht mehr in einer oder mehreren Spuren angeordnet, sondern, wie bei After Effects üblich, als Ebenen untereinander. Dabei werden die Reihenfolge der Clips und das ursprünglich vorhandene Material der Clips beibehalten. Außerdem werden einige Effekte und ihre Keyframes sowie Überblendungen übernommen.

Wollen Sie den Import der Premiere-Pro-Projektdatei sofort wieder rückgängig machen, hilft Ihnen ein einfaches [Strg]+[Z].

Mehr zum Thema erfahren Sie in Abschnitt 26.1, »Zusammenarbeit mit Adobe Premiere Pro CS5«.

Premiere-Projekte unter Mac OS

Unter Mac OS können Sie ältere Premiere-Pro-Projekte aus den Versionen 1.0, 1.5 und 2.0 nicht importieren. Der Import von Projekten der Versionen 6.0, 6.5, CS3 und CS4 ist jedoch möglich.

▼ **Abbildung 5.24**
... und in After Effects. Übernommen werden die Reihenfolge der Clips, die Schnitteinstellungen, einige Effekte, Keyframes und mehr.

SWF-Import | After Effects bietet eine gute Integration mit Flash an. Sie können SWF-Dateien, egal ob sie in After Effects oder in Flash erstellt wurden, in After Effects importieren. Transparenzeinstellungen (der Alphakanal) in SWF-Dateien bleiben beim Import vollständig erhalten. Wie bei Illustrator-Grafiken können Sie die SWF-Dateien außerdem verlustfrei in jede Größe skalieren.

Weitere Informationen dazu erhalten Sie in Abschnitt 26.2, »Zusammenarbeit mit Adobe Flash Professional«.

5.5 Weitere Importmöglichkeiten

5.5.1 Import von Bilddaten mit hohem dynamischem Bereich (HDR)

In After Effects werden Dateien und Projekte mit einem hohen dynamischen Bereich unterstützt. Mit dem dynamischen Bereich ist der Helligkeitsumfang zwischen größtem und kleinstem Helligkeitswert eines digitalen Bildes gemeint. In der sichtbaren Welt existiert ein weit größerer Helligkeitsumfang als derjenige, der am Computermonitor, auf Filmmaterial oder auf Papier darstellbar ist. Es wird also immer nur in einem begrenzten Dynamikbereich gearbeitet.

▶ Als **Low Dynamic Range Image** bezeichnet man Dateien, die mit einer Farbtiefe von 8 Bit oder weniger erstellt wurden.

▶ Ein **Medium Dynamic Range Image** weist eine Farbtiefe von 16 Bit auf.

▶ Ein **High Dynamic Range Image** wurde mit einer Farbtiefe von 32 Bit erstellt.

Bei HDR-Bildern sind durch die Verwendung von Gleitkommazahlen weit mehr Werte beschreibbar als bei der Verwendung von Festkommazahlen. Bilder in dieser Farbtiefe können mehr Details in dunklen Bildbereichen und realistische Lichteffekte darstellen.

Um die Projektfarbtiefe zu ändern, wählen Sie DATEI • PROJEKTEINSTELLUNGEN. Unter FARBEINSTELLUNGEN • TIEFE wählen Sie zwischen 8, 16 und 32 BIT PRO KANAL.

After Effects kann Dateiformate wie OpenEXR, TIFF, PSD und Radiance (HDR, RGBE, XYZE) mit einer Farbtiefe von 32 Bit als Standbilder oder Standbildsequenzen importieren. Auch Dateien mit den Endungen ».sxr« und ».mxr« werden seit der Version CS5 von After Effects unterstützt. Eine Ausgabe als OpenEXR-, TIFF-, PSD- oder Radiance-Sequenz ist ebenfalls möglich.

OpenEXR und ProEXR | Seit After Effects CS4 werden die von der Firma fnord herausgegebenen Plug-ins des Pakets ProEXR unterstützt. Diese ermöglichen den vollen Zugriff auf sämtliche Informationen, die in einer OpenEXR-Datei gespeichert werden können. Das erweitert vor allem auch die Arbeit mit 3D-Applikationen, für die das Format immer mehr zum Standard avanciert.

Weitere Informationen dazu erhalten Sie in Abschnitt 27.3.3, »OpenEXR und ProEXR«.

5.5.2 Import von Camera-Raw-Dateien

Camera-Raw-Dateien sind Bildsensor-Rohdaten einer Digitalkamera. Die Rohdaten liegen in einer Farbtiefe von 10, 12 oder 14 Bit pro Pixel und mehr vor. Dadurch kann bei der Arbeit mit Raw-Dateien auf weit mehr Bildinformationen zugegriffen werden als bei den normalerweise im JPEG-Format abgespeicherten Bilddaten. Dies resultiert in größerem Detailreichtum und mehr Farb- und Helligkeitsabstufungen. Camera-Raw-Dateien können wie jede andere Datei in After Effects importiert werden. Auch der Import ganzer Raw-Sequenzen ist möglich.

▼ **Abbildung 5.25**
Beim Import einer Camera-Raw-Datei öffnet sich der Dialog CAMERA RAW. Hier können Sie verschiedenste Bildanpassungen vornehmen.

Beim Import werden die Camera-Raw-Dateien je nach der im Projekt gewählten Farbtiefe in 8 oder 16 Bit umgewandelt. Beim Import in After Effects lassen sich Weißbalance, Tonwertbereich, Kontrast, Farbsättigung und Scharfzeichnung etc. im Dialogfeld CAMERA RAW einstellen. Außerdem können Sie Störungen im Bildmaterial wie Helligkeits- und Farbrauschen und Farbränder an Konturen korrigieren.

Wenn Sie eine Camera-Raw-Bildsequenz laden, werden die Einstellungen, die Sie für das erste Bild der Sequenz verwendet haben, auf alle weiteren Bilder der Sequenz angewendet, wenn für diese keine eigenen Einstellungen definiert wurden.

Um Camera-Raw-Bilddaten nach dem Import anzupassen, wählen Sie die Raw-Datei im Projektfenster aus und rufen dann DATEI • FOOTAGE INTERPRETIEREN • FOOTAGE EINSTELLEN auf. Im sich öffnenden Dialogfeld FOOTAGE INTERPRETIEREN klicken Sie auf die Schaltfläche WEITERE OPTIONEN und ändern dann die Einstellungen wieder im Dialog CAMERA RAW.

5.5.3 Import von XMP-Metadaten

XMP-Metadaten, also Informationen wie Datum, Autor, Kameratyp etc., können in verschiedenen Dateiformaten innerhalb einer Datei mitgespeichert werden. After Effects kann diese Daten in den meisten Formaten importieren und im Fenster METADATEN anzeigen. Weitere Informationen finden Sie in Abschnitt 8.6, »XMP-Metadaten«.

5.5.4 Import per Drag & Drop

Ergänzend zu den beschriebenen Importoptionen sei die Möglichkeit erwähnt, Dateien einfach vom Explorer bzw. vom Finder in das Projektfenster zu ziehen. Probieren Sie das ruhig einmal aus. Sie können sowohl einzelne Dateien als auch ganze Ordner ins Projektfenster ziehen.

Bei einzelnen Dateien erhalten Sie wie beim schon zuvor beschriebenen Import die Möglichkeit, die Datei als Komposition oder als Footage zu importieren. Bei Dateien mit mehreren Ebenen können Sie einzelne Ebenen der Datei auswählen oder sämtliche Ebenen auf eine Ebene reduzieren und zusammenrechnen.

Wenn Sie einen Ordner ins Projektfenster ziehen, der mehrere Bilder enthält, nimmt After Effects an, dass es sich um eine Sequenz handelt, und legt die Dateien als Bildsequenz im Projektfenster ab. Benötigen Sie unterschiedliche Dateien genau so, wie sie in einem Ordner angelegt sind, ziehen Sie den Ordner bei gedrückter Alt-Taste ins Projektfenster. Es wird dann ein entsprechender Ordner im Projektfenster angelegt, der alle Dateien enthält.

5.5.5 Importvoreinstellungen

Unter BEARBEITEN • VOREINSTELLUNGEN • IMPORTIEREN legen Sie fest, wie After Effects beim Import mit Dateien verfahren soll.

Unter STANDBILD-FOOTAGE wählen Sie anstelle von LÄNGE DER KOMPOSITION einen eigenen Wert, z. B. 02:00. Ihr Footage wird dann immer in der Länge von 2 Sekunden in die Komposition eingesetzt.

Unter SEQUENZ-FOOTAGE legen Sie die Framerate Ihrer importierten Sequenzen fest. Damit lassen sich Sequenzen an die Framerate Ihrer Komposition anpassen.

Um festzulegen, wie die Alphainformation einer Datei beim Import behandelt wird, verwenden Sie eine der Optionen bei UNBENANNTEN ALPHAKANAL INTERPRETIEREN ALS. Ist ANWENDER FRAGEN gewählt (Standard), öffnet sich bei jeder Datei mit Alphainformationen ein Dialog. Wenn Sie hier ERMITTELN einstellen, interpretiert After Effects die Alphainformation automatisch.

Legen Sie unter PER DRAG + DROP IMPORTIERTE ELEMENTE SIND STANDARDMÄSSIG fest, ob Sie Dateien beim Import per Drag & Drop als Bildsequenz (FOOTAGE) oder als Komposition (KOMPOSITION oder KOMPOSITION – EBENENGRÖSSEN BEIBEHALTEN) importieren wollen.

5.6   Videodaten in After Effects

Der Import und Umgang mit Videodaten in After Effects unterscheidet sich etwas von dem Umgang mit den Importformaten, die Sie bisher kennengelernt haben. Bei der Arbeit mit Videodateien begegnen Ihnen des Öfteren die Begriffe **Pixelseitenverhältnis** bzw. **Pixel Aspect Ratio** (PAR) und **Halbbildreihenfolge** bzw. **Interlaced-Footage**.

Jeder Frame eines Videos kann, wie Sie bereits wissen, aus zwei Halbbildern bestehen, die kurz nacheinander angezeigt werden.

Lesen Sie vertiefend auch Abschnitt 2.2.1, »Vollbild oder Halbbild«.

Solches Video-Footage wird daher auch als **Interlaced-Material** bezeichnet. After Effects muss die Halbbilder des Videos trennen und daraus Vollbilder erzeugen. Erst dann werden Effekte und Transformationen des Interlaced-Materials in hoher Qualität berechnet. Bei der Ausgabe des Films für Fernsehen kann After Effects die Vollbilder wieder in Halbbilder umrechnen, um eine hohe Qualität bei der Wiedergabe zu sichern.

Sie haben bereits im Workshop »Die Bilder lernen laufen – Trickfilm« den Dialog FOOTAGE INTERPRETIEREN kennengelernt, um Bildsequenzen in einer Schleife abzuspielen. Nun werden Sie erneut mit diesem Dialog in Berührung kommen.

5.6.1 Separate Halbbilder festlegen

Automatische Interpretation der Halbbildreihenfolge | In Video-Footage wird entweder das obere oder das untere Halbbild zuerst angezeigt. Dies hängt ganz vom System ab, auf dem das Video erzeugt wurde. Beim Import von Interlaced-Videomaterial erkennt After Effects in den meisten Fällen die Halbbildreihenfolge automatisch und trennt die Halbbilder des Video-Footage. Es entstehen keine Probleme. Dies ist z. B. bei D1-, DV- und HDV-Footage der Fall. After Effects trennt hier die Halbbilder automatisch.

Manuelle Interpretation der Halbbildreihenfolge | Interpretiert After Effects die Halbbildreihenfolge beim Import nicht richtig, muss das Video-Footage manuell interpretiert werden. Sollten Sie noch analoge Karten zum Aufnehmen von Video verwenden, ist eine manuelle Interpretation der Halbbildreihenfolge anzuraten.

Markieren Sie dazu die entsprechende Videodatei im Projektfenster. Wählen Sie DATEI • FOOTAGE INTERPRETIEREN • FOOTAGE EINSTELLEN. In dem Abschnitt FELDER UND PULLDOWN können Sie unter SEPARATE HALBBILDER wählen, wie in Halbbilder getrennt wird. Ausschlaggebend dafür, ob Sie OBERES oder UNTERES HALBBILD ZUERST wählen, ist die Halbbildreihenfolge des Originals. Wählen Sie AUS für Video-Footage, das keine Halbbilder enthält.

Wenn Sie Video-Footage verwenden, das im DV-Format vorliegt, oder Video-Footage über eine Firewire-Schnittstelle (IEEE 1394 oder i.Link) aufgenommen haben, wählen Sie immer UNTERES HALBBILD ZUERST. Grundsätzlich zeigen Standard-Definition-(SD-)Formate zumeist das untere Halbbild zuerst an, während High-Definition-(HD-)Formate (z. B. 1080i DVCPRO HD) meist das obere Halbbild zuerst anzeigen.

Die Option KANTEN ERHALTEN (NUR BESTE QUALITÄT) aktivieren Sie, um die Qualität in nicht bewegten Bereichen zu erhöhen.

◀ Abbildung 5.27
Noch einmal der Dialog FOOTAGE
INTERPRETIEREN – hier zum Separieren der Halbbilder von importiertem Videomaterial

5.6.2 Halbbildreihenfolge des Originals testen

Falls Sie unsicher sind, ob Sie die Halbbildreihenfolge Ihres importierten Videomaterials richtig interpretiert haben, machen Sie folgenden kleinen Test.

Markieren Sie die Videodatei im Projektfenster. Im Dialogfeld
FOOTAGE INTERPRETIEREN wählen Sie OBERES HALBBILD ZUERST.
Bestätigen Sie mit OK. Halten Sie dann die Taste Alt gedrückt,
und doppelklicken Sie auf Ihr Footage im Projektfenster. Es öffnet
sich das Footage-Fenster. Wählen Sie einen Bereich im Video,
der eine kontinuierliche Bewegung enthält. Um zu kontrollieren,
ob die Halbbildreihenfolge richtig interpretiert ist, spielen Sie das
Video frameweise ab. Dazu klicken Sie in der Palette VORSCHAU
auf die Schaltfläche NÄCHSTER FRAME ❶.

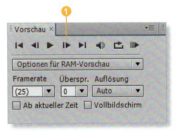

▲ Abbildung 5.28
Mit der Vorschau-Palette werden
Animationen abgespielt.

Springt die Bewegung in jedem zweiten Frame zurück, müssen Sie die andere Option für die Halbbildtrennung wählen.

5.6.3 Pixel Aspect Ratio (PAR)

Wenn Ihnen die Bezeichnung Pixel Aspect Ratio (PAR) begegnet,
ist damit das Pixelseitenverhältnis gemeint. Das Pixelseitenverhältnis steht für die Breite und Höhe eines Pixels in einem Bild. Es
gibt quadratische Pixel im Verhältnis 1:1 und rechteckige Pixel in
verschiedenen Seitenverhältnissen, abhängig vom verwendeten
Material.

Seit der Version CS4 von After Effects arbeitet Adobe mit exakteren Berechnungen der rechteckigen Pixelseitenverhältnisse für alle Standard-Formate, also PAL und NTSC. Die vorherigen Berechnungen ergaben im Falle von PAL ein leicht breiteres Bild bei der Endausgabe auf einem Monitor gegenüber der Darstellung in After Effects. Diese inkorrekte Berechnung stellte nur dann ein Problem dar, wenn Material definitiv unverzerrt ausgegeben werden musste, wie es beispielsweise bei einem Kreis der Fall wäre.

Bilder im PAL-Format entsprechen einer Anzeige von 788 × 576 quadratischen Bildpunkten gegenüber den früher berechneten 768 × 576 quadratischen Bildpunkten. Das entspricht in beiden Fällen in etwa einem Frameseitenverhältnis von 4:3.

Der Standard von D1/DV PAL ist jedoch auf eine Auflösung von 720 × 576 Pixel festgelegt. Um dennoch auf ein Maß von 788 Pixel für die Breite und somit auf das für D1/DV PAL ebenfalls standardisierte 4:3-Format zu kommen, sind die D1/DV-PAL-Pixel nicht quadratisch (**square**), sondern rechteckig (**nonsquare**). Das Pixelseitenverhältnis beträgt 1,094. Zuvor wurde das Pixelseitenverhältnis mit dem inkorrekten Wert 1,0666 berechnet. Jedes Pixel ist also etwas breiter als hoch. Rechnen wir 720 × 1,094, erhalten wir in etwa 788.

Obwohl einige Formate das gleiche Frame- bzw. Bildseitenverhältnis haben, unterscheidet sich ihr Pixelseitenverhältnis. So sind D1/DV-PAL-Pixel horizontal ausgerichtet und D1/DV NTSC-Pixel vertikal.

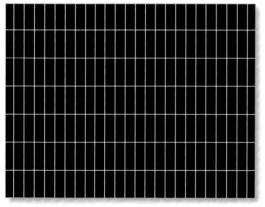

▲ **Abbildung 5.29**
Pixel in einem D1/DV-NTSC-Video werden vertikal ausgerichtet, um die Höhe zu kompensieren.

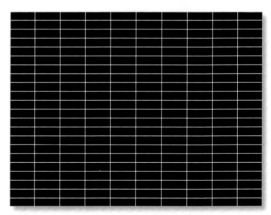

▲ **Abbildung 5.30**
In einem D1/DV-PAL-Video werden Pixel horizontal ausgerichtet, um die Breite zu kompensieren.

Auch bei manchen HDV-Formaten liegen rechteckige Pixel vor. Das ist bei einer Aufzeichnung in der Größe 1.440 × 1.080 der Fall. Nach der Entzerrung auf das Bildseitenverhältnis 16:9 beträgt dann die Größe 1.920 × 1.080. Das Pixelseitenverhältnis entspricht bei diesen rechteckigen Pixeln 1,33.

Bei HDV-, DVCPRO-HD- und HDTV-Material hat sich wie gesagt die Berechnung der Pixelseitenverhältnisse nicht verändert, da sie bereits korrekt war.

5.6.4 D1/DV PAL, D1/DV NTSC und HDV (1.440 × 1.080) am Computermonitor

Computermonitore arbeiten mit quadratischen Pixeln, nutzen also ein Pixelseitenverhältnis von 1:1, während Video oft mit unterschiedlichen Pixelseitenverhältnissen, also rechteckigen Pixeln, arbeitet. Wird nun ein Videobild mit rechteckigen Pixeln am Computermonitor dargestellt, erscheint es verzerrt. Unverzerrt werden hingegen Dateien mit quadratischen Pixeln wiedergegeben.

Etwas schmaler als das Original erscheinen die horizontal ausgerichteten Pixel von D1/DV-PAL-Videos am Monitor, da sie an die Breite der quadratischen Monitor-Pixel angepasst werden. Da bei D1/DV NTSC die Pixel vertikal ausgerichtet sind, erscheint das Bild auf dem Computermonitor etwas breiter. HDV-Footage, das mit einer Framegröße von 1.440 × 1.080 und rechteckigen Pixeln aufgezeichnet wurde, wirkt am Computermonitor deutlich schmaler.

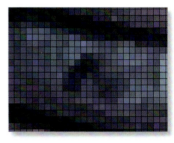

▲ **Abbildung 5.31**
Dateien mit quadratischen Pixeln, wie hier in der Vergrößerung zu sehen, werden am Computermonitor unverzerrt wiedergegeben.

▲ **Abbildung 5.32**
HDV-Material wird am Computermonitor deutlich schmaler dargestellt.

▲ **Abbildung 5.33**
Das gleiche HDV-Material unverzerrt

5.6.5 Pixelseitenverhältnis interpretieren

After Effects interpretiert D1/DV-NTSC- und D1/DV-PAL-Footage oder HDV-Footage beim Import automatisch mit dem richtigen Pixelseitenverhältnis. Es schadet aber nicht, wenn Sie die Interpretation kontrollieren und wissen, wie Sie das Pixelseitenverhältnis für andere Standards einstellen.

In Photoshop können Sie seit der Version CS das Pixelseitenverhältnis für Ihre Weiterverarbeitungszwecke selbst definieren.

Sie wählen das passende Seitenverhältnis entweder gleich beim Erstellen einer neuen Datei unter PIXEL-SEITENVERHÄLTNIS oder später über BILD • PIXEL-SEITENVERHÄLTNIS.

Die in der gespeicherten Datei enthaltene Information erkennt After Effects beim Import, so dass es dabei immer die richtige Interpretation für das Pixelseitenverhältnis wählt.

Andere Dateien, die diese Information nicht enthalten und eine Framegröße aufweisen, die der in Tabelle 5.1 für D1/DV PAL bzw. NTSC oder HDV angegebenen Größe entspricht, werden jedoch von After Effects grundsätzlich als Dateien mit rechteckigen Pixeln interpretiert, auch wenn die Datei mit quadratischen Pixeln erstellt wurde.

Um Material, das in dieser Größe mit quadratischen Pixeln erstellt wurde, in After Effects nach dem Import richtig zu interpretieren, wählen Sie DATEI • FOOTAGE INTERPRETIEREN • FOOTAGE EINSTELLEN. Unter ANDERE OPTIONEN stellen Sie das PIXEL-SEITENVERHÄLTNIS auf QUADRATISCHE PIXEL oder auf den Standard, der Ihrem importierten Material entspricht.

Die goldene Regel ist, importiertes Footage so zu interpretieren, wie es erstellt wurde, und **nicht** so, wie es ausgegeben werden soll. In Tabelle 5.1 finden Sie eine Übersicht über einige wichtige Formate und das dazugehörige Pixelseitenverhältnis.

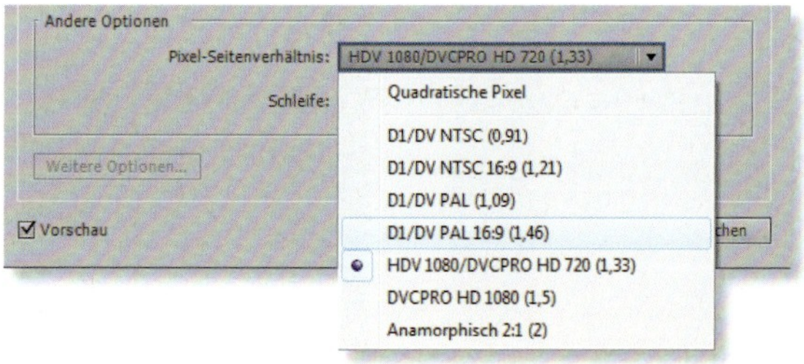

Abbildung 5.34 ▶
Einmal mehr der Dialog FOOTAGE INTERPRETIEREN – hier zum Einstellen des Pixelseitenverhältnisses für importiertes Material

Tabelle 5.1 ▶
Pixelseitenverhältnisse

Format	Pixelseitenverhältnis (PAR) NEU	Pixelseitenverhältnis (PAR) ALT
quadratisch	1,0	1,0
D1/DV PAL	**1,094**	1,07
D1/DV PAL 16:9	**1,46**	1,42
D1 NTSC	**0,91**	0,9
D1 NTSC 16:9	**1,21**	1,2
DV NTSC	**0,91**	0,9
DV NTSC 16:9	**1,21**	1,2
HDV	keine Änderung	1,33
HDV/HDTV	keine Änderung	1,0
HDTV	keine Änderung	1,0

5.6.6 D1/DV PAL, D1/DV NTSC oder HDV bearbeiten und ausgeben

Was ergibt sich bei der Arbeit mit D1/DV PAL bzw. D1/DV NTSC oder HDV in After Effects?

Quellmaterial gleich Ausgabe | Solange Sie in Ihrem Projekt als Quellmaterial beispielsweise nur D1/DV-PAL-, D1/DV-NTSC- oder HDV-(1.440 × 1.080-)Video verwenden und dieses nach der Bearbeitung auch in das gleiche Format ausgeben, entstehen keine Probleme. Das Video wird am Monitor etwas schmaler dargestellt, falls die Pixelseitenverhältnis-Korrektur deaktiviert ist, nach der Ausgabe erscheint es aber unverzerrt auf dem TV. Als Kompositionseinstellung verwenden Sie die zu Ihrem importierten Video passende Spezifikation.

Vorgaben für D1/DV, HDV, DVCPRO HD und HDTV | Wenn Ihr Quellmaterial und die gewünschte Ausgabe gleich sind, können Sie alle Bearbeitungsschritte in der Komposition vornehmen, die Sie schließlich auch für die finale Ausgabe verwenden. Wählen Sie die Kompositionseinstellung passend zu Ihrem Quellmaterial oder zur Ausgabe.

After Effects hält Vorgaben für alle wichtigen Spezifikationen wie D1/DV, HDV, DVCPRO HD und HDTV bereit. Wählen Sie dazu KOMPOSITION • NEUE KOMPOSITION und dann im Fenster KOMPOSITIONSEINSTELLUNGEN unter VORGABE einen passenden Eintrag. Achten Sie darauf, dass die Framerate Ihrer Ausgabekomposition der Framerate Ihres Ausgabeformats entspricht.

Ausgabe | Bei der Ausgabe ist es wichtig, dass Sie auch die Halbbildreihenfolge dem Ausgabeformat entsprechend einstellen. Bei der Ausgabe einer Komposition können Sie in den Rendereinstellungen unter HALBBILDER RENDERN zwischen AUS, OBERES oder UNTERES HALBBILD ZUERST wählen. Bei den meisten DV-Geräten wird die Einstellung UNTERES HALBBILD ZUERST verwendet.

Pixelseitenverhältnis-Korrektur-Button | Mit der Pixelseitenverhältnis-Korrektur im Kompositionsfenster ❶ lässt sich das Video mit rechteckigen Pixeln übrigens auch auf dem Computermonitor korrekt darstellen. Diese Korrektur hat allerdings keine Auswirkung auf die letztendliche Ausgabe und dient nur zur Vorschau! Außerdem geht die Korrektur etwas zu Ungunsten der Rechenleistung, die Platzierung von Ebenen kann unpräzise ausfallen, Effekte werden eventuell unpräzise berechnet, und das Bild wirkt pixelig.

▲ **Abbildung 5.35**
Für die Arbeit mit D1/DV-PAL- bzw. NTSC- und HDV-Material etc. bietet After Effects eine Reihe an Kompositionsvorgaben.

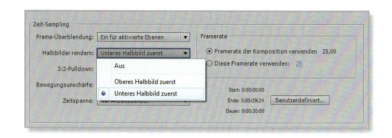

Abbildung 5.36 ▶
Bei der Ausgabe einer Komposition können Sie unter HALBBILDER RENDERN zwischen AUS, OBERES oder UNTERES HALBBILD ZUERST wählen.

Etwas mehr Vorbereitung ist bei Projekten nötig, in denen Sie Videomaterial mit rechteckigen Pixeln und Grafikmaterial mit quadratischen Pixeln mischen.

Abbildung 5.37 ▶
Mit der Pixelseitenverhältnis-Korrektur lässt sich D1/DV- und HD-Video auch am Computermonitor unverzerrt darstellen.

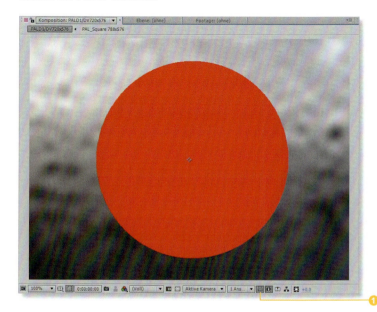

Saubere Blende

Bis zur Version CS3 verwendete After Effects ungenaue Pixelseitenverhältnisse. SD-Videomaterial weist am Rande Artefakte und Verzerrungen auf, die mit der sogenannten **sauberen Blende** beschnitten werden. Das gesamte Bild wird als **Produktionsblende** bezeichnet. Seit der Version CS4 wird für die Interpretation des Pixelseitenverhältnisses in SD-Material die Produktionsblende zugrunde gelegt, was zu größeren Abmessungen in der Breite führt. Bei HD-Material treten am Rande keine Artefakte auf, daher gibt es da auch keine Veränderung. Wie schön!

5.6.7 Quadratpixel-Footage für D1/DV und HDV (1.440 × 1.080) vorbereiten und ausgeben

Vorbereitung | Nicht alle Grafikapplikationen unterstützen so wie Photoshop ab der Version CS die Erstellung von Dateien mit rechteckigen Pixeln für die Ausgabe auf D1/DV PAL bzw. NTSC oder HDV.

Falls Sie vorhaben, mit quadratischen Pixeln erstelltes Material in ein Format mit rechteckigen Pixeln auszugeben, wird das quadratische Material bei der Ausgabe verzerrt dargestellt. Damit Sie trotzdem Material mit quadratischen Pixeln unverzerrt auf D1/DV PAL bzw. NTSC oder HDV (1.440 × 1.080) ausgeben können, müssen Sie das Material entsprechend vorbereiten. Tabelle 5.2 gibt Ihnen hierfür einen Überblick.

Ausgabe	Footage-Größe und Bearbeitungs-komposition in quadratischen Pixeln (1,0) NEU (seit CS4)	Footage-Größe und Bearbeitungs-komposition in quadratischen Pixeln (1,0) ALT (bis CS3)
D1/DV PAL	**788 × 576**	768 × 576
D1/DV PAL 16:9	**1.050 × 576**	1.024 × 576
D1 NTSC	**720 × 534**	720 × 540
D1 NTSC 16:9	**872 × 486**	864 × 486
DV NTSC	**720 × 528**	720 × 534
DV NTSC 16:9	**872 × 480**	864 × 480
HDV/HDTV	keine Änderung	1.280 × 720
HDTV	keine Änderung	1.920 × 1.080

▲ **Tabelle 5.2**
Footage- und Bearbeitungskompositionsgröße für D1/DV-, HDV- und HDTV-Bearbeitung

Ausgabe	Ausgabekomposition	PAR NEU (seit CS4)	PAR ALT (bis CS3)
D1/DV PAL	PAL D1/DV, 720 × 576	**1,094**	1,07
D1 NTSC	NTSC D1, 720 × 486	**0,91**	0,9
DV NTSC	NTSC DV, 720 × 480	**0,91**	0,9
D1/DV PAL 16:9	PAL D1/DV 16:9, 720 × 576	**1,46**	1,42
D1/DV NTSC 16:9	NTSC D1 16:9 oder NTSC DV 16:9	**1,21**	1,2
HDV	HDV, 1.440 × 1.080	keine Änderung	1,33
HDV/HDTV	HDV/HDTV, 1.280 × 720	keine Änderung	1,0
HDTV	HDTV, 1.920 × 1.080	keine Änderung	1,0

▲ **Tabelle 5.3**
Kompositionseinstellungen für D1/DV-, HDV- und HDTV-Ausgabe

Ihnen ist aufgefallen, dass beispielsweise das HDV-Format mit einer Framegröße von 1.440 × 1.080 Pixeln standardisiert ist? Und nun sollen Sie das Footage in einer Größe von 1.920 × 1.080 mit quadratischen Pixeln erstellen ... Da stimmt doch etwas nicht!

Doch. After Effects passt das quadratische Footage automatisch an die Kompositionsgröße an! Das funktioniert, wenn Sie für die Ausgabe eine Kompositionsgröße von 1.440 × 1.080 mit rechteckigen Pixeln gewählt haben, genauso, als hätten Sie eine Kompositionsgröße von 1.920 × 1.080 mit quadratischen Pixeln gewählt.

Quadratpixel-Footage in Komposition mit rechteckigen Pixeln |
Am besten, Sie probieren es selbst einmal. Erstellen Sie dazu eine Photoshop-Datei in der Größe 1.920 × 1.080 mit quadratischen

Photoshop hilft

Bei der Erstellung der für Film und Video relevanten Formate hilft Ihnen Photoshop ab Version CS. Dazu wählen Sie DATEI • NEU und im Dialogfeld unter VOREIN-STELLUNG bzw. VORGABE den Eintrag FILM & VIDEO und dann unter GRÖSSE ein entsprechendes Format, zum Beispiel PAL D1/DV – QUADRATISCHE PIXEL, HDV 1080P/29,97, das mit rechteckigen Pixeln erstellt wird, oder HDTV 1080P/29,97.

Pixeln. Wählen Sie unter DATEI • NEU in Photoshop ab der Version CS bei PIXEL-SEITENVERHÄLTNIS den Eintrag QUADRATISCHE PIXEL. Legen Sie einen perfekten Kreis an, den Sie mit einer Farbe füllen, und importieren Sie die Datei nach dem Speichern in After Effects.

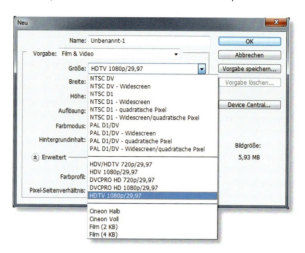

Abbildung 5.38 ▶
Photoshop ab der Version CS hilft bei der Erstellung von Dateien für die Ausgabe auf D1/DV PAL/ NTSC, HDV und HDTV.

Erstellen Sie eine Komposition über KOMPOSITION • NEUE KOMPO-SITION oder ⎡Strg⎤+⎡N⎤. Wählen Sie unter VORGABE: HDV 1080 25. Die Kompositionsgröße wird mit 1.440 × 1.080 angezeigt. Bestätigen Sie den Dialog mit OK. Ziehen Sie die Photoshop-Datei in die Zeitleiste. Siehe da – die Datei passt, obwohl ihre Framegröße 1.920 × 1.080 beträgt.

Und nun rufen Sie unter KOMPOSITION • KOMPOSITIONSEIN-STELLUNGEN das Fenster erneut auf und wechseln die VORGABE auf HDTV 1080 24. Die Kompositionsgröße wird mit 1.920 × 1.080 angezeigt. Bestätigen Sie den Dialog mit OK. Die Photoshop-Datei passt immer noch genau ins Format. Oder?

Abbildung 5.39 ▼
Die 1.920 × 1.080 quadratische Pixel große Komposition zur Bearbeitung wird in die Ausgabekomposition mit 1.440 × 1.080 rechteckigen Pixeln gezogen und dann gerendert.

So können Sie sicher sein, dass Sie sowohl bei einer HDV- als auch bei einer HDTV-Ausgabe mit Footage in der Größe 1.920 × 1.080 und quadratischen Pixeln immer auf der sicheren Seite sind.

Manuelle Anpassung bei NTSC | Wenn Sie quadratisches Footage wie in Tabelle 5.2 erstellen und es anschließend in einer entsprechenden Ausgabekomposition verwenden, passt After Effects es automatisch an die Kompositionsgröße an. Bei NTSC-Material muss die Anpassung allerdings manuell erfolgen. Hier müssen Sie quadratisches Material für D1/DV auf 91 % herunterskalieren.

Bearbeitung quadratisch, Ausgabe rechteckig | Nachdem Sie Ihre Grafiken mit quadratischen Pixeln wie in Tabelle 5.2 unter »Footage-Größe« erstellt haben, legen Sie in After Effects die Kompositionseinstellungen am besten so an, wie es in Tabelle 5.2 unter »Bearbeitungskomposition« aufgeführt ist.

Falls Sie hinsichtlich des Pixelseitenverhältnisses Ihrer Grafik unsicher sind, können Sie es in Photoshop ab der Version CS unter BILD • PIXEL-SEITENVERHÄLTNIS kontrollieren oder auch ändern.

Wenn Sie die Kompositionseinstellungen für die Bearbeitung aus Tabelle 5.2 mit denen für die Ausgabe in Tabelle 5.3 vergleichen, werden Sie bemängeln, dass die Kompositionseinstellungen in Tabelle 5.2 nicht den Ausgabeeinstellungen entsprechen. Dies hat aber im Falle der Bearbeitung für D1/DV und HDV einige Vorteile.

Wenn Sie beispielsweise in einer HDTV-Komposition in der Größe 1.920 × 1.080 (bzw. 1.280 × 720) oder in einer D1/DV-PAL-Komposition in der Größe 788 × 576 mit quadratischen Pixeln arbeiten, können Sie nun Ihre Grafiken präzise positionieren, und Effekte werden genau berechnet. Eine Pixelseitenkorrektur erübrigt sich (der kleine Button im Kompositionsfenster). Daher verringert sich bei dieser Methode die Rechenleistung nicht. Außerdem werden Ihr Grafikmaterial und verwendetes Videomaterial so angezeigt wie bei der Endausgabe. After Effects passt nämlich automatisch die Framegröße von Videos mit 1.440 × 1.080 bzw. 720 × 576 rechteckigen Pixeln an die Kompositionsgröße mit 1.920 × 1.080 bzw. 788 × 576 quadratischen Pixeln an. Nach der Bearbeitung können Sie die Komposition in verschiedenste Ausgabeformate rendern.

Ausgabe | Für die Ausgabe in ein Format mit rechteckigen Pixeln gehen Sie wie folgt vor:

1. Legen Sie eine neue Ausgabekomposition in der Größe und mit dem Pixelseitenverhältnis an, das Ihrem Ausgabeformat aus Tabelle 5.3 entspricht.
2. Ziehen Sie anschließend die Bearbeitungskomposition (z. B. 1.920 × 1.080 quadratisch oder 788 × 576 quadratisch), die Ihre Animationen enthält, in die Ausgabekomposition (z. B. 1.440 × 1080 rechteckig oder 720 × 576 rechteckig). Man nennt diesen Vorgang **Verschachteln von Kompositionen**.

Weitere Informationen

Alles Wichtige rund um die Ausgabe finden Sie in Teil V, »Raus zum Film«. Zum Verschachteln von Kompositionen lesen Sie mehr in Abschnitt 7.4, »Verschachtelte Kompositionen«.

3. Wählen Sie TRANSFORMATIONEN FALTEN ❶ (siehe Abbildung 5.39), um eine hohe Bildqualität zu gewährleisten.

4. Abschließend rendern Sie Ihre Ausgabekomposition.

5.6.8 Pixelseitenverhältnis-Interpretation zurücksetzen

Wenn Sie in After Effects ab der Version CS4 Projekte der Vorgängerversionen öffnen, wird aufgrund der neuen Interpretation des Pixelseitenverhältnisses Ihr Projekt nicht mehr so angezeigt, wie Sie es sich sicher wünschen. Im Gegenteil – Sie werden Ihren Monitor geschockt anstarren, Ihr Konjunkturpaket schnüren und dabei rückwärts durch die Ausgangstür treten, als hätten Sie eben Mephisto oder einen führenden Bankmanager mit einer Aussage zur aktuellen Finanzpolitik gesehen. Schließlich wurde auch in After Effects mit falsch aufgeblasenen Pixel-Interpretationen gehandelt. Hinter allem stecken aber nur Zahlenreihen aus Nullen und Einsen, die jederzeit geändert werden können. So auch in After Effects. Um Ihr Projekt wieder mit den faulen, alten Pixelseitenverhältnissen anzuzeigen, müssen Sie nur Folgendes tun:

1. Schließen Sie After Effects.

2. Nutzen Sie die Suchfunktion Ihres Betriebssystems, und suchen Sie die Datei »Adobe After Effects 10.0 Einstellungen.txt«. Erstellen Sie eine Sicherungskopie der Datei.

3. Öffnen Sie die Textdatei, und suchen Sie darin nach `Disable Automatic Upgrade of PAR`. Tauschen Sie dann die `0` gegen eine `1`.

4. Starten Sie After Effects wieder, und öffnen Sie Ihr altes Projekt. Alle Kompositionen und importierten Footage-Elemente weisen nun wieder die alte Pixelseitenverhältnis-Interpretation von 1,07 bei PAL auf. Neue Kompositionen und neu importiertes Footage werden allerdings mit dem neuen Seitenverhältnis interpretiert.

Wenn Sie die Interpretation des Pixelseitenverhältnisses (PAR) bei älteren Projekten nicht zurücksetzen, wird Ihr gesamtes Projekt mit dem neuen Seitenverhältnis interpretiert, und dadurch werden alle Elemente etwas in die Breite verzerrt. Das macht sich vor allem bei einem perfekten Kreis bemerkbar, der dann zu einer Ellipse mutiert.

Altes Projekt anpassen | Sie können nun noch im Nachhinein alle alten Kompositionen und Footage-Elemente mit der neuen Interpretationsregel anpassen lassen. Wählen Sie dazu DATEI • PIXEL-SEITENVERHÄLTNISSE AKTUALISIEREN. Und siehe da – so werden aus faulen Dateien die richtigen. Sie können die Aktion auch rückgängig machen.

alte PAR 1,07 mit
ebendieser PAR
interpretiert

PAR - PIXEL ASPECT RATIO

alte PAR 1,07 mit
neuer PAR 1,094
interpretiert

PAR - PIXEL ASPECT RATIO

◀ **Abbildung 5.40**
Der Vergleich zeigt: Ein älteres
Projekt mit einer Ratio (PAR) von
1,07 wird in After Effects ab CS4
in der Breite unproportional
verzerrt.

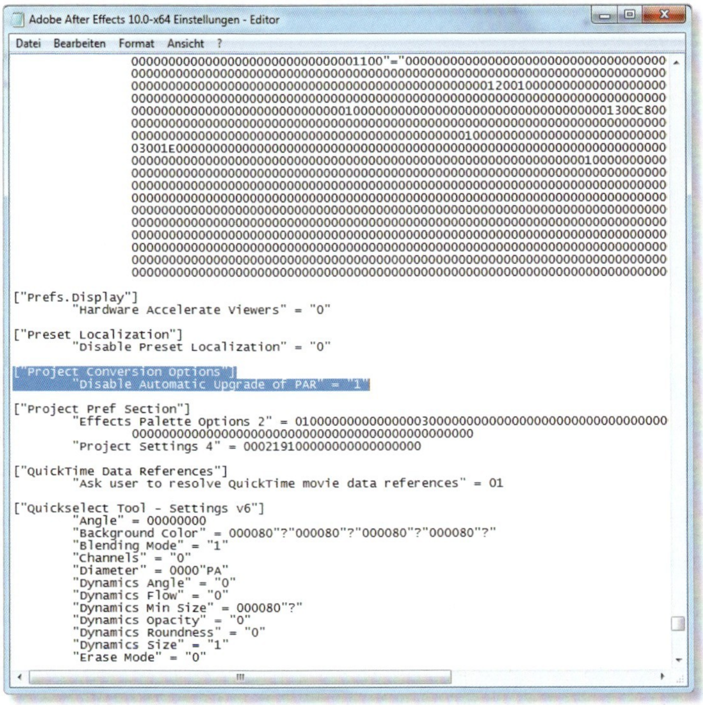

◀ **Abbildung 5.41**
In der Einstellungen-Datei ändern
Sie einfach die 0 in eine 1.

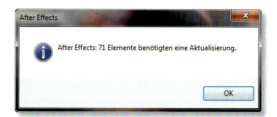

▲ **Abbildung 5.44**
Bestätigen Sie mit OK, um die alten Pixelseitenverhältnisse in die neuen umzuwandeln.

5.7 Importieren von Mediendaten bandloser Formate

Ähnlich wie Dateien auf jeder Computerfestplatte sind die Dateien auf bandlosen Camcordern verschiedener Hersteller organisiert. Audio- und Videodaten werden bei bandlosen Camcordern als digitale Daten in Verzeichnisbäumen auf dem Speichermedium (z. B. Festplatte, Flash-Speicher) des Camcorders abgespeichert. Der Vorteil der dateibasierten Camcorder liegt darin, dass die aufgenommenen Daten direkt in Programmen wie Adobe Premiere Pro und After Effects verwendet werden können. Eine Aufnahme oder Digitalisierung der Daten, die bei der Bandaufzeichnung nötig ist, entfällt. Zu den bandlos arbeitenden Camcordern zählen Panasonic P2, Sony XDCAM-HD und XDCAM-EX, CF-basierte Sony-HDV-Camcorder und AVCHD-Camcorder.

Weitere Infos zu Formaten

Vertiefende Informationen zu bandlosen Formaten finden Sie auch in Abschnitt 2.6, »Videonormen«.

5.7.1 XDCAM- und AVCHD-Formate importieren

Um Dateien von Camcordern, die mit den XDCAM- und AVCHD-Formaten arbeiten, zu importieren, schließen Sie die Kamera bzw. die Medien an Ihren Rechner an und importieren das Material direkt oder kopieren das Material auf Ihre Festplatte. Von der Festplatte lesend, arbeitet Ihr System effizienter.

Bei XDCAM-HD- und XDCAM-EX-Camcordern finden Sie die Dateien im Ordner CLIP im MXF-Format. Bei diesen Camcordern werden MP4-Dateien in einem Ordner namens BPAV abgelegt, den Sie komplett auf Ihre Festplatte übertragen müssen. Allein die MP4-Dateien zu kopieren, reicht nicht aus. AVCHD-Videodateien kopieren Sie aus dem Ordner STREAM.

5.7.2 Panasonic P2-Formate importieren

Wie bei den anderen bandlosen Formaten liegen auch die Daten einer P2-Karte (Speichermedium des Camcorders) in digitaler Form vor.

Verbinden Sie für den Import die Kamera mit Ihrem Computer, und importieren Sie dann die Daten direkt in After Effects (bzw. Premiere Pro), wie jedes andere Rohmaterial auch. Noch günstiger ist die vorherige Übertragung der Bild- und Tondaten auf Ihre Festplatte, um ein stabiles und schnelles Arbeiten zu gewährleisten.

Die Video- und Audiodaten liegen auf der Karte im MXF-Format (Media Exchange Format) vor. Das MXF-Format ist ein Containerformat, das heißt, es kann Audio- und Videodaten mit unterschiedlichen Codecs enthalten. Zum P2-Format werden die Daten schließlich, wenn Audio und Video in Panasonic

Hinweis

After Effects kann Sony-XDCAM-HD-Objekte importieren, als wären diese in MXF-Dateien aufgenommen worden. After Effects kann keine XDCAM-HD-Objekte im IMX-Format importieren. After Effects kann Sony XDCAM-EX-Objekte importieren, die als Essenzdateien mit der Dateinamenerweiterung ».mp4« in einem BPAV gespeichert sind.

Op-Atom-MXF-Dateien enthalten sind und sich außerdem in einer bestimmten Ordnerstruktur befinden. Videodaten aus solchen MXF-Dateien mit den Codecs AVC-Intra 50, AVC-Intra 100, DV, DVCPRO, DVCPRO 50 und DVCPRO HD werden von After Effects unterstützt. XD-CAM-HD-Dateien im MXF-Format lassen sich ebenfalls importieren.

Bei P2-Formaten finden Sie die Video- und Audiodateien im Ordner Contents und dort jeweils in den Ordnern Audio und Video. Im Unterordner Clip befinden sich zugehörige XML-Dateien, die die Beziehung zwischen Metadaten und den Audio- und Videodaten beschreiben.

Da P2-Karten mit dem Dateisystem FAT32 arbeiten, sind die Dateigrößen auf 4 GB begrenzt. Sind die Clips größer, teilt der Camcorder sie in 4-GB-Stücke. After Effects kann solche Teilstücke beim Import nur dann zu einem Clip verbinden, wenn alle Teilstücke auf einer einzigen P2-Karte gespeichert sind. Außerdem darf kein Teilclip fehlen, und die zugehörigen XML-Metadaten müssen vorhanden sein. Beim Import solcher Teilclips müssen Sie lediglich einen der Clips auswählen. After Effects fügt die Teile dann wie von Geisterhand zu einem einzigen Clip zusammen.

5.7.3 Cineon und DPX

Bei Kinoproduktionen wird Filmmaterial häufig gescannt und in Cineon- bzw. DPX-Dateien (Digital Picture Exchange) kodiert. Beide Formate ähneln einander sehr und können in After Effects als Standbildsequenz importiert werden. Die Ausgabe in die beiden Formate beherrscht After Effects ebenfalls. Da Cineon bzw. DPX-Dateien mit einer logarithmischen Farbtiefe von 10 Bit gespeichert werden, sollten Sie in After Effects, um die Farbqualität zu erhalten, mit einer Projektfarbtiefe von 16 oder 32 Bit arbeiten.

5.7.4 RED-Import

Die RED One ist eine digitale 35-mm-Kinokamera, die eine hohe Akzeptanz in der Filmindustrie gefunden hat.

Die Kamera arbeitet mit einer Auflösung von 4K (max. 4.096 × 2.304 Pixel). Die Aufzeichnung erfolgt auf einer internen Festplatte oder auf Compact Flash. Das Aufzeichnungsformat ist das RAW-Format REDCODE, das dem Format JPEG 2000 ähnelt. Die Datenraten der RED liegen bei 288 Mbit und 224 Mbit/s, die Farbtiefe beträgt 12 Bit.

After Effects kann seit der Version CS4 ebenso wie Premiere Pro CS4 Daten im REDCODE-Format in voller Qualität verarbeiten. Dazu bietet die Firma Red Digital Cinema den Red

Adobe CS4 Installer in der Beta-Version zum Download von der Firmen-Website an: *http://www.red.com/support*. Für CS5 war der Installer bei Redaktionsschluss noch nicht verfügbar.

After Effects CS5 interpretiert R3D-Dateien als Dateien mit 32-Bit-Farben in einem nicht linearen HDTV-(Rec. 709-)Farbraum.

5.7.5 Unterstützte Importformate

Die meisten gängigen Formate können Sie, wie Sie bereits erfahren haben, in After Effects importieren. Durch Plug-ins wie beispielsweise Automatic Duck lassen sich die Möglichkeiten noch erweitern.

Audioformate | Unterstützt werden:

- ASND
- AAC, M4A
- AIF, AIFF
- MP3 (MP3, MPEG, MPG, MPA, MPE)
- AVI (unter Mac OS QuickTime erforderlich)

Standbildformate | Unterstützt werden:

- AI, AI4, AI5, EPS, PS (kontinuierlich gerastert)
- Adobe PDF (nur erste Seite; kontinuierlich gerastert)
- PSD
- BMP, RLE, DIB
- Camera Raw (TIF, CRW, NEF, RAF, ORF, MRW, DCR, MOS, RAW, PEF, SRF, DNG, X3F, CR2, ERF)
- Cineon/DPX (CIN, DPX; 10-Bit-Kanal)
- Discreet RLA/RPF (RLA, RPF; 16-Bit-Kanal)
- GIF
- JPEG (JPG, JPE)
- Maya-Kameradaten (MA)
- Maya IFF (IFF, TDI; 16-Bit-Kanal)
- OpenEXR (EXR, SXR, MXR; 32-Bit-Kanal)
- PICT (PCT)
- PNG (16-Bit-Kanal)
- Radiance (HDR, RGBE, XYZE; 32-Bit-Kanal)
- SGI (SGI, BW, RGB; 16-Bit-Kanal)
- Softimage (PIC)
- Targa (TGA, VDA, ICB, VST)
- TIFF (TIF)

Video- und Animationsformate | Unterstützt werden:

▶ Animiertes GIF (GIF)

▶ DV (in MOV- oder AVI-Container oder als DV-Datenstrom ohne Container)

▶ Electric Image (IMG, EI)

▶ FLV, F4V (nur mit On2-VP6-Videocodec; der Sorenson Spark-Codec wird nicht unterstützt)

▶ Op-Atom-Varianten von MXF-Dateien: Videos mit den Codecs AVC-Intra 50, AVC-Intra 100, DV, DVCPRO, DVCPRO50 und DVCPRO HD sowie XDCAM-HD-Dateien im MXF-Format

▶ MPEG-1-, MPEG-2- und MPEG-4-Formate: MPEG, MPE, MPG, M2V, MPA, MP2, M2A, MPV, M2P, M2T, M2TS (AVCHD), AC3, MP4, M4V, M4A

▶ PSD-Datei mit Videoebene (QuickTime erforderlich)

▶ QuickTime (MOV, 16-Bit-Kanal, QuickTime erforderlich)

▶ RED (R3D)

▶ SWF (kontinuierlich gerastert)

▶ AVI (unter Mac OS QuickTime erforderlich)

▶ WMV, WMA, ASF (nur Windows)

▶ XDCAM HD und XDCAM EX

Projektformate | Unterstützt werden:

▶ Adobe Premiere Pro 1.0, 1.5, 2.0, CS3, CS4, CS5 (PRPROJ; 1.0, 1.5 und 2.0 nur Windows)

▶ After-Effects-Projekte (AEP, AET; ab Adobe After Effects 6.0 und höher)

▶ XML-Projekte (AEPX; aus Adobe After Effects CS4 und höher)

▶ Apple-Motion-Projekte (MOTN; Import als QuickTime-Film)

Keine Unterstützung mehr ab CS5 | Seit After Effects CS5 werden folgende Formate nicht mehr unterstützt: AAF, OMF, PCX, Pixar, Filmstreifen.

Projekte, die in After Effects 5.5 und niedriger erstellt wurden, sowie Projektlinks ab After Effects CS3 und niedriger werden nicht mehr unterstützt.

TEIL III

Vom Rohmaterial zur Ebene

6 Rohdaten verwalten

Importiertes Rohmaterial im Projektfenster organisieren, fehlende Dateien ersetzen, trotz noch fehlender Dateien ein Projekt beginnen – das sind die Themen des folgenden Kapitels.

6.1 Das Projektfenster

Sie verwalten importiertes Rohmaterial und die von Ihnen angelegten Kompositionen im Projektfenster von After Effects. Das Projektfenster öffnet sich automatisch beim Start des Programms. Sie sind das bereits aus den Workshops in anderen Kapiteln gewohnt. Das Projektfenster enthält die Verknüpfungen zu Ihren Rohmaterialien auf der Festplatte. Außerdem bietet es Ihnen einige wichtige Funktionen und Informationen.

▼ **Abbildung 6.1**
Das Projektfenster enthält Informationen zu importierten Dateien und dient zur Verwaltung des Rohmaterials.

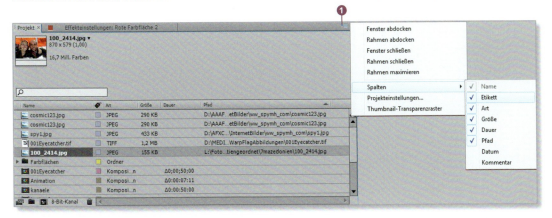

Spalten | In Abbildung 6.1 sehen Sie das Projektfenster, nachdem es erweitert wurde. Ziehen Sie dazu an der rechten Seite des Projektfensters. Neben den importierten Rohmaterialien erscheinen zusätzliche Informationen zu der Datei unter ART, GRÖSSE, DAUER und PFAD. Der Pfad bildet einen Verweis auf das Rohmaterial auf der Festplatte. Zum Sortieren Ihrer Dateien im Projektfenster klicken

Sie auf einen Listeneintrag, beispielsweise auf den Eintrag ART. Ihre Dateien werden dann nach dem Erstellungstyp neu geordnet.

Durch einen Klick auf das kleine Dreieck ❶ (siehe Abbildung 6.1) lassen sich weitere Spalten wie DATUM und KOMMENTAR hinzufügen. Das gleiche Popup rufen Sie auf, wenn Sie mit der rechten Maustaste auf einen Spaltennamen unter SPALTEN klicken. Dort lassen sich die Spalten auch ein- und ausblenden. Um die Reihenfolge der Spalten neu zu ordnen, klicken Sie die Spalte an und ziehen sie an eine andere Stelle im Projektfenster.

▲ Abbildung 6.2
Neben der Miniaturdarstellung der Komposition finden Sie weitere Informationen.

Dateiinformationen | Weitere Informationen zu den importierten Dateien werden angezeigt, sobald Sie eine der Dateien markieren. Im linken oberen Bereich des Projektfensters werden neben einer Thumbnail-Darstellung des Rohmaterials Informationen zur Framegröße, zur Dauer des Materials, zur Framerate, zur Farbtiefe, zum Alphakanal und zum verwendeten Kompressor angezeigt. Für jeden Dateityp erscheinen die Informationen, die ihm entsprechen. Daher unterscheiden sich die angezeigten Informationen voneinander.

Rechts neben der Thumbnail-Darstellung des Materials sehen Sie fett geschrieben den Dateinamen. Gleich dahinter steht eine Angabe, wie oft die Datei im Projekt verwendet wurde. Bei einem Klick auf den Dateinamen ❷ öffnet sich ein kleines Popup. Hier finden Sie Informationen darüber, in welcher Komposition und welcher Ebene Ihr Material eingesetzt wurde. Darüber hinaus können Sie das Material in Ihren Kompositionen schnell auffinden, indem Sie auf einen Eintrag in der Liste klicken. Die entsprechende Komposition wird geöffnet und das Material markiert.

Abbildung 6.3 ▶
Im Popup unter dem Dateinamen befinden sich Informationen, wo die betreffende Datei verwendet wird.

Etiketten | Sollten Sie für bestimmtes Rohmaterial eine andere als die automatisch beim Import zugeordnete Etikettenfarbe wünschen, klicken Sie einfach mit der rechten Maustaste auf das Etikett und wählen aus dem Menü in Abbildung 6.4 eine neue Farbe.

Suchen im Projektfenster | In das Suchfeld des Projektfensters geben Sie einfach den Namen des gesuchten Elements ein. Schon bei den ersten Buchstaben blendet After Effects nur die passenden Elemente ein. Für umfangreiche Projekte mit vielen unterschiedlichen Elementen ist das sehr hilfreich.

▲ **Abbildung 6.5**
Projektelemente finden Sie leicht über die Suchfunktion im Projektfenster, wenn Sie Teile des Namens eingeben.

▲ **Abbildung 6.4**
Importiertes Rohmaterial lässt sich leicht über Etikettenfarben zuordnen. Das Rohmaterial kann nach Etikettengruppen ausgewählt werden.

Organisation | Für umfangreiche Projekte ist außerdem das Ordner-Symbol ❸ interessant. Durch einen Klick darauf erhalten Sie einen leeren, unbenannten Ordner, dem Sie gleich einen Namen geben sollten. Günstig ist es, für unterschiedliche Dateitypen oder thematisch verschiedenes Rohmaterial eigene Ordner einzurichten. Eine Möglichkeit wäre beispielsweise, die Ordner mit sinnfälligen Namen wie »Sound«, »Bild«, »Video« oder »Titel«, »Logo«, »Abspann« oder mit dem Namen der entsprechenden Szene zu versehen.

Die entsprechenden Dateien markieren Sie entweder einzeln mit der [Strg]-Taste, oder Sie ziehen bei gedrückter Maustaste einen Rahmen über den Dateien auf. Anschließend ziehen Sie das markierte Rohmaterial auf den Ordner Ihrer Wahl und lassen die Maustaste los. Schon haben Sie das Footage in einem Ordner abgelegt.

Sie können die Ordner auch im Nachhinein umbenennen. Markieren Sie dazu den entsprechenden Ordner, drücken Sie [↵] im Haupttastaturfeld, geben Sie einen neuen Namen ein, und drücken Sie erneut ⏎. Auch Kompositionen benennen Sie auf diese Weise leicht im Projektfenster um.

Neben dem Namen Ihres Projekts findet sich ab und an ein Sternchen. Es erscheint, sobald Sie nach dem Speichern eine Veränderung vornehmen, und weist Sie darauf hin, dass diese Veränderung noch nicht gespeichert wurde.

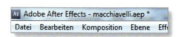

▲ **Abbildung 6.6**
Nicht gespeicherte Änderungen im Projekt werden durch ein Sternchen hinter dem Projektnamen signalisiert.

Weitere Funktionen | Über das Kompositions-Symbol ❹ erstellen Sie eine neue Komposition. Zu den Kompositionseinstellungen komme ich später in diesem Kapitel.

Der kleine Papierkorb ❺ ist Ihnen sicher aus anderen Adobe-Anwendungen vertraut. Um ein Element oder mehrere aus dem Projektfenster zu löschen, markieren Sie die gewünschten Objekte und klicken das Papierkorb-Symbol an oder ziehen die Dateien auf den Papierkorb. Sie können zum Löschen von Elementen auch die ⌊Entf⌋-Taste betätigen.

6.2 Rohmaterial ersetzen

Wie schon erwähnt, ist das importierte Rohmaterial nur mit dem Material auf der Festplatte verknüpft. Angezeigt wird es im Projekt nur dann, wenn die Projektdatei das Footage unter dem gespeicherten Pfad findet. Was tun Sie aber, wenn jemand die Rohmaterialien gestohlen, auf der Festplatte verschoben oder umbenannt hat? Bei Projekten, an denen mehrere Personen arbeiten, kommt das durchaus vor.

Nun denken Sie vielleicht, Ihr Projekt ist verloren. Ganz so schlimm ist es nicht. After Effects hilft Ihnen zwar nicht, das verlorene Material neu zu beschaffen, aber es zeigt an, wo das Material zuletzt gespeichert war und wie es hieß. Bereits beim Start Ihres Projekts meldet sich After Effects mit der Angabe, dass Dateien fehlen.

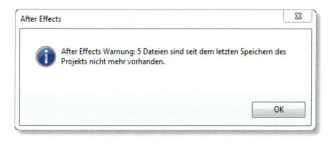

Abbildung 6.7 ▶
Auf fehlende Dateien im Projekt weist After Effects bereits beim Öffnen hin.

Im Projektfenster wird das fehlende Rohmaterial kursiv dargestellt und erhält ein anderes Dateisymbol – das eines Platzhalters

1. Unter der Spalte Pfad ist angegeben, wo die Datei sich zuvor befand.

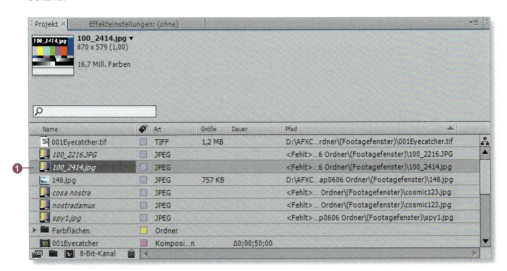

Und Ihre Animationen? Keine Angst! Die sind alle noch erhalten, und zwar mitsamt den Keyframes und Effekten. In der Komposition werden die fehlenden Dateien als Testbild angezeigt.

▲ **Abbildung 6.8**
Fehlende Dateien werden mit einem Platzhaltersymbol und kursiver Schrift dargestellt.

◄ **Abbildung 6.9**
Im Kompositionsfenster erscheinen fehlende Dateien als Testbild. Bereits erstellte Animationen werden beibehalten.

Nun geht die Suche los: Ist die Datei vielleicht noch am Platz und hat nur einen neuen Namen erhalten, ist sie gelöscht und vielleicht noch wiederherstellbar, oder hat sie ein Kollege auf seinem USB-Stick am Schlüsselbund?

Wie auch immer – sollten Sie Ersatz für Ihre Dateien gefunden haben, müssen Sie sie nur unter dem gleichen Namen in dem Ordner abspeichern, in dem die fehlenden Dateien zuvor abgelegt waren. Beim Neustart des Projekts werden dann die neuen Dateien mit dem Projekt verknüpft.

6.2.1 Footage ersetzen

Eine weitere Möglichkeit bietet der Befehl FOOTAGE ERSETZEN. Markieren Sie das kursiv dargestellte fehlende Rohmaterial im Projektfenster, und wählen Sie DATEI • FOOTAGE ERSETZEN • DATEI, oder nutzen Sie das Kontextmenü. Mit ⌜Strg⌟+⌜H⌟ finden Sie das darauf folgende Dialogfenster noch schneller.

Sie können nun auch anders benanntes oder neues Footage aus einem neuen Ordner auswählen. Betätigen Sie den Button ÖFFNEN, um das Footage zu ersetzen. Anschließend wird das ersetzte Footage in allen Kompositionen, in denen das vormalige Footage verwendet wurde, wieder angezeigt. Sollten weitere Dateien fehlen, diese aber im zugewiesenen Verzeichnis zu finden sein, erkennt und ersetzt After Effects sie automatisch. Seien Sie vorsichtig mit Dateien, die nicht der Framegröße Ihrer vorher genutzten Dateien entsprechen oder die eine andere Zeitdauer und ähnliche Veränderungen aufweisen. Möglicherweise erhalten Sie dann unerwünschte Ergebnisse in Ihren Kompositionen.

6.2.2 Footage in der Originalanwendung bearbeiten

Nicht selten müssen Sie bereits importiertes Footage noch einmal verändern, auch wenn Sie schon Animationen damit erstellt haben. After Effects erleichtert Ihnen – wie die anderen Adobe-Applikationen auch – den Workflow mit anderen Programmen. Zur externen Bearbeitung wird das jeweilige Programm gestartet, wofür es auf Ihrem System installiert sein muss.

Um die Originalanwendung von After Effects aus zu starten, markieren Sie die entsprechende Datei im Projektfenster und wählen BEARBEITEN • DATEI EXTERN BEARBEITEN oder ⌜Strg⌟+⌜E⌟.

Nachdem Sie Ihre Änderungen vorgenommen und die Datei gespeichert haben, fahren Sie in After Effects einfach mit Ihrer Arbeit fort, denn dort sollten die Änderungen ohne Weiteres übernommen worden sein. Schauen Sie in Ihre Kompositionen, und Sie werden sehen, dass auch dort die Änderungen wirksam geworden sind. Sollten sich doch einmal Probleme bei der Aktualisierung der Dateien ergeben, wählen Sie DATEI • FOOTAGE NEU LADEN.

6.2.3 Platzhalter und Stellvertreter

Bei Auftragsarbeiten kommt es vor, dass Dateien, mit denen Sie arbeiten müssen, noch nicht geliefert wurden. Sie können trotzdem schon mit Ihrer Arbeit beginnen. After Effects bietet Ihnen dafür selbstgenerierte Dateien an: die Platzhalter.

Platzhalter | Einen Platzhalter erstellen Sie, indem Sie mit der rechten Maustaste in das Projektfenster klicken. Wählen Sie dann

IMPORTIEREN • PLATZHALTER. In der Dialogbox legen Sie die Framegröße, die Framerate und die Zeitdauer fest, die das benötigte Footage aufweisen soll (Abbildung 6.10).

Der Platzhalter wird im Projektfenster und in den Kompositionen als wunderschönes Testbild angezeigt (Abbildung 6.11). Soll der Platzhalter nach Eintreffen des richtigen Materials ausgetauscht werden, klicken Sie ihn doppelt im Projektfenster an. Sie erhalten dann die Dialogbox FOOTAGE ERSETZEN. Wählen Sie die gewünschte Datei aus, und klicken Sie dann ÖFFNEN.

◀ **Abbildung 6.10**
Legen Sie für noch fehlendes Material einen Platzhalter an und tauschen Sie ihn später gegen das gewünschte Material aus.

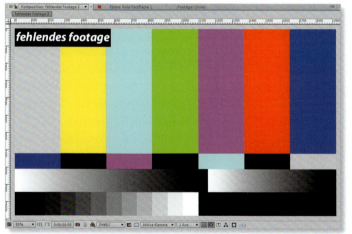

◀ **Abbildung 6.11**
Ein Platzhalter wird als Testbild angezeigt. Animationen und Effekte werden vor dem Eintreffen des gewünschten Materials auf den Platzhalter angewendet.

Stellvertreter | Stellvertreter erleichtern Ihnen Ihre Arbeit, da sie den Arbeitsprozess beschleunigen. Sie bestehen aus einer niedrig aufgelösten Version Ihres Footage und werden eingesetzt, um den Rechenaufwand während der Arbeit zu verringern. Die Geschwindigkeit Ihrer Vorschau wird damit erhöht. Wenn Ihre Animationen fertig sind, tauschen Sie den Stellvertreter gegen hoch aufgelöstes Material aus.

Einen Stellvertreter wählen Sie per Klick mit der rechten Maustaste auf eine Datei im Projektfenster. Rufen Sie STELLVERTRETER • DATEI auf. In der erscheinenden Dialogbox suchen Sie die Stellvertreter-datei aus und klicken dann auf ÖFFNEN.

Die Stellvertreterdatei wird im Projektfenster mit einem Quadrat gekennzeichnet ❶.

Abbildung 6.12 ▶
Stellvertreterdateien werden als niedrig aufgelöstes Material für den späteren Austausch mit hoch aufgelöstem Originalmaterial eingesetzt.

Klicken Sie im Wechsel auf das Quadrat: Es ist entweder ausgefüllt oder leer. Sie wechseln damit zwischen dem Original-Footage und dem Stellvertreter. In den Kompositionen, die den Stellvertreter enthalten, werden abwechselnd der Stellvertreter oder das Origi-nal-Footage angezeigt. Dadurch haben Sie im laufenden Projekt immer die Kontrolle, wie sich die am Stellvertreter vollzogenen Ani-mationen und Veränderungen auf das Original-Footage auswirken.

Sie können Stellvertreter auch direkt aus dem Projekt heraus erstellen: Klicken Sie mit der rechten Maustaste auf eine Datei im Projektfenster, und wählen Sie STELLVERTRETER ERSTELLEN • STANDBILD oder FILM. Die Renderliste wird aktiviert und enthält die entsprechenden Einstellungen zur Erstellung eines Standbilds bzw. eines Films in Entwurfsgröße.

Als Vorgriff auf Kapitel 12, »Kompression und Ausgabe: die Grundlagen«, lernen Sie hier schon einmal die Renderliste ken-nen. Verändern Sie in dem Dialogfenster an dieser Stelle noch gar nichts, und geben Sie nur bei SPEICHERN UNTER ❷ einen Pfad und einen Namen für den zu erstellenden Stellvertreter an. Klicken Sie anschließend auf den Button RENDERN ❸.

Haben Sie zuvor STANDBILD gewählt, erstellt Ihnen After Effects einen solchen Stellvertreter und verknüpft ihn mit der zuvor im Projektfenster gewählten Datei. Für Kompositionen ist es sinnvoll, STELLVERTRETER ERSTELLEN • FILM zu wählen. Daraufhin erscheint wieder die Renderliste. Dort klicken Sie auf den Text bei SPEICHERN UNTER und geben einen Speicherort für den Stellvertreterfilm an. Danach starten Sie den Rendervorgang über die Schaltfläche RENDERN. Der entstandene und mit der Komposition verknüpfte Stellvertreterfilm enthält alle Animationen und Änderungen, die Sie zuvor in der Komposition vorgenommen haben, verbraucht aber je nach Auflösung weniger Rechenkapazität und spart Zeit. Aktuelle Änderungen am Original-Footage werden allerdings nicht in den Stellvertreter übernommen.

▼ **Abbildung 6.13**
Stellvertreter können Sie aus dem After-Effects-Projekt heraus erstellen.

Sollten Sie Ihre Stellvertreter einmal satthaben, wählen Sie die Dateien im Projektfenster mit der rechten Maustaste aus und rufen dann STELLVERTRETER • OHNE auf.

6.3 Dateien sammeln und Dateien »zerstreuen«

6.3.1 Dateien sammeln

Dateien, die zerstreut auf der Festplatte liegen und die Sie in Ihrem Projekt verwenden, können Sie an einem Ort sammeln. After Effects legt Ihnen einen neuen Ordner an, in den beim Sammeln sämtliche im Projekt verwendeten Footage-Elemente und die Projektdatei selbst hineinkopiert werden. Zusätzlich wird ein Bericht generiert, der Angaben zu den verwendeten Effekten, Schriften, den Quelldateien und mehr enthält.

Es ist günstig, zunächst überflüssige Dateien zu entfernen, bevor Sie Dateien sammeln. Sie erreichen die Option unter DATEI • DATEIEN SAMMELN.

Es öffnet sich die Dialogbox DATEIEN SAMMELN. Wenn Sie in der Box nichts ändern, werden standardmäßig alle Dateien Ihres Projekts in einem Ordner gesammelt, der den Namen Ihres Projekts trägt. Betätigen Sie dafür den Button SAMMELN. Legen Sie anschließend einen Ort zum Speichern Ihrer Daten fest.

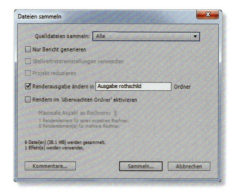

Abbildung 6.14 ▶
Der Dialog DATEIEN SAMMELN
ermöglicht es, sämtliche im Projekt verwendeten Dateien, die
Projektdatei und einen Bericht an
einem Ort zu sammeln.

Da die Dateien bei diesem Vorgang kopiert und ein zweites Mal auf
der Festplatte abgelegt werden, sollten Sie genügend Speicherplatz
bereitstellen. Auch die Projektdatei existiert dann ein zweites Mal.
Änderungen wirken sich also nur in der Projektdatei aus, in der sie
vorgenommen werden. Sehr hilfreich ist die Option DATEIEN SAM-
MELN beim Austausch der Daten mit anderen Projektpartnern oder
wenn Sie ein Backup der Daten machen wollen.

Die Dialogbox DATEIEN SAMMELN enthält weitere Optionen,
die erst aktiviert sind, wenn Sie im Popup unter QUELLDATEIEN
SAMMELN eine andere Option als ALLE gewählt haben. Sobald
sich ein Element in der Renderliste befindet, sind Optionen verfügbar, die beim Netzwerkrendern eingesetzt werden. In diesem
Falle wird eine Komposition mit mehreren über ein Netzwerk
verbundenen Rechnern in Einzelbildsequenzen gerendert. Weitere Informationen hierzu finden Sie in Kapitel 12, »Kompression
und Ausgabe: die Grundlagen«.

6.3.2 Dateien entfernen

Bei längerer Arbeit an einem Projekt fallen eine Menge Dateien an,
die letztendlich vielleicht gar nicht mehr verwendet werden. Wenn
Sie eine Datei verdächtigen, überflüssig zu sein, müssen Sie nicht
langwierig Ihre Ordner durchwühlen und prüfen, ob diese Datei in
den Kompositionen noch verwendet wird oder nicht.

Sie haben drei Möglichkeiten:

▶ Entfernen Sie sämtliche Dateien, die in keiner Ihrer Kompositionen mehr auftauchen, mit DATEI • UNGENUTZTES FOOTAGE
  ENTFERNEN.

▶ Löschen Sie Dateien, die doppelt in Ihrem Projekt vorhanden
  sind, mit DATEI • KOMPLETTES FOOTAGE KONSOLIDIEREN.

▶ Entfernen Sie ungenutztes Footage aus ausgewählten Kompositionen, und löschen Sie Kompositionen, die Sie nicht zuvor
  im Projektfenster ausgewählt haben, mit DATEI • PROJEKT REDU-
  ZIEREN.

7 Layout in After Effects: Kompositionen und Zeitleiste

»Es ist klar, dass jeder tatsächlich vorhandene Körper sich in vier Dimensionen ausdehnen muss: in Länge, Breite, Höhe – und in Dauer. (...) Der einzige Unterschied zwischen der Zeit und irgendeiner Dimension des Raumes besteht darin, dass unser Bewusstsein sich in ihr bewegt.«   H.G. Wells – Die Zeitmaschine

Importiertes Rohmaterial, das Sie in After Effects einer Komposition hinzufügen, wird **Ebene** genannt. Ein Layout in After Effects bedeutet nicht eine rein räumliche Anordnung von Grafiken und Video, es geht vielmehr um ein Layout in Raum und Zeit. Sie finden daher auch Kompositionen nie ohne eine dazugehörige Zeitleiste, die sich der zeitlichen Dimension Ihres Rohmaterials widmet.

Kompositionen sind essentiell für Ihre Arbeit mit After Effects, es geht Ihnen ja um mehr als um die reine Verwaltung der Rohmaterialien im Projektfenster. Apropos: Genau dort, im Projektfenster, finden Sie jede von Ihnen kreierte Komposition wieder. After Effects behandelt Ihre Kompositionen gewissermaßen auch als Rohmaterial.

Sie können einer Komposition Bilder, Sound oder Video hinzufügen und das Material anschließend räumlich (im Kompositionsfenster) und zeitlich (in der Zeitleiste) anordnen.

7.1 Eine Komposition anlegen

Sie können in After Effects mehrere Kompositionen anlegen, um Projekte besser zu organisieren. Zu jeder Komposition gehört eine eigene, von den anderen Kompositionen unabhängige Zeitleiste. Nicht vergessen: Mit den Kompositionseinstellungen legen Sie zumeist bereits Ihr Ausgabeformat fest.

Ihnen stehen vier Wege offen, eine Komposition anzulegen. Wählen Sie im Projekt KOMPOSITION • NEUE KOMPOSITION, klicken Sie auf den Kompositionsbutton im Projektfenster , oder wählen Sie ⌈Strg⌉+⌈N⌉. Eine weitere Möglichkeit besteht darin, importiertes Rohmaterial auf den Kompositionsbutton im Projektfenster zu ziehen. Die Komposition weist dann die gleichen Abmessungen und Eigenschaften (z. B. Dauer und Framerate) wie das Rohmaterial auf.

Haben Sie eine der oben beschriebenen Optionen gewählt, öffnet sich das Fenster KOMPOSITIONSEINSTELLUNGEN.

7.1.1 Kompositionseinstellungen

Im Fenster KOMPOSITIONSEINSTELLUNGEN treffen Sie Festlegungen für die spätere Ausgabe Ihres Films. Bevor Sie eine Komposition anlegen, sollten Sie also wissen, für welches Verteilermedium Sie produzieren. After Effects hält die wichtigsten Formate für Sie als Vorgaben bereit.

Natürlich können Sie auch frei wählbare Formate bearbeiten; eine spätere Umwandlung in ein anderes Format ist jedoch problematisch, wenn Sie in ein größeres Format ausgeben wollen, da Sie hier mit Qualitätseinbußen rechnen müssen. Außerdem ist auf das Bildseitenverhältnis zu achten.

▼ **Abbildung 7.1**
Die KOMPOSITIONSEINSTELLUNGEN sollten Sie gewissenhaft festlegen, da sie entscheidend für die spätere Ausgabe des Films sind.

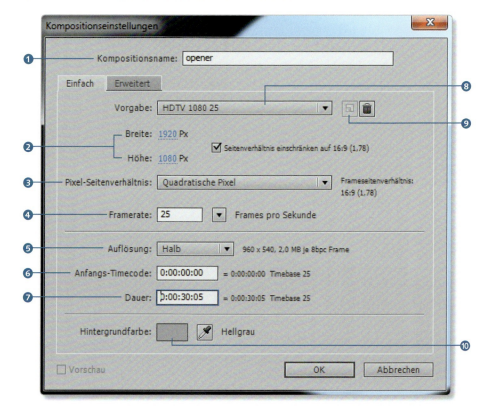

Zunächst ist es jedoch wichtig, die jeweilige Komposition eindeutig zu benennen ❶, da in einem Projekt viele Kompositionen verwendet werden können.

Die Einstellungen für BREITE und HÖHE ❷ sowie für das PIXEL-SEITENVERHÄLTNIS ❸ wählen Sie immer in Bezug auf die Spezifikation Ihres Verteilermediums wie z. B. DVD, DV-Band, Web oder Film. Für eine Ausgabe, die nur auf Computermonitoren präsentiert wird, wählen Sie immer QUADRATISCHE PIXEL.

Die FRAMERATE ❹ richtet sich ebenfalls nach der Spezifikation Ihres Verteilermediums. Gängige Frameraten wählen Sie aus dem Menü neben dem Eintrag FRAMERATE. Nach der in Europa üblichen PAL-Spezifikation verwenden Sie immer 25 Frames pro Sekunde (fps). Bei einer Ausgabe in der NTSC-Spezifikation sind es 29,97 fps. Für eine Ausgabe im Filmformat geben Sie 24 fps an.

Die AUFLÖSUNG ❺ und den ANFANGS-TIMECODE ❻ werden Sie meist nicht ändern, die DAUER ❼ allerdings häufiger. Sie können die Zahlen im Feld für DAUER markieren und beispielsweise für eine Dauer von 10 Sekunden »1000« in das Feld tippen. After Effects erkennt das Format automatisch richtig als 0:00:10:00. Die Angaben zwischen den Doppelpunkten stehen für Stunden, Minuten, Sekunden und Frames. Gewöhnen Sie sich schnell daran, dass eine Sekunde nach PAL-Spezifikation aus 25 Frames besteht.

7.1.2 Kompositionsvorgaben

Sie müssen nicht alle Kompositionseinstellungen selbst eingeben. After Effects bietet Ihnen unter dem Eintrag VORGABE ❽ die gängigen Ausgabeformate. Sie können hier zwischen den PAL- und den NTSC-Spezifikationen wählen. Auch die Einstellungen für die Ausgabe in größere Formate wie für HDV, HDTV oder Film sind bereits in die Vorgaben integriert.

Selbstdefinierte Formate und Einstellungen können Sie über das Blatt-Symbol ❾ mit eigenem Namen speichern. In der Vorgabenliste ist das selbstdefinierte Format dann jederzeit wählbar. Löschen können Sie Vorgaben per Klick auf das Papierkorb-Symbol. Umgekehrt können Sie verlorengegangene Vorgaben durch Drücken der Alt-Taste und Klick auf den Papierkorb wiederherstellen.

Die Hintergrundfarbe Ihrer Komposition wählen Sie über das Farbfeld bei dem Eintrag HINTERGRUNDFARBE ❿.

Vertiefende Informationen zum Pixelseitenverhältnis und zur Vorbereitung von Rohmaterial für die Ausgabe auf D1/DV und HDV erhalten Sie in Abschnitt 5.6, »Videodaten in After Effects«.

Framerate
Die Framerate gibt die Vollbilder an, die pro Sekunde angezeigt werden.

Timecode
Der Timecode stellt eine fortlaufende Nummerierung von Vollbildern dar, die meist im Format H:MM:SS:FF (Stunden, Minuten, Sekunden, Frames) angegeben wird.

Kompositionseinstellungen ändern
Die Einstellungen für Ihre Kompositionen können Sie jederzeit ändern. Wählen Sie dazu KOMPOSITION • KOMPOSITIONSEINSTELLUNGEN oder Strg+K.

7.2 Footage einer Komposition hinzufügen

In den vorangegangenen Workshops haben Sie ja bereits verschiedentlich Rohmaterial einer Komposition hinzugefügt, nun folgt hier noch einmal eine systematische Darstellung. Ist Rohmaterial importiert und eine Komposition angelegt, bieten sich drei Möglichkeiten, der Komposition Footage (d. h. Rohmaterial) hinzuzufügen.

Markieren Sie zunächst ein oder mehrere Rohmaterialelemente im Projektfenster oder auch einen ganzen Ordner.

1. Ziehen Sie das Rohmaterial direkt in die Zeitleiste (das Rohmaterial wird im Kompositionsfenster zentriert).
2. Ziehen Sie das Rohmaterial auf das Icon Ihrer selbsterstellten Komposition im Projektfenster (das Rohmaterial wird im Kompositionsfenster zentriert).
3. Ziehen Sie das Rohmaterial direkt ins Kompositionsfenster (das Rohmaterial wird nicht zentriert, sondern an der Stelle abgelegt, an der Sie die Maustaste loslassen).

Ob das Rohmaterial an der Position der Zeitmarke oder am Beginn der Komposition eingefügt wird, entscheidet grundsätzlich eine After-Effects-Voreinstellung. Wählen Sie VOREINSTELLUNGEN • ALLGEMEIN, und entfernen Sie das Häkchen bei EBENEN ZU BEGINN DER KOMPOSITION ERSTELLEN, um Ebenen grundsätzlich an der Position der Zeitmarke einzusetzen.

Außerdem wird, wenn Sie das Material in den Bereich des Zeitlineals rechts in der Zeitleiste ziehen, temporär eine zweite Zeitmarke angezeigt. An der Stelle, an der sie sich befindet, wird Ihr Material eingefügt. Sie können das Material aber auch an der Position der (»Haupt-«)Zeitmarke im Zeitplan einsetzen, wenn Sie es direkt darauf ziehen. In diesem Falle wird der In-Point ❶ der Ebene genau an der Position der Zeitmarke ❷ ausgerichtet.

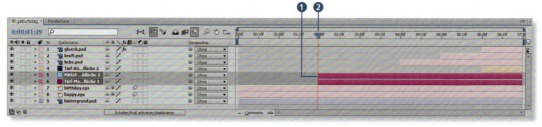

▲ **Abbildung 7.2**
Ebenen, die in die Zeitleiste gezogen werden, landen mit ihrem In-Point je nach Voreinstellung am Beginn der Komposition oder an der Position der Zeitmarke.

7.3 Das Kompositionsfenster

Das Kompositionsfenster dient der Vorschau Ihrer Animationen und zur räumlichen Anordnung von Ebenen. Sie können dabei Ebenen frei im Kompositionsfenster positionieren oder sie an einem Raster und an Hilfslinien ausrichten. Die graue Fläche, von der Ihre Komposition umgeben ist, ist der **Arbeitsbereich** und dient zur Positionierung von Ebenen, die von außen ins Bild kommen sollen.

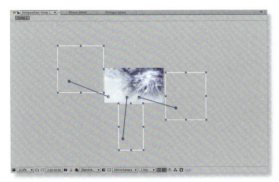

▲ **Abbildung 7.3**
Rings um den sichtbaren Bereich der Komposition können Ebenen positioniert werden, ...

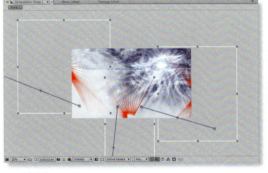

▲ **Abbildung 7.4**
... die von außen ins Bild kommen.

◀ **Abbildung 7.5**
Fertig!

In den Abbildungen 7.3 bis 7.5 sehen Sie eine Animation, in der Buchstaben von außen ins Bild wandern. In Abbildung 7.3 sind die Ebenen nur als Umrisslinien erkennbar; ihr Inhalt wird erst sichtbar, wenn sie in den Vorschaubereich der Komposition gelangen.

7.3.1 Positionierung von Ebenen

Die aus vielen anderen Programmen bekannten Hilfsmittel zur Positionierung von Ebenen sind auch in After Effects verfügbar.

Lineale | Im Kompositionsfenster erhalten Sie Lineale über den Menüpunkt ANSICHT • LINEALE EINBLENDEN oder Strg+R. Auch

Das kleine Projekt finden Sie auf der DVD unter BEISPIELMATERIAL/ 07_EBENENLAYOUT/STERNE/ STERNE.AEP.

im Kompositionsfenster haben Sie schnellen Zugriff auf die Lineale und zusätzlich auf Hilfslinien und Raster, die ebenfalls als Positionierungshilfen dienen. Sie erreichen ein Einblendmenü mit entsprechenden Optionen über eine kleine Schaltfläche am unteren Rand des Kompositionsfensters ❷.

Abbildung 7.6 ▼
Lineale dienen zur genauen Positionierung von Ebenen im Kompositionsfenster. Der Nullpunkt der Lineale kann verschoben werden.

Nullpunkt | Der Nullpunkt der Lineale liegt in der linken oberen Ecke der Komposition. Um den Nullpunkt zu verschieben, klicken Sie in das kleine Kästchen links oben ❶ und ziehen ihn bei gedrückter Maustaste an eine neue Stelle. Per Doppelklick in das gleiche Kästchen links oben setzen Sie den Nullpunkt wieder zurück.

Info-Palette | In der Info-Palette werden Werte für die X- und Y-Position des Mauszeigers bzw. von Ebenen angezeigt, die Sie markieren oder verschieben. Falls Sie die Palette gerade nicht sehen, finden Sie sie über FENSTER • INFO oder [Strg]+[2]. Die Info-Palette ist eine mächtige Informationszentrale, da es kontextabhängig Informationen wie Farb-, Positions- oder Drehungswerte anzeigt. Beobachten Sie das Fensterchen ruhig einmal, während Sie Änderungen vornehmen oder den Mauszeiger über das Kompositionsfenster gleiten lassen.

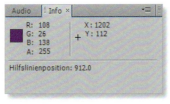

▲ Abbildung 7.7
In der Info-Palette werden kontextabhängige Informationen wie z. B. zu Ebenen, Keyframes und zur Vorschauanzeige eingeblendet.

Die X-Koordinate stellt die horizontale Achse dar und die Y-Koordinate die vertikale Achse. Auch in der Zeitleiste finden Sie eine Entsprechung für die Positionskoordinaten. Die zwei Werte hinter der Positionseigenschaft stehen für die X-Koordinate ❸ und die Y-Koordinate ❹.

Hinter jeder animierbaren Eigenschaft stehen solche numerische Werte, um möglichst genaue Einstellungen für Animationen vornehmen zu können. Lassen Sie sich von den vielen Zahlen nicht abschrecken: Sehr oft kommen die Werte ganz automatisch bei Ihrer intuitiven Arbeit zustande.

▲ **Abbildung 7.8**
Hinter jeder animierbaren Eigenschaft in der Zeitleiste stehen numerische Werte.

Hilfslinien | Nun sind die Hilfslinien ganz ins Hintertreffen geraten. Ziehen Sie sie einfach aus den Linealen heraus. Während Sie an einer Hilfslinie ziehen, verrät Ihnen übrigens die Info-Palette die Hilfslinienposition.

Unter ANSICHT finden Sie einige Optionen für Ihre Hilfslinien. Dort können Sie sie löschen, ausblenden oder schützen, wenn sie nicht mehr verändert werden sollen. Über die Option AN HILFS-LINIEN AUSRICHTEN springen Ebenen magnetisch an die Hilfslinie heran, wenn sie in deren Nähe kommen.

Raster | Zur Ausrichtung der Ebenen im Kompositionsfenster seien außerdem noch das Standardraster und das proportionale Raster erwähnt. Sie finden das Standardraster unter ANSICHT • RASTER EIN-BLENDEN. Mit AM RASTER AUSRICHTEN wird dieses magnetisch und sehr anziehend für Ihre Ebenen. Die Option RASTER ist außerdem in dem weiter vorn erwähnten Einblendmenü am unteren Rand des Kompositionsfensters zu finden, wo Sie zusätzlich die Option PROPORTIONALES RASTER wählen können.

> **Voreinstellungen**
>
> In dem Dialog VOREINSTELLUN-GEN können Sie für Raster und Hilfslinien eigene Festlegungen zur Darstellung des Rasters und der Hilfslinien treffen. Der Dialog befindet sich unter VOREIN-STELLUNGEN • RASTER UND HILFS-LINIEN und ist selbsterklärend.

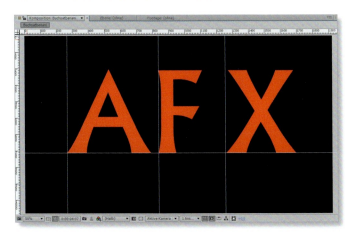

◀ **Abbildung 7.9**
Ebenen können an magnetischen Hilfslinien ausgerichtet werden.

Abbildung 7.10 ►
Auch am magnetischen Raster
lassen sich Ebenen ausrichten.

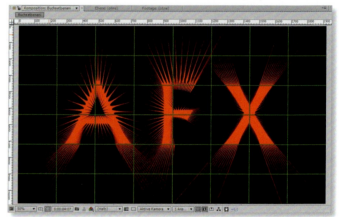

Abbildung 7.11 ►
Ein proportionales Raster ist bei
der Positionierung von Ebenen
hilfreich.

7.3.2 Die Schaltflächen des Kompositionsfensters

Einige Schaltflächen des Kompositionsfensters werden an dieser
Stelle nicht ausführlich erläutert. Dies wird aber an besser passender Stelle nachgeholt. Am besten schlagen Sie die Erläuterungen im
Index oder im Inhaltsverzeichnis unter »Auflösung«, »Interessenbereich«, »Schnelle Vorschau«, »Flussdiagramm« und »3D-Ansicht«
nach.

In mehreren Projekten sind Sie nun schon mit dem Kompositionsfenster in Berührung gekommen, und Sie haben vielleicht
den einen oder anderen Schalter, das eine oder andere Popup
selbst entdeckt. Im Folgenden gehe ich die wichtigsten Schalter
einmal durch. Schalter, die nachfolgend nicht erläutert werden,
erklären sich entweder selbst oder sind eingehend an anderer
Stelle erläutert.

▼ **Abbildung 7.12**
Diese Optionen finden sich im
Kompositionsfenster.

Zoomstufen anpassen | Sie können die Ansicht der Komposition verkleinern, um Bereiche außerhalb des Vorschaubereichs der Komposition anzuzeigen. Klicken Sie dazu im Kompositionsfenster auf den Button ZOOMSTUFEN ❶, und wählen Sie eine festgelegte, prozentuale Darstellung.

Sie haben auch die Möglichkeit, die Lupe aus der Werkzeugleiste ❷ zum Ein- und Auszoomen in festen Stufen zu verwenden. Die Werkzeugleiste verbirgt sich hinter dem Tastenkürzel Strg+1. Trägt die Lupe ein Pluszeichen in der Mitte, wird vergrößert. Um zu verkleinern, drücken Sie Alt und klicken gleichzeitig mit der Lupe.

Wenn Sie die Einstellung FENSTERGRÖSSE wählen, wird die Darstellung automatisch der jeweiligen Fenstergröße in freien Zoomstufen angepasst.

▲ **Abbildung 7.13**
In der Werkzeugleiste befindet sich die Lupe zum Ein- und Auszoomen von Kompositionen.

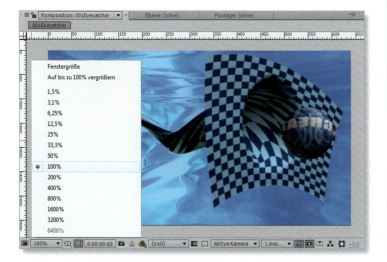

◀ **Abbildung 7.14**
Die Ansicht der Komposition wird gezoomt, um Details oder Bereiche außerhalb des Vorschaubereichs der Komposition zu bearbeiten.

> **Zoomen mit Tastenkürzel**
>
> Noch schneller sind Sie, wenn Sie sich gleich die Tastenkürzel . (Punkt) zum Vergrößern und , (Komma) zum Verkleinern angewöhnen oder die Zoomstufen mit dem Scrollrad der Maus einstellen, während der Cursor über dem Bild verweilt.

Sicherer Titelbereich | Sollten Sie planen, Ihre Animation einer Fernsehanstalt zur Ausstrahlung zu schicken oder den Film später über eine DVD auf einem älteren Fernseher abzuspielen, könnten Sie eine böse Überraschung erleben. Wenn Sie den sicheren Titelbereich nicht beachtet haben, sind womöglich Texte, Bildunterschriften und dergleichen angeschnitten. Der Grund liegt unter anderem beim Fernseher. Ältere Geräte stellen nicht das ganze Format dar, sondern beschneiden es an den Rändern. Man nennt dies **Overscan**. Bei der Produktion in Fernsehanstalten muss der sichere Titelbereich allerdings auch eingehalten werden, damit Animationen sich nicht beispielsweise mit dem Crawl – dem Bereich, in dem News eingeblendet werden – oder dem Logo des Senders überschneiden.

▲ **Abbildung 7.15**
Einblendungen können am Computerbildschirm
anders aussehen …

▲ **Abbildung 7.16**
… als später auf einem alten Fernseher.

Der Button SICHERER TITELBEREICH ❸ blendet einen Rahmen ein,
der bei der Ausgabe nicht mehr sichtbar ist. Außerhalb des sichtbaren Bereichs können sogar die Bildinhalte beschnitten sein.

❸

Abbildung 7.17 ▲
Mit dem sicheren Titelbereich
vermeiden Sie abgeschnittene
Einblendungen.

Der Overscan ist nicht bei allen Fernsehern gleich. Sie sollten dennoch darauf achten, wichtige Grafikelemente innerhalb des sichtbaren Bereichs und Titel innerhalb des sicheren Titelbereichs zu
positionieren. Sobald Sie ein 16:9-Kompositionsformat wählen,
werden nicht nur die aktions- und titelsicheren Ränder eingeblendet, sondern auch ein sogenannter Mittelausschnitt. Dieser
stellt einen 4:3-Bildausschnitt und dessen aktions- und titelsichere
Ränder dar. Somit können Sie aus einem 16:9-Format heraus eine
4:3-Ausgabe ohne beschnittene Titel erzeugen.

In den Voreinstellungen lassen sich unter RASTER UND HILFSLINIEN andere prozentuale Werte für den sichtbaren Bereich und den sicheren Titelbereich (inklusive derjenigen für den Mittelausschnitt) einstellen. Auch für eine Ausgabe im Kinoformat ist diese Einstellung wichtig, da auch hier Bereiche am Rand durch das Abkaschen bei der Projektion wegfallen. Dies hat den Grund, dass bei der Projektion des Films im Kino ein Projektionscache eingelegt wird. Das Projektionscache ist im Prinzip eine Metallplatte mit einem Loch im Seitenverhältnis des zu projizierenden Films.

[Abkaschen]
Abkaschen = beschneiden

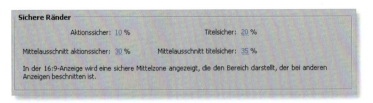

◄ **Abbildung 7.18**
In den Voreinstellungen lassen sich prozentuale Werte für titelsichere und aktionssichere Bereiche festlegen.

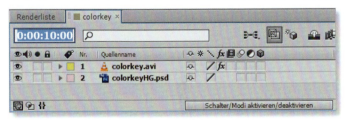

◄ **Abbildung 7.19**
Über das Feld AKTUELLER ZEITPUNKT wird die Zeitmarke genau positioniert.

Zeitanzeige | Jede Komposition enthält eine Anzeige ❹ (siehe Abbildung 7.21), an der Sie ablesen können, an welchem Zeitpunkt sich Ihre Zeitmarke gerade befindet. Klicken Sie auf die Zeitanzeige, können Sie in das aktive Feld einen neuen Zeitpunkt eingeben, damit Ihre Zeitmarke zu dem angegebenen Zeitpunkt springt. Tippen Sie beispielsweise »1000« in das Feld, um die Zeitmarke zur Sekunde 10 springen zu lassen. Das Timecode-Format 0:00:10:00 wird automatisch erkannt.

Schnappschuss | Über den Button SCHNAPPSCHUSS ❺ können Sie das aktuell angezeigte Bild fotografieren und mit dem Button LETZTEN SCHNAPPSCHUSS EINBLENDEN ❻ zu einem anderen Zeitpunkt wieder in Ihre Komposition einblenden. Die Funktion dient dazu, zwei Bilder zu verschiedenen Zeitpunkten zu vergleichen. Sie können so beispielsweise zwei Logos aneinander ausrichten, die an verschiedenen Zeitpunkten auftauchen, sich optisch aber an der gleichen Stelle befinden sollen. Fotografieren Sie dazu das erste Logo, und blenden Sie es dann zum Zeitpunkt des zweiten Logos ein.

Kanäle | Über die Schaltfläche KANAL ANZEIGEN ❼ wird ein Menü eingeblendet. Sie können dort je nach Bedarf wählen, ob Sie die

RGB-Kanäle einer Komposition gemeinsam oder jeden Kanal einzeln anzeigen lassen. Die Komposition erhält der Kanalfarbe entsprechend einen Rahmen. Die gewählte Kanalfarbe können Sie verwenden, um die Kompositionsinhalte einzufärben. Wählen Sie dazu die Option EINFÄRBEN. Mit der Option ALPHA können Sie auch den Alphakanal separat anzeigen lassen, was bei der Arbeit mit transparentem Material vorteilhaft ist und auch beim Keying eingesetzt wird.

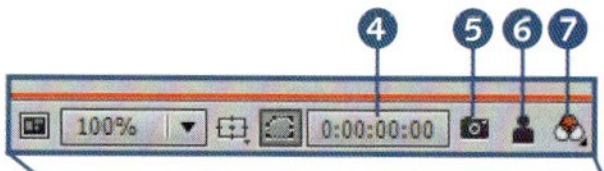

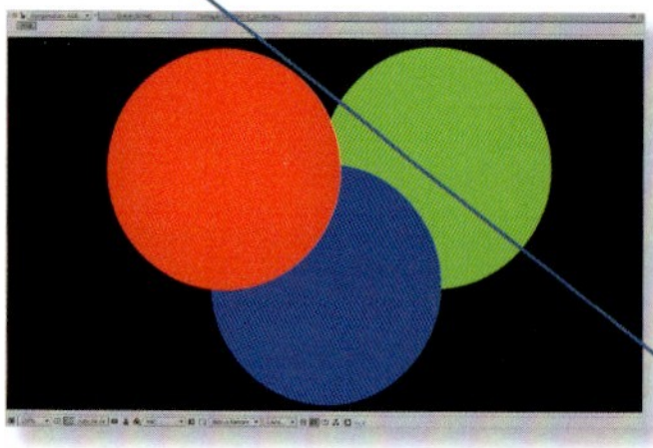

▲ **Abbildung 7.20**
Die Option RGB zeigt alle RGB-Anteile des Materials an.

▲ **Abbildung 7.21**
Der rote Kanal zeigt einen entsprechenden roten Rahmen. Nur die Rotanteile des Materials sind sichtbar.

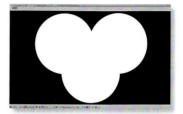

▲ **Abbildung 7.22**
Mit dem Button für den Alphakanal wird nur die Transparenzinformation angezeigt.

Pixelseitenverhältnis-Korrektur | »Der Kreis wirkt viel zu schmal!« Sie sehen das verflixte Problem bei der Arbeit mit Videomaterial, das Sie am Computer bearbeiten wollen – es ist alles nur eine Darstellungsfrage. Auf dem Computermonitor herrscht ein anderes Pixelseitenverhältnis (quadratisch) als beispielsweise auf einem DV-Band (rechteckig). Mit dem Korrekturschalter ❶ können Sie die Ansicht zur korrekten Darstellung von D1/DV- und HDV-Material am Computermonitor entzerren. Dies ist allerdings nicht sehr empfehlenswert, da die Vorschaugeschwindigkeit davon negativ beeinflusst wird und die Vorschau zudem pixelig wirkt. Eine Alternative dazu finden Sie in Abschnitt 5.6, »Videodaten in After Effects«.

Angenommen, Sie haben ein Osterei aufgezeichnet, dann kann Ihnen der Korrekturbutton nicht verraten, wie Ihr Material tatsächlich richtig aussieht. Denn im Gegensatz zum Kreis sehen Sie nicht, ob es sich um ein dickes oder ein schmales Ei handelt. In der Praxis hören Sie dann verzweifelte Rufe wie »Ist das Ei 4:3 oder 16:9?« oder »Muss es nun gestaucht oder gedehnt werden?«. In dem Fall sollten Sie herausfinden, wie das Material erstellt wurde, und es dann richtig interpretieren (siehe Abschnitt 5.6.5, »Pixelseitenverhältnis interpretieren«).

Ungewollt können Sie nicht nur zu Ostern ein Ei produzieren, wenn Sie falsch angelegte oder mit falschem Pixelseitenverhältnis interpretierte Grafiken verwenden. Der Korrekturbutton würde dann das Ei Ei sein lassen, obwohl es ein Kreis ist.

Aber keine Sorge: Nach dem Ausspielen sieht der Kreis wieder kreisrund aus, wenn das Material entsprechend vorbereitet wurde. Wie das geht, erfahren Sie ganz genau in Abschnitt 5.6, »Videodaten in After Effects«.

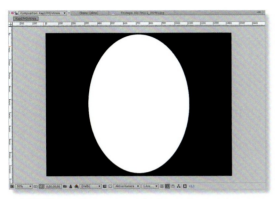 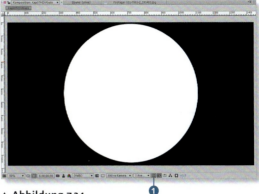

▲ **Abbildung 7.23**
Eine Grafik in einer DV- oder (wie hier) in einer HDV-Komposition kann horizontal verzerrt wirken. Nach dem Ausspielen ist der Kreis wieder rund.

▲ **Abbildung 7.24**
Mit dem Korrekturbutton werden Grafiken und DV- bzw. HDV-Material am Monitor entzerrt dargestellt.

Belichtung anpassen | Für Vorschauzwecke können Sie die Belichtung Ihrer Komposition für jede Ansicht extra anpassen. Sie finden den Schalter BELICHTUNG ANPASSEN rechts unten im Kompositionsfenster ❷. Ziehen Sie den dort angegebenen Wert nach links oder rechts, um die Belichtung zu verändern. Mit dem BLENDEN-Button links daneben setzen Sie die Einstellung wieder zurück. Wenn Sie die Belichtung nicht nur für Vorschauzwecke ändern möchten, verwenden Sie den Effekt BELICHTUNG.

Sie können mit BELICHTUNG ANPASSEN sowohl den Schwarz- als auch den Weißwert eines Bildes bestimmen. Dazu ziehen Sie bei gedrückter Maustaste auf dem Wert so lange nach rechts oder links, bis beinahe der gesamte Bildbereich weiß bzw. schwarz dargestellt wird. Bildteile, die bis zum Schluss sichtbar bleiben, sind am dunkelsten (Regler nach rechts) bzw. am hellsten (Regler nach links).

▲ **Abbildung 7.25**
Mit dem Regler BELICHTUNG ANPASSEN ändern Sie die Belichtung der Komposition für Vorschauzwecke.

7.4 Verschachtelte Kompositionen (Nesting)

Innerhalb einer Komposition wird das jeweils hinzugefügte Rohmaterial zu einer Ebene. Das Gleiche gilt aber auch für eine

Komposition, die einer anderen Komposition hinzugefügt wird. Man nennt diesen Vorgang **Verschachtelung** und spricht von **verschachtelten Kompositionen**. Der Sinn des Verschachtelns ist recht vielfältig: Zum einen lassen sich größere Projekte übersichtlicher gestalten, zum anderen sind verschachtelte Kompositionen manchmal nötig, um bestimmte Animationen oder Effekte zu bewerkstelligen.

In dem folgenden kleinen Workshop werden Sie erfahren, wie Sie zwei Kompositionen anlegen, die mindestens nötig sind, um eine verschachtelte Komposition einzurichten. Im Laufe des Buches werden Sie die sinnvolle oder notwendige Anwendung des Verschachtelns noch genauer kennenlernen.

07_Ebenenlayout/
Verschachtelung – Dateien
»hintergrund.mov«, »stern01.psd«
und »stern02.psd«

Schritt für Schritt: Verschachtelte Kompositionen – Doppelgänger

Wiederholung macht den Meister. In Kapitel 5, »Der Import«, haben Sie schon eine Komposition angelegt. Und wie Sie nun sehen, ist dies bei jedem neuen Projekt nötig. In diesem Workshop geht es um Ebenen im Kompositionsfenster und um das Prinzip der verschachtelten Kompositionen.

Starten Sie After Effects, und speichern Sie zuerst über DATEI • SPEICHERN UNTER das noch leere Projekt unter dem Namen »verschachteln«.

1 Import

Importieren Sie über DATEI • IMPORTIEREN • DATEI oder ⌨Strg+⌨I aus dem Ordner 07_EBENENLAYOUT/VERSCHACHTELUNG die Dateien »hintergrund.mov«, »stern01.psd« und »stern02.psd«.

2 Erste Komposition anlegen

Legen Sie eine Komposition über KOMPOSITION • NEUE KOMPOSITION oder ⌨Strg+⌨N an.

Tragen Sie in dem Dialogfenster KOMPOSITIONSEINSTELLUNGEN den Namen »Finale« ein. Gerade wenn Sie mit verschachtelten Kompositionen arbeiten, ist die Benennung wichtig, damit kein Durcheinander entsteht. Wählen Sie unter VORGABEN PAL D1/DV. Bei PIXEL-SEITENVERHÄLTNIS stellen Sie QUADRATISCHE PIXEL ein, und bei der Auflösung wählen Sie VOLL.

Markieren Sie den voreingestellten Wert bei DAUER, und tippen Sie »700« in das Feld ein. After Effects übernimmt selbstständig die Umwandlung in das Timecode-Format (0:00:07:00). Bestätigen Sie mit OK.

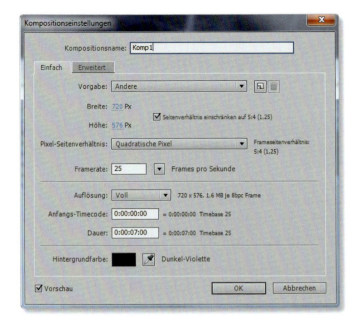

◄ **Abbildung 7.26**
Bei der Verwendung mehrerer
Kompositionen ist die eindeutige
Benennung wichtig.

3 Datei in die Zeitleiste ziehen

Ihre Komposition ist nun mit dem Namen »Finale« im Projektfenster zu sehen. Auch auf der Registerkarte im Kompositionsfenster sehen Sie den Namen »Finale«, und in der zugehörigen Zeitleiste findet sich ebenfalls auf der Registerkarte der Name »Finale«.

Ziehen Sie die Datei »hintergrund.mov« aus dem Projektfenster in die Zeitleiste. Die Datei wird nun in der Zeitleiste als Ebene dargestellt.

◄ **Abbildung 7.27**
Kompositionen werden wie
Rohmaterial im Projektfenster
angezeigt.

Kompositionen per Doppel-klick öffnen

Scheint eine Komposition mit-samt Zeitleiste einmal abhanden-gekommen zu sein, obwohl sie im Projektfenster noch sichtbar ist, klicken Sie sie dort einfach doppelt an. Das Kompositions-fenster und die dazugehörende Zeitleiste öffnen sich dann.

▼ **Abbildung 7.28**
Beim Hinzufügen von Ebenen in den Bereich der Zeitmarke erscheint eine zweite Marke als Positionierhilfe.

4 Zweite Komposition anlegen

Legen Sie eine genau gleiche Komposition an wie unter Schritt 1. Der einzige Unterschied zwischen den zwei Kompositionen besteht im Namen: Tippen Sie für die zweite Komposition den Namen »Animation« ein.

Wie die Komposition »Finale« wird die Komposition »Anima-tion« im Projektfenster angezeigt. Zusätzlich ist in der Zeitleiste eine Registerkarte mit dem Namen »Animation« hinzugekom-men. Sie können nun per Klick auf die Registerkarten zwischen den Kompositionen hin und her wechseln. Dies ist für ein schnel-les Arbeiten sehr bequem.

5 Rohmaterial zur Zeitleiste hinzufügen

Markieren Sie das Rohmaterial im Projektfenster. Sie können meh-rere Dateien nacheinander mit der ⌈Strg⌉-Taste auswählen oder bei gedrückter Maustaste einen Rahmen über die Dateien ziehen. Ziehen Sie die Dateien »stern01.psd« und »stern02.psd« aus dem Projektfenster jeweils zweimal in die Zeitleiste der Komposition »Animation«.

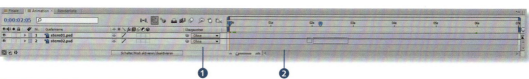

In-Point und Out-Point

Der In-Point markiert den Be-ginn einer Ebene, also den Zeit-punkt, an dem das Material sichtbar wird. Der Out-Point markiert dementsprechend das Ende einer Ebene.

Wenn Sie Dateien aus dem Projektfenster direkt in die Zeitleiste ziehen, werden sie im Kompositionsfenster zentriert. Der In-Point der Ebenen wird am Zeitpunkt 00:00 der Komposition positioniert, wenn Sie die Ebenen in den linken Bereich des Zeitleistenfensters ❶ ziehen. Ziehen Sie die Dateien hingegen in den rechten Bereich der Zeitmarke ❷, erscheint eine zweite Markierung als Positionier-hilfe, um Dateien an der Zeitmarke oder an einem bestimmten anderen Zeitpunkt beginnen zu lassen. Sobald diese Markierung deckungsgleich mit der aktuellen Zeitmarke ist, wird der In-Point einer Ebene genau an der Zeitmarke ausgerichtet.

6 Ebenen im Kompositionsfenster bearbeiten

Um ein Layout festzulegen, ordnen Sie die Ebenen im Kompositi-onsfenster an. Hier bearbeiten Sie die Ebenen auch grob. Trotzdem wählen Sie Ebenen zur Bearbeitung am besten in der Zeitleiste aus.

In der Werkzeugpalette sollten Sie das Auswahl-Werkzeug ❸ gewählt haben. Falls Ihnen die Werkzeugpalette abhandenge-kommen ist, wählen Sie FENSTER • WERKZEUGE oder ⌈Strg⌉+⌈1⌉. Markieren Sie jeweils eine der Ebenen in der Zeitleiste, und ver-ändern Sie ihre Positionen nacheinander, bis Sie eine ähnliche

Ebenen ins Kompositions-fenster ziehen

Sie können Ebenen direkt ins Kompositionsfenster ziehen. Al-lerdings sind sie dann nicht mehr zentriert, sondern werden an der Stelle fallen gelassen, an der Sie die Maustaste losgelassen haben.

Anordnung wie in der nebenstehenden Abbildung erreicht haben. Dazu klicken Sie die Ebenen im Kompositionsfenster direkt an und ziehen sie an die gewünschte Position. Achten Sie dabei darauf, dass die sichtbaren Pixel nicht außerhalb des Kompositionsfensters erscheinen, also angeschnitten werden. Dies betrifft die meisten Inhalte in Kompositionen, die später verschachtelt werden. Sie werden nachher sehen, warum das wichtig ist.

▲ Abbildung 7.29
Zum Positionieren von Ebenen verwenden Sie das Auswahl-Werkzeug.

Die seltsamen Punkte, die immer dann erscheinen, wenn eine Ebene ausgewählt ist, sind die Ebenengriffe. Der Punkt in der Mitte ist der Ankerpunkt. Aber dazu komme ich noch. Durch Ziehen an den Ebenengriffen können Sie die Ebenen skalieren. Markieren Sie die oberste der beiden Ebenen, »stern01.psd«, und ziehen Sie an einem Eckpunkt, bis die Ebene etwa halb so groß erscheint. Wenn Sie übrigens, während Sie skalieren, gleichzeitig die Taste ⟨⇧⟩ betätigen, wird die Ebene proportional skaliert.

Ebenen an der Zeitmarke einfügen

Sie können Ebenen, die der Zeitleiste hinzugefügt werden, grundsätzlich am Beginn der Komposition oder an der Zeitmarkenposition einsetzen. Dies erreichen Sie über VOREINSTELLUNGEN im Dialog ALLGEMEIN mit der Option EBENEN ZU BEGINN DER KOMPOSITION ERSTELLEN. Wenn Sie dort das Häkchen entfernen, wird jede Ebene mit dem In-Point an der Zeitmarkenposition und andernfalls am Beginn der Komposition eingesetzt.

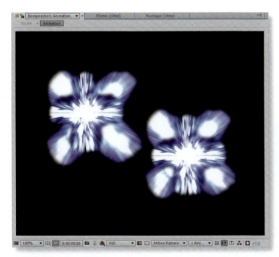

▲ Abbildung 7.30
Die Anordnung der Sterne sollte in etwa dieser Abbildung entsprechen.

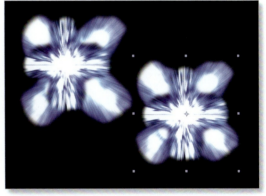

▲ Abbildung 7.31
Die Ebenengriffe dienen zur schnellen Transformation von Ebenen.

7 Kompositionshintergrundfarbe

Die Hintergrundfarbe Ihrer Komposition »Animation« ändern Sie wie folgt: Wählen Sie KOMPOSITION • KOMPOSITIONSEINSTELLUNGEN. Klicken Sie in das kleine Farbfeld des Dialogs, und wählen

Sie eine Farbe aus dem Farbwähler. Dank der VORSCHAU-Option sehen Sie bereits das Ergebnis. Sie können Farben auch numerisch festlegen. Bestätigen Sie mit OK.

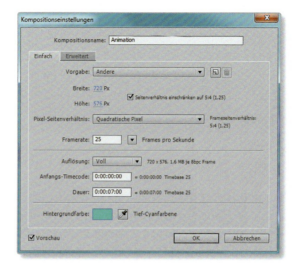

Abbildung 7.32 ▶
Die HINTERGRUNDFARBE stellen Sie im Dialog KOMPOSITIONSEINSTEL-LUNGEN ein.

Es ist unwichtig, welche Farbe Sie wählen. Ich möchte Ihnen hier nur zeigen, dass diese Hintergrundfarbe verschwindet, also transparent wird, nachdem wir die Komposition »Animation« in die Komposition »Finale« gezogen und dadurch verschachtelt haben.

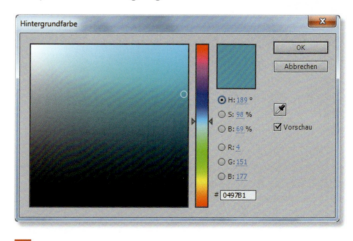

Abbildung 7.33 ▶
Im Farbwähler ist auch die numerische Eingabe zur Festlegung von Farben möglich.

8 Nesting: Verschachtelte Kompositionen

Es ist ganz einfach. Sie haben in Ihrem Projektfenster zwei Kompositionen. Eine heißt »Finale« und enthält nur ein Hintergrundmovie. Die andere heißt »Animation« und enthält mehrere, (zugegeben) im Moment nicht animierte Ebenen.

Öffnen Sie die Komposition »Finale« per Klick auf die Registerkarte oder per Doppelklick auf das Kompositions-Symbol im

Projektfenster. Ziehen Sie, wie jedes andere Rohmaterial auch, die Komposition »Animation« in die Zeitleiste der Komposition »Finale«. Stellen Sie sicher, dass die verschachtelte Komposition sich über der Hintergrundebene befindet. Das war's.

▲ **Abbildung 7.34**
Die Komposition »Animation« wird aus dem Projektfenster in die Zeitleiste der Komposition »Finale« gezogen.

◄ **Abbildung 7.35**
Nach dem Verschachteln ist die Hintergrundfarbe der Komposition »Animation« transparent geworden. ■

7.4.1 Vorteile von verschachtelten Kompositionen

Wechseln Sie nun einmal zwischen Ihren beiden Kompositionen hin und her. Sie werden folgende Vorteile erkennen:

Zuerst lässt sich feststellen, dass der Hintergrund der Komposition »Animation« im »Finale« transparent ist.

Zweitens werden Änderungen, die Sie in der Komposition »Animation« vornehmen, in die »Finale«-Komposition übernommen. Verschieben Sie in der Komposition »Animation« einfach einmal die Ebenen, oder skalieren Sie die Ebenen mit den Ebenengriffen. Die Änderungen sind anschließend auch im »Finale« sichtbar.

Drittens haben die vier Buchstaben, verschachtelt im »Finale«, nur noch einen gemeinsamen Ankerpunkt. Die Ebenen wurden sozusagen zu einer Ebene zusammengefasst. Und so können Sie vier (oder mehr) Ebenen mit einem Mal skalieren, die Position ändern, Effekte darauf anwenden usw.

Viertens ist die Komposition »Animation« eine **Instanz**. Sie können sie also, sooft Sie wollen, im »Finale« auftauchen lassen. Ziehen Sie Ihre Komposition ruhig noch ein paarmal ins »Finale«. Das Ergebnis könnte dann ähnlich aussehen wie in Abbildung 7.37.

▼ **Abbildung 7.36**
Hier sehen Sie mehrere Instanzen der Komposition »Animation« in der Zeitleiste.

Jetzt können Sie auch testen, was geschieht, wenn Sie die Ebenen in der Komposition »Animation« über den Kompositionsrand hinaus verschieben. In diesem Falle werden nämlich die Ebenen in allen Instanzen Ihrer finalen Komposition beschnitten.

Abbildung 7.36
Hier sehen Sie mehrere Instanzen der Komposition »Animation« in der Zeitleiste.

Abbildung 7.37 ▶
Kompositionen können Sie als Instanzen in anderen Kompositionen verwenden.

7.4.2 Anmerkungen zum Nesting

Es ist möglich und üblich, noch weit mehr als nur eine Komposition wie in unserem kleinen Workshop zu verschachteln. Allerdings sollten Sie Kompositionen nicht wild ineinander verschachteln, da dies die Vorschau bremst und die Renderzeit Ihrer Animationen verlängert.

▶ **Komplexe Projekte:** Sinnvoll ist es, eine »finale« Komposition einzurichten, die die Ausgabeeinstellungen enthält, und dort andere Kompositionen hineinzuziehen, die Animationen enthalten. Auf diese Weise lassen sich komplexe Projekte recht übersichtlich gestalten.

▶ **Rendern statt verschachteln:** Haben Sie eine Animation bereits vollständig fertig in einer Komposition animiert, kann es günstig sein, diese unkomprimiert zu rendern und dann den gerenderten Film in der finalen Komposition zu verwenden. Das beschleunigt die Vorschau erheblich. Dazu erfahren Sie mehr in Abschnitt 13.5.3, »Ausgabeketten erstellen«.

7.5 Flussdiagramm

Das Flussdiagramm dient zur Darstellung des strukturellen Aufbaus eines Projekts oder einer Komposition und gibt einen Überblick, welche Rohmaterialien wo und wie verwendet wurden.

Öffnen Sie das Projekt »verschachteln.aep« und dann die Komposition »Finale«« per Doppelklick im Projektfenster. Sollte das Projektfenster nicht sichtbar sein, blenden Sie es mit der Tastenkombination [Strg]+[0] ein. Einige Schalter im Kompositionsfenster finden Sie erst, wenn Sie das Fenster vergrößern. Ziehen Sie es dazu nach rechts auf. Über den Flussdiagramm-Button gelangen Sie in die FLUSSDIAGRAMMANSICHT. Für den Projektüberblick gibt es einen solchen Button auch im Projektfenster oben rechts.

Im Flussdiagramm sind die Komposition »Finale« ❸ und darüber ein Pluszeichen zu sehen. Bei einem Klick auf das Pluszeichen ❷ werden das Rohmaterial ❹, in der Komposition enthaltene Ebenen ❺ und verschachtelte Kompositionen ❶ angezeigt. Rohmaterialien erhalten vor ihrem Namen andere Symbole als Ebenen bzw. Kompositionen.

Das Projekt, das Sie im Workshop »Verschachtelte Kompositionen – Doppelgänger« angelegt haben, eignet sich gut, um das Flussdiagramm zu erläutern. Öffnen Sie, falls Sie es bereits geschlossen haben, am besten nochmals Ihr Projekt oder das auf der DVD befindliche Projekt unter 07_EBENENLAYOUT/VERSCHACHTELUNG/VERSCHACHTELN.AEP.

▼ **Abbildung 7.38**
In der Flussdiagrammansicht gewinnen Sie einen Überblick über den Aufbau Ihres Projekts.

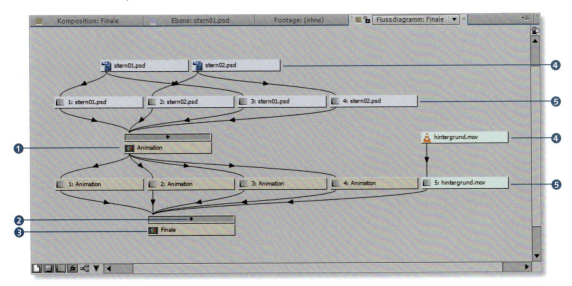

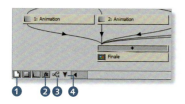

▲ **Abbildung 7.39**
Die Schalter für die Darstellung des Flussdiagramms

Am unteren Rand des Diagramms finden Sie sechs Schaltflächen zur Änderung der Ansicht:

▶ **Footage:** Blenden Sie Rohmaterial und Ebenen ein und aus, indem Sie den Footage-Button ❶ betätigen.

▶ **Farbflächen:** Wenn Ihre Komposition Farbflächen enthält, blenden Sie diese über den zweiten Button in der Reihe ein und aus.

▶ **Ebenen:** Mit dem dritten Button zeigen Sie die Ebenen an oder blenden sie aus.

▶ **Effekte:** Effekte blenden Sie mit dem vierten Button ❷ ein und aus.

▶ **Umschalten:** Mit dem Button ❸ wechseln Sie die Darstellung zwischen geraden und schrägen Linien.

▶ **Richtung:** Schließlich lässt sich noch die Richtung des Flussdiagramms im Popup ❹ ändern.

Elemente markieren | Ihr eigenes Ordnungsprinzip richten Sie ein, indem Sie jedes Element markieren und an eine andere Stelle ziehen. Das Markieren hat aber noch eine andere Funktion: Markierte Elemente werden auch in den Kompositionen bzw. im Projektfenster markiert. Mit ⌜Entf⌟ löschen Sie Elemente aus Ihrem Projekt. In der Praxis werden Sie eine solche Vorgehensweise allerdings kaum finden. Ganz hilfreich zum Verschieben des gesamten Diagramms ist es, gleichzeitig die Leertaste und die Maustaste zu verwenden.

▼ **Abbildung 7.40**
Das Mini-Flussdiagramm hilft bei der Navigation in verschachtelten Kompositionen.

Mini-Flussdiagramm | Seit After Effects CS4 gibt es das Mini-Flussdiagramm, das Sie sowohl im Kompositionsfenster ❺ als auch in der Zeitleiste ❻ finden. Bei verschachtelten Kompositionen navigieren Sie über das Diagramm leichter und schneller zwischen den Kompositionen.

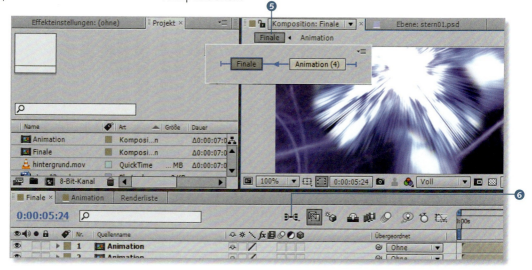

7.6   Die Zeitleiste

Die Zeitleiste dient dazu, Ebenen entsprechend ihrem zeitlichen Ablauf anzuordnen. Die Ebenen sind hier tatsächlich als solche erkennbar. Das Erscheinen und Verschwinden von Ebenen zu einem bestimmten Zeitpunkt definieren Sie in der Zeitleiste. Dafür verantwortlich sind der In-Point und der Out-Point einer Ebene in After Effects.

Ebenen werden in der Zeitleiste übereinandergestapelt. Eine Ebene, die sich in der Zeitleiste ganz oben befindet, verdeckt ganz oder teilweise Ebenen, die weiter darunter angeordnet sind. Eine Ausnahme dabei bilden dreidimensionale Ebenen, bei denen die Anordnung auf der Z-Achse entscheidend ist. Die Details dazu lesen Sie in Kapitel 21, »3D in After Effects«.

Visuelle Ebenen und Audioebenen besitzen jeweils gleiche animierbare Eigenschaften. Solche Transformationen und Animationen können Sie für jede Ebene einstellen. Spezielle Effekte, die Sie den Ebenen hinzufügen, können den Animationsspielraum erheblich erweitern. Sämtliche an einer Ebene vorgenommenen Veränderungen sind nicht destruktiv, das heißt, dem auf der Festplatte gespeicherten Rohmaterial geschieht nichts.

In späteren Kapiteln werden Sie einige der zahlreichen Animationsmöglichkeiten von Ebenen genauer studieren können. Die nächsten Seiten sind vorerst den vielen Funktionen der Zeitleiste gewidmet.

7.6.1   Zeitmarke

Das wichtigste Instrument der Zeitleiste ist zweifelsohne die Zeitmarke ❾. Mit der Zeitmarke steuern Sie bestimmte Zeitpunkte in der Komposition an. An der Zeitmarke richten Sie außerdem Ebenen aus, wie Sie bereits beim Hinzufügen von Rohmaterial zur Zeitleiste gesehen haben. Außerdem werden Keyframes an der Zeitmarkenposition gesetzt und können an ihr mit Hilfe der Taste ⌂ magnetisch ausgerichtet werden.

▼ **Abbildung 7.41**
Die Zeitmarke dient zum Navigieren in der Zeitleiste. Ebenen und Keyframes lassen sich an der Zeitmarke ausrichten.

▶   **Zeitmarke ziehen:** Vor dem Setzen eines Keyframes müssen Sie immer die Zeitmarke auf den entsprechenden Zeitpunkt setzen. Dazu klicken Sie die Zeitmarke an und ziehen sie manuell, oder

Sie klicken einfach auf das Zeitlineal ❽. Die Zeitmarke springt dann auf diesen Zeitpunkt.

▶ **Zeitpunkt ansteuern:** Für genauere Ansteuerungen geben Sie die gewünschten Zeitpunkte numerisch ein. Per Klick auf die Zeitanzeige ❼ tippen Sie den gewünschten Zeitpunkt, beispielsweise »300«, ein. Das Timecode-Format 0:00:03:00 erkennt After Effects automatisch.

▼ Tabelle 7.1
Weitere Tastenkürzel zum Navigieren der Zeitmarke

Funktion	Windows	Mac OS
an den Arbeitsbereichsanfang	⇧ + Pos1	⇧ + Pos1
zum Arbeitsbereichsende	⇧ + Ende	⇧ + Ende
zur Ebenenmarke davor	J	J
zur Ebenenmarke danach	K	K
Ebenenmarke entfernen	Strg + Klick auf die Marke	⌘ + Klick auf die Marke
zur Kompositionszeitmarke	0 bis 9 auf der Haupttastatur	0 bis 9 auf der Haupttastatur
zum Ebenen-In-Point	I	I
zum Ebenen-Out-Point	O	O

7.6.2 Arbeitsbereich

Sehr wichtig ist der Arbeitsbereich ❷ im oberen Teil der Zeitleiste. Mit dem Arbeitsbereich legen Sie fest, welcher Teil Ihrer Komposition in der Vorschau angezeigt werden soll. Dies gilt zwar nicht für jede Art Vorschau, doch mehr dazu folgt in Kapitel 9, »Vorschau«. Spätestens bei größeren Projekten wird die Anpassung des Arbeitsbereichs auf eine bestimmte Zeitspanne notwendig.

Abbildung 7.42 ▼
Bei größeren Projekten ist es günstig, den Arbeitsbereich auf eine bestimmte Zeitspanne anzupassen.

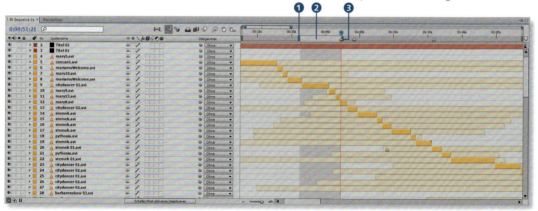

Zum Anpassen des Arbeitsbereichs ziehen Sie seinen Beginn ❶ und sein Ende ❸ an die von Ihnen gewünschte Stelle. Alternativ positionieren Sie zuerst die Zeitmarke auf den gewünschten Beginn und drücken anschließend die Taste B. Für das gewünschte Ende setzen Sie wieder die Zeitmarke und drücken dann die Taste N.

Beginn und Ende des Arbeitsbereichs springen an die erwünschten Zeitpunkte.

Zum Verschieben eines einmal gewählten Arbeitsbereichs klicken Sie die Leiste an und ziehen den Arbeitsbereich seitwärts.

7.6.3 Zoomfunktionen der Zeitleiste

Sie können das Zeitlineal der Zeitleiste zoomen. Normalerweise werden die Zeitwerte im Zeitlineal in Sekunden angezeigt (hinter jeder Zahl in der Zeitleiste steht ein kleines »s«). Sie können aber auch bis in die einzelnen Frames einzoomen, um beispielsweise Keyframes zeitlich sehr dicht zu setzen.

Info-Palette

Beim Anklicken des Arbeitsbereichs zeigt Ihnen die Info-Palette Anfang, Ende und Dauer des Bereichs an. Das Gleiche gilt für die Zeitansichtsklammern (der schmale Balken über der Zeitanzeige).

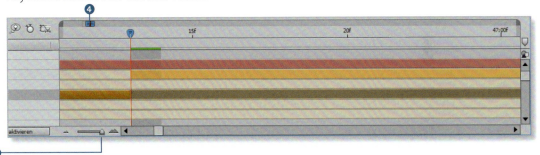

▲ **Abbildung 7.43**
Für genauere Arbeiten ist oft das Einzoomen bis hin zur Darstellung einzelner Frames notwendig.

▶ **Per Schieberegler:** Zum Einzoomen ziehen Sie den Schieberegler ❺ nach rechts, zum Auszoomen nach links. Haben Sie sehr weit eingezoomt, wird hinter den Zahlen im Zeitlineal ein kleines »f« dargestellt, das für »Frame« steht, also für das Einzelbild. Wundern Sie sich nicht, dass Ihre Zeitmarke beim Ziehen dann so komisch »hüpft« – sie springt ja nur von Frame zu Frame. Sie wissen schon: Viele einzelne Bilder ergeben einen Film.

▶ **Per Button:** Die Berge links und rechts vom Schieberegler dienen ebenfalls zum Ein- und Auszoomen – per Klick.

▶ **Per Klammern:** Eine weitere Möglichkeit für das Zoomen bieten die beiden Markierungen ❹, die Sie dazu nach links und nach rechts ziehen können. Nutzen Sie ⌂+Doppelklick auf die Zeitbereichsleiste, um zwischen Ihrem aktuell gewählten Zoom und der gesamten Kompositionslänge zu wechseln.

▶ **Per Mausrad:** Drücken Sie die Taste Alt, und scrollen Sie dann mit dem Mausrad, um in die Zeit ein- oder auszuzoomen.

▶ **Zoombereich verschieben:** Mit dem Hand-Werkzeug, das Sie mit der Taste H einblenden, klicken Sie in das Zeitfenster und verschieben dann den Ausschnitt.

7.6.4 Anzeigeoptionen in der Zeitleiste

In der Zeitleiste sind einige standardmäßig angezeigte Spalten zu sehen, einige Spalten sind aber auch verborgen. Durch einen Klick mit der rechten Maustaste auf einen Spaltennamen öffnet sich das Menü SPALTEN. Dort sind die bereits angezeigten Spalten mit einem Häkchen versehen. Weitere Spalten lassen sich auswählen und werden anschließend in der Zeitleiste angezeigt.

Abbildung 7.44 ▸
Der Zeitleiste können Sie weitere Spalten hinzufügen.

▾ **Abbildung 7.45**
In der Spalte KOMMENTAR lassen sich für jede Ebene Bemerkungen eintragen.

7.6.5 Audio-/Video-Funktionen

Augen-Symbol | Zum Ausblenden von Videos oder Bildern klicken Sie auf das Augen-Symbol ❶, das Sie vielleicht aus anderen Adobe-Anwendungen kennen. Für Sounddateien steht das Lautsprecher-Symbol ❷ zur Verfügung. Dateien, die Sie auf diese Weise ausblenden, sind auch bei der Ausgabe nicht sichtbar oder hörbar.

▲ **Abbildung 7.46**
Jede Ebene besitzt Schalter zum Schützen, Soloschalter und je nach Typ Audio- und Video-schalter.

Solo | Der Soloschalter ❸ wird verwendet, um zeitweise nur die solo geschaltete Ebene anzuzeigen oder anzuhören. Alle anderen Ebenen werden ausgeblendet, und die gewählte Ebene wird zum Single. Sie können auch mehrere Ebenen solo schalten. Wie bei dem Augen- und dem Lautsprecher-Symbol werden die ausgeblendeten Ebenen nicht mitgerendert.

Schützen | Das Vorhängeschloss ❹ dient dem Schutz der gewählten Ebene. Eine geschützte Ebene kann nicht verändert werden und blinkt, wenn sie in der Zeitleiste angeklickt wird.

7.6.6 Etiketten

Sie können Ebenen mit verschiedenen Etikettenfarben ausstatten, um in Projekten mit sehr vielen Ebenen die Übersicht zu bewahren.

Schalter für Schnelle

Sämtliche Ebenenschalter können Sie für mehrere Ebenen aktivieren/deaktivieren, wenn Sie bei gedrückter Maustaste über ein Schalter-Symbol »ziehen«.

Klicken Sie dazu in der Zeitleiste auf eines der Etiketten **❺**. In dem sich öffnenden Menü können Sie eine neue Farbe festlegen.

Es wird nicht nur das Etikett neu eingefärbt, sondern auch die Ebene in der Zeitleiste sowie die Ebenengriffe und Bewegungspfade im Kompositionsfenster werden mit der neuen Farbe versehen. Haben Sie mehrere Ebenen in der gleichen Farbe angelegt, hält das Einblendmenü noch die schöne Option für Sie bereit, eine ganze Etikettengruppe auszuwählen, also alle Ebenen mit dem gleichen Etikett. Und das ist kein Etikettenschwindel.

7.6.7 Ebenennummerierung

Die Nummerierung **❻** ist nicht fest mit einer Ebene verbunden. Ziehen Sie z. B. eine Ebene mit der Nummer 15 nach ganz oben, trägt sie anschließend die Nummer 1. Die Nummern kennzeichnen nur die Reihenfolge der Ebenen, man muss also keine besonders große Nummer daraus machen.

Wenn Sie tastaturbegeistert sind, wird es Sie aber freuen, dass Sie die Ebenen über den Ziffernblock Ihrer Tastatur auswählen können. Tippen Sie dazu einfach die Nummer, und die Ebene wird markiert.

7.6.8 Ebenenname

Die Spalte EBENENNAME **❼** ist eine Schaltstelle zwischen dem von Ihnen festgelegten Ebenennamen und dem Namen des Rohmaterials. Um die Anzeige zwischen dem Ebenennamen und dem Rohmaterialnamen zu wechseln, klicken Sie jeweils auf die Spalte QUELLEN- bzw. EBENENNAME.

Ist der Name Ihrer Ebene mit einer eckigen Klammer versehen, haben Sie keinen Ebenennamen vergeben, und der Rohmaterialname wird angezeigt.

Eigene Ebenennamen | Um eigene Ebenennamen zu vergeben, markieren Sie die Ebene und drücken ⏎ im Haupttastaturfeld. Tippen Sie den gewünschten Namen, und betätigen Sie erneut mit ⏎.

Eine Benennung der Ebenen ist wichtig, wenn Sie Rohmaterial mehrfach in einer Komposition verwenden, aber unterschiedliche Veränderungen damit planen. Die Änderung des Ebenennamens hat im Gegensatz zu früheren Versionen meistens keine Auswirkungen auf Expressions. Mit Expressions erzeugen Sie Verlinkungen zwischen mehreren Eigenschaften einer oder mehrerer Ebenen. Mehr dazu lesen Sie in Kapitel 24, »Expressions«.

Mit einer kleinen Schaltfläche
blenden Sie die Ebenenschalter
ein und aus.

Die Ebenenschalter ❷ können Sie optional aus- oder einblenden.
Dies ist über die kleine Schaltfläche ❶ am linken unteren Rand des
Zeitleistenfensters möglich. Nach dem Einblenden ist eine ganze
Reihe weiterer Optionen verfügbar.

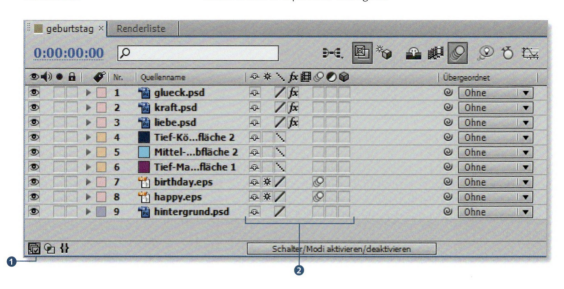

Tarnen | In After Effects können Ebenen sogar Tarnkappen erhal-
ten! Die Funktion ist sehr hilfreich, wenn in einer Komposition
sehr viele Ebenen enthalten sind. Sie können die 235 Ebenen, an
denen Sie gerade nicht arbeiten, aus der Zeitleiste ausblenden und
sich ewiges Hin- und Herscrollen ersparen. Im Kompositionsfenster
bleiben die Ebenen präsent.

Die Spalte TARNEN ❸ zeigt an, ob eine Ebene getarnt ist oder
nicht. Um Ebenen in der Zeitleiste zu tarnen, klicken Sie auf das
Männlein. Die getarnten Ebenen verschwinden allerdings erst,
wenn Sie noch das größere Männlein bzw. Fräulein ❺ drücken.
Und vergessen Sie nicht, das große Fräulein zum Einblenden
erneut zu drücken – es hat schon so mancher verzweifelt ver-
misste Ebenen gesucht …

Die eingeblendeten Ebenenschalter in der Zeitleiste

Qualität | Mit dem Schalter QUALITÄT ❻ bestimmen Sie die Vor-
schauqualität der Ebene. Bei besserer Qualitätseinstellung ❼ dauert
die Berechnung der Bilder länger. Bei heute gebräuchlichen Rechnern fällt dies nicht sehr ins Gewicht. Allerdings ist es bei einigen
auf die Ebene angewendeten Effekten, großen Skalierungen und
großen Bildern sinnvoll, in den Entwurfsmodus ❽ umzuschalten.
Klicken Sie den Schalter dazu einfach an.

▲ **Abbildung 7.49**
Im Entwurfsmodus erscheinen Grafiken
an den Kanten stufig.

▲ **Abbildung 7.50**
Bei bester Qualität sind die Kanten geglättet.

Optimieren/Transformationen falten | Die Option OPTIMIEREN/
TRANSFORMATIONEN FALTEN ❹ hat zweierlei Funktion: Zum einen
dient sie dazu, Vektorgrafiken wie Adobe-Illustrator-Dateien und
EPS-Dateien in bester Qualität in After Effects anzuzeigen. Zum
anderen wird sie für 2D- und 3D-Kompositionen verwendet, die in
eine andere Komposition verschachtelt werden.

Mit der Option TRANSFORMATIONEN FALTEN werden Informationen mit in die andere Komposition übernommen und gewährleisten so eine korrekte Anzeige. Beim Import in After Effects
werden vektorbasierte Dateien in pixelorientierte Dateien umgerechnet. Der Unterschied zu sonstigen pixelorientierten Dateien
besteht darin, dass Illustrator- und EPS-Dateien bei aktiviertem
Schalter in jedem Frame neu berechnet werden, so auch bei
Skalierungen. Die Option TRANSFORMATIONEN FALTEN wird daher
auch **kontinuierliches Rastern** genannt. Schlicht gesagt können
Sie Ihre Vektorgrafiken so groß skalieren, wie Sie wollen, wenn
Sie den Schalter aktivieren.

▲ **Abbildung 7.51**
Eine Vektorgrafik ohne Vergrößerung wird in gleicher
Qualität dargestellt wie ...

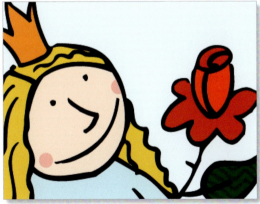

▲ **Abbildung 7.52**
... eine vergrößerte Vektorgrafik.

Näheres zu Effekten und ihrer Verwendung erfahren Sie in Teil VII, »Masken und Effekte«.

Effektschalter | Wenn auf einzelne Ebenen Effekte angewandt wurden, kennzeichnet After Effects die jeweilige Ebene mit einem »fx« ⑤. Mit einem Klick darauf wird die Ebene ohne angewendete Effekte dargestellt und bei entsprechender Option auch ohne Effekte gerendert. Der Schalter ist oft nützlich, um die Wirkung eines Effekts zu beurteilen und die Vorschau bei deaktivierten Effekten zu beschleunigen.

Frame-Überblendung | Bei Ebenen, die bewegtes Rohmaterial wie Video oder Bildsequenzen enthalten, können Sie die Frame-Überblendung aktivieren.

Die Option eignet sich für Bildsequenzen, die eine geringere Framerate aufweisen als die Komposition, in der sie verwendet werden. Wird eine Bildsequenz mit einer Framerate von 15 fps in einer Komposition mit einer Framerate von 25 fps verwendet, rechnet After Effects die fehlenden Bilder in der Sequenz hinzu, indem sie dupliziert werden. Die Bewegung kann dadurch beim Abspielen ruckelnd wirken.

Aktivieren Sie die Frame-Überblendung, werden aus je zwei aufeinanderfolgenden Originalbildern Zwischenbilder errechnet und mit den Originalbildern überblendet. Beim Abspielen wirkt die Bewegung flüssiger. Wenn Sie Filmmaterial verwenden, ergibt die Frame-Überblendung nur Sinn, wenn Sie das Material zeitverzerren oder eine Zeitlupe darauf angewandt haben.

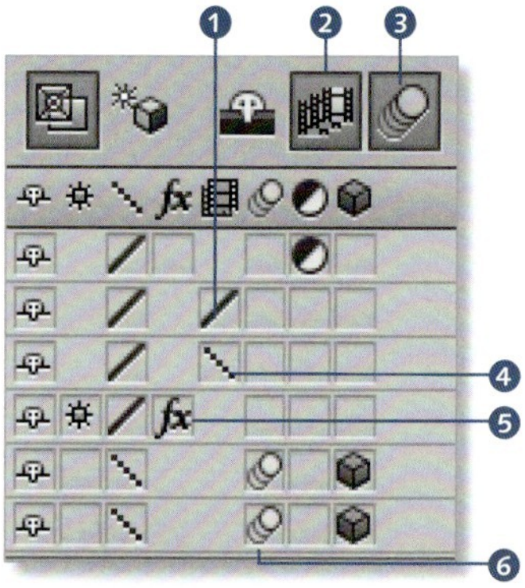

Für die Berechnung der Zwischenbilder bietet After Effects unter EBENE • FRAME-ÜBERBLENDUNG die Optionen FRAME-MIX und PIXEL-MOTION an. Für Dateien, die sehr stark verlangsamt wurden, bietet sich die zweite Option an. Es werden mit PIXEL-MOTION überhaupt bessere Ergebnisse erzielt, allerdings zu Lasten der Vorschau und des Renderprozesses. Wenn Sie eine Ebene im Qualitätsmodus ENTWURF bearbeiten, verwendet After Effects zur Vorschaubeschleunigung automatisch die Option FRAME-MIX.

Frame-Überblendung aktivieren | Sie aktivieren die Option per Klick in das Feld ❶ und auf den Button ❷. Um zwischen den Optionen AUS, FRAME-MIX und PIXEL-MOTION zu wechseln, klicken Sie wiederholt auf diesen Button. Wird kein schräger Balken angezeigt, ist die Frame-Überblendung deaktiviert, was einer schnelleren Vorschau dient. Frame-Mix ist eingestellt, wenn der Balken gepunktet dargestellt wird ❹, und Pixel-Motion in der dritten Einstellung.

▲ **Abbildung 7.53**
Einige Ebenenschalter haben erst dann eine Wirkung, wenn weitere Schalter für die Komposition aktiviert wurden.

Abbildung 7.54 ▶
Bei aktivierter Frame-Überblendung werden aus zwei aufeinanderfolgenden Originalbildern Zwischenbilder errechnet und eingeblendet.

Bewegungsunschärfe | Schnell bewegte Objekte, die von einer Kamera aufgenommen werden, erscheinen verwischt, wenn man sie im Einzelframe des Films betrachtet. Die Bewegungsunschärfe simuliert diesen Effekt und lässt so Bewegungen realistischer erscheinen. Daher wirkt sich die Option nur auf sich bewegende Ebenen aus. Um eine Wirkung zu erzielen, müssen Keyframes, beispielsweise für die Positionseigenschaft, gesetzt worden sein. Schnell bewegte Pixel werden dabei stärker verwischt als langsam bewegte.

Um die Bewegungsunschärfe zu aktivieren, klicken Sie in das Kästchen ❻ und klicken auf den Button ❸. Da die Bewegungsunschärfe sehr rechenintensiv ist, empfiehlt es sich, bei weiterer Bearbeitung die Unschärfe zu deaktivieren.

▲ **Abbildung 7.55**
Bei aktivierter Bewegungsunschärfe werden schnell bewegte Pixel in Bewegungsrichtung verwischt.

▲ **Abbildung 7.56**
Die gleiche Komposition ohne aktivierte Bewegungsunschärfe

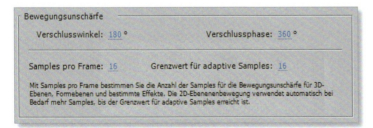

◀ **Abbildung 7.57**
Festlegungen für die Bewegungsunschärfe treffen Sie in den Kompositionseinstellungen.

Stärke der Unschärfe ändern | Die Stärke der Bewegungsunschärfe legen Sie in den KOMPOSITIONSEINSTELLUNGEN fest. Wählen Sie dazu KOMPOSITION • KOMPOSITIONSEINSTELLUNGEN oder ⌈Strg⌉+⌈K⌉. Klicken Sie im Dialog auf die Karte ERWEITERT.

Da die Bewegungsunschärfe den Verwischeffekt bei Kameras nachahmt, werden auch ähnliche Einstellmöglichkeiten wie bei

Kameras verwendet. Unter VERSCHLUSSWINKEL geben Sie einen höheren Wert ein, um die Bewegungsunschärfe zu verstärken (max. 720). Der Wert unter VERSCHLUSSPHASE (max. 360) legt einen zeitlichen Abstand zum aktuellen Frame für die Bewegungsunschärfe fest.

Zum Berechnen der Bewegungsunschärfe verwendet After Effects für sich schnell bewegende Ebenen eine andere Samplerate als für langsame Ebenen. Somit ist die Stärke der Bewegungsunschärfe je nach Geschwindigkeit unterschiedlich. Unter SAMPLES PRO FRAME legen Sie die Anzahl der Samples für die Berechnung von 3D-Ebenen, Formebenen und einigen Effekten fest. Unter GRENZWERT FÜR ADAPTIVE SAMPLES bestimmen Sie den Maximalwert der Samples für 2D-Ebenen. Für 2D-Ebenen werden die Samples bei Bedarf automatisch erhöht, bis der Grenzwert erreicht ist.

Live-Update, 3D-Entwurf und Diagrammeditor

Für Informationen zu den Schaltern LIVE-UPDATE, 3D-ENTWURF und DIAGRAMMEDITOR schauen Sie bitte im Index nach, da diese an besser passender Stelle erläutert werden.

Weiterführend lesen Sie hierzu Kapitel 21, »3D in After Effects«.

Abbildung 7.58 ▶
In der Zeitleiste befinden sich noch die Schalter LIVE-UPDATE, 3D-ENTWURF und DIAGRAMM-EDITOR.

Zum MODUS lesen Sie mehr in Abschnitt 8.7, »Bitte mischen: Füllmethoden«. Der Schalter TRANSPARENZ ERHALTEN und die Funktion BEWEGTE MASKE werden in Kapitel 18, »Masken, Matten und Alphakanäle«, eingehend beschrieben.

Einstellungsebenen | Über den Schalter ❶ können Sie eine Ebene zu einer Einstellungsebene machen. Die Ebene wird dann ausgeblendet. Effekte, die auf die Einstellungsebene angewendet wurden, wirken sich auf alle darunter befindlichen Ebenen aus. Dies kann eine Menge Zeit sparen. Neben dem Schalter im Kompositionsfenster können Sie zur Erstellung von Einstellungsebenen auch das Menü EBENE • NEU • EINSTELLUNGSEBENE verwenden.

Wenn Sie eine Lichtebene zu einer Einstellungsebene erklären, wird deswegen das Licht nicht ausgeblendet, sondern die Lichtebene wirkt sich dann nur noch auf darunterliegende 3D-Ebenen aus.

3D-Ebenen | Über den Schalter 3D-EBENEN ❷ definieren Sie zweidimensionale Ebenen als dreidimensionale Ebenen und können sie im 3D-Raum animieren.

7.6.10 Schalter/Modi

Versteckt hinter der Schaltfläche SCHALTER/MODI ❸ befinden sich außerdem die drei interessanten Funktionen MODUS, TRANSPARENZ ERHALTEN und BEWEGTE MASKE ❻.

Aus älteren Versionen wieder eingeführt ist die Schaltfläche SCHALTER/MODI AKTIVIEREN/DEAKTIVIEREN, die sich unter den

Ebenenschaltern befindet und mit der Sie schnell zu den Ebenenmodi wechseln können. Klicken Sie dazu einfach auf den Bereich unter der Spalte EBENENSCHALTER, wenn Ebenenmodi und Ebenenschalter nicht bereits gleichzeitig dargestellt werden.

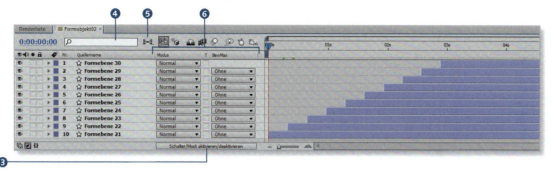

Suchfunktion und Mini-Flussdiagramm | Wie im Projektfenster gibt es in der Zeitleiste eine komfortable Suchfunktion ❹, mit der Sie Ebenen in der Zeitleiste sehr schnell auffinden. Beim Eintippen des jeweiligen Namens blendet After Effects bereits die gesuchten Ebenen ein und die nicht gesuchten aus.

Auch das Mini-Flussdiagramm ❺ erleichtert die Arbeit und hilft beim Navigieren in verschachtelten Kompositionen.

▲ **Abbildung 7.59**
Mit einem Klick auf die Schaltfläche SCHALTER/MODI wechselt die Anzeige, und es kommen weitere Optionen zum Vorschein.

Funktion	Windows/Mac OS
Arbeitsbereichsbeginn setzen	B
Arbeitsbereichsende setzen	N
Einzoomen ins Kompositionsfenster	. (Punkt)
Auszoomen aus dem Kompositionsfenster	, (Komma)

▲ **Tabelle 7.2**
Tastenkürzel für Arbeitsbereich und Zoom

Funktion	Windows/Mac OS
an den Zeitleistenanfang	Pos1
zum Zeitleistenende	Ende
ein Bild vor	Bild ↓
ein Bild zurück	Bild ↑
10 Bilder vor	⇧ + Bild ↑
10 Bilder zurück	⇧ + Bild ↓

▲ **Tabelle 7.3**
Tastenkürzel zum Navigieren der Zeitmarke

8 Ebenen organisieren und bearbeiten

Organisation ist das halbe Leben, und das gilt auch bei der Arbeit mit Ebenen. Wie Sie Ebenen organisieren, mit einfachen Schnittfunktion anpassen, zeitlich dehnen oder stauchen, mit anderen Ebenen visuell mischen und Markierungen an prägnanten Stellen setzen, zeige ich Ihnen in diesem Kapitel.

8.1 Ebenen anordnen und ausrichten

Im folgenden Workshop erlernen Sie die zeitliche Anordnung und Ausrichtung von Ebenen und einiges mehr. Damit haben Sie die Grundlage für jedes Arbeiten in After Effects.

Schritt für Schritt: Ebenen anordnen – Geburtstag

1 Vorbereitung

Zunächst schauen Sie sich am besten den Film »geburtstag.mov« aus dem Ordner 08_EBENENORGANISATION/POSITIONEN an.

2 Import

Importieren Sie über DATEI • IMPORTIEREN • DATEI oder Strg+I aus dem Ordner 08_EBENENORGANISATION/POSITIONEN/FOOTAGE die Dateien »birthday.eps«, »happy.eps«, »kraft.psd«, »liebe.psd«, »glueck.psd« und »hintergrund«. Wählen Sie gegebenenfalls AUF EINE EBENE REDUZIERT.

3 Komposition anlegen

Legen Sie eine Komposition über KOMPOSITION • NEUE KOMPOSITION oder Strg+N an. Benennen Sie Ihre Komposition. Wählen Sie unter VORGABE: PAL D1/DV, 720 × 576. Tragen Sie wie gehabt bei FRAMERATE »25« ein. Bei DAUER wählen Sie 700 bzw. 0:00:07:00.

4 Rohmaterial zur Ebene

Positionieren Sie die Zeitmarke auf 00:00, oder drücken Sie (POS1). Ziehen Sie die Datei »happy.eps« in die Zeitleiste. Die Ebene wird im Kompositionsfenster zentriert.

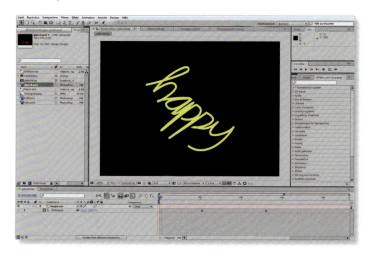

Abbildung 8.1 ▶
»Happy« im Kompositionsfenster

Ziehen Sie nun die Zeitmarke auf 01:00 oder klicken Sie in die Zeitanzeige der Zeitleiste, und tippen Sie »100« anstelle des markierten Werts ein. Ziehen Sie die Datei »birthday.eps« in die Zeitleiste. Um die Ebene an der Zeitmarke auszurichten, ziehen Sie sie in den Zeitmarkenbereich rechts. Sobald Sie die Ebene dort über einer anderen Ebene bewegen, erscheint eine Positioniermarke. Achten Sie darauf, dass Sie die Positioniermarke auf die Zeitmarke verschieben, oder ziehen Sie die Ebene direkt auf die Zeitmarke. Der In-Point der »Birthday«-Ebene sollte anschließend am Zeitpunkt 01:00 liegen. Ziehen Sie die »birthday«-Ebene über die Ebene »happy«.

▼ Abbildung 8.2
Der In-Point wird genau deckungsgleich zur Zeitmarke ausgerichtet, wenn Sie die Ebene direkt auf die Standard-Zeitmarke ziehen.

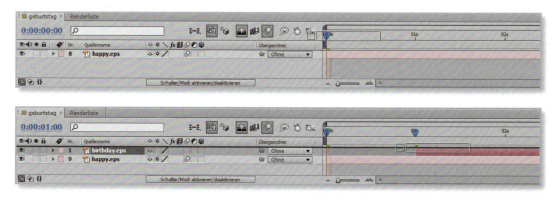

Klicken Sie für beide Ebenen den Schalter OPTIMIEREN/TRANSFORMATIONEN FALTEN ❶ an.

5   Keyframes für Position

Öffnen Sie per Klick auf das kleine Dreieck ❷ die Transformieren-Eigenschaften der Ebene »happy.eps«. Setzen Sie einen ersten Keyframe bei der Eigenschaft POSITION bei 01:00 per Klick auf das Stoppuhr-Symbol ❸. Verschieben Sie die Zeitmarke auf 02:15, und tippen Sie nach einem Klick in das erste Wertefeld ❹ den Wert »–730« ein. Bestätigen Sie mit ⏎ im Haupttastaturfeld, oder klicken Sie in einen leeren Bereich.

6   Keyframes für Skalierung

Ziehen Sie die Zeitmarke auf den ersten Keyframe für die Eigenschaft POSITION. Halten Sie die Taste ⇧ gedrückt, um die Zeitmarke magnetisch an den Key springen zu lassen. Alternativ navigieren Sie zum vorherigen Keyframe mit der Taste J und zum nachfolgenden Keyframe mit der Taste K.

Setzen Sie bei 01:00 einen Key für die Eigenschaft SKALIE-RUNG, indem Sie auf das Stoppuhr-Symbol klicken und den Wert 150 eintippen. Drücken Sie die Taste K, um zum nächsten Positions-Key zu springen. Tippen Sie in eines der Wertefelder für die Eigenschaft SKALIERUNG den Wert »1900«, und bestätigen Sie mit ⏎ im Haupttastaturfeld. Spielen Sie die Animation ab, indem Sie die Taste 0 im Ziffernblock drücken.

▲ **Abbildung 8.3**
Der In-Point der »Birthday«-Ebene wird mit Hilfe der Positioniermarke ausgerichtet.

▼ **Abbildung 8.4**
Für die Eigenschaften POSITION und SKALIERUNG werden Keyframes gesetzt.

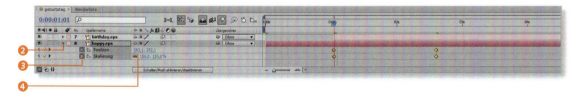

7   Keyframes für »birthday«

Markieren Sie die Ebene »birthday«, und drücken Sie die Taste P, um die Eigenschaft POSITION einzublenden. Drücken Sie anschließend die Tasten ⇧+S, um zusätzlich die Eigenschaft SKALIERUNG anzuzeigen. Die Ebene »birthday« sollte bei 01:00 beginnen. Lassen Sie die Zeitmarke auf den In-Point der Ebene springen, indem Sie die Taste I drücken. Die Taste 0 ist übrigens für den Out-Point, das Ende der Ebene, zuständig.

Setzen Sie für die Eigenschaft POSITION einen Keyframe, und tragen Sie in das linke Wertefeld den Wert»–3000« ein. Setzen Sie einen weiteren ersten Key bei SKALIERUNG, und tragen Sie den Wert »2000« in das Feld ein.

Setzen Sie die nächsten Keys bei 02:15 mit folgenden Werten: POSITION »360, 288«; SKALIERUNG »150, 150«. Aktivieren Sie für die Ebenen »happy« und »birthday« den Schalter BEWEGUNGS-UNSCHÄRFE ❷ und ❸. Aktivieren Sie das Vorhängeschloss ❶, um die beiden Ebenen zu schützen. Spielen Sie die Animation mit der Taste ⓪ ab.

Ziehen Sie die Datei »hintergrund.psd« in die Zeitleiste unter die beiden vorhandenen Ebenen, und lassen Sie sie bei 00:00 beginnen.

▲ **Abbildung 8.6**
Durch Aktivieren des Schalters BEWEGUNGS-UNSCHÄRFE werden schnelle Bewegungen weichgezeichnet.

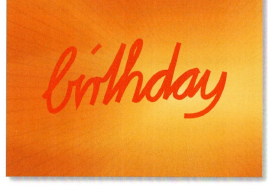

▲ **Abbildung 8.7**
Das Wort »birthday« erscheint in der Animation für einen Moment lesbar.

8 | Erstellen von Farbflächen

Sie können in After Effects Rohmaterial generieren, das nicht importiert werden muss. Es handelt sich um Farbflächen. Behandelt werden Farbflächen wie jede andere Ebene auch.

Wählen Sie EBENE • NEU • FARBFLÄCHE oder ⌘Strg⌘+Ⓨ. Wenn Sie nicht die von After Effects generierten, sehr klangvollen Namen wie »Mittelgrau-blaue Farbfläche 1« verwenden wollen, geben Sie einen sinnfälligen Namen ein. Tragen Sie für Breite und Höhe 720 × 576 ein, oder wählen Sie über den Button WIE KOMPOSITIONSGRÖSSE die Abmessungen der Komposition. Das PIXEL-SEITENVERHÄLTNIS bleibt auf rechteckige Pixel für D1/DV PAL eingestellt.

◄ **Abbildung 8.8**
Über den Dialog EINSTELLUNGEN FÜR FARBFLÄCHEN erstellen Sie in After Effects generiertes Rohmaterial.

Legen Sie eine Farbe (Magenta) über den Farbwähler oder mit der Pipette fest. Die von Ihnen kreierten Farbflächen legt After Effects automatisch in einem Ordner im Projektfenster ab.

Erstellen Sie zwei weitere gleich große Farbflächen in den Farben Hellblau und Dunkelblau. Die Farbflächen werden je nach Voreinstellung automatisch an der Zeitposition 00:00 oder an der Zeitmarke in die Komposition eingefügt.

9 Farbflächen zeitlich anordnen

Setzen Sie die Zeitmarke auf 04:00. Klicken Sie die Magenta-Farbfläche im Zeitlineal mittig an, und verschieben Sie sie in die Nähe der Zeitmarke, bis der In-Point bei gedrückter ⟨⇧⟩-Taste auf die Zeitmarke springt. Richten Sie die beiden anderen Farbflächen auf gleiche Weise magnetisch an der Zeitmarke aus, lassen Sie sie aber bei 05:00 (Hellblau) und bei 06:00 (Dunkelblau) beginnen.

▼ **Abbildung 8.9**
Die Farbflächen werden zeitlich gestaffelt.

10   **Positions-Keyframes setzen**

Markieren Sie alle Farbflächen mit der ⎡Strg⎤-Taste in der Zeitleiste, und drücken Sie die Taste ⎡P⎤. Setzen Sie die Zeitmarke auf den In-Point der Magenta-Ebene bei 04:00. Verkleinern Sie Ihre Komposition auf 50 %. Markieren Sie die Magenta-Ebene im Kompositionsfenster, und ziehen Sie sie bei gedrückter ⎡⇧⎤-Taste nach oben wie in Abbildung 8.10.

Setzen Sie einen Positions-Key bei 04:00. Setzen Sie einen zweiten Key bei 04:12, indem Sie die Magenta-Ebene wie in Abbildung 8.11 deckungsgleich zur Komposition ziehen. Zur haargenauen Positionierung vergrößern Sie die Komposition wieder auf 100 %.

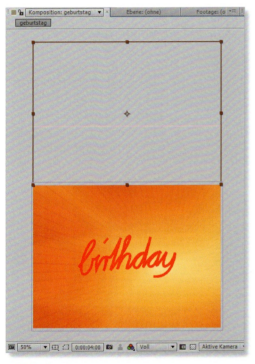

▲ **Abbildung 8.10**
Die Magenta-Fläche wird zuerst nach oben verschoben.

▲ **Abbildung 8.11**
Am Zeitpunkt 04:12 wird die Magenta-Fläche wieder genau auf die Kompositionsfläche verschoben.

Mit den beiden anderen Farbflächen verfahren Sie ähnlich und lassen sie von rechts und von links ins Bild kommen. Sie können aber auch die folgenden Werte eintragen:

▶ Hellblaue Farbfläche: bei 05:00 die POSITION »650, 288«; bei 05:12 die POSITION »360, 288«

▶ Dunkelblaue Farbfläche: bei 06:00 die POSITION »–360, 288«; bei 06:12 die POSITION »360, 288«

Ihre Zeitleiste sollte nun wie in Abbildung 8.12 aussehen. Spielen Sie die Animation zur Kontrolle ab. Sie können auch das Projekt »geburtstag.aep« im Ordner 08_EBENENORGANISATION/POSITIONEN zum Vergleich öffnen.

11 Texte anordnen

Verlieren Sie jetzt nicht die Geduld. Es ist ja gleich geschafft. Im nächsten Schritt sollen die Dateien »liebe.psd«, »kraft.psd« und »glueck.psd« der Bewegung der Farbflächen angepasst werden.

Fügen Sie die Dateien der Zeitleiste hinzu. Positionieren Sie die Datei »liebe« in der Zeitleiste über die Magenta-Fläche, die Datei »kraft« über die hellblaue und die Datei »glueck« über die dunkelblaue Fläche. Klicken Sie dazu auf den Namen, und ziehen Sie die Dateien nach oben bzw. unten. Zoomen Sie etwas ins Zeitlineal ein. Ziehen Sie die Ebenen mit dem In-Point deckungsgleich zum In-Point der jeweiligen Farbfläche, indem Sie dabei die Taste ⇧ verwenden.

▲ **Abbildung 8.12**
Nach dem Setzen der Positions-Keyframes sollte es in der Zeitleiste ähnlich wie hier aussehen.

▼ **Abbildung 8.13**
Jede Textebene wird mit dem In-Point deckungsgleich zum In-Point der jeweiligen Farbfläche ausgerichtet.

12 Texte animieren

Nun machen wir es uns einfach: Wir kopieren einfach die Keys aus den Farbflächen in die Textebenen.

Markieren Sie die Magenta-Ebene, und drücken Sie die Taste P. Klicken Sie auf das Wort POSITION. Dadurch werden – ein kleiner Vorgriff – alle für diese Eigenschaft gesetzten Keys ausgewählt. Kopieren Sie die Keys mit Strg+C.

▼ **Abbildung 8.14**
Die Keyframes werden aus den Farbflächen in die Textebenen kopiert.

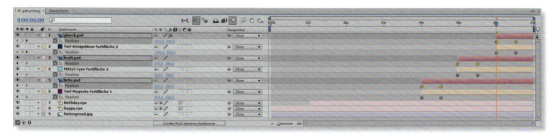

▼ Abbildung 8.15
Zum Abschluss werden die Text-ebenen in der Zeitleiste ganz nach oben verschoben.

Markieren Sie die Ebene »liebe«, und achten Sie darauf, dass die Zeitmarke auf den In-Point gesetzt ist. Fügen Sie die Keys mit [Strg]+[V] ein. Kopieren Sie aus den beiden anderen Farbflächen jeweils die Keys für die Dateien »kraft« und »glueck«, und setzen Sie sie analog zu Abbildung 8.15 ein. Zum Abschluss verschieben Sie die Dateien »liebe«, »kraft« und »glueck« in der Zeitleiste ganz nach oben (klicken Sie dazu auf den Ebenennamen). Geschafft!

Abbildung 8.16 ▶
Das Endbild der Animation ist dieses hier.

Lesen Sie jetzt am besten Kapitel 13, »Das Rendern«, und gönnen Sie Ihrem Projekt noch eine kleine Renderrunde.

8.1.1 Ebenen ausrichten und verteilen

Zum schnellen Anordnen von Ebenen innerhalb des Kompositions-fensters verwenden Sie die Palette AUSRICHTEN, die Sie per FENSTER • AUSRICHTEN öffnen.

Sobald Sie mindestens eine Ebene markieren, werden die Optionen in der Palette aktiv. Im Popup-Menü unter EBENE AUS-RICHTEN AN entscheiden Sie, ob die Ebenen in Relation zur Kom-position oder in Bezug auf andere Ebenen ausgerichtet werden.

Zum Ausrichten verwenden Sie die Schaltflächen **❶** um die Ebenen senkrecht und links, mittig oder rechts, waagerecht und oben, mittig oder unten auszurichten.

Um Ebenen zu verteilen, benötigen Sie mindestens drei mar-kierte Ebenen. Beim Verteilen nimmt After Effects die beiden äußeren Ebenen als Bezugspunkte, um die dritte Ebene dazwi-schen zu positionieren.

◄ **Abbildung 8.17**
Mit der Palette AUSRICHTEN ord-
nen Sie Ebenen innerhalb des
Kompositionsfensters an.

◄ **Abbildung 8.18**
Mit der Palette AUSRICHTEN angeordnete Ebenen

8.2   Ebenen bearbeiten

Im Workshop »Ebenen anordnen – Geburtstag« haben Sie Tuch-
fühlung zur Arbeit mit Ebenen aufgenommen. Die nun folgenden
Ausführungen dienen einer noch besseren Handhabung des Materials. Die Ebenen werden bei den folgenden Bearbeitungen verändert. Behalten Sie dabei im Hinterkopf, dass diese Änderungen das
Rohmaterial im Projektfenster unverändert lassen und dass auch
auf der Festplatte kein Schaden am Rohmaterial angerichtet wird.

8.2.1   Das Ebenenfenster

Zu jeder Ebene lässt sich ein Ebenenfenster öffnen. Sie erhalten es
über EBENE • EBENE ÖFFNEN oder durch Drücken der Taste ⏎ im
Ziffernblock, wenn die Ebene in der Zeitleiste markiert ist, oder per
Doppelklick auf die Ebene. Es ist möglich, dass Sie keine grandiose
Änderung bemerken, da das Ebenenfenster als Registerkarte im
gleichen Rahmen geöffnet wird wie das Kompositionsfenster. Sie
können die Ansicht über die Registerkarten ❷ umschalten.

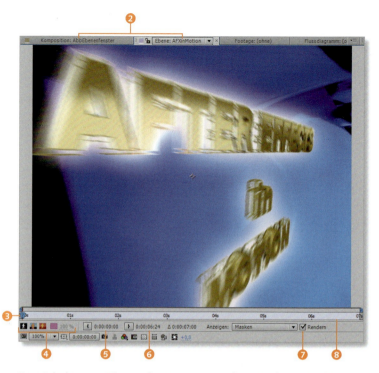

Abbildung 8.19 ►
Das Ebenenfenster unterscheidet sich kaum vom Kompositionsfenster. Auch die meisten Buttons sind gleich.

Die Schalter im Ebenenfenster entsprechen in ihren Funktionen und ihrem Aussehen denen im Kompositionsfenster. Einen Unterschied bildet das Häkchen bei Rendern ❼, das entfernt werden kann. Ist das Häkchen gesetzt, werden Änderungen der Ebene wie die Bearbeitung durch Masken und Effekte mit gerendert, also angezeigt. Weitere Unterschiede bilden das eigene Zeitlineal ❽ und die Zeitmarke ❸ sowie der In-Point der Ebene ❺ und der Out-Point ❻. Außerdem finden Sie die Schaltflächen Alpha, Alpharand, Alphaüberlagerung, ein Farbfeld und ein Wertefeld ❹ für die unterschiedliche Anzeige von Transparenzen in entsprechendem Material.

8.3 Trimmen von Ebenen

Eine Ebene besitzt in der Zeitleiste immer einen In-Point und einen Out-Point, also Anfang und Ende. Verschieben Sie den In- oder Out-Point einer Ebene, wird Material am Anfang oder am Ende ausgeblendet. Über diese Funktion können Sie einfache Schnittarbeiten in After Effects durchführen. Die auf diese Weise gekürzten (getrimmten) Ebenen haben keinen Einfluss auf Ihr Rohmaterial, das unbehelligt weiter Ihre Festplatte belegt.

Abbildung 8.20 ▼
Der Anfang jeder Ebene wird mit dem In-Point, das Ende mit dem Out-Point gekennzeichnet.

Sie haben vier Möglichkeiten, Ebenen zu trimmen:

▶ Ziehen/setzen Sie In- und Out-Point im Ebenenfenster.

▶ Ziehen/setzen Sie In- und Out-Point in der Zeitleiste.

▶ Ziehen/setzen Sie In- und Out-Point im Footage-Fenster.

▶ Setzen Sie den In-Point über die Tastatur mit [Alt]+[Ö] und den Out-Point mit [Alt]+[Ä].

8.3.1 Trimmen im Ebenenfenster

Zum Trimmen der Ebenen im Ebenenfenster ziehen Sie den In- oder Out-Point der Ebene auf den gewünschten Zeitpunkt.

Eine zweite Möglichkeit zum Trimmen im Ebenenfenster besteht darin, zuerst die Zeitmarke ❿ auf den gewünschten Zeitpunkt zu setzen und anschließend entweder den In-Button ❾ oder den Out-Button ⓫ anzuklicken. Der In- bzw. Out-Point springt sodann zur Position der Zeitmarke.

▲ **Abbildung 8.21**
Im Ebenenfenster lassen sich In- und Out-Point trimmen.

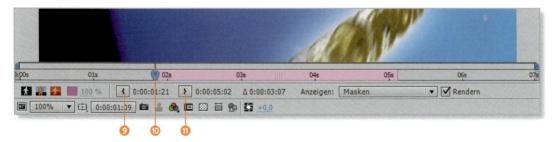

▲ **Abbildung 8.22**
Das Trimmen im Ebenenfenster ist auch durch vorheriges Setzen der Zeitmarke und anschließendes Drücken der Buttons für In bzw. Out möglich.

Das Ergebnis der Bearbeitung ist sofort in der Zeitleiste der Komposition sichtbar. In- und Out-Point sind verschoben. Das Material vor dem In-Point und nach dem Out-Point ist ausgeblendet. Allerdings wird immer noch die volle Länge der Ebene dargestellt.

▲ **Abbildung 8.23**

▲ **Abbildung 8.23**
Getrimmte Ebenen erscheinen in der Zeitleiste mit einem halb deckend dargestellten Rest, der auf das ausgeblendete Material hinweist.

Der halb deckend dargestellte Teil der geschnittenen Ebene weist darauf hin, dass das geschnittene Material noch vorhanden und wieder herstellbar ist. Ziehen Sie dazu erneut den In- bzw. Out-Point im Ebenenfenster nach links oder rechts auf einen neuen Zeitpunkt.

8.3.2 Trimmen in der Zeitleiste

Zum Trimmen von Ebenen in der Zeitleiste ziehen Sie einfach den In- oder Out-Point einer Ebene in der Zeitleiste auf den gewünschten Zeitpunkt. Achten Sie dabei auf die Info-Palette; öffnen Sie sie bei Bedarf mit [Strg]+[2]. Dort wird die genaue Zeitposition des In- und Out-Points angegeben. Achten Sie darauf, dass Sie den In- oder Out-Point einer Ebene genau treffen, um ihn zu verschieben. Wenn Sie innerhalb einer Ebene klicken und ziehen, wird diese insgesamt verschoben.

▼ **Abbildung 8.24**
Auch in der Zeitleiste lassen sich Ebenen trimmen, indem Sie den In- oder Out-Point verschieben.

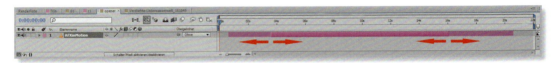

8.3.3 Trimmen im Footage-Fenster

Bevor Sie einer Komposition Material hinzufügen, können Sie es im Footage-Fenster trimmen und den Rohschnitt dort kontrollieren. Sie öffnen das Footage-Fenster über einen Doppelklick auf das Rohmaterial im Projektfenster, wobei Sie die Taste [Alt] drücken. Das Footage-Fenster wird als Registerkarte neben dem Kompositionsfenster angezeigt. Der Schnitt erfolgt analog zum Trimmen von Material im Ebenenfenster. Der einzige Unterschied besteht darin, dass Sie das Material ähnlich wie in Adobe Premiere Pro zur Zeitleiste hinzufügen können. Hierbei gibt es zwei Varianten: EIN-FÜGEN und ÜBERLAGERN.

> **Trimmen mit der Umschalt-Taste**
>
> Bei gedrückter [⇧]-Taste springt der In- oder Out-Point magnetisch an die Zeitmarke, auf In-Points anderer Ebenen und auf Ebenenmarken.

Einfügen | Beim Betätigen der Schaltfläche EINFÜGEN UND LÜCKE SCHLIESSEN ① wird das Material an der Position der Zeitmarke in die Zeitleiste eingesetzt. Wenn Sie die Schaltfläche weiter betätigen, wird das Material fortgesetzt eingefügt, und zwar so, dass die Ebenen auf Stoß angeordnet werden. Fügen Sie das neue Material zwischen bereits in der Zeitleiste vorhandenem Material ein, so wird das vorhandene Material an der Position der Zeitmarke

▲ **Abbildung 8.25**
Schaltflächen zum Einfügen neuen Materials

geteilt. Das neue Material wird eingefügt, und die Lücken werden geschlossen.

▲ **Abbildung 8.26**
Beim mehrfachen Einfügen desselben Materials wird dieses auf Stoß angeordnet.

▲ **Abbildung 8.27**
Beim Einfügen zwischen vorhandenem Material wird dieses geteilt. Das neue Material wird dazwischen eingefügt, und die Lücken werden geschlossen.

Überlagern | Wenn Sie die Schaltfläche ÜBERLAGERN ❷ (siehe Abbildung 8.25) betätigen, fügen Sie das Material an der Position der Zeitmarke in die Zeitleiste ein. Bereits vorhandenes Material wird überlagert. Beim weiteren Betätigen der Schaltfläche wird das Material weiterhin an der Zeitmarkenposition eingefügt und anderes Material überlagert.

▲ **Abbildung 8.28**
Mit der Option ÜBERLAGERN wird Rohmaterial an der Zeitmarkenposition der Zeitleiste hinzugefügt und überlagert bereits vorhandenes Material.

8.3.4 Trimmen per Tastatur

Für eine schnelle Bearbeitung ist das Trimmen per Tastatur empfehlenswert. Positionieren Sie dazu zuerst die Zeitmarke für den In-Point. Nutzen Sie dafür gegebenenfalls den Dialog GEHE ZU, den Sie per Klick auf die Zeitanzeige in der Zeitleiste öffnen.

Wenn Sie die Zeitmarke positioniert haben, drücken Sie [Alt]+[Ö] zum Setzen des In-Points und [Alt]+[Ä] zum Setzen des Out-Points. Der In- bzw. Out-Point springt an die Position der Zeitmarke. Diese Möglichkeit steht Ihnen sowohl im Footage-Fenster und im Ebenenfenster als auch in der Zeitleiste zur Verfügung.

8.3.5 Material aus Ebenen entfernen und Ebenen teilen

Im vorigen Abschnitt haben Sie gesehen, wie Sie Material am In- oder Out-Point einer Ebene ausblenden. Eine Möglichkeit, Material auch mittig zu entfernen oder auszublenden, bietet After Effects mit den Funktionen EXTRAHIEREN und HERAUSNEHMEN. Bei diesen Funktionen legen Sie den zu extrahierenden oder herauszunehmenden Bereich über den Arbeitsbereich fest.

Arbeitsbereich herausnehmen | Positionieren Sie die Zeitmarke auf den Beginn des zu entfernenden Materials, und drücken Sie die Taste B, um den Anfang des Arbeitsbereichs auf die Position der Zeitmarke zu setzen. Verschieben Sie die Zeitmarke auf das Ende des zu entfernenden Materials, und drücken Sie die Taste N, um das Ende des Arbeitsbereichs zur Zeitmarkenposition springen zu lassen.

▼ **Abbildung 8.29**
Mit Zeitmarke und Tastatur legen Sie den Arbeitsbereich genau fest.

Markieren Sie eine oder mehrere Ebenen in der Zeitleiste. Wählen Sie anschließend BEARBEITEN • ARBEITSBEREICH HERAUSNEHMEN, um Material aus den gewählten Ebenen zu entfernen.

▲ **Abbildung 8.30**
Mit dem Befehl ARBEITSBEREICH HERAUSNEHMEN schneiden Sie eine Lücke in markierte Ebenen.

Das Material wird ausgeblendet, und es entsteht an seiner Stelle eine Lücke. Anders als in Schnittprogrammen dupliziert After Effects die Ebenen.

Arbeitsbereich extrahieren | Zum Extrahieren legen Sie den Arbeitsbereich analog zur obigen Beschreibung fest und wählen BEARBEITEN • ARBEITSBEREICH EXTRAHIEREN. Das Material wird ausgeblendet, und die entstehende Lücke wird geschlossen.

▲ **Abbildung 8.31**
Mit dem Befehl ARBEITSBEREICH EXTRAHIEREN wird Material extrahiert und die entstehende Lücke geschlossen.

Zeitmarkenposition

Die Zeitmarke lässt sich framegenau positionieren oder verschieben, indem Sie die Tasten Bild↑ und Bild↓ verwenden. Nehmen Sie die Taste ⌘ hinzu, um die Zeitmarke in 10-Frame-Schritten zu verschieben.

Ebenen teilen | Mit der Option EBENEN TEILEN »zerschneiden« Sie eine oder mehrere markierte Ebenen an der aktuellen Zeitmarkenposition.

Wählen Sie dazu einen Frame mit der Zeitmarke aus, markieren Sie eine oder mehrere Ebenen, und gehen Sie im Menü über

BEARBEITEN • EBENE TEILEN oder ⌈Strg⌉+⌈⇧⌉+⌈D⌉. Jede Ebene wird in je ein geschnittenes Original und ein Duplikat geteilt, da After Effects geschnittene Ebenen nicht in einer einzigen Spur anzeigen kann, wie es in Schnittprogrammen üblich ist.

▼ **Abbildung 8.32**
Mit dem Befehl EBENEN TEILEN werden markierte Ebenen an der Zeitmarkenposition zerteilt.

8.3.6   Inhalt in einer Ebene verschieben

Sämtliches Material einer geschnittenen Ebene wurde nicht entfernt, sondern nur ausgeblendet. Sie können innerhalb eines fertigen Schnitts das Material verschieben. Das heißt, die Positionen von In- und Out-Point bleiben erhalten, nur das dazwischen angezeigte Material ändert sich.

Mit dem Auswahl-Werkzeug klicken Sie in den halb deckenden Bereich links oder rechts der geschnittenen Ebene und ziehen den Cursor bei gedrückter Maustaste nach rechts bzw. links. Sie können das Material auch mit dem Ausschnitt-Werkzeug verschieben. Vorteilhaft ist, dass Sie damit auch mitten in die Ebene klicken können, ohne dabei die gesamte Ebene zu verschieben.

> **Ebenen duplizieren**
>
> Eine oder mehrere Ebenen lassen sich mitsamt aller eventuell enthaltenen Keyframes, Effekte und Veränderungen duplizieren. Wählen Sie BEARBEITEN • DUPLIZIEREN oder ⌈Strg⌉+⌈D⌉. Die duplizierte Ebene wird über der Originalebene im Zeitplan angelegt.

▲ **Abbildung 8.33**
Material in getrimmten Ebenen kann verschoben werden, ohne dass sich die Position von In- und Out-Point ändert.

8.4   Ebenen dehnen und stauchen

Für Geschwindigkeitsänderungen von Filmmaterial, Bildsequenzen, verschachtelten Kompositionen und Audio hält After Effects die in der Zeitleiste versteckte Funktion DEHNUNG bereit. Sie erhalten darüber die Möglichkeit, Material schneller oder langsamer abspielen zu lassen als das Originalmaterial. Auch ein Rückwärtsabspielen von Material ist möglich.

Betätigen Sie den Button ❶ in der Zeitleiste, um die Tabellen IN, OUT, DAUER und DEHNUNG anzuzeigen. Unter EBENE • ZEIT • ZEITDEHNUNG finden Sie ebenfalls diese Option.

▼ **Abbildung 8.34**
Durch andere Werte in den Spalten DAUER und DEHNUNG wird eine Ebene zeitlich gestaucht oder gedehnt.

In- UND Out-Point an Zeitmarke ausrichten

Um den In-Point einer Ebene zur Zeitmarkenposition springen zu lassen und damit die gesamte Ebene zu verschieben, klicken Sie bei gedrückter [Alt]-Taste auf die IN-Spalte und für den Out-Point auf die OUT-Spalte. Alternativ drücken Sie die Taste [Ö] für den In-Point und die Taste [Ä] für den Out-Point.

Um die Zeitdauer und damit die Abspielgeschwindigkeit einer Ebene zu ändern, klicken Sie auf den Wert bei DAUER oder bei DEHNUNG. Es öffnet sich der Dialog ZEITDEHNUNG.

8.4.1 Schnelleres und verlangsamtes Abspielen

Geben Sie bei DEHNFAKTOR einen geringeren Wert als 100 % ein, um ein schnelleres Abspielen des Materials zu erreichen. Ein geringerer Wert bei NEUE DAUER als der des Originalmaterials erzielt das gleiche Ergebnis.

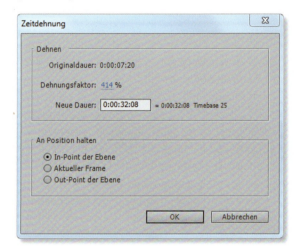

Abbildung 8.35 ▸
Im Dialog ZEITDEHNUNG können Sie Werte für das zeitliche Dehnen und Stauchen festlegen.

Höhere Werte als 100 % führen dementsprechend zu einer Verlangsamung beim Abspielen. Die Ebene erscheint nach Anwendung der neuen Werte im Zeitplan verkürzt oder verlängert. Dazu wird entweder der In- oder der Out-Point der Ebene verschoben. Legen Sie unter POSITION HALTEN fest, ob der In-Point oder der Out-Point an seiner zeitlichen Position gehalten werden soll. Mit AKTUELLER FRAME verschieben sich sowohl In- als auch Out-Point in Richtung der aktuellen Zeitmarkenposition.

▾ Abbildung 8.36
Ebenen mit Zeitdehnung werden verkürzt oder verlängert dargestellt.

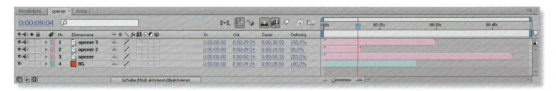

8.4.2 Abspielrichtung umkehren

Mit einem Dehnungsfaktor von –100 % lassen sich Ebenen in ihrer Abspielrichtung umkehren. Alternativ wählen Sie [Strg]+[Alt]+[R]. In der Zeitleiste erscheinen umgekehrte Ebenen mit einem Streifenmuster.

8.4.3   Ebenen als Sequenz

Eine große Arbeitserleichterung bietet After Effects mit der Möglichkeit, mehrere einzelne Ebenen zeitlich aufeinanderfolgend als Sequenz in der Zeitleiste anzuordnen. Dabei können die Ebenen automatisiert auf eine bestimmte Dauer eingestellt werden. Obendrein lassen sich Überblendungen von einer in die andere Ebene automatisieren bzw. die Ebenen an ihren In- und Out-Points ausrichten. Nicht zu verwechseln ist diese Option mit der bereits beschriebenen Möglichkeit, Bilder als Sequenz zu importieren. Vielmehr müssen die Bilder im Projektfenster als einzelne Dateien vorliegen.

Sie haben zwei Möglichkeiten, Bilder als Sequenz anzulegen:

▶ Markieren Sie mehrere Bilder im Projektfenster, und ziehen Sie sie auf das Kompositions-Symbol.

▶ Markieren Sie die Ebenen in der Zeitleiste, und wählen Sie die Option SEQUENZEBENEN.

Für die erste Möglichkeit markieren Sie die Bilder im Projektfenster in der Reihenfolge, in der sie später angeordnet werden sollen. Ziehen Sie anschließend alle Bilder auf das Kompositions-Symbol. Es öffnet sich, anders als sonst, das Fenster NEUE KOMPOSITION AUS AUSWAHL.

Um die nachfolgend beschriebenen Möglichkeiten selbst auszuprobieren, bietet es sich an, die Einzelbilder von der DVD aus dem Ordner 08_EBENENORGANISATION /BILDER zu verwenden. Markieren Sie beim Import alle Bilder mit ⟨Strg⟩+⟨A⟩.

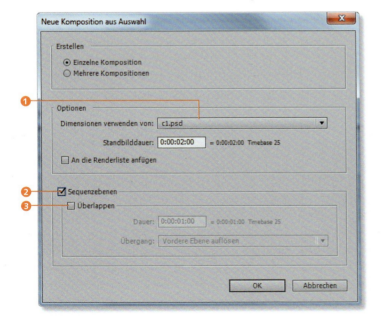

▲ Abbildung 8.38
Optionen für die Ebenensequenz

> **Dehnen von Ebenen mit Keyframes**
>
> Bei Ebenen, die Keyframes enthalten, werden die Abstände der Keyframes proportional zum Dehnungsfaktor mitgedehnt. Die Animation wird dadurch an die neue Geschwindigkeit angepasst.

Unter OPTIONEN legen Sie bei DIMENSIONEN VERWENDEN AUS fest, welche Größe die neue Komposition haben soll. Es wird die Framegröße des im Listenmenü ❶ gewählten Bildes verwendet. Ratsam ist es, bei verschieden großen Bildern das größte Bild der Sequenz zu verwenden, da einige Bilder ansonsten beschnitten werden können. Bei DAUER DES STANDBILDES wählen Sie die spätere Anzeigedauer jedes einzelnen Bildes.

Ein Häkchen bei SEQUENZEBENEN ❷ ist entscheidend, um nachher auch die gewünschte Sequenz zu erhalten. Um die Ebenen nicht »auf Stoß« anzuordnen, setzen Sie ein Häkchen bei ÜBERLAPPEN ❸. Unter DAUER legen Sie fest, wie viele Frames die Überlappung betragen soll.

Wünschen Sie zusätzlich ein Überblenden der aufeinanderfolgenden Ebenen, wählen Sie bei ÜBERBLENDUNG die Option VORDERE EBENE AUFLÖSEN oder VORDERE UND HINTERE EBENE AUFLÖSEN. Damit werden automatisch Keyframes für die Eigenschaft DECKKRAFT gesetzt. Nach dem OK haben Sie nichts weiter zu tun, als das Ergebnis abzuspielen.

▼ **Abbildung 8.39**
Auf Stoß als Sequenz angeordnete Ebenen

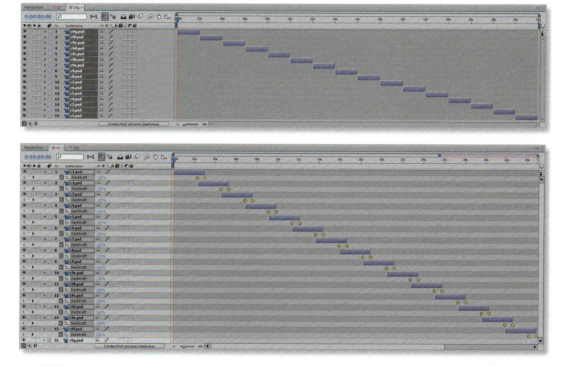

▲ **Abbildung 8.40**
Eine Ebenensequenz mit ineinander überblendeten Ebenen

Die zweite oben erwähnte Möglichkeit funktioniert ganz ähnlich: Wählen Sie dazu in der Zeitleiste die Ebenen in der Reihenfolge aus, in der sie später angeordnet werden sollen. Anschließend gehen Sie über das Menü ANIMATION • KEYFRAME-ASSISTENT •

SEQUENZEBENEN. Im Dialog SEQUENZEBENEN treffen Sie Ihre Festlegungen analog zum Überlappen in der obigen Beschreibung.

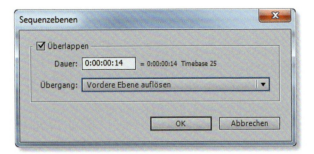

◀ **Abbildung 8.41**
Für in der Zeitleiste befindliche Ebenen öffnet sich ein eigener Dialog.

8.5 Marken setzen

Bei größeren Projekten sind Markierungen im Projekt oft unverzichtbar, um die Übersicht zu bewahren. Sie setzen Marken in der Zeitleiste (Kompositionsmarken) und auf Ebenen (Ebenenmarken). Die Kompositionsmarken entsprechen den Sequenzmarken, Ebenenmarken entsprechen den Clipmarken in Premiere Pro. Marken können eine magnetische Anziehungskraft ausüben. Sie richten daran die Zeitmarke, den Ebenen-In- und -Out-Point und Keyframes aus. Marken erlauben Ihnen unter anderem die Synchronisation Ihrer Animationen mit Sound.

Eine wichtige Möglichkeit bei Ebenen- wie bei Kompositionsmarken besteht im Hinzufügen von Kommentaren, Weblinks oder Kapitelverknüpfungen. Über Weblinks lassen sich Webseiten im Browser öffnen. Kapitelverknüpfungen dienen dazu, zu anderen Kapiteln innerhalb bestimmter Filmformate zu gelangen.

Im Folgenden sehen wir uns das einmal genauer an.

8.5.1 Kompositionszeitmarken

Kompositionsmarken setzen Sie, indem Sie sie aus dem kleinen Marken-Symbol ❺ in der Zeitleiste auf einen gewünschten Zeitpunkt ziehen. Die Markierungen ❹ erscheinen nummeriert in der Zeitleiste und beginnen mit 0. Drücken Sie die Markennummer (0–9) auf Ihrer Tastatur, wird die Zeitmarke genau auf die entsprechende Marke gesetzt. Bei gedrückter ⇧-Taste springen Keyframes, In- und Out-Points und die Zeitmarke magnetisch an die Markierungen. Zum Entfernen einer Markierung ziehen Sie sie auf das kleine Marken-Symbol zurück. Unnummerierte Marken setzen Sie, wenn Sie keine Ebene der Komposition ausgewählt haben, mit der Taste ✳.

Clip Notes

Kompositionszeitmarken können Sie auch für Adobe Clip Notes verwenden. Über Clip Notes können Sie Kommentare mit verschiedenen Projektteilnehmern per PDF-Dokument vornehmen. Mehr Informationen dazu finden Sie in Abschnitt 13.9, »Adobe Clip Notes«.

Markierungen per Tastatur

Drücken Sie gleichzeitig die ⇧-Taste und eine Zahl zwischen ⓪ und ⑨ auf der Tastatur, um eine Markierung an der Position der Zeitmarke zu setzen. Bereits gesetzte Marken werden verschoben.

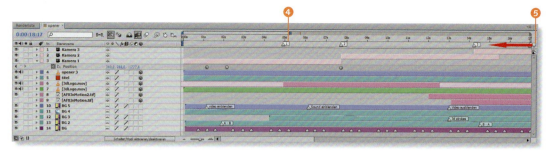

▲ **Abbildung 8.42**
Eine Komposition mit Kompositionszeitmarken

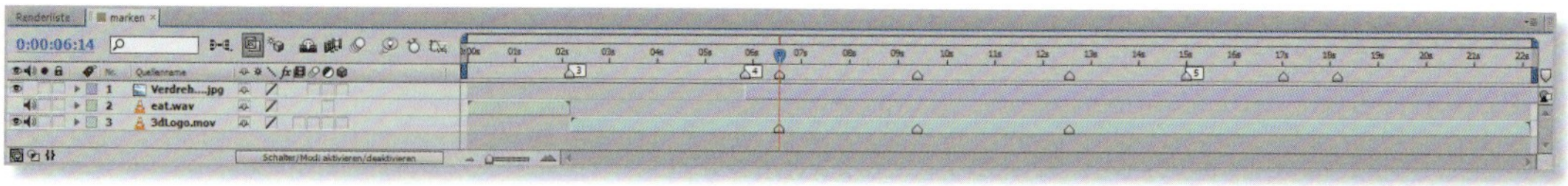

Innerhalb einer verschachtelten Komposition werden die Kompositionszeitmarken als Ebenenmarken angezeigt, wenn die Marken vor der Verschachtelung erstellt wurden. Das ist eine sehr sinnvolle Erfindung, um entscheidende Stellen in einer Animation leicht wiederzufinden.

Im nächsten Abschnitt erfahren Sie, wie Sie Ebenenmarken setzen. Auf die dort beschriebene Weise können Sie jedoch auch unnummerierte Kompositionsmarken setzen. Dies ist möglich, wenn Sie keine Ebene markiert haben. Lesen Sie einfach weiter.

▼ **Abbildung 8.43**
In verschachtelten Kompositionen werden Kompositionszeitmarken als Ebenenmarken übernommen.

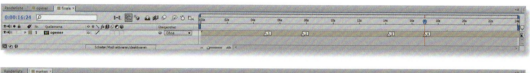

▲ **Abbildung 8.44**
In dieser Komposition wurden auch unnummerierte Kompositionsmarken gesetzt.

8.5.2 Ebenenmarken

Sie können einer Ebene beliebig viele Ebenenmarken hinzufügen. In größeren Projekten wird oftmals eine Ebene angelegt, die ausschließlich zum Setzen von Ebenenmarken dient.

Marken während der Audiovorschau setzen

Drücken Sie die Taste [,] auf dem Ziffernblock der Tastatur, um eine Audiovorschau abzuspielen. Während der Vorschau setzen Sie im Rhythmus Marken mit der Taste [*] auf dem Ziffernblock. Die Marken werden erst nach dem Beenden der Vorschau angezeigt. Diese Methode eignet sich zum Synchronisieren von Sound und Animationen.

Ebenenmarke setzen | Markieren Sie zum Setzen von Ebenenmarken die gewünschte Ebene in der Zeitleiste. Wählen Sie anschließend EBENE • MARKE HINZUFÜGEN. Noch schneller ist das Setzen von Ebenenmarken mit der Taste [*] auf dem Ziffernblock der Tastatur bzw. [Strg]+[8] beim Mac.

Ebenenmarke löschen | Das Löschen von Marken ist über das Kontextmenü möglich, das sich bei einem Klick mit der rechten Maustaste auf eine Marke öffnet. Wählen Sie dort DIESE MARKE LÖSCHEN oder ALLE MARKEN LÖSCHEN. Schützen Sie Marken mit MARKEN SCHÜTZEN. Bei einem Klick mit gedrückter [Strg]-Taste auf eine Marke lässt sich diese ebenfalls entfernen.

Kommentare hinzufügen | Zum Hinzufügen von Kommentaren doppelklicken Sie auf eine Marke. Es öffnet sich das Dialogfeld EBENENMARKE. Geben Sie unter KOMMENTAR einen kurzen, aussagefähigen Kommentar ein.

▲ **Abbildung 8.45**
Ebenenmarken werden auf Ebenen zur Ausrichtung anderer Ebenen gesetzt.

Ebenenmarke

Zeit: 0:00:00:23 = 0:00:00:23 Timebase 25

Dauer: 0:00:00:00 = 0:00:00:00 Timebase 25

Kommentar: Video einblenden

Kapitel- und Weblinks

Kapitel:

URL:

Frameziel:

Flash Cue-Punkt

Name: ⦿ Ereignis ○ Navigation

Parametername   Parameterwert

OK   Abbrechen

Zu Ebenenmarke springen

Verwenden Sie die Tasten J und K, um die Zeitmarke auf Ebenenmarken springen zu lassen. Werden gleichzeitig Keyframes angezeigt, springt die Zeitmarke auch an die Position der Keyframes.

◄ **Abbildung 8.46**
Im Dialogfeld EBENENMARKE werden Kommentare, Kapitelverknüpfungen und Weblinks eingetragen.

Kapitelverknüpfungen | Im Dialogfeld EBENENMARKE geben Sie im Bereich KAPITEL UND WEBLINKS Kapitelverknüpfungen und Weblinks an. Unter KAPITEL muss der Name des Kapitels und gegebenenfalls eine Kapitelnummer eingegeben werden. Erreicht der Abspielkopf eine solche Marke im Film, springt er zu dem benannten Kapitel. QuickTime und Windows Media unterstützen die Kapitelverknüpfungen. Bei Formaten, die Kapitelverknüpfungen nicht unterstützen, werden die Verknüpfungen einfach übergangen.

Zur Erstellung von Kapitelmarken, die von Adobe Encore DVD erkannt werden sollen, ist es nötig, den Film als AVI oder als MPEG-2 auszugeben, und der Abstand zwischen den Marken muss mindestens 15 Frames betragen.

Weblinks | Um aus Filmen heraus eine bestimmte Website zu öffnen, werden Weblinks verwendet. Dafür ist die Angabe der URL im Dialogfeld EBENENMARKE nötig. Werden so erstellte Filme in Webseiten integriert, wird die URL erkannt und zu der entsprechenden URL gesprungen. Dies gilt für die Formate SWF, QuickTime und Windows Media. Anhand eines entsprechenden Eintrags unter FRAMEZIEL können Sie die Webadresse in einem bestimmten Frame aufrufen.

Dauer | Unter DAUER tragen Sie die gewünschte Zeit ein, die Ihre Marke aktiv sein soll. Diese Dauer wird in der Ebene bzw. in der Zeitleiste mit einer dünnen Linie an dieser Marke dargestellt.

8.6 XMP-Metadaten

Metadaten können den Workflow bei der Arbeit mit mehreren Applikationen erheblich beschleunigen. Unterstützt werden sie seit der CS4-Version unter anderem von After Effects, Premiere Pro, Soundbooth, Encore, Flash Professional und Photoshop Extended.

Mit XMP-Metadaten werden einer Datei Informationen wie Datum, Copyright, Autor, Auflösung, Farbraum, Kameratyp etc. mitgegeben. Solche Daten werden innerhalb der jeweiligen Bild-, Video- oder Sounddatei mitgespeichert und sind so von jedem Programm der Adobe Creative Suite und Programmen vieler anderer Anbieter abrufbar. In manchen Fällen können die Metadaten nicht in der Datei mitgespeichert werden. Die Daten werden dann im Format XMP (Extensible Metadata Platform) in einer separaten Filialdatei abgelegt.

Das XMP-Format basiert auf XML (Extensible Markup Language) und wird von den Adobe-Anwendungen als Standardformat für Metadaten verwendet. Mit XMP werden Metadaten, die in anderen Formaten – wie EXIF, IPTC (IIM), GPS oder TIFF – gespeichert sind, synchronisiert und so leichter angezeigt und verwaltet. Die gemeinsame Verwendung solcher Daten in verschiedenen Applikationen vereinfacht und beschleunigt den Arbeitsprozess. Die Applikationen seit der CS4-Suite von Adobe speichern solche Daten im Gegensatz zu älteren Applikationen immer mit, und diese Daten bleiben sowohl bei einer Formatumwandlung (z. B. PSD in JPG) als auch nach dem Platzieren in Projekten anderer Anwendungen erhalten.

8.6.1 Statische und temporale Metadaten

Metadaten können statisch (also dauerhaft) oder temporal (also zeitlich begrenzt) gültig sein.

Copyright- und Urheberangaben sind beispielsweise statische und die weiter vorn beschriebenen Ebenenmarken temporale Metadaten.

Sie können zum Beispiel in Premiere Pro oder Soundbooth die Sprachsuche-Funktion anwenden, um gesprochenen Text aus Audio- oder Videodaten in Textmetadaten, also eine lesbare Textdatei, umzuwandeln. Mit dieser Suchfunktion kann dieser Text durchsucht und zur entsprechenden Textstelle in der Video- bzw. Sounddatei gesprungen werden.

Wird eine Datei mit solchen temporalen Textmetadaten in After Effects importiert, kann der gesprochene Text in den Ebenenmarken angezeigt werden, d. h., jedes gesprochene Wort erscheint synchron zum angezeigten Clip in einer Ebenenmarke.

Dazu aktivieren Sie in den After-Effects-Voreinstellungen unter MEDIEN- UND DISK-CACHE die Option EBENENMARKEN AUS FOOTAGE-XMP-METADATEN ERSTELLEN, falls nicht schon aktiv.

Da in Ebenenmarken gespeicherte Daten für Expressions zugänglich sind, können Sie die Metadaten auch für die Arbeit mit Expressions und Skripten verwenden.

Interessant ist die Möglichkeit, mit in FLV- und F4V-Dateien gespeicherten Metadaten Textinhalte in Videos per ActionScript anzusteuern, so dass beispielsweise ein Video per Skript ab einer bestimmten Textstelle gestartet werden kann. Aus After Effects ist die Ausgabe als FLV und auch als F4V möglich. Diese Dateien können dann in Flash weiterverwendet und per ActionScript gesteuert werden.

Manuelle Konvertierung

Temporale Metadaten können Sie auch manuell in Ebenenmarken konvertieren, falls die Option EBENENMARKEN AUS FOOTAGE-XMP-METADATEN ERSTELLEN nicht aktiviert war. Klicken Sie dazu in der Ebene mit der rechten Maustaste auf eine selbsterstellte Ebenenmarke, und wählen Sie MARKEN ÜBER QUELLE AKTUALISIEREN. Alle selbsterstellten Marken werden dann entfernt und die temporalen Metadaten in neuen Ebenenmarken hinzugefügt.

FLV und F4V

FLV ist das Flash-Video-Dateiformat und findet in Adobe Flash für die Darstellung von Videos im Web Verwendung. F4V ist die Weiterentwicklung des Formats. Hier wird eine MPEG-4-Kompression für die Videodaten eingesetzt.

▲ **Abbildung 8.47**
Temporale Metadaten wie hier Textmetadaten werden in Ebenenmarken angezeigt.

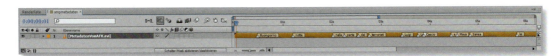

8.6.2 Identifikationsnummer

Jeder Datei wird beim Import in After Effects eine eindeutige ID-Nummer zugewiesen, es sei denn, die Datei weist schon eine solche Nummer auf. Bei neueren Adobe-Applikationen werden die IDs in den entsprechenden Programmen, z. B. Photoshop, erzeugt; After Effects behält in diesem Fall die ID bei.

Der Vorteil der eindeutigen IDs wird beim Workflow zwischen den verschiedenen Anwendungen deutlich. Hier greifen mehrere Programme anhand der ID auf einmal erstellte Vorschauen und

angepasste Audiodateien zu, und ein nochmaliges Rendern einer Vorschau in einem anderen Programm entfällt.

Wichtig ist, dass After Effects diese IDs nur dann selbst generiert, wenn in den Voreinstellungen unter MEDIEN- UND DISK-CACHE die Option BEIM IMPORT XMP-IDs IN DATEIEN SCHREIBEN aktiviert ist. Die ID wird dann direkt in die Quelldatei geschrieben und ist danach für alle anderen Anwendungen verfügbar.

▼ **Abbildung 8.48**
In den Voreinstellungen regeln Sie den Umgang mit XMP-Metadaten

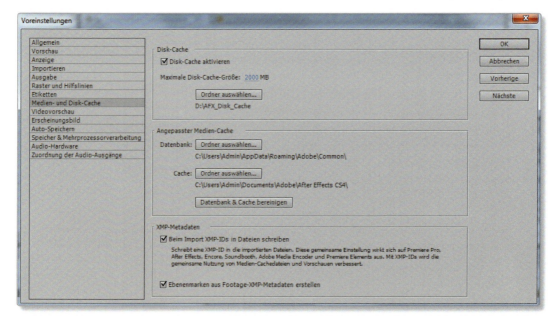

8.6.3 XMP-Metadaten in After Effects

Beim Import von Dateien, die Metadaten enthalten, zeigt After Effects gegebenenfalls die Meldung XMP-METADATEN WERDEN AUS FOOTAGE GELESEN an. Die in den Dateien enthaltenen Metadaten werden, wenn es sich um temporale Metadaten handelt, in der Zeitleiste als Ebenenmarken angezeigt.

Statische Metadaten können Sie im After-Effects-Metadatenfenster einsehen. Sie öffnen das Fenster über FENSTER • METADATEN. Die Daten werden nur angezeigt, wenn Sie eine Datei im Projektfenster ausgewählt haben. Metadaten aus Projektdateien werden dabei nach dem Öffnen des Projekts im oberen Teil unter PROJEKT angezeigt, Daten aus anderen Dateien erscheinen im unteren Teil.

In den vorhandenen Metadatenkategorien können Sie eigene Informationen einfügen und Angaben ändern. Haben Sie zuvor mehrere Dateien ausgewählt, werden die Angaben in diesen Dateien gleichzeitig geändert und in die Quelldateien geschrieben.

GUIDs

GUIDs (Globally Unique Identifiers) sind zufällig generierte 16-Byte-Zahlen. Sie werden von XMP als ID-Werte für einzelne Dateien verwendet, um deren eindeutige Kennung zu gewährleisten.

Über den Button ❶ oben rechts wählen Sie PROJEKT-METADATEN-ANZEIGE bzw. DATEI-METADATEN-ANZEIGE. Im Dialog METADATEN-ANZEIGE können Sie Kategorien über den Button NEUES SCHEMA hinzufügen und danach per EIGENSCHAFT HINZUFÜGEN eine passende Eigenschaftsliste erstellen.

Importierbare XMP-Meta-daten-Formate

Sie können XMP-Metadaten aus folgenden Formaten importieren:
▶ Kameraformate: AVCHD, HDV, P2, XDCAM, XDCAM EX
▶ Bildformate: GIF, JPEG, PNG, PostScript, TIFF
▶ Containerformate: FLV, F4V, QuickTime (MOV), Video für Windows (AVI), Windows Media (ASF, WAV)
▶ Authoring-Formate: InDesign-Dokumente, Photoshop-Dokumente (PSD), sonstige native Dokumentformate für Adobe-Anwendungen
▶ MPEG-Formate: MP3, MPEG-2, MPEG-4
▶ SWF

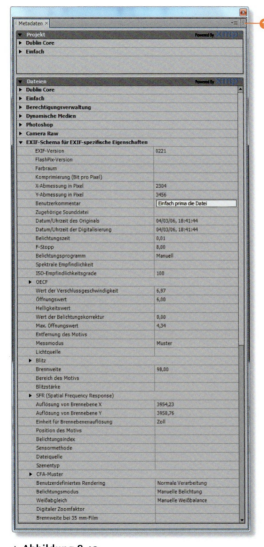

▲ **Abbildung 8.49**
Im Fenster METADATEN werden statische Metadaten angezeigt und können darin geändert oder ergänzt werden.

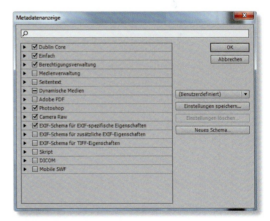

▲ **Abbildung 8.50**
Metadatenkategorien können Sie in der Metadaten-anzeige ändern und hinzufügen.

Exportieren von XMP-Metadaten aus After Effects | Beim Rendern und Exportieren einer Komposition können Sie sämtliche XMP-Metadaten aller in der Komposition enthaltenen Footage-Elemente in die Ausgabedatei schreiben. Hierbei werden nicht nur die Metadaten aus importierten Dateien übernommen, sondern auch sämtliche Informationen in Ebenen- und Kompositionsmarken und in den Kommentarspalten des Zeitleisten- und Projektfensters.

Wichtig ist hierbei, dass im Ausgabemodul der Renderliste die Option QUELL-XMP-METADATEN EINSCHLIESSEN aktiviert ist, da ansonsten nur die IDs der Footage-Elemente eingeschlossen sind.

Abbildung 8.51 ▶
Bei der Ausgabe können Sie sämtliche im Projekt enthaltenen XMP-Metadaten erfassen.

Exportierbare XMP-Metadaten-Formate

After Effects kann XMP-Metadaten außer in die eigenen Formate AEP und AEPX bei folgenden Formaten direkt in die Dateien schreiben: FLV und F4V, QuickTime (MOV), Video für Windows (AVI), Windows Media (WMV), einige MPEG-Formate (MPG, M2V, MP4), wobei für einige MPEG-Formate nur Filialdateien (XMP) erzeugt werden. Für andere Dateiarten wird die Option QUELL-XMP-METADATEN EINSCHLIESSEN nicht bereitgestellt.

Re-importieren von XMP-Metadaten in After Effects | Re-importieren Sie Dateien in After Effects, die Sie zuvor mit der Ausgabeoption QUELL-XMP-METADATEN EINSCHLIESSEN erstellt haben, sind sämtliche XMP-Metadaten als Ebenenmarken verfügbar. Dazu müssen Sie die importierte Datei zunächst in einer Komposition als Ebene verwenden. Im Metadatenfenster erscheinen diese Informationen allerdings nicht.

8.7 Bitte mischen: Füllmethoden

Grundsätzlich sind Ebenen immer opak, d. h., weiter oben in der Zeitleiste befindliche Ebenen decken darunterliegende ab. Beeinflussen können Sie dies durch Deckkraftänderungen und durch die Füllmethoden (früher »Ebenenmodi«). Wenden Sie Füllmethoden auf eine Ebene an, werden die Pixel dieser Ebene mit den Pixeln der darunter befindlichen Ebenen gemischt. Weiter oben liegende Ebenen werden von der Füllmethode nicht beeinflusst.

Die Wirkung der Füllmethoden ist sehr unterschiedlich und hängt von den Farbwerten der Pixel der gemischten Ebenen ab. Wenige Füllmethoden nutzen den Alphakanalwert einer Ebene. Aus Photoshop sind Ihnen die Füllmethoden vielleicht ohnehin schon vertraut. Falls nicht, ist es das Beste, Sie probieren die verschiedenen Füllmethoden einmal praktisch aus. Aber versuchen Sie nicht vergeblich, einen Wechsel der Methode zu animieren. Das ist nicht möglich.

▲ **Abbildung 8.52**
Ein Bild ohne angewandte Füllmethoden ...

▲ **Abbildung 8.53**
... und mit der Füllmethode DIFFERENZ

Sie finden die Füllmethoden versteckt hinter einer kleinen Schaltfläche in der Zeitleiste. Klicken Sie auf die Schaltfläche EBENENMODIFENSTER ❷, um zu den Füllmethoden zu gelangen. Unter dem Spalteneintrag MODUS erreichen Sie das Füllmethoden-Popup, in dem Sie auf den Eintrag NORMAL ❸ klicken. Haben Sie eine Füllmethode aus der Liste gewählt, wird die Ebene mit einem dunklen Augen-Symbol ❶ gekennzeichnet.

▲ **Abbildung 8.54**
Um die Füllmethoden anzuwenden, müssen Sie zuerst die Anzeige EBENENMODIFENSTER einblenden.

Sie finden die Füllmethoden bzw. Modi in verschiedene Gruppen unterteilt, von denen im Folgenden einige vorgestellt werden.

8.7.1   Transparenzmodi

Die Transparenzmodi verwenden die Alphainformation einer Ebene, um sie mit den darunter befindlichen Ebenen zu kombinieren. Zu den Transparenzmodi zählen NORMAL, STREUEN und SPRENKELN MIT RAUSCHEN. Alle Ebenen sind grundsätzlich auf den Modus NORMAL eingestellt. Die Ebenenpixel werden bei dieser Einstellung nicht gemischt.

Bei den Modi STREUEN und SPRENKELN MIT RAUSCHEN werden einige Pixel einer Ebene per Zufallsverteilung komplett transparent und andere komplett deckend dargestellt. Um eine Wirkung

▲ **Abbildung 8.55**
Unter dem Eintrag MODUS befindet sich für jede Ebene ein Popup mit sämtlichen Füllmethoden.

zu erzielen, muss die Ebene eine geringere Deckkraft als 100 %
aufweisen. Einen schönen Effekt erzielen Sie bei Sprenkeln mit
Rauschen, da hier die Pixel über die Zeit verändert, sozusagen
animiert werden.

8.7.2 Abdunkeln-Modi

Die Abdunkeln-Modi dunkeln die Pixel einer Ebene insgesamt ab.
Die Modi Abdunkeln, Multiplizieren, Linear nachbelichten und
Farbig nachbelichten gehören zu den Abdunkeln-Modi. Farbig
nachbelichten – klassisch verwenden Sie, um die Kompatibilität
mit älteren After-Effects-Projekten zu erhalten.

Der Modus Abdunkeln vergleicht die Farbwerte eines Bildes
mit denen der darunter befindlichen Bilder. Der dunkelste Farbwert wird übernommen. Im Modus Multiplizieren werden die
Farbwerte der Pixel übereinanderliegender Bilder multipliziert
und anschließend durch den maximalen Pixelwert dividiert. Bei
der Option Linear nachbelichten wird die Helligkeit eines Bildes verringert, indem mit den Farbwerten darunter befindlicher
Ebenen verglichen wird. Im Modus Farbig nachbelichten wird
die Helligkeit eines Bildes durch Erhöhen des Kontrasts anhand
der Farbinformation in den verglichenen Bildern verringert.

▲ **Abbildung 8.56**
Der DAX und …

▲ **Abbildung 8.57**
… das Hintergrundbild ohne Füllmethoden und …

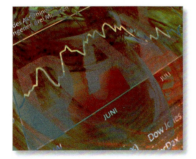

▲ **Abbildung 8.58**
… mit dem Modus Ausschluss oder …

▲ **Abbildung 8.59**
… im Modus Linear nachbelichten.

8.7.3 Aufhellen-Modi

Die Aufhellen-Modi ähneln den Abdunkeln-Modi und werden daher hier nur kurz erwähnt. Aufhellen-Modi führen im Gegensatz zu den Abdunkeln-Modi, wie der Name schon sagt, zu einer Aufhellung des Bildes.

8.7.4 Kombinieren-Modi

Die Kombinieren-Modi vergleichen, ob Bildpixel sich über oder unter einem bestimmten Grenzwert wie beispielsweise 50 % Grau befinden. Abhängig davon werden Pixel im Bild heller oder dunkler dargestellt. Den Namen WEICHES LICHT, HARTES LICHT, LINEARES LICHT, STRAHLENDES LICHT, PUNKTUELLES LICHT lässt sich leicht entnehmen, dass bei diesen Modi eine unterschiedliche Beleuchtung der Ebenen simuliert wird. Beim Modus INEINANDER KOPIEREN werden die Ebenenfarben gemischt. Glanzlichter und Schatten bleiben dabei erhalten. Der Modus HARTE MISCHUNG führt zu einer extremen Verstärkung des Kontrasts des Bildes.

Photoshop-Ebenenstile

Sie können innerhalb von After Effects Ebenenstile festlegen und diese animieren. Wählen Sie dazu EBENE • EBENENSTILE. Ebenenstile können jeder Ebene in After Effects hinzugefügt werden. Außerdem werden Photoshop-Ebenenstile absolut korrekt nach After Effects übernommen. Weitere Informationen finden Sie in Kapitel 25, »Workflow mit Photoshop und Illustrator«.

▲ **Abbildung 8.60**
Der Modus LINEARES LICHT simuliert die Beleuchtung der Ebene.

▲ **Abbildung 8.61**
Im Modus INEINANDER KOPIEREN

8.7.5 Differenz- und Ausschlussmodi

Die Differenz- und Ausschlussmodi DIFFERENZ, DIFFERENZ – KLASSISCH, AUSSCHLUSS, SUBTRAHIEREN und DIVIDIEREN vergleichen die Farbwerte zweier Ebenen und subtrahieren die niedrigeren von den höheren Farbwerten. Mit diesen Modi können Sie psychedelische Effekte erzielen.

8.7.6 Farbmodi

Die Farbmodi ersetzen bestimmte Farbwerte einer Ebene mit Werten einer darunter befindlichen Ebene. Mit den Modi FARBTON,

SÄTTIGUNG, FARBE und LUMINANZ erreichen Sie oftmals unaufdringliche Farbveränderungen Ihres Materials.

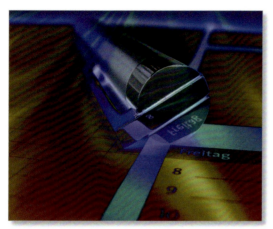

▲ **Abbildung 8.62**
Im Modus FARBTON

▲ **Abbildung 8.63**
Im Modus STRAHLENDES LICHT

Funktion	Windows	Mac OS
Ebene, Komposition umbenennen	↵ (Haupttastatur)	↵
Ebenen einzeln auswählen	Strg + Klick auf Ebene	⌘ + Klick auf Ebene
Ebenen in Zeitleiste ausrichten	⇧ + Ebene ziehen	⇧ + Ebene ziehen
Abspielreihenfolge umkehren	Strg + Alt + R	⌘ + ⌥ + R
In-Point verschieben	Ö	Ö
Out-Point verschieben	Ä	Ä
In-Point einer Ebene trimmen	Alt + Ö	⌥ + Ö
Out-Point einer Ebene trimmen	Alt + Ä	⌥ + Ä
In-Point an den Anfang der Komposition setzen	Alt + Pos1	⌥ + Pos1
Out-Point an das Ende der Komposition setzen	Alt + Ende	⌥ + Ende

▲ **Tabelle 8.1**
Tastenkürzel zum Arbeiten mit Ebenen

9 Vorschau

After Effects und die Vorschau – das sei gleich vorneweg erwähnt – ist wie Segeln mit regelmäßig wiederkehrender Flaute.

After Effects arbeitet nicht in Echtzeit. Das heißt, für eine Vorschau Ihrer Animationseinstellungen müssen die entsprechenden Frames bei jeder Änderung neu berechnet werden. Das kostet je nach Systemkonfiguration mehr oder weniger Zeit und – ich will es nicht leugnen – Nerven. Die Entwickler von After Effects waren auch einmal Studenten und hatten damals noch genügend Zeit zu warten, bis so eine Vorschau endlich angezeigt wurde. Aber Scherz beiseite.

Tatsächlich fügen die ehemaligen Studenten, die heute beispielsweise als Engineering Manager in Seattle an der ständigen Verbesserung von After Effects arbeiten, dem Programm immer neue Möglichkeiten zur Vorschaubeschleunigung hinzu, die Sie in diesem Kapitel kennenlernen. Ob Sie eine schnelle Vorschau und somit einen flüssigen Arbeitsprozess erhalten, hängt zum einen von der installierten Hardware, zum anderen von Optionen ab, die Sie im Kompositionsfenster, in der Vorschau-Palette und in der Zeitleiste festlegen. Doch zunächst zum Umgang von After Effects mit der Vorschau von Animationen.

9.1 Standard- und RAM-Vorschau

Damit die Einzelframes einer Animation dargestellt werden können, muss After Effects sie zuvor berechnen. Das Ergebnis dieser Berechnung wird im Arbeitsspeicher abgelegt. Daher sollten Sie Ihrem System ein paar nicht allzu kleine RAM-Bausteine gönnen.

Bereits während Sie arbeiten, werden Frames im RAM gespeichert. After Effects stellt die berechneten Frames in der Zeitleiste mit einer grünen Linie dar. Schon berechnete Frames verbleiben dabei so lange im Arbeitsspeicher, bis Sie Änderungen in einer Ebene vornehmen. Günstig ist, dass nur die von der Änderung betroffenen Frames aus dem RAM gelöscht und für die Vorschau neu berechnet werden.

▲ **Abbildung 9.1**
Frames, die After Effects bereits berechnet und im Arbeitsspeicher »abgelegt« hat, werden mit einer grünen Linie in der Zeitleiste dargestellt.

9.1.1 Standardvorschau

Eine Standardvorschau erhalten Sie durch Drücken der Leertaste. In diesem Fall wird jeder Frame berechnet, der von der Zeitmarke angesteuert wird. Eine Audiovorschau erhalten Sie dabei nicht. Es werden nur bereits berechnete Frames in Echtzeit angezeigt.

9.1.2 RAM-Vorschau über die Vorschau-Palette

Bei einer RAM-Vorschau wird eine bestimmte Menge an Frames im RAM gespeichert und danach in Echtzeit abgespielt. Die RAM-Vorschau kann mit und ohne Sound berechnet werden. Sie erhalten die RAM-Vorschau durch Drücken der Taste [0] im Ziffernblock oder alternativ über die Palette Vorschau. In der Zeitleiste zeigt eine grüne Linie an, welcher Teil Ihrer Animation in der Vorschau in Echtzeit abgespielt werden kann. Ist Ihr Arbeitsspeicher zu klein, wird nur ein Teil der Frames in der RAM-Vorschau angezeigt, und die grüne Linie endet dann abrupt in der Zeitleiste.

▼ **Abbildung 9.2**
Für eine RAM-Vorschau werden die Frames innerhalb des Arbeitsbereichs berechnet und anschließend in Echtzeit abgespielt.

Die in der Vorschau-Palette enthaltenen Abspielfunktionen kennen Sie von Ihren Wiedergabegeräten daheim. Ein paar Funktionen bedürfen allerdings der Erläuterung. Sie rufen die Vorschau-Palette über FENSTER • VORSCHAU oder [Strg]+[3] auf.

Abspielfunktionen | Der Schalter ❺ wechselt auf Mausklick zwischen drei Zuständen. Sie können die errechnete RAM-Vorschau in einer Schleife immer vorwärts abspielen lassen oder in einer Schleife vor und zurück oder einmalig vorwärts.

Mit dem Schalter Audio ❸ legen Sie fest, ob Audio in der Vorschau enthalten sein soll oder nicht.

◄ **Abbildung 9.3**
Die Vorschau-Palette mit den Buttons für die Wiedergabe

Vorschaubeschleunigung | Wichtige Einstellungen zur beschleunigten Berechnung Ihrer RAM-Vorschau finden Sie im unteren Teil der Vorschau-Palette.

Unter Framerate ❷ wird die Framerate der Komposition verwendet, wenn Sie die Option Auto einstellen. Bei einer geringeren Framerate wird die Vorschau schneller berechnet, aber nicht mehr ganz flüssig abgespielt. Bei Überspringen ❼ legen Sie fest, wie viele Frames in der Vorschau übersprungen, also nicht angezeigt werden sollen. Werte zwischen 1 und 5 sind üblich und verfälschen die Vorschau nicht allzu sehr im Vergleich zu einem gerenderten Film.

Unter Auflösung ❻ wird in der Einstellung Auto die Auflösung der Komposition verwendet. Halb, Drittel und Viertel verringern die wiedergegebene Auflösung, beschleunigen aber das Erstellen der Vorschau und sparen zudem viel RAM. Das Häkchen bei Ab aktueller Zeit ❸ setzen Sie, um die Vorschau ab der Position der Zeitmarke zu rendern und nicht innerhalb des Arbeitsbereichs.

Die Option Vollbildschirm zeigt nach der Berechnung die Vorschau im Vollbildmodus an. Diese können Sie mit einem Klick auf die Vorschauanzeige wieder verlassen. Der Schalter Optionen für RAM-Vorschau ❶ dient dazu, mit zwei verschiedenen Einstellungen für die Vorschauberechnung zu arbeiten. Sie können dazu bei aktivierter Schaltfläche Optionen für Umschalttaste + RAM-Vorschau individuelle Einstellungen von Framerate, Auflösung usw. treffen und diese abrufen, wenn Sie wieder auf Optionen für RAM-Vorschau gewechselt haben. Betätigen Sie dazu dann gleichzeitig die Taste ⌂ und den Button für die RAM-Vorschau.

Arbeitsbereich festlegen

Empfehlenswert ist es, den Beginn des Arbeitsbereichs mit der Taste B und das Ende des Arbeitsbereichs mit der Taste N auf den Teil Ihrer Animation einzustellen, den Sie gerade beurteilen wollen. Für eine Vorschau des gesamten Films ist es besser, die Animation als eigenständigen Film zu rendern.

Alternative RAM-Vorschau | Die alternative RAM-Vorschau spielt eine begrenzte Anzahl an Frames in einer Schleife ab. Sie wird nicht ab der Zeitmarke berechnet, wie man es erwarten sollte, sondern beginnt vor und endet an der Zeitmarke. Zum Abspielen dieser Vorschau betätigen Sie die Tasten [Alt]+[0].

Funktion	Windows	Mac OS
RAM-Vorschau	[0], Ziffernblock	[Strg]+[0], Haupttastatur
Optionen für Umschalttaste + RAM	[⇧]+[0], Ziffernblock	[⇧]+[Strg]+[0], Haupttastatur
Audiovorschau ab aktueller Zeit	[.] (Komma), Ziffernblock	[Strg]+[.] (Punkt), Haupttastatur
Audiovorschau im Arbeitsbereich	[Alt]+[.] (Komma), Ziffernblock	[Strg]+[⌘]+[.] (Punkt), Haupttastatur
Vorschau N-Frames	[Alt]+[0], Ziffernblock	[Strg]+[Alt]+[0], Haupttastatur

9.2 Audiovorschau und Audio synchronisieren

Eine reine Audiovorschau erhalten Sie durch Drücken der Taste [.] (Komma) im Ziffernblock der Tastatur. Die Vorschau wird ab der Position der Zeitmarke abgespielt. Drücken Sie [Alt] und die Taste [.] auf dem Ziffernblock der Tastatur, um die Audiovorschau nur innerhalb des Arbeitsbereichs abzuspielen.

Die Dauer der Audiovorschau ist begrenzt und bricht nach einer in den Voreinstellungen festgelegten Zeit ab, siehe auch Abschnitt 9.3.4, »Vorschau-Voreinstellungen«.

Sound scrubben | Um Sound mit Ihren Animationen zu synchronisieren, können Sie den Sound scrubben, d. h., Sie erhalten analog zum Ziehen der Maus in der Zeitleiste eine Audiovorschau. Drücken Sie dazu die [Strg]-Taste, und ziehen Sie die Zeitmarke vorwärts oder rückwärts in der Zeitleiste. Wenn Sie die [Strg]-Taste gedrückt halten und beim Ziehen der Zeitmarke innehalten, wird ein kurzer Teil des Sounds ab der Position der Zeitmarke in einer Schleife abgespielt. Auf diese Weise lassen sich schwierige Stellen im Sound besser lokalisieren.

9.2.1 Audio-Wellenform

In der Zeitleiste können Sie bei Ebenen, die Audio enthalten, eine Audio-Wellenform einblenden, die ebenfalls das Synchronisieren erleichtern kann. Die Audio-Wellenform dient der visuellen Kontrolle des Sounds. Um die Wellenform anzuzeigen, klicken Sie nacheinander auf die kleinen Dreiecke ❶, ❷ und ❸. Sie können die Wellenform per Klick auf die Schaltflächen ❺ und ❻ ein- und auszoomen.

Außerdem können Sie die Wellenform im Diagrammeditor anzeigen lassen. Klicken Sie dazu auf den Button ❹ und wählen über den Button DIAGRAMMTYP den Eintrag AUDIO-WELLENFORM ANZEIGEN. Die Ebenenmarken werden dabei allerdings nicht mit angezeigt.

▼ **Abbildung 9.4**
Zur Erleichterung der Synchronisation von Sound und Animation werden Ebenenmarken gesetzt, und die Audio-Wellenform kann angezeigt werden.

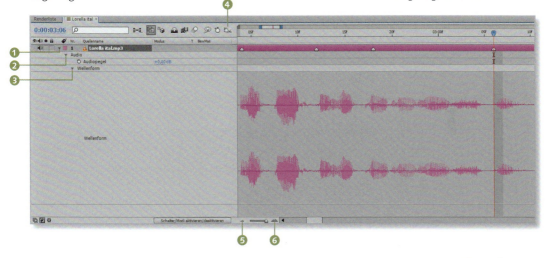

9.2.2 Audio-Palette

Eine weitere Audiokontrolle bietet die Audio-Palette. Die Pegelanzeige ❼ zeigt Ihnen die Lautstärke und übersteuerte Sounds an. Mit den Pegelsteuerungen ❽ und ❾ lässt sich die Lautstärke für den linken und rechten Kanal separat bzw. gemeinsam steuern. Die Dezibelwerte für eine importierte Datei werden im Feld für Pegelwerte ❿ immer mit 0 angegeben. Dies ist unabhängig davon, ob Ihr Sound bereits übersteuert importiert wurde.

9.3 Vorschau optimieren

9.3.1 Arbeitsspeicher entlasten

Der Vorteil, dass von der Vorschau bereits berechnete Frames nicht wiederholt berechnet werden müssen, ist manchmal ein Grund für verlangsamte Berechnungen. Es ist daher ratsam, den Arbeitsspeicher von Zeit zu Zeit wieder zu leeren, um Platz für neue Informationen zu schaffen.

Nutzen Sie dazu unter BEARBEITEN • ENTLEEREN eine der folgenden Optionen: Wählen Sie ALLES, um sämtliche im Arbeitsspeicher gehaltenen Daten zu entleeren. Mit RÜCKGÄNGIG werden nur die gespeicherten, bereits vergangenen Schritte gelöscht.

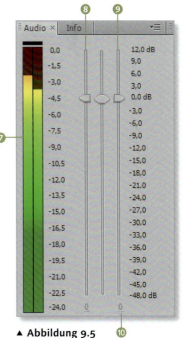

▲ **Abbildung 9.5**
Die Audio-Palette gibt Ihnen die Kontrolle über die Lautstärke von Audioinhalten.

BILDCACHE entfernt gerenderte Frames aus dem Speicher. Die Option SCHNAPPSCHUSS löscht nur den letzten Schnappschuss.

9.3.2 Optionen in der Zeitleiste

Zur Beschleunigung der Vorschau legen Sie in der Zeitleiste fest, ob After Effects, während Sie Änderungen vornehmen, diese sofort im Kompositionsfenster aktualisiert oder erst, nachdem die Änderung abgeschlossen ist.

Live-Update | Drücken Sie den Button LIVE-UPDATE ❶, um eine Aktualisierung während jeder Änderung anzeigen zu lassen. Bei umfangreichen Berechnungen, beispielsweise bei einigen Effektberechnungen, deaktivieren Sie den Button.

3D-Entwurf | Den Button 3D-ENTWURF ❷ nutzen Sie nach dem Studium der 3D-Funktionen von After Effects, um 3D-Ebenen ohne den Einfluss von Lichtern, Schatten und Tiefenschärfeeinstellungen der Kamera anzuzeigen.

Ebenenqualität | Sie können Ebenen in verminderter Qualität anzeigen lassen, um die Berechnung von Animationen zu beschleunigen. Klicken Sie dazu auf den Qualitätsschalter einer Ebene ❸, oder ziehen Sie bei gedrückter Maustaste über die Schalter mehrerer Ebenen. Manche Effekte werden bei verminderter Qualität allerdings nicht korrekt angezeigt, z. B. der Effekt STRAHL.

Abbildung 9.6 ▶
Ein paar Buttons im Zeitleistenfenster enthalten Funktionen für die Vorschau.

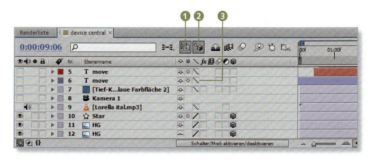

9.3.3 Kompositionsvorschau optimieren

Auflösung | Die Vorschau Ihrer Animationen wird möglicherweise, je nach den von Ihnen vorgenommenen Transformationen und hinzugefügten Effekten, erst sehr verzögert abgespielt. Mit der Schaltfläche ❹ können Sie die Auflösung Ihrer Kompositionsvorschau verringern.

Bei einer geringeren Auflösung wird eine längere Zeitspanne Ihrer Animation angezeigt bzw. wird die Vorschau schneller berechnet. Für die endgültige Ausgabe hat die Auflösung im Kompositionsfenster keine Bedeutung. Entscheidend für die in der Vorschau angezeigte Zeitspanne ist die Größe des installierten Arbeitsspeichers.

Interessenbereich | Interessant ist für Sie, wann Sie Urlaub machen können, und für After Effects, was Sie gerade in Bearbeitung haben. Das kann auch nur ein Ausschnitt Ihrer Komposition sein. Den legen Sie mit der Schaltfläche ❺ fest, indem Sie einen Rahmen über dem relevanten Ausschnitt aufziehen. Dieser Spaß dient wieder der Vorschaubeschleunigung, spart Speicher und hat keinen Einfluss auf Ihre endgültige Ausgabe. Anschließend können Sie mit dem Schalter zwischen Vollanzeige und Interessenbereich hin- und herwechseln. Im gerenderten Film erscheint dann die Vollanzeige Ihrer Animationen.

▲ **Abbildung 9.7**
Im Kompositionsfenster dienen einige Buttons dazu, die Vorschauberechnung zu beschleunigen.

◄ **Abbildung 9.8**
Mit dem Interessenbereich wird nur der Teil im Kompositionsfenster angezeigt, der für die jeweilige Bearbeitung relevant ist.

Schnelle Vorschau | Die Vorschaugeschwindigkeit hängt unter anderem von der gewählten Auflösung im Kompositionsfenster ab. Je geringer die Auflösung ist, desto schneller ist die Vorschau. Mit dem Button für SCHNELLE VORSCHAU ❻ lassen sich weitere Optionen zur Vorschaubeschleunigung festlegen.

In dem sich öffnenden Listenmenü wählen Sie AUS für eine Standardvorschau. Die Vorschauberechnung erfolgt dann für jeden Frame in der von Ihnen im Kompositionsfenster gewählten Auflösung, also VOLL, HALB etc.

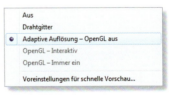

▲ **Abbildung 9.9**
In dem Popup SCHNELLE VORSCHAU können Sie zwischen verschiedenen Arten der Vorschauberechnung wählen.

Mit der Option DRAHTGITTER werden Ihre Ebenen nur als Rahmen dargestellt; die Inhalte werden nicht angezeigt, was die Vorschau beschleunigt. Mit dieser Option ist eine Beurteilung der Geschwindigkeit Ihrer Animation möglich.

Die Option ADAPTIVE AUFLÖSUNG passt die Auflösung des Kompositionsfensters interaktiv an. Die Auflösung wird herabgesetzt, solange Änderungen im Kompositionsfenster vorgenommen werden, wie z. B. das Verschieben einer Ebene. Ist die Änderung abgeschlossen, wird wieder die höchste eingestellte Auflösung angezeigt. Sofern Sie eine OpenGL-Grafikkarte installiert haben, wird diese Vorschau seit CS4 mittels OpenGL ausgeführt, was sich positiv auf Ansichten von Auflösungen unter 100 % auswirkt.

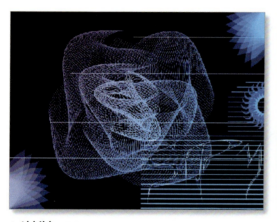 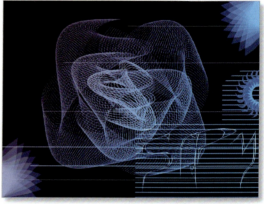

▲ **Abbildung 9.10**
Ist die adaptive Auflösung als Vorschauoption gewählt, werden Ebenen während Interaktionen automatisch in schlechterer Qualität dargestellt, um die Vorschauberechnung zu beschleunigen.

▲ **Abbildung 9.11**
Ist die Interaktion abgeschlossen, wird die höchste Anzeigequalität berechnet und dargestellt.

<table>
<tr><td>

Adaptive Auflösung anpassen

Um die adaptive Auflösung an Ihre Bedürfnisse anzupassen, wählen Sie VOREINSTELLUNGEN • VORSCHAU. Unter GRENZE FÜR ADAPTIVE AUFLÖSUNG stellen Sie 1/2, 1/4 oder 1/8 ein.

</td></tr>
</table>

Die nächsten drei Optionen sind nur dann verfügbar, wenn eine OpenGL-Grafikkarte im System installiert ist. Außerdem muss OpenGL in den Voreinstellungen von After Effects aktiviert sein. Doch dazu im nächsten Abschnitt.

OPENGL – INTERAKTIV dient dazu, alle Frames einer Ebene in der Vorschau anzuzeigen. Sie können mit der Option OPENGL – INTERAKTIV festlegen, ob OpenGL für die Vorschau nur dann verwendet werden soll, wenn Ebenen im Kompositionsfenster bewegt werden oder wenn Sie die Zeitmarke manuell in der Zeitleiste bewegen. Aktivieren Sie in diesem Fall die Option. Sollten Sie OpenGL in jedem Fall für die Vorschau verwenden wollen, wählen Sie die Option OPENGL – IMMER EIN.

9.3.4 Vorschau-Voreinstellungen

Die Vorschau-Voreinstellungen öffnen Sie über Bearbeiten • Voreinstellungen • Vorschau.

▶ **Schnelle Vorschau:** Während Sie im Kompositionsfenster Änderungen vornehmen, setzt After Effects bei Bedarf die Auflösung herab und anschließend wieder auf beste Qualität. Unter
Grenze für adaptive Auflösung legen Sie fest, ob Änderungen mit einem Achtel, einem Viertel oder der halben Qualität
angezeigt werden.

▶ **OpenGL aktivieren:** Ist in Ihrem System eine OpenGL-fähige
Grafikkarte installiert, können Sie ein Häkchen bei OpenGL
aktivieren setzen. Durch das standardmäßig gesetzte Häkchen
bei Adaptive Auflösung mit OpenGL aktivieren übernimmt
die Grafikkarte auch die adaptive Berechnung. Um unterstützte
Effekte schneller darzustellen, wählen Sie Effektbeschleuni-
gung mit OpenGL.
Um zu erfahren, welche Funktionen Ihre OpenGL-Karte unterstützt, klicken Sie auf OpenGL-Info.

▶ **Qualität der Anzeige:** In den beiden Menüs bei Zoomqualität
und Farbmanagement-Qualität legen Sie fest, ob die Berechnung der Anzeige in geringerer (Schneller) oder höherer Qualität (Genauer) erfolgt.

▶ **Alternative RAM-Vorschau:** Tragen Sie bei Dauer höhere
Werte ein, um die Vorschau, die Sie per [Alt]+[0] starten, mit
mehr als fünf Frames abzuspielen.

▶ **Audiovorschau:** Unter Audiovorschau legen Sie bei Dauer
eine neue Vorschaudauer fest. Höhere Werte für die Dauer
gehen direkt zu Lasten des Arbeitsspeichers.

◀ **Abbildung 9.12**
In den Voreinstellungen legen
Sie Dauer und Qualität der
Vorschau fest.

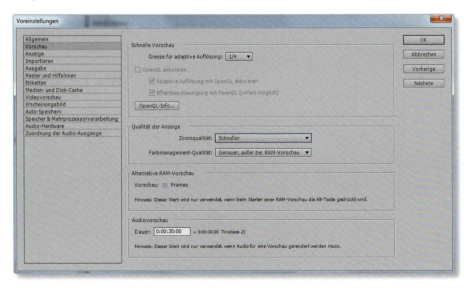

9.3.5 Vorschau und Rendern mit OpenGL

Wenn Sie Ihr System mit einer OpenGL-fähigen Grafikkarte ausgestattet haben, erkennt After Effects diese automatisch. Die Vorschau wird dann standardmäßig auf eine OpenGL-Vorschau gesetzt. Das Rendern für die Vorschau und die Endausgabe erfolgt dann nicht mehr über die CPU, sondern über die OpenGL-Hardware (GPU). Günstig für die Arbeit mit After Effects ist sowohl unter Windows als auch am Mac, eine Grafikkarte für OpenGL 2.0 installiert zu haben, die Schattierungen und NPOT-Strukturen unterstützt.

Eine OpenGL-Vorschau bietet immer dann große Vorteile, wenn sich bewegende oder überschneidende Ebenen, Lichter, animierte Masken und Alphakanäle berechnet werden sollen. Effektberechnungen unterstützt OpenGL nur in einigen Fällen, z. B. bei Richtungsunschärfe, Schneller Weichzeichner, Helligkeit und Kontrast, Schlagschatten, Turbulente Störung und Farbton/Sättigung. Für die Vorschau von effektintensiven Ebenen ist es daher häufig günstig, die adaptive Auflösung zu wählen.

Die OpenGL-Karte spielt eine entscheidende Rolle dabei, welche Funktionen von After Effects unterstützt werden. Sollten Sie keine leistungsfähige OpenGL-fähige Grafikkarte installiert haben, ist es empfehlenswert, sich vor dem Kauf unter *www.adobe.de/products/aftereffects/opengl.html* über die von After Effects unterstützten OpenGL-Karten zu informieren.

OpenGL-Renderer | Beim Rendern von Kompositionen können Sie von OpenGL 2.0 profitieren. Dazu wählen Sie im Dialog Render-einstellungen die Option OpenGL-Renderer verwenden ❶.

Dynamische Vorschau

Der Button Schnelle Vorschau entspricht dem Button Dynamische Vorschau in früheren After-Effects-Versionen.

Alle wichtigen Informationen zum Rendern von Kompositionen finden Sie in Kapitel 13, »Das Rendern«.

Tabelle 9.2 ▶
Tastenkürzel für Wiedergabe und Vorschau

Funktion	Windows	Mac OS
Start/Stopp	Leertaste	Leertaste
nur Audio	⟦.⟧ (im Ziffernblock)	⟦.⟧ (im Ziffernblock)
RAM-Vorschau	⟦0⟧ (im Ziffernblock) oder ⟦Alt⟧+⟦0⟧	⟦0⟧ (im Ziffernblock) oder ⟦Alt⟧+⟦0⟧
Audio scrubben	⟦Strg⟧+Zeitmarke ziehen	⟦⌘⟧+Zeitmarke ziehen

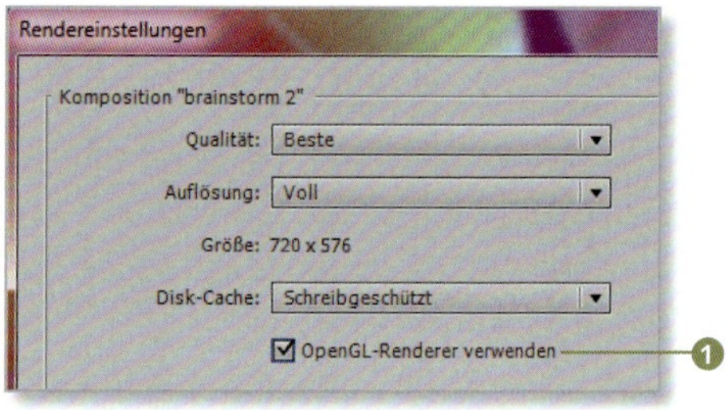

Abbildung 9.13 ▶
Für ein schnelleres Rendern Ihrer Kompositionen aktivieren Sie den OpenGL-Renderer.

9.4 Brainstorming – Animationsvarianten

Brainstorming verwenden Sie, um Varianten Ihrer Animation generieren zu lassen. Die Animationsvarianten werden in einem separaten Fenster angezeigt, und Sie können die bisherige Animation modifizieren oder eine weitere Komposition mit der Variante erstellen.

Um Brainstorming anzuwenden, definieren Sie zuerst den Arbeitsbereich, für den das Brainstorming eine Vorschau anzeigen soll. Wählen Sie dann die animierten Eigenschaften in der Zeitleiste aus, für die Sie einen Animationsvorschlag erhalten möchten. Es ist hierbei gleichgültig, wie viele Eigenschaften oder Keyframes einer Eigenschaft Sie auswählen.

Klicken Sie dann auf den Button BRAINSTORMING in der Zeitleiste ❷. Es öffnet sich ein separates Fenster mit neun Animationsvarianten.

▼ **Abbildung 9.14**
Über den Button BRAINSTORMING gelangen Sie zu den Animationsvarianten.

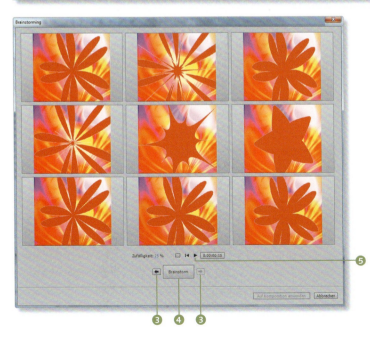

◄ **Abbildung 9.15**
Im Dialog BRAINSTORMING werden neun Varianten der Animation angezeigt.

Neue Varianten generieren Sie über den Button BRAINSTORMING ❹. Anhand des bei ZUFÄLLIGKEIT definierten Werts werden dann acht neue Varianten berechnet. Das Feld oben links zeigt weiterhin die Ausgangsversion Ihrer Animation an. Jeder neue Klick ergibt neue Variationen. Zwischen den entstandenen Variationen blättern Sie mit den Pfeilen nach links und nach rechts ❸. Über die Schaltfläche PLAY ❺ spielen Sie die Varianten ab. Es werden alle Varianten gleichzeitig berechnet und anschließend in Echtzeit abgespielt.

Möchten Sie nur eine Variante anzeigen lassen, halten Sie den Mauszeiger über die Variante und wählen den Schalter KACHELGRÖSSE ❻. Mit dem Schalter SPEICHERN ❼ legen Sie die gewählte Variante in einer neuen Komposition im gleichen Projekt ab. Der Button ANWENDEN ❽ wendet die Variante in Ihrer aktuellen Komposition an und verändert dazu deren Keyframe-Werte.

Wenn Sie auf Basis einer Ihnen zusagenden Variante weitere Vorschläge von der BRAINSTORMING-Funktion erhalten möchten, drücken Sie zuerst den BRAINSTORMING-Button ❾ und dann erneut den Button BRAINSTORMING. Die Basisvariante wird dabei nicht verändert, während acht neue Vorschläge erstellt werden.

Sie können Brainstorming auch für Eigenschaften oder ganze Effekte einsetzen, für die Sie noch gar keine Keyframes definiert haben. Klicken Sie dazu einfach die zu variierenden Eigenschaften bzw. den Namen eines Effekts in der Zeitleiste an, und nutzen Sie dann Brainstorming wie beschrieben.

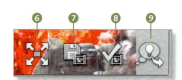

▲ Abbildung 9.16
Buttons einer Variante des Brainstormings

9.5 Adobe Device Central

Mit Adobe Device Central können Sie After Effects für den immer stärker wachsenden Markt von mobilen Endgeräten einsetzen.

Um für ein oder mehrere verschiedene mobile Endgeräte zu produzieren, starten Sie zunächst Adobe Device Central und suchen dort per DURCHSUCHEN nach neuesten Geräten. Voraussetzung ist dabei eine bestehende Internetverbindung, damit Device Central auf die Gerätebibliothek zugreifen kann, die permanent mit neuesten Geräteprofilen versorgt wird. Wählen Sie dann die entsprechenden Geräte im Fenster GERÄTEBIBLIOTHEK aus. Per Doppelklick lassen Sie sich die Geräteeigenschaften anzeigen. Fügen Sie dem Fenster TESTGERÄTE ein ausgewähltes Gerät hinzu, indem Sie es per Drag & Drop dorthin ziehen. Per rechter Maustaste legen Sie dort einen Ordner an, um mehrere verschiedene Geräteprofile darin zu organisieren. Um diese in After Effects zu verwenden, markieren Sie den Sammelordner ❿ und wählen DATEI • NEUES DOKUMENT IN • AFTER EFFECTS. Eine

Passende Rohmaterialdateien

In Device Central können Sie passend zum Gerät nicht nur After-Effects-Kompositionen erstellen, sondern auch Photoshop-, Illustrator-, Flash-, Fireworks- und Captivate-Dateien. Wählen Sie dazu DATEI • NEUES DOKUMENT IN.

neue Karte namens NEUE KOMPOSITION erscheint. Setzen Sie dort ein Häkchen bei HAUPTSATZ ERSTELLEN. Klicken Sie dann unten rechts auf ERSTELLEN. Nun werden in After Effects automatisch mehrere Kompositionen generiert.

▼ **Abbildung 9.17**
In Device Central wählen Sie Geräteprofile aus, die in After Effects verwendet werden.

Device Master | In der Komposition DEVICE MASTER im Ordner DEVICE CENTRAL COMPS platzieren Sie Inhalte, die Sie auf die Endgeräte ausgeben wollen. Das können gerenderte Ergebnisse sein, aber natürlich auch Kompositionen, die Sie im gleichen Projekt erstellen. Die Komposition DEVICE MASTER ist auf die maximale Framegröße und Framerate der Einzelgeräte-Kompositionen gesetzt. In dieser Komposition zeigen sich oft rote »Balken«, die auf unterschiedliche Frameseitenverhältnisse der Einzelgeräte hinweisen. Die roten Balken werden dank der Guide-Kompositionen sichtbar, die nur Ihrer Kontrolle dienen und Sie sonst nicht weiter ablenken sollten.

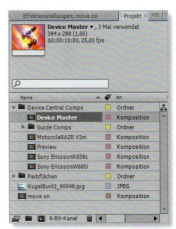

▲ **Abbildung 9.18**
In After Effects werden sofort eine Master-Komposition und Einzelgeräte-Kompositionen angelegt.

Sie können Ihr Rohmaterial, das auf den Geräten ausgegeben werden soll, innerhalb der Komposition DEVICE MASTER noch skalieren oder verschieben, um die optimale Ausgabe zu finden.

In jeder Einzelgeräte-Komposition findet sich verschachtelt die Komposition DEVICE MASTER wieder, so dass Sie in jeder dieser Kompositionen schauen können, welcher Beschnitt sich eventuell ergibt. Auch hier können Sie natürlich noch Größenanpassungen vornehmen.

Eine Vorschau, wie die Animation auf den Einzelgeräten erscheint, lassen Sie sich mit der Komposition PREVIEW anzeigen. Dazu ist es günstig, den Modus VOLLBILDSCHIRM (Vorschau-Palette) zu wählen.

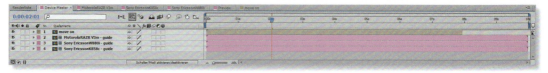

▲ **Abbildung 9.19**
In die Komposition DEVICE MASTER wird das auszugebende
Rohmaterial platziert.

Abbildung 9.20 ▶
In den Einzelgeräte-Kompositionen ist der Beschnitt, der sich am
verwendeten Rohmaterial ergibt,
gut sichtbar.

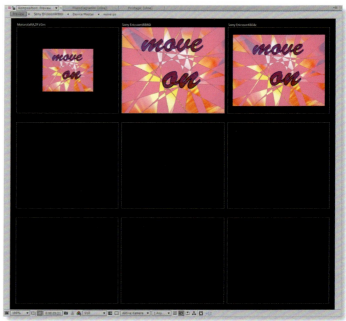

Abbildung 9.21 ▶
Die Komposition PREVIEW stellt
bis zu neun Einzelgeräte-Kompositionen nebeneinander dar.

Ausgabe | Bei der Ausgabe für die mobilen Geräte und den dazugehörigen Rendereinstellungen lässt uns Adobe leider im Stich und hat nicht gleich passende Vorgaben mitgeliefert.

Um aus After Effects heraus eine Animation für Device Central zu rendern, markieren Sie zunächst die Komposition, die Sie später in Device Central testen wollen, im Projektfenster. Wählen Sie dann KOMPOSITION • AN DIE RENDERLISTE ANFÜGEN. Klicken Sie auf den unterstrichenen blauen Text rechts von AUSGABEMODUL, um in den Dialog EINSTELLUNGEN FÜR AUSGABEMODULE zu gelangen.

Unter FORMAT wählen Sie H.264. Klicken Sie auf den Button FORMATOPTIONEN. Es öffnet sich der Dialog H.264-OPTIONEN.

Hier haben Sie unter MULTIPLEXER • MULTIPLEXING die Einstellung MP4 oder 3GPP zur Auswahl. Unter STREAMKOMPATIBILITÄT wählen Sie bei MP4 beispielsweise IPOD. Ändern Sie die Einstellungen in der Karte VIDEO nach Ihren Wünschen. Verlassen Sie den Dialog und auch die Einstellungen für Ausgabemodule mit OK. Legen Sie einen Speicherort fest, und rendern Sie den Film.

Zurück in Device Central | In Device Central können Sie noch testen, wie der fertige Film auf Ihrem mobilen Endgerät aussieht. Dazu wählen Sie DATEI • ÖFFNEN und suchen Ihre gerenderte Datei. Anschließend wird diese in jedem Gerät angezeigt, das Sie in den Gerätegruppen, der lokalen oder der Online-Bibliothek doppelklicken.

Im Mittelteil des Dialogs wird das Gerät im Reiter EMULATOR simuliert, während Sie im rechten Teil Bedingungen wie Reflexionen von Sonnenlicht etc. auf dem Display simulieren können. Die Handhabung von Device Central ist somit einfach und selbsterklärend.

Wenn Sie Ihre Animationen schon von Beginn an passend planen wollen, ist es ratsam, sich trotz verbesserter Integration mit After Effects, Flash, Photoshop, Illustrator, Captivate und Fireworks mit den Spezifikationen der Geräte, für die Sie produzieren, vertraut zu machen. Dazu gehören die Displaygröße ebenso wie die Framerate und die verwendete Fernsehnorm (NTSC oder PAL). Von Ihrem Zielgerät unterstützte Formate finden Sie in Device Central unter dem Reiter GERÄTEPROFILE und dort unter VIDEO. Für eine Ausgabe in 3GPP sind Framegrößen wie 144 × 176 Pixel, 288 × 352 Pixel oder 240 × 320 Pixel Standard.

Unterstützung

Wenn das Gerät den Dateityp, den Sie ausgegeben haben, nicht unterstützt, erscheint eine entsprechende Meldung im rechten Teil des Dialogs, zum Beispiel: »Der Dateityp testmovie.mp4 wird auf diesem Gerät nicht unterstützt.«

Abbildung 9.22 ▶
Im Ausgabemodul wählen Sie für
die Ausgabe auf einem mobilen
Endgerät H.264.

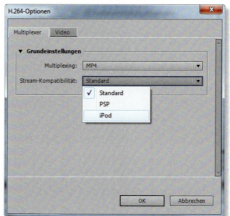

Abbildung 9.23 ▶
In den Exporteinstellungen wählen Sie übliche Vorgaben und
modifizieren diese bei Bedarf.

TEIL IV
Keyframes und Animation

10 Keyframe-Grundlagen

Keyframes sind für die Animation wie ein Reisefahrplan der Deutschen Bahn – bei aufwendigen Animationen kann es zumindest bei der Vorschau zu Verspätungen kommen.

Sehr beliebt beim ersten Kennenlernen von After Effects ist das exzessive und recht unkontrollierte Setzen einer Unzahl von Keyframes. Oftmals rufen die dadurch mehr zufällig entstandenen Animationen bereits einige Freude hervor, aber stellen Sie sich einmal vor, Ihr Zug würde ständig Zwischenstationen ansteuern oder unkontrolliert im Zickzack fahren. Ohne einen näheren Blick auf die kleinen »Dinger«, die in der Zeitleiste über das Sein und Nichtsein von Animation entscheiden, verwandelt sich so Freude oft in Verwirrung.

Keyframes sind, wie Sie sehen werden, der Dreh- und Angelpunkt für die Animation sämtlicher animierbarer Eigenschaften und daher grundlegend für Ihre gesamte Arbeit mit After Effects. Es lohnt sich also, dieses Kapitel intensiv zu studieren. An verschiedenen Beispielen lernen Sie zunächst, Keyframes für die wichtigsten Eigenschaften zu setzen, und an späterer Stelle, Animationen durch Beschleunigung und Abbremsen zu dynamisieren.

> **Was sind Keyframes?**
>
> Keyframes sind Schlüsselbilder in Ihrer Animation, die ja aus einzelnen Bildern, den Frames, besteht. In den Schlüsselbildern werden die wichtigsten Eckpunkte Ihrer Animation fixiert, während After Effects die einzelnen Zwischenbilder errechnet.

10.1 Setzen von Keyframes

Durch das Setzen von Keyframes legen Sie den Anfang und das Ende einer Animation fest. Sie erstellen eine Animation bereits mit nur zwei Keyframes. Allerdings setzt dies voraus, dass die Keyframes zwei unterschiedliche Eigenschaftswerte repräsentieren.

Nehmen wir beispielsweise an, Sie wollten die Skalierung einer Ebene verändern. Eine Animation erreichen Sie durch zwei verschiedene Skalierungswerte an unterschiedlichen Zeitpunkten: Zeitpunkt 1 = 0 %, Zeitpunkt 2 = 100 %. Fertig ist die Animation. In der Ebenenansicht der Zeitleiste werden diese beiden

Werte, wie in Abbildung 10.1 zu sehen ist, durch zwei Keyframes für die Eigenschaft Skalierung dargestellt.

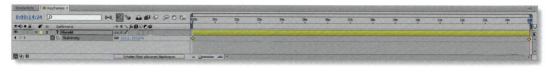

▲ **Abbildung 10.1**
Die Werte einer Eigenschaft werden durch Keyframes dargestellt. Mindestens zwei Keyframes mit verschiedenen Werten sind für eine Animation nötig.

Grundsätzlich werden Keyframes, wie schon erwähnt, an Schlüsselpositionen der Animation gesetzt, daher auch der Name **Schlüsselbild** (Keyframe). Alles, was zwischen den Keyframes geschieht, muss Sie nicht kümmern. Hier rechnet After Effects selbsttätig die Animation aus. Dieser Vorgang wird **Interpolation** genannt. Für unser Beispiel bedeutet das nichts weiter, als dass für jeden Frame, also jedes Einzelbild, eine andere Skalierungsstufe berechnet wird.

Es gilt also, nur so viele Keyframes wie nötig zu setzen. Weniger ist hier mehr.

10.1.1 Eigenschaften

Parallel oder zeitlich versetzt zu der Eigenschaft Skalierung können natürlich für alle möglichen Eigenschaften Keyframes gesetzt – Werte definiert – werden.

Die für den Anfang wichtigsten Eigenschaften finden Sie beim Aufklappen einer Ebene in der Zeitleiste, indem Sie auf das kleine Dreieck (1) klicken. Es handelt sich um die Eigenschaften unter dem Eintrag Transformieren: Ankerpunkt, Position, Skalierung, Drehung und Deckkraft.

Abbildung 10.2 ▶
Für jede visuelle Ebene können Sie Keyframes für Eigenschaften unter Transformieren setzen.

Noch mehr Eigenschaften

Im Laufe der Arbeit mit After Effects erscheinen zusätzliche Eigenschaften in der Zeitleiste, wenn einer Ebene beispielsweise Effekte oder Masken hinzugefügt werden. Dadurch kann die Menge der animierbaren Eigenschaften ungeheuer erweitert werden.

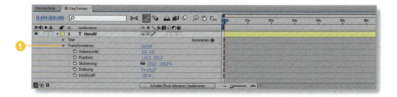

Sie können jede Eigenschaft entweder in der **Ebenenansicht** anzeigen lassen und dort Keyframes setzen, oder Sie nutzen dazu den **Diagrammeditor**. Ob Sie die Werte der Eigenschaften in der Ebenenansicht oder im Diagrammeditor ändern, bleibt dabei Ihnen überlassen.

Das Setzen und Verändern von Keyframes lernt man am besten am praktischen Beispiel. In den nächsten Workshops geht es um die Eigenschaften unter Transformieren und die Handhabung von Keyframes in der Ebenenansicht und im Diagrammeditor. Die Workshops bauen auf den Workshops der vorhergehenden Kapitel auf.

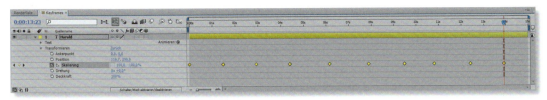

▲ **Abbildung 10.3**
Keyframes können in der Ebenenansicht gesetzt und bearbeitet werden.

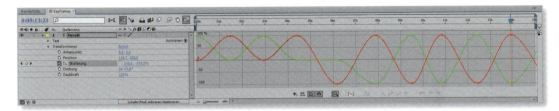

▲ **Abbildung 10.4**
Der Diagrammeditor ermöglicht eine visuelle Kontrolle über Werte von
Eigenschaften und die Geschwindigkeit Ihrer Animationen. Keyframes
können auch hier gesetzt und bearbeitet werden.

Schritt für Schritt: Eigenschaften und Eigenschaftswerte

Im folgenden Workshop werden wir uns mit dem Setzen, Kopieren und Verändern von Keyframes und Eigenschaftswerten in der Ebenenansicht der Zeitleiste befassen. Schauen Sie sich zuerst das Movie »orbiter« aus dem Ordner 10_KEYFRAME-GRUNDLAGEN/ EIGENSCHAFTSWERTE an.

1 Vorbereitung

Importieren Sie per Strg+I aus dem Ordner 10_KEYFRAME-GRUNDLAGEN/EIGENSCHAFTSWERTE die Dateien »orbiter.psd« und »moon.psd«. Wählen Sie gegebenenfalls AUF EINE EBENE REDUZIERT. Legen Sie mit Strg+N eine Komposition in den Abmessungen 720 × 576 (PAL D1/DV) und mit einer Dauer von 30 Sekunden (0:00:30:00) an.

2 Orbiter-Position animieren

Setzen Sie die Zeitmarke auf 00:00. Ziehen Sie alle importierten Dateien in die Zeitleiste. Die Datei »moon« sollte sich als Hintergrund ganz unten befinden. Schützen Sie den Hintergrund mit dem Schloss-Symbol.

Der Orbiter soll von links außen ins Bild kommen. Dazu positionieren Sie die Ebene zuerst wie in Abbildung 10.6 außerhalb der Kompositionsansicht.

▲ **Abbildung 10.5**
Die importierten Dateien werden zuerst in die Zeitleiste gezogen.

Abbildung 10.6 ▶
Die Orbiter-Ebene wird zu
Beginn außerhalb der Komposi-
tionsansicht positioniert.

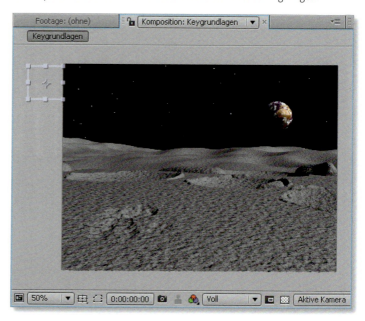

Keyframes auswählen

Zum Auswählen einzelner Keyframes klicken Sie diese an. Zum
Auswählen mehrerer Keyframes
drücken Sie zusätzlich die Taste
⌂ oder ziehen bei gedrückter
Maustaste einen Rahmen über
die betreffenden Keyframes.

Keyframes abwählen

Um einzelne Keyframes abzu-
wählen, klicken Sie mit der Maus
bei gedrückter Taste ⌂ auf die
markierten Keyframes. Um alle
ausgewählten Keyframes abzu-
wählen, klicken Sie auf eine
leere Stelle in der Zeitleiste.

Für die Datei »orbiter« setzen Sie Positions- und Skalierungs-Key-
frames. Markieren Sie dazu die Ebene, und drücken Sie die Taste
P zum Einblenden der Positionseigenschaft. Drücken Sie anschlie-
ßend die Tasten ⌂ und S, um die Skalierungseigenschaft einzu-
blenden. Verringern Sie den Wert für SKALIERUNG auf 21 %, indem
Sie in der Zeitleiste direkt auf den Wert bei SKALIERUNG klicken.
Tragen Sie dann den neuen Wert ein, und bestätigen Sie mit einem
Klick auf einen grauen Bereich in der Zeitleiste oder per ↵ im
Ziffernblock. Sie haben den Wert gerade numerisch gesetzt, per
Tastatureingabe. Bei der weiteren Animation verfahren wir etwas
anders.

Setzen Sie einen ersten Keyframe für die Position bei 00:00,
indem Sie auf das Stoppuhr-Symbol ❶ klicken. Vorsicht: Klicken
Sie kein zweites Mal auf die Stoppuhr, da sonst alle Keyframes der
Eigenschaft gelöscht werden. Für einen zweiten Keyframe setzen
Sie die Zeitmarke auf 03:10. Ziehen Sie anschließend die Ebene
»orbiter« ins Bild. Gewöhnen Sie sich dabei gleich an, die Ebenen in der Zeitleiste auszuwählen, um immer die richtige Ebene
zu erwischen. Verwenden Sie beim Ziehen die ⌂-Taste, um die

Bewegung der Ebene horizontal zu beschränken (erst ziehen, dann die Taste drücken).

▲ **Abbildung 10.7**
Ein erster Keyframe wird für jede zu animierende Eigenschaft immer zuerst mit einem Klick auf das Stoppuhr-Symbol gesetzt.

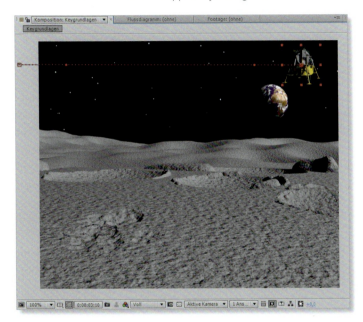

◄ **Abbildung 10.8**
Mit Hilfe der ⟨⇧⟩-Taste wird die Ebene »orbiter« waagerecht verschoben.

Keyframes löschen

Um einzelne oder mehrere ausgewählte Keyframes zu löschen, drücken Sie die Taste ⟨Entf⟩. Um alle Keyframes einer Eigenschaft zu löschen, klicken Sie (erneut) auf das Stoppuhr-Symbol.

Der Orbiter soll nun die Erde halb umrunden und dann zweimal an verschiedenen Stellen auf dem Mond landen.

Setzen Sie den nächsten Keyframe auf die gleiche Weise bei 04:12, indem Sie die Ebene nach unten ziehen. Lassen Sie sich nicht davon verwirren, dass der Pfad sich nun krümmt wie ein Gartenschlauch. Wie Sie dies ändern, erfahren Sie später in Kapitel 11, »Keyframe-Interpolation«.

Die nächsten Keys setzen Sie bei 05:12 durch Ziehen der Ebene nach links, bei 06:00 durch Ziehen nach unten, zur ersten Landung auf dem Mond. Hier setzen wir auch Skalierungs-Keys, und zwar den ersten Key per Klick auf die Stoppuhr bei 05:12. Bei 06:00 erhöhen Sie den Skalierungswert auf 46 %. Position und Skalierung werden also gleichzeitig animiert.

Keyframes verschieben

Sie können einzelne Keyframes oder mehrere markierte Keyframes mehrerer Eigenschaften zu einem anderen Zeitpunkt verschieben. Wählen Sie dazu die Keyframes aus, und ziehen Sie sie mit der Maus zu einem neuen Zeitpunkt.

▲ **Abbildung 10.9**
Der Bewegungspfad der Ebene »orbiter«

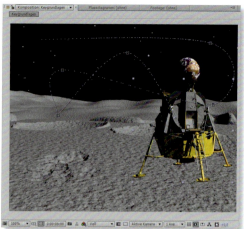

▲ **Abbildung 10.10**
Der Orbiter nach der Landung

Abbildung 10.11 ▶
Die Keyframes der fast fertigen
Animation

3 **Animation stoppen**

Der Orbiter soll für einen Moment stillstehen. Dies erreichen wir, indem wir die letzten beiden Keyframes von POSITION und SKALIERUNG noch einmal zu einem späteren Zeitpunkt einsetzen. Ziehen Sie dazu die Zeitmarke auf 07:00. Klicken Sie dann auf die kleinen Rauten-Symbole. Diese dienen dazu, den Wert der jeweiligen Eigenschaft an der Position der Zeitmarke auszulesen und ihn dort in einem Keyframe zu »speichern«. Da sich in unserem Falle die Werte an zwei aufeinanderliegenden Zeitpunkten gleichen, gibt es dazwischen keine Animation, sondern Stillstand.

Manchmal ist es besser, eine Animation zu stoppen, indem Sie den vorherigen Keyframe kopieren und an späterer, aufeinanderfolgender Stelle wieder einsetzen. Dies ist besonders in bestehenden Animationen zu empfehlen. Verwenden Sie zum Kopieren Strg+C und danach Strg+V. Der kopierte Key wird dann an der Zeitmarkenposition eingesetzt.

Ziehen Sie die Zeitmarke auf 08:00 und die Ebene »orbiter« zum erneuten Start nach oben. Lassen Sie den Orbiter bei 09:00 etwas weiter rechts wieder landen, und erhöhen Sie dort den Wert für SKALIERUNG auf 72 %. Wieder soll der Orbiter einen Moment verharren, und zwar bis 10:00. Setzen Sie also die letzten beiden Keys für SKALIERUNG und POSITION dort noch einmal ein.

4 Keyframes kopieren

Wir wollen den Orbiter nun den gleichen Weg rückwärts fliegen lassen. Dazu verwenden wir die gleichen Keyframes noch einmal. Klicken Sie, um alle Keyframes der Eigenschaft Position auszuwählen, auf das Wort Position in der Zeitleiste. Wählen Sie [Strg]+[C] zum Kopieren der Keys. Setzen Sie die Zeitmarke auf 10:12, und wählen Sie dann [Strg]+[V], um die Keys an der Position der Zeitmarke einzusetzen. Verfahren Sie genauso mit den Keys für die Skalierung, und setzen Sie sie ebenfalls bei 10:12 wieder ein.

Keyframes in andere Ebenen kopieren

So wie Sie Keyframes innerhalb einer Ebene per [Strg]+[C] kopieren und mit [Strg]+[V] wieder einsetzen können, ist dies auch ebenenübergreifend möglich. Dazu wählen Sie die Ebene, in die Sie die Keys einsetzen wollen, einfach zuvor aus und fügen dann die Keys ein.

5 Keyframe-Reihenfolge umkehren

Damit der Orbiter tatsächlich rückwärts fliegt, müssen die zuletzt eingefügten Keys in ihrer Reihenfolge genau umgekehrt abgespielt werden. Markieren Sie dazu zuerst die zuvor eingefügten Keys von Skalierung und Position, indem Sie mit der Maus einen kleinen Rahmen um die Keys ziehen. Wählen Sie anschließend Animation • Keyframe-Assistent • Keyframe-Reihenfolge umkehren, oder klicken Sie mit der rechten Maustaste auf die markierten Keys, und wählen Sie den Befehl im Kontextmenü.

▼ Abbildung 10.12
Mit der Maustaste lässt sich ein Rahmen zum Markieren von Keyframes aufziehen.

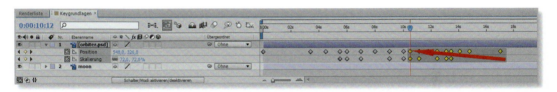

6 Keyframes proportional stauchen und strecken

Sie können die gesetzten Keyframes einer Eigenschaft stauchen, um die Animation zu beschleunigen, oder strecken, um sie zu verlangsamen. Die Ebene wird dabei nicht verändert.

Markieren Sie erneut die zuletzt bearbeiteten Keys. Drücken Sie gleichzeitig die Taste [Alt] und klicken Sie den letzten Key in der Reihe an. Ziehen Sie dabei den letzten Key auf die Zeit 17:00. Die Abstände zwischen den Keys bleiben dabei proportional erhalten. Das war alles. Spielen Sie die Animation in der RAM-Vorschau mit der Taste [0] im Ziffernblock ab.

▼ Abbildung 10.13
Eine Reihe Keyframes können Sie mit der Taste [Alt] auf eine neue Zeitdauer dehnen.

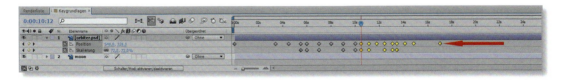

Bevor wir mit dem nächsten Workshop beginnen, folgen noch ein paar Ergänzungen zum Thema.

Werte global setzen | Unerwähnt blieb bisher die Möglichkeit, Werte global zu setzen, also ohne Animation. Dazu müssen Sie nichts weiter tun, als den Wert einer Eigenschaft zu verändern, ohne jedoch Keyframes zu setzen. Die Drehung einer Ebene um 90° beispielsweise bleibt dann unverändert bestehen.

Werte mit der Maus ändern | Wichtig ist die Möglichkeit, Werte in der Zeitleiste durch Ziehen mit der Maus zu verändern. Blenden Sie dazu die entsprechende Eigenschaft in der Zeitleiste ein, und positionieren Sie den Mauszeiger genau über dem eingefärbten Eigenschaftswert. Der Mauszeiger ändert sich in ein Hand-Symbol. Um den Wert zu erhöhen, ziehen Sie den Mauszeiger nach rechts, und um ihn zu vermindern, bewegen Sie den Mauszeiger nach links.

▲ **Abbildung 10.14**
Eigenschaftswerte können Sie durch Ziehen mit der Maus ändern.

Keyframe-Dialogbox | Um Werte bereits gesetzter Keyframes über eine Keyframe-Dialogbox zu ändern, markieren Sie den Keyframe einer Eigenschaft in der Zeitleiste, klicken mit der rechten Maustaste darauf und wählen WERT BEARBEITEN – oder Sie doppelklicken einfach auf den Keyframe. In der sich öffnenden Dialogbox tragen Sie die neuen Werte ein, die dann für diesen Keyframe übernommen werden. Sie ersparen sich damit ein mühseliges Positionieren der Zeitmarke.

▲ **Abbildung 10.15**
Per Auto-Keyframe-Schalter setzen Sie automatisch einen ersten Keyframe in einigen Eigenschaften.

Drehen-Werkzeug | Für Änderungen der Drehung verwenden Sie das Drehen-Werkzeug. Es eignet sich, um eine Ebene freihändig zu drehen. Aktivieren Sie dazu den Button in der Werkzeugpalette, und verändern Sie die Drehung einer markierten Ebene direkt im Kompositionsfenster.

Klicken Sie die Ebene an, und ziehen Sie gleichzeitig den Mauszeiger. Die Werteänderung wird in der Zeitleiste bei der Eigenschaft DREHUNG angezeigt.

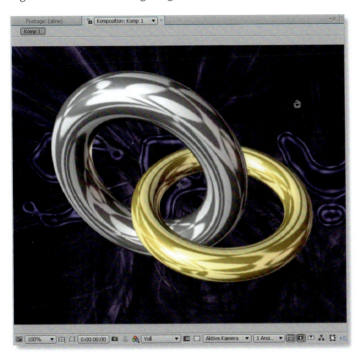

▲ **Abbildung 10.17**
Der Mauszeiger ändert sich, wenn das Drehen-Werkzeug aktiv ist.

▲ **Abbildung 10.16**
Mit dem Drehen-Werkzeug verändern Sie die Drehung einer markierten Ebene direkt im Kompositionsfenster.

10.1.2 Auto-Keyframe-Schalter

Seit After Effects CS5 gibt es den Auto-Keyframe-Schalter ❶. Wenn Sie den Schalter nicht betätigen, werden die Keyframes wie üblich gesetzt.

Ist der Schalter gedrückt, setzen Sie automatisch ab dem aktuellen Zeitpunkt Keyframes für diejenigen Eigenschaften, die Sie mit den Werkzeugen aus der Werkzeugpalette verändern können. Diese Eigenschaften sind ANKERPUNKT, POSITION, SKALIERUNG, DREHUNG und MASKENPFAD. Somit werden Keyframes außer in Standbildern, Videoebenen und Kameraebenen auch bei Masken, in Formebenen und bei Effekten mit der Eigenschaft POSITION gesetzt. Bei nicht animierbaren Eigenschaften wie z. B. QUELLTEXT werden keine Keyframes gesetzt.

Der einzige Unterschied zum »normalen« Arbeiten besteht darin, dass Sie den ersten Keyframe dieser Eigenschaften nicht selbst setzen müssen, aber Sie wissen ja: Ist der Anfang erst gemacht, ist's halb so schwer.

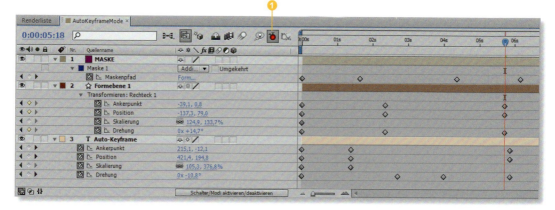

▲ Abbildung 10.18
Per Auto-Keyframe-Schalter setzen Sie automatisch einen ersten Keyframe in einigen Eigenschaften.

10.1.3 Separate Positions-Keyframes

Die Positionseigenschaft einer 2D-Ebene verfügt über die Werte für X und Y. Wurde für eine Ebene die 3D-Option aktiviert, teilt sich die Positionseigenschaft in drei Werte auf, jeweils für die x-, y- und z-Achse. Seit der Version After Effects CS4 können Sie selbst entscheiden, ob Sie für die einzelnen Achsen der Positionseigenschaft einen einzigen gemeinsamen Keyframe setzen oder separat für jede Achse.

Sinn und Zweck | Sinnvoll ist dies beispielsweise, um unterschiedliche Kräfte, die auf Ebenen wirken können, leichter zu simulieren. So kann die x-Achse kontinuierlich animiert werden, während die y-Achse gleichzeitig zufällig generierte Keyframes enthält oder über eine Expression animiert wird. Oder Sie legen für eine der Achsen mittels zeitlicher Interpolation und Geschwindigkeitskurven eine beschleunigte Bewegung fest.

Weg | Um die Option zu aktivieren, markieren Sie die Positionseigenschaft in der Zeitleiste und klicken mit der rechten Maustaste darauf. Wählen Sie dann im Einblendmenü die Option DIMENSIONEN TRENNEN. Anschließend sind die Achsen getrennt animierbar. Umgekehrt nehmen Sie den gleichen Weg.

Sie sollten die Option nicht ständig an- und ausschalten, da Sie ansonsten unkontrollierbare Ergebnisse erzielen. So werden Informationen aus beispielsweise drei separaten Bewegungspfaden für X, Y, Z zu einem einzigen Bewegungspfad reduziert, wenn

Sie die Dimensionen wieder zusammenfügen. Ebenso ergeht es den Geschwindigkeitseinstellungen für die einzelnen Pfade.

Auch wenn Sie die Dimensionen trennen, werden Informationen zur Geschwindigkeit gelöscht, aber der Bewegungspfad bleibt dabei gleich.

Alle Informationen zur Geschwindigkeitsbearbeitung von Keyframes und zu Roving Keyframes finden Sie im Verlauf dieses Kapitels. Näheres zur Animation von 3D-Ebenen lesen Sie in Kapitel 21, »3D in After Effects«.

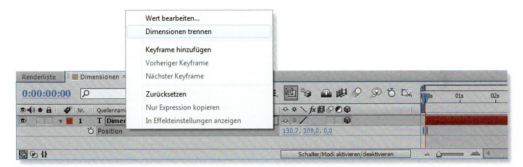

▲ **Abbildung 10.19**
Mit der rechten Maustaste und DIMENSIONEN TRENNEN separieren Sie die Achsen der Positionseigenschaft.

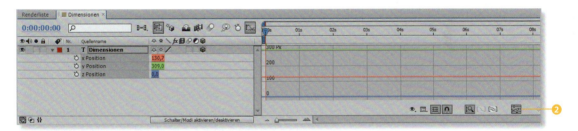

▲ **Abbildung 10.20**
Im Diagrammeditor, den Sie noch kennenlernen, trennen Sie Dimensionen mit der Schaltfläche für separate Achsen.

▲ **Abbildung 10.21**
Die getrennten Achsen können Sie separat mit Beschleunigungseinstellungen und/oder Expressions versehen.

10.2 Ankerpunkte definieren

In dem Workshop »Eigenschaften und Eigenschaftswerte« haben Sie die Drehung einer Ebene animiert. Die Drehung erfolgte dabei, wie Ihnen vielleicht aufgefallen ist, um den Ebenenmittelpunkt, den Ankerpunkt. Standardmäßig liegt der Ankerpunkt in der Mitte. Für einige Animationen muss der Ankerpunkt verschoben oder sogar animiert werden. In dem folgenden Workshop gehen wir das Ganze praktisch an.

Schritt für Schritt: Dreh- und Angelpunkt ist der Ankerpunkt

Bevor Sie beginnen, schauen Sie sich das Movie »allestrick« aus dem Ordner 10_Keyframe-Grundlagen/Ankerpunkt an.

1 Vorbereitung

Importieren Sie per ⎡Strg⎤+⎡I⎤ die Datei »allestrick.psd«. Legen Sie mit ⎡Strg⎤+⎡N⎤ eine Komposition in den Abmessungen 788 × 576 und mit einer Dauer von 9 Sekunden (0:00:09:00) an. Wählen Sie unter Komposition • Hintergrundfarbe ein dunkles Grün.

2 Farbfläche erstellen

Erstellen Sie eine Farbfläche über Ebene • Neu • Farbfläche oder mit ⎡Strg⎤+⎡Y⎤. Klicken Sie auf die Schaltfläche Wie Kompositions-Grösse. Als Farbe wählen Sie Rot.

3 Ankerpunkt und Skalierung

Die Farbfläche erscheint genau zentriert in der Komposition. In der Mitte sehen Sie bei markierter Ebene den Ankerpunkt. Dieser soll jetzt verschoben werden. Aktivieren Sie das Ausschnitt-Werkzeug.

Ziehen Sie den Ankerpunkt im Kompositionsfenster ganz genau auf den rechten Rand der Farbfläche. Nutzen Sie eventuell die Vergrößerungsoption des Kompositionsfensters oder die Tasten ⎡,⎤ und ⎡.⎤ für eine genaue Positionierung. Wenn Sie über eine Maus mit Scrollrad verfügen, können Sie auch einfach per Rad vergrößern und verkleinern. Sie können die Leertaste nutzen, um den Ausschnitt der vergrößerten Kompositionsansicht zu verschieben.

Wählen Sie wieder das Auswahl-Werkzeug ⎡V⎤. Als Nächstes verändern Sie die Skalierung. Markieren Sie die Farbflächenebene, und blenden Sie die Eigenschaft Skalierung mit der Taste ⎡S⎤ ein.

▲ **Abbildung 10.22**
Der Ankerpunkt einer Ebene kann mit dem Ausschnitt-Werkzeug verschoben werden.

Ankerpunkt zurücksetzen

Durch einen Doppelklick auf das Ausschnitt-Werkzeug setzen Sie einen verschobenen Ankerpunkt wieder zurück auf den Ebenenmittelpunkt.

Setzen Sie einen ersten Key per Klick auf das Stoppuhr-Symbol bei 00:12. Der zweite Key wird automatisch durch Verändern des Skalierungswerts entstehen.

Skalierung zurücksetzen

Durch einen Doppelklick auf das Auswahl-Werkzeug setzen Sie die Skalierungswerte wieder auf 100 % zurück.

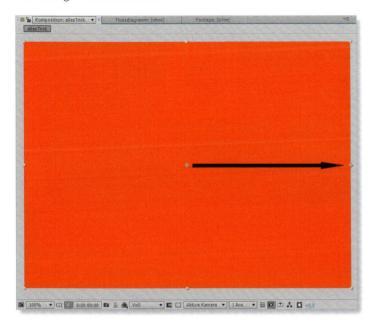

◀ **Abbildung 10.23**
Für die Farbfläche wird der Ankerpunkt an den rechten Rand der Ebene verschoben.

Es soll nur die Breite skaliert werden. Entfernen Sie das Verketten-Symbol ❶, um die Skalierung für Breite und Höhe unabhängig zu ändern. Klicken Sie in das Wertefeld für die Breite, und tragen Sie bei 01:12 den Wert »0« ein. Die Fläche wird in Richtung des Ankerpunkts, nach rechts, verkleinert und ist dann unsichtbar.

▲ **Abbildung 10.24**
Nur die Breite der Farbfläche wird skaliert.

4 Ankerpunkt und Drehung

Als Nächstes werden wir die Datei »allestrick« mit Hilfe des Ankerpunkts animieren. Positionieren Sie die Zeitmarke auf 02:00, und ziehen Sie die Datei »allestrick« in den rechten Bereich der Zeitleiste. Wenn Sie die Ebene genau auf die Zeitmarke ziehen, wird der In-Point der Ebene genau dort positioniert. Setzen Sie den Ankerpunkt in die linke untere Ecke.

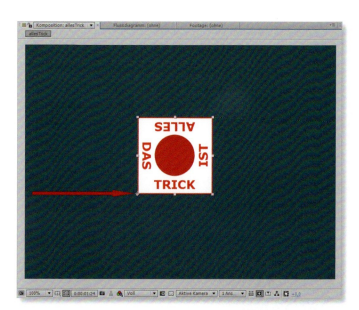

Abbildung 10.25 ▶
Zuerst wird der Ankerpunkt für
die Ebene »allestrick« auf die
linke untere Ecke gesetzt.

Erweitern Sie das Kompositionsfenster etwas, und positionieren Sie
die Ebene jetzt außerhalb der Ansicht, genau am rechten Rand der
Komposition, wie in Abbildung 10.26.

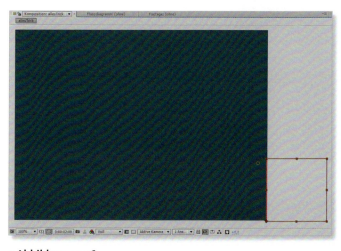

▲ **Abbildung 10.26**
Die Ebene »allestrick« wird zu Beginn an den rechten Kompositionsrand
gesetzt.

**Ebenen per Tastatur
verschieben**

Markierte Ebenen können Sie
mit den Pfeiltasten nach rechts,
links, oben und unten um je einen Pixel verschieben. Bei Zuhilfenahme von ⇧ wandern die
Ebenen in 10-Pixel-Schritten.

Öffnen Sie die Eigenschaft Drehung mit der Taste ⟨R⟩. Setzen Sie
den ersten Key genau am In-Point der Ebene bei 02:00. Setzen
Sie den nächsten Key bei 02:12, indem Sie den Wert »−90« in das
Wertefeld ❶ eintragen. Die Ebene kippt um den Ankerpunkt nach
links.

▲ Abbildung 10.27
Die Drehung der Ebene »allestrick« wird in 90-Grad-Schritten animiert.

◄ Abbildung 10.28
Die Ebene »allestrick« kommt von rechts ins Bild.

5 **Ankerpunkt animieren**

Blenden Sie zusätzlich zur Drehung die Eigenschaften ANKERPUNKT und POSITION ein, und zwar bei markierter Ebene mit ⌊R⌋, ⌊◇⌋+⌊A⌋ und ⌊◇⌋+⌊P⌋. Passen Sie jetzt gut auf! Setzen Sie jeweils für Ankerpunkt und Position einen ersten Key bei 02:11, also genau einen Frame vor dem Drehungs-Key. Vergleichen Sie das mit Abbildung 10.29.

Ankerpunkte am Anfang setzen

Es ist wichtig, den Ankerpunkt zu setzen, **bevor** Sie andere Keyframes definiert haben. Ein später verschobener Ankerpunkt kann zu erheblichen Veränderungen der Animation führen und Sie zur Verzweiflung treiben.

Gehen Sie jetzt nur um ein Bild in der Zeitleiste weiter auf 02:12. Nutzen Sie dazu die Taste ⌊Bild↓⌋. Die Zeitmarke springt einen Frame weiter. Verschieben Sie den Ankerpunkt von »allestrick« mit dem Ausschnitt-Werkzeug zur linken unteren Ecke. Achten Sie dabei auf Genauigkeit, und nutzen Sie die Vergrößerung.

▲ Abbildung 10.29
Zur Animation des Ankerpunkts werden kurz nacheinander Keyframes für die Position und den Ankerpunkt gesetzt.

Es entstehen zwei neue Keyframes bei ANKERPUNKT und POSITION. Der Ankerpunkt rutscht dabei innerhalb eines Frames auf seine neue Position.

6 Weitere Animation

▼ Abbildung 10.30
Die Drehung stoppt für eine Sekunde. Dazu wird der letzte Keyframe kopiert und später eingefügt.

Markieren Sie den Drehungs-Key bei 02:12. Kopieren Sie den Key mit [Strg]+[C], und setzen Sie ihn bei 03:12 mit [Strg]+[V] ein. Durch den erneut eingesetzten Key stoppt die Animation der Drehung für eine Sekunde.

Ab jetzt wiederholt sich der Ablauf. Für die Drehung setzen Sie bei 04:00 einen Key, indem Sie ins Wertefeld ❶ »–180« eintragen. Die Ebene kippt erneut nach links um den neu definierten Ankerpunkt.

Abbildung 10.31 ▶
Erneut kippt die Ebene, diesmal um eine andere Ecke.

Es folgt das erneute Verschieben des Ankerpunkts. Markieren Sie dazu zunächst nacheinander mit Hilfe der Taste [⇧] die beiden Keys für Ankerpunkt und Position bei 02:12. Kopieren Sie die Keys, und setzen Sie sie bei 03:24, einen Frame vor dem Drehungs-Key, ein. Verschieben Sie bei 04:00 wieder den Ankerpunkt auf die neuerliche linke untere Ecke. Es entstehen wie vorher automatisch zwei neue Keys für ANKERPUNKT und POSITION.

Das Prinzip für die weitere Animation bleibt gleich. Daher werden die nächsten Schritte nicht näher beschrieben. Zum Vergleich schauen Sie eventuell in das Projekt »ankerpunkt.aep« im Ordner 10_Keyframe-Grundlagen/Ankerpunkt und orientieren sich an Abbildung 10.33.

▲ **Abbildung 10.32**
Die letzten Keyframes für DREHUNG und ANKERPUNKT werden kopiert und einen Frame vor dem Drehungs-Keyframe eingefügt. Ein Bild weiter wird der Ankerpunkt wieder verschoben.

▲ **Abbildung 10.33**
Die Position der Keyframes

10.3 Animationsvorgaben

In der Palette EFFEKTE UND VORGABEN von After Effects finden Sie eine große Anzahl an vordefinierten Animationen, die Sie auf Ihre Ebenen in der Zeitleiste anwenden können. Sie öffnen die Palette über FENSTER • EFFEKTE UND VORGABEN oder mit ⌃Strg+⑤.

Animationsvorgaben anzeigen | Sie können die Animationsvorgaben über zwei Wege erreichen: einmal über das Menü ANIMATION • VORGABEN DURCHSUCHEN oder über das Menü der Palette EFFEKTE UND VORGABEN per Klick auf den Eintrag ANIMATIONSVORGABEN ANZEIGEN. Falls Adobe Bridge installiert ist, sind die Vorgaben dort aufgelistet und können bequem durchsucht und in einer Vorschau angesehen werden. In der Palette EFFEKTE UND VORGABEN wird der Eintrag ANIMATIONSVORGABEN zusätzlich zu den Effektkategorien eingeblendet.

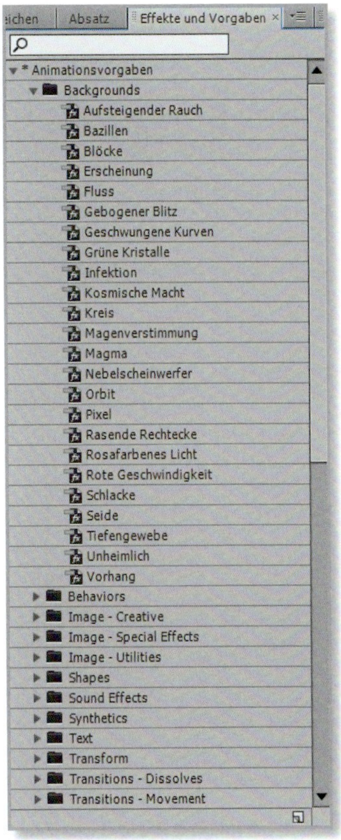

Abbildung 10.34 ▶
Aus der Palette EFFEKTE UND VORGABEN heraus ziehen Sie die Animationsvorgabe auf eine markierte Ebene oder klicken sie doppelt an.

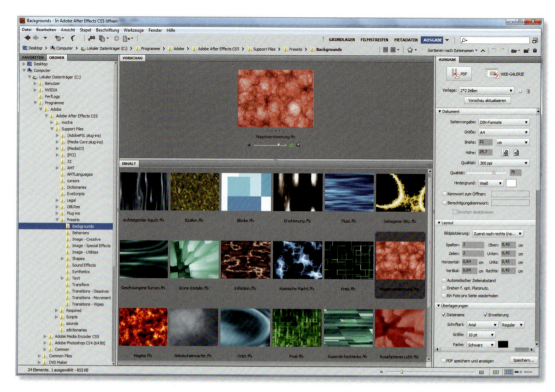

▲ Abbildung 10.35
In Adobe Bridge werden die Animationsvorgaben in einer Vorschau angezeigt und können schnell einer oder mehreren markierten Ebenen zugewiesen werden.

▼ Abbildung 10.36
Nach Anwendung einer Animationsvorgabe erscheinen Keyframes bzw. Expressions in allen zuvor markierten Ebenen.

Animationsvorgaben anwenden | Wenn Sie einer oder mehreren Ebenen eine Vorgabe zuweisen wollen, markieren Sie die Ebenen zuerst in der Zeitleiste. Danach setzen Sie die Zeitmarke auf eine Zeitposition, an der die Animation beginnen soll. In Adobe Bridge klicken Sie anschließend doppelt auf die gewünschte Vorgabe. Ebenso gehen Sie in der Palette EFFEKTE UND VORGABEN vor. Alternativ wählen Sie ANIMATION • ANIMATIONSVORGABE ANWENDEN. In der sich öffnenden Dialogbox wählen Sie eine vorgegebene oder Ihre selbsterstellte Animationsvorgabe aus. Animationsvorgaben werden standardmäßig im Installationsordner von After Effects im Ordner PRESETS gespeichert und können dort geöffnet werden.

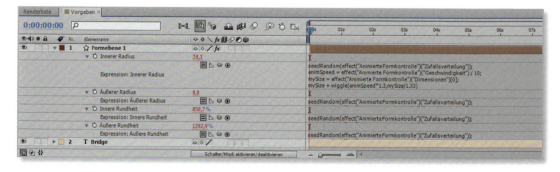

10.3.1 Eigene Animationsvorgaben erstellen

Im Workshop »Eigenschaften und Eigenschaftswerte« haben Sie Keyframes aus mehreren Eigenschaften kopiert und in andere Ebenen eingesetzt. Sie haben also eine Animation aus einer Ebene in eine andere Ebene übertragen. Sehr komfortabel ist das auch mit eigenen Animationsvorgaben machbar.

After Effects bietet Ihnen mit eigenen Animationsvorgaben die Möglichkeit, Keyframes einer oder mehrerer Eigenschaften dauerhaft zu speichern. Die so gesicherten Animationen können aus animierten Effekten, Masken und Ebenentransformationen – sprich allen mit Keyframes animierbaren Eigenschaften – bestehen. Nach dem Speichern ist es ein Kinderspiel, die Animationen den Ebenen Ihrer Wahl hinzuzufügen.

Animationsvorgabe anlegen | Bevor Sie eine Animationsvorgabe anlegen, markieren Sie die Keyframes einer Ebene, die Sie in einer anderen Ebene als Vorgabe verwenden wollen. Wählen Sie anschließend ANIMATION • ANIMATIONSVORGABE SPEICHERN. Es öffnet sich ein Dialog zum Speichern der Animationsvorgabe. Denselben Dialog erhalten Sie auch per Klick auf das kleine Symbol ❷ unten rechts in der Palette EFFEKTE UND VORGABEN.

Wenn Sie selbst keinen neuen Speicherpfad eingeben, wird die Animationsvorgabe als eigene Datei mit der Endung ».ffx« im Installationsordner AFTER EFFECTS CS5 / USER PRESETS unter dem von Ihnen gewählten Namen abgelegt.

Sollten Sie die Vorgabe an einem anderen Ort speichern, wird sie nur dann in der Vorgaben-Palette angezeigt, wenn der Ordner USER PRESETS eine Verknüpfung zu dem Ordner mit der Vorgabe enthält. Die neue Animationsvorgabe wird sowohl in Adobe Bridge als auch in der Palette EFFEKTE UND VORGABEN mit dem gewählten Namen angezeigt ❶.

Wenn Sie Ihre Animationsvorgabe anwenden möchten, gehen Sie so vor, wie es oben bereits beschrieben wurde. Die zuvor als Vorgabe gespeicherten Keyframes Ihrer animierten Effekte und Transformationen werden jeweils in die markierten Ebenen eingesetzt.

Animationsvorgabe löschen | Um eine Animationsvorgabe wieder zu entfernen, markieren Sie sie zuerst in der Palette EFFEKTE UND VORGABEN. Anschließend wählen Sie aus dem Menü der Palette den Eintrag IN EXPLORER ANZEIGEN bzw. IM FINDER ANZEIGEN (Mac OS). Daraufhin wird der Ordner PRESETS angezeigt; die gewählte Vorgabe ist dort markiert. Zum Löschen betätigen Sie die Taste

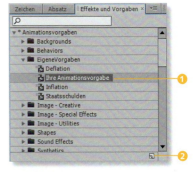

▲ **Abbildung 10.37**
In der Palette EFFEKTE UND VORGABEN werden selbst definierte Animationsvorgaben angezeigt.

$\boxed{\text{Entf}}$. Im Menü der Palette wählen Sie abschließend den Eintrag LISTE AKTUALISIEREN.

Tabelle 10.1 ▶
Tastenkürzel zum Einblenden
von Ebeneneigenschaften

Funktion	Windows	Mac OS
Ankerpunkt	$\boxed{\text{A}}$	$\boxed{\text{A}}$
Position	$\boxed{\text{P}}$	$\boxed{\text{P}}$
Skalierung	$\boxed{\text{S}}$	$\boxed{\text{S}}$
Deckkraft	$\boxed{\text{T}}$	$\boxed{\text{T}}$
Drehung	$\boxed{\text{R}}$	$\boxed{\text{R}}$
alle animierten Eigenschaften	$\boxed{\text{U}}$	$\boxed{\text{U}}$

Funktion	Windows	Mac OS
Ebene entlang der x-, y-Achse verschieben	$\boxed{\Uparrow}$ + Ebene ziehen	$\boxed{\Uparrow}$ + Ebene ziehen
proportionale Skalierung	$\boxed{\Uparrow}$ + Eckpunkt der Ebene ziehen	$\boxed{\Uparrow}$ + Eckpunkt der Ebene ziehen
Drehung in 45-Grad-Schritten	$\boxed{\Uparrow}$ + mit Drehwerkzeug ziehen	$\boxed{\Uparrow}$ + mit Drehwerkzeug ziehen
Rotation auf 0° zurücksetzen	Doppelklick auf Drehen-Werkzeug	Doppelklick auf Drehen-Werkzeug
Skalierung auf 100 % zurücksetzen	Doppelklick auf Auswahl-Werkzeug	Doppelklick auf Auswahl-Werkzeug

▲ **Tabelle 10.2**
Tastenkürzel zum Arbeiten mit Ebeneneigenschaften

10.4 Der Diagrammeditor

Mit dem Diagrammeditor meistern Sie Ihre Animationen schneller, führen Änderungen an bereits gesetzten Keyframes durch oder definieren neue Keyframes. Außerdem behalten Sie die Kontrolle über die Geschwindigkeiten Ihrer Animationen.

In den vorangegangenen Workshops haben Sie Keyframes in der Ebenenansicht des Zeitleistenfensters definiert, um damit Animationen zu schaffen. Eine Alternative zu der bekannten Bearbeitung bietet der Diagrammeditor. Trotz seines vielleicht abschreckenden Namens lohnt es sehr, ihn zu studieren. Sie haben mehr Kontrolle über Ihre Keyframes und können im Editor – nach kurzer Eingewöhnungsphase – mindestens ebenso leicht Animationen erstellen wie in der Ebenenansicht. Auch Änderungen sind sehr schnell und intuitiv bewerkstelligt. Zu guter Letzt erhalten Sie die volle Kontrolle über die Geschwindigkeiten Ihrer Animationen und können im Editor dynamisch wirkende Bewegungen erzeugen.

10.4.1 Funktion des Diagrammeditors

Der Diagrammeditor dient zur visuellen Darstellung der Geschwindigkeits- und Werteänderungen aller Ihrer Animationen. Sie können jederzeit über den Button ❶ in der Zeitleiste zwischen Ebenenansicht und dem Diagrammeditor wechseln.

Der Diagrammeditor besteht aus einem zweidimensionalen Diagramm, das genau wie in der Ebenenansicht den zeitlichen Verlauf von Eigenschaftsänderungen wiedergibt. In diesem Diagramm können Sie für jede Eigenschaft eine **Geschwindigkeits-** und eine **Wertekurve** einblenden. Die Geschwindigkeitskurve stellt die Geschwindigkeit, mit der sich Eigenschaftswerte ändern, visuell dar. In der Wertekurve hingegen werden die Eigenschaftswerte visualisiert. Diese können einzeln oder auch gemeinsam angezeigt werden.

▼ **Abbildung 10.39**
Die Geschwindigkeitskurve stellt die Geschwindigkeit, mit der sich Eigenschaftswerte ändern, visuell dar.

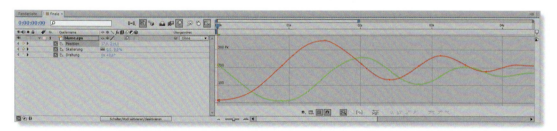

Außerdem ist es möglich, die Kurven für mehrere Eigenschaften gleichzeitig anzuzeigen. Dabei passt sich allerdings die Anzeige dem Minimal- und Maximalwert der Kurven an. Damit sind Kurven mit kleineren Wertebereichen manchmal kaum noch bearbeitbar. Bei sehr unterschiedlichen Wertebereichen ist es also nötig, die Ansicht anzupassen oder die entsprechenden Eigenschaften wieder einzeln auszuwählen. Die frühere Ansicht, die jede Kurve in einem

▲ **Abbildung 10.40**
In der Wertekurve werden Eigenschaftswerte visualisiert.

eigenen Fenster mit jeweils eigenem Wertebereich darstellte, gibt es seit After Effects 7 nicht mehr.

10.4.2 Arbeit mit dem Diagrammeditor

Schauen wir uns als Nächstes den Diagrammeditor etwas näher an.

Um im Diagrammeditor eine Eigenschaft anzeigen zu lassen, müssen Sie diese zuvor markieren. Der Editor blendet dann je nach Eigenschaftstyp automatisch entweder die Geschwindigkeits- oder die Wertekurve ein. Wenn Sie mehrere Eigenschaften markieren, werden die jeweiligen Kurven übereinander angezeigt. Jeder Eigenschaft bzw. Kurve sind dabei zur besseren Unterscheidung Farben zugeordnet, mit denen auch der Wert oder die Werte der Eigenschaft unterlegt sind. Verschiedene Eigenschaften und Werte lassen sich so besser auseinanderhalten, wenn ihnen nicht von den After-Effects-Entwicklern dieselbe Farbe zugeordnet wurde. Gleiche Eigenschaften erscheinen sogar grundsätzlich in den gleichen Farben.

Auswahl der angezeigten Eigenschaften | Über den Button ❶ gelangen Sie in ein kleines Menü. Die zwei wichtigsten Optionen sind AUSGEWÄHLTE EIGENSCHAFTEN ANZEIGEN und ANIMATIONSEIGENSCHAFTEN ANZEIGEN. Mit der ersten Option werden nur die Werte der Eigenschaften als Kurven dargestellt, die Sie direkt markieren. Mit der zweiten Option benötigen Sie nur einen Klick auf die Ebene, um die Kurven sämtlicher animierter Eigenschaften gemeinsam einzublenden. Die Optionen sind auch gemeinsam wählbar.

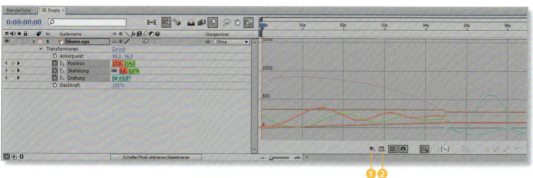

▲ **Abbildung 10.41**
Die Werte mehrerer ausgewählter Eigenschaften werden im Editor mit verschiedenen Farben dargestellt.

Diagrammtyp und Optionen | In dem Einblendmenü des Buttons ❷ finden Sie eine Auswahl, welcher Kurventyp angezeigt werden soll. Um die Kurven jeweils einzeln anzuzeigen, wählen Sie entweder WERTEKURVE BEARBEITEN oder GESCHWINDIGKEITSKURVE BEARBEITEN. Zusätzlich zu dem gewählten Kurventyp können Sie die jeweils nicht gewählte Kurve als Referenz einblenden, wenn Sie außerdem ein Häkchen bei REFERENZDIAGRAMM ANZEIGEN setzen.

Mit der Option KURVENTYP AUTOMATISCH WÄHLEN entscheidet After Effects selbst, welche Kurve bei einer markierten Eigenschaft angezeigt wird. Bei einer räumlichen Eigenschaft wie der Position ist es die Geschwindigkeitskurve und sonst die Wertekurve.

Nützlich sind auch die folgenden Optionen: Sie können AUDIO-WELLENFORMEN ANZEIGEN wählen, um Audiodateien besser mit Animationen zu synchronisieren, indem die Audioinformation visualisiert wird. Eine ähnliche Option ist auch in der Ebenenansicht verfügbar.

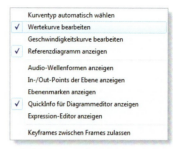

▲ **Abbildung 10.42**
Für das Diagramm sind viele Anzeigeoptionen wählbar.

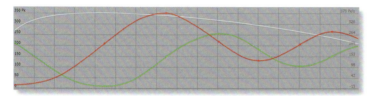

▲ **Abbildung 10.43**
Wählen Sie die Option REFERENZDIAGRAMM ANZEIGEN, werden Geschwindigkeits- und Wertekurve gemeinsam im Diagramm dargestellt.

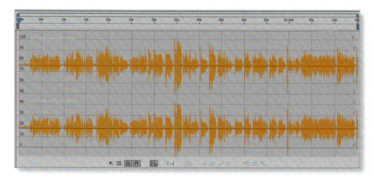

▲ **Abbildung 10.44**
Mit Hilfe der Audio-Wellenform lassen sich Animationen und Sound besser synchronisieren.

Die Option QUICKINFO FÜR DIAGRAMMEDITOR ANZEIGEN dient dazu, Informationen direkt dort anzuzeigen, wo sich der Mauszeiger gerade über einer der Kurven befindet.

Die letzte Möglichkeit, KEYFRAMES ZWISCHEN FRAMES ZULASSEN, ermöglicht es Ihnen, Keyframes im Editor so zu verschieben, dass sie auch zwischen Frames liegen können, was ein sehr präzises Timing ermöglicht.

Weitere Optionen

Die Optionen IN-/OUT-POINTS DER EBENE ANZEIGEN, EBENENMARKEN ANZEIGEN und EXPRESSION-EDITOR ANZEIGEN sind selbsterklärend. Allerdings sind sehr gute Augen vonnöten, um die angezeigten In- und Out-Points oder Marken zu entdecken. Der Expression-Editor gleicht dem Expressions-Feld in der Ebenenansicht. In Kapitel 24, »Expressions«, erfahren Sie mehr zu Expressions.

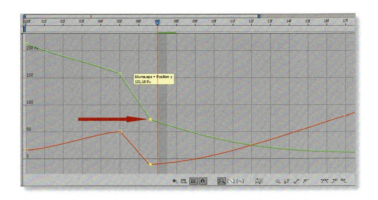

Abbildung 10.45 ▶
Mit der Option KEYFRAMES ZWISCHEN FRAMES ZULASSEN wird es möglich, Keyframes so zu verschieben, dass sie zwischen Frames platziert werden können.

10.4.3 Keyframe-Bearbeitung im Diagrammeditor

Die Keyframe-Bearbeitung im Diagrammeditor ähnelt derjenigen in der Ebenenansicht. Der Hauptunterschied besteht in den unterschiedlich dargestellten Keyframes und in der Möglichkeit, ein Transformationsfeld über diesen Keyframes aufzuziehen.

Keyframe-Darstellung | Im Unterschied zur Keyframe-Darstellung in der Ebenenansicht sind die Keyframes im Diagrammeditor im markierten Zustand als gelbe Punkte sichtbar, die durch eine Linie miteinander verbunden sind. In der Geschwindigkeitskurve gibt es für jeden Keyframe zusätzlich Anfasser, über die Sie die Kurve verändern können.

Abbildung 10.46 ▶
Keyframes in der Ebenenansicht und …

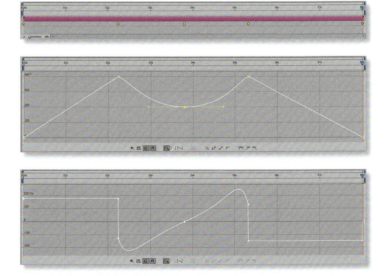

Abbildung 10.47 ▶
… in der Wertekurve des Diagrammeditors …

Abbildung 10.48 ▶
… und noch einmal in der Geschwindigkeitskurve

Keyframes auswählen | Um alle Keyframes einer Eigenschaft im Diagrammeditor auszuwählen, klicken Sie bei gedrückter ⟨Alt⟩-Taste auf ein Segment zwischen den Keyframes der Geschwindigkeits- oder der Wertekurve. Um mehrere Keyframes einzeln nacheinander auszuwählen, klicken Sie sie mit der ⇧-Taste an.

10.4.4 Transformationsfeld

Sie können im Diagrammeditor – egal, ob Sie gerade in der Geschwindigkeits- oder in der Wertekurve arbeiten – ein Transformationsfeld aufziehen. Es dient dazu, Abstände zwischen mehreren Keyframes bequem zu verändern oder Keyframe-Gruppen zu verschieben.

Transformationsfeld aufziehen | Ziehen Sie bei gedrückter Maustaste ein Feld über den Keyframes auf, die Sie bearbeiten wollen. Mit dem Button ❶ können Sie das Transformationsfeld ein- und ausblenden. Wenn Sie in der Wertekurve Keyframes bearbeiten, wirkt sich die Änderung sowohl für die Keyframe-Werte als auch für die Geschwindigkeit aus. Bei einer Bearbeitung in der Geschwindigkeitskurve bleiben die Werte unverändert.

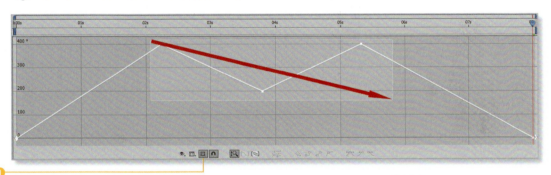

❶

Transformationsfeld bearbeiten | Wenn Sie ein Transformationsfeld aufgezogen haben, können Sie es anschließend mit dem Auswahl-Werkzeug skalieren oder verschieben. Geschwindigkeitskurven bzw. Keyframe-Abstände können Sie nur im Zeitverlauf skalieren und verschieben. Die ausgewählten Keyframes bewegen sich entsprechend, und die Kurve wird angepasst.

Transformationsfeld skalieren | Sie skalieren das Transformationsfeld, indem Sie auf einen der Punkte ❷ des Begrenzungsrahmens klicken und daran ziehen, sobald ein Doppelpfeil sichtbar wird. Zum proportionalen Skalieren halten Sie die Taste ⇧ gedrückt und ziehen den Rahmen an einem seiner Eckpunkte auf die neue Größe. Zum Skalieren um den Ankerpunkt des Rahmens ❸, den Sie auch anklicken und verschieben können, nehmen Sie die Taste Strg zu Hilfe. Um einen einzelnen Eckpunkt frei zu verschieben,

▲ **Abbildung 10.49**
Zum bequemen Verschieben von Keyframes oder zum Verändern der Abstände zwischen Keyframes kann das Transformationsfeld verwendet werden.

klicken Sie ihn bei gedrückter Alt-Taste an und ziehen ihn an eine andere Stelle.

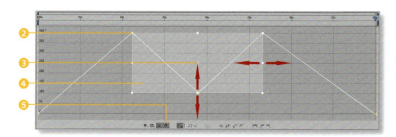

Abbildung 10.50 ►
Das Transformationsfeld kann skaliert und verschoben werden. Die ausgewählten Keyframes bewegen sich entsprechend, und die Kurve wird angepasst.

Transformationsfeld verschieben | Zum Verschieben des Transformationsfelds klicken Sie ins Feld ➍ und ziehen es an eine neue Position. Mit der Taste ⇧ beschränken Sie die Bewegung des Felds auf die Horizontale und Vertikale.

Ausrichten | Wenn Sie im Wertediagramm einzelne Keyframes verschieben, können Sie sie an der Zeitmarke, an Keyframes, Ebenen- und Kompositionsmarken, In- und Out-Points und am Anfang und Ende des Arbeitsbereichs ausrichten. Dazu wird eine orangefarbene Linie als Positionierhilfe eingeblendet. Sie aktivieren diese Funktion mit dem Button ➎.

10.4.5 Ansicht im Diagrammeditor anpassen

Im Diagrammeditor gibt es drei Buttons, mit denen Sie die Ansicht des Diagramms schnell anpassen können.

Auswahl in Ansicht einpassen | Mit dem Button ➑ zoomen Sie eine mit dem Transformationsfeld getroffene Auswahl auf die Größe Ihres Zeitleistenfensters. Zum schnellen Auszoomen nutzen Sie den Button ➐.

▼ **Abbildung 10.51**
Sie können in eine Auswahl schnell einzoomen und …

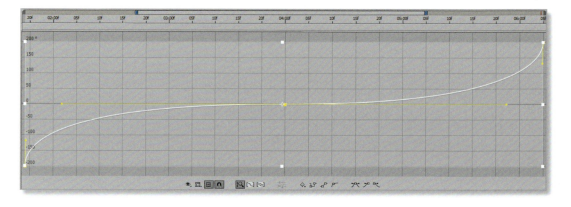

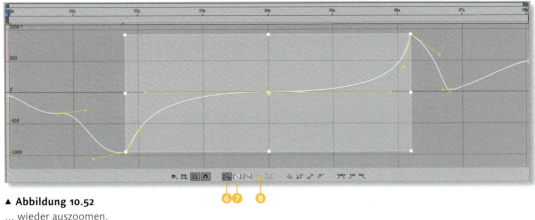

▲ **Abbildung 10.52**
… wieder auszoomen.

Diagrammhöhe anpassen | Sie können das Diagramm automatisch an Ihre Änderungen der Geschwindigkeits- und Wertekurven anpassen lassen. Dazu muss der Button ⑥ aktiviert sein. Besonders deutlich wird diese Funktion, wenn Sie den Button zuerst deaktivieren, dann Keyframes sehr weit nach oben im Diagramm ziehen und anschließend den Button wieder aktiv schalten.

Alle an dieser Stelle nicht erwähnten Buttons des Diagrammeditors dienen zur Bearbeitung der **Keyframe-Interpolation**. Mehr dazu erfahren Sie im nächsten Kapitel.

11 Keyframe-Interpolation

Über vierzig Jahre lang beschäftigte sich Galileo Galilei mit dem Phänomen der gleichmäßig beschleunigten Bewegung. Um genaue Messungen dieser Beschleunigung durchzuführen, ließ er Kugeln eine schiefe Ebene hinabrollen, was letztlich in Formeln zur Berechnung wie dieser hier mündete: $\vec{a}(t) = \dot{\vec{v}}(t) = \ddot{\vec{r}}(t)$

Pfade für Bewegungen, Kurven für die Zeit – in diesem Kapitel erlernen Sie das Justieren von Bewegungen und die Feinabstimmung der Geschwindigkeit von Animationen, also das Beschleunigen und Abbremsen von Bewegungen.

Zur Freude der Anwender bietet After Effects einiges, um Animationen realistischer und dynamischer wirken zu lassen, ohne selbst mit Formeln zu hantieren. Es hält verschiedene Interpolationsmethoden bereit, um die Berechnung von Bewegungen und zeitlichen Abläufen zu ändern.

11.1 Zwei Arten der Interpolation

Man unterscheidet zwei Grundarten der Interpolation:
1. die **räumliche** oder auch **geometrische Interpolation**
2. die **zeitliche Interpolation** zur Veränderung von Geschwindigkeiten Ihrer Animationen

Räumliche bzw. geometrische Interpolation | Bei der räumlichen bzw. geometrischen Interpolation geht es darum, wie After Effects **Bewegungen** im Raum berechnet. Genauer gesagt berechnet After Effects die Zwischenbilder, also die Frames, zwischen den von Ihnen gesetzten Keyframes. Bei der geometrischen Interpolation bezieht sich diese Berechnung auf Veränderungen, die am **Bewegungspfad** einer Ebene, also räumlich, vorgenommen werden. Ein Pfad kann durch unterschiedliche Interpolationsmethoden gebogen oder eckig geformt sein.

Zeitliche Interpolation | Bei der zeitlichen Interpolation geht es darum, wie After Effects die **Geschwindigkeit** zwischen Keyframes berechnet. Die zeitliche Interpolation bezieht sich auf die Berechnung der Veränderung der Geschwindigkeit von animierten Eigenschaften. Auch hier gibt es unterschiedliche Interpolations- bzw. Berechnungsarten. Animationen, egal welche, werden mittels **Geschwindigkeitskurven** abgebremst oder beschleunigt.

11.2 Die räumliche (geometrische) Interpolation und Bewegungspfade

In After Effects gibt es zwei Arten von Pfaden: den Bewegungspfad und den Maskenpfad.

- ▶ **Bewegungspfade** entstehen durch Animation der Eigenschaften POSITION, ANKERPUNKT, EFFEKTANKERPUNKT und 3D-AUSRICHTUNG einer Ebene und werden im Kompositionsfenster angezeigt. Sie haben den Pfad schon gesehen, als Sie in verschiedenen Workshops die Position einer Ebene animiert haben.

- ▶ **Maskenpfade** können auf unterschiedlichen visuellen Ebenen erstellt werden und dienen vor allem dazu, Bereiche von Ebenen transparent zu setzen. Genaue Informationen dazu finden Sie in Kapitel 18, »Masken, Matten und Alphakanäle«.

11.2.1 Bewegungspfad

Was ist ein Bewegungspfad? | Im Folgenden wird erläutert, was ein Bewegungspfad ist und wie Sie ihn bearbeiten können.

Wenn Sie sich den Bewegungspfad in Abbildung 11.1 genau anschauen, stellen Sie fest, dass der Bewegungspfad aus vielen kleinen **Punkten** und einigen fett dargestellten **Scheitelpunkten** besteht.

Wie Sie einen Bewegungspfad ganz praktisch selbst erstellen, erfahren Sie im Workshop »Dax-Index: Bewegungspfad bearbeiten und geometrische Interpolationsarten ändern«.

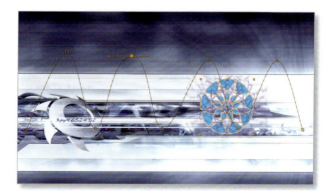

Abbildung 11.1 ▶
Die Scheitelpunkte eines Bewegungspfads im Kompositionsfenster entsprechen den Keyframes im Zeitplanfenster.

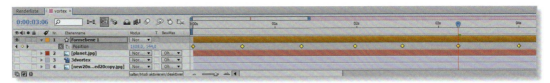

Markieren Sie im Zeitplanfenster einen Keyframe,
wird auch im Kompositionsfenster der Scheitelpunkt aktiviert.

Die im Zeitplan gesetzten Keyframes spiegeln sich im Komposi-
tionsfenster als Scheitelpunkte wider. Das heißt, wenn Sie einen
Keyframe in der Zeitleiste markieren, wird der Scheitelpunkt im
Kompositionsfenster markiert und umgekehrt.

Die Punkte sind erst dann einzeln erkennbar, wenn Sie einen
etwas größeren zeitlichen Abstand zwischen den Keyframes wählen. Sie werden im Kompositionsfenster zwischen den Scheitelpunkten dargestellt und bezeichnen die einzelnen Bewegungs-
schritte von Bild zu Bild. Sie können das selbst einmal testen,
indem Sie die Tasten Bild↑ und Bild↓ verwenden, um
frameweise durch die Zeitleiste zu navigieren. Der Ankerpunkt
der Ebene liegt genau auf dem Pfad und springt dann von Pünktchen zu Pünktchen. Jeder Punkt stellt dabei einen Frame dar. Die
Anzahl der Frames, die pro Sekunde dargestellt werden, hängt
von der Framerate der Komposition ab.

Das Aussehen des Pfads, ob mehr oder weniger gekrümmt,
eckig oder gar ohne Interpolation, wird durch die Interpolationsmethoden bestimmt.

11.2.2 Methoden der räumlichen Interpolation

Grundsätzlich kann zwischen der linearen Interpolation und der
Bézier-Interpolation unterschieden werden.

▶ Eine **Bézier-Interpolation** spiegelt sich in einem gekrümmten
Bewegungspfad wider (siehe Abbildung 11.1).
▶ Bei der **linearen Interpolation** ist der Bewegungspfad gerade
(siehe Abbildung 11.3).

Die Bézier-Interpolation unterteilt sich in drei Methoden:

▶ die reine **Bézier-Interpolation**
▶ die **gleichmäßige Bézier-Interpolation**
▶ die **automatische Bézier-Interpolation**

Der Unterschied zwischen den Interpolationsmethoden besteht
darin, wie mit **Tangenten** der Bewegungspfad beeinflusst wird.

**Interpolationsmethoden
räumlich und zeitlich**

Die Interpolationsmethoden bei
der räumlichen und der zeitlichen Interpolation sind fast vollkommen gleich. Allerdings wirkt
sich die geometrische Interpolation auf die Scheitelpunkte und
den Bewegungspfad im Kompositionsfenster aus, während bei
der zeitlichen Interpolation Keyframes in der Zeitleiste und die
Geschwindigkeitskurve beeinflusst werden.

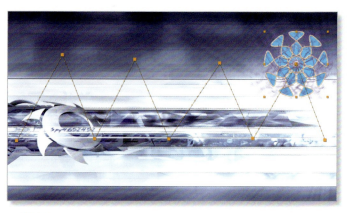

▲ **Abbildung 11.3**
Bei linearer Interpolation erscheint der Bewegungspfad im Gegensatz zur
Bézier-Interpolation gerade.

Lineare Interpolation | Bei der linearen Interpolation werden keine
Tangenten verwendet, und der Bewegungspfad verläuft vollkommen gerade. Ein Scheitelpunkt mit linearer Interpolation ist mit
einem Eckpunkt aus anderen Anwendungen vergleichbar.

Bézier-Interpolation | Die reine Bézier-Interpolation verwendet
zwei voneinander unabhängige Tangenten ❶ und ❸, mit denen
der Pfad links und rechts vom Scheitelpunkt ❷ unterschiedlich
gekrümmt werden kann.

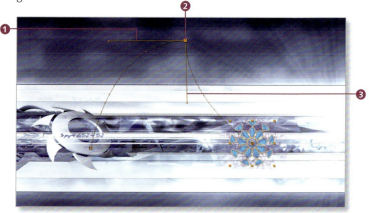

▲ **Abbildung 11.4**
Bei der reinen Bézier-Interpolation sind die Tangenten zu beiden Seiten
eines Scheitelpunkts unabhängig voneinander.

Gleichmäßige Bézier-Interpolation | Die gleichmäßige Bézier-
Interpolation verwendet miteinander verbundene Tangenten ❹.
Ziehen Sie an einer Tangente, wird die andere davon ebenfalls
beeinflusst.

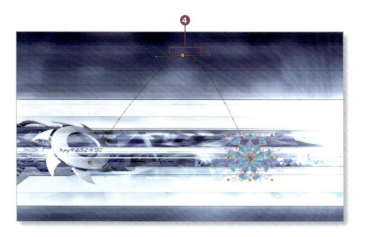

◄ **Abbildung 11.5**
Bei der gleichmäßigen Bézier-
Interpolation sind die Tangenten
miteinander verbunden.

Automatische Bézier-Interpolation | Die automatische Bézier-Interpolation verwendet zwei gleich lange Tangenten auf beiden Seiten des Scheitelpunkts, die nicht durch eine Linie miteinander verbunden sind ❺. Nach der Anwendung wird die Kurve geglättet. Das Resultat ist ein weicher Übergang von der einen in die andere Kurve. Sobald Sie an einer der Tangenten ziehen, wird die gleichmäßige Bézier-Interpolation für diesen Scheitelpunkt eingestellt.

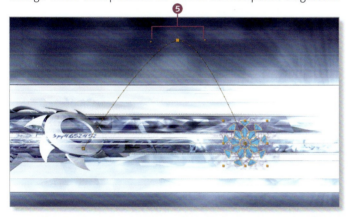

◄ **Abbildung 11.6**
Die Tangenten sind bei der automatischen Bézier-Interpolation
gleich lang und werden nicht
durch eine Linie miteinander
verbunden.

Einige Möglichkeiten, wie Sie die Interpolationsmethode für Scheitelpunkte in einem Bewegungspfad ändern, werden im anschließenden Workshop erläutert.

Schritt für Schritt: Dax-Index – Bewegungspfad bearbeiten und geometrische Interpolationsmethoden ändern

In diesem Workshop geht es um die Bearbeitung eines Bewegungspfads, auch wenn das Thema von so verantwortungslosen Gesellen wie Madoff inspiriert ist.

In dem Movie »dax_index« im Ordner 11_INTERPOLATION/ BEWEGUNGSPFAD auf der DVD zum Buch zeichnet ein Pfeil die

Auf-und-ab-Bewegung des Dax nach. Die zu importierenden Dateien »HG_dax.psd« und »pfeil.psd« befinden sich im selben Ordner. Wählen Sie beim Import gegebenenfalls AUF EINE EBENE REDUZIERT. Die Komposition wird auf die Größe 720 × 576 mit quadratischen Pixeln angelegt und ist 10 Sekunden lang.

1 Bewegungspfad erstellen

Erstellen Sie einen Bewegungspfad für den Pfeil, indem Sie die Kurve des Dax in etwa nachbilden. Dabei geht es nicht darum, jede Änderung der Kurve nachzuvollziehen, sondern nur um den durchschnittlichen Verlauf.

Ziehen Sie die beiden Dateien zum Zeitpunkt 00:00 in die Zeitleiste, und achten Sie darauf, dass der Pfeil sich in der Zeitleiste ganz oben befindet.

Setzen Sie einen ersten Positions-Keyframe für den Pfeil bei 00:00, indem Sie auf die Stoppuhr klicken oder [Alt]+[⇧]+[P] drücken. Vergleichen Sie die Ausgangssituation mit den Abbildungen von Kompositionsfenster und Zeitleiste.

Abbildung 11.7 ▶
Das Ausgangsbild der Animation

▲ **Abbildung 11.8**
Die Zeitleiste zu Beginn

Ziehen Sie für kürzere Strecken die Zeitmarke immer etwa um eine halbe Sekunde und für längere Strecken um eine Sekunde nach rechts. Verschieben Sie die Ebene »pfeil« jeweils an eine neue Position. Die weiteren Positions-Keys entstehen automatisch. Die ersten Positions-Keys könnten dann wie in Abbildung 11.9 aussehen.

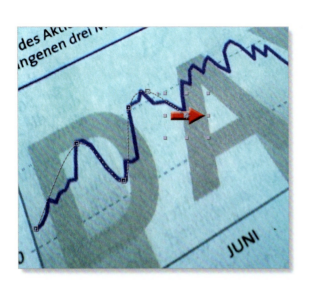

◀ **Abbildung 11.9**
Am Anfang könnte der Bewegungspfad wie hier abgebildet aussehen.

Stören Sie sich nicht daran, dass sich der Pfeil nicht sehr angepasst an den Kurvenverlauf bewegt. Wir ändern das am Schluss. Sie können den Pfad im Nachhinein bearbeiten.

Für die nächsten Keys ziehen Sie die Ebene wie gehabt im Zeitverlauf immer ein Stück weiter. Schauen Sie sich zum Vergleich die Position der Scheitelpunkte in Abbildung 11.11 an. Der Bewegungspfad muss noch korrigiert werden.

▲ **Abbildung 11.10**
Die Keyframes werden bei kürzeren Wegen im Abstand von ca. einer halben Sekunde und bei längeren Wegen im Abstand von einer Sekunde gesetzt.

◀ **Abbildung 11.11**
Vorerst sieht der Bewegungspfad noch etwas unansehnlich aus.

▼ **Abbildung 11.12**
Die fertig gesetzten Keyframes in der Ebenenansicht

2   **Bearbeiten des Bewegungspfads**

Zur Bearbeitung des Bewegungspfads vergrößern Sie Ihr Kompositionsfenster auf 200%. Sie können das Bild innerhalb des Fensters
mit dem Hand-Werkzeug verschieben. Noch besser ist es, zwischen
Auswahl-Werkzeug und Hand-Werkzeug zu wechseln. Wählen Sie
zum Verschieben des Ausschnitts im Kompositionsfenster das Auswahl-Werkzeug, und drücken Sie zum Verschieben die Leertaste.
Beim Loslassen wechselt das Werkzeug wieder.

Zur Bearbeitung markieren Sie einen Scheitelpunkt. Es werden zwei Tangenten ❶ und ❷ sichtbar. Ziehen Sie an einem der
Anfasser ❸ und ❹, um die Rundung des Pfads zu ändern. Wie Sie
die Tangenten unabhängig verändern, erfahren Sie im nächsten
Schritt.

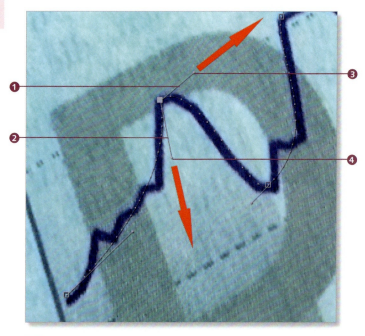

Abbildung 11.13 ▶
Mit den Tangenten ändern Sie
den Bewegungspfad zu beiden
Seiten eines Scheitelpunkts.

3   **Interpolationsmethode ändern**

Bei allen Keys ist von vornherein die gleichmäßige Bézier-Interpolation eingestellt. Mit Hilfe der Taste ⃞G wechseln Sie bequem zwischen den Interpolationsmethoden.

Wenn Sie die Tangenten unabhängig voneinander verändern
wollen, wechseln Sie mit der Taste ⃞G zum Pfad-Werkzeug und
halten es über einen der Anfasser. Das Werkzeug wechselt dann
automatisch zum Scheitelpunkt-konvertieren-Werkzeug. Der
Mauszeiger ändert sich zu einem umgedrehten V. Ziehen Sie an
einem Anfasser. Dadurch wechseln Sie bei jeder Wiederholung
zwischen miteinander verbundenen Tangenten und voneinander

unabhängigen Tangenten bzw. zwischen gleichmäßiger und reiner Bézier-Interpolation. Haben Sie einmal gewechselt, bearbeiten Sie den Pfad weiter mit dem Auswahl-Werkzeug.

Um zwischen linearer Interpolation (Eckpunkt) und automatischer Bézier-Interpolation (Kurvenpunkt) umzuschalten, klicken Sie bei aktivem Pfad-Werkzeug (Taste G) abwechselnd auf einen Scheitelpunkt des Bewegungspfads im Kompositionsfenster.

Für unsere Dax-Kurve benötigen Sie die gleichmäßige Interpolation (verbundene Tangenten) bei Rundungen und die reine Bézier-Interpolation (unabhängige Tangenten) an Kanten. Bearbeiten Sie den Pfad Punkt für Punkt, bis Sie ein ähnliches Ergebnis wie in Abbildung 11.16 erhalten.

Größe der Anfasser einstellen

Endlich: Seit der Version CS5 gibt es die Möglichkeit, die Größe der Anfasser für Bewegungspfade, Maskenpfade und Formebenen einzustellen: Wählen Sie BEARBEITEN • VOREINSTELLUNGEN • ALLGEMEIN, und tragen Sie unter GRÖSSE DES PFADPUNKTS einen passenden Wert ein. Übrigens müssen Sie den Punkt nun nicht mehr haargenau treffen, um ihn zu verschieben.

▲ **Abbildung 11.14**
Für Kurven wird die gleichmäßige Interpolation mit verbundenen Tangenten verwendet.

▲ **Abbildung 11.15**
Für Eckpunkte benötigen Sie die Bézier-Interpolation, also unabhängige Tangenten.

▲ **Abbildung 11.16**
Der fertige Bewegungspfad

4 Ebene am Pfad ausrichten

Damit der Pfeil sich beim Auf und Ab an der Kurve orientiert, richten Sie ihn am Pfad aus. Markieren Sie dazu die Ebene »pfeil«, und rufen Sie dann EBENE • TRANSFORMIEREN • AUTOMATISCHE AUSRICHTUNG auf. Im Dialogfeld wählen Sie AUSRICHTUNG ENTLANG PFAD und bestätigen mit OK.

Schauen Sie sich die Animation an! Der Pfeil folgt der Kurve, und Sie sind mit dem Workshop fertig. Und all die Madoffs haben hoffentlich noch etwas von unserer bekannten Welt übrig gelassen. ■

Scheitelpunkte verschieben

Zum Verschieben von Scheitelpunkten im Bewegungspfad nutzen Sie am besten das Auswahl-Werkzeug (V).

11.2.3 Der Dialog Keyframe-Interpolation: Räumliche Interpolationsmethoden einstellen

Einige schnelle Möglichkeiten, die Interpolationsmethode zu wechseln, kennen Sie bereits aus dem vorangegangenen Workshop. Eine weitere Möglichkeit will ich Ihnen nicht vorenthalten.

Über den Dialog KEYFRAME-INTERPOLATION schalten Sie Scheitelpunkte im Bewegungspfad zwischen den verschiedenen

Interpolationsmethoden um. Wählen Sie dazu zuerst einen oder mehrere Scheitelpunkte bzw. Keyframes aus, und öffnen Sie dann über ANIMATION • KEYFRAME-INTERPOLATION den Dialog. Sie erhalten den Dialog schneller über das Kontextmenü oder mit [Strg]+[Alt]+[K].

Zum Ändern der räumlichen (hier: geometrischen) Interpolation wählen Sie unter GEOMETRISCHE INTERPOLATION einen der Einträge. Mit AKTUELLE EINSTELLUNGEN behalten Sie die eingestellte Interpolationsmethode bei.

11.2.4 Bewegungspfad mit Pfad-Werkzeugen bearbeiten

Pfad-Werkzeuge verwenden Sie bei der Bearbeitung von Bewegungspfaden, bei Maskenpfaden (die Sie noch kennenlernen werden) und bei der Bearbeitung von Geschwindigkeitskurven. Sie finden die Pfad-Werkzeuge in der Werkzeugpalette.

Mit dem Zeichenstift-Werkzeug fügen Sie dem Bewegungspfad Punkte hinzu, indem Sie in den Pfad klicken. Das Zeichenstift-Werkzeug verwandelt sich dabei über dem Pfad in das Scheitelpunkt-hinzufügen-Werkzeug. Zum Entfernen von Punkten wählen Sie entweder das Scheitelpunkt-löschen-Werkzeug oder markieren einen Scheitelpunkt im Kompositionsfenster und drücken die Taste [Entf]. Das Scheitelpunkt-konvertieren-Werkzeug kennen Sie bereits aus dem Workshop. Sie wechseln damit bequem und schnell die Interpolationsmethode.

11.2.5 Voreinstellungen für Bewegungspfade

Standardmäßig sind Bewegungspfade bei der Erstellung auf die automatische Bézier-Interpolation eingestellt. Um die Voreinstellung auf LINEAR als Standard zu ändern, setzen Sie unter BEARBEITEN • VOREINSTELLUNGEN • ALLGEMEIN ein Häkchen bei STANDARD FÜR GEOMETRISCHE INTERPOLATION IST LINEAR. Günstig ist diese Einstellung, wenn Sie hauptsächlich lineare Bewegungspfade verwenden wollen.

Unter BEARBEITEN • VOREINSTELLUNGEN • ANZEIGE finden Sie Optionen für die Darstellung des Bewegungspfads. Per Klick auf einen der Auswahlpunkte wählen Sie KEIN BEWEGUNGSPFAD, um den Pfad ganz auszublenden, ALLE KEYFRAMES, um den gesamten Pfad einzublenden, oder NICHT MEHR ALS, um eine Beschränkung auf eine bestimmte Anzahl Keyframes bzw. auf eine bestimmte Zeitspanne einzurichten, die im Pfad dargestellt werden soll. Dies verbessert, wenn Sie sehr viele Keyframes haben, ein klein wenig die Übersichtlichkeit und entlastet den Arbeitsspeicher.

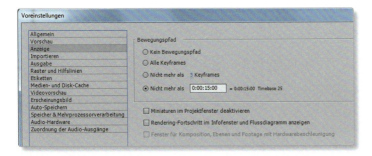

◀ Abbildung 11.19
Die Anzeige eines Bewegungspfads konfigurieren Sie in den Voreinstellungen.

11.3 Zeitliche Interpolation und Geschwindigkeitskurven

Der Begriff »zeitliche Interpolation« wirkt sicherlich etwas trocken. Doch jetzt kommen wir dazu, Galileo Galileis Experimente praktisch zu nutzen.

Wenn Sie die zeitlichen Interpolationsmethoden erst einmal verstanden haben, ergeben sich grundlegende und weitreichende Möglichkeiten für alle Ihre Animationen. Durch die zeitliche Interpolationsveränderung, also durch Veränderung der Geschwindigkeitskurven von animierten Eigenschaften, schaffen Sie sehr dynamisch wirkende Animationen. All dies ist mit dornigen Begriffen umwoben und erfordert etwas Geduld bei der Einübung. Versuchen wir also, das Dornröschen aus dem Schlaf zu holen.

11.3.1 Geschwindigkeit ist Weg durch Zeit

Sie kennen das ja noch aus der Schule: Legt ein Objekt einen gleich langen Weg in kürzerer Zeit zurück als ein anderes, hat es eine höhere Geschwindigkeit. So weit, so gut.

In After Effects wird die Geschwindigkeit grundsätzlich über den Abstand der Keyframes in der Zeitleiste geregelt. Ein kürzerer Abstand erhöht die Geschwindigkeit einer Animation, ein größerer Abstand verringert sie.

Geschwindigkeit 1

Für die folgenden Erläuterungen empfehle ich Ihnen, die Projektdatei »geschwindigkeit.aep« aus dem Ordner 11_INTERPOLATION/ ZEITKURVEN zu nutzen, in der die Position einer blauen Kugel animiert wurde. Die ersten Erläuterungen werden anhand der Komposition »geschwindigkeit 1« nachvollziehbar.

Sehr gut sichtbar ist dies am Beispiel der animierten Positionseigenschaft einer Ebene. Wie Sie schon wissen, repräsentieren die kleinen Punkte im Bewegungspfad die einzelnen (interpolierten) Frames zwischen den Keyframes. Gleichzeitig wird über den **Abstand der Pünktchen** die Geschwindigkeit der Ebene deutlich.

Abbildung 11.20 ▶
Die Geschwindigkeit einer Ebene erkennen Sie anhand des Bewegungspfads sehr gut am Abstand der Pünktchen zueinander.

Weg durch Zeit | In der Zeitleiste können Sie die Geschwindigkeit durch Verändern der Abstände zwischen den Keyframes erhöhen oder verringern. Dabei sollten Sie beachten, dass ein Keyframe meist nicht allein existiert: Eine Veränderung an einem Keyframe hat eine Auswirkung auf die Animation vor und nach dem Keyframe.

Verschieben Sie einen Keyframe in der Zeitleiste nach links, erhöhen Sie die Geschwindigkeit der Animation vor dem Keyframe und verringern sie gleichzeitig nach dem Keyframe.

Beobachten Sie beim Verändern der Geschwindigkeit in der Zeitleiste die Pünktchen im Bewegungspfad! Je größer der Abstand zwischen ihnen ist, desto höher ist die Geschwindigkeit, und je kleiner der Abstand ist, desto mehr Frames liegen zwischen zwei Keyframes, und die Geschwindigkeit ist geringer.

Abbildung 11.21 ▶
Die Keyframes in der Zeitleiste und im Bewegungspfad entsprechen einander. Eine höhere Geschwindigkeit wird im Bewegungspfad durch einen größeren Abstand zwischen den Pünktchen dargestellt.

Geschwindigkeit überprüfen | Im Bewegungspfad lässt sich die Geschwindigkeit, mit der sich eine Ebene von einer Position zu einer anderen bewegt, sehr leicht visuell sichtbar machen. Bei

anderen animierten Eigenschaften entsteht kein Bewegungspfad, und trotzdem können Sie auch hier die Geschwindigkeit sehr gut visuell oder anhand von Zahlenwerten überprüfen.

Dazu bietet After Effects den Diagrammeditor mit der Geschwindigkeits- und der Wertekurve an. Die Namen klingen vielleicht abschreckend. Aber keine Angst, der Diagrammeditor bietet mit der Geschwindigkeitskurve wunderbare Möglichkeiten für die Beschleunigung und das Abbremsen von Animationen, denen wir uns als Nächstes widmen.

▲ **Abbildung 11.22**
Die Geschwindigkeit einer Animation wird durch die Abstände der Keyframes zueinander in der Zeitleiste geregelt.

◀ **Abbildung 11.23**
Die Geschwindigkeit wurde für dieses Beispiel allein durch den zeitlichen Abstand der Keyframes zueinander geregelt.

11.3.2 Die Geschwindigkeitskurve

Sobald Sie in irgendeiner Eigenschaft Keyframes gesetzt haben, können Sie die Geschwindigkeit der entstandenen Animation beschleunigen oder abbremsen.

Die Geschwindigkeitskurve gibt Ihnen eine visuelle und numerische Kontrolle über die Geschwindigkeitsänderungen Ihrer Animationen. In der Geschwindigkeitskurve wird die Geschwindigkeit in Einheiten pro Sekunde angegeben. Für die Skalierung wären das also Prozent pro Sekunde (%/s), für die Position Pixel pro Sekunde (Px/s) usw.

Diagrammeditor | Bleiben wir ruhig noch bei der animierten Positionseigenschaft. Mit einem Klick auf den Button ❶ öffnen Sie den **Diagrammeditor**. Ist die Geschwindigkeitskurve noch nicht sichtbar, markieren Sie die Eigenschaft, die Sie bearbeiten wollen. Eventuell müssen Sie noch im Einblendmenü, das Sie über den Button ❷ erreichen, den Eintrag GESCHWINDIGKEITSKURVE BEARBEITEN wählen.

In dem Beispiel für die animierte Positionseigenschaft wird der aktuelle Geschwindigkeitswert über der Linie an der Mausposition eingeblendet. Die Kurve wird in einem Diagramm dargestellt, in dem die Geschwindigkeitswerte auf einer senkrechten Achse links und der zeitliche Verlauf in Sekunden bzw. Frames auf der waagerechten Achse angezeigt werden.

Beispiel

In der Projektdatei »geschwindigkeit.aep« befindet sich die Komposition »spiralflug«. Hier wurde die Geschwindigkeit der Bewegung allein durch den zeitlichen Abstand der Keyframes zueinander geregelt.

Verschieben Sie einen Keyframe, ändern sich die Zahlenwerte und auch die Geschwindigkeitskurve. Die Geschwindigkeiten zwischen je zwei Keyframes werden in diesem Beispiel durch eine unterschiedliche Höhe der Geschwindigkeitskurven dargestellt. Die Kurven erscheinen als Linien. Das bedeutet, die Geschwindigkeit ist konstant, linear – es gibt keine Beschleunigung. Passiert die Zeitmarke einen Keyframe, ändert sich das Geschwindigkeitsniveau abrupt.

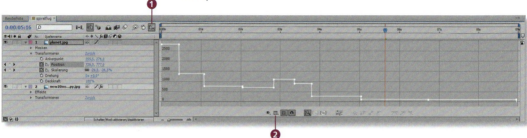

▲ Abbildung 11.24
Die Geschwindigkeitskurve zeigt Informationen zur Geschwindigkeit jeder ausgewählten Eigenschaft an. Verschiedene Geschwindigkeiten werden im Diagramm durch ein unterschiedlich hohes Geschwindigkeitsniveau dargestellt.

In der Praxis müssen Sie sich nicht allzu sehr den Kopf über die in der Geschwindigkeitskurve eingeblendeten Zahlenwerte zerbrechen. Man kann die Geschwindigkeiten meistens recht intuitiv einstellen. Merken sollten Sie sich allerdings, dass die grobe Regelung der Geschwindigkeit über den zeitlichen Abstand zwischen den Keyframes und über die Höhe der in den Keyframes gespeicherten Werte eingestellt wird.

Negative Werte | Enthält Ihre Animation von einem zu einem anderen Keyframe negative Werte, beispielsweise eine Drehung von 0° auf –200°, ändert sich das dargestellte Geschwindigkeitsdiagramm in einen oberen Teil für positive Werte und einen unteren Teil für negative Werte. Der Nullpunkt der Geschwindigkeit wird durch eine dickere Linie ❸ dargestellt. Sie können sich das Diagramm für negative Werte um diese Nulllinie gespiegelt vorstellen. Die Bearbeitung der Kurven ist nicht schwierig, auch wenn die Handhabung gewöhnungsbedürftig ist.

Abbildung 11.25 ▶
Positive Werte werden im Geschwindigkeitsdiagramm oberhalb und negative Werte unterhalb der Nulllinie dargestellt.

11.3.3 Geschwindigkeitskurven bearbeiten
Geschwindigkeitskurven können bei jeder animierten Eigenschaft verändert werden. After Effects gibt Ihnen damit ein Instrument zum Beschleunigen oder Abbremsen von Animationen an die Hand.

Die standardmäßig konstante Geschwindigkeit einer Animation wird im Geschwindigkeitsdiagramm durch eine gerade Linie repräsentiert. Die Interpolationsmethode ist dabei LINEAR.

Griffe und Anfasser | Jeder Keyframe erscheint in der Geschwindigkeitskurve als gelber Punkt. Klicken Sie einen solchen Keyframe an, wird links und rechts davon je eine Grifflinie sichtbar. Ziehen Sie an einem der Griffe per Klick auf den kleinen Anfasser ❹, ändert sich die Geschwindigkeitskurve zwischen den Keyframes, was zu einer Beschleunigung oder zum Abbremsen der Animation führt.

▼ **Abbildung 11.26**
Die zeitliche Interpolationsmethode wird verändert, sobald Sie an den Anfassern eines Keyframes ziehen.

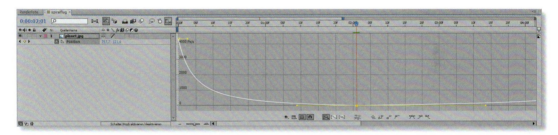

Wenn Sie an dem Griff links ziehen, hat das eine Auswirkung auf die Kurve rechts vom Keyframe. Dieselbe Kurve wird aber auch durch den gegenüberliegenden Griff beeinflusst. Daher ist es bei der Bearbeitung günstig, immer nur zwei aufeinanderfolgende Keyframes und deren gegenüberliegende Griffe zu betrachten. Sie bearbeiten die gesamte Geschwindigkeitskurve also nacheinander von Keyframe zu Keyframe.

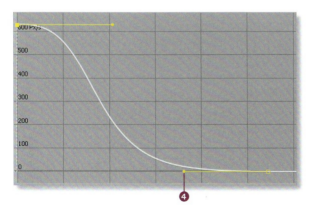

◄ **Abbildung 11.27**
Zum Verändern der zeitlichen Interpolationsmethode, also zum Beschleunigen und Abbremsen von Animationen, passen Sie Zeitkurven über Anfasser an.

In den beiden Abbildungen 11.28 und 11.29 sehen Sie jeweils ein Beispiel für das Beschleunigen und für das Abbremsen einer Animation. Übrigens wird für die Positionseigenschaft eine Beschleunigung oder das Abbremsen der Bewegung wieder pünktchenweise im Kompositionsfenster dargestellt. Auch hier gilt: Je dichter die Punkte, desto langsamer die Bewegung.

Geschwindigkeit 2

Um sich einmal eine abgebremste und eine beschleunigte Bewegung anzusehen, öffnen Sie die Komposition »geschwindigkeit 2« aus der Datei »geschwindigkeit.aep« im Ordner 11_INTERPOLATION/ZEITKURVEN.

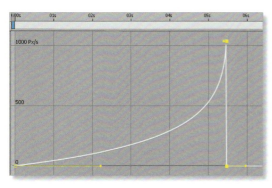

▲ **Abbildung 11.28**
Eine beschleunigte Animation wird in der Geschwindigkeitskurve ansteigend dargestellt.

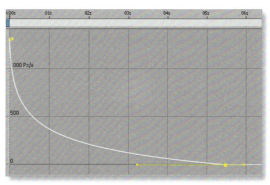

▲ **Abbildung 11.29**
Umgekehrt wird das Abbremsen als abfallende Kurve dargestellt.

Abbildung 11.30 ▶
Im Bewegungspfad ist das Beschleunigen und Abbremsen einer Bewegung am Abstand der Pünktchen nachvollziehbar.

▲ **Abbildung 11.31**
In der Info-Palette werden zusätzlich zum Diagrammeditor die eingestellten Geschwindigkeitswerte angezeigt.

Durch das Ziehen an den Griffen wird die Form der Keyframes in der Ebenenansicht aktualisiert. Lassen Sie sich davon nicht beunruhigen. Es dient nur der Information, was an dem Keyframe verändert wurde. An späterer Stelle erfahren Sie dazu mehr.

Um die Kurve an einem Keyframe zu bearbeiten, ziehen Sie die Griffe nach oben und unten oder seitwärts und dabei verlängern bzw. verkürzen sie sie. Durch das vertikale Ziehen stellen Sie die gewünschte Geschwindigkeit beim Erreichen oder Verlassen eines Keyframes ein. Mit der horizontalen Verlängerung oder Verkürzung der Griffe legen Sie die Auswirkung dieser eingestellten Geschwindigkeit auf die Frames vor bzw. nach einem Keyframe fest.

Diagramm anpassen | Bei der Bearbeitung der Kurven sind Geduld und ein eher vorsichtiges Ziehen an den Kurven gefragt. Vermeiden Sie es vor allem, die Griffe unendlich weit nach oben zu ziehen – es werden dann sehr hohe Geschwindigkeiten eingestellt, die mit der aktuell vorhandenen Anzahl an Frames vielleicht gar nicht mehr dargestellt werden können. Da die Dimensionen des Diagramms automatisch angepasst werden, können die Kurven abgeflacht erscheinen und sind nur noch schwer zu bearbeiten.

Im Geschwindigkeitsdiagramm wird die Kurve nicht angepasst, wenn Sie das Lupen-Symbol ❶ deaktivieren. Die Spitzen einer Geschwindigkeitskurve können danach abgeschnitten dargestellt werden. Dies ist besonders dann der Fall, wenn die Griffe weit nach oben gezogen wurden, wie es in Abbildung 11.32 dargestellt ist. Aktivieren Sie das Kästchen erneut – was zu empfehlen ist –, passt sich das Diagramm wieder automatisch an.

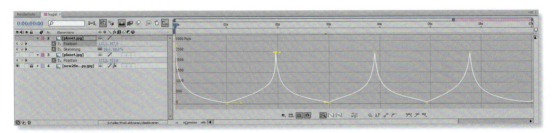

▲ **Abbildung 11.32**
Das Geschwindigkeitsdiagramm wird automatisch an die aktuelle Bearbeitung Ihrer Kurven angepasst.

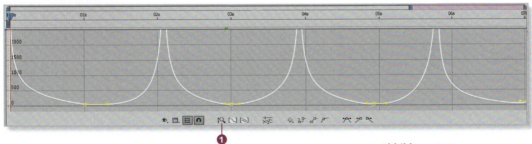

❶

Keyframe-Geschwindigkeit numerisch | Als Ergänzung sei noch bemerkt, dass Sie die Keyframe-Geschwindigkeit auch rein numerisch festlegen können, was manchmal hilfreich ist. Dazu markieren Sie einen Keyframe und wählen im Menü ANIMATION • KEYFRAME-GESCHWINDIGKEIT. Sie gelangen auch über Doppelklick, das Kontextmenü (rechte Maustaste) oder mit Strg+⇧+K dorthin.

In der sich öffnenden Dialogbox lässt sich die EINGANGS- und die AUSGANGSGESCHWINDIGKEIT eintragen, also die Geschwindigkeit links vom Keyframe und rechts davon. Die GESCHWINDIGKEIT ❷ entspricht der vertikalen Position des Griffs in der Geschwindigkeitskurve. Der Einfluss ❸ entspricht der Länge des Griffs. Durch ein Häkchen in der Box GLEICHMÄSSIG ❹ wird die Ausgangsgeschwindigkeit an die Eingangsgeschwindigkeit angepasst.

▲ **Abbildung 11.33**
Die Kurven können abgeschnitten werden, wenn Sie die Anpassung des Diagramms deaktiviert haben.

Abbildung 11.34 ►
Im Dialog KEYFRAME-GESCHWIN-
DIGKEIT legen Sie die Geschwindigkeit an einem Keyframe und
die Länge der Griffe (Einfluss)
numerisch fest.

Schritt für Schritt: Mehr Dynamik – Geschwindigkeitskurven

Die Bearbeitung der Geschwindigkeits- und Wertekurven ist vor
allem eine Übungssache. In diesem Workshop lernen Sie Schritt für
Schritt eine Möglichkeit der Kurvenbearbeitung kennen.

In dem Movie »ballspiel« im Ordner 11_INTERPOLATION/
DYNAMIK wird ein Ball beim Fallen beschleunigt, während die
Geschwindigkeit beim Flug nach oben abnimmt. Importieren Sie
die Dateien »ball.psd« und »rasen.psd« aus demselben Ordner.
Wählen Sie im Dialog FOOTAGE INTERPRETIEREN beim Import der
Datei »ball.psd« ermitteln. Die Komposition wird in der Größe
384 × 288 mit einer Länge von 6 Sekunden angelegt.

1 Bewegungspfad erstellen

Nachdem Sie die beiden Dateien zum Zeitpunkt 00:00 in die Zeitleiste gezogen haben, schützen Sie die Ebene »rasen« mit dem
Schloss-Symbol vor Veränderungen. Da der Ball beim Auftreffen
auf den Boden per Skalierung gestaucht werden soll, müssen Sie
den Ankerpunkt wie in Abbildung 11.36 gleich zu Beginn nach
unten verschieben. Nutzen Sie dazu das Ausschnitt-Werkzeug.

▲ **Abbildung 11.35**
Der Ankerpunkt der Ballebene
wird mit dem Ausschnitt-Werkzeug verschoben.

▲ **Abbildung 11.36**
Der Ankerpunkt des Balls wird gleich zu Beginn
positioniert.

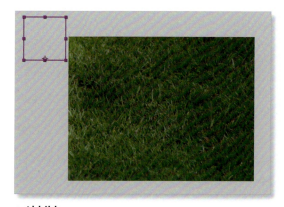

▲ **Abbildung 11.37**
Der Ball kommt von außen ins Bild.

Blenden Sie die Positionseigenschaft der Ebene »ball« mit der Taste
P ein, und setzen Sie bei 00:00 einen ersten Keyframe. Positionieren Sie die Ballebene dazu außerhalb der Kompositionsansicht
wie in Abbildung 11.37.

▼ Abbildung 11.37
Der erste Keyframe

Weitere Positions-Keys erstellen Sie bei jeder vollen Sekunde durch
Verändern der Position der Ballebene im Kompositionsfenster. Der
Bewegungspfad und die Positions-Keyframes sollten denen in den
Abbildungen gleichen.

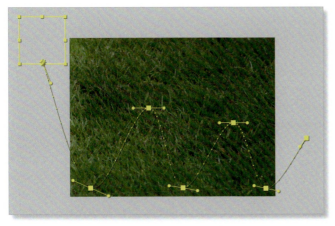

◀ Abbildung 11.38
Der Bewegungspfad des Balls
sollte dem hier abgebildeten
ähneln.

▲ Abbildung 11.39
Die Positions-Keyframes setzen Sie in Abständen von einer Sekunde.

2   Bewegungspfad bearbeiten

Bevor wir die Geschwindigkeit für den Ball verändern, widmen wir
uns dem Bewegungspfad. Markieren Sie die Ballebene, um den
Bewegungspfad sichtbar zu machen. Passen Sie den Pfad so an,
dass der Ball in einer spitzen Kurve auftrifft und in hohem Bogen
davonfliegt, wie in Abbildung 11.41 zu sehen ist.

Bearbeiten Sie den Pfad dazu mit dem Auswahl-Werkzeug. Wählen Sie zuerst nacheinander bei gedrückter ⌂-Taste den zweiten, vierten und sechsten Keyframe aus. Anschließend wechseln Sie die geometrische Interpolationsmethode. Öffnen Sie dazu die Dialogbox KEYFRAME-INTERPOLATION über ANIMATION • KEYFRAME-INTERPOLATION oder Strg+Alt+K, und wählen Sie unter GEOMETRISCHE INTERPOLATION die Interpolationsmethode LINEAR.

Bearbeiten Sie danach den Bewegungspfad für die restlichen Keyframes. Durch das Ziehen an den Griffen wechselt die Interpolationsmethode von automatischer Bézier-Interpolation zu gleichmäßiger Bézier-Interpolation. Orientieren Sie sich dabei an Abbildung 11.41. Der Ball bewegt sich noch ohne zeitliche Interpolationsveränderung durch das Bild. Das werden wir gründlich ändern.

3 Geschwindigkeitskurve bearbeiten

Öffnen Sie den Diagrammeditor per Klick auf das Symbol ❶. Wenn Sie die Positionseigenschaft markieren, sollte die Geschwindigkeitskurve angezeigt werden. Falls nicht, wählen Sie über den Button ❷ den Eintrag GESCHWINDIGKEITSKURVE BEARBEITEN aus dem Einblendmenü.

Abbildung 11.42 ▼
Das Geschwindigkeitsdiagramm zeigt für den Ball eine leicht abnehmende Geschwindigkeit an.

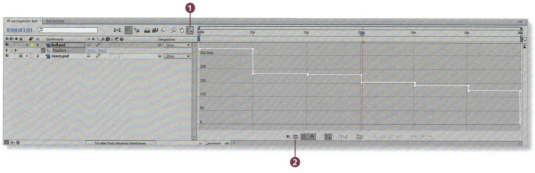

Bevor Sie etwas verändern, sollten Sie überlegen, was überhaupt mit dem Ball geschehen soll. Wie gesagt fand schon Galileo Galilei heraus, dass fallende Körper sich nicht mit konstanter Geschwindigkeit bewegen, sondern beschleunigt werden. So auch unser Ball.

Für eine Beschleunigung der Bewegung vom ersten zum zweiten Keyframe müssen Sie die Geschwindigkeitskurve also ansteigend einstellen. Markieren Sie dazu den ersten Key, und ziehen Sie den Griff ❹ nach unten auf die Nulllinie. Anschließend verlängern Sie den Griff durch Ziehen nach rechts. Den gegenüberliegenden Griff am zweiten Key ❸ ziehen Sie bis zur Spitze der Kurve und verkürzen ihn etwas. Vergleichen Sie dies mit Abbildung 11.43.

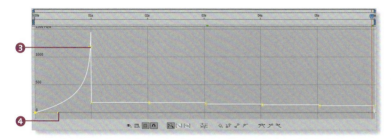

◄ **Abbildung 11.43**
Die zeitliche Interpolation verändern Sie durch Ziehen an den Griffen eines Keyframes.

Das Geschwindigkeitsdiagramm wird bei der Bearbeitung angepasst, und die Keyframes in der Ebenenansicht verändern ihre Form. Zwischen dem zweiten und dem dritten Key beginnt die Ballbewegung bereits mit einer hohen Geschwindigkeit. Beim »Flug nach oben« wird die Bewegung etwas abgebremst.

Ziehen Sie dazu den Griff rechts vom zweiten Key ❺ an die Spitze der Kurve, und verkürzen Sie ihn ein wenig. Den Griff ❻ links vom dritten Key ziehen Sie bis kurz vor die Nulllinie und verlängern ihn etwas, bis die Kurve der Abbildung ähnelt. Falls der Griff immer auf die Nulllinie springt, verhindern Sie das, indem Sie das Magnet-Symbol ❼ deaktivieren.

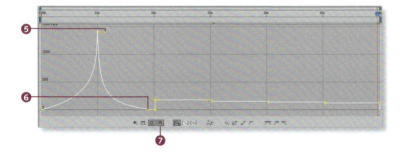

◄ **Abbildung 11.44**
Für die Bewegung nach oben wird die Geschwindigkeit abgebremst. Die Geschwindigkeitskurve ist abfallend.

Für die folgenden Keys wiederholt sich die Bearbeitung der Kurve. Beginnen Sie wieder wie beim ersten Key, und fahren Sie fort wie beim zweiten. Immer wenn der Ball nach unten fällt, beschleunigen Sie die Bewegung, ansonsten bremsen Sie sie ab.

Empfehlen möchte ich noch Folgendes: **Verbinden** Sie die Griffe links und rechts von jedem Keyframe, indem Sie mit der ⌐Alt⌐-Taste auf einen Key klicken. Arbeiten Sie danach weiter mit dem Auswahl-Werkzeug. Sie können die Griffe gemeinsam nach oben oder unten ziehen. Sie können die Anfasser außerdem verbinden, indem Sie die entsprechenden Keyframes markieren und im Dialog KEYFRAME-INTERPOLATION unter ZEITLICHE INTERPOLATION den Eintrag BÉZIER, GLEICHMÄSSIG wählen. Zur Bearbeitung der Kurven empfiehlt es sich, immer nur zwei gegenüberliegende Griffe vorsichtig zu verlängern oder zu verkürzen. Nach der Bearbeitung sollte Ihre Kurve derjenigen aus Abbildung 11.45 ähneln. Ist Ihnen die Bearbeitung nicht auf Anhieb gelungen, verzweifeln Sie nicht. Es geht vielen ähnlich. Dagegen hilft nur Üben. Und es lohnt sich!

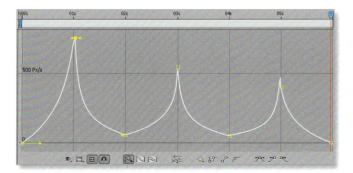

Abbildung 11.45 ▶
Die fertig bearbeitete Geschwindigkeitskurve für den animierten Ball

4 Geschwindigkeit erhöhen

Ist der Ball lahm, und könnte alles schneller animiert sein? Dann drücken Sie die ⌐Alt⌐-Taste, und klicken Sie auf ein Segment zwischen zwei Keys in der Kurve. Alle Keys werden ausgewählt, und es erscheint das **Transformationsfeld**. Klicken Sie auf den Rahmen rechts, und schieben Sie dann alle Keys auf 3 Sekunden zusammen. Eventuell müssen Sie danach Ihre Zeitkurve leicht nachbearbeiten.

Das Transformationsfeld erscheint auch, indem Sie einen Rahmen über den Keys aufziehen oder mit dem Auswahl-Werkzeug auf die Kurve zwischen zwei Keys klicken.

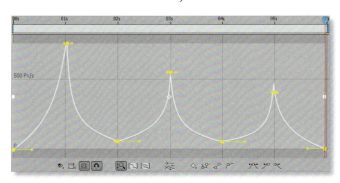

Abbildung 11.46 ▶
Wenn Sie bei gedrückter ⌐Alt⌐-Taste auf ein Segment zwischen zwei Keyframes klicken, erscheint das Transformationsfeld für alle Keyframes.

5 Skalierung bearbeiten

Zu guter Letzt wird der Ball noch bei jeder Bodenberührung gestaucht. Dafür sind drei Keys nötig, die wir mehrfach einsetzen. Schließen Sie den Diagrammeditor, und wechseln Sie zur Ebenenansicht. Blenden Sie zusätzlich zur Positionseigenschaft die Skalierung mit ⍐+S ein.

Ziehen Sie die Zeitmarke kurz vor den zweiten Positions-Key, also kurz bevor der Ball auftrifft. Setzen Sie dort den ersten Key für die Skalierung. Ziehen Sie die Zeitmarke möglichst genau synchron auf den zweiten Positions-Key. Entfernen Sie per Klick das Verketten-Symbol ❶ bei der Eigenschaft SKALIERUNG, um unproportional zu skalieren.

▼ **Abbildung 11.47**
Für die Skalierung setzen Sie zuerst drei Keyframes.

Tragen Sie in den Wertefeldern ❷ und ❸ die Werte »120« und »70« ein, damit der Ball gestaucht erscheint. Gehen Sie mit der Taste Bild↓ zwei Frames vorwärts, kopieren Sie den ersten Skalierungs-Key mit Strg+C, und fügen Sie ihn mit Strg+V ein. Für die weiteren Skalierungs-Keys markieren Sie die drei bereits gesetzten Keys und fügen sie jeweils kurz vor dem vierten und sechsten Positions-Key ein.

Sie haben es geschafft! Jetzt können Sie die Geschwindigkeitskurven auch für andere Animationen einsetzen.

> **Weitere Beispiele**
>
> In der Datei »ballspiel.aep« im Ordner 11_INTERPOLATION/DYNAMIK befinden sich noch ein paar Kompositionen mit ganz einfachen weiteren Beispielen für zeitliche Interpolationen von animierten Eigenschaften. Probieren Sie am besten selbst einmal ähnliche Animationen aus.

▲ **Abbildung 11.48**
Nach dem Kopieren und Einsetzen der Skalierungs-Keyframes ■

11.3.4 Assistenten für Keyframe-Geschwindigkeit

Die einigermaßen mühevolle Bearbeitung der Zeitkurven lässt sich in manchen Fällen umgehen. After Effects bietet zur automatischen Berechnung der Geschwindigkeitskurven mehrere Assistenten. Die Helfer bei der Erstellung weicher Übergänge bei Animationen heißen EASY EASE, EASY EASE IN und EASY EASE OUT. Sie können die Assistenten sowohl in der Ebenenansicht als auch im Diagrammeditor auf ausgewählte Keyframes anwenden. Markieren Sie einen oder mehrere Keyframes, und rufen Sie dann

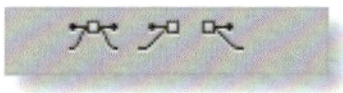

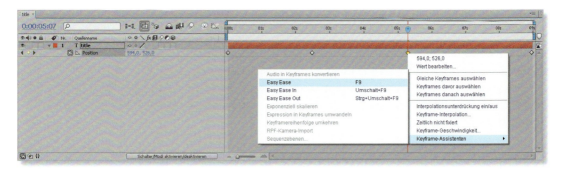

ANIMATION • KEYFRAME-ASSISTENT auf. Wählen Sie einen der Easy-Ease-Assistenten. Sie finden das Menü auch als Kontextmenü. Im Diagrammeditor können Sie außerdem einen der drei Buttons verwenden.

▲ **Abbildung 11.49**
Die Buttons EASY EASE,
EASY EASE IN und EASY EASE OUT

▲ **Abbildung 11.50**
Die Keyframe-Assistenten erreichen Sie auch über das Kontextmenü.

▼ **Abbildung 11.51**
Der Keyframe-Assistent EASY EASE sorgt für weiche Änderungen zwischen zwei Keyframes.

Easy Ease | Der Assistent EASY EASE sorgt für weiche Änderungen in einer animierten Eigenschaft. Die Geschwindigkeit wird an jedem Keyframe auf null verringert, und die Griffe sind zu beiden Seiten gleich lang. Die Auswirkung zu beiden Seiten ist somit gleich. Das Resultat ist eine zum Keyframe hin abgebremste Bewegung und eine vom Keyframe ausgehende beschleunigte Bewegung, wie Abbildung 11.51 veranschaulicht.

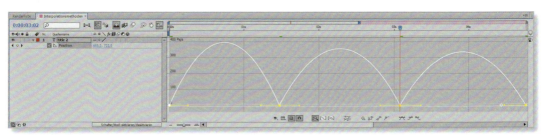

Beispiele

Im Ordner 11_INTERPOLATION/
KEYFRAMEASSISTENTEN finden Sie die Projektdatei »assistenten.aep«, die mehrere Beispiele für die im Text erläuterten Assistenten enthält.

Easy Ease In | Der Assistent EASY EASE IN verringert nur die Eingangsgeschwindigkeit an einem Keyframe auf null und bremst somit die Bewegung zum Keyframe hin ab.

Easy Ease Out | Der Assistent EASY EASE OUT macht genau das Umgekehrte von EASY EASE IN und beschleunigt die Bewegung nach dem Keyframe.

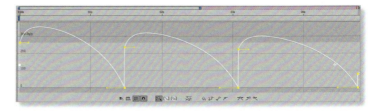

Abbildung 11.52 ▶
Der Assistent EASY EASE IN verringert die Eingangsgeschwindigkeit an einem Keyframe.

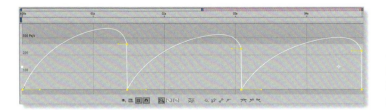

◄ **Abbildung 11.53**
Der Assistent EASY EASE OUT
beschleunigt die Bewegung nach
einem Keyframe.

11.3.5 Methoden der zeitlichen Interpolation

Die zeitlichen Interpolationsmethoden tragen dieselben Namen
wie bei der geometrischen Interpolation, die Sie schon im Bewegungspfad angewandt haben.

Sobald eine zeitliche Interpolation auf einen Keyframe angewandt wurde, verändert dieser sein Aussehen in der Ebenenansicht. In Abbildung 11.54 sind Keyframes dargestellt, auf die verschiedene Interpolationsmethoden angewandt wurden.

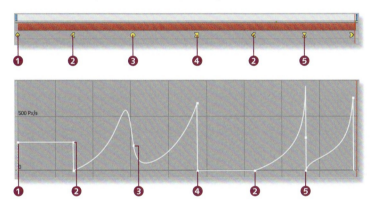

◄ **Abbildung 11.54**
Verschiedene zeitliche Interpolationsmethoden sind in der Ebenenansicht an der Form der Keyframes
erkennbar: Linear ❶, Bézier-Interpolation ❷, automatische Bézier-
Interpolation ❸, Interpolationsunterdrückung ❹, gleichmäßige
Bézier-Interpolation ❺.

◄ **Abbildung 11.55**
So kann das Geschwindigkeitsdiagramm bei verschiedenen Interpolationsmethoden aussehen.

Lineare Interpolation | Die lineare Interpolation wurde für den
Keyframe ❶ beibehalten. Die Kurve ist als Linie dargestellt und
symbolisiert den konstanten zeitlichen Verlauf der Animation.

Bézier-Interpolation | Für den Keyframe ❷ ist die Kurve links
vom Keyframe auf lineare Interpolation gestellt. Die Kurve rechts
vom Keyframe wurde durch Bézier-Interpolation verändert und
ist als Beschleunigung (ansteigend) zu lesen. Die Griffe links und
rechts vom Keyframe sind voneinander unabhängig, sowohl was
die Geschwindigkeitseinstellung angeht als auch was die Länge der
Griffe, also die eingestellte Auswirkung dieser Geschwindigkeit,
betrifft (siehe Abbildung 11.56).

Automatische Bézier-Interpolation | Die automatische Bézier-
Interpolation wird mit einem kreisförmigen Keyframe ❸ symbolisiert. Die eingehende Kurve links und die ausgehende Kurve rechts
vom Keyframe werden in einem weichen Übergang aneinander

angeglichen. Die Griffe sind wie in Abbildung 11.57 auf beiden Seiten gleich lang und miteinander verbunden. Sobald Sie daran ziehen, wandelt sich die Interpolationsmethode in die gleichmäßige Bézier-Interpolation um.

Abbildung 11.56 ►
Bei der reinen Bézier-Interpolation sind die Griffe voneinander unabhängig veränderbar.

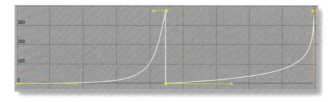

Abbildung 11.57 ►
Die automatische Bézier-Interpolation verwendet Griffe, die auf beiden Seiten gleich lang und miteinander verbunden sind. Die Auswirkung zu beiden Seiten ist gleich.

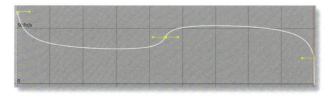

Interpolationsunterdrückung | Die Interpolationsunterdrückung ist beim nächsten Keyframe ❹ zu finden. Ist Interpolationsunterdrückung eingestellt, werden die Werte nach dem Keyframe nicht mehr interpoliert, bis die Zeitmarke auf einen neuen Keyframe trifft. Anders ausgedrückt heißt das, es findet keine Animation statt, wenn Interpolationsunterdrückung gewählt ist. Veränderungen werden dann erst beim nächsten Keyframe schlagartig angezeigt.

Gleichmäßige Bézier-Interpolation | Die gleichmäßige Bézier-Interpolation wurde für den Keyframe ❺ und den letzten Keyframe verwendet. Hier sind die beiden Griffe wie in Abbildung 11.59 miteinander verbunden, können aber unterschiedlich lang gezogen werden, um die Auswirkung der Geschwindigkeit zu beiden Seiten des Keyframes verschieden einzustellen.

Abbildung 11.58 ►
Bei der Interpolationsunterdrückung wird die Kurve auf der Nulllinie dargestellt.

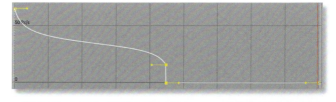

Abbildung 11.59 ►
Bei der gleichmäßigen Bézier-Interpolation sind die Griffe miteinander verbunden, die Auswirkung können Sie aber unterschiedlich einstellen.

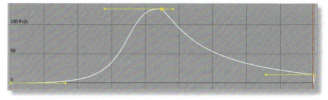

11.3.6 Zeitliche Interpolationsmethoden einstellen

Wie bereits erwähnt wurde, besteht die einfachste und schnellste Methode, eine konstante Bewegung in eine beschleunigte oder abgebremste zu ändern, darin, an den Griffen der Geschwindigkeitskurve einer animierten Eigenschaft zu ziehen. Nicht selten muss die Interpolationsmethode jedoch geändert werden. Sie haben dafür die vier folgenden Möglichkeiten. Für alle vier müssen Sie zuvor einen oder mehrere Keyframes markiert haben.

Dialogbox Keyframe-Interpolation | Zum Ändern der Interpolation rufen Sie im Menü ANIMATION • KEYFRAME-INTERPOLATION auf oder drücken `Strg`+`Alt`+`K`, wenn ein Key markiert ist. Es öffnet sich die Dialogbox KEYFRAME-INTERPOLATION. Dort wählen Sie unter ZEITLICHE INTERPOLATION eine Interpolationsmethode aus dem Popup-Menü und bestätigen Ihre Auswahl mit OK. Sie können sowohl im Diagrammeditor als auch in der Ebenenansicht mit der Dialogbox KEYFRAME-INTERPOLATION arbeiten, um die Interpolationsmethode eines Keyframes zu ändern.

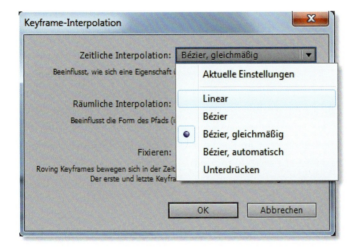

◄ **Abbildung 11.60**
In der Dialogbox zur Keyframe-Interpolation ändern Sie die zeitliche Interpolationsmethode eines Keyframes.

Die Dialogbox erhalten Sie im Übrigen auch per Klick mit der rechten Maustaste auf einen markierten Keyframe oder über das Keyframe-Symbol ❶ im Diagrammeditor.

▲ **Abbildung 11.61**
Im Diagrammeditor können Sie die Interpolationsmethode schnell über ein paar Buttons wechseln.

Buttons im Diagrammeditor | Eine schnelle Änderungsmöglichkeit für die Interpolationsmethode bietet der Diagrammeditor mit den Buttons IN HOLD KONVERTIEREN ❷, IN LINEAR KONVERTIEREN ❸ und IN AUTO-BÉZIER KONVERTIEREN ❹. Der erste Button dient dazu, Interpolationsunterdrückung einzustellen. Sie können dazu aber auch einen oder mehrere Keyframes mit der rechten Maustaste anklicken und aus dem Kontextmenü den Eintrag INTERPOLATIONSUNTERDRÜCKUNG EIN/AUS wählen.

Tastatur im Diagrammeditor | Im Diagrammeditor können Sie die Interpolationsmethode sehr schnell wechseln, indem Sie bei gedrückter [Alt]-Taste und aktivem Auswahl-Werkzeug abwechselnd direkt einen Keyframe anklicken. Es wird zwischen linearer Interpolation und automatischer Bézier-Interpolation gewechselt. Sind mehrere Keyframes ausgewählt, ändert sich die Interpolation für alle diese Keyframes.

Wenn die lineare Interpolation gewählt ist, müssen Sie nur an einem der Griffe ziehen, und schon haben Sie eine reine Bézier-Interpolation.

Tastatur in der Ebenenansicht | In der Ebenenansicht wechseln Sie sehr schnell zwischen linearer und automatischer Bézier-Interpolation, indem Sie bei gedrückter [Strg]-Taste auf einen oder mehrere Keyframes klicken.

▲ **Abbildung 11.62**
Sie ändern einfach und schnell die Interpolationsmethode, indem Sie bei gedrückter [Alt]-Taste im Diagrammeditor auf einen Keyframe klicken.

11.3.7 Die Wertekurve

In der Wertekurve des Diagrammeditors werden die Werte der Eigenschaften grafisch dargestellt. Sie können damit arbeiten, um Keyframes zu setzen, Werte zu ändern und präzise Animationen zu erstellen. Um die Wertekurve für eine Eigenschaft anzuzeigen, blenden Sie zuerst über den gleichnamigen Button den Diagrammeditor ein und markieren dann die entsprechende Eigenschaft. Gegebenenfalls müssen Sie noch über den Button ❺ den Eintrag WERTEKURVE BEARBEITEN aus dem Einblendmenü wählen.

In der Wertekurve werden x-Werte rot, y-Werte grün und z-Werte bei 3D-Ebenen blau dargestellt. Die Wertekurve gibt Ihnen so eine hervorragende visuelle Kontrolle über den Wert von Keyframes zu verschiedenen Zeitpunkten sowie die Möglichkeit, die Werte an Keyframes zu verändern.

Durch die Änderung der Werte an Keyframes beeinflussen Sie auch den Geschwindigkeitsverlauf von Animationen. Dies hängt damit zusammen, dass ein kleiner Unterschied zwischen zwei Keyframe-Werten eine langsamere Animation bewirkt als bei sehr unterschiedlichen Werten.

Wenn Sie beispielsweise für eine Ebene zehn Umdrehungen innerhalb von 10 Sekunden festgelegt haben und für eine zweite Ebene nur eine Umdrehung in 10 Sekunden, ergibt sich für die zweite Ebene eine geringere Drehgeschwindigkeit.

In Abbildung 11.63 sehen Sie die Wertekurven für die Eigenschaft DREHUNG und für die Eigenschaft SKALIERUNG. Während bei der Drehung nur eine Kurve für die Darstellung der Werte zu sehen ist, wird die Skalierung mit zwei Wertekurven dargestellt: mit einer für die Breite ❻ und mit einer für die Höhe ❼. Sichtbar ist das nur bei unterschiedlichen Skalierungswerten für Breite und Höhe. Für die Skalierung kann noch eine dritte Kurve hinzukommen, wenn die Ebene eine 3D-Ebene ist. Die Geschwindigkeitskurve wird für Breite und Höhe ebenfalls gedoppelt.

▼ Abbildung 11.63
Einige Eigenschaften haben eine Wertedimension von 2 oder 3. Die Skalierung hat hier die Dimension 2 – je ein Wert für Breite und Höhe.

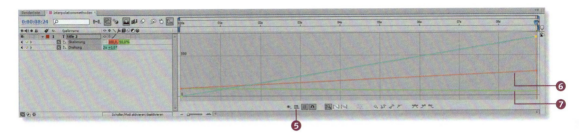

Werte in der Wertekurve ändern | Um Werte in der Wertekurve zu ändern, klicken Sie auf einen Keyframe ❾ in der Wertekurve und ziehen ihn nach oben (für höhere Werte) oder nach unten (für verringerte Werte). Im Diagrammeditor und in der Info-Palette, die Sie mit [Strg]+[2] einblenden, werden die Werte dabei angezeigt.

Sie können Werte auch auf herkömmlichem Wege wie in der Ebenenansicht ändern. Dazu verändern Sie die Werte durch Ziehen im Wertefeld ❽ oder tippen dort den gewünschten Wert ein. Außerdem können Sie ebenso wie in der Ebenenansicht direkt auf einen Keyframe doppelklicken, um das Werte-Dialogfeld einzublenden. Dort tragen Sie neue Werte ein und bestätigen mit OK.

Keyframes in der Wertekurve setzen | Positionieren Sie die Zeitmarke neben einem oder zwischen zwei Keyframes und ändern Sie dann den Eigenschaftswert im Wertefeld oder im Kompositionsfenster (z. B. Ändern der Position), entsteht ein neuer Keyframe, ganz so wie in der Ebenenansicht. Auch beim Kopieren, Einfügen und Löschen von Keyframes gibt es keinen Unterschied.

Geschwindigkeit 3

Zum Bearbeiten von Wertekurven können Sie die Dateien in der Komposition »geschwindigkeit 3« aus dem Projekt »geschwindigkeit.aep« im Ordner 11_Interpolation/Zeitkurven verwenden.

▲ Abbildung 11.64
Klicken Sie einen Keyframe doppelt an, erscheint das Werte-Dialogfeld. Dort können Sie neue Werte eintragen.

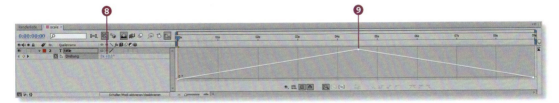

▲ Abbildung 11.65
Die Wertedimension der Eigenschaft Drehung ist 1. Daher wird auch nur eine Kurve für diesen Wert dargestellt.

11.4   Pfade als Key-Generator

In After Effects können Vektorpfade, die in anderen Programmen zum Zeichnen von Linien, Konturen und Formen dienen, als Bewegungspfade verwendet werden. Dazu fügen Sie einen Pfad, den Sie beispielsweise in Illustrator, Photoshop oder auch in After Effects erstellt haben, in Eigenschaften ein, die über Positionskoordinaten verfügen. Eigenschaften mit Positionskoordinaten sind beispielsweise POSITION und ANKERPUNKT, aber auch manche Eigenschaften von Effekten. Einige Effekte mit Positionskoordinaten werden noch in Teil VIII, »After Effects und die Effekte«, besprochen. Ein eingefügter Pfad erscheint in der entsprechenden Eigenschaft als Reihe von Keyframes, wie Sie anschließend noch sehen werden.

Das Einfügen von Pfaden in After Effects ist besonders dann zu empfehlen, wenn Sie komplizierte Bewegungspfade erstellen wollen, die besser mit den Zeichenwerkzeugen von Illustrator zu kreieren sind.

Außerdem ist es möglich, einfache in After Effects erstellte Maskenpfade ebenso in Eigenschaften mit Positionskoordinaten einzufügen. Doch dies wird ausführlich in Abschnitt 18.4.2, »Maskenpfad versus Bewegungspfad«, besprochen.

11.4.1   Pfade aus Illustrator und Photoshop

Es ist nicht schwer, einen Pfad aus Illustrator oder Photoshop für After Effects zu verwenden. Der Weg ist bei beiden Anwendungen der gleiche. Die folgende Beschreibung vollzieht den Weg an einem Illustrator-Pfad nach.

Schritt für Schritt: Pfade erstellen und einfügen

1 **Pfade erstellen in Illustrator/Photoshop**

In Illustrator markieren Sie alle Punkte eines dort erstellten Pfads mit dem Auswahl-Werkzeug $\boxed{V}$ und wählen dann BEARBEITEN • KOPIEREN oder $\boxed{Strg}$+$\boxed{C}$.

In Photoshop wählen Sie das Pfad-Auswahlwerkzeug $\boxed{A}$, um alle Punkte eines Pfads zu markieren.

Wechseln Sie dann zu After Effects.

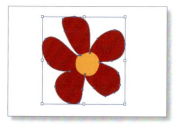

▲ **Abbildung 11.66**
Ein Pfad aus Adobe Illustrator kann kopiert und in After Effects verwendet werden.

2 **Pfad einfügen**

Zum Einfügen des Pfads in After Effects ist eines notwendig: Sie müssen die Eigenschaft, in die der Pfad eingefügt wird, markieren und nicht nur die Ebene. Markieren Sie nur die Ebene, erhalten Sie einen Maskenpfad. Das ist sicher auch schön und nützlich, aber erst im Maskenkapitel ein Thema.

▲ **Abbildung 11.67**
Zum Einfügen eines Adobe-Illustrator-Pfads in die Positionseigenschaft müssen Sie diese zuvor markieren.

3 Bewegungspfad erzeugen

Um einen Bewegungspfad aus dem Illustrator-Pfad zu erzeugen, markieren Sie die Eigenschaft POSITION einer Ebene in der Zeitleiste und wählen dann BEARBEITEN • EINFÜGEN oder drücken Strg+V. Jedem Punkt aus dem Illustrator-Pfad ist ein Keyframe in der Zeitleiste bzw. ein Scheitelpunkt im Kompositionsfenster zugeordnet. Pfade können auch in andere Eigenschaften, die mit Positionswerten arbeiten, eingefügt werden, beispielsweise in einigen Effekteigenschaften wie beim Effekt BLENDENFLECKE. Wenn es nicht funktioniert hat, hilft es manchmal auch, den Pfad in Illustrator auszuwählen und zuerst OBJEKT • ZUSAMMENGESETZTER PFAD • ERSTELLEN zu wählen und dann zu kopieren.

Illustrator-Voreinstellung

Damit das Kopieren und Einfügen von Pfaden aus Illustrator nicht schiefgeht, müssen Sie in Illustrator folgende Voreinstellung wählen: Unter BEARBEITEN • VOREINSTELLUNGEN wählen Sie bei DATEIEN VERARBEITEN UND ZWISCHENABLAGE die Option AICB und PFADE BEIBEHALTEN.

▲ **Abbildung 11.68**
Ein eingefügter Pfad wird in der Zeitleiste mit zeitlich nicht fixierten Keyframes (Roving Keyframes) dargestellt.

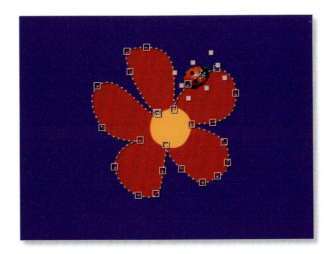

◄ **Abbildung 11.69**
Der eingefügte Pfad ist ein Bewegungspfad geworden.

11.4.2 Roving Keyframes

Die Reihe der eingefügten Keyframes ist standardmäßig auf 2 Sekunden Länge begrenzt. Anfang und Ende der Reihe werden mit zwei auf lineare Interpolation eingestellten Keyframes markiert. Die runden Punkte dazwischen sind sogenannte **Roving Keyframes**, d.h. zeitlich nicht fixierte Keyframes.

Ziehen Sie an einem der linearen äußeren Keyframes, um die Reihe zeitlich zu verlängern oder zu verkürzen und damit die Geschwindigkeit der Animation zu verlangsamen oder zu erhöhen. Die Roving Keyframes bewegen sich mit, und die zeitlichen Abstände zwischen diesen nicht fixierten Keyframes bleiben proportional erhalten.

Beispiele

Zwei Beispiele für eingefügte Pfade finden Sie im Ordner 11_INTERPOLATION/PFADE_KEYFRAMES in der Projektdatei »illustratorpfad.aep«.

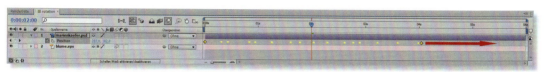

▲ **Abbildung 11.70**
Die Reihe der Roving Keyframes kann verlängert oder verkürzt werden. Die zeitlichen Werte zwischen den Keyframes bleiben proportional erhalten.

Roving Keyframes entstehen also automatisch durch das beschriebene Einfügen von Pfaden in Eigenschaften mit Positionskoordinaten. Roving Keyframes können aber auch sehr einfach erzeugt werden, um Bewegungsabläufe zu glätten. Diese besondere Art der Keyframes können Sie nur für Eigenschaften, die mit Positionswerten arbeiten, anlegen. Schauen wir uns dies anhand eines kleinen Workshops einmal genauer an.

Verschobener Pfad

Ist der aus Illustrator oder Photoshop eingefügte Pfad in After Effects etwas verschoben, hilft es, alle eingefügten Keyframes zu markieren und im Kompositionsfenster zu verschieben. Sie können dazu auch die Pfeiltasten verwenden.

Schritt für Schritt: Roving Keyframes – Geglättete Geschwindigkeit

In diesem Workshop geht es um zeitlich nicht fixierte Keyframes und die Bearbeitung von Animationen mit Hilfe von Keyframe-Assistenten. Schauen Sie sich zuerst das Movie »bewegteBlume« aus dem Ordner 11_INTERPOLATION/ROVING_KEYFRAMES an.

Öffnen Sie das für Sie schon vorbereitete Projekt »blume.aep« aus demselben Ordner. Sie finden dort eine Komposition vor, die eine per Position animierte Blume enthält. Der Bewegungspfad wurde in After Effects erstellt. Die Positions-Keyframes sind dafür im Abstand von etwa einer halben Sekunde gesetzt und auf lineare Interpolation gestellt. Gleichzeitig wird die Ebene von 0% auf 100% skaliert.

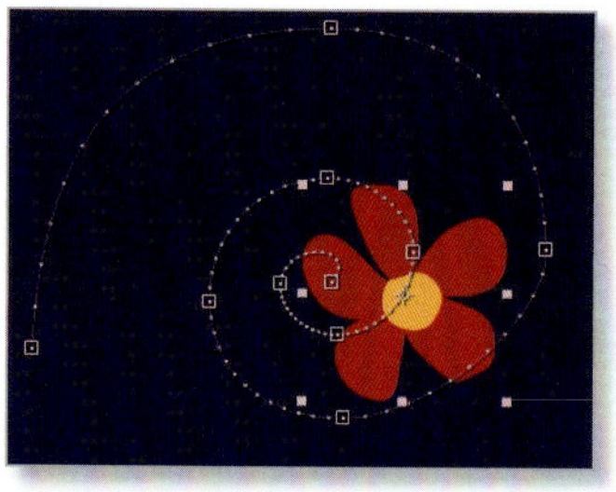

▲ **Abbildung 11.71**
Für diese Blume wurde ein spiralförmiger Bewegungspfad kreiert.

Roving Keyframes

Blenden Sie für die Blume-Ebene die Eigenschaft POSITION und das Geschwindigkeitsdiagramm im Diagrammeditor ein. Beim Übergang vom einen zum anderen Keyframe ändert sich die Geschwindigkeit abrupt. Das Diagramm wirkt daher stufig.

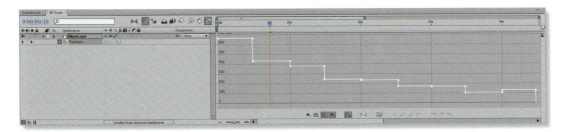

Die unterschiedlichen Geschwindigkeitsstufen lassen sich leicht angleichen, indem Sie die zeitliche Fixierung der Keys lösen. Ziehen Sie dazu mit der Maus einen Rahmen vom ersten bis zum vorletzten Key auf. Der erste und der letzte Key dürfen nicht markiert sein, denn zwischen diesen beiden Keys soll die Geschwindigkeit gemittelt werden.

Klicken Sie dann auf das Keyframe-Symbol, oder klicken Sie mit der rechten Maustaste auf einen der ausgewählten Keys, und wählen Sie im Einblendmenü ZEITLICH NICHT FIXIERT.

▲ **Abbildung 11.72**
Von einem zum anderen Keyframe gibt es abrupte Geschwindigkeitsänderungen.

▼ **Abbildung 11.73**
Im Diagrammeditor wird über den Keyframes der Geschwindigkeitskurve das Transformationsfeld aufgezogen.

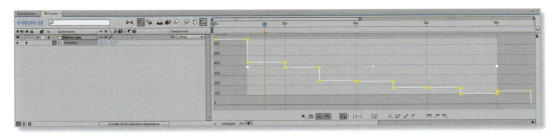

Die Keyframes werden zwischen dem ersten und letzten Key gemittelt und die Geschwindigkeiten aneinander angepasst. Die Keyframes im Bewegungspfad bleiben davon unbeeinflusst.

Übrigens lassen sich die Roving Keyframes wieder in zeitlich fixierte Keys **umwandeln**, wenn Sie einen der runden Punkte anklicken und verschieben oder wieder in das bereits genutzte Einblendmenü wechseln und dort das Häkchen bei ZEITLICH NICHT FIXIERT entfernen. Das ist auch in der Ebenenansicht möglich.

▲ **Abbildung 11.74**
In der Ebenenansicht sind die zeitlich nicht fixierten Keyframes sehr gut als Punkte erkennbar.

2 Keyframe-Assistent und Roving Keyframes

Im nächsten Schritt lassen wir die Blume schnell hereinfliegen und nachher allmählich abbremsen. Markieren Sie dazu mit der Taste ⌂ in der Ebenenansicht oder im Diagrammeditor nacheinander den ersten und den letzten Key. Wählen Sie dann per Klick mit der rechten Maustaste das Kontextmenü, rufen Sie den KEYFRAME-ASSISTENTEN auf und dort EASY EASE IN.

Da Sie eine zeitliche Interpolationsmethode auf die beiden äußeren Keys anwenden, wird auch der Geschwindigkeitsverlauf für die dazwischen befindlichen Roving Keyframes gleichmäßig verändert.

▼ **Abbildung 11.75**
Mit dem Keyframe-Assistenten EASY EASE IN gelingt ein sehr gleichmäßiger Geschwindigkeitsverlauf über alle Keyframes.

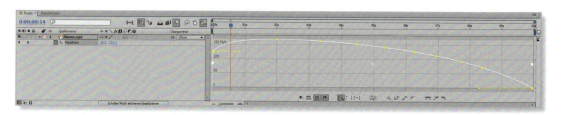

3 Easy Drehung

Blenden Sie noch die Eigenschaft DREHUNG bei ausgewählter Ebene mit der Taste R ein, und setzen Sie einen ersten Key bei 04:12, also am Ende der Positionsanimation, mit 0 × +0,0°. Sie können dazu in der Ebenenansicht oder auch im Diagrammeditor arbeiten. Weitere Keys folgen bei 05:05 mit 0 × –100,0°, bei 06:00 mit 0 × +0,0°, bei 06:16 mit 0 × –100,0° und am Ende der Komposition mit 4 × +0,0°.

Markieren Sie anschließend alle Drehungs-Keys per Klick auf das Wort DREHUNG, und wählen Sie nach Klick mit der rechten Maustaste im Kontextmenü KEYFRAME-ASSISTENTEN und dort EASY EASE.

▼ **Abbildung 11.76**
Die Drehungs-Keyframes werden ausgewählt, und über das Kontextmenü oder die Buttons im Diagrammeditor wird der Keyframe-Assistent EASY EASE aufgerufen.

4 Letzter Schritt

Zum Schluss lassen wir die Blume wieder verschwinden. Kopieren Sie dazu den Skalierungs-Key mit dem Skalierungswert 100 % bei 04:12, und setzen Sie ihn bei 07:12 ein. Die Animation der Skalierung stoppt also für drei Sekunden. Setzen Sie die Zeitmarke mit der Taste (ENDE) an das Ende der Komposition. Dort soll die Skalierung 0 % betragen.

Anschließend markieren Sie die zwei eben gesetzten Keys und wählen den Keyframe-Assistenten EASY EASE OUT. Aktivieren Sie vielleicht noch ganz zum Schluss die Bewegungsunschärfe mit zwei Klicks (**1** und **2**). Lassen Sie eine Vorschau berechnen, indem Sie die Taste ⓪ im Ziffernblock drücken. Herzlichen Glückwunsch! Sie haben es wieder einmal gemeistert!

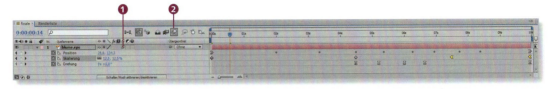

▲ **Abbildung 11.77**
Die fertige Animation in der Ebenenansicht

11.5   Keyframes für Schnelle

After Effects bietet mit drei kleinen versteckten Paletten Möglichkeiten zur schnellen Erstellung und Bearbeitung von Keyframes an. Es handelt sich um die Paletten BEWEGUNG SKIZZIEREN, GLÄTTEN und VERWACKELN.

11.5.1   Bewegung skizzieren

Mit der Palette BEWEGUNG SKIZZIEREN, die Sie über FENSTER • BEWEGUNG SKIZZIEREN erreichen, erhalten Sie die Möglichkeit, Bewegungspfade von Ebenen ohne vorheriges Definieren von Positions-Keyframes zu zeichnen. Dazu wird Ihre Mausbewegung aufgezeichnet. Die Ebene folgt nachher nicht nur dem aufgezeichneten Pfad, sondern behält auch die Geschwindigkeit der Mausbewegung bei.

Zur Aufzeichnung sollte sich eine Ebene in der Zeitleiste befinden. Danach können Sie sofort loslegen, indem Sie in der Palette die Schaltfläche AUFNAHME BEGINNEN aktivieren. Der Mauszeiger hat sich verändert. An der Stelle, an der Sie zuerst im Kompositionsfenster klicken, entsteht der erste Positions-Keyframe. Zeichnen Sie, ohne abzusetzen, so lange, bis Sie mit dem Bewegungspfad zufrieden sind.

Anschließend sind eine Menge Keyframes entstanden. Beim Abspielen der Animation werden Sie feststellen, dass der Pfad und die Geschwindigkeit Ihren Mausbewegungen genau entsprechen. Übrigens beginnt die Aufzeichnung immer am Anfang Ihres

▲ **Abbildung 11.78**
Mit der Palette BEWEGUNG SKIZZIEREN werden Animationen von bewegten Ebenen kinderleicht.

Arbeitsbereichs. Gefällt Ihnen das Ergebnis nicht, löschen Sie die Positions-Keyframes durch Klick auf das Stoppuhr-Symbol.

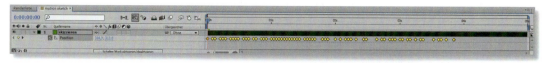

▲ Abbildung 11.79
Die Zeitleiste nach dem Skizzieren einer Bewegung. Für die wesentlichen Positionsänderungen wurden Keyframes erstellt.

Abbildung 11.80 ▶
Ein Bewegungspfad nach dem Aufzeichnen einer Mausbewegung

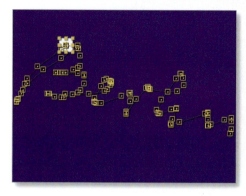

Durch höhere Werte im Feld AUFNAHMEGESCHWINDIGKEIT BEI wird die Aufnahme verlangsamt, Sie können dann also längere Zeit zeichnen (bei kleineren Werten natürlich umgekehrt). Der Wert 100 % entspricht immer einer Echtzeitaufnahme. Mit dem Feld GLÄTTEN können Sie bereits vor der Aufzeichnung einer zu großen Zahl an später entstehenden Keys entgegenwirken. Je höher der Wert ist, desto weniger Keys entstehen in der Zeitleiste, und die Bewegung der Ebene wird glatter.

Bei aktiviertem Feld DRAHTGITTER EINBLENDEN wird die Ebene während der Aufzeichnung als Umrisslinie dargestellt. Der Hintergrund der Komposition wird beibehalten, wenn Sie ein Häkchen für HINTERGRUND BEIBEHALTEN setzen.

▲ Abbildung 11.81
Mit der Palette GLÄTTEN lassen sich Keyframes reduzieren. Bewegungspfade und Zeitkurven können geglättet werden.

11.5.2 Glätten

Mit der Palette GLÄTTEN reduzieren Sie Keyframes in animierten Eigenschaften und glätten die Zeitkurve, um somit weiche Übergänge zu schaffen. Sie blenden die Palette über FENSTER • GLÄTTEN ein. Um die Palette zum Einsatz zu bringen, müssen einige Keyframes einer Eigenschaft ausgewählt sein. Gut sichtbar ist das Ergebnis, wenn Sie zuvor mit der Palette BEWEGUNG SKIZZIEREN Positions-Keyframes ohne Glättung, also einen Wert 0 für Glättung, erstellen.

Um die Palette GLÄTTEN anzuwenden, markieren Sie die Positions-Keyframes. Automatisch wird unter ANWENDEN AUF das Wort BEWEGUNGSPFAD in der Palette eingeblendet. Bei anderen Eigenschaften erscheint dort ZEITLICHE KURVE. Unter TOLERANZ können Sie den eingetragenen Wert auf 10 erhöhen und das Glätten eventuell mehrmals anwenden, wenn das Ergebnis noch nicht ausreichend ist. Nach dem Anwenden sind die Keyframes weniger geworden, der Bewegungspfad ist geglättet und enthält dennoch die wesentliche Bewegung der Ebene.

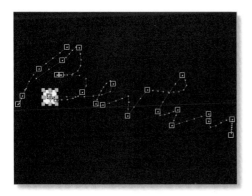

◄ **Abbildung 11.82**
Nachdem der Bewegungspfad geglättet wurde, ist die Animation im Wesentlichen erhalten geblieben.

Glätten der Geschwindigkeitskurve | Wenn Sie die Palette GLÄTTEN für Eigenschaften verwenden, die keine Positionswerte nutzen, wird unter ANWENDEN AUF automatisch der Eintrag ZEITLICHE KURVE angezeigt. Die Funktion ist sicherlich noch ausbaufähig, da mit minimal drei ausgewählten Keyframes gearbeitet werden kann, um die Glättung verwenden zu können. Die Palette ist also nicht als Alternative zu den Ease-Assistenten gedacht. Nach der Anwendung ähnelt die Geschwindigkeitskurve selten einem in diesem Sinne erwarteten Ergebnis.

11.5.3 Verwackeln

Über die Palette VERWACKELN, die Sie über FENSTER • VERWACKELN einblenden, generieren Sie zusätzliche Keyframes für bereits animierte Eigenschaften. Dabei werden die Werte der bereits vorhandenen Keyframes genutzt, um neue Keyframes mit abweichenden Werten zu schaffen. Außerdem wird die Interpolation von Keyframes durch Zufallswerte verändert.

▲ **Abbildung 11.83**
Die Palette VERWACKELN dient dazu, bereits animierte Eigenschaften um einen bestimmten Betrag abzulenken, also zu verwackeln.

Vor dem Verwenden der Palette VERWACKELN müssen mindestens zwei Keyframes vorhanden sein. Gut sichtbar ist die Wirkung der Palettenoptionen anhand einiger animierter Eigenschaften wie POSITION, SKALIERUNG, DREHUNG oder DECKKRAFT.

Es ist günstig, vor dem Anwenden der VERWACKELN-Funktion eine Kopie der gesetzten Keyframes anzufertigen, da diese durch die Funktion mehr oder weniger stark verändert werden und von der Masse der erzeugten Keys nicht zu unterscheiden sind. Mit Strg+Z können Sie aber auch einige Schritte rückgängig machen.

Um die VERWACKELN-Optionen anzuwenden, wählen Sie einige Keyframes einer Eigenschaft, beispielsweise POSITION, aus. Mit ANWENDEN AUF können Sie für die Positionseigenschaft zwischen BEWEGUNGSPFAD und ZEITLICHE KURVE wählen. Bei Eigenschaften ohne Positionskoordinaten ist nur ZEITLICHE KURVE eingeblendet. Unter STÖRUNG wählen Sie GLEICHMÄSSIG, um eine eher sanft wirkende Ablenkung von der bisherigen Animation zu erreichen, und ECKIG für abrupte Änderungen.

Beispiele

Im Ordner 11_INTERPOLATION/ VERWACKELN finden Sie ein paar Movies als Beispiele für verwackelte Eigenschaften und daraus resultierende Animationen. Öffnen Sie zum Nachmachen die Projektdatei »verwackeln.aep«.

Unter DIMENSIONEN legen Sie fest, ob die Eigenschaft nur auf der x-Achse, der y-Achse, für beide gleich oder für beide unabhängig abgelenkt werden soll. Dies ist für Eigenschaften interessant, deren Wertedimension größer ist als 1. Die Eigenschaft POSITION kann beispielsweise nur über mindestens zwei Werte beschrieben werden, nämlich mit den Werten für die x- und die y-Achse. Zu solchen mehrdimensionalen Eigenschaften zählen auch die Skalierung und der Ankerpunkt.

Mit X oder Y legen Sie die Achse fest, um die die Ablenkung stattfinden soll. Mit ALLE UNABHÄNGIG erzeugen Sie eher unruhige Animationen, beispielsweise tanzende Zahlen oder Buchstaben. Mit HÄUFIGKEIT legen Sie fest, wie viele Keyframes pro Sekunde nach der Anwendung in der Eigenschaft erscheinen sollen. Mit der STÄRKE bestimmen Sie, wie stark die jeweilige Eigenschaft verwackelt wird. Es wird dabei die Werteinheit der ausgewählten Eigenschaft zugrunde gelegt.

▼ Abbildung 11.84
Nach dem Verwackeln sind mehr Keyframes als zuvor vorhanden, in denen die »verwackelten« Werte enthalten sind.

Probieren geht über Studieren

Damit Sie hier keine Trockenübungen vollführen müssen, gibt es auf der DVD im Ordner 11_INTERPOLATION/ZEITVERZERRUNG ein kurzes Video namens »kaffeezeit.mov«, das Sie am besten in ein Projekt importieren. Die hier beschriebenen Möglichkeiten können Sie daran am besten nachvollziehen. Außerdem befindet sich im selben Ordner die Projektdatei »zeitverzerrung.aep« mit Beispielen.

11.6 Zeitverzerrung

In After Effects können Ebenen, die keine Standbilder sind, zeitverzerrt werden. Dazu gehören Video- und Audiomaterial ebenso wie verschachtelte Kompositionen, die Bewegung enthalten. Mit der Zeitverzerrungsfunktion können Sie das Material an beliebiger Stelle vorwärts oder rückwärts abspielen lassen oder Standbilder einfügen. Das Material kann im Zeitraffer oder in Zeitlupe abgespielt werden, und Sie können es mit den in diesem Kapitel erläuterten Geschwindigkeitskurven beschleunigen und abbremsen.

Die Zeitverzerrung bietet weit mehr Kontrolle als die bereits erläuterten Möglichkeiten, Ebenen zu dehnen und zu stauchen. Außer der Funktion ZEITVERZERRUNG bietet After Effects den

Effekt ZEITVERKRÜMMUNG mit einer noch größeren Auswahl an Parametern für professionelle Bearbeitungen. Wenn Sie mit der Zeitverzerrung Erfahrungen gesammelt haben, wird Ihnen die Arbeit mit der Zeitverkrümmung sicher leichtfallen.

Sie aktivieren die Zeitverzerrung, indem Sie eine Videoebene oder eine verschachtelte Komposition in der Zeitleiste markieren und dann EBENE • ZEIT • ZEITVERZERRUNG AKTIVIEREN oder Strg + Alt + T wählen.

In der Ebenenansicht kommt der Eintrag ZEITVERZERRUNG hinzu. Die zu verzerrende Ebene können Sie nun auf die Länge der Komposition verlängern, wie in Abbildung 11.85 an der unteren Ebene zu sehen ist. Verschieben Sie dazu den Out-Point der Ebene. Dabei wird die Ebene noch nicht zeitverzerrt. Die ursprüngliche Dauer der Ebene ist in einem Anfangs- und einem End-Keyframe gespeichert.

Es gibt zwei Möglichkeiten, die Zeitverzerrung zu bearbeiten: im Diagrammeditor und im Ebenenfenster. Egal, wo Sie arbeiten, die Keyframes werden immer auch in der Ebenenansicht angezeigt.

▼ Abbildung 11.85
In dieser Komposition wurde das Video »kaffeezeit« zweimal verwendet. Nur das untere der beiden Videos ist mit der Funktion ZEITVERZERRUNG belegt.

11.6.1 Zeitverzerrung im Diagrammeditor

Im Diagrammeditor wird automatisch die Wertekurve zur Bearbeitung eingeblendet, wenn das Wort »Zeitverzerrung« markiert ist.

Sie sind schon an die horizontale Darstellung der Kompositionszeit im Zeitplanfenster gewöhnt. Im Diagrammeditor wird die Gesamtzeit des Videos jedoch in der Vertikalen am linken Rand des Diagramms dargestellt. Das erste Bild des Videos liegt auf dem vertikalen Zeitstrahl, im Diagramm also ganz unten auf der Nulllinie, und das Endbild wird ganz oben dargestellt. Die Linie zwischen beiden Punkten stellt die Einzelbilder dar, die im Zeitverlauf bis zum Endbild angezeigt werden. Die Gesamtzeit des Videos können Sie in der Kompositionszeitleiste verschieben, verkürzen oder verlängern.

Standbild am Anfang und am Ende | Ist Ihre Kompositionszeit lang genug, also ein gutes Stück länger als das zu verzerrende Material, haben Sie Spielraum für ein Standbild vor und hinter dem Video. Dazu müssen Sie nur den Anfangs- und den End-Keyframe des Videos im Diagramm auswählen, was Sie mit der Alt -Taste und einem Klick auf die Wertekurve bewerkstelligen.

▼ Abbildung 11.86
Das Wertediagramm stellt die Zeit des zu verzerrenden Materials bei aktiver Zeitverzerrung auf einer vertikalen Achse dar.

Wenn die Schaltfläche TRANSFORMATIONSFELD ANZEIGEN ❶ aktiv ist, wird ein Rahmen um die Keyframes gelegt. Diesen können Sie mittig anklicken und dann verschieben. Bei Zuhilfenahme der Taste ⬚ rastet das Feld auf der Nulllinie ein. In dem abgebildeten Beispiel wird für den Bereich vor der ansteigenden Linie das erste Bild und dahinter das letzte Bild als Standbild angezeigt.

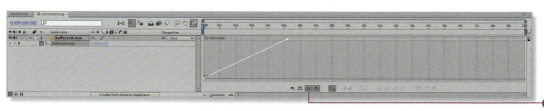

Abbildung 11.87 ▶
Hier wurden der Anfangs- und End-Keyframe eines Videos in der Kompositionszeit nach hinten verschoben.

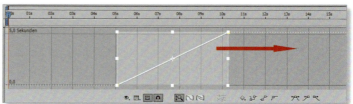

Standbild im Material einfügen | Etwas anspruchsvoller ist es, in laufendem Material ein Standbild einzufügen. Zuerst wählen Sie das Standbild. Dazu positionieren Sie die Zeitmarke auf den Frame, der fixiert werden soll. Mit der Schaltfläche ❸ setzen Sie einen Keyframe. Nach Klick auf die aktuelle Zeit ❷ geben Sie einen späteren Zeitpunkt ein. Anschließend kopieren Sie den neu gesetzten Keyframe und setzen ihn an der neuen Zeitposition ein. Den End-Keyframe sollten Sie allerdings um den Betrag in der Zeit verschieben, der der Länge des Standbildes entspricht, da das Material hinter dem Standbild sonst im Zeitraffer abläuft.

▼ Abbildung 11.88
Ein Standbild wird in der Wertekurve als gerade Linie dargestellt.

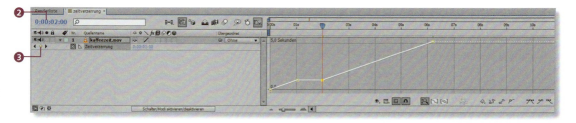

Zeitraffer, Zeitlupe und rückwärts | Das Prinzip von Zeitraffer und Zeitlupe ist schnell erklärt: Angenommen, Ihr Video ist fünf Sekunden lang, dann werden dafür in der Wertekurve ein Anfangs-Keyframe bei 0 Sekunden und ein End-Keyframe bei 5 Sekunden angezeigt. Verschieben Sie den End-Keyframe in der Kompositionszeitleiste nach rechts auf einen späteren Zeitpunkt, haben Sie eine

Zeitlupe; umgekehrt ist es ein Zeitraffer. Bei Audiomaterial kommt es zu einer Veränderung der Tonhöhe.

Sie können Material auch rückwärts abspielen. Dazu ziehen Sie den Keyframe unter den Wert des vorherigen Keyframes.

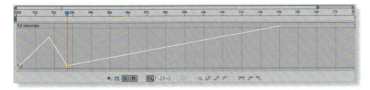

▲ **Abbildung 11.89**
Diese Kurve zeigt einen Zeitraffer vorwärts, einen Zeitraffer rückwärts und eine Zeitlupe.

Bilder durch Ziehen festlegen | Sie können ein Bild, das im Diagrammeditor auf einem bestimmten Keyframe angezeigt wird, schnell ändern, indem Sie den Keyframe im Editor markieren und nach oben oder unten ziehen. Günstig ist es, dabei die Zeitmarke genau auf dem Keyframe zu positionieren und die Taste ⌂ zu verwenden. Der Keyframe bewegt sich dann nur vertikal entlang der Zeitmarkierung. Wenn Sie einen Keyframe bewegen, verändert sich die Geschwindigkeit vor und nach dem Keyframe, und Sie erhalten einen Zeitraffer bzw. eine Zeitlupe.

Eine zweite Möglichkeit, Bilder an einem Keyframe zu ändern, bietet das Wertefeld. Klicken und ziehen Sie dazu mit der Maustaste nach rechts oder links. Ein neuer Keyframe entsteht, wenn Sie die Zeitmarke zwischen zwei Keyframes setzen und dann wieder das Wertefeld nutzen, um ein Bild einzustellen.

Geschwindigkeitskurve und Zeitverzerrung | Diese Möglichkeit soll hier nicht fehlen. Wenn Sie die Geschwindigkeitskurven fleißig geübt haben, können Sie Video- und Audiomaterial oder verschachtelte Kompositionen auch beschleunigt oder abgebremst abspielen. Nutzen Sie dazu einfach Ihr gesammeltes Wissen aus diesem Kapitel. Ein Beispiel finden Sie auch im Projekt »zeitverzerrung.aep« in der Komposition »beschleunigung«.

▼ **Abbildung 11.90**
Um ein anderes Bild am Keyframe einzustellen, verschieben Sie diesen nach oben oder unten oder verwenden das Wertefeld.

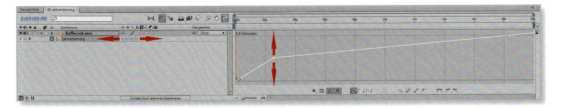

11.6.2 Zeitverzerrung im Ebenenfenster

Als Alternative zur Bearbeitung der Zeitverzerrung im Diagramm-editor gibt es die Möglichkeit, das Ebenenfenster zu verwenden. Haben Sie die Zeitverzerrung über EBENE • ZEIT • ZEITVERZERRUNG AKTIVIEREN oder [Strg]+[Alt]+[T] eingestellt, klicken Sie doppelt auf die betreffende Ebene, um damit das Ebenenfenster zu öffnen. Sie sehen dort zwei Zeitleisten.

Die untere Zeitleiste entspricht der Kompositionszeitleiste, die Sie auch in der Ebenenansicht vorfinden. Sie wählen damit den Zeitpunkt aus, an dem eine Änderung stattfinden soll. Die obere Zeitmarke dient zur Darstellung der Quellzeit, daher ist diese Zeitleiste auch nicht länger als Ihr Material. Sie wählen damit das Bild in Ihrem Material aus, das am Zeitpunkt einer Änderung angezeigt werden soll.

Standbild im Material | Um im Ebenenfenster Standbilder festzulegen, positionieren Sie zuerst die obere Zeitmarke ❷ auf dem Bild, das Sie fixieren möchten. Setzen Sie dann die untere Zeitmarke ❶ auf den Zeitpunkt, an dem das Standbild enden soll. Danach setzen Sie die obere Zeitmarke wieder zurück auf das Bild, das Sie fixieren möchten.

Es gibt noch einen anderen Weg: Wählen Sie das zu fixierende Bild (obere Marke), klicken Sie dann auf die Schaltfläche QUELLE ❹. Notieren Sie sich am besten die Zeitangabe, und bestätigen Sie mit OK. Geben Sie dann über die Schaltfläche ❸ den Endzeitpunkt des Standbildes ein. Klicken Sie wieder auf QUELLE, tragen Sie den notierten Zeitpunkt ein, und bestätigen Sie mit OK.

Frame-Überblendung

Bei zeitverzerrtem Material kann es sinnvoll sein, die Frame-Überblendung einzuschalten. Es werden dann weitere Frames zwischen die vorhandenen Bilder gerechnet. Dazu sind zwei Klicks auf den Kompositionsschalter ❺ und den Ebenenschalter ❻ nötig. Der Ebenenschalter kann per Klick drei Zustände annehmen: AUS, FRAME-MIX und PIXEL-MOTION. Mit der ersten Option schalten Sie die Überblendung vorübergehend aus; das Kästchen bleibt dann leer. Bei FRAME-MIX zeigt ein Balken im Kästchen nach links; die Berechnung erfolgt in geringerer Qualität. Die höchste Qualität erreichen Sie mit PIXEL-MOTION, wenn der Balken nach rechts ansteigt.
Im Effekt ZEITVERKRÜMMUNG stehen Ihnen die ähnlichen Optionen GANZE FRAMES, FRAME-MISCHUNG und PIXELBEWEGUNG zur Verfügung.

Abbildung 11.91 ▶
Im Ebenenfenster regeln Sie die Zeitverzerrung über zwei Zeitmarken.

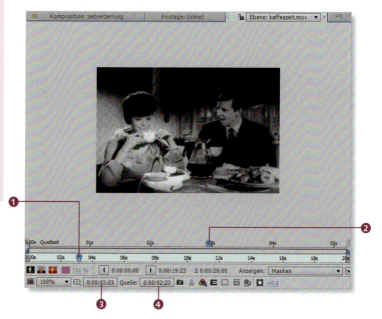

Zeitverzerrungen, die Sie im Ebenenfenster erstellt haben, können Sie natürlich auch über die Werte- und die Geschwindigkeitskurve im Diagrammeditor ändern.

▲ Abbildung 11.92
Keyframes für die Zeitverzerrung werden bei der Arbeit im Ebenenfenster automatisch in der Ebenenansicht gesetzt.

11.7 Parenting: Vererben von Eigenschaften

Parenting macht es möglich, Eigenschaftswerte von einer Ebene auf eine andere zu übertragen. Dafür werden einander über- und untergeordnete Ebenen geschaffen. Verknüpfte untergeordnete Ebenen vollziehen somit die Animationen einer übergeordneten Ebene nach. Man nennt diese Funktion daher auch **ebenenhierarchische Verknüpfung**.

Nützlich ist Parenting beispielsweise bei Figurenanimationen, um Drehbewegungen vom Oberarm zur Hand zu übertragen oder um mehrere Ebenen einer übergeordneten Ebene folgen zu lassen, ohne dafür eigens in jeder Ebene Keyframes setzen zu müssen. Am besten lässt sich dies jedoch an einem Beispiel demonstrieren. Im folgenden Workshop schreiten wir zur Tat.

Schritt für Schritt: Papa Parenting und Frosch junior

In diesem Workshop werden Sie Ebenen überordnen und unterordnen, Ankerpunkte verschieben und intuitiv Animationen erstellen. Schauen Sie sich zuerst das Movie »froschjunior« aus dem Ordner 11_INTERPOLATION/PARENTING an. Im selben Ordner befindet sich ein für Sie vorbereitetes Projekt namens »frosch.aep«. In dem Projekt finden Sie zwei Kompositionen vor. Eine Komposition mit Namen »parentingFertig« ist zur Ansicht gedacht, die andere mit dem Namen »Uebung« zum ungefähren Nachbau.

1   **Vorbereitung**

Bevor Sie die einzelnen Ebenen (die Froschgliedmaßen) animieren, verschieben Sie die Ankerpunkte der Ebenen. Schieben Sie den Ankerpunkt mit dem Ausschnitt-Werkzeug ([Y]) für jede Ebene auf den jeweiligen Gelenkpunkt. Markieren Sie dazu jeweils eine

▲ Abbildung 11.93
Für jede der Froschgliedmaßen wird der Ankerpunkt auf einen Gelenkpunkt verschoben.

Ebene, am besten im Zeitplanfenster, und bewegen Sie dann den Ankerpunkt auf einen Gelenkpunkt wie in Abbildung 11.93.

2 Überordnung festlegen

Sicher ist Ihnen schon die Spalte ÜBERGEORDNET im Zeitplan aufgefallen. Falls die Spalte fehlt, klicken Sie mit der rechten Maustaste auf EBENENNAME ❶ und wählen dann ÜBERGEORDNET aus dem Kontextmenü, oder Sie rufen das Menü SPALTEN über den kleinen Button ❸ oben rechts im Zeitplan auf.

Wählen Sie für die Ebene »linker_schenkel« die Ebene »froschkopf« als die übergeordnete Ebene. Sie haben dazu zwei Möglichkeiten: Klicken Sie auf das Wort OHNE, und wählen Sie die Ebene aus der Liste aus. Der Name der Ebene »froschkopf« erscheint anschließend in der Spalte ÜBERGEORDNET ❷. Die zweite Möglichkeit ist, den Button ❹ zu benutzen und mit der Linie auf die Ebene zu zeigen, die übergeordnet werden soll.

▲ **Abbildung 11.94**
In der Spalte ÜBERGEORDNET erscheinen die Namen der Ebenen, die übergeordnet wurden.

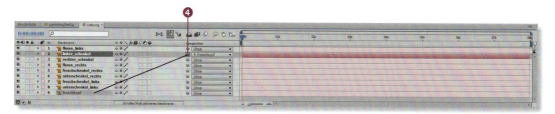

▲ **Abbildung 11.95**
Sie können das Gummiband auf eine Ebene ziehen, die übergeordnet werden soll.

Sie haben die Ebene »linker_schenkel« der Ebene »froschkopf« untergeordnet. Wenn Sie in der Ebene »froschkopf« etwas an den Eigenschaften ändern, die Sie unter TRANSFORMIEREN finden, werden diese Änderungen von der untergeordneten Ebene übernommen. Verfahren Sie mit den Ebenen »rechter_schenkel«, »froschschenkel_rechts« und »froschschenkel_links« wie beschrieben. Wie Sie die restlichen Ebenen verknüpfen, entnehmen Sie bitte Abbildung 11.96. Falls etwas schiefgegangen ist, wählen Sie aus der Liste einfach OHNE und verknüpfen neu.

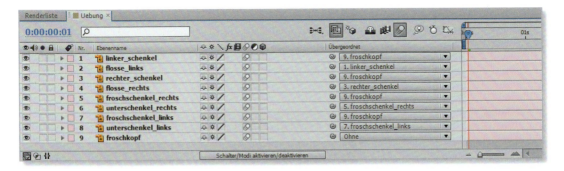

Sind alle Ebenen richtig verknüpft? Dann ziehen Sie doch einmal spaßeshalber die Ebene »froschkopf« an eine neue Position, oder verändern Sie die Skalierung (nachdem Sie Optimieren – das Sonnen-Symbol – für die Ebenen aktiviert haben). Alle untergeordneten Ebenen werden dabei an eine neue Position verschoben oder skaliert: Die Transformationen werden übertragen.

▲ Abbildung 11.96
Die richtige Verknüpfung der Ebenen für die Frosch-Animation

3 Animation

An dieser Stelle werden wir nur beispielhaft eine kleine Animation durchführen, Sie werden aber sicher viel Spaß haben, danach Ihre eigenen Animationen mit dem Frosch zu erstellen.

Blenden Sie die Eigenschaft Rotation für die Ebenen »flosse_links« und »linker_schenkel« mit der Taste R ein. Setzen Sie jeweils einen ersten Keyframe bei 00:00, und ziehen Sie die Zeitmarke etwa eine halbe Sekunde weiter. Lassen Sie beide Ebenen ruhig markiert, und erhöhen oder verringern Sie dann den Wert für Drehung durch Ziehen mit dem Mauszeiger. Stellen Sie einen Wert von etwa 0 × +120° ein.

Setzen Sie dann die Zeitmarke auf 01:00, und stellen Sie einen Wert von 0 × +60° für beide Ebenen ein. Die weiteren Keys können Sie kopieren. Markieren Sie dazu die beiden zuletzt gesetzten Keys für jede Drehung einzeln, und setzen Sie sie im Abstand einer halben Sekunde wieder ein. Der Frosch scheint zu winken.

▼ Abbildung 11.97
Die Drehungswerte ändern Sie durch Ziehen.

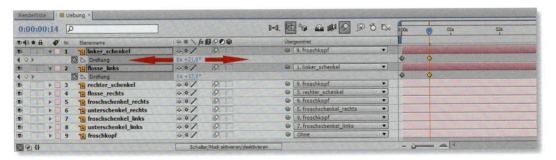

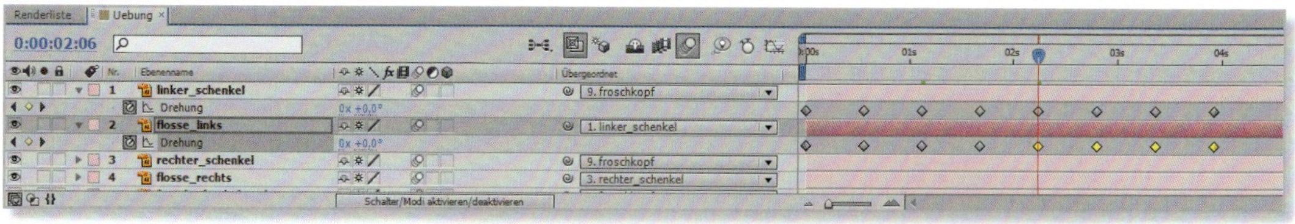

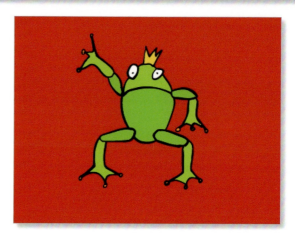

▲ **Abbildung 11.98**
Die Keyframes für die Drehung
werden kopiert und mehrfach
hintereinander eingesetzt.

Abbildung 11.99 ▶
So leicht winkt ein Froschkönig.

Ähnlich können Sie die anderen Gliedmaßen animieren. Um den
Frosch hüpfen zu lassen, animieren Sie zusätzlich die Positionseigenschaft der Ebene »froschkopf«. Im Beispielfilm ist zuerst nur
das Gesicht des Frosches sichtbar. Animieren Sie dazu die Eigenschaft Skalierung für die Ebene »froschkopf«. Den letzten Schliff
geben Sie Ihren Froschbewegungen mit der zeitlichen Interpolation, die Sie schon im Workshop zu Abschnitt 11.3 geübt haben.
Viel Spaß! ■

11.8 Animation mit den Puppenwerkzeugen

Die Puppenwerkzeuge verwenden Sie beispielsweise, um komfortabel Animationen von Figuren oder Text zu erstellen. After Effects
nutzt ein zunächst unsichtbares Gitter, das über den zu animierenden Layer gelegt wird. Mit Hilfe einiger selbstdefinierter Gelenk-
bzw. Deformationspunkte lässt sich das Gitter verzerren. Durch
Versteifungspunkte behalten Sie die Kontrolle über das Aussehen
der Verzerrungen, und mit Überlappen-Punkten legen Sie fest,
welche Teile des animierten Objekts im Vordergrund liegen und
welche hinter anderen Bildteilen verschwinden.

Mit den Puppenwerkzeugen erhalten Sie ein weiteres interes-
santes Animationsfeature, das wir uns im folgenden Workshop in
seiner vollen Funktion anschauen.

Schritt für Schritt: Die Puppenwerkzeuge

In diesem Workshop werden Sie lernen, wie Sie Objekte, in diesem Fall einen Humanoiden, intuitiv animieren. Öffnen Sie zuerst das vorbereitete Projekt »puppettool.aep« aus dem Ordner 11_INTER-POLATION/PUPPETTOOL. Es enthält bereits die für die Animation notwendigen Dateien.

In dem Projekt befindet sich eine Komposition mit Namen »puppet«, die Sie verwenden, um die Animation zu erlernen.

1 Arbeiten mit dem Marionetten-Pin-Werkzeug

Ähnlich wie beim Parenting setzen Sie mit dem Marionetten-Pin-Werkzeug die Gelenkpunkte für Ihre Animation. Da wir es in unserem Workshop mit einem Humanoiden zu tun haben, dürfte dies nicht besonders schwerfallen. Sie finden das **Marionetten-Pin-Werkzeug** in der Werkzeugleiste ❶. Mit dem Pin setzen Sie zuerst auf dem vom Betrachter aus rechten Arm drei Punkte bei der Schulter, dem Ellenbogen und der Hand, wie in Abbildung 11.101. Aktive Punkte sind gelb.

▼ **Abbildung 11.100**
Deformationspunkte setzen Sie mit dem Marionetten-Pin-Werkzeug.

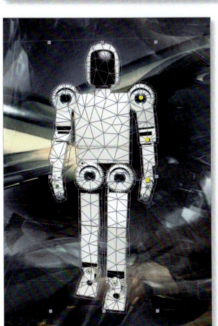

◄ **Abbildung 11.101**
Zuerst definieren Sie Gelenkpunkte per Marionetten-Pin.

Punkte markieren und löschen

Klicken Sie einzelne Punkte im Kompositionsfenster bei aktivem Auswahl-Werkzeug direkt an, um sie zu markieren, und verwenden Sie ⌷Entf⌷, um Punkte zu löschen.

Mehrere Gitterpunkte auswählen

Klicken Sie mehrere Gitterpunkte nacheinander bei gedrückter ⌷⇧⌷-Taste an. Egal, welches Marionetten-Werkzeug aktiv ist, mit ⌷Alt⌷ erhalten Sie das Rahmenauswahl-Werkzeug. Hiermit ziehen Sie einen Rahmen über den jeweiligen Marionettenpunkten auf.

Nachdem Sie den ersten Punkt, auch **Deformationspunkt** genannt, gesetzt haben, wurde in der Zeitleiste respektive im Effektfenster bereits der Effekt MARIONETTE hinzugefügt. Die Einstellungen werden wir jedoch nur in der Zeitleiste vornehmen.

Mit dem Auswahl-Werkzeug können Sie die einzelnen gesetzten Punkte direkt anklicken und verschieben. Wie Sie sehen, wird der Arm des Humanoiden dabei gestreckt und gestaucht. Gleichzeitig wird die ganze Figur wie im luftleeren Raum bewegt, was wir gleich ändern werden.

Kehren Sie mit ⌈Strg⌉+⌈Z⌉ zur Ausgangseinstellung zurück. Setzen Sie weitere Gelenkpunkte für den anderen Arm, ebenfalls auf der Schulter, dem Ellenbogen und der Hand. Wenn Sie nun wieder an einem der Punkte ziehen, verschiebt sich die Figur nicht mehr ganz so stark. Um die Figur noch weiter zu fixieren, setzen Sie an allen Gelenken weitere Punkte wie in Abbildung 11.102.

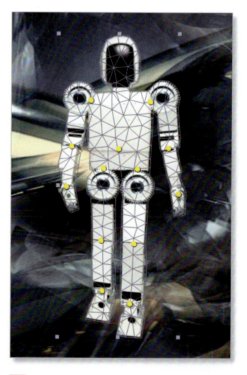

Abbildung 11.102 ▶
Zum Fixieren der Bewegung werden Pin-Punkte an allen Gelenken benötigt.

2   Optionen in der Werkzeugleiste

Bei aktivem Marionetten-Pin-Werkzeug erscheinen rechts neben ihm in der Werkzeugleiste vier zusätzliche Optionen. Mit Gitter: Anzeigen blenden Sie das Verzerrungsgitter ein, das der Marionette, unserem Humanoiden, zugrunde liegt. Es ist ebenso groß wie die deckenden Pixel der Ebene und endet genau dort, wo transparente Ebenenteile beginnen. Bei kleineren Zwischenräumen kann das Gitter allerdings auch leicht so verschmelzen, dass die Zwischenräume nicht berücksichtigt werden. Dies ist besonders bei der Vorbereitung des zu animierenden Materials zu beachten.

Mit AUSBREITUNG legen Sie fest, wie weit sich das Gitter um die Außenkanten herum ausdehnt.

Mit der Option DREIECKE erhöhen oder verringern Sie die Anzahl der Flächen im Gitter, um die Qualität des Gitters zu verbessern oder zu verschlechtern. Beachten Sie, dass sich die Berechnungszeit bei einer größeren Flächenzahl teils deutlich erhöht.

3 Animation des Humanoiden

In der Zeitleiste öffnen Sie den Effekt MARIONETTE und unter GITTER1 den Unterpunkt DEFORMIEREN. Sie finden dort fortlaufend nummeriert sämtliche gesetzten Punkte unter der Bezeichnung MARIONETTEN-PIN. Jeder Marionetten-Pin verfügt über eine eigene Positionseigenschaft. Hier wurde bereits automatisch jeweils ein Anfangs-Key für die Animation erzeugt. Sie können nun auf etwas umständliche Weise eine Animation »zu Fuß« erzeugen, indem Sie die Zeitmarke weiterbewegen und die Punkte in der Komposition verändern. Es werden neue Keys erzeugt, und die Positionsänderung wird danach als Animation angezeigt (betätigen Sie die Taste ⓪ im Ziffernblock).

▼ **Abbildung 11.103**
In der Zeitleiste werden automatisch Positions-Keys für den aktiven Pin-Punkt gesetzt.

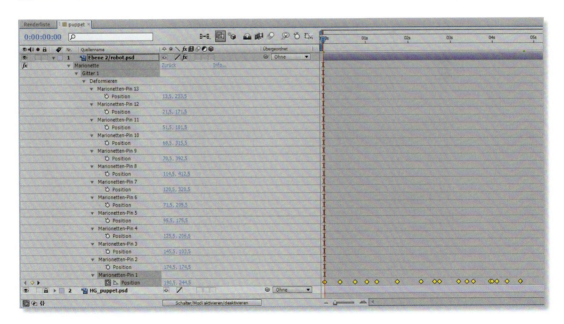

Weit komfortabler ist die Animation jedoch, wenn Sie die Mausbewegung direkt aufzeichnen, wie es vergleichbar bei dem Feature BEWEGUNG SKIZZIEREN möglich ist. Löschen Sie zunächst die eventuell gesetzten Positionspunkte, und setzen Sie einen neuen ersten Key.

Klicken Sie den Pin-Punkt für die rechte Hand unseres Humanoiden an, und betätigen Sie gleichzeitig die `Strg`-Taste. Eine Eieruhr wird angezeigt, und der Umriss des Humanoiden wird gelb dargestellt, während die Zeitmarke bereits losläuft. Bewegen Sie nun im Takt der Musik, die Sie gerade hören, die Hand hin und her. Lassen Sie dann die Maustaste wieder los, um die Aufzeichnung zu beenden. After Effects hat Keys für jeden Bewegungsschritt gesetzt. Spielen Sie die Animation per Taste `0` im Ziffernblock ab. After Effects hat die Bewegung in Echtzeit aufgezeichnet. Die Aufzeichnung beginnt immer dort, wo die Zeitmarke gerade positioniert ist. Um Aufzeichnungen mit mehr als einem Pin-Punkt zu beginnen, markieren Sie zuvor die entsprechenden Punkte in der Komposition.

Wie Sie sehen, haben Sie hier ein sehr intuitives Animationstool an der Hand. Synchronisationen mit Sound nehmen Sie entweder intuitiv Ihrem Rhythmusgefühl entsprechend vor oder (als weitere Möglichkeit) über Expressions. Hier können Sie Audio-Keys auslesen und auf die Pin-Punkte übertragen.

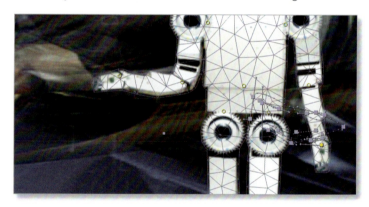

Abbildung 11.104 ▶
Aufgezeichnete Positionspunkte können Sie wie jeden anderen Bewegungspfad bearbeiten.

4 Aufzeichnungsoptionen

Wenn Sie die Animationen nicht in Echtzeit aufzeichnen möchten, sondern beschleunigt oder verlangsamt, verwenden Sie vor der Aufzeichnung die Aufzeichnungsoptionen aus der Werkzeugleiste. Aktivieren Sie dazu das Marionetten-Pin-Werkzeug. Neben den Optionen wie GITTER und DREIECKE finden Sie die Aufzeichnungsoptionen (AUFN. OPT.).

Wenn Sie den Wert für GESCHWINDIGKEIT verringern, wird die Bewegung anschließend schneller wiedergegeben, als sie aufgezeichnet wurde. Bei 100 % erfolgt die Wiedergabe in Echtzeit.

Mit der Option GLÄTTEN können Sie die Anzahl der bei der Aufzeichnung gesetzten Keys verringern. Je höher der Wert hier ist, desto weniger Keys werden gesetzt, und die Bewegung wird gegebenenfalls glatter.

Die Option ENTWURFSDEFORMATION VERWENDEN dient dazu, die Leistung bei der Vorschauanzeige zu verbessern.

Per GITTER EINBLENDEN wird während der Aufzeichnung anstelle des einfachen Umrisses das Gitter eingeblendet, das der Marionette zugrunde liegt.

◄ **Abbildung 11.105**
Mit den Aufzeichnungsoptionen wird die Aufnahme im Nachhinein schneller oder verlangsamt abgespielt.

5 Marionette-Stärke-Werkzeug

Oft erzeugen die Deformationspunkte, wenn sie animiert werden, unerwünschte Verzerrungen. Um dies einzuschränken, können Sie Teile der Marionette oder, besser gesagt, Teile des zugrundeliegenden Verzerrungsgitters stabilisieren.

Exemplarisch werden wir dies anhand der Schulterstücke unseres Humanoiden nachvollziehen. Bewegen Sie zum Vergleich des Vorher-nachher-Effekts zunächst den Deformationspunkt für die rechte Schulter nach links. Das Schulterstück wird dabei stark zusammengedrückt. Setzen Sie die Bearbeitung per `Strg`+`Z` zurück. Um die Deformation zu verhindern, wechseln Sie zum Marionette-Stärke-Werkzeug. Klicken Sie dazu etwas länger auf das Marionette-Pin-Werkzeug. Setzen Sie zwei rote Punkte genau auf die beiden Schulterstücke, wie in Abbildung 11.107 gezeigt.

Öffnen Sie in der Zeitleiste den Eintrag STEIFHEIT, und erhöhen Sie dort den Wert für UMFANG auf 30. Damit werden weitere Gittersegmente in die Auswahl aufgenommen. Die betroffenen Gittersegmente werden versteift und können je nach der Höhe des Werts bei BETRAG gar nicht mehr oder nur noch schwer deformiert werden. Per POSITION können Sie die Verstärkungspunkte noch verschieben.

Wenn Sie nun erneut zum Auswahl-Werkzeug greifen und die Schulter verschieben, bleiben die Schulterstücke wie gehabt erhalten. Dafür wird freilich der Hals arg gequetscht. Aber dies sollte ja auch nur ein Beispiel sein.

Quell-Footage austauschen

Wird das ursprüngliche Quell-Footage durch anderes ersetzt, wird das Gitter nicht automatisch an das neue Footage angepasst. Das Gitter wird nur bei Festlegung eines ersten Pin-Punktes berechnet, und zwar für den Frame, an dem die Zeitmarke sich gerade aktuell befindet.

▲ **Abbildung 11.106**
Ohne Verstärkungspunkte werden die Schulterstücke stark deformiert.

▲ **Abbildung 11.107**
Die Verstärkungspunkte werden auf die Schulterstücke gesetzt.

▲ **Abbildung 11.108**
Durch die Verstärkungspunkte werden die Schulterstücke nicht mehr deformiert.

6 Marionette-überlappen-Werkzeug

Ein weiteres Feature ist das Marionette-überlappen-Werkzeug. Es ermöglicht Ihnen beispielsweise, die Arme vor oder hinter dem Körper des Humanoiden zu platzieren. Und animierbar ist das wie immer natürlich auch noch.

Wenn Sie wieder länger auf das Marionette-Pin-Werkzeug drücken, können Sie im Popup-Menü das Marionette-überlappen-Werkzeug wählen. Wir wollen sowohl den rechten als auch den linken Arm manchmal vor dem Körper des Humanoiden platzieren und manchmal dahinter verschwinden lassen. Sobald Sie das Marionette-überlappen-Werkzeug gewählt haben, werden die an den Gelenken gesetzten Pins als gelbe Kreuze dargestellt. Um die Überlappen-Punkte zu setzen, klicken Sie neben den Kreuzchen auf der linken und der rechten Hand, damit die Deformationspunkte nicht verdeckt werden. Die neuen Punkte sind blau.

In der Zeitleiste definieren Sie den Bereich des Gitters, der von der ÜBERLAPPEN-Funktion betroffen sein soll. Öffnen Sie den Unterpunkt ÜBERLAPPEN und dort die Einträge ÜBERLAPPEN 1 und 2. Erhöhen Sie den Wert für UMFANG so weit, bis jeweils der gesamte Arm wie in Abbildung 11.109 weiß gefüllt erscheint. Die weiß gefüllten Gitterteile können Sie nun vor oder hinter dem Körper platzieren. Dies erreichen Sie mit dem Wert bei VORN.

Bei negativen Werten verschwindet der jeweilige Arm hinter dem Körper, bei positiven Werten liegt er vorn. Sollen beide Arme vor dem Körper überkreuzt erscheinen, benötigen wir zwei unterschiedliche positive Werte, z. B. 30 und 50. Hierbei würde der Arm mit dem Wert 50 ganz vorn liegen. Je höher der Wert, desto weiter oben liegt also das Objekt. Negative Werte werden im Kompositionsfenster mit einer dunkleren Füllung dargestellt; helle Füllungen zeigen ein vorn liegendes Objekt an.

▲ **Abbildung 11.109**
Mit dem Marionette-überlappen-Werkzeug definieren Sie Gitterteile, die weiter vorn oder weiter hinten liegen sollen.

▲ **Abbildung 11.110**
Vorn liegende Gitterteile werden heller, weiter hinten liegende dunkler dargestellt.

Zur Animation setzen Sie wie üblich Keyframes. Oft ist es hier günstig, die Keys zeitlich dicht aufeinanderfolgend zu setzen, z. B. in einem Moment, in dem sich ein Arm gerade seitlich des Körpers befindet, und dort die Position zwischen davor oder dahinter zu wechseln.

▼ **Abbildung 11.111**
Für den Wechsel zwischen vorn und hinten liegenden Gitterteilen werden die Keys oft dicht nebeneinandergesetzt.

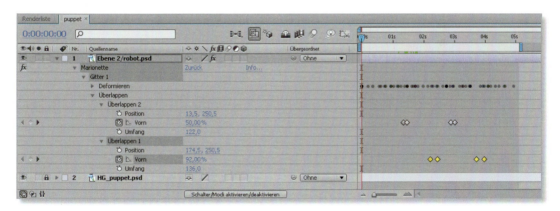

Zur Vertiefung Ihres jetzigen Wissens legen Sie sich vielleicht einen Song in die Komposition und versuchen, unseren Roboter im Rhythmus zu animieren. ■

11.8.1 Weitere Möglichkeiten, Marionetten-Gitter zu erstellen

Im Workshop wurde der Marionetten-Effekt auf eine Rasterebene angewendet, die Transparenz enthielt. Das Gitter entstand dabei dort, wo sich nichttransparente Pixel befanden.

Im Projekt »puppettool_animiert. aep« aus dem Ordner 11_INTER-POLATION/PUPPETTOOL finden Sie einige Beispiele zu den unten beschriebenen Punkten.

Bei Ebenen, die geschlossene Pfade wie Vektorpfade und Maskenpfade enthalten, können Sie zuerst für den oder die Pfade einen Umriss erstellen. Dazu klicken Sie außerhalb des Pfads mit dem Marionetten-Pin-Werkzeug in die Ebene. Das Werkzeug generiert daraufhin einen Umriss für sämtliche Pfade dieser Ebene, und der Marionetten-Effekt wird hinzugefügt. Um einen solchen Umriss anzuzeigen, müssen Sie das Marionetten-Werkzeug genau über einem Pfad positionieren. Der Umriss wird dann gelb eingeblendet. Nützlich ist der Umriss, um danach Deformationspunkte zu setzen, die Sie (wie im Workshop beschrieben) animieren können. Zum Erstellen eines Verzerrungsgitters klicken Sie mit dem Marionetten-Pin-Werkzeug in oder auf den Umriss.

Sie können das Marionetten-Werkzeug für folgende Ebenen bzw. Features einsetzen:

▶ **Vektorebenen:** Marionettengitter lassen sich auch für Vektorebenen erstellen. Hier wird das Gitter in dem durch einen Vektorpfad definierten Umriss erstellt.

▶ **Masken:** Auf Ebenen, die Masken enthalten, wird das Gitter im Umriss von geschlossenen Maskenpfaden erstellt. Mehr zu Masken erfahren Sie in Kapitel 18, »Masken, Matten und Alphakanäle«. Zur Animation setzen Sie Deformationspunkte, die Sie ähnlich wie im Workshop animieren.

▶ **Formebenen:** Auf Formebenen wird das Gitter im Umriss eines geschlossenen Formpfads erstellt. Die Animation erfolgt wieder über Deformationspunkte. Mehr zu Formebenen erfahren Sie in Abschnitt 18.5, »Formebenen«.

▶ **Text:** Bei Textzeichen entsteht das Verzerrungsgitter im Textzeichenumriss. Mehrere einzelne, unverbundene Textzeichen, die gemeinsam animiert werden sollen, müssen Sie zuvor mit einer geschlossenen Maske umrahmen. Nachdem Sie dann das Gitter erstellt haben, können Sie die Maske löschen. Wenn Sie mehrere einzelne Teile einer Ebene, z. B. verschiedene Textzeichen, unterschiedlich stark verzerren wollen, können Sie mehrere Gitter auf der gleichen Textebene anlegen. Dies gilt auch für andere Ebenen als Textebenen. Mehr zu Text erfahren Sie in Teil 6, »Titel und Texte«.

▶ **Malstriche:** Wenn Sie mit den Malwerkzeugen in After Effects arbeiten, können Sie die Malstriche mit dem Marionetten-Effekt animieren. Dazu verwenden Sie zuvor die Option AUF TRANSPARENZ MALEN, wodurch transparente Ebenenteile entstehen. Das Marionetten-Werkzeug erstellt dann ein Gitter auf der Grundlage des Alphakanals der Ebene. Mehr zu Malwerkzeugen erfahren Sie in Kapitel 22, »Malen und Retuschieren«.

TEIL V

Raus zum Film

12 Kompression und Ausgabe: die Grundlagen

Wirklich beendet ist ein Projekt erst, wenn es beim Kunden im gewünschten Ausgabeformat vorliegt. Und mit Überlegungen zum letztendlichen Ausgabeformat und zum Verteilermedium beginnt auch jedes Projekt.

Dieses Kapitel gibt Ihnen zunächst einen Einblick in grundlegende Zusammenhänge, die Sie für jede Ausgabe brauchen. Daher begegnen Sie in diesem Kapitel erst einmal einer Menge grauer Theorie. Bei allem Vergnügen, Animationen zu erstellen, ist es doch entscheidend, wie der Film später bei Ihrem Publikum ankommt. Qualität und Dateigröße Ihres fertigen Films sind dabei genauso wichtig wie die richtigen Einstellungen, um Ihre Kompositionen für Fernsehen, Blu-ray Disc, DVD, CD-ROM, Web, mobile Geräte, Film oder zur Weiterverarbeitung auszugeben.

12.1 Kompression

12.1.1 Warum Kompression?

Der Sinn der Kompression besteht kurz gesagt in einer Reduktion der Datenmenge. Bei der Reduktion der Datenmenge geht es für Bild-, Video- und Toninhalte um die Verringerung des Speicherbedarfs. Für die Bearbeitung oder die Ausgabe und Verbreitung dieser Inhalte ist es außerdem wichtig, den nötigen Datentransfer zu berücksichtigen: Sie müssen die Menge der zu übertragenden Daten bei größtmöglicher Qualität so gering wie möglich halten.

Sollten Sie noch Material aus analogen Quellen nutzen, ist es notwendig, die analogen Signale zur Weiterverarbeitung auf einem Computer zu digitalisieren. Bei der Aufzeichnung von Video geschieht dies bereits in der Kamera. Dabei wird, außer im Profibereich, schon bei der Abtastung des analogen Bildsignals eine Datenreduktion erreicht. Trotzdem fallen dabei immer noch enorme Datenmengen an.

Bei der Bearbeitung von digitalem Video, beispielsweise beim Schnitt, muss die Datenmenge oft verringert werden. Denn jedes

> **Abtastung eines analogen Signals**
>
> Bei der Abtastung eines analogen Signals wird das Signal in geringen Zeitabständen immer wieder gemessen. Die Messwerte werden dann in Form von binären Zahlenwerten gespeichert, sprich digitalisiert.

Bild muss praktisch in Echtzeit von der Festplatte gelesen und auf dem Computermonitor dargestellt werden.

Ein unkomprimiertes Videobild mit einer Framegröße von 720 × 576 Pixeln ist etwa 1,2 MB groß. Das macht bei 25 Bildern pro Sekunde etwa 30 MB. Es ist also mindestens eine Datenübertragungsrate von 30 MB/s nötig, um eine flüssige Darstellung zu erreichen. Bei HDTV-Material mit der Framegröße 1920 × 1080 Pixel ist jedes Bild schon etwa 7,91 MB groß. Dies ist trotz schneller Festplatten noch immer problematisch, da Umrechnungsprozesse zur Anzeige der Bilder auf dem Monitor die Übertragungsrate verringern. Auch die für das Lesen und Schreiben von Videodaten notwendige konstante Datenrate schmälert das Übertragungsvolumen. Um Material ohne Kompression (unkomprimiert) verarbeiten zu können, werden daher an das Rechnersystem hohe Anforderungen gestellt, verbunden mit höheren Kosten bei der Ausstattung.

Je kleiner die Datenmenge pro Bild ist, desto geringere **Datenraten** können zur Bearbeitung und Wiedergabe von Videomaterial eingesetzt werden.

Die erreichbare Datenrate hängt außerdem vom Verteilermedium ab. So sind beim Lesen der Daten von einer CD nur geringe Datenraten möglich. Daher muss hier auch die Datenmenge pro Bild recht klein sein. Wird von einer Festplatte gelesen, können größere Datenmengen pro Bild dargestellt werden, da die Datenrate beim Lesen höher ist. Gering ist die Datenrate bei der Übertragung von Bild-, Video- und Toninhalten auch über das Internet. Sind die Bild- oder Tondaten für die erreichbare Datenrate zu groß, stottert salopp gesagt die Wiedergabe.

Damit trotz geringer Datenraten noch etwas von den Bildern und dem Sound beim Publikum ankommt, gibt es die Kompression. Durch dünne Leitungen mit geringeren Datenraten passen kleinere Datenmengen. Die stärkste Kompression kommt daher auch gerade da zum Einsatz, wo der geringste Datendurchsatz möglich ist. Dabei liegt die Grenze der Kompression dort, wo es der menschlichen Wahrnehmung gerade noch zumutbar ist.

12.1.2   Kompressionsarten

Man unterscheidet grundsätzlich zwischen verlustfreier und verlustbehafteter Kompression.

Verlustfreie Kompression | Bei der verlustfreien Kompression (**lossless**) werden die Daten zusammengepackt und reduziert. Nach dem Entpacken sind die Daten vollständig wiederhergestellt. Es gehen keine Informationen verloren. Bei dieser Form der

---

Datenrate

Die Datenrate oder Datenübertragungsrate beschreibt die Menge an übertragenen Daten pro Zeiteinheit. Die kleinste Dateneinheit ist das Bit, weswegen die Datenrate auch als **Bitrate** bekannt ist.

Kompression werden Wiederholungen im Material erkannt und auf andere Art gespeichert. Sind z. B. fünf Pixel rot, sechs Pixel gelb und vier blau, wird die Information nicht für jedes Pixel einzeln gespeichert, sondern in verkürzter Form: 5 × rot, 6 × gelb und 4 × blau. Verwendet wird diese Art der Komprimierung z. B. bei dem verbreiteten GIF-Format.

Verlustbehaftete Kompression | Bei der verlustbehafteten Kompression (**lossy**) werden Bilddaten mit Rücksicht auf die menschliche Wahrnehmung entfernt. Wichtig dabei ist immer das Verhältnis zwischen möglichst hoher Kompression und ebenfalls möglichst hoher Qualität. Oft werden die für das menschliche Auge weniger wichtigen Informationen reduziert. Dazu gehören die Farbinformationen. Sich wiederholende Bildinformationen werden zusammengefasst. Bei der Dekompression und Wiedergabe kann die ursprüngliche Qualität der Bildinformation nicht wiederhergestellt werden.

Kompressionsartefakte | Vielleicht kennen Sie die durch Kompression entstandenen Bildstörungen von Bildern oder Filmen aus dem Internet. Diese Störungen nennen sich **Kompressionsartefakte**. Je nach verwendetem Kompressor unterscheiden sich die Artefakte und können sich in Blöckchenbildung, unscharfen Kanten, ausblutenden Farben, verwaschenem Ton und Ähnlichem äußern. Das soll Ihnen aber keine Angst vor dem Komprimieren machen, denn die Qualität von komprimierten Dateien nimmt durch neue Verfahren immer mehr zu, während immer kleinere Datenmengen entstehen.

▲ **Abbildung 12.1**
Ein Bild ohne Kompression ...

▲ **Abbildung 12.2**
... und das gleiche Bild mit Kompressionsartefakten. Zur Verdeutlichung wurde hier eine besonders geringe Qualität für die Kompression gewählt.

Intra-Frame- und Inter-Frame-Kompression | Die **Intra-Frame-Kompression** ist eine Einzelbildkompression (räumliche Kompression). Die einzelnen Bilder werden dabei unabhängig von den Folgebildern komprimiert. Daten innerhalb des Einzelbildes werden entfernt oder zusammengefasst. Intra-Frame-Kompression wird beispielsweise bei der M-JPEG-Kompression und bei DV verwendet.

Die **Inter-Frame-Kompression** ist eine Bewegtbildkompression (zeitliche Kompression). Mehrere aufeinanderfolgende Bilder werden hierbei zu einer Gruppe zusammengefasst. Es wird ein erstes Bild festgelegt, das mit allen Informationen gespeichert wird. Mit diesem Bild werden alle anderen Bilder der Gruppe verglichen. Nur die Änderungen in den nachfolgenden Bildern werden gespeichert. Daher ist es im Übrigen auch günstig, Kameraaufnahmen möglichst verwackelungsfrei, also mit Stativ, durchzuführen. Durch die geringeren Änderungen kann der Kompressor stärker komprimieren. Das reduziert letztendlich die Datenmenge. Verwendung findet die Inter-Frame-Kompression beispielsweise bei der MPEG-Kompression.

12.2 Codecs und ihre Verwendung

Um eine Audio- oder Videoinformation in ein digitales Format umzuwandeln, sind soft- oder hardwareseitige Berechnungen nötig. Zumeist geschieht dies mit dem Ziel der Datenreduktion, der Kompression. Wird ein komprimierter Film wieder abgespielt, ist ein Decoder nötig, der die komprimierte Information wieder in ein sichtbares Ergebnis umwandelt. Diese beiden Vorgänge werden über sogenannte **Codecs** durchgeführt, wie aus dem Namen Codec (**Co**der und **Dec**oder) ersichtlich wird.

Klar wird dadurch auch, dass ein Film, der mit einem bestimmten Codec komprimiert wurde, nur dann decodiert und abgespielt wird, wenn der Codec auf dem System installiert wurde. Und da eine sehr hohe Anzahl verschiedener Codecs Anwendung findet, kann es durchaus sein, dass von Ihrem schönen Film bei Ihrem Zielpublikum nicht ein Bild oder ein Ton ankommt, wenn die Kompressionsart nicht erkannt und decodiert werden kann.

Für ein breites Zielpublikum sollten Sie also zu einem weitverbreiteten Codec greifen. Zum Glück sind die wichtigsten Codecs bereits auf den meisten Rechnern vorhanden. Codecs gibt es als Softwarevarianten, die nachinstalliert werden können, und als Hardwarevarianten in Video- und Grafikkarten, um Berechnungen in Echtzeit zu ermöglichen.

Asymmetrische Codecs

Die meisten Codecs sind asymmetrisch. Das heißt, sie benötigen weit mehr Zeit für das Komprimieren als für das Dekomprimieren bzw. Abspielen.

12.2.1 Player, Encoder und Codecs

Zum Abspielen eines Films auf einem Rechner ist ein Player notwendig. Darum müssen Sie sich meistens nicht weiter sorgen. Für den Mac wird der QuickTime Player und für Windows-Systeme der Windows Media Player vorinstalliert. Beide Player liefern gleich die gängigsten Codecs zur Dekompression, also zum Abspielen unterschiedlich komprimierter Medieninhalte, mit. Weitere Codecs und Player können nachinstalliert werden. Die Player zum Abspielen von Videos sind kostenfrei.

Mit After Effects werden ebenfalls wichtige Codecs auf dem System installiert, um eine Kompression direkt aus After Effects anbieten zu können.

Encoder | Außerdem ist es möglich, Daten über einschlägige Encoder zu komprimieren, die allerdings meistens nicht kostenfrei zu haben sind. Auch die Encoder enthalten verschiedenste Codecs zur Kompression. Die Kompressionseinstellungen sind meistens umfangreicher und professioneller als in den kostenfreien Versionen.

Erwähnenswert sind der MPEG-Encoder von MainConcept, der auch in After Effects enthalten ist, DivX, Sorenson Squeeze Suite, TMPGEnc XPress, der auch in der Demoversion voll funktionstüchtig ist, und QuickTime Pro von Apple.

Da ständig an der Verbesserung der erreichbaren Ausgabequalität bei gleichzeitig kleiner werdenden Dateien gearbeitet und die Geschwindigkeit beim Komprimieren (Encodieren) beschleunigt wird, gibt es eine Vielzahl an Codecs und Encodern.

12.2.2 Gängige Formate, Kompressoren und Medien

Bei der Arbeit mit Audio- und Videodaten muss man zwischen **Audio- und Videoformaten** und **Containerformaten** unterscheiden.

Bekannte Containerformate sind AVI und MOV. Beide können Audio- oder Videodaten getrennt oder kombiniert enthalten und beherrschen viele verschiedene Audio- oder Videoformate. Es ist möglich, dass die Daten in unkomprimiertem Zustand in dem Containerformat vorliegen oder mittels verschiedener Kompressoren komprimiert wurden. So kann die Videoinformation beispielsweise entweder mit dem Cinepak-Codec, dem Sorenson-Codec oder mit MPEG-2, MPEG-4, H.264, DivX oder MPEG-1 codiert sein, die Audioinformation mit MP3, OGG, AAC etc.

Bei anderen Formaten verrät bereits die Dateiendung, um welche Datei bzw. welche Kompression es sich handelt. Hierzu zählt beispielsweise das GIF-Format.

12.2.3 Kompression in After Effects

After Effects beherrscht die Ausgabe in unterschiedliche gängige Formate für verschiedenste Medien. Dazu bietet After Effects eine große Zahl der gebräuchlichen Kompressoren an. Dennoch müssen Codecs bisweilen nachinstalliert werden, um verschiedenen Anforderungen gerecht werden zu können. Wenn beispielsweise QuickTime nicht auf Ihrem System installiert ist, sind die dazugehörigen Komponenten einschließlich Codecs nicht in After Effects verfügbar.

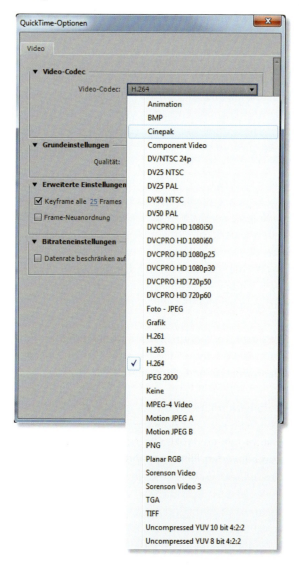

Welche Codecs und Formate für die Ausgabe auf den gängigen Medien gebräuchlich sind, können Sie Tabelle 12.1 entnehmen.

Codec	Format	Medium
Cinepak, MPEG-1, Sorenson u.a.	AVI, MOV, SWF, MPEG1 etc.	CD-ROM
MPEG-2	MPEG-2 (.mpg, .m2v, .m2a, .mp2, .vob)	DVD
Sorenson, MPEG-4	QuickTime (.mov)	WWW
H.264, H.264 Blu-ray	3GPP, .3g2, .MPEG-4, .m4v, .m4a	mobile Endgeräte (DVB-H, DMB), HD-DVD, Blu-ray Disc, DVB-S2
Windows Media Video/Audio	Windows Media (.wmv/.wma)	WWW
RealVideo/Audio	RealVideo (.rm)	WWW
On2 VP6, Sorenson H-263, MPEG-4	Flash-Datei (.swf), Flash-Video (.flv, .f4v)	WWW

Zum besseren Verständnis seien hier einige der wichtigsten in After Effects verfügbaren Kompressoren etwas genauer erläutert.

▲ Tabelle 12.1
Codecs, Formate und dazugehörige Medien

Unkomprimiert | Die unkomprimierte Ausgabe dient dem Zusammenfassen von Animationen in einer Datei. Das Resultat ist eine hohe Bildqualität bei entsprechend großen Dateien. Meist werden Daten zur Weiterverarbeitung unkomprimiert ausgegeben. Eine solche Datei kann auch Alphainformationen innerhalb eines ebenfalls ausgegebenen Alphakanals enthalten. Dadurch ist es beispielsweise möglich, aus mehreren Ebenen bestehende Titelanimationen in einer Datei mit transparentem Hintergrund zusammenzufassen, die über einem neuen Hintergrund platziert werden kann.

In After Effects wählen Sie für die unkomprimierte Ausgabe im AVI-Format die Option KEINE KOMPRIMIERUNG und im Format MOV die Option KEINE.

Cinepak | Die Kompressionsgeschwindigkeit des Cinepak-Codecs ist gering. Dagegen ist die Dekompression deutlich schneller. Verwendung findet der Codec bei Dateien, die für eine breite Verteilung vorgesehen sind, da er sowohl auf den meisten neuen als auch älteren Systemen vorhanden ist. Außerdem stellt der Codec nur geringe Anforderungen an die Prozessorleistung, was ein flüssiges Abspielen der komprimierten Filme gewährt. Der Nachteil ist die gegenüber einigen anderen Codecs geringere erreichbare Bildqualität.

Sorenson | Der Sorenson-Codec ist in einer älteren (Sorenson) und einer neueren Variante (Sorenson 3) in After Effects integriert. Die Kompressionsgeschwindigkeit von Sorenson ist der von Cinepak vergleichbar. Sorenson 3 ist schneller. Zum Abspielen mit hohen Auflösungen ist eine relativ hohe Prozessorleistung nötig, die allerdings nur bei sehr langsamen Systemen ins Gewicht fällt. Daher ist der Codec für sehr alte Systeme nicht empfehlenswert. Die erreichbare Bildqualität ist bedeutend höher als beim Cinepak-Codec, und die Datenrate ist weitaus geringer. Die resultierende Dateigröße kann sich gegenüber dem Cinepak-Codec halbieren.

Ein Nachteil ist die Tendenz zum »Ausbluten« der Farben, besonders bei Rottönen. Mit Sorenson 3 komprimierte Filme sind nur mit Playern ab der QuickTime-Version 5 abspielbar.

DV-PAL und DV-NTSC | DV-PAL oder DV-NTSC wird verwendet, um Animationen im DV-Standard auszugeben. Der Codec ist nicht für eine Datenreduktion und zur Verbreitung von damit komprimierten Filmen auf multimediatypischen Medien wie DVD geeignet. Wenn eine Ausgabe auf MiniDV, DVCam und DVCPro geplant ist, können die entsprechenden DV-Codecs verwendet werden.

Standardmäßig sind für das AVI-Format die Codecs DV (24p Advanced), DV PAL und DV NTSC wählbar und für die Ausgabe im MOV-Format die Codecs DV/NTSC 24p, DV25 PAL, DV50 PAL, DV25 NTSC, DV50 NTSC, DVCPRO-HD 1080i50, DVCPRO-HD 1080i60, DVCPRO-HD 1080p25, DVCPRO-HD 1080p30, DVCPRO-HD 1080p50, DVCPRO-HD 720p50 und DVCPRO-HD 720p60.

MPEG-2 | Die Kompressionsgeschwindigkeit des MPEG-2-Codecs ist relativ gering. Allerdings wird das durch kleine Dateien mit sehr guter Bildqualität belohnt. After Effects verwendet einen Codec von MainConcept. Mit dem MPEG-2-Codec komprimierte Dateien finden beim DVD-Authoring und zur Präsentation Verwendung (dabei ist nicht jeder Player in der Lage, die Datei abzuspielen).

Den Encoder finden Sie im Ausgabemodul unter FORMAT: MPEG2. Entsprechende Kompressionseinstellungen nehmen Sie unter FORMATOPTIONEN im Adobe Media Encoder vor.

MPEG-2 DVD | Es wird der gleiche Codec wie bei der MPEG-2-Ausgabe verwendet. Optional können Sie jeweils einen separaten Audio- und Videodatenstrom, je nach Weiterverarbeitungsart, oder eine gemultiplexte Variante (Audio- und Videodaten sind dabei in einer Datei zusammengefügt) ausgeben. Sie finden die Einstellungen unter FORMATOPTIONEN in der Karte MULTIPLEXER. Die Ausgabe eignet sich, wie der Name schon vermuten lässt, für Dateien, die letztlich auf einer DVD publiziert werden.

Den Encoder wählen Sie im Ausgabemodul unter FORMAT: MPEG2-DVD aus.

MPEG-2 Blu-ray | Auch hier verwendet After Effects wieder den MPEG-2-Codec von MainConcept, und Sie können über die Formatoptionen weitere Einstellungen vornehmen. Die Ausgabe dient, wie der Name bereits vermuten lässt, der Datenspeicherung auf Blu-ray-Medien.

Den Encoder wählen Sie im Ausgabemodul unter Format: MPEG2 Blu-ray aus.

MPEG-4 Video | Auch hier ist der Rechenaufwand bei der Kompression recht hoch und die Encodiergeschwindigkeit daher relativ niedrig. Das Resultat sind kleine Dateien in hoher Bildqualität. Die Ausgabe ist in After Effects für das MOV-Format möglich. Allerdings muss mindestens der QuickTime Player auf dem System installiert sein, sonst wird der Codec nicht angeboten. Die komprimierten Filme sind über den QuickTime Player abspielbar. Die so komprimierte Ausgabe dient meist zur Verteilung im Web.

Im Ausgabemodul finden Sie den Codec MPEG-4 Video unter Format: QuickTime und weiter unter Formatoptionen. In der Karte Video suchen Sie unter Video-Codec den Eintrag MPEG-4 Video.

H.261, H.263, H.264 und H.264 Blu-ray | Seinem Verwendungszweck für die Videotelefonie und für Videokonferenzen entsprechend, werden mit dem Verfahren namens H.261 Bilddaten bei recht guter Bildqualität stark reduziert. Der H.261-Standard bildet die Grundlage für MPEG-1, MPEG-2, H.262, H.263, H.264 und H.264 Blu-ray.

Das im MPEG-4-Standard enthaltene H.263-Komprimierungsverfahren ist eine Weiterentwicklung von H.261 und ist wie dieses Verfahren für niedrige Datenraten und wenig Bewegung optimiert. Das Verfahren wird daher z. B. bei Videokonferenzen eingesetzt.

Ebenfalls Teil des MPEG-4-Standards (MPEG-4 Part 10) ist der Videokonferenz-Standard H.264. Hier sind Bildauflösungen bis hin zu 1.920 × 1.080 (HD-Video) bei geringen Datenraten möglich. Das Verfahren findet bei HD-DVD, Videokonferenzen, Video-on-Demand, Streaming und Multimedia-Nachrichten Verwendung und ist für TV-Sendungen geeignet.

In After Effects können Sie für das Format MOV eine Kompression mit H.261 und H.263 einstellen, und wenn mindestens QuickTime 7 installiert ist, zusätzlich mit H.264. Allerdings ist es für H.264 besser, das Format im Ausgabemodul direkt zu wählen, um eine hohe Qualität sicherzustellen.

▲ **Abbildung 12.4**
Der Adobe Media Encoder stellt je ein komfortables Interface für Einstellungen zur Ausgabe in H.264 Blu-ray und H.264 bereit.

H.264 liefert bei halber Datenrate die gleiche Qualität wie MPEG-2 und wird von den DVD-Formaten HD-DVD und Blu-ray Disc unterstützt. Wenn Sie in das Format H.264 oder H.264 Blu-ray ausgeben, können Sie unter FORMATOPTIONEN weitere Einstellungen vornehmen. Als Audiokompression wird AAC (Advanced Audio Coding) bzw. PCM Audio (bei H.264 Blu-ray) verwendet, was eine hohe Audioqualität gewährleistet und zudem von vielen mobilen Geräten unterstützt wird. Für die Videokompression wird bei H.264 und bei H.264 Blu-ray der Video-Kompressor MainConcept H.264 verwendet.

10 Bit YUV | Sie können Kompositionen aus After Effects mit 10-Bit-Kanal-YUV-Komprimierung rendern, wenn Sie AVI-Dateien in Premiere Pro mit HD-Material verwenden wollen.

Dazu wählen Sie im Ausgabemodul unter FORMAT den Eintrag AVI und unter FORMATOPTIONEN in der Karte VIDEO unter VIDEO-CODEC die Option V210 10-BIT YUV.

FLV und F4V (H.264) | Über den Adobe Media Encoder können Sie Ihre Kompositionen in das **Flash Video Format** ausgeben, um die Videodateien beispielsweise in Flash-Projekten weiterzuverwenden. Das FLV-Format ist ein Containerformat wie die Formate MOV und AVI. Sie haben die Möglichkeit, Videodaten innerhalb von FLV mit dem Codec On2 VP6 zu komprimieren. Der Codec Sorenson Spark wird nicht mehr verwendet. Daher sind Dateien mit diesem Codec auch nicht mehr in After Effects importierbar. Audiodaten komprimieren Sie mittels MP3.

Das Containerformat wählen Sie im Ausgabemodul unter FORMAT: FLV.

Das Format F4V erreichen Sie im Ausgabemodul unter FORMAT: F4V. Als Videocodec ist MainConcept H.264 Video fest eingestellt. Für die Audiokompression wird AAC (Advanced Audio Coding) verwendet.

Mehr dazu lesen Sie in Abschnitt 15.3, »Ausgabe ins Flash-Video-Format (FLV + F4V)«.

12.3   Ausgabearten

12.3.1   Rendern: Was ist das?

Um eine Komposition zu einem eigenständigen Film zu machen, muss sie berechnet werden. After Effects erstellt beim sogenannten **Rendern** Frame für Frame Ihre Animation. Dabei werden Transformationen, Effekte, Maskenbearbeitungen und Sound in die fertige Datei eingerechnet. Das Ergebnis ist eine Filmdatei, die unabhängig von der Projektdatei auf der Festplatte gespeichert wird und auf verschiedene Medien verteilt werden kann. Abhängig von dem verwendeten Codec, der sich von Ausgabeformat zu Ausgabeformat unterscheiden kann, nimmt die resultierende Datei mehr oder weniger Platz auf der Festplatte ein.

Wesentliche Einstellungen zum Rendern nehmen Sie in der Renderliste, in den Rendereinstellungen und im Ausgabemodul vor.

Alles über das Rendern erfahren Sie im nächsten Kapitel.

Renderliste | Um eine Komposition zu rendern, fügen Sie sie der Renderliste hinzu. Dort können Sie mehrere verschiedene Kompositionen mit verschiedenen Render- und Ausgabeeinstellungen als Liste anlegen. Mit dem Start des Rendervorgangs arbeitet After Effects die Liste ab und speichert die Filme auf der Festplatte.

Rendereinstellungen | Die Rendereinstellungen dienen zur Festlegung der Ausgabequalität, zur Wahl der Zeitspanne, die als Film ausgegeben werden soll, und zur Wahl der Halbbildreihenfolge.

Ausgabemodul | Im Ausgabemodul definieren Sie das spätere Dateiformat und wählen eventuell eine Komprimierung zur Reduktion der Datenmenge. Auch die Farbtiefe der auszugebenden Datei und die Audioausgabe legen Sie hier fest.

Die Ausgabe können Sie für verschiedene Zwecke definieren. After Effects macht es möglich, Dateien für die Wiedergabe auf Computern zu rendern, auf denen ein Player installiert ist. Außerdem ist es möglich, die Ausgabeeinstellungen für das Abspielen von Filmen von CD-ROM, DVD, Blu-ray Disc und über das Web, für die Ausgabe auf mobilen Endgeräten oder für die Aufnahme auf Videobändern, auf Kinomaterial und für die Ausstrahlung im Fernsehen einzustellen. Die Ausgabe für HDV und HDTV ist eine weitere Option.

Renderprozess | Der Renderprozess dauert, je nach Art Ihrer Animationen, der Kompositionsgröße und nicht zuletzt der Ausstattung Ihres Rechners, unterschiedlich lange. Oft ist es sinnvoll, schon einmal einen Picknickkorb für die Rechenzeit zu packen. Daher ist es günstig, wenn Sie die Ausgabe in verschiedene Formate planen,

▲ **Abbildung 12.5**
In der Renderliste warten die zur Ausgabe bereiten Kompositionen. In den Rendereinstellungen und im Ausgabemodul legen Sie zuvor wichtige Einstellungen fest.

zuerst ein **Masterformat** zu rendern. In diesen Masterfilm werden alle verwendeten Ebenen, deren Transformationen, darauf angewendete Effekte etc. eingerechnet. Anschließend re-importieren Sie den Masterfilm und können ihn für verschiedene Zwecke mit verschiedenen Codecs komprimieren und unter Beachtung der Frameseitenverhältnisse in verschiedene Formate ausgegeben. Der Rechenaufwand ist dabei viel geringer, als wenn Sie die Kompositionen jeweils neu rendern würden. Eine entsprechende Ausgabemöglichkeit wird in Abschnitt 13.4.6, »Verlustfreie Ausgabe«, beschrieben.

12.3.2   Exportieren: Was ist das?

After Effects bietet neben dem Rendern von Kompositionen den Export als zweite Möglichkeit der Ausgabe. Sie finden das Export-Untermenü über DATEI • EXPORTIEREN.

Mehr dazu lesen Sie in Abschnitt 15.2, »SWF-Dateien ausgeben«.

▶ Über den Export geben Sie Kompositionen in das **Format SWF** aus, um Filme für den **Einsatz im Web** vorzubereiten. Dabei gibt es zwar einige Einschränkungen hinsichtlich in SWFs nicht unterstützter After-Effects-Funktionen, dennoch sind die Exportmöglichkeiten hervorzuheben, um die Stärken von After Effects für das Web zu nutzen und Filme mit sehr geringer Dateigröße zu erstellen.

▶ Für die Weiterverarbeitung von Kompositionen in Flash ist der Export in das **Format XFL** zu erwähnen. Hier werden grundlegende Kompositionseinstellungen nach Flash übernommen und ermöglichen eine Weiterverarbeitung. Mehr Informationen dazu erhalten Sie in Abschnitt 26.2.1, »XFL-Export aus After Effects«.

▶ Für eine enge Zusammenarbeit mit Premiere Pro exportieren Sie Ihr After-Effects-Projekt als **Adobe-Premiere-Pro-Projekt**. Weitere Informationen zur Zusammenarbeit mit Premiere Pro finden Sie in Abschnitt 26.1, »Zusammenarbeit mit Adobe Premiere Pro CS5«.

Clip Notes

Clip Notes werden seit der Version CS5 von After Effects nicht mehr unterstützt.

Nicht mehr unterstützte Formate | Die früher über den Export gegebenen Ausgabemöglichkeiten in Formate wie 3GP, AVI, MPEG4 etc. wurden mit der Version CS5 konsequenterweise entfernt. Sie finden diese Exportmöglichkeiten dafür in der eigenständigen Vollversion des Adobe Media Encoders. Nähere Informationen dazu erhalten Sie in Abschnitt 13.10, »Ausgabe mit dem Media Encoder«.

13 Das Rendern

In diesem Kapitel erfahren Sie alles über die Funktionsweise des Renderns in After Effects und über Möglichkeiten, die Ausgabe von Dateien effektiv zu gestalten.

Die folgenden Abschnitte sollen Ihnen Arbeitsweisen und verschiedene Rendermöglichkeiten aufzeigen. Sie werden die Renderliste gut kennenlernen, Rendereinstellungen vornehmen, Vorlagen für das Rendern selbst definieren, um sich die Arbeit zu erleichtern, und einiges mehr. Zuerst sehen wir uns aber den Rendervorgang genauer an.

13.1 Der Rendervorgang

Beim Rendern wird jede Ebene oder verschachtelte Komposition Frame für Frame entsprechend ihrer Reihenfolge in der Zeitleiste berechnet.

2D-Ebenen | 2D-Ebenen werden dabei von der untersten zur obersten Ebene berechnet. Für jede Ebene errechnet After Effects zuerst die auf die Ebene angewendeten Masken, dann die Effekte und schließlich die Transformationen. Hat sich After Effects durch den Ebenenstapel bis zur obersten Ebene durchgearbeitet, wird das Ergebnis an die in der Renderliste definierten Ausgabemodule (es können mehrere sein) gesendet, um den Ausgabefilm zu erstellen.

3D-Ebenen | Bei 3D-Ebenen, die später noch genauer besprochen werden, ist die Renderreihenfolge durch die räumliche Anordnung der Ebenen bestimmt. After Effects beginnt mit der Berechnung der räumlich am weitesten entfernten Ebene der Komposition. Für Drehungen werden nacheinander zuerst die X- und Y-Drehung und zum Schluss die Z-Drehung berechnet.

2D- und 3D-Ebenen | Das wäre nun alles sehr schön, wenn nicht bisweilen mit Kompositionen gearbeitet würde, die 2D- und 3D-Ebenen enthalten. After Effects sieht in der Zeitleiste aufeinanderfolgende 3D-Ebenen als eine Gruppe an, aus der die am weitesten entfernte Ebene ermittelt wird. Ein Problem ergibt sich in dem Moment, wenn 2D-Ebenen in der Zeitleiste zwischen 3D-Ebenen platziert werden. Ist dies der Fall, teilt After Effects die 3D-Ebenen in zwei Gruppen und berechnet sie jeweils extra.

Das Ärgerliche daran ist, dass nun Schatten, die eigentlich von der einen Gruppe der 3D-Ebenen auf die andere Gruppe fallen sollen, nicht mehr sichtbar sind, wie Sie das im Vergleich der Abbildungen 13.1 und 13.3 gut erkennen. Auch geometrisch werden beide Gruppen durch die 2D-Ebenen getrennt, wie Sie an der weißen Farbfläche sehen, die einmal die grüne Fläche durchdringt und einmal ohne Durchdringung dargestellt wird. Um eine solche Misere zu verhindern, müssen Sie die 2D-Ebenen in der Zeitleiste über oder unter sämtliche 3D-Ebenen ziehen.

In Kapitel 21, »3D in After Effects«, finden Sie weitere Informationen zur Arbeit mit 3D-Ebenen.

Abbildung 13.1 ▶
Diese Abbildung stellt alle Ebenen wunschgemäß dar.

Abbildung 13.2 ▶
Die 2D-Ebene ist in der Zeitleiste separat neben den 3D-Ebenen platziert.

◄ **Abbildung 13.3**
Hier wird die Durchdringung der Boden-Ebene mit der Hintergrundebene nicht mehr dargestellt, ein Teil des Schattens fehlt, und der Text liegt nicht mehr ganz oben.

◄ **Abbildung 13.4**
In der Zeitleiste ist die 2D-Ebene zwischen den 3D-Ebenen platziert und teilt diese in zwei Gruppen, die getrennt berechnet werden.

13.1.1 Die Renderliste

Die Renderliste dient dazu, Kompositionen, die gerendert werden sollen, in einer Liste zu sammeln. Starten Sie den Rendervorgang, arbeitet After Effects diese Liste von oben nach unten systematisch ab, wobei die jeweils getroffenen Einstellungen die Qualität, das Format und den Ausgabeort der Datei bestimmen.

Die Renderliste öffnen Sie, falls das Fenster geschlossen ist, über FENSTER • RENDERLISTE oder mit $\boxed{\text{Strg}}$+$\boxed{\text{Alt}}$+$\boxed{\text{0}}$.

13.2 Schnelle RAM-Vorschau und schnelles Rendern

Wer hat sich in After Effects nicht schon eine schnellere RAM-Vorschau (am liebsten sofort in Echtzeit) und eine flotte Ausgabe der umfangreichsten Bearbeitungen gewünscht. Mit den neuen Prozessorgenerationen, die mit mehreren Prozessorkernen ausgestattet sind, kommen wir der Sache ein paar Schritte näher.

13.2.1 Mehrprozessorverarbeitung in After Effects

After Effects ist für Systeme mit mehreren Prozessoren oder Prozessorkernen optimiert. Das heißt konkret, dass Sie die Berechnung der RAM-Vorschau – bei der After Effects intern alle Bearbeitungen zu einem fertigen Film rendert, der vorübergehend im Arbeitsspeicher (bzw. RAM-Cache) abgelegt wird – beschleunigen können. Außerdem ist die Endausgabe schneller, die schon oft Nächte gekostet hat.

Seit CS5 werden bei der Berechnung neben den physisch vorhandenen Prozessorkernen auch virtuelle, durch Hyper-Threading erstellte Kerne verwendet.

Vielleicht haben Sie trotz fehlender Abwrackprämie für alte Rechner und Prozessoren und trotz fehlenden Rettungspakets bereits die Voraussetzung für dieses Privileg schaffen können und mindestens einen Intel-Core-2-Duo-Prozessor in Ihrem System. Dann können Sie nämlich unter BEARBEITEN • VOREINSTELLUNGEN • SPEICHER & MEHRPROZESSORVERARBEITUNG im Dialog ein Häkchen bei MEHRERE FRAMES GLEICHZEITIG RENDERN setzen.

Damit haben Sie die Qual der Wahl, ob Sie den Vordergrund- oder den Hintergrundprozessen mehr Arbeitsspeicher zuweisen und eventuell auch noch anderen Anwendungen. Außerdem müssen Sie die vorhandenen CPUs (Prozessorkerne) auf die Hauptanwendung, also After Effects, und andere Anwendungen aufteilen.

Vordergrundprozess | Zu den Vordergrundprozessen gehören die After-Effects-Anwendung selbst und der RAM-Cache, von dessen Größe es abhängt, wie viel Film Sie in der Vorschau in Echtzeit abspielen können.

Hintergrundprozess | Hintergrundprozesse sind zusätzliche Prozesse, die die After-Effects-Anwendung beim Rendern für RAM-Vorschau und Endausgabe unterstützen und diese beschleunigen. Die Hintergrundprozesse aktivieren oder deaktivieren Sie, indem Sie das Häkchen bei MEHRERE FRAMES GLEICHZEITIG RENDERN setzen bzw. entfernen.

13.2.2 CPU- und Speicheraufteilung

Zunächst müssen Sie entscheiden, wie viel von Ihrem Arbeitsspeicher und Ihren CPUs Sie anderen Anwendungen von After Effects abgeben wollen.

Andere Anwendungen | Unter FÜR ANDERE ANWENDUNGEN RESERVIERTER RAM ❶ tragen Sie einen Wert ein, der mindestens dem Minimum der Systemanforderungen der anderen Anwendungen entspricht. Neben den anderen Anwendungen erhalten auch das Betriebssystem und die Programme Premiere Pro, Encore und Adobe Media Encoder weiterer Speicher zugewiesen, wenn Sie hier den Wert erhöhen. Einen bestimmten Wert können Sie nicht unterschreiten, da dieser für ein optimales Arbeiten des Betriebssystems reserviert ist.

CPU-Aufteilung | Legen Sie fest, wie viele Ihrer CPUs Sie nicht für After Effects, sondern für andere Anwendungen arbeiten lassen wollen. Angenommen, Sie hätten acht CPUs, so könnten Sie zwei davon für andere Anwendungen abkommandieren, indem Sie unter CPUs, DIE FÜR ANDERE ANWENDUNGEN RESERVIERT SIND ❷ die Zahl 2 eintragen. So hätten Sie immer noch sechs CPUs, die After Effects flott machen. Dabei gilt: Je höher die Anzahl der CPUs, desto mehr Hintergrundprozesse können ausgeführt werden, denn jeder einzelne Prozess wird auf einer separaten CPU (Prozessorkern) ausgeführt.

Adobe empfiehlt, die optimale CPU-Aufteilung selbst zu testen, indem Sie mit einer geringen Prozessoranzahl beginnen und diese allmählich erhöhen.

Speicher pro CPU | Ist im System nicht genügend Speicher installiert oder haben Sie After Effects nicht genügend Speicher zugewiesen, verringert sich die Zahl der möglichen Hintergrundprozesse. Legen Sie unter RAM PRO HINTERGRUND-CPU den zum Projekt passenden Speicher fest. Empfohlen sind:

- ▶ für ein TV-Projekt mit SD-Auflösung: mindestens 1 GB pro Hintergrund-Prozess
- ▶ für ein HDTV-Projekt: mindestens 2 GB (z. B. für ein HDTV-Projekt mit 32 Bit Farbtiefe)
- ▶ für ein Digital-Cinema-Projekt: mehr als 2 GB

Ist der Wert z. B. mit 0,5 GB pro CPU geringer eingestellt, werden mehrere CPUs gleichzeitig mit einem begrenzten Betrag vom RAM verwendet. Ist er allerdings zu niedrig, können die Hintergrundprozesse das Rendern nicht unterstützen, und so wird dann nur noch der Vordergrundprozess zum Rendern verwendet. Die optimale Einstellung hängt hier von der Farbtiefe des Projekts, der Framegröße der Kompositionen und von den verwendeten Effekten ab.

Speicherausgleicher

Neben RAM VERFÜGBAR FÜR werden alle Anwendungen aufgeführt, die sich denselben Speicherbereich teilen müssen. Dunkel dargestellte Symbole sind die aktiven Anwendungen. Ein Diplomat, der Speicherausgleicher: Er weist den Speicher automatisch nach den Kriterien Mindestspeicheranforderung der Anwendung, maximal verfügbarer Arbeitsspeicher, aktuell verwendeter Speicher und Priorität zu und vermittelt die Ressourcen zwischen den Programmen. In den Voreinstellungen zu SPEICHER & MEHRPROZESSOREN können Sie die aktuellen Prozesse unter DETAILS einsehen. After Effects und Premiere hat Adobe die höchste Priorität gegönnt. Werden beide gleichzeitig verwendet, verringert sich sofort der für die Vorschau verfügbare RAM von After Effects.

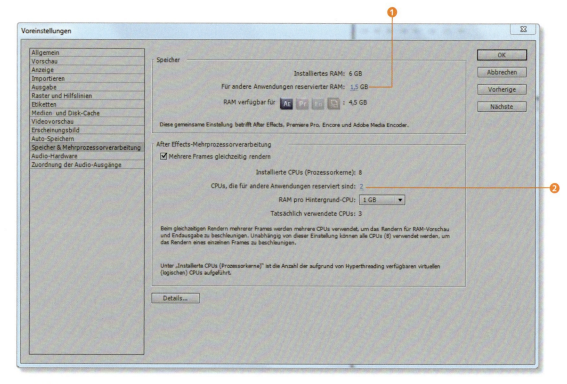

▲ **Abbildung 13.5**
In den Voreinstellungen aktivieren/deaktivieren Sie die Mehrprozessorverarbeitung und teilen CPUs und RAM auf.

13.2.3 Einschränkungen

Haben Sie alles so weit eingerichtet, kommen nun die Performance-Bremsen. Eine Leistungssteigerung durch aktivierte Mehrprozessorverarbeitung tritt nämlich nur dann wirklich ein, wenn die Kompositionen CPU-intensive Bearbeitungen verlangen, wie dies bei einigen Effekten der Fall ist (z. B. Leuchten). Bremsend wirken:

▶ **Speicherintensive Bearbeitungen:** Verarbeiten Sie Bilder mit mehreren Tausend Pixeln in Höhe und Breite, sind dies speicherintensive Bearbeitungen. Hier helfen auch viele Prozessoren wenig, die »an einem Strang ziehen«.

▶ **Bandbreitenintensive Bearbeitungen:** Verarbeiten Sie viele Quelldateien von langsamen oder über langsame Verbindungen angeschlossenen Festplatten, ist dies bandbreitenintensiv, und Ihre CPU-Zugpferde müssen gewissermaßen durch ein Nadelöhr.

▶ **Virenschutzprogramme:** Da Virenschutzprogramme jeden Lese- und Schreibzugriff überwachen, können Sie insbesondere bei der Mehrprozessorbearbeitung den Render- und Vorschauprozess verlangsamen. Viel Zensur und Überwachung bremsen das System selbst aus.

In folgenden Fällen wird die Mehrprozessorverarbeitung sogar automatisch deaktiviert:

- **OpenGL:** Für die Vorschau oder Endausgabe ist OpenGL aktiviert. – Die Verarbeitung auf mehreren Prozessorkernen ist nicht möglich, da die Bearbeitung dann auf den Prozessor der Grafikkarte verlagert ist. Mehr Informationen dazu im nächsten Abschnitt.
- **Effekte:** Sie verwenden Effekte, die auf dem Grafikprozessor verarbeitet werden müssen (meist Pixel-Bender-Effekte). Sie verwenden Effekte mit zeitlicher Komponente wie z. B. ZEITLICHE GLÄTTUNG oder einen der folgenden Effekte: AUTO-FARBE, AUTO-KONTRAST, AUTO-TONWERTKORREKTUR, ZEICHENTRICK, TIEFENSCHÄRFE ABMILDERN, PARTIKELSIMULATION, SCHATTEN/ GLANZLICHT, CC TIME BLEND, RE:VISION EFFECTS VIDEO GOGH.
- **Photoshop:** Die Komposition enthält eine Live-Photoshop-3D-Ebene. Mehr Informationen dazu erhalten Sie in Kapitel 25, »Workflow mit Photoshop und Illustrator«.

Zusammenfassung | Für ein schnelles Rendern sind ein Prozessor mit mindestens zwei, besser vier Prozessorkernen nötig, ausreichend Arbeitsspeicher – nämlich mindestens 2 GB pro CPU (Prozessorkern) –, ein schnelles, lokales, dediziertes Festplattenlaufwerk für bandbreitenintensive Bearbeitungen, eine zum Projekt passende Aufteilung der CPUs und des Arbeitsspeichers auf andere Anwendungen sowie auf Vorder- bzw. Hintergrundprozesse. Außerdem ist es sinnvoll, wenn möglich, Virenschutzprogramme zu deaktivieren.

13.2.4 Rendern mit OpenGL

OpenGL verlagert den Renderprozess vom Prozessor des Systems auf den Prozessor der Grafikkarte und dient dazu, eine qualitativ hochwertige und schnellere Verarbeitung von 2D- und 3D-Grafiken zu erreichen. Mit OpenGL können Sie in After Effects die RAM-Vorschau und auch die Endausgabe beschleunigen. Die im vorigen Abschnitt beschriebene Mehrprozessorverarbeitung wird durch die OpenGL-Option deaktiviert.

Sie aktivieren OpenGL für die Vorschau unter BEARBEITEN • VOREINSTELLUNGEN • VORSCHAU mit einem Häkchen bei OPENGL AKTIVIEREN. Das Häkchen bei ADAPTIVE AUFLÖSUNG MIT OPENGL AKTIVIEREN belassen Sie, damit After Effects auch bei geringeren Kompositionsauflösungen mit OpenGL rendert.

Unter OPENGL-INFO finden Sie Informationen, welche Funktionen die von Ihnen verwendete Grafikkarte unterstützt. Unter STRUKTURSPEICHER geben Sie hier einen Wert von maximal 80 % des auf der Grafikkarte installierten Video-Arbeitsspeichers ein.

Endausgabe | OpenGL wird für die Endausgabe nicht empfohlen, obwohl die Funktion für die Ausgabe angeboten wird. Der Grund dafür ist, dass die unterschiedlichen OpenGL-unterstützenden Grafikkarten nicht alle die gleichen After-Effects-Funktionen unterstützen. Falls beispielsweise in Ihren Kompositionen Schatten vorkommen, werden diese möglicherweise nicht mitgerendert, wenn die installierte Grafikkarte diese Funktion nicht unterstützt. Für Vorschauen und Zwischenergebnisse ist die OpenGL-Ausgabe aber gut verwendbar.

Sie aktivieren OpenGL für das Rendern der Endausgabe, indem Sie in der Renderliste auf den unterstrichenen Text neben Rendereinstellungen klicken und im Dialog OpenGL-Renderer verwenden aktivieren.

Unterstützte OpenGL-Funktionen | OpenGL unterstützt – abhängig von der von Ihnen verwendeten Grafikkarte – folgende Funktionen:

▶ **Ebenenfunktionen:** Transformationen für 2D- und 3D-Ebenen, Masken, Alphakanäle, bewegte Masken, sich überschneidende Ebenen, alle Füllmethoden außer Streuen und Sprenkeln mit Rauschen, 2D-Bewegungsunschärfe, Einstellungsebenen, Glätten, Tiefenschärfe weichzeichnen, Schatten, maximal acht Lichter, außer punktförmige Lichtquellen (farbige Schatten werden grau dargestellt), Weiche Kegelkante, die Eigenschaft Metall für 3D-Ebenen, Ebenenstile

▶ **Effekte:** GPU-beschleunigte Effekte wie Alpha abschrägen, Beidseitiger Weichzeichner, Feld weichzeichnen, Helligkeit und Kontrast, Kanal-Weichzeichner, Farbbalance, Farbbalance (HLS), Kurven, Richtungsunschärfe, Schlagschatten, Schneller Weichzeichner, Konturen finden, Gaussscher Weichzeichner, Farbton/Sättigung, Umkehren, Rauschen, Radialer Weichzeichner, Verlauf, Scharfzeichner, Einfärben und Turbulente Störung.

▶ **Kompositionen:** verschachtelte Kompositionen, außer wenn für die Unterkomposition eine Maske oder ein nicht GPU-beschleunigter Effekt angewendet wird

Netzwerkrendern mit OpenGL | Für das Rendern im Netzwerk sollten möglichst auf allen Systemen die gleichen Grafikkarten verwendet werden, da ansonsten nicht sicher ist, dass alle verwendeten Funktionen auf allen Systemen mitberechnet werden. Alternativ prüfen Sie zuvor, welche Funktionen mit allen Karten kompatibel sind.

Grafikkarte

In After Effects können Sie OpenGL nur verwenden, wenn Sie eine Grafikkarte besitzen, die OpenGL 2.0, Schattierungen und NPOT-Strukturen (Non-Power-of-Two) unterstützt. Eine aktuelle Liste mit unterstützten Grafikkarten finden Sie unter *http://www.adobe.com/products/aftereffects/opengl.html*.

Alle von Ihrer Grafikkarte nicht unterstützten Funktionen stoppen den Rendervorgang nicht etwa, sondern führen dazu, dass diese Funktionen in der Endausgabe fehlen. Nicht unterstützte Effekte werden dann einfach ignoriert.

Weitere Informationen zum Netzwerkrendern finden Sie in Abschnitt 13.8, »Netzwerkrendern«.

13.3 Rendern in der Praxis: QuickTime-Film ausgeben

Im Folgenden geht es um das grundsätzliche Verfahren, aus einer Komposition einen Film zu rendern. Als Beispiel soll hier ein QuickTime-Film ausgegeben werden, der mit dem Sorenson 3-Codec komprimiert wird. Der resultierende Film soll als finale Ausgabe einer Komposition für das Abspielen auf einem Computer optimiert werden. Verwenden Sie für die Ausgabe eine Ihrer Projektdateien oder eine Workshop-Datei von der DVD.

Komposition schließen | Günstig ist es, eine geöffnete Komposition vor dem Rendern zu schließen, denn dadurch wird der Rendervorgang leicht beschleunigt, was allerdings nur bei sehr aufwendigen, effektgeladenen Kompositionen und hohen Auflösungen etwas ins Gewicht fällt. Um die Komposition zu schließen, klicken Sie auf das kleine Schließkreuz der Registerkarte der Komposition. Sie können das Kompositionsfenster sehr einfach wieder über einen Doppelklick auf die entsprechende Komposition im Projektfenster öffnen. Wird die Komposition nicht geschlossen, zeigt After Effects die Animation während des Renderns an.

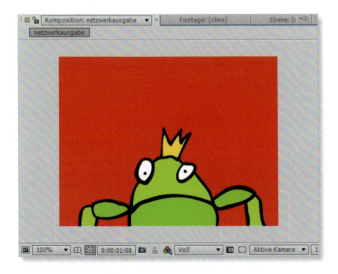

◄ **Abbildung 13.6**
Vor dem Rendern sollten Sie geöffnete Kompositionen über das Schließkreuz ausblenden.

Komposition zur Renderliste hinzufügen | Markieren Sie die Komposition, die gerendert werden soll, im Projektfenster, und wählen Sie dann Komposition • An die Renderliste anfügen oder

▼ **Abbildung 13.7**
Die zu rendernde Komposition
wird der Renderliste hinzugefügt.
Dort gelangen Sie zu den Render-
einstellungen und zum
Ausgabemodul.

$\boxed{\text{Strg}}$+$\boxed{\text{⇧}}$+$\boxed{\text{<}}$. Es öffnet sich die Renderliste mit den Rendereinstellungen und dem Ausgabemodul.

Als Alternative lassen sich Kompositionen der Renderliste hinzufügen, indem Sie die Kompositionen direkt vom Projektfenster
in die Renderliste ziehen.

13.3.1 Rendereinstellungen

Um die Rendereinstellungen, die standardmäßig auf optimale Qualität gestellt sind, zu ändern, klicken Sie in der Renderliste auf den
blauen Text OPTIMALE EINSTELLUNGEN ❶. Es öffnet sich der Dialog
RENDEREINSTELLUNGEN.

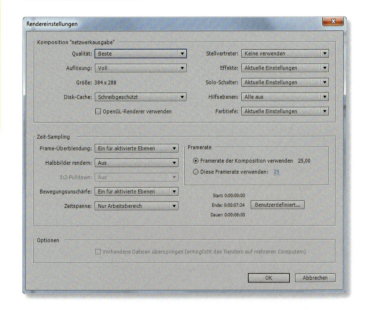

Abbildung 13.8 ▶
Im Dialog RENDEREINSTELLUNGEN
treffen Sie grundsätzliche Festlegungen zum Rendern von
Kompositionen.

Einstellungen zur Komposition | Unter QUALITÄT legen Sie die
Renderqualität für alle Ebenen der Komposition fest. Die Einstellungen ENTWURF und DRAHTGITTER dienen dazu, eine qualitativ
schlechtere Datei zur reinen Vorschau und Kontrolle der Animationen zu rendern. Der Rendervorgang wird bei geringerer Qualität
schneller. Dennoch ist für die hier gewünschte qualitativ hochwertige Ausgabe die Einstellung BESTE zu empfehlen.

Mit der AUFLÖSUNG stellen Sie ein, ob die resultierende Datei der Originalgröße entspricht oder in einer kleineren Größe ausgegeben wird. Sie sollten die Einstellung VOLL wählen, es sei denn, Sie wünschen eine reine Vorschaudatei zur Kontrolle Ihrer Animationen.

Unter DISK-CACHE bestimmen Sie, ob die unter den Voreinstellungen getroffenen Festlegungen zum Disk-Cache (dazu später) verwendet werden oder ob der Cache während des Rendervorgangs schreibgeschützt ist. Wählen Sie AKTUELLE EINSTELLUNGEN, um die Voreinstellungen zu verwenden, oder SCHREIBGESCHÜTZT.

Mit der aktivierten Option OPENGL-RENDERER VERWENDEN können Sie eine OpenGL-Karte nutzen, um den Renderprozess für Ihre Projekte zu beschleunigen. Notwendig ist dazu eine Grafikkarte, die OpenGL 2.0 unterstützt. Beachten Sie aber, dass die Endausgabe mit OpenGL nicht empfohlen ist, siehe Abschnitt 13.2.4, »Rendern mit OpenGL«.

Unter STELLVERTRETER legen Sie fest, ob diese bei der Ausgabe verwendet werden oder nicht. Stellvertreter sind Dateien, die in geringer Qualität vorliegen und später durch hochaufgelöstes Material ersetzt werden. Wählen Sie hier bei der endgültigen Ausgabe KEINE VERWENDEN.

Bei EFFEKTE bestimmen Sie, ob alle Effekte, kein Effekt oder die in der Komposition aktivierten Effekte verwendet werden sollen. Meist wird hier AKTUELLE EINSTELLUNGEN gewählt, um die für die Ebenen aktivierten Effekte zu verwenden.

Unter SOLO-SCHALTER geben Sie vor, ob in der Zeitleiste auf solo geschaltete Ebenen gerendert werden oder nicht. Solo-Ebenen blenden sämtliche nicht auf solo geschalteten Ebenen aus. Wählen Sie AKTUELLE EINSTELLUNGEN, um die aktivierten Solo-Ebenen zu rendern, oder ALLE AUS, um dies zu unterbinden.

Unter HILFSEBENEN entscheiden Sie, ob diese gerendert werden oder nicht. Hilfsebenen können aus jeder Ebene erstellt werden (EBENE • HILFSEBENE) und dienen z. B. zum Speichern von Kommentaren oder zur Synchronisation von Animationen mit Sound. Hilfsebenen werden normalerweise nicht gerendert, es sei denn, Sie wählen AKTUELLE EINSTELLUNGEN.

Bei FARBTIEFE wählen Sie 8 Bit, 16 Bit oder 32 Bit pro Kanal. Mit AKTUELLE EINSTELLUNGEN übernehmen Sie die Farbtiefe, die aktuell im Projekt eingestellt ist, in Ihre Ausgabe.

Zeit-Sampling verstehen | Die FRAME-ÜBERBLENDUNG ist wie viele andere in Zusammenhang mit den in der Komposition gewählten Einstellungen zu sehen. Mit EIN FÜR AKTIVIERTE EBENEN wird eine Frame-Überblendung für Ebenen berechnet, bei denen diese

Einstellungen in der Zeitleiste

In Abschnitt 7.6, »Die Zeitleiste«, sind die einzelnen Schalter, die auch für die Rendereinstellungen Bedeutung haben, eingehend erläutert.

OpenGL-Hardware

Unter www.adobe.com/go/learn_ae_openglsupport_de finden Sie Informationen zu OpenGL-Hardware.

Option in der Zeitleiste in der Spalte EBENENSCHALTER gewählt wurde.

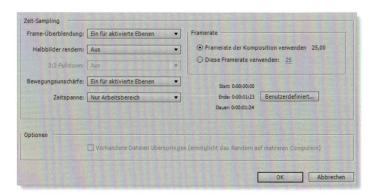

Abbildung 13.9 ▶
Im Feld ZEIT-SAMPLING befinden sich unter anderem Optionen zur Festlegung der Frame-Überblendung, der Halbbildreihenfolge und des zu rendernden Zeitbereichs.

Mit den Optionen bei BEWEGUNGSUNSCHÄRFE wird diese für in der Zeitleiste aktivierte Ebenen berechnet bzw. nicht berechnet. Die ZEITSPANNE ist standardmäßig auf NUR ARBEITSBEREICH eingestellt. Sie können hier aber auch die Länge der Komposition oder über ANDERE eine selbstdefinierte Zeitspanne wählen. Sie legen damit den Zeitbereich Ihrer Komposition fest, der gerendert werden soll.

Die Einstellungen unter FRAMERATE empfehle ich Ihnen nicht zu ändern, da dies zu Verfälschungen Ihrer Animationen führen kann. Sie erhalten kleine Dateien mit eventuell stockenden Animationen bei sehr geringen Frameraten und größere Dateien bei höheren Frameraten.

Abschließend noch ein paar gar nicht unwichtige Einstellungen: Unter HALBBILDER RENDERN legen Sie die Halbbildreihenfolge für Kompositionen fest, für die eine Videoausgabe erfolgen soll. Je nachdem, für welches Gerät oder Band die Ausgabe gedacht ist, wählen Sie hier UNTERES HALBBILD ZUERST oder OBERES HALBBILD ZUERST. Im Zweifelsfall müssen Sie testen. Verwenden Sie bei DV-Material immer das untere Halbbild, bei einer Ausgabe zur Weiterverarbeitung am Avid wählen Sie das obere Halbbild.

Für die Ausgabe als QuickTime-Film wählen Sie AUS, da der Film später nur auf dem Computer präsentiert werden soll. Endlich können Sie OK anklicken und gelangen wieder in die Renderliste.

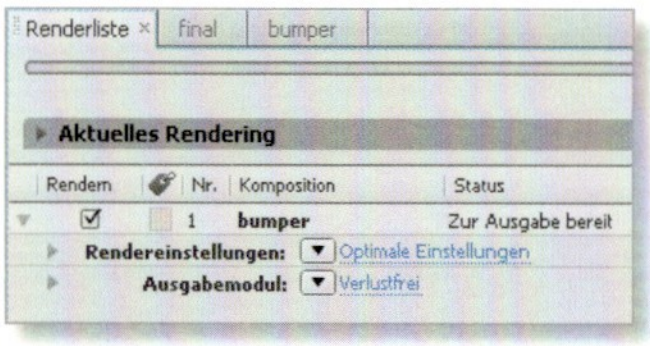

13.3.2 Ausgabemodul

Als Nächstes geht es um die Ausgabeoptionen. Klicken Sie in der Renderliste hinter AUSGABEMODUL auf den Text VERLUSTFREI. Auch in den sich öffnenden EINSTELLUNGEN FÜR AUSGABEMODULE finden Sie wieder viele Optionen.

▲ **Abbildung 13.10**
Klicken Sie in der Renderliste auf VERLUSTFREI.

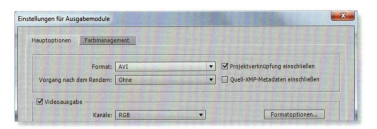

◄ **Abbildung 13.11**
Im Dialog EINSTELLUNGEN FÜR
AUSGABEMODULE legen Sie das
Format für den späteren Film, die
Kompression und eine optionale
Audioausgabe fest.

Unter FORMAT wählen Sie für das gewünschte MOV-Format aus der
Liste den Eintrag QUICKTIME. Klicken Sie auf die Schaltfläche FOR-
MATOPTIONEN, um ins Fenster QUICKTIME-OPTIONEN zu gelangen.

Einstellungen im Fenster »QuickTime-Optionen« | Im Listenfeld
unter VIDEO-CODEC wählen Sie den gewünschten Kompressor, in
unserem Fall SORENSON VIDEO 3.

Mit der QUALITÄT bestimmen Sie die räumliche Kompression.

Wählen Sie für unsere Ausgabe per Schieberegler den Wert
100, also beste Qualität. Eine entsprechend hohe Datenrate stellen Sie weiter unten ein. Sehr geringe Datenraten (nur für ältere
Systeme und für eine Übertragung mit geringen Bandbreiten)
können bei hoher Qualitätseinstellung zu einem **Abbruch des
Renderprozesses** führen.

Unter ERWEITERTE EINSTELLUNGEN legen Sie fest, in welchem Intervall Schlüsselbilder gesetzt werden. Diese Bilder sind
Frames, die bei der Komprimierung vollständig gespeichert werden. Mit einer der Framerate entsprechenden Anzahl können Sie
nicht fehlgehen. Wenn Sie im PAL-Standard ausgeben, sind das
also 25 Bilder. Geringere Werte erzeugen neben besserer Qualität
auch größere Dateien.

Keyframes für die Kompression

Basisbilder oder Schlüsselbilder
sind nicht zu verwechseln mit
den Keyframes, die für Animationen in der Zeitleiste gesetzt
werden. Bei der Kompression
kann eine geringere Anzahl an
Schlüsselbildern für schlechtere
Qualität und eine höhere Anzahl
für bessere Qualität gesetzt werden, woraus größere Dateien resultieren.
Alle Bilder zwischen den Schlüsselbildern werden mit dem jeweiligen vorherigen Bild verglichen, und nur die geänderte
Information wird gespeichert. Es
handelt sich dabei um eine zeitliche Kompression. Moderne
Codecs fügen bei Szenenwech-
seln automatisch neue Schlüsselbilder ein, weshalb Sie nicht zu
viele manuell erzwingen sollten,
da es auf Kosten der Kompression geht.

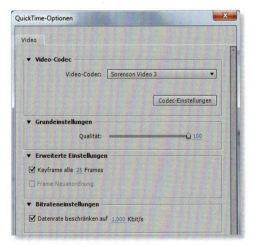

◄ **Abbildung 13.12**
Im Dialog QUICKTIME-OPTIONEN
wählen Sie den Codec für die
Kompression und treffen einige
Qualitäts- und Komprimierungs-
einstellungen.

Unter DATENRATE BESCHRÄNKEN AUF geben Sie die Menge der Informationen an, die ein Computer in einer bestimmten Zeit verarbeiten muss, um ein Movie ohne Ruckeln und Stottern abzuspielen. Von der Datenrate hängt auch sehr die resultierende Dateigröße ab. Höhere Datenraten resultieren in größeren und qualitativ besseren Dateien. Welche Datenrate Sie wählen, richtet sich nach dem Zielmedium. Mit 1.000 Kbit/s können sie nichts falsch machen, da selbst eine CD-R bereits mit mindestens 1.500 Kbit/s gelesen werden kann.

Bestätigen Sie die Einstellungen mit OK, und Sie gelangen wieder ins Fenster EINSTELLUNGEN FÜR AUSGABEMODULE.

Einstellungen für Ausgabemodule | Weiter geht es mit den restlichen Optionen im Fenster EINSTELLUNGEN FÜR AUSGABEMODULE. Die eben getroffenen Kompressionseinstellungen können Sie über den Button FORMATOPTIONEN ändern.

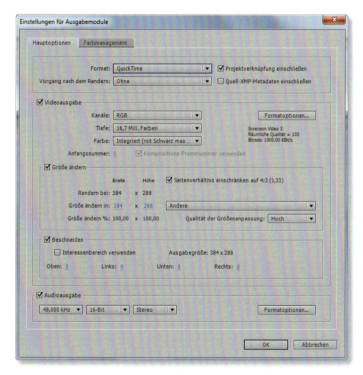

Abbildung 13.13 ▶
Die EINSTELLUNGEN FÜR AUSGABEMODULE

Unter dem Eintrag KANÄLE können Sie für einige Formate festlegen, ob die Datei nur den Alphakanal, die RGB-Kanäle und den Alphakanal oder nur RGB enthalten soll. Für den hier beschriebenen Sorenson-komprimierten QuickTime-Film kann der Alphakanal nur separat ausgegeben werden. Für die geplante finale Ausgabe benötigen Sie den Alphakanal allerdings nicht. Wenn Sie für

Ausgabeformate wie Targa zwischen RGB und RGB + Alpha wechseln, ändern sich auch die Einträge unter Tiefe.

Über den Eintrag Tiefe können Sie für einige Ausgabeformate die Option Trillionen+ und Gleitkomma+ und weitere Werte für die Farbtiefe wählen. In diesem Fall ist Platz genug für die RGB-Kanäle und einen zusätzlichen Alphakanal innerhalb einer Datei. Integrieren Sie den Alphakanal in die RGB-Datei (RGB + Alpha), wird die Kompositionshintergrundfarbe im Ergebnisfilm automatisch auf transparent gestellt, was aber nur für eine Weiterverarbeitung der Datei interessant ist. Sie können vorerst getrost mit der voreingestellten Bildtiefe von nur 16,7 Mill. Farben rendern.

Unter Farbe bestimmen Sie, nach welcher Methode der Alphakanal gespeichert wird.

Informationen zu integrierten und direkten Alphakanälen finden Sie in Kapitel 18, »Masken, Matten und Alphakanäle«.

Der Eintrag Projektverknüpfung einschliessen dient dazu, in der Ausgabedatei eine Verknüpfung zur Projektdatei anzulegen. Setzen Sie gegebenenfalls dazu ein Häkchen. Wenn die Ausgabedatei anschließend in einer anderen Applikation wie Adobe Premiere Pro verwendet wird, kann sie in der Quellapplikation modifiziert werden. Dazu dient der Befehl Datei extern bearbeiten oder `Strg`+`E`.

Mit der Option Quell-XMP-Metadaten einschliessen können Sie die Metadaten der ins Projekt importierten Rohmaterialien auch bei der Ausgabe beibehalten und der Ausgabedatei mitgeben. Weitere Informationen zu XMP-Metadaten erhalten Sie im gleichnamigen Abschnitt 8.6.

Bei Vorgang nach dem Rendern bestimmen Sie, ob die gerenderte Datei zur Weiterverarbeitung automatisch ins Projekt importiert wird. Wählen Sie hier den Eintrag Ohne. Näheres dazu erfahren Sie in Abschnitt 13.5.2, »Vorgang nach dem Rendern«.

Im Feld Grösse ändern lässt sich die Skalierungsgröße für den Film angeben, um das Format anzupassen. Im Einblendmenü finden Sie voreingestellte gängige Formatgrößen.

Die Skalierung beim Rendern erfolgt Frame für Frame. Die Qualität der Grössenanpassung stellen sie zur Endausgabe auf Hoch ein. Einstellungen zur Größenänderung erhöhen die Rechenzeit. Es empfiehlt sich, die Komposition von Anfang an in der richtigen Größe zu erstellen, um die Größenänderung unnötig zu machen.

Die Einstellungen im Feld Beschneiden dienen zum Entfernen oder Hinzufügen von Pixeln an den Formaträndern und sollten ebenfalls gut bedacht sein. Lassen Sie für beide Einstellungen die Checkboxen deaktiviert. Die Audioausgabe aktivieren Sie, falls

Farbmanagement

Informationen zu den Einstellungen auf der Karte Farbmanagement finden Sie in Kapitel 20, »Farbkorrektur«.

Audiodaten für Ihre Komposition mitgerendert werden sollen. Bestätigen Sie die Einstellungen für das Ausgabemodul mit OK.

13.3.3 Rendern abschließen

Wichtig ist, für den zukünftigen Film einen geeigneten Speicherort festzulegen. Klicken Sie dazu in der Renderliste bei SPEICHERN UNTER auf den unterstrichenen Titel, der aus dem Kompositionsnamen hergeleitetet ist, und geben Sie gegebenenfalls einen anderen Dateinamen und Speicherpfad an.

Es ist so weit: Sie können das Rendern starten. Betätigen Sie dazu den Button RENDERN ❶. Sie können in Ruhe mit Ihrem Kollegen ein Schwätzchen halten, bis After Effects sich mit einem typischen Ton meldet, wenn das Rendern beendet ist. Den fertigen Film öffnen Sie anschließend in einem Player. Wenn alles in Ordnung ist, können Sie die Filmdatei z. B. über DVDs verteilen.

▲ **Abbildung 13.14**
Mit der Schaltfläche RENDERN starten Sie den Rendervorgang und sehen einen Fortschrittsbalken.

13.4 Ausgabemöglichkeiten

Neben der vorgestellten Variante, einen QuickTime-Film aus einer Komposition zu rendern, gibt es einige weitere Möglichkeiten der Ausgabe. Im Folgenden möchte ich Ihnen eine Auswahl daraus vorstellen. Ich erläutere hier nur noch Unterschiede zu den bereits zur Sprache gekommenen Einstellungen.

13.4.1 Falsche Framegröße

Oft wird die Kompositionsgröße unpassend zum Ausgabeformat gewählt, bis dann bei der Endausgabe das böse Erwachen kommt. Seit der Version CS5 gibt es da eine kleine Hilfe, damit Sie immerhin, nachdem bereits alles im falschen Format produziert wurde, den Karren noch aus dem Dreck ziehen können.

Der Dialog EINSTELLUNGEN FÜR AUSGABEMODULE zeigt die Warnmeldung EINSTELLUNGEN STIMMEN NICHT ÜBEREIN an, wenn die Framegröße der Komposition nicht mit den Spezifikationen des Ausgabeformats übereinstimmt. Per Klick auf das

Arbeit mit D1/DV- und HDV-Material

Falls Sie in diesem Kapitel eine Beschreibung der Arbeit mit D1/DV-PAL bzw. NTSC- und HDV-Material vermissen, sollten Sie Abschnitt 5.6, »Videodaten in After Effects«, lesen.

Warndreieck erhalten Sie Informationen, wie After Effects die Framegröße verändern wird, können diese Informationen aber auch nutzen, um selbst die passenden Einstellungen in Ihrer Ausgabekomposition einzustellen.

13.4.2 DV-Ausgabe

After Effects bietet für die Ausgabe auf DV-Band in den Rendereinstellungen die Vorlage DV-EINSTELLUNGEN und im Ausgabemodul AVI DV NTSC bzw. PAL mit 48 kHz Audio.

Die Kompositionseinstellungen für die auszugebende Komposition müssen einem DV-Format entsprechen. Bei der Ausgabe mit der Rendervorlage wird passend zur DV-Spezifikation mit der Einstellung UNTERES HALBBILD ZUERST gerendert. Wenn Sie die Komposition auf diese Weise gerendert haben, können Sie sie über Premiere Pro auf Band ausgeben. Dazu nutzen Sie in Premiere Pro die Option DATEI • EXPORTIEREN • BAND.

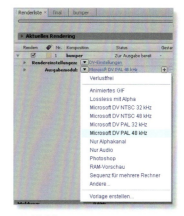

▲ **Abbildung 13.15**
After Effects bietet für die DV-Ausgabe eigens Vorlagen in den Rendereinstellungen und im Ausgabemodul an.

13.4.3 MP3-Ausgabe

Eine schöne Möglichkeit – und darum sei sie hier erwähnt – ist auch die Ausgabe von MP3-Dateien aus After Effects. So können Sie beispielsweise Dateien aus dem WAV- oder AIF-Format in MP3-Dateien umwandeln.

Der Weg ist einfach: Ziehen Sie die Sounddatei aus dem Projektfenster direkt in die mit [Strg]+[Alt]+[0] geöffnete Renderliste. After Effects legt automatisch eine Komposition an, die nur die Sounddatei enthält. Im Dialog EINSTELLUNGEN FÜR AUSGABEMODULE wählen Sie nun unter FORMAT den Eintrag MP3. Die Videoausgabe wird inaktiv.

Über die FORMATOPTIONEN im Feld AUDIOAUSGABE können Sie die AUDIO-BITRATE und CODEC-QUALITÄT der MP3-Datei einstellen. Eine Bitrate von 224 Kbit/s ist meistens ausreichend.

Wenn Sie MP3 als Format bei der Ausgabe einer Komposition wählen, die Audio- und Videodaten enthält, wird nur die Soundspur ausgegeben und in MP3 konvertiert.

Wie Sie Material für die DV-Ausgabe vorbereiten, erfahren Sie ebenfalls in Abschnitt 5.6, »Videodaten in After Effects«.

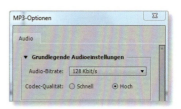

▲ **Abbildung 13.16**
Über die Formatoptionen legen Sie Einstellungen zur Bitrate und zur Qualität fest.

13.4.4 MPEG-2-DVD-Ausgabe

Voraussetzung für eine im DVD-Standard ausgegebene Datei ist, dass Sie zuvor eine entsprechende Kompositionseinstellung festlegen. Für eine Ausgabe nach PAL-Standard muss die Komposition eine Größe von 720 × 576 Pixel aufweisen. Die Kompositionsvorgabe PAL D1/DV, 720 × 576 erleichtert die Einstellung.

Die Ausgabe ins DVD-kompatible Format legen Sie im Ausgabemodul fest. Dort wählen Sie unter FORMAT den Eintrag MPEG2-DVD. Es öffnet sich der Dialog MPEG2-DVD-OPTIONEN,

Ausgabe ins OMF-Format

Die Ausgabe in das Format OMF ist seit After Effects CS5 nicht mehr möglich.

der Ihnen vielleicht aus Premiere Pro bekannt vorkommt. Sollte sich der Dialog nicht öffnen, betätigen Sie die Schaltfläche Formatoptionen.

▲ **Abbildung 13.17**
Der Dialog MPEG2-DVD ähnelt dem entsprechenden Dialog in Premiere Pro. (Hier sehen Sie nur die obere Hälfte des Dialogs.)

Videoeinstellungen | In der Registerkarte Video (Abbildung 13.18) erscheinen die Videoeinstellungen. Der MainConcept MPEG Video-Codec ist für die Kompression verantwortlich. Unter Grundlegende Videoeinstellungen wählen Sie die Qualitätsstufe.

Die Bitrateneinstellungen können zwischen konstanter (CBR) und variabler Bitrate (VBR) gewechselt werden. Je nachdem, ob es wichtiger ist, eine vorhersagbare Dateigröße bei schwankender Qualität zu erhalten (CBR), oder ob das Ergebnis eine hohe Qualität bei nicht hundertprozentig vorhersagbarer resultierender Dateigröße (VBR) haben soll, wählen Sie eine konstante oder eine variable Bitrate.

Bei der VBR-Codierung können Sie die Minimale Bitrate [MBit/s] erhöhen, um damit die Mindestqualität zu steigern. Das verringert allerdings die Qualität komplexer Szenen. Unter Ziel-Bitrate [MBit/s] stellen Sie die für den Decoder mögliche Datenrate ein. Bei Maximaler Bitrate [MBit/s] erzielen Sie mit höheren Werten eine höhere Qualität, allerdings wird der Decoder dann stärker beansprucht.

Überlassen Sie die GOP-Einstellungen ruhig dem Experten. Die eingestellten Werte für M-Frames und N-Frames entsprechen dem Standard bei PAL.

◀ **Abbildung 13.18**
In der Registerkarte VIDEO ändern Sie die Qualität über die Bitraten-Regler.

GOP (Group of Pictures)

Bei der MPEG-Kompression werden einzelne aufeinanderfolgende Bilder als Gruppen für die Kompression zusammengefasst. Dabei wird jeweils das Anfangsbild der Gruppe, der I-Frame (Intra-Frame), mit den meisten Bildinformationen abgespeichert. Danach folgt eine Anzahl an B-Frames (Bidirectional Frames). Diese hängen sowohl von den vorhergehenden als auch von den nachfolgenden Bildern ab, die jeweils als Referenz für die Komprimierung genutzt werden. Es werden nur die von Bild zu Bild geänderten Informationen gespeichert. Zusätzlich werden P-Frames (Predicted Frames) gespeichert. Diese werden vom I-Frame als Referenz verwendet. Es ergibt sich eine typische GOP-Struktur, die wie folgt aussehen kann: IBBPBBPBBPBB.
Im Dialog MPEG2-DVD stehen die M-Frames für die Anzahl der B-Frames zwischen I- und P-Frames und die N-Frames für die Anzahl der Frames zwischen den I-Frames. Beim Nachdenken darüber lindert eine Alka-Seltzer den Schmerz.

Audioeinstellungen | Kommen wir nun zu den Einstellungen in der Registerkarte AUDIO. Unter AUDIOFORMATEINSTELLUNGEN ist es besser, auf die Einstellung MPEG zu wechseln. Zusätzlich wird dann der Eintrag BITRATE-EINSTELLUNGEN eingeblendet. Die BITRATE können Sie bei 224 Kbit/s belassen. Wählen Sie PCM, entsteht eine bedeutend größere WAV-Datei ohne hörbaren Qualitätsunterschied.

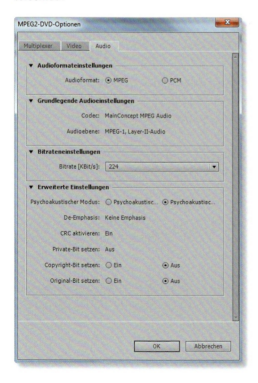

◀ **Abbildung 13.19**
Im Anschluss an die Videoeinstellungen wählen Sie in der Registerkarte AUDIO das Audioformat.

Multiplexer | Beim Klick auf die Registerkarte MULTIPLEXER können Sie zwischen DVD und OHNE wählen. Seltsam ist, dass gerade bei der DVD-Einstellung eine Datei entsteht, in der Audio- und Video-daten ineinander verflochten (gemultiplext) sind. Für die Weiter-verarbeitung sind zwei unabhängige Datenströme für Audio und Video aber empfehlenswert. Es bleibt daher bei der Einstellung OHNE.

Nach dem Rendern entstehen zwei unabhängige Audio- und Videodateien mit den Dateiendungen **.mpa** (bei Audioformat MPEG) oder **.wav** (bei Audioformat PCM) und **.m2v**. Die Dateien können nun von einem Authoring-Programm wie Adobe Encore DVD weiterverarbeitet und in ein vom DVD-Player lesbares For-mat umgewandelt werden.

13.4.5 MPEG-2 Blu-ray

Die Ausgabe für den Blu-ray-Standard unterscheidet sich kaum von der Ausgabe für MPEG-2-DVD. Für Blu-ray wird ebenfalls der MainConcept-MPEG-Video-Codec verwendet.

Die Audiodaten werden standardmäßig im PCM-Verfahren gespeichert.

13.4.6 Verlustfreie Ausgabe

Zur Weiterverarbeitung ausgegebene Dateien liegen oft in den unterschiedlichsten Formaten vor, je nach Art der weiteren Ver-wendung. Eine Variante sei hier kurz erwähnt: die **verlustfreie Aus-gabe**.

Sie können diese Ausgabevariante wählen, um komplexe Kompositionen mit vielen Effekten oder Ebenen in einer Datei zusammenzufassen, die dann anstelle der Komposition in Ihrem Projekt weiterverwendet wird.

Die Datei wird bei dieser Ausgabevariante in der höchst-möglichen Qualität gerendert. Egal, ob die Komposition Effekte, Transformationen, Masken, Sound oder alles gleichzeitig enthält, nach dem Rendern ist eine einzige Filmdatei das Resultat. Wich-tig ist hierbei, dass diese Datei einen Alphakanal enthalten kann. Nützlich ist das beispielsweise bei Titeln, die aus vielen Ebenen bestehen und später über einem Hintergrund platziert werden sollen. Zuerst wird der Titel fertiggestellt, dann transparent – also mit Alphakanal – gerendert, und anschließend wird die geren-derte Filmdatei importiert. Der Titel besteht nun nur noch aus einer Ebene und kann über einem beliebigen Hintergrund plat-ziert werden.

Eine solche Datei erstellen Sie wahlweise im AVI-Format oder im QuickTime-Format. Häufig werden aufgrund ihrer

FTP (File Transfer Protocol)

Das File Transfer Protocol ist ein Netzwerkprotokoll zum Übertra-gen von Dateien über TCP/IP-Netzwerke. Die Dateien können per Download von einem Server geladen oder per Upload zum Server hochgeladen werden. Es wird außerdem für die Datei-übertragung zwischen zwei Ser-vern genutzt.

Plattformunabhängigkeit auch Sequenzen zur Weiterverarbeitung verwendet.

Einstellungen | Aus den Rendereinstellungen-Vorlagen wählen Sie OPTIMALE EINSTELLUNGEN für die beste Qualität. Aus den Ausgabemodul-Vorlagen wählen Sie VERLUSTFREI. Es lohnt sich, auf den Text VERLUSTFREI zu klicken und die Einstellungen zu ändern. Für das Format AVI wählen Sie über die Formatoptionen bei VIDEO-CODEC den Eintrag NONE und beim Format QUICKTIME den Eintrag KEINE.

Es ist wichtig, im Ausgabemodul unter KANÄLE die Option RGB + ALPHAKANAL zu wählen. Damit erreichen Sie, dass die Hintergrundfarbe Ihrer gerenderten Komposition nach der Ausgabe als transparent interpretiert wird. Bei der erwähnten Titelanimation könnten Sie so jeden neuen Hintergrund hinter dem Titel platzieren.

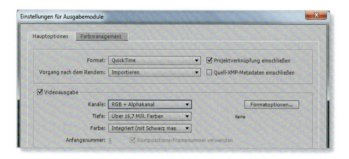

◄ **Abbildung 13.20**
Damit der Hintergrund der zu rendernden Komposition im fertigen Film transparent wird, müssen Sie die Option RGB + ALPHAKANAL wählen.

Damit der Film nach dem Rendern automatisch ins laufende Projekt importiert wird, wählen Sie im Ausgabemodul unter VORGANG NACH DEM RENDERN den Eintrag IMPORTIEREN. Die anderen Optionen werden später erläutert.

13.4.7 Ausgabe eines einzelnen Frames

Sie können einzelne Frames einer Komposition zur anschließenden Weiterverarbeitung in Photoshop oder zur Verwendung in After Effects als Standbild ausgeben. Dazu wählen Sie das Bild in der Zeitleiste mit der Zeitmarke aus. Nehmen Sie anschließend den folgenden Weg: KOMPOSITION • FRAME SPEICHERN UNTER • DATEI oder PHOTOSHOP MIT EBENEN.

Wenn Sie PHOTOSHOP MIT EBENEN ausgesucht haben, müssen Sie nur einen geeigneten Speicherort festlegen. Die resultierende Datei ist eine Photoshop-Datei, die sämtliche Ebenen Ihrer Komposition enthält und natürlich in Photoshop bearbeitet werden kann.

Wenn Sie DATEI gewählt haben, öffnet sich nach dem Speichern die Renderliste. In den Rendereinstellungen können Sie die

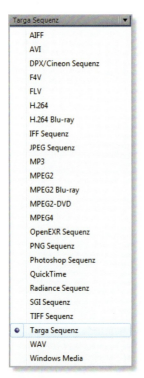

▲ Abbildung 13.22
Für den Transfer auf Filmmaterial, die Verwendung in 3D-Applikationen und in professionellen Videosystemen und vieles mehr ist es sinnvoll, Standbildsequenzen auszugeben.

Standbildsequenz von Mac für Windows

Für Standbilddateien, die auf einem Mac OS-System für Windows gerendert werden sollen, muss der Dateiname folgendes Format haben:
»Dateiname[###]«.
Der Teil in den eckigen Klammern wird beim Rendern durch die Framenummer des gerenderten Einzelbildes ersetzt.

Qualität noch von AKTUELLE EINSTELLUNGEN auf die Vorlage OPTI-MALE EINSTELLUNGEN setzen. Die Ausgabedatei wird mit Alphakanal gerendert, und die Framenummer ist direkt im Dateinamen mitgespeichert. Eventuell enthaltene Ebenen werden zu einer einzigen zusammengerechnet, nachdem Sie die Schaltfläche REN-DERN betätigt haben.

▲ Abbildung 13.21
Zur Bearbeitung in Photoshop oder zur Weiterverwendung in Ihrem Projekt können Sie aus After Effects ein Standbild aus einer Komposition ausgeben.

13.4.8 Ausgabe als Standbildsequenz

Oft ist es sinnvoll, Kompositionen als Standbildsequenzen auszugeben und nicht als einzelne Datei. Eine Standbildsequenz wird beispielsweise verwendet, um Animationen für den Transfer auf Filmmaterial vorzubereiten. Weitere wichtige Verwendungsmöglichkeiten von Sequenzen sind die Weiterverwendung in 3D-Applikationen und in professionellen Videosystemen. Die Ausgabe von Standbildern ist aber auch für die Bearbeitung in Grafikprogrammen sinnvoll.

Mit Standbildsequenzen können Sie die Einzelbilder beim Rendern auf verschiedene Volumes ausgeben, so dass der Rendervorgang nicht abgebrochen wird, wenn der Platz für die gesamte gerenderte Animation auf einem Volume nicht ausreicht. Jedes einzelne Bild der Animation wird bei der Ausgabe automatisch nummeriert, wodurch die spätere erneute Zusammensetzung als fortlaufende Bildersequenz gesichert wird.

Wichtig ist, vor dem Rendern der Standbildsequenz einen Ausgabeordner mit eindeutiger Benennung anzulegen, denn Sie möchten doch sicher nicht, dass es nachher auf Ihrer Festplatte aussieht wie in der Wohnung eines Messies! Für die Ausgabe einer Komposition gehen Sie wie üblich vor und wählen dann im Ausgabemodul unter FORMAT eine der angebotenen Sequenzen aus, z. B. TARGA SEQUENCE. Als Speicherort wählen Sie den Ausgabeordner. Das Rendern erfolgt wie gewohnt.

13.5 Arbeiten mit der Renderliste

In diesem Abschnitt lernen Sie vereinfachende Arbeitsweisen und fortgeschrittene Rendermöglichkeiten kennen.

Rendern pausieren und anhalten | Nachdem Sie den Rendervorgang bereits gestartet haben, lässt sich der Rechenprozess mit den Buttons UNTERBRECHEN und ANHALTEN, die dann anstelle des Buttons RENDERN aktiv werden, temporär oder endgültig stoppen.

Der Button UNTERBRECHEN dient dazu, das Rendern kurz zu pausieren, um beispielsweise in einer anderen Applikation zu arbeiten. In After Effects können Sie allerdings nicht mehr arbeiten; dies ist erst nach dem Rendern wieder möglich. Betätigen Sie den Button FORTSETZEN, fährt After Effects mit dem Renderprozess fort.

Der Button ANHALTEN bricht das Rendern ab. In der Renderliste erscheinen automatisch ein neues Modul RENDEREINSTELLUNGEN und ein dazugehöriges AUSGABEMODUL. Rendern Sie die Komposition mit den neuen Modulen, beginnt der Renderprozess mit dem Frame, an dem Sie zuvor angehalten haben. Es entstehen also zwei Ausgabefilme.

◄ **Abbildung 13.23**
Halten Sie den Renderprozess an, wird automatisch eine neue Ausgabemöglichkeit angelegt.

Reihenfolge ändern | Zum Ändern der Reihenfolge, in der die zur Ausgabe bereiten Kompositionen abgearbeitet werden, markieren Sie die entsprechende Komposition in der Renderliste und ziehen sie nach oben oder unten an eine neue Position.

Ausgabe deaktivieren | Soll eine Komposition erst einmal nicht ausgegeben werden, lässt sich die Ausgabe deaktivieren. Entfernen Sie dazu das kleine Häkchen ❶ in der Spalte RENDERN vor der betreffenden Komposition. Der Status der Komposition wird nun mit DEAKTIVIERT angezeigt.

Nach dem Rendern wechselt die Statusanzeige auf FERTIG, ABGEBROCHEN oder FEHLGESCHLAGEN.

Kompositionen löschen

Falls Ihnen ein Fehler unterlaufen ist, können Sie Kompositionen löschen. Markieren Sie dazu die Komposition in der Renderliste, und drücken Sie die Taste [Entf].

Abbildung 13.24 ▶
Der Renderstatus wechselt je
nach vorgenommener Einstellung
oder nach dem Rendern.

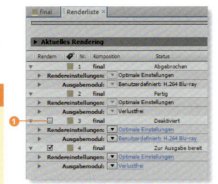

Duplikate

Von den in der Renderliste enthaltenen Kompositionen können
Sie, wie im Projektfenster übrigens auch, Duplikate erzeugen,
falls Sie nur wenige Einstellungen modifizieren wollen. Markieren Sie dazu die Komposition in
der Renderliste, und nutzen Sie
die Tastenkombination Strg + D.

Rendereinstellungen überprüfen | Ihre Rendereinstellungen über-
prüfen Sie anhand der Tabellen für die Rendereinstellungen und
für das Ausgabemodul. Mit einem Klick auf die zwei kleinen Dreiecke vor RENDEREINSTELLUNGEN und AUSGABEMODUL werden die
protokollierten Einstellungen einsehbar. Dies ist sowohl bei fertig
gerenderten Kompositionen möglich als auch für noch nicht gerenderte Kompositionen. Schön ist die Möglichkeit, durch einen Klick
auf den farbig hervorgehobenen Text im Ausgabemodul direkt zum
fertig gerenderten Film zu gelangen.

▼ **Abbildung 13.25**
Damit Sie die Rendereinstellungen und die Festlegungen im Ausgabemodul überprüfen können,
protokolliert After Effects sie.

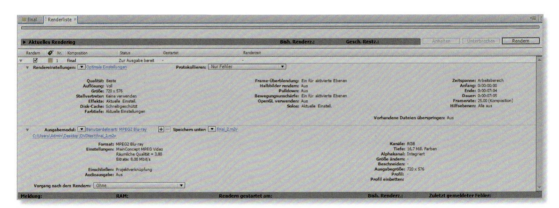

▼ **Abbildung 13.26**
Aktuelle Informationen zum
Fortgang des Renderns können
Sie unter AKTUELLE RENDER-
INFORMATIONEN einblenden.

Aktuelle Renderinformationen | Während des Rendervorgangs
können aktuelle Renderinformationen angezeigt werden. Dazu
blenden Sie die Informationen über das kleine Dreieck unter AKTU-
ELLE RENDERINFORMATIONEN ein.

13.5.1 Mehrere Ausgabemodule verwenden

After Effects bietet eine einfache Möglichkeit, aus einer Komposition mehrere verschiedene Ausgabevarianten zu erstellen. Beispielsweise möchten Sie gern Ihre Animation mit verschiedenen Kompressoren – den Codecs – rendern, um nach dem Rendern zu sehen, welcher Ausgabefilm die beste Qualität aufweist. Oder Sie haben vor, Ihre Animation in verschiedenen Ausgabeformaten auf unterschiedliche Medien zu verteilen.

In diesem Fall müssen Sie die Komposition nicht mehrfach zur Renderliste hinzufügen. Fügen Sie die Komposition nur einmal wie gewohnt der Renderliste hinzu, markieren Sie die Komposition in der Renderliste, und wählen Sie danach weitere Ausgabemodule über KOMPOSITION • AUSGABEMODUL HINZUFÜGEN, oder noch einfacher: Klicken Sie auf das kleine Pluszeichen. Für jedes Ausgabemodul können Sie nun unterschiedliche Einstellungen für die Kompression und das Ausgabeformat wählen. Die ausgegebenen Filme werden automatisch mit fortlaufenden Nummern versehen. Wollen Sie ein Ausgabemodul löschen, klicken Sie auf das Minuszeichen.

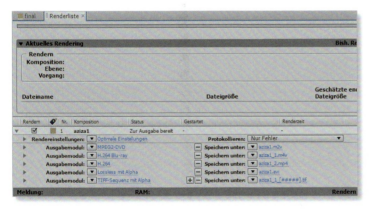

▲ **Abbildung 13.27**
Für eine zu rendernde Komposition können Sie mehrere Ausgabemodule mit unterschiedlichen Ausgabeeinstellungen festlegen.

13.5.2 Vorgang nach dem Rendern

Im Ausgabemodul lässt sich bestimmen, was nach dem Rendern mit dem Ergebnis – dem gerenderten Film – geschehen soll. Es sind drei Optionen verfügbar, die automatisch nach dem Rendern ausgeführt werden und die Ihnen das Leben mit After Effects erleichtern. Die Optionen verbergen sich unter der Schaltfläche VORGANG NACH DEM RENDERN in einem kleinen Popup-Menü.

Rohmaterial rendern

Um Rohmaterial in verschiedene Formate umzuwandeln, bietet es sich an, das Rohmaterialelement in die Renderliste zu ziehen und anschließend mehrere Ausgabemodule mit verschiedenen Ausgabeeinstellungen anzulegen. Für das Rohmaterialelement wird dabei automatisch eine eigene Komposition angelegt.

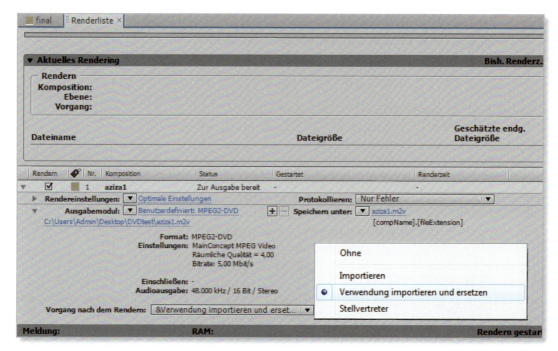

▲ **Abbildung 13.28**
Über ein kleines Menü im Ausgabemodul legen Sie fest, was nach dem Rendern mit dem fertigen Film geschehen soll.

Importieren | Der Eintrag Importieren sorgt dafür, dass die fertig gerenderte Datei anschließend sofort wieder in das Projekt importiert wird. Sie erscheint dann als Rohmaterial im Projektfenster. Dies ist beispielsweise nützlich, um eine Komposition, die bereits weitestgehend fertig bearbeitet ist, nicht als verschachtelte Komposition weiterverwenden zu müssen, sondern als gerenderte Datei. Die Berechnung der Vorschau ist schneller, wenn Sie nicht mit verschachtelten Kompositionen arbeiten.

Verwendung importieren und ersetzen | Der Eintrag Verwendung importieren und ersetzen hat einen ähnlichen Hintergrund. Neben dem Eintrag erscheint nun noch ein Button ❷, aus dem Sie ein Gummiband auf jedes beliebige Element im Projektfenster ziehen können. Alle Instanzen ❸ des ausgewählten Elements ❶, die sich auch in verschiedenen Kompositionen befinden können, werden nach dem Rendern durch die gerenderte Datei ersetzt ❺. Zusätzlich wird die gerenderte Datei als Rohmaterial importiert und erscheint im Projektfenster ❹.

Sehr günstig ist diese Option, wenn eine Komposition, die in viele weitere Kompositionen verschachtelt ist, auf diese Art durch den fertig gerenderten Film ersetzt wird. Die

Vorschaugeschwindigkeit kann sich deutlich erhöhen, wenn in der verschachtelten Komposition umfangreiche Effektbearbeitungen und Transformationen enthalten waren. Im Beispiel wurde die Funktion auf einen Platzhalter angewendet.

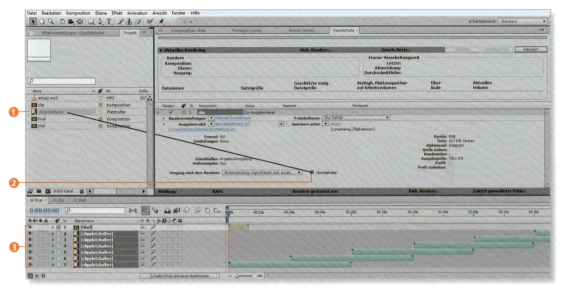

▲ **Abbildung 13.29**
Jedes Element im Projektfenster können Sie durch eine gerenderte Komposition ersetzen.

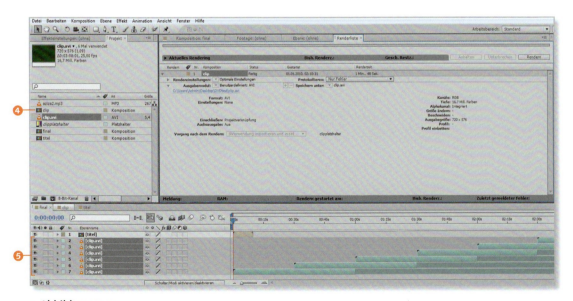

▲ **Abbildung 13.30**
Alle Instanzen eines im Projektfenster zuvor ausgewählten Elements werden nach dem Rendern durch die gerenderte Datei ersetzt.

Die Funktion und Verwendung von Platzhaltern und Stellvertretern wird in Abschnitt 6.2.3, »Platzhalter und Stellvertreter«, beschrieben.

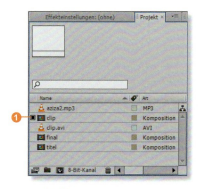

Stellvertreter festlegen | Über den Eintrag STELLVERTRETER legen Sie die gerenderte Datei als Stellvertreter für das mit dem Gummiband ausgewählte Projektelement fest. Wenn das Gummiband nicht bedient wird, erhält die aktuelle Komposition einen Stellvertreter.

Ein solcher Stellvertreter ist nützlich, da After Effects dann bei der Erstellung der Vorschau nicht einzeln auf die Elemente der Komposition zugreifen muss, sondern auf Ihren bereits fertig gerechneten Film-Stellvertreter, was die Vorschau beschleunigt. Zwischen dem Stellvertreter und der eigentlichen Komposition können Sie dann im Projektfenster wechseln. Dazu klicken Sie jeweils auf das schwarze Quadrat **❶**. Ist es leer, wird die Komposition angezeigt, ansonsten der Stellvertreter. In der Komposition wird für den Stellvertreter ein roter Hinweis mit Warndreieck eingeblendet: STELLVERTRETER AKTIVIERT. Um Änderungen für den Stellvertreter zu übernehmen, müssen Sie das Prozedere wiederholen.

13.5.3 Ausgabeketten erstellen

Als Vorgang nach dem Rendern können Sie, wie Sie gesehen haben, die Option VERWENDUNG IMPORTIEREN UND ERSETZEN auf einen Platzhalter anwenden. Eine alternative Möglichkeit besteht darin, Ausgabeketten zu erstellen.

Fügen Sie dazu eine Komposition, sagen wir die Komposition »Intro«, wie gewohnt der Renderliste hinzu. Ungewohnt ist vielleicht, dass Sie nun das Ausgabemodul zurück ins Projektfenster ziehen müssen, wo es als Platzhalter »intro.avi Rendern 1« erscheint. Das Ausgabemodul wird dabei automatisch unter VORGANG NACH DEM RENDERN auf VERWENDUNG IMPORTIEREN UND ERSETZEN eingestellt. Den entstandenen »Intro«-Platzhalter können Sie anschließend in einer finalen Komposition verwenden, die Sie wiederum zur Ausgabe in die Renderliste ziehen müssen.

Nach dem Start des Rendervorgangs wird zuerst die »Intro«-Komposition gerendert, wenn Sie nicht zuvor die Renderreihenfolge geändert haben. Mit dem fertigen Film wird sofort der in der finalen Komposition verwendete Platzhalter ersetzt, und der Rendervorgang läuft weiter, bis auch die finale Komposition fertig gerendert ist.

Es spielt dabei übrigens keine Rolle, ob der Platzhalter andere Einstellungen (beispielsweise eine andere Framerate) aufweist als die finale Ausgabekomposition, denn zuerst wird der Platzhalter berechnet und danach die finale Komposition. Nach dem Rendervorgang wurde der »Intro«-Platzhalter in der finalen Komposition durch den gerenderten »Intro«-Film ersetzt.

▲ **Abbildung 13.32**

Für die »Intro«-Komposition wird das Ausgabemodul ins Projektfenster gezogen und erscheint dann dort als Platzhalter.

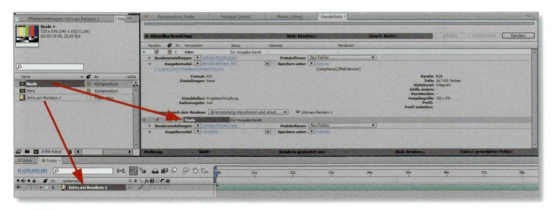

▲ Abbildung 13.33

Der »Intro«-Platzhalter wird in der finalen Komposition verwendet, und diese wird wie die »Intro«-Komposition in die Renderliste gezogen.

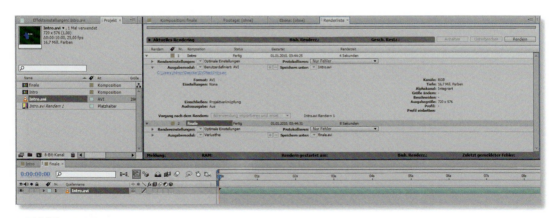

▲ **Abbildung 13.34**

Nach dem Rendern wurde der »Intro«-Platzhalter durch den fertigen »Intro«-Film ersetzt. Und die finale Komposition ist auch schon fertig gerendert.

13.5.4 Testrendern

Im laufenden Projekt ist es oft sinnvoll, eine Testdatei zu rendern, die schon einmal einen Eindruck von den Bewegungsabläufen des fertigen Films gibt. Damit die Renderzeit möglichst kurz gehalten wird, sollten Sie den Arbeitsbereich in der Zeitleiste nur auf den wirklich relevanten Teil des Films einstellen. In den Rendereinstellungen müssen Sie darauf achten, dass Sie die Framegröße des Testfilms reduzieren. Dazu können Sie aus dem Popup-Menü die Vorlage ENTWURFSEINSTELLUNGEN wählen. Zur Unterstützung des Rendervorgangs können Sie, wenn Sie über eine leistungsfähige Grafikkarte verfügen, in den Rendereinstellungen ein Häkchen bei OPENGL-RENDERER VERWENDEN setzen. Dazu ist allerdings eine OpenGL-Karte (am besten mit PCI Express) nötig, die OpenGL 2.0 oder höher sowie Schattierungen und NPOT-Strukturen (Non-Power-of-Two) unterstützt.

Im Ausgabemodul wählen Sie unter FORMAT zwischen dem Eintrag AVI oder QUICKTIME. Für die Ausgabe im QuickTime-Format sollten Sie über den Button FORMATOPTIONEN bei VIDEO-CODEC den Eintrag ANIMATION mit Qualität 100 % (verlustfrei) wählen. Dieser Kompressor ist relativ schnell. Optional setzen Sie ein Häkchen bei AUDIOAUSGABE.

Nach dem Rendern lässt sich das Ergebnis in einem Player beurteilen. Eventuelle Änderungen nehmen Sie im Projekt vor.

▲ **Abbildung 13.35**
In den Rendereinstellungen können Sie die Vorlage ENTWURFS-EINSTELLUNGEN verwenden, um ein Testrendern durchzuführen.

13.5.5 Unterstützte Ausgabeformate

After Effects unterstützt, wie Sie bereits sehen konnten, eine Vielzahl an Ausgabeformaten. Durch die Installation von QuickTime kommen – je nach Version – weitere Ausgabe- und Exportformate hinzu, und auch zusätzlich installierte Hardware kann das Ausgabeangebot erweitern.

Standardmäßig werden alle Dateiformate mit 8 Bit pro Kanal (bpc) ausgegeben. Sie können dies aber jederzeit in den Rendereinstellungen unter FARBTIEFE ändern.

Video- und Animationsformate

▶ QuickTime (MOV, DV; QuickTime erforderlich für 8-Bit-Kanal, und Codec-Unterstützung erforderlich für 16-Bit-Kanal)
▶ AVI
▶ Windows Media (nur Windows)
▶ SWF
▶ FLV, F4V
▶ H.264 und H.264 Blu-ray
▶ MPEG-2 (Windows und Mac OS nur auf Intel-basierten Macintosh-Plattformen)

- ▸ MPEG-2 DVD (Windows und Mac OS nur auf Intel-basierten Macintosh-Plattformen)
- ▸ MPEG-2 Blu-ray (Windows und Mac OS nur auf Intel-basierten Macintosh-Plattformen)
- ▸ MPEG-4
- ▸ 3GPP (3GP; QuickTime 6.5 oder höher erforderlich)

Mit der CS5-Version entfallen die Formate animiertes GIF (GIF), ElectricImage (IMG, EIZ), Filmstreifen (FLM) und Adobe Clip Notes (PDF-Datei, die den gerenderten Film enthält). Ein animiertes GIF können Sie allerdings erzeugen, indem Sie aus After Effects einen QuickTime-Film rendern, den Film dann in Photoshop Extended importieren und dort per FÜR WEB UND GERÄTE SPEICHERN als GIF exportieren.

Standbildformate
- ▸ Adobe Photoshop (PSD; 8-, 16- und 32-Bit-Kanal)
- ▸ JPEG (JPG, JPE)
- ▸ Targa (TGA, VBA, ICB, VST)
- ▸ TIFF (TIF; 8-, 16- und 32-Bit-Kanal)
- ▸ Bitmap (BMP, RLE)
- ▸ Maya IFF (IFF; 16-Bit-Kanal)
- ▸ Cineon (CIN, DPX; 16- und 32-Bit-Kanal konvertiert in 10-Bit-Kanal)
- ▸ Open EXR (EXR)
- ▸ PNG (PNG; 16 bpc)
- ▸ Radiance (HDR, RGBE, XYZE)
- ▸ SGI (SGI, BW, RGB, 16-Bit-Kanal)

Es entfallen mit CS5: CompuServe GIF (GIF), Pict (PCT, PIC) und RLE (RLE).

Audioformate
- ▸ Audio Interchange File Format (AIFF)
- ▸ MP3
- ▸ WAV

Es entfallen mit CS5: AU-Audiodatei (AU).

Projektformate
- ▸ Adobe Premiere Pro-Projekt (PRPROJ; Windows und Mac OS nur auf Intel-basierten Macintosh-Plattformen)
- ▸ XFL für Flash Professional (XFL)

13.6 Ausgabe-Voreinstellungen

In den Ausgabe-Voreinstellungen bietet After Effects Optionen, wie mit dem Festplattenplatz umgegangen werden soll und in welcher Größe gerenderte Dateien gespeichert werden. Sie finden die Voreinstellungen für Windows unter BEARBEITEN • VOREINSTELLUNGEN • AUSGABE und für Mac unter AFTER EFFECTS • EINSTELLUNGEN • AUSGABE.

Abbildung 13.36 ►
Die Voreinstellungen für die Ausgabe

Die Option SEGMENTIEREN VON SEQUENZEN BEI ist für besonders lange Sequenzen nützlich, die gerendert werden. Sie sollten Sie auf einen Wert von wenigen Hundert begrenzen, wenn der Renderprozess sich spürbar verlangsamt. Um festzulegen, wie viele Dateien ein Ordner maximal enthalten soll, aktivieren Sie die Option und geben die gewünschte Anzahl der Dateien ein.

Die Option SEGMENTIEREN VON FILMDATEIEN MIT REINEN VIDEODATEN BEI ist sinnvoll, wenn Ihre Ausgabedatei ohnehin nur auf eine bestimmte Größe limitiert ist, wie bei einer Datei, die auf einer DVD oder einer CD verwendet wird. Je nach dort vorhandenem Platz wird hier die maximale Dateigröße eingetragen.

Die Option STANDARDDATEINAMEN UND -ORDNER VERWENDEN wählen Sie, wenn aus dem Namen einer Komposition, die der Renderliste hinzugefügt wurde, gleich der Dateiname generiert werden soll. Außerdem wird in diesem Fall nach dem Rendern jede nachfolgend gerenderte Datei an gleicher Stelle gespeichert wie die vorhergehende. Entfernen Sie das Häkchen, müssen Sie für jedes neue Element in der Renderliste den Dateinamen und Speicherort neu festlegen.

Die DAUER AUDIOBLOCK ist angegeben, da Audiodaten nicht frameweise, sondern in Blöcken gespeichert werden. Die Speicherung in größere Blöcke von je einer halben oder ganzen Sekunde ist für eine Wiedergabe von MP3-Dateien ohne Störgeräusche empfehlenswert.

13.7 Vorlagen für Rendereinstellungen und Ausgabemodule

After Effects bietet zum schnelleren Arbeiten mit der Renderliste Vorlagen für die Rendereinstellungen und das Ausgabemodul. Die Vorlagen enthalten alle Einstellungen, die Sie ansonsten für jede Option akribisch einzeln treffen müssten. Außerdem können Sie eigene Vorlagen definieren. Die Verwendung von Vorlagen ist eine sehr angenehme Möglichkeit, wenn Sie häufig die gleichen Einstellungen für verschiedene Kompositionen benötigen.

Unter dem Button für die RENDEREINSTELLUNGEN und unter dem Button für das AUSGABEMODUL finden Sie mitgelieferte Vorlagen. Änderungen an ausgewählten Vorlagen sind anschließend noch möglich. Dazu klicken Sie jeweils auf den Text, um die entsprechenden Einstellungen zu öffnen.

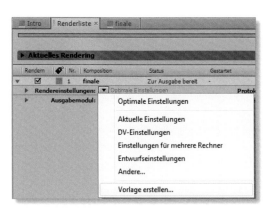

▲ **Abbildung 13.37**
Für das schnelle Arbeiten bietet After Effects die Möglichkeit, After-Effects-Vorlagen zu nutzen oder selbst neue zu erstellen.

▲ **Abbildung 13.38**
Auch für das Ausgabemodul gibt es einige vordefinierte Vorlagen, und Sie können diese auch selbst definieren.

13.7.1 Vorlagen für Rendereinstellungen und Ausgabemodule selbst erstellen

Es ist günstig, häufig verwendete Rendereinstellungen und Ausgabemodule, die mühsam definiert wurden, in Vorlagen zu speichern. Eine selbsterstellte Vorlage erscheint nach dem Speichern wie jede andere Vorlage in einer Auswahlliste. Vorlagen können

Sie außerdem dauerhaft sichern und auf anderen Computern verwenden.

Das Verfahren, eine Vorlage zu definieren, ist für die Rendereinstellungen und das Ausgabemodul gleich. Daher wird es hier nur exemplarisch für das Ausgabemodul beschrieben.

Zum Erstellen einer Vorlage wählen Sie aus der Liste die Option VORLAGE ERSTELLEN. Im Dialog AUSGABEMODULVORLAGEN vergeben Sie unter NAME FÜR EINSTELLUNGEN eine Bezeichnung für die Vorlage, die eindeutig über die getroffenen Einstellungen Auskunft geben sollte.

Abbildung 13.39 ▶
Im Dialog AUSGABEMODULVORLA-
GEN legen Sie Einstellungen für eigene Vorlagen fest oder bearbeiten bereits vorhandene Ausgabevorlagen.

▲ **Abbildung 13.40**
Die neue Vorlage erscheint schließlich in der Auswahlliste unter den anderen Vorlagen.

Über den Button BEARBEITEN gelangen Sie in den Dialog für die RENDEREINSTELLUNGEN bzw. hier für das Ausgabemodul. Sie können nun wie beschrieben einzeln die Einstellungen für FORMAT, FORMATOPTIONEN, AUDIOAUSGABE etc. vornehmen. Bestätigen Sie Ihre Einstellungen mit OK. Auch im Dialog AUSGABEMODULVORLA-GEN bestätigen Sie mit OK. Die Vorlage erscheint nun zusätzlich zu den anderen Vorlagen in der Auswahlliste. Die Einstellungen sind damit gespeichert und können beliebig oft aufgerufen werden.

Vorlage löschen | Um die Vorlage wieder zu löschen, öffnen Sie erneut den Dialog VORLAGEN FÜR AUSGABEMODULE mit der Option VORLAGE ERSTELLEN. Über den Button ❶ wählen Sie die zu löschende Vorlage aus der Liste aus und betätigen anschließend den Button LÖSCHEN.

13.7.2 Vorlagen in einer Datei sichern und laden

Über den jeweiligen Vorlagen-Dialog für Rendereinstellungen oder Ausgabemodule können Sie auch Vorlagen in einer eigenen Datei sichern. Vorlagen für Ausgabemodule erhalten dabei die Dateiendung **.aom** und die Vorlagen für Rendereinstellungen die Dateiendung **.ars**.

Zum Sichern müssen Sie nur den Button ALLE SPEICHERN jeweils für die Ausgabe oder die Rendereinstellungen betätigen. Um die Vorlagen zu laden, verwenden Sie den Button LADEN.

13.8 Netzwerkrendern

After Effects ermöglicht es, Kompositionen über ein Netzwerk von verschiedenen Rechnern für die Ausgabe berechnen zu lassen. Der Renderprozess wird dadurch erheblich beschleunigt.

Voraussetzung für das Rendern im Netzwerk ist, dass eine aktivierte Vollversion von After Effects auf einem der Netzwerkrechner installiert ist. Auf den anderen assistierenden Rechnern, den Renderclients, muss die **Render-Engine** von After Effects installiert sein. Die Render-Engine ist eine nur für den Renderprozess bestimmte Installationsversion von After Effects. Die Render-Engine installieren Sie nicht als Extra-Applikation, wie das in früheren Versionen der Fall war, sondern Sie installieren auf allen beteiligten Render-Rechnern die After-Effects-Vollversion. Für die Renderclients müssen Sie die Software nicht aktivieren. Wenn Sie Besitzer einer lizenzierten Vollversion sind, haben Sie die Berechtigung zur Installation beliebig vieler Render-Engines in einem Netzwerk. Nach der Installation öffnen Sie den After-Effects-Installationsordner. Dort finden Sie eine Verknüpfung mit dem Titel ADOBE AFTER EFFECTS RENDER ENGINE. Klicken Sie diese Verknüpfung doppelt an, um nur die Render-Engine von After Effects zu starten.

> **Nur Einzelbilder**
>
> Beim Rendern mit mehreren Rechnern können nur Einzelbilder berechnet werden. Die Frames einer Komposition werden dabei als nummerierte Sequenzen ausgegeben. Es ist nicht möglich, eine einzelne Filmdatei mit mehreren Rechnern zu rendern.

▼ **Abbildung 13.41**
Die Render-Engine zeigt sich wie die normale After-Effects-Programmoberfläche, allerdings wird nur die Renderliste angezeigt, und alle nichtrelevanten Funktionen in der Menüleiste sind grau dargestellt.

Dabei ist es notwendig, auf einem Rechner (Projektrechner) die Vollversion von After Effects mit der zu rendernden Projektdatei bereitzustellen. Auf einem Server wird ein sogenannter überwachter Ordner angelegt, in den eine Kopie der Projektdatei und alle verknüpften Dateien kopiert werden. Die Assistentenrechner, die Renderclients, werden angewiesen, diesen Ordner permanent zu überwachen. Sobald sich in dem überwachten Ordner ein zu renderndes Element befindet, beginnen die Clients automatisch mit dem Rendern. Gespeichert werden die fertig gerenderten Frames in einem weiteren Ordner auf dem Server, dem Ausgabeordner.

Schritt für Schritt: Einrichten eines Rendernetzwerks

1 Überwachten Ordner anlegen

Nachdem Sie die Vollversionen von After Effects auf einem Projektrechner und auf den Assistentenrechnern installiert haben, legen Sie einen überwachten Ordner auf einem Server an. Dieser Ordner soll später die zu rendernde Projektdatei enthalten. Es ist wichtig, dass sich dieser Ordner nicht auf einem der Rechner befindet, auf dem After Effects im Modus »Überwachter Ordner« ausgeführt wird. Die Renderclients sollen den Ordner überwachen und mit dem Rendern beginnen, sobald sich ein zu renderndes Element im Ordner befindet.

Benennen Sie den Ordner eindeutig, z. B. »ueberwachterOrdner«. Geben Sie den Ordner frei, damit die Renderclients darauf zugreifen können. Damit dieser Ordner ein überwachter Ordner wird, wählen Sie in jeder Render-Engine der Renderclients den Befehl DATEI/ABLAGE • ÜBERWACHTER ORDNER. Wählen Sie den eben erstellten Ordner aus. Jede Render-Engine prüft nun alle zehn Sekunden, ob sich ein zu renderndes Element in dem Ordner befindet.

Absolute Dateipfade

Ordnen Sie den Netzlaufwerken auf allen Renderclients möglichst einen bestimmten Laufwerksbuchstaben zu, z. B. F:\RENDER-ENGINES\UEBERWACHTERORDNER. Vermeiden Sie relative Pfade. Macintosh-Computer, die einen Ordner überwachen, müssen eindeutige Namen haben und sollten daher umbenannt werden, damit nicht der Standardname verwendet wird.

Abbildung 13.42 ▶
Ein auf einem Server erstellter Ordner wird von den Renderclients überwacht. Sobald sich ein zu renderndes Element darin befindet, beginnen die Clients mit dem Rendern.

2 Zu rendernde Dateien anlegen

Die nächsten Schritte führen Sie auf dem Projektrechner aus. Die auszugebende Komposition fügen Sie mit [Strg]+[⇧]+[<] der Renderliste hinzu. Hier nehmen Sie die Render- und Ausgabeeinstellungen vor. Im Ausgabemodul müssen Sie als Format eine Bildsequenz, beispielsweise eine Targa-Sequenz, festlegen. Sie können aber auch die Vorlage SEQUENZ FÜR MEHRERE RECHNER wählen. Damit wird eine Photoshop-Sequenz erstellt. Geben Sie dann bei SPEICHERN UNTER einen Ausgabenamen und einen Speicherort an.

Bei den Rendereinstellungen empfiehlt es sich, die Vorlage EINSTELLUNGEN FÜR MEHRERE RECHNER zu verwenden. Wenn Sie zuvor eine Sequenz als Ausgabe festgelegt haben, ist im Dialog RENDEREINSTELLUNGEN unter OPTIONEN bereits ein Häkchen für VORHANDENE DATEIEN ÜBERSPRINGEN gesetzt. Dies bewirkt, dass jeder Renderclient prüft, welche Dateien noch nicht berechnet wurden. Diese Dateien »greift« sich der Client, berechnet sie und legt das gerenderte Ergebnis in einem Ausgabeordner ab, der später automatisch erstellt werden kann.

> **Sichern der Überwachung**
>
> Damit das Rendern durch die Renderclients nicht fehlschlägt, sollten Sie sicherstellen, dass auf jedem der Clients alle im Projekt verwendeten Effekte und Schriften installiert sind. Auch die im Projekt verwendeten Kompressoren sollten sich auf allen Clients befinden.

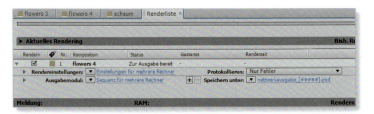

◄ **Abbildung 13.43**
Unter RENDEREINSTELLUNGEN und unter AUSGABEMODUL können Sie Vorlagen für das Rendern im Netzwerk auswählen.

3 Dateien sammeln

Als Nächstes führen Sie den Befehl DATEIEN SAMMELN aus. Das Projekt und alle dazugehörenden Rohmaterialdateien sollen damit in dem überwachten Ordner gesammelt werden. Wählen Sie dazu im Projekt DATEI • DATEIEN SAMMELN. Es folgen einige Festlegungen im Dialog DATEIEN SAMMELN.

◄ **Abbildung 13.44**
Über den Dialog DATEIEN SAMMELN legen Sie den Namen des Ausgabeordners fest und aktivieren das Rendern des überwachten Ordners.

Wenn die Renderliste eine Komposition zur Ausgabe enthält und Sie einen Ausgabename festgelegt haben, ist die Option RENDER-AUSGABE ÄNDERN IN ORDNER ❶ anwählbar. Dort sollten Sie ein Häkchen setzen. Beim Sammeln wird dann in dem bereits erstellten überwachten Ordner automatisch ein Unterordner angelegt, dessen Name Sie im Eingabefeld ❹ bestimmen können. In diesem Unterordner werden dann die gerenderten Dateien abgelegt. Es handelt sich also um den Ausgabeordner, der sich wie der überwachte Ordner auf dem Server befinden sollte. Stellen Sie sicher, dass alle Clients auf den Ausgabeordner zugreifen können.

Damit die Renderclients auch wirklich mit dem Rendern beginnen, müssen Sie bei RENDERN IM 'ÜBERWACHTEN ORDNER' AKTIVIEREN ❷ ein Häkchen setzen. Effektiv ist es, unter QUELLDA-TEIEN SAMMELN ❸ die Option FÜR KOMPOSITIONEN IN DER REN-DERLISTE zu wählen. Es werden dann nicht sämtliche im Projekt enthaltenen Dateien kopiert.

Über die Schaltfläche SAMMELN öffnen Sie den Dialog DATEIEN IN EINEM ORDNER SAMMELN. Geben Sie dort den überwachten Ordner als Sammelort an. Vergeben Sie einen Namen für den Sammelordner, und bestätigen Sie mit SPEICHERN. Daraufhin werden die Projektdatei, die Quelldateien, der Ausgabeordner und eine Renderkontrolldatei im überwachten Ordner gespeichert. Quelldateien, die größer als 2 GB sind, werden allerdings nicht mitkopiert und müssen manuell in den Sammelordner verschoben werden.

Finden die Renderclients eine Renderkontrolldatei, die auf ein nicht gerendertes Projekt verweist, öffnen sie das Projekt und rendern es. Danach setzen die Clients die Überwachung fort, und sobald ein neues zu renderndes Element im überwachten Ordner landet, beginnen die Clients wieder mit ihrer Arbeit. ■

13.8.1 Netzwerkrendern mit älteren Standard-Versionen

Als Besitzer einer älteren Standard-Version von After Effects können Sie Kompositionen über ein Netzwerk rendern, wenn auf allen Rechnern die Standard-Version installiert ist. Außerdem müssen eine Kopie des Projekts einschließlich aller Quelldateien und sämtliche verwendeten Schriften auf jedem System vorhanden sein. Das Projekt wird auf jedem System geöffnet und gespeichert.

Damit gleiche Frames nicht doppelt bearbeitet werden, sollten Sie in den Rendereinstellungen die Vorlage EINSTELLUN-GEN FÜR MEHRERE RECHNER und dort die Option VORHANDENE DATEIEN ÜBERSPRINGEN wählen. Im Ausgabemodul müssen Sie eine Einzelbildsequenz wählen. Alle Systeme müssen die Einzelbildsequenzen in denselben freigegebenen Ordner rendern.

Anschließend wird der Rendervorgang auf allen Systemen möglichst gleichzeitig gestartet.

13.9 Adobe Clip Notes

Die Clip-Notes-Funktionen wurden mit der Version CS5 entfernt.
Clip Notes dienten dazu, Anmerkungen bereits im Produktionsprozess hinzuzufügen. So konnten Kompositionen mit eigenen Fragen
versehen und das Video innerhalb eines PDF-Dokuments ausgegeben werden. Der Empfänger konnte in Adobe Acrobat eigene
Kommentare einfügen, die unterschiedlichen Zeitpunkten in Ihrem
Video zugeordnet werden konnten.

Die Kommentare erhielten Sie dann als XFDF-Datei, die Sie in
After Effects importieren konnten. Anschließend erschienen die
Kommentare in der Zeitleiste. Auf diese Weise war ein schneller
Informationsaustausch bei notwendigen Modifikationen möglich.

13.10 Ausgabe mit dem Media Encoder

Der Media Encoder ist Ihnen in diesem Kapitel schon bei verschiedenen Ausgabevarianten begegnet. Allerdings handelte es
sich dabei immer um die in After Effects integrierte Version des
Encoders, den Sie aber auch als separate Applikation starten können, wenn Sie das Paket Adobe Creative Suite Production Premium
installiert haben. Außerhalb des Pakets gibt es den Encoder leider
nicht zu kaufen.

Wurde nur Flash CS5 installiert, haben Sie die Ausgabemöglichkeiten in die Formate FLV, F4V und H.264. Sind noch After
Effects und/oder Premiere installiert, erweitern sich die Ausgabemöglichkeiten entsprechend.

Schön ist die Möglichkeit, auch After-Effects-Kompositionen
und Premiere Pro-Sequenzen direkt aus dem Encoder auszugeben. Dazu wählen Sie im Encoder DATEI • AFTER EFFECTS-KOM-
POSITION HINZUFÜGEN bzw. PREMIERE PRO-SEQUENZ HINZUFÜGEN.
Über den Punkt HINZUFÜGEN können Sie Dateien unterschiedlichster Formate wie AVI, MOV etc. hinzufügen und dann in
andere Formate umwandeln.

Um das Ausgabeformat für Ihre Quelle zu definieren, klicken
Sie in der Spalte FORMAT auf das Dreieck ❶ und wählen dort
einen Eintrag. Danach erscheinen sofort zum Format passende
Vorgaben in der Spalte VORGABE. Um die Vorgabe zu verändern,
klicken Sie direkt auf den farbigen Text ❷ in der Spalte VORGABE.

Sie gelangen in den Dialog EXPORTEINSTELLUNGEN. Darin sieht es ähnlich aus wie im integrierten Encoder von After Effects. Freundlicherweise ist eine Anzeige von QUELLE und AUSGABE erlaubt, die Sie über die gleichnamigen Registerkarten wählen. In der Registerkarte QUELLE ist auch ein Beschnitt des Materials am Anfang und am Ende möglich. Außerdem können Sie die Größe des Formats beschneiden. In den Registerkarten FILTER, VIDEO, AUDIO und MULTIPLEXER nehmen Sie gegebenenfalls Anpassungen vor. Beispiele für die Ausgabe mit dem in After Effects integrierten Media Encoder finden Sie in Abschnitt 13.4.4, »MPEG-2-DVD-Ausgabe«, und in Kapitel 15, »Ausgabe für das Web«. Die Arbeit im Dialog EXPORTEINSTELLUNGEN unterscheidet sich davon nicht, allerdings haben Sie im Media Encoder mehr Einstellmöglichkeiten.

▼ Abbildung 13.45
Über den Adobe Media Encoder geben Sie Dateien, sogar After-Effects-Kompositionen, in verschiedenste Formate aus.

Abbildung 13.46 ▶
Die Exporteinstellungen sehen den in After Effects integrierten äußerst ähnlich.

Bevor Sie die Ausgabe der im Adobe Media Encoder gehorteten Dateien starten, legen Sie jeweils einen Speicherort fest und klicken dazu auf den farbigen Text in der Spalte AUSGABEDATEI ❸.

Die Ausgabe beginnt, nachdem Sie auf WARTESCHLANGE STARTEN geklickt haben. Der Encoder arbeitet die Liste nacheinander ab und zeigt im unteren Teil Informationen zu Video, Audio und Bitrate, ein Vorschaubild der Ausgabedatei und in der farbigen Renderlinie die verstrichene und die geschätzte verbleibende Zeit. Alles wie in After Effects.

14 Filme für das Kino

Bei der geplanten späteren Ausgabe auf Filmmaterial kommen Sie nicht umhin, sich mit Aufzeichnungs- und Filmformaten zu beschäftigen.

Die Verwirrung um die für die Bearbeitung in After Effects zu wählenden Formate ist oft groß. Wenn Sie bedenken, dass verschiedensten Aufzeichnungsformaten unterschiedliche, später im Kino projizierte Filmformate gegenüberstehen ist das auch kein Wunder. Bei der Ausgabe muss das ankommende Videoformat an das gewünschte Kinoformat angepasst werden. Das angepasste Format wird schließlich auf Filmmaterial ausbelichtet, also transferiert. In einem Teil dieses Kapitels beschreibe ich daher beispielhaft die Anpassung des gängigen HD-Standard-Formats 1.920 × 1.080 an die Ausgabe für Widescreen Europa und Widescreen USA.

14.1 Eine Frage des Formats

Bevor Sie mit der Arbeit in After Effects überhaupt beginnen, müssen Sie klären, in welcher Form das gefilmte Material vorliegt, denn davon hängt ab, welche Bearbeitungseinstellungen Sie in After Effects wählen müssen. Je nach Aufzeichnungsformat sind dabei unterschiedliche Umwandlungsverfahren nötig, um das gefilmte Material digital weiterverarbeiten zu können. Eine solche Umwandlung übernimmt eine darauf spezialisierte Firma, mit der Sie sich zuvor unbedingt genau absprechen sollten.

Normalerweise geben Sie aus After Effects Bildsequenzen zur Ausbelichtung auf Filmmaterial aus. Die Ausbelichtung der von Ihnen angelieferten Bildsequenzen übernimmt wiederum eine darauf spezialisierte Postproduktionsfirma. Diese kann vor dem endgültigen Transfer auf das Filmmaterial noch Farbkorrekturen durchführen. Die Maschinen, über die das von Ihnen gelieferte Material auf Filmmaterial ausbelichtet wird, arbeiten nach unterschiedlichen Standards, die für die ausbelichtete Framegröße relevant sind. Eine eingehende Kommunikation mit den Spezialisten der Postproduktionsfirma kann Ihnen viel Ärger ersparen und garantiert, dass der Film im Kino auch Ihren oder den Wünschen des Kunden entsprechend projiziert wird. Außerdem ist eine Ausbelichtung recht kostspielig. Eine enge Zusammenarbeit mit der Firma Ihrer Wahl vor und während der Produktion ist daher unbedingt erforderlich.

Einen weiteren Beitrag zur Verwirrung leistet der folgende Umstand: Bei der Bearbeitung eines Projekts für die Filmausgabe müssen Sie daran denken, dass jegliches im Kino projizierte Format an allen **Rändern** leicht beschnitten wird. Dies liegt an dem bei der Projektion vom Filmvorführer verwendeten Projektionscache, einer Metallplatte mit einer rechteckigen Öffnung im Seitenverhältnis des zu projizierenden Films. Ähnlich wie bei einer Produktion für das Fernsehen müssen Sie daher aktions- und titelsichere Bereiche schon bei der Bearbeitung berücksichtigen. Bei einer Vernachlässigung dieser Formateinschränkungen können Titel in der Projektion durch das Cache angeschnitten erscheinen.

14.1.1 Häufige Aufzeichnungsformate

Um etwas Klarheit in die Formatfrage zu bringen, sollen hier zunächst einige wichtige Formate vorgestellt werden, bevor eine Weiterverarbeitungsmöglichkeit in After Effects thematisiert wird.

Tabelle 14.1 enthält einige häufig verwendete Aufzeichnungsformate, die in After Effects weiterverarbeitet werden können. Bei der Arbeit in After Effects ergibt sich das zu wählende Bearbeitungsformat aus dem jeweiligen ankommenden Videoformat. Arbeiten Sie ohne Verwendung von Videomaterial, beispielsweise bei einer rein in After Effects generierten Titelanimation, ergeben sich teils andere Formate, die in Abschnitt 14.3, »Arbeit mit synthetischem Bildmaterial«, aufgeführt sind.

Tabelle 14.1 ▶
Videoformate/digitale Bildformate

Aspect Ratio	Framegröße	Bezeichnung
4:3 bzw. 1:1,33	720 × 576	alter TV-SD-Standard (PAL)
	648 × 486	alter TV-SD-Standard (NTSC)
16:9 bzw. 1:1,77	1.024 × 576	SD-PAL
	853 × 480	SD-NTSC
	1.280 × 720	HD-Standard
	1.920 × 1.080	HD-Standard

Alter PAL-TV-Standard | Mit der Framegröße 720 × 576 ergibt sich eine eigentliche Ratio von 1:1,25 (die Ratio ergibt sich aus dem Verhältnis von Breite durch Höhe eines reproduzierten Bildes). Da aber der PAL-Standard mit rechteckigen Pixeln (**Non-square Pixel**) mit einem Pixelseitenverhältnis von 1,07 arbeitet, wird das reproduzierte Bild auf die Framegröße 768 × 576 gestreckt. Die resultierende Ratio beträgt dann 1:1,33.

SD-PAL/SD-NTSC 16:9 | Die eigentliche Größe von 16:9-SD-PAL beträgt 720 × 576 Pixel und für SD-NTSC 720 × 480 Pixel. Das 16:9-Bild wird, um mit der 4:3-Ratio aufgezeichnet zu werden, horizontal gestaucht. Ein in solcher Form vorliegendes Material wird als **anamorphotisch** bezeichnet. Bei der späteren Reproduktion wird das Bildformat wieder auf die ursprüngliche Größe von 1.024 × 576 für SD-PAL und auf 853 × 480 für SD-NTSC entzerrt. Die aufgezeichneten Pixel werden dabei in der Breite gestreckt.

◄ **Abbildung 14.1**
SD-PAL 720 × 576

HD-Standard 1.280 × 720 | Die Auflösung 1.280 × 720 gehört wie die Auflösung 1.920 × 1.080 zum HD-Standard und zeichnet sich durch eine progressive Bildwiedergabe aus. HD-Kameras von Panasonic zeichnen mit dieser Auflösung auf.

HD-Standard 1.920 × 1.080 | Ein sehr gängiges Format im Kinobereich ist der HD-Standard 1.920 × 1.080. Diese Auflösung ist HDTV-Standard in den USA und in Europa. Die Aufzeichnung erfolgt beispielsweise mit HD-Kameras von Sony.

Aspect Ratio ist die Bezeichnung für das Seitenverhältnis.
SD steht für **Standard Definition**, während **HD** für **High Definition** steht.

Weitere Informationen zu PAL und NTSC finden Sie in Kapitel 2, »Begriffe und Standards«, und zur Arbeit mit PAL- und NTSC-Video in Abschnitt 5.6, »Videodaten in After Effects«.

Anamorph

Filmbilder, die zur Speicherung oder für die Übertragung in einer Dimension (horizontal) gestaucht wurden, bezeichnet man als **anamorph verzerrt**.

▲ **Abbildung 14.2**
HD-Standard 1.280 × 720

▲ **Abbildung 14.3**
HD-Standard 1.920 × 1.080

▲ **Abbildung 14.4**
SD-PAL anamorph verzerrt 720 × 576

▲ **Abbildung 14.5**
SD-PAL anamorph entzerrt 1.024 × 576

14.1.2 Gängige Kinoformate

Wie Sie dem Vergleich der in Tabelle 14.2 aufgeführten gängigsten Filmformate mit den in Tabelle 14.1 aufgelisteten Aufzeichnungsformaten entnehmen können, sind sich die Formate kaum ähnlich. Bei der Ausgabe eines fertigen Projekts für ein Filmformat müssen Sie demnach das Format anpassen.

Aspect Ratio	Framegröße 2K*	Framegröße 4K	Bezeichnung
4:3 bzw. 1:1,33	2.048 × 1.536	4.096 × 3.072	Vollbild (35 mm)
4:3 bzw. 1:1,33	1.828 × 1.332	3.656 × 2.664	Academy
1:1,66	1.828 × 1.100	3.656 × 2.200	Widescreen Europa
1:1,85	1.828 × 988	3.656 × 1.976	Widescreen USA
1:2,35	1.828 × 1.556	3.656 × 3.112	Cinemascope

* Die Filmauflösung wird mit 1K, 2K und 4K angegeben.

▲ **Tabelle 14.2**
Die gängigste Filmformate

Vollbild-Format | Das Vollbild-Format ist das Stummfilm-Format aus den Anfängen der Filmgeschichte. Eine Aufzeichnung in diesem Format ist heute sehr selten und dient dazu, beste Qualität zu erreichen. Da auf dem Negativ keine Tonspur Platz findet, wird es nie so projiziert, geschweige denn, in dieser Auflösung ausbelichtet. Daher ist von der in After Effects wählbaren Kompositionsvorgabe FILM (2K) in der Größe 2.048 × 1.556 abzuraten. Einige Filmscanner – je nach Postproduktionshaus – verwenden allerdings eine solche Auflösung.

Academy-Format | Mit der Einführung des Tonfilms wurde es nötig, eine Tonspur auf dem Vollbild-Negativ unterzubringen. Das kleinere Academy-Format bot dafür Platz. Die tatsächliche Aspect Ratio des Academy-Formats beträgt 1:1,37, wird aber bei der Projektion auf eine 1:1,33-Ratio beschnitten. Das Format wird heutzutage kaum noch ausbelichtet oder in 4:3 projiziert.

Widescreen Europa/Widescreen USA | Die Widescreen-Formate sind die gängigen im Kino projizierten Formate. Die Ausgabegröße muss meist an eines dieser Formate angepasst werden.

Cinemascope | Cinemascope ist mit dem als Panavision bekannten Verfahren vergleichbar. Das eigentliche Seitenverhältnis auf dem Filmnegativ beträgt 1:1,175. Das Bild ist horizontal gestaucht und wird erst bei der Projektion durch eine spezielle Projektionslinse, den Anamorphot, auf ein Seitenverhältnis von 1:2,35 horizontal verdoppelt.

◀ **Abbildung 14.6**
Vollbild- bzw. Stummfilm-Format
2.048 × 1.536

Abbildung 14.7 ▶
Die Abbildung zeigt das Academy-Format, das kaum noch ausbelichtet wird, sowie die gängigen Kinoformate. Diese Formate bieten Platz genug für die Tonspur.

▲ **Abbildung 14.8**
Beim Cinemascope-Verfahren wird das Bild horizontal gestaucht auf den Film belichtet ...

▲ **Abbildung 14.9**
... und bei der Projektion durch eine spezielle Linse entzerrt.

14.1.3 Aktions- und titelsichere Ränder

Wie bei den Fernsehproduktionen dürfen Sie auch bei einer Kinoproduktion aktions- und titelsichere Ränder nicht vergessen. Wichtige informationstragende Bildelemente müssen sich innerhalb des aktionssicheren Bereichs befinden, Titel müssen Sie innerhalb des noch kleineren titelsicheren Bereichs anlegen.

Notwendig ist dieser sichere Bereich, da, wie erwähnt, bei der Projektion im Kino das Projektionscache eingelegt wird, das das Kinoformat an allen Rändern beschneidet. Der durch das Projektionscache entstehende Formatabzug ist nicht standardisiert, Sie sollten aber mit etwa 5 % Beschnitt auf allen Seiten rechnen.

Dementsprechend richten Sie den aktionssicheren Bereich ❶ für das jeweilige projizierte Filmformat ein. Noch kleiner zu wählen ist der titelsichere Bereich ❷, bei dem Sie etwa 10 % vom jeweiligen projizierten Format abziehen müssen.

◄ **Abbildung 14.10**
In diesem Beispiel sind die aktions- und titelsicheren Bereiche für das europäische Widescreen-Format (1.828 × 1.100) eingeblendet.

14.2   Formate in After Effects

14.2.1   Arbeit mit HD 1.920 × 1.080 in After Effects

Für die Ausgabe einer Komposition in ein gängiges Filmformat sind, wie aus den obigen Ausführungen ersichtlich wird, oft Formatanpassungen nötig. Fragen, die die Wahl des Ausgabeformats, die einzustellende Projektbittiefe, die Framerate und eventuelle Anpassungen des Farbraums in After Effects betreffen, sollten Sie vor Beginn des Projekts genauestens mit der Postproduktionsfirma klären. Da an dieser Stelle nicht auf alle Möglichkeiten eingegangen werden kann, bezieht sich die folgende Beschreibung auf das heute sehr gängige Format HD-Standard 1.920 × 1.080, mit dem im Kinobereich häufig aufgezeichnet wird.

Das HD-Material wird zur Weiterverarbeitung in After Effects zuerst in Bildsequenzen umgewandelt. Zumeist handelt es sich dabei um TIFF-Sequenzen. Beim Import müssen Sie darauf achten, dass Sie ein Häkchen bei TIFF-SEQUENZ setzen.

Um die Framerate und Framegröße des importierten Materials
automatisch zu übernehmen,
ziehen Sie die Sequenz auf den
Kompositionsbutton.

Abbildung 14.12 ▶
Die TIMECODEBASIS sollten Sie in
den Projekteinstellungen an das
importierte Material anpassen.
Eine höhere Bittiefe ist hier ebenfalls wählbar.

8 Bit lin

Die Abkürzung **lin** steht für eine
Aufzeichnung im linearen Farbraum. Dieser steht dem logarithmischen Farbraum von Filmmaterial gegenüber, der der
menschlichen Wahrnehmung
besser entspricht. Im logarithmischen Farbraum sind mehr Abstufungen in hellen und dunklen
Bereichen darstellbar. Im linearen Farbraum sind die Farbwerte
gleichmäßig verteilt.

Framegröße und Framerate | Die importierte TIFF-Sequenz sollten
Sie, um die richtige Framegröße und auch die richtige Framerate
zu erhalten, auf den Kompositionsbutton im Projektfenster ziehen.
Die entstehende Komposition übernimmt automatisch die Framegröße und Framerate des Ausgangsmaterials.

Die Framerate kann von Projekt zu Projekt differieren, da HD-
Kameras in unterschiedlichen Frameraten aufzeichnen können.
Im HD-Standard 1.920 × 1.080 kann wahlweise mit 60 Halbbildern pro Sekunde (60i), 30 Vollbildern (30p) oder 24 Vollbildern
(24p) aufgezeichnet werden. Das europäische Format erlaubt
50 Halb- (50i) und 25 Vollbilder (25p) pro Sekunde.

Projektbittiefe | Eine Anpassung der Projektbittiefe ist bei HD-
Material nicht nötig, da die meisten HD-Kameras in **8 Bit lin** aufzeichnen. Auch eine Anpassung des linearen Computerfarbraums
an das Aufnahmematerial ist in diesem Fall nicht erforderlich.

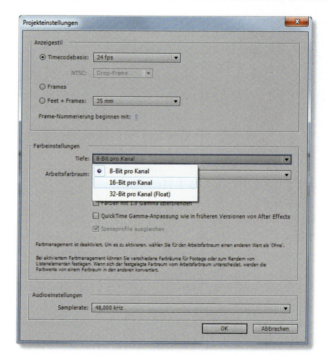

Sollten Sie dennoch eine höhere Projektbittiefe wünschen (z. B.
für die spätere Ausgabe ins Cineon-Dateiformat), ändern Sie sie
unter DATEI • PROJEKTEINSTELLUNGEN im Feld FARBEINSTELLUNGEN
von 8 Bit auf 16 Bit oder 32 Bit. In den PROJEKTEINSTELLUNGEN sollten Sie außerdem unter TIMECODEBASIS eine dem Ausgangsmaterial
entsprechende Framerate wählen. Die Einstellung wirkt sich auf die
Zeitanzeige in der Zeitleiste aus.

Aktions- und titelsichere Bereiche | Die aktions- und titelsicheren Bereiche blenden Sie über die Schaltfläche ❶ in After Effects ein. Der aktionssichere Bereich ist standardmäßig auf 10 % und der titelsichere Bereich auf 20 % gesetzt. Sie können diese Einstellung unter BEARBEITEN • VOREINSTELLUNGEN • RASTER UND HILFSLINIEN im Feld SICHERE RÄNDER anpassen.

Außer den aktions- und titelsicheren Rändern wird bei 16:9-Kompositionsformaten auch ein sogenannter **Mittelausschnitt** eingeblendet. Dieser stellt einen 4:3-Bildausschnitt und dessen aktions- und titelsichere Ränder dar. Somit können Sie aus einem 16:9-Format heraus eine 4:3-Ausgabe ohne beschnittene Titel erzeugen.

▼ **Abbildung 14.13**
Aktions- und titelsichere Bereiche können in After Effects eingeblendet werden.

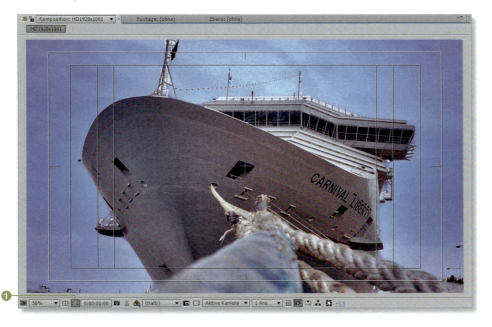

14.2.2 Formatanpassung in After Effects

Nicht jede Firma nutzt die gleiche Maschine zur Ausbelichtung des produzierten Materials auf Film. Was also wie auf den Film kommt, sollte von Anfang an besprochen werden. Sie können zwar davon ausgehen, dass die Ausbelichter jede Formatgröße akzeptieren und eine Formatanpassung auch durch den Ausbelichter vorgenommen werden kann; dennoch gibt es gängige Formate, die als Richtwert gelten können. Da zumeist in den Kinoformaten **Widescreen Europa** (1.828 × 1.100) und **Widescreen USA** (1.828 × 988) projiziert wird, ist es sinnvoll, die Ausbelichtung auf eines dieser Formate zu beziehen.

Das hier als Beispiel gewählte HD-Standard-Format (1.920 × 1.080) wird, da es so verbreitet ist, oft schon unverändert von den meisten Ausbelichtern akzeptiert. Obwohl die Breite von 1.920 Pixeln nicht den 1.828 Pixeln der Filmformate entspricht, können einige Ausbelichter diesen Unterschied kompensieren, indem sie bei der Ausbelichtung engere Zeilen schreiben. Das Ergebnis ist eine mit dem Filmstandard übereinstimmende Breite. In der Produktion begegnet man oft dem Arri-Laser-Ausbelichter, mit dem eine solche Formatanpassung möglich ist. Erfragen Sie in jedem Fall die Möglichkeiten bei Ihrer Postproduktionsfirma.

Da die Formatanpassung auch schon zuvor innerhalb von After Effects erfolgen kann, nenne ich hier einige Möglichkeiten, das HD-Format (1.920 × 1.080) an die beiden gängigen Kinoformate anzupassen.

Die Formatanpassung in After Effects gestaltet sich recht einfach. Für die Ausgabe des HD-Formats in eines der Kinoformate legen Sie eine Komposition in der Ausgabegröße an, also 1.828 × 1.100 für Widescreen Europa oder 1.828 × 988 für Widescreen USA. Ziehen Sie anschließend die HD-Komposition in die jeweilige Ausgabekomposition. Sie können die Formate wie folgt ausgeben.

Widescreen Europa | Skalieren Sie die HD-Komposition auf 102 %, um die Höhe des HD-Formats an die Höhe für Widescreen Europa anzupassen. Es ergibt sich ein Beschnitt des HD-Formats am linken und rechten Rand.

Geben Sie die Komposition ohne Veränderung am HD-Format aus. Die Anpassung der Breite von 1.920 auf 1.828 erfolgt durch den Ausbelichter. Bei der Projektion im Kino im europäischen Widescreen-Format entsteht ein kleiner schwarzer Rand oben und unten.

Abbildung 14.14 ▶
Hier sehen Sie eine Anpassung des Formats HD 1.920 × 1.080 an das europäische Widescreen-Format. Die Ränder links und rechts werden beschnitten.

▲ Abbildung 14.15
Die Komposition in HD 1.920 × 1.080 wird zur Ausgabe in eine Komposition in der Größe 1.828 × 1.100 für Widescreen Europa gezogen.

◄ Abbildung 14.16
Wird HD-Material 1.920 × 1.080 im europäischen Widescreen-Format projiziert, ergibt sich oben und unten ein kleiner schwarzer Rand.

Widescreen USA | Skalieren Sie die HD-Komposition auf 95,2 %, um die Breite des HD-Formats an die Breite für Widescreen USA anzupassen. Das HD-Format wird dadurch am oberen und unteren Rand leicht beschnitten.

Skalieren Sie die HD-Komposition auf 91,5 %, um die Höhe des HD-Formats an die Höhe des Widescreen-Formats anzupassen. Links und rechts ergeben sich schwarze Ränder.

Da die Unterschiede bei der Projektion nicht sehr erheblich sind, ist es letztendlich eine Geschmacksfrage, welche Größe Sie für die Ausbelichtung wählen.

◄ Abbildung 14.17
Das Format HD 1.920 × 1.080 wird zur Anpassung an das amerikanische Widescreen-Format oben und unten leicht beschnitten.

Abbildung 14.18 ▶
Bei dieser Anpassung des HD-Formats an das amerikanische Widescreen-Format entsteht links und rechts ein schwarzer Rand.

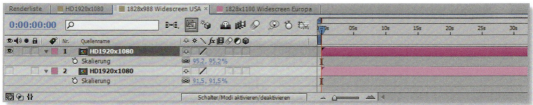

▲ **Abbildung 14.19**
Die Komposition in HD 1.920 × 1.080 in einer Komposition mit 1.828 × 988 für Widescreen USA mit zwei verschiedenen Anpassungsmöglichkeiten

14.3 Arbeit mit synthetischem Bildmaterial

Wenn Sie rein synthetisches Material, z. B. eine Titelanimation, mit Filmmaterial mischen, ergibt sich die Kompositionsgröße zur Bearbeitung aus der Formatgröße des Materials, mit dem Sie mischen. Falls Sie ausschließlich mit synthetisch generiertem Material arbeiten, sind Kompositionsgrößen im Format Widescreen Europa, Widescreen USA oder im HD-Standard zu empfehlen.

Für den HD-Standard hält After Effects in den Kompositionseinstellungen die Vorlage HDTV 1.080 24 mit einer Framerate von 24 fps und quadratischen Pixeln bereit. Wird das Material nicht weiter gemischt und unverändert auf Film ausbelichtet, können Sie die Framerate auf 24 fps belassen.

Soll das After-Effects-Material allerdings später mit Filmmaterial gemischt werden, ist die Framerate des Filmmaterials maßgebend. Diese kann auch 25 fps betragen, da oft mit 25 fps aufgezeichnet und auch mit 25 fps auf Film ausbelichtet wird. Filme, die mit 25 fps ausbelichtet werden, laufen im Kino unmerklich langsamer, da mit 24 fps projiziert wird. Der leicht verzerrte Ton wird vor dem Kopieren angepasst.

Die Widescreen-Formate sind nicht wählbar und müssen manuell eingetragen werden.

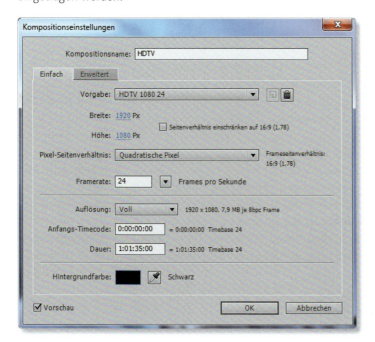

◄ Abbildung 14.20
In den KOMPOSITIONSEINSTELLUNGEN ist nur das HDTV-Format wählbar. Einstellungen für die Widescreen-Formate werden manuell eingetragen.

14.3.1 Rendern ins Ausgabeformat

Die Ausgabe der Komposition für eine weitere Ausbelichtung auf Filmmaterial erfolgt wie bereits erwähnt in Form von Bildsequenzen. Es wird also eine Reihe nummerierter Einzelbilder gerendert, die jeweils eine möglichst hohe Auflösung aufweisen sollten.

Bei längeren Kompositionen ist es sinnvoll, die Ausgabe in mehrere kleinere Sequenzen zu unterteilen, wobei Sie darauf achten müssen, dass die jeweilige Folgesequenz mit der jeweils nächsten Framenummer beginnt. Umfasst die erste Sequenz beispielsweise die Framenummern 00000 bis 01000, sollte die nächste Sequenz mit der Nummer 01001 beginnen.

Bevor Sie die Sequenz ausgeben, ist es üblich, einen Ordner mit dem Namen Ihres Films anzulegen. In einen weiteren Ordner, den Sie mit der Ausgabegröße Ihres Films und dem Filmnamen betiteln (z. B. FINALE_1828X1100), wird die Sequenz gespeichert und später an die Postproduktionsfirma weitergeleitet.

Ausgabe | Für die Ausgabe wählen Sie die Komposition wie üblich aus und fügen sie der Renderliste hinzu. Im Ausgabemodul wählen Sie eine der folgenden Ausgabemöglichkeiten: SGI SEQUENZ oder DPX/CINEON SEQUENZ, TIFF- oder TARGA SEQUENZ. Die beiden letzten Ausgabeformate sind zu empfehlen, da die

RAM

Wenn Sie Material für die Filmbelichtung ausgeben wollen, sollten Sie nicht am Festplattenspeicher und auch nicht am Arbeitsspeicher sparen. Aufgrund der hohen Auflösung der Filmframes fallen schnell erhebliche Datenmengen an, und auch innerhalb der Filmkomposition kann sich die Berechnung von Effekten und Transformationen in die Länge ziehen. Es sollte also auch genügend RAM für die Berechnung der Filmframes installiert sein. Mit zwei bis vier Gigabyte RAM pro Prozessorkern kann man gut leben.

▲ Abbildung 14.21
Für TGA-Sequenzen, die später ausbelichtet werden, können Sie die verlustfreie RLE-Komprimierung aktivieren, um den Speicherbedarf der Sequenzen zu verringern.

Postproduktionsfirmen diese sicher akzeptieren. Die im Ausgabemodul unter Formatoptionen angebotene RLE-Komprimierung bzw. LZW-Komprimierung für die Sequenzen können Sie aktivieren, um den Speicherbedarf der gerenderten Sequenzen ohne Qualitätseinbußen zu verringern.

Die Ausgabe ins Cineon-Dateiformat ist sinnvoll, wenn zuvor in einem 16-Bit-Projekt mit Cineon-Sequenzen gearbeitet wurde, die z. B. bei der Filmabtastung anfallen können. Es sind dann allerdings in After Effects weitere Anpassungen an den logarithmischen Farbraum des Cineon-Formats nötig, der an die lineare Bildschirmdarstellung angepasst werden sollte. Eine Auswahloption zwischen FIDO/Cineon 4.5 und dem Standard DPX erreichen Sie im After-Effects-Ausgabemodul über den Button Formatoptionen und weiter über den Button Cineon-Einstellungen.

Im Zweifelsfall fragen Sie immer bei Ihrer Postproduktionsfirma nach, welches Format verarbeitet wird.

15 Ausgabe für das Web

After Effects kann aufgrund seiner vielfältigen Ausgabemöglichkeiten auch zur Erstellung von Animationen für das Web eingesetzt werden. Es ist in der Lage, Animationen in wichtige webtaugliche Formate wie **QuickTime**, **RealMedia**, **Windows Media** und in das **Shockwave-Flash-Format** (SWF) oder das **Flash-Video-Format** (FLV oder F4V) auszugeben.

Da SWF-Dateien in After Effects auch importiert werden können, ist die nötige Funktionalität vorhanden, um Animationen in Flash vorzubereiten und dann über After Effects in ein sendefähiges Format auszugeben. Andererseits können Sie die Animationen aus After Effects über das Web verteilen, nachdem Sie sie als SWF-Dateien ausgegeben haben. Die Ausgabe in das SWF-, das FLV- und F4V-Format sind sicherlich einige der interessantesten Möglichkeiten der Ausgabe für das Web. Bevor Sie sich in das Vergnügen stürzen können, Animationen für das Web in After Effects zu erstellen, müssen Sie jedoch erst einmal die Rahmenbedingungen studieren.

15.1 Die passende Ausgabe

Es ist nicht sinnvoll, jede Datei, die in After Effects animiert wurde, in das Format **SWF** auszugeben. Die Ausgabe in das SWF-Format eignet sich besonders für Inhalte, die aus Pfaden und einfachen Flächen aufgebaut werden können.

Für Inhalte mit vielen Effekten oder gar Videodaten sollten Sie die Animation als **QuickTime**-, **RealMedia**-, **FLV**-, **F4V**- oder **Windows-Media-Datei** ausgegeben werden.

Der Grund liegt in der unterschiedlichen Konzeption der Formate. Eine SWF-Datei wird auch als **vektorbasiert** bezeichnet. Sie enthält im Grunde nur Vektoren und Referenzen auf innerhalb der Datei gespeicherte Bilder. Erst beim Abspielen der Animation auf einem Wiedergaberechner werden ebenfalls gespeicherte

Bewegungen der Bilder zur Darstellung am Bildschirm berechnet. Im günstigsten Fall muss beim Export also nicht jeder einzelne Frame der Animation berechnet und komprimiert werden. Die entstehende Datei ist dann vergleichsweise winzig.

Sobald Videodaten oder Inhalte mit vielen Effekten in der SWF-Datei enthalten sein sollen, ist es allerdings mit den kleinen Dateien vorbei. Die Information wird dann beim Export aus After Effects frameweise als JPEG-Bitmap in der SWF-Datei gespeichert. In diesem Falle ist es besser, die Formate QuickTime, RealMedia, FLV, F4V oder Windows Media für die Ausgabe zu nutzen. Der hier mögliche Einsatz von verschiedenen Kompressoren erlaubt eine bessere Berechnung der Pixelinformation. Mit den Kompressoren kann diese effektiv komprimiert werden.

15.2 SWF-Dateien ausgeben

Grundsätzlich schrumpfen die großen Möglichkeiten, die After Effects bei der Animation bietet, durch die Ausgabe ins SWF-Format auf einen kleinen, aber immerhin feinen Teil zusammen.

Eine SWF-Datei besticht trotz der umfangreichen Animationen, die sie enthalten kann, durch ihre minimale Dateigröße. Wie bereits erwähnt wurde, liegt das daran, dass SWF-Dateien meist nur Vektordaten enthalten, die sehr wenig Speicherplatz beanspruchen. Daneben können Pixel- und Audiodaten in einer SWF-Datei enthalten sein. Audiodaten werden beim Export in MP3 umgewandelt und der SWF-Datei hinzugefügt. Die Pixeldaten sind dafür verantwortlich, dass die Dateigröße einer SWF-Datei erheblich anwachsen kann. Daher gibt es hinsichtlich der für SWF-Dateien sinnvollen After-Effects-Funktionen einige Einschränkungen, aber es tun sich auch viele Möglichkeiten auf.

15.2.1 Möglichkeiten und Unmöglichkeiten beim SWF-Export

Exportieren Sie eine SWF-Datei aus After Effects, werden Pixelbilder und Ebenen, die Effekte enthalten oder auf die Bewegungsunschärfe angewendet wurde, in JPEG-Bitmaps innerhalb der SWF-Datei umgewandelt. Die Animation wird dabei Frame für Frame gerastert.

Dementsprechend groß ist die resultierende Datei. Genau das sollte aber vermieden werden, um dem Sinn des SWF-Formats gerecht zu werden. Schließlich geht es darum, besonders kleine Dateien zu erzeugen, die jeden Bildschirm füllen können. Den

QuickTime

Für den Import von SWF-Dateien in After Effects (oder besser für die Umwandlung der Daten in Pixel) zeichnet QuickTime verantwortlich. Vektorinformationen gehen dabei verloren. Es sollte die neueste QuickTime-Version auf dem Rechner installiert sein, um Probleme beim Import zu vermeiden.

Beispiele

Auf der DVD zum Buch finden Sie im Ordner 15_Ausgabe_Web/ SWF_Beispiele mehrere SWF-Dateien, die in After Effects erzeugt wurden und im Flash Player abspielbar sind.

Flash-Player-Download

Unter http://www.adobe.de/ können Sie per Klick auf das Icon Get Adobe Flash Player einen entsprechenden Player zum Abspielen von SWF-Dateien herunterladen.

Aufwand wäre es nicht wert, wenn nicht doch einige Funktionen zur Ausgabe als Vektordaten unterstützt würden.

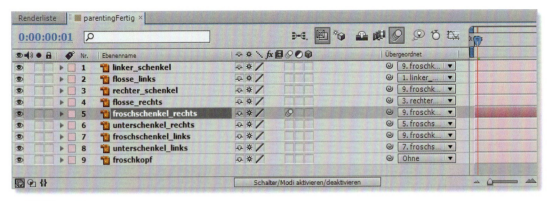

▲ **Abbildung 15.1**
Der kleine Schalter für die Bewegungsunschärfe hat die große Wirkung, dass die gesamte Komposition beim SWF-Export in JPEG-Bitmaps ausgegeben wird.

Textebenen | Besonders erfreulich ist die Möglichkeit, Textebenen aus After Effects in einer SWF-Datei als Vektordaten auszugeben. Der in Kapitel 17, »Text animieren«, besprochenen Animation von Texten sind somit auch für den SWF-Export keine Grenzen gesetzt. Aufpassen müssen Sie nur bei der Verwendung von Animationsvorgaben für Texte, die Effekte enthalten, und bei den Animatoreigenschaften WEICHZEICHNEN und ZEICHENWEISE 3D AKTIVIEREN, denn diese werden wieder gerastert, also Frame für Frame in Bitmaps umgerechnet.

▲ **Abbildung 15.2**
Animierte Texte lassen sich problemlos aus After Effects in eine sehr kleine SWF-Datei exportieren.

Maskierte Ebenen | Maskierte Ebenen lassen sich exportieren. Es ist ratsam, die Masken nur auf Farbflächen anzuwenden. Video- und Pixelgrafiken resultieren in großen SWF-Dateien. Allerdings dürfen Sie die Masken nur in den Maskenmodi ADDIEREN und DIFFERENZ verwenden, und es darf bei mehreren Masken nur der gleiche Maskenmodus eingestellt sein. Die WEICHE MASKENKANTE wird nicht unterstützt und führt zum Rastern der Frames (setzen Sie sie

In Kapitel 18, »Masken, Matten und Alphakanäle«, sind Masken genau erläutert.

daher auf 0). Auch duplizierte Masken vergrößern die Datei, da sie beim Export nicht als Instanzen der Quellmaske gesehen werden. Stattdessen wird in jeder SWF-Datei ein gesondertes Objekt pro Maske angelegt.

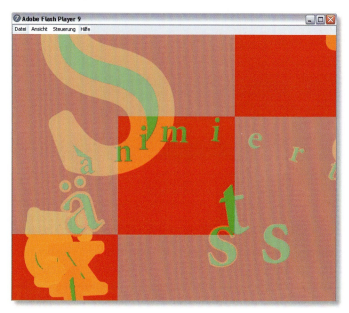

▲ **Abbildung 15.3**
Maskierte Farbflächen werden beim SWF-Export nicht gerastert, wenn alle Masken den gleichen Maskenmodus verwenden. Textanimationen sind problemlos als SWF exportierbar.

Abbildung 15.4 ▶
Masken können Sie, wenn Sie sie in den Modi ADDIEREN oder DIFFERENZ erstellt haben, in eine kleine SWF-Datei exportieren.

Farbflächen | Über EBENE • NEU • FARBFLÄCHE erstellen Sie in After Effects Farbflächen. Diese werden als Vektordaten exportiert. Farbflächen können Sie über die Transformieren-Eigenschaften wie SKALIERUNG oder DREHUNG animieren.

3D-Ebenen | Ebenen, die zu 3D-Ebenen umgewandelt wurden, können Sie nicht als Vektordaten ausgeben. Aktivieren Sie den 3D-Schalter, ist es um die kleinen Dateien geschehen. Die SWF-Datei wird nach dem Export entsprechend größer.

◄ **Abbildung 15.5**
Aktivieren Sie die 3D-Funktion für
Ebenen, ist es mit den kleinen
SWF-Dateien vorbei.

Formebenen | Formebenen – eine der Innovationen aus After
Effects CS3 – werden in SWF-Dateien nicht unterstützt. Dies ist
besonders bedauerlich, da Sie mit Formebenen sehr komfortabel
und schnell Formtransformationen erstellen können, die weder in
Flash noch mit Masken zu erzeugen sind.

Adobe-Illustrator-Dateien | Die beste Möglichkeit, Bildmaterial für
den SWF-Export zu verwenden, ist es, Adobe-Illustrator-Dateien
als Rohmaterial für die Animation in After Effects zu nutzen. Die
Illustrator-Dateien sollten, damit sie tatsächlich als Vektoren ausgegeben werden, keine Verläufe enthalten. Text, der in Illustrator
erzeugt wurde, sollte dort in Pfade bzw. Outlines umgewandelt
werden, da sonst der Text beim Export gerastert oder später gar
nicht angezeigt wird. Im Zweifelsfall kann mit dem After-Effects-
Textwerkzeug beim Textexport nichts schiefgehen. Illustrator-
Ebenen werden beim Export gerastert, wenn Sie in After Effects
Masken hinzugefügt haben. Kontur- und Füllpfade der Illustrator-
Dateien lassen sich dafür aber als Vektoren exportieren. Duplizieren Sie eine Illustrator-Ebene in After Effects, spart das letztlich
Platz, denn beim Export werden duplizierte Ebenen als Instanzen
einer Quellebene gesehen. Auf die einzelnen Illustrator-Ebenen
können Sie ebenfalls sämtliche Transformationseigenschaften wie
SKALIERUNG, DREHUNG etc. anwenden.

◄ **Abbildung 15.6**
Die Illustrator-Prinzessin von
Anke Thomas im Flash Player. Es
handelt sich um eine SWF-Datei,
die beim Export aus After Effects
erzeugt wurde.

Verschachtelte Kompositionen | Beim Export von verschachtelten Kompositionen werden keine Vektordaten unterstützt. Exportieren Sie trotzdem, ist das Ergebnis eine entsprechend größere Datei, da wieder Frame für Frame gerastert wird.

Was ist machbar? | Den relativ vielen Einschränkungen stehen die umfangreichen Möglichkeiten entgegen, die den Einsatz von After Effects für die Ausgabe ins SWF-Format und damit für die Internetwelt lohnend machen. Dazu zählt die Parenting-Funktion – die Möglichkeit, komplexe Animationen mit verknüpften Ebenen zu schaffen.

Interessant ist es auch, auf animierte Transformieren-Eigenschaften wie DREHUNG, SKALIERUNG etc. das VERWACKELN und GLÄTTEN anzuwenden oder über BEWEGUNG SKIZZIEREN natürliche Bewegungsabläufe zu animieren. Sie finden die Paletten unter dem Menüpunkt FENSTER. Eine große Erweiterung der Animationsmöglichkeiten bietet der Einsatz von Expressions, von denen sich Vektoren nicht stören lassen. Lesen Sie dazu Kapitel 24, »Expressions«.

15.2.2 Referenzen in einer SWF-Datei

Das Exportmodul speichert jedes Element einer Komposition wie beispielsweise ein Standbild nur ein einziges Mal in der SWF-Datei. Für Positionsveränderungen und andere animierte Transformieren-Eigenschaften wird eine Referenz auf dieses Standbild verwendet. Die animierte Datei wird also in jedem Frame der Animation referenziert. Auch duplizierte Ebenen verwenden als Referenz das einmal gespeicherte Standbild.

Für ein Video, eine animierte Maske, eine 3D-Ebene und andere nicht unterstützte Funktionen wird die Animation frameweise berechnet und als JPEG-Dateien in der SWF-Datei gespeichert. Es werden keine Referenzen zur Darstellung der einzelnen Frames verwendet.

Für eine Illustrator-Datei wird ein SWF-Filmclip erstellt, der dann wiederum als Referenz dient, um Animationen frameweise darzustellen.

15.2.3 SWF-Export und Exportoptionen

Um eine Komposition in das SWF-Format auszugeben, markieren Sie die Komposition und wählen dann DATEI • EXPORTIEREN • ADOBE FLASH PLAYER (SWF). In dem Dialog SWF-EINSTELLUNGEN legen Sie im Feld BILDER fest, ob Effekte und andere nicht unterstützte Funktionen zum Rastern der Bilder führen sollen oder ob sie ignoriert werden.

In Abschnitt 11.7, »Parenting: Vererben von Eigenschaften«, finden Sie weitere Informationen über das Vererben.

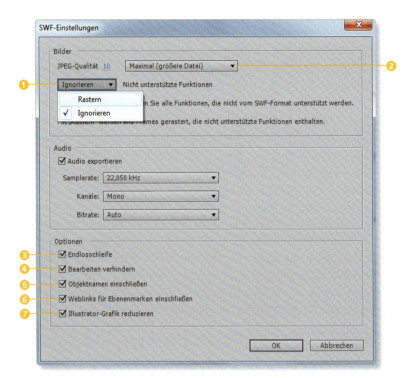

◄ Abbildung 15.7
Im Dialog SWF-EINSTELLUNGEN
entscheiden Sie, ob Effekte und
nicht unterstützte Funktionen
gerastert oder ignoriert werden
sollen.

Wenn die SWF-Datei nur Vektoren enthalten soll, was für die Verteilung im Web sinnvoll ist, wählen Sie bei NICHT UNTERSTÜTZTE FUNKTIONEN den Eintrag IGNORIEREN ❶.

Haben Sie anstelle dessen RASTERN gewählt, werden Bilder, die einen hinzugefügten Effekt, eine 3D-Option oder eine andere nicht unterstützte Funktion enthalten, gerastert, also in JPEG-Bilder umgerechnet. Die Qualität dieser Bilder stellen Sie über das Auswahlfeld ❷ ein.

Im Feld AUDIO können Sie in Abstimmung mit der gewünschten Dateigröße die Qualität der Audiodaten bestimmen, falls Ihre Komposition solche enthält. Eine geringe Samplerate, die Einstellung MONO und kleine Bitraten ergeben eine kleinere Datei. Komprimiert werden die Audiodaten wie MP3-Dateien.

Wenn Sie ein Häkchen im Feld OPTIONEN bei ENDLOSSCHLEIFE ❸ setzen, wird der SWF-Film nach dem Export geloopt. Nach jedem Abspielen wiederholt sich also der Film wie ein Lied aus dem Leierkasten. Die Option BEARBEITEN VERHINDERN ❹ bewirkt, dass der resultierende Film nicht in eine Applikation wie Flash importiert und dort weiterbearbeitet werden kann.

Aktivieren Sie die Option OBJEKTNAMEN EINSCHLIESSEN ❺, werden Namen von Ebenen, Masken und Effekten in der SWF-Datei verwendet, was allerdings eine größere Datei produziert. Wenn Sie in der Komposition Ebenenmarker nutzen, für die Sie

Export eines Froschs

Auf der DVD zum Buch finden Sie im Ordner 11_INTERPOLATION/ PARENTING die Datei namens »frosch.aep«, die wir in Abschnitt 11.7 erstellt haben. Sie finden in der dort enthaltenen Komposition »parentingFertig« eine animierte Illustrator-Grafik vor. Öffnen Sie doch die Komposition einmal, und exportieren Sie sie in das SWF-Format.

eine Webadresse angegeben haben, kann es sinnvoll sein, die Option WEBLINKS FÜR EBENENMARKEN EINSCHLIESSEN ⑥ zu aktivieren. Erreicht dann der Player den Frame mit dem angegebenen Weblink, wird die entsprechende Seite im Browser geöffnet.

Per Doppelklick auf einen Ebenenmarker gelangen Sie in den Dialog MARKE. Dort können Sie unter WEBLINKS bei URL eine Webadresse eingeben. Welche Ergebnisse die aktivierte Option ILLUSTRATOR-GRAFIK REDUZIEREN ⑦ bringt, ist von Fall zu Fall zu testen. Eine reduzierte Datei kann, obwohl der Begriff anderes vermuten lässt, größer als eine nicht reduzierte Datei ausfallen. Auch sind die resultierenden Dateien oft unscharf und sollten nicht größer skaliert werden. Beim Reduzieren kann es vorkommen, dass Frames gerastert werden und manche Objekte weiße Ränder aufweisen. Bei der Verwendung von Transparenzen sollten Sie das Ausgabeergebnis testen. Ein Vorteil besteht darin, dass mit aktivierter Option Text nicht zuvor in Konturen konvertiert werden muss und wie gewünscht in SWF exportiert wird.

▼ **Abbildung 15.8**
Erreicht der Flash Player eine in der SWF-Datei gespeicherte Webmarke, öffnet er automatisch die in der Webmarke angegebene Seite in einem Browser.

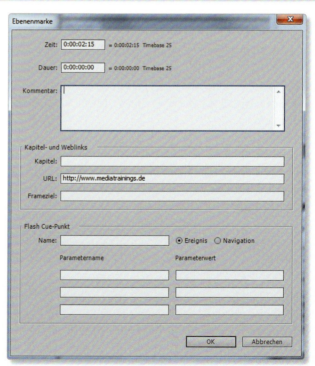

Abbildung 15.9 ▶
Im Dialog EBENENMARKE können Sie Weblinks für Ebenenmarker angeben.

15.2.4 Nach dem Export

Eine exportierte Datei wird nicht allein gespeichert. Zusätzlich zu der SWF-Datei generiert das Exportmodul eine HTML-Datei, die die getroffenen Einstellungen auflistet und einen Link zur SWF-Datei enthält. Klicken Sie auf den Link, um die exportierte Datei abzuspielen. Wenn der Flash Player auf Ihrem System installiert ist, können Sie die SWF-Datei auch direkt darin anzeigen. Dafür reicht ein Doppelklick auf die exportierte SWF-Datei aus.

15.2.5 Import einer SWF-Datei in Flash

Eine aus After Effects generierte SWF-Datei importieren Sie in Flash entweder über IMPORTIEREN • IN BÜHNE IMPORTIEREN oder IMPORTIEREN • IN BIBLIOTHEK IMPORTIEREN. Im ersten Fall generiert Ihnen Flash für jeden After-Effects-Frame ein Schlüsselbild in der Hauptzeitleiste. Im zweiten Fall geschieht dies ebenso, aber Flash legt die Animation in einem Movieclip ab, was die vorzuziehende Variante ist. Die Animationsschritte werden also Frame für Frame »abfotografiert« und jeweils in ein Schlüsselbild gesetzt – für Flash, das von jeher mit Bewegungs- und Formtweens ausgestattet ist, nicht die eleganteste Übersetzung.

▼ **Abbildung 15.10**
SWFs können Sie direkt in die Flash-Bibliothek importieren, um automatisch einen Movieclip zu erzeugen.

▲ **Abbildung 15.11**
Pro Frame bzw. Bewegungsschritt generiert Flash ein gefülltes Schlüsselbild.

Haben Sie nur Textanimationen exportiert, generiert Flash pro Buchstabe ein Grafik-Symbol. Dort können Sie noch im Nachhinein Änderungen an der Form einzelner Buchstaben vornehmen. Enthielt Ihre After-Effects-Komposition auch Bilder, so werden nun nicht die einzelnen Bilder nach Flash übernommen und mit besagten Tweens animiert, sondern jeder Bewegungsschritt wird in einer einzelnen Bitmap festgehalten, die wiederum in ein Symbol verschachtelt ist. So ergeben sich schnell Hunderte von Bitmaps und Symbolen.

Frames umstellen

Es ist sinnvoll, die Frames per Second (fps) in After Effects an die Bilder pro Sekunde (BpS) in Flash anzupassen. In Flash klicken Sie dazu einfach in der Hauptzeitleiste auf die BpS-Anzeige ❶.

Sinnvollerweise entscheiden Sie sich sicher meist für die Variante IN BIBLIOTHEK IMPORTIEREN und können dann auch mehrere importierte Animationen in der Hauptzeitleiste miteinander kombinieren, indem Sie den jeweils entstandenen Movieclip übersichtshalber auf verschiedenen Ebenen auf die Bühne ziehen.

Abbildung 15.12 ▶
Für in die Bibliothek importierte SWFs fasst Flash alle Elemente der Animation automatisch in einem Movieclip zusammen.

15.3 Ausgabe ins Flash-Video-Format (FLV + F4V)

After Effects bietet mit der Möglichkeit, Kompositionen in das Flash-Video-Format auszugeben, eine verbesserte Integration mit Adobe Flash.

Da der Flash Player auf Desktop-Computern und Geräten sehr weit verbreitet ist, bietet die Ausgabemöglichkeit auch eine Erweiterung der Verbreitungsmöglichkeiten Ihrer After-Effects-Animationen für das Internet. Vor allem aber ist die Ausgabeoption für Flash-Anwender interessant, die die Möglichkeiten einer Videobearbeitungssoftware zur Weiterverarbeitung in Adobe Flash zu schätzen wissen. Bevor Sie das Flash-Video im Flash Player betrachten können, ist es notwendig, die F4V- bzw. FLV-Datei in Flash zu importieren und dort als SWF zu veröffentlichen. Die im F4V- bzw. FLV-Format übernommenen Daten enthalten keine vektorbasierten Objekte, sondern pixelorientierte Daten.

Bei der Ausgabe einer FLV-Datei werden die Videodaten mit dem Video-Codec **On2 VP6** komprimiert. Audiodaten werden mit dem MP3-Audio-Codec komprimiert. Bei einer F4V-Ausgabe werden der H.264-Video-Codec und der AAC-Audio-Codec verwendet. Außerdem können Sie Bildrate, Datenrate, Schlüsselbilder und Qualität vor der Ausgabe festlegen und ohne erneutes Kodieren in Flash importieren.

Bei der Ausgabe von Videos in das FLV- und F4V-Format sollten Sie darauf achten, dass die Videos nicht bereits komprimiert wurden, da dies eventuell schon eine Reduzierung der Bildqualität (Artefakte) und der Bildrate mit sich gebracht hat. Die Kodierung mit den oben genannten Codecs beeinflusst dies negativ. Die Encoder benötigen dann eine höhere Datenrate, um eine gute Qualität zu erzeugen. Wenn in den Einzelbildern des Videos sehr viel Bewegung enthalten ist, also große Unterschiede in den Bildinhalten bestehen, müssen Sie ebenfalls mit einer höheren Datenrate rechnen.

15.3.1 Einstellungen für F4V- und FLV-Ausgabe

Um eine Komposition in das F4V- oder FLV-Format auszugeben, wählen Sie die Komposition wie gewohnt aus und fügen sie über KOMPOSITION • AN DIE RENDERLISTE ANFÜGEN der Renderliste hinzu. Klicken Sie dann auf das Wort VERLUSTFREI bei AUSGABEMODUL. Im sich öffnenden Dialog EINSTELLUNGEN FÜR AUSGABEMODULE wählen Sie unter FORMAT den Eintrag FLV oder F4V aus.

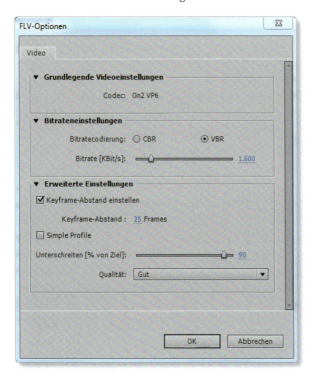

◄ **Abbildung 15.13**
Im Dialog FLV-OPTIONEN legen Sie Bitrate, Keyframe-Abstand und Profil fest.

Im Dialog FLV- bzw. F4V-OPTIONEN, den Sie über den Button FOR-MATOPTIONEN erreichen, legen Sie unter BITRATENEINSTELLUNGEN fest, ob mit konstanter (CBR) oder variabler Bitrate (VBR) kodiert wird. Eine vorhersagbare Dateigröße bei schwankender Qualität erhalten Sie mit CBR, eine hohe Qualität bei nicht absolut vorher-sagbarer resultierender Dateigröße erhalten Sie mit VBR. Je höher Sie den Wert bei BITRATE [KBIT/S] wählen, desto besser die Qualität und desto größer die Datei. Enthält Ihr Video viel Bewegung, soll-ten Sie auf jeden Fall eine höhere Datenrate einstellen.

Bitrate-Calculator

Unter folgendem Link finden Sie einen Bitrate-Calculator, der Ih-nen Ihre Einstellungen erleich-tert: *http://www.adobe.com/ devnet/flash/apps/flv_bitrate_ calculator/index.html*.

Für ein Flash-Video werden bei der Kodierung in bestimmten Zeitintervallen **Schlüsselbilder** festgelegt, die vollständig gespei-chert werden. Von allen dazwischenliegenden Bildern werden nur die veränderten Bildinformationen gespeichert. Mit der akti-vierten Option KEYFRAME-ABSTAND EINSTELLEN unter ERWEITERTE EINSTELLUNGEN können Sie die Anzahl der Bilder zwischen den Schlüsselbildern festlegen und selbst das Intervall definieren, in dem Schlüsselbilder gesetzt werden. Das Intervall sollten Sie bei Videos mit viel Bewegung nicht zu groß einstellen. Im Zweifelsfall ermitteln Sie über Tests, mit welchem Intervall die gewünschte Qualität erreicht wird.

Wenn die Bandbreite beschränkt ist und die Qualität Priori-tät hat, reduzieren Sie die Bildgröße in den Dehnungsoptionen außerhalb dieses Dialogs im Ausgabemodul.

Ein Häkchen bei SIMPLE PROFIL bewirkt, dass Videos in hoher Auflösung optimiert werden, damit sie auf älteren Computern und Geräten mit geringem Speicher und begrenzter Leistung wiedergegeben werden können.

Die Option UNTERSCHREITEN [% VON ZIEL] dient der Verbesse-rung von komplizierten Bildinhalten. Sie geben hier den Prozent-satz der Zieldatenrate an, der erreicht werden soll, damit zusätz-liche Daten im Puffer verfügbar sind.

Schließlich können Sie noch die QUALITÄT in den Stufen GESCHWINDIGKEIT (= niedrig), GUT (= mittel) und HÖCHSTE wäh-len.

Verlassen Sie den Dialog mit OK. Anschließend wählen Sie einen Speicherort und starten den Rendervorgang über den But-ton RENDERN.

Ausgabe von Flash-Videos mit Cue Points | Cue Points sind in einem Flash-Video (FLV) oder Filmen in den Formaten QuickTime und Windows Media enthaltene Marken, denen beispielsweise eine URL zugewiesen wurde. Wird diese Marke beim Abspielen des Films erreicht, öffnet sich automatisch die angegebene Webadresse im Browser. Die URL kann auch in einem bestimmten Frame innerhalb einer Website geöffnet werden.

Um einer Ebene Cue Points hinzuzufügen, wählen Sie die Ebene in der Zeitleiste aus und positionieren die Zeitmarke dort, wo die Markierung erscheinen soll. Sie setzen die Ebenenmarken über die Sternchen-Taste ✱ im Ziffernblock oder über EBENE • MARKE HINZUFÜGEN. Anschließend öffnen Sie den Dialog EBENENMARKE über einen Doppelklick auf die Marke. Dort können Sie im Feld KOMMENTAR Anmerkungen hinzufügen, die später neben der Ebenenmarke erscheinen. Unter KAPITEL- UND WEBLINKS geben Sie einen Kapitelnamen oder die gewünschte URL ein. Soll der Link in einem bestimmten Frame geöffnet werden, geben Sie den Namen des Frames unter FRAMEZIEL an.

Unter FLASH CUE-PUNKT geben Sie einen Namen für den Cue Point ein. Wählen Sie über die Buttons EREIGNIS und NAVIGATION, welche Art von Cue Point erstellt werden soll. Die Angabe von Parametername und Parameterwert ist ebenfalls möglich.

Ein Cue Point unterscheidet sich von einer normalen Ebenenmarke durch einen kleinen schwarzen Punkt ❶ auf der Ebenenmarke.

Sie können auch Kompositionszeitmarken als Cue Points verwenden. Dazu ziehen Sie die Kompositionszeitmarke vom linken Rand der Zeitleiste heraus. Um Einstellungen vorzunehmen, klicken Sie die Marke ebenfalls doppelt an.

▲ **Abbildung 15.14**
Ebenenzeitmarken und Kompositionszeitmarken können als Cue Points dienen.

15.4 Ausgabe als RealMedia-Datei (nur Windows, nur bis CS3)

Die Ausgabe in das RealMedia-Format ist nur bis zur Version CS3 möglich. Daher beziehen sich die weiteren Ausführungen auf die Vorgängerversionen.

Sinnvoll ist die RealMedia-Ausgabe, wenn Sie vorhaben, Ihre Animationen im Internet zum Download oder per Streaming bereitzustellen. Besitzer des RealMedia Players sind in der Lage, die entstehenden Dateien abzuspielen.

15.4.1 Einstellungen für RealMedia

Um eine Komposition ins RealMedia-Format auszugeben, fügen Sie sie der Renderliste hinzu. Im Ausgabemodul wählen Sie anschließend unter FORMAT den Eintrag REALMEDIA. Es sollte sich automatisch der Dialog REALMEDIA öffnen. Ist dies nicht der Fall, öffnen Sie den Dialog über die Schaltfläche FORMATOPTIONEN.

Exporteinstellungen | Für die RealMedia-Ausgabe können Sie einige Einstellungen bereits im Feld EXPORTEINSTELLUNGEN unter VORGABE aus einer Liste wählen. Durch einen Wechsel der Vorgabe verändern sich die Einstellungen in der Registerkarte ZIELGRUPPEN. Dort können Sie die Einstellungen auch modifizieren.

Bei den Vorlagen haben Sie grundsätzlich die Wahl zwischen NTSC und PAL und zwischen einer zum Download oder zum Streaming bestimmten Datei. Die weiteren Wahlmöglichkeiten beziehen sich auf die Bandbreite bzw. auf die Datenmenge, die übertragen bzw. vom Zielrechner empfangen werden kann.

Welche Bandbreite Sie wählen sollten, hängt davon ab, mit welcher Internetanbindung Ihr Zielpublikum ins Netz geht. Eine DSL-Verbindung vermag größere Datenmengen zu übertragen als eine ISDN-Verbindung. Bei einer größeren Bandbreite ist daher auch eine größere Qualität des Ausgabefilms erreichbar.

Im Feld EXPORTEINSTELLUNGEN können Sie außerdem entscheiden, ob die resultierende Datei Video und Audio enthalten soll oder nur je einen Datenstrom.

Video | Auf der Registerkarte VIDEO wählen Sie bei VIDEOINHALT ❶, ob die auszugebende Komposition mehr oder weniger bewegtes Material enthält. Damit ist gemeint, ob die Animationen eher ruhig verlaufen oder sehr schnelle Bewegungen enthalten. Bei Videomaterial kann es schnelle Kameraschwenks und Szenen geben.

Der Eintrag VIDEO NORMALE GESCHWINDIGKEIT ist für Filme gedacht, die in großen Teilen moderate Bewegung enthalten. Die HÖCHSTE BILDQUALITÄT eignet sich für Filme mit vielen und schnellen Bewegungen. VIDEO MIT FLIESSENDEN BEWEGUNGEN ist günstig bei Filmen mit schnellen und langsamen Szenen. Der Eintrag DIASHOW schließlich ist für äußerst ruhige Filme mit sehr geringer Bewegung gedacht.

Beim VIDEO-CODEC ❷ sind Sie mit REAL-VIDEO 9 gut beraten, der der neueste unter den angebotenen Codecs ist.

Download und Streaming

Beim Download einer Datei über das Internet wird diese vollständig übertragen und auf dem Zielrechner gespeichert, bevor sie abgespielt werden kann. Beim Streaming wird eine Datei in Datenpaketen versendet und zwischenzeitlich im RAM des Zielrechners gespeichert. Die Größe der von einem Streaming-Server versendeten Datenpakete hängt von der Internetanbindung des Zielrechners ab. Während der Übertragung kann die Datei abgespielt und angesehen werden, solange der Datenstrom nicht versiegt. Streaming-Filme können meist nicht vom User gespeichert werden, bieten also einen gewissen Datenschutz.

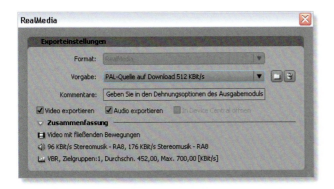

◄ **Abbildung 15.15**
Im Dialog für die RealMedia-Ausgabe nehmen Sie Einstellungen für Ausgabe und Zielpublikum und einiges mehr vor.

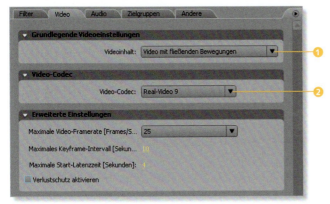

◄ **Abbildung 15.16**
Auf der Registerkarte VIDEO legen Sie Einstellungen für Videos mit viel oder wenig Bewegung und den Codec fest.

Audio | Auf der Registerkarte AUDIO können Sie bei AUDIOINHALT zwischen MUSIK und SPRACHE wählen. In den Feldern VIDEO- UND AUDIOCODEC-EINSTELLUNGEN bzw. AUDIOCODEC-EINSTELLUNGEN können Sie eine Bitrate für die in der Datei enthaltene Sprache und Musik festlegen. Die Kompression ist bei der Einstellung SPRACHE bzw. bei niedrigen Bitraten am höchsten. Mit einer höheren Bitrate erzielen Sie eine bessere Qualität.

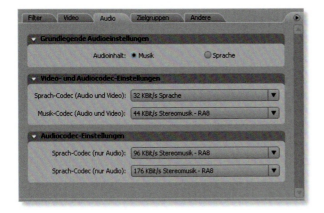

◄ **Abbildung 15.17**
Auf der Registerkarte AUDIO wählen Sie, ob in der Datei eher Musik oder eher Sprache enthalten ist. Die eingestellte Bitrate hat Einfluss auf die Qualität.

Konstante und variable Bitrate

Bei einer **konstanten Bitrate**
bleiben – egal, ob im Film eher
bewegte oder ruhige Passagen
enthalten sind – die zur Speicherung verwendeten Bits gleich.
Bei einer **variablen Bitrate** werden bei komplexeren Bildteilen
mehr Bits und bei weniger kom-
plexen Teilen weniger Bits verwendet.

SureStream

Mit SureStream ist gemeint, dass
auf den fertig ausgegebenen
Film mehrere Zielgruppen mit
verschiedenen Internetanbin-
dungen zugreifen können.
Der ausgegebene Film muss auf
einem Streaming-Server bereitgestellt werden. Dieser Server
erkennt, mit welcher Anbindung
das Zielpublikum auf die Filmdatei zugreift, und sendet die Filmdatei mit der passenden Bandbreite. Das kann eine kleine
Datei mit geringer Bandbreite
und Qualität oder eine größere
Datei mit höherer Qualität sein.

Zielgruppen | Auf der Registerkarte Zielgruppen wählen Sie unter
Grundparameter per Klick auf die Box Aufnahme ermöglichen
❶ aus, ob die entstehende Datei aufgezeichnet werden kann oder
nicht. Unter Bitratecodierung ❷ können Sie zwischen variabler
und konstanter Bitratekodierung wählen.

Wenn Sie sich für Streaming entschieden haben und die
Option Konstante Bitrate wählen, beschwert sich das Programm zunächst: »SureStream für verschiedene Audiences wird
nicht für VBR unterstützt.« (»Audiences« bedeutet »Publikum«.)

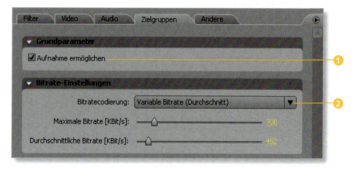

▲ Abbildung 15.19
Was auf der Registerkarte Zielgruppen wählbar ist, hängt von den Vorgaben ab, die Sie unter Exporteinstellungen gewählt haben.

Unter Bitratecodierung können Sie den Eintrag Konstante Bitrate wählen. Danach ist eine Ausgabe in verschiedensten Bandbreiten kein Problem. Dadurch entsteht automatisch eine Sure-
Stream-Datei.

Wie viel Kbit/s dabei übertragen werden können, wählen Sie
mit dem Schieberegler bei Konstante Bitrate [Kbit/s] aus.

Bei Dateien, die für den Download bereitgestellt werden, ste-
hen auch die Optionen Variable Bitrate (Durchschnitt) und
Variable Bitrate (Qualität) zur Verfügung. Mit Ersterer legen
Sie die maximal erreichbare Bitrate und eine durchschnittliche
Bitrate per Schieberegler fest. Mit der Option Variable Bitrate
(Qualität) können Sie nur die maximale Bitrate definieren.

Filter und Andere | Die auf den Registerkarten Filter und Andere
wählbaren Optionen dienen dazu, vor dem Rendern Filter hinzuzufügen (Bildrauschen unterdrücken) und nach dem Rendern die
resultierende Datei via FTP hochzuladen.

TEIL VI
Titel und Texte

16 Texte erstellen und bearbeiten

After Effects werden Sie noch mehr zu schätzen wissen, wenn Sie erst mit den Textfunktionen vertraut sind, die das Programm zu bieten hat. Dieses Kapitel gibt Ihnen einen ersten Einblick in die Texterstellung.

16.1 Texte: Was ist möglich?

Es ist, als hätten die Entwickler von Adobe ihre Liebe zu Textanimationen für die sechste Version von After Effects neu entdeckt. Während Text zuvor über die Effekte BASIC TEXT (heute EINFACHER TEXT) und PFADTEXT generiert wurde, die in der aktuellen Version im Menüpunkt VERALTET auch noch verfügbar sind, können Sie seit After Effects 6 direkt im Kompositionsfenster schreiben. Sämtliche Möglichkeiten, die die Texteffekte bieten, sind in den neueren Textfunktionen eingeschlossen, diese bieten aber sogar noch mehr. Seit After Effects CS3 kann Text zusätzlich zu den bekannten Animationsmöglichkeiten weichgezeichnet werden.

Sie haben drei Möglichkeiten, Text zu erzeugen:

▶ über das Ebenenmenü per EBENE • NEU • TEXT
▶ bei aktivem Text-Werkzeug per Klick ins Kompositionsfenster
▶ per Doppelklick auf das Text-Werkzeug

Nach jeder Veränderung wird die Textebene neu gerastert. Das bedeutet, dass die Darstellungsqualität von Texten auch bei großen Skalierungswerten sehr hoch bleibt.

Große Animationsmöglichkeiten eröffnen sich durch leicht bedienbare Funktionen und durch eine große Anzahl an vorgegebenen Textanimationen, die Sie jedem Text einfach hinzufügen können.

Abbildung 16.1 ▶
After Effects bietet eine große
Anzahl vorgegebener Textanimationen, die jeder Textebene hinzugefügt werden können.

Und es geht noch mehr: das Erstellen von Masken oder Formen
aus der Konturlinie der Textzeichen, die Umwandlung von Text
aus Photoshop in editierbaren Text in After Effects, die Animation
von Text entlang eines Maskenpfads und die Verwendung von Text
aus der Zwischenablage. Masken, Effekte und Expressions sind
außerdem auf Textebenen anwendbar. Zudem bleibt Text immer
editierbar, auch wenn er als 3D-Ebene verwendet wird. Doch das
sind Themen, die später noch ausführlich beschrieben werden. Sie
sehen: Mit jedem Kapitel kommt eine Möglichkeit mehr hinzu, die
Sie anschließend mit dem Gelernten kombinieren können. Ihrer
Experimentierfreude wird also keine Grenze gesetzt.

Die Zeichen- und Absatz-Paletten für Text machen umfangreiche Formatierungen möglich, wie sie auch in anderen Anwendungen, beispielsweise in Adobe Illustrator und Adobe Photoshop, zu finden sind. Doch beschäftigen wir uns zunächst mit der
Texterstellung.

▲ **Abbildung 16.2**
Text kann entlang eines Maskenpfads animiert
werden.

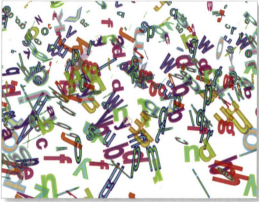

▲ **Abbildung 16.3**
Beinahe jede Texteigenschaft lässt sich in After Effects
auch animieren.

16.2 Punkt- und Absatztext erstellen

In After Effects sind zwei Arten von Text zu unterscheiden: Punkttext und Absatztext.

- **Punkttext** ist sinnvoll, um eine Textzeile oder einzelne Wörter einzugeben.
- **Absatztext** verwenden Sie, um Text in mehreren Absätzen anzulegen.

Ein wesentlicher Unterschied zwischen beiden Eingabemöglichkeiten, die eine Art Standard in Grafikprogrammen sind, besteht darin, dass Punkttext fortlaufend geschrieben wird, ohne dass der Textfluss in einer nächsten Zeile fortgesetzt wird. Beim Absatztext hingegen umbricht der Text an einem zuvor definierten Rahmen und wird in der nächsten Zeile fortgesetzt. Beide Textarten können horizontal oder vertikal ausgerichtet sein. Formatierungen für beide Textarten legen Sie in der Zeichen- und der Absatz-Palette fest. Kommen wir aber erst einmal zur praktischen Anwendung.

16.2.1   Punkttext erstellen

In diesem kleinen Workshop geht es um horizontalen und vertikalen Punkttext sowie um einige Formatierungsmöglichkeiten für Text. Die Kompositionsgröße ist frei wählbar, und auch eine Zeitbegrenzung gibt es nicht, da hier noch nicht animiert wird.

Schritt für Schritt: Der Weg zum Punkttext

1   **Horizontaler Punkttext**

Legen Sie über EBENE • NEU • TEXT oder Strg+Alt+⇧+T eine neue Textebene an, oder klicken Sie doppelt auf das Text-Werkzeug. In der Zeitleiste erscheint eine Textebene. In der Mitte der Komposition wird eine Einfügemarke sichtbar. Sie können sofort losschreiben. Tippen Sie die Buchstaben »t«, »e« und »x« ein.

◀ **Abbildung 16.4**
Jede neue Textebene ist zuerst an ihrer Einfügemarke erkennbar. Dort geben Sie den Text ein.

2   **Text markieren und formatieren**

Wählen Sie das horizontale Text-Werkzeug T, und klicken Sie in den Text. Markieren Sie dann die drei Buchstaben, indem Sie direkt auf die Textzeichen oder die Textebene doppelklicken, oder wählen

Weitere Zeilen

Um weitere Zeilen in einem Punkttext zu erzeugen, drücken Sie die Taste ↵ im Haupttastaturfeld.

Sie den Text bei gedrückter Maustaste durch seitliches Ziehen aus. Markierter Text wird andersfarbig unterlegt. Sie können auch einzelne Zeichen auswählen und anders formatieren.

In der Palette ZEICHEN bestimmen Sie im Popup-Menü ❶ eine andere Schriftart, beispielsweise ARIAL BLACK. Ändern Sie den Schriftgrad im Feld ❷ auf »150«.

▲ **Abbildung 16.5**
Zum Markieren von Text ziehen Sie die Markierung über die Textzeichen.

▲ **Abbildung 16.6**
Markierter Text wird andersfarbig unterlegt.

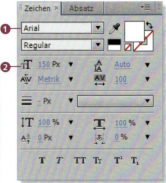

▲ **Abbildung 16.7**
In der Palette ZEICHEN, die in mehreren Adobe-Applikationen ihr Pendant hat, sind umfangreiche Textformatierungen möglich.

3 Text positionieren

Den noch markierten Text können Sie an eine andere Stelle in der Komposition ziehen. Dazu bewegen Sie den Textcursor so lange vom Text weg, bis er seine Form ändert. Ziehen Sie den Text an den linken unteren Rand.

Eine zweite Möglichkeit zur Positionierung von Text ist, ihn so wie jede andere Ebene bei aktivem Auswahl-Werkzeug V anzuklicken und zu verschieben. Achten Sie dabei darauf, dass der Text nicht gerade ausgewählt ist, wenn Sie zum Auswahl-Werkzeug wechseln.

Abbildung 16.8 ▶
Bewegen Sie den Mauszeiger während der Bearbeitung vom Text fort, können Sie den Text neu positionieren.

Abbildung 16.9 ▶▶
Schon ist der Text dort, wo er landen sollte.

4 **Vertikalen und horizontalen Punkttext eingeben und positionieren**

Als zweite, bequemere Möglichkeit, Textebenen zu erstellen, verwenden Sie das Text-Werkzeug aus der Werkzeugpalette. Halten Sie die Maustaste über dem Text-Werkzeug länger gedrückt, so erscheint ein kleines Popup-Menü zur Wahl zwischen horizontalem und vertikalem Text-Werkzeug.

◀ **Abbildung 16.10**
In der Werkzeugpalette steht ein Werkzeug für horizontalen und eines für vertikalen Text zur Auswahl.

Klicken Sie mit dem vertikalen Text-Werkzeug an beliebiger Stelle ins Kompositionsfenster, und geben Sie das Wort »type« ein. Wählen Sie als Schriftgröße 33 px und als Schriftart ARIAL BLACK. Klicken Sie in der Zeitleiste auf einen leeren Bereich, um den Text zu deaktivieren.

Wählen Sie jetzt das horizontale Text-Werkzeug, und tippen Sie das Wort »typo« ein. Markieren Sie den Text, und wählen Sie nochmals ARIAL BLACK als Schriftart. Die Schriftgröße sollte ebenfalls nicht mehr als 33 px betragen.

Die beiden Wörter »typo« und »type« sollen das fehlende »t« für das Wortrudiment »tex« bilden. Positionieren Sie dazu das Wort »type«, wie in Abbildung 16.11 zu sehen, über dem Wort »typo«.

Ziehen Sie anschließend beide Wörter gleichzeitig an das Ende des Wortrudiments. Am besten geht das, wenn Sie die beiden Textebenen zuvor in der Zeitleiste nacheinander mit ⇧ ausgewählt haben und zum Verschieben das Auswahl-Werkzeug verwenden.

Werte in der Zeichen-Palette »ziehen«

Sie können Werte in der Zeichen-Palette bequem ändern, indem Sie den Mauszeiger über dem jeweils blau geschriebenen Wert, z. B. bei SCHRIFTGRAD, positionieren und dann, wenn ein Hand-Symbol erscheint, den Wert bei gedrückter Maustaste »ziehen«.

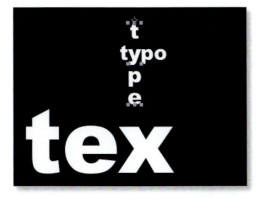

▲ **Abbildung 16.11**
Die Wörter »typo« und »type« werden deckungsgleich übereinander positioniert.

▲ **Abbildung 16.12**
Der fertig gestaltete Text wurde hier noch etwas mehr bearbeitet, sollte aber ähnlich aussehen. ■

16.2.2 Absatztext erzeugen

Um einen Absatztext zu erzeugen, verwenden Sie das horizontale oder das vertikale Text-Werkzeug. Im Unterschied zum Punkttext müssen Sie zuvor mit dem jeweiligen Werkzeug einen Rahmen aufziehen, der für den Text als Begrenzungsrahmen dient. Das bedeutet, dass der Textfluss nur innerhalb des Rahmens erfolgt.

Der Text umbricht und wird automatisch in der nächsten Zeile fortgeführt, sobald er den rechten Rand des Rahmens erreicht. Sind mehr Zeichen vorhanden, als in den Rahmen passen, wird dies über ein kleines Kreuz in der rechten unteren Ecke des Rahmens angezeigt.

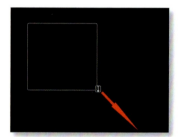

▲ **Abbildung 16.13**
Für einen Absatztext wird erst einmal ein Rahmen aufgezogen.

▲ **Abbildung 16.14**
Ein übervoller Textrahmen weist durch ein angekreuztes Kästchen unten rechts darauf hin, dass noch mehr Text vorhanden ist, als derzeit angezeigt wird.

▲ **Abbildung 16.15**
Hier sehen Sie das Kästchen noch besser.

Größe eines Textrahmens ändern | Um die Größe des Begrenzungsrahmens zu ändern, ziehen Sie an einem der acht Anfasser des Rahmens in die gewünschte Richtung. Positionieren Sie den Mauszeiger über einem Anfasser, ändert sich sein Aussehen. Der Rahmen lässt sich dann verändern.

Mit Hilfe der Taste [⇧] können Sie einen bereits vorhandenen Rahmen proportional vergrößern oder verkleinern. Wenn Sie während der Skalierung die Tasten [⇧]+[Strg] verwenden, wird der Rahmen proportional und vom Mittelpunkt aus skaliert.

Abbildung 16.16 ▶
Die Größe eines Textrahmens ändern Sie, indem Sie an einem der acht Anfasser des Rahmens ziehen.

16.2.3 Punkttext in Absatztext umwandeln und umgekehrt

Es ist ohne Weiteres möglich, Punkt- in Absatztext umzuwandeln und umgekehrt. Dazu markieren Sie die zu konvertierende Textebene am besten in der Zeitleiste mit dem Auswahl-Werkzeug. Anschließend wechseln Sie das Werkzeug und wählen das vertikale oder das horizontale Text-Werkzeug aus.

Dann klicken Sie bei gedrückter rechter Maustaste an einer beliebigen Stelle im Kompositionsfenster, woraufhin ein Popup-Menü erscheint. Dort wählen Sie je nachdem die Option IN PUNKTTEXT UMWANDELN oder IN ABSATZTEXT UMWANDELN. Die Umwandlung wird erst wirksam, wenn Sie danach mit dem Text-Werkzeug in den Text klicken.

▲ **Abbildung 16.17**
Punkttext kann in Absatztext umgewandelt werden und umgekehrt.

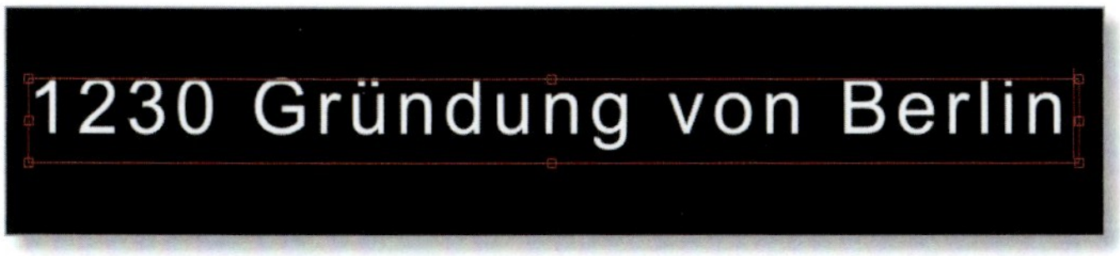

▲ **Abbildung 16.18**
Nach der Umwandlung des Punkttextes wird der für den Absatztext typische Rahmen angezeigt.

16.2.4 Horizontalen in vertikalen Text umwandeln und umgekehrt

Das Verfahren, horizontalen in vertikalen Text umzuwandeln oder umgekehrt, ähnelt der Umwandlung von Punkttext in Absatztext.

Wählen Sie dazu die Textebene in der Zeitleiste mit dem Auswahl-Werkzeug aus. Wechseln Sie dann zu einem der beiden Text-Werkzeuge, klicken Sie an beliebiger Stelle ins Kompositionsfenster, und wählen Sie dort HORIZONTAL oder VERTIKAL.

Umbruch verhindern

Man könnte meinen, die Option KEIN UMBRUCH wurde durch Politiker und Pokerspieler an den Börsen in After Effects eingeführt, um sich diese Option offenzuhalten, sie bewirkt aber natürlich nur, was sie besagt – dass zuvor ausgewählte Wörter wie ein einzelnes Wort behandelt und durch das Verkleinern des Textrahmens nicht umbrochen werden. Sie finden die Option in der Zeichenpalette oben rechts im Popup-Menü.

Text auswählen

Ein Doppelklick auf eine Textebene genügt, um alle Zeichen auszuwählen.
Mit einem Doppelklick bei aktivem horizontalem oder vertikalem Text-Werkzeug auf ein Wort wird dieses ausgewählt.
Bei drei Klicks wird die ganze Zeile, bei vier Klicks der ganze Absatz und bei fünf Klicks der gesamte Text ausgewählt.

Überfüllter Textrahmen

Absatztext kann mehr Text enthalten, als momentan im Textrahmen angezeigt wird. Vor der Umwandlung in Punkttext sollten Sie den Textrahmen aufziehen, bis der gesamte Text sichtbar ist, da unsichtbarer Text bei der Umwandlung gelöscht wird.

▲ **Abbildung 16.19**
Horizontalen Text können Sie leicht
in vertikalen Text umwandeln.

▲ **Abbildung 16.20**
Tatsächlich – der Text ist jetzt vertikal.

Markierter Text

Wenn der Text markiert oder der
Textcursor im Text platziert ist,
kann er weder von Punkt- in Absatztext noch von horizontalem
in vertikalen Text umgewandelt
werden.

16.2.5 Ebeneneinstellungen ein- und ausblenden

Bei der Bearbeitung von Text ist es mitunter lästig, wenn der markierte Text farbig unterlegt wird. Besonders bei Veränderungen der
Textfarbe stört das sehr. Um die farbige Untermalung auszublenden und dennoch den ausgewählten Text bearbeiten zu können,
wählen Sie ANSICHT • EBENENEINSTELLUNGEN EINBLENDEN (es wird
abwechselnd ein Häkchen gesetzt) oder Strg+⇧+H. Danach
verändern Sie die Textattribute wie gewünscht. Bei der nächsten
Textauswahl wird die farbige Untermalung allerdings sofort wieder
sichtbar und kann wieder deaktiviert werden.

16.2.6 Text aus anderen Anwendungen einfügen

In After Effects lässt sich Text aus anderen Anwendungen in jede
Textebene einfügen. Es ist möglich, Text aus Adobe-Programmen
und aus beliebigen Texteditoren zu verwenden. Dazu kopieren Sie
den Text in der anderen Anwendung mit Strg+C und setzen ihn
mit Strg+V in eine Textebene ein. Wählen Sie zuvor noch das
horizontale oder das vertikale Text-Werkzeug aus, und setzen Sie
den Textcursor in den Text der gewünschten Ebene.

Textebenen aus Photoshop und Illustrator | Für Textebenen aus
Photoshop oder Illustrator gibt es die schöne Funktion, sie auch in
After Effects verwenden zu können. Sämtliche Formatierungen der
Texte bleiben in After Effects erhalten.

Beim Import wählen Sie gegebenenfalls im Feld EBENENOP-
TIONEN den Eintrag EBENE AUSWÄHLEN. Suchen Sie sich dort die
Textebene aus, und bestätigen Sie mit OK. Sie können Dateien
mit mehreren Ebenen aber auch als Komposition importieren
und haben dann auf jede Ebene der Datei Zugriff.

Um Text aus Photoshop in After Effects zu editieren, wählen Sie die Photoshop-Textebene beim Import aus.

Photoshop-Text in editierbaren Text umwandeln | Nachdem Sie eine Photoshop-Textebene einer Komposition hinzugefügt haben, markieren Sie sie und wählen dann EBENE • IN EDITIERBAREN TEXT UMWANDELN. Danach lässt sich der Text mit der Zeichen- und der Absatz-Palette neu formatieren. In Photoshop mit der Option TEXT VERKRÜMMEN erstellter Text landet in After Effects allerdings auf einer Geraden. Illustrator-Textebenen können leider nicht in editierbaren Text umgewandelt werden.

16.3 Textformatierung

Dieser Abschnitt führt Sie durch sämtliche Optionen der Zeichen- und der Absatz-Palette, die mit einigen Beispielen visualisiert werden. Hier können Sie auch gern einfach nur nachschlagen, falls Sie eine Formatierungsoption noch nicht kennen oder sie vergessen haben.

16.3.1 Die Zeichen-Palette

Veränderungen, die Sie in der Zeichen-Palette vornehmen, wirken sich nur auf Textebenen oder Textzeichen aus, die Sie zuvor markiert haben. Es ist möglich, einzelne Zeichen innerhalb eines Textes unterschiedlich zu formatieren. Wenn Sie mit Adobe Illustrator oder Adobe Photoshop vertraut sind, wird Ihnen die Zeichen-Palette sicher bekannt vorkommen.

Sollte die Zeichen-Palette nicht sichtbar sein, wählen Sie FENSTER • ZEICHEN oder $\boxed{\text{Strg}}$+$\boxed{6}$. Sämtliche Werte in der Zeichen-Palette ändern Sie bequem, indem Sie den Mauszeiger über dem jeweils blau geschriebenen Wert positionieren und den Wert dann, wenn ein Hand-Symbol erscheint, bei gedrückter Maustaste »ziehen«. Sie können aber auch einfach auf einen Zahlenwert klicken, um diesen zu markieren und einen neuen Wert über die Tastatur einzugeben. Obendrein stehen Popup-Menüs zur Auswahl voreingestellter Werte zur Verfügung.

TrueType-Schriften

TrueType-Schriften werden vergleichbar mit einer Vektorgrafik aus Konturen aufgebaut und können verlustfrei skaliert werden. Sie werden zur Darstellung am Bildschirm sowie beim Druck eingesetzt.

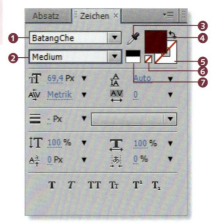

Abbildung 16.22 ▶
Die Zeichen-Palette, hier in ihrer vollen Pracht, bietet große Formatierungsmöglichkeiten.

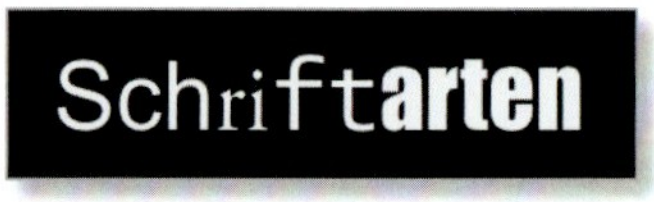

▲ **Abbildung 16.23**
Verschiedene Schriftarten innerhalb einer Textebene sind kein Problem.

Schriftart auswählen | Im Feld ❶ wählen Sie eine der auf Ihrem System installierten Schriftarten aus. Hier können Sie auch den Namen einer installierten Schrift eingeben, die dann sehr schnell gefunden wird. Wenn Sie mehrere Schriften auf Ihrem System installiert haben, erhalten die Schriftnamen folgende Zusätze: »(TT)« für TrueType-Schriften, »(OT)« für OpenType-Schriften und »(T1)« für Type 1-Schriften.

OpenType-Schriften

OpenType-Schriften können sowohl auf dem Mac als auch auf Windows-Rechnern verwendet werden; sie sind plattformübergreifend kompatibel.

Schriftschnitt auswählen | Der SCHRIFTSCHNITT ❷ kann zwischen Schriftschnitten wie BOLD, REGULAR und ITALIC gewechselt werden. Der Schriftschnitt ist eine Variante der oben gewählten Schriftart. Da nicht immer alle Schriftschnitte installiert sind, können Sie simulierte Schriftschnitte, die Faux-Schnitte, verwenden. Lesen Sie mehr dazu weiter hinten.

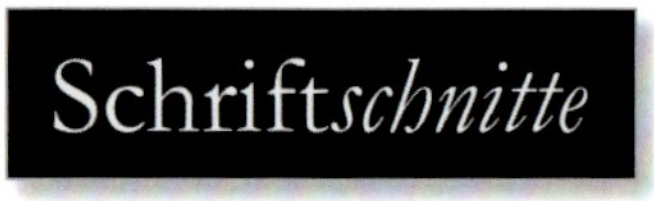

▲ **Abbildung 16.24**
Unterschiedliche Schriftschnitte müssen auf dem System installiert sein, damit sie angewendet werden können.

Text- und Konturfarbe ändern | Wählen Sie den zu ändernden Text aus, und klicken Sie dann auf das FLÄCHENFARBFELD ❹, um mit dem Farbwähler eine neue Textfarbe zu definieren. Eine Konturfarbe definieren Sie über das Feld ❺. Die weiteren Optionen gelten für die Kontur und die Textfarbe gleichermaßen. Mit der Pipette ❸ lässt sich ebenfalls eine neue Farbe wählen. Das Feld ❻ dient dazu, keine Farbe darzustellen, und ist für die Darstellung als Konturschrift gedacht. Ist keine Kontur gewählt, wird der Text unsichtbar. Mit dem Feld ❼ schalten Sie schnell zwischen Schwarz und Weiß um.

Konturoptionen | Die LINIENSTÄRKE DER KONTUR ❿ nimmt durch höhere Werte zu und durch geringere ab. Im Feld ⓭ legen Sie mit KONTUR ÜBER FLÄCHE fest, dass die Textkontur die Flächenfarbe des Textes überlagern soll. Den umgekehrten Effekt erzielen Sie mit FLÄCHE ÜBER KONTUR.

▲ **Abbildung 16.26**
Auch die Schriftgröße, die Konturbreite, die Zeichen- und Zeilenabstände von mehrzeiligem Text lassen sich ändern.

Schriftgröße | SCHRIFTGRÖSSE ❽ definiert die Textgröße in Pixel.

Zeichenabstand (Kerning) | Mit dem KERNING ❾ legen Sie den Abstand zwischen zwei Zeichen fest. Die Option METRIK verwendet den Zeichenabstand der installierten Schrift. Bei dem Eintrag OPTISCH vergleicht After Effects die benachbarten Zeichen und sucht einen optimalen Zeichenabstand. Die Zeichen können sich auch überschneiden, wenn Sie hohe negative Werte verwenden, was allerdings dem Sinn des Kernings widerspricht, da es für die optische Feinabstimmung der Buchstabenabstände gedacht ist.

Zeilenabstand | Mit dem ZEILENABSTAND ⑪ bestimmen Sie den Abstand zwischen markierten Textzeilen. Die Option AUTO ist für gut lesbaren Text empfehlenswert.

Laufweite | Die LAUFWEITE ⑫ erhöht die Zeichenabstände mehrerer markierter Zeichen oder verringert sie bis zur gegenseitigen Überschneidung.

Vertikal und horizontal skalieren | Mit den Feldern VERTIKAL SKALIEREN ⑭ und HORIZONTAL SKALIEREN ⑯ strecken Sie ausgewählten Text bei höheren Werten und stauchen ihn bei niedrigen Werten.

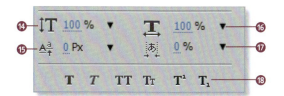

▲ **Abbildung 16.25**
Text kann in unterschiedlichen Flächen- und Konturfarben erscheinen.

▲ **Abbildung 16.27**
Die Kontur kann unter der Flächenfarbe des Textes liegen oder darüber.

KERNING
KERN ING

▲ **Abbildung 16.28**
So extrem (wie hier zur Demonstration dargestellt) sollten Sie das Kerning nicht verwenden. Es dient zur Feinabstimmung der Zeichenabstände.

◀ **Abbildung 16.29**
Weitere Optionen der Zeichen-Palette sind Textzeichenskalierung, hochgestellte Zeichen, die Faux-Schnitte und Tsume.

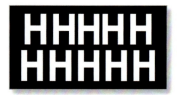

Grundlinienverschiebung | Mit der GRUNDLINIENVERSCHIEBUNG ⑮ legen Sie den Abstand der ausgewählten Zeichen von ihrer Grund-linie fest. Die Grundlinie ist eine gedachte Linie, auf der die Textzeichen »stehen«. Resultat der Grundlinienverschiebung sind hoch-oder tiefgestellte Textzeichen.

Tsume | Tsume ist nicht etwa eine Spezialität eines Sushi-Restau-rants. Mit TSUME ⑰ verringern Sie den Raum um markierte Zeichen. Bei einem Wert von 100 % ist der Raum rechts und links von einem Textzeichen am geringsten. Die Funktion ist nicht mit dem Kerning zu verwechseln, bei dem der Abstand zweier benachbarter Textzeichen verändert wird. Tsume wird vor allem bei chinesischen, japa-nischen und koreanischen Schriften (CJK-Schriften) angewendet.

Faux-Schnitte | Sind entsprechende Schriftschnitte nicht auf Ihrem System installiert, können Sie sie mit den Feldern ⑱ für FAUX FETT, FAUX KURSIV, GROSSBUCHSTABEN, KAPITÄLCHEN, HOCHGESTELLT und TIEFGESTELLT simulieren. Typografisch sind diese Einstellungen aller-dings nicht zu empfehlen.

Vertikale Standardausrichtung Roman | Sie finden die Option VERTIKALE STANDARDAUSRICHTUNG ROMAN über den Schalter ❸ im Menü der Zeichen-Palette ❶. In vertikalen Textzeilen werden die Zeichen gedreht, wenn die Option inaktiv ist. Chinesische, japani-sche und koreanische Zeichen werden nicht gedreht. Die Option sollten Sie vor der Texteingabe wählen.

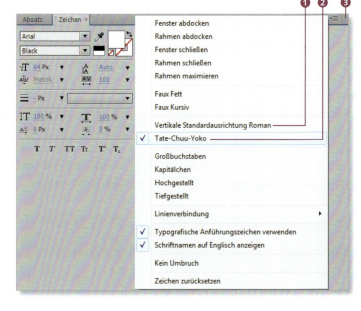

Tate-Chuu-Yoko | Falls es Ihnen schwerfällt, den Namen dieser Funktion auszusprechen, nutzen Sie einfach die beiden anderen gebräuchlichen Namen **Kumimoji** oder **Renmoji** ... Es handelt sich hierbei nicht um das, was Sie vielleicht vermuten: Dies ist keine Figur des Tai Chi Chuan. Sie finden die Funktion im Menü der Zeichen-Palette ❷. Sinn und Zweck der Funktion ist, Zeichen innerhalb einer vertikalen Textzeile horizontal auszurichten, wie es bei chinesischen, japanischen und koreanischen Schriften oft nötig ist.

»Schriftnamen auf Englisch anzeigen«

Die Option dient dazu, fremde Zeichensätze auf Englisch anzeigen zu lassen, und findet sich im Menü der Zeichen-Palette.

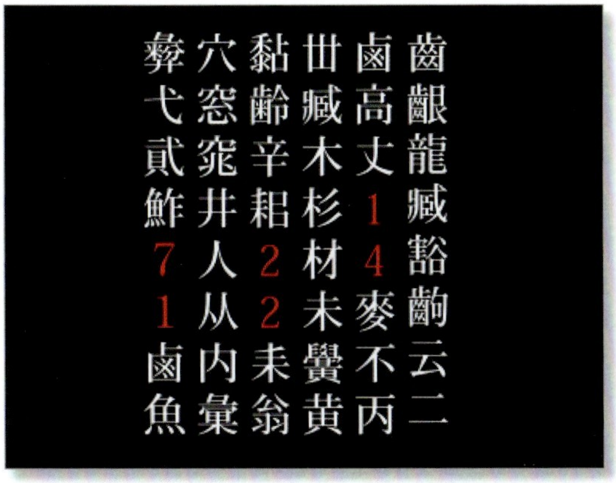

▲ **Abbildung 16.35**
Auf diesen chinesischen Text wurde Tate-Chuu-Yoko noch nicht angewandt.

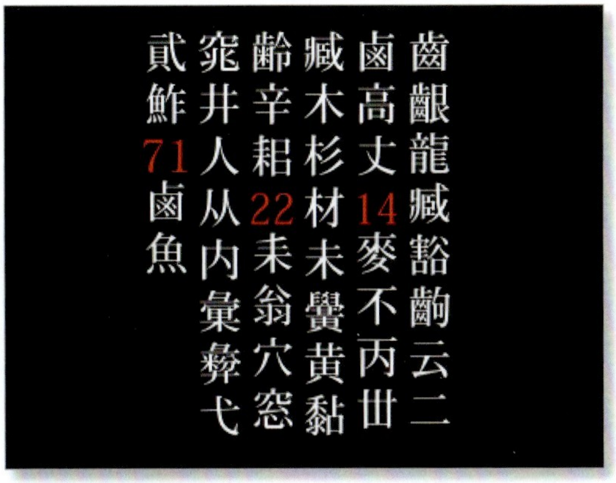

▲ **Abbildung 16.36**
Tate-Chuu-Yoko dient dazu, Zeichen innerhalb einer vertikalen Textzeile horizontal auszurichten. Hier sehen Sie einen Text nach Anwendung der Option.

Typografische Anführungszeichen | Im Menü der Zeichen-Palette wechseln Sie zwischen typografischen, also geschwungenen, und geraden Anführungszeichen. Dazu sollten Sie die Option vor der Eingabe der Zeichen wählen.

16.3.2   Die Absatz-Palette

Die Absatz-Palette enthält umfangreiche Möglichkeiten zur Formatierung von Absätzen. Dazu gehören Optionen wie Textausrichtung, Texteinzüge und Zeilenabstand, die Sie später am Beispiel sehen werden. Ein Absatztext kann aus einer oder mehreren Zeilen bestehen. Bei Punkttext gilt jede Zeile als Absatz. Um Text in mehreren Absätzen zu formatieren, müssen die entsprechenden Absätze markiert sein.

Über den kleinen dreieckigen Schalter oben rechts in der Absatz-Palette gelangen Sie in das Menü der Absatz-Palette mit weiteren Optionen.

▲ **Abbildung 16.37**
Oben wurden typografische Anführungszeichen verwendet und unten normale.

»Zeichen zurücksetzen«

Diese Option ist ebenfalls im Menü der Zeichen-Palette zu finden. Alle Änderungen im markierten Text werden auf die Standardwerte zurückgesetzt.

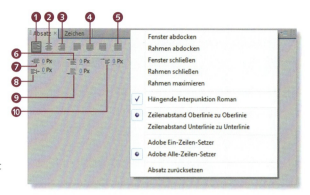

Textausrichtung | Mit den Schaltern für die TEXTAUSRICHTUNG rich-
ten Sie den Text am linken Rand des Textrahmens aus ❶, zentrieren
ihn in der Mitte ❷ oder orientieren ihn am rechten Rand ❸.

Die Schalter für BLOCKSATZ ❹ spannen den Text zwischen dem linken und rechten Rand des Textrahmens auf, während die letzte
Textzeile links, mittig oder rechts ausgerichtet wird. Der Schalter ❺
erzeugt reinen Blocksatz.

▲ **Abbildung 16.41**
Beim reinen Blocksatz sind alle Zeilen zwischen linkem und rechtem
Rand aufgespannt, was oft unansehnlich wirkt.

Texteinzüge | Die nächsten Schalter sind den Texteinzügen gewid-
met. Befindet sich das Text-Werkzeug in einem Absatz und erhöhen Sie die Werte für Einzug am linken Rand ❼, wird der gesamte
linke Rand des Absatzes nach rechts eingerückt. Entsprechend
rücken die Werte für Einzug am rechten Rand ❽ den Absatz nach
links ein. Erhöhen Sie die Werte für Einzug erste Zeile ❿, wird die
jeweils erste Zeile eines jeden markierten Absatzes nach rechts eingerückt. Mit Abstand vor Absatz einfügen ❻ erzeugen Sie, wie
zu erwarten war, vor dem markierten Absatz einen Abstand, mit
Abstand nach Absatz einfügen ❾ entsteht ein Abstand – richtig
– danach.

▲ **Abbildung 16.42**
Erhöhen Sie die Werte für Einzug am linken Rand,
wird der gesamte linke Rand des Absatzes nach
rechts eingerückt.

▲ **Abbildung 16.43**
Erhöhen Sie die Werte für Einzug am Rechten Rand,
wird der gesamte rechte Rand des Absatzes nach links
eingerückt.

▲ **Abbildung 16.44**
Erhöhen Sie die Werte für EINZUG ERSTE ZEILE, wird die jeweils erste Zeile eines jeden markierten Absatzes nach rechts eingerückt.

▲ **Abbildung 16.45**
Mit ABSTAND VOR ABSATZ EINFÜGEN erzeugen Sie vor dem Absatz einen Abstand.

▲ **Abbildung 16.46**
Mit der Option HÄNGENDE INTERPUNKTION ROMAN werden Anführungsstriche außerhalb eines Textrahmens dargestellt.

Hängende Interpunktion Roman | Wenn Sie bei der Option HÄNGENDE INTERPUNKTION ROMAN aus den Palettenoptionen ein Häkchen setzen, werden Anführungszeichen außerhalb eines Textrahmens dargestellt. Ohne Häkchen bleiben die Anführungszeichen innerhalb des Textrahmens.

Zeilenabstand | Der Zeilenabstand bestimmt den Abstand von einer Textzeile zur nächsten. Mit den Optionen ZEILENABSTAND OBERLINIE ZU OBERLINIE und ZEILENABSTAND UNTERLINIE ZU UNTERLINIE bestimmen Sie, ob der Abstand von einer Grundlinie zur anderen Grundlinie oder zwischen den Oberlinien der Textzeichen gemessen wird.

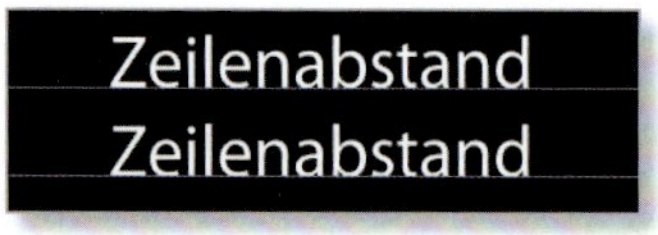

▲ **Abbildung 16.47**
Der Zeilenabstand kann von Grundlinie zu Grundlinie oder ...

Adobe Ein-Zeilen-Setzer | Längere Texte müssen umbrochen werden, wenn sie von einer Zeile zur nächsten weiterfließen sollen. Das Ziel hierbei ist, ein optisch möglichst ausgeglichenes Schriftbild zu erzeugen, das heißt, es sollten im Text möglichst keine unregelmäßigen Zeichen- und Wortabstände sichtbar sein. Mit der Option ADOBE EIN-ZEILEN-SETZER wird für jede Textzeile einzeln die günstigste Stelle für einen Zeilenumbruch gesucht. Den Umbruch können Sie hier manuell steuern.

▲ **Abbildung 16.48**
... von Oberlinie zu Oberlinie gemessen werden.

Adobe Alle-Zeilen-Setzer | Der ADOBE ALLE-ZEILEN-SETZER vergleicht mehrere Textzeilen miteinander, um ungünstige Umbrüche im Textverlauf zu vermeiden. Die günstigsten Umbrüche werden verwendet. Das Resultat ist ein Schriftbild mit gleichmäßigeren Abständen.

Die Europaflagge ist das Symbol der europäischen Union, aber auch der Einheit und der Identität Europas im weiteren Sinn. Der Kreis der zwölf goldenen Sterne steht für die Solidarität und und Harmonie zwischen den   Völkern   Europas. Die Anzahl der Sterne hat nichts mit der Anzahl der Mitgliedstaaten zu tun. Es gibt zwölf Sterne, da die Zahl Zwölf seit jeher Vollendung, Vollkommenheit und Einheit v e r k ö r p e r t . Die Flagge bleibt daher auch bei künftigen Erweiterungen der europäischen Union unverändert   bestehen.

Die Europaflagge ist das Symbol der europäischen Union, aber auch der Einheit und der Identität Europas im weiteren Sinn. Der Kreis der zwölf goldenen Sterne steht für die Solidarität und   und Harmonie zwischen den Völkern Europas. Die Anzahl der Sterne hat nichts mit der Anzahl der Mitgliedstaaten zu tun. Es gibt zwölf Sterne, da die Zahl Zwölf seit jeher Vollendung, Vollkommenheit und Einheit verkörpert. Die Flagge bleibt daher auch bei künftigen Erweiterungen der europäischen Union unverändert bestehen.

Absatz zurücksetzen

Zu guter Letzt lassen sich mit ABSATZ ZURÜCKSETZEN sämtliche Änderungen in der Absatz-Palette wieder auf die Standardwerte zurücksetzen.

◄ **Abbildung 16.49**
Das Schriftbild wirkt im Blocksatz mit dem ADOBE EIN-ZEILEN-SETZER eher mäßig.

◄ **Abbildung 16.50**
Mit dem ADOBE ALLE-ZEILEN-SETZER sieht es schon besser aus.

17   Text animieren

Auf einfachem Wege erreichen Sie umfangreichste Animationen von Texteigenschaften wie Skalierung, Drehung, Textfarbe usw. Verwenden Sie vorgegebene Textanimationen, oder erstellen Sie eigene Animationen mit Textanimator-Gruppen.

17.1   Welche Möglichkeiten der Textanimation gibt es?

Textebenen lassen sich auf mehreren verschiedenen Wegen animieren. Wie jede andere Ebene auch können Sie Textebenen über die **Transformieren-Eigenschaften** einer Ebene, also die Eigenschaften SKALIERUNG, DREHUNG, POSITION etc., animieren. Doch darin besteht nicht die eigentliche Stärke bei der Textanimation. Denn die Transformieren-Eigenschaften beeinflussen die gesamte Ebene, nicht die einzelnen Texteigenschaften. Diese lassen sich eigenständig mit recht einfachen Funktionen animieren.

Mehrere Texteigenschaften wie TEXTFARBE, ZEICHENDREHUNG, ZEICHENSKALIERUNG etc. können Sie in **Textanimator-Gruppen** zusammenfassen und als Eigenschaftsgruppe über einen festgelegten Zeitraum animieren. Dabei ist es möglich, einzelne Zeichen, einen Bereich von Zeichen oder den ganzen Text mit einer Bereichsauswahl zu versehen.

Auch der **Quelltext** einer Textebene ist animierbar. Hierbei werden die Textzeichen im Zeitverlauf abrupt in andere Zeichen umgewandelt, oder ihre Formatierung ändert sich.

Den Eiligen sei die Verwendung von vordefinierten Textanimationen empfohlen – zur Erstellung komplexer Animationen, wenn's noch schneller gehen soll.

Auch wenn es ein Vorgriff auf Kapitel 18, »Masken, Matten und Alphakanäle«, ist, erstellen wir in diesem Kapitel schon einmal einen Maskenpfad und animieren den Text entlang dieses Pfads. Und noch etwas: Der Betrag, um den eine Texteigenschaft verändert, also animiert wird, kann mit Expressionauswahlen dynamisch kontrolliert werden.

17.2 Arbeiten mit Textanimator-Gruppen

Jede Textebene kann einen oder mehrere Animatoren, auch **Text-animator-Gruppen** genannt, enthalten. Jeder dieser Animatoren wird der Textebene einzeln hinzugefügt und kann – ganz nach Ihrer Wahl – verschiedene Eigenschaften der Textzeichen, beispielsweise Deckkraft oder Laufweite, enthalten.

Diese Eigenschaften müssen Sie nicht unbedingt selbst mit Keyframes animieren. Stattdessen erreichen Sie die Animation der gewählten Texteigenschaften durch eine animierte Auswahl, die ebenfalls im Animator enthalten ist. Alle Textzeichen, die sich innerhalb der Auswahl befinden, werden animiert.

Da die Auswahl allein animiert werden kann, um sämtliche gewählten Eigenschaften im Zeitverlauf zu verändern, ist es nicht nötig, viele Keyframes für viele verschiedene Eigenschaften zu setzen, um mit Textanimator-Gruppen komplexe Animationen zu schaffen.

17.2.1 Der Animator, seine Eigenschaften und die Bereichsauswahl

Sie können sich das alles nicht so richtig vorstellen? Müssen Sie auch nicht. Im anschließenden Workshop geht es gleich praktisch los. Da sehen wir dann weiter.

Schritt für Schritt: Text animieren in der Praxis

1 **Vorbereitung**

Fürs Erste wenden wir uns der Textanimation mit einem einfachen Beispiel zu. Wir animieren die Eigenschaften Drehung und Skalie-rung für einzelne Zeichen eines kleinen Textes. Schauen Sie sich dazu das Movie »animator« aus dem Ordner 17_Textanimation/Animation1 an.

Legen Sie ein neues Projekt an, und erstellen Sie eine Kompo-sition in der Größe 384 × 288 mit einer Länge von 5 Sekunden.

Klicken Sie mit dem horizontalen Text-Werkzeug in die leere Komposition, um eine Textebene zu schaffen. Tippen Sie das Wort »Animator« ein, und wählen Sie in der Zeichen-Palette die Schriftart Arial oder Myriad Pro oder eine ähnliche verfügbare Schriftart. Die Schriftgröße soll etwa 75 px betragen. Bewegen Sie

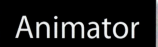

▲ **Abbildung 17.1**
Der zu animierende Text wird in der Mitte der Komposition platziert.

den Mauszeiger vom Text fort, um das Verschieben-Werkzeug zu erhalten, und ziehen Sie den Text in die Mitte der Komposition.

2 Animator hinzufügen

Sobald Sie eine Eigenschaft hinzufügen, die Sie animieren möchten, wird automatisch ein Animator angelegt. Markieren Sie dazu die Textebene, und wählen Sie im Menü ANIMATION • TEXT ANIMIEREN • DREHUNG.

Der Textebene wird in der Zeitleiste unter TEXT ❶ ein Eintrag mit dem automatisch generierten Namen ANIMATOR 1 ❷ hinzugefügt. Die anderen Optionen unter TEXT wie QUELLTEXT, PFADOPTIONEN und MEHR OPTIONEN ignorieren wir vorerst. Sie werden später noch besprochen.

Die Animator-Gruppe enthält die Auswahl mit dem automatischen Namen BEREICHSAUSWAHL 1 und die Animatoreigenschaft DREHUNG.

Animatoren und Auswahl benennen

Es ist günstig, wenn Sie sich von Anfang an daran gewöhnen, Animatoren zu benennen, um Verwirrung zu vermeiden. Die Benennung erfolgt wie bei Ebenen, Kompositionen etc. Markieren Sie dazu das Wort ANIMATOR, und drücken Sie ⏎ im Haupttastaturfeld. Tippen Sie einen Namen ein, und bestätigen Sie erneut mit ⏎. Eine Bereichsauswahl benennen Sie auf gleichem Wege.

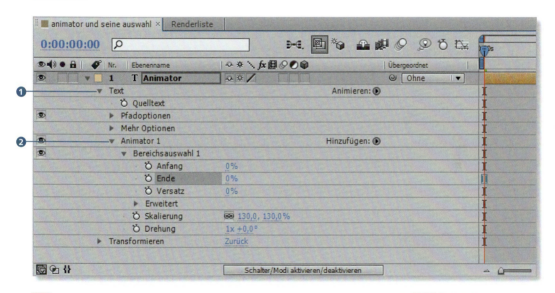

3 Wie funktioniert eine Auswahl?

Jede Auswahl ist zuerst immer so eingerichtet, dass sich der gesamte Text innerhalb der Auswahl befindet. Wird in unserem Falle die Eigenschaft DREHUNG verändert, wirkt sich die Änderung auf den gesamten Text aus, es sei denn, Sie richten die Auswahl anders ein.

Um die Auswahl im Kompositionsfenster anzuzeigen, klicken Sie auf den Namen der Animator-Gruppe in der Zeitleiste. Im Kompositionsfenster werden Anfang und Ende der Auswahl mit senkrechten Linien markiert. Sie können die Auswahl ändern, indem Sie auf das kleine Dreieck ❸ klicken und Anfang oder Ende der Auswahl verschieben.

▲ **Abbildung 17.2**
Eine Animator-Gruppe enthält eine oder mehrere Eigenschaften und mindestens eine Auswahl.

Eine zweite Möglichkeit, die Auswahl zu ändern, befindet sich in der Zeitleiste.

Öffnen Sie die BEREICHSAUSWAHL 1 per Klick auf das kleine Dreieck. Dort befinden sich die Einträge ANFANG, ENDE und VERSATZ. Wenn Sie den Wert bei ANFANG auf über 0 % ziehen, wandert der Beginn der Auswahl ein paar Zeichen weiter. Bei ENDE wählen Sie Werte unter 100 %, um die Auswahl zu verän-dern. Wenn Sie Werte mit der Maus »ziehen«, sobald das Hand-Symbol über einem Wert erscheint, lässt sich die Auswahl sehr bequem ändern. Auf diese Weise legen Sie einen Auswahlbereich fest, der über den Versatzwert verschoben werden kann.

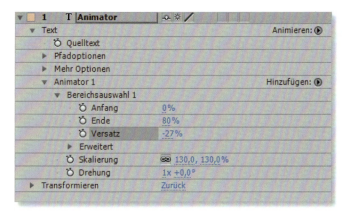

▲ Abbildung 17.4
Die Auswahlmarkierungen für ANFANG und ENDE können bequem in der Zeitleiste verschoben werden.

4   Auswahl animieren

Legen Sie zuerst für die Eigenschaft DREHUNG eine ganze Umdre-hung fest, und tragen Sie »1× +0,0°« in das Wertefeld ein. Ziehen Sie die Zeitmarke auf den Zeitpunkt 00:00. Stellen Sie die Werte für ANFANG, ENDE und VERSATZ auf 0 %. Setzen Sie einen Keyframe für ENDE. Ziehen Sie die Zeitmarke auf 02:00, und setzen Sie den Wert für ENDE auf 100 %. Schon haben Sie die erste Animation erstellt.

Wie Sie sehen, ist es nicht nötig, für die Drehung einen Keyframe zu setzen. Das Ende der Auswahl wandert über die Textzeichen, die nacheinander jeweils eine ganze Umdrehung vollführen. Wenn Sie die Eigenschaft DREHUNG im Textanimator markieren, entdecken Sie im Kompositionsfenster unter jedem Zeichen ein kleines Kreuz. Dies sind die Dreh- bzw. Ankerpunkte der Textzeichen.

▼ Abbildung 17.5
So animieren Sie die dem Animator hinzugefügten Texteigenschaften über ANFANG oder ENDE der Auswahl. Die Zeichen ändern sich nacheinander, sobald die animierte Auswahl über ein Zeichen »wandert«.

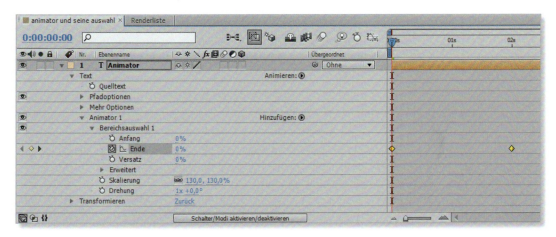

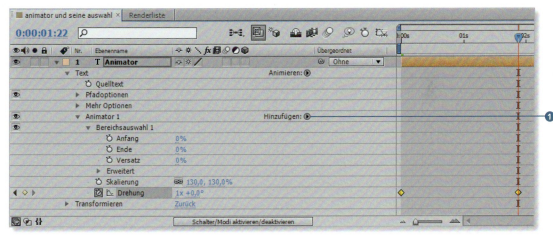

▲ Abbildung 17.6
Animieren Sie nur die Eigenschaft DREHUNG, ändern sich die ausgewählten Zeichen gleichzeitig. Für die Übung ist dies aber nicht interessant.

5 Eigenschaft zur Animator-Gruppe hinzufügen

Zusätzlich zur Drehung soll die Eigenschaft SKALIERUNG animiert werden. Um einem Animator oder einer Animator-Gruppe eine Eigenschaft hinzuzufügen, klicken Sie auf die Schaltfläche ❶ bei HINZUFÜGEN und wählen unter EIGENSCHAFT in unserem Falle SKALIERUNG. Die Eigenschaft wird danach zusätzlich zur DREHUNG

Animatoren und Eigenschaften entfernen

Einzelne Animatoren, ihre Eigenschaften oder Bereichsauswahlen lassen sich schnell entfernen, wenn Sie sie markieren und dann die Taste [Entf] drücken. Sämtliche Animatoren einer Textebene löschen Sie über Animation • Alle Textanimatoren entfernen.

angezeigt. Ändern Sie den Wert der Skalierung auf 130%, ohne einen Keyframe zu setzen. Wenn Sie die Animation abspielen, werden die Drehung **und** die Skalierung der Zeichen mit der animierten Auswahl beeinflusst. Das war es schon. Sie können Ihrer ersten Animator-Gruppe natürlich noch beliebig viele Eigenschaften hinzufügen.

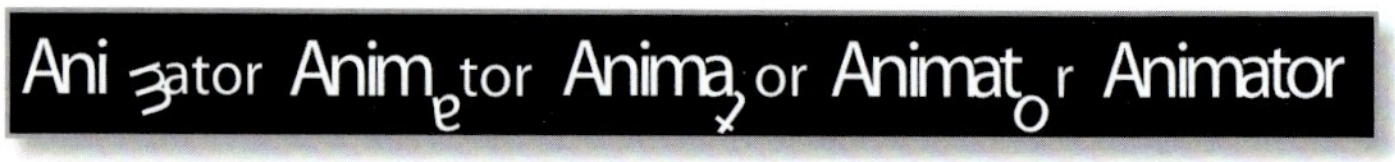

▲ **Abbildung 17.7**
In der fertigen Animation sehen Sie, dass jedes Zeichen einzeln mit den im Animator festgelegten Eigenschaftswerten verändert wird. ■

17.2.2 Mehr als ein Animator und eine Auswahl

Einer Textebene können Sie mehrere Animatoren hinzufügen. Jeder Animator übernimmt dabei die Animation weiterer Texteigenschaften. Die Bereichsauswahl kann dazu dienen, einzelne Wörter oder Textteile auszuwählen, die dann im Zeitverlauf animiert werden, während andere Textteile von der Veränderung ausgenommen sind. Ein praktisches Beispiel soll dies verdeutlichen.

Schritt für Schritt: Animatoren und ausgewählte Bereiche

1 Vorbereitung

Schauen Sie sich zuerst das Movie »abspann« aus dem Ordner 17_Textanimation/Animation2 an. Es wurden die Eigenschaften Zeichenversatz, Deckkraft und Skalierung mit zwei Animatoren und verschiedenen Auswahlbereichen animiert.

Legen Sie ein neues Projekt an, und erstellen Sie eine Komposition in der Größe 720 × 576 mit einer Länge von 10 Sekunden. Ziehen Sie mit dem horizontalen Text-Werkzeug in der leeren Komposition einen Textrahmen auf. Geben Sie folgenden Text ein: »Kamera / Igor O'Brien / Musik / Shana Ryan / Les Colorites«. Die Trennstriche bezeichnen den Zeilenumbruch mit [↵] im Haupttastaturfeld.

2 Formatierung

Markieren Sie den Text, und wählen Sie in der Zeichen-Palette die Schriftart ❶ Impact oder eine andere Schriftart. Markieren Sie dann die Wörter »Kamera« und »Musik«, und weisen Sie eine Schriftgröße ❷ von 30 px zu. Vergeben Sie für alle Namen eine Schriftgröße von 55 px. Markieren Sie das Wort »Musik«, und stellen Sie einen Zeilenabstand ❸ von 100 px ein.

Bewegen Sie den Mauszeiger vom Text fort, um das Verschieben-Werkzeug zu erhalten, und ziehen Sie den Text an den unteren linken Rand der Komposition.

▲ Abbildung 17.8
Über die Zeichen-Palette formatieren Sie den Text für die Übung.

▲ Abbildung 17.9
Der formatierte Text soll in etwa wie hier platziert sein.

3 Erster Animator und erste Auswahl

Markieren Sie die Textebene, und wählen Sie ANIMATION • TEXT ANIMIEREN • SKALIERUNG. Markieren Sie das Wort ANIMATOR1, und drücken Sie ⏎ im Haupttastaturfeld, um einen neuen Namen einzugeben, z. B. »Ani: Thema«. Ziehen Sie das Ende der BEREICHS-AUSWAHL 1 auf das Ende des Wortes »Kamera«. Sehr schön.

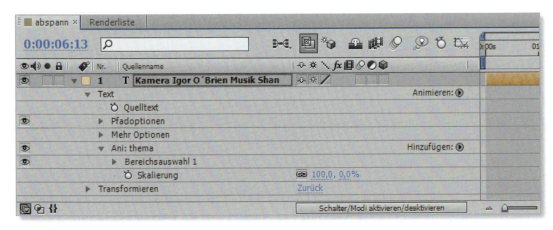

▲ Abbildung 17.10
Dem Animator wird eine erste Bereichsauswahl hinzugefügt.

▲ **Abbildung 17.11**
Im Kompositionsfenster beschränken Sie die erste Bereichsauswahl auf das Wort »Kamera«. Ebenso verfahren Sie danach mit der Auswahl für das Wort »Musik«.

4 **Zweite Auswahl**

Die zweite Wahl ist die Musik. Zumindest wird sie hier so ausgewählt. Klicken Sie auf den Schalter bei HINZUFÜGEN, und wählen Sie AUSWAHL • BEREICH. Standardmäßig ist wieder der gesamte Text ausgewählt. Verschieben Sie ANFANG und ENDE der Auswahl, um diese auf das Wort »Musik« einzugrenzen.

5 **Animation der Auswahlbereiche**

Entfernen Sie zunächst das Verketten-Symbol bei der Eigenschaft SKALIERUNG ❷. Setzen Sie dann den y-Wert ❸ auf 0 %. Entfernen Sie das Augen-Symbol vor dem Animator ❶. Die Wirkung des Animators ist damit erst einmal ausgeblendet.

Öffnen Sie BEREICHSAUSWAHL 1 und BEREICHSAUSWAHL 2. Setzen Sie jeweils einen ersten Keyframe bei ENDE zum Zeitpunkt 00:00. Verschieben Sie die Zeitmarke auf 00:14. Verschieben Sie dann, um automatisch einen zweiten Key zu generieren, die Ende-Markierung für »Kamera« und »Musik« im Kompositionsfenster jeweils genau auf den Beginn des Wortes.

Anschließend klicken Sie noch einmal auf das Augen-Symbol des Animators und sehen sich dann die Animation an. Schließen Sie die Liste, indem Sie auf das kleine Dreieck beim Animator klicken.

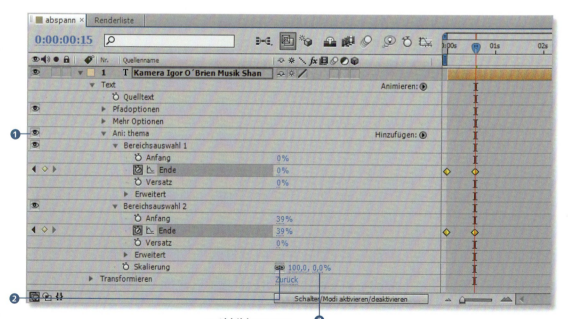

▲ **Abbildung 17.12**
Für die beiden Auswahlbereiche wird die Animation mit Keyframes für ENDE realisiert.

▲ **Abbildung 17.13**

Um automatisch einen zweiten Key zu generieren, verschieben Sie die Ende-Markierung für »Kamera« und »Musik« im Kompositionsfenster jeweils genau auf den Beginn des Wortes.

▲ **Abbildung 17.14**

Danach sollte sich die Ende-Markierung mit der Anfang-Markierung decken.

6 Neuen Animator, Eigenschaft und Auswahl hinzufügen

Weiter geht's mit den Namen. Diese animieren Sie über die Eigenschaften DECKKRAFT und ZEICHENVERSATZ. Generieren Sie einen neuen Animator über den Schalter bei ANIMIEREN ❹, und wählen Sie den Eintrag DECKKRAFT. Nennen Sie den neuen Animator »Ani: Namen«. Wählen Sie für den neuen Animator über HINZUFÜGEN • EIGENSCHAFT den Eintrag ZEICHENVERSATZ und anschließend HINZUFÜGEN • AUSWAHL • BEREICH.

> **Zeichenversatz**
>
> Mit der Eigenschaft ZEICHENVERSATZ werden die eingegebenen Textzeichen durch andere im Alphabet enthaltene Zeichen ersetzt. Bei einem Wert von 3 wird aus ABC beispielsweise DEF.

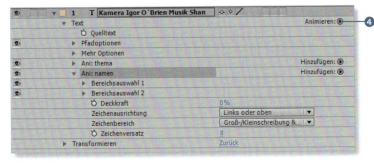

◄ **Abbildung 17.15**

Ein zweiter Animator wird hinzugefügt, um die Namen von den Themenüberschriften verschieden zu animieren.

7 Animation der Auswahl

Markieren Sie die Bereichsauswahl 1, und stellen Sie Anfang und Ende der Bereichsauswahl 1 auf den Namen »Igor O'Brien« ein. Die Bereichsauswahl 2 stellen Sie auf »Shana Ryan / Les Colorites«

ein. Setzen Sie die DECKKRAFT auf 0 % und den Wert bei ZEICHEN-
VERSATZ auf 8. Schalten Sie zum Arbeiten wieder das Augen-Symbol des Animators aus.

Öffnen Sie die Bereichsauswahl 1, und setzen Sie bei 00:14
einen Key bei ANFANG. Verschieben Sie die Zeitmarke auf 02:00,
und ziehen Sie die Anfang-Markierung auf das Ende des Namens
»O'Brien«. Wenn dabei die Markierungen in die nächste Zeile
springen, ist das nicht so schlimm, nur sollte kein weiteres Zeichen ausgewählt sein.

Setzen Sie für die Bereichsauswahl 2 einen ersten Key für
ANFANG bei 02:00. Den nächsten Key generieren Sie automatisch
bei 04:10, indem Sie die Anfang-Markierung an das Ende des
Worts »Colorites« verschieben. Vergessen Sie nicht, das Augen-
Symbol für den Namen-Animator wieder anzuschalten.

Abbildung 17.16 ▶
Die erste Bereichsauswahl wird
auf den Namen »Igor O'Brien«
eingestellt.

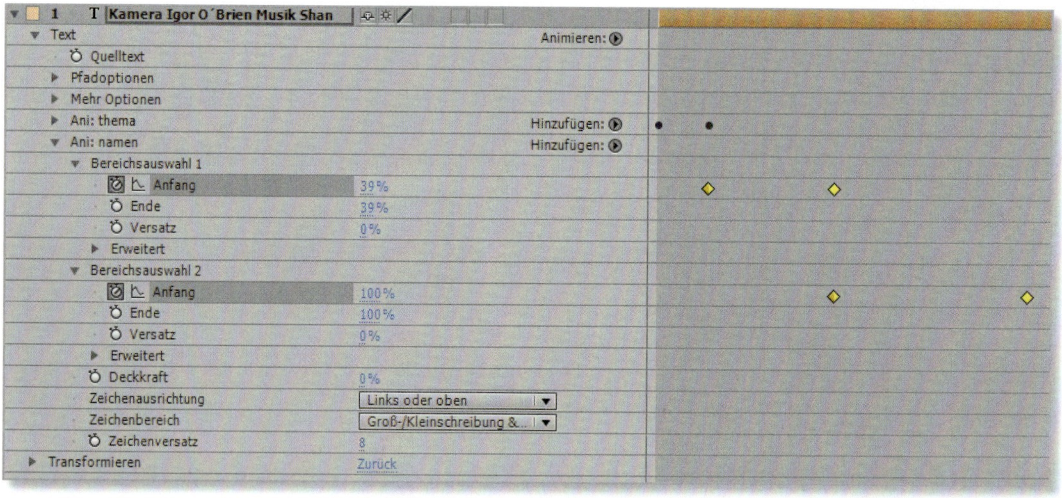

▲ **Abbildung 17.17**
Der Anfang der Bereichsauswahl
1 und der Bereichsauswahl 2 wird
animiert.

8 **Animation umkehren**

Um den Text in gleicher Weise wieder auszublenden, wie er zuvor
eingeblendet wurde, soll die Animation zum Schluss umgekehrt
verlaufen.

Markieren Sie dazu die Textebene, und drücken Sie die Taste ⌈U⌉, um alle bisher gesetzten Keys einzublenden. Sie vermeiden damit die Anzeige unendlicher Listen, die After Effects bietet. Verschieben Sie die Zeitmarke auf 06:14.

Klicken Sie mit gedrückter ⌈⇧⌉-Taste auf die Wörter ENDE ❶ und ❷, um die dort gesetzten Keys auszuwählen. Drücken Sie ⌈Strg⌉+⌈C⌉ und dann ⌈Strg⌉+⌈V⌉, um die Keys bei 06:14 einzusetzen. Klicken Sie auf die eingefügten, noch markierten Keys mit der rechten Maustaste, und wählen Sie aus dem Kontextmenü KEYFRAME-ASSISTENTEN • KEYFRAMEREIHENFOLGE UMKEHREN oder im Menü ANIMATION. Verschieben Sie dann die beiden letzten Ende-Keyframes auf den Zeitpunkt 06:20.

Anschließend markieren Sie zuerst die Keys bei ANFANG der Bereichsauswahl 1, setzen sie bei 06:20 ein, kehren sie um und verschieben den letzten Key auf 07:05. Wiederholen Sie den Vorgang mit den Keys bei ANFANG für die Bereichsauswahl 2.

Das war es eigentlich schon. Schauen Sie vielleicht noch in das Projekt »animation2.aep« im Ordner 17_TEXTANIMATION/ANIMATION2. Dort befindet sich eine weitere, ähnlich animierte Textebene, mit der der Abspann fortgesetzt wird.

▼ **Abbildung 17.18**
So sollten die Keyframes im fertigen Projekt aussehen.

17.2.3 Erweiterte Optionen der Bereichsauswahl

Hier wird es leicht wissenschaftlich. Jede Bereichsauswahl verfügt unter dem Eintrag ERWEITERT ❸ über eine Liste an weiteren Optionen, die das Aussehen der Animation beeinflussen können. Im Folgenden werden wir uns die Optionen nacheinander genauer ansehen.

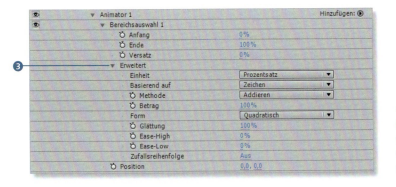

◄ **Abbildung 17.19**
Unter dem Eintrag ERWEITERT verbirgt sich eine lange Liste mit Optionen für die Bereichsauswahl.

Auswahl umkehren

Eine Bereichsauswahl kehren Sie um, indem Sie den Modus Subtrahieren einstellen. Voraussetzung ist, dass keine weitere Auswahl vorhanden ist.

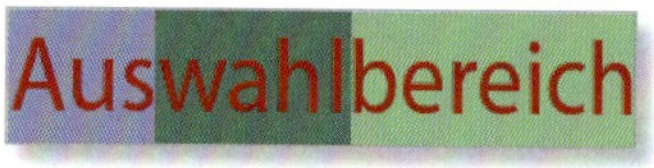

▲ **Abbildung 17.20**
Hier sind zwei sich überlappende Auswahlbereiche unterschiedlich farbig dargestellt, die durch Anwendung verschiedener Modi miteinander interagieren.

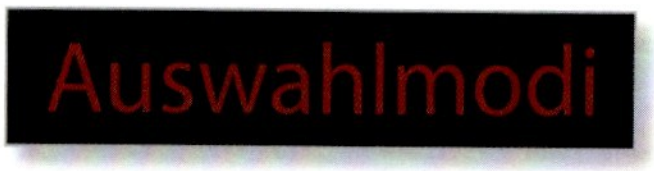

▲ **Abbildung 17.21**
Im Modus Addieren wirvkt sich z. B. eine geringe Deckkraft auf die addierten Bereiche aus (hier auf den ganzen Text).

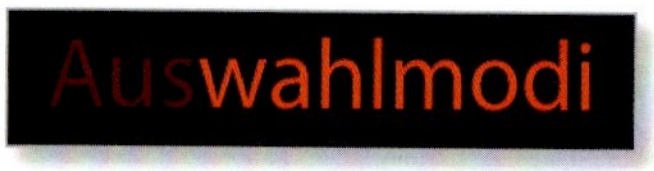

▲ **Abbildung 17.22**
Im Modus Subtrahieren wird nur die nicht subtrahierte Auswahl von der geringen Deckkraft beeinflusst.

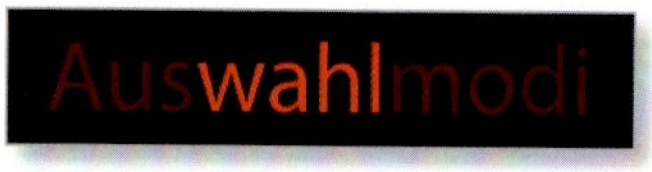

▲ **Abbildung 17.23**
Im Modus Differenz werden die Auswahlbereiche addiert, und der überlappende Bereich wird abgezogen. Dieser ist von der geringen Deckkraft nicht beeinflusst.

Einheit | Über das Popup-Menü legen Sie fest, wie die Einheit von Start, Ende und Versatz angegeben wird. Zur Wahl stehen Prozentsatz und Index. Die Werte werden also in Prozent ausgedrückt oder numerisch als Ziffern, z. B. erhält das erste Textzeichen die Ziffer 1, das zweite die 2 etc. In Zusammenhang damit steht der nächste Eintrag.

Basierend auf | Unter Basierend auf bieten sich vier Optionen an. Wählen Sie Zeichen, wird jedes Textzeichen und jedes Leerzeichen in der Bereichsauswahl nummeriert. Tragen Sie dann beispielsweise bei Start den Wert »5« ein, so beginnt Ihre Auswahl nach dem 5. Textzeichen. Wählen Sie Zeichen ohne Leerzeichen, werden die Leerzeichen ignoriert. Bei Wörtern werden ganze Wörter gezählt, bei Zeilen ganze Zeilen.

Methode | Die Methode ist wichtig für die Arbeit mit mehr als einer Bereichsauswahl. Standardmäßig ist Addieren eingestellt. Bei zwei Auswahlbereichen werden also beide zusammengerechnet. Die animierten Eigenschaften wirken sich dann auf alle addierten Zeichen aus. Ist die in der Reihenfolge weiter unten liegende Auswahl auf subtrahieren eingestellt, wird sie von der oberen Auswahl abgezogen. Bei Überschneiden wird nur der Auswahlbereich animiert, der sich bei zwei Bereichen überlappt. Bei Min wird der Minimalwert der Eigenschaften dort verwendet, wo sich die Auswahlbereiche **nicht** überlappen. Bei Max wird der Maximalwert dort verwendet, wo sich die Bereiche berühren. Bei Differenz werden die Auswahlbereiche addiert, der überlappende Bereich wird aber wieder abgezogen, also nicht von den Eigenschaften beeinflusst.

Betrag | Die Option Betrag ist sinnvoll, um das Ergebnis einer Animation zu beeinflussen. Bei 100 % werden die Animationen nicht verändert. Bei geringeren Werten nehmen die Eigenschaftswerte insgesamt ab, und bei 0 % werden sie ignoriert. Bei –100 % kehrt sich die Animation um.

Form | Ich empfehle Ihnen, die Option Form experimentell zu testen. Verwenden Sie dazu am besten die Eigenschaft Skalierung oder Position, und verändern Sie dort den y-Wert. Die eingestellten Eigenschaftswerte werden nur bei Quadratisch auf jedes Textzeichen hundertprozentig angewandt. Bei Ramp-up ergibt sich beispielsweise eine Staffelung der Zeichen vom minimalen zum maximalen Eigenschaftswert.

Glättung | Mit der GLÄTTUNG bestimmen Sie den Übergang bei der Animation von Zeichen zu Zeichen. Bei 0 % wirkt die Animation abrupt, und der Übergang ähnelt einem Schreibmaschineneffekt.

Ease-High | Setzen Sie den Wert bei EASE-HIGH auf 100 %, um die Animation für jedes Zeichen einzeln abzubremsen, sobald es sich dem Maximalwert nähert. Bei –100 % wird die Animation beschleunigt, wenn der Maximalwert erreicht wird. Sichtbar wird die Option, wenn die Auswahl vom Start zum Ende langsam animiert ist.

Ease-Low | Setzen Sie den Wert von EASE-LOW auf 100 %, um die Animation für jedes Zeichen einzeln abzubremsen, sobald es sich dem Minimalwert nähert. Bei –100 % wird die Animation beschleunigt, wenn der Minimalwert erreicht wird. Sichtbar wird die Option, wenn die Auswahl vom Ende zum Start langsam animiert ist.

Zufallsreihenfolge | Wenn Sie den Start einer Auswahl zum Ende hin animieren, werden alle Zeichen nacheinander verändert. Setzen Sie ZUFALLSREIHENFOLGE auf EIN, ändern sich die Zeichen in einer zufälligen Reihenfolge.

Zufallsverteilung | Mit der ZUFALLSVERTEILUNG legen Sie den Basiswert fest, mit dem die zufällige Reihenfolge berechnet wird, um Ähnlichkeiten zu verhindern.

17.2.4 Zeichenbasierte 3D-Textanimation

Endlich hat Adobe auch die Möglichkeit in die Text-Engine integriert, Text zeichenweise räumlich zu animieren. Wir werden uns der neuen Funktion in einem kleinen Workshop widmen.

Schritt für Schritt: Zeichenbasierte 3D-Textanimation

1 Vorbereitung

Schauen Sie sich zuerst das Movie »3dText« aus dem Ordner 17_TEXTANIMATION/3DTEXT an.

Erstellen Sie in einem neuen Projekt eine Komposition mit der Vorgabe PAL D1/DV, also mit 720 × 576 Pixel, und einer Dauer von 5 Sekunden.

Klicken Sie mit dem Text-Werkzeug in das Kompositionsfenster, um eine Textebene zu schaffen. Tippen Sie das Wort »Animation« ein. Die Schriftart können Sie frei wählen. Die Größe

▲ **Abbildung 17.24**
Die Option FORM steuert, wie Eigenschaftswerte innerhalb der Auswahl dargestellt werden.

Beispiele

Um die Optionen der Bereichsauswahl in der Praxis zu sehen, schauen Sie sich die Beispiele auf der DVD zum Buch im Ordner 17_TEXTANIMATION/BEISPIELE/AUSWAHLOPTIONEN an. Dort befinden sich mehrere Beispiel-Movies und das dazugehörende Projekt »bereichsauswahl.aep«.

▲ **Abbildung 17.25**
Ein Beispiel für die Anwendung von EASE-HIGH befindet sich auf der DVD zum Buch im Projekt »bereichsauswahl.aep«.

des Textes stellen Sie so ein, dass der Text etwas breiter ist als die Kompositionsbreite. Wählen Sie Weiß als Textfarbe.

Abbildung 17.26 ▶
Der erstellte Text soll dem hier abgebildeten ähneln.

2 Zeichenweise 3D hinzufügen

Gehen Sie in das Menü neben dem Wort ANIMIEREN in der Zeitleiste, und wählen Sie dort den Eintrag ZEICHENWEISE 3D AKTIVIEREN aus der Liste.

Sie haben damit die gesamte Textebene in eine 3D-Ebene verwandelt. Einen tieferen Einblick in diese Thematik erhalten Sie in Kapitel 21, »3D in After Effects«. Die eingeschaltete 3D-Option erkennen Sie an den zwei kleinen Würfeln ❶.

Vorab werden wir die Ebene nun einmal im Raum drehen. Öffnen Sie die Liste der Eigenschaften unter TRANSFORMIEREN ❷. Suchen Sie dort die Eigenschaft Y-DREHUNG, und tragen Sie den Wert»−35« ins Wertefeld ein. Sie sehen, die Eigenschaft DREHUNG existiert nun in einer X-, Y- und Z-Ausführung. Das Wort lässt sich auf jeder der drei Achsen im Raum drehen. Das Gleiche werden wir nun für die einzelnen Textzeichen einrichten.

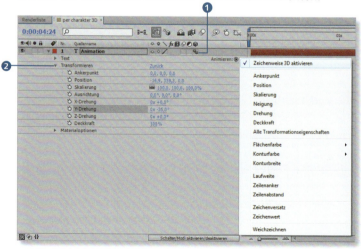

Abbildung 17.27 ▶
Nach der Aktivierung von ZEICHENWEISE 3D AKTIVIEREN können Sie die Textebene im Raum drehen.

3 **Eigenschaften hinzufügen und animieren**

Schließen Sie zunächst die Liste der Eigenschaften unter Transformieren. Fügen Sie dann über das Menü bei Animieren nacheinander folgende Eigenschaften hinzu: Skalierung, Drehung,
Deckkraft, Flächenfarbe, Weichzeichnen. Sie sehen, dass auch
hier die Drehung in drei Werte für die Achsen X, Y und Z aufgeteilt
erscheint, und die Skalierung hat eine dritte Dimension erhalten,
seit Zeichenweise 3D aktivieren aktiviert wurde.

▼ **Abbildung 17.28**
Setzen Sie die Eigenschaftswerte
wie in dieser Abbildung.

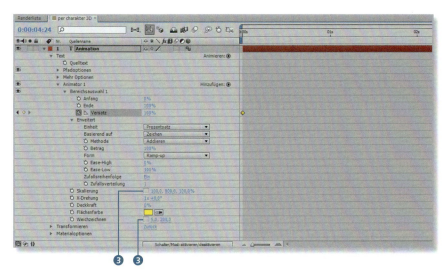

Löschen Sie anschließend die Eigenschaften Y- und Z-Drehung aus
der Liste, da wir hier keine Animation benötigen.

Tragen Sie jetzt einige Werteänderungen für die Eigenschaften
ein. Die Animation werden wir über den Versatz erzeugen. Bei
Skalierung und Weichzeichnen klicken Sie zuerst auf das Ver-
kettungs-Symbol ❸, um es zu entfernen. Dadurch können Sie die
jeweiligen Werte unproportional zueinander verändern. Tragen
Sie folgende Werte ein: Skalierung: »100,0, 900,0, 100,0 %«.
Bei X-Drehung: »1× +0,0°«. Bei Deckkraft wählen Sie »0 %«
und bei Weichzeichnen »5,0, 200,0«. Bei Flächenfarbe stellen
Sie ein Gelb ein.

Zur Animation öffnen Sie die kleine Liste unter Bereichsauswahl 1. Setzen Sie für Versatz einen ersten Key bei 00:00. Tragen
Sie hier einen Wert von »−100 %« ein. Navigieren Sie die Zeitmarke an das Ende der Komposition, und ändern Sie den Wert
für Versatz auf »100 %«.

4 **Erweiterte Einstellungen**

Die Animation werden wir noch etwas modifizieren. Öffnen Sie die
Liste bei Erweitert.

Wählen Sie unter FORM den Eintrag RAMP-UP, um eine Staffelung der Zeichen vom minimalen zum maximalen Eigenschaftswert zu erreichen. Wählen Sie bei EASE-LOW einen Wert von »100«, um jedes Zeichen bei Annäherung an den Minimalwert langsam abzubremsen. Schalten Sie dann die ZUFALLSREIHENFOLGE auf EIN, um die Zeichen in einer zufälligen Reihenfolge und nicht direkt nacheinander zu animieren. Setzen Sie anschließend den Wert bei ZUFALLSVERTEILUNG auf »1«.

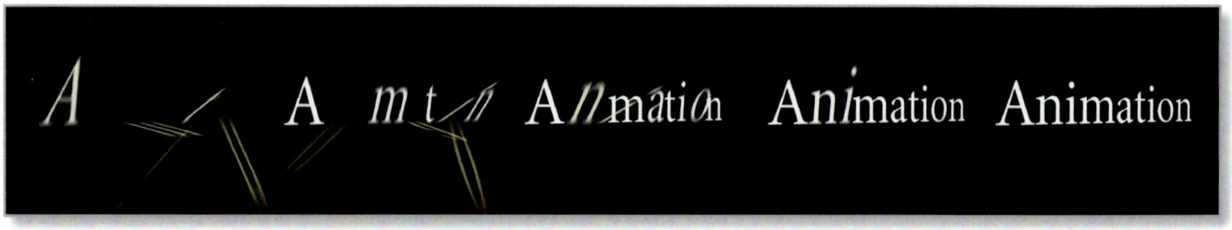

▲ **Abbildung 17.29**
Die fertige Animation sollte bei Ihnen so ähnlich aussehen wie in diesen Standbildern gezeigt. ■

17.2.5 Zeichenausrichtung zur Kamera

Wenn Sie mit der Option ZEICHENWEISE 3D AKTIVIEREN arbeiten, die im vorangegangenen Workshop beschrieben wurde, lassen sich die Textzeichen seit CS5 einzeln zu einer Kamera ausrichten. Dreht sich die Kamera um den Text, wird jedes Zeichen einzeln frontal zur Kamera ausgerichtet. Um dies zu aktivieren, wählen Sie die Textebene in der Zeitleiste aus und nehmen dann den Weg EBENE • TRANSFORMIEREN • AUTOMATISCHE AUSRICHTUNG • AUSRICHTUNG ZUR KAMERA und setzen ein Häkchen bei JEDES ZEICHEN EINZELN AUSRICHTEN (ZEICHENWEISE 3D ERFORDERLICH).

Als Beispiel öffnen Sie von der DVD das Projekt »Zeichenausrichtungzurkamera.aep« aus dem Ordner BEISPIELMATERIAL • 17_TEXTANIMATION • BEISPIELE.

17.3 Expression- und Verwackelnauswahl

Wie Ihnen vielleicht schon aufgefallen ist, haben Sie außer der Bereichsauswahl zwei andere Auswahlmöglichkeiten: die Expressionauswahl und die Verwackelnauswahl.

17.3.1 Expressionauswahl

Eine Expressionauswahl wird verwendet, um den Betrag der in der Animator-Gruppe enthaltenen Eigenschaftswerte dynamisch zu verändern. Zur Berechnung des Betrags wird mit der

JavaScript-basierten Expression-Sprache gearbeitet, für die unter dem Eintrag BETRAG ❶ ein Editorfeld ❷ angelegt ist.

▲ **Abbildung 17.30**
Mit der Expressionauswahl wird der Betrag, um den eine Texteigenschaft verändert wird, dynamisch kontrolliert.

Da die Expressionauswahl mit der Expression-Sprache arbeitet, die das Thema von Kapitel 24, »Expressions«, ist, sei hier auf dieses Kapitel verwiesen. Vorweggenommen sei erwähnt, dass Sie die Werte anderer Eigenschaften auf Texteigenschaften übertragen können. So nutzen Sie z. B. die Audioamplitude einer Sounddatei, um Ihre Animationen mit Sound zu synchronisieren. Die Eigenschaftswerte werden gewissermaßen miteinander verlinkt. Aber dazu erfahren Sie in Kapitel 24 mehr.

17.3.2 Verwackelnauswahl
Mit der Verwackelnauswahl wird der Wert einer Eigenschaft, die dem Animator hinzugefügt wurde, per Zufallszahl berechnet, also verwackelt. Die Verwackelnauswahl enthält einige Eigenschaften, über die sich z. B. die Menge der Verwacklungen pro Sekunde einstellen lässt. An einem kleinen Beispiel soll das anschaulich werden.

Schritt für Schritt: Verwackelte Eigenschaften

1 **Vorbereitung**
Schauen Sie sich zuerst das Movie »europaflagge« aus dem Ordner 17_TEXTANIMATION/ANIMATION3 an. Mit mehreren Auswahlbereichen wurden über die Eigenschaften NEIGUNG und SKALIERUNG einzelne Wörter animiert und deren Eigenschaften verwackelt. Öffnen Sie das bereits vorbereitete Projekt »europaflagge.aep« aus demselben Ordner, und arbeiten Sie darin weiter. Falls die verwendete Schriftart nicht auf Ihrem Rechner installiert ist, legen Sie einfach eine eigene fest und arbeiten damit.

Abbildung 17.31 ▶
Die Zeitleiste am Beginn der
Animation

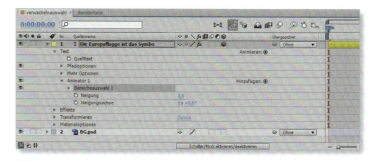

2 Animator und Bereichsauswahl hinzufügen

Die gelb hervorgehobenen Wörter sollen durch drei Bereichsauswahlen vom restlichen Text abgegrenzt werden.

Abbildung 17.32 ▶
Die gelb dargestellten Wörter sollen mit drei Bereichsauswahlen eingegrenzt werden.

Reihenfolge der Auswahl

Die Auswahlen interagieren über die Einstellungen bei METHODE in den Auswahloptionen unter ERWEITERT miteinander. Daher ist es oft notwendig, die Auswahlen in einem Animator in eine andere Reihenfolge zu bringen, um das gewünschte Ergebnis zu erzielen. Markieren Sie dazu eine Auswahl in der Zeitleiste, und ziehen Sie sie nach oben oder unten.

Wählen Sie zuerst bei markierter Textebene einen Animator über ANIMATION • TEXT ANIMIEREN • NEIGUNG. Ziehen Sie die Anfang-Markierung genau vor das erste Zeichen des Wortes »Europaflagge« und die Ende-Markierung genau hinter das letzte Zeichen des Wortes.

Wählen Sie dann über den Schalter HINZUFÜGEN ❶ • AUSWAHL • BEREICH zwei weitere Bereichsauswahlen, und stellen Sie sie so ein, dass die Wörter »goldenen Sterne« und »Flagge« eingegrenzt sind.

Um eine Bereichsauswahl im Kompositionsfenster einzublenden, klicken Sie in der Zeitleiste auf BEREICHSAUSWAHL 2 etc. Benennen Sie anschließend noch mit ⏎ auf der Haupttastatur Ihre drei Auswahlen und die Animator-Gruppe wie in Abbildung 17.33.

3 Eigenschaftswerte festlegen

Tragen Sie bei NEIGUNG den Wert »40« ein. Die durch die drei Auswahlbereiche eingegrenzten Wörter werden dadurch verändert.

Wählen Sie über den Schalter HINZUFÜGEN • AUSWAHL • EIGENSCHAFT den Eintrag SKALIERUNG. Die Eigenschaft wird dem Animator hinzugefügt. Tragen Sie für die SKALIERUNG den Wert »220 %« ein. Die ausgewählten Wörter sehen jetzt ziemlich unansehnlich aus. Das ändert nun die Verwackelnauswahl.

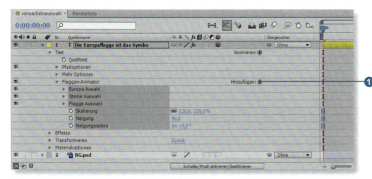

◀ **Abbildung 17.33**
In der Zeitleiste sollten drei Bereichsauswahlen (hier mit »Europa Auswahl«, »Sterne Auswahl« und »Flagge Auswahl« bezeichnet) sichtbar werden.

4 Verwackelnauswahl hinzufügen

Wählen Sie über den Schalter HINZUFÜGEN • AUSWAHL den Eintrag VERWACKELN. Öffnen Sie die Optionen für die Verwackelnauswahl, und tragen Sie bei VERWACKLUNGEN/SEKUNDE den Wert »0,5« ein. Schon ist die Animation fertig.

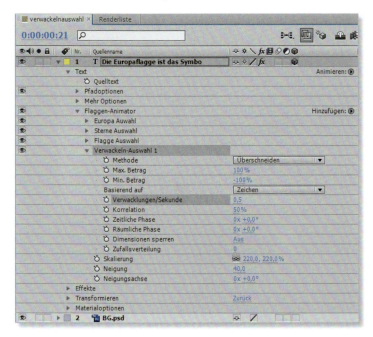

◀ **Abbildung 17.34**
Die Verwackelnauswahl wird dem Animator hinzugefügt und erscheint in der Zeitleiste.

Abbildung 17.35 ▶
Nach erfolgreicher Arbeit sollte
das Ergebnis dieser Abbildung
ähneln.

Eine Verwackelnauswahl bezieht sich grundsätzlich auf den gesamten Text einer Textebene. Es wird also der ganze Text nach den im
Animator enthaltenen Eigenschaften »verwackelt«. Eine Einschränkung der Verwackelnauswahl auf bestimmte Bereiche erfolgt durch
eine Bereichsauswahl, so wie Sie es eben eingestellt haben.

Wie Sie im vorangegangenen kleinen Workshop sehen konnten, bietet die Verwackelnauswahl einige **Optionen**, denen wir
uns hier wieder ausführlich widmen.

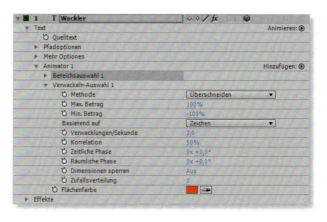

Abbildung 17.36 ▶
Die Verwackelnauswahl bietet
Optionen zum Einstellen der Fre-
quenz des Verwackelns und mehr.

Methode | Die METHODE, die Sie auch bei einer Bereichsauswahl
vorfinden, ist bei der Verwackelnauswahl grundsätzlich auf ÜBER-
SCHNEIDEN eingestellt. Es wird also nur der Bereich verwackelt,
der sich bei zwei Auswahlen überlappt. Die anderen Modi sind
in Abschnitt 17.2.3, »Erweiterte Optionen der Bereichsauswahl«,
beschrieben.

Max. Betrag/Min. Betrag | Unter Max. Betrag und Min. Betrag legen Sie die maximale bzw. die minimale Abweichung von den eingestellten Eigenschaftswerten fest. Haben Sie beispielsweise eine Neigung von 40° bei einem Max.-Betrag von 100 % und einem Min.-Betrag von –100 % festgelegt, so wird der Text zwischen 40° und –40° geneigt.

Verwacklungen/Sekunde | Geben Sie unter Verwacklungen/Sekunde geringere Werte ein, um die Animation zu verlangsamen, und höhere, um die Animation unruhiger wirken zu lassen.

Zeitliche Phase | Mit der Zeitlichen Phase variieren Sie das Verwackeln. Basis der Abwandlung ist die zeitliche Phase der Animation, die Sie hier verändern.

Räumliche Phase | Auch die Option Räumliche Phase dient dazu, Abwandlungen des Verwackelns zu erzielen. Basis ist die Phase der Animation pro Zeichen.

Dimensionen sperren | Bei einer mehrdimensionalen Eigenschaft werden die vorhandenen Dimensionen um gleiche Werte verwackelt, wenn die Option Dimensionen sperren auf Ein gestellt ist. Beispielsweise werden bei der zweidimensionalen Eigenschaft Skalierung für die vertikale und die horizontale Skalierung gleiche Werte verwendet. Die Skalierung erfolgt also proportional.

> **Basierend auf**
>
> Hier wird legen Sie fest, ob die Verwacklungen einzelne Zeichen, Zeichen ohne Leerzeichen, ganze Wörter oder ganze Zeilen beeinflussen sollen.

> **Korrelation**
>
> Die Wechselwirkung mit den Zeichen der Textebene bestimmen Sie hier. Bei einem Wert von 0 % werden alle Zeichen unabhängig voneinander verwackelt, bei 100 % werden sie um den gleichen Betrag gleichzeitig verwackelt.

17.4   Mehr Optionen

Das Leben könnte schöner sein, wenn es nicht so viele Optionen gäbe? Nun, Sie müssen ja nicht alle der beschriebenen Optionen verwenden. Hier werden nur noch ein paar verbliebene erläutert. Damit es nicht gar zu trocken wird, betrachten wir sie an einem Beispiel.

Schritt für Schritt: Einstellungen unter »Mehr Optionen«

1   **Vorbereitung**

Schauen Sie sich zuerst das Movie »glockenspiel« aus dem Ordner 17_Textanimation/Animation4 an. Animiert wurde hier nur die Eigenschaft Drehung unter Verwendung einer Verwackelnauswahl und der noch erwähnenswerten Optionen. Zum Bearbeiten öffnen Sie das vorbereitete Projekt »glockenspiel.aep« aus demselben

Ordner. Sollte die verwendete Schriftart auf Ihrem System fehlen, suchen Sie eine andere Schrift aus.

2 Animator und Bereichsauswahl hinzufügen

Wählen Sie die Textebene aus, und fügen Sie dann, wie inzwischen schon bekannt, einen Animator über ANIMATION • TEXT ANIMIEREN • DREHUNG hinzu. Geben Sie bei DREHUNG den Wert »40« in das Wertefeld ein. Markieren Sie die BEREICHSAUSWAHL 1, und löschen Sie sie mit (ENTF). Fügen Sie dann über HINZUFÜGEN • AUSWAHL eine Verwackelnauswahl hinzu. Die Zeichen wackeln jetzt etwas unansehnlich hin und her.

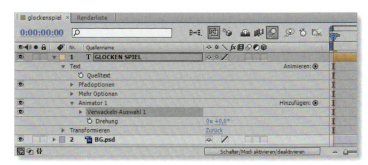

▲ **Abbildung 17.37**
Am Anfang steht eine Verwackelnauswahl.

Abbildung 17.38 ▶
Ohne weitere Optionen wackeln die Textzeichen um den Textzeichenankerpunkt, der nahe bei jedem einzelnen Zeichen liegt.

3 Gruppieren-Optionen

Öffnen Sie die Liste unter MEHR OPTIONEN ❶. Belassen Sie den Eintrag bei ANKERPUNKTGRUPPIERUNG auf ZEICHEN.

Zur Erläuterung: Wir haben für die Eigenschaft DREHUNG einen Wert festgelegt. Jedes Zeichen wird in unserer bisherigen Animation jeweils um einen eigenen unsichtbaren Bezugs- bzw. Ankerpunkt herum gedreht. Wenn Sie unter ANKERPUNKTGRUPPIERUNG den Eintrag WORT auswählen, bezieht sich die Drehung auf einen Ankerpunkt pro Wort.

Was soll diese GRUPPIERUNGSAUSRICHTUNG bedeuten? Sie können sich das in etwa so vorstellen: Der Ankerpunkt, bei uns der Drehpunkt eines jeden Zeichens, kann verschoben werden.

Wenn Sie die Eigenschaft DREHUNG in der Zeitleiste auswählen, werden für die einzelnen Zeichen deren Ankerpunkte angezeigt. Sie werden als kleine Kreuze unter jedem Zeichen dargestellt. Bei positiven Werten im Feld ❷ wird der Ankerpunkt nach rechts, bei negativen Werten nach links verschoben. Bei positiven Werten im Feld ❸ wird der Ankerpunkt nach unten, bei negativen Werten nach oben verschoben.

Für unser Beispiel tragen Sie in das rechte Feld den Wert »–730« ein, damit die Ankerpunkte der Zeichen nach oben verschoben werden. Schauen Sie sich die Animation an. Jedes Zeichen scheint an einem unsichtbaren Faden zu hängen.

◀ **Abbildung 17.39**
So viele Optionen sind es gar nicht. Geändert wird auf jeden Fall ein Wert bei GRUPPIERUNGS-AUSRICHTUNG.

4 Füllmethoden

Wählen Sie aus dem Popup-Menü bei FÜLLMETHODE FÜR ÜBERLAPPENDE ZEICHEN den Eintrag MULTIPLIZIEREN, oder experimentieren Sie mit den verschiedenen Füllmethoden. Sich überlappende Zeichen werden ähnlich berechnet wie überlagerte Ebenen mit den Ebenenmodi.

5 Keyframes

Damit das Glockenspiel nicht gleich wie wild beginnt, setzen wir ein paar Keys für die Drehung. Und zwar setzen Sie zum Zeitpunkt 00:00 einen ersten Key für die Drehung auf »0«, bei 01:00 auf »40«, bei 03:00 ebenfalls auf »40« und bei 04:00 wieder auf »0«. Das war es. Zum Abschluss aktivieren Sie vielleicht noch die Schalter ❹ und ❺ für Bewegungsunschärfe, damit es hübsch aussieht.

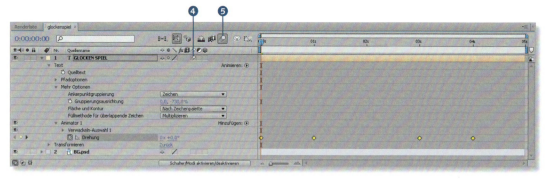

▲ Abbildung 17.40
Keyframes für die Drehung verhindern ein allzu wildes Glockenspiel zu Beginn, da auch der größte Verwackler eine Eigenschaft mit dem Wert 0 nicht bewegen kann.

▲ Abbildung 17.41
Die Animation wirkt besser als die Abbildung – das ist versprochen. ■

17.5 Quelltextanimation

Bisher unerwähnt blieb die Möglichkeit, den Textinhalt innerhalb einer Textebene im Zeitverlauf zu ändern. Bei einer Quelltextanimation wird gewissermaßen die Textquelle, nämlich das einzelne Textzeichen, verändert. Das Wort »Quelle« kann beispielsweise durch das Wort »Welle« ersetzt werden. Allerdings geschieht dies nicht allmählich, sondern abrupt. Dabei können Sie auch die Formatierungen des Textes ändern.

Der Weg zum Quelltext ist einfach: Tippen Sie Ihren Text ein, wie Sie es mittlerweile hoffentlich gewohnt sind, und öffnen Sie dann die Textoptionen der Ebene.

Setzen Sie einen ersten Keyframe per Klick auf das Kästchen ❻. Vor jeder neuen Texteingabe oder Formatierungsänderung verschieben Sie die Zeitmarke. Die angezeigten Keyframes sind automatisch auf Interpolationsunterdrückung eingestellt, das bedeutet, dass die Übergänge nicht allmählich berechnet werden. Änderungen werden also erst bei Erreichen eines Keyframes sichtbar.

▲ **Abbildung 17.42**
Keyframes für den Quelltext sind immer auf Interpolationsunterdrückung gesetzt: quadratisch. Änderungen sind nur abrupt
am Keyframe sichtbar.

▲ **Abbildung 17.43**
Die Animation ist hier zwar nicht sichtbar, aber es handelt
sich dennoch um animierten Quelltext innerhalb einer
Textebene.

17.6 Vorgegebene Textanimationen

Wenn Sie sehr schnell zu animierten Ergebnissen bei der Arbeit mit
Text kommen wollen, ist es sinnvoll, vorgegebene Textanimationen
zu verwenden. After Effects bietet eine sehr große Auswahl solcher
vorgegebenen Animationen, die Sie auf jede Textebene anwenden
können.

Die Vorgaben werden in der Palette EFFEKTE UND VORGABEN
bereitgehalten, die Sie über FENSTER • EFFEKTE UND VORGABEN
oder mit Strg+5 öffnen. In der Palette werden neben den Vorgaben die Effekte und eventuell von Ihnen selbst angelegte Vorgaben aufgeführt, deren Erstellung bereits beschrieben wurde.
In der Palette öffnen Sie die Textanimationsvorgaben über den
Eintrag SUPPORT FILES • PRESETS • TEXT.

Die Liste der Vorgaben ist, wenn Sie erst einmal einen Ordner geöffnet haben, recht lang. Damit das Ausprobieren nicht
ebenfalls sehr lange dauert, können Sie sich die Ergebnisse auch
über Adobe Bridge in einer Vorschau anzeigen lassen. Sie starten
Bridge zu diesem Zweck über ANIMATION • VORGABEN DURCHSU-
CHEN. In Bridge öffnen Sie dann den Ordner TEXT, in dem sämtliche Textvorgaben thematisch geordnet zur Ansicht vorliegen.

▲ **Abbildung 17.44**
Die Listen der vorhandenen Textvorgaben im TEXT-Ordner sind
lang ...

17.6.1 Vorgegebene Textanimation anwenden

Sie wenden eine vorgegebene Textanimation an, indem Sie die Textebene markieren und anschließend in der Vorgaben-Palette auf eine Vorgabe doppelklicken. Über ANIMATION • ALLE TEXTANIMATOREN ENTFERNEN machen Sie die Aktion wieder rückgängig.

Schauen Sie sich ruhig einmal die hinzugefügten Animatoren, Eigenschaften und Keyframes in der Zeitleiste an. Die Vorgaben können Sie dort noch modifizieren.

17.7 Text und Masken

17.7.1 Text am Maskenpfad animieren

Um mit Texten und Masken experimentieren zu können, empfiehlt es sich, nach der Lektüre von Kapitel 18, »Masken, Matten und Alphakanäle«, noch einmal zu diesem Abschnitt zurückzukehren und das Gelernte dann zu kombinieren. Wir werden hier trotzdem schon einmal einen kleinen Vorgriff auf das Maskenkapitel wagen und heimlich einen ersten Maskenpfad für einen Text benutzen.

Machen Sie sich im folgenden Workshop nicht zu viele Gedanken um Begriffe, die mit Masken zu tun haben. Im Maskenkapitel werden Sie alles Weitere zu Masken erfahren.

Schritt für Schritt: Auf unsichtbaren Pfaden – Wellenreiter

 Vorbereitung

 Schauen Sie sich das fertige Movie aus dem Ordner 17_TEXTANIMATION/WELLENREITER mit dem Namen »wellenreiter« an. Zum Bearbeiten öffnen Sie das vorbereitete Projekt »wellenreiter.aep« aus demselben Ordner. Es enthält zum einen die fertige Komposition zum Abgucken und zum anderen eine vorbereitete Komposition namens »uebung«, in der Sie arbeiten werden. Der Text darin ist bereits formatiert, und auch ein Maskenpfad ist schon angelegt.

Wenn Sie die Textebene markieren, wird der Maskenpfad angezeigt. Wie Sie selbst einen solchen Pfad erstellen, erfahren Sie in Kapitel 18, »Masken, Matten und Alphakanäle«. Falls Ihnen die Kompositionsgröße zu übertrieben erscheint, stellen Sie die Kompositionsansicht auf 50 %. Stören Sie sich nicht daran, dass der Text zu Beginn angeschnitten ist, er wird später zu einer nicht unbedingt lesbaren Welle.

◄ **Abbildung 17.45**
Dies ist die Ausgangssituation für
die Animation: ein Text und ein
Maskenpfad im unbeteiligten
Nebeneinander.

2 Text am Pfad

Um einen Text einen Pfad entlangzuführen, brauchen Sie nicht viel
Aufwand zu treiben. Öffnen Sie die Textoptionen ❶ und die Pfadoptionen ❸ in der Zeitleiste. Wählen Sie dann aus dem Popup-
Menü ❻ den Eintrag WELLENMASKE. Kaum haben Sie so gewählt,
werden einige Pfadoptionen eingeblendet. Wählen Sie bei AUS-
RICHTUNG ERZWINGEN ❺ die Option EIN. Dadurch wird der Text
zwischen Anfang und Ende des Maskenpfads wie beim Blocksatz
gestreckt. Öffnen Sie den Eintrag MEHR OPTIONEN, und wählen Sie
bei FÜLLMETHODE FÜR ÜBERLAPPENDE ZEICHEN die Option INEINAN-
DERKOPIEREN.

Wollen Sie den Text temporär ohne die Ausrichtung auf dem
Maskenpfad anzeigen, deaktivieren Sie das Augensymbol vor
dem Eintrag PFADOPTIONEN ❷.

◄ **Abbildung 17.46**
Schon wird der Text am Pfad
ausgerichtet.

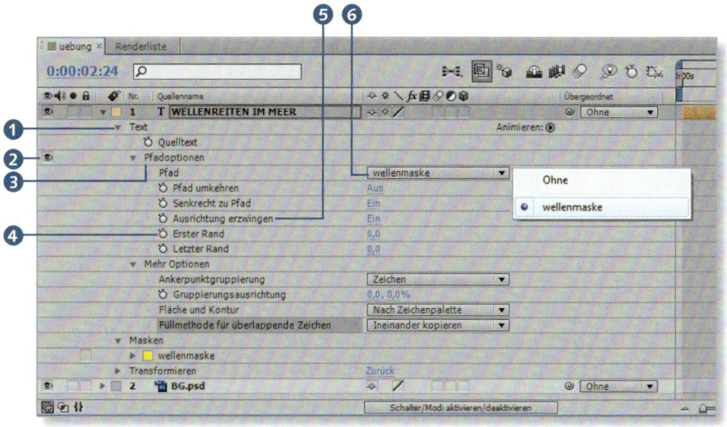

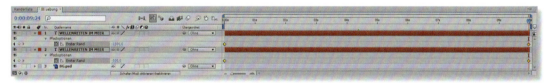

Abbildung 17.47 ▶
In der Zeitleiste wählen Sie die Maske in den Pfadoptionen als Pfad für den Text aus. Zum Pfad passende Optionen werden nach der Auswahl des Maskenpfads in der Zeitleiste eingeblendet.

3 Animation

Zur Animation der Textzeichen werden wir Keys für ERSTER RAND ④ setzen. Setzen Sie den ersten Key am Zeitpunkt 00:00, und tragen Sie den Wert »–2000« in das Feld ein. Gehen Sie dann mit der Taste (ENDE) an das Ende der Komposition bei 10:00, und tragen Sie den Wert »–500« in das Feld ein. Wie bei einer Ziehharmonika strecken sich die Abstände zwischen den Textzeichen. Duplizieren Sie die Ebene einmal mit (Strg)+(D), und blenden Sie mit der Taste (U) die Keys der neuen Ebene ein. Verändern Sie darin die Werte für ERSTER RAND bei 00:00 auf »–200« und bei 10:00 auf »–1500«. Die Textzeichen beider Ebenen bewegen sich jetzt gegenläufig.

▼ Abbildung 17.48
Ein Duplikat der zuerst angelegten Textebene wird mit anderen Werten bei ERSTER RAND animiert.

4 Weitere Duplikate

Von den beiden Ebenen erzeugen Sie Duplikate mit leicht veränderten Einstellungen. Schließen Sie sämtliche Ebeneneigenschaften, um Platz zu sparen. Markieren Sie dann beide Ebenen, und duplizieren Sie sie einmal. Schieben Sie die neuen Ebenen in der Zeitleiste nach oben. Lassen Sie beide Ebenen ausgewählt, und ändern Sie dann die Schriftgröße auf »200 px«.

Blenden Sie anschließend die Eigenschaft DECKKRAFT mit der Taste (T) bei den markierten Ebenen ein. Stellen Sie den Deckkraftwert auf 50 % für beide Ebenen. Wählen Sie in den Pfadoptionen unter AUSRICHTUNG ERZWINGEN die Option AUS. – Richtig, solange beide Ebenen ausgewählt sind, müssen Sie die Änderungen nicht in jeder Ebene einzeln vornehmen.

Lassen Sie die neuen beiden Ebenen markiert, und duplizieren Sie sie ein weiteres Mal. Die entstandenen vier 200 Pixel großen Ebenen verteilen Sie, um die »Wellen« zu erzeugen, mit dem Auswahl-Werkzeug [V] auf neue Positionen im Kompositionsfenster.

◄ **Abbildung 17.49**
Von den beiden ersten Textebenen erzeugen Sie nochmals je zwei Duplikate, und dort verändern Sie die Formatierung des Textes.

◄ **Abbildung 17.50**
Die vier Duplikate mit neuer Schriftgröße ordnen Sie in der Komposition verschieden an.

5 Ein Wellenreiter

Legen Sie eine neue Textebene über EBENE • NEU • TEXT an, und tippen Sie den Text »Wellenreiten am Meer« ein. Wählen Sie ARIAL REGULAR oder eine ähnliche Schriftart. Die Schriftgröße soll etwa 40 px betragen. Als Textfarbe weisen Sie ein helles Türkis zu.

Um den Text ähnlich wie die Wellen animieren zu können, benötigen wir den Maskenpfad. Wir kopieren ihn aus einer der anderen Ebenen. Markieren Sie dazu eine der Ebenen, und blenden Sie die Maske mit der Taste [M] ein. Klicken Sie auf das Wort MASKE 1, drücken Sie dann [Strg]+[C] zum Kopieren, und fügen Sie den Pfad mit [Strg]+[V] in der neuen Textebene ein. Wählen Sie in den Pfadoptionen der neuen Textebene die kopierte Maske als Pfad für den Text aus.

6 Animation des neuen Textes

Die Animation für die neue Textebene ähnelt der auf den anderen Ebenen. Setzen Sie einen ersten Key beim Zeitpunkt 00:00 für

ERSTER RAND. Positionieren Sie den Mauszeiger über dem Wert für ERSTER RAND. Sobald das Hand-Symbol erscheint, können Sie den Wert ziehen. Dabei wandert der Text den Pfad entlang.

Ziehen Sie den Wert so lange nach rechts, bis der Text vollständig am rechten Bildrand verschwunden ist. Verschieben Sie die Zeitmarke auf 05:00, und verschieben Sie dann den Text so lange nach **links**, bis er am **linken** Bildrand verschwunden ist. Sehen Sie sich die Animation an.

▼ **Abbildung 17.51**
Eine weitere Textebene wird neu formatiert und über den rechten Rand auf dem Maskenpfad animiert.

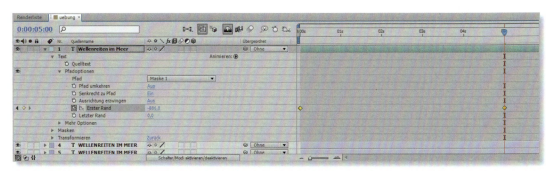

Abbildung 17.52 ▶
Der Text scheint auf den Wellen zu reiten.

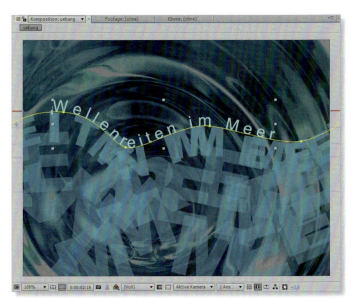

7 Neue Duplikate

Ich will Sie nicht ärgern, aber damit das Ganze ein bisschen nett aussieht, benötigen Sie noch ein paar Duplikate der neuen Textebene, wobei jedes Duplikat eine etwas größere Schrift haben sollte, damit der Eindruck einer räumlichen Perspektive entsteht. Die Einstellungen für ERSTER RAND sollten Sie ebenfalls bearbeiten, damit nicht alle Texte zur gleichen Zeit ins Bild treten. Letztendlich ist es natürlich Geschmackssache. Da Sie bereits alles Nötige wissen, lasse ich Sie an dieser Stelle allein. Das fertige Projekt liegt Ihnen zum Abgucken ja vor.

◄ **Abbildung 17.53**
Zum Schluss reiten drei Texte auf den Wellen. ■

17.7.2 Weitere Pfadoptionen

Im vorigen Workshop sind ein paar wenige Pfadoptionen zu kurz gekommen. Genauer gesagt handelt es sich nur um zwei Optionen: PFAD UMKEHREN und SENKRECHT ZU PFAD. Interessant sind diese Optionen, wenn Sie den Text auf einem kreisförmigen Maskenpfad ausrichten. Sobald Sie den kreisförmigen Pfad für den Text ausgewählt haben, befindet er sich innerhalb des Maskenpfads.

Nach Anwendung der Option PFAD UMKEHREN ❶ ist der Text am äußeren Rand des Maskenpfads orientiert. Die Option SENKRECHT ZU PFAD ❷ richtet jedes einzelne Textzeichen senkrecht zum Maskenpfad aus, wenn die Option auf EIN gestellt ist. Ansonsten wird der Text senkrecht zur Komposition angezeigt.

▼ **Abbildung 17.54**
Die Pfadoptionen bestimmen die Ausrichtung der Textzeichen am Pfad und ihre Position darauf.

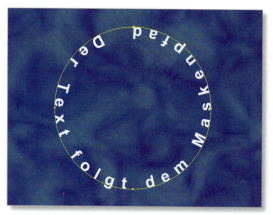

▲ **Abbildung 17.55**
Ein Text in einem kreisförmigen Maskenpfad verläuft innerhalb des Pfads.

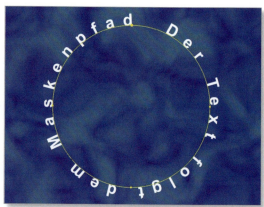

▲ **Abbildung 17.56**
Wenn Sie die Option PFAD UMKEHREN verwenden, verläuft der Text genau umgekehrt auf dem Pfad.

▲ **Abbildung 17.57**
Mit der Option SENKRECHT ZU PFAD richten Sie jedes Textzeichen senkrecht auf dem Pfad aus.

▲ **Abbildung 17.58**
Ist die Option SENKRECHT ZU PFAD ausgeschaltet, wird der Text in Bezug zur Komposition gesetzt.

▲ **Abbildung 17.59**
Auf der DVD zum Buch findet sich eine Animation mehrerer Textebenen entlang eines kreisförmigen Maskenpfads (hier mit eingeschalteter Bewegungsunschärfe).

17.7.3   Formen und Masken aus Text erstellen

Aus den Textkonturen Formen oder Masken zu generieren, ist ganz einfach: Markieren Sie dazu die Textebene, und wählen Sie dann im Menü EBENE • FORMEN AUS TEXT ERSTELLEN oder MASKEN AUS TEXT ERSTELLEN. Sie erhalten eine neue Formebene, und diese wiederum enthält Pfade für jedes Textzeichen, bzw. es entsteht eine neue Ebene, die Masken für jedes Textzeichen enthält. Die im ersten Fall entstehenden Pfade sind Bestandteil der Formebene, aber das sagt Ihnen hier noch nichts; mehr dazu erfahren Sie in Abschnitt 18.5, »Formebenen«. Näheres zum Umgang mit Masken lesen Sie in Kapitel 18, »Masken, Matten und Alphakanäle«.

Sinnvoll ist das Generieren von Formen aus Text, um Texteffekte zu erzeugen, die nur mit Formebenen zu erreichen sind,

z. B. das Verwackeln der Textkonturen oder das animierte Morphing der Textkonturen. Für die Masken, die Sie aus Text erzeugen, gilt das ähnlich. Hier können Sie neben dem Morphing der Textkonturen auch Effekte auf die Maskenpfade anwenden, beispielsweise Leuchteffekte, die den Konturen folgen. Außerdem können Objekte dem Pfad folgen. Doch dies alles greift bereits in andere Themenbereiche vor. Es wird also Zeit für Sie, das Kapitel zu wechseln.

Beispiele

Auf der DVD zum Buch finden Sie im Ordner 17_Textanimation/Beispiele/TextAmPfad zwei Movies und das Projekt »textampfad.aep«. Hier wurden Texte entlang eines kreisförmigen Maskenpfads animiert. Sollte die Schrift nicht auf Ihrem System installiert sein, wählen Sie eine andere Schriftart. Die Animation wird dennoch deutlich. Vielleicht bauen Sie eine der Animationen später ja einmal nach.

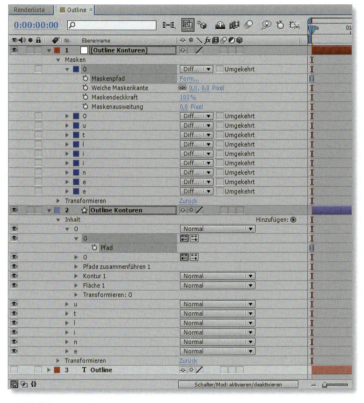

▲ **Abbildung 17.60**
Nach dem Anwenden des Befehls Formen aus Text erstellen oder Masken aus Text erstellen entsteht eine neue Form- bzw. Maskenebene in der Zeitleiste, die die aus den Textzeichen automatisch generierten Pfade enthält.

Masken aus Text in CS3

Wenn Sie noch mit CS3 arbeiten und die genannten Optionen für Formen und Masken vermissen, die in noch älteren Versionen bei der Anwendung des Befehls Ebene • Konturen erstellen entstanden, können Sie folgende Alternative dazu nutzen: Wählen Sie die Textebene aus und danach die Option Ebene • Pausstift. Aus jedem Textzeichen werden nun Maskenpfade generiert. In diesem Fall können Sie die Maskenpfade als Referenz nutzen, um Effekte oder Ebenen am Pfad entlang zu animieren.

◀ **Abbildung 17.61**
Und so können sie aussehen, die Pfade für den Text.

TEIL VII

Masken und Effekte

18 Masken, Matten und Alphakanäle

Das Durchsichtige, Durchscheinende wie Luft oder Wasser ist transparent. Es ist notwendig, Transparenzen zu definieren, um zwei oder mehr Bilder oder Videos visuell miteinander zu kombinieren. Als Compositing-Programm bietet After Effects vielfältige Möglichkeiten, Transparenzen selbst einzustellen oder transparentes Material aus anderen Applikationen zu übernehmen.

Beim Einstellen der Transparenz für ein Bild werden Teile dieses Bildes unsichtbar oder transparent gesetzt, so dass ein darunter befindliches Bild sichtbar werden kann. Auf diese Weise lassen sich beliebig viele Bilder zu einem neuen Layout kombinieren oder unerwünschte Bildbereiche entfernen und durch anderes Bildmaterial ersetzen. Bei der Arbeit mit solchen transparenten Bildbereichen begegnen uns zunächst einige Begriffe, die zur Verwirrung beitragen können, im Grunde aber vieles gemeinsam haben.

18.1 Begriffsdefinitionen

18.1.1 Alphakanal

Ein Alphakanal beschreibt die transparenten Bereiche eines Bildes.

Die Farbinformation eines Bildes ist in den sogenannten Farbkanälen enthalten. Für RGB-Bilder gibt es jeweils einen Kanal für die Farben Rot, Grün und Blau. Mit welcher Transparenz oder Deckkraft die Pixel eines Bildes dargestellt werden, wird als Transparenzinformation im Alphakanal gespeichert. Jedem Pixel eines Bildes sind somit je drei Farbkanalwerte und ein Alphakanalwert zugeordnet.

Jeder der vier Kanäle für Rot, Grün, Blau und Alpha kann, wenn er mit einer Farbtiefe von 8 Bit gespeichert wurde, 256 Grau- bzw. Transparenzabstufungen darstellen. Mit Bildmaterial, das mit einer Informationstiefe von 16 Bit pro Farbkanal bzw. für den Alphakanal erstellt wurde, lassen sich hochwertige

65.536 Abstufungen darstellen. Noch feiner sind die darstellbaren Nuancen bei 32-Bit-Material, das Sie in After Effects ebenfalls verarbeiten können.

Abbildung 18.1 ▶
Dieses Bild wird vollständig deckend ohne transparente Bildbereiche dargestellt.

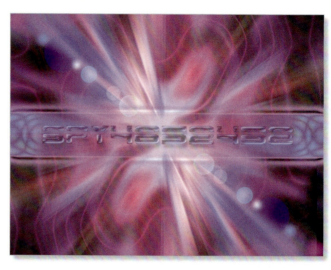

▲ **Abbildung 18.2**
Jedes Pixel setzt sich aus drei Werten für die Farben Rot, Grün und Blau und dem Alphakanalwert zusammen. Ein Rotton kann z. B. die Werte R: 180, G: 101, B: 86 und Alpha: 255 (also deckend) haben.

Damit eine Datei mitsamt Alphakanal gespeichert werden kann, muss sie insgesamt eine Farbtiefe von mindestens 32 Bit aufweisen. Das entspricht der Einstellung ÜBER 16 MIO. FARBEN bzw. TRILLIONEN FARBEN, die für einige Ausgabeformate in After Effects gewählt werden kann.

Im Alphakanal wird die Transparenzinformation immer als Graustufenbild gespeichert. Dabei entspricht der Schwarzwert des Graustufenbildes einer vollständigen Transparenz des Materials und der Weißwert der vollständigen Deckkraft. Enthält der Alphakanal hundertprozentiges Schwarz, wird in den RGB-Kanälen keine Bildinformation dargestellt, und das Bild ist transparent, also durchsichtig. Bei hundertprozentigem Weiß verhält es sich genau umgekehrt. Die Zwischenwerte werden als Grauwerte dargestellt und ebenfalls als Transparenz auf die RGB-Farbkanäle übernommen. Ob ein Bild in Teilen oder gänzlich transparent dargestellt werden soll, »merkt« sich der Alphakanal sozusagen pixelweise.

Andere Applikationen, andere Transparenzspeicherung: Da im Compositing mit Dateien aus unterschiedlichsten Applikationen gearbeitet wird, muss After Effects damit leben, verschiedene Arten der **Speicherung der Alphainformation** zu erkennen. In After Effects können Sie sowohl einen separaten Alphakanal verwenden, um innerhalb einer Komposition die Transparenzen eines Bildes oder Videos zu bestimmen, als auch einen schon in der Datei vorhandenen Alphakanal nutzen. Jede Ebene in einer

After-Effects-Komposition kann einen Alphakanal, der im importierten Material enthalten ist, auch korrekt darstellen.

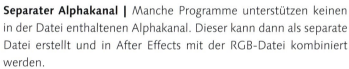

▲ **Abbildung 18.3**
Durch die Information im Alphakanal (hier die oberste Ebene) werden die Pixel in den einzelnen RGB-Kanälen transparent oder deckend gesetzt.

◄ **Abbildung 18.4**
Alle Kanäle zusammengemischt ergeben dieses Bild.

Separater Alphakanal | Manche Programme unterstützen keinen in der Datei enthaltenen Alphakanal. Dieser kann dann als separate Datei erstellt und in After Effects mit der RGB-Datei kombiniert werden.

Über diese Möglichkeit lässt sich jede Bildebene, die Sie in After Effects verwenden, mit der Alphainformation einer anderen Datei kombinieren. Damit können Sie Bildbereiche auf der Grundlage einer – möglichst in Schwarzweiß angelegten – Bildebene freistellen. Den Alphakanal können Sie aus vielen anderen Applikationen als separate Datei exportieren. 3D-Programme bieten diese Option immer an.

▲ **Abbildung 18.5**
Die Alphainformation in einer separaten Datei

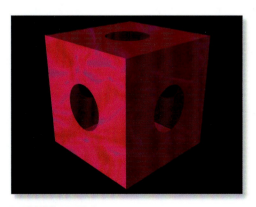

▲ **Abbildung 18.6**
Hier wurde die Alphainformation der Datei mit einem Bild kombiniert.

Direkter Alphakanal | Der direkte Alphakanal wird auch als **Straight Alpha Channel** bezeichnet. Bei dieser Art der Speicherung wird die Alphainformation vollständig in einem separaten Kanal neben den RGB-Kanälen gespeichert. Eine in dieser Form gespeicherte Datei enthält also vier Kanäle. Die Farbinformation in den RGB-Kanälen wird durch die Alphainformation nicht verändert. Das hat den Vorteil, dass halbtransparente Flächen korrekt dargestellt werden.

Programme, die keine direkten Alphakanäle unterstützen, können so gespeicherte Transparenzinformationen nicht interpretieren und zeigen die Transparenzen nicht an. In After Effects werden sowohl der direkte als auch der integrierte Alphakanal unterstützt.

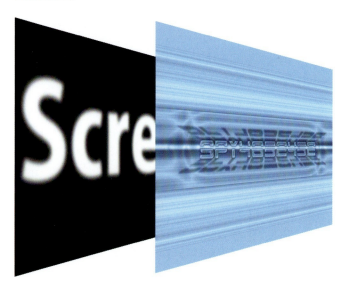

Abbildung 18.7 ▶
Bei der Speicherung mit direktem Alphakanal liegt die Alphainformation in einem separaten Kanal vor. Aus den sichtbaren RGB-Kanälen (hier zusammengemischt als ein Kanal dargestellt) kann die Transparenzinformation nicht abgeleitet werden.

Integrierter Alphakanal | Der integrierte Alphakanal wird auch als **Premultiplied Alpha Channel** bezeichnet. Auch bei Dateien mit integriertem Alphakanal wird die Transparenzinformation in einem extra Kanal neben den RGB-Farbkanälen gespeichert. Zusätzlich wird die Transparenzinformation allerdings in die RGB-Kanäle eingerechnet. Vollkommen transparente Bereiche werden mit einer Farbe – meist Schwarz oder Weiß – vollfarbig dargestellt. Enthält die Datei auch halbtransparente Bereiche, wird die Farbe prozentual in die jeweiligen Pixel eingerechnet, d. h. für halbe Deckkraft 50 % der Farbe des Pixels und 50 % der eingerechneten Farbe. In den meisten Programmen wird die Transparenzinformation integriert gespeichert. Für Sequenzen aus 3D-Applikationen gilt dies in jedem Fall.

After Effects blendet beim Import von Dateien mit Alphainformationen bisweilen den Dialog FOOTAGE INTERPRETIEREN ein.

Wenn Sie wissen, in welcher Art die Alphainformation gespeichert wurde, wählen Sie dort eine der Optionen DIREKT oder INTEGRIERT, wenn nicht, hilft der Button ERMITTELN.

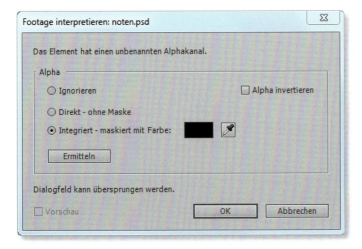

◄ **Abbildung 18.8**
Beim Import von Dateien, die Alphainformationen enthalten, blendet After Effects bisweilen diesen Dialog ein.

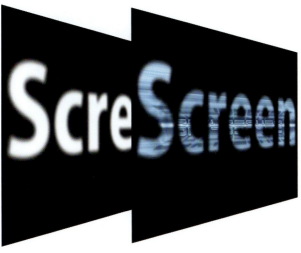

◄ **Abbildung 18.9**
Bei der Speicherung mit integriertem Alphakanal liegt der Alphakanal separat neben den RGB-Kanälen vor. In die RGB-Kanäle wurde die Alphainformation hier mit der Farbe Schwarz eingerechnet.

◄ **Abbildung 18.10**
In diesem Beispiel wurde der integrierte Alphakanal falsch interpretiert. Am Rand des Schriftzugs ist daher noch die schwarze Farbe erkennbar, die bei der integrierten Speicherung verwendet wurde.

18.1.2 Masken und Matten

Um ein Bild oder Video mit Transparenz zu versehen, können Sie die Deckkraft reduzieren. Es wird dann insgesamt durchscheinend oder ganz unsichtbar dargestellt. Um nur Teilbereiche eines Bildes unsichtbar oder durchscheinend und andere dagegen deckend zu gestalten, benötigen Sie Masken und Matten.

Masken und Matten in der traditionellen Filmtechnik | Masken wurden ursprünglich in der Filmtechnik eingesetzt, um unerwünschte Bildteile in einem Film abzudecken und diese dann durch erwünschtes Bildmaterial zu ersetzen, z. B. um einen Bildvordergrund mit einem anderen als dem beim Filmdreh verfügbaren Hintergrund auszustatten. Dazu wurden ein Film für den Vordergrund und einer für den gewünschten Hintergrund gedreht. Um die beiden Filme in einem Endprodukt, dem Kinofilm, zu vereinen, mussten gewünschter Vorder- und Hintergrund miteinander kombiniert werden.

Da in der Realität nicht einfach ein im Hintergrund befindlicher Schornstein gesprengt werden kann, nur weil er im Film störend wirkt, wurde der störende Hintergrund bei der Filmnachbearbeitung mit einer festen, also unveränderlichen Maske abgedeckt und dann eine Kopie des Vordergrundfilms erstellt. Das Ergebnis war ein maskierter Vordergrundfilm. Für den Hintergrundfilm hingegen wurde der genau umgekehrte Teil abgedeckt und ebenfalls eine Kopie angefertigt. Die zwei entstandenen maskierten Kopien konnten nun nochmals in einer Endkopie zum fertigen Kinofilm zusammenkopiert werden.

Problematisch wird eine feste Maskierung, wenn ein beweglicher Vordergrund, beispielsweise ein Schauspieler, mit einem neuen Hintergrund kombiniert werden soll. Die Lösung hierfür wäre, für jedes Filmbild die Maske an die veränderte Vordergrundfigur anzupassen – ein sehr aufwendiges Unterfangen. Einfacher ist da die Verwendung einer beweglichen Maske, die sich selbst an die Silhouette des Schauspielers anpasst. Wird der Schauspieler vor einem einfarbigen Hintergrund aufgenommen, ist diese Situation gegeben. Dabei wird – auch heute noch – ein blauer oder grüner Hintergrund verwendet, der **Bluescreen** oder **Greenscreen**.

Anders als bei dem Verfahren mit einer festen Maske enthielt die maskierte Filmkopie eine Maske, die sich in jedem Filmbild für sich betrachtet an die Silhouette des Schauspielers anpasste. Eine solche Maske bewegt sich gewissermaßen und wird daher auch als **Wandermaske** oder **Traveling Matte** bezeichnet. Also doch

eine Matte ... In After Effects sind die Bezeichnungen »Maske«
und »Matte« noch einmal etwas anders zu verstehen.

Hintergrundfilm	Hintergrundmaske	maskierte Hintergrundkopie

Endkopie

Vordergrundfilm	Vordergrundmaske	maskierte Vordergrundkopie

▲ **Abbildung 18.11**
Um den gewünschten Vorder- und Hintergrund miteinander zu kombinieren, werden Masken erstellt, die die entsprechenden Bereiche des
Vorder- bzw. Hintergrundfilms abdecken. In einer Endkopie werden die
gewünschten Bildinhalte miteinander kombiniert.

Maske | Eine Maske dient dazu, Teilbereiche eines Bildes deckend
oder transparent darzustellen. Eine Maske besteht aus einem
geschlossenen Pfad, der auf einer Bildebene erstellt wird. Bildbereiche innerhalb des Maskenpfads werden deckend dargestellt, sind
also sichtbar, Bildbereiche außerhalb sind vollständig durchsichtig
bzw. unsichtbar. Die Ränder der Maske können weich auslaufen.

▲ **Abbildung 18.12**
Ein Bild ohne transparente Bereiche

▲ **Abbildung 18.13**
Das gleiche Bild aus Abbildung 18.12 mit einem
Maskenpfad

Matte | Eine Matte ist eine Ebene, die Informationen enthält, die in einer anderen Ebene verwendet werden, um dort Transparenzen zu erzeugen. Die Matte-Ebene selbst bleibt unsichtbar.

Sie können sowohl die Alphainformation als auch die Helligkeitsinformation der Matte-Ebene dazu verwenden, um in einer anderen Ebene transparente Bildbereiche zu erzeugen. Beim Nutzen der Alphainformation ist die Farbe oder Helligkeit im Bild egal. Beim Nutzen der Helligkeitsinformation wird mit Schwarzweißbildern bzw. -filmen gearbeitet, deren Graustufenwerte für mehr oder minder deckende Bereiche sorgen. Im Gegensatz zu Masken können Matten somit auch komplexe transparente Übergänge schaffen. Ob es sich bei der Matte-Ebene um eine Bilddatei, einen Film oder auch eine Textebene handelt, ist frei wählbar.

▲ **Abbildung 18.14**
Noch ein Bild ohne transparente Bereiche

▲ **Abbildung 18.15**
Ein Graustufenbild, das als Matte verwendet werden kann. Ein Graustufenfilm kann ebenfalls als Matte definiert werden. Weiße Pixel definieren volle Deckkraft, schwarze Pixel transparente Bildbereiche.

▲ **Abbildung 18.16**
Hier das Ergebnis, wenn das Bild aus Abbildung 18.14 mit der Matte aus Abbildung 18.15 kombiniert wird. Das Raster im Hintergrund deutet die transparenten Bereiche an.

18.2 Matten und ihre Verwendung

Matten tragen die verschiedensten Bezeichnungen. So begegnen uns häufig **Track Mattes**, **Spurmatten**, **Traveling Mattes**, **bewegte Masken**, **Luminanzmatten** und **Alphamatten**.

Egal, welcher Begriff Ihnen begegnet, Sie können immer von Folgendem ausgehen: Grundsätzlich ist eine Matte ein Bild, das als Transparenzinformation für ein anderes Bild dient. Es handelt sich hierbei beispielsweise um ein Schwarzweiß- oder Graustufenbild. Es kann aber auch ein Schwarzweiß- bzw. Graustufenfilm als Matte verwendet werden.

In dem Programm, in dem die Matte verwendet wird, muss allerdings die Matte auch als Transparenzinformation für das andere Bild angegeben werden. Dabei kann die Transparenzinformation

wie erwähnt sowohl aus den Helligkeits- als auch aus den Alpha-
werten eines Bildes gewonnen werden. Die Matte selbst wird
nicht dargestellt, sondern dient nur als Referenz.

Matten werden besonders dann benötigt, wenn ein Bild keinen eigenen Alphakanal zur Darstellung der Transparenz enthält
oder wenn bewegtes Filmmaterial zur Darstellung der Transparenz verwendet werden soll.

◄ **Abbildung 18.17**
Ein Graustufenfilm mit Text, der
als Matte für eine andere Bildebene verwendet werden kann

▲ **Abbildung 18.18**
Der Graustufenfilm bewirkt als Matte dort Transparenzen, wo der Film
kein hundertprozentiges Weiß enthält. Dort, wo es weiße Bereiche im
Film gibt, wird hier ein Himmel sichtbar.

18.2.1   Alphamatte erstellen

Eine Alphamatte ist dann gegeben, wenn die Alphainformation
einer Ebene zur Erzeugung von Transparenzen in einer anderen
Ebene verwendet wird. Alphamatten werden oft verwendet, um
z. B. Videomaterial in einem Text darzustellen. Diese Kombination
können Sie in After Effects leicht herstellen. Schauen wir uns also
an, wie es gemacht wird.

Schritt für Schritt: Das Bild im Text

1 Vorbereitung

Importieren Sie aus dem Ordner 18_MASKEN/ALPHAMATTE die Dateien »hintergrund«, »fuellebene« und »text«. Legen Sie eine D1/DV-PAL-Komposition in der Größe 720 × 576 mit einer Dauer von 10 Sekunden an. Ziehen Sie die Dateien in den linken Bereich der Zeitleiste.

2 Ebenen anordnen

Wenn Sie in After Effects mit einer Matte arbeiten wollen, ist es zunächst wichtig, eine Ebene als Matte-Ebene und eine andere als Füllebene festzulegen. Außerdem können Sie einen Hintergrund hinzufügen. Die Matte-Ebene besteht in unserem Fall aus einer Photoshop-Textebene, die mit dem Inhalt eines Bildes gefüllt werden soll.

Um das gewünschte Ergebnis zu erhalten, ist es wichtig, die Reihenfolge der Ebenen in der Zeitleiste wie in Abbildung 18.20 einzuhalten. Die Matte-Ebene muss immer direkt über der Füllebene liegen. Die Transparenzinformation wird von der Matte-Ebene nur auf die direkt unter ihr befindliche Ebene übertragen. Ordnen Sie die Ebenen so an, dass die Ebene »text« ganz oben in der Zeitleiste liegt und darunter dann die Ebenen »fuellebene« und »hintergrund«.

▲ **Abbildung 18.19**
Die oberste Textebene soll als Alphamatte für die darunterliegende Füllebene dienen. Ganz unten kann ein Hintergrundbild hinzugefügt werden.

▲ **Abbildung 18.20**
In der Zeitleiste ordnen Sie die Matte-Ebene, hier den Text, ganz oben an. Darunter liegen die Füllebene und der Hintergrund.

3 Alphamatte festlegen

Im unteren linken Bereich der Zeitleiste befindet sich der Button EBENENMODIFENSTER ❸, mit dem Sie das entsprechende Fenster ein- oder ausblenden. Sie können dazu auch die Schaltfläche SCHALTER/MODI AKTIVIEREN/DEAKTIVIEREN verwenden. Unter dem Listeneintrag BEWMAS ❶ lässt sich der Text für den Film als Alphamatte wählen. Klicken Sie dazu in der Füllebene auf den Eintrag OHNE. Im Einblendmenü wählen Sie den Eintrag ALPHA MATTE ›TEXT.PSD‹.

Automatisch wird unsere Matte-Ebene unsichtbar gestellt, wie Sie auch am Augen-Symbol ❷ der Ebene erkennen. Auch das

Augen-Symbol der Füllebene hat sich automatisch geändert, und die Trennlinie zwischen beiden Ebenen ist verschwunden.

Verschieben Sie jetzt die Matte-Ebene gemeinsam mit der Füllebene ein Stück über dem Hintergrund. Markieren Sie dazu beide Ebenen in der Zeitleiste. Wenn Sie nur eine der beiden Ebenen auswählen, verschieben Sie damit entweder den Bildinhalt im Text oder die Matte über dem Bildinhalt.

Probieren Sie vielleicht auch einmal den Eintrag UMGEKEHRTE ALPHA MATTE aus dem Einblendmenü, und betrachten Sie das Ergebnis. Falls Sie alles rückgängig machen wollen, wählen Sie den Listeneintrag KEINE BEWEGTE MASKE und klicken für den Text auf das Augen-Symbol.

Bewegte Maske

Track Matte ist ein anderer Ausdruck für eine bewegte Maske. Obwohl »Track Matte« oft für eine sich bewegende Matte steht, muss sie sich in After Effects nicht bewegen.

◀ **Abbildung 18.22**
Das Ergebnis: Das Bild der Füllebene ist im Text der Matte-Ebene sichtbar. ■

18.2.2 Luminanzmatte erstellen

Eine Luminanzmatte ist dann gegeben, wenn die Helligkeitswerte einer Bildebene als Quelle für die Transparenzeinstellung in einer anderen Ebene verwendet werden. Es bietet sich daher an, als Matte ein Schwarzweißbild oder eine Graustufendatei bzw. einen Graustufenfilm zu verwenden. Dies kann beispielsweise ein Film zum Trennen der Vordergrund- von den Hintergrundbereichen eines Films sein.

After-Effects-Text als Matte

In After Effects erstellte Textebenen lassen sich ebenfalls als Matten für Videos verwenden. Zum Erstellen von Text in After Effects siehe Kapitel 16, »Texte erstellen und bearbeiten«.

Abbildung 18.23 ▼
In der Zeitleiste platzieren Sie die
Matte-Ebene über der Füllebene,
ganz wie bei der Erstellung einer
Alphamatte.

Das Verfahren, eine Luminanzmatte herzustellen, ist dasselbe wie das im vorigen Abschnitt beschriebene. Als einzigen Unterschied wählen Sie im Einblendmenü in der Spalte BEWMAS den Eintrag LUMA MATTE oder UMGEKEHRTE LUMA MATTE. Bei Letzterem werden nicht die schwarzen Pixel als Transparenzwerte verwendet, sondern umgekehrt die weißen.

18.2.3 Matte animieren

Während in einem Bild mit direktem oder integriertem Alphakanal die RGB-Kanäle mit dem Alphakanal in einer Datei verbunden sind, lässt sich die Matte im Nachhinein unabhängig von den RGB-Kanälen animieren oder austauschen.

Zur Animation einer Matte-Ebene stehen Ihnen alle Animationsmöglichkeiten von After Effects zur Verfügung. Probieren Sie doch einfach mal aus, die Matte-Text-Ebene, die Sie im Workshop »Das Bild im Text in Abschnitt 18.2.1, »Alphamatte erstellen«, verwendet haben, mit einer der Transformieren-Eigenschaften z. B. per Position oder per Rotation zu animieren, oder fügen Sie einen Animator hinzu, um Texteigenschaften zu variieren. Achten Sie dabei darauf, dass sich der Mattetext nicht außerhalb der Grenzen der Füllebene befindet, da er sonst angeschnitten erscheint.

18.2.4 Transparenz erhalten

Einen Beitrag zur Verwirrung leistet eventuell der Schalter TRANSPARENZ ERHALTEN, den wir uns hier etwas genauer anschauen. Der Schalter befindet sich im Ebenenmodifenster, das Sie gegebenenfalls über den entsprechenden Button ❷ einblenden. In der Zeitleiste von After Effects müssen sich mindestens eine Textebene und ein Video bzw. eine Bildebene befinden. Der Text muss dabei **unterhalb** der Bildebene platziert sein.

Anschließend können Sie in der Spalte »T« ❶ die Option TRANSPARENZ ERHALTEN für die über dem Text befindliche Bildebene aktivieren. Deckende Bereiche des Bildes werden anschließend nur dann angezeigt, wenn sie sich mit deckenden Bereichen der darunterliegenden Ebene oder Ebenen überlappen.

Wenn Sie weitere Ebenen unter der aktivierten Bildebene platzieren, werden weitere Teile der Bildebene sichtbar.

▲ **Abbildung 18.24**
Aktivieren Sie die Option TRANSPARENZ ERHALTEN in der Spalte »T«, damit deckende Bereiche der Bildebene in deckenden Bereichen der Textebene sichtbar sind.

▲ **Abbildung 18.25**
Eine Bildebene und eine Textebene wurden in der Zeitleiste übereinander platziert.

▲ **Abbildung 18.26**
Das Ergebnis, wenn die Option TRANSPARENZ ERHALTEN aktiviert wurde

18.3 Masken: Schon wieder Pfade

Eine Maske definiert wie eine Matte auch transparente und deckende Bereiche eines Bildes.

Ein **Maskenpfad** wird entweder als offener oder geschlossener Pfad erstellt. Damit eine Maske die Transparenz einer Ebene beeinflusst, muss sie geschlossen sein. In diesem Fall sind die Bereiche innerhalb des Pfads deckend, die äußeren transparent, durchsichtig dargestellt. In After Effects können Sie eine Vielzahl an Masken auf einer Ebene anlegen.

Mit Hilfe von Masken können Sie einem Material, das keinen Alphakanal enthält, transparente Bereiche hinzufügen. Ebenso ist das auch bei Material möglich, das bereits transparente Bereiche enthält.

Sobald Sie eine oder mehrere Masken erstellt haben, stehen Ihnen weitreichende Bearbeitungsmöglichkeiten offen. So können Sie die Form jeder Maske im Nachhinein verändern und animieren. Eine Maske kann außerdem an ihren Rändern weichgezeichnet werden. Durch unterschiedliche Deckkrafteinstellungen für mehrere Masken blenden Sie Teilbereiche eines Bildes ein und aus.

Über Maskenmodi lassen Sie Masken miteinander interagieren, was die Darstellung der sichtbaren Bildbereiche beeinflusst. Sie können Alphakanäle und Text in Masken konvertieren (mehr dazu folgt weiter hinten im Text). Sehr wichtig ist auch die Verwendung der Maskenpfade als Referenzpfad für bestimmte Effekte und Text.

Zu guter Letzt lassen sich Maskenpfade auch noch in Bewegungspfade umwandeln oder umgekehrt und dienen so auch als Referenzpfad für Ebenen. Zu Bewegungspfaden finden Sie Informationen in Abschnitt 11.2, »Die räumliche (geometrische) Interpolation und Bewegungspfade«.

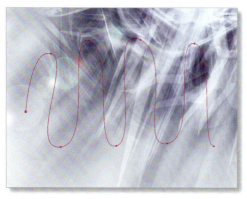

▲ **Abbildung 18.27**
Offene Maskenpfade können als Referenz für Effekte und Text dienen, schaffen aber keine transparenten Bildbereiche.

▲ **Abbildung 18.28**
Geschlossene Maskenpfade definieren transparente und deckende Bildbereiche.

18.3.1 Masken erstellen

Ihnen stehen sechs Wege offen, um Masken zu kreieren:

1. mit den Masken- bzw. Form-Werkzeugen
2. Alphakanäle in Masken konvertieren
3. numerisch mit der MASKENFORM-Dialogbox
4. Text in Masken konvertieren
5. Pfade aus Illustrator oder Photoshop verwenden
6. mit dem Grafiktablett

Gehen wir es praktisch an. Wie Sie mit den Masken- bzw. Form-Werkzeugen Masken und Maskenpfade erzeugen, erfahren Sie im folgenden Workshop.

Schritt für Schritt: Einfache Maskenformen erstellen

1 Vorbereitung

Um mit Maskenpfaden umgehen zu lernen, ist es am besten, mit wenigen und einfachen Maskenformen zu beginnen. Importieren Sie zunächst ein Bild, das Sie maskieren möchten, und ziehen Sie es in die Zeitleiste.

In der Werkzeugpalette stehen Ihnen erst einmal fünf einfache Möglichkeiten für die Erstellung von Maskenpfaden zur Verfügung. Sie finden dort Werkzeuge für rechteckige, ovale bis hin zu sternförmigen Masken und für offene oder geschlossene freie Maskenformen.

2 Rechteckige und ovale Masken

Wählen Sie in der Werkzeugpalette das Werkzeug für rechteckige Maskenformen. Wichtig ist, die zu maskierende Ebene zuerst zu markieren, da Sie sonst eine neue Formebene kreieren. Doch Formebenen sind erst später ein Thema. Markieren Sie also die zu maskierende Ebene, und ziehen Sie bei gedrückter Maustaste ein Rechteck im Kompositionsfenster auf. Damit erstellen Sie einen geschlossenen Maskenpfad, der standardmäßig gelb dargestellt wird. Wie Sie sehen, wird die Ebene nun innerhalb des Maskenpfads angezeigt und außerhalb transparent gestellt, so dass die Hintergrundfarbe Ihrer Komposition sichtbar wird.

Um eine **elliptische Maske** hinzuzufügen, wechseln Sie das Werkzeug, indem Sie mit gedrückter Maustaste länger auf das Rechteck-Werkzeug zeigen. Wiederholen Sie dann die oben genannten Schritte. Um schnell zwischen den verschiedenen Werkzeugen zu wechseln, drücken Sie die Taste Q.

▲ **Abbildung 18.29**
Wenn Sie die Maustaste auf dem Rechteck-Werkzeug gedrückt halten, können Sie im Menü weitere Masken-Werkzeuge wählen.

Masken proportional skalieren

Um eine Maske proportional zu skalieren, ziehen Sie die Maske auf und drücken währenddessen die ⇧-Taste. Wenn Sie zusätzlich die Strg-Taste verwenden, wird die Maske außerdem von ihrem Mittelpunkt her aufgezogen. Dieser liegt beim Erstellen der Maske genau dort, wo Sie zuerst ins Bild geklickt haben.
Stern- und polygonförmige Masken werden standardmäßig immer proportional und vom zuerst geklickten Punkt her aufgezogen.

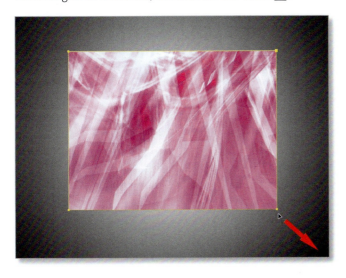

◄ **Abbildung 18.30**
Bei gedrückter Maustaste lässt sich eine Maske im Kompositionsfenster aufziehen.

3 Weitere Maskenformen

Die mit After Effects CS3 neu hinzugekommenen Maskenformen ABGERUNDETES RECHTECK, POLYGON-WERKZEUG und STERN-WERKZEUG erstellen Sie grundsätzlich wie die anderen beiden Maskenformen. Beim Stern-Werkzeug können Sie den Stern noch mit spitzeren oder stumpferen Zacken ausstatten. Dazu ziehen Sie zunächst bei gedrückter Maustaste die Sternmaske auf und nehmen dann die Taste ⎡Strg⎤ hinzu. Ziehen Sie nun weiter die Form auf, bleibt der Stern in seiner Größe bestehen; nur die Zacken ändern sich.

Abbildung 18.31 ▶
Zu den Maskenformen gehört die Sternform.

4 Offene und geschlossene Masken

Um einen frei geformten offenen oder geschlossenen Maskenpfad anzulegen, benötigen Sie das Zeichenstift-Werkzeug.

Markieren Sie die zu maskierende Ebene, und klicken Sie mit dem Zeichenstift-Werkzeug darauf. Es entsteht ein erster Maskenpunkt. Klicken Sie mit etwas Abstand dazu weitere Male, um einen Pfad zu zeichnen. Die Pfadsegmente bestehen standardmäßig aus Geraden. Möchten Sie einen Maskenpfad mit Bézier-Kurven anlegen, ist nichts weiter nötig, als an jedem neu erstellten Punkt bei gedrückter Maustaste zu ziehen. Mit der aus dem Punkt gezogenen Tangente biegen Sie den Maskenpfad. Der Pfad wird erst dann geschlossen und maskiert die Ebene, wenn Sie **ein weiteres Mal** auf den **ersten** Maskenpunkt klicken.

Sie wundern sich vielleicht, warum ein Pfad als offene Maske, die keine Transparenzen definiert, geschaffen werden kann. Das liegt daran, dass Maskenpfade auch als Referenz für Effekte, Texte und Ebenen dienen können. Allerdings dienen dazu sowohl geschlossene als auch offene Pfade.

▲ **Abbildung 18.32**
Mit dem Zeichenstift-Werkzeug erstellen Sie offene und geschlossene Maskenpfade.

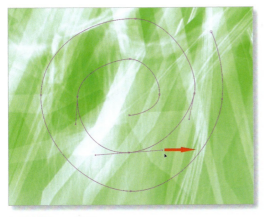

▲ **Abbildung 18.33**
Wenn Sie bei gedrückter Maustaste an einem Maskenpunkt ziehen, entstehen Tangenten, über die sich der Pfad biegen lässt.

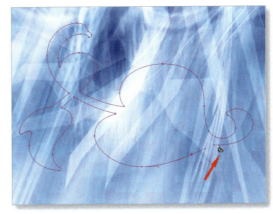

▲ **Abbildung 18.34**
Ein kleiner Kreis neben dem Zeichenstift-Werkzeug zeigt, dass der Maskenpfad beim Klick auf den zuerst gesetzten Maskenpunkt geschlossen wird.

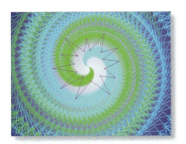

▲ **Abbildung 18.35**
Der Effekt RADIOWELLE bedient sich der Maskenform, um daraus sich ausbreitende Wellen zu generieren.

▲ **Abbildung 18.36**
Der Effekt AUDIO-WELLENFORM stellt hier die Audiodaten einer Tondatei entlang eines Maskenpfads dar.

▲ **Abbildung 18.37**
Der Effekt VEGAS orientiert sich hier an einem Maskenpfad. ■

18.3.2 Bearbeitung von Masken

Wie Sie schon gesehen haben, ist es möglich, nicht nur eine Maske pro Ebene anzulegen. Auf den nächsten Seiten erfahren Sie schrittweise in einem Workshop, wie Sie mit Maskenpfaden und Maskenpunkten umgehen. Mit dem Zeichenstift-Werkzeug arbeiten Sie wie mit einer Schere, die Formen aus Papier ausschneidet. Doch vorher schauen wir noch in die Voreinstellungen.

Pfadpunkte anpassen | Seit CS5 können Sie in After Effects endlich die Größe der Pfadpunkte einstellen. Diese waren bisher mit etwas mehr als einem Pixel Größe winzig klein. Gehen Sie also den Weg BEARBEITEN • VOREINSTELLUNGEN • ALLGEMEIN, und setzen Sie den Wert bei GRÖSSE DES PFADPUNKTS entsprechend Ihren Anforderungen, z. B. auf 5 oder 7. Den Maximalwert 15 benötigen Sie nur bei einer höheren Brillenstärke.

Masken ein- und ausblenden

Masken blenden Sie über den Button MASKEN ANZEIGEN im Kompositionsfenster (vierter Button von links) ein und aus.

Die Größe der Pfadpunkte betrifft auch Bewegungspfade. Allerdings werden die Anfasser im Diagrammeditor zur Geschwindigkeitssteuerung nicht beeinflusst und bleiben weiterhin winzig.

Übrigens: Sie müssen Pfadpunkte nicht mehr haargenau treffen. Es genügt, in der Nähe des Punkts zu klicken.

Schritt für Schritt: Scherenschnitt – Maskenpfade

1 **Vorbereitung**

Schauen Sie sich zuerst das Movie »scherenschnitt.mov« aus dem Ordner 18_MASKEN/SCHERENSCHNITT an, das wir gemeinsam neu erstellen werden. Importieren Sie anschließend aus demselben Ordner die Dateien »chinoise.psd«, »geisha1.psd« und »geisha2.psd«. Legen Sie eine Komposition in der Größe 768 × 576 mit einer Dauer von 12 Sekunden an.

Die Dateien »geisha1« und »geisha2« habe ich bereits freigestellt. Die Datei »chinoise« werden wir als Nächstes so ausschneiden, dass wir daraus eine Vordergrund-, eine Mittelgrund- und eine Hintergrundebene erhalten. Dazu benötigen wir »chinoise« dreimal in der Zeitleiste. Nennen Sie die Ebenen »chinoise HG« für den Hintergrund, »chinoise MG« für den Mittel- und »chinoise VG« für den Vordergrund.

▼ **Abbildung 18.38**
Die Datei »chinoise« wird dreimal in der Komposition benötigt – als Vorder-, Mittel- und Hintergrund.

2 **Erste Vordergrundmaske zeichnen**

Zum Erstellen einer freien Maskenform verwenden Sie das Zeichenstift-Werkzeug. Setzen Sie damit einen Maskenscheitelpunkt nach dem anderen, um einen Maskenpfad zu definieren.

Zeichnen Sie mit dem Zeichenstift-Werkzeug zuerst einen Pfad um die sitzende Figur im Vordergrund. Achten Sie darauf, nicht zu viele Maskenscheitelpunkte zu verwenden. Wenn die Rundungen jetzt noch nicht hundertprozentig an die Kontur angepasst sind, macht das nichts. Das lässt sich später noch korrigieren.

Es ist sinnvoll, die Punkte auf markante Eckpunkte im Bild zu setzen. Sie können dabei die **Darstellungsgröße zoomen**, indem Sie z. B. mit dem Zoom-Werkzeug ins Bild klicken.

Wenn Sie einen Maskenscheitelpunkt setzen und dann gleichzeitig ziehen, erhalten Sie zwei miteinander verbundene Tangenten, mit denen sich der Pfad biegen lässt. Um die Tangenten

Ansicht verschieben

Mit der Leertaste blenden Sie unabhängig davon, welches anderes Werkzeug gerade ausgewählt ist, temporär das Hand-Werkzeug ein, um die Ansicht im Kompositionsfenster zu verschieben.

einzeln zu bearbeiten, klicken und ziehen Sie mit dem Cursor am Endpunkt der Tangente.

◄ **Abbildung 18.39**
Für den Vordergrund werden zwei Masken – eine für den Tisch, eine für die Figur – geschaffen, die hier unterschiedlich eingefärbt sind.

Wie Sie sicher bemerkt haben, wechselte auch der Cursor. Wenn Sie die Maustaste über dem Zeichenstift-Werkzeug in der Werkzeugpalette gedrückt halten, finden Sie sämtliche Pfad-Werkzeuge. Das Scheitelpunkt-konvertieren-Werkzeug dient dazu, zwischen Eck- und Kurvenpunkt umzuschalten, wenn Sie auf einen Maskenscheitelpunkt klicken. Ziehen Sie damit an einer Tangente, wird diese von einer verbundenen zu zwei einzeln bearbeitbaren Tangenten umgeschaltet. Sie können die Werkzeuge übrigens auch auf Bewegungspfade anwenden.

◄ **Abbildung 18.40**
Ein freier Maskenpfad wird mit dem Zeichenstift-Werkzeug geschaffen und mit den anderen Werkzeugen im Einblendmenü bearbeitet.

Schließen Sie die Maske durch einen Klick auf den ersten Maskenpunkt. Wenn Sie die darunterliegenden Ebenen ausblenden, können Sie die freigestellte Figur bewundern. Außer der Figur wurde alles ausgeblendet, auch der Tisch, um den wir uns später kümmern. Damit die Figur nachher nicht eckig ausgeschnitten ist, sollten Sie den Pfad mit Bézier-Kurven an Rundungen anpassen. Hierfür ist ein wenig Übung nötig – im nächsten Schritt erfahren Sie mehr dazu.

◄ **Abbildung 18.41**
Die Tangenten eines Maskenscheitelpunkts werden mit dem Scheitelpunkt-konvertieren-Werkzeug von verbundenen in unabhängige Tangenten umgeschaltet.

3 | Maske nachträglich bearbeiten

Sie sind mit den Maskenpfaden noch nicht zufrieden? Sie können sie sofort verbessern. Ist ein Maskenscheitelpunkt markiert, erscheinen wieder die Tangenten und können mit Auswahl- und Pfad-Werkzeugen bearbeitet werden. Maskenscheitelpunkte, die Sie nachträglich verändern wollen, lassen sich sehr einfach mit dem Auswahl-Werkzeug markieren und verschieben.

Mit dem Auswahl-Werkzeug lassen sich **mehrere Maskenpunkte auswählen**, indem Sie ein Rechteck über den Punkten aufziehen. Dazu ist es manchmal nötig, die Maske zuvor in der Zeitleiste zu markieren. Klicken Sie dort auf den Namen der Maske, und ziehen Sie dann einen Rahmen über den gewünschten Punkten auf.

Haben Sie mehrere Maskenpunkte ausgewählt, können Sie diese **frei transformieren**. Dazu wählen Sie im Menü EBENE • MASKIEREN • FREIE TRANSFORMATIONSPUNKTE oder ⒮⒯⒭⒢+⒯. Noch einfacher ist ein Doppelklick auf einen der markierten Maskenpunkte.

Klicken Sie nun einfach in das eingeblendete Rechteck und verschieben Sie die Maskenpunkte gemeinsam. Skalieren oder drehen Sie die ausgewählten Punkte, indem Sie an einer Randmarkierung ziehen. Achten Sie auf den Cursorwechsel, wenn Sie die Maus über den Rahmen und die Markierungen darin bewegen. Drehungen beziehen sich auf den kleinen Punkt in der Mitte, der angeklickt und verschoben werden kann. Per Doppelklick ins Rechteck bestätigen Sie die Änderung.

▲ **Abbildung 18.42**
Maskenpunkte wählen Sie zur Bearbeitung aus, indem Sie einen Rahmen über den Punkten aufziehen.

▲ **Abbildung 18.43**
Ausgewählte Maskenpunkte können frei transformiert werden.

4   Masken im Ebenenfenster

Masken können Sie im Kompositions- und im Ebenenfenster bear-
beiten. Da wir die Maske für die Figur geschlossen haben, wird der
Tisch, der ebenfalls freigestellt werden soll, nicht mehr angezeigt.
Es ist hier sinnvoll, im Ebenenfenster weiterzuarbeiten.

    Um **Masken im Ebenenfenster** zu **bearbeiten**, wählen Sie
eine der folgenden Möglichkeiten:

▶ Markieren Sie die Ebene »chinoise VG« in der Zeitleiste, und
wählen Sie dann EBENE • EBENE ÖFFNEN, oder klicken Sie die
Ebene einfach doppelt an. Die Ebene wird als gesonderte
Registerkarte über dem Kompositionsfenster angezeigt. Um
den gesamten Bildinhalt der Ebene plus Masken anzuzeigen,
entfernen Sie das Häkchen bei RENDERN ❶. Jetzt können Sie
den Pfad für den Tisch erstellen.

▶ Manchmal ist es bequemer, Maskenpunkte im Ebenenfenster
auszuwählen. Wenn Sie doch lieber im »normalen« Kompositionsfenster arbeiten, wechseln Sie über die Registerkarte dorthin. Wenn Ihre Kompositionen sinnvoll benannt sind, bereitet
das keine Probleme.

◀ **Abbildung 18.44**
In der Registerkarte EBENE ist die
Bearbeitung der Masken manch-
mal einfacher als im
Kompositionsfenster.

5   Maske für die Mitte der Komposition

Jetzt haben Sie schon einiges gelernt, und die Maske für die Mitte
unserer Komposition sollte Ihnen leichter fallen. Schalten Sie zuerst
das Augen-Symbol der obersten Vordergrundebene aus, und wählen Sie MASKE SCHÜTZEN ❷.

Übrigens lassen sich **geschützte Masken ausblenden**, was sinnvoll ist, da Sie diese Masken ja nicht mehr bearbeiten. Wenn Sie das Schloss-Symbol gewählt haben, wählen Sie anschließend EBENE • MASKIEREN • GESCHÜTZTE MASKEN AUSBLENDEN.

Erstellen Sie anschließend die Maske wie in Abbildung 18.45.

Abbildung 18.45 ▶
Fertig bearbeitete Masken lassen sich mit dem Schloss-Symbol schützen.

Abbildung 18.46 ▶
Die Maske sollte ähnlich wie hier aussehen.

6   Maske für den Hintergrund

Recht einfach haben wir es mit dem Hintergrund. Wir sparen uns Zeit, indem wir die eben erstellte Maske von der Mitte auf den Hintergrund kopieren. Öffnen Sie hierzu die mittlere Ebene, »chinoise MG«, in der Zeitleiste, und wählen Sie dort die Maskeneigenschaften. Sie können auch die Taste [M] verwenden, um die Maske einzublenden.

Sie entdecken die MASKE 1. Um **sämtliche Maskenpunkte auszuwählen und zu kopieren**, markieren Sie einfach das Wort MASKE 1. Wählen Sie anschließend BEARBEITEN • KOPIEREN. Um die Maske auf der Hintergrundebene einzufügen, markieren Sie die Ebene »chinoise HG« und wählen BEARBEITEN • EINFÜGEN.

Einen separaten Hintergrund haben wir jetzt allerdings noch immer nicht. Öffnen Sie also die Maskeneigenschaften der Hintergrundebene, und setzen Sie ein Häkchen bei UMGEKEHRT ❸. Daraufhin werden die Pixel **außerhalb** des Maskenpfads deckend dargestellt.

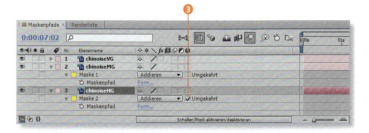

◄ **Abbildung 18.47**
Die »Mittelgrund-Maske« wird
kopiert, in die Ebene »chinoise
HG« eingefügt und mit der
Option UMGEKEHRT verwendet.

◄ **Abbildung 18.48**
Die umgekehrte Maske im
Kompositionsfenster

7 Animation

Wir sind so weit und können als Nächstes »geisha1« und »geisha2«
auftreten lassen. Setzen Sie zuerst die Zeitmarke auf den Zeitpunkt
02:15. Ziehen Sie dann »geisha1« in die Zeitleiste direkt auf die
Zeitmarke, um die Ebene an diesem Zeitpunkt beginnen zu lassen.
Platzieren Sie die Ebene unter der Ebene »chinoise VG«.

▼ **Abbildung 18.49**
Die Ebene »geisha1« animieren
Sie mit Positions-Keyframes.

Damit »geisha1« durchs Bild »läuft«, müssen wir noch Positions-
Keyframes setzen. Öffnen Sie dafür die Positionseigenschaft der
Ebene mit der Taste P, und setzen Sie den ersten Keyframe bei
02:15, indem Sie auf das Stoppuhr-Symbol klicken.

Klicken Sie die Ebene im Kompositionsfenster an, und verschieben Sie sie nach links außerhalb der Komposition (Abbildung 18.50). Die »geisha1« hat dort noch zu tun, bevor sie ins
Bild kommt. Den zweiten Keyframe setzen Sie dann bei 07:00,
indem Sie erneut die Ebene verschieben, bis »geisha1« wie in
Abbildung 18.51 positioniert ist.

Abbildung 18.50 ▶
Auf dem ersten Keyframe platzieren Sie die Geisha links außerhalb der Komposition.

Abbildung 18.51 ▶
Hier bleibt die Geisha kurz stehen, bevor sie rechts aus dem Bild verschwindet.

Sie können die Positionswerte auch numerisch setzen, indem Sie auf die XY-Koordinatenwerte bei der Positionseigenschaft klicken und dort folgende Werte eintragen: erster Keyframe:»–164«, »286«; zweiter Keyframe: »447«, »286«. Bestätigen Sie dann mit ⏎. Die Geisha bleibt kurz stehen und verschwindet dann nach rechts.

Um die Bewegung kurz anzuhalten, kopieren Sie den Positions-Keyframe bei 07:00 und setzen ihn bei 07:21 ein. Den letzten Keyframe benötigen wir bei 10:13 mit den Positionswerten »927« und »286«. Damit sich keine unerwünschten Bewegungen im Positionspfad ergeben, markieren Sie alle Keyframes per Klick auf das Wort POSITION und wählen dann ANIMATION • KEYFRAME-INTERPOLATION. Im Dialogfeld suchen Sie unter GEOMETRISCHE INTERPOLATION den Eintrag LINEAR aus und bestätigen mit OK.

In dem Projekt auf der DVD habe ich außerdem die Zeitkurven der Positionseigenschaft bearbeitet. Wie Sie das machen, erfahren Sie ausführlich in Abschnitt 11.3.3, »Geschwindigkeitskurven bearbeiten«.

Animation der »geisha2«

Jetzt zu »geisha2«: Positionieren Sie die Zeitmarke bei 06:08, und ziehen Sie die Ebene »geisha2« direkt auf die Zeitmarkierung. Platzieren Sie die Ebene unter die Mittelgrundebene »chinoise MG«.

Setzen Sie den ersten Keyframe für die Positionseigenschaft bei 06:08 auf die Werte »932« und »297«, den zweiten Keyframe bei 07:00 auf die Werte »712« und »297«. Geisha 2 bleibt auf ein paar Worte bei Geisha 1 stehen. Kopieren Sie den Keyframe bei 07:00, und fügen Sie ihn bei 07:15 ein. Den letzten Keyframe setzen Sie bei 11:22 auf die Werte »–116« und »297«.

Wählen Sie unter KEYFRAME-INTERPOLATION wieder LINEAR. Sie haben es geschafft! Die in diesem Workshop angewendeten Effekte lernen Sie in Kapitel 19, »Erweiterte Bearbeitungsmöglichkeiten mit Effekten«, kennen. Für den Hintergrund habe ich den Effekt EINFÄRBEN verwendet und für den Vordergrund den Effekt VEGAS.

▼ **Abbildung 18.52**
Die fertige Animation in der Zeitleiste

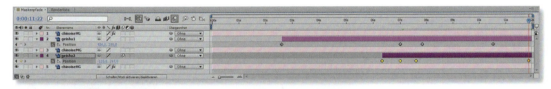

◄ **Abbildung 18.53**
In der fertigen Animation bleiben die zwei Geishas kurz voreinander stehen. ■

18.3.3   RotoBézier-Masken

Nachdem Sie nun eine Menge Übung im Zeichnen von Bézier-Masken mit dem Zeichenstift-Werkzeug haben, können Sie sich in Zukunft die Arbeit erleichtern, indem Sie die ROTOBÉZIER-Option zum Zeichnen verwenden. Mit dieser Option werden nur Maskenpunkte entlang einer Kontur gesetzt. Zwischen den einzelnen Maskenpunkten werden automatisch Kurvensegmente geschaffen, die annähernd der Kontur entsprechen, wenn Sie genügend Maskenpunkte setzen. Tangenten entstehen dabei nicht, da diese automatisch berechnet werden. Anschließend können Sie das Ergebnis noch bearbeiten, indem Sie die Spannung von Maskenpunkten verändern. Das heißt, Sie können den Pfad eckiger oder gebogener gestalten.

Schritt für Schritt: Samurai – RotoBézier-Maske erstellen

1 **Vorbereitung**

Importieren Sie aus dem Ordner 18_MASKEN/ROTOBEZIER die Datei »samurai.psd«. Ziehen Sie die importierte Datei auf das Kompositions-Symbol im Projektfenster, um eine Komposition in der Größe der importierten Datei anzulegen. Um die Option RotoBézier zu aktivieren, klicken Sie bei aktivem Zeichenstift-Werkzeug auf das kleine Häkchen.

Abbildung 18.54 ▶
Mit der RotoBézier-Option lassen sich komfortabel Bézier-Masken erstellen.

2 **RotoBézier-Pfad für den Samurai**

Erstellen Sie, wenn Sie die RotoBézier-Option aktiviert haben, durch einfaches fortlaufendes Klicken entlang der Kontur des in der Mitte sitzenden Samurais einen Bézier-Pfad. Schließen Sie die Maske wie gewohnt per Klick auf den ersten Maskenpunkt.

Abbildung 18.55 ▶
Ein mit der RotoBézier-Option erstellter Maskenpfad passt sich automatisch an die Kontur an, ohne mit Tangenten arbeiten zu müssen.

3 **Spannung der Maskenpunkte einstellen**

Der Pfad zwischen den Maskenscheitelpunkten kann in weichen Kurven oder in Geraden verlaufen. Bei RotoBézier-Masken regeln Sie dies über die Spannung des Pfads. Bei einer geringen Spannung sind die Kurven weicher. Um die Spannung des entstandenen Maskenpfads einzustellen, aktivieren Sie zunächst das Scheitelpunkt-konvertieren-Werkzeug, wählen dann einen oder mehrere Punkte mit dem Werkzeug aus und ziehen anschließend den Cursor über einem Maskenpunkt nach rechts oder links. Sie konvertieren damit die Punkte von Bézier- in Eckpunkte. Die Info-Palette, die Sie mit `Strg`+`2` einblenden, zeigt die von Ihnen gewählte Spannung an. Ein Wert von 100 entspricht einem Eckpunkt. Kleinere Werte führen zu einer Biegung der Pfadsegmente. In den Abbildungen 18.56 und 18.57 sehen Sie hierfür ein etwas deutlicheres Beispiel als unseren Samurai.

Außerdem lassen sich Maskenpunkte mit dem Scheitelpunkt-konvertieren-Werkzeug schnell zwischen Bézier- und Eckpunkt umschalten. Klicken Sie dazu einfach, ohne zu ziehen, abwechselnd auf einen ausgewählten Punkt.

Werkzeuge schnell wechseln

Sie können die Werkzeuge für die Pfadbearbeitung schnell wechseln, indem Sie die Taste `G` verwenden, wenn eines der Werkzeuge ausgewählt ist.

▲ **Abbildung 18.56**
Die Spannung der Maskenpunkte beträgt hier 0.

▲ **Abbildung 18.57**
Die Spannung der Maskenpunkte beträgt hier 100.

4 **Masken im Nachhinein in RotoBézier-Masken umwandeln**

Sie können Masken, die Sie nicht mit der RotoBézier-Option erstellt haben, im Nachhinein in RotoBézier-Masken umwandeln. Dazu markieren Sie einen oder mehrere Maskenpunkte und wählen im Menü Ebene • Pfade für Masken und Formen • RotoBézier. Die mit den Tangenten vorgenommenen Einstellungen werden dann allerdings leicht verändert.

Um eine RotoBézier-Maske in eine Standardmaske zu konvertieren, wählen Sie den gleichen Weg. ■

Bevor wir mit dem nächsten Workshop starten, noch ein paar weitere Informationen zum Arbeiten mit Masken.

18.3.4 Öffnen und Schließen von Masken

Wenn Sie einmal eine zittrige Hand haben und den ersten Maskenpunkt zum Schließen einer Maske nicht treffen können, steht Ihnen dazu folgender Weg offen: Wählen Sie die Maske in der Zeitleiste aus, und nehmen Sie den Weg Ebene • Pfade für Masken und Formen • Geschlossen.

Umgekehrt öffnen Sie eine geschlossene Maske, indem Sie ein Pfadsegment auswählen (Klick auf den Pfad zwischen zwei Punkten) und den gleichen Weg wie oben nachvollziehen.

18.3.5 Die Option »Pausstift«

Wenn Sie freigestelltes (also transparentes) Material in After Effects verwenden, können Sie mit dem Pausstift aus dem Alphakanal Maskenpfade generieren. Der Pausstift ähnelt dem Zauberstab in Adobe Photoshop. Anstelle einer Auswahl werden Masken entlang der Konturen im Alphakanal angelegt. Die eigentlich als Pixelinformation vorliegende Transparenz wird in eine Vektorinformation umgewandelt. Diese Möglichkeit erspart Ihnen ganz besonders bei transparentem animiertem oder gefilmtem Material viel Arbeit, da die Maskenpfade pro Frame generiert werden, sich also an die veränderten Bildbereiche anpassen. Außerdem können Sie die Luminanzinformation (den Rot-, Grün- und Blaukanal) einer Ebene als Quelle nutzen, um Masken daraus zu generieren.

Zur Optimierung des Pfads stehen außerdem einige Optionen bereit. Die Maskenpfade können Sie im Nachhinein für verschiedene Effekte oder Text verwenden.

Schritt für Schritt: Drachenpfad – Alphakanal abpausen

1 **Vorbereitung**

Auf der DVD zum Buch finden Sie im Ordner 18_Masken/Erde einen bereits freigestellten Film, auf den Sie den Befehl Pausstift anwenden können. Importieren Sie dazu den Film »erde.mov«, und ziehen Sie ihn dann auf das Kompositions-Symbol im Projektfenster, um eine Komposition in der Größe und Dauer des Films zu erstellen.

2 **Pausstift anwenden und Einstellungen**

Markieren Sie die Erde-Ebene in der Zeitleiste, und wählen Sie dann Ebene • Pausstift. In der erscheinenden Dialogbox Pausstift legen Sie über die TOLERANZ ➍ fest, wie genau die Masken der Kontur entsprechen. Bei niedrigen Werten erzielen Sie die höchste Genauigkeit, allerdings werden auch kleine Störungen als Masken nachgezeichnet.

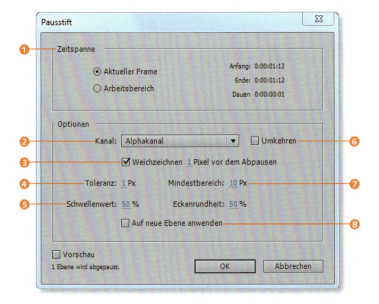

◄ **Abbildung 18.58**
Im Dialog PAUSSTIFT legen Sie unter anderem fest, wie genau das Abpausen erfolgen soll.

Der KANAL ➋ ist standardmäßig auf ALPHAKANAL eingestellt. Sie können im Popup-Menü auch den Rot-, Grün- oder Blaukanal und die Luminanz als Quelle für die zu generierenden Masken wählen. WEICHZEICHNEN ➌ verwenden Sie, um kleinere Störungen im Alphakanal vor dem Abpausen zu nivellieren. Kleine Werte sind dazu meist vollkommen ausreichend, z. B. 1 PIXEL VOR DEM ABPAU-SEN.

Der SCHWELLENWERT ➎ erweitert oder verringert die nach-zuzeichnende Matte und dient ebenfalls zur genauen Anpassung der Masken an die gewünschte Kontur. Sollen die Masken auf einer neuen Ebene angelegt werden, erstellt Ihnen After Effects diese automatisch, wenn Sie AUF NEUE EBENE ANWENDEN ➑ akti-vieren. Lassen Sie diese Option vorerst deaktiviert.

Sie können vor dem Abpausen die Mattekontur UMKEHREN ➏. Welche Konturen ausgewählt sind, sehen Sie dann, wenn Sie die VORSCHAU aktivieren. Sie können außerdem verhindern, dass sehr kleine und viele Masken entstehen, indem Sie den Wert bei MINDESTBEREICH ➐ erhöhen. Masken, die kleiner wären als der angegebene Pixelwert, werden gar nicht erst erstellt. Tragen Sie hier einen Wert von etwa 10 oder 15 ein. Die Prozentangabe bei ECKENRUNDHEIT gibt an, wie abgerundet die Maskenpfade an Scheitelpunkten erscheinen.

Über die Optionen im Feld ZEITSPANNE ❶ legen Sie fest, ob nur der AKTUELLE FRAME an der Position der Zeitmarke abgepaust werden soll oder bei animiertem Material der festgelegte ARBEITSBEREICH. In unserem Falle wählen Sie also die Option ARBEITSBEREICH.

3 Der Abpausvorgang

Bestätigen Sie den Dialog mit OK. Der Fortgang des Abpausens wird in der Info-Palette angezeigt. Es kann etwas dauern. Nach dem Abpausen sind eine ganze Reihe Masken (manchmal weit mehr, als Sie benötigen) in der Zeitleiste entstanden. Es hängt ganz von den getroffenen Einstellungen im Dialog ab.

Für jeden Frame, in dem sich die Maske verändert, hat der PAUSSTIFT in der abgepausten Ebene einen Maskenpfad-Keyframe gesetzt. Häufig generiert der Pausstift mehr Maskenpfade, als benötigt werden. Diese löschen Sie anschließend, oder Sie machen die Aktion rückgängig und wiederholen den Abpausvorgang mit anderen Optionen.

▼ Abbildung 18.59
PAUSSTIFT generiert häufig mehr Masken, als Sie benötigen. Für jeden Frame, in dem sich die Formen im Alphakanal ändern, wurde ein Maskenpfad-Keyframe gesetzt.

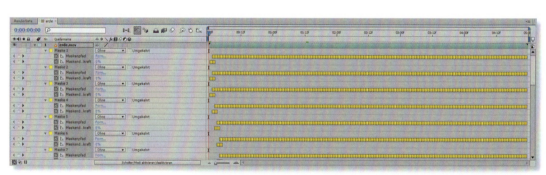

Abbildung 18.60 ▶
Diese Abbildung zeigt die Alphainformation des Drachenfilms. Schwarze Bereiche sind transparent, weiße deckend dargestellt. Die Konturen im Alphakanal wurden mit dem Pausstift in Masken konvertiert.

Sie können anschließend Effekte oder Text auf die generierten Maskenformen anwenden. Das fertige Beispiel für diesen Workshop befindet sich im Ordner 18_MASKEN/ERDE im Projekt »alphaabpausen.aep«.

Lesen Sie dazu mehr in Abschnitt 17.7, »Text und Masken«. Interessant sind auch die Möglichkeiten, die in Abschnitt 19.4.6, »Effekte am Pfad«, beschrieben werden.

◄ **Abbildung 18.61**
Bei animierten Sequenzen passt PAUSSTIFT die Maske(n) an die neuen Formen im Alphakanal an.

◄ **Abbildung 18.62**
Auf die mit der Funktion PAUSSTIFT generierten Maskenpfade lassen sich Effekte anwenden, wie hier der Effekt VEGAS. ■

18.3.6 Maskenformen numerisch ändern

Wenn Sie eine Maske erstellt haben, können Sie ihre Form zwischen Rechteck, Ellipse und Bézier ändern und numerisch Werte für die Größe der Maske festlegen. Sie finden die Dialogbox MASKENFORM in der Zeitleiste, indem Sie auf FORM ⑨ klicken.

▼ **Abbildung 18.63**
Durch einen Klick auf FORM öffnen Sie den Dialog MASKENFORM, um Masken numerisch zu bestimmen.

Die numerischen Werte in der Box beziehen sich auf den linken und auf den oberen Rand der Komposition. Wenn Sie also die Maske 10 Pixel vom oberen Rand beginnen und 350 Pixel vom oberen Rand enden lassen wollen, tragen Sie bei OBEN den Wert »10« und

▲ **Abbildung 18.64**
In der MASKENFORM-Dialogbox können Sie die Form der Maske nachträglich ändern.

bei UNTEN den Wert »350« ein. Geben Sie bei LINKS »20« und bei RECHTS »200« ein, wenn Sie die Maske 20 Pixel vom linken Rand beginnen und 200 Pixel vom linken Rand enden lassen wollen.

▲ **Abbildung 18.65**
Die Werte aus der Dialogbox MASKENFORM wurden hier auf eine Maske angewandt.

18.3.7 Form einer Maske ersetzen

Im Ebenenfenster können Sie jede Maske über das Popup-Menü ZIELMASKE ❶ auswählen. Die von mir erstellte Maske heißt »kugel«. Wenn die Maske »kugel« im Popup-Menü unter dem Eintrag ZIEL ausgewählt und danach eine x-beliebige neue Maske erstellt wird, so wird die als Ziel gewählte Maske durch die neue ersetzt. Haben Sie ZIEL: OHNE gewählt, wird die Maske nicht ersetzt, sondern eine neue hinzugefügt.

Abbildung 18.66 ►
Über das Popup-Menü ZIELMASKE können Sie bereits erstellte Masken auswählen und ersetzen.

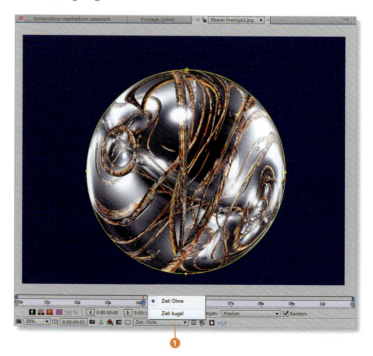

18.3.8 Ebene hinter einer Maske verschieben

Haben Sie erst einmal eine Maske gezeichnet und möchten Sie dann doch lieber einen anderen Ausschnitt der Ebene zeigen, müssen Sie die Maske nicht neu erstellen oder verschieben. Das Ausschnitt-Werkzeug hilft weiter. Klicken Sie damit in die Ebene, und ziehen Sie Ihr Bild an den gewünschten Platz.

▲ Abbildung 18.67
Das Ausschnitt-Werkzeug hat mehrere Funktionen: Verschieben Sie Ebenen hinter Masken, den Ankerpunkt einer Ebene oder Videomaterial in einer geschnittenen Ebene.

◄ Abbildung 18.68
Um den gewünschten Bildausschnitt zu sehen, müssen Sie die Ebene erst noch hinter der Maske verschieben.

◄ Abbildung 18.69
Voilà!

18.3.9 Maskeneigenschaften animieren

After Effects bietet Ihnen vielfältige Animationsmöglichkeiten für Masken an. Jede Maske in der Zeitleiste verfügt über mehrere Maskeneigenschaften, die Sie wie alle anderen Eigenschaften über Keyframes animieren können.

Im folgenden Workshop werde ich Sie mit den Maskeneigenschaften vertraut machen. Masken bieten Ihnen nämlich noch viel mehr Möglichkeiten. Außer der Möglichkeit, Teile von Ebenen freizustellen, können Sie Eigenschaften wie die Maskendeckkraft und die Maskenform animieren. Wenn Sie später Kapitel 19 durchgelesen haben, werden Sie durch die Kombination von Masken mit Effekten viele spannende Möglichkeiten entdecken. Es empfiehlt sich, zuvor den Workshop »Scherenschnitt – Maskenpfade« durchzuarbeiten.

Schritt für Schritt: Maskenball – Maskeneigenschaften

1 **Vorbereitung**

Schauen Sie sich zunächst das Movie »maskenball« aus dem Ordner 18_MASKEN/MASKENBALL an. Öffnen Sie das vorbereitete Projekt »maskenball.aep«. Es enthält eine Komposition in der PAL-Einstellung D1/DV, die Dateien »001.psd« bis »003.psd« und »BG.psd«.

Letztere liegt bereits als Hintergrundbild in der Komposition und enthält Masken in Textform, die ich aus einer Textebene generiert habe. Wie das geht, lesen Sie in Abschnitt 17.7.3, »Formen und Masken aus Text erstellen«, nach. Die anderen drei Dateien sind noch ausgeblendet und enthalten ebenfalls Maskenpfade, die ich in Photoshop erstellt und über die Zwischenablage in die Ebenen eingefügt habe.

2 **Maskenmodi**

Zunächst blenden Sie die Masken der »BG«-Ebene in der Zeitleiste ein. Markieren Sie dazu die Ebene, und drücken Sie die Taste M. Ich habe allen Masken bereits Namen gegeben. Zum Umbenennen der Masken klicken Sie auf den Namen und betätigen ↵ im Haupttastaturfeld.

Neben jeder Maske befindet sich in der Spalte SCHALTER/MODI ein Popup-Menü mit verschiedenen wählbaren Maskenmodi. Normalerweise ist hier ADDIEREN eingestellt. Wenn Sie OHNE zuweisen, wird die Maskierung wirkungslos.

In den folgenden Abbildungen finden Sie eine Beispiel-Darstellung der verschiedenen Maskenmodi. Für unseren Workshop ist es notwendig, dass Sie den Maskenmodus für folgende Masken auf SUBTRAHIEREN setzen: »D«, »R«, »E«, »A« und »M«. Dadurch werden diese Masken von der großen Maske namens »gesamt« abgezogen, und der Hintergrund wird sichtbar, und zwar in Form des Schriftzugs »Dream«.

Abbildung 18.70 ▶
Neben jeder Maske befindet sich ein Einblendmenü mit den Maskenmodi.

▲ **Abbildung 18.71**
Masken im Modus ADDIEREN

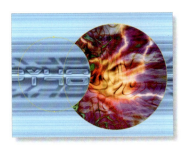

▲ **Abbildung 18.72**
Die linke Maske wurde auf den
Modus SUBTRAHIEREN eingestellt.

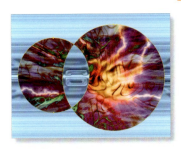

▲ **Abbildung 18.73**
Beiden Masken ist der Modus
DIFFERENZ zugewiesen.

3 **Maskendeckkraft animieren**

Klicken Sie für die Maske »D« auf das kleine Dreieck, um die Maskeneigenschaften einzublenden. Für die Animation benötigen wir
hier nur die Eigenschaft MASKENDECKKRAFT. Sie gibt Ihnen die
Möglichkeit, Bildbereiche ein- oder auszublenden, die durch eine
Maske umrandet sind. Wir wollen einige Masken langsam ein- und
ausblenden. Markieren Sie die Ebene, und drücken Sie dann kurz
nacheinander die Taste ⊤, um nur die Maskendeckkraft einzublenden. Markieren Sie die Masken »D«, »R«, »E«, »A« und »M«
mit der Strg-Taste. Die Zeitmarke ziehen Sie auf 00:00 und setzen
einen Key für die MASKENDECKKRAFT. Verringern Sie den Wert auf
»0 %«. Dies geschieht automatisch für alle Masken, da wir diese ja
ausgewählt haben. Erhöhen Sie am Zeitpunkt 02:00 den Wert auf
»25 %«, und verringern Sie ihn bei 03:16 wieder auf »0 %«. Der
Schriftzug wird allmählich ein- und ausgeblendet. Schließen Sie die
Ebene per Klick auf das kleine Dreieck, und schützen Sie sie mit
dem Schloss.

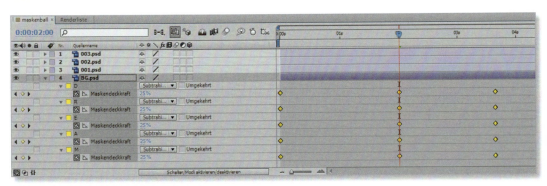

▲ **Abbildung 18.74**
Der Schriftzug »Dream« wird per Maskendeckkraft ins Bild geblendet.

Abbildung 18.75 ▶
Das Ergebnis im Kompositionsfenster

4 **Maskenausweitung animieren**

Blenden Sie die Maske auf der Ebene »001.psd« ein. Setzen Sie
einen ersten Key bei 00:00, und verringern Sie den Wert bei MAS
KENAUSWEITUNG auf »–90«. Bei 00:15 setzen Sie den Wert auf »0,0«
Pixel, bei 01:06 wiederholen Sie den Key per Klick auf das Rauten
Symbol, und bei 01:19 erhöhen Sie den Wert auf »280«.

Die Ebene soll außerdem die Position wechseln und gedreht
und skaliert werden. Öffnen Sie dazu die Eigenschaften unter
TRANSFORMIEREN. Setzen Sie bei 00:00 einen ersten Key für POSI
TION, und ziehen Sie die Ebene auf die Stirn der Schlafenden.
Verschieben Sie die Ebene bei 00:15 noch über den linken oberen Rand. Bei 01:19 ziehen Sie die Ebene wieder auf die Anfangsposition.

Setzen Sie folgende weitere Keys:

▶ bei 01:06 für SKALIERUNG »100 %« und für DREHUNG »0x +0,0°«
▶ bei 01:19 für SKALIERUNG »0 %« und für DREHUNG »0x +180,0°«

Schließen Sie die Ebene, und fahren Sie mit Ebene »002.psd« fort.
Setzen Sie folgende Keys:

▶ MASKENAUSWEITUNG: 01:13 =»–100 Pixel«, 02:00 = »0,0 Pixel«,
02:19 = »0,0 Pixel«, 03:15 = »290 Pixel«
▶ POSITION: 01:13 = Beginn auf der Stirn, 02:19 = rechts oben und
außerhalb, 03:15 = auf der Stirn
▶ SKALIERUNG: 02:19 = »100 %«, 03:15 = »0 %«
▶ DREHUNG: 02:19 = »0x +0,0°«, 03:15 = »0x +180,0°«

Schließen Sie nach der Bearbeitung die Ebenen, und schützen Sie
sie mit dem Schloss.

0:00:03:15

	Nr.	Quellenname					00s	01s	02s	03s	04s
▶	1	003.psd									
▼	2	002.psd									
▼		Maske 1	Differenz ▼	Umgekehrt							
		Maskenausweitung	291,0 Pixel					◇	◇	◇	◇
		Position	375,6, 496,0							◇	◇
		Skalierung	0,0, 0,0%							◇	◇
		Drehung	0x +180,0°							◇	◇
▼	3	001.psd									
▼		Maske 1	Differenz ▼	Umgekehrt							
		Maskenausweitung	290,0 Pixel			◇	◇	◇	◇		
		Position	339,1, 494,0			◇	◇				
		Skalierung	0,0, 0,0%					◇	◇		
		Drehung	0x +180,0°					◇	◇		
▶	4	BG.psd									

Schalter/Modi aktivieren/deaktivieren

5 | Animation der Maskenform

Die Ebene »003.psd« enthält eine Maske in Herzform. Wir werden diese Form animieren und aus Kreis und Rechteck erst die Herzform entstehen lassen.

Öffnen Sie die Ebene und die Maskeneigenschaften, und setzen Sie einen Key bei MASKENPFAD. Verschieben Sie den Key auf 06:10.

Zuerst soll ein Kreis erscheinen. Wählen Sie aus den Masken-Werkzeugen das Ellipse-Werkzeug, und ziehen Sie einen Kreis auf der Ebene auf. Um den Kreis dort zu zentrieren, wo Sie zuerst geklickt haben (möglichst auf dem Ebenenmittelpunkt), nehmen Sie die ⟨Strg⟩-Taste zu Hilfe und die Taste ⟨⇧⟩ für eine proportionale Skalierung. Eine weitere Maske (»Maske 2«) ist hinzugekommen. Öffnen Sie dort die Maskeneigenschaften, und wählen Sie die Eigenschaft MASKENPFAD aus. Kopieren Sie den Maskenpfad mit ⟨Strg⟩+⟨C⟩.

Markieren Sie die Eigenschaft MASKENPFAD der Herzmaske (»Maske 1«). Fügen Sie die Kreisform mit ⟨Strg⟩+⟨V⟩ bei 04:13 ein. Schon haben wir eine Animation von Kreis zu Herz. Doch damit nicht genug – löschen Sie die »Maske 2«, die wir nun nicht mehr benötigen.

6 | Transformationsfeld

Bevor wir aus dem Kreis ein Rechteck werden lassen, animieren wir den Kreis selbst.

Klicken Sie auf den Keyframe bei 04:13, um den Kreispfad komplett auszuwählen. Verschieben Sie die Zeitmarke auf 04:00. Klicken Sie nun doppelt auf einen der ausgewählten Maskenpunkte im Kompositionsfenster. Nun wird ein Rahmen um die Maske gelegt, das sogenannte Transformationsfeld, das wie das vergleichbare Feld in Photoshop funktioniert. An den Eckpunkten können Sie das Feld und damit die Maskenpunkte skalieren und drehen. Wenn Sie innerhalb des Felds klicken und ziehen, verschieben Sie die Maske über dem Bild. Skalieren Sie für unsere

▲ Abbildung 18.76
Setzen Sie Keys für MASKENAUSWEITUNG, POSITION, SKALIERUNG und DREHUNG.

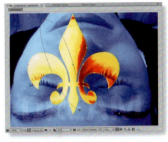

▲ Abbildung 18.77
Die Ebene »001.psd« wird animiert.

Zwecke die Maske so klein, bis das Bild möglichst unsichtbar ist. Nehmen Sie für eine proportionale und auf den Mittelpunkt bezogene Skalierung die Tasten `Shift` und `Strg` zu Hilfe. Mit einem Klick der rechten Maustaste verlassen Sie den Modus, ansonsten per Doppelklick ins Transformationsfeld.

7   Weitere Maskenform

Wenn Sie noch einen Funken Kraft haben, ziehen Sie auf der Ebene eine weitere Maske in Form eines Rechtecks (Rechteck-Werkzeug) auf. Kopieren Sie den Maskenpfad dann, und fügen Sie ihn bei 05:02 in die bestehende Animation ein. Löschen Sie die Rechteck-Maske danach wieder. Um die Animation pro Form etwas innehalten zu lassen, müssen Sie die Keys ein und derselben Form zweimal nacheinander einsetzen – beispielsweise im Abstand von 6 Frames.

Setzen Sie folgende weitere Keys:

▶ SKALIERUNG: 04:13 = »100%«, 06:10 = »160%«, 07:04 = »100%«, 07:19 = »0%«

▶ DREHUNG: 06:10 = »0× +0,0°«, 07:19 = »0× +180,0°«

▶ POSITION: 04:00 = Beginn auf der Stirn, 04:13 = links oben, 06:10 = über dem Gesicht des Hintergrunds, 07:19 = wieder auf der Stirn

Damit haben Sie die Animation erfolgreich nachgebaut und können das Ergebnis rendern.

18.3.10 Bewegungsunschärfe für Masken

Die Bewegungsunschärfe können Sie für Ebenen und für animierte Masken aktivieren. Dies bewirkt, dass die Konturen schnell bewegter Objekte bzw. Masken bei höheren Geschwindigkeiten stärker und bei geringen Geschwindigkeiten weniger stark weichgezeichnet werden. Der Sinn liegt darin, die Bewegung flüssiger aussehen zu lassen.

▲ **Abbildung 18.79**
Bewegungspfad der Herz-Ebene

Die Bewegungsunschärfe ist dabei auch auf einzelne Masken anwendbar. Voraussetzung ist wie bei der Bewegungsunschärfe für Ebenen, dass Sie den Schalter BEWEGUNGSUNSCHÄRFE AKTI-VIEREN ❶, der für jede einzelne Komposition verfügbar ist, einschalten.

Um die Bewegungsunschärfe auf eine oder mehrere bewegte Masken anzuwenden, markieren Sie diese in der Zeitleiste und wählen EBENE • MASKIEREN • BEWEGUNGSUNSCHÄRFE.

Sie haben dann folgende Optionen zur Auswahl: Bei GLEICH DER EBENE ist die Bewegungsunschärfe der Maske nur sichtbar, wenn der Schalter BEWEGUNGSUNSCHÄRFE der Ebene aktiviert wurde. Die Option EIN dient dazu, die Unschärfe unabhängig von der Ebene für die Maske zu aktivieren, und die Option AUS entfernt die Unschärfe wieder.

▼ **Abbildung 18.80**
In der Komposition muss der Schalter BEWEGUNGSUNSCHÄRFE AKTIVIEREN eingeschaltet sein, damit die Bewegungsunschärfe für Ebenen und/oder Masken wirksam wird.

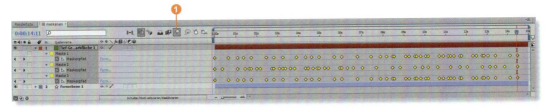

18.4 Masken-Interpolation

Wie Sie im Workshop »Maskenball – Maskeneigenschaften« gesehen haben, lässt sich die Form einer Maske in After Effects über Keyframes für die Eigenschaft MASKENPFAD problemlos animieren. Im Workshop haben wir die Animation der Maskenform recht einfach gehalten und per Hand die Form der Maske an bestimmten Keyframes verändert. Diese Art der Animation wird problematisch, wenn Sie z.B. eine einfache Form wie ein Quadrat in eine komplexere Form wie einen Buchstaben umwandeln wollen. Hierbei wird die Maske nicht nur skaliert oder gedreht, sondern komplett modifiziert.

▲ **Abbildung 18.81**
Hier ist für die Masken die Bewegungsunschärfe aktiviert.

Ein Quadrat besteht, wenn es eine Maske ist, aus vier Maskenscheitelpunkten. Mit den vier Punkten des Quadrats lässt sich schwer ein »T« oder ein »S« nachformen. Sie müssten also weitere Maskenpunkte für den Übergang hinzufügen. Genau das macht After Effects automatisch für Sie, wenn es den Übergang von der einen in die andere Maskenform berechnet. Sie müssen also nur die Anfangs- und Endform einer Maske für die Animation festlegen. Hierfür ist ein praktisches Beispiel das Sicherste.

Schritt für Schritt: Morphing – Maskenformen umwandeln

1 **Vorbereitung**

Legen Sie ein neues Projekt an und darin eine Komposition in der Größe 384 × 288 mit einer Dauer von 5 Sekunden. Bleiben wir ruhig bei dem Beispiel, ein Quadrat in ein »T« umzuwandeln. Um den Formübergang zu realisieren, benötigen wir mindestens zwei Maskenpfad-Keyframes, nämlich einen für die Ausgangsform – das Quadrat – und einen für das »T« als Endform. Erstellen Sie zunächst eine Textebene, und tippen Sie dort den Buchstaben »T« mit einer Größe von mindestens 250 Pixeln ein.

2 Masken aus Text generieren

Markieren Sie die Textebene in der Zeitleiste, und wählen Sie EBENE • MASKEN AUS TEXT ERSTELLEN. Es entsteht eine Ebene namens »T Konturen«, die eine Maske in der Form des »T« enthält. Um die erstellte Maske einzublenden, verwenden Sie die Taste M. Diese Maske werden wir für das Morphing verwenden. Die Textebene wurde bereits automatisch mit dem Augen-Symbol ausgeblendet.

3 Quadrat erstellen

Markieren Sie die Maskenebene, und zeichnen Sie mit dem Rechteckige-Maske-Werkzeug ein Rechteck bzw. Quadrat auf der Maskenebene. Die neue Maske erscheint unter dem Listeneintrag MASKEN in der Zeitleiste.

4 Maskenmorph erstellen

Setzen Sie einen Keyframe am Zeitpunkt 05:00 für die Eigenschaft MASKENPFAD der Text-Maske. Setzen Sie anschließend die Zeitmarke auf den Anfang der Komposition bei 00:00. Markieren Sie das Wort MASKENPFAD der Rechteck-Maske ❷. Wählen Sie Strg+C. Klicken Sie anschließend auf die Eigenschaft MASKENPFAD der Maske »T« ❶, und wählen Sie dann Strg+V. Das Rechteck sollte danach in einem Keyframe fixiert sein. Jetzt können Sie die Rechteck-Maske mit der Taste Entf löschen.

Sehen Sie sich die Animation in der Vorschau an. Den Übergang von der einen in die andere Maskenform berechnet After Effects automatisch. Es sieht nur etwas unelegant aus.

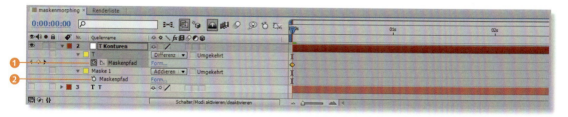

▲ **Abbildung 18.82**
Die Maskenform der Rechteck-Maske wird kopiert und in die Maskenform des ehemaligen Buchstabens »T« eingefügt. ■

Aber es geht auch eleganter. After Effects bietet einen Assistenten an, der sich früher auch noch »intelligent« nannte. Und den stelle ich Ihnen jetzt vor.

18.4.1 Masken-Interpolation

Der SmartMask-Assistent, wie der Keyframe-Assistent für die Masken-Interpolation auch genannt wird, bietet Ihnen die Möglichkeit, sogar komplizierte Formübergänge ansehnlich zu gestalten. Über den Assistenten haben Sie – wie der Name schon verrät – die Möglichkeit, auf die Interpolation (also die Berechnung der Zwischenformen bei einem Übergang zweier Masken) Einfluss zu nehmen. Die Formübergänge sehen so genauer und glatter aus. Sie finden den Assistenten unter FENSTER • MASKEN-INTERPOLATION.

▲ Abbildung 18.84
Die Dialogbox MASKEN-INTERPOLATION mit allen verfügbaren Optionen

Damit der Assistent wirken kann, müssen mindestens zwei aufeinanderfolgende Maskenpfad-Keyframes ausgewählt sein. Falls Sie den vorhergehenden Workshop »Morphing – Maskenformen umwandeln« noch geöffnet haben, wählen Sie am besten gleich die beiden Keyframes des Quadrats und des »T« aus.

Sie können per Klick auf die Schaltfläche ANWENDEN die Berechnung der Maskenformübergänge mit dem Assistenten starten, ohne die voreingestellten Werte zu ändern. Beim Abspielen in der Vorschau sehen Sie sofort einen Unterschied. In der Zeitleiste sind etliche Keyframes für jeden Frame entstanden.

Photoshop- und Illustrator-Pfade

Photoshop- und Illustrator-Pfade können Sie ebenfalls als Masken bzw. Maskenformen verwenden. Markieren und kopieren Sie dazu den Pfad im jeweiligen Programm, und fügen Sie ihn dann auf einer Ebene in After Effects ein.

▲ Abbildung 18.83
Auch Pfade aus Illustrator können Sie verwenden. Dazu markieren Sie den Pfad in Illustrator, speichern ihn in der Zwischenablage und setzen ihn dann in die Maskenform bei After Effects ein.

Wählen Sie in Illustrator vor dem Kopieren eines Pfads unter BEARBEITEN • VOREINSTELLUNGEN • DATEIEN VERARBEITEN UND ZWISCHENABLAGE im sich öffnenden Dialogfeld die Option AICB und PFADE BEIBEHALTEN.

▲ **Abbildung 18.85**
Vor der Verwendung der Masken-Interpolation müssen mindestens zwei Maskenpfad-Keyframes ausgewählt sein.

▲ **Abbildung 18.86**
Nach der Verwendung des Assistenten MASKEN-INTERPOLATION sind etliche zusätzliche Keyframes entstanden.

Abbildung 18.87 ▶
Oben sehen Sie die Transformation vom Rechteck zum »T« mit der Standard-Berechnung, unten die gleiche Transformation unter Verwendung der Palette MASKEN-INTERPOLATION.

Beispiele

Auf der Buch-DVD finden Sie im Ordner 18_MASKEN/MASKENMORPHING die Datei »maskenmorph. aep« mit den beschriebenen Beispielen.

Wenn Ihnen die Formübergänge nicht zusagen, können Sie die Optionen der Palette ändern und den Assistenten erneut anwenden. Um die Änderung durch den Assistenten rückgängig zu machen, verwenden Sie am besten ⌈Strg⌉+⌈Z⌉.

In der Dialogbox MASKEN-INTERPOLATION stehen viele Optionen zur Verfügung, die sich Ihnen bei einiger Geduld experimentell erschließen. Es lohnt sich, sie einmal auszuprobieren!

1:1-Übereinstimmung des Scheitelpunkts | Die letzte Option in der Box, 1:1-ÜBEREINSTIMMUNG DER SCHEITELPUNKTE, sehen wir uns zuerst an. Es geht um die Übereinstimmung der Maskenscheitelpunkte. Wichtig für den Übergang von einer Form in die andere ist vor allem die Übereinstimmung des ersten Scheitelpunkts zweier Masken. Der erste Scheitelpunkt ist bei offenen Maskenpfaden immer der Maskenpunkt, der zuerst gesetzt wurde. Bei geschlossenen Masken wird er automatisch angelegt.

Wenn Sie genau hinschauen, erkennen Sie, dass in jeder Maske ein Punkt immer etwas größer als die anderen dargestellt ist. Genau – da ist er, der erste Scheitelpunkt. Die besten Ergebnisse erzielen Sie, wenn die beiden ersten Scheitelpunkte zweier Maskenformen in ihrer Position übereinstimmen oder wenigstens dicht beieinanderliegen.

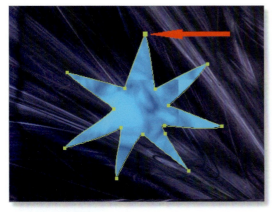

▲ Abbildung 18.88
Vergleichen Sie den ersten Scheitelpunkt in dieser und der folgenden Abbildung; sie befinden sich fast an gleicher Stelle.

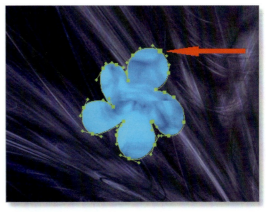

▲ Abbildung 18.89
Der erste Scheitelpunkt ist immer etwas dicker als die anderen Punkte. Hier wurde er nachträglich nach oben gesetzt, um die Transformationen glatter zu machen.

Mit der 1:1-Übereinstimmung des Scheitelpunkts versucht der Assistent, die ersten Scheitelpunkte zweier Masken möglichst deckungsgleich festzulegen, um beste Ergebnisse zu erzielen. Besser bedient sind Sie jedoch, wenn Sie selbst den Punkt definieren, auf den es ankommt. Aktivieren Sie im Assistenten die Checkbox, sobald die Scheitelpunkte übereinstimmen. Manchmal wird der Assistent sogar unnötig, wenn die ersten Scheitelpunkte im Voraus übereinstimmen.

Keyframerate | Über die Keyframerate legen Sie fest, wie viele Keyframes pro Sekunde für die Formänderung erzeugt werden. Im nächsten Feld, Keyframe-Halbbilder, können Sie die Anzahl der Keyframes schnell durch Anklicken der Checkbox verdoppeln.

Lineare Scheitelpunktpfade verwenden | Die Checkbox Lineare Scheitelpunktpfade verwenden führt zu seltsamen Animationen, wenn sie willkürlich deaktiviert wird. Enthält Ihre Animation Drehungen von Masken, ist die Option schon eher sinnvoll.

Der Assistent dreht die Masken bei aktivierter Option nicht als Formübergang, sondern verkleinert sie erst bis zur Unsichtbarkeit

---

Erster Maskenscheitelpunkt

Um den ersten Scheitelpunkt zu ändern, markieren Sie einen anderen Maskenpunkt und wählen im Menü Ebene • Pfade für Masken und Formen • Ersten Scheitelpunkt festlegen.

▲ Abbildung 18.90
In der oberen Transformation stimmte der erste Scheitelpunkt nicht überein, unten dagegen schon.

und vergrößert sie dann umgedreht wieder. Der Assistent berechnet den gedrehten Formübergang schon besser, wenn Sie die Checkbox LINEARE SCHEITELPUNKTPFADE VERWENDEN deaktivieren und dann die Einstellungen auf die markierten Keyframes der Masken anwenden.

Verbiegungsfestigkeit | Mit der Option VERBIEGUNGSFESTIGKEIT beeinflussen Sie, ob bei einer Transformation die Zwischenformen eher verbogen werden oder die Ausgangsform weitestgehend erhalten bleibt und nur in die andere Form hineingedehnt wird. Probieren Sie es aus – z. B. mit der Transformation von »H« zu »M« wie in Abbildung 18.92!

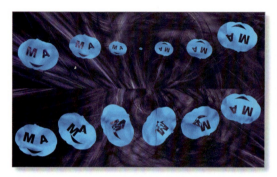

▲ **Abbildung 18.91**
Oben war die Option LINEARE SCHEITELPUNKTPFADE VERWENDEN aktiviert. Unten wurde die Option deaktiviert. Die Drehung wird zwar ohne Skalierung ausgeführt, die Zwischenformen überzeugen jedoch nicht sonderlich.

▲ **Abbildung 18.92**
Oben eine Transformation mit einer Verbiegungsfestigkeit von 0 – die Form wird etwas verbogen. Unten mit einem Wert von 100 – die Form wird von der einen in die andere gedehnt.

Qualität | Mit der Option QUALITÄT legen Sie fest, wie die Scheitelpunkte zweier Formen einander entsprechen. Die Maskenpunkte sind in der Reihenfolge ihrer Erstellung nummeriert bzw. bei geschlossenen Masken automatisch nummeriert. Wählen Sie einen Wert von 0 für die Qualität, so werden die Scheitelpunkte zweier Masken verglichen und Scheitelpunkte mit der gleichen Nummer einander zugeordnet. Bei einem Wert von 100 hält sich MASKEN-INTERPOLATION nicht mehr an die Nummerierung und sucht nach der besten Zuordnung der Scheitelpunkte, was lange dauern kann.

Maskenpfadscheitelpunkte hinzufügen | Mit der Option MASKEN-PFADSCHEITELPUNKTE HINZUFÜGEN legen Sie fest, ob und wie weitere Punkte dem Maskenpfad während der Transformation hinzugefügt werden. Wenn Sie die Option deaktivieren, werden nur die Maskenpunkte für die Transformation genutzt, die im ersten und

▲ **Abbildung 18.93**
Oben eine Transformation ohne zusätzliche Maskenpfadscheitelpunkte und unten mit zusätzlichen Punkten

letzten Keyframe enthalten sind. Die Transformation wird allerdings bei einer höheren Anzahl an Maskenpunkten qualitativ besser.

18.4.2 Maskenpfad versus Bewegungspfad

Wie weiter vorn bereits erwähnt wurde, dienen die Masken nicht nur zum Freistellen von Bildbereichen oder zum Transformieren von einer Form in die andere. Interessant werden die Masken auch dadurch, dass sie als Referenz für die Bewegung von Ebenen, die Orientierung von Text am Pfad und für Effekte dienen, die entlang eines Pfads animiert werden können.

Zur Orientierung von Ebenen am Pfad kommen wir jetzt. In Kapitel 11, »Keyframe-Interpolation«, haben Sie mit Bewegungspfaden bereits einige Erfahrungen gesammelt. Bewegungspfade sind den Maskenpfaden insofern ähnlich, als sie beide mit den gleichen Werkzeugen bearbeitet werden können. Sie können sowohl einen Maskenpunkt als auch den Keyframe eines Bewegungspfads zwischen Eck- und Kurvenpunkt hin- und herschalten und den Pfad mit Tangenten biegen.

Aber vor allem enthalten die Bewegungspfad-Keyframes und die Maskenpunkte Positionsinformationen, die Sie auf andere Eigenschaften, die mit Positionswerten arbeiten, übertragen können. Das bedeutet konkret, dass Sie einen Maskenpfad in die Positionseigenschaft einer Ebene einfügen können und somit ein Bewegungspfad generiert wird, der genauso geformt ist wie Ihr Maskenpfad. Umgekehrt lässt sich der Bewegungspfad in eine Maske einfügen. Außerdem können Sie sowohl einen Bewegungspfad als auch einen Maskenpfad in Positionswerte von Effekten einfügen. Und los geht's:

Zur Kombination von Effekten und Pfaden kommen wir in Abschnitt 19.4.6, »Effekte am Pfad«, und zur Textanimation entlang eines Pfads haben Sie schon in Kapitel 17, »Text animieren«, etwas gelesen.

Schritt für Schritt: Ariadne – Maskenpfad in Bewegungspfad einsetzen

1 **Vorbereitung**

Schauen Sie sich zuerst das Movie »ariadne.mov« aus dem Ordner 18_MASKEN/ARIADNE an. Kopieren Sie dann den Ordner ARIADNE auf Ihre Festplatte, und importieren Sie die Dateien »labyrinth« und »wolle« in ein neues Projekt. Ziehen Sie die Datei »labyrinth« auf das Kompositions-Symbol im Projektfenster, um eine neue Komposition zu schaffen. Achten Sie darauf, dass die Komposition eine Dauer von 4 Sekunden besitzt. Fügen Sie die Datei »wolle« der Komposition hinzu.

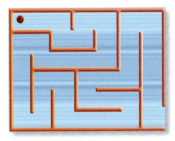

▲ **Abbildung 18.94**
Ariadnes Wollknäuel soll den Weg aus dem Labyrinth finden.

Abbildung 18.95 ▸
Die Ebene »wolle« befindet sich über der Ebene »labyrinth«.

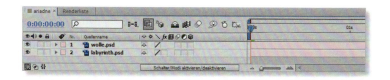

2 Maskenpfad erstellen

Ariadnes Wollknäuel weiß auch nicht mehr genau, wie es aus dem Labyrinth herauskommt, und folgt lieber einem Maskenpfad.

Erstellen Sie also zunächst einen Maskenpfad mit dem Zeichenstift-Werkzeug auf der Ebene »labyrinth«. Setzen Sie den ersten Maskenscheitelpunkt oben links im Labyrinth. Setzen Sie an jeder »Ecke« im Labyrinth einen neuen Maskenscheitelpunkt, bis Sie einen Pfad wie in Abbildung 18.96 erhalten. Bearbeiten Sie den Pfad nach, wie Sie es in den vorhergehenden Workshops gelernt haben, bis er dem abgebildeten ähnelt.

▲ Abbildung 18.96
Mit dem Zeichenstift-Werkzeug erstellen Sie einen Maskenpfad. Nach der Bearbeitung sollte der Maskenpfad etwa so wie dieser hier aussehen.

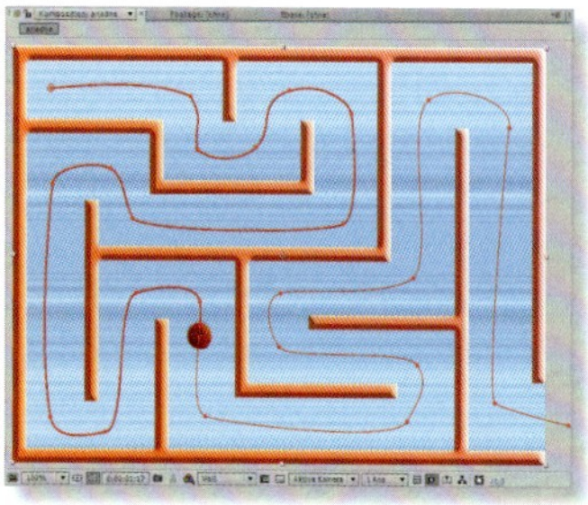

3 Bewegungspfad für das Wollknäuel

Um aus dem Maskenpfad einen Bewegungspfad für das Wollknäuel zu erhalten, markieren Sie die Ebene »labyrinth« und drücken die Taste [M], um die soeben erstellte Maske einzublenden. Klicken Sie auf das Wort Maskenpfad, und drücken Sie die Tastenkombination [Strg]+[C], um die Maske zu kopieren.

Markieren Sie anschließend die Ebene »wolle«, und drücken Sie die Taste [P], um die Positionseigenschaft anzuzeigen. Setzen Sie die Zeitmarke auf 00:00 an den Anfang der Komposition. Markieren Sie das Wort Position, und wählen Sie [Strg]+[V]. Fertig.

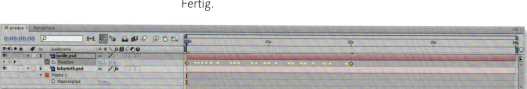

▲ Abbildung 18.97
Das Wort Maskenpfad wird markiert. Anschließend wird die Maske kopiert und in die Positionseigenschaft der Ebene »wolle« eingefügt.

4 Roving Keyframes

Die kleinen runden Punkte, die in der Positionseigenschaft entstanden sind, nennt man Roving Keyframes. Es sind zeitlich nicht fixierte Keys, wie Sie bereits aus Kapitel 11, »Keyframe-Interpolation«, wissen.

Wenn Sie an einem der beiden »normalen« Keys ziehen, bewegt sich die Reihe mit. Die zeitlichen Abstände zwischen den Keys bleiben dabei proportional erhalten. Sie können so Ihre Animation zeitlich anpassen. Klicken Sie den letzten Keyframe an, und ziehen Sie ihn bis an das Ende der Komposition, damit sich die Dauer der Animation verlängert. Achten Sie dabei darauf,

dass Sie nur den letzten Keyframe anklicken, da sich sonst die gesamte Reihe verschieben kann.

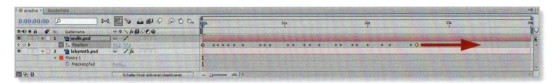

5 Maskenpfad und Effekt

In dem Projekt »ariadne.aep«, das sich auf der DVD im selben Ordner befindet wie die Workshopdateien, habe ich den Maskenpfad zusätzlich für den Effekt STRICH verwendet. Den Maskenpfad habe ich in den Effekteinstellungen unter der Option PFAD ausgewählt. Durch die Animation des Stricheffekts erscheint es so, als rollte das Wollknäuel tatsächlich einen Faden ab. Wie Sie Effekte anwenden und animieren, erfahren Sie im nächsten Kapitel. ■

▲ Abbildung 18.98
Der letzte Keyframe wird angeklickt und zeitlich verschoben. Die Reihe der zeitlich nicht fixierten Keyframes (Roving Keyframes) wandert mit.

18.4.3 Bewegungspfad versus Maskenpfad

Der umgekehrte Weg als der im vorigen Workshop vorgestellte – aus einem Bewegungspfad einen Maskenpfad zu generieren – ist folgender: Schaffen Sie zuerst einen Bewegungspfad, indem Sie die Positionseigenschaft einer Ebene animieren. Auf einer zweiten Ebene, die möglichst so groß ist, dass nachher der Maskenpfad in ihr Platz findet, zeichnen Sie eine x-beliebige Maske. Markieren Sie dann alle Keyframes des Bewegungspfads, und drücken Sie [Strg]+[C]. Anschließend öffnen Sie den Eintrag MASKE 1 auf der anderen Ebene und klicken dann auf das Wort MASKENPFAD, um es zu markieren. Fügen Sie dann mit [Strg]+[V] den Bewegungspfad ein. Fertig. Der Bewegungspfad sollte danach Ihrem Maskenpfad entsprechen.

18.5 Formebenen

Formebenen erstellen Sie ganz ähnlich wie Masken mit den Maskenpfad- bzw. Form-Werkzeugen. Sie haben also wie bei den Masken die Grundformen Rechteck, abgerundetes Rechteck, Ellipse, Polygon und Stern zur Verfügung.

Eine Formebene erhalten Sie immer dann, wenn Sie keine Ebene in der Zeitleiste ausgewählt haben und dann mit den Werkzeugen im Kompositionsfenster eine Form aufziehen.

Jede Formebene kann mehrere verschiedene Formpfade enthalten, die entweder einzeln in der Formebene enthalten sind oder als Gruppe(n) mehrerer Pfade.

Da Formebenen vektorbasiert sind, können Sie sie problemlos verlustfrei in jede Größe skalieren. Für jeden Pfad legen Sie Füllung und Kontur unabhängig fest. Über etliche Parameter modifizieren Sie die Pfade und animieren sie beispielsweise zu mäandernden Mustern. Leider hat Adobe dabei nicht an die Maskenpfade gedacht. So sind ähnlich komplexe Pfadanimationen daher nur über Umwege als Masken anwendbar, deren animierbare Parameter Sie ja bereits kennengelernt haben. Im folgenden Workshop erfahren Sie Näheres zur Arbeit mit Formebenen.

Schritt für Schritt: Formen animieren

1 Vorbereitungen

Importieren Sie die Dateien »background.psd« und »fuellung01.psd« bis »fuellung03.psd« aus dem Ordner 18_MASKEN/FORM-EBENEN. Achten Sie darauf, dass Sie die Dateien nicht als Sequenz importieren. Legen Sie eine erste Komposition an (720 × 576, PAL D1/DV, Dauer: 04:16 Sekunden, Name: »flower«).

2 Formebenen erstellen und bearbeiten

Oben in der Werkzeugleiste finden Sie wie gewohnt die Masken- bzw. Form-Werkzeuge. Wenn Sie die Maustaste etwas länger über dem Rechteck-Werkzeug gedrückt halten, erscheint eine aus Illustrator und Photoshop bekannte Liste an Formvorgaben.

▲ **Abbildung 18.99**
Masken- bzw. Form-Werkzeuge sind in der Werkzeugleiste integriert.

Wählen Sie hier das Polygon-Werkzeug. Ob aus dieser Form eine Maske oder eine Formebene wird, entscheiden Sie per Klick auf den Button FORM ❶ oder MASKE ❷. Der Button MASKE wird erst aktiv, wenn Sie eine Ebene markieren. Ziehen Sie mit gedrückter Maustaste ein Polygon im Kompositionsfenster auf. Automatisch generiert After Effects eine Formebene in der Zeitleiste.

Öffnen Sie die Eigenschaften der Formebene in der Zeitleiste. Klicken Sie die Liste bei INHALT auf, wählen Sie dort STERNEN-GRUPPE 1 und dann STERNENGRUPPE-PFAD 1 ❸.

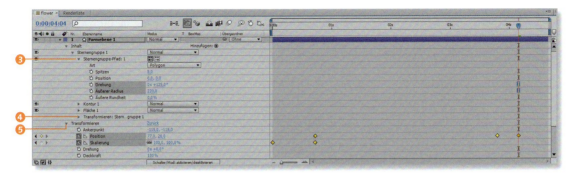

Das Polygon gehört zur Sternform, daher die Bezeichnung. Sie können hier Grundeigenschaften wie ART und SPITZEN ändern. ÄUSSERER RADIUS und ÄUSSERE RUNDHEIT beziehen sich nicht auf Seelen- oder Körperzustände, sondern auf die Rundungen der innen- und außenliegenden Sternspitzen.

Geben Sie bei DREHUNG den Wert »125°« ein und bei ÄUSSERER RADIUS den Wert »220«.

Unter dem Eintrag KONTUR 1 können Sie wie bei allen Formen eine Konturlinie definieren, und unter FLÄCHE 1 wählen Sie Eigenschaften wie FARBE und DECKKRAFT. Außerdem stehen Ihnen in der Spalte MODUS unterschiedliche Modi zur Verfügung, über die Sie die Flächen und Konturfarben mischen können. Falls Sie mehrere Formen auf einer Formebene erstellt haben, ist eine Interaktion der Flächenfarben für diese Formen ebenfalls möglich. Neben einigen Eigenschaften finden Sie ein Augen-Symbol. So blenden Sie die Konturlinie oder die Flächenfarbe aus und ein.

Öffnen Sie den Eintrag TRANSFORMIEREN: STERNENGRUPPE 1 ④. Hier finden Sie genau die gleichen Eigenschaften wie unter dem Eintrag TRANSFORMIEREN ⑤, der die Ebeneneigenschaften enthält. Der Unterschied besteht darin, dass Sie mit den Ebeneneigenschaften die gesamte Ebene mitsamt allen darin befindlichen Formen (oder Masken) beeinflussen, während Sie mit TRANSFORMIEREN: STERNENGRUPPE 1 nur diese eine Form innerhalb der Ebene beeinflussen. Sie können sich die Ebene also wie einen Container für verschiedene Form- und Maskenpfade vorstellen.

Wählen Sie aus der Werkzeugleiste das Ausschnitt-Werkzeug (sechster Button von links), und verschieben Sie damit den Ankerpunkt der Formebene in etwa auf ihren Mittelpunkt. Positionieren Sie die Ebene ähnlich wie in Abbildung 18.101 in der rechten unteren Ecke.

Für die erste Animation fügen Sie den Ebeneneigenschaften POSITION und SKALIERUNG Keys hinzu, und zwar:

▲ **Abbildung 18.100**
Jede neue Form innerhalb einer Formebene enthält eine Menge Einstellmöglichkeiten, die Sie animieren können.

▶ SKALIERUNG: bei 00:00 = »0 %«; bei 00:18 = »100 %«

▶ POSITION: bei 03:20 = rechte untere Ecke; bei 04:04 = links außerhalb der Komposition

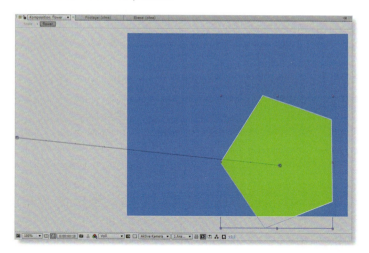

Abbildung 18.101 ▶
Das Polygon wird unten rechts positioniert und nach links außen bewegt.

3 Parameter hinzufügen und animieren

Zu den paar Parametern, die wir bereits besprochen haben, fügen wir weitere hinzu. Dazu nutzen Sie den kleinen Button HINZUFÜGEN ❶ in der Zeitleiste oder den etwas größeren in den Werkzeug-Optionen (bei aktivem Form-Werkzeug in der Werkzeugleiste).

Hier fügen Sie bei Bedarf eine leere Gruppe hinzu. In solch einer zunächst leeren Gruppe versammeln Sie dann ebenfalls über HINZUFÜGEN beliebig viele neue Formen (Rechteck, Ellipse etc.), Flächen- oder Kontur-Eigenschaften.

Am Listenende finden Sie die Kategorie PFAD-OPERATOREN, die wir für unsere Animation bevorzugen. Wählen Sie dort ZUSAMMENZIEHEN UND AUFBLASEN und DREHEN. Öffnen Sie beide neuen Parameter, und verändern Sie testweise die Werte bei BETRAG und WINKEL. Zur Animation setzen Sie folgende Werte:

▶ BETRAG: bei 00:14 = »0,0«; bei 00:19 = »–105«; bei 01:02 = »–105«; bei 01:15 = »105«

▼ Abbildung 18.102
Mit den Parametern ZUSAMMEN-ZIEHEN UND AUFBLASEN und DREHUNG modifizieren und animieren Sie die Form.

▶ WINKEL: bei 01:15 = »0,0«; bei 02:05 = »120«; bei 02:21 = »–60«; bei 03:13 = »107«; bei 03:20 = »–120«; bei 04:04 = »–490«

4 Formebene als Matte

Zu Beginn dieses Kapitels haben Sie bereits Informationen zu Matten erhalten. Hier werden wir die Formebene als Matte-Ebene verwenden. Fügen Sie der Zeitleiste zunächst die Ebene »fuellung01« hinzu, die Sie zuvor importiert haben, und positionieren Sie die Ebene unter der Formebene.

Wechseln Sie über den Button SCHALTER/MODI AKTIVIEREN/ DEAKTIVIEREN ❸ in die Spalte MODUS/BEWMAS. Wählen Sie für die Ebene »fuellung01« aus dem Popup ❷ den Eintrag ALPHA MATTE ›FORMEBENE 1‹.

Sofort wird die Formebene ausgeblendet, und die Füllebene erscheint in den Umrissen der Form. So nutzen Sie Formebenen auch als Maskierungen für Videos und anderes Bildmaterial.

▲ **Abbildung 18.103**
Die modifizierte Formebene

◀ **Abbildung 18.104**
Die Formebene wird als Matte-Ebene für die Füllung eingerichtet.

5 Duplikate

Als Nächstes duplizieren Sie die Ebene »Formebene 1« zweimal. Fügen Sie danach die Dateien »fuellung02«3 und »fuellung03« hinzu. Positionieren Sie jede Füllebene unter der jeweiligen Formebene, und wiederholen Sie den vorherigen Schritt für die beiden neuen Füllebenen.

Markieren Sie anschließend die Ebene »Formebene 2«, und drücken Sie die Taste Ⓤ, um die Keys einzublenden. Klicken Sie auf die Eigenschaft POSITION, um dort die Keys auszuwählen. Ziehen Sie die Zeitmarke genau auf den ersten Key der Position. Verschieben Sie dann die »Formebene 2« an den oberen Kompositionsrand, etwa mittig. Verfahren Sie genauso mit der »Formebene 3«, und verschieben Sie diese an den linken Kompositionsrand.

Verändern Sie gegebenenfalls die Skalierungswerte, um verschieden große Ebenen zu erhalten.

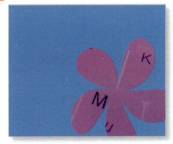

▲ **Abbildung 18.105**
Die Füllebene erscheint in der Form der Formebene.

▼ **Abbildung 18.106**
Die zwei Duplikate der Formebene erhalten jeweils eine weitere Füllung.

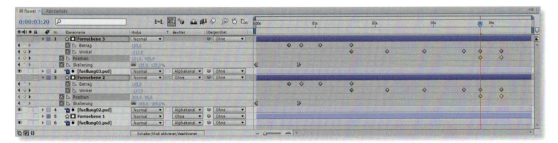

▲ Abbildung 18.107
Die Duplikate ordnen Sie im Kompositionsfenster leicht versetzt an.

6 **Titel mit Formebenen**

Erstellen Sie eine neue Komposition (720 × 576 – PAL D1/DV, Dauer: 5:08, Name: »title«).

Aktivieren Sie das Text-Werkzeug, und wählen Sie in der Zeichen-Palette, die Sie mit Strg+6 aufrufen, eine Schreibschrift wie z. B. BRUSH SCRIPT STD. Geben Sie den Text »Motion Graphics« ein. Blenden Sie den sicheren Titelbereich ein (dritter Button von links im Kompositionsfenster). Markieren Sie den Text per Doppelklick auf die Textebene in der Zeitleiste. Passen Sie die Schriftgröße an den sicheren Titelbereich an (ca. 230 bis 260 px). Ändern Sie den Zeilenabstand von »Auto« auf einen geringeren Wert, bis das Ergebnis optisch passt. Wählen Sie in der Absatz-Palette, die Sie mit Strg+7 einblenden, TEXT ZENTRIEREN.

Markieren Sie die Textebene, und wählen Sie im Menü EBENE den Befehl FORMEN AUS TEXT ERSTELLEN (KONTUREN ERSTELLEN IN CS3). After Effects generiert nun eine neue Formebene mit sämtlichen Buchstaben-Outlines als Pfade.

▲ Abbildung 18.108
Generieren Sie aus dem Text eine Formebene, die sämtliche Textkonturen als Pfade enthält.

7 **Arbeiten mit Gruppen und Pfaden**

Öffnen Sie die Eigenschaftenliste der Text-Formebene. Für jeden Buchstaben hat After Effects einen eigenen Pfad mit passendem Namen erzeugt.

▲ Abbildung 18.109
Positionieren Sie den Schriftzug im Kompositionsfenster im sicheren Titelbereich (innerer Rahmen).

Legen Sie für die Buchstabenpfade eine Gruppe an, in der die Pfade zusammengefasst werden sollen. Klicken Sie dazu auf den Radiobutton bei HINZUFÜGEN, und wählen Sie den Eintrag GRUPPE (LEER). Die Gruppe wird, wenn nichts als die Formebene selbst markiert ist, unter dem letzten Pfad in der Liste eingefügt. Haben Sie einen bestimmten Pfad ausgewählt, landet die Gruppe in der Liste für diesen Pfad.

Ziehen Sie die Gruppe nach oben, direkt unter den Eintrag INHALT. Markieren Sie alle Pfade von »M« bis »s«, und ziehen Sie sie auf den Eintrag GRUPPE 1. Ihre Pfade verschwinden zunächst in der Gruppe. Öffnen Sie die Gruppe wieder.

Unter dem letzten Pfad ist nun ein weiterer Eintrag hinzugekommen: TRANSFORMIEREN: GRUPPE 1. Öffnen Sie dort die Liste. Sie finden hier neben Eigenschaften wie POSITION und SKALIERUNG interessanterweise auch NEIGUNG und NEIGUNGSACHSE.

Diese Parameter sind nicht mit den Ebeneneigenschaften zu verwechseln, die Sie unabhängig davon animieren. Ändern Sie einen Parameter, wirkt sich das auf die gesamte Gruppe aus.

In den Listen jedes Buchstabens finden Sie die gleichen Parameter zur einzelnen Animation. Über das Augen-Symbol blenden Sie einzelne Buchstaben oder gesamte Gruppen ein und aus. Gruppen, Pfade etc. benennen Sie wie gewohnt um, indem Sie den jeweiligen Eintrag markieren und ⏎ betätigen.

Klappen Sie die Liste für den Buchstabenpfad des »i« auf. Hier entdecken Sie die wichtige Funktion PFADE ZUSAMMENFÜHREN. Mit dieser Pfadoperation fügen Sie mehrere Pfade zusammen. Hier hat After Effects das schon für uns erledigt. Zum Test legen Sie sich außerhalb unseres Workshops eine neue Formebene mit zwei rechteckigen Pfaden an, die sich überlagern. Markieren Sie die Formebene, und wählen Sie im Menü HINZUFÜGEN den Eintrag PFADE ZUSAMMENFÜHREN. Unterhalb der Rechteckpfade kommen die Einträge PFADE ZUSAMMENFÜHREN 1, KONTUR und FLÄCHE hinzu. Öffnen Sie den Eintrag PFADE ZUSAMMENFÜHREN 1, und testen Sie die Methoden durch. Sie ähneln denen der Berechnung von Maskenpfaden.

▼ **Abbildung 18.110**
Die Pfade für die Einzelbuchstaben fassen wir in einer Gruppe zusammen.

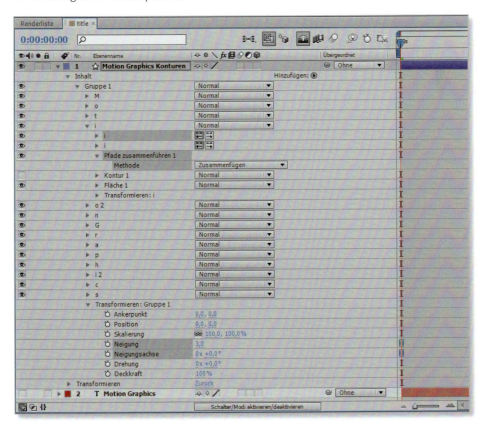

▲ Abbildung 18.111
Die Text-Outline animieren wir
wie eine platzende Comic-Seifenblase.

8   **Animation der Textkonturen**

Zur Animation der Textkonturen wählen Sie aus dem Menü HIN-
ZUFÜGEN die Eigenschaft ZUSAMMENZIEHEN UND AUFBLASEN. Setzen
Sie folgende Keys:

▶ BETRAG: bei 01:00 = »0,0«; bei 01:02 = »–13«;
bei 01:03 = »0,0«; bei 01:07 = »0,0«; bei 01:09 = »–15,5«;
bei 01:10 = »0,0«; bei 01:16 =»–4,3«3 und bei 01:22 = »–87«

Die Text-Outline ähnelt am Ende einer platzenden Comic-Seifenblase. Schließen Sie die Pfade-Liste, und öffnen Sie die Transformieren-Eigenschaften der Ebene (nicht die der Pfade!).
Setzen Sie folgende Keys:

▶ SKALIERUNG: bei 01:16 = »100,0«, »100,0 %«; bei 01:18 =
»132,0«, »132,0 %«; bei 03:06 = »155,0«, »155,0 %«
▶ DECKKRAFT: bei 01:22 = »100 %«; bei 03:06 = »0 %«

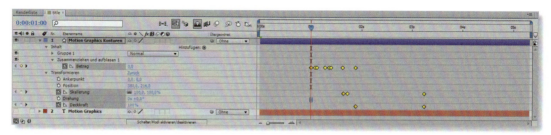

▲ Abbildung 18.112
Um den Effekt einer platzenden Comic-Seifenblase zu erzielen,
fügen wir den Pfad-Operator ZUSAMMENZIEHEN UND AUFBLASEN hinzu.

9   **Weitere animierte Outlines**

**Buchstabenpfade ein- und
ausblenden**

Um die Buchstabenpfade temporär auszublenden, nehmen Sie
den Eintrag EBENENEINSTELLUN-
GEN AUSBLENDEN aus dem Menü
ANSICHT.

Für die kleine Titelanimation generieren Sie aus einer neuen oder
der noch vorhandenen Textebene neue Konturen aus dem Wört-
chen »with«, das Sie in der Mitte der Komposition platzieren. Set-
zen Sie die Zeitmarke auf 01:23, und drücken Sie [Alt]+[Ö], um
die Ebene dort abzuschneiden. Übertragen Sie die vorhin erstellte
Textanimation auf die »with«-Formebene. Kopieren Sie dazu die
Keys der vorhergehenden Animation, oder erstellen Sie daraus eine
Animationsvorgabe, indem Sie alle für den ersten Text gesetzten
Keys auswählen und im Menü ANIMATION den Eintrag ANIMA-
TIONSVORGABE SPEICHERN wählen. Positionieren Sie die Zeitmarke
auf 02:05, und wählen Sie EINFÜGEN bzw. ANIMATION • ANIMA-
TIONSVORGABE ANWENDEN.

Erstellen Sie noch eine dritte Text-Formebene mit dem Inhalt
»Shape Layers«. Lassen Sie sie bei 03:05 beginnen, und wenden
Sie die Animationsvorgabe bei 03:12 erneut an.

10   Finales Compositing

Erstellen Sie eine letzte Komposition: 720 × 576 – PAL D1/DV, Dauer: 12:03, Name: »finale«.

Ziehen Sie die bisher erstellten Kompositionen »title« und »flower« in die Komposition »finale«, und ordnen Sie sie in der genannten Reihenfolge an.

Ziehen Sie die Datei »background« in die finale Komposition, und positionieren Sie sie unter allen Ebenen. Öffnen Sie zum Vergleich das Beispielprojekt »ShapeLayerfertig«, und erstellen Sie die noch fehlenden Animationen nach diesem Beispiel.

▲ Abbildung 18.113
Ein paar weitere Text-Outlines sind für die Titelanimation nötig.

▲ Abbildung 18.114
Zu guter Letzt setzen Sie die Kompositionen »title« und »flower« in die Komposition »finale« ein. ■

18.6   Rotoskopieren mit dem Roto-Pinsel

Der Roto-Pinsel bietet Ihnen eine neue Möglichkeit, Vordergrundbereiche von Hintergrundbereichen zu trennen, um beispielsweise eine im Studio aufgenommene Sprecherin vor einem neuen Hintergrund – einer Piazza in der Toskana – zu platzieren. Sie verwenden den Roto-Pinsel für Material, das ohne Blue- oder Greenscreen aufgenommen wurde.

Zum Rotoskopieren können Sie in After Effects neben dem Roto-Pinsel auch die Malen-Werkzeuge verwenden, auf die ich in Kapitel 22, »Malen und Retuschieren«, eingehe. Eine herkömmliche Methode ist auch das Zeichnen eines Maskenpfads um das Vordergrundobjekt. Hierbei müssen Sie den Maskenpfad über die Zeit animieren und mühsam manuell an die jeweilige Veränderung des Vordergrunds anpassen.

Der Roto-Pinsel ist eine komfortable Alternative zum manuellen Erstellen und Anpassen von Maskenpfaden.

> **Rotoskopie**
>
> Das Rotoskopieren diente bei seiner Erfindung 1914 dazu, Trickfilmanimationen zu schaffen, indem ein Animator Realbildaufnahmen bildweise abzeichnete. Dazu wurde jedes Einzelbild auf eine Mattglasscheibe projiziert. Später wurde das Verfahren auch zur Retusche angewendet oder um Vorder- und Hintergrundbereiche eines Films zu separieren. Dabei wird eine Matte geschaffen, die den Hintergrund transparent und den Vordergrund deckend gestaltet. In Computerprogrammen können dazu auch animierte Maskenpfade verwendet werden.

▲ **Abbildung 18.115**
Mit dem Roto-Pinsel separieren Sie komfortabel Vorder- und Hintergrundbereiche.

Funktionsweise des Roto-Pinsels | Sie arbeiten mit dem Roto-Pinsel ähnlich wie mit dem Schnellauswahl-Werkzeug in Photoshop. Sie wählen also den Vordergrundbereich aus und können weitere Bereiche addieren oder auch von der Auswahl abziehen. Die geschaffene Auswahl können Sie anschließend noch mit Parametern wie WEICHE KANTE verbessern. After Effects berechnet die geschaffene Auswahl sofort als Matte und setzt den Hintergrund transparent. Wie das in der Praxis aussieht, zeigt der folgende Workshop.

Schritt für Schritt: Roto-Pinsel und Maske verbessern

Importieren Sie die Dateien »Rotobrush.mov« und »Hintergrund.psd« aus dem Ordner 18_MASKEN/ROTOPINSEL. Klicken Sie im Dialog FOOTAGE INTERPRETIEREN auf die Schaltfläche ERMITTELN. Ziehen Sie den Film »Rotobrush« auf das Kompositionssymbol im Projektfenster, um eine Komposition in gleicher Größe und Dauer zu erhalten. Ziel ist es, die Schauspielerin auf den neuen Hintergrund zu setzen.

1 **Roto-Pinsel anwenden**

Den Roto-Pinsel verwenden Sie wie die Malen-Werkzeuge im Ebenenfenster. Klicken Sie, um es zu öffnen, doppelt auf den Film in der Zeitleiste. Mit der Taste Ü maximieren Sie das aktivierte Ebenenfenster bei Bedarf.

Klicken Sie in der Werkzeugleiste auf das Roto-Pinsel-Symbol ❶. Im Ebenenfenster erscheint der Pinsel als grüner Kreis mit einem Kreuz. Die Pinselgröße verändern Sie, indem Sie die Taste Strg gedrückt halten, während Sie mit der Maus ziehen. Sie können die Einstellungen aber auch in der Pinsel-Palette, die Sie mit Strg+9 einblenden, modifizieren.

Wählen Sie zunächst für die Größe 45 Px.

Navigieren Sie mit der Zeitleiste zum Zeitpunkt 02:00. Ziehen Sie dann einen senkrechten Strich auf dem Vordergrundbereich, wie in Abbildung 18.114 direkt über der Schauspielerin.

Gleich darauf erscheint eine magentafarbene Kontur, die den ausgewählten Bereich umrandet. Die Auswahl ist noch nicht ideal: Die Haare müssen noch zur Auswahl hinzu, Teile des Hintergrunds müssen noch entfernt werden.

Um Auswahlbereiche hinzuzufügen, ziehen Sie weitere Striche innerhalb des Vordergrunds. Für kleinere Bereiche ist eine kleinere Pinselspitze sehr günstig. Es ist jedoch nicht nötig, die Kontur nachzuzeichnen.

Um Auswahlbereiche abzuziehen, drücken Sie die Taste ⌈Alt⌋ und ziehen einen Strich innerhalb des unerwünschten Bereichs. Der Roto-Pinsel sucht dann automatisch nach neuen Konturen.

Die Anpassung ist nicht ganz mühelos, da in Bereichen mit ähnlichen Kontrastwerten die Konturen trotz der automatischen Erkennung schwer zu definieren sind. Auch schnelle Bewegungen sind etwas problematisch, da sie zu verwischten Konturen führen. Allerdings bietet der Roto-Pinsel mit dem integrierten Effekt MASKE VERBESSERN einige Hilfen für ungenaue Konturen. Doch dazu später mehr.

▲ **Abbildung 18.116**
Zur Auswahl von Vordergrundbereiche genügt ein ungenau innerhalb des Vordergrunds gezogener Strich.

▲ **Abbildung 18.117**
Die erste Auswahl muss noch korrigiert werden.

▲ **Abbildung 18.118**
Um Bereiche hinzuzufügen, zeichnen Sie weitere Striche innerhalb des Vordergrunds.

▲ **Abbildung 18.119**
Um Bereiche abzuziehen, zeichnen Sie Striche innerhalb des Hintergrunds.

Abbildung 18.120 ▶
Nicht hundertprozentig genau,
aber als Übung zunächst ausreichend – unser erstes Ergebnis

2 Kontroll-Optionen für die Auswahl

Unterhalb der Zeitleiste des Ebenenfensters befinden sich drei
Schaltflächen zur Anzeige Ihrer Auswahl. Mit dem Schalter ALPHA
❶ zeigen Sie die Maskierung der Ebene in Schwarzweiß oder bei
einem zweiten Klick darauf als Endergebnis an.

Den Schalter ALPHARAND ❷ haben wir bereits verwendet. Mit
dem Farbwähler ❹ ändern Sie die Konturfarbe, und gleich rechts
daneben finden Sie die Deckkrafteinstellung für die Kontur.

Der Schalter ALPHAÜBERLAGERUNG ❸ blendet über dem transparenten Bereich des Hintergrunds eine rote Maskierungsfarbe
ein. Farbe und Deckkraft ändern Sie über das Farbfeld und die
Deckkrafteinstellung rechts daneben.

Abbildung 18.121 ▶
Drei Anzeigeoptionen für die
geschaffene Matte befinden sich
im Ebenenfenster.

Abbildung 18.122 ▶
Anstelle der magentafarbenen
Kontur können Sie für die ge-
schaffene Matte auch eine rote
Maskierungsfarbe anzeigen.

3 Die Roto-Spanne

An der aktuellen Position der Zeitmarke bei 02:00 wurde mit dem ersten Roto-Strich ein Basisframe gesetzt, der als blauer Punkt unter der Zeitleiste des Ebenenfensters erscheint. Links und rechts davon dehnt sich über je 20 Frames die Roto-Spanne aus. Innerhalb dieser Spanne berechnet After Effects nun für die vorhergehenden und die nachfolgenden Frames Ihre Auswahl, um auch dort das Material in Vorder- und Hintergrund zu separieren. After Effects nennt diesen Vorgang **Roto-Pinsel propagieren**. Wenn Sie die Zeitmarke vom Basisframe wegbewegen, beginnt sofort diese zeitraubende Berechnung, und Sie können dann den Fortschritt in der Info-Palette beobachten. Bereits berechnete Bereiche werden mit einer grünen Linie dargestellt. Diese werden erst dann neu berechnet, wenn Sie Änderungen innerhalb der Spanne vornehmen.

Rückgängig

Roto-Striche machen Sie wie üblich mit [Strg]+[Z] rückgängig. Um die gesamte Spanne oder mehrere Spannen zu löschen, entfernen Sie den Effekt ROTO-PINSEL im Effektfenster.

◄ **Abbildung 18.123**
Die Roto-Spanne wird um den als blauen Punkt dargestellten Basisframe herum berechnet.

◄ **Abbildung 18.124**
Die Info-Palette zeigt die aktuelle Berechnung von einem Basisframe aus an.

4 Korrektur in der Roto-Spanne

Wenn Sie innerhalb der Roto-Spanne mit der Zeitleiste navigieren, sehen Sie, dass die magentafarbene Konturlinie nicht immer genau den Vordergrund umrandet. Diese Ungenauigkeiten bearbeiten Sie für unseren Workshop an den entsprechenden Zeitpunkten genauso wie am Basisframe, das heißt, Sie addieren Bereiche oder ziehen Bereiche ab, indem Sie neue Striche zeichnen. Wichtig ist dabei, dass Sie zunächst ganz in der Nähe des Basisframes Korrekturen vornehmen, falls sie dort nötig sind, und dann von dort aus immer weiter nach außen gehen. Fangen Sie zuerst weit entfernt vom Basisframe an, werden zunächst viele Frames berechnet, doch bei der nächsten Korrektur, die näher am Basisframe liegt, wird die Berechnung wieder verworfen.

Sobald Sie vor- oder nach dem Basisframe einen Korrekturstrich zeichnen, erweitert sich die Roto-Spanne. Sie können sie auch manuell erweitern, indem Sie am Anfang oder Ende der Spanne ziehen. Ziehen Sie den Anfang auf 00:00 und das Ende auf 04:00. Bearbeiten Sie auf diese Weise zunächst höchstens die ersten vier Sekunden.

Innerhalb einer Spanne navigieren Sie mit der Taste ① frameweise nach links und mit der Taste ② nach rechts.

5 **Mehrere Roto-Spannen**

Es kann mitunter sehr nervenaufreibend sein, wenn ein Korrekturstrich sehr weit vom Basisframe gezeichnet wird, da mit jedem neuen Strich eine neue Berechnung erfolgt. Daher ist es sinnvoll, das Movie in mehrere Spannen aufzuteilen.

Um eine neue Spanne zu schaffen, muss sich die Zeitmarke außerhalb einer vorhandenen Spanne befinden. Positionieren Sie die Zeitmarke also auf dem Zeitpunkt 06:00.

Erstellen Sie dann eine neue Auswahl für den Vordergrund, ähnlich wie beim Schritt »Roto-Pinsel anwenden« beschrieben.

Legen Sie einen neuen Basisframe mit dazugehöriger Spanne an, innerhalb dessen Sie wieder die nötigen Korrekturen im Zeitverlauf vornehmen müssen.

Einen letzten Basisframe setzen Sie für unseren Workshop noch am Zeitpunkt 10:00, wieder mit den nötigen Korrekturen im Zeitverlauf.

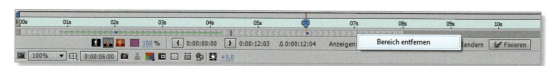

▲ **Abbildung 18.125**
Ein neuer Basisframe wird außerhalb einer vorhandenen Spanne erzeugt. Jeder neue Basisframe erhält eine eigene Spanne.

Zwischen Spannen navigieren

Um zwischen mehreren Spannen zu navigieren, verwenden Sie die Taste Ⓚ, um an den Anfang, den Basisframe oder das Ende zu springen, und die Taste Ⓙ für die Gegenbewegung.

Spanne löschen

Wenn Sie eine der Spannen löschen möchten, klicken Sie sie per rechter Maustaste an und wählen BEREICH ENTFERNEN.

Zeitpunkt der Fixierung

Falls Sie genau wissen wollen, wann Sie eine Bearbeitung fixiert haben, lassen Sie einfach den Mauszeiger über der Schaltfläche FIXIEREN schweben.

---

6 **Der Roto-Pinsel-Effekt**

Sobald Sie mit dem Roto-Pinsel zeichnen, wird im Effektfenster und in der Zeitleiste der gleichnamige Effekt hinzugefügt.

Öffnen Sie einmal die Effekteinstellungen in der Zeitleiste.

Jeden Strich – ob Vorder- oder Hintergrundstrich –, den Sie gezeichnet haben, hat After Effects unter dem Eintrag KONTUR in der Zeitleiste (wie bei Malstrichen) gespeichert. Obwohl jeder Strich nur einen Frame lang ist, wirkt er sich innerhalb der Roto-Spanne vor bzw. nach dem Basisframe auf die Berechnung des Endergebnisses aus.

Wenn Sie die Eigenschaften eines Strichs in der Zeitleiste aufklappen, finden Sie unter KONTUROPTIONEN eine lange Liste mit sämtlichen für diesen Strich gewählten Einstellungen aus der Palette PINSEL. Unter TRANSFORMIEREN sehen Sie z. B. die Eigenschaft SKALIERUNG, um den Strich noch zu vergrößern. Auch die Eigenschaft PFAD befindet sich in den Listen.

Ob Sie hier tatsächlich für Hunderte von gezeichneten Strichen die Eigenschaften modifizieren, bleibt dahingestellt. Möglich ist es jedenfalls.

Sehr viel interessanter sind die im Anschluss an den Workshop beschriebenen Effekteigenschaften.

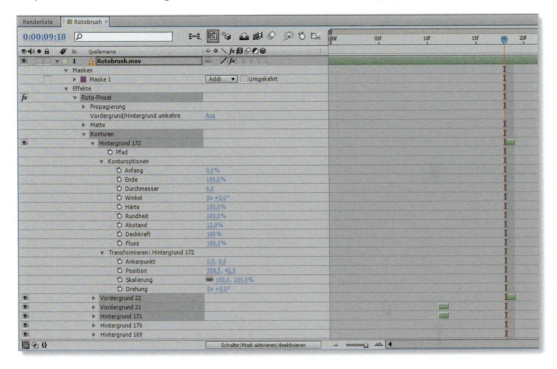

7 Segmentierung fixieren

Als **Segmentierung** wird die Aufteilung in Vorder- und Hintergrund durch den Roto-Pinsel bezeichnet. Sie können die auf Grundlage aller gezeichneten Striche erfolgte Berechnung für das Projekt dauerhaft mitspeichern, indem Sie die Segmentierung fixieren.

Sie finden im Ebenenfenster die Schaltfläche FIXIEREN ① vor. Wenn Sie darauf klicken, wird die Fixierung gestartet. After Effects rechnet nun noch einmal alles durch und zeigt das mit einer blauen Linie im Ebenenfenster an. Anschließend können Sie mit der Zeitmarke wieder ohne Wartezeit navigieren und Ihr Compositing vervollständigen. Beim nächsten Öffnen des Projekts ist die Matte-Berechnung übrigens immer noch gespeichert, und After Effects rechnet nicht andauernd Ihre Striche aus.

Wollen Sie doch noch einmal Änderungen vornehmen, klicken Sie einfach erneut auf FIXIEREN und können dann wie beschrieben weiterarbeiten.

Fixierung stoppen

Klicken Sie während der Fixierung auf STOPP, wird die Berechnung bis zum Stopp-Zeitpunkt gespeichert und kann nachher fortgesetzt werden.

Änderungen nach dem Fixieren

Haben Sie eine Berechnung fixiert, ist das Roto-Pinsel-Werkzeug durchgestrichen. Verwenden Sie es dennoch, wirkt sich das erst aus, wenn Sie die Fixierung wieder lösen.

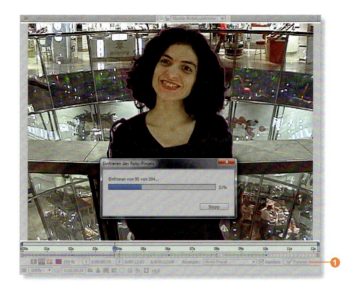

Abbildung 18.127 ▶
Mit der Schaltfläche FIXIEREN
speichern Sie die Berechnung der
Matte dauerhaft.

8 | Hintergrund einfügen

Als letzten Schritt fügen Sie die Ebene »Hintergrund.psd« der Zeitleiste hinzu. Im Kompositionsfenster sehen Sie, dass sich die Schauspielerin recht gut in den neuen Hintergrund integriert, vorausgesetzt, Sie haben einigermaßen genau gearbeitet. Passt es irgendwo
nicht gut, können Sie jederzeit neu korrigieren. Die Mattekante
allerdings sieht noch recht schablonenhaft aus.

Optionen zum Ändern der Matte finden Sie weiter hinten in
Abschnitt 18.6.2, »Der Effekt ›Maske verbessern‹«. Es ist günstig,
dazu die Workshopdatei weiterzuverwenden.

Abbildung 18.128 ▶
Nach der Bearbeitung wurde der
alte Hintergrund ganz ohne Bluescreen ersetzt.

18.6.1 | Propagierung im Roto-Pinsel-Effekt

Um die Einstellungen unter PROPAGIERUNG im Effekt ROTO-PINSEL
nachzuvollziehen, verwenden Sie die Workshopdatei oder laden

das Projekt »RotoPinsel« aus dem Ordner 18_MASKEN/ROTOPINSEL. Klicken sie doppelt auf die Ebene »Rotobrush.mov«, um das Ebenenfenster zu öffnen.

Unter dem Eintrag PROPAGIERUNG im Effektfenster setzen Sie zuerst ein Häkchen bei SUCHBEREICH ANZEIGEN. Im Ebenenfenster wird daraufhin eine mehr oder minder breite Linie um den Vordergrund gelegt. In Bereichen mit größeren Bewegungen ist die Linie breiter, in gering bewegten schmaler. After Effects sucht in den angrenzenden Frames innerhalb der Linie nach der Kontur des Vordergrunds. Dort findet die Separation in Vorder- und Hintergrund statt.

Bevor Sie nun die Parameter verändern, navigieren Sie recht nahe an den Basisframe heran, da sonst die Berechnung ewig dauert. Die Parameter bewirken Folgendes:

▸ **Suchradius:** Eine Erhöhung des Werts erweitert den Suchbereich, innerhalb dessen After Effects nach der Kontur sucht. Bei zu hohen Werten werden auch irrelevante Bewegungen erfasst, bei zu niedrigen Werten werden relevante Bewegungen möglicherweise ignoriert.

▸ **Schwellenwert für Bewegungsdämpfung:** Eine starke Erhöhung des Werts bewirkt ein völliges Ignorieren von kleinen Bewegungen der Kontur, während sehr niedrige Werte zu einem Suchen auch bei kleinsten Bewegungen führt. Günstig ist meist ein Mittelwert, oder Sie müssen testen.

▸ **Bewegungsdämpfung:** Eine Erhöhung des Werts bewirkt ein Zusammenziehen des Suchbereichs. In gering bewegten Bereichen wird er stärker, in stark bewegten Bereichen geringer zusammengezogen. Günstig ist meist ein Mittelwert.

▸ **Kantenfindung:** Die Option AKTUELLE KANTEN BEVORZUGEN bewirkt, dass die für den aktuellen Frame berechnete Kontur bzw. Segmentierung zwischen Vorder- und Hintergrund verwendet wird. AUSGEWOGEN vergleicht die Segmentierung am aktuellen Frame mit benachbarten Frames. VORHERGESAGTE KANTEN BEVORZUGEN verwenden Sie, wenn der Vordergrund die gleiche Farbe wie der Hintergrund aufweist. Auch hier gilt: Probieren Sie.

▸ **Alternative Farbabschätzung verwenden:** Wenn Sie hier ein Häkchen setzen, führt After Effects eine andere Art der Berechnung zum Separieren von Vorder- und Hintergrund aus. Sie können es nur ausprobieren.

▸ **Vordergrund/Hintergrund umkehren:** Diese Option kehrt die Berechnung einfach um, und Sie erhalten dann eine transparente Schauspielerin.

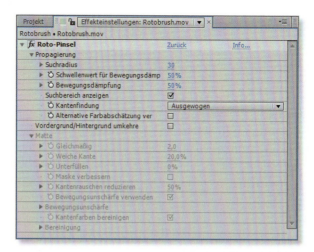

Abbildung 18.129 ▸
Der Roto-Pinsel-Effekt mit den
Optionen unter Propagierung.

Abbildung 18.130 ▸
Der Bereich, in dem After Effects
nach Bewegungen der Vorder-
grundkontur sucht, wird hier als
gelbe Linie angezeigt.

18.6.2 Der Effekt »Maske verbessern«

Durch das Roto-Pinsel-Werkzeug kommen Sie schon vor dem
Effekte-Kapitel mit Effekten in Berührung. Der Effekt Maske verbessern existiert innerhalb des Roto-Pinsel-Effekts, aber auch
separat, und kann auf jegliche Ebenen mit transparenten Bereichen
angewendet werden, also auf Ebenen mit Maskenpfaden oder eben
auch auf Ebenen, denen Sie einen Keyeffekt zugewiesen haben.

Um die Einstellungen unter Matte im Effekt Roto-Pinsel
nachzuvollziehen, verwenden Sie die Workshopdatei oder laden
das Projekt »RotoPinsel« aus dem Ordner 18_Masken/RotoPin-
sel. Klicken sie doppelt auf die Ebene »Rotobrush.mov«, um das
Ebenenfenster zu öffnen.

Zunächst setzen Sie im Effektfenster ein Häkchen bei Maske
verbessern, um alle Einstellungen, die der separate Effekt Maske
verbessern besitzt, zu aktivieren.

Zu den Parametern:

- **Gleichmäßig:** Eine Erhöhung des Werts bewirkt eine weniger gezackte Mattekante. Verwenden Sie geringe Werte, zum Beispiel »2«, um Störungen zu nivellieren.

- **Weiche Kante:** Höhere Werte führen zu einer stärkeren Weichzeichnung der Mattekante und integrieren das Vordergrundobjekt oft besser in den neuen Hintergrund.

- **Unterfüllen:** Niedrige Werte erweitern die Matte etwas, höhere Werte schrumpfen sie.

- **Kantenrauschen reduzieren:** Kurz gesagt: Bewegen sich die Mattekanten stark, ist also das Kantenrauschen hoch, erhöhen Sie den Wert; bewegen sie sich nicht, verringern Sie den Wert.

- **Bewegungsunschärfe verwenden:** Diese Option ist sehr hilfreich, wenn in Ihrem Material verwischte Objekte enthalten sind, wie sie beispielsweise durch eine schnelle Handbewegung entstehen. Die Mattekante wird mit aktiver Option nicht so schablonenhaft gerendert.

- **Bewegungsunschärfe:** Unter SAMPLES PRO FRAME stellen Sie die Durchgänge für die Berechnung der Unschärfe pro Frame ein. Unter VERSCHLUSSWINKEL können Sie den Wert erhöhen, um eine Verstärkung der Unschärfe zu erreichen.

- **Kantenfarben bereinigen:** Eine nützliche Option für unscharfe, stark bewegte oder halbtransparente Vordergrundobjekte. Hier wird die Hintergrundfarbe aus den unscharfen Bereichen entfernt.

- **Bereinigung:** Zuerst wählen Sie BEREINIGUNGSMASKE ANZEIGEN, denn da sehen Sie, welche Bereiche der Mattekontur beeinflusst werden. Unter STÄRKE DER BEREINIGUNG legen Sie einen Wert für die Option KANTENFARBEN BEREINIGEN fest. GLÄTTUNG AUSDEHNEN sollten Sie verwenden, wenn Sie KANTENRAUSCHEN REDUZIEREN und KANTENFARBEN BEREINIGEN nutzen, um die Qualität zu erhöhen. ERHÖHEN DES BEREINIGUNGSRADIUS verspricht das, was sein Name schon sagt.

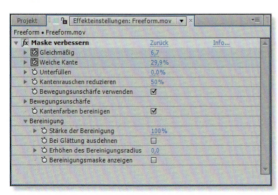

◀ **Abbildung 18.131**
Der Effekt MASKE VERBESSERN ist sowohl im ROTO-PINSEL-Effekt enthalten als auch separat für transparente Ebenen verfügbar.

19 Erweiterte Bearbeitungsmöglichkeiten mit Effekten

Menschen auf dem Mond? Mit Keying-Effekten kein Problem. Eine Blumenwiese unter Wasser? Mit dem KAUSTIK-Effekt kein Thema. Farbstichige oder kontrastarme Aufnahmen wie neu? Eine neue Farbe für Ihr Auto? Nutzen Sie Color Finesse! Bilder und Videos verzerren, verflüssigen oder zertrümmern? Es ist fast alles machbar. Hier erhalten Sie einen Einblick in die Welt der Effekte.

Gleich zu Beginn sei warnend erwähnt: Mit Effekten können Sie eine Menge, eine große Menge Zeit verbringen. Effekte sind gewissermaßen unendlich. Ein erster Blick in die lange Liste, die sich im EFFEKT-Menü befindet und nur die Effekt-Kategorien zeigt, soll Sie jedoch nicht abschrecken. Die Liste ist eher als eine Aufzählung der Möglichkeiten zu verstehen. Neben der bereits mitgelieferten umfangreichen Effekte-Palette gibt es Hunderte kostenloser und kommerzieller Effekte von After-Effects-Enthusiasten.

Effekte können die Rettung sein, wirken jedoch schnell auch plump. Die Wirkung eines Effekts will daher gut getestet und geübt sein, erst recht dann, wenn Sie die Effekte untereinander auch noch kombinieren.

In After Effects können Sie wahlweise mit einer Projektfarbtiefe von 8, 16 oder 32 Bit arbeiten. Die meisten Effekte sind auch für den 16-Bit-Farbraum optimiert und können in 16-Bit-Projekten sorgenfrei verwendet werden. Für den 32-Bit-Farbraum stellt After Effects ebenfalls eine ganze Reihe an dafür optimierten Effekten bereit.

Am Ende dieses Kapitels werden Sie feststellen, dass Sie die meisten Effekte noch nicht kennengelernt haben. Dies ist nicht etwa wieder eine Sparmaßnahme und auch keine böse Absicht. Sie werden selbst bald sehen, dass ein einziges Kapitel nur als Anregung zu eigenen Reisen in die unendlichen Weiten und Kombinationsmöglichkeiten der Effekte dienen kann.

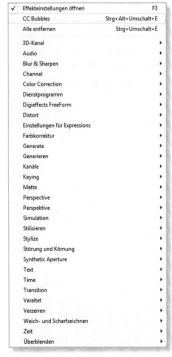

▲ **Abbildung 19.1**
Unter dem Menüeintrag EFFEKT befindet sich eine lange Liste mit Einträgen. Hier sind allerdings nur die Effektkategorien aufgelistet.

19.1 Effekt-Grundlagen

Zunächst widmen wir uns einigen einfacheren Effekten, quasi als Einstieg und um grundsätzliche Arbeitsweisen kennenzulernen. Anschließend werde ich Sie mit einigen sehr nützlichen umfangreichen Effekten bekannt machen. Der folgende Workshop soll Ihnen die ersten Schritte erleichtern.

Schritt für Schritt: Bild einfärben mit Effekten

1 **Vorbereitung**

Das fertige Movie zum Workshop finden Sie im Ordner 19_EFFEKTE/ STARTEFFEKTE. Es trägt den Titel »sardine.mov«. Legen Sie für den Workshop ein neues Projekt an, speichern Sie es unter einem eindeutigen Namen ab, und importieren Sie dann mit Strg+I die Datei »sardinen.psd«. Wählen Sie die Importoption IMPORTIEREN ALS • KOMPOSITION. Klicken Sie dann doppelt auf die Komposition im Projektfenster, um sie zu öffnen. Öffnen Sie mit Strg+K den Dialog KOMPOSITIONSEINSTELLUNGEN, und tragen Sie eine Kompositionsdauer von 5 Sekunden ein.

▲ **Abbildung 19.3**
Die einzelnen Ebenen der importierten Datei finden sich in der Zeitleiste wieder.

2 **Effekt hinzufügen**

In der Zeitleiste befinden sich vier Ebenen. Die Sardinenschachtel wurde in mehrere Ebenen separiert. Das gibt uns die Möglichkeit, diese Ebenen unterschiedlich mit Effekten zu bestücken.

Markieren Sie zunächst die Ebene »blau«. Zum Hinzufügen des ersten Effekts wählen Sie im Menü EFFEKT • FARBKORREKTUR • EINFÄRBEN. Sofort öffnen sich die Effekteinstellungen in einem separaten Fenster. Dort wird der Effekt EINFÄRBEN angezeigt.

In der Zeitleiste zeigt das Effekt-Symbol ❹ an, dass die Ebene mindestens einen Effekt enthält. Um den hinzugefügten Effekt in der Zeitleiste anzuzeigen, markieren Sie die Ebene »blau« und drücken die Taste E. Auf diese Weise blenden Sie sämtliche Effekte ein, die einer Ebene hinzugefügt wurden.

Nur noch 64-Bit-Plugins

Seit After Effects CS5 können Sie nur noch 64-Bit-Plugins laden. 32-Bit-Plugins, die Sie in den Ordner PLUG-INS von After Effects kopiert haben, werden im Programm nicht angezeigt. Sie müssen Ihre Fremdanbieter-Plugins nun teilweise zunächst ganz abschreiben, bis 64-Bit-Versionen verfügbar sind.

▲ **Abbildung 19.2**
Dieses Bild ist in mehrere Ebenen aufgeteilt und wird mit Effekten verändert.

Farbtiefe und Effekte

Alle Effekte in der Effekte-und-Vorgaben-Palette sind mit der maximal möglichen Farbtiefe gekennzeichnet, die ein Effekt unterstützt. Verwenden Sie einen Effekt, der nur eine geringe Farbtiefe unterstützt (z. B. 8 Bit), in einem Projekt mit höherer Bittiefe, erscheint neben dem Effekt im Effektfenster ein Warnsymbol.

▲ **Abbildung 19.4**
Wählen Sie einen Effekt aus dem EFFEKT-Menü gewählt, öffnen sich sofort die Effekteinstellungen in einem Extra-Fenster. Hier können Sie den Effekt bearbeiten.

▲ **Abbildung 19.5**
Effekte können Sie auch in der Zeitleiste einblenden und dort bearbeiten.

Klicken Sie nun in der Zeitleiste auf das kleine Dreieck ❸, um die Effekteigenschaften sichtbar zu machen. Änderungen nehmen Sie nach Belieben entweder in den Effekteinstellungen oder in der Zeitleiste vor.

3 Effekt einstellen und animieren

Unser Effekt EINFÄRBEN zeigt sich mit sehr überschaubaren Einstellmöglichkeiten. Sie finden zwei Farbfelder vor. Das Feld SCHWARZ ABBILDEN AUF ❶ dient dazu, die dunklen Pixel im Bild zu beeinflussen, das andere ist für die hellen Bereiche zuständig. Mit der STÄRKE ❷ legen Sie die Auswirkung auf das Bild fest. Wie Sie sehen, bleibt bei einem Wert von 0 % alles beim Alten.

Der STÄRKE-Wert ist bereits auf 100 % eingestellt, so dass die blaue Ebene in Schwarzweiß angezeigt wird. Setzen Sie am Zeitpunkt 00:00 je einen Key für die beiden Farbfelder des Effekts. Klicken Sie dazu jeweils auf das Stoppuhr-Symbol im Effektfenster oder in der Zeitleiste. Ziehen Sie anschließend die Zeitmarke auf den Zeitpunkt 02:12. Ändern Sie hier die Farbe, indem Sie auf das schwarze Farbfeld klicken. Es öffnet sich der Farbwähler. Suchen Sie sich eine neue Farbe aus, z. B. ein kräftiges Blau. Bestätigen Sie mit OK, und wählen Sie dann für das weiße Farbfeld eine hellere Farbe, beispielsweise Orange. Ändern Sie die

Effekte ein- und ausblenden

Eine Ebene, der ein Effekt hinzugefügt wurde, wird mit dem Effekt-Symbol »fx« vor jedem Effekt in den Spalten A/V-FUNKTIONEN und EBENENSCHALTER der Zeitleiste gekennzeichnet. Mit einem Klick auf das Effekt-Symbol in der Spalte EBENENSCHALTER blenden Sie sämtliche Effekte der Ebene aus und ein. In der Spalte A/V-FUNKTIONEN ist dies für jeden Effekt einzeln möglich.

Effekte zurücksetzen

Um einen Effekt auf die »Werkseinstellung« zurückzusetzen, klicken Sie im jeweiligen Effekt auf das Wort ZURÜCK. Wurden bereits Keyframes für die Effekteigenschaften gesetzt, hat das Zurücksetzen nur eine Auswirkung auf den aktuellen Frame; die Effekteinstellungen an Keyframes vor und hinter dem aktuellen Frame bleiben erhalten.

▲ **Abbildung 19.6**
Durch Verwendung eines Effekts erscheint ein Bild beispielsweise schnell in anderen Farben.

Farben nochmals am Ende der Komposition bei 05:00. Ich habe ein dunkles Blau und Türkisblau gewählt.

▲ **Abbildung 19.7**
Die Farben werden über Keyframes animiert.

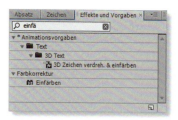

▲ **Abbildung 19.8**
In der Effekte-Palette suchen und finden Sie einen Effekt durch Eintippen seines Namens.

Abbildung 19.9 ▼
Auch die Ebene »gelb« erhält den Effekt BILD EINFÄRBEN, und dieser wird ebenfalls animiert.

4 Effekte und Vorgaben

Öffnen Sie über das Menü FENSTER oder mit `Strg`+`5` die Palette EFFEKTE UND VORGABEN, wenn sie noch nicht eingeblendet ist. Die Palette enthält alle installierten Effekte und erlaubt ein komfortableres Arbeiten, als es über den Menüeintrag EFFEKT möglich ist. Um einen bestimmten Effekt aus der langen Liste der Effekte schnell aufzufinden, tippen Sie den Namen des Effekts einfach in das Suchfeld ein. Tippen Sie dort »einfä« ins Feld. Der Effekt EINFÄRBEN wird angezeigt, gegebenenfalls müssen Sie die Liste ANIMATIONSVORGABEN zuklappen.

Markieren Sie die Ebene »gelb«, und klicken Sie anschließend unter FARBKORREKTUR doppelt auf den Effekt in der Palette. Der Effekt wird daraufhin der markierten Ebene hinzugefügt. Animieren Sie den Effekt ähnlich dem EINFÄRBEN-Effekt der Ebene »blau«, damit sich auch die gelbe Fläche farblich ändert. Die Farben und zeitlichen Abstände wählen Sie nach Ihrem Geschmack.

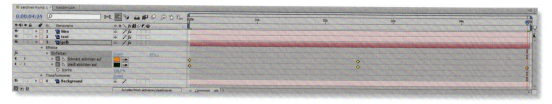

5 Colorama

Der Text soll ebenfalls eingefärbt werden, allerdings mit einem anderen Effekt. Markieren Sie die Ebene »text«, und tippen Sie dann »colora« ins Eingabefeld der Effekte-Palette. Klicken Sie doppelt auf den angezeigten Effekt FARBKORREKTUR • COLORAMA. Der Text wird zuerst in ein grauenerregendes Grün getaucht. Ändern wir das schnell.

Klicken Sie auf das kleine Dreieck bei AUSGABEZYKLUS ❸. Wählen Sie aus dem Einblendmenü bei VORGABE-FARBTABELLE VERWENDEN ❹ den Eintrag GOLDFARBEN 1. Schon besser. Animieren können wir natürlich auch. Öffnen Sie dazu die Einstellungen unter Eingabephase ❶. Uns interessiert hier der Eintrag Phase verschieben.

Ziehen Sie die Zeitmarke auf den Zeitpunkt 00:00. Setzen Sie danach im Effektfenster einen ersten Keyframe per Klick auf das Stoppuhr-Symbol bei Phase verschieben ❷. Verschieben Sie die Zeitmarke auf den Zeitpunkt 05:00 an das Ende der Komposition. Ändern Sie den Wert für Phase verschieben auf »1× +0,0°«. Schauen Sie sich die Animation in der Vorschau an.

Effekte umbenennen

Sie können jeden Effekt umbenennen, den Sie bereits einer Ebene hinzugefügt haben. Klicken Sie dazu in der Zeitleiste oder im Effektfenster auf den Namen des Effekts, und drücken Sie die Taste ↵ im Haupttastaturfeld. Geben Sie einen passenden Namen ein, und drücken Sie erneut die Taste ↵.

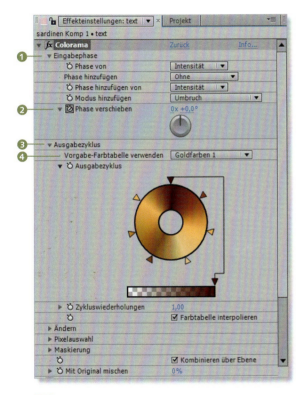

◄ **Abbildung 19.10**
Der Effekt Colorama weist schon einige Einstellungsmöglichkeiten mehr auf.

6 Noch ein Effekt und die Hierarchie

Zum Schluss fügen wir noch einen Effekt zur Ebene »text« hinzu. Schließen Sie den Effekt Colorama, indem Sie im Effektfenster auf das kleine Dreieck vor dem Effektnamen klicken.

Wählen Sie unter Effekt • Perspektive den Effekt Alpha abschrägen, oder tippen Sie das Wort »alpha« ins Eingabefeld der Effekte-Palette ein, und fügen Sie den Effekt der Textebene hinzu. Der Effekt nutzt die Information im Alphakanal und erzeugt einen reliefartigen Eindruck. Die Einstellmöglichkeiten im Effekt sind selbsterklärend. Ändern Sie ruhig die Werte der Effekteigenschaften durch Ziehen mit gedrückter Maustaste. Schon haben Sie das Handwerkszeug, um mit weiteren Effekten zu arbeiten!

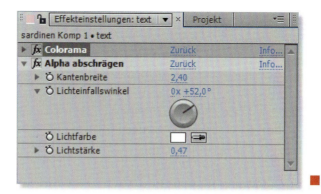

Abbildung 19.11 ▶
Hier wurde der Effekt Alpha
Abschrägen unter dem Effekt
Colorama platziert.

Noch ein letztes Wort zur **Effekthierarchie**: Es kommt sehr darauf an, in welcher Reihenfolge die Effekte im Effektfenster erscheinen. Sie können dies gleich einmal in Erfahrung bringen, indem Sie den Effekt Alpha abschrägen markieren und im Effektfenster nach ganz oben ziehen.

▲ **Abbildung 19.12**
Die Reihenfolge der Effekte kann im Effektfenster verändert werden. Doch Vorsicht – ...

▲ **Abbildung 19.13**
... durch einen Tausch der Reihenfolge der Effekte im Effektfenster ergeben sich sehr unterschiedliche visuelle Wirkungen.

19.2 Effekt-Beispiele

Natürlich können wir hier nicht sämtliche Effekte erläutern, ohne den Rahmen des Buches zu sprengen. Ich möchte Ihnen aber wenigstens noch ein paar weitere Effekte vorstellen.

Unter der Effekt-Kategorie Weich- und Scharfzeichnen befindet sich unter anderem der Effekt Radialer Weichzeichner, mit dem Sie einem Bild schnell ein dynamisches Aussehen verleihen. Im Effektfenster präsentiert sich der Effekt mit wenigen, leicht beherrschbaren Einstellungen.

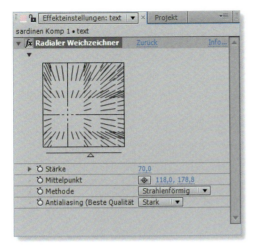

◄ **Abbildung 19.14**
Die Einstellmöglichkeiten des
Effekts RADIALER WEICHZEICHNER
sind recht übersichtlich.

Je höher Sie die Werte bei STÄRKE wählen, desto stärker wird das
Bild ausgehend vom MITTELPUNKT verwischt. Den Mittelpunkt kön-
nen Sie, wenn Sie den Namen des Effekts im Effektfenster markiert
haben, an jede beliebige Stelle des Bildes ziehen. Außerdem haben
Sie die Wahl zwischen den Methoden KREISFÖRMIG und STRAHLEN-
FÖRMIG.

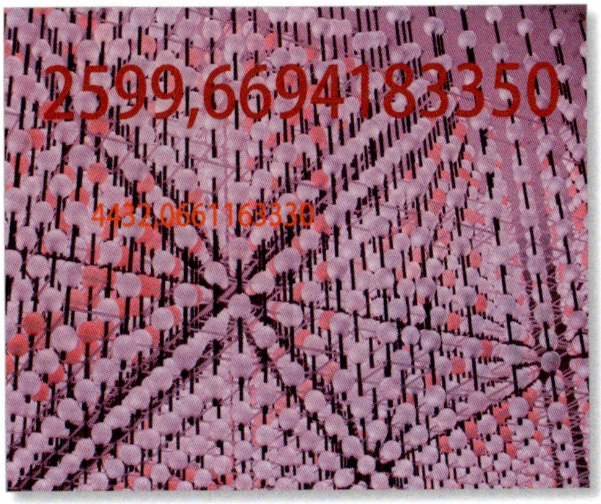

▲ **Abbildung 19.15**
Vor der Anwendung des Effekts sind die Zahlen
recht unleserlich.

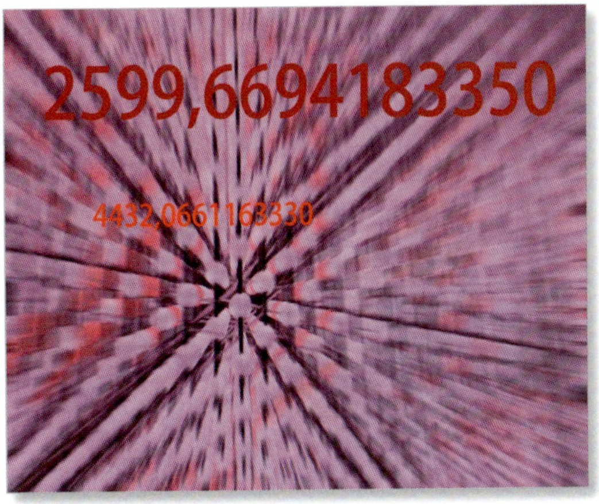

▲ **Abbildung 19.16**
Nach der Anwendung des Effekts RADIALER WEICH-
ZEICHNER mit der Methode STRAHLENFÖRMIG

19.2.1 Selektiver Weichzeichner

Der Effekt SELEKTIVER WEICHZEICHNER aus der Effekt-Kategorie
WEICH- UND SCHARFZEICHNEN ermöglicht eine Weichzeichnung
von Bildteilen, während Konturen im Bild scharfgezeichnet bleiben. Eventuell kennen Sie diesen Effekt bereits aus Photoshop.

Beispiele

Im Ordner 19_EFFEKTE auf der
DVD zum Buch befindet sich die
Projektdatei »weitereEffekte.
aep« mit einigen Beispielen zu
den hier beschriebenen Effekten.

Abbildung 19.17 ▶

Mit dem Effekt SELEKTIVER WEICH-
ZEICHNER werden Bildteile weich-
gezeichnet, während Konturen im
Bild scharfgezeichnet bleiben.

Bei Flächen mit geringen Farbunterschieden und Kontrasten im Bild wirkt sich der Effekt sichtbar aus. Die Unterschiede werden nivelliert. Bei niedrigen Werten unter SCHWELLWERT zeichnet der Effekt nur ähnliche Pixel weich, während bei hohen Werten auch sehr unterschiedliche Pixel betroffen sind.

Über die Werte bei RADIUS bestimmen Sie, in welchem Farb- oder Helligkeitsbereich der Effekt nach Pixelunterschieden sucht. Unter MODUS legen Sie mit NUR KANTEN fest, dass das Bild in Schwarzweiß angezeigt wird und Konturen im Bild weiß hervorgehoben werden. Mit INEINANDERKOPIEREN bleiben die Farben des Bildes sichtbar, und Konturen werden weiß betont.

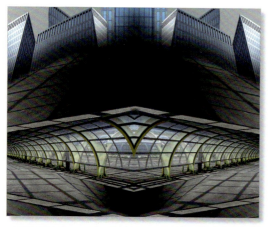

▲ **Abbildung 19.18**
Ein Bild ohne den Effekt SELEKTIVER WEICHZEICHNER

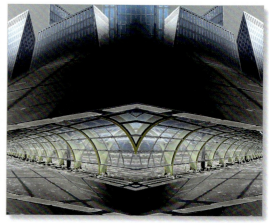

▲ **Abbildung 19.19**
Der SELEKTIVE WEICHZEICHNER wurde hier im Modus INEINANDERKOPIEREN verwendet.

19.2.2 Zeichentrick

Mit dem Effekt ZEICHENTRICK schaffen Sie eine ähnliche Anmutung wie mit dem Effekt SELEKTIVER WEICHZEICHNER, allerdings arbeitet ZEICHENTRICK, den Sie in der Effekt-Kategorie STILISIEREN finden, noch genauer und besser. Mit diesem Effekt können Sie sogar Ihre Filme aussehen lassen, als wären sie im Trickfilmstudio entstanden, da bewegtes Material ohne Bildfehler berechnet wird.

Gleich nachdem Sie den Effekt angewendet haben, haben die Konturen im Bild eine leichte Umrandung erhalten, und die dazwischenliegenden Flächen wirken nicht mehr so detailliert.

Im Effekt legen Sie unter RENDERN mit der Option RÄNDER fest, dass nur die Konturen eingeblendet werden, und erhalten ein wie gezeichnet wirkendes Bild. Mit FÜLLEN werden nur die dazwischenliegenden Flächen angezeigt.

▲ **Abbildung 19.20**
In diesem Beispiel wurde noch kein Effekt angewendet.

◄ **Abbildung 19.21**
Hier wird der Effekt ZEICHENTRICK nur mit der Option RÄNDER angezeigt.

Über DETAILRADIUS erreichen Sie bei höheren Werten ein stärkeres Weichzeichnen der Flächen, mit DETAILSCHWELLENWERT werden die Details im Bild noch stärker nivelliert.

Die zwei Regler unter FÜLLEN funktionieren wie die Tontrennung in Photoshop, das heißt, mit SCHATTIERUNGSSCHRITTE legen Sie die Anzahl der Tonwertnuancen fest. Je geringer der Wert, desto plakativer also die Wirkung. Mit SCHATTIERUNGSGLÄTTE können Sie die Übergänge der Nuancen glätten.

Unter RAND erhalten Sie mit höheren Werten bei SCHWELLENWERT mehr und breitere Konturen (abhängig davon, wie stark unterschiedlich angrenzende Pixel sind). Diese Konturen können Sie per BREITE fein oder grob einstellen und mit GLÄTTUNG den Übergang zu den Farbflächen weich gestalten.

Unter ERWEITERT schärfen Sie per KANTENVERBESSERUNG mit positiven Werten die Kanten und lassen sie mit negativen Werten ausgefranster erscheinen.

Per KANTENTIEFE verwandeln Sie die normalerweise schwarzen Konturen auf weißem Grund in ihr Gegenteil, indem Sie den Wert erhöhen (leicht erhöhte Werte führen zunächst zu Grautönen). Mit KANTENKONTRAST erreichen Sie einen ähnlichen Effekt.

Falls Sie eine OpenGL-fähige Grafikkarte installiert haben, können Sie unter LEISTUNG die Bearbeitung des Effekts vom Grafikprozessor aktivieren.

◄ **Abbildung 19.22**
Hier sehen Sie ZEICHENTRICK mit der Option FÜLLEN UND RÄNDER.

19.2.3   Mosaik

Wenn Sie beispielsweise vorhaben, das Gesicht eines Menschen in einem Video für den Zuschauer unkenntlich zu machen, ist der Effekt Mosaik genau das Richtige für Sie. Sie finden den Effekt in der Effekt-Kategorie Stilisieren.

In dem hier abgebildeten Beispiel wurde der Effekt allerdings genau umgekehrt gebraucht, nämlich um das Gesicht besonders hervorzuheben. Sie bestimmen die Größe der »Mosaiksteinchen« über Anzahl horizontal und Anzahl vertikal. Setzen Sie das Häkchen bei Farben nicht mitteln nicht, ergeben sich weichere Farbabstufungen zwischen den Mosaiksteinchen. Damit sich der Effekt nicht auf die gesamte Bildebene auswirkt, können Sie Teile des Bildes mit einer Maske freistellen.

Abbildung 19.23 ▶
Der Effekt Mosaik ist nützlich, um Bildbereiche für den Zuschauer unkenntlich zu machen.

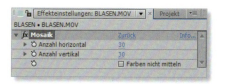

▲ **Abbildung 19.24**
Vor der Anwendung des Effekts …

▲ **Abbildung 19.25**
… und nach der Anwendung des Effekts Mosaik auf eine maskierte Ebene

19.2.4   Vegas

Da der Effekt Vegas ein kleines bisschen mehr an Einstellmöglichkeiten bietet, folgt hier ein Workshop.

Schritt für Schritt: Den »Vegas«-Effekt anwenden

1 **Vorbereitung**

Für diesen Workshop habe ich ein Projekt für Sie vorbereitet. Sie finden es auf der Buch-DVD im Ordner 19_Effekte/Vegas. Schauen

Sie sich bitte zuvor auch das beiliegende Movie »vegas.mov« aus dem gleichen Ordner an. Kopieren Sie den Ordner VEGAS auf Ihre Festplatte. Öffnen Sie dann das Projekt »vegas.aep«, und klicken Sie im Projektfenster doppelt auf die ebenfalls »vegas« benannte Komposition, um sie zu öffnen. Sie finden darin zwei Ebenen vor. Die Ebene »berge« dient als Hintergrund. Die Ebene »text.psd« ist ein Text auf transparentem Hintergrund. Mit anderen Worten: Die Ebene enthält eine Alphainformation, die wir uns mit dem Effekt VEGAS zunutze machen.

2 Effekt »Vegas« hinzufügen

Öffnen Sie die Palette EFFEKTE UND VORGABEN mit ⌈Strg⌋ + ⌈5⌋. Tippen Sie die Buchstaben »veg« ins Eingabefeld. Klicken Sie anschließend bei markierter Ebene »text« doppelt auf den angezeigten Effekt GENERIEREN • VEGAS. Noch sieht der Effekt ganz harmlos aus, aber unter den kleinen Dreiecken verbirgt sich eine lange Liste an Einstellungen. Ich gehe hier nicht jeden Punkt mit Ihnen durch, aber eine Möglichkeit schauen wir uns doch an.

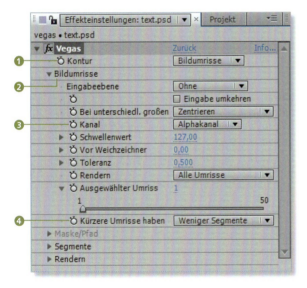

◄ **Abbildung 19.26**
Der Effekt VEGAS wirkt zuerst unscheinbar, doch er enthält eine Menge Einstellmöglichkeiten.

Öffnen Sie zuerst die Einstellungen unter BILDUMRISSE ❷. Mit dem Einblendmenü unter KONTUR ❶ entscheiden Sie grundsätzlich, ob sich die leuchtreklameartige Punktlinie, die entstehen soll, an einem Maskenpfad (ebenfalls eine spannende Sache) oder an den Bildumrissen orientieren soll. Belassen Sie es bei BILDUMRISSE.

Wählen Sie nun unter KANAL ❸ den Eintrag ALPHAKANAL aus dem Einblendmenü. Der Effekt sucht sich jetzt die Konturen des Textes auf Grundlage der Alphainformation. Das Resultat ist eine Linie entlang der Textkontur.

Unter KÜRZERE UMRISSE HABEN ❹ wählen Sie bitte noch den Eintrag WENIGER SEGMENTE. Dies bewirkt, dass Konturen innerhalb eines Buchstabens wie beim »a« von »Bay« auch weniger Segmente erhalten. Das ist schöner. Schließen Sie die Liste BILDUMRISSE.

3 Segmente

Öffnen Sie die Einstellungen unter SEGMENTE ❺. Tippen Sie die Zahl »19« in das Wertefeld, um anstelle der 32 voreingestellten Segmente nur 19 zu erhalten.

Nun zur Animation: Setzen Sie die Zeitmarke auf den Zeitpunkt 00:00, und klicken Sie auf das Stoppuhr-Symbol bei DREHUNG. Verschieben Sie die Zeitmarke auf den Zeitpunkt 02:15. Tippen Sie als Drehungswert »2× +0,0°« ins Wertefeld, und bestätigen Sie mit ↵ im Haupttastaturfeld. Am Ende der Komposition, also bei 05:00, geben Sie »0× +0,0°« ins Wertefeld ein. Schließen Sie die Liste SEGMENTE. Schauen Sie sich jetzt einmal die Animation an. Mit etwas Fantasie wirkt das doch schon fast wie in Las Vegas.

▲ **Abbildung 19.30**
Mit wenigen Keyframes erzielen Sie fast schon eine Wirkung wie bei einer Reklame in Las Vegas.

4 Etwas mehr Pep

Öffnen Sie die Einstellungen unter RENDERN ⑥. Wählen Sie unter ANGLEICHUNGSMODUS den Eintrag TRANSPARENT. Daraufhin verschwindet der Text, und nur die »Vegas«-Kontur bleibt.

Setzen Sie die Zeitmarke auf den Zeitpunkt 01:00, und klicken Sie auf das Stoppuhr-Symbol bei FARBE. Das voreingestellte Gelb wird im Key »gespeichert«. Verschieben Sie die Zeitmarke auf 01:15, und klicken Sie dann auf das Farbfeld im Effektfenster. Wählen Sie im FARBWÄHLER ein reines Weiß, und bestätigen Sie mit OK.

Setzen Sie die Zeitmarke auf 02:15, und klicken Sie auf das Stoppuhr-Symbol für STÄRKE. Ändern Sie den Wert im Wertefeld auf »8,5«. Ändern Sie dann noch einmal den Wert für die STÄRKE am Ende der Komposition (also bei 05:00), und zwar auf »15«. Zu guter Letzt tippen Sie anstelle der 0 eine »1« ins Wertefeld bei HÄRTE. Das war's. Probieren Sie das Gleiche doch auch einmal mit einem Maskenpfad – das ist sehr interessant, zumal dieser ja außerdem animierbar ist.

Keyframes werden nicht angezeigt

Wenn Sie ausschließlich im Effektfenster arbeiten, werden Ihnen die Keyframes in der Zeitleiste nicht automatisch angezeigt, wenn dort der Effekt nicht eingeblendet ist. Ein solches Arbeiten spart lange Listen im Zeitleistenfenster. Wollen Sie Ihre Keyframes doch einmal wiedersehen, markieren Sie die Ebene in der Zeitleiste, und drücken Sie die Taste U.

▲ **Abbildung 19.31**
Die Einstellungen unter RENDERN bewirken ein anderes Aussehen des VEGAS-Effekts.

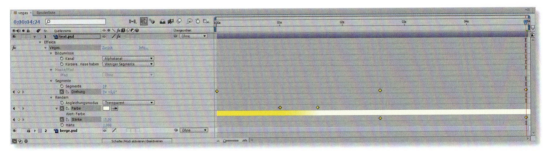

▲ **Abbildung 19.32**
Zum Ende der Animation sollte es in der Zeitleiste so wie hier aussehen.

◀ **Abbildung 19.33**
Farbe und Stärke der »Vegas«-Segmente lassen sich schnell ändern. ■

19.3 Arbeiten mit den Cycore Effects

After Effects enthält über 60 Effekte der Firma Cycore Systems aus Uppsala in Schweden. Das Besondere an diesen Effekten ist ihre leichte Handhabung und Bedienfreundlichkeit. Da ich Ihnen hier nicht alle 60 Effekte vorstellen kann und dies meines Erachtens aufgrund der vorgenannten Besonderheiten auch gar nicht nötig ist, widmen wir uns hier dem umfangreichsten der Cycore Effects und noch einigen anderen.

19.3.1 Spielen mit Partikeln

Im Physikunterricht haben Sie vielleicht schon einmal etwas von den verschiedensten Teilchen wie Quarks, Leptonen und Eichbosonen gehört. Mit solch elementaren Systemen wollen wir hier zwar nicht hantieren, aber wenigstens mit physikalischen Größen wie Geschwindigkeit, Gravitation und Widerstand. Diese Größen finden Sie beispielsweise in dem Effekt CC PARTICLE WORLD. Particle World weist einige Ähnlichkeiten zum alten Simulationseffekt PARTIKELSIMULATION auf, ist jedoch viel leichter zu bedienen. Gehen wir es praktisch an.

Schritt für Schritt: Particle World anwenden

1 **Vorbereitung**

In diesem Workshop werden Sie zunächst drei einfach zu erlernende Cycore Effects kennenlernen, bevor wir Particle World angehen. Schauen Sie sich dazu zuerst das Movie »CycoreFX.mov« aus dem Ordner BEISPIELDATEIEN/EFFEKTE/CYCOREEFFECTS an.

Öffnen Sie dann das bereits vorbereitete Projekt »CycoreFX.aep« aus dem gleichen Ordner. Es enthält die drei Kompositionen »finale«, »Worldtext« und »title«. In der Komposition »finale« werden wir am Ende die beiden anderen Kompositionen verwenden, sie also darin verschachteln.

2 **CC Cylinder**

Zuerst werden wir mit dem Effekt CC CYLINDER einen Text auf einen Zylinder mappen. Öffnen Sie dazu die Komposition »Worldtext«. Der Text ist bereits enthalten. Sollte die verwendete Schriftart ARIAL BLACK bei Ihnen nicht installiert sein, passen Sie bitte den Text der Abbildung entsprechend an.

Der Text soll auf einen Zylinder gemappt werden. Diesen kreieren wir über eine neue Farbfläche mit [Strg]+[Y]. Legen Sie die

Größe mit 730 × 300 Pixel etwas breiter als die Komposition an, und wählen Sie einen Magenta-Farbton.

Positionieren Sie die Farbfläche unter dem Text. Fügen Sie eine Einstellungsebene hinzu (EBENE • NEU • EINSTELLUNGSEBENE). Wenden Sie auf diese Ebene den Effekt an (EFFEKT • PERSPECTIVE • CC CYLINDER).

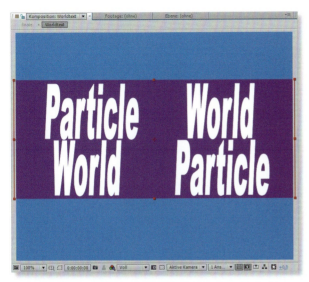

◄ **Abbildung 19.34**
Ausgangsmaterial sind eine Text-ebene und eine Farbfläche.

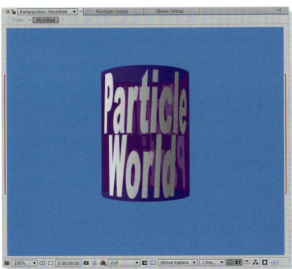

◄ **Abbildung 19.35**
Der Effekt CC CYLINDER biegt Text und andere Materialien um einen imaginären Zylinder.

Da sich Effekte, die auf Einstellungsebenen angewandt werden, auf sämtliche darunterliegenden Ebenen gleich auswirken, werden sowohl der Text als auch die Farbfläche um den Zylinder wie um den kleinen Finger gewickelt.

8, 16 und 32 bpc

Die in After Effects CS3 enthaltenen Cycore Effects unterstützen eine Farbtiefe von 8 bpc. Auf der Website von Cycore finden Sie das CycoreFX-HD-Bundle mit 16- bzw. 32-bpc-Unterstützung und weiteren zehn Effekten.

Im Effektfenster lassen sich RADIUS, POSITION oder ROTATION wie gewohnt einfach über Keyframes animieren. Wenn Sie die Beleuchtung oder den Schattenwurf ändern wollen, geht dies über LIGHT und SHADING.

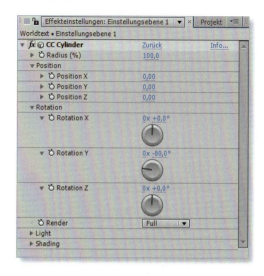

Abbildung 19.36 ▸
In den Cycore Effects gibt es meist wenige, gut beherrschbare Regler wie hier zum schnellen Positionieren und Drehen.

Zur Animation öffnen Sie die Eigenschaft ROTATION und setzen für ROTATION Y einen ersten Key bei 01:14. Ziehen Sie den Wert so lange, bis auf dem Zylinder »Particle« und darunter »World« erscheint (–80°). Navigieren Sie zum Kompositionsende, und tragen Sie folgenden Wert ein: »2× +0,0°«.

Setzen Sie noch folgende Keys für die Farbfläche: DECKKRAFT: bei 00:14 = »100 %«, bei 01:22 = »50 %«.

Abbildung 19.37 ▾
Damit sich der Effekt auf alle darunterliegenden Ebenen auswirkt, wird eine Einstellungsebene verwendet.

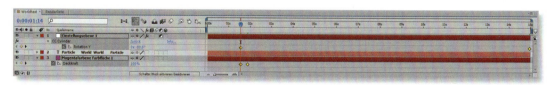

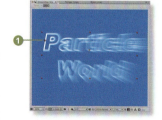

▴ Abbildung 19.38
Der Center-Punkt von CC RAY LIGHT läuft über den Text und generiert ständig neue Strahlen.

3 CC Light Burst

Öffnen Sie die Komposition »title«. Die Komposition enthält zwei Ebenen, auf die wir zwei verschiedene Effekte anwenden werden.

Fügen Sie der Ebene »Light Burst« den gleichnamigen Effekt hinzu (EFFEKT • GENERATE • CC LIGHT BURST 2.5). Sofort scheint der Text wie von hinten beleuchtet. Die Stärke des Leuchtens legen Sie mit INTENSITY fest, die Länge der Strahlen mit RAY LENGTH. Bei BURST finden Sie verschiedene Berechnungsmethoden für die Strahlen. Mit HALO ALPHA generieren Sie die Strahlen nur aus den Konturlinien entlang der Alphamatte.

Zur Animation setzen Sie folgende Keys:

▶ Ray Length: Erstellen Sie Keyframes bei 00:00 = »0«; bei 00:05 = »50«; bei 00:22 = »50« und bei 01:02 = »0«.

▶ Center: Bei 00:05 ziehen Sie den Center-Punkt ❶ auf das »d« von »World«; bei 00:22 ziehen Sie den Center-Punkt auf das »P« von »Particle«.

▼ Abbildung 19.39
Setzen Sie Für Center und Ray Length setzen Sie Keys.

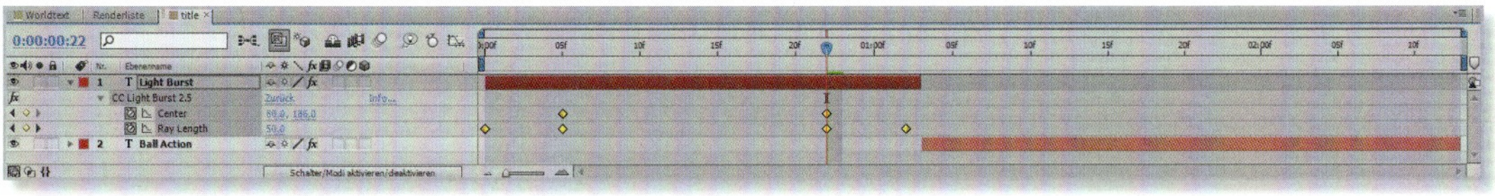

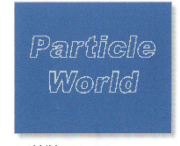

4 CC Ball Action

Schließen Sie die Ebene »Light Burst«. Fügen Sie der Ebene »Ball Action« den gleichnamigen Effekt hinzu (Effekt • Simulation • CC Ball Action). Sofort wird der Text unleserlich und in kleine Bälle zerteilt.

Schauen wir uns den Effekt an: Mit Scatter regeln Sie die Verteilung dieser Bälle – höhere Werte führen zu weiter verstreuten Bällen. Per Rotation drehen Sie das Ball-Objekt insgesamt, und mit Twist Angle verdrehen Sie es in sich. Dazu haben Sie per Rotation Axis die Möglichkeit, das Objekt um mehr als nur eine Achse zu rotieren. Bei Twist Property können Sie die Verwindung des Objekts sogar auf Werten aus den Farbkanälen oder per Random auf Zufallszahlen basieren lassen. Das alles testen Sie vielleicht separat auch an einem importierten Bild. Dem Ball-Objekt liegt ein unsichtbares Gitter zugrunde, dessen Maschenweite Sie mit Grid Spacing verändern. Die Ballgröße ändern Sie über Ball Size. Bei einem Wert von 0 verschwinden die Bälle. Instability State bezeichnet nicht den Zustand amerikanischer Immobilienanleihen, bringt aber Bewegung in das Ball-Objekt, wenn Sie den Wert bei Scatter zuvor erhöht haben.

▲ Abbildung 19.40
Zunächst erscheint der Text in kleine Bälle zerlegt.

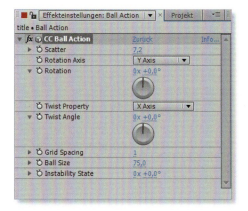

◀ Abbildung 19.41
Der Effekt CC Ball Action mit allen Einstellmöglichkeiten

▲ Abbildung 19.42
Anschließend werden die Bälle stärker im Raum verteilt und animiert.

Abbildung 19.43 ▼

Mit Keys bei SCATTER, ROTATION und TWIST ANGLE kommt die Animation zustande.

Setzen Sie die Änderungen im Effekt zurück. Zur Animation setzen Sie dann folgende Keys:

▶ SCATTER: bei 01:04 = »0«; bei 02:12 = »60«

▶ ROTATION: bei 01:14 = »0× +0,0°«; bei 02:12 = »1× +0,0°«

▶ TWIST ANGLE: bei 01:08 = »0× +0,0°«; bei 01:18 = »0× +60,0°«

5 CC Particle World

Öffnen Sie die Komposition »finale«. Hier befindet sich bereits ein Hintergrundbild, das wir nicht verändern.

Ziehen Sie die Komposition »title« in die Komposition »finale«, und achten Sie darauf, dass die Ebene bei 00:00 beginnt. Fügen Sie dann die Komposition »Worldtext« hinzu, und lassen Sie sie bei 01:14 beginnen. Fügen Sie der Ebene »Worldtext« den Partikeleffekt hinzu (EFFEKT • SIMULATION • CC PARTICLE WORLD). Der Inhalt der Komposition wird durch den Effekt vorerst ausgeblendet.

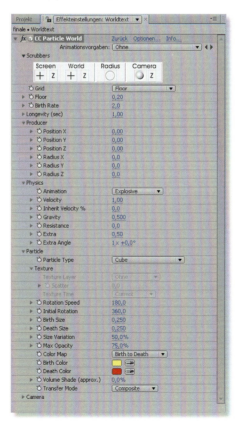

Abbildung 19.44 ▶

Der Effekt CC PARTICLE WORLD bietet umfangreiche Einstellungen.

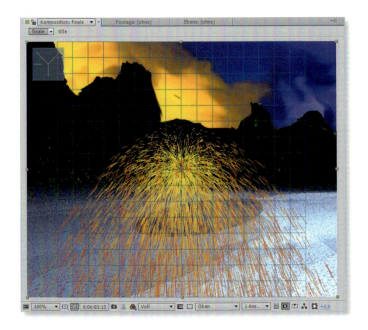

◀ **Abbildung 19.45**
In der Voreinstellung werden
sprühende Linien als Partikel
generiert.

Schauen wir uns den Effekt an und testen zunächst einige Einstellungen. Der Effekt generiert aus einem Punkt, dem PRODUCER, Partikel. Die Partikel können mit dem FLOOR genannten Boden interagieren, z. B. von dort abprallen.

Unter der Rubrik GRID & GUIDES finden Sie alles, um visuelle Hilfen ein- oder auszuschalten.

Die Box POSITION blendet ein kleines Kreuz im Zentrum des Producers ein und aus. Die Box RADIUS zeigt aktiviert einen kleinen Kreis an, der den Bereich darstellt, innerhalb dessen Partikel generiert werden. Die Box MOTION PATH zeigt aktiviert den Bewegungspfad des Producers, wenn Sie dessen Position animiert haben. Wie viele Frames vom Bewegungspfad sichtbar sind, entscheiden Sie bei MOTION PATH FRAMES. Das eingeblendete Drahtgitter können Sie mit der Box GRID ein- und ausschalten, und bei GRID POSITION legen Sie fest, ob es sich direkt beim Producer oder darunter befinden soll.

Bei GRID SUBDIVISIONS stellen Sie das Gitter feiner ein, und mit GRID SIZE skalieren Sie es. Die Box HORIZON blendet eine Horizontlinie ein und aus.

Die Box AXIS BOX ist interessant, da hier oben links eine Steuerungsmöglichkeit eingeblendet wird, mit der Sie den Blickwinkel auf die Partikel festlegen. Der Effekt nutzt eine eigene Kamera, deren Drehungswerte Sie hierbei verändern und animieren können. Die Effektkamera finden Sie unter der Rubrik EXTRAS. Sobald Sie eine After-Effects-Kamera verwenden, wird die Steuerungsmöglichkeit automatisch deaktiviert und ist erst wieder zu gebrauchen, wenn Sie die Kamera gelöscht haben. Allerdings ist es sehr günstig, After-Effects-Kameras zu verwenden, da Sie 3D-Ebenen perfekt mit der Partikelsimulation synchronisieren können.

Bei BIRTH RATE legen Sie die Menge der Partikel fest, die produziert werden sollen. Bei LONGEVITY (SEC) können Sie die Lebensdauer in Sekunden festlegen. Bei PRODUCER bestimmen Sie den Radius des Punkts, aus dem die Partikel entspringen, und seine Position.

Unter PHYSICS erreichen Sie starke Veränderungen im Popup ANIMATION, wie Sie beim Ausprobieren schnell feststellen. Die Geschwindigkeit der Partikelemission regeln Sie mit VELOCITY. Mit INHERIT VELOCITY % bestimmen Sie die Vererbung der Geschwindigkeit des Producers auf die Partikel, falls der Producer animiert wurde. GRAVITY regelt, wie stark die Partikel angezogen werden, und RESISTANCE legt die Dichte des Materials fest, in dem sich die Partikel bewegen. Mit EXTRA und EXTRA ANGLE fügen Sie der Bewegung der Partikel Zufälligkeit hinzu.

Unter FLOOR verändern Sie die Position des Bodens. Hier regeln Sie auch, wie die Partikel mit dem Boden interagieren. Später erfahren Sie mehr dazu.

Unter DIRECTION AXIS legen Sie eine veränderte Hauptachse fest, die z. B. den Partikelstrom bei den Einstellungen DIRECTION AXIS und CONE AXIS (unter PHYSICS • ANIMATION) verändert. Auch die Werte unter GRAVITY VECTOR beeinflussen den Partikelstrom und »ziehen« ihn in andere Richtungen.

Unter PARTICLE wechseln Sie im Popup PARTICLE TYPE schnell die Art der Partikel, z. B. von LINE zu BUBBLE oder CUBE. Manche Partikel bieten sogar die Möglichkeit, eine Textur hinzuzufügen. Haben Sie einen anderen Partikeltyp als LINE gewählt, können Sie die Größe der Partikel bei Geburt und Dahinscheiden mit BIRTH SIZE und DEATH SIZE bestimmen. Auch die Farbe bei Geburt und Übertritt ins Totenreich lässt sich per BIRTH COLOR und DEATH COLOR leicht ändern.

Da Sie nun sicher an allen Reglern gedreht oder gezogen haben, setzen Sie den Effekt wieder auf die Ausgangseinstellungen zurück, damit wir im nächsten Schritt die Animation erstellen können.

6 Animation von »CC Particle World«

Ändern Sie zunächst folgende Eigenschaftswerte, ohne Keys zu setzen: BIRTH RATE setzen Sie auf »4,0«, LONGEVITY auf »0,25«; unter PHYSICS • ANIMATION wählen Sie JET SIDEWAYS; VELOCITY stellen Sie auf »0,05«, INHERIT VELOCITY % auf »–225«. GRAVITY stellen Sie auf »0,73«, EXTRA auf »0,13«, und unter PARTICLE • PARTICLE TYPE wählen Sie CUBE. Der Partikelstrom klebt nun am Producer. Dies ändert sich jedoch, sobald dieser animiert ist.

Bisher war der Inhalt unserer Komposition unsichtbar. Nun blenden wir ihn wieder hinzu. Klicken Sie im Effekt auf den Eintrag EXTRAS, und setzen Sie ein Häkchen bei COMPOSITE WITH ORIGINAL.

Zur Animation setzen wir Keys für die Position des Producers und lassen den Partikelstrom um den Zylinder kreisen. Setzen Sie bei 03:19 Keys für folgende Eigenschaften: POSITION X, POSITION Y und POSITION Z. Der Producer lässt sich zwar auch direkt anklicken, genauer arbeiten wir jedoch mit numerisch gesetzten Werten. Ziehen Sie also den Wert für POSITION X, und bewegen Sie den Producer damit nach rechts außen außerhalb der Komposition auf einen Wert von ca. 0,60. Sie sehen, dass sehr kleine Werte benötigt werden, um den Producer zu bewegen. Bei 04:09 ziehen Sie den Producer wieder ins Bild, und zwar etwa mittig auf den Zylinder. Ziehen Sie ebenfalls den Wert bei POSITION Y, bis sich der Producer etwa am oberen Rand des Zylinders befindet. Bewegen Sie den Producer mit POSITION Z vor den Zylinder. Sie erreichen dies mit negativen Werten.

Bei 04:23 ziehen Sie den Producer in die Nähe des linken Bildrands und ein wenig nach unten (POSITION Y) und auf der Z-Position ein wenig nach hinten (positive Werte). Bei 05:12 soll der Producer mittig hinter dem Zylinder sein und bei 06:05 wieder nahe des rechten Bildrands. Schon haben Sie eine erste Runde um den Zylinder absolviert. Fahren Sie so im Abstand von je ca. 20 Frames fort, und lassen Sie den Producer noch ein zweites Mal um den Zylinder kreisen. Bei 11:06 ziehen Sie den Producer nach links aus der Komposition heraus.

Markieren Sie alle Producer-Keys, und klicken Sie einen der Keys mit der rechten Maustaste an. Aus dem Popup wählen Sie KEYFRAME-ASSISTENTEN und dann EASY EASE. Dies glättet den geschaffenen Bewegungspfad des Producers.

Das Ergebnis ist ein in der Bewegung des Producers mitlaufender Partikelstrom, was durch den Wert bei INHERIT VELOCITY erreicht wird. Aktivieren Sie für die Ebene »Worldtext« noch den Schalter BEWEGUNGSUNSCHÄRFE (für die Komposition tun Sie dies ebenfalls). Die Partikel werden dadurch in ihrer schnellen Bewegung verwischt und wirken dann eher wie ein Kometenschweif oder Rauch.

Abbildung 19.46 ▶

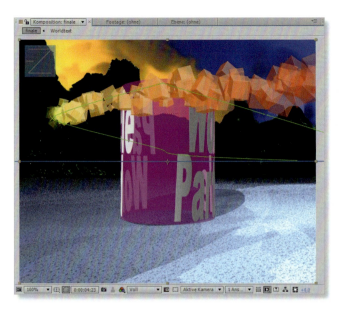

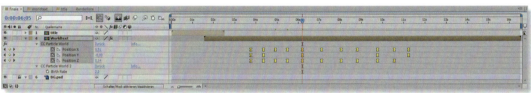

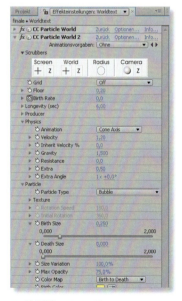

▲ **Abbildung 19.48**

Der Effekt CC PARTICLE WORLD
wird ein zweites Mal hinzugefügt,
diesmal mit der Option BOUNCE.

▲ **Abbildung 19.47**

Die Keys für den Producer glätten Sie mit der Interpolationsmethode
EASY EASE.

7   Kleine Explosionen

Mit einem zweiten Partikel-Effekt generieren wir zum Schluss noch
ein paar aus dem Zylinder schießende Partikel.

Wenden Sie den Effekt CC PARTICLE WORLD nochmals auf die
Ebene »Worldtext« an. Öffnen Sie den Eintrag PHYSICS • FLOOR,
und wählen Sie unter FLOOR ACTION die Option BOUNCE und
unter EXTRAS wieder die Option COMPOSITE WITH ORIGINAL.
Durch die Option BOUNCE prallen die fallenden Partikel vom
Boden (FLOOR) ab.

Achten Sie darauf, dass sich das Floor-Grid genau unter dem
Zylinder befindet. Positionieren Sie den Producer etwas über
dem Zylinder.

Ändern Sie vor der Animation folgende Werte: LONGEVITY
(SEC) auf »6«, unter PHYSICS, ANIMATION gehen Sie auf CONE AXIS;
VELOCITY: »1,2«; GRAVITY: »1,5«3; unter PARTICLE, PARTICLE TYPE
gehen Sie auf BUBBLE; DEATH SIZE: »0«; SIZE VARIATION: »100 %«.

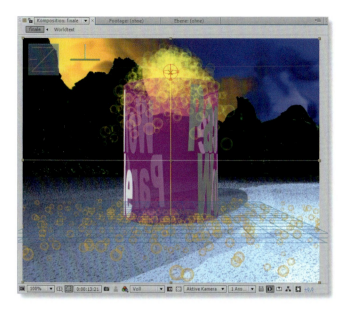

◄ **Abbildung 19.49**
Partikel werden über dem Zylinder generiert und fallen in Richtung Floor-Grid.

Die Animation erfolgt über Birth Rate. Setzen Sie folgende Keys: bei 11:06 = »0«; bei 11:10 = »35«; bei 11:15 = »0«; bei 13:22 = »0«; bei 14:01 = »50« und bei 14:06 = »0«.

Auf diese Weise werden die Partikel nur für einen kurzen Moment ausgestoßen, sie fallen zu Boden, wo sie abprallen und letztlich liegen bleiben, bis sie nach sechs Sekunden das Zeitliche gesegnet haben.

Im fertigen Projekt »CycoreFXfertig« wurde noch ein wenig mehr gemacht. Schauen Sie vielleicht dort einmal hinein.

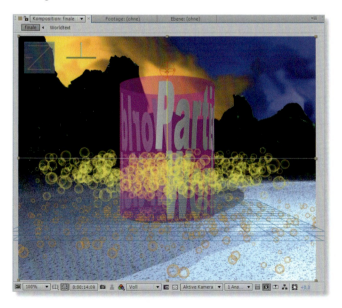

◄ **Abbildung 19.50**
Die Partikel prallen vom Floor ab und bleiben schließlich liegen. ■

19.4 Arbeiten mit Effekten

19.4.1 Effekte kombinieren

Manchmal ist es sinnvoll, das Potential einzelner Effekte miteinander zu kombinieren. Die resultierenden Gestaltungsmöglichkeiten sind dann vergleichbar mit denen des Schachspiels. Einige Effekte verlangen geradezu nach einer Kombination mit anderen Effekten.

19.4.2 Kaustik und Zellmuster

Im nächsten Beispiel werden wir uns eine Kombination des Effekts KAUSTIK mit dem Effekt ZELLMUSTER näher ansehen.

Schritt für Schritt: Simulation einer Wasseroberfläche

1 Vorbereitung

Bevor wir uns wirklich mit simuliertem Wasser beschäftigen, werden wir eine Komposition anlegen, die als Graustufenmatrix für den Effekt KAUSTIK verwendet werden soll. Legen Sie für unser Beispiel ein neues Projekt an. Erstellen Sie eine Komposition mit dem Namen »Zellmuster« in der Größe 788 × 576 und mit einer Dauer von 5 Sekunden. Fügen Sie der Komposition eine neue Farbfläche hinzu. Drücken Sie dazu ⌈Strg⌉+⌈Y⌉. Die Farbe der Ebene ist egal, die Größe soll der Komposition entsprechen. Wichtig ist, dass die Ebene die gesamten fünf Sekunden lang sichtbar ist.

2 Biologie in After Effects: Zellmuster

Blenden Sie mit ⌈Strg⌉+⌈5⌉ die Palette EFFEKTE UND VORGABEN ein, und tippen Sie die Buchstaben »zellm« ins Eingabefeld ein. Markieren Sie die neu geschaffene Ebene, und klicken Sie doppelt auf den Effekt GENERIEREN • ZELLMUSTER. Die Ebene wird danach mit einer zellartigen Struktur gefüllt.

Abbildung 19.51 ▶
Die Ebene wird mit einem Zellmuster gefüllt.

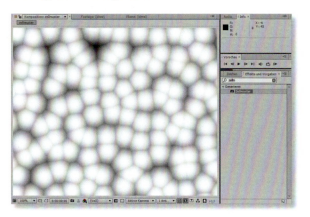

Um sehr starke optische Veränderungen der Struktur zu erhalten, probieren Sie ruhig einmal andere Muster aus dem Einblendmenü unter Zellmuster ❶ aus. Kehren Sie anschließend aber zum Eintrag Blasen zurück. Erhöhen Sie dann den Wert für Kontrast ❷ auf »180«.

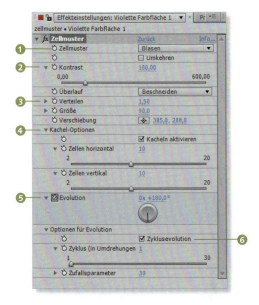

◀ **Abbildung 19.52**
Mit dem Effekt Zellmuster lassen sich alle erdenklichen Zellformen kreieren und animieren.

Den Eintrag bei Überlauf belassen Sie auf Beschneiden. Hiermit legen Sie fest, wie Werte dargestellt werden, die sich außerhalb des Graustufenbereichs von 0 bis 255 befinden. Dies beeinflusst den Kontrast des Zellmusters. Tippen Sie bei Verteilen ❸ den Wert »1,5« ein und gleich darunter bei Grösse den Wert »90«.

Unter Kachel-Optionen ❹ legen Sie fest, wie viele Zellen sich den Platz auf einer Kachel teilen. Bei höheren Werten erreichen Sie ein wilderes Zellmuster. Setzen Sie ein Häkchen bei Kacheln aktivieren, und wählen Sie 10 Zellen horizontal und vertikal.

Beginnen wir mit der Animation des Zellmusters, das sich leicht verändern soll. Setzen Sie unter Evolution ❺ zum Zeitpunkt 00:00 einen ersten Keyframe. Setzen Sie dann die Zeitmarke auf den Zeitpunkt 05:00 an das Ende der Komposition. Ändern Sie den Evolutionswert auf »0× +180°«. Öffnen Sie die Optionen für Evolution, und setzen Sie ein Häkchen bei Zyklusevolution ❻. Damit schreitet die Evolution wie bei manchem Präsidenten nicht unendlich fort, was in unserem Fall Rechenzeit spart. Werte bei Evolution sorgen dafür, dass in der Form des Zellmusters feine Änderungen erzeugt werden. Verwenden Sie die Zyklusevolution, kehrt die Evolution bei jeder Umdrehung zum Ursprungszustand zurück.

Abbildung 19.53 ▼
Der Effekt Zellmuster benötigt
nichts als eine Farbfläche.

Tippen Sie dann noch bei Zufallsparameter den Wert »30« ein.
Das auf diese Weise wabernde Zellmuster verwenden wir gleich als
Matrix für die Wasseroberfläche des Kaustikeffekts.

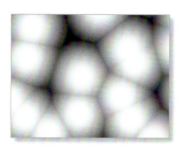

▲ Abbildung 19.54
Diese grauen Zellen verwenden
wir später für den Effekt Kaustik
als Graustufenmatrix.

3 | Kaustik-Vorbereitung

Zur Simulation einer Wasseroberfläche bietet sich hervorragend
der Effekt Kaustik an. Möglichkeiten sind die Spiegelung einer
beliebigen Bildebene in der Wasseroberfläche oder der Blick durch
das Wasser auf den Grund, der wiederum eine beliebige Bildebene
darstellen kann.

Legen Sie eine neue Komposition mit dem Namen »Kaus-
tik« in der Größe 788 ×576 mit einer Dauer von 5 Sekunden an.
Fügen Sie der Komposition eine Farbfläche hinzu, und wählen
Sie aus dem Menü Effekt • Simulation • Kaustik. Ohne weitere
Ebenen ergibt der Effekt noch keinen Sinn.

Importieren Sie also mit `Strg`+`I` aus dem Ordner 19_
Effekte/Kaustik/Bildmaterial die Dateien »buch.psd«, »schach.
psd«, »FX.psd« und »wasser.mov«. Gegebenenfalls wählen Sie
beim Import im Dialog Footage interpretieren die Option
Ermitteln. Fügen Sie die importierten Dateien der Komposition
»Kaustik« hinzu. Achten Sie darauf, dass alle Ebenen zum Zeitpunkt 00:00 beginnen.

Abbildung 19.55 ▼
Die Komposition »Zellmuster«
wird in die Komposition »Kaustik«
verschachtelt. Auf diese Weise
können Sie die animierten Zellen
für den Effekt Kaustik
verwenden.

Ziehen Sie außerdem die Komposition »Zellmuster« in die
Komposition »Kaustik«. Als auf diese Weise verschachtelte Kom-
position ist unser Zellmuster für den Effekt Kaustik einsetzbar.
Blenden Sie alle Ebenen außer der Farbfläche mit dem Kaustik-
Effekt aus, indem Sie auf das Augen-Symbol jeder Ebene klicken.

4 | Kaustik einstellen

Der Effekt Kaustik funktioniert nach folgendem Prinzip: Der Effekt
nutzt maximal drei Ebenen. Eine ist der »Meeresgrund« und eine
der Himmel. Die dritte, mittlere Ebene ist die Wasseroberfläche.
Sie dient zur Verzerrung der Himmel- bzw. Meeresgrundebene.
Für die Wasseroberfläche verwenden wir zuerst unser Zellmuster. Der Effekt Kaustik holt sich die Helligkeitsinformation aus der

Zellebene und übersetzt sie in Wellenberge und -täler. Wie bei echtem Wasser wirkt ein Wellenberg dann wie eine vergrößernde Lupe. Das ist das Prinzip. Im Effekt stecken allerdings weit mehr Einstellmöglichkeiten, die sich am besten durch Probieren erschließen. Gehen wir die ersten Schritte gemeinsam.

Markieren Sie die Ebene, die den Effekt KAUSTIK enthält, und drücken Sie die Taste E. Doppelklicken Sie auf den Namen des KAUSTIK-Effekts, um die Einstelloptionen im Effektfenster zu öffnen. Die Einträge UNTEN, BELEUCHTUNG und MATERIAL ignorieren wir zunächst. Öffnen Sie dafür die Listen unter WASSER und HIMMEL. Ja, das sieht umfangreich aus. So schlimm ist es aber nicht.

Wellenhöhe und Konvergenz

Wenn der Effekt KAUSTIK nur allmählich Wirkung zeigen soll, so lässt sich das über die WELLENHÖHE im Effekt regeln. Bei einem Wert von 0 wird keine der Ebenen verzerrt. Auch ein Wert 0 bei der KONVERGENZ verhindert eine Verzerrung der Bildinhalte.

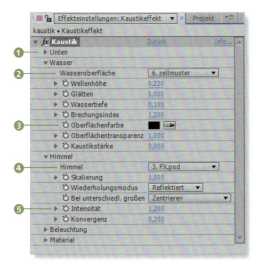

◀ **Abbildung 19.56**
Der Effekt KAUSTIK präsentiert sich mit erschlagend vielen Einstellmöglichkeiten, die dann doch recht gut zu handhaben sind.

Wählen Sie aus dem Einblendmenü unter WASSEROBERFLÄCHE ❷ die Ebene »Zellmuster«, um diese Ebene als Graustufenmatrix für die Wellenberge und -täler festzulegen. Wählen Sie aus dem Menü unter HIMMEL ❹ die Ebene »FX.psd«, um diese Ebene als Spiegelung auf der Wasseroberfläche anzuzeigen. Stellen Sie mit dem Farbwähler Schwarz als OBERFLÄCHENFARBE ❸ ein.

Für die OBERFLÄCHENTRANSPARENZ wählen Sie den Wert »1«. Damit wird die Wasseroberfläche vollkommen undurchsichtig. Legen Sie die INTENSITÄT ❺ mit »1,2« fest. Spielen Sie jetzt einmal die Animation ab. Das Zellmuster wird auf den Text übertragen. Damit haben Sie bereits die wichtigsten Hebel in der Hand. Die anderen Einstellmöglichkeiten erschließen sich schnell über Ausprobieren.

▲ **Abbildung 19.57**
Das Zellmuster wird über den Effekt KAUSTIK auf den Text übertragen.

5 Variation

Um den Effekt zu variieren, öffnen Sie die Liste unter UNTEN im Effektfenster und wählen dann für UNTEN ❶ die Ebene »schach.psd«.

▲ Abbildung 19.58
In diesem Beispiel wurde als
»Boden« ein Schachmuster für
den Effekt KAUSTIK gewählt, als
Himmel dienen die Buchstaben
»FX« und als Wasseroberfläche
ein Movie von einer echten
Wasseroberfläche.

Es ändert sich erst einmal überhaupt nichts, da die Oberflächen-transparenz auf den Wert 1 eingestellt ist.

Verringern Sie die OBERFLÄCHENTRANSPARENZ auf »0«, und erhöhen Sie die Werte bei GLÄTTEN auf »15« und bei WASSER-TIEFE auf »0,5«. Ersetzen Sie die WASSEROBERFLÄCHE durch die Ebene »wasser.mov«. Schauen Sie sich die Animation in der Vor-schau an.

Und jetzt viel Spaß beim weiteren Probieren! Sie werden durch das Auswechseln der Ebenen für UNTEN, WASSEROBER-FLÄCHE und HIMMEL sicher noch eine Menge unterschiedlichster Ergebnisse erzielen. Übrigens können Sie als Ebenen für die WAS-SEROBERFLÄCHE auch die Effekte RADIOWELLE, FRAKTALE STÖRUN-GEN und VEKTORPINSEL verwenden. Beispiele dafür enthält das Projekt »kaustik_fertig.aep« im Ordner 19_EFFEKTE/KAUSTIK. Sie können dort die Ebenen für die Wasseroberfläche in der Kompo-sition namens »Kaustik« schnell austauschen und in die Referenz-kompositionen hineinschauen. ■

19.4.3 »Kartenblende«, »Kanten aufrauen«, »Leuchten« und »Gewitter«

Im folgenden Workshop verwenden wir die Effekte KARTENBLENDE und KANTEN AUFRAUEN sowie LEUCHTEN und GEWITTER. Da diese Effekte zum Teil sehr umfangreiche Einstellmöglichkeiten aufwei-sen, würde es den Rahmen sprengen, auf jede Möglichkeit einzu-gehen. Sie erhalten dennoch das nötige Handwerkszeug für eigene Experimente. Und lassen Sie sich nicht von den vielen Parametern abschrecken. Los geht's.

Schritt für Schritt: Effektvolle zwei Sekunden

1 Vorbereitung

Damit alles etwas einfacher geht, habe ich für Sie ein Projekt vor-bereitet. Es befindet sich im Ordner 19_EFFEKTE/EFFEKTKOMBI und heißt »effektkombi.aep«. Kopieren Sie sich den gesamten Ordner EFFEKTKOMBI auf Ihre Festplatte. Schauen Sie sich zuerst die fertige Animation aus dem gleichen Ordner mit dem Namen »blitz.mov« an. Starten Sie dann das Projekt »effektkombi.aep«, und doppel-klicken Sie auf die darin enthaltene Komposition »blitz«, um sie zu öffnen.

Sollte beim Öffnen eine Meldung erscheinen, die besagt, dass eine Schriftart oder ein Schriftschnitt nicht auf Ihrem System ins-talliert ist, lassen Sie sich davon nicht beunruhigen, und bestäti-gen Sie mit OK. Sie können nachher die Ebene »Blitz« markieren und in der Palette ZEICHEN, die Sie mit ⌃Strg⌄+⌃6⌄ einblenden, Schriftart und Schriftschnitt ändern. Ich habe im fertigen Projekt die Schriftart ARIAL BLACK und den Schriftschnitt ITALIC verwendet.

Im Projektfenster finden Sie die Komposition »blitz« vor, die die Ebenen »maske«, »BLITZ«, »ellipse« und »Weiße Farbfläche« enthält. Jetzt werden wir die Textebene und die Ebene »ellipse« mit Effekten bestücken.

▲ **Abbildung 19.59**
Wir beginnen mit einem einfachen Text und einer Ellipse.

▲ **Abbildung 19.60**
Die Textebene und die Ebene »ellipse« werden noch mit Effekten bestückt.

2 Der Effekt »Kartenblende«

Öffnen Sie mit ⌃Strg⌄+⌃5⌄ die Palette EFFEKTE UND VORGABEN, und tippen Sie die Buchstaben »kartenbl« ins Eingabefeld. Markieren Sie die Ebene »BLITZ«, und doppelklicken Sie auf ÜBERBLENDEN • KARTENBLENDE. Der Effekt KARTENBLENDE »zerschneidet« die Ebene in kleine Karten. Ändern Sie die Werte bei ZEILEN ❹ und SPALTEN ❺, und tippen Sie jeweils den Wert »20« ein, um das Raster zu ändern, auf dem die Aufteilung in Karten beruht.

Die Karten werden um eine Achse gedreht, die unter DREH-ACHSE ❻ geändert werden kann. Belassen Sie die DREHACHSE auf X. Nach der Drehung wird die Rückseite der Karten sichtbar. Dafür können Sie jede Ebene auswählen, die in der Komposition enthalten ist. In unserem Fall wählen Sie unter HINTERE EBENE ❸ die Ebene »Weiße Farbfläche«.

Damit sich nun auch etwas tut, kommen wir jetzt zum Motor des Effekts. Positionieren Sie die Zeitmarke auf 00:00, und setzen Sie einen ersten Keyframe bei FERTIGSTELLUNG DER ÜBERBLENDUNG ❶ per Klick auf das Stoppuhr-Symbol. Ersetzen Sie den voreingestellten Wert durch »100 %«. Verschieben Sie die Zeitmarke auf 02:00, und tippen Sie dann den Wert »20 %« ein. Setzen Sie danach noch einen ersten Key bei ÜBERBLENDUNGSBREITE ❷ am Zeitpunkt 00:00. Belassen Sie den Wert auf »50 %«. Ändern Sie am Zeitpunkt 02:00 den Wert auf »100 %«. Ändern Sie den Wert unter ZEITZUFALLSPARAMETER ❼ auf »0,4«. Öffnen Sie die Einstellungen unter BELEUCHTUNG ❽, und tragen Sie dort für LICHTER-INTENSITÄT den Wert »2« ein.

Spielen Sie die Animation in der Vorschau ab.

Abbildung 19.61 ▶
Im Wesentlichen ist der Effekt KARTENBLENDE über die FERTIGSTELLUNG DER ÜBERBLENDUNG bedienbar. Alles andere beeinflusst »nur« das Aussehen.

Rechenzeit verkürzen

Bei rechenintensiven Effekten ist es hilfreich, die Vorschau zu optimieren. Weitere Informationen dazu finden Sie in Kapitel 9, »Vorschau«.

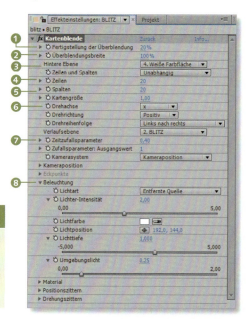

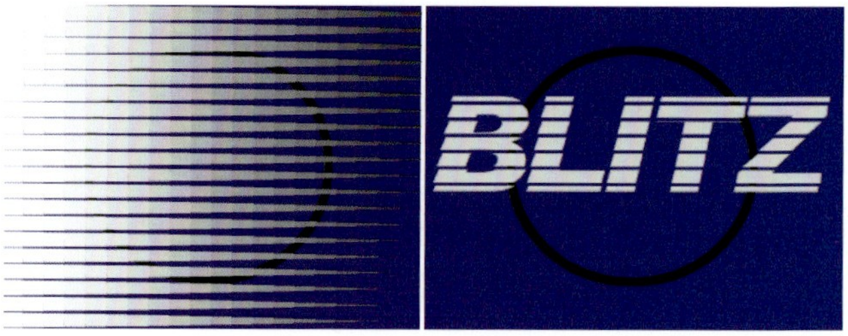

Abbildung 19.62 ▶
Die weiße Farbfläche wird allmählich in den Text überblendet.

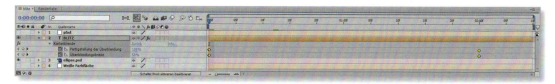

▲ Abbildung 19.63
Mit Keyframes für FERTIGSTELLUNG DER ÜBERBLENDUNG und ÜBERBLENDUNGSBREITE ist die Animation schnell erstellt.

3 Der Effekt »Kanten aufrauen«

Der Effekt KANTEN AUFRAUEN bedient sich der Alphainformation einer Ebene und fügt an den Kanten der Alphamaskierung Störungen hinzu. Dies erfolgt durch Anwenden von Berechnungen mit Fraktalen. Das ist aber besser visuell nachzuvollziehen. Schließen Sie die Effekteinstellungen der KARTENBLENDE durch einen Klick auf das Dreieck. Markieren Sie die Ebene »BLITZ«, und wählen Sie dann im Menü EFFEKT • STILISIEREN • KANTEN AUFRAUEN.

Probieren Sie auch einmal die Einträge aus dem Einblendmenü unter KANTENART 9 aus. Zum Schluss sollte aber KORRODIERT ausgewählt sein. Tippen Sie anschließend bei KANTENSCHÄRFE 10

den Wert »2« ein. Damit nicht gleich zu Beginn unserer Animation der Rost am Text nagt, setzen Sie einen ersten Keyframe am
Zeitpunkt 00:00 für den FRAKTALEINFLUSS ⑪. Setzen Sie den Wert
auf »0«. Verschieben Sie die Zeitmarke auf 00:12, und setzen Sie
den Wert auf »1«.

Die anderen Einstellmöglichkeiten lassen wir unberührt.
Wenn Sie sie ausprobieren wollen, empfehle ich Ihnen, die Ebene
einfach mit ⟨Strg⟩+⟨D⟩ zu duplizieren und den Effekt hier auszu-
testen. Achten Sie aber darauf, für welche Ebene Sie den Effekt
ändern. Man irrt sich da leicht. Um hundertprozentig den Effekt
zu verändern, den Sie auch ändern wollten, klicken Sie doppelt
auf den Namen des entsprechenden Effekts in der Zeitleiste. Dieser Effekt wird dann aktuell im Effektfenster angezeigt.

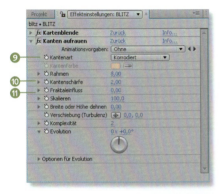

◄ **Abbildung 19.64**
Der Effekt KANTEN AUFRAUEN fügt
der Alphainformation einer Ebene
Störungen hinzu.

◄ **Abbildung 19.65**
Die Kanten der Alphamaskierung
wirken wie vom Rost angefressen.

◄ **Abbildung 19.66**
Der FRAKTALEINFLUSS des Effekts
KANTEN AUFRAUEN wird zu Beginn
auf »0« gesetzt, damit der Effekt
zunächst keine Wirkung zeigt.

4 Der Effekt »Leuchten«

Jetzt werden wir den Text noch zum Leuchten bringen. Markieren
Sie die Ebene »BLITZ«, und wählen Sie EFFEKT • STILISIEREN • LEUCH-
TEN. Der Effekt LEUCHTEN hellt bestimmte im Bild vorhandene
Farben je nach eingestellter Intensität auf. Sie können aber auch

zusätzlich zu den RGB-Farbtönen einen Farbverlauf im Alphakanal festlegen. Die Farben des Alphakanals befinden sich dann wie eine weitere Ebene vor oder hinter den RGB-Farbtönen. So soll es sein.

Setzen Sie die Zeitmarke vorerst auf den Zeitpunkt 02:00. Wählen Sie im Effektfenster unter KANAL ❶ den Eintrag ALPHAKANAL. Als Farben für den Farbverlauf im Alphakanal stellen Sie ein helles Blau für FARBE A ❺ ein. Für die FARBE B, das zweite Farbwahlfeld, legen Sie ein reines Weiß fest. Unter RADIUS ❷ bestimmen Sie, inwieweit sich das Leuchten um den Text legt. Tippen Sie den Wert »23« in das Wertefeld ein. Erhöhen Sie, damit das Leuchten sichtbar wird, den Wert für INTENSITÄT ❸ auf »4«. Wählen Sie unter ORIGINAL BERECHNEN ❹ den Eintrag DAVOR.

Nun zur Animation. Verschieben Sie die Zeitmarke auf den Zeitpunkt 01:10, und setzen Sie einen ersten Keyframe für INTENSITÄT, indem Sie auf das Stoppuhr-Symbol klicken. Tippen Sie eine »0« als Wert ein. Springen Sie mit der Taste ⌊Bild↓⌋ zwei Frames weiter auf 01:12. Ändern Sie den Wert der Intensität wieder auf »4«. Damit lassen wir erst an diesem Zeitpunkt das Leuchten beginnen.

Setzen Sie nun folgende Keys für die Intensität: Bei 01:14 wählen Sie den Wert »0«. Kopieren Sie den Key, und setzen Sie ihn bei 01:18 wieder ein. Wählen Sie bei 01:20 den Wert »4« und schließlich bei 02:08 den Wert »0«. Sehr gut! Schon haben wir fast alles, was wir brauchen. Schauen Sie sich dazwischen wieder die Vorschau an.

Abbildung 19.67 ▶
In diesem Workshop bringen wir den Alphakanal der Ebene »BLITZ« zum Leuchten.

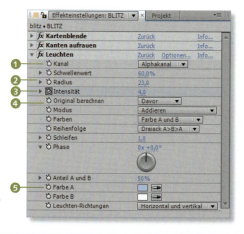

Abbildung 19.68 ▼
Die Intensität des Effekts LEUCHTEN animieren wir, bis die Animation einem Blitzlicht ähnelt.

▲ **Abbildung 19.69**
Hinter dem Text befindet sich der leuchtende Alphakanal, dem wir zwei
verschiedene Farben zugewiesen haben: ein helles Blau und Weiß.

5 **Der Effekt »Gewitter«**

Halten Sie noch ein wenig durch. In diesem vorletzten Schritt geht
es um die Ebene »ellipse«. Sie können also die Einstellungen der
Ebene »BLITZ« schließen.

Markieren Sie die Ebene »ellipse«, und wählen Sie im Menü
EFFEKT • GENERIEREN • GEWITTER. Verzagen Sie nicht bei der neu-
erlich langen Liste der Einstellungen. Gleich haben Sie's geschafft!
Klicken Sie zuerst auf das Augen-Symbol der Ebene »BLITZ«,
damit das Gewitter darunter zum Vorschein kommt. Der Effekt
GEWITTER verwendet einen Ausgangspunkt für seine Blitze, den
URSPRUNG, und einen Punkt, den die Blitze ungefähr oder sogar
ganz genau treffen sollen, die RICHTUNG.

Zum ersten Probieren wechseln Sie die Einträge unter BLITZ-
ART ❻ und wählen zum Schluss den Eintrag BRÜCHIG. Achtung:
Die Berechnung des Effekts kann etwas dauern.

Für ALPHAHINDERNIS ❽ tragen Sie den Wert »–2« in das Wertefeld ein. Positive Werte führen hier dazu, dass sich dem Blitz
nichttransparente Bereiche als Hindernis in den Weg stellen. Bei
negativen Werten ist es genau umgekehrt. Ändern Sie noch folgende Werte: KERNRADIUS ❼ unter KERNEINSTELLUNGEN setzen
Sie auf »5,0«, TURBULENZ ❾ auf »2,00« und VERZWEIGUNG ❿ auf
»100 %«. Setzen Sie anschließend ein Häkchen bei HAUPTKERN
DÄMPFEN ⓫.

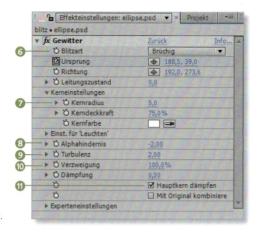

Abbildung 19.70 ▶
Für den Workshop sind nur
einige der Effekteinstellungen
des Effekts GEWITTER interessant.

6 Letzter Schritt

Hier geht es weiter mit der Animation. In der Ebene »Pfad« liegen vorbereitete Keyframes bereit, die wir verwenden, um den
Ursprung des Blitzes genau auf der Ellipsenform entlangzuführen.
Markieren Sie die Ebene »pfad«, und drücken Sie die Taste ⎵, um
die Keys einzublenden. Klicken Sie auf das Wort POSITION, und
wählen Sie ⎋Strg⎌+⎋C⎌, um die Keys zu kopieren. Markieren Sie dann
die Ebene »ellipse«, und drücken Sie die Taste ⎋E⎌. Öffnen Sie den
Effekt GEWITTER durch einen Klick auf das Dreieck.

Verschieben Sie die Zeitmarke auf den Zeitpunkt 00:20. Markieren Sie das Wort URSPRUNG, und drücken Sie jetzt ⎋Strg⎌+⎋V⎌,
um die kopierten Keys einzusetzen. Verschieben Sie die Zeitmarke auf den Zeitpunkt 02:00. Klicken Sie den letzten Keyframe in der Reihe der eingefügten Keys an, und ziehen Sie ihn
deckungsgleich zur Zeitmarke. Für den Film auf der DVD habe
ich die Ebene »ellipse« noch einmal dupliziert. Auf der unteren
der beiden Ellipsenebenen habe ich die Blitzart auf ELASTISCH
gestellt und den Wert für TURBULENZ auf »1,55« gesetzt. Dadurch
ergibt sich ein leuchtender Halo.

Sie haben es geschafft! Um das Ergebnis zu beurteilen, rendern Sie am besten die Komposition. Achtung! Schalten Sie zuvor
noch die Ebene »BLITZ« wieder auf sichtbar. Falls bei Ihnen alles
schiefgegangen ist, können Sie gern im fertigen Projekt abgucken. Es heißt »blitz_fertig.aep« und befindet sich im Ordner dieses Workshops.

Abbildung 19.71 ▼
Den Ursprung des Blitzes führen
Sie entlang der zuvor sichtbaren
Ellipsenform. Dafür schaffen Sie
einen elliptischen Bewegungs-
pfad.

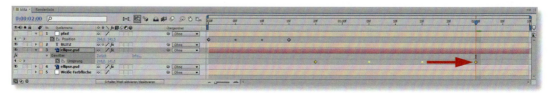

▲ **Abbildung 19.72**
Das Ergebnis der Animation sehen Sie hier in Standbildern. ■

19.4.4 Digieffects FreeForm

»This is not your father's mesh warp«, steht schon auf der Website *www.digieffects.com* über das seit CS5 in After Effects enthaltene Plug-in FreeForm.

FreeForm bietet zwei Möglichkeiten, Ihr Video- oder Bildmaterial in eine reale 3D-Form zu transformieren.

Die eine ähnelt dem alten After-Effects-2D-Effekt Gitter-Verkrümmung. Es wird ein Gitter über die Ebene gelegt, und Sie können an den Gitter-Maschen ziehen, um die Ebene zu verzerren. Dies geht bei FreeForm auch auf der z-Achse, und so entstehen 3D-Objekte.

Die zweite Möglichkeit ist, eine Graustufendatei zu verwenden, um das Gitter in der Z-Ausdehnung zu verzerren. So simulieren Sie beispielsweise eine Berglandschaft, eine wellige Wasseroberfläche oder einen gestanzten Text.

Die entstandenen 3D-Objekte können Sie durch After-Effects-Kameras betrachten und mit den After-Effects-Lichtern beleuchten.

Hierzu ein praktisches Beispiel.

Schritt für Schritt: Gestanzter Text

1 Vorbereitung

Legen Sie in einem neuen Projekt eine Komposition mit der Vorgabe PAL D1/DV Quad. Pixel an, und benennen Sie mit dem Titel »Freeform«. Erstellen Sie darin eine neue Ebene in der Größe der Komposition und mit der Farbe Weiß über Ebene • Neu • Farbfläche.

Importieren Sie die Datei »IllustratorText.ai« aus dem Ordner Beispielmaterial/Effekte/FreeForm, und ziehen Sie sie auf das Kompositionssymbol im Projektfenster. Die Illustrator-Datei kommt dadurch in eine neue Komposition, die wir anschließend in der Komposition »Freeform« verwenden. Ziehen Sie dazu die Illustrator-Komposition wie anderes Rohmaterial in die

Komposition »Freeform«. Diese Verschachtelung wird empfohlen, damit die Effektberechnung nachher gut funktioniert. Außerdem ist es für genauere Effektberechnungen günstig, die Projektfarbtiefe von 8 Bit auf 16 Bit umzustellen. Klicken Sie dazu mit der Taste ⎡Alt⎤ auf die Farbtiefeneinstellung im Projektfenster ❶.

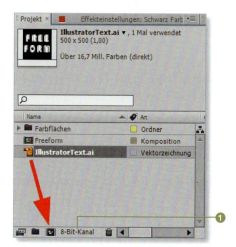

Abbildung 19.73 ▶
Die Illustrator-Datei ziehen Sie auf das Kompositionssymbol.

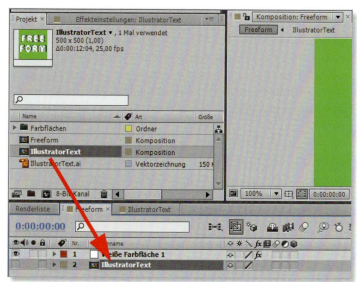

Abbildung 19.74 ▶
Die Illustrator-Komposition ziehen Sie in die Komposition »Freeform«.

2 »FreeForm« anwenden

Wir werden die Illustrator-Komposition verwenden, um den darin enthaltenen Text plastisch und wie mit einem Umformwerkzeug gestanzt erscheinen zu lassen. Da wir die »IllustratorText«-Komposition nur als Graustufen-Information benötigen, schalten Sie ihre Sichtbarkeit aus, indem Sie auf das Auge der Ebene klicken.

Markieren Sie die Farbfläche in der Komposition »Freeform«, und wählen Sie dann den Weg EFFEKT • DIGIEFFECTS • FREEFORM.

Klappen Sie im Effekt folgende Eigenschaftsgruppen auf: 3D MESH CONTROLS, 3D MESH QUALITY und DISPLACEMENT CONTROLS.

Unter **3D Mesh Quality** legen Sie die Feinheit des zugrundeliegenden Gitters mit MESH SUBDIVISION fest. Höhere Werte führen zu feineren Details, jedoch erhöht sich auch die Berechnungsdauer. Tragen Sie den Wert »100« ein.

Unter RENDERING wählen Sie FULL, um die Ebene farbgetreu zu rendern, SHADE, um die Ebene in einer einzigen Farbe anzuzeigen, und mit WIREFRAME blenden Sie das zugrundeliegende Gitter ein.

Mit ANTIALIASING glätten Sie die Kanten des Objekts wahlweise in drei Qualitäten leicht. IMAGE FILTERING schalten Sie ein, wenn Sie vorhaben, das Bild in der Größe zu ändern. Die Berechnung der neuen Bildgröße erfolgt dann ähnlich wie in Photoshop mit der Einstellung BIKUBISCH.

Wenn Sie mit einem Mehrprozessorsystem arbeiten, was bei diesem Plug-in angebracht ist, sollte die Option MULTI-PROCESSING aktiviert sein. Die Berechnung kann damit beschleunigt werden. Da durch die Option Artefakte im Material auftreten können, schalten Sie in dem Fall die Option probehalber ab.

Wählen Sie unter **Displacement Controls** bei DISPLACE LAYER die Komposition »IllustratorText« aus. Der Text erscheint daraufhin wie aus der weißen Farbfläche ausgestanzt. Dies liegt an dem Häkchen bei USE ALPHA AS MASK. Transparente Bereiche des Quellmaterials werden ausgespart.

Wenn Sie sich den Illustrator-Text anschauen, sehen Sie, dass er in den Farben Weiß, Grau und Schwarz erstellt wurde. Weiß führt zu einem großen Höhenversatz, Schwarz zu gar keinem Versatz. Mit DISPLACE HEIGHT legen Sie fest, wie stark das Gitter durch die Graustufenebene in der Höhe verzerrt werden soll. Tragen Sie den Wert »40« ein.

Unter USE LAYER'S wählen Sie, welcher der Kanäle RED, GREEN, BLUE, ALPHA zur Berechnung der Höhe des Texts herangezogen wird. Wählen Sie hier RGB (LUMA), um die Helligkeitsinformation zu verwenden.

Mit den Eigenschaften POSITION, ROTATION und ANCHOR unter **3D Mesh Controls** können Sie das Objekt im Raum bewegen, drehen und den Ankerpunkt positionieren. Ziehen Sie mit gedrückter Maustaste den Wert bei ROTATION Y, und wählen Sie dann den Wert 0x +40,0°.

▲ **Abbildung 19.75**
Zunächst scheinen einen die Einstellmöglichkeiten in FREEFORM fast zu erschlagen.

Abbildung 19.76 ►
Noch sieht das Zwischenergebnis
recht unansehnlich und unscharf
aus.

3 | Kamera und Licht hinzufügen

Wir müssen noch einiges tun, damit sich die Qualität des ausgestanzten Texts verbessert. Zunächst fügen Sie dazu eine Kameraebene und eine Lichtquelle hinzu (EBENE • NEU • KAMERA bzw.
LICHT). Die Kamera verwenden wir in den Standardeinstellungen,
bestätigen Sie also den Kamera-Dialog einfach mit OK. Für das
Licht wählen Sie im Dialog LICHTEINSTELLUNGEN unter LICHTART den
Eintrag SPOTLICHT.

Damit der Text perspektivisch richtig berechnet wird, aktivieren Sie in der Ebene »IllustratorText« die Option TRANSFORMA-
TIONEN FALTEN ❶. Da der Text noch immer wie eine unförmige
Kleckerburg wirkt, erhöhen Sie im Effekt FREEFORM den Wert
bei MESH SUBDIVISION auf 1.000 und warten die Berechnung
ab. Es kann zu einem Performancetest für Ihren Rechner ausar-
ten. Anschließend sieht der Text schon besser aus. Unschön sind
jedoch die besonders bei Rundungen auftretenden Kantenabrisse,
wie beim »O« von »FORM«. Bei ausgestanzten Formen ist das
kaum zu verhindern. Um die Anzeige zu verbessern, öffnen Sie
die Komposition »IllustratorText« und fügen darin eine schwarze
Farbfläche hinzu, die Sie in der Zeitleiste nach ganz unten ziehen.
Wechseln Sie wieder zur Komposition »Freeform«. Sie sehen, die
weißen Farbanteile führen zu einem stärkeren Höhenversatz. Die
hinzugefügte schwarze Farbfläche wirkt nun wie ein Blech, in das
der Text geprägt wurde.

Wenn Sie den Einfluss des Lichts auf die Effektebene verändern wollen, öffnen Sie die Einstellungen unter **Surface Controls**.
Dort können Sie mit DIFFUSE einstellen, wie die Oberfläche des

3D-Warnmeldungen

Wenn Sie in der Zeitleiste für
Ebenen, auf die der Effekt FREE-
FORM angewendet wurde, oder
für vom Effekt verwendete Grau-
stufenebenen die Option 3D einschalten, erscheint eine After-
Effects-Warnmeldung. Im Dialog
wählen Sie dann NUR EINMAL
PRO SITZUNG und können ansonsten die Warnmeldungen
ignorieren.

3D-Objekts Licht reflektiert bzw. absorbiert. Höhere Werte hellen es auf und schaffen bei Spots einen Glanzlichtcharakter, während geringe Werte zur Abdunklung führen. Die Option SPECULAR ist für die Glanzlichtreflexionen zuständig, die bei höheren Werten ein metallisches Aussehen mit harten Glanzlichtern erzeugen. Mit ROUGHNESS kontrollieren Sie, wie hart oder weich die Kanten von Glanzlichtern erscheinen.

Die Option **Backside Controls** ist nur nötig, wenn Sie hinter das fertige Objekt »schauen«. Sie können hier unter LAYER eine Ebene auswählen, die auf der Rückseite des Objekts angezeigt wird. Bei Bildern, die Sie verformen, wird auf der Rückseite standardmäßig das gleiche Bild, nur spiegelverkehrt, angezeigt, wenn Sie bei SHADE die Option MIRROR wählen. Mit SHADED wird eine durchgehende Farbe verwendet.

3D Ansichten

Der Effekt FREEFORM nutzt die After-Effects-Kameras und -Lichter standardmäßig, sobald Sie eine entsprechende Ebene hinzufügen. Erst wenn Sie eine Kamera hinzugefügt haben, wird das FREEFORM-Objekt in allen 3D-Ansichten angezeigt.

◄ **Abbildung 19.77**
Licht und Kamera werden hinzugefügt, die Option TRANSFORMATIONEN FALTEN wird für den Illustrator-Text aktiviert.

◄ **Abbildung 19.78**
Schon besser: das zweite Zwischenergebnis

4 Animation

Der Text soll nicht sofort erhaben erscheinen, sondern erst allmählich. Um das zu erreichen, öffnen Sie die Komposition »Illustrator-Text«. Markieren Sie die Textebene, und blenden Sie mit der Taste T die Deckkrafteigenschaft ein. Setzen Sie bei 01:00 einen ersten Keyframe, und wählen Sie einen Wert von »0 %«. Setzen Sie den nächsten Keyframe bei 03:00 mit einem Wert von »100 %«.

Wechseln Sie in die Komposition »Freeform«, und berechnen Sie die ersten drei Sekunden, um sich die Animation anzusehen.

Natürlich können Sie jetzt nach Herzenslust in den 3D MESH CON-TROLS Keyframes setzen, um den Text zu animieren. Oder Sie animieren die Kamera und das Licht. Wie das geht, erfahren Sie in Kapitel 21, »3D in After Effects«. Allerdings sollten Sie beim Ausprobieren unter MESH SUBDIVISION mit geringen Werten experimentieren.

Abbildung 19.79 ▶
Zur Animation setzen wir Keyframes für die Deckkraft des Textes.

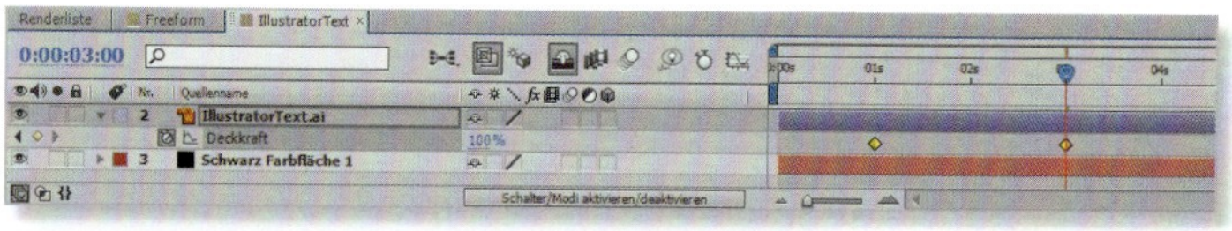

Abbildung 19.80 ▶
Hier wurde beim Endergebnis noch ein wenig mehr gemacht.

FreeForm-Gitter verformen | Die zweite Möglichkeit, mit FREE-FORM zu arbeiten, ähnelt sehr der Arbeit mit dem 2D-Effekt GIT-TER-VERKRÜMMUNG.

Nachdem Sie FREEFORM einer Ebene hinzugefügt haben, sehen Sie ein sehr grobes Verzerrungsgitter, das mit gelben Linien dargestellt wird.

▶ **Grid:** Im Effekt erhalten Sie unter GRID mit höheren Werten bei ROWS und COLUMS ein feineres Gitter.

Wenn Sie das Gitter bearbeiten und dabei die Ebene in eine andere Form biegen, können Sie jeden Schritt Ihrer Bearbeitung per Keyframes aufzeichnen, indem Sie für MESH DISTORTION Keyframes setzen.

▶ **Editing Controls:** Unter EDITING CONTROLS legen Sie bei MANI-PULATION fest, auf welchen Achsen die Punkte des Gitters verschoben werden können. Mit TANGENT ALIGNMENT blenden Sie Tangenten an jedem Gitterpunkt ein und aus.

▶ **Weg:** Um das Gitter und damit das Bild zu verbiegen, klicken Sie im Kompositionsfenster auf einen Kreuzungspunkt im Gitter und verschieben den Punkt dann manuell. Da sich die Punkte auch auf der z-Achse verschieben lassen, können Sie 2D-Ebenen zu 3D-Objekten verformen und so beispielsweise geknülltes Papier und Ähnliches animieren.

▲ **Abbildung 19.81**
Das Originalbild

▲ **Abbildung 19.82**
Über das Bild wird ein Gitter gelegt.

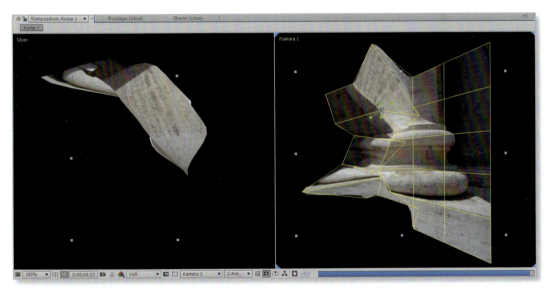

▲ **Abbildung 19.83**
Ziehen Sie an den Gitterpunkten und -tangenten, verformt sich die
Ebene auch in der z-Achse.

19.4.5 Effekt per Einstellungsebenen vererben

Es kann eine mühselige Arbeit sein, einen Effekt, den Sie für eine
Ebene nach Ihren Wünschen eingestellt haben, mit den gleichen
Einstellungen auf andere Ebenen zu übertragen. Eine Variante ist
es, den Effekt samt Effekteinstellungen zu kopieren und dann in
andere Ebenen einzusetzen.

Es geht aber auch anders. Über EBENE • NEU • EINSTELLUNGS-
EBENE kreiert After Effects für Sie eine Ebene, deren Effekteinstellungen sich auf alle im Zeitplan **darunter** befindlichen Ebenen auswirken. In der Zeitleiste in Abbildung 19.84 sehen Sie

hierfür ein Beispiel. Die Perspektive-Effekte SCHLAGSCHATTEN sowie ALPHA ABSCHRÄGEN wurden auf die oberste Ebene, die Einstellungsebene, angewandt. Sämtliche unter der Effektebene liegenden Ebenen erhalten daraufhin einen Schatten und werden wie mit einer reliefartigen Kontur versehen.

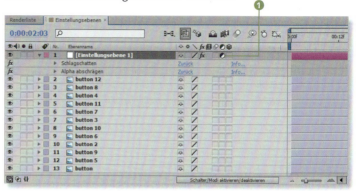

Abbildung 19.84 ►
Die Einstellungsebene muss sich über den Ebenen befinden, auf die sich die darin enthaltenen Effekte auswirken sollen.

Sie können eine Einstellungsebene über den Ebenenschalter ❶ ein- und ausschalten. Über diesen Schalter ist es auch möglich, bereits vorhandene Ebenen zur Einstellungsebene zu erklären. Es ist eine Sache der Einstellung, welche Ebene Hammer oder Amboss ist. Sie finden das abgebildete Beispiel im Ordner 19_EFFEKTE/WEITERE-EFFEKTE im Projekt »weitereEffekte.aep« in der Komposition »perspektive«.

Animationsvorgabe

Ein sehr komfortabler Weg, einmal angelegte Effekteinstellungen auf eine oder mehrere andere Ebenen zu übertragen, ist das Verwenden von Animationsvorgaben. In Abschnitt 10.3, »Animationsvorgaben«, finden Sie alle dazu nötigen Informationen.

▲ **Abbildung 19.85**
Alle hier sichtbaren Buttons werden durch eine einzige Effektebene beeinflusst, die sogenannte Einstellungsebene.

◀ **Abbildung 19.86**
Die Effekte SCHLAGSCHATTEN und ALPHA ABSCHRÄGEN wurden hier auf die Einstellungsebene angewandt.

19.4.6 Effekte am Pfad

Eine großartige Möglichkeit ist es, Effekte einem Maskenpfad folgen zu lassen. Dazu kopieren Sie die Maskenpunkte und setzen sie in die Positionseigenschaft eines Effekts ein. Nicht alle Effekte können mit Positionswerten animiert werden. Typische Effekte, bei denen eine solche Animation möglich ist, sind beispielsweise die Generieren-Filter BLENDENFLECKE, STRAHL, GEWITTER oder BLITZ.

Um einen Maskenpfad in einen Effektpositionspunkt einzusetzen, öffnen Sie zuerst die Maskeneigenschaften in der Zeitleiste. Dort markieren Sie das Wort MASKENPFAD ❶. Mit Strg+C kopieren Sie den Pfad und können ihn dann in jeden beliebigen Effektpositionspunkt einsetzen. Dazu klicken Sie auf den Namen des Effektpositionspunkts in der Zeitleiste ❷ und setzen den Maskenpfad mit Strg+V ein.

▼ **Abbildung 19.87**
Nachdem das Wort MASKENPFAD markiert wurde, wird der Maskenpfad kopiert. Nach dem Markieren des Effektpositionspunkts wird der Maskenpfad dort als Reihe von Keyframes eingefügt.

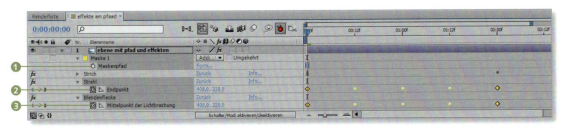

Das Resultat ist eine Reihe von Roving Keyframes, also zeitlich nicht fixierten Keyframes, deren Anzahl genau der Anzahl der Maskenpunkte entspricht. Zu beachten ist noch, dass die Effektpositionspunkte durchaus verschiedene Namen haben. Bei dem Effekt BLENDENFLECKE heißt dieser Punkt MITTELPUNKT DER LICHTBRECHUNG, beim Effekt GEWITTER sind es URSPRUNG und RICHTUNG, bei den Effekten BLITZ und STRAHL sind es ANFANGSPUNKT und ENDPUNKT etc. Der Effekt STRICH verwendet eine Maske, um entlang dieses Pfads einen Strich zu generieren.

> **Beispiel**
>
> Ein Beispiel befindet sich im Ordner 19_EFFEKTE im Projekt »weitereEffekte.aep« in der Komposition »effekte am pfad«.

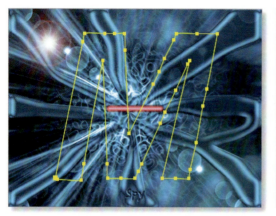

▲ **Abbildung 19.88**
Zuerst liegen der Maskenpfad und die Effekte
BLENDENFLECKE und STRAHL ohne Zusammenhang
nebeneinander.

▲ **Abbildung 19.89**
Nach dem Einfügen des Maskenpfads in den Effektpositionspunkt MITTELPUNKT DER LICHTBRECHUNG folgt
der Blendenfleck genau dem Pfad. Hier wurden
zusätzlich die GENERIEREN-Effekte STRICH und STRAHL
auf den Pfad angewendet.

19.5 Keying-Effekte

In diesem Abschnitt kommen wir zu einigen Keying-Werkzeugen,
die After Effects in recht großem Umfang bereitstellt. After Effects
bietet verschiedene Keying-Möglichkeiten, die weit über das Auskeyen einer einzigen Farbe hinausgehen. Einige dieser Möglichkeiten stelle ich auf den folgenden Seiten vor. After Effects wird außerdem mit dem professionellen Keyer KEYLIGHT von The Foundry
ausgeliefert, der schon in Hollywood-Filmen eingesetzt wurde!

19.5.1 Wozu dient das Keying?

Angenommen, ein Moderator soll im Fernsehen einen Beitrag zu
einer Katastrophe sprechen, etwa einem Wüstensturm. Dabei sollen im Hintergrund ständig Bilder der Katastrophe sichtbar sein. Da
es am Katastrophenort etwas ungemütlich wäre, wird der Moderator im Studio aufgenommen. Schon haben wir das Problem: Wie
kommen bloß die Katastrophenbilder in den Hintergrund?

Vielen ist sicher der **Blue- oder Greenscreen** ein Begriff. Es
handelt sich hierbei um einen blauen oder grünen Hintergrund,
der hinter eine Filmszene gespannt wird. In der Postproduktion
wird die blaue bzw. grüne Farbe des Hintergrunds durch anderes Bildmaterial ersetzt. Technisch gesehen wird in der Postproduktion die blaue Farbe des Bluescreens transparent gesetzt, die
blauen Pixel werden also ausgeblendet. Wird der Moderator vor
blauem Hintergrund aufgenommen, kann anschließend jedes

Bildmaterial als Ersatz für die blaue Farbe dienen. Und genau darum soll es jetzt gehen.

19.5.2 Color-Key

Der wohl einfachste Keying-Effekt ist der Effekt COLOR-KEY. Oft lassen sich schon mit diesem Effekt befriedigende Ergebnisse erzielen. Sehen wir uns seine Anwendung genauer an.

Schritt für Schritt: Ein neuer Hintergrund mit Color-Key

1 **Vorbereitung**

Kopieren Sie sich den Film »colorkey« aus dem Ordner 19_EFFEKTE/ KEYING/MOVIE von der DVD auf Ihre Festplatte. Legen Sie ein neues Projekt an, und importieren Sie die Filmdatei. Ziehen Sie die importierte Datei im Projektfenster auf das Kompositions-Symbol, um eine Komposition in der richtigen Größe und Dauer zu erhalten.

2 **Der Effekt »Color-Key«**

Öffnen Sie mit [Strg]+[5] das Fenster EFFEKTE UND VORGABEN, falls es nicht sichtbar ist. Tippen Sie »color-key« in das Eingabefeld. Markieren Sie die Ebene »colorkey.avi«, und doppelklicken Sie auf KEYING • COLOR-KEY.

Der Effekt ist auf die KEY-FARBE Blau voreingestellt. Um diese Farbe der blauen Hintergrundfarbe im Movie stärker anzunähern, klicken Sie mit der Pipette ❹ direkt auf die blaue Farbe des Hintergrunds. Erhöhen Sie allmählich die Werte der TOLERANZ ❶, um die Farbe verschwinden zu lassen. Gehen Sie dabei nicht weiter als bis zu einem Wert von 90. Bei höheren Werten entstehen in diesem Beispiel leicht kleine transparente Löcher in Bereichen, die nicht gekeyt werden sollen.

◀ **Abbildung 19.90**
Um zu bestimmten Ergebnissen zu gelangen, können Sie den COLOR-KEY auch mehrfach verwenden.

▲ **Abbildung 19.91**
Die Originalaufnahme enthält einen blauen Hintergrund, der ausgetauscht werden soll.

Beim Abspielen des Films sehen Sie, dass ein blauer Rest in der rechten oberen Ecke verblieben ist. Den entfernen wir gleich.

Keying überprüfen

Oft werden Pixel in Bereichen ausgekeyt, in denen das unerwünscht ist. Diese kleinen, transparenten Löcher werden sehr gut sichtbar, wenn Sie kurz nur den Alphakanal der Komposition anzeigen lassen. Die Schaltfläche dafür befindet sich am unteren Rand der Komposition ❺. Blenden Sie zuerst den Hintergrund aus, wählen Sie dann den Eintrag ALPHA aus der Liste, und schalten Sie mit RGB wieder zurück.

Tippen Sie zuvor noch für die KANTENBREITE ❷ den Wert »1« ein. Damit wird die Matte, also der transparente Bereich, den wir geschaffen haben, an den Kanten erweitert. Tippen Sie auch für WEICHE KANTEN ❸ den Wert »1« ein. Die Mattekante wird dadurch leicht weichgezeichnet.

Wenden Sie den COLOR-KEY ein zweites Mal auf die Ebene an. Suchen Sie sich im Movie eine Stelle, an der die blaue Restfarbe gut zu sehen ist. Klicken Sie nun mit der Pipette des zweiten Farb-Keys auf dieses Blau. Erhöhen Sie den TOLERANZ-Wert auf ca. »37«. Alles Blau sollte jetzt verschwunden sein. Tippen Sie bei KANTENBREITE und WEICHE KANTEN jeweils wieder den Wert »1« ins Feld ein.

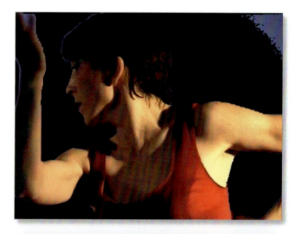

Abbildung 19.92 ▸
Nach einmaliger Anwendung des Effekts COLOR-KEY verbleibt noch ein Rest Blau.

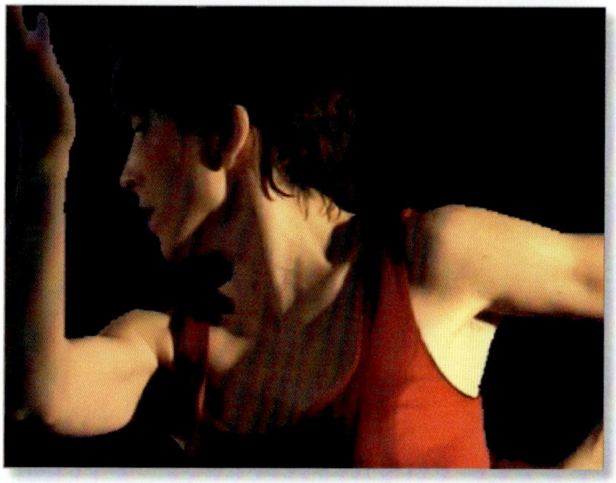

Abbildung 19.93 ▸
Ein zweiter COLOR-KEY entfernt auch das restliche Blau.

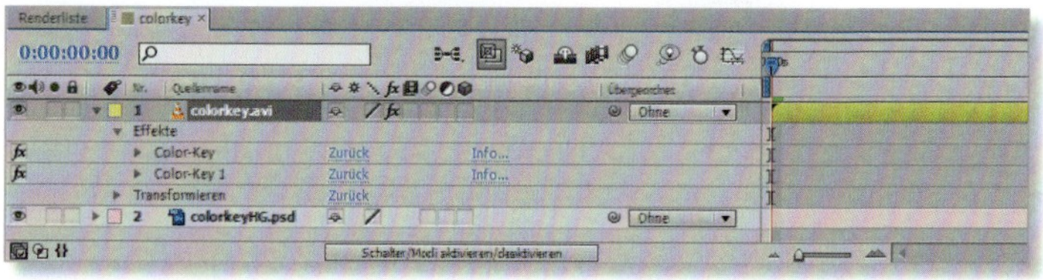

Abbildung 19.94 ▸
In der Zeitleiste sind die angewendeten Effekte ebenfalls sichtbar.

▲ **Abbildung 19.95**
Ein korrekt gekeytes Material weist auch dann keine Löcher auf, wenn nur der Alphakanal der Komposition eingeblendet wird.

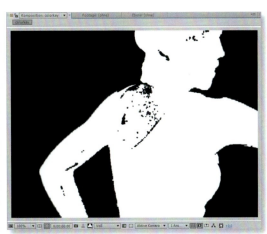

▲ **Abbildung 19.96**
Dieses Material weist transparente Löcher auf. Die Einstellungen im Key-Effekt müssen modifiziert werden.

3 Der Effekt »Key-Farbe unterdrücken«

Das Keying sieht schon ganz gut aus, aber ein Manko bleibt noch: Bei genauem Hinsehen fallen unschöne blaue Ränder an der Mattekante auf. Abhilfe schafft hierbei der Effekt KEY-FARBE UNTERDRÜCKEN. Er befindet sich im Menü unter EFFEKT • KEYING. Gleich nach der Anwendung ist das Manko beseitigt. Bei Bedarf erhöhen Sie die Werte für UNTERDRÜCKUNG noch oder wählen eine andere Farbe aus. Sollten Sie den Unterschied nicht erkennen können, verringern Sie einmal die Toleranzwerte für den ersten Color-Key, und schalten Sie dann den Effekt KEY-FARBE UNTERDRÜCKEN aus und ein.

◄ **Abbildung 19.97**
Mit dem Effekt KEY-FARBE UNTERDRÜCKEN lassen sich unschöne Ränder an der Mattekante beseitigen.

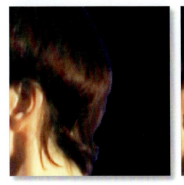

◄ **Abbildung 19.98 (links)**
An der Mattekante sind noch Reste der Key-Farbe erkennbar.

◄ **Abbildung 19.99 (rechts)**
Nach Anwendung des Effekts KEY-FARBE UNTERDRÜCKEN sieht die Mattekante schon viel besser aus.

Abbildung 19.100 ▶
Nachdem der Hintergrund hinzugefügt wurde, scheint es fast so, als ob die Frau am Meer tanzt.

4 Der neue Hintergrund

Importieren Sie zum Schluss noch die Datei »colorkeyHG.psd« aus dem Ordner 19_Effekte/Keying/Bildmaterial in das Projekt. Ziehen Sie das Hintergrundbild an den Zeitpunkt 00:00 in die Zeitleiste. Kaum zu glauben, dass der Hintergrund vorher nicht da war. Oder?

19.5.3 Linearer Color-Key

Der im vorigen Workshop beschriebene Color-Key wurde dort zweimal angewendet, um die blaue Hintergrundfarbe vollständig zu entfernen. Eine schon komfortablere Möglichkeit für solche Arbeiten bietet sich mit dem Effekt Linearer Color-Key an.

▲ **Abbildung 19.101**
Im Originalbild ist in der blauen Hintergrundfarbe ein Schatten sichtbar, der mit dem Effekt Linearer Color-Key entfernt wird.

▲ **Abbildung 19.102**
Im Ergebnis ist das Blau samt Schatten vollständig verschwunden.

In Abbildung 19.101 ist ein Schatten auf dem blauen Hintergrund sichtbar. Um sowohl den blauen Schatten als auch den helleren blauen Farbbereich transparent zu setzen, wäre es wieder möglich, den Effekt Color-Key zweimal anzuwenden: einmal für den helleren Teil vom Blau, einmal für den Schatten.

Der Effekt Linearer Color-Key hält für solche Fälle mehrere Pipetten bereit. Mit der ersten Pipette ❶ nehmen Sie die Hauptfarbe, die transparent werden soll, auf, indem Sie in den betreffenden Farbbereich klicken. Mit der Plus-Pipette ❷ fügen Sie weitere Farben zur Farbauswahl hinzu. Die Minus-Pipette ❸ dient dazu, Farben aus der Farbauswahl zu entfernen. Dazu setzen Sie die Pipette in den Farbbereich, der eigentlich nicht transparent werden soll.

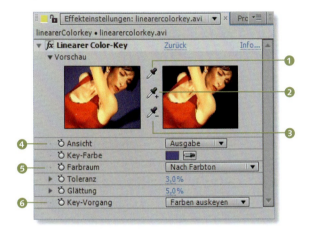

◀ **Abbildung 19.103**
Mit dem Effekt Linearer Color-Key sind recht komfortable Keying-Arbeiten möglich.

Im Effektfenster wird im linken Bild das Original angezeigt. Im rechten Bild wird je nach Wahl aus dem Einblendmenü unter Ansicht ❹ das Ergebnis (Ausgabe), das Original (Nur Quelle) oder die entstandene Matte (Nur Matte) angezeigt.

Soll nur eine Farbe transparent gesetzt werden, wie im abgebildeten Beispiel, ist der Wechsel unter Farbraum ❺ von nach RGB-Werten auf nach Farbton günstig. Auch nach Chrominanz-Werten (Farbton und Sättigung) können Sie keyen. Erhöhen Sie die Werte bei Toleranz, vergrößert sich der Bereich der ausgekeyten Farben. Die Glättung ist für den Übergang an der Mattekante verantwortlich.

Die letzte Option im Effekt ist der Key-Vorgang ❻. Hier wählen Sie zwischen den Einträgen Farben auskeyen und Farben behalten. Wenden Sie den Effekt ein zweites Mal an und stellen dort die Option Farben behalten ein, kann der Effekt dazu dienen, bestimmte, mit den Pipetten definierte Farben vom Keying auszunehmen. Zwei auf diese Weise eingestellte Key-Effekte können also gegenläufig angewandt werden: einer, um Farben verschwinden zu lassen, der andere, um Farbbereiche beizubehalten.

Beispiele

Auf der Buch-DVD finden Sie im Ordner 19_Effekte /Keying das Projekt »keying.aep«, das alle hier dargestellten Beispiele enthält. Kopieren Sie sich am besten den gesamten Ordner Keying auf Ihre Festplatte, um die Beispiele reibungslos ansehen zu können.

▲ **Abbildung 19.104**
Was wie eine Grafik aussieht,
zeigt, dass im Material kleine
transparente Löcher enthalten
sind, die Sie mit Hilfe des Effekts
MATTE VERGRÖSSERN/VERKLEINERN
schließen können.

19.5.4 Matte vergrößern/verkleinern

Ein nützliches Hilfsmittel ist der Effekt MATTE VERGRÖSSERN/VER-
KLEINERN aus dem Menü EFFEKT • MATTE. Der Effekt hilft dabei,
kleine transparente Löcher aus Farbbereichen zu entfernen, die
nicht transparent sein sollen. Sollen solche Löcher geschlossen
werden, verwenden Sie bei FAKTOR negative Werte. Die Matte wird
dann entsprechend verkleinert. Sollen Ränder an den Außenkanten
einer Matte entfernt werden, helfen positive Werte.

▲ **Abbildung 19.105**
Mit negativen oder positiven Werten bei FAKTOR im Effekt MATTE
VERGRÖSSERN/VERKLEINERN lassen sich Matten leicht verbessern.

▲ **Abbildung 19.106**
Die Mattekante weist in dieser Abbildung einen
unerwünschten dunklen Rand auf.

▲ **Abbildung 19.107**
Nach der Anwendung des Effekts MATTE VERGRÖSSERN/
VERKLEINERN ist der dunkle Rand weitgehend beseitigt.

19.5.5 Innerer/Äußerer Key

Neben den schon beschriebenen Keying-Effekten stellt der Effekt
INNERER/ÄUSSERER KEY insofern eine Besonderheit dar, als er ohne
einen speziellen blauen oder grünen Hintergrund auskommt und
diesen dennoch transparent setzen kann. Voraussetzung ist allerdings, dass die Person im Vordergrund nur minimale Bewegungen
ausführt. Sie werden gleich sehen, warum.

Schritt für Schritt: Keying ohne Bluescreen

1 Vorbereitung

Kopieren Sie sich den Film »innerouter« aus dem Ordner 19_ EFFEKTE/KEYING/MOVIE von der DVD auf Ihre Festplatte. Legen Sie ein neues Projekt an, und importieren Sie den Film. Ziehen Sie die importierte Datei im Projektfenster auf das Kompositions-Symbol, um eine Komposition in der richtigen Größe und Dauer zu erhalten.

2 Maskenpfade erstellen

Zuerst legen Sie zwei Maskenpfade an. Die beiden Pfade müssen parallel zueinander verlaufen und sich an den Konturen unserer freizustellenden Person orientieren. Dazu verwenden Sie das Zeichenstift-Werkzeug.

Die Pfade sollten für unsere Zwecke lieber mit ein paar mehr Pfadpunkten ausgestattet sein, um später bei Korrekturen der Maske einige Anfasser zu haben. Auf eine sehr akribische Nachformung der Konturen kommt es nicht an. Aber je genauer Sie arbeiten, desto besser sind danach die Ergebnisse. Entnehmen Sie den Pfadverlauf der beiden Masken bitte Abbildung 19.109. Die abgebildeten Masken wurden am Zeitpunkt 00:00 erstellt.

Vorkenntnisse erforderlich

Gleich vorweg sei gesagt, dass der anschließend beschriebene Key-Effekt mit Maskenpfaden arbeitet. Sie sollten also Kenntnisse im Umgang mit Maskenpfaden haben oder zuvor Kapitel 18, »Masken, Matten und Alphakanäle«, studieren.

▲ Abbildung 19.108
Mal sehen, ob dieser Hintergrund wegzubekommen ist und durch einen anderen ersetzt werden kann.

▲ Abbildung 19.109
Die beiden Maskenpfade müssen die Konturen der Person einigermaßen genau nachzeichnen. Den ersten Pfad zeichnen Sie innerhalb der Person, den anderen außerhalb.

Zeichnen Sie den ersten Maskenpfad innerhalb der Person und den zweiten Pfad parallel dazu außerhalb der Person. Sie werden sagen: »Toller Trick, einfach eine Maske drumherum zu zeichnen ...« – Der Trick kommt aber erst jetzt.

Der Effekt »Innerer/Äußerer Key«

Öffnen Sie mit ⌈Strg⌋+⌈5⌋ die Palette EFFEKTE UND VORGABEN, und tippen Sie die Buchstaben »inn« ins Eingabefeld. Markieren Sie die Ebene »innerouter.avi«, und doppelklicken Sie auf den Effekt KEY-ING • INNERER/ÄUSSERER KEY. Nach dem Hinzufügen des Effekts ist der Bereich zwischen den beiden Maskenpfaden zum großen Teil schon transparent. Es kommt aber auf die Feineinstellung an.

Abbildung 19.110 ▶
Der Effekt INNERER/ÄUSSERER KEY erkennt die zuvor erstellten Masken automatisch als Vorder- und Hintergrund.

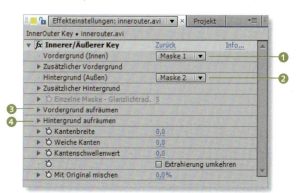

Der Effekt arbeitet folgendermaßen: Die MASKE 1 (innerer Pfad) wird automatisch als Vordergrund definiert ❶, während der MASKE 2 (äußerer Pfad) automatisch der Part des Hintergrunds zugeordnet wird ❷.

Der Effekt sieht den Pfad der MASKE 1, also den Vordergrund, als einen Pinselstrich, der die Deckkraft der Bildpixel erhöhen kann und dessen Strichstärke breiter oder dünner sein kann. Die Kontur der Person wird damit ausgeweitet bzw. verringert. Ebenso ist es mit dem Hintergrundpfad, nur dass hier die Deckkraft der Bildpixel verringert wird. Der Hintergrundpfad erweitert so den transparenten Bereich zur Kontur hin.

Die Optionen unter ZUSÄTZLICHER VORDERGRUND und ZUSÄTZ-LICHER HINTERGRUND sind für weitere Maskenpfade gedacht und werden verwendet, wenn beispielsweise mehr als eine Person oder ein weiteres Objekt freigestellt werden soll.

Vorder- und Hintergrund aufräumen

Zur Feineinstellung der Transparenz zwischen den beiden Masken-pfaden dienen die Optionen VORDERGRUND AUFRÄUMEN ❸ und HINTERGRUND AUFRÄUMEN ❹. Klicken Sie jeweils auf das kleine Dreieck, um die Einstellungsliste zu öffnen. Keine Angst! Die lan-gen Listen dort dienen den optionalen acht Masken. Klappen Sie jeweils den Eintrag AUFRÄUMEN 1 auf ❺. Wählen Sie unter PFAD ❽ die MASKE 1 und unter PFAD ❾ die MASKE 2 aus. Mit den jeweils vorhandenen Reglern für PINSELRADIUS ❻ und PINSELDRUCK ❼ lässt sich der transparente Bereich zwischen den Pfaden recht genau bestimmen.

Ich bin mit folgenden Werten gut zurechtgekommen: Unter VORDERGRUND AUFRÄUMEN: PINSELRADIUS »26«, PINSELDRUCK »24«. Unter HINTERGRUND AUFRÄUMEN: PINSELRADIUS »24«, PINSELDRUCK »95«.

Passen Sie Ihr Ergebnis durch die Optionen KANTENBREITE, WEICHE KANTEN und KANTENSCHWELLENWERT im Nachhinein noch an, wenn Sie mit der entstandenen Matte nicht zufrieden sind.

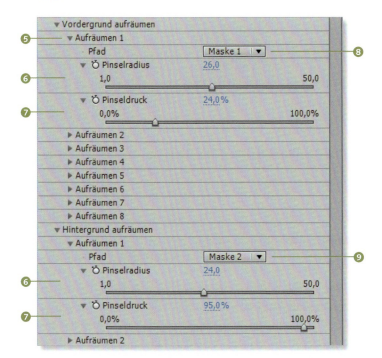

◄ **Abbildung 19.111**
Für den Workshop benötigen Sie nur die abgebildeten Regler für PINSELRADIUS und PINSELDRUCK, und zwar für Vordergrund und Hintergrund.

5 Wenn Sie noch Zeit und Lust haben

Das Gemeine an dem Movie für diesen Workshop ist, dass die Frau eine leichte Drehung macht. Die Masken machen diese Drehbewegung aber nicht einfach so mit. Daher müssten im Grunde noch Keyframes für die Maskenform der beiden Pfade gesetzt werden. Ich habe es mir zugemutet und der Maskenform einige Keyframes verpasst. Schließlich kam noch das Hintergrundbild hinzu. Wenn Sie noch Zeit und Lust haben, modifizieren Sie also noch die Maskenform. Das Hintergrundbild finden Sie im Ordner 19_EFFEKTE/KEYING/BILDMATERIAL. Es heißt »innerouterHG.psd«.

Die fertig bearbeitete Datei befindet sich im Ordner 19_EFFEKTE KEYING. Dort finden Sie das Projekt mit dem Namen »keying.aep« mit der Komposition »innerOuter Key«.

▲ **Abbildung 19.112**
Nach fertiger Bearbeitung könnte das Ergebnis so wie hier aussehen.

▲ **Abbildung 19.113**
Die Maskenform wurde hier noch per Keyframes angepasst, um Bewegungen im Bild auszugleichen.

19.5.6 Differenz-Matte

Angenommen, Sie möchten den Protagonisten Ihres Films in keinem geringeren Ambiente als auf dem Mond aufnehmen. In der Realität befinden Sie sich aber auf der Erde, und dort läuft Ihr Protagonist vor einem beliebigen anderen Hintergrund durch das Bild. Mit dem Effekt Innerer/Äusserer Key ist der Protagonist schwer vom Hintergrund zu isolieren, da hier eine aufwendige Maskenanimation nötig wäre.

Der Effekt Differenz-Matte hingegen verwendet zum Auskeyen eines Hintergrunds ein Referenzbild. Dieses Bild ist ein Standbild vom Hintergrund **ohne** Protagonisten. Anschließend wird der Protagonist vor dem haargenau gleichen Hintergrund gefilmt.

▲ **Abbildung 19.114**
Die Referenzebene bzw. das Standbild ist ein statischer Hintergrund. Die Protagonistin tritt erst später ins Bild.

▲ **Abbildung 19.115**
Der Hintergrund ändert sich nicht, während die Protagonistin im Vordergrund Bewegung ins Bild bringt.

Um aus einem fertigen Film ein **Standbild** herauszubekommen, bietet After Effects den Einzelbildexport an. Dazu postieren Sie die Zeitmarke auf der Stelle im fertigen Film, an der kein Protagonist weit und breit sichtbar ist. Über KOMPOSITION • FRAME SPEICHERN UNTER • DATEI können Sie dann das Standbild rendern. Danach fügen Sie es als Ebene der Filmkomposition hinzu ❶ und legen es im Effekt DIFFERENZ-MATTE unter DIFFERENZEBENE ❷ als Referenzbild fest. Schalten Sie für das Standbild die Sichtbarkeit aus.

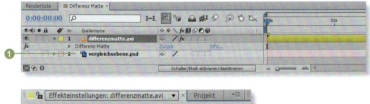

◀ **Abbildung 19.116**
Für den Effekt DIFFERENZ-MATTE fügen Sie in der Zeitleiste eine Referenzebene hinzu, die ein Standbild des aufgenommenen Films ohne Protagonistin ist.

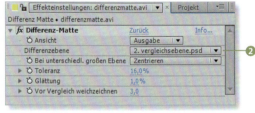

◀ **Abbildung 19.117**
Im Effekt DIFFERENZ-MATTE legen Sie das Standbild als Differenzebene fest.

Der Effekt vergleicht schließlich das Referenzbild Frame für Frame mit dem Movie des aufgenommenen Helden. Bildbereiche im Movie, die denen im Referenzbild gleichen, werden transparent gesetzt, also ausgekeyt. Die ungleichen Bildbereiche, sprich dort, wo sich unser Protagonist befindet und bewegt, bleiben deckend. Unsauber wird das Keying, wenn die Kamera bei der Aufnahme verwackelt wird oder beispielsweise ein roter Schal zufällig mit einem gleichen Rot im Hintergrund zusammentrifft. Auch kleine Veränderungen im Hintergrund wie sich bewegende Blätter oder der Schatten des Protagonisten, der auf den Hintergrund fällt, führen zu unbefriedigenden Ergebnissen. Idealbedingungen sind natürlich nur im Studio zu erreichen.

Ist das Keying gelungen, kommt zum Schluss die Mondlandschaft hinzu, und schon spaziert der Held – nein, die Heldin – auf dem Mond. Das Beispiel dazu befindet sich im Ordner 19_EFFEKTE/KEYING im Projekt »keying.aep« und dort in der Komposition »Differenz-Matte«.

Abbildung 19.118 ▶
Bei einem gelungenen Keying ist vom früheren Hintergrund keine Pixelspur mehr übrig. Und schon spaziert die Heldin auf dem Mond herum.

19.5.7 Maske verbessern

Der Effekt MASKE VERBESSERN dient der Verfeinerung einer bereits bestehenden Matte oder Maske. Der Effekt wird in Zusammenhang mit dem Roto-Pinsel-Werkzeug in Kapitel 18, »Masken, Matten und Alphakanäle«, in Abschnitt 18.6.2, »Der Effekt ›Maske verbessern‹«, erläutert.

19.6 Pixel Bender Toolkit

Mit dem Adobe Pixel Bender Toolkit kreieren Sie Filter, Effekte und Mischmodi sowohl für After Effects und Photoshop als auch für Flash. Das Toolkit arbeitet mit der von Adobe entwickelten Programmiersprache Pixel Bender. In der Benutzeroberfläche des Pixel Bender Toolkits schreiben Sie Programmcode wie in jedem externen Editor.

Den fertigen Code speichern Sie als Datei mit den Endungen ».pbk«, ».pbg« oder ».pbj«. PBK-Dateien verwenden Sie für sogenannte Einfachkerneffekte, also Effekte, die auf einem Prozessorkern verarbeitet werden, während PBG-Dateien für die Mehrprozessorverarbeitung ausgelegt sind. Bei Letzteren ist es nicht nötig, in After Effects extra die Voreinstellungen-Option MEHRERE FRAMES GLEICHZEITIG RENDERN auszuwählen, um die Mehrprozessorverarbeitung zu aktivieren. PBJ-Dateien sind für die Verwendung in Flash gedacht und können dort mit Action Script 3.0 geladen werden.

Bei der Entwicklung der Programmiersprache Pixel Bender wurde auf Einfachheit Wert gelegt. Die Sprache soll einfacher zu erlernen sein als C/C++, und die Syntax baut auf GLSL (OpenGL Shading Language) auf.

19.6.1 Pixel-Bender-Benutzeroberfläche

Wenn Sie Pixel Bender Toolkit gestartet haben, können Sie für Ihren neuen Effekt über FILE • LOAD IMAGE ein Beispielbild laden, das dann im Bildfenster ❶ angezeigt wird. Anschließend wählen Sie FILE • NEW KERNEL bzw. OPEN FILTER und können den Filter im Editor ❷ bearbeiten. Mit der Schaltfläche BUILD AND RUN ❸ testen Sie einen bereits vorhandenen und neu geöffneten Filter, und es werden schon programmierte Regler im Feld rechts ❹ eingeblendet, mit denen Sie das geladene Bild verändern.

Haben Sie die Bearbeitung abgeschlossen, speichern Sie das veränderte Bild über FILE • SAVE IMAGE AS und den Filter über SAVE FILTER AS.

Download von Pixel Bender Toolkit

Das Adobe Pixel Bender Toolkit erhalten Sie mit der Suite Production Premium und Master Collection, können es aber auch kostenlos von der Website Adobe Labs herunterladen: *http://labs.adobe.com/downloads/pixelbender.html*.

Pixel Bender Tutorial

Nach der Installation sollten Sie im Ordner PIXEL BENDER TOOLKIT 2 im Ordner DOCS zwei Dateien namens »PixelBenderGuide« und »PixelBenderReference« vorfinden. Auch online ist das Tutorial verfügbar: *http://labs.adobe.com/wiki/index.php/Pixel_Bender_Toolkit:Tutorial*.

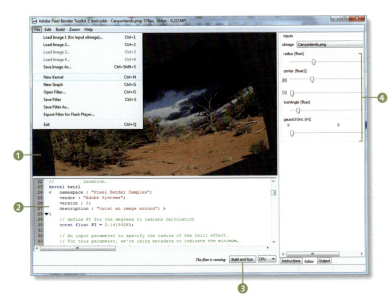

◀ **Abbildung 19.119**
Die Benutzeroberfläche von PIXEL BENDER TOOLKIT gleicht einem Editor mit Bildvorschau.

```
16
17    <languageVersion: 1.0;>
18
19    kernel Pixelate
20    <    namespace : "AIF";
21        vendor : "Adobe Systems 1";
22        version : 3;
23        description : "pixelate";
24        displayname: "Neuer Effekt";
25        category: "Pixel Bender";
26    >
27    ▼{
28        parameter int dimension
29        <minValue: 1;
30        maxValue: 150;
31        defaultValue: 1;>;
32
33        input image4 inputImage;
34        output pixel4 outputPixel;
35
```

▲ **Abbildung 19.120**
Im Editor vergeben Sie einen Namen für den neuen Effekt und wählen die Effektkategorie.

19.6.2 Verwendung in After Effects

Für die Verwendung in After Effects ist das Speichern von Dateien im Format ».aex« nicht vorgesehen und auch nicht nötig, da After Effects Pixel-Bender-Dateien unterstützt. Somit bleiben Sie auch kompatibel mit anderen Adobe-Anwendungen, die diese Formate ebenfalls beherrschen, und können die Filter in allen diesen Anwendungen einsetzen.

Sie müssen also nichts weiter tun, als die Pixel-Bender-Dateien im After-Effects-Installationsordner im Ordner PLUG-INS zu speichern. Zuvor sollten Sie jedoch im Editorfeld noch einen Namen für Ihren neuen Effekt vergeben und auch entscheiden, in welcher Effektkategorie der neue Effekt angezeigt wird. Jedes Pixel-Bender-Skript beginnt mit Angaben zum Effekt, z. B. vendor: "Adobe Systems"; und version: 2;. Fügen Sie hier wie in der Abbildung die Zeilen displayname: "Neuer Effekt"; und category: "Pixel Bender"; hinzu. Der Effekt erscheint somit in der Kategorie PIXEL BENDER unter dem Namen NEUER EFFEKT.

Nach dem nächsten Start von After Effects sind die Effekte dann in der gewählten Kategorie im EFFEKTE-Menü verfügbar und werden auch in der Palette EFFEKTE UND VORGABEN angezeigt, wenn Sie nach dem Namen des selbsterstellten Effekts suchen.

Abbildung 19.121 ▶
Die mit Pixel Bender erstellten Filter werden im EFFEKTE-Menü unter PIXEL BENDER angezeigt.

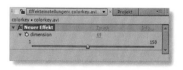

▲ **Abbildung 19.122**
Die Pixel-Bender-Filter werden wie übliche After-Effects-Filter angezeigt.

20 Farbkorrektur

Zuerst sollen in diesem Kapitel ein paar grundlegende Fragen geklärt werden. Daher geht es diesmal mit etwas Theorie los. Sie werden dann durch einige nützliche Werkzeuge zur Farbkorrektur bis hin zu dem professionellen Farbkorrekturwerkzeug **Color Finesse** geführt. An mehreren Beispielen werden wichtige Farbkorrekturmöglichkeiten demonstriert.

20.1 Grundlagen der Farbenlehre

Zum besseren Verständnis einiger nachfolgend in den Workshops genannter Begriffe werden in diesem Kapitel zu Beginn ein paar Überlegungen zu farbtheoretischen Fragen angestellt. Die Farbenlehre umfasst weit mehr, doch das für die weitere Arbeit Relevante ist hier zusammengefasst.

20.1.1 Die Grundfarben

Nach dem Drei-Farben-Modell, das zur Darstellung der Farben am Bildschirm eingesetzt wird, können beinahe alle vom menschlichen Auge wahrnehmbaren Farben durch Mischung dreier Grundfarben erzeugt werden. Dabei ist es nicht möglich, eine der drei Grundfarben Rot, Grün, Blau durch das Mischen der beiden anderen Farben zu erhalten. Die Grundfarben werden auch als Primärfarben bezeichnet, die Mischfarben als Sekundärfarben. Die Farbdarstellung auf dem Bildschirm, im Fernseher oder bei Videoprojektoren wird über die Mischung der drei Farben Rot, Grün und Blau erreicht. Die Basis für die Farbdarstellung ist hier die additive Farbmischung.

20.1.2 Additive Farbmischung

Die Darstellung von Farben auf Bildschirmen und Fernsehern beruht auf der additiven Mischung von Farben. Daher ist diese Art der Farbmischung für die digitale Bildbearbeitung und damit auch für die Farbkorrektur in Film und Video von Bedeutung. Farbe kann bei der additiven Farbmischung als eine Addition von Lichtfarben beschrieben werden, die im Wahrnehmungsbereich des menschlichen Auges liegen. Jede der wahrnehmbaren Farben entspricht einer bestimmten Wellenlänge des sichtbaren Lichts. Wird also ein roter Scheinwerfer angeschaltet, so wird nur dieser Teil des Spektrums des sichtbaren Lichts projiziert. Kommt ein Scheinwerfer mit grünem Licht hinzu, wird ein weiterer Teil des sichtbaren Lichtspektrums projiziert und zu dem Teil des Spektrums addiert, der für die Farbe Rot verantwortlich ist.

Wenn alle drei Grund- bzw. Primärfarben der additiven Farbmischung, also Rot, Grün und Blau, übereinanderprojiziert werden, entsteht Weiß. Das Mischen der Farben untereinander ergibt die folgenden weiteren Farben:

▶ Rot + Blau = Magenta
▶ Rot + Grün = Gelb
▶ Grün + Blau = Cyan

20.1.3 Subtraktive Farbmischung

Die subtraktive Farbmischung findet beim Drucken von Farben Anwendung. Im Gegensatz zur additiven Farbmischung werden durch den Auftrag von Farbpigmenten bestimmte Bereiche aus den wahrnehmbaren Spektralbereichen des Lichts absorbiert. Eine Farbe ist hier so definiert, dass nicht wie bei der additiven Farbmischung mit jeder Farbe ein bestimmter Teil des sichtbaren Lichtspektrums hinzukommt. Stattdessen **vermindert** jede Farbe den Teil des sichtbaren Spektrums. Sie können sich das so vorstellen: Eine weiße Farbfläche reflektiert das Spektrum des sichtbaren weißen Lichts zu 100 %. Wird eine Farbe aufgetragen, z. B. Magenta, werden andere Farbanteile des Spektrums (in diesem Fall vorrangig Grün) von dieser Farbe absorbiert, also gefiltert. Nur der Magenta-Anteil des weißen Lichts kann den Filter passieren.

Die Primärfarben der subtraktiven Farbmischung sind Cyan, Magenta und Gelb (Yellow, daher CMY). Werden diese übereinandergedruckt, ergibt sich daraus Schwarz – der schwarzen Fläche entkommt also kein Teilchen des weißen Lichts. Da dieses Schwarz im Druck kaum dunkel genug erscheint, wird das Schwarz mit einer Extra-Druckfarbe (Key, K) erzeugt. Zum Schluss ergibt sich also CMYK.

Die Mischung von Cyan, Magenta und Gelb untereinander ergibt folgende Farben:

▶ Magenta + Gelb = Rot
▶ Cyan + Gelb = Grün
▶ Cyan + Magenta = Blau

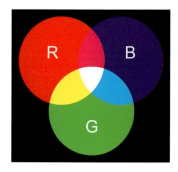

▲ **Abbildung 20.1**
Bei einer Überlagerung aller drei Grundfarben der additiven Farbmischung – also Rot, Grün und Blau – ergibt sich Weiß.

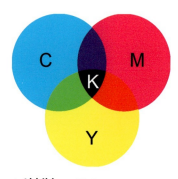

▲ **Abbildung 20.2**
Bei einer Überlagerung aller drei Grundfarben der subtraktiven Farbmischung – also Cyan, Magenta und Gelb – ergibt sich Schwarz.

20.1.4 Farbkreis

Zur besseren Orientierung und um Farben übersichtlich verwalten zu können, werden diese beispielsweise in einem Farbkreis angeordnet. Bei der Bildbearbeitung ist dadurch eine schnelle und zuverlässige Kontrolle über Farbton (Hue) und Sättigung (Saturation) gegeben. Der Farbton kann dabei in Winkelwerten angegeben werden. Der Winkel gibt also an, wo im Farbkreis die Farbe zu finden ist. Hinzu kommt die Angabe der Sättigung in Prozent, die die Intensität einer Farbe angibt und vom Mittelpunkt des Farbkreises gesehen nach außen zunimmt.

Die Komplementärfarben liegen sich in einem Farbkreis immer genau gegenüber.

▲ **Abbildung 20.3**
Oft werden Farben in einem Farbkreis dargestellt. Bei der Bildbearbeitung ermöglicht das eine zuverlässige Kontrolle über Farbton und Sättigung. Gut erkennbar ist im Mittelpunkt das bei der additiven Farbmischung von Komplementärfarben entstehende Weiß.

20.1.5 Farbsampling

Bei der Übertragung von analogen Videosignalen wie etwa vom RGB-Chip der Kamera bis zur Aufzeichnung auf Band wird das Videosignal in eine Helligkeitsinformation $\boxed{Y}$ und in zwei Farbdifferenzsignale (UV) umgewandelt. Die Farbdifferenzsignale sind Rot (U = R − Y) und Blau (V = B − Y). Jeder Farbanteil wird also abzüglich des Helligkeitsanteils übertragen. Die Schreibweise für diese Form der Signalübertragung ist YUV (bzw. YCbCr) in der analogen Welt. Das Pendant in der Welt der digitalen Datenübertragung nennt sich YCC.

Durch die Übertragung des Videosignals als YUV-Signal wird gegenüber einer Speicherung der RGB-Information eine starke Kompression des Signals ermöglicht. Neben weiteren Kompressionsmöglichkeiten vor der Speicherung lässt sich durch eine unterschiedliche Frequenz bei der Abtastung beim Sampling von Helligkeits- und Farbinformationen so die Datenmenge bereits erheblich reduzieren. Da das menschliche Auge sehr viel stärker auf Helligkeitsschwankungen als auf Farbschwankungen reagiert, kann bei der Farbe gespart werden. Schon daher kann Alexis Sorbas in Michael Cacoyannis' Film auch ohne Farbe über den Bildschirm tanzen. So wird der Grünanteil im Format YUV bereits eingespart und durch Berechnung aus den Helligkeits- und Farbdifferenzsignalen rekonstruiert. Aber auch bei den beiden anderen Farben lässt sich noch sparen.

Da das Helligkeitssignal den Bildinhalt am besten transportiert, wird es mit einer hohen Abtastrate ausgelesen. Bei den Farbdifferenzsignalen wird, abhängig vom verwendeten System, mit der gleichen oder einer geringeren Abtastrate gearbeitet. In jedem Fall wird die Helligkeitsinformation für jeden Bildpunkt voll abgetastet und aufgezeichnet, die Farbinformation aber, je nach Qualitätsstufe, nur für jeden vierten oder zweiten Bildpunkt. Dieses Abtastverhältnis wird in Zahlen ausgedrückt.

▲ **Abbildung 20.4**
Das Videosignal ist in eine Helligkeitsinformation (Y) und in zwei
Farbdifferenzsignale (U und V)
aufgeteilt.

4:1:1-Farbsampling | Das 4:1:1-Farbsampling findet bei DV-NTSC Anwendung. Dabei wird die Helligkeitsinformation für jeden und die Farbinformation nur für jeden vierten Bildpunkt abgetastet.

4:2:0-Farbsampling | DV-PAL arbeitet mit 4:2:0-Farbsampling, wobei für jede Bildzeile abwechselnd nur je eine der beiden Farbinformationen erfasst wird. Außerdem wird nur für jeden zweiten Bildpunkt überhaupt eine Farbinformation erfasst. Wenn Sie die Abbildungen dazu vergleichen, könnte man meinen, dass einige Bildpunkte recht farblos erscheinen müssten. Doch die Datenreduzierung liegt nur bei der Speicherung so vor, später wird die fehlende Farbinformation vom Fernseher, Videomonitor oder sonstigem Wiedergabegerät durch Interpolation rekonstruiert.

Die Qualität der beiden Formate DV-NTSC (4:1:1) und DV-PAL unterscheidet sich unwesentlich voneinander. Beide sind Formate des Consumer-Bereichs. Das 4:2:0-Farbsampling findet außerdem bei HDV für den Consumer-Bereich Anwendung.

Die Abtastrate ist bei 4:1:1- und 4:2:0-Farbsampling für Keying und aufwendige Farbkorrektur nicht geeignet. Bei anspruchsvolleren Arbeiten wird daher zu dem höheren Qualitätsstandard mit 4:2:2- und 4:4:4-Farbsampling gegriffen.

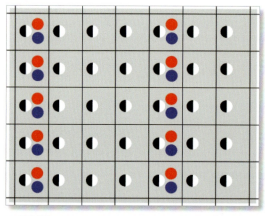

▲ **Abbildung 20.5**
DV-NTSC verwendet 4:1:1-Farbsampling.

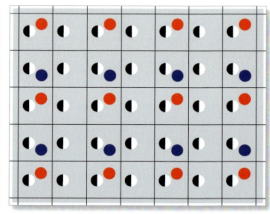

▲ **Abbildung 20.6**
4:2:0-Farbsampling wird bei DV-PAL eingesetzt.

4:2:2-Farbsampling | Das 4:2:2-Farbsampling entspricht der Norm ITU-R BT.601 (früher CCIR-601) der **I**nternational **T**elecommunication **U**nion. Die Abtastrate wurde hier auf 4:2:2 festgelegt. Es wird also nur die Hälfte der Farbinformation übertragen, ohne dass dies erheblich auffällt. Ein solches Farbsampling findet bei D1, DVCPro 50 und Digital Betacam Anwendung.

4:4:4-Farbsampling | Bei höchsten Ansprüchen an die Qualität wird sogar ein 4:4:4-Farbsampling mit enormen Datenmengen und Anforderungen an die Hardware nötig. Dabei wird die volle Helligkeits- und Farbinformation für jeden Bildpunkt aufgezeichnet. Dies ist bei professioneller Effektbearbeitung, Farbkorrektur und Keying von großem Vorteil.

Ein Band, das diese hochqualitative Aufzeichnung erlaubt, ist HDCAM SR. Hier werden allerdings RGB-Daten und kein YUV-Signal aufgezeichnet. Das bringt einen großen Qualitätsvorteil, da immer im RGB-Farbraum gearbeitet werden kann, ohne in YUV umwandeln zu müssen. Abgesehen davon ist die Bildauflösung bei Weitem höher als bei den DV-Formaten.

Als Vorgänger des HDCAM SR-Formats hat das HDCAM-Format große Verbreitung gefunden und erfreut sich in Europa einiger Beliebtheit. Zur Reduktion der Datenmenge wird dort ein Farbsampling von 3:1:1 eingesetzt.

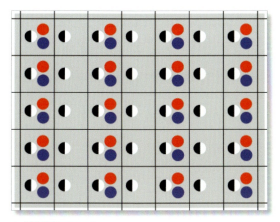

▲ **Abbildung 20.7**
4:2:2-Farbsampling erfolgt nach der Norm ITU-R BT.601 (früher CCIR-601).

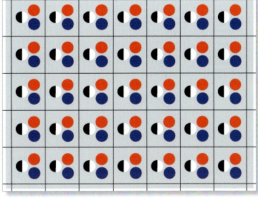

▲ **Abbildung 20.8**
4:4:4-Farbsampling garantiert professionelle, höchste Bildqualität.

20.1.6   RGB-Modell und After Effects

Wie bereits erwähnt wurde, werden Farben am Bildschirm nach dem Prinzip der additiven Farbmischung dargestellt. Auch After Effects nutzt das RGB-Modell, um Farben darzustellen. Außer Dateien, die im RGB-Modus erstellt wurden, unterstützt After Effects Dateien im Modus GRAUSTUFEN, FARBPALETTE oder SCHWARZWEISS. Solche Dateien wandelt After Effects beim Import in RGB um.

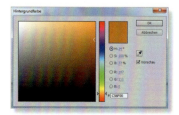

▲ **Abbildung 20.9**
Im Farbwähler von After Effects können Sie den Farbwert im RGB-Modus angeben. Die Angabe im Format HSB (Farbton, Sättigung, Helligkeit) und hexadezimal ist ebenfalls möglich.

Zur genauen Definition der Farbe eines jeden Bildpixels werden die Farbwerte in After Effects als RGB-Werte angegeben. Für die Speicherung dieser Farbinformation werden Farbkanäle verwendet. Dabei ist jeder Farbkanal bei der Standard-Projekteinstellung mit einer Informationstiefe von 8 Bit ausgestattet. Dies entspricht 256 möglichen Abstufungen bzw. Farbwerten pro Kanal. Zur Darstellung der Farbe eines Pixels werden die drei Kanäle übereinandergelegt. Multipliziert man die Abstufungsmöglichkeiten der Kanäle miteinander, ergeben sich 16,7 Millionen mögliche Farbwerte pro Pixel. Um nun eine ganz bestimmte Farbe aus den 16,7 Millionen Möglichkeiten anzugeben, wird für jeden Farbkanal die Nummer der Abstufung angegeben, z. B. für Schwarz R = 0, G = 0, B = 0 oder für einen Blauton R = 0, G = 10, B = 255.

20.1.7 Projektfarbtiefe

Für die Bearbeitung von Farbverläufen in hoher Qualität, für die Farbkorrektur, beim Arbeiten mit Keying-Effekten oder bei Verwendung von Daten aus 3D-Applikationen ist es zu empfehlen bzw. nötig, die Projektfarbtiefe auf 16 oder 32 Bit pro Kanal einzustellen, sollten Farbabstufungen sichtbar werden.

Sie erreichen dies über DATEI • PROJEKTEINSTELLUNGEN. Im Feld FARBEINSTELLUNGEN wählen Sie die Projektfarbtiefe aus dem Einblendmenü unter TIEFE.

Bei höheren Farbtiefen können weit mehr Farbabstufungen als bei einem 8-Bit-Projekt dargestellt werden. Pro Kanal sind es 65.536 Abstufungen bei einem 16-Bit-Projekt, die miteinander multipliziert Trillionen möglicher Farbwerte darstellen können. Das erlaubt feinere Übergänge zwischen den Farben und sichert Details, die sonst verlorengehen würden.

Im professionellen Bereich ist eine 10-, 12- oder 16-Bit-Farbwelt bereits gang und gäbe. Die 32-Bit-Fließkommawelt klingt vielleicht noch so utopisch wie einst die Existenz der Quasare. Während die anderen Bit-Welten aus Festkommazahlen, also aus Ganzzahlwerten, bestehen, werden in der 32-Bit-Welt Fließkommawerte verwendet. Somit lässt sich ein sehr viel größerer Bereich an Werten darstellen.

Entscheidend dafür, ob eine Projektfarbtiefe von 32, 16 oder 8 Bit gewählt wird, ist jedoch die gewünschte Ausgabequalität. Es ergibt keinen Sinn, per se eine hohe Projektfarbtiefe zu wählen, da sich dadurch auch die Rechenzeit erhöht. Außerdem wird die Ausgabe einer sehr hohen Farbtiefe nur von einigen Ausgabeformaten unterstützt, z. B. bei der Ausgabe als OpenEXR-Sequenz. Allerdings kann es sinnvoll sein, auch für eine Ausgabe im 8-Bit-

Modus eine höhere Projektfarbtiefe zu wählen oder dies dann beim Rendern einzustellen. After Effects berechnet dann Farbwerte mit höherer Präzision. Eine Ausgabe mit Trillionen Farben bzw. Gleitkommazahl wird beispielsweise bei der Ausgabe einer TIFF-Sequenz unterstützt.

16-Bit-Farbmodus | Den 16-Bit-Farbmodus sollten Sie verwenden, wenn Sie feinere Details und Verläufe erhalten wollen und wenn Sie mit Cineon-Dateien arbeiten oder wenn Sie eine HDTV-Ausgabe planen. Bedenken Sie dabei, dass sich die Berechnungszeit und der RAM-Verbrauch der Vorschau bei höheren Projektfarbtiefen erhöhen.

After Effects unterstützt den 16-Bit-Farbmodus bereits seit Längerem. Dementsprechend ist es enttäuschend, dass noch immer nicht alle Effekte im 16-Bit-Modus anwendbar sind. In der Palette EFFEKTE UND VORGABEN, die Sie mit `Strg`+`5` einblenden, werden die unterstützten Farbtiefen mit einer kleinen Zahl neben jedem Effekt angezeigt.

32-Bit-Farbmodus | Den 32-Bit-Farbmodus sollten Sie dann wählen, wenn Effektberechnungen in höchster Qualität erforderlich sind oder Sie die Weiterverwendung von Daten aus oder in 3D-Applikationen planen und HDR-Bilder (High Dynamic Range) verwenden. Bei der Verwendung des 32-Bit-Farbmodus bleiben Details und Farbunterschiede in sehr hellen und sehr dunklen Bildbereichen erhalten, da mit Helligkeitswerten über 100 % sichtbarem Weiß gearbeitet werden kann. Bei der Verwendung von 8-Bit-Footage erzielen Sie in Farbverläufen und bei vielen Effektberechnungen im 32-Bit-Modus ebenfalls bessere Ergebnisse.

HDR-Bilder wurden mit einem sehr hohen Beleuchtungsumfang (High Dynamic Range) aufgezeichnet, der dem in der Natur vorkommenden annähernd entspricht. Damit liegt der Beleuchtungsumfang von HDR-Bildmaterial weit über dem von 8- und 16-Bit-Material. Am Computermonitor und auf Filmmaterial ist nur ein begrenzter Beleuchtungsumfang darstellbar, es sei denn, es wird ein spezieller HDR-Monitor verwendet. Beim Import konvertiert After Effects daher die Fließkommawerte von 32-Bit-Bildmaterial zur Darstellung am Monitor in den Arbeitsfarbraum Ihres Projekts. Dabei wird, wenn nichts anderes eingestellt ist, ein voreingestellter Konvertierungswert für einen normalen Monitor verwendet.

Wie Sie den Arbeitsfarbraum wählen, erfahren Sie im folgenden Abschnitt.

Farbtiefe

Die Farbtiefe wird in Bit pro Kanal (bpc) angegeben und beschreibt die Menge der Farbinformationen, die pro Pixel und Farbkanal (z. B. R, G, B) verfügbar sind. Mit steigendem Bitwert nimmt die Zahl der darstellbaren Farben zu.

Ausgabefarbtiefe

Im Ausgabemodul lässt sich die Farbtiefe für jedes Renderelement unterschiedlich und unabhängig von der Projektfarbtiefe festlegen. Nicht jedes Ausgabeformat unterstützt den 32-Bit-Farbmodus beim finalen Rendering. Bei einer JPEG-Sequenz ist beispielsweise nur eine geringere Farbtiefe wählbar als bei TIFF-, Radiance- oder OpenEXR-Sequenzen, die mit Gleitkommagenauigkeit ausgegeben werden können.

20.2 Farbmanagement in After Effects

Durch ein passendes Farbmanagement erreichen Sie, dass Material, egal mit welchem Aufnahmemedium es erfasst wurde, so ähnlich wie möglich auf einem beliebigen Ausgabegerät dargestellt wird.

Um eine möglichst farbgetreue und einheitliche Darstellung von Farben auf unterschiedlichen Wiedergabemedien zu erzielen, sollten Sie Ihren Monitor zuvor kalibrieren und ein Farbprofil des Monitors erstellen. Dies gilt insbesondere, wenn Sie vorhaben, Farbkorrekturarbeiten in After Effects durchzuführen.

Anschließend wählen Sie einen Arbeitsfarbraum, der zu Ihrem gewünschten Ausgabemedium passt. Der von Ihnen gewählte Arbeitsfarbraum wird mit der Projektdatei gespeichert. Ein Projekt, in dem ein RGB-Arbeitsfarbraum gespeichert wurde, sollte an jedem anderen kalibrierten Monitor mit gleichen Farben angezeigt werden.

Wenn ein Arbeitsfarbraum gewählt wurde, haben Sie damit gleichzeitig das Farbmanagement aktiviert. Beim Farbmanagement werden Farben von einem Farbraum in einen anderen konvertiert. Dies ist notwendig, da verschiedene Geräte (Kameras, Scanner, Monitore etc.) jeweils mit ihrem gerätespezifischen Farbraum arbeiten.

Wurde das Farbmanagement in After Effects nicht aktiviert, hängen die Farben in der Komposition von den Bildschirmfarben ab. Der Vorteil, mit aktiviertem Farbmanagement zu arbeiten, besteht darin, dass ein gemeinsamer Farbraum für alle Kompositionen definiert wird und die Farben importierten Materials so dargestellt werden, wie sie erstellt wurden.

20.2.1 Wie funktioniert das Farbmanagement?

Für die Übersetzertätigkeit in den verschiedenen Farbräumen finden Farbprofile Anwendung. Der Standard für Farbprofile wurde vom ICC (International Color Consortium) entwickelt. Gängige Farbprofile sind in After Effects bereits ab der Installation verfügbar. Der Arbeitsablauf ist folgender:

1. **Projekteinstellung:** Zuerst weisen Sie Ihrem Projekt über DATEI • PROJEKTEINSTELLUNGEN unter FARBEINSTELLUNGEN • ARBEITSFARBRAUM eine passende Einstellung zu. Dadurch aktivieren Sie das Farbmanagement. Einige Vorschläge dazu, welche Profile Sie einsetzen können, finden Sie etwas weiter hinten im Abschnitt »Arbeitsfarbraum einstellen«.

2. **Import:** Enthält importiertes Material, beispielsweise eine Photoshop-Datei, ein eingebettetes Farbprofil, sind die vom Produzenten beabsichtigten Farben in Ihrem Projekt genau

---

Farbraum

Der Farbraum wird durch den Farbumfang, die Primärfarben, den Weiß- und Schwarzwert sowie den Gamma- bzw. Grauwert bestimmt. Der Farbraum ist eine Variante eines Farbmodells. Im RGB-Farbmodell können beispielsweise verschiedene Farbräume mit unterschiedlich großem Farbumfang enthalten sein (z. B. ProPhoto RGB, Adobe RGB, sRGB IEC1966-2.1 und Apple RGB).

Arbeitsfarbraum

Ein Arbeitsfarbraum ist der Farbraum, der in After Effects bei der Bearbeitung verwendet wird. Er bildet die Grundlage der internen Farbberechnung und Definition von Farben.

Arbeiten in der Gruft

Um eine möglichst farbgenaue und farbgetreue Bearbeitung zu gewährleisten, wird die Arbeit in der Gruft empfohlen. Das ist kein Witz: Arbeiten Sie vom Sonnenlicht abgeschirmt oder in einem fensterlosen Raum so wie Dracula, da die Anzeige der Farben durch Sonnenlicht verändert wird. Bram Stoker wird Sie dafür ebenfalls lieben. Immerhin.

reproduzierbar. Die Farben der Datei werden automatisch vom eingebetteten Farbprofil in die Farben des Arbeitsfarbraums konvertiert.

Enthält das Footage kein eingebettetes Farbprofil, so weisen Sie gegebenenfalls selbst ein Farbprofil zu. Dazu importieren Sie wie üblich das Material und markieren es dann im Projektfenster. Klicken Sie das markierte Element mit der rechten Maustaste an, und wählen Sie dann Footage interpretieren • Footage einstellen. Im Dialog Footage interpretieren wechseln Sie in die Karte Farbmanagement. Dort wählen Sie gegebenenfalls RGB beibehalten, um das Farbmanagement zu deaktivieren (für Ebenen, deren RGB-Werte – beispielsweise zum Steuern von Effekten – beibehalten bleiben sollen). Unter Profil zuweisen wählen Sie ein Profil, das dem Arbeitsfarbraum entspricht, den Sie eingestellt haben. Die Option Als lineares Licht interpretieren ist für 32-Bit-Projekte zur Vermeidung von Farbsäumen etc. sinnvoll, nicht aber für 8- oder 16-Bit-Projekte.

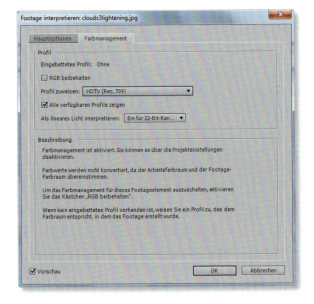

◄ **Abbildung 20.10**
Der Dialog Footage interpretieren enthält die Karte Farbmanagement. Dort weisen Sie importiertem Footage gegebenenfalls ein Farbprofil zu.

3. **Bearbeitung:** Wenn Sie den Arbeitsfarbraum gewählt haben und das Footage richtig interpretiert ist, kümmert sich After Effects automatisch um das weitere Farbmanagement. Zur korrekten Darstellung der Farben am Monitor erstellen Sie ein Monitorprofil, wie weiter hinten beschrieben wird. Unter Ansicht • Bildschirmmanagement verwenden legen Sie fest, ob die Farben zur Darstellung an Ihrem Bildschirm konvertiert werden sollen.

4. **Ausgabe:** Vor der Ausgabe können Sie die Anzeige auf einem anderen Gerät von After Effects simulieren lassen. Dazu rufen Sie Ansicht • Ausgabe simulieren auf. Sie können zwischen HDTV (Rec. 709), SDTV PAL und anderen wählen.

Beim Rendern einer Komposition ins Ausgabeformat können Sie im Ausgabemodul ein Ausgabefarbprofil festlegen. Dadurch wird die zu rendernde Komposition vom Arbeitsfarbraum in den Ausgabefarbraum konvertiert. Klicken Sie vor der Ausgabe in der Renderliste auf das unterstrichene Wort rechts neben Ausgabemodul, um das Dialogfeld Einstellungen für Ausgabemodule zu öffnen. Wechseln Sie dort auf die Karte Farbmanagement. Wählen Sie unter Ausgabeprofil eine Ihrer Ausgabe entsprechende Einstellung. Sie können für jedes Ausgabemodul ein anderes Ausgabefarbprofil zuweisen. Sollten Sie eine Ausgabe für das Web, aber auch für HDTV planen, wählen Sie als Arbeitsfarbraum den größten gemeinsamen Nenner, in diesem Fall HDTV (Rec. 709).

Abbildung 20.11 ▶
Der Dialog Einstellungen für Ausgabemodule enthält die Karte Farbmanagement. Dort wählen Sie ein zum Ausgabemedium passendes Profil.

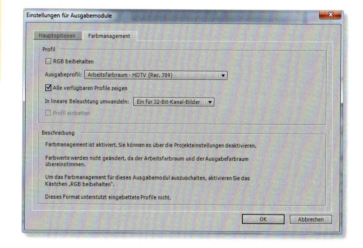

Monitor kalibrieren und Profil erstellen | Um eine möglichst objektive Beurteilung der Farbwerte auf verschiedenen Anzeigegeräten zu ermöglichen, können Sie Ihren Monitor unter Windows und unter Mac OS mit entsprechenden Dienstprogrammen kalibrieren. Noch sicherer ist allerdings die Verwendung eines Farbmessgeräts (Kolorimeters), das die Farben im Gegensatz zum menschlichen Auge objektiv misst, und der Einsatz von spezieller Software.

Beim Kalibrieren wie auch zur Beurteilung von Farben bei der Farbkorrektur ist es günstig, ablenkende Farben auf dem Desktop und in der Programmumgebung zu entfernen. Empfehlenswert ist beispielsweise ein neutrales Grau als Desktopfarbe. Auch vom Umgebungslicht sollte der Monitor möglichst abgeschirmt sein, und keinesfalls dürfen Sie den Kontrast oder die Helligkeit nachträglich manuell verändern.

Unter Windows finden Sie unter START • SYSTEMSTEUERUNG in der klassischen Ansicht schnell das Dienstprogramm ADOBE GAMMA, das Sie schrittweise bis zur Speicherung Ihres Monitorprofils als ICC-Profil führt. Unter Windows 7 erreichen Sie das Tool unter PROGRAMME • CONTROL PANELS. Voraussetzung ist, dass Photoshop zuvor installiert wurde, da Adobe Gamma bei dessen Installation mitinstalliert wird. Für LCD-Monitore ist ein zuverlässiges Ergebnis mit ADOBE GAMMA nicht gewährleistet. Unter Mac OS befindet sich der Kalibrierungsassistent auf der Registerkarte SYSTEMSTEUERUNGEN • MONITORE • FARBEN.

Arbeitsfarbraum einstellen | An anderer Stelle wurde es zwar bereits erwähnt, aber passend zum Thema soll hier noch einmal auf die Projekteinstellungen verwiesen werden. Um eine hohe Farbgenauigkeit zwischen den Einstellungen in Ihrem Projekt und dem Farbraum des Ausgabemediums zu erhalten, sollten Sie den Arbeitsfarbraum nach der Kalibrierung Ihres Monitors an Ihren Ausgabefarbraum anpassen. Die Farben der importierten Materialien werden dann in den Arbeitsfarbraum konvertiert.

Unter DATEI • PROJEKTEINSTELLUNGEN finden Sie unter FARBEINSTELLUNGEN • ARBEITSFARBRAUM verschiedene Farbprofile. Bei der Einstellung OHNE verwendet After Effects den Farbraum des Monitors, und das Farbmanagement für das Projekt wird deaktiviert.

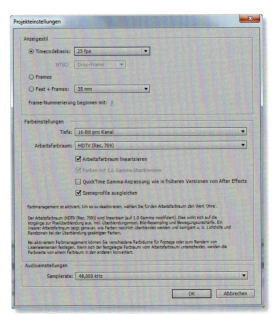

◄ **Abbildung 20.12**
In den PROJEKTEINSTELLUNGEN treffen Sie die grundlegende Auswahl des Arbeitsfarbraums und der Projektfarbtiefe.

▲ Abbildung 20.13
Hier sehen Sie die standardmäßig installierten Ausgabefarbprofile von After Effects. Noch etwas umfangreicher sind die verfügbaren Eingabefarbprofile.

Einige Vorschläge sollen Ihnen hier die Wahl des Arbeitsfarbraums erleichtern.

Für das Ausgabefarbprofil gelten die Angaben entsprechend. Die Vorschau Ihrer Animationen kann sich bei der Verwendung eines Arbeitsfarbraums allerdings erheblich verlangsamen.

Es gibt folgende Farbprofile für Arbeitsfarbraum und Ausgabefarbprofile:

▶ **Web-Ausgabe:** Für sämtliche webrelevanten Ausgaben wählen Sie sRGB IEC61966-2.1.

▶ **SDTV:** Wenn die Ausgabe für Standard-Video, Standard Definition Television (SDTV) sowie Standard Definition DVD vorgesehen ist, wählen Sie SDTV PAL oder SDTV NTSC.

▶ **HDTV:** Für eine HDTV-Ausgabe oder eine Ausgabe auf Film empfiehlt sich HDTV (REC. 709) und eine Projektfarbtiefe von 32 bpc.

▶ **Film:** Für digitale Kinofilme wählen Sie z. B. PROPHOTO RGB oder UNIVERSAL CAMERA FILM PRINTING DENSITY und setzen ein Häkchen bei FARBEN MIT 1.0 GAMMA ÜBERBLENDEN.

20.2.2 Arbeitsfarbraum linearisieren

Durch die Arbeit in einem linearisierten Arbeitsfarbraum vermeiden Sie beispielsweise Farbsäume, die beim Mischen gesättigter Farben mit hohen Kontrastwerten auftreten können. Günstig wirkt sich die Arbeit im linearisierten Farbraum besonders dann aus, wenn Sie Ebenen per Füllmethoden mischen oder Bewegungsunschärfe aktiviert ist. Für die Arbeit in 8-Bit-Projekten ist das Linearisieren nicht sinnvoll.

Unter DATEI • PROJEKTEINSTELLUNGEN finden Sie unter FARBEINSTELLUNGEN die Option ARBEITSFARBRAUM LINEARISIEREN. Die Option ist erst aktiv, wenn Sie einen Arbeitsfarbraum gewählt haben.

20.3 Luminanzbasierte Farbkorrektur

Die luminanzbasierte Farbkorrektur nimmt einen wesentlichen Platz bei der Farbkorrektur ein und steht zumeist am Anfang. After Effects bietet zur Korrektur der **Helligkeitswerte** eines Bildes wichtige Werkzeuge an, von denen hier einige vorgestellt werden.

20.3.1 Tonwertkorrektur

Ein probates Mittel, um kontrastarmen, flauen Bildern ein klares Aussehen zu verleihen, ist die Anwendung des Effekts TONWERTKORREKTUR. Er befindet sich im Menü unter EFFEKT • FARBKORREKTUR.

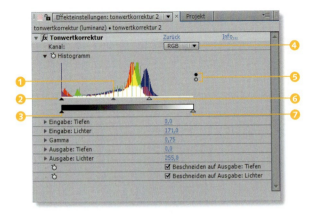

◄ **Abbildung 20.14**
Der Effekt TONWERTKORREKTUR
dient dazu, kontrastarmen Bildern
ein klareres Aussehen zu
verleihen.

Der Effekt arbeitet mit einer **Histogramm**-Anzeige, die die Helligkeitsverteilung der Pixel innerhalb eines Bildes illustriert. Auf der
horizontalen Achse des Histogramms werden die Helligkeitsstufen
dargestellt. Die vertikale Achse zeigt die Menge der Bildpixel für
jede Helligkeitsstufe an. Ein Berg im Histogramm zeugt also davon,
dass ganz besonders viele Bildpixel in dem entsprechenden Helligkeitsbereich vorhanden sind. Über die zwei kleinen Punkte rechts
beim Histogramm ❺ können Sie andere Farbkanäle zum Vergleich
einblenden oder nur den jeweiligen Kanal einzeln anzeigen.

Über Regler für den Weiß- und Schwarzpunkt und einen Regler für den Gammawert können die Helligkeitswerte korrigiert
werden. Dabei steht der **Weißpunkt** für ein absolutes Weiß im
Bild und der **Schwarzpunkt** für ein absolutes Schwarz. Der **Gammawert**, auch Graupunkt genannt, repräsentiert die Bildbereiche
mittlerer Helligkeit.

Verschieben Sie den Regler für den Schwarzpunkt, EINGABE:
TIEFEN ❷, nach rechts, ist das Resultat ein dunkleres, kontrast-
reicheres Bild, bei dem die Feinheiten in den dunklen Bildbereichen verlorengehen. Verschieben Sie den zweiten Regler für
den Schwarzpunkt, AUSGABE: TIEFEN ❸, resultiert dies in einem
helleren Bild. Tiefschwarze Farbbereiche sind dann nicht mehr
zu finden.

Bei einem Verschieben des Reglers für den Weißpunkt, EIN-
GABE: LICHTER ❻, nach links hellt sich das Bild auf und wird kon-
traststärker. Ein Verschieben des zweiten Reglers für den Weißpunkt, AUSGABE: LICHTER ❼, nach links führt zu einem dunkleren,
kontrastschwachen Bild.

Wenn schließlich Weiß- und Schwarzpunkt neu gesetzt sind,
können Sie noch die Mitteltöne über den Gammaregler ❶ beeinflussen. Eine Verschiebung nach links hellt das Bild auf und verringert den Kontrast. Genau umgekehrt verhält es sich bei einer
Verschiebung nach rechts.

**Gamma-Anpassung unter
Windows und Mac OS**

Seit der Version CS3 stimmen
die Gamma-Anpassungen auf
beiden Systemen überein. Beim
Öffnen älterer After-Effects-Projekte wird in den Projekteinstellungen automatisch die Option
QUICKTIME GAMMA-ANPASSUNG
WIE IN FRÜHEREN VERSIONEN VON
AFTER EFFECTS aktiviert. Damit
wird sichergestellt, dass es zu
keiner Farbverschiebung kommt.
Bei neu erstellten Projekten
sollte die Option nicht aktiviert
werden (DATEI • PROJEKTEINSTEL-
LUNGEN).

Farbtiefe

Sie können den Effekt sowohl in
8-, 16- als auch in 32-Bit-Projek-
ten verwenden. Mit höheren
Projektfarbtiefen wächst auch
der Helligkeitsbereich des Effekts
entsprechend.

Im Übrigen lässt sich der Effekt auch sehr gut zur Regelung der Helligkeitswerte in den einzelnen Farbkanälen einsetzen. Dazu wählen Sie den entsprechenden Kanal im Einblendmenü unter KANAL ❹ aus. After Effects merkt sich die Änderungen, die Sie in den einzelnen Kanälen vorgenommen haben. Sie müssen den Effekt also nicht für jeden Kanal neu hinzufügen.

▲ **Abbildung 20.15**
Das nicht korrigierte Originalbild

▲ **Abbildung 20.16**
Nach der Korrektur wirkt das Bild schon viel klarer.

Beispiele

Die hier im Text erwähnten Beispiele finden Sie gesammelt auf der Buch-DVD im Ordner 20_FARBKORREKTUR. Das Projekt »farbkorrektur.aep« zeigt alle im Text besprochenen Effekte anhand von abgebildetem Beispielmaterial.

20.3.2 Kurven

Wie der Effekt TONWERTKORREKTUR dient auch der Effekt KURVEN zur Anpassung kontrastarmer Bilder. Allerdings bietet er dabei noch mehr Kontrolle als der Effekt TONWERTKORREKTUR. Der Effekt KURVEN befindet sich ebenfalls im Menü unter EFFEKT • FARBKORREKTUR. Nach dem Anwenden des Effekts wird ein Kurvendiagramm angezeigt, das zum Bearbeiten der Helligkeitswerte des Bildes dient. Den Schwarzpunkt verschieben Sie durch Anklicken und Ziehen des Punkts unten links ❾, den Weißpunkt über den Punkt oben rechts ❺.

Abbildung 20.17 ▶
Der Effekt KURVEN gibt Ihnen große Kontrolle über die Helligkeitswerte im Bild, da Sie bis zu 14 Punkte definieren können, die die Helligkeitswerte fixieren.

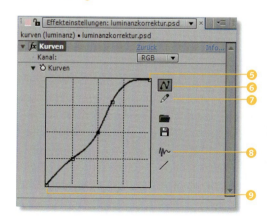

Ein Verschieben des **Schwarzpunkts** nach rechts führt zu einem kontrastreichen Bild ohne Feinzeichnung in schwarzen Bildbereichen. Eine Verschiebung nach oben hellt das Bild auf und macht es kontrastärmer.

Verschieben Sie den **Weißpunkt** nach links, hellt sich das Bild auf und wird kontrastreicher. Beim Verschieben nach unten wird es dunkler und kontrastärmer.

Der Kurve können Sie weitere Punkte hinzufügen, solange die Schaltfläche Bézier ⑥ aktiv ist. Um einen Punkt hinzuzufügen, klicken Sie einfach auf die Kurvenlinie. Jeder hinzugefügte Punkt gibt Ihnen weitere Kontrolle über die Helligkeitswerte. Die Kurvenpunkte können Sie intuitiv verschieben, um die Helligkeitsverteilung im Bild schnell zu korrigieren. Ziehen Sie dabei nur ganz sensibel an den Punkten, da Sie sonst möglicherweise höchst unerwünschte Ergebnisse erhalten. Wenn Sie einen Punkt entfernen möchten, ziehen Sie ihn einfach aus der Diagramm-Anzeige heraus.

Die Bearbeitung der Kurven ist standardmäßig auf RGB eingestellt, um die Luminanz eines Bildes zu regeln. Verändern Sie die RGB-Kanäle alle in gleicher Weise, bleibt der Farbton erhalten. Im Einblendmenü unter Kanal sind jedoch auch die einzelnen Farbkanäle wählbar. Stellen Sie die Farbkanäle in einem unterschiedlichen Verhältnis zueinander ein, verändert sich auch der Farbton. Änderungen in den einzelnen Farbkanälen merkt sich After Effects wieder ganz genau.

Auch dieser Effekt ist bei einer 32-Bit-Farbtiefe verwendbar. Leider lässt sich die Größe des Fensters aber nicht anpassen, und die einzelnen Kurven können nicht nebeneinander dargestellt werden, was ein eher intuitives Arbeiten mit sich bringt.

Zeichenstift und Glätten

Bei aktiviertem Zeichenstift ⑦ können Sie eine Freihandkurve zeichnen, die Sie mit der Schaltfläche Glätten ⑧ in eine formschön geschwungene Kurve verwandeln.

▲ **Abbildung 20.18**
Das Originalbild wirkt sehr flau.

▲ **Abbildung 20.19**
Dem mit dem Effekt Kurven korrigierten Bild fehlt es nur in den ganz dunklen Bereichen etwas an Details.

20.4 Chrominanzbasierte Farbkorrektur

Bei der chrominanzbasierten Farbkorrektur geht es vor allem um die Änderung des **Farbtons**. Wie Sie bei den zuvor erläuterten Effekten TONWERTKORREKTUR und KURVEN auch die Farbwerte beeinflussen können, sind bei den chrominanzbasierten Farbkorrektur-Werkzeugen auch Helligkeitsänderungen möglich. Das Augenmerk liegt jedoch auf der Änderung des Farbtons. Manipulieren Sie ihn, können Sie eine blaue Blume bei gleichbleibenden Helligkeitswerten in eine rote, grüne oder beliebig andersfarbige Blume umfärben.

20.4.1 Farbton/Sättigung

Der Effekt FARBTON/SÄTTIGUNG zeigt recht anschaulich, was Sie mit dem Ändern eines Farbtons eigentlich bewirken können. Sie finden den Effekt im Menü unter EFFEKT • FARBKORREKTUR. Er verwendet zur Auswahl des Farbtons den Farbkreis. Wenn Sie sich die Farben nacheinander auf einen Kreis verteilt vorstellen, so ist es gut nachvollziehbar, dass mit einer bestimmten Winkelangabe eine bestimmte Farbe angegeben werden kann.

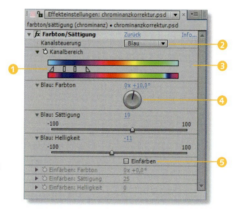

Abbildung 20.20 ▶
Mit dem Effekt FARBTON/SÄTTIGUNG färben Sie einzelne Farbbereiche um, entfernen den Farbstich aus einem Bild oder tauchen das gesamte Bild in einen Farbton.

Der Gradmesser bei BLAU: FARBTON ❹ arbeitet genauso. Wenn Sie den Regler auf andere Werte als den voreingestellten Wert 0 ziehen, ändern sich im ganzen Bild bzw. im gewählten Farbkanal die Farben.

Sie können in dem Effekt unter KANALSTEUERUNG ❷ einen bestimmten Farbkanal wählen, den Sie ändern möchten. Normalerweise ist hier STANDARD eingestellt. Im abgebildeten Beispiel, das sich auch auf der DVD befindet, wurde der Blaukanal ausgewählt. Der für Blau vordefinierte Farbbereich wird unter KANALBEREICH ❸ angezeigt.

Die zwei Dreiecke und die zwei kleinen Balken ❶ lassen sich verschieben, um den Kanalbereich zu verändern. Damit erreichen

Sie gegebenenfalls eine genauere Auswahl des Farbbereichs, in dem Sie den Farbton ändern wollen. Ist der Kanalbereich einmal definiert, lassen sich, wie Sie in Abbildung 20.21 und Abbildung 20.22 sehen, sehr schön nur die Blautöne des Himmels im Bild umfärben. Die anderen Farbkanäle beeinflussen Sie auf die gleiche Weise. Neben der Farbtonänderung bietet der Effekt außerdem die Möglichkeit, die Sättigung, also die Intensität, und auch die Helligkeit des Farbtons zu beeinflussen.

▲ **Abbildung 20.21**
Im Originalbild hat der Himmel einen blauen Farbton.

▲ **Abbildung 20.22**
Hier wurde über die Kanalsteuerung der Kanalbereich für Cyan und Blau ausgewählt, daher wirkt sich der rote Farbton nur auf den zuvor blauen Himmel aus.

Setzen Sie ein Häkchen bei EINFÄRBEN ❺, erscheinen die Regler oben deaktiviert. Dafür erhalten Sie Regler für Farbton, Sättigung und Helligkeit, um das Bild einzufärben. Ohne Rücksicht auf die im Bild vorhandenen Farbunterschiede wird das Bild basierend auf der Helligkeit in eine neue Farbe getaucht.

◀ **Abbildung 20.23**
In diesem Beispiel wurde das Häkchen bei EINFÄRBEN im Effekt FARBTON/SÄTTIGUNG gesetzt.

20.4.2 Farbbalance

Der Effekt FARBBALANCE aus dem Menü EFFEKT • FARBKORREKTUR dient dazu, die Bildfarben über Regler für die Kanäle Rot, Grün und Blau zu beeinflussen. Dabei stellt der Effekt für jeden Farbkanal drei Regler zur Verfügung, um Schatten, Mitten und Spitzlichter separat einstellen zu können. Verwenden Sie einen Wert von –100, verschwindet die Farbe vollständig. Bei positiven Werten wirkt der Farbton intensiver.

Wenn Sie unter LUMINANZ ERHALTEN ein Häkchen setzen, versucht After Effects, die Helligkeitswerte des Originals mit den eingestellten Werten in Einklang zu bringen.

Viel mehr muss zu dem Effekt nicht gesagt werden, da sich die Bedienung intuitiv erschließt und die Einstellungen stark vom jeweils verwendeten Material abhängen.

▲ **Abbildung 20.25**
Das Originalbild wirkt etwas eingetrübt.

▲ **Abbildung 20.26**
Nach der Anwendung des Effekts FARBBALANCE erscheint das Motiv etwas sonniger.

20.5 Color Finesse

Color Finesse, das leistungsstarke Werkzeug zur professionellen Farbkorrektur, stammt aus dem Hause Synthetic Aperture und ist in After Effects als Plug-in integriert. Color Finesse bietet komfortable Möglichkeiten zur automatischen und manuellen primären und sekundären Farbkorrektur. Das Plug-in verfügt über traditionelle Analysetools wie den **Waveformmonitor** und das **Vectorscope**, um die Farb- und Helligkeitsverteilung sowie Sättigungswerte eines Bildes beurteilen zu können. Außerdem dienen ein **Kurvendiagramm** und ein **Histogramm** als Kontrollmöglichkeit. Ein Vorteil bei der Korrektur mit Color Finesse ist die interne Berechnung der Farbkorrektur mit **32-Bit-Fließkommagenauigkeit**. Damit vermeiden Sie bei umfangreichen Farbkorrekturen Fehler, die bei der Auf- und Abrundung von Werten entstehen können.

Seit der Version CS5 unterstützt Color Finesse auch 64-Bit-Anwendungen wie After Effects.

Die bisher beschriebenen Möglichkeiten der Farbkorrektur werden in Color Finesse vereint. Color Finesse bietet seit CS3 eine in die After-Effects-Oberfläche integrierte, abgespeckte Benutzeroberfläche mit allen wichtigen Parametern und die separate, eigene Color-Finesse-Oberfläche, die weitere Analysetools enthält. So lassen sich auch für alle wichtigen Parameter über den Zeitverlauf Keyframes setzen, und in der Color-Finesse-Oberfläche kann Videomaterial komplett wiedergegeben werden.

Color Finesse ist im Lieferumfang der CS5-Software enthalten und benötigt einen separaten Registrierungsschlüssel, den Sie auf der DVD-Hülle finden.

20.5.1 Die Benutzeroberfläche von Color Finesse

Zunächst lernen Sie die Benutzeroberfläche von Color Finesse kennen.

Markieren Sie die importierte Ebene in der Komposition, und öffnen Sie mit `Strg`+`5` die Palette EFFEKTE UND VORGABEN. Tippen Sie die Buchstaben »color f« in das Eingabefeld ein, und klicken Sie dann doppelt auf den Effekt SA COLOR FINESSE 3, um ihn der Ebene hinzuzufügen.

Das Plug-in zeigt sich zunächst im Effektfenster. Klicken Sie dort auf die Schaltfläche FULL INTERFACE.

Vorbereitung

Starten Sie ein neues Projekt, und importieren Sie mit `Strg`+`I` die Datei »colorfinesseTonwert.psd« aus dem Ordner 20_FARBKORREKTUR/BILDMATERIAL. Ziehen Sie die Datei auf das Kompositions-Symbol im Projektfenster, um eine neue Komposition zu erstellen. Die Dauer ist egal, da hier nur ein Standbild als Beispiel verwendet wird.

Informationen zu Color Finesse

Infos zur Firma Synthetic Aperture und Color Finesse finden Sie auch unter *www.synthetic-ap.com*.

Test Gear

Test Gear ist ein Plug-in für After Effects, das wichtige Messinstrumente wie Histogramm, Waveformmonitor, Vectorscope und auch Audio Waveform Display, Audio Spectrum Analyzer etc. in After Effects integriert. Viele Instrumente davon sind auch in Color Finesse enthalten. Unterschied: Die Messinstrumente von Test Gear sind ständig in der After-Effects-eigenen Oberfläche verfügbar. Weitere Informationen finden Sie unter *www.synthetic-ap.com*.

Abbildung 20.27 ▶

Im After-Effects-Effektfenster erscheinen unter SIMPLIFIED INTERFACE alle wichtigen Parameter. Mit FULL INTERFACE starten Sie die separate Color-Finesse-Oberfläche.

Abbildung 20.28 ▼

Color Finesse zeigt sich mit einer eigenen Benutzeroberfläche. After Effects ist im Hintergrund noch anwesend.

Es wird die Benutzeroberfläche von Color Finesse gestartet. Von After Effects ist vorerst nichts mehr zu sehen. Sie gelangen aber schnell dorthin zurück, indem Sie in der rechten unteren Ecke von Color Finesse eine der Schaltflächen CANCEL oder OK betätigen.

Die Benutzeroberfläche unterteilt sich in vier Hauptbereiche. Diese sind das Analysefenster, das Bildfenster, der Einstellbereich und das Farbinfofenster.

▶ Im **Analysefenster** ❶ ist standardmäßig die Registerkarte COMBO gewählt. Diese Anzeige stellt die vier wichtigsten Analysewerkzeuge innerhalb eines Fensters dar. Zur einzelnen Anzeige folgt später mehr.

▶ Das **Bildfenster** ❷ zeigt das Bild an der aktuellen Zeitmarkenposition in der After-Effects-Zeitleiste. Ein Abspielen von Videos innerhalb des Plug-ins ist über die Steuerungen am unteren Rand des Bildfensters möglich. Über die Registerkarten sind verschiedene Anzeigemöglichkeiten gegeben, auf die noch eingegangen wird.

▶ Im **Einstellbereich** ❸ werden verschiedene Möglichkeiten der Farbkorrektur angeboten. So sind Luminanzkorrekturen ebenso möglich wie das Entfernen eines Farbstichs oder das Umfärben eines Farbbereichs.

▶ Das **Farbinfofenster** ❹ ist ein Hilfsmittel zur Kontrolle der Farbkorrektur. Mit der darunter befindlichen Anzeige bei MATCH COLOR ist auch eine automatische Farbkorrektur möglich. Doch auch dazu folgt später mehr. Zum Gebrauch des Plug-ins folgen Sie bitte den nächsten Erörterungen und Workshops. Lassen Sie dabei Ihr Projekt ruhig geöffnet, wir schließen nach dem folgenden Abschnitt daran an.

20.5.2   Waveformmonitor

Der Waveformmonitor dient kurz gesagt dazu, die Helligkeitsverteilung (Luminanzwerte) und die Farbwerte (Chrominanzwerte) in einem Videobild zu beurteilen. Color Finesse bietet dazu sogar mehr als einen Waveformmonitor (WFM) an.

Luma-Waveformmonitor | Recht leicht verständlich ist die Waveformmonitor-Darstellung, wenn Sie nur die Luminanzwerte eines Bildes in Betracht ziehen. Diese erreichen Sie schnell über die Registerkarte LUMA WFM ❺.

Die Helligkeitswerte des Beispielbildes (Abbildung 20.30) werden im Luma-Waveformmonitor (LUMA WFM) dem Bild entsprechend von links nach rechts dargestellt. Das heißt, die linke obere Ecke des Monitors entspricht der linken oberen Ecke im Bild usw. Die Helligkeitswerte der Bildpunkte werden auf der vertikalen Achse dargestellt. Die obere Kante des Monitors zeigt die rein weißen Bildpunkte, die untere die absolut schwarzen. Das Monitorbild lässt sich daher wie in Abbildung 20.30 bis Abbildung 20.33 gezeigt interpretieren.

Voreinstellungen

Sie finden die Color-Finesse-Voreinstellungen im Menü unter EDIT • PREFERENCES. In der Karte GENERAL können Sie die Menge der Rückgängig-Schritte und einige Einstellungen zur Benutzeroberfläche festlegen. In der Karte VIDEO SYSTEM sollte PAL oder HD eingestellt sein. Unter VIDEO LEVEL CODING bleibt 0–255 (8-BIT) eingestellt. Falls Sie für eine Sendeanstalt produzieren, sollten Sie allerdings 16–235 (8-BIT) wählen. Die Karte WFM/VS dient zur Anpassung der Vectorscope- und Waveformmonitor-Anzeige. Hier können Sie die Bildfarben im Waveformmonitor anzeigen: Wählen Sie dazu DISPLAY WAVEFORM MONITOR WITH PICTURE COLOR.

▲ **Abbildung 20.29**
Unter EDIT • PREFERENCES befinden sich die Voreinstellungen für Color Finesse.

▲ **Abbildung 20.30**
In diesem Beispiel ist die Helligkeitsverteilung im Bild recht gleichmäßig.

Abbildung 20.31 ▶
Im oberen Bereich des Waveformmonitors sind die hellen Punkte
dicht gedrängt: Den hellen Bereichen des Bildes fehlt es an
Details.

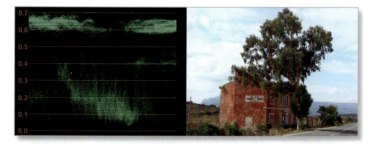

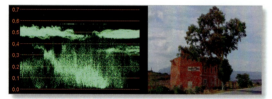

▲ **Abbildung 20.32**
Im oberen Bereich des Waveformmonitors fehlt es
an Punkten: Das Bild ist zu dunkel und wirkt
kontrastarm.

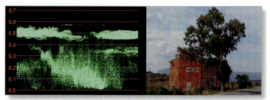

▲ **Abbildung 20.33**
Der Hauptteil der Bildpunkte für den hellen und
dunklen Bildbereich ist im Waveformmonitor deutlich
nach oben gedrängt. Das Bild wirkt zu hell und kontrastarm. Den Schatten fehlt Tiefe.

YC-Waveformmonitor | Der YC-Waveformmonitor zeigt wie der
Luma-WFM die Helligkeitswerte des Bildes an, nur dass diese hier
noch mit den Chrominanzwerten überlagert werden. So lässt sich
die minimale und die maximale Ausdehnung der Farbinformation
beurteilen.

RGB-Waveformmonitor | Eine weitere Monitor-Anzeige wird mit
dem RGB-Waveformmonitor geboten. Dieser ist über die Registerkarte RGB WFM erreichbar. Hier wird die Helligkeitsverteilung im
Bild jeweils für die drei Farben Rot, Grün und Blau einzeln darge-

stellt. Mit dem RGB-Waveformmonitor ordnen Sie die Reihenfolge der Farben neu.

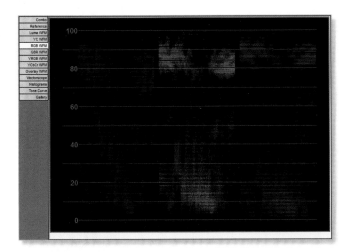

◀ **Abbildung 20.34**
Der RGB-Waveformmonitor zeigt die Helligkeitsverteilung im Bild für die Farben Rot, Grün und Blau einzeln an.

YRGB-Waveformmonitor | Der YRGB-Waveformmonitor zeigt zusätzlich zu den Farbkanälen den Lumawert, also den Helligkeitswert, wie im Luma-WFM an.

YCbCr-Waveformmonitor | Den Farbdifferenzmonitor (YUV-Anzeige) blenden Sie über die Registerkarte YCBCR ein. Hier stellt die linke Anzeige die Helligkeitsinformation Y dar. In den beiden anderen Anzeigen wird die Farbdifferenzinformation (U, V) dargestellt, wobei die mittlere Anzeige den blauen Farbbereich minus Helligkeitsinformation und die rechte Anzeige den roten Farbbereich minus Helligkeit illustriert. Die Chromainformation wird im YCbCr-Waveformmonitor in einem Bereich von +100 % am oberen Rand bis −100 % am unteren Rand dargestellt.

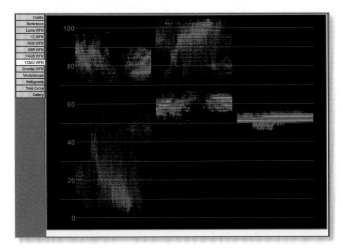

◀ **Abbildung 20.35**
Der YCbCr-Waveformmonitor zeigt links die Helligkeitsinformation (Y) an und in den beiden anderen Anzeigen die Farbdifferenzinformation (U, V).

Overlay-Waveformmonitor | Im Overlay-Waveformmonitor überlagern die drei Farbkanäle (Rot, Grün und Blau) einander, was die Beurteilung der Farbverteilung erleichtert.

Im folgenden Workshop wenden Sie das neue Wissen an.

Schritt für Schritt: Ein flaues Bild mit Color Finesse korrigieren

1 Vorbereitung

Kehren Sie noch einmal zum letzten Projekt zurück, oder starten Sie ein neues Projekt, und importieren Sie mit Strg+I die Datei »colorfinesseTonwert.psd« aus dem Ordner 20_FARBKORREKTUR/ BILDMATERIAL. Ziehen Sie die Datei auf das Kompositions-Symbol im Projektfenster, um eine neue Komposition zu erstellen.

Das Landschaftsbild wirkt eindeutig zu flau. Blenden Sie im Analysefenster den Waveformmonitor für die Luminanzwerte im Bild über die Registerkarte LUMA WFM ein. Wie Sie sehen, erscheinen alle Bildpunkte stark nach oben gedrängt. Es fehlen also Bildpunkte in gesättigtem Schwarz. Wir korrigieren dies mit Hilfe der Einstellungsmöglichkeiten unter HSL.

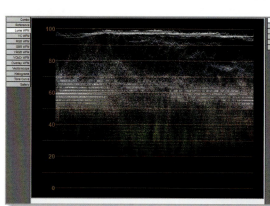

▲ **Abbildung 20.36**
Das Bild wirkt flau, und im Waveformmonitor für Luminanzwerte spiegelt sich das mit nach oben gedrängten Punkten wider.

2 Arbeit mit den HSL-Einstellungen

Die HSL-Karte steht für die Veränderung der Farb-, Sättigungs- und Helligkeitseinstellungen (Hue, Saturation, Luminance) eines Bildes. In der Registerkarte CONTROLS können Sie die Werte für Glanzlichter, Mitteltöne und Schatten (HIGHLIGHTS, MIDTONES, SHADOWS) einzeln ändern. Die Registerkarte MASTER enthält sämtliche Regler noch einmal, um auf das gesamte Bild Einfluss nehmen zu können.

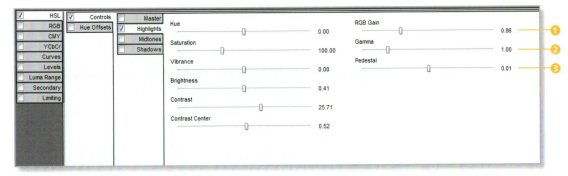

▲ **Abbildung 20.37**
Auf der HSL-Karte nehmen Sie unter CONTROLS Farb-, Sättigungs- und Helligkeitseinstellungen für Glanzlichter, Mitteltöne und Schatten einzeln vor.

Recht gute Ergebnisse erhalten Sie in unserem Beispiel, wenn Sie mit der Karte SHADOWS beginnend die Werte für PEDESTAL ❸, GAMMA ❷ und RGB GAIN ❶ intuitiv verändern. Dazu ziehen Sie an den einzelnen Reglern oder klicken den jeweiligen Wert direkt an, um in das dann aktive Feld einen numerischen Wert einzutippen.

Als Orientierung dient Ihnen der Luma-Waveformmonitor. Achten Sie darauf, dass sich die große untere Punktewolke langsam nach unten bewegt und die Punkte dann am unteren Rand des Monitors beginnen.

Bei der Karte HIGHLIGHTS achten Sie darauf, dass sich die dicht gedrängten Punkte am oberen Rand des Waveformmonitors etwas weiter verteilen. Vermeiden Sie »Punktehaufen« in der Anzeige. Sie werden sicher öfter zwischen den Karten hin- und herwechseln, um die für Sie passende Einstellung zu erreichen. Dabei kommen letztendlich oft andere Werte zustande als die, mit denen Sie begonnen haben. Probieren Sie es aus!

Übrigens müssen Sie keine Häkchen in die Boxen der Karten setzen, um loszulegen. Diese kommen automatisch hinzu, sobald Sie eine Veränderung vornehmen.

Gamma

Mit den Gammawerten werden die Mitteltöne im Bild beeinflusst, ohne dass Lichter oder Schatten in Mitleidenschaft gezogen werden. Oft kann ein zu dunkler oder zu heller Bildbereich schon über die Gammawerte korrigiert werden.

Pedestal

Die PEDESTAL-Werte werden als fester Wert zu den vorhandenen Pixelwerten addiert. Ist der addierte Wert negativ, wird das Bild insgesamt heller (aus Schwarz wird Grau), positive Werte führen zur Abdunklung.

◀ **Abbildung 20.38**
Das korrigierte Bild sieht doch um einiges besser aus als das Original. Im Waveformmonitor erscheinen die Helligkeitswerte nun relativ gleichmäßig verteilt.

Abbildung 20.39 ▶
Mit der Anzeige TONE CURVE lassen sich Helligkeitsänderungen im Bild ebenfalls sehr gut kontrollieren.

3 | Save and Load

Wenn Sie dringend mal Luft schnappen müssen und Sorge haben, ein anderer Leiharbeiter könnte inzwischen an Ihren Farbkorrektur-Einstellungen drehen, ist es sicherer, die Einstellungen zu speichern. Über die Schaltfläche SAVE am unteren Rand der Color-Finesse-Benutzeroberfläche werden die Einstellungen in einer Datei mit der Endung ».cfpreset« gespeichert. Über die Schaltfläche LOAD sind die Einstellungen schnell wiederhergestellt.

4 | Tone Curve

Eine sehr gute Kontrolle zur Beurteilung der Helligkeitsveränderungen im Bild ist mit der Anzeige unter TONE CURVE gegeben. Vielleicht erinnern Sie sich noch an den in Abschnitt 20.3.2 erläuterten Effekt KURVEN. Die TONE CURVE-Anzeige funktioniert nach dem gleichen Prinzip.

Das fertige Beispiel zu diesem Projekt finden Sie übrigens im Ordner 20_FARBKORREKTUR. Es heißt »farbkorrektur.aep«, und der Titel der Komposition lautet »colorfinesseTonwert«. Wenn Sie das Bild aus dem Nebel geholt haben, gratuliere ich Ihnen! Gleich kommt das Vectorscope.

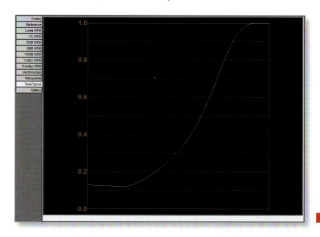

20.5.3 | Farbkorrektur an verschiedenen Zeitpunkten

Wenn Sie vorhaben, Color Finesse einzusetzen, um an verschiedenen Stellen eines Films verschiedene Farbanpassungen durchzuführen, so ist dies möglich, indem Sie den Effekt in der Einstellung SIMPLIFIED INTERFACE nutzen und für die gewünschten Parameter wie gewohnt Keyframes setzen.

Ebenfalls möglich ist das Setzen von Keyframes bei PARAMETERS. In diesem Fall werden sämtliche Einstellungen, die Sie innerhalb der Color-Finesse-eigenen Benutzeroberfläche oder unter SIMPLIFIED INTERFACE durchführen, in einem einzigen Keyframe gespeichert. Für die einzelnen Parameter ist es in diesem Fall nicht nötig, Keyframes zu setzen, allerdings können Sie später schwer herausfinden, welchen Parameter Sie verändert haben.

Falls Sie in der Color-Finesse-Benutzeroberfläche arbeiten und Keyframes im Zeitverlauf setzen wollen, ist dies nur möglich, indem Sie zwischen der Benutzeroberfläche von Color Finesse und After Effects hin- und herschalten. Sie setzen dann ebenfalls einen ersten Key bei PARAMETERS und betätigen anschließend den Button FULL INTERFACE im Effektfenster, um neue Anpassungen in Color Finesse durchzuführen. Um zu einem anderen Zeitpunkt zu wechseln, verlassen Sie Color Finesse über OK oder CANCEL und steuern dann in der After-Effects-Zeitleiste den neuen Zeitpunkt an. Danach wechseln Sie wieder zu Color Finesse … Pontius und Pilatus grüßen Sie bei dieser Arbeitsweise.

▼ **Abbildung 20.40**
In der Einstellung SIMPLIFIED INTERFACE ist es möglich, Keyframes wie gewohnt auch im Zeitverlauf zu setzen.

20.5.4 Vectorscope

Das Vectorscope ist ein Analysewerkzeug, um Farbton und Sättigung eines Videosignals zu überprüfen. Sie erreichen es über die Registerkarte VECTORSCOPE. Dabei wird jeder Bildpunkt durch einen Punkt in der VECTORSCOPE-Anzeige repräsentiert. Diese stellt einen Farbkreis dar, in dem die Bildfarben entgegen dem Uhrzeigersinn in folgender Reihenfolge zugeordnet werden: Rot, Gelb, Grün, Cyan, Blau, Magenta.

▼ **Abbildung 20.41**
Das Vectorscope zeigt eine deutliche Rotverschiebung einiger Bildpunkte bis in den übersättigten Bereich. Diese stammen von dem knallroten Kinderwagen.

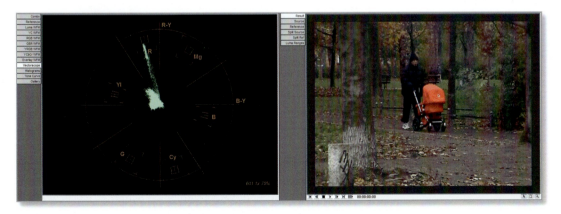

Stark gesättigte Bildpunkte, also die intensiver leuchtenden Farben, werden je nach Grad der Sättigung weiter außen am Rand des Farbkreises dargestellt. In der Mitte sammeln sich alle die Bildpunkte, die eine weniger hohe oder gar keine Sättigung aufweisen. Dort sind daher auch sämtliche unbunten Farben zu finden, also Weiß, Grau und Schwarz. Um im unbunten Farbbereich größere Kontrolle zu haben, können Sie mit dem Scrollrad der Maus den Punktehaufen vergrößern.

Wird die Sättigung im Bild erhöht, wandern die Punkte in der Anzeige nach außen, während sich bei einer Verringerung der Sättigung die Punkte zur Mitte hin bewegen. Auch bei der Manipulation einer Farbe wandern die Punkte – diesmal allerdings von einem Farbsegment ins andere, rund um den Farbkreis.

20.5.5 Korrekturmöglichkeiten

Einen **Farbstich** erkennen Sie im Vectorscope sehr schnell, da in diesem Fall eine deutliche Verschiebung einiger Bildpunkte in ein bestimmtes Segment des Farbkreises zu beobachten ist.

Auch ein Überschreiten der Farbsättigungsgrenze, die bei der Ausgabe für eine Ausstrahlung im Fernsehen zu beachten wäre, lässt sich mit dem Analysewerkzeug schnell bestimmen. In den Segmenten der Primärfarben Rot, Grün und Blau und in denen der Sekundärfarben Gelb, Cyan und Magenta befindet sich zur Kontrolle jeweils ein Kästchen. Sollten die Bildpunkte über diese Kästchen hinaus verteilt sein, zeigt das eine Übersättigung der jeweiligen Farbe an. Das sollten Sie natürlich vermeiden.

In Abbildung 20.41 sehen Sie ein kontrastarmes Bild mit einem leuchtend roten Kinderwagen. Der Blick auf das Vectorscope zeigt die deutliche Rotverschiebung einiger Bildpunkte bis in den übersättigten Bereich.

Schritt für Schritt: Farbstich entfernen mit Color Finesse

1 **Vorbereitung**

Starten Sie ein neues Projekt, und importieren Sie die Datei »farbstich.psd« aus dem Ordner 20_FARBKORREKTUR/BILDMATERIAL. Ziehen Sie die Datei auf das Kompositions-Symbol im Projektfenster, um eine neue Komposition zu erstellen. Auf die Dauer der Komposition kommt es nicht an.

Markieren Sie die Ebene in der Komposition, und fügen Sie über das Menü EFFEKT • SYNTHETIC APERTURE den Effekt SA COLOR FINESSE 3 hinzu. Betätigen Sie die Schaltfläche FULL INTERFACE, um die Benutzeroberfläche zu starten. Klicken Sie auf die Karte VECTORSCOPE, um das Analysewerkzeug in voller Größe anzuzeigen.

2 Split Source

Wechseln Sie die Ansicht im Bildfenster auf SPLIT SOURCE. Damit wird die Ansicht geteilt. Links sehen Sie das Bild im Originalzustand, rechts das korrigierte Ergebnis. Sie können die Bildteilung frei wählen, indem Sie die kleinen weißen Dreiecke oben und unten ❶ verschieben.

◄ **Abbildung 20.43**
Durch die Wahl der Anzeige SPLIT SOURCE ist sowohl das Original als auch das Ergebnisbild sichtbar.

3 Vectorscope interpretieren

Wenn Sie die Darstellung im Vectorscope anschauen, sehen Sie eine deutliche Konzentration der Bildpunkte im Cyan-Farbsegment. Ein Ausgleich der Farbverschiebung wäre über eine Erhöhung des komplementären Farbanteils möglich, also der Farbe, die der Farbe Cyan im Farbkreis gegenüberliegt. Das bedeutet somit eine Verschiebung hin zum Rot-Segment.

Klicken Sie in der HSL-Karte auf HUE OFFSETS ❷. Dort finden Sie vier hübsche Farbkreise vor. Über diese verschieben Sie die Farben jeweils für die Schatten, Mitteltöne und Glanzlichter bzw.

Abbildung 20.44 ▼

Die Entfernung eines Farbstichs ist mit den HUE OFFSETS und der Beurteilung im Vectorscope kein Problem.

insgesamt im Bild. In der Mitte eines jeden Farbkreises befindet sich ein kleiner Punkt, den Sie anklicken und in ein bestimmtes Farbsegment ziehen können. Die Entfernung zum Mittelpunkt bestimmt die Stärke der Einfärbung, und die Rotation auf dem Farbkreis legt die Farbe fest.

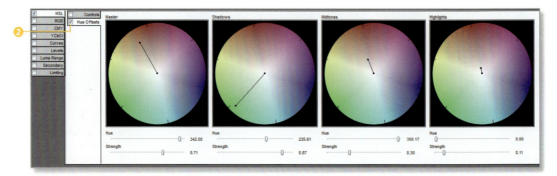

Kleine Änderungen bei Hue Offsets

Wenn Sie in den Farbkreisen bei HUE OFFSETS nur minimale Änderungen vorhaben, drücken Sie beim Ziehen des Punkts im Farbkreis gleichzeitig die Taste ⟨⇧⟩. Ihre Mausbewegungen werden dann um ein Zehnfaches minimiert.

Das Gleiche erreichen Sie mit den Reglern unter den Farbkreisen. HUE bestimmt hier die Farbe und STRENGTH die Stärke der Färbung. Na dann drauflos! Ziehen Sie den Punkt für den Master ins rote Farbsegment, und passen Sie eventuell die Schatten-, Mittelton- und Glanzlichtfarben noch an. Der Farbstich sollte allmählich verschwinden.

Die genauen Einstellungen hängen natürlich von vielen subjektiven Faktoren ab. Wenn beispielsweise Sonnen- oder Lampenlicht auf Ihren Bildschirm fällt oder Sie bereits sehr lange am Computer sitzen, fallen die Ergebnisse sicher jeweils unterschiedlich aus. Aber Sie haben ja das Vectorscope als objektiven Betrachter, das Ihnen verrät, in welche Richtung sich die Farben verschieben – egal bei welcher Beleuchtung.

Das fertige Beispiel zu diesem Projekt finden Sie wieder im Ordner 20_FARBKORREKTUR unter dem Titel »farbkorrektur.aep«, und der Name der Komposition lautet »colorfinesseFarbstich«.

Abbildung 20.45 ▼

Nach der Korrektur des Farbstichs sind die Bildpunkte im Vectorscope um den Mittelpunkt gruppiert.

20.5.6 Primäre und sekundäre Farbkorrektur

Primäre Farbkorrektur | Die bisher in diesem Kapitel gezeigten Beispiele befassten sich mit der Korrektur der Helligkeitsverhältnisse in einem Bild oder mit der Regelung der Farbwerte im gesamten Bild. Diese Korrekturen stehen am Anfang der Farbkorrektur, bevor ein bestimmter Look für das Video erzeugt wird. Dabei kann ein bestimmter Farbstich sogar erwünscht sein, um beispielsweise eine kühle Farbstimmung zu erreichen.

Sekundäre Farbkorrektur | Bei der sekundären Farbkorrektur werden bestimmte Teile des Bildes korrigiert. Dies geschieht, nachdem die primäre Korrektur abgeschlossen ist. Um nur bestimmte Bildteile zu korrigieren, müssen Sie diese auswählen. Wie das in der Praxis aussieht, schauen wir uns im folgenden Workshop an. Hier färben wir ein Objekt im Bild einfach vollkommen um.

Schritt für Schritt: Sekundäre Farbkorrektur mit Color Finesse

1   Vorbereitung

Starten Sie ein neues Projekt, und importieren Sie die Datei »selektiveKorrektur.psd« aus dem Ordner 20_FARBKORREKTUR/BILDMATERIAL. Ziehen Sie die Datei auf das Kompositions-Symbol im Projektfenster, um eine neue Komposition zu erstellen. Fügen Sie zur Ebene »selektiveKorrektur« wie in den vorherigen Workshops den Effekt SA COLOR FINESSE 3 hinzu. Starten Sie die Benutzeroberfläche über die Schaltfläche FULL INTERFACE. Wählen Sie im Einstellbereich die Karte SECONDARY.

2   Secondary

Die Karte SECONDARY enthält weitere sechs, von A bis F bezeichnete Karten, die alle genau gleich aufgebaut sind. Sie können damit sechs Farbbereiche auswählen oder kombinieren und gleichzeitig korrigieren. Für unser Beispiel genügt es zunächst, die Karte A zu verwenden. Sie finden im rechten oberen Bereich vier Pipetten vor, die dazu dienen, vier Farben aufzunehmen. Sie können sich sicher schon denken, welche Farben hier verändert werden sollen. Richtig: die roten und die grünen Farbtöne der Fahne.

Um zuerst sowohl die hellen als auch die dunkleren Rottöne zu erwischen, müssen Sie diese vor der Farbkorrektur mit den Pipetten auswählen. Klicken Sie also mit der ersten Pipette auf einen sehr hellen Rotton, und wählen Sie dann mit den anderen

▲ **Abbildung 20.46**
In diesem Beispiel sollen die Farben der Fahne geändert werden.

Abbildung 20.47 ▼
In der Karte SECONDARY befinden
sich sechs Karten (A–F).

Pipetten zwei mittlere und einen sehr dunklen roten Farbton aus.
Es wird immer die Farbe an der Pipettenspitze aufgenommen.
Ziehen Sie dann an dem Regler für HUE **❶**, bis Sie die Farbe Blau
gefunden haben und diese anstelle des Rots sichtbar wird.

Lupe und Hand

Mit dem Lupen-Symbol in der
rechten unteren Ecke des Bildfensters klicken Sie in das Bild,
um Bereiche zu vergrößern. Bei
gleichzeitigem Drücken der
Strg-Taste wird das Bild wieder
verkleinert. Das Hand-Symbol
neben der Lupe dient zum Verschieben des Bildes.

Wenn danach noch nicht alle roten Bereiche in der Fahne beeinflusst werden, können Sie die Farbauswahl noch über die Regler
CHROMA TOLERANCE, LUMA TOLERANCE und SOFTNESS **❷** verändern.
Dabei werden möglicherweise allerdings andere, unerwünschte
Bereiche ausgewählt. Um diese besser im Auge zu behalten, empfiehlt es sich, unter PREVIEW STYLE **❸** eine andere Vorschau zu wählen. Sehr gut sichtbar sind die Auswahlbereiche mit der ALPHA-Vor-
schau und mit DESATURATE, wobei die nicht ausgewählten Bereiche
entfärbt werden. Zurück zur alten Anzeige wechseln Sie mit OFF.

Abbildung 20.48 ▶
Mit der PREVIEW-Einstellung
DESATURATE lassen sich Bildbereiche, die nicht ausgewählt sind,
entsättigt darstellen.

Probieren Sie also etwas herum, um die für Sie passenden Werte
herauszufinden. Kommen Sie zu keinen passenden Ergebnissen,
hilft es, die Samplefarben zu ändern. Sie können zuvor die Häkchen
vor den Farben entfernen, um die Auswirkung einer einzelnen
Samplefarbe zu testen. Ganz einfach ist es nicht, einen bestimmten Farbbereich im Zeitverlauf eines Videos zu isolieren. Schließlich
haben wir hier nur ein einzelnes Bild verwendet.

3 Abschluss

Nachdem Sie die rote Farbe der Fahne durch ein Blau ersetzt haben, wechseln Sie in die Karte B. Wählen Sie dort wieder vier Samplefarben, nun für die grüne Farbe der Fahne. Wählen Sie dann mit dem Regler für HUE ein Rot, und passen Sie die Toleranz an. Wenn nur noch die Farben Ihrer gewünschten Auswahl beeinflusst werden, können Sie neben dem Farbton auch die Sättigung unter SATURATION und die Helligkeitswerte unter GAIN, GAMMA und PEDESTAL für den ausgewählten Bereich verändern.

Auch der schon aus dem Workshop zum Farbstich bekannte HUE OFFSETS-Farbkreis dient zur farblichen Änderung Ihres Auswahlbereichs.

Das fertige Beispiel zu diesem Projekt finden Sie wieder im Ordner 20_FARBKORREKTUR unter dem Titel »farbkorrektur.aep«, und der Name der Komposition lautet »colorfinesseSelektiveKorrektur«.

◄ **Abbildung 20.49**
Nach der sekundären Farbkorrektur sind die Farben der Fahne Rot, Weiß und Blau.

▼ **Abbildung 20.50**
Ist der Auswahlbereich einmal festgelegt, lässt sich an der Farbe »drehen«. Änderungen sind mit HUE, SATURATION, GAIN, GAMMA, PEDESTAL und mit HUE OFFSETS möglich.

Einige Ansichten und Funktionen sind in den vorangegangenen Workshops noch unerwähnt geblieben. Dazu gehören die

Referenzgalerie, ein paar Bildfenster, das Farbinfofenster und einige Karten im Einstellbereich.

20.5.7 Referenzbild

Über die Karte GALLERY legen Sie Referenzbilder fest. Diese Referenzbilder dienen dem Vergleich mit dem zu korrigierenden Bild, sind aber auch nützlich, um bestimmte Farben aus dem Referenzbild zu sampeln, sprich von dort aufzunehmen.

In der Referenzgalerie werden alle im After-Effects-Projekt enthaltenen Standbilder und Movies angezeigt, sofern sie von QuickTime gelesen werden können. Auch QuickTime-Videos können Sie in die Referenzgalerie laden. Das Hinzuladen neuer Dateien erfolgt über die Schaltfläche ❶ am unteren Rand. Per Doppelklick auf eine der in der Galerie enthaltenen Dateien oder durch Klick auf das Symbol ❷ wird das Referenzbild in der Karte REFERENCE ❸ angezeigt.

Wenn Sie Movies als Referenz verwenden, können Sie auf die Bildanzeige in der Karte REFERENCE klicken und bei gedrückter Maustaste ziehen, um ein anderes Bild aus dem Movie als Referenzbild auszuwählen. Im Bildfenster können Sie das Referenzbild über die Karte REFERENCE einblenden. Mit der Karte SPLIT REF ❹ sind sowohl das Referenz- als auch das Ergebnisbild der Farbkorrektur sichtbar.

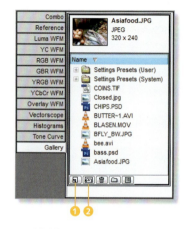

▲ Abbildung 20.51
In die Referenzgalerie können Sie Standbilder und Movies laden. Sie dienen als Vergleichsbilder oder um Farben daraus zu sampeln.

Abbildung 20.52 ▶
Über die Karte SPLIT REF werden sowohl das Referenzbild als auch das Ergebnisbild der Farbkorrektur angezeigt.

20.5.8 Farbinfofenster

Weitere Kontrolle über farbkorrigierte Bildbereiche erhalten Sie mit dem Farbinfofenster. Der obere Bereich dient zum Kontrollieren der korrigierten Farbe. Der untere Bereich unter der Schaltfläche MATCH COLOR ist für die automatische Farbkorrektur bestimmt.

Um die Farbwerte einer ausgewählten Farbe kontrollieren zu können, nehmen Sie diese im Originalbild mit der Samplepipette **⑤** auf. Die Farbe erscheint daraufhin zunächst sowohl in der rechten als auch in der linken Anzeige **⑥** und **⑦**. Werden oder wurden Korrekturen vorgenommen, wird in der rechten Anzeige die korrigierte Farbe eingeblendet. Außer der Original- und der Ergebnisfarbe sind die jeweiligen Farbwerte sichtbar. Anhand dieser numerischen Angaben lässt sich leicht beurteilen, ob ein Farbanteil überwiegt. In welchem Format diese numerischen Angaben erfolgen, legen Sie im oberen Einblendmenü **⑧** fest. Für RGB können Sie zwischen 8, 10, 16 Bit und Fließkomma- oder Prozentangabe wählen. Außerdem ist eine Anzeige im HSL- und Hex-Format möglich.

Wenn Sie eine ganz bestimmte Farbe als Samplefarbe wählen wollen, klicken Sie auf die Samplepipette, während Sie gleichzeitig die ⌈Strg⌉-Taste gedrückt halten. Anschließend können Sie die Farbe im Standard-Farbwähler auswählen.

20.5.9 Automatische Farbkorrektur mit Match Color

Die MATCH COLOR-Funktion im Farbinfofenster dient zum automatischen Korrigieren von Quell- zu Zielfarbbereichen. Die zu korrigierende Quellfarbe nehmen Sie mit der Samplepipette aufgenommen, die Sie in Abschnitt 20.5.8, »Farbinfofenster«, kennengelernt haben. Mit der Zielfarbpipette bei MATCH COLOR **⑨** können Sie eine Farbe aus einem Referenzbild aus der Karte REFERENCE aufnehmen. Oder Sie definieren die Zielfarbe selbst, indem Sie bei gleichzeitigem Drücken der ⌈Strg⌉-Taste auf die Zielfarbenpipette klicken und in dem sich öffnenden Farbwähler eine Farbe aussuchen.

Anschließend ersetzen Sie die Quellfarbe per Klick auf die Schaltfläche MATCH COLOR durch die Zielfarbe.

Welche Art der **automatischen Farbkorrektur** dabei angewendet wird, hängt von der Einstellungskarte ab, die aktuell im Einstellungsfenster ausgewählt ist. Pro Karte können Sie im Einblendmenü **⑩** verschiedene Farbkorrekturmöglichkeiten wählen. In der HSL-Karte finden Sie beispielsweise eine größere Auswahl im Einblendmenü als in der Karte SECONDARY. Wenn Sie die einzelnen Karten durchgehen, werden Sie feststellen, dass nicht jede Karte mit der MATCH COLOR-Funktion ausgestattet ist. Schön ist die Möglichkeit, nur einzelne Farbkanäle (z. B. in der RGB-Karte) oder nur die Sättigung eines Bildes zu beeinflussen (z. B. HSL-Karte).

Die Version Color Finesse 3 in After Effects CS 5 enthält hier möglicherweise einen Bug, so dass der Klick auf MATCH COLOR eventuell zu keiner Veränderung führt.

▲ **Abbildung 20.53**
Das Farbinfofenster dient zur Kontrolle der Farbkorrektur und zur automatischen Farbkorrektur mit MATCH COLOR. Die numerische Angabe der Farbwerte im Farbinfofenster ändern Sie über das Einblendmenü.

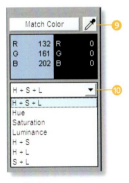

▲ **Abbildung 20.54**
Die MATCH COLOR-Funktion im Farbinfofenster bietet Möglichkeiten zur automatischen Farbkorrektur.

20.5.10 Farbkanalkorrektur (RGB, CMY, YCbCr)

In Color Finesse können Sie einzelne Farbkanäle über die Einstell-karten **RGB**, **CMY** und **YCbCr** beeinflussen. Für die Helligkeitsre-gelung stehen in jeder Karte jeweils drei Masterregler für GAMMA, PEDESTAL und GAIN zur Verfügung. Außerdem enthält jede Karte weitere Regler für verschiedene Farbkanäle. So sind in der RGB-Karte die Luminanzwerte für die Primärfarben Rot, Grün und Blau einzeln steuerbar. In der CMY-Karte gilt das Gleiche für die Sekun-därfarben Cyan, Magenta und Yellow.

Die YCBCR-Karte funktioniert etwas anders: Hier können Sie die Helligkeitswerte [Y] unabhängig von den Farbkanälen verän-dern. Die Farbkanäle wiederum beeinflussen Sie durch die Regler für CB und CR, ohne die Helligkeitsinformation zu stören. Dabei verändern sich die Farben mit dem CB-Regler in Richtung Gelb bzw. Blau auf dem Farbkreis und mit dem CR-Regler in Richtung Grün bzw. Rot.

Zusätzlich können Sie die Farbkorrektur in allen drei Farbka-nal-Karten noch für Glanzlichter, Mitteltöne und Schatten (HIGH-LIGHTS, MIDTONES, SHADOWS) extra bearbeiten.

Falls Sie sich fragen, wie After Effects den CMY-Modus oder den YCBCR-Modus verträgt, kann man das mit »gar nicht« beant-worten. Color Finesse arbeitet nur intern in diesen Modi und wandelt anschließend das Ergebnis für After Effects in den RGB-Modus um. Der Umgang mit Luminanzreglern wurde übrigens im Workshop »Flaues Bild mit Color Finesse korrigieren« anhand der HSL-Karte erläutert.

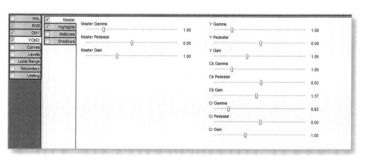

Abbildung 20.55 ▶
Die YCBCR-Karte ermöglicht es, die Luminanzwerte im Bild unab-hängig von den Farbkanälen zu verändern. Umgekehrt wird die Luminanz durch Änderungen in den Farbkanälen CB und CR nicht beeinflusst.

20.5.11 Curves

Die Karte CURVES enthält eine Master-Kurve und drei Kurven für die Farben Rot, Grün und Blau. Die Umgangsweise damit ist ähn-lich wie bei dem Effekt KURVEN, der im gleichnamigen Abschnitt 20.3.2 erläutert wird. Durch einfaches Klicken auf die Kurve fügen Sie bis zu 16 Kurvenpunkte hinzu, die Sie mit der Taste [Entf] wie-der löschen können, sofern der Kurvenpunkt markiert ist. Soll die Bearbeitung rückgängig gemacht werden, hilft ein Klick auf die

Schaltfläche RESET am rechten unteren Rand der Karte. Einzelne Kurven können Sie nur durch einen Klick mit der rechten Maustaste auf eine der Kurven und durch die Wahl des Eintrags RESET CURVE aus dem Einblendmenü zurücksetzen.

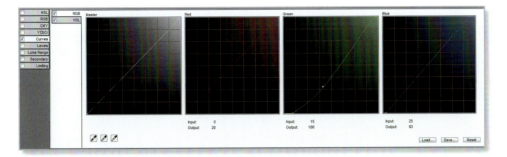

Mit der Schaltfläche SAVE ist es möglich, die Bearbeitung als Datei zu speichern. Über die Schaltfläche LOAD können nicht nur Kurven aus Color Finesse neu geladen werden, sondern auch Kurven aus Adobe Photoshop.

▲ **Abbildung 20.56**
Die Karte CURVES enthält Kurven für die Farbkanäle Rot, Grün und Blau. Mit den Pipetten legen Sie den Schwarz-, den Weiß- und den Graupunkt im Bild fest.

◄ **Abbildung 20.57**
Über die Schaltfläche SPEICHERN ❶ können Sie Kurven, hier für RGB, und den Rot-Kanal in Photoshop speichern und ...

▼ **Abbildung 20.58**
... in Color Finesse laden.

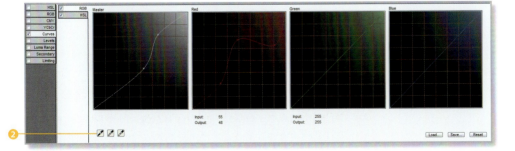

Kontrastwerte | Eine zusätzliche Funktion deuten schon die drei Pipetten unter den Kurven ➋ an. Sie dienen zum automatischen Setzen der Kurven und korrigieren die Kontrastwerte im Bild. Mit der Pipette links bestimmen Sie den Punkt im Bild, der als absolutes Schwarz definiert sein soll (Schwarzpunkt). Klicken Sie mit dieser Pipette auf einen dementsprechend dunklen Bereich im Bild. Die Pipette rechts dient zum Festlegen des Weißpunkts, also des Punkts, der als absolutes Weiß definiert wird. Klicken Sie mit dieser Pipette auf einen sehr hellen Bereich im Bild. Die mittlere Pipette ist dem Graupunkt vorbehalten und sollte in einen Bildbereich gesetzt werden, der eine neutrale Farbe in einem mittleren Farbbereich enthält. Falls ein mittleres Grau im Bild vorkommt, ist dieses die erste Wahl. Die Kurven werden automatisch an die neu gesetzten Werte angepasst.

HSL-Karte | Mit der Version Color Finesse 3 ist die Karte HSL in der Karte Curves hinzugekommen. Hier steuern Sie zusätzlich die Farbwerte. Für die drei horizontalen Kurven bei Hue (Farbton), Saturation (Sättigung) und Lightness (Helligkeit) setzen Sie bei Bedarf Punkte für die Farbwerte, die Sie ändern wollen. Die Punkte werden vertikal verschoben. Für Hue verschieben Sie den gewählten Farbton in den gewünschten Farbbereich, für Saturation liegen gesättigte Farben oben, ungesättigte unten. Einen helleren Farbton erhalten Sie bei Lightness im oberen Bereich des Farbfelds, einen dunkleren im unteren Bereich.

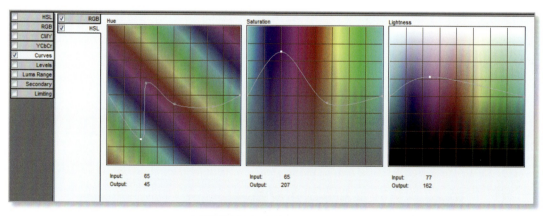

▲ **Abbildung 20.59**
In der Karte HSL bei Curves steuern Sie Farbton, Sättigung und Helligkeit des Bilds.

20.5.12 Levels

Auf der Karte Levels finden Sie eine Histogramm-Ansicht sowohl für die Input-Werte, also die Helligkeitswerte des Originalbildes, als auch für die OUTPUT-Werte vor. Die Output-Werte dienen zur Darstellung des korrigierten Ergebnisses. Sie können sich außerdem die INPUT- und OUTPUT-Werte für die einzelnen Farbkanäle Rot, Grün und Blau anzeigen lassen.

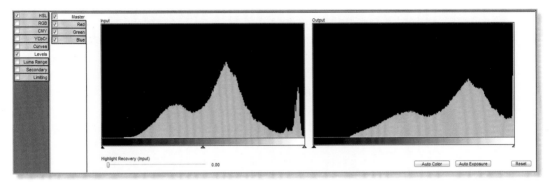

▲ **Abbildung 20.60**
Die Karte LEVELS enthält eine Histogramm-Anzeige sowohl für die INPUT-Werte (Originalbild) als auch für die OUTPUT-Werte (nach der Farbkorrektur).

Sie können sowohl die INPUT- als auch die OUTPUT-Werte verändern. Verändern Sie das Histogramm in der INPUT-Anzeige, so wird das Ergebnis sofort in der OUTPUT-Anzeige sichtbar. Hierbei werden allerdings nicht nur die veränderten INPUT-Werte angezeigt, sondern Sie sehen das Ergebnis nach der gesamten Farbkorrektur, also auch wenn Sie diese in anderen Einstellungskarten vorgenommen haben.

Die Handhabung der Regler unter der jeweiligen Histogramm-Ansicht gleicht derjenigen beim Effekt TONWERTKORREKTUR, der im gleichnamigen Abschnitt 20.3.1 erläutert wurde.

Die Regler unterhalb des OUTPUT-Histogramms können merkwürdig erscheinen. Sie erfüllen jedoch den schönen Zweck, am Endergebnis der gesamten Farbkorrektur nochmals eine Tonwertkorrektur vorzunehmen. Dies ist sehr nützlich, wenn die anderen, bereits erläuterten Farbkorrekturmöglichkeiten beispielsweise zu einem Bild mit unerwünschten Kontrastverhältnissen geführt haben.

Neu seit der Version CS5 sind die beiden Schaltflächen AUTO COLOR und AUTO EXPOSURE sowie der Regler HIGHLIGHT RECOVERY (INPUT).

Auto Color | Mit der Schaltfläche AUTO COLOR korrigieren Sie farbstichiges Material mit einem Klick. Die Funktion entfernt auch Schwankungen in der Weißbalance Ihrer Aufnahmen und Veränderungen der Farbtemperatur. Sollten die Änderungen über die Zeit auftreten, verwenden Sie die gleichnamige Schaltfläche im SIMP-LIFIED INTERFACE und setzen Keyframes für die Eigenschaft PARA-METERS dort, wo die größten Farbunterschiede auftreten. Color Finesse schafft sehr weiche Übergänge zwischen den Korrekturen.

Auto Exposure | Ähnlich wie AUTO COLOR arbeitet AUTO EXPOSURE. Der Unterschied ist, dass AUTO EXPOSURE keine Farbveränderungen durchführt, sondern den Schwarz- und Weißpunkt der Originalbild automatisch selbst definiert. Meist wird AUTO EXPOSURE nach AUTO COLOR verwendet.

Highlight Recovery (Input) | Mit dem Regler HIGHLIGHT RECOVERY bringen Sie extrem helle Helligkeitswerte, z. B. bei Lichtspiegelungen, in einen darstellbaren, sichtbaren Bereich. Dadurch können Sie Details in den Highlights rekonstruieren. Nützlich ist dies beispielsweise bei Filmscans (z. B. DPX-Dateien). Zu hohe Werte sollten Sie vermeiden, um die Highlights nicht flach erscheinen zu lassen. Zur Kontrolle der hellen Bildbereiche verwenden Sie die in Abschnitt 20.5.14, »Limitierung von Luma- und Chromawert«, beschriebene Funktion LUMA SOFT CLIPPING.

20.5.13 Luma Ranges

Zur Einstellung von Glanzlicht-, Mittelton- und Schattenbereichen dient die Karte LUMA RANGES. Mit dem Anfasser links definieren Sie die Schattenbereiche des Bildes, mit dem Anfasser rechts die Glanzlichtbereiche. Beide Werte beeinflussen ebenfalls die Mitteltonbereiche. Das Histogramm unter den Anfassern zeigt die Helligkeitsverteilung im Bild an. Eine gute Kontrolle über die Ergebnisse der Bearbeitung erhalten Sie erst, wenn Sie die Karte LUMA RANGES im Bildfenster einblenden.

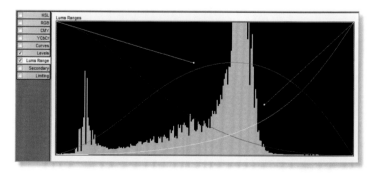

Abbildung 20.61 ▶
In der Karte LUMA RANGES definieren Sie die Glanzlicht-, Mittelton- und Schattenbereiche eines Bildes neu.

Wenn Sie sich wundern, warum all Ihre Änderungen eigentlich vollkommen wirkungslos auf das Ergebnisbild in der Karte RESULT des Bildfensters bleiben, empfehle ich Ihnen, einmal die Einstellungen für HIGHLIGHTS, MIDTONES und SHADOWS in der Karte HSL zu verändern und dann wieder an den Kurven zu ziehen. Danach müsste klar werden, wie sich die Neudefinition der Helligkeitsbereiche auswirkt. Falls immer noch keine Änderung eintritt, starten Sie Color Finesse noch einmal und behalten das RESULT-Fenster immer im Auge, wenn Sie die Kurven ändern.

◀ **Abbildung 20.62**
Im Bildfenster werden über die Karte LUMA RANGES die Schatten-, Mittelton- und Glanzlichtbereiche eines Bildes in Schwarz-, Weiß- und Grauwerten dargestellt.

20.5.14 Limitierung von Luma- und Chromawert

Soll ein Video an eine Sendeanstalt weitergegeben werden, ist eine Limitierung der Helligkeits- und Farbwerte im Bild notwendig. Überschreiten bestimmte Bildbereiche maximale Luma- oder Chromawerte, wird das Videomaterial als nicht sendefähig eingestuft.

Für die Limitierung der Helligkeitswerte bietet Color Finesse die Regler auf der linken Seite in der Karte LIMITING an. Diese und auch die Regler für die Chroma-Limitierung rechts sind auf übliche IRE-Werte voreingestellt und sollten nur dann verändert werden, wenn dies von der Sendeanstalt Ihrer Wahl ausdrücklich erwünscht ist. Fragen Sie im Zweifelsfall nach.

▼ **Abbildung 20.63**
Die Karte LIMITING ermöglicht eine sendefähige Ausgabe Ihres Videomaterials. Luma- und Chromawerte werden eingeschränkt, damit das Material sendefähig wird.

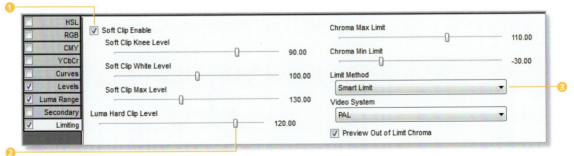

Luma-Limiting | Mit dem Regler LUMA HARD CLIP LEVEL ❷ legen Sie einen IRE-Wert fest, der das absolute Limit darstellt, auf dem die Lumawerte platziert werden sollen. Alle Helligkeitswerte über dem eingestellten IRE-Wert werden gekappt. Es empfiehlt sich, ein Häkchen bei SOFT CLIP ENABLE ❶ zu setzen, da die Beschneidung der Helligkeitsbereiche damit etwas sanfter erfolgt. Mit den Reglern für SOFT CLIP KNEE LEVEL und SOFT CLIP MAX LEVEL stellen Sie die minimalen und maximalen Werte für die Limitierung ein. Der SOFT CLIP WHITE LEVEL-Regler legt fest, bei welchem IRE-Wert reines Weiß liegen soll. War die Justierung erfolgreich, bleiben kaum noch Pixel übrig, die durch LUMA HARD CLIP LEVEL beeinflusst werden.

IRE

IRE steht als Abkürzung für **Institute of Radio Engineers**. Die Helligkeitswerte werden oft in IRE-Einheiten angegeben, beispielsweise im Waveform-monitor.

Chroma-Limiting | Mit dem Regler CHROMA MAX LIMIT begrenzen Sie helle Bereiche von gesättigtem Cyan und Gelb. Der Regler CHROMA MIN LIMIT dient zur Begrenzung heller Bereiche von gesättigtem Rot und Blau. Zur Limitierung der Farbwerte können Sie unter LIMIT METHOD ❸ die Methoden REDUCE SATURATION (Reduzieren der Sättigung), REDUCE LUMA (Reduzieren der Helligkeitswerte) oder SMART LIMIT (eine Kombination aus beiden Methoden) wählen. Hier ist SMART LIMIT die richtige Wahl, da so die Bildfarben in bestmöglicher Qualität erhalten und gleichzeitig limitiert werden.

Wichtig für ein erfolgreiches Limitieren der Luma- und Chromawerte ist die passende Wahl Ihres Videosystems unter VIDEO SYSTEM.

Mit einem Häkchen in der Box PREVIEW OUT OF LIMIT CHROMA werden Ihnen die Bereiche im Bild angezeigt, die durch die Chroma-Limitierung beeinflusst werden. Sind das sehr große Bereiche, sind diese gut erkennbar, denn sie werden schwarz.

Zum Test können Sie gern aus dem Ordner 20_FARBKORREKTUR das Projekt mit dem Titel »farbkorrektur.aep« öffnen. In der Komposition »Uebersaettigt« wurde Color Finesse auf die dort enthaltene Ebene angewandt. Starten Sie Color Finesse, und verschieben Sie einmal den Regler CHROMA MAX LIMIT nach links. Beobachten Sie dabei das Fenster RESULT. Es entsteht ganz irdisch wie in Genf ein schwarzes Loch.

20.6 Lookup Tables (LUTs)

Lookup Tables (LUTs) sind Farbtabellen, die beispielsweise zum Kalibrieren von Monitoren verwendet werden. Dies dient zum Beispiel dazu, die Farben auf einem Vorschaumonitor genau passend zum Look eines fertigen Films darzustellen.

In After Effects werden LUTs benutzt, um die Farben einer Ebene passend zu einer Farbtabelle zu transformieren. Dazu muss die Farbtabelle extern vorhanden sein und geladen werden. Eigene Farbtabellen können Sie in After Effects über den Effekt COLOR FINESSE erstellen. Auch Photoshop unterstützt Farbtabellen.

20.6.1 Farbtabellen (LUTs) mit Color Finesse erstellen

Sie können Farbtabellen zur Vorschau an externen Geräten erstellen oder zur Weitergabe an andere Programme.

Vorschau-Farbtabelle erstellen | Bevor Sie eine Farbtabelle erstellen, ist es günstig, ein passendes Bild, am besten ein Farb-Testbild, zu verwenden und dieses in Color Finesse zu bearbeiten. Richten Sie Ihren Vorschaumonitor so ein, dass das Testbild dort zu sehen ist, und verändern Sie dann in Color Finesse die Farben so, wie sie bei der Endausgabe auf dem Vorschaumonitor erscheinen sollen.

Sie können dabei nur die Einstellungen in den Karten RGB, CMY, YCBCR, LEVELS und CURVES verwenden. Die Werte aus anderen Karten werden bei Vorschau-Farbtabellen nicht mitgespeichert.

- ▶ **Speichern der Einstellungen:** Wählen Sie FILE • EXPORT • SETTINGS TO COLOR FINESSE PREVIEW LUT. Es wird eine 1-D LUT-Datei gespeichert.
- ▶ **Laden der Einstellungen:** Sie können die gespeicherten Einstellungen auf jedes andere Material anwenden, indem Sie die Farbtabelle über den folgenden Weg laden: VIEW • PRIMARY PREVIEW LUT • OTHER. Die anderen Einträge im Menü wie ITU.R 601 GAMMA sind mitgelieferte Farbtabellen. Wollen Sie wieder eine neutrale Anzeige haben, wählen Sie im gleichen Menü den Eintrag NONE.

Farbtabellen für andere Anwendungen | 3D-LUTs stellen die Farbinformation als dreidimensionales Koordinatensystem dar, bei der jede Achse die Farbtransformationen sämtlicher Werte eines Farbkanals repräsentiert.

Color Finesse unterstützt solche 3D-LUTs für die Formate Academy LUT, Autodesk (in Lustre, Flame, Smoke), Blackmagic HDLink Pro, Pogle, Scratch, Truelight Cube, Panavision GDP, Thomson LUTher und Cinetal.

- ▶ **Speichern der Einstellungen:** Rufen Sie FILE • EXPORT auf, und wählen Sie das entsprechende Format.
- ▶ Ein **Laden** von 3D-LUTs ist in Color Finesse **nicht möglich**.

20.6.2   Farbtabellen (LUTs) in After Effects

In After Effects können Sie seit CS5 Farbtabellen für einzelne Ebenen hinzuladen, um die Farbeinstellungen dieser Ebene entsprechend einer Farbtabelle zu verändern.

Dazu fügen Sie der Ebene den Effekt FARB-LUT ANWENDEN hinzu. Sie werden sofort zur Auswahl einer Datei aufgefordert, wie Sie beispielsweise Color Finesse erzeugen kann. Allerdings sind nur die Formate ».cube« und ».3dl« gestattet.

Gefällt Ihnen die veränderte Farbeinstellung der Ebene nicht, können Sie im Effekt per Klick auf LUT AUSWÄHLEN eine andere Farbtabelle laden.

21 3D in After Effects

Es mag verwirrend erscheinen, mit einem 2D-Animationsprogramm im dreidimensionalen Raum arbeiten zu können. Tatsächlich ist diese Möglichkeit für das Programm noch relativ jung – sie wurde ab der Version 5 in After Effects integriert. Seitdem ist es möglich, zweidimensionale Flächen im 3D-Raum zu animieren, die 3D-Szenerie mit verschiedenen Lichtquellen zu beleuchten und über Kameras eine weitere Art der Animation zu erreichen.

Die Assoziation liegt nahe, dass 3D-Objekte in After Effects selbst generiert werden könnten. Dem ist nicht so. Es ist nicht möglich, 2D-Ebenen zu extrudieren, also eine Materialdicke hinzuzufügen. Als kostenpflichtiges Plug-in ist hier aber der **3D-Invigorator** der Firma Zaxwerks zu empfehlen, mit dem auch das Extrudieren gelingt. Mit diesem Plug-in lassen sich einfache 3D-Objekte für After Effects schaffen. Ebenfalls sehr interessant ist **PlaneSpace** von Red Giant, vormals 3D Assistants von Digital Anarchy. Mit diesen Plug-ins ist es beispielsweise möglich, 3D-Ebenen mit ein paar wenigen Klicks zu einem perfekten Kubus oder einem Zylinder zu formen oder die 3D-Ebenen räumlich gestaffelt anzuordnen.

Zum Erstellen komplizierter Objekte greift man lieber auf einschlägige 3D-Software zurück. After Effects ist auf Dateien verschiedener 3D-Applikationen gut vorbereitet und ermöglicht deren Weiterverarbeitung. Zunächst befassen wir uns aber mit dem 3D-Raum und dem Umgang mit 3D-Ebenen in After Effects.

Invigorator nicht mitgeliefert

Falls Sie die Zaxwerks-Installations-CD in Ihrem neuen After Effects CS5-Softwarepaket vermissen – die Pin Group hat sie nicht auf dem Gewissen: Sie wird seit der Version 7 nicht mehr mitgeliefert. Der 3D-Invigorator wird kostenpflichtig über die Seite *www.zaxwerks.com* vertrieben.

PlaneSpace

Informationen und Tutorials zu PlaneSpace finden Sie auf der Website *www.redgiantsoftware.com* unter Products/PlaneSpace.

21.1 2D- und 3D-Ebenen und Koordinaten

Sie können jede 2D-Ebene in eine 3D-Ebene verwandeln, indem Sie die 3D-Option für die Ebene aktivieren (dazu gleich mehr). Statt der bisherigen x- und y-Achse zur Positionierung von 2D-Ebenen kommt eine z-Achse für die Tiefe hinzu. Eine 3D-Ebene bleibt flächenhaft, kann aber auf der z-Achse vom Betrachter weg und zu ihm hin verschoben und im Raum gedreht werden. After Effects errechnet dabei die perspektivische Verjüngung der Ebenen und erzeugt realistisch wirkende Szenarien. Bei Einstellungsebenen hat die 3D-Option keine Wirkung auf die darunterliegenden Ebenen, wie es bei angewandten Effekten der Fall ist.

Abbildung 21.1 ▶
Eine 3D-Ebene (orangefarbene Fläche) wird mittels der Koordinaten X, Y und Z im Raum positioniert und kann animiert werden.

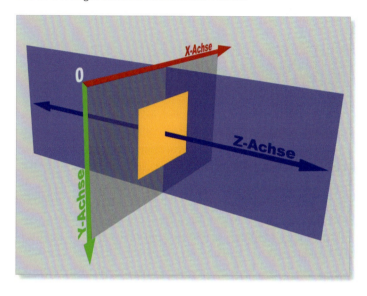

2D- und 3D-Ebenen mischen

Eine Komposition kann sowohl 2D- als auch 3D-Ebenen enthalten. Was bei der Arbeit mit gemischten Ebenen zu beachten ist, wird in Kapitel 13, »Das Rendern«, näher beschrieben.

In einer Komposition wird jede Ebene anhand ihres Ankerpunkts auf den Achsen X, Y und Z im Raum positioniert. Für die Achsen X und Y liegt der Nullpunkt oben links im Kompositionsfenster. Die 3D-Ebenen befinden sich, wenn Sie nichts geändert haben, immer auf dem Nullpunkt der z-Achse. Die Position einer 3D-Ebene wird also durch drei Werte für die x-, y- und die z-Achse repräsentiert.

Die Werte für diese drei Achsen geben an, wo sich der Ankerpunkt der Ebene im Raum befindet. Verringern Sie die Werte für die x-Achse, verschiebt sich eine 3D-Ebene – von vorn betrachtet – nach links und umgekehrt nach rechts. Auf der y-Achse verschiebt sich eine 3D-Ebene nach oben, wenn die Werte verringert werden, und umgekehrt nach unten. Verringern Sie schließlich die Werte für die z-Achse, bewegt sich die Ebene auf den Betrachter zu und umgekehrt vom Betrachter fort in die Tiefe des Raums.

Für jede 3D-Ebene werden die drei Achsen einzeln angezeigt, wenn die Ebene markiert ist. Jeder Achse ist zur besseren Unterscheidung eine andere Farbe zugeteilt. Die x-Achse wird dabei in Rot, die y-Achse in Grün und die z-Achse in Blau dargestellt. Um die Position der Ebene in Richtung einer Achse zu ändern, ziehen Sie direkt an der jeweiligen Achse. Zur Veranschaulichung der Arbeit mit 3D-Ebenen geht es jetzt zum praktischen Teil.

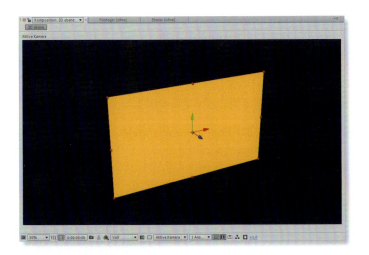

◄ **Abbildung 21.2**
Für jede 3D-Ebene zeigt After
Effects drei Achsen (x: rot, y: grün
und z: blau) an, anhand deren sie
im Raum verschoben werden
können.

21.1.1 2D-Ebenen in 3D-Ebenen umwandeln und animieren

In diesem Workshop geht es darum, 2D-Ebenen in 3D-Ebenen
umzuwandeln und diese im Raum zu animieren. Dabei wird die
grundsätzliche Arbeit mit 3D-Kompositionen erläutert.

Schritt für Schritt: Der Umgang mit 3D-Ebenen

1 **Vorbereitung**

Zuerst schauen Sie sich, wie immer, das fertige Movie »raum.mov«
aus dem Ordner 21_3D/3D-EBENEN an. Die dort animierten Buchstaben können Sie entweder importieren oder – falls Sie das Text-
kapitel bereits durchgearbeitet haben – selbst erstellen (Schriftart:
Arial Black, Schriftgröße: 115 px). Für den Import finden Sie die vier
Illustrator-Dateien »R«, »A«, »U« und »M« im Ordner 21_3D/3D-
EBENEN.

Die Kompositionsgröße soll 384 × 288 betragen. Für die
Dauer wählen Sie 5 Sekunden.

2 **Buchstaben positionieren**

Setzen Sie die Zeitmarke auf den Zeitpunkt 00:00. Ziehen Sie die
importierten Dateien in das Zeitplanfenster. Die Dateien werden in
der Mitte des Kompositionsfensters zentriert.

Verteilen Sie jetzt die Buchstaben so, dass sich das Wort
»RAUM« ergibt. Zum Verschieben der Lettern nutzen Sie am bes-
ten die ⌂-Taste, damit die Buchstaben auf einer Linie »stehen«.
Sollte Ihnen der voreingestellte schwarze Hintergrund ebenso
trist erscheinen wie mir, wählen Sie unter KOMPOSITION • HINTER-
GRUNDFARBE ein Himmelblau.

Abbildung 21.3 ▶
Die 3D-Komposition beginnt mit
2D-Ebenen.

3 2D-Ebenen in 3D-Ebenen umwandeln

Wandeln Sie alle Ebenen in 3D-Ebenen um. Dazu klicken Sie für jede Ebene in der Spalte 3D-Ebene auf das Würfel-Symbol ❶. Sie können auch alle Ebenen schnell umwandeln, indem Sie den Mauszeiger bei gedrückter Maustaste über die Würfel-Symbole ziehen. Wenn Sie die Ebenen markieren, werden danach die Achsen X, Y und Z für jede Ebene angezeigt.

▲ **Abbildung 21.4**
Zum Aktivieren der 3D-Eigenschaft klicken Sie das Würfel-Symbol ❶ für die Ebenen an.

Abbildung 21.5 ▶
Für jede 3D-Ebene werden die Ebenenachsen eingeblendet, wenn die Ebene markiert ist.

4 Ebenen im Raum verschieben

Im nächsten Schritt soll zuerst das »R« im Raum in die Tiefe verschoben und animiert werden. Öffnen Sie dazu die Transformieren-Eigenschaften der Ebene »R«. Im Vergleich zu den 2D-Ebenen sind die Ausrichtung, die X-Drehung, Y-Drehung und die Z-Drehung hinzugekommen. Bei Ankerpunkt und Position stehen dabei für jede Achse drei Werte für X, Y und Z.

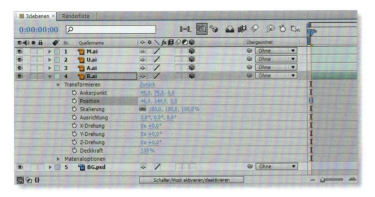

◄ **Abbildung 21.6**
In der Zeitleiste sind bei den
3D-Ebenen einige Eigenschaften
hinzugekommen.

Um die Ebene im Raum zu verschieben, ergeben sich drei Möglichkeiten:

▶ Die Ebene kann direkt im Kompositionsfenster angeklickt und frei, also in jede Richtung unabhängig, verschoben werden.

▶ Es kann jeweils auf eine der angezeigten Achsen der Ebene geklickt und daran gezogen werden, um die Ebene ausschließlich auf **einer** Achse zu verschieben. Neben dem Mauszeiger erscheint in diesem Fall ein kleines x, y oder z, um anzuzeigen, um welche Achse es sich handelt.

▶ Die Werte für X, Y oder Z werden in der Zeitleiste geändert.

Wählen Sie vorerst die dritte Möglichkeit.

▲ **Abbildung 21.7**
Um eine Ebene ausschließlich in Richtung einer Achse zu verschieben, klicken Sie die Achse an und ziehen.

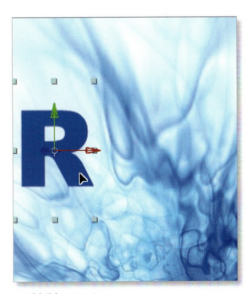

▲ **Abbildung 21.8**
Um eine Ebene frei in allen Richtungen zu verschieben, klicken Sie in die Ebene und ziehen.

5 Animation

Setzen Sie zum Zeitpunkt 00:00 den ersten Key für die Position. Erhöhen Sie den dritten, also den z-Wert, durch Klicken und Ziehen nach rechts, um damit das »R« vom Betrachter wegzubewegen. Seien Sie forsch, und ziehen Sie den Wert ordentlich in die Höhe, bis Sie etwa 2.500 erreicht haben. Am Zeitpunkt 00:18 ziehen Sie den z-Wert zurück auf 0.

Es fehlt noch die Drehung. Setzen Sie für Y-Drehung und Z-Drehung einen ersten Key bei 00:00 mit »0× +0,0°«. Bei 00:18 setzen Sie die Drehung jeweils auf »1× +0,0°«.

Abbildung 21.9 ▶
Die Drehung können Sie für jede Achse einzeln animieren.

6 Weitere Ebenen animieren

Animieren Sie die anderen Buchstaben auf die gleiche Weise. Dazu können Sie die Keyframes für die Drehung übernehmen. Klicken Sie in der Ebene »R« mit ⌂ auf Y-Drehung und auf Z-Drehung, um die Keys auszuwählen. Kopieren Sie diese mit Strg+C. Markieren Sie dann alle anderen Buchstaben mit ⌂, während die Zeitmarke auf 00:00 am In-Point der Ebenen steht, und wählen Sie dann Strg+V, um die Keys in die Ebenen einzufügen.

Abbildung 21.10 ▶
Gleiche Drehungswerte können Sie bequem als Kopie in die anderen Ebenen einfügen.

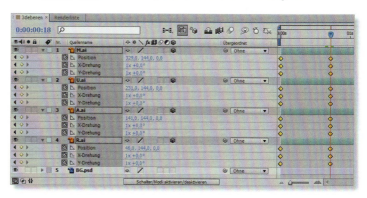

Drücken Sie dann die Taste P, um die Positionseigenschaft der Ebenen einzublenden, und setzen Sie je einen Key. Klicken Sie jeweils einzeln nacheinander in den z-Wert, und tragen Sie dort »2500« ein. Anschließend setzen Sie bei 00:18 jeweils einen zweiten Key mit dem z-Wert 0. Damit die Buchstaben nacheinander ins Bild kommen, verschieben Sie die Ebenen noch so, dass der

In-Point jeweils mit den letzten Keys der vorhergehenden Ebene übereinstimmt. Zum Ausrichten des In-Points an den Keys ist es günstig, beim Verschieben die ⌂-Taste zu drücken.

Die kleine Animation ist an dieser Stelle schon fertig. Sie sehen: Obwohl hier nicht skaliert wurde, haben sich die Buchstaben verkleinert, je höher der z-Wert gewählt wurde, und die perspektivische Verzerrung geschah ebenfalls automatisch.

▼ Abbildung 21.11
Für die fertige Animation werden die Ebenen zeitlich jeweils ein Stück versetzt.

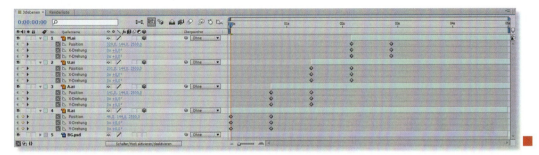

21.1.2 3D-Ebenen im Kompositionsfenster

Sie haben das Kompositionsfenster bisher als zweidimensionale Fläche wahrgenommen und kennengelernt. An dieser Darstellung ändert sich, wie Sie im vorhergehenden Workshop gerade gesehen haben, auch dann nichts, wenn Sie mit 3D-Ebenen arbeiten.

Die 3D-Darstellung in After Effects führt oft zu Orientierungsproblemen. Es fehlt die Darstellung eines Gitters, auf dem, wie in vielen 3D-Applikationen üblich, dreidimensionale Objekte platziert werden. Daher ist das Kompositionsfenster eher als ein Fenster zu betrachten, durch das Sie in den 3D-Raum schauen und das einen Ausschnitt dieses Raumes zeigt. Stellen Sie sich vielleicht den Blick durch Ihre Fotokamera auf eine 3D-Szenerie vor.

Auf einen dreidimensionalen Raum können Sie in After Effects von allen Seiten schauen, also von vorn, links, oben, hinten, rechts und von unten. Zusätzlich ist ein Blick aus einem festgelegten Blickwinkel auf die 3D-Szenerie möglich. Verwenden Sie eine After-Effects-Kamera, können Sie den Raum aus jedem Blickwinkel betrachten. Wie Sie mit verschiedenen Ansichten und mit mehreren Kompositionsfenstern arbeiten, erfahren Sie im folgenden Workshop.

Schritt für Schritt: 3D-Ebenen positionieren

In diesem Workshop geht es um die Positionierung von 3D-Ebenen, die Arbeit mit mehreren Ansichten und die Ausrichtung und Animation eines selbstgebauten 3D-Objekts.

1 Vorbereitung

Schauen Sie sich das Movie »objekt.mov« aus dem Ordner 21_3D/3DFLAECHEN an. Das Flächenobjekt bauen wir aus vier Ebenen, die wir dazu im Raum drehen und positionieren. Anschließend verschachteln wir die Komposition und animieren das Flächenobjekt.

Die erste Komposition erstellen Sie ausnahmsweise in einer quadratischen Größe von 384 × 384 mit einer Dauer von 5 Sekunden. Nennen Sie die Komposition »objekt«. Importieren Sie die Dateien »flaecheA.ai« und »flaecheB.ai« aus dem Ordner 21_3D/3DFLAECHEN. Ziehen Sie die Dateien in die Zeitleiste der Komposition. Schalten Sie die 3D-Option für beide Ebenen ein.

Abbildung 21.12 ▶
Für die importierten Illustrator-Dateien aktivieren Sie die 3D-Option.

2 Kompositionsansichten einrichten

Zur Arbeitserleichterung stellt After Effects Ihnen mehrere Kompositionsansichten zur Verfügung. In jeder Kompositionsansicht können Sie die 3D-Szenerie aus verschiedenen Blickwinkeln betrachten. Um mehrere Kompositionsansichten zu erhalten, erweitern Sie das Kompositionsfenster, bis alle Schaltflächen am unteren Rand sichtbar sind. Über die Schaltfläche ANSICHTENLAYOUT AUSWÄHLEN ❶ suchen Sie den Eintrag 4 ANSICHTEN – LINKS aus. Andere Optionen sind natürlich auch erlaubt. Probieren Sie diese aus, um sich mit den verschiedenen Möglichkeiten vertraut zu machen.

Abbildung 21.13 ▶
Bei der Arbeit mit 3D-Kompositionen wird die Arbeit durch die optionalen vier Kompositionsansichten oft erleichtert.

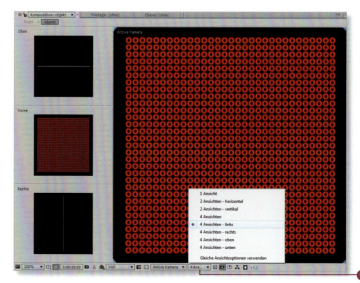

In dem hier favorisierten Ansichtenlayout wird die 3D-Szenerie in drei verkleinerten Ansichten in den voreingestellten Blickwinkeln von OBEN, von VORNE und von RECHTS dargestellt. Die vierte, große Ansicht stellt die Szenerie durch die standardmäßig definierte AKTIVE KAMERA dar. Veränderungen in Ihrer Arbeit werden in allen Ansichten gleichzeitig aktualisiert. In den Ansichten von OBEN und von RECHTS sehen Sie nur einen dünnen Strich, da Sie auf die Seiten der Flächen schauen und es ja keine Materialdicke gibt. Zur Orientierung zeigt Ihnen After Effects in jeder Ansicht links oben an, um welchen Blickwinkel, z. B. VORNE oder RECHTS, es sich handelt.

3 Blickwinkel ändern

Per Klick in eine Ansicht aktivieren Sie diese. Die ausgewählte Ansicht wird an den Ecken markiert ❷. Aktivieren Sie die groß dargestellte Ansicht ❸, indem Sie darauf klicken, und wählen Sie dann über die Schaltfläche 3D-ANSICHTEN ❹ einen anderen Blickwinkel aus, und zwar EIGENE ANSICHT 3. Damit wird die 3D-Szenerie perspektivisch dargestellt. Viele Anwender bevorzugen diese Ansicht, da hier besser vorstellbar ist, wie die Flächen im 3D-Raum verschoben werden. Zum genauen Arbeiten sind die anderen Ansichten ohne perspektivische Verzerrung allerdings unverzichtbar, wie Sie noch sehen werden.

Tastaturbefehl für aktive Kamera festlegen

Auf die Tasten F10, F11 und F12 sind standardmäßig die Ansichten von VORNE, EIGENE ANSICHT 1 und AKTIVE KAMERA gelegt. Um beispielsweise für F10 eine andere Ansicht festzulegen, suchen Sie zuerst im Kompositionsfenster eine neue Ansicht (z. B. von LINKS) aus und wählen dann ANSICHT • TASTATURBEFEHL FÜR ›LINKS‹ ZUWEISEN • F10 (›VORNE‹ ERSETZEN) aus.

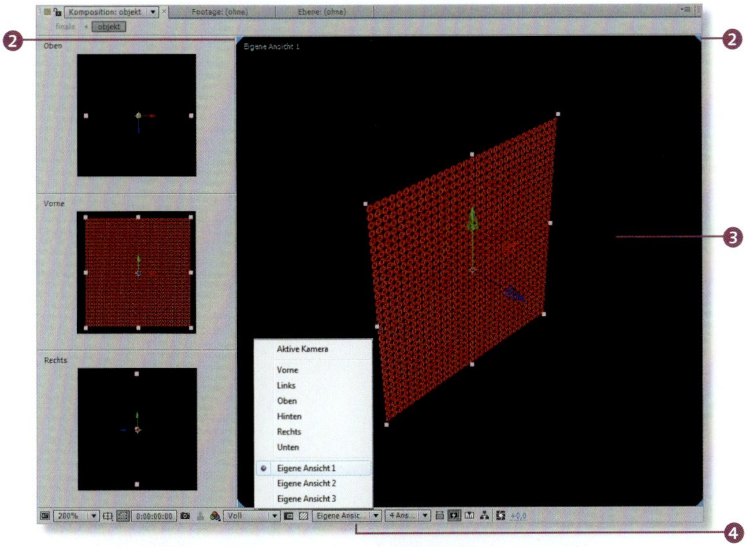

◄ **Abbildung 21.14**
Für jede Kompositionsansicht können Sie verschiedene Blickwinkel wählen.

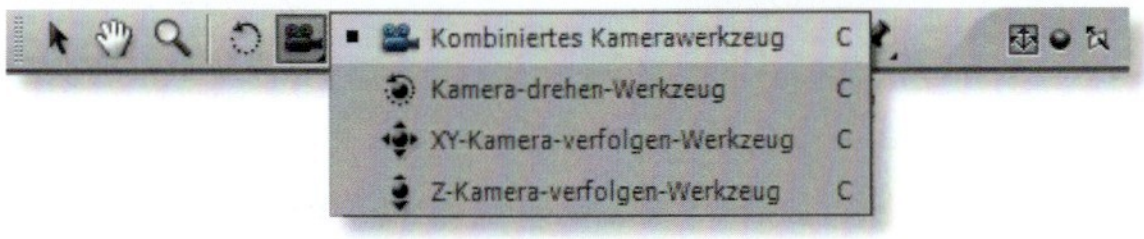

▼ **Abbildung 21.15**
Wenn Sie eine EIGENE ANSICHT im Kompositionsfenster gewählt haben, lässt diese sich mit den Kamera-Werkzeugen verändern. Sonst werden die Kamera-Werkzeuge, wie der Name schon sagt, für die Arbeit mit Kameras verwendet.

4 | Flächen drehen

Welche Kompositionsansicht für die Positionierung der Ebenen aktiv ist, wählen Sie am besten nach Ihrem eigenen Geschmack. Duplizieren Sie die Ebene »flaecheB« mit Strg+D. Blenden Sie die Rotationseigenschaft für die duplizierte Ebene mit der Taste R ein. Ziehen Sie den Wert für die Y-DREHUNG auf 90°, und beobachten Sie dabei die Veränderung in den vier Kompositionsansichten. Blenden Sie nach der Veränderung die Eigenschaften der Ebene wieder aus.

Kommen wir jetzt zur Ebene »flaecheA«. Blenden Sie die Rotationseigenschaften ein. Die Ebene soll in die Waagerechte gedreht werden. Dazu drehen wir sie um 90° um die x-Achse.

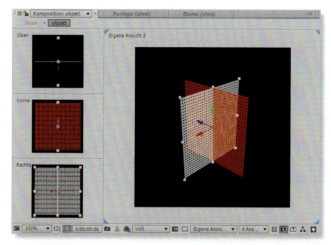

Abbildung 21.16 ▶
Um aus den Flächen ein einfaches 3D-Objekt zu bauen, drehen wir noch die Flächen im Raum. Hier die »flaecheB«, um 90° auf der y-Achse gedreht.

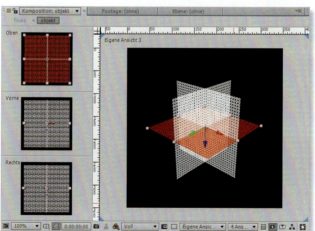

Abbildung 21.17 ▶
Nach der Bearbeitung ist die »flaecheA« um 90° auf der x-Achse gedreht.

5 | Fläche A verschieben

Damit es nicht zu einfach wird, verschieben wir die Ebene »flaecheA« so, dass sie wie ein Dach auf den beiden senkrechten weißen Flächen landet. Dazu können Sie die Ebene an der durch die Drehung senkrecht orientierten z-Achse nach oben ziehen. In welchem der vier Kompositionsfenster Sie das tun, bleibt Ihnen überlassen. Günstig für die genaue Positionierung ist es jedoch, die Ansicht von RECHTS zu verwenden. Nutzen Sie eventuell Lineale und Hilfslinien über ANSICHT • LINEALE EINBLENDEN zur genauen Positionierung.

Duplizieren Sie anschließend die fertig positionierte Ebene. Die zweite Ebene soll nach unten verschoben werden, gewissermaßen als Boden.

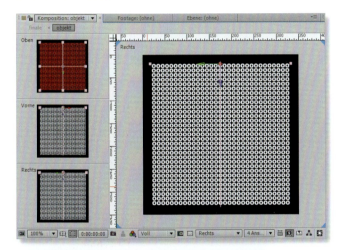

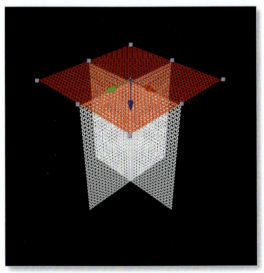

◄ **Abbildung 21.18**
In der Ansicht von rechts lässt sich die »flaecheA« sehr genau positionieren.

◄ **Abbildung 21.19**
Im Lokalachsenmodus wird die z-Achse der »flaecheA« senkrecht dargestellt. Ziehen Sie daran, lässt sich die Fläche bequem über den beiden weißen Flächen positionieren.

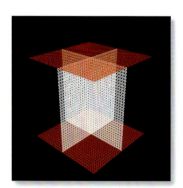

▲ **Abbildung 21.21**
So sollte das fertige 3D-Objekt aussehen.

Finale Komposition anlegen

Unser fertiges Flächenobjekt soll in eine zweite Komposition verschachtelt und dort animiert werden. Legen Sie dafür eine zweite Komposition in der Größe 384 × 288 mit einer Dauer von 5 Sekunden an, und geben Sie der Komposition den Namen »finale«.

7 **Komposition verschachteln**

Verschachteln Sie die Komposition »objekt« in die Komposition »finale«, um die soeben positionierten Ebenen zusammenzufassen und als ein einziges Objekt zu animieren. Zum Verschachteln ziehen Sie die Komposition »objekt« einfach wie ein Rohmaterialelement in die Komposition »finale«.

Sie müssen noch die Schalter TRANSFORMATIONEN FALTEN ❹ und 3D-EBENE ❺ für die verschachtelte Komposition aktivieren, da ansonsten das Flächenobjekt nicht als Objekt, sondern als flache Scheibe dargestellt wird.

▲ **Abbildung 21.22**
Nach der Verschachtelung sind die Ebenen des Objekts zu einer Ebene zusammengefasst, und es wird die 3D-Option aktiviert.

8 **Ausrichtung des Objekts**

Wählen Sie dabei wieder über die Schaltfläche ANSICHTENLAYOUT AUSWÄHLEN den Eintrag 1 ANSICHT, damit das angezeigte Ergebnis nicht zu verwirrend wird. Wählen Sie außerdem im Kompositionsfenster unter 3D-ANSICHTEN den Eintrag AKTIVE KAMERA. Von dem Objekt sieht man noch nicht viel? Stimmt! Aber gleich.

Öffnen Sie die Eigenschaft TRANSFORMIEREN. Setzen Sie den z-Wert bei POSITION auf »450«, um das ganze Objekt zu sehen. Verändern Sie die Werte unter AUSRICHTUNG leicht, um das Objekt ein wenig gekippt anzuzeigen (z. B. auf die Werte »100,0°«, »75,0°«, »295,0°«). Sie können die Ausrichtung auch direkt im Kompositionsfenster mit dem Drehen-Werkzeug verändern. Wechseln Sie dazu im Popup-Menü auf AUSRICHTUNG.

Abbildung 21.23 ▶
Das Drehen-Werkzeug beeinflusst je nach Wahl im Popup-Menü die Werte der DREHUNG oder der AUSRICHTUNG von 3D-Ebenen.

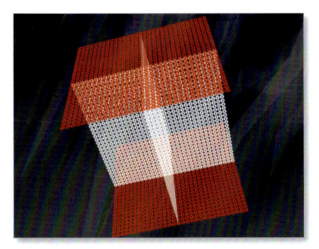

▲ **Abbildung 21.24**
Das ausgerichtete Objekt könnte so aussehen.

Parenting statt Verschachteln

Statt der Verschachtelung von Kompositionen können Sie die einzelnen Ebenen auch innerhalb einer Komposition über die Funktion PARENTING miteinander verknüpfen und dann als gesamtes Objekt animieren. Auch Null-Objekte, also unsichtbare Ebenen (EBENE • NEU • NULL-OBJEKT), sind hier hilfreich. Informationen zum Parenting erhalten Sie in Abschnitt 11.7, »Parenting: Vererben von Eigenschaften«.

9 Objekt animieren

Nach dem steinigen Weg beginnt jetzt endlich der Spaß. Zuerst animieren wir die Position. Setzen Sie zum Zeitpunkt 00:00 einen ersten Key. Tragen Sie einen z-Wert von »5500« ein. Verschieben Sie die Zeitmarke auf 02:00, und tragen Sie einen z-Wert von »1100« ein. Kopieren Sie den Key, und fügen Sie ihn bei 04:00 wieder ein. Zwei Sekunden bleibt unser Objekt also auf Position. Bei 04:18 setzen Sie den z-Wert auf »–750«. Damit liegt das Objekt hinter dem Betrachter und wird unsichtbar.

Weiter zur Drehung: Setzen Sie jeweils einen Key bei 00:00 für Y-DREHUNG und Z-DREHUNG mit »0× +0,0°«. Die nächsten Keys folgen jeweils bei 04:18 mit dem Wert »2× +0,0°«. Fertig.

▼ **Abbildung 21.25**
Die Keyframes der fertigen Animation

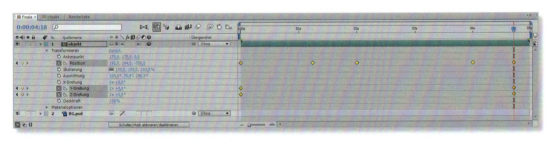

▲ **Abbildung 21.26**
Das fertig animierte Objekt – hier in Standfotos dargestellt ■

Die Arbeit mit 3D-Ebenen ist an dieser Stelle noch nicht beendet. In den nächsten Abschnitten liegt der Schwerpunkt allerdings auf der Arbeit mit Licht- und Kameraebenen. Trotzdem lohnt es sich, die Workshops in diesen Abschnitten durchzuarbeiten, weil Sie dabei auch lernen, mit 3D-Ebenen besser umzugehen.

21.2 Licht und Beleuchtung

Eine Szene ist erst dann richtig reizvoll, wenn sie ins richtige Licht getaucht wird. Sie werden jetzt verschiedene Lichtquellen kennenlernen und deren Wirkung auf 3D-Ebenen mit unterschiedlichen Materialoptionen erproben.

21.2.1 Lichtquellen

In After Effects gibt es einige animierbare Lichtquellen. Sie können sich diese wie Scheinwerfer vorstellen, die Sie im Raum positionieren können. Dabei ist die Position wie auch die Beleuchtungsrichtung animierbar. Lichtquellen sind selbst immer 3D-Ebenen. Sie müssen die Option also nicht extra einschalten. Für Ebenen, auf die sich die Beleuchtung auswirken soll, ist es allerdings notwendig, die 3D-Option zu aktivieren. 2D-Ebenen bleiben vom Licht unbehelligt.

Doch schreiten wir zur Tat. Im folgenden Workshop erfahren Sie, wie Sie Lichtebenen anlegen und animieren. Außerdem erläutere ich, wie sich verschiedene Materialoptionen auf 3D-Ebenen auswirken.

Schritt für Schritt: Lichtquellen anlegen und animieren

1 **Vorbereitung**

Sie ahnen es sicher schon, dass Sie auch in diesem Workshop zuerst ein Movie begutachten sollen. Hier ist es das Movie »omega« aus dem Ordner 21_3D/LOGO. Die Animation erfolgte ausschließlich durch eine Lichtquelle und deren Einstellungsmöglichkeiten.

Legen Sie ein neues Projekt an. Für die Komposition suchen Sie unter VORGABEN die Einstellung HDTV 1080 24. Unter DAUER tragen Sie eine Länge von 5 Sekunden ein. Importieren Sie die beiden Dateien »logo.mov« und »BG.mov« aus oben genanntem Ordner, und ziehen Sie sie zum Zeitpunkt 00:00 in die Zeitleiste. Die beiden Dateien enthalten einen animierten Hintergrund und ein animiertes Logo, das beleuchtet werden soll.

2   3D-Ebenen einrichten

Aktivieren Sie die 3D-Option für beide Ebenen. Im Unterschied zu 2D-Ebenen wird die Reihenfolge von 3D-Ebenen nicht durch deren Position in der Zeitleiste, sondern durch die Position im Raum festgelegt. Das heißt, 2D-Ebenen, die sich im Zeitplan über anderen 2D-Ebenen befinden, überdecken diese. Bei 3D-Ebenen überdecken die weiter vorn beim Betrachter befindlichen Ebenen diejenigen Ebenen, die sich räumlich dahinter befinden. Die Reihenfolge in der Zeitleiste spielt dafür keine Rolle.

Wählen Sie im Kompositionsfenster das Ansichtenlayout 2 ANSICHTEN ❷. Die Ebene »logo.mov« soll auf der z-Achse ein Stück nach vorn verschoben werden. Markieren Sie dazu die Ebene, und arbeiten Sie dann in der Ansicht von OBEN (linke Ansicht) ❶. Positionieren Sie den Mauszeiger über der blauen z-Achse, bis ein kleines »z« neben dem Mauszeiger erscheint, und ziehen Sie die Ebene in dieser Ansicht nach oben. Tatsächlich wird dadurch die Ebene im Raum nach hinten verschoben. Verschieben Sie die Ebene so weit, bis das Logo in der Ansicht AKTIVE KAMERA etwas größer erscheint.

▲ **Abbildung 21.27**
Ziehen Sie die beiden importierten Ebenen in die Zeitleiste, und aktivieren Sie die 3D-Option.

▼ **Abbildung 21.28**
Die Ebene »logo.mov« wird auf der z-Achse nach vorn verschoben, bis das Logo etwas größer in der Ansicht AKTIVE KAMERA (rechte Ansicht) erscheint.

3   Lichtebene hinzufügen

Lichtquellen werden ebenfalls als Ebenen angelegt und befinden sich nach deren Einrichtung in der Zeitleiste. Lichtebenen haben also wie alle Ebenen einen In- und einen Out-Point. Vor dem In- und nach dem Out-Point wirkt sich die Lichtebene daher auch nicht auf die 3D-Ebenen aus.

**Tasten zum Ein- und Aus-
zoomen und Verschieben**

Um ein Kompositionsfenster zu
vergrößern, betätigen Sie die
Taste [.] (Punkt). Zum Verkleinern wählen Sie [,] (Komma).
Benutzen Sie dafür nicht den Ziffernblock der Tastatur. Zum
Verschieben der Ansicht innerhalb des Kompositionsfensters
drücken Sie die Taste [H] oder
die Leertaste und ziehen gleichzeitig mit der Maus.

Zur Einrichtung wählen Sie EBENE • NEU • LICHT. Es erscheint ein
Einstellungsdialog, den wir ignorieren können, da alle darin enthaltenen Optionen auch in der Zeitleiste für die Lichtebene wählbar
sind. Auf diese Optionen gehe ich später genauer ein. Die Stan-
dardlichtquelle ist SPOT, und die wollen wir auch haben. Bestätigen
Sie mit OK. Achten Sie darauf, dass die Lichtebene zum Zeitpunkt
00:00 beginnt.

Abbildung 21.29 ▶
Die Einstellungen aus dem Dialog
LICHTEINSTELLUNGEN können Sie
später in der Zeitleiste animieren.

Zum besseren Verständnis konzentrieren wir uns auf die Ansicht
RECHTS. Dort sind unsere 3D-Ebenen als senkrechte Linien erkennbar. Von der Lichtebene sind die Lichtquelle ❸, der Lichtkegel ❷
und der Zielpunkt ❶ sichtbar. Die Lichtquelle ist in gleicher Weise
animierbar (Position, Drehung) wie 3D-Ebenen. Der Zielpunkt
bestimmt die Beleuchtungsrichtung und ist ebenfalls animierbar.
Zu Beginn ist der Zielpunkt auf den Kompositionsmittelpunkt
gerichtet. Den Lichtkegel können Sie ebenfalls animieren.

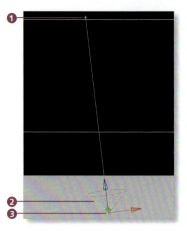

Abbildung 21.30 ▶
Lichter positionieren und
verschieben Sie ähnlich wie
3D-Ebenen.

4 Animation der Lichtquelle

Zuerst werden wir die Position der Lichtquelle animieren, später ein paar weitere Lichtoptionen. Öffnen Sie die Lichtebene, und blenden Sie die Transformieren-Eigenschaften ein. Setzen Sie je einen ersten Key für die Eigenschaften POSITION und ZIELPUNKT bei 00:20. Zu diesem Zeitpunkt soll der Lichtkegel von links auf den Logofilm leuchten. Am besten ist das in der Ansicht OBEN einstellbar. Bewegen Sie die Maus auf die blaue z-Achse, klicken Sie, und ziehen Sie die Lichtquelle mitsamt Zielpunkt so weit nach hinten, bis der Zielpunkt genau auf der Logoebene liegt.

Ziehen Sie dann die Lichtquelle, ohne eine der Achsen zu treffen, nach links. Der Zielpunkt wird anschließend etwas nach links verschoben. Orientieren Sie sich dabei an der folgenden Abbildung.

Setzen Sie dann die Zeitmarke auf 02:14, und lassen Sie die Lichtquelle leicht von links, aber fast frontal auf das Logo scheinen. Auch der Zielpunkt wird in die Mitte der Logoebene versetzt.

Am Zeitpunkt 04:05 lassen Sie die Lichtquelle von rechts auf das Logo scheinen und versetzen auch den Zielpunkt etwas nach rechts.

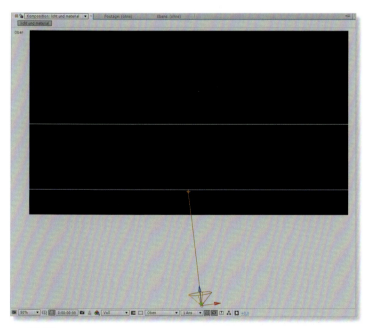

▲ **Abbildung 21.31**
Verschieben Sie Lichtebene und den Zielpunkt zuerst nach hinten, bis der Zielpunkt auf der Logoebene liegt.

Lichtposition und Leuchtrichtung ändern

Um die Position einer Lichtquelle zu ändern, ziehen Sie an einer der Achsen der Lichtquelle, um damit die Lichtquelle und den Zielpunkt gleichzeitig und parallel auf einer Achse zu verschieben. Ziehen Sie nur an der Lichtquelle, ohne dass eine Achse aktiviert ist, wird sie frei und unabhängig vom Zielpunkt verschoben. Ziehen Sie nur am Zielpunkt, wird dieser unabhängig von der Leuchtquelle verschoben und ändert so die Beleuchtungsrichtung.

Separate Dimensionen

Auch für die Positionseigenschaft von Lichtebenen können Sie die Dimensionen separieren. Klicken Sie dazu bei Bedarf mit der rechten Maustaste auf TRANSFORMIEREN • POSITION, und wählen Sie DIMENSIONEN TRENNEN. Sie können dann für die Achsen X, Y und Z jeweils einzeln Keyframes setzen. Um die Option rückgängig zu machen, nehmen Sie den gleichen Weg. Für diesen Workshop ist es einfacher, mit einem Keyframe für alle drei Achsen zu arbeiten.

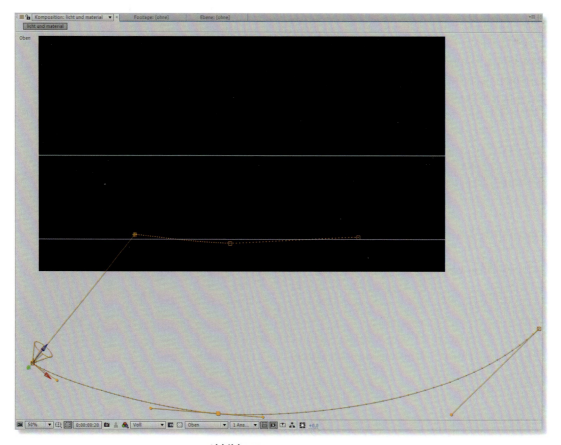

▲ Abbildung 21.32
Durch das Setzen der drei Beleuchtungspositionen entstehen Bewegungspfade, die nachträglich noch modifiziert werden können.

▲ Abbildung 21.33
Zur Animation der Lichtquelle sind nur je drei Keyframes in den Eigenschaften POSITION und ZIELPUNKT nötig.

5 | Bewegungspfad bearbeiten

Noch sieht die Animation unansehnlich aus. Es ist also noch ein wenig zu tun. In der Ansicht von OBEN stellen Sie den Bewegungspfad der Lichtebene leicht kreisförmig ein. In der Voreinstellung sind die gerade einen Quadratmillimeter großen Anfasser, mit denen Sie die Tangenten des Pfads krümmen können, schlecht zu sehen. Ändern Sie daher die Größe der Pfadpunkte über BEARBEITEN • VOREINSTELLUNGEN • ALLGEMEIN GRÖSSE DES PFADPUNKTS auf den Wert »8«. Vergrößern Sie auch die Ansicht etwas, und verschieben Sie sie mit der Taste H so weit, bis der linke Keyframe sichtbar wird. Da ist der Anfasser. Ziehen Sie ihn nach unten, um den Pfad zu krümmen. Die Ansicht können Sie danach wieder verkleinern. Auf der rechten Seite und in der Mitte verfahren Sie genauso, bis der Pfad gleichmäßig kreisförmig gebogen ist.

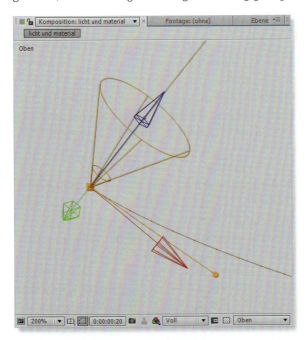

◄ **Abbildung 21.34**
Mit Hilfe der Anfasser krümmen Sie den Bewegungspfad.

▼ **Abbildung 21.35**
Der Bewegungspfad nach der Bearbeitung

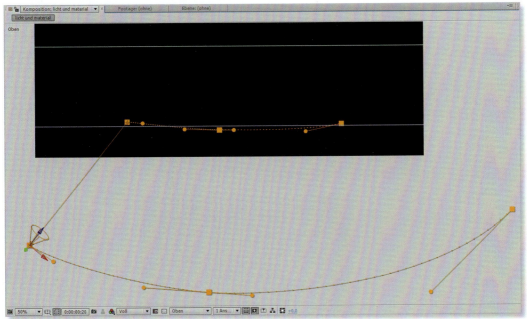

Lichtoptionen

Öffnen Sie für die Lichtebene die Liste unter LICHTOPTIONEN. Hier legen Sie fest, welche Lichtart Sie wünschen ❶.

▶ Die Einstellung PARALLEL resultiert in einer Lichtquelle ohne Lichtkegel, vergleichbar mit einer leuchtenden Fläche, die Licht in eine Richtung aussendet, oder der Sonne, deren Licht aufgrund der Entfernung beinahe parallel einfällt.

▶ Die Einstellung SPOTLICHT, die wir verwenden, resultiert in einer Lichtquelle, deren Licht ähnlich wie bei einem Scheinwerfer durch einen Lichtkegel begrenzt ist.

▶ PUNKTLICHT ist mit einer Glühbirne zu vergleichen – das Licht strahlt von einem Punkt aus gleichmäßig in alle Richtungen.

▶ UMGEBUNGSLICHT schließlich dient zur Aufhellung der Szene insgesamt; es ist nicht animierbar und kommt aus allen Richtungen.

Bleiben wir beim SPOTLICHT. Die hier verfügbaren Optionen sind auch bei den anderen Lichtquellen teilweise vorhanden. Unter INTENSITÄT tragen wir für unsere Animation einen Wert von »135 %« ein. Unter FARBE wählen wir ein sehr helles Blau.

Für die Option LICHTKEGEL aber setzen wir Keys. Stellen Sie zum Zeitpunkt 00:00 einen Wert von »0,0°« ein, und setzen Sie einen Key. Bei 02:20 setzen Sie den Wert auf »63,0°«, bei 02:14 auf »85,0°«, bei 04:05 auf »42,0°« und am Ende der Komposition auf »0,0°«. Der Lichtkegel wird also erst dann weiter aufgezogen, wenn die Lichtquelle frontal auf das Logo leuchtet.

Unter WEICHE KEGELKANTE setzen Sie den Wert von »50 %« auf »9 %«. Schauen Sie sich zwischendurch ruhig einmal die Animation an.

Abbildung 21.36 ▼
Der Lichtkegel wird über mehrere Keyframes animiert.

Abbildung 21.37 ▶
So sollte die Animation am Zeitpunkt 00:20 aussehen.

7 **Materialoptionen: Die Schattenwelt**

Dies ist nicht wie in der realen Welt: Beleuchtete Ebenen können in After Effects Schatten werfen oder auch nicht. Teuflisch gut. Schatten können nicht allein in der Lichtebene festgelegt werden, sondern die Einstellung hängt mit den Materialoptionen der 3D-Ebenen zusammen.

Die Vorgehensweise: Zuerst wählen Sie in der Lichtebene unter Wirft Schatten den Eintrag Ein, falls die Option in der Lichtebene inaktiv ist. Schließen Sie die Lichtebene, und öffnen Sie die Ebene »logo.mov« und dort die Materialoptionen. Wählen Sie bei Wirft Schatten ebenfalls den Eintrag Ein. Und jetzt geht's.

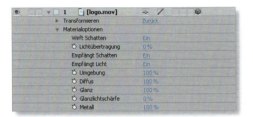

◄ **Abbildung 21.38**
Die Materialoptionen einer 3D-Ebene sind recht umfangreich und verändern die Wirkung des Lichts auf die Ebene.

Schauen Sie sich einmal die Animation an. Der Logoschatten wandert jetzt die Hintergrundebene entlang. Sie können die Option für jede 3D-Ebene einschalten. Ist Ihnen der Schatten zu dunkel, ändern Sie das in der Lichtebene unter Schattentiefe. Ich habe dort einen Wert von »65 %« eingestellt. Außerdem habe ich bei Weiche Schattenkante einen Wert von »33« festgelegt.

◄ **Abbildung 21.39**
Haben Sie die Materialoptionen richtig gewählt, sind realistisch wirkende Schatten möglich.

8 **Noch mehr Materialoptionen**

Weitere Materialoptionen stellen Sie bitte für die Logoebene ein. Die Änderungen werden am besten sichtbar, wenn das Spotlicht frontal auf das Logo fällt.

Stellen Sie unter Glanz einen Wert von »100 %« ein, um das ankommende Licht wie ein Spiegel zu reflektieren. Bei »0 %« gibt es keine Reflexion. Unter Glanzlichtschärfe legen Sie die Randschärfe des Reflexionspunkts fest. Wählen Sie »0 %«. Der Lichtpunkt wirkt dadurch etwas kleiner.

Unter DIFFUS bestimmen Sie die Reflexion diffusen Lichts. Bei »0 %« wird gar kein diffuses Licht reflektiert. Stellen Sie einen Wert von »100 %« ein. Wir erhalten so einen größeren Glanzpunkt.

Die Option METALL bewirkt bei »0 %« einen Glanzpunkt in der Farbe des einfallenden Lichts und bei »100 %« einen in der Farbe der Ebene. Wir behalten die voreingestellten 100 % bei. Da wir anschließend noch ein Umgebungslicht hinzufügen, stellen wir die Option bei UMGEBUNG auf »100 %«. Dadurch wird Umgebungslicht vollständig reflektiert.

Schließlich können Sie noch wählen, ob die Ebene überhaupt Licht oder Schatten empfängt. Setzen Sie die beiden Optionen EMPFÄNGT SCHATTEN und EMPFÄNGT LICHT auf EIN. Die LICHT-ÜBERTRAGUNG dient dazu, die Ebene durchscheinend wie ein Dia zu machen (dazu erfahren Sie mehr im Anschluss an diesen Workshop).

9 Umgebungslicht hinzufügen

Jetzt haben Sie's fast. Setzen Sie die Zeitmarke auf den Zeitpunkt 00:00, und gehen Sie noch einmal den Weg EBENE • NEU • LICHT. Wählen Sie im Einstellungsdialog unter LICHTART gleich UMGE-BUNGSLICHT. Bestätigen Sie mit OK.

Für INTENSITÄT und FARBE setzen Sie folgende Keyframes:

- ▶ INTENSITÄT: bei 00:00 = »125 %«, bei 00:20 = »50 %«, bei 04:05 = »50 %« und bei 04:24 = »125 %«

- ▶ FARBE: bei 00:00 = Weiß, bei 00:20 = Magenta, bei 04:05 = Magenta und bei 04:24 = Weiß

Abbildung 21.40 ▼
Die fertige Animation in der Zeitleiste

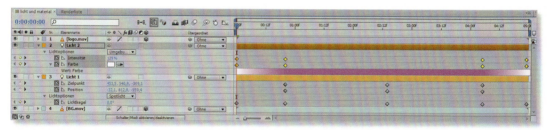

10 Letzter Schritt

Zu guter Letzt soll die Lichtquelle so eingerichtet werden, dass sie das Logo immer leicht von unten beleuchtet. Dazu ziehen Sie in der Ansicht von links nur an der Leuchtquelle, ohne den Zielpunkt zu verändern, und beobachten die Änderung in der Ansicht AKTIVE KAMERA. Der Schatten des Logos soll einigermaßen gut lesbar über dem Logo entlangwandern. Steuern Sie die Keyframes in der Ebene LICHT 1 mit den Tasten J und K an, um genau dort die Änderung vorzunehmen.

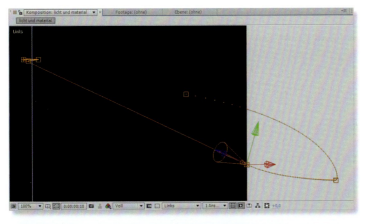

◄ **Abbildung 21.41**
Ziehen Sie die Lichtquelle nach unten, um das Logo nicht ganz frontal zu beleuchten.

◄ **Abbildung 21.42**
Der Schatten soll gut lesbar über dem Logo entlangwandern. ■

21.2.2 Lichtübertragung

Wie ich bereits im vorigen Workshop angekündigt habe, zeige ich Ihnen noch ein Beispiel für die Option LICHTÜBERTRAGUNG bei 3D-Ebenen.

Die Option LICHTÜBERTRAGUNG, die für 3D-Ebenen einstellbar ist, kann dazu dienen, Durchlichtprojektionen zu kreieren. Für diese Möglichkeit drängt sich der Vergleich mit einem Kirchenfenster auf, durch das Licht fällt. In magisch leuchtenden Farben illuminiert die Christusgeschichte geheimnisvoll den Kirchenraum. In After Effects – weniger poetisch ausgedrückt – werden Bildinhalte durch Verwendung der Lichtübertragung auf die 3D-Szenerie projiziert.

In der Anwendung benötigen Sie für eine solche Projektion eine Lichtquelle, eine Ebene, deren Bildinhalt projiziert werden soll, und eine Projektionsfläche. Die Lichtquelle sollte die Bildebene von hinten beleuchten, während Sie in der Bildebene in den MATERIALOPTIONEN die Option LICHTÜBERTRAGUNG ❶ auf »100 %« einstellen. Außerdem müssen Sie noch die Option WIRFT SCHATTEN für die Bildebene von AUS auf EIN umschalten.

> **Vorsicht!**
>
> Bei Verwendung des OpenGL-Render-Plugins wird die Lichtübertragung leider nicht dargestellt.

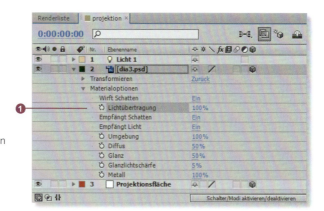

Abbildung 21.43 ►
Für eine wirkungsvolle Projektion setzen Sie den Wert für LICHT-ÜBERTRAGUNG auf »100 %« und die Option WIRFT SCHATTEN auf EIN.

Das Gleiche gilt für die Lichtquelle. Wenn Sie die Bildebene oder die Lichtquelle animieren, können Sie spannende Ergebnisse erzielen.

▲ **Abbildung 21.44**
Die Lichtquelle platzieren Sie für eine erfolgreiche Projektion hinter die Ebene, die projiziert werden soll.

Abbildung 21.45 ►
So kann eine Projektion aussehen.

21.3 Die Kamera: ein neuer Blickwinkel

Bisher haben Sie von festgelegten Blickwinkeln aus auf die 3D-Szenerie geschaut, wie z. B. von oben, von links oder durch die Ansicht AKTIVE KAMERA, die als Standardkamera sofort aktiviert wird, wenn eine 3D-Ebene in der Komposition auftaucht. Weitere Kameras, die Sie selbst einrichten können, geben Ihnen weitreichende neue Möglichkeiten, um realistisch wirkende Bewegungen durch einen 3D-Raum zu kreieren. Die Tiefenschärfeeinstellung einer Kamera macht es möglich, einzelne Ebenen besonders hervorzuheben, während andere im Unschärfebereich der Kamera nur angedeutet werden.

21.3.1 Kameraebenen und Kameraoptionen

Grundsätzlich ist erst einmal wichtig, dass eine neue Kamera (wie eine Lichtquelle) als Ebene in der Zeitleiste erscheint. Außerdem werden auch Kameras als Drahtgitterobjekte in Ihren Kompositionsansichten dargestellt. Denn nicht immer schauen Sie durch die neue Kamera selbst. Sie schauen vielmehr auf die gesamte 3D-Szenerie mitsamt der neuen Kamera, um diese im Raum zu positionieren. Im gerenderten Ergebnis ist sie dann – keine Sorge – nicht sichtbar.

Damit die selbsterstellte Kamera Wirkung zeigt, muss die Komposition 3D-Ebenen enthalten. Die Kamera selbst ist bereits eine 3D-Ebene.

Besser wird das aber anhand eines praktischen Beispiels im folgenden Workshop deutlich. In diesem Workshop erfahren Sie, wie Sie Kameraebenen erstellen und wie Sie mit den Kameraoptionen umgehen.

Schritt für Schritt: Kamerafahrt und Kamerazoom

1 **Vorbereitung**

Es ist gewiss kein Geheimnis mehr, dass auch für diesen Workshop ein fertiges Beispielmovie bereitliegt. Es befindet sich im Ordner 21_3D/TEXTKAMERA und heißt »pause.mov«.

Für die Komposition benötigen Sie eine Größe von 384 × 288 mit einer Dauer von 11 Sekunden. Importieren Sie die Datei »text.psd« aus oben genanntem Ordner, und ziehen Sie sie zum Zeitpunkt 00:00 in die Zeitleiste. Setzen Sie die Kompositionshintergrundfarbe über KOMPOSITION • HINTERGRUNDFARBE auf Weiß.

2 Textebene im Raum platzieren

Schalten Sie die 3D-Option für die Textebene ein. Wählen Sie im Kompositionsfenster als Ansichtenlayout den Eintrag 4 ANSICHTEN. Ersetzen Sie die Ansicht VORNE durch die Ansicht EIGENE ANSICHT 1 und die Ansicht RECHTS durch die Ansicht LINKS.

Abbildung 21.46 ▶
Zuerst wählen Sie vier Kompositionsansichten.

Als Nächstes bringen Sie die Textebene in die Waagerechte. Blenden Sie dazu mit der Taste ⌊R⌋ die Drehungseigenschaften ein. Verändern Sie die X-DREHUNG auf »–90°«.

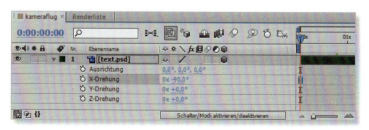

Abbildung 21.47 ▶
Zu Beginn drehen Sie die Textebene in die Waagerechte.

3 Kamera hinzufügen und Kameraeinstellungen

Erstellen Sie über EBENE • NEU • KAMERA eine neue Kameraebene. Der Dialog KAMERAEINSTELLUNGEN sieht kompliziert und mächtig aus, die Handhabung der Einstellungen ist aber einfacher, als es scheint.

Unter VORGABE ❶ wählen Sie die Einstellung 35 MM für die häufig verwendete 35-mm-Filmkamera. Die Einstellungen ZOOM, BLICKWINKEL und BRENNWEITE hängen zusammen und wirken sich darauf aus, wie groß die Komposition beim Blick durch die Kamera abgebildet wird. Wenn Sie den Wert für eine der drei Einstellungen verändern, passen sich die jeweiligen beiden anderen Werte an. Die MESSFILMGRÖSSE simuliert die Größe des belichteten Bereichs eines Films und bestimmt den erfassten Ausschnitt der Szene.

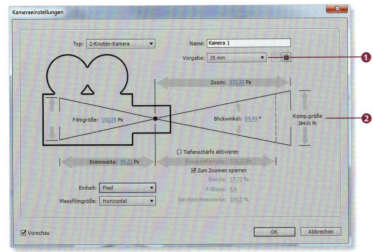

◀ **Abbildung 21.48**
Der Dialog KAMERAEINSTELLUNGEN wirkt komplizierter, als er ist. Hier legen Sie grundlegende Eigenschaften der Kamera fest.

Die KOMPOSITIONSGRÖSSE ❷ entspricht den zuvor von Ihnen gewählten Einstellungen. Die EINHEITEN können Sie in PIXEL, MILLIMETER und ZOLL angeben. Bei der Einstellung MILLIMETER erkennen Sie, dass die Brennweite unseren voreingestellten 35 mm entspricht. Die Filmgröße wird normalerweise immer horizontal gemessen, sie können Sie aber unter FILMGRÖSSE MESSEN auf VERTIKAL und DIAGONAL ändern.

Unter TYP entscheiden Sie, ob eine 1-KNOTEN-KAMERA oder eine 2-KNOTEN-KAMERA erstellt werden soll. Was es damit auf sich hat, erfahren Sie im Abschnitt nach diesem Workshop. Belassen Sie zunächst die 2-KNOTEN-KAMERA.

Einen interessanten weiteren Optionsbereich – die Tiefenschärfeeinstellungen – schauen wir uns im nächsten Workshop genauer an. Nach dem OK erscheint die Kamera als Drahtgitterdarstellung in Ihren Kompositionsansichten und als Ebene in der Zeitleiste.

4 Kameraoptionen

Wenn Sie die Kameraeigenschaften unter TRANSFORMIEREN und KAMERAOPTIONEN öffnen, kommt eine schöne Liste zusammen. Sie finden hier die wichtigsten, auch im Einstellungen-Dialog wählbaren Kameraoptionen wieder. Sie müssen also nicht immer in die Einstellungen zurückkehren. Wenn Sie dies dennoch wollen, klicken Sie einfach doppelt auf die Kameraebene. Das Gleiche gilt übrigens für Lichtebenen. Mit den Kameraoptionen beschäftigen wir uns teilweise in diesem und im nächsten Workshop.

Abbildung 21.49 ▶

Die Transformieren-Eigenschaften der Kamera ähneln denen der 3D-Ebenen. Unter KAMERAOPTIONEN sind die animierbaren, wichtigsten Optionen des Dialogs KAMERAEINSTELLUNGEN zusammengefasst.

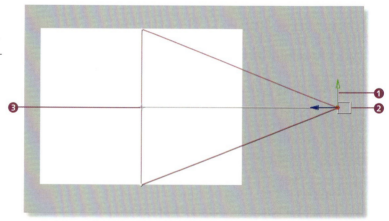

Die Blickrichtung einer Kamera stellen Sie ähnlich den Leuchtquellen über den ZIELPUNKT ❸ ein. Wollen Sie die Position der Kamera ändern, ist dies ebenfalls vergleichbar mit den Leuchtquellen. Ziehen Sie an einer der Achsen ❶, um die Kamera und den Zielpunkt gleichzeitig und parallel zu verschieben. Ziehen Sie an einer der Achsen und drücken gleichzeitig die Taste STRG, wird die Kamera bewegt, und der Zielpunkt verbleibt an seiner Position. Ziehen Sie am Kamerakörper ❷, um die Kamera unabhängig in alle Richtungen zu verschieben. Bewegen Sie nur den Zielpunkt, verbleibt die Kamera an ihrer Position, und die Blickrichtung ändert sich.

Abbildung 21.50 ▶
Die Kamera wird hier in der Ansicht von links gezeigt. Positioniert wird sie ähnlich wie 3D-Ebenen und Lichter.

In den Transformieren-Eigenschaften der Kamera findet sich auch die Eigenschaft AUSRICHTUNG. Ich rate Ihnen vorerst davon ab, diese zu animieren oder zu verändern. Durch eine Änderung wird die Kamera von ihrem Zielpunkt abgelenkt, was zu unerwünschten Ergebnissen führen kann. Interessant ist die Option zum Schwenken der Kamera.

5   **Kamera positionieren**

Die Kamera soll zu Beginn so positioniert sein, dass sie von schräg oben auf den Text »schaut«. Wählen Sie dazu die Ansicht LINKS, und verkleinern oder vergrößern Sie diese eventuell mit den Tasten . und .. Verschieben Sie die Ansicht innerhalb des Kompositionsfensters mit der Maus bei gedrückter Taste H oder Leertaste. Ziehen Sie die Kamera nach oben, ohne eine der Achsen zu treffen, bis sie in einem leicht schrägen Winkel eingestellt ist. Verschieben Sie dann die Kamera wie in Abbildung 21.51 von links gesehen an den Rand der als Linie dargestellten Textebene. Hier ist es wiederum günstig, die Achsen zu nutzen (es erscheint ein kleines x, y oder z neben dem Mauszeiger), um die Bewegung auf diese Achse einzuschränken. Setzen Sie für den ZIELPUNKT und die POSITION den ersten Key bei 00:00.

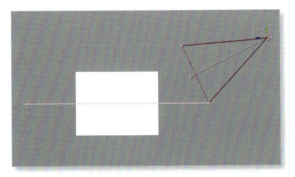

▲ **Abbildung 21.51**
Handhabbar ist die Kamera in der Ansicht von links. Sie sollte zum Zeitpunkt 00:00 wie in dieser Abbildung ausgerichtet sein.

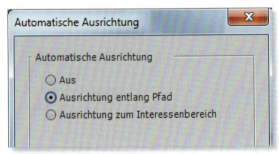

Separate Dimensionen

Auch für die Positionseigenschaft von Kameraebenen können Sie die Dimensionen separieren. Klicken Sie dazu bei Bedarf mit der rechten Maustaste auf TRANSFORMIEREN • POSITION und wählen DIMENSIONEN TRENNEN. Sie können dann für die Achsen X, Y und Z jeweils einzeln Keyframes setzen. Um die Option rückgängig zu machen, nehmen Sie den gleichen Weg. Für diesen Workshop ist es einfacher, mit einem Keyframe für alle drei Achsen zu arbeiten.

◄ **Abbildung 21.52**
Der Blick durch die Kamera zum Zeitpunkt 00:00

◄ **Abbildung 21.53**
So sollte es nicht aussehen: Durch Änderung der Werte bei der Kameraeigenschaft AUSRICHTUNG wird die Kamera von ihrem Zielpunkt abgelenkt, der in diesem Fall auf dem Bewegungspfad liegt.

6   **Kameraflug zum Wort »Kurze«**

Im nächsten Schritt lassen wir die Kamera zum Wort »Kurze« fliegen und dieses ins Visier nehmen. Wechseln Sie die Ansicht AKTIVE KAMERA zur Ansicht KAMERA 1. Sie können damit das Endergebnis der Kameraanimation kontrollieren.

Wechseln Sie in der Werkzeugleiste von LOKALACHSENMODUS zu WELTACHSENMODUS ❶. Setzen Sie die Zeitmarke auf 02:12. Verschieben Sie dann in der Ansicht OBEN die Kamera auf der z-Achse nach hinten und auf der x-Achse so weit nach links, bis

▲ **Abbildung 21.54**
Durch einen Wechsel vom Lokal- zum Weltachsenmodus sind manche Positionierungen einfacher.

▲ Abbildung 21.55
Um die Kamera zum Wort
»Kurze« fliegen zu lassen, verschieben Sie sie in der Ansicht
von oben dorthin.

das Wort »Kurze« wie in Abbildung 21.56 am unteren Bildrand
der Ansicht KAMERA 1 erscheint. In der Zeitleiste sind automatisch
zwei neue Keys für den Zielpunkt und die Position entstanden.

▲ Abbildung 21.56
Der Blick durch die Kamera in der Ansicht KAMERA 1 auf das Wort
»Kurze« am Zeitpunkt 02:12

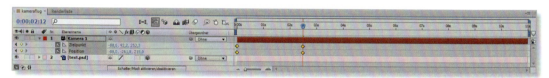

▲ Abbildung 21.57
Die Zeitleiste nach dem Verschieben der Kamera am Zeitpunkt 02:12

7 Kamera exakt positionieren

Das Wort »Kurze« ist noch nicht so wie gewünscht im Bild zu
sehen. In der Ansicht LINKS ziehen Sie die Kamera, ohne eine Achse
zu treffen, beinahe senkrecht nach oben, bis in der Ansicht KAMERA
1 das Wort »Kurze« fast mittig erscheint. Ziehen Sie die Kamera
noch auf der y-Achse ein Stück nach unten, bis nur noch das Wort
»Kurze« lesbar ist. Korrigieren Sie die Kameraposition gegebenenfalls in der Ansicht OBEN. Sollte das nicht hundertprozentig klappen: Es ist ja nur eine Übung …

Abbildung 21.58 ▶
In der Ansicht LINKS verschieben
Sie die Kamera so, bis das Wort
»Kurze« gut lesbar in der Ansicht
KAMERA 1 erscheint.

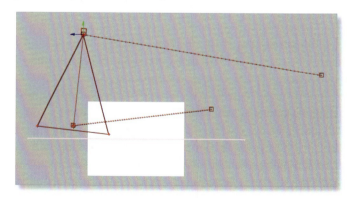

◄ **Abbildung 21.59**
Der Blick durch die Kamera in der
Ansicht KAMERA 1 auf das Wort
»Kurze« am Zeitpunkt 02:12 nach
der genauen Positionierung

8 **Kameraflug zum Wort »pause«**

Kopieren Sie die beiden Keys vom ZIELPUNKT und der POSITION am
Zeitpunkt 02:12, und setzen Sie sie bei 03:12 wieder ein. Somit
verweilt die Kamera einen Moment auf dem Wort. Setzen Sie dann
die Zeitmarke auf 06:00. Ziehen Sie jetzt die Kamera in der Ansicht
OBEN auf der x-Achse nach rechts, bis in der Ansicht KAMERA 1
das Wort »pause« etwa mittig erscheint. Kopieren Sie die Keys am
Zeitpunkt 06:00, und setzen Sie sie am Zeitpunkt 07:00 wieder ein,
damit die Kamera kurz auf dem Wort verweilt.

◄ **Abbildung 21.60**
Bewegen Sie die Kamera in der
Ansicht OBEN am Zeitpunkt 06:00
auf der x-Achse nach rechts, bis
das Wort »pause« in der Ansicht
KAMERA 1 erscheint.

Abbildung 21.61 ▶

In diesem Schritt soll das Wort »pause« erscheinen.

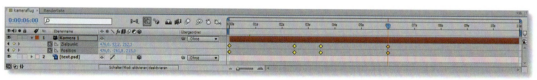

▲ **Abbildung 21.62**

Die Zeitleiste nach dem Verschieben der Kamera am Zeitpunkt 06:00

9 Bewegungspfad linear

Ihre Kamera hat, wie Sie es von animierten Ebenen kennen, einen Bewegungspfad erhalten. Die Standardeinstellung für Bewegungspfade ist ein gekrümmter Pfad. In unserem Workshop soll der Bewegungspfad allerdings gerade verlaufen. Klicken Sie daher auf das Wort ZIELPUNKT und dann mit ⟨⇧⟩ auf POSITION in der Zeitleiste, um alle Keys zu markieren, und wählen Sie dann ANIMATION • KEYFRAME-INTERPOLATION. In dem Dialog stellen Sie die RÄUMLICHE INTERPOLATION auf LINEAR. Bestätigen Sie mit OK.

Abbildung 21.63 ▶

Im Dialog KEYFRAME-INTERPOLATION setzen Sie den Bewegungspfad der Kamera auf LINEAR.

10 Neue Position und Zoom

Zum Schluss wird die Kamera den gesamten Text ins Blickfeld nehmen. Setzen Sie die Zeitmarke auf den Zeitpunkt 08:15. Ziehen Sie die Kamera in der Ansicht OBEN auf der z-Achse und anschließend auf der x-Achse in die Mitte des Textes. Orientieren Sie sich hierbei an dem Textausschnitt, der in der Ansicht zu sehen ist – es ist die Textmitte.

▲ **Abbildung 21.64**
Zum Zeitpunkt 08:15 wird die Kamera genau über dem Text zentriert.

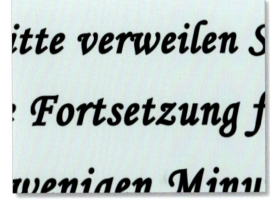

▲ **Abbildung 21.65**
Der Blick durch die Kamera in der Ansicht KAMERA 1 am Zeitpunkt 08:15

Öffnen Sie zum Animieren des Zooms die KAMERAOPTIONEN in der Zeitleiste, und setzen Sie einen Key für ZOOM. Setzen Sie die Zeitmarke auf den Zeitpunkt 09:15, und ändern Sie den Wert für ZOOM auf »100«. Der nächste Kaffee ist endlich fällig. Machen Sie einfach eine kurze Pause. Die Fortsetzung folgt gleich.

▼ **Abbildung 21.66**
Die Zeitleiste mit den Keyframes der fertigen Animation

▲ **Abbildung 21.67**
Der Blick durch die Kamera sollte bei erfolgreicher Animation zum Schluss den gesamten Text zeigen.

21.3.2 Ein-Knoten- und Zwei-Knoten-Kameras

Wenn Sie über Ebene • Neu • Kamera gehen, gelangen Sie in den Dialog Kameraeinstellungen und können dort unter Typ zwischen 1-Knoten-Kamera und 2-Knoten-Kamera entscheiden.

Eine 2-Knoten-Kamera ist auf den Interessenbereich, also den Zielpunkt hin ausgerichtet. In der Zeitleiste können Sie sowohl für die Eigenschaft Position als auch für die Eigenschaft Zielpunkt Keyframes setzen.

Eine 1-Knoten-Kamera ist auf keinen Punkt ausgerichtet. Der Zielpunkt wird in der Komposition zwar unnötigerweise angezeigt, aber die Kamera ist weder auf ihn ausgerichtet noch können Sie in der Zeitleiste Keyframes dafür setzen.

Ausrichtung der Kamera | Ob 1- oder 2-Knoten-Kamera – der Titel lenkt davon ab, dass es sich hierbei nur um eine Ausrichtungsoption handelt. Sie können die Ausrichtung der Kamera jederzeit ändern und damit die Kamera von einer 1- in eine 2-Knoten-Kamera umwandeln und umgekehrt.

Markieren Sie dazu die Kameraebene und gehen den Weg Ebene • Transformieren • Automatische Ausrichtung. Im Dialog Automatische Ausrichtung wählen Sie Aus, um eine 1-Knoten-Kamera zu erhalten, und Ausrichtung zum Interessenbereich für eine 2-Knoten-Kamera.

Mit der Option Ausrichtung entlang Pfad folgt die Blickrichtung der Kamera einem zuvor geschaffenen Bewegungspfad. Auch hier ist der Zielpunkt nicht selbst animierbar.

▲ **Abbildung 21.68**
Im Dialog Automatische Ausrichtung entscheiden Sie, wohin die Kamera »blickt«.

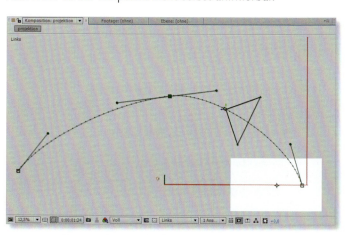

Abbildung 21.69 ▶
Hier ist die Kamera entlang des Bewegungspfads ausgerichtet.

21.3.3 Tiefenschärfe

Wie im vorhergehenden Workshop schon angekündigt wurde, sollten später noch ein paar Kameraoptionen geklärt werden. Es handelt sich um die Einstellungen für die Tiefenschärfe. Sie kennen die Wirkung von der Fotokamera – eine kleine Blende bewirkt eine hohe Tiefenschärfe: Das Motiv ist, obwohl man nur auf einen bestimmten Punkt scharf gestellt hatte, durchgängig klar erkennbar. Bei einer großen Blendenöffnung hingegen ist das Motiv vor und hinter dem Punkt, auf den scharf gestellt wurde, verschwommen. Um Teile einer 3D-Szenerie zu betonen, bietet sich die Tiefenschärfeeinstellung hervorragend an.

In diesem Workshop wird nicht nur die Tiefenschärfe besprochen, sondern auch die Ausrichtung von 3D-Ebenen zur Kamera.

Schritt für Schritt: Fokus, Pokus, Tiefenschärfe

1 Vorbereitung

Diesmal müssen Sie nicht ganz so viel vorbereiten, da ich Ihnen ein Projekt mitgegeben habe, das Sie einfach öffnen können, um darin weiterzuarbeiten. Das Projekt heißt »fokus.aep« und ist im Ordner 21_3D/Tiefenscharf zu finden. Kopieren Sie sich am besten den gesamten Ordner auf die Festplatte.

An gleicher Stelle liegen auch das Movie »fokus«, das den fertigen Film darstellt, und das fertige Projekt »fokusfertig.aep« zur Anschauung bereit. Öffnen Sie das Projekt »fokus.aep«. Es sind bereits eine Kamera und einige Ebenen angelegt, die die Kamera ins Visier nimmt. Zum Arbeiten verwenden Sie zwei Kompositionsansichten. Stellen Sie eine Ansicht auf Links und die andere auf Kamera 1.

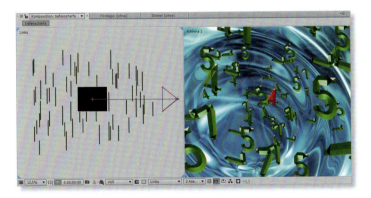

◄ **Abbildung 21.70**
Die Kamera ist recht weit von den etwa 60 Ebenen entfernt, die das Zahlenmeer bilden. Noch sind alle Zahlen klar erkennbar.

2 Tiefenschärfe einschalten und Optionen

Die Tiefenschärfe können Sie im Dialogfeld Kameraeinstellungen und in der Zeitleiste aktivieren. Doppelklicken Sie auf die Ebene Kamera 1 in der Zeitleiste, um das Dialogfeld zu öffnen. Setzen Sie ein Häkchen bei Tiefenschärfe aktivieren ❶.

Der Fokus bezeichnet den absoluten Schärfepunkt. Ein Bild, das sich also genau auf dem Fokuspunkt befindet, wird absolut scharf dargestellt. Mit der FOKUSENTFERNUNG ❷ legen Sie fest, wie weit entfernt von der Kameraposition dieser Schärfepunkt liegt. Vor und hinter dem Fokuspunkt werden die Bildbereiche abhängig von der gewählten BLENDE ❹ unscharf. Je kleiner der Blendenwert ist, desto größer ist der Bereich vor und hinter dem Fokuspunkt, innerhalb dessen die Bildbereiche scharf erkennbar sind. Das ist der Tiefenschärfebereich. Durch die Animation der Fokusentfernung ist es möglich, den Tiefenschärfebereich so zu verschieben, dass neue Objekte in den scharfen Bereich eintreten, während andere im unscharfen Bereich liegen.

F-STOPP ❺ ist nichts weiter als eine andere Art der Messung des Blendenwerts; die Werte der BLENDE und von F-STOPP hängen daher zusammen. Verändern Sie also den einen Wert, ändert sich auch der andere. Die Option ZUM ZOOMEN SPERREN ❸ bewirkt, dass die Fokusentfernung dem Wert des Zooms entspricht. Mit der WEICHZEICHNERSTÄRKE ❻ stellen Sie ein, wie stark Bildbereiche, die außerhalb des Tiefenschärfebereichs liegen, weichgezeichnet werden. Ändern Sie die Werte in den Kameraeinstellungen nicht; das machen wir in der Zeitleiste. Schließen Sie den Dialog mit OK.

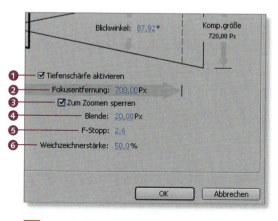

Abbildung 21.71 ▶
Im Dialog KAMERAEINSTELLUNGEN befinden sich auch Optionen für die Tiefenschärfe einer Kamera.

3   Blende einstellen und Fokusentfernung animieren

Öffnen Sie die Kameraoptionen der KAMERA 1 in der Zeitleiste. Zuerst wählen wir hier einen recht niedrigen Blendenwert, um das Zahlenmeer wie durch Tränen verschwommen erscheinen zu lassen. Der F-STOPP-Wert fehlt, da der Blendenwert ihn ersetzt. Setzen Sie den Blendenwert auf »100«.

Jetzt lassen wir den Fokuspunkt durch die gestaffelten Zahlenebenen wandern. Und raten Sie einmal, welche Zahl dabei ganz klar und scharf sichtbar sein soll. Ja, die rote!

Setzen Sie für FOKUSENTFERNUNG einen Wert von »1170« und einen Key zum Zeitpunkt 00:00. Ziehen Sie die Zeitmarke auf 01:12, und setzen Sie die FOKUSENTFERNUNG auf den Wert »2120«. Um den Unschärfe-/Schärfeeffekt zu verstärken, setzen Sie die WEICHZEICHNERSTÄRKE auf »1000 %«. In der Ansicht LINKS lässt sich sehr gut nachvollziehen, wie der Fokuspunkt ❼ durch die Ebenen »wandert«. Verändern Sie dazu den Wert von FOKUSENTFERNUNG ruhig noch einmal, indem Sie den Wert in der Zeitleiste ziehen.

▲ **Abbildung 21.72**
Die Kamera kann den Fokuspunkt durch die Ebenen wandern lassen.

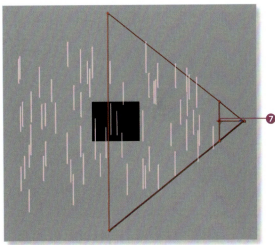

▲ **Abbildung 21.73**
Außer der Kamera selbst wird auch der dazugehörende Fokuspunkt der Kamera angezeigt.

4　**Kamera zur Ebene ausrichten: Kamera liebt Zahl**

Da sich die Kamera in die rote Vier »verguckt« hat, lassen wir sie schnell herbeieilen, um die rote Zahl nah zu sehen. In der Ansicht LINKS lässt sich die Kamera dazu am einfachsten verschieben. Drücken Sie die Taste P, um die Positionseigenschaft der Kamera einzublenden. Setzen Sie für POSITION einen Key bei 01:12. Setzen Sie die Zeitmarke auf 03:19, und ziehen Sie die Kamera mit aktiver z-Achse nahe an die Zahlenebene heran. Da jetzt alles verschwommen ist, benötigen wir einen weiteren Key bei FOKUSENTFERNUNG. Ziehen Sie den Wert so lange, bis die rote Zahl klar erkennbar ist, also auf einen Wert um »550«.

3D-Entwurf

Sie können für 3D-Kompositionen Lichter, Schatten und die Wirkung der Tiefenschärfe einer Kamera aus- und einschalten, um das Rendern beim Arbeiten zu beschleunigen. Klicken Sie dazu in der Zeitleiste auf den Schalter 3D-ENTWURF ❽.

◄ **Abbildung 21.74**
Über den Schalter 3D-ENTWURF schalten Sie die Wirkung von Lichtern, Schatten und Tiefenschärfe aus und ein.

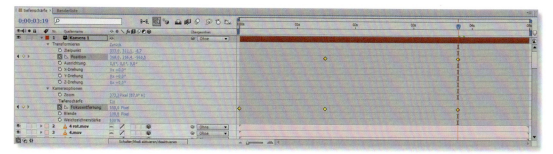

▲ **Abbildung 21.75**
Keyframes für die POSITION und die FOKUSENTFERNUNG der Kamera

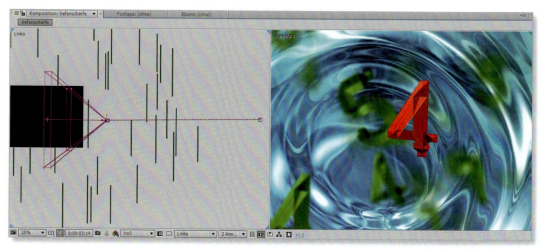

▲ **Abbildung 21.76**
In der Ansicht LINKS ist die Kamerafahrt anhand des Bewegungspfads nachvollziehbar. In der Ansicht AKTIVE KAMERA erkennen Sie nur noch die rote Zahl klar.

5 **Ebene zur Kamera ausrichten: Zahl liebt Kamera**

Die Kamera soll in diesem Schritt ein Stück um die Zahl »herumfliegen«. Die Zahl richtet sich dabei nach der Kamera.

Um eine Ebene zur Kamera auszurichten, wählen Sie die Ebene »4rot.mov« aus und gehen dann im Menü über EBENE • TRANSFORMIEREN auf AUTOMATISCHE AUSRICHTUNG. Es öffnet sich ein Dialog, in dem Sie AUSRICHTUNG ZU KAMERA aktivieren. Es folgt das Neupositionieren der Kamera. Ziehen Sie die Zeitmarke auf den Zeitpunkt 04:12. Wechseln Sie von der Ansicht LINKS zur Ansicht OBEN. Verschieben Sie den Zielpunkt ❶ genau mittig auf die Zahl-Ebene.

Ziehen Sie die Kamera nach rechts, ohne eine der Achsen zu aktivieren, bis die Kamera etwa in einem 90-Grad-Winkel zu den übrigen Ebenen steht. Achten Sie darauf, dass der Fokus genau

▲ **Abbildung 21.77**
Über den Dialog AUTOMATISCHE AUSRICHTUNG richten Sie 3D-Ebenen zur Kamera hin aus.

auf der Ebene der Zahl verbleibt, oder justieren Sie ihn nach, sonst wird die Zahl unscharf.

Das Verschieben der Kamera ist nicht so einfach, da die Ansicht zur Bearbeitung recht klein gewählt werden muss. Vergrößern und verkleinern Sie die Darstellung eventuell mit den Tasten ⬚ und ⬚. Kümmern Sie sich erst nach der Positionierung der Kamera um den gekrümmten Bewegungspfad, und ziehen Sie ihn dann an der Tangente ❷ zu einer schönen gebogenen Kurve. Wenn es dabei doch nicht so richtig klappen will und nicht toll aussieht, ärgern Sie sich nicht. Jetzt wissen Sie immerhin, wie Sie 3D-Ebenen zur Kamera ausrichten.

Die letzten Keyframes setzen Sie bei WEICHZEICHNERSTÄRKE: bei 03:19 = »1000 %« und bei 03:21 = »600 %«.

▼ **Abbildung 21.78**
In der Ansicht OBEN verschieben Sie die Kamera in einem 90-Grad-Winkel.

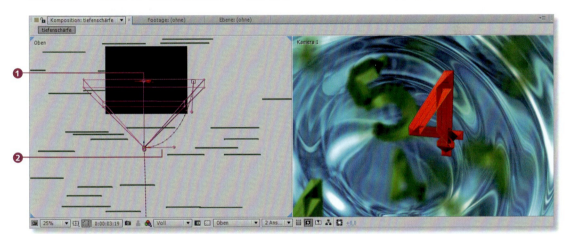

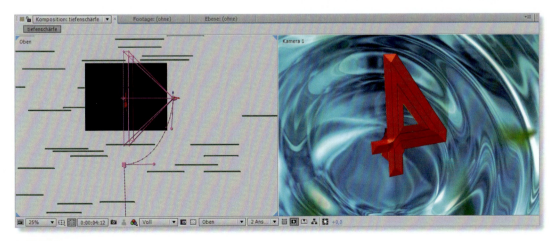

▲ **Abbildung 21.79**
Die 3D-Ebene macht den Schwenk mit, da die Ausrichtungsoption aktiviert ist. Rechts ein letzter Blick auf die rote Zahl. ▮

21.3.4 Kamera-Werkzeuge

Die schon im Workshop »3D-Ebenen positionieren« erwähnten Kamera-Werkzeuge dienen zum Bearbeiten und Neueinrichten der Ansichten im Kompositionsfenster, was besonders in den Einstellungen EIGENE ANSICHT deutlich wird. Diese Änderungen haben keinen Einfluss auf das Endergebnis.

Abbildung 21.80 ▶

Hervorragend: Die Arbeit mit den Kamera-Werkzeugen macht das Animieren der Kamera zu einem intuitiven Vergnügen.

Aber: Wenden Sie die Werkzeuge in einer Kameraansicht, z. B. KAMERA 1, an, ändern sich sehr wohl die Drehung und die x-, y-, z-Position der Kamera. Dies hat einen Einfluss auf das Endergebnis! Die Kamera-Werkzeuge dienen so als große Arbeitserleichterung, da Sie mit den Werkzeugen einfach irgendwo ins Kompositionsfenster klicken können, ohne umständlich in verschiedenen Ansichten nach Achsen suchen zu müssen. Die Kameraposition ändern Sie dann sehr einfach, indem Sie sie bei aktiviertem Werkzeug über das Kompositionsfenster ziehen. Daher betrachten wir hier noch einmal diese Werkzeuge.

Bei aktivem KAMERA-DREHEN-WERKZEUG drehen Sie die Kamera um den Zielpunkt. Bei ausgewähltem XY-KAMERA-VERFOLGEN-WERKZEUG verschieben Sie Kamera und Zielpunkt gleichzeitig und parallel auf der x- bzw. y-Achse. Mit dem Z-KAMERA-VERFOLGEN-WERKZEUG verschieben Sie Zielpunkt und Kamera ebenso auf der z-Achse.

Kombiniertes Kamera-Werkzeug | Das mit der Kamera symbolisierte kombinierte Kamera-Werkzeug verbindet die zuvor beschriebenen Kamera-Werkzeuge. Der Vorteil: Wenn Sie eine Maus mit drei Tasten verwenden, sind die Werkzeuge nun auf je eine der Tasten gelegt, und Sie können schneller und intuitiver arbeiten.

Dabei ist der rechten Maustaste das Z-KAMERA-VERFOLGEN-WERKZEUG zugeordnet. Ziehen Sie mit gedrückter rechter Maustaste, ändert sich die Position der Kamera, und der Zielpunkt verbleibt an seiner Position; nehmen Sie beim Ziehen die Taste [Strg] hinzu, wird auch der Zielpunkt mit verschoben.

Mit der linken Maustaste erhalten Sie das KAMERA-DREHEN-WERKZEUG und mit der mittleren Maustaste das XY-KAMERA-VERFOLGEN-WERKZEUG. Sie müssen den mit gedrückter Maustaste sichtbaren entsprechenden Mauszeiger nur noch im Kompositionsfenster bewegen, um die Kamera neu zu positionieren bzw. die Kompositionsansichten zu modifizieren.

Tastenkürzel

Um sich das Arbeiten mit den Werkzeugen noch leichter zu machen, wechseln Sie einfach mit der Taste [C] zwischen den Werkzeugen hin und her.

▲ **Abbildung 21.81**

Um eine Kamera mit den Kamera-Werkzeugen zu bearbeiten, müssen Sie sie im Einblendmenü 3D-ANSICHTEN auswählen.

22 Malen und Retuschieren

After Effects bietet mit drei unauffälligen Werkzeugen umfangreichste Bearbeitungsmöglichkeiten für die Retusche in Film- und Bildmaterial: mit dem Pinsel, dem Kopierstempel und dem Radiergummi. Diese Werkzeuge basieren auf auflösungsunabhängigen Vektoren. Dabei erzeugen Sie mit dem **Pinsel** Striche, die vorhandene Bildbereiche überdecken oder diese transparent setzen. Mit dem **Kopierstempel** kopieren Sie Pixel aus einem gewählten Bildbereich und fügen sie an anderer Stelle im Bild wieder hinzu. Der **Radiergummi** dient dazu, Bildpixel oder auch bereits gemalte Pinselstriche durchscheinend oder unsichtbar zu machen. Für beide, den Kopierstempel wie den Radiergummi, werden dabei ebenfalls Striche erzeugt. Alle diese Bearbeitungsmöglichkeiten sind nichtdestruktiv, fügen dem Bild also keinen Schaden zu. Jeder Strich, ob vom Pinsel-, Kopier- oder Radier-Werkzeug erzeugt, besitzt mannigfaltige animierbare Eigenschaften und ist nachträglich bearbeitbar.

Durch die Anwendung eines der drei Werkzeuge auf eine Ebene wird dieser der Effekt MALEN aus der Effekt-Kategorie MALEFFEKTE hinzugefügt. Dort befindet sich auch der dem Malen sehr ähnliche Effekt VEKTORPINSEL, mit dem Sie Striche sogar verwackeln können.

22.1 Pinsel und Pinselspitzen

Zum Einstieg werden Sie die für alle drei Werkzeuge wichtigen Paletten MALEN und PINSELSPITZEN in einem kleinen Workshop kennenlernen.

Schritt für Schritt: 1, 2, 3 ... Start

1 **Vorbereitung**

In diesem kleinen Workshop erhalten Sie die Aufgabe, die Zahlen 1, 2 und 3 mit unterschiedlichen Farben und Strichstärken auf eine Ebene zu zeichnen.

Legen Sie dazu ein neues Projekt und darin eine Komposition in der Vorgabegröße PAL D1/DV QUAD. PIXEL an. Die Dauer der Komposition ist frei wählbar. Importieren Sie die Datei »BG. psd« aus dem Ordner BEISPIELDATEIEN/22_MALEN von der DVD, und ziehen Sie die Datei in die Komposition. Sie soll hier nur als Hintergrundbild dienen. Erstellen Sie über das Menü EBENE • NEU • FARBFLÄCHE oder mit ⌈Strg⌉+⌈Y⌉ eine schwarze Ebene. Klicken Sie im Kompositionsfenster doppelt auf die Ebene, um das Ebenenfenster einzublenden, denn nur dort haben die Malen-Werkzeuge eine Wirkung.

2 **Arbeitsbereich wechseln**

Öffnen Sie über FENSTER • MALEN oder ⌈Strg⌉+⌈8⌉ und FENSTER • PIN-SELSPITZEN oder ⌈Strg⌉+⌈9⌉ die gleichnamigen Paletten. Noch besser allerdings ist es, Sie wechseln gleich den gesamten Arbeitsbereich. Wählen Sie dazu bei FENSTER • ARBEITSBEREICH den Eintrag MALEN ❷. Der Arbeitsbereich enthält danach bereits beide Paletten, und Kompositions- und Ebenenfenster sind nebeneinander angezeigt. Ein Doppelklick auf die Ebene im Kompositionsfenster öffnet diese wieder im Ebenenfenster. Ziehen Sie, um Platz zu sparen, gegebenenfalls die Palette PINSELSPITZEN auf die Palette MALEN, und wechseln Sie dann zwischen beiden Registerkarten hin und her.

Auswahl-Werkzeug zum Verschieben

Um einen mit dem Pinsel-, Kopier- oder Radier-Werkzeug erzeugten Strich zu verschieben, verwenden Sie das Auswahl-Werkzeug und klicken dann direkt in die Mitte eines Strichs. So einfach können Sie den Strich an eine andere Stelle ziehen. Das Verschieben mit den Pfeiltasten ist ebenfalls möglich.

❶ **❷**

▲ **Abbildung 22.1**
Die Wahl des Arbeitsbereichs MALEN ermöglicht ein bequemes Arbeiten im Ebenenfenster, während das Endergebnis im Kompositionsfenster angezeigt wird.

Das Gedächtnis der Malen-Palette

Veränderungen in der Malen-Palette bleiben Ihnen auch dann erhalten, wenn Sie ein anderes Werkzeug verwenden, z. B. den Kopierstempel oder den Radiergummi. Sie sollten also in jedem Fall überprüfen, ob die gewählten Einstellungen noch zur jeweiligen Aufgabe passen.

3 **Erste Schritte mit der Malen-Palette**

Die Bearbeitung erfolgt beim Malen, Radieren und Kopieren im Ebenenfenster. Wählen Sie zunächst das Pinsel-Werkzeug ❶ aus. Sie können sofort loslegen. Versichern Sie sich aber zuerst, dass unter METHODE ❸ NORMAL gewählt ist, unter KANÄLE • RGBA und unter DAUER • KONSTANT. Malen Sie nun eine 1 in die linke Seite des Ebenenfensters.

Für die zweite Zahl ändern Sie die Farbe über den Farbwähler ❹. Sie können in einem Bild auch Farben mit der Pipette aufnehmen und dann mit dieser Farbe malen. Die beiden Einstellungen DECK-KRAFT und FLUSS verändern die Transparenz des Strichs. Setzen Sie den Wert für FLUSS auf »10 %«.

Keine eigenen Pinselspitzen

Die Verwendung eigener, auf Bildern basierender Pinselspitzen zur Simulation von natürlichen Mal-Werkzeugen, wie es beispielsweise Photoshop erlaubt, ist leider nicht möglich.

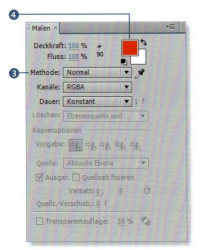

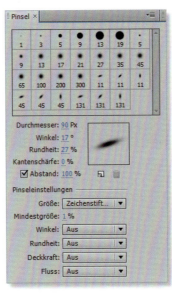

▲ **Abbildung 22.2**
In der Palette MALEN legen Sie die FARBE, die DECKKRAFT, die KANÄLE, auf die sich der Strich auswirkt, und mehr fest. Die KOPIEROPTIONEN sind noch inaktiv.

▲ **Abbildung 22.3**
In der Palette PINSELSPITZEN wählen Sie vordefinierte Pinselspitzen aus dem oberen Feld oder definieren selbst neue.

Selbsterstellte Pinselspitzen sichern

Wenn Sie eigene Werte für die Parameter einer Pinselspitze definiert haben, können Sie sie sichern. Wählen Sie aus dem Palettenmenü über die Menü-Schaltfläche den Eintrag NEUER PINSEL. Als Name werden einige Parameter vorgegeben. Die neue Pinselspitze ist nach dem OK neben den Standardspitzen zu finden. Das Gleiche erreichen Sie auch in der Pinsel-Palette über die Schaltfläche SPEICHERN.

❹ Erste Schritte mit der Pinselspitzen-Palette

Wechseln Sie in die Palette PINSELSPITZEN. Tragen Sie bei DURCH-MESSER einen neuen Wert ein, z. B. »65«. Legen Sie die KANTEN-SCHÄRFE mit »100 %« und den ABSTAND mit »10 %« fest. Malen Sie danach eine 2 im Ebenenfenster. Der »rauchige«, sehr durchscheinende Charakter dieses Strichs ist auf den zuvor gewählten Wert von 10 % bei FLUSS zurückzuführen.

Für die nächste Zahl stellen Sie die Werte bei DURCHMESSER auf »240 px«, bei WINKEL auf »17°«3 und bei RUNDHEIT auf »27 %«. Sie erkennen schon in der Vorschau neben den Werten, dass damit die Form einer Zeichenfeder simuliert wird. Ändern Sie die KANTENSCHÄRFE auf »0 %«, setzen Sie ein Häkchen bei ABSTAND, und tippen Sie einen Wert von »100 %« ins Wertefeld. Dadurch wird eine punktierte Linie entstehen. Setzen Sie jetzt noch in der Palette MALEN den Wert für FLUSS auf »100 %« zurück, und

Pinselspitzen anhängen/zurücksetzen

Sie können die Pinselspitzen wieder auf Standardwerte zurücksetzen. Klicken Sie dazu auf die kleine Menü-Schaltfläche, und wählen Sie dann im Palettenmenü den Eintrag PINSELSPIT-ZEN ZURÜCKSETZEN. Sie haben die Wahl zwischen ANHÄNGEN, AB-BRECHEN und OK. ANHÄNGEN bewirkt eine Erweiterung der Standardpalette um die von Ihnen erstellten Pinselspitzen. Die Schaltfläche OK löscht angehängte Vorgaben. Es sind dann nur noch die Standardvorgaben vorhanden.

wählen Sie eine neue Farbe. Malen Sie dann eine 3 im Ebenen-fenster.

Abbildung 22.4 ▶
Das Ergebnis Ihrer ersten Schritte sollte dieser Abbildung ähnlich sehen.

5 Der Effekt »Malen

Wählen Sie bei markierter Ebene im Menü EFFEKT den Eintrag EFFEKTEINSTELLUNGEN ÖFFNEN. Im Effektfenster ist der Effekt MALEN sichtbar. Er enthält eine äußerst karge Liste. Aktivieren Sie den Eintrag AUF TRANSPARENZ MALEN mit einem Häkchen. Sie blenden damit den Bildinhalt der Originalebene aus, auf der Sie gemalt haben, und es sind lediglich Ihre Malstriche zu sehen. Falls einer Ihrer Malstriche doch nicht sichtbar ist, so liegt das sicherlich daran, dass Sie den Hintergrund nicht importiert haben und so Strich- und Hintergrundfarbe der Komposition einander gleichen wie ein Ei dem anderen. Schließen Sie die Effekteinstellungen wieder.

Effekte einblenden

Effekte blenden Sie bei markierten Ebenen schnell mit dem Tastenkürzel E ein.

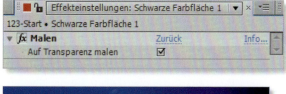

Abbildung 22.5 ▶
Der Effekt MALEN enthält im Effektfenster nur eine Option.

Abbildung 22.6 ▶
Die schwarze Originalfarbe der Ebene können Sie durch die Option AUF TRANSPARENT MALEN ausblenden.

22.1.1 Malen-Optionen in der Zeitleiste

So karg es im Effektfenster aussah, so reichhaltig tummeln sich nach unserem Workshop die Optionen in der Zeitleiste. Wir werfen hier nur einmal einen kleinen Blick hinein.

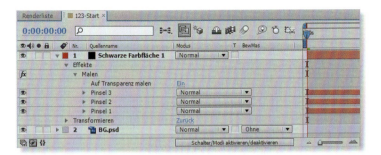

◄ **Abbildung 22.7**
In der Zeitleiste verbergen sich noch eine Menge mehr Optionen für Striche, als an dieser Stelle abgebildet sind.

Markieren Sie die schwarze Farbfläche aus dem vorhergehenden Workshop in der Zeitleiste, und drücken Sie dann zweimal kurz hintereinander die Taste P. Der Effekt MALEN wird daraufhin in der Zeitleiste geöffnet. Darin enthalten ist wieder die Option AUF TRANSPARENZ MALEN. Außerdem finden Sie dort drei Einträge: PINSEL 1, PINSEL 2 und PINSEL 3. Jeder Eintrag steht für einen der gemalten Striche. Die Nummerierung erfolgt fortlaufend. Der zuletzt gemalte Strich trägt die höchste Nummer und befindet sich auch ganz oben in der Reihenfolge.

Reihenfolge ändern | Sie können die Reihenfolge jederzeit verändern, indem Sie einen Pinsel auswählen und nach oben oder unten verschieben. Die Renderreihenfolge der Malstriche verläuft vom untersten zum obersten Strich in der Zeitleiste.

Pinsel umbenennen | Zum **Umbenennen eines Pinsels** markieren Sie seinen Namen und drücken die Taste ⏎, tragen den neuen Namen ein und betätigen wieder ⏎. Zum **Ausblenden eines Pinsels** klicken Sie auf das Augen-Symbol.

Neben jedem Pinsel befindet sich ein roter Balken, der nicht etwa eine neue Ebene darstellt, sondern die Dauer der Sichtbarkeit des Pinsels bzw. Strichs anzeigt. Das soll es für Ihren Einstieg zunächst gewesen sein, aber es gibt natürlich weitaus mehr Möglichkeiten. Dazu kommen wir auf den nächsten Seiten.

22.1.2 Anzeigeoption im Ebenenfenster

Im Ebenenfenster haben Sie unter dem Menüpunkt ANZEIGEN die Möglichkeit, Effekte, Masken und Ankerpunktpfade auszublenden. Diese sind dort in der Reihenfolge ihrer Anwendung aufgelistet. Wenn Sie ein Häkchen am Anfang der Liste setzen, z. B. bei

Pinsel löschen

Sie haben zwei Möglichkeiten: Klicken Sie mit dem Auswahl-Werkzeug direkt auf die Mitte eines Strichs, um den Strichpfad zu markieren, und betätigen Sie dann die Taste Entf . Wählen Sie alternativ den Pinsel in der Zeitleiste aus, und betätigen Sie auch hier die Taste Entf .

▲ **Abbildung 22.8**
Jeder mit dem Pinsel-, Kopier- oder Radier-Werkzeug erzeugte Strich besteht aus einem Pfad, der in der Mitte des Strichs verläuft.

MASKEN, werden alle nachfolgenden Bearbeitungen ausgeblendet. Mit dem Eintrag OHNE ist das Material im Originalzustand sichtbar. Um den Originalzustand anzuzeigen, können Sie aber auch das Häkchen bei RENDERN entfernen.

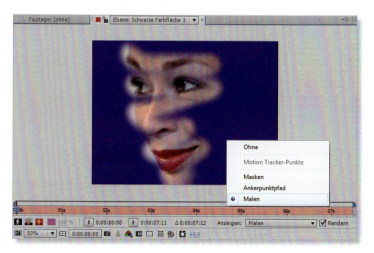

Abbildung 22.9 ▶
Im Ebenenfenster blenden Sie Bearbeitungsschritte ein und aus.

22.1.3 Malen auf Text

Um auf in After Effects erstellte Texte oder Buchstaben zu malen, ist eine kleine Vorbereitung nötig. Zuerst müssen Sie eine Komposition für den Text erstellen. Dort organisieren Sie Ihre Textebenen. Anschließend legen Sie eine zweite Komposition an, in der Sie dann malen, radieren oder kopieren. Die zuerst angelegte Textkomposition ziehen Sie dann wie jedes Rohmaterial aus dem Projektfenster in die zweite Komposition. Mehr dazu erfahren Sie in Abschnitt 7.4, »Verschachtelte Kompositionen (Nesting)«.

Auf die in der zweiten Komposition entstandene Ebene können Sie wie auf jeder anderen Ebene malen. Wenn Sie die Malstriche nur innerhalb der Textzeichen anzeigen lassen wollen, wählen Sie in der Malen-Palette vor dem Malen unter KANÄLE den Eintrag RGB aus. Die Striche werden nur innerhalb der Buchstaben, sprich in den opaken Bereichen, angezeigt.

▲ Abbildung 22.10
In diesem Beispiel wurde der Text in einer Komposition verschachtelt, um auf ihm malen zu können. Nur in den RGB-Kanälen der Buchstaben wurde Pink aufgetragen.

22.2 Malstriche bearbeiten

Wenn Sie mit dem Werkzeug PINSEL (oder auch KOPIERSTEMPEL oder dem RADIERGUMMI) ähnlich wie im vorhergehenden Workshop einen Strich erzeugt haben, können Sie die Parameter des Strichs im Nachhinein ändern.

Aber aufgepasst! Diese Änderung ist nicht in der Malen-Palette oder in der Palette PINSELSPITZEN möglich! Diese beiden

Paletten dienen nur dazu, die Eigenschaften eines zukünftig noch zu zeichnenden Strichs festzulegen. Also: Erst wenn Sie **danach** im Ebenenfenster malen, werden die Einstellungen wirksam und sichtbar.

Um einen schon vorhandenen Strich zu modifizieren, müssen Sie die Eigenschaften in der Zeitleiste verändern. Im Workshop haben Sie da schon kurz hineingeschaut.

22.2.1 Konturoptionen

Wenn Sie die Eigenschaftsliste eines Pinsel- oder anderen Malstrichs in der Zeitleiste über die kleinen Dreiecke öffnen, finden Sie unter KONTUROPTIONEN ❷ die Eigenschaften aufgelistet, die in den beiden Paletten enthalten sind. Wenn Sie dort die Werte verändern oder eine neue Farbe wählen, wird der Strich dementsprechend modifiziert.

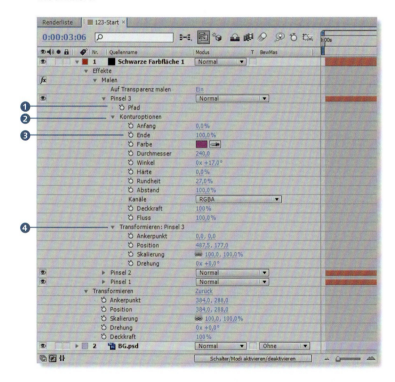

◀ **Abbildung 22.11**
In der Zeitleiste befinden sich die Optionen der Paletten MALEN und PINSELSPITZEN als animierbare Eigenschaften aufgelistet. Hier ändern Sie bereits erstellte Striche.

Falls Sie den Eintrag KANTENSCHÄRFE vermissen, der für einen weichen oder harten Strich sorgt – dieser heißt hier HÄRTE. Interessant sind die Eigenschaften PFAD ❶ sowie ANFANG und ENDE ❸ und weitere Optionen unter TRANSFORMIEREN ❹. An späterer Stelle folgt noch mehr zum Transformieren von Strichen.

Im folgenden kleinen Workshop schauen wir uns die Eigenschaften PFAD sowie ANFANG und ENDE genauer an. Die anderen

---

Beispiele

Die Beispiele zu den Workshops und zu einigen im Text erläuterten Funktionen finden Sie auf der Buch-DVD im Ordner 22_ MALEN. Öffnen Sie das Projekt »malen.aep«. Sie finden darin Kompositionen vor, die ähnliche Namen tragen wie die Workshops bzw. die beschriebenen Funktionen.

Eigenschaften sollten Sie ohne weitere Hilfe schnell handhaben können. Probieren Sie einfach die Eigenschaften einmal durch, nachdem Sie einen Strich gemalt haben.

Schritt für Schritt: Der Anfang, das Ende und die Form des Pinsels

1 **Vorbereitung**

In diesem Workshop lernen Sie zwei Möglichkeiten kennen, wie Sie einen Strich animieren können. In der ersten Variante sieht das Ergebnis so aus, als würde der Strich gerade erst beim Abspielen der Animation von Hand gezeichnet. Anschließend soll er einige Formumwandlungen durchlaufen.

Legen Sie zuerst ein neues Projekt an und darin eine Komposition mit einer Dauer von 10 Sekunden. Die Größe darf 720 × 576 (PAL) betragen. Fügen Sie dann mit Strg+Y eine Farbfläche in der Größe der Komposition hinzu. Wählen Sie unter ARBEITSBE-REICH oben rechts den Eintrag MALEN. Klicken Sie gegebenenfalls im Kompositionsfenster doppelt auf die Ebene, um diese im Ebenenfenster für die Bearbeitung zu öffnen.

2 **Anfang**

Wählen Sie wie im ersten Workshop das Pinsel-Werkzeug aus, und modifizieren Sie dann wieder über die Paletten MALEN und PIN-SELSPITZEN die Einstellungen des Pinsels nach Ihrem Geschmack. Achten Sie aber darauf, dass bei METHODE NORMAL, bei KANÄLE RGBA und bei DAUER KONSTANT gewählt ist.

3 **Ende animieren**

Wählen Sie keinen sehr dicken DURCHMESSER für den Strich. Schreiben Sie dann das Wort »Anfang« in einem einzigen Durchgang ins Ebenenfenster.

Nachdem Sie das Wort geschrieben haben, wählen Sie das Auswahl-Werkzeug und klicken damit genau auf die Mitte des erstellten Strichs. Es wird der in jedem Strich vorhandene Pfad angezeigt, und wenn Sie etwas genauer hinschauen, sehen Sie den Anfangspunkt: einen kleinen Kreis mit einem Kreuz. Dieser liegt genau da, wo Sie mit dem Zeichnen angesetzt haben.

Öffnen Sie in der Zeitleiste den Eintrag KONTUROPTIONEN. Setzen Sie bei ENDE am Zeitpunkt 00:00 einen ersten Key, indem Sie auf das Stoppuhr-Symbol klicken. Tippen Sie den Wert »0%« in das Wertefeld von ENDE ein. Der Strich ist zunächst verschwunden. Verschieben Sie die Zeitmarke auf den Zeitpunkt 02:00, und

▲ **Abbildung 22.12**
Jeder Strich hat einen Anfangspunkt, der dort liegt, wo Sie angesetzt haben, um den Strich zu zeichnen.

setzen Sie den Wert bei ENDE nun wieder auf »100 %«. Drücken Sie die Taste ⓪ im Ziffernblock, um eine Vorschau anzuzeigen. Schon wird das Wort wie von selbst geschrieben.

▼ **Abbildung 22.13**
Für die Eigenschaft ENDE setzen Sie Keyframes, um den Strich zu animieren.

4 Form animieren

Jetzt werden wir den Strich noch wie in Ovids »Metamorphosen« von einer Form in die andere transformieren.

Verschieben Sie dazu die Zeitmarke auf den Zeitpunkt 03:00, und setzen Sie einen ersten Key für die Eigenschaft PFAD des bereits vorhandenen Strichs. Den zweiten Key generieren Sie automatisch am Zeitpunkt 06:00, indem Sie dort einfach eine neue Form, nämlich das Wort »Ende«, zeichnen bzw. schreiben.

Aufgepasst! Dazu müssen Sie wieder das Pinsel-Werkzeug wählen, und Sie sollten den Namen PINSEL 1 in der Zeitleiste anklicken, damit dieser Strich ausgewählt ist. Ansonsten erhalten Sie nämlich einen neuen Strich. Wenn Sie es so gemacht haben, wird die bisherige Form des Strichs durch die neue ersetzt und in einem Key gespeichert. After Effects berechnet selbstständig die Interpolation zwischen den Keys, also den Übergang von der einen in die andere Form.

Das war es im Grunde schon. Aus Spaß habe ich noch ein paar mehr Formen hinzugefügt. Dieser kleine Workshop hat Ihnen gezeigt, dass die Form eines Strichs ersetzt wird, wenn dieser ausgewählt ist, und ein neuer Strich gemalt wird. Passen Sie also auf, ob Sie das wirklich wollen!

Übrigens: Ich habe geschummelt ... Sie wundern sich vielleicht über die Exaktheit der Linienführung in den abgebildeten Beispielen. Ich habe sie gar nicht mit dem Pinsel-Werkzeug gemalt, sondern aus einem Maskenpfad kopiert, um genauere Pfade zu erhalten. Wie das funktioniert, erfahren Sie im folgenden Abschnitt.

Vorsicht bei Eigenschaftsänderungen

Sollten Sie in der Zeitleiste eine Eigenschaft wie die Farbe ändern, so wirkt sich das in diesem Workshop auf alle von Ihnen gezeichneten Formen aus, da diese ja nur aus einem einzigen Strichpfad bestehen.

Vorsicht bei der Bearbeitung mehrerer Striche

Wenn Sie mehrere Striche gemalt haben, sollten Sie darauf achten, immer nur den oder die Striche ausgewählt zu haben, die Sie tatsächlich bearbeiten wollen. Zur Sicherheit drücken Sie vor der Bearbeitung die Taste F2, um sämtliche Striche zu deselektieren.

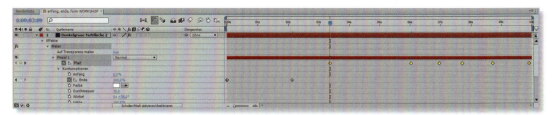

▲ Abbildung 22.14
Auch in der Eigenschaft PFAD setzen Sie Keyframes. After Effects berechnet selbstständig den Übergang von der einen in die andere Form.

▲ Abbildung 22.15
After Effects errechnet die Zwischenstufen der Formen, die mit Keyframes fixiert wurden. ▮

22.2.2 Strichpfad als Maskenpfad und umgekehrt

Jeder mit dem Pinsel-, Kopier- oder Radier-Werkzeug erzeugte Strich besteht aus einem Pfad, der genau in der Mitte des Strichs verläuft. Sie können diesen Pfad direkt mit dem Auswahl-Werkzeug anklicken und beispielsweise verschieben. Außerdem können Sie den Pfad kopieren und an anderer Stelle einsetzen.

Um einen Strichpfad in einen Maskenpfad zu verwandeln, drücken Sie auf der Ebene, die den Strich enthält, zweimal kurz hintereinander die Taste P und wählen dann die Eigenschaft PFAD aus. Kopieren Sie danach den Pfad des mit dem Pinsel-, Kopier- oder Radier-Werkzeug erstellten Strichs mit Strg+C. Wählen Sie anschließend die Ebene aus, die den Maskenpfad enthält, drücken Sie die Taste M, und markieren Sie dann die Eigenschaft MASKENPFAD. Fügen Sie den Strichpfad mit Strg+V ein.

Umgekehrt funktioniert es ebenso: Wählen Sie zuerst den Maskenpfad aus, kopieren Sie ihn dann, und setzen Sie ihn in die PFAD-Eigenschaft des Strichs ein. Auf diese Weise übernehmen Sie auch ganze Pfadanimationen wie die im vorigen Workshop beschriebene.

22.2.3 Transformieren von Strichen

Verwechseln Sie nicht die Transformieren-Eigenschaften, die in der Zeitleiste für jeden Strich einzeln verfügbar sind, mit den gleichnamigen Transformieren-Eigenschaften einer Ebene. Der Unterschied besteht darin, dass hier nur der Strich, im Falle der Ebene aber die ganze Ebene mit allen enthaltenen Effekten etc. transformiert

Pfade aus Illustrator und Photoshop

Sie können auch Pfade aus Adobe Illustrator oder Adobe Photoshop für die beschriebene Prozedur verwenden. Achten Sie dabei darauf, dass die Pfade möglichst aus einfachen Formen bestehen, dass sich also Pfade nicht kreuzen, wie es beim Symbol für »Unendlich« der Fall wäre. Dann nämlich wird ein Maskenpfad in After Effects generiert.

werden kann. Damit Sie nicht zufällig die Ebeneneigenschaften transformieren, markieren Sie die Ebene und drücken die Taste P zweimal kurz hintereinander. Somit werden sicher nur die Pinseleigenschaften angezeigt.

Wichtig beim Transformieren ist es, sich zu vergegenwärtigen, dass jeder Strich einen Anfangspunkt besitzt, wie Sie im Workshop »Der Anfang, das Ende und die Form des Pinsels« bereits gelernt haben. Dieser Anfangspunkt ist der Ankerpunkt des Strichs, um den sich sozusagen alles dreht.

Wenn Sie unter TRANSFORMIEREN die Werte bei ANKERPUNKT verändern, bleibt dieser fixiert, während der Strich verschoben wird. Eine Änderung bei der Eigenschaft POSITION wiederum verschiebt sowohl den Ankerpunkt als auch den Strich gemeinsam.

Die SKALIERUNG wird immer auf den Ankerpunkt bezogen und vergrößert den Strich. Falls Sie den Durchmesser beibehalten wollen, hilft nur eine Korrektur der Werte bei DURCHMESSER in den KONTUROPTIONEN. Auch die Eigenschaft DREHUNG nimmt den Ankerpunkt als Bezugspunkt.

Transformieren per Tastatur

Bei aktivem Auswahl-Werkzeug und **ausgewähltem** Strich können Sie zum Verschieben des Strichs die Pfeiltasten verwenden. Zum Drehen verwenden Sie im Ziffernblock + und −. Zum Skalieren verwenden Sie die Tasten ebenfalls, aber in Verbindung mit der Taste Strg bzw. Alt. Eine Hinzunahme der Taste ⇧ bewirkt bei allen Optionen einen Versatz in Zehner- statt in Einer-Schritten.

▲ **Abbildung 22.16**
Die Transformieren-Eigenschaften sind bei jedem Strich änderbar und nicht mit den Transformieren-Eigenschaften einer Ebene zu verwechseln.

22.2.4 Ein paar Helfer beim Malen
Damit Sie etwas flotter arbeiten können, liste ich hier ein paar helfende Funktionen auf.

Durchmesser und Kantenschärfe | Der Durchmesser und die Kantenschärfe einer Pinselspitze lassen sich sehr schön mit Hilfe der Strg-Taste einstellen. Wenn Sie bereits das Ebenenfenster geöffnet haben, wählen Sie den Pinsel, den Kopierstempel oder den Radiergummi und drücken dann **zuerst** die Strg-Taste. Platzieren Sie danach den Mauszeiger im Ebenenfenster, drücken Sie die Maustaste, und verändern Sie durch Ziehen den Pinseldurchmesser.

Lassen Sie dann zuerst die ⌜Strg⌝-Taste los, und ziehen Sie weiter bei gedrückter Maustaste, um auch die Kantenschärfe einzustellen. Diese wird mit einem zweiten Kreis dargestellt.

Gerade Linien zeichnen | Mit Hilfe der Taste ⌜⇧⌝ zeichnen Sie gerade Linien. Dazu klicken Sie zuerst am Startpunkt der Linie ins Ebenenfenster, drücken dann die Taste ⌜⇧⌝ und klicken auf den Endpunkt der Linie. Wenn Sie die Taste weiter gedrückt halten, können Sie die geraden Liniensegmente beliebig fortsetzen.

Farbwahlfeld schnell wechseln | Mit der Taste ⌜X⌝ können Sie sehr schnell zwischen Vorder- und Hintergrundfarbe in der Malen-Palette wechseln, wenn ein Pinsel-Werkzeug aktiv ist. Die Taste ⌜D⌝ ermöglicht ein schnelles Austauschen selbstgewählter Farben gegen Schwarz und Weiß.

Aufnahmebereich der Pipette vergrößern | Mit der Pipette übernehmen Sie Farben eines Bildes und legen sie dadurch als Vordergrundfarbe für die nächsten zu malenden Striche fest. Mit der Taste ⌜Strg⌝ nehmen Sie nicht nur ein Pixel auf, sondern einen Bereich von 4 × 4 Pixeln. Der Durchschnittswert wird als Vordergrundfarbe festgelegt.

Die Alt-Taste

Wenn Sie die ⌜Alt⌝-Taste betätigen, wird bei aktivem Pinsel-Werkzeug immer die Pipette anstelle der Pinselspitze eingeblendet. Sollten Sie das Kopierstempel-Werkzeug gewählt haben, können Sie bei gedrückter ⌜Alt⌝-Taste den Aufnahmebereich festlegen, von dem aus Pixel kopiert werden sollen.

Deckkraft- und Flusswerte per Tastatur | Wenn die Malen-Palette aktiv ist, können Sie mit der numerischen Tastatur die Werte von DECKKRAFT und FLUSS in 10-Prozent-Schritten festlegen. Mit den Tasten ⌜1⌝ bis ⌜9⌝ stellen Sie den Deckkraftwert von 10 % bis 90 % ein. Die Taste ⌜,⌝ setzt den Wert auf 100 %. Um die Werte für FLUSS zu ändern, nehmen Sie dabei immer die ⌜⇧⌝-Taste hinzu.

22.2.5 Grafiktablett verwenden

Wenn Sie ein Grafiktablett an Ihren Computer angeschlossen haben, können Sie auch den Zeichenstift des Tabletts verwenden, um mit den Pinsel-, Kopier- oder Radier-Werkzeugen Striche zu erzeugen. Dabei können Sie festlegen, welche Eigenschaft des Strichs in welchem Maße durch den Zeichenstift beeinflusst wird.

In der Palette PINSELSPITZEN befindet sich die Sektion PINSELEINSTELLUNGEN. Dort können Sie für die Pinsel-Eigenschaften GRÖSSE, WINKEL, RUNDHEIT, DECKKRAFT und FLUSS jeweils wählen, ob sie durch den Zeichenstiftdruck, die Zeichenstift-Schrägstellung oder die Rändelradposition am Grafiktablett beeinflusst werden. Sie können so z. B. die Deckkraft oder die Größe des Pinselstrichs oder auch beide Eigenschaften durch Ihren individuellen Stiftandruck dynamisch verändern.

Werkzeuge wechseln

Um schnell zwischen den Werkzeugen Pinsel, Kopierstempel und Radierer zu wechseln, nutzen Sie die Tastenkombination ⌜Strg⌝+⌜B⌝.

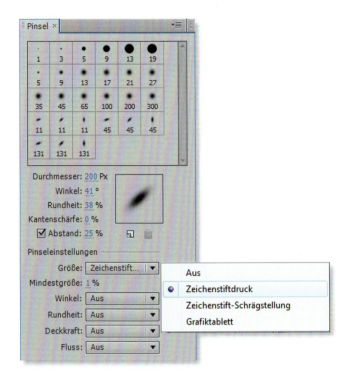

◀ **Abbildung 22.17**
In den PINSELEINSTELLUNGEN können Sie den ZEICHENSTIFTDRUCK,
die ZEICHENSTIFT-SCHRÄGSTELLUNG
oder die Rändelradposition am
GRAFIKTABLETT zur dynamischen
Veränderung der Pinselspitze
wählen.

22.2.6 Malen auf Kanälen

Mit den Malen-, Radieren- und Kopier-Werkzeugen haben Sie die
Möglichkeit, nur bestimmte Kanäle eines Bildes zu beeinflussen.
Dazu befindet sich in der Palette MALEN ein Einblendmenü unter
KANÄLE. Dort wählen Sie den Eintrag RGBA, RGB oder ALPHA-
KANAL.

Wie die unterschiedliche Wahl sich auswirkt, wird an einer
Bildebene mit transparenten Bereichen recht anschaulich. In dem
abgebildeten Beispiel sehen Sie den Text »After Effects CS3« und
ein 3D-Gitter. Die kleinen Karos zeigen die transparenten Bereiche an.

▶ Wenn Sie mit dem Malen-Werkzeug Farbe auftragen und **RGBA**
gewählt haben, ist nachher ein Strich sowohl in den transparenten Bereichen (dem Alphakanal der Ebene) als auch in den
deckenden (den RGB-Kanälen) sichtbar. Diese Option wurde
bei dem weißen Strich unter dem Text gewählt.

▶ Bei dem Gitter hinter dem Text wurden nur die bereits deckenden Bereiche farblich verändert. Dies war mit der Kanalwahl
RGB möglich.

▶ Der fehlende Teil des Gitters oberhalb des Textes wurde mit
der Kanalwahl ALPHAKANAL erzeugt. Dazu wurde die Farbe in
der Malen-Palette auf Schwarz eingestellt. Mit weißer Farbe
machen Sie in diesem Kanal zuvor transparente Bereiche

▲ **Abbildung 22.18**
Die Kanalwahl in der Malen-
Palette entscheidet sehr über das
Endergebnis einer Bearbeitung
durch Malen-, Radieren- oder
Kopieren-Werkzeuge.

wieder sichtbar. Grau bewirkt halbtransparente Farben. Der Malen-Pinsel wird beim Malen mit schwarzer Farbe im Alphakanal dem Radiergummi-Werkzeug sehr ähnlich.

▲ **Abbildung 22.19**
In diesem Ausgangsbild werden transparente Bereiche zur Verdeutlichung mit einem Karomuster dargestellt.

▲ **Abbildung 22.20**
Mit dem Malen-Werkzeug in verschiedenen Kanälen erzeugte Veränderungen

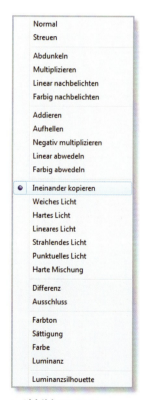

▲ **Abbildung 22.21**
Die verschiedenen Modi unter METHODE in der Malen-Palette probieren Sie am besten selbst einmal aus.

22.2.7 Blendmodi

Interessante Wirkungen erzielen Sie auch durch das Verwenden unterschiedlicher Blendmodi. In der Malen-Palette sind eine ganze Reihe davon unter METHODE aufgelistet. Sie können jeden Strich in einem eigenen Überblendmodus zu den Bildpixeln oder zu anderen überlagerten Strichen einstellen. In der Zeitleiste ist der Modus eines Strichs jederzeit änderbar. Dazu befindet sich neben jedem Strich die gleiche Liste wie in der Malen-Palette.

◄ **Abbildung 22.22**
Neben jedem einzelnen Strich befindet sich ein Menü, das die Liste der möglichen Blendmodi enthält.

◄ **Abbildung 22.23**
In diesem Beispiel wurde mit verschiedenen Blendmodi für die einzelnen Striche gearbeitet, um das 3D-Gitter einzufärben.

22.2.8 Dauer und Animation

Bevor Sie einen Strich malen, können Sie in der Malen-Palette eine Dauer festlegen. Daraus ergeben sich einige Animationsmöglichkeiten, die bisher nicht besprochen wurden. Im Einblendmenü bei Dauer haben Sie die Wahl zwischen den Optionen Konstant, Malen animieren, einzelner Frame und Eigene.

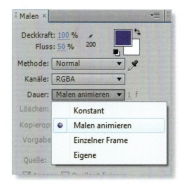

▲ **Abbildung 22.24**
Wie ein Strich erscheint, legen Sie mit den Optionen bei Dauer fest.

Konstant | Die Option Konstant ist Ihnen bereits aus den beiden Workshops in diesem Kapitel bekannt. Wenn Sie einen Strich mit dieser Option malen, ist er normalerweise über die gesamte Länge der Komposition sichtbar. Eine Ausnahme entsteht allerdings, wenn Sie die Zeitmarke an einen neuen Zeitpunkt ziehen, denn jeder Strich, den Sie malen, beginnt genau dort, wo Ihre Zeitmarke positioniert war, und endet dort, wo der Out-Point einer Ebene platziert ist.

Die Dauer eines Strichs können Sie im Nachhinein durch das Verschieben des In- oder Out-Points ändern, was ein früheres oder späteres Erscheinen bzw. Verschwinden des Strichs bewirkt. Sie können den Balken für die Dauer auch insgesamt verschieben, ohne dass sich die zeitliche Position der Ebene dabei verändert. Keyframes, die Sie für die Pinseleigenschaften gesetzt haben, werden dabei mitbewegt.

Abbildung 22.25 ▶

Abbildung 22.25 ▶
Die Striche beginnen dort, wo die
Zeitmarke zu Beginn des Malens
positioniert war, und enden da,
wo der Out-Point der Ebene liegt.

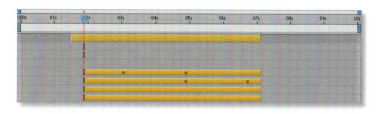

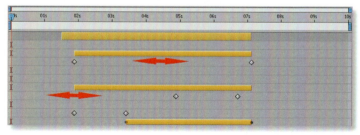

▲ Abbildung 22.26
Der Balken für die Dauer bzw. Sichtbarkeit eines Strichs sowie dessen
In- und Out-Point können verschoben werden.

Malen animieren | Malen animieren ist eine tolle Sache. Sie soll-
ten es unbedingt ausprobieren! Im Workshop »Der Anfang, das
Ende und die Form des Pinsels« haben Sie einen Malstrich über
Keyframes in der Eigenschaft Ende animiert. Die Option Malen
animieren funktioniert ganz genauso und setzt freundlicherweise
die Keyframes in der Eigenschaft Ende automatisch für Sie.

Sie müssen die Option wählen, **bevor** Sie malen. Der erste
Keyframe entsteht automatisch dort, wo die Zeitmarke zu
Beginn positioniert wird. Wenn Sie danach loslegen, zeichnet
After Effects Ihre Mausbewegung zeitlich eins zu eins auf. Beim
Betrachten des Ergebnisses in der Vorschau werden Sie bemerken, dass auch die Geschwindigkeitsänderungen Ihrer Linienführung identisch gespeichert wurden. Sie können die Geschwindigkeit anschließend noch durch das Verschieben der Keyframes in
der Eigenschaft Ende anpassen.

Falls Sie beim Malen sehr langsam waren, wurde der letzte
Keyframe möglicherweise bereits außerhalb Ihrer gewählten
Kompositionszeit gesetzt. Um den Keyframe trotzdem zu erreichen, passen Sie die Länge der Komposition an oder verschieben
den Balken für die Ebenendauer bzw. für die Dauer des Strichs
in der Zeitleiste.

▲ Abbildung 22.27
Bei der Option Eigene können Sie
eine Frameanzahl für die Dauer
der zu schaffenden Striche festlegen.

»Einzelner Frame« und »Eigene« – Rotoscoping | Als Rotoskopie-
ren oder Rotoscoping bezeichnet man das Malen auf einer Reihe
von fortlaufenden Einzelbildern eines Films, um eine trickfilmartige
Animation zu schaffen oder um zu retuschieren.

Mit den beiden Optionen EINZELNER FRAME und EIGENE können Sie trickfilmartig auf einzelnen Frames malen, radieren oder kopieren. Für die Trickfilmanimation eignen sich die Optionen jedoch weniger, da die vorherigen und folgenden Frames im Vergleich zum aktuellen Frame nicht angezeigt werden (dies ist dafür über den Maleffekt VEKTORPINSEL möglich). Für die als Rotoscoping bekannten Verfahren eignen sich die Optionen aber gut. Mit dem Kopierstempel-Werkzeug können Sie beispielsweise Retuschearbeiten innerhalb einiger weniger Frames eines Films gut durchführen.

Wenn Sie die Option EINZELNER FRAME gewählt haben, wird ein Strich mit der Dauer eines Frames erstellt. Verwenden Sie die Tasten ⌊Bild↓⌋, um einen Frame vorwärts zu gehen, und ⌊Bild↑⌋, um einen Frame rückwärts zu springen.

Mit der Option EIGENE definieren Sie die Dauer eines Strichs mit einer eigenen Anzahl an Frames. Das kleine Eingabefeld ❶, das bei dieser Wahl aktiv wird, dient dazu, die gewünschte Anzahl einzutragen. Der danach erstellte Strich ist auf diese Dauer festgelegt. Mit der Tastenkombination ⌊Strg⌋+⌊Bild↓⌋ und ⌊Strg⌋+⌊Bild↑⌋ springen Sie schnell um die gewählte Anzahl an Frames vor oder zurück.

Wenn Sie noch das Format **Filmstreifen** (».flm«) kennen, dann wissen Sie, dass eine frameweise Bearbeitung von Filmmaterial in ähnlicher Weise früher nur in Photoshop möglich war. Diesen früher recht umständlichen Weg können Sie sich heute meist ganz sparen.

▲ **Abbildung 22.28**
Das Radieren-Werkzeug macht Bildpixel oder zuvor mit den Pinsel- oder Kopier-Werkzeugen gezeichnete Striche durchscheinend oder unsichtbar.

22.3 Radiergummi

Mit Hilfe des Radieren-Werkzeugs setzen Sie Bildpixel transparent und machen Striche, die Sie zuvor mit den Pinsel- oder Kopier-Werkzeugen gezeichnet haben, durchscheinend oder unsichtbar. Auch für den Radierer wird nach der Anwendung ein Pfad angelegt, den Sie über die bereits erläuterten Optionen FORM, KONTUROPTIONEN und TRANSFORMIEREN in der Zeitleiste modifizieren können.

Die Pinselspitze eines Radierers stellen Sie auf dieselbe Art und Weise ein wie die eines Malstrichs.

Löschen | Im Radieren-Modus können Sie unter LÖSCHEN zusätzlich drei weitere Optionen wählen. Dort legen Sie zuerst fest, welche Bildteile gelöscht werden sollen. Sie können mit der Option EBENENQUELLE UND MALEN sowohl die Pixel der Originalebene als auch zuvor mit den Pinsel- oder Kopier-Werkzeugen gezeichnete Striche transparent setzen.

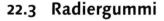

Radier-Werkzeug temporär einsetzen

Wenn Sie das Malen- oder das Kopierstempel-Werkzeug gewählt haben, können Sie mit der Tastenkombination ⌊Strg⌋+⌊⇧⌋ kurz das Werkzeug wechseln. Stattdessen wird dann das Radier-Werkzeug verwendet, und Sie können die zuvor erzeugten Striche wegradieren. Benutzen Sie gerade das Radier-Werkzeug, können Sie die Tastenkombination verwenden, um radierte Teile wieder sichtbar zu machen.

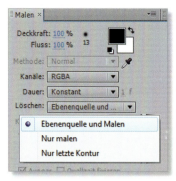

▲ Abbildung 22.29
Unter LÖSCHEN legen Sie fest, was
im Bild transparent werden soll.

**Mit dem Radier-Werkzeug
erstellte Striche nachträglich
ändern**

Genau wie die mit den Pinsel-
und Kopier-Werkzeugen erstellten Striche auch können Sie die
Striche des Radier-Werkzeugs in
der Zeitleiste mit den Optionen
unter KONTUROPTIONEN und
TRANSFORMIEREN nachträglich
bearbeiten. Auch das Umbenennen und Löschen oder das Um-
sortieren in eine neue Reihenfolge wird in der Zeitleiste
vollzogen. Lesen Sie mehr dazu
in Abschnitt 22.2, »Malstriche
bearbeiten«.

Wenn Sie die Option NUR MALEN gewählt haben, bleibt die Originalebene von Ihrem Tun unbehelligt, und nur die zuvor gemalten
Striche werden dort transparent, wo der Radierer über sie hinweg-
streicht.

Die Option NUR LETZTE KONTUR dient schließlich dazu, den
mit den Pinsel- oder Kopier-Werkzeugen zuletzt gemalten Strich
transparent zu setzen. Die Originalebene und sämtliche anderen
Striche bleiben erhalten.

Dauer | Unter DAUER sollten Sie beim Radieren den Eintrag KON-
STANT auswählen, da Sie sonst womöglich den mit dem Radieren-
Werkzeug erstellten Strich animieren, aber vielleicht haben Sie ja
auch genau das im Sinn. Die Werte bei DECKKRAFT und FLUSS verändern die mit dem Radieren-Werkzeug erstellten Striche ähnlich
wie die mit dem Pinsel-Werkzeug erstellten Striche. Meist werden
Sie mit Werten bei 100 % arbeiten.

Kanäle | Nicht unerheblich ist es, welche Wahl Sie im Einblend-
menü KANÄLE getroffen haben.

▶ **RGBA:** Egal welche Farbe Sie gewählt haben, die Pixel werden
dort transparent gesetzt, wo der Radierer waltet.

▶ **RGB:** Hier kommt es auf die Hintergrundfarbe in der Palette
MALEN an. Es entstehen keine transparenten Bereiche, stattdessen werden die Originalpixel wegradiert, und dafür erscheint
die gewählte Hintergrundfarbe.

▶ **Alphakanal:** Auch hier kommt es auf die Hintergrundfarbe in
der Palette an. Diese kann nur zwischen Schwarz, Weiß und
den dazwischenliegenden Graustufen gewählt werden. Haben
Sie Schwarz gewählt, werden die Pixel transparent. Haben Sie
Weiß aktiviert, werden sie wieder sichtbar.

▲ Abbildung 22.30
Im Modus RGBA werden Pixel
transparent gesetzt, egal, welche
Farbe Sie in der Malen-Palette
gewählt haben.

▲ Abbildung 22.31
Im Modus RGB werden die Original-
pixel durch eine in der Malen-
Palette gewählte Hintergrundfarbe
ersetzt (in diesem Falle durch ein
Blau).

▲ Abbildung 22.32
Im Modus ALPHAKANAL können
Sie bereits transparente Bildpixel
wieder sichtbar machen.

22.4 Der Kopierstempel

Eine hervorragende Möglichkeit, Retuschearbeiten in After Effects an Standbildern und bewegtem Filmmaterial durchzuführen, bietet sich mit dem Kopierstempel-Werkzeug, das dem aus Photoshop bekannten Werkzeug sehr ähnlich ist.

Mit dem Kopierstempel können Sie nicht nur Bildbereiche innerhalb einer Ebene kopieren und an anderer Stelle einsetzen, sondern es ist auch ein ebenenübergreifender Einsatz möglich. So können Sie Bildbereiche einer Ebene in eine zweite Ebene übertragen. Malstriche oder Effekte, die sich vor dem Kopieren bereits auf der Ebene befinden, kopiert das Kopierstempel-Werkzeug ebenfalls mit.

Die nachträgliche Bearbeitung eines mit dem Kopierstempel-Werkzeug erzeugten Strichs erfolgt wie beim Malen und beim Radieren in der Zeitleiste. Dort können Sie unter KONTUROPTIONEN und unter TRANSFORMIEREN die gleichen Modifikationen durchführen, wie sie in Abschnitt 22.2, »Malstriche bearbeiten«, beschrieben wurden. Nun kommen wir aber zuerst einmal zur Handhabung des Kopierstempel-Werkzeugs.

Schritt für Schritt: Das doppelte Lottchen

Im folgenden Workshop wird zunächst ein wenig Retuschearbeit nötig sein, bevor wir zur Verdoppelung des »Lottchens« kommen. Öffnen Sie für diesen Workshop das vorbereitete Projekt auf der Buch-DVD. Es befindet sich im Ordner 22_MALEN/LOTTCHEN und heißt »kopieren.aep«. In dem Projekt sind zwei Kompositionen enthalten. Die Komposition »kopieren fertig« ist dafür gedacht, sie nachher als Ihre eigene Übung zu verkaufen oder dort abzugucken. Aber fangen Sie erst einmal mit der Komposition »kopieren« an. Diese enthält die Datei »kopieren.mov«. Hier soll zuerst der Fensterrahmen retuschiert werden.

◄ **Abbildung 22.33**
In diesem Bild retuschieren wir zuerst den Fensterrahmen. Anschließend verdoppeln wir das Lottchen.

1 **Vor dem Kopieren**

Aktivieren Sie das Kopierstempel-Werkzeug in der Werkzeugleiste,
und wechseln Sie zum Arbeitsbereich MALEN. Um mit dem Kopierstempel-Werkzeug zu arbeiten, klicken Sie doppelt auf die zu bear-
beitende Ebene in der Zeitleiste, damit diese im Ebenenfenster
geöffnet wird.

Bevor Sie einen Bereich in einem Bild kopieren, legen Sie
zuerst, wie Sie es von den Malen- und Radieren-Werkzeugen
bereits gewohnt sind, die Parameter für die Pinselspitze wie
DURCHMESSER, WINKEL, RUNDHEIT und weitere fest. Für den
DURCHMESSER wählen Sie beispielsweise »45 px«.

In der Malen-Palette sollten dazu DECKKRAFT und FLUSS auf
»100 %« eingestellt sein. Die gewählte Farbe ist uns gleich, da
mit jeder Farbe ebenso gut kopiert werden kann. Bei METHODE
sollten Sie darauf achten, dass Sie NORMAL gewählt haben. Unter
KANÄLE sollte RGBA und unter DAUER sollte KONSTANT stehen.
Die KOPIEROPTIONEN werden noch im Anschluss an den Workshop angesprochen.

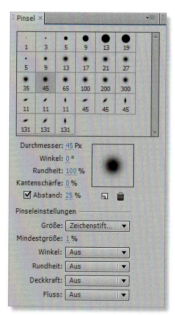

2 **Kopierstempel zur Retusche anwenden**

Zum Anwenden des Kopierstempels betätigen Sie die ⟨Alt⟩-Taste.
Dadurch verwandelt sich der Mauszeiger im Ebenenfenster in ein
Fadenkreuz. Klicken Sie damit in einen Bildbereich, aus dem Sie
Pixel aufnehmen wollen. Bewegen Sie dann den Mauszeiger an die

Stelle, an der Pixel eingesetzt werden sollen. In unserem Falle nehmen Sie Pixel aus dem Bereich links neben dem Fenster auf ❷ und setzen diese Pixel über dem Fenster wieder ein ❶.

Hilfe zum Kopieren

Schön ist, dass eine transparente Kopie über dem Original eingeblendet wird, wenn Sie die Werte bei VERSATZ in der Malen-Palette verändern.

◄ **Abbildung 22.37**
Der Kopierstempel nimmt Bildbereiche dort auf, wo das Fadenkreuz sichtbar ist, und fügt sie unter dem Kreis ein.

3 Kopierstempel zur Montage anwenden

Wenn Sie das Fenster erfolgreich retuschiert haben, wiederholen Sie das Prozedere und nehmen Pixel aus dem Lottchen auf. Legen Sie sie gleich rechts daneben wieder ab. Um das ganze Lottchen zu kopieren, müssen Sie höchstwahrscheinlich mehrfach ansetzen. Es ist etwas Geschick nötig, damit nicht unerwünschte Verschiebungen auftreten, die beispielsweise an der Mauerkante leicht deutlich werden. Nach dem Kopieren haben Sie ein identisches zweites Lottchen. Sogar die Bewegungen sind vollkommen gleich.

Einsatzzweck

Wie Sie wahrscheinlich schnell bemerkt haben, ist das Kopieren vor allem bei statischen Aufnahmen lohnenswert.

▲ **Abbildung 22.38**
Um das Lottchen zu verdoppeln, ist etwas Fingerspitzengefühl nötig.

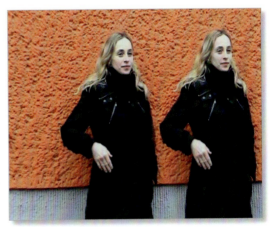

▲ **Abbildung 22.39**
Fertig! Das doppelte Lottchen bewegt sich vollkommen gleich. ■

22.4.1 Kopieroptionen in der Malen-Palette und in der Zeitleiste

Wenn Sie den Kopierstempel gewählt haben, werden in der Malen-Palette weitere Optionen unter KOPIEROPTIONEN aktiviert. In der Zeitleiste kommen die Einträge KOPIERQUELLE, KOPIERPOSITION, KOPIERZEIT bzw. KOPIERINTERVALL unter den KONTUROPTIONEN hinzu. Da die Optionen in der Zeitleiste oft im Zusammenhang mit denen der Malen-Palette stehen, fassen wir diese Optionen hier unter einer Überschrift zusammen. Beispiele befinden sich im Projekt »malen.aep« auf der DVD.

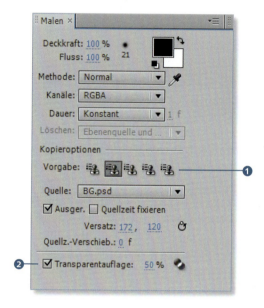

Abbildung 22.40 ▶
In der Malen-Palette können Sie bis zu fünf Vorgaben mit unterschiedlichen Kopieroptionen anlegen.

Vorgabe | Die fünf als Stempel gekennzeichneten Kopiervorgaben ❶ dienen dazu, schnell zwischen unterschiedlich gewählten Kopieroptionen zu wechseln. Sobald Sie eine der Kopieroptionen verändern, wird diese neue Einstellung in der aktuell aktiven Vorgabe gespeichert. Die Vorgaben sind auch dann noch verfügbar, wenn Sie auf einer anderen Ebene oder in einer anderen Komposition arbeiten. Zum schnellen Umschalten zwischen den fünf Vorgaben nutzen Sie die Tasten ③ bis ⑦ im Haupttastaturfeld.

Die Einstellungen der aktuell aktiven Vorgabe können Sie duplizieren. Dazu klicken Sie bei gedrückter Alt -Taste auf die Vorgabe und klicken gleich anschließend ebenfalls bei gedrückter Alt -Taste auf eine andere Vorgaben-Schaltfläche.

Quelle | Unter QUELLE legen Sie fest, aus welcher Ebene Pixel kopiert werden sollen, um sie an anderer Stelle einzusetzen. Sie haben die Wahl zwischen dem Eintrag AKTUELLE EBENE und weiteren Ebenen, soweit diese in Ihrer Komposition enthalten sind. Ist AKTUELLE EBENE gewählt, legen Sie die Zielebene gleichzeitig als Quellebene fest. Wenn Sie eine andere Ebene auswählen, beispielsweise ein anderes Movie, können Sie den Inhalt der Quell- und Zielebene mischen und interessante Effekte erzielen.

Für das Kopieren aus einer anderen Ebenenquelle empfiehlt es sich, ein Häkchen bei TRANSPARENTAUFLAGE ❷ zu setzen. Wenn Sie dann kopieren, wird die Quellebene über der Zielebene als Orientierung transparent eingeblendet. Gleich rechts neben der Option TRANSPARENTAUFLAGE befindet sich eine Schaltfläche mit zwei Kreisen bzw. Kugeln. Ist diese aktiviert, wird die Quellebene im Differenzmodus in die Zielebene eingeblendet.

Sie können direkt drauflosmalen, um die Quellebene eins zu eins und deckungsgleich zu kopieren. Falls Sie eine andere Stelle der Quellebene kopieren möchten, müssen Sie diese so verschieben, dass die zu kopierende Stelle deckungsgleich über dem Ziel liegt. Dazu benutzen Sie die Tasten [Alt]+[⇧] und ziehen die Ebene an eine neue Position.

▲ **Abbildung 22.41**
Diese Datei wurde hier als Quellebene angegeben.

▲ **Abbildung 22.42**
Diese Datei dient als Ziel- bzw. Bearbeitungsebene.

▲ **Abbildung 22.43**
Ist die Option TRANSPARENTAUFLAGE aktiviert, wird als Orientierung die Kopierquelle über dem Zielbild eingeblendet.

▲ **Abbildung 22.44**
Im Ergebnis wurden Pixel aus der Quellebene in die Zielebene kopiert.

Kopierquelle | In der Zeitleiste gibt es zu der Option QUELLE der Malen-Palette eine Entsprechung in den KONTUROPTIONEN. Sie können dort im Nachhinein unter KOPIERQUELLE das Bild oder Movie wechseln, aus dem Pixel kopiert werden sollen.

Ausgerichtet | Bevor Sie mit dem Kopieren beginnen, definieren Sie mit (Alt) einen Quellpunkt, von dem aus Pixel kopiert werden. Mit einem zweiten Klick legen Sie dann den Ort fest, an dem die kopierten Pixel abgelegt werden. Zwischen Quell- und Zielpunkt gibt es also einen bestimmten Versatzwert.

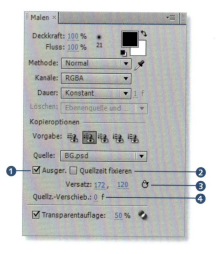

Abbildung 22.45 ▶
Die Malen-Palette

Abbildung 22.46 ▼
Links sehen Sie das Originalbild. Für das Ergebnisbild rechts wurde die Option AUSGERICHTET deaktiviert, um Pixel immer von ein und demselben Ort, hier der Person mit der roten Jacke, zu kopieren.

Wenn Sie bei AUSGERICHTET ❶ ein Häkchen gesetzt haben, bleibt der Versatzwert bei jedem nachfolgenden Strich gleich groß, und der Quellpunkt wandert beim Kopieren synchron zum Zielpunkt mit. Fehlt das Häkchen, wird der Versatzwert für jeden neuen Strich neu definiert. Auf diese Weise kopieren Sie Pixel immer von ein und demselben Ort bzw. Quellpunkt und können sie in unterschiedlichen Abständen im Bild einfügen.

Versatz | Den Versatzwert zwischen Quell- und Zielpunkt können Sie über die X- und Y-Werte bei VERSATZ auch numerisch festlegen. Wenn Sie den Mauszeiger über einem der Werte positionieren, wechselt der Mauszeiger in ein Hand-Symbol. Verändern Sie die Werte dann durch Ziehen, oder nutzen Sie die Tasten [Alt]+[⇧] im Ebenenfenster. Ihre Kopierquelle wird halbtransparent über dem Zielbild eingeblendet. Die Versatzwerte lassen sich auf null zurücksetzen, indem Sie auf das kleine Symbol ❸ neben den Versatzwerten klicken.

»Quellzeit fixieren« aktiviert/deaktiviert | Wenn Sie ein Häkchen bei QUELLZEIT FIXIEREN ❷ setzen, wird der Frame Ihres Quellmaterials kopiert, der unter QUELLZEIT ❹ festgelegt wurde. Sie können, um aus einem anderen Frame zu kopieren, hier schnell die Werte ändern. Dazu sollten Sie ein Movie als Kopierquelle nutzen.

Das heißt, sollte bei QUELLZEIT der Wert »0 f« oder »1 f« stehen, wird der allererste Frame Ihres unter QUELLE angegebenen Materials kopiert. Bei einem Wert von »25 f« wird der Frame kopiert, der in der PAL-Norm nach einer Sekunde sichtbar ist. Verwenden Sie höhere Werte, als Ihr Movie »hergibt« – das heißt, ist Ihr Movie nicht so lang wie die eingetragene Framezahl –, fängt After Effects einfach von vorn an zu zählen.

Ist die Option QUELLZEIT FIXIEREN deaktiviert, wird anstelle der Option QUELLZEIT die Option QUELLZEIT-VERSCHIEBUNG angezeigt. Haben Sie für die QUELLZEIT-VERSCHIEBUNG den Wert 0 eingesetzt, wird immer der Frame kopiert, der gerade an der aktuellen Position der Zeitmarke sichtbar ist. Sie können danach die Zeitmarke verschieben, um aus einem anderen Frame zu kopieren, oder die Werte bei QUELLZEIT-VERSCHIEBUNG ändern.

Kopierzeit und Kopierintervall | Wenn Sie in der Malen-Palette ein Häkchen bei QUELLZEIT FIXIEREN gesetzt haben, wird nach der Anwendung des Kopierstempels die Konturoption KOPIERZEIT ❺ in der Zeitleiste angezeigt. Sie können dort die Werte ändern, ohne Keyframes zu setzen, um Frames aus einem anderen Zeitpunkt im kopierten Bildbereich darzustellen. Dies ergibt natürlich nur Sinn, wenn Sie zuvor aus einem Movie kopiert haben.

Die Option eignet sich aber auch sehr gut, um Änderungen in der Geschwindigkeit des kopierten Bildbereichs zu gestalten. Dazu setzen Sie einen Keyframe für den im kopierten Bildbereich zuerst angezeigten Frame, z. B. 0:00:00:00, und wählen dann für den zweiten Keyframe einen anderen Zeitpunkt, z. B. 0:00:10:00. Durch das Verschieben des zweiten Keyframes ändern Sie die Geschwindigkeit des angezeigten kopierten Materials.

Kopierposition

Die Option KOPIERPOSITION in der Zeitleiste können Sie verwenden, um den Bildinhalt des bereits kopierten Materials in X- und Y-Richtung zu verschieben. Für kleinere Korrekturen im kopierten Bildbereich eignet sich die Option recht gut.

Die beim Lesen dieses wissenschaftlichen Abschnitts entstandenen intervallartigen Kopfschmerzen lindern Sie vielleicht bei etwas Quellwasser und praktischen Übungen.

Ihr kopiertes Material kann mit der Option auch in Schleife abgespielt werden, also mehrmals hintereinander. Angenommen, Ihr kopiertes Movie ist nur 10 Sekunden lang und Sie wählen für den zweiten Keyframe eine KOPIERZEIT von 30 Sekunden. In diesem Falle wird das kopierte Material dreimal hintereinander abgespielt.

Die Option KOPIERINTERVALL wird in der Zeitleiste dann sichtbar, wenn Sie vor dem Kopieren die Option QUELLZEIT FIXIEREN deaktiviert hatten. Wie mit der Option KOPIERZEIT können Sie durch ein Ändern der Werte Bildinhalte aus anderen Zeitpunkten im kopierten Material sichtbar machen. Auch mit der Animation verhält es sich ganz ähnlich.

▲ **Abbildung 22.47**
In der Zeitleiste werden vier nur beim Kopieren verfügbare Konturoptionen angezeigt: KOPIERQUELLE, KOPIERPOSITION und KOPIERZEIT. Der Eintrag KOPIERINTERVALL ist nur sichtbar, wenn Sie in der Malen-Palette QUELLZEIT FIXIEREN deaktiviert haben.

23 Motion Tracking

Beim Motion Tracking werden die Bewegungen von Objekten oder Bewegungsdaten einer Kamera aus gefilmtem Material ausgelesen. Mit diesen Daten bietet das Motion Tracking einige Möglichkeiten zur Synchronisation von Filmmaterial mit später hinzugefügten Effekten oder Bilddaten. Auch manche verwackelten Aufnahmen können gerettet – d. h. stabilisiert – werden. Seit After Effects CS4 können Sie sich entscheiden, ob Sie das Tracking mit dem internen After-Effects-Tracker oder der mitgelieferten Zusatzapplikation Mocha der Firma Imagineer Systems durchführen.

23.1 Der After Effects Motion Tracker

Das kleine Fenster des Motion Trackers lässt die Anwendungsvielfalt des Werkzeugs kaum erahnen. Mit Hilfe des Trackers integrieren und synchronisieren Sie später hinzugefügte Bilder, Videos oder Effekte so mit Ihrem Filmmaterial, als wäre alles gemeinsam aufgezeichnet worden. Der After-Effects-Tracker verfolgt dabei einen oder mehrere Punkte in dem aufgenommenen Material, beispielsweise das Rücklicht eines Autos, das Vergissmeinnicht im Haar Ihrer Freundin oder auch einen markanten, extra für den Tracker angehefteten Punkt. Nach dem Verfolgen hat sich der Tracker die Positionsdaten des verfolgten Punkts genau gemerkt. Dieser Positionspfad lässt sich anschließend auf anderes Bildmaterial oder Effekte übertragen. Im Ergebnis bewegt sich das Bildmaterial oder ein Effekt entlang des Pfads, den der Tracker aufgezeichnet hat. So lässt sich das Vergissmeinnicht leicht durch eine Rose ersetzen.

Auch verwackeltes Filmmaterial ist ein Thema für den Tracker. Salopp gesagt schlägt der Tracker einfach einen Nagel in das aufgenommene Material, und somit kann an dieser Stelle nichts mehr wackeln. Aber keine Angst, es wird danach kein Loch in der Leinwand sichtbar sein. Doch dazu später mehr.

23.1.1 Die Tracker-Steuerungen-Palette

Für das Motion Tracking stellt Ihnen After Effects die Tracker-Steuerungen-Palette zur Verfügung, die Sie über FENSTER • TRACKER-STEUERUNGEN erreichen. Beginnen wir mit einem kurzen Überblick.

Abbildung 23.1 ▶
Über die Tracker-Steuerungen-Palette richten Sie verschiedenste Arten des Trackings ein.

Die Tracker-Steuerungen-Palette unterteilt sich in zwei Hauptkategorien für das Tracking. Zum einen kann eine Bewegung verfolgt werden, zum anderen lassen sich verwackelte Aufnahmen stabilisieren. Wenn Sie BEWEGUNG STABILISIEREN ❸ gewählt haben, wird als TRACK-ART ❹ standardmäßig STABILISIEREN verwendet. Haben Sie BEWEGUNG VERFOLGEN ❶ gewählt, ist standardmäßig TRANSFORMIEREN eingestellt.

Bei diesen beiden Track-Arten können Sie das Tracking weiter spezifizieren, indem Sie eine der Boxen POSITION, DREHUNG oder SKALIERUNG ❷ aktivieren. Je nachdem, in welcher Box Sie ein Häkchen gesetzt haben, werden in Ihrer Zielebene Keyframes für Position, Drehung oder Skalierung generiert, nachdem Sie die Schaltfläche ANWENDEN ❺ angeklickt haben. Eine Kombination mehrerer Boxen ist ebenfalls möglich. Die generierten Keyframes bewirken, dass Ihre Zielebene oder auch ein Effektpunkt Ihrem getrackten Feature, also einem markanten Punkt im aufgenommenen Material, folgt.

23.1.2 Motion Tracking in der Praxis

Ein erstes Beispiel soll Ihnen dabei helfen, den Tracker kennen- und verstehen zu lernen. Anschließend werden Sie weitere verschiedene Tracking-Arten kennenlernen. Für diese ist der folgende Workshop grundlegend.

In diesem Workshop geht es um die Handhabung der Tracker-Steuerungen-Palette, was wir anhand von vorbereitetem Videomaterial üben. Der Tracker verfolgt einen zu wählenden Punkt im Video, indem er diesen Punkt mit sogenannter **Subpixelgenauigkeit** Frame für Frame im Video vergleicht. Der Tracker verwendet also intern nicht nur Pixelgenauigkeit, sondern eine höhere Auflösung, indem er die Pixel in noch kleinere Einheiten unterteilt. Schauen Sie sich zuerst das Ziel an. Das fertige Movie befindet sich im Ordner 23_MOTION-TRACKER/POSITION und heißt »sternchen.mov«.

Schritt für Schritt: Bewegung verfolgen mit dem Motion Tracker – Position

1   Vorbereitung

Öffnen Sie das vorbereitete Projekt aus dem gleichen Ordner. Es heißt »workshop.aep«. Darin enthalten ist die Komposition »positionverfolgen«. Öffnen Sie diese mit einem Doppelklick auf das Kompositions-Symbol im Projektfenster. Die Komposition enthält das Video »positionverfolgen.mov« und die Bilddatei »sternchen.ai«. Auf das Video wurde der Effekt BLENDENFLECKE angewendet, den Sie im Menü unter EFFEKT • GENERIEREN • BLENDENFLECKE finden. Unser Ziel wird es sein, diesen Blendenfleck mit dem schwarzen Punkt am Zeigefinger der Frau zu synchronisieren. Und auch das Sternchen soll dort landen.

◀ **Abbildung 23.2**
Bevor Sie mit dem Verfolgen beginnen, müssen Sie ein Video mit dem Effekt und eine Bilddatei in die Zeitleiste laden. Für unser Beispiel verwenden wir den Effekt BLENDENFLECKE.

◀ **Abbildung 23.3**
Der Blendenfleck und das Sternchen sollen beide mit der Bewegung des Zeigefingers synchronisiert werden.

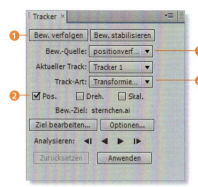

▲ Abbildung 23.4
In den Tracker-Steuerungen legen Sie zuerst die Bewegungsquelle fest, und danach entscheiden Sie, ob eine Bewegung verfolgt oder stabilisiert werden soll.

Abbildung 23.5 ▶
Nachdem Sie das Video in der Tracker-Steuerungen-Palette gewählt haben, erscheint ein erster Track-Punkt im Ebenenfenster.

2   Einstellungen in der Tracker-Steuerungen-Palette

Wählen Sie unter ARBEITSBEREICH ganz oben rechts den Eintrag MOTION-TRACKING, um die Tracker-Steuerungen einzublenden. Alternativ wählen Sie im Menü unter FENSTER den Eintrag TRACKER-STEUERUNGEN. Passen Sie außerdem das Kompositionsfenster so an, dass das Video vollständig angezeigt wird.

In der Tracker-Steuerungen-Palette wählen Sie gegebenenfalls unter BEWEGUNGS-QUELLE ❸ die Datei »positionverfolgen.mov« aus. Daraufhin werden weitere Schaltflächen in der Palette aktiv.

Zuallererst legen Sie fest, ob eine Bewegung verfolgt oder stabilisiert werden soll. Klicken Sie in unserem Fall auf die Schaltfläche BEWEGUNG VERFOLGEN ❶. Sofort wird über dem Kompositionsfenster das Ebenenfenster geöffnet. Dieses enthält einen TRACK-PUNKT, der mit 1 nummeriert ist. Das hat den Grund, dass Sie mehr als einen Punkt im Video mit mehreren Track-Punkten verfolgen können. Wundern Sie sich nicht, dass der Blendenfleck und das Sternchen nicht mehr sichtbar sind! Diese werden im Ebenenfenster nicht angezeigt. Ins Kompositionsfenster zurück wechseln Sie einfach per Klick auf die Karte KOMPOSITION. Aber bleiben Sie zunächst im Ebenenfenster.

In den TRACKER-STEUERUNGEN ist unter TRACK-ART ❹ automatisch TRANSFORMIEREN eingestellt. Belassen Sie es bei dieser Einstellung. Diese Tracking-Art erlaubt das Verfolgen der Position, der Drehung und der Skalierung, was Sie mit Häkchen in den dementsprechend benannten Boxen entscheiden. Wir benötigen nur eines in der Box POSITION ❷. Zu den anderen Schaltflächen kommen wir gleich.

3 Der Track-Punkt

Schauen wir uns den Track-Punkt genauer an! Der Track-Punkt setzt sich aus Suchregion ❺, Feature-Region ❻ und Anfügepunkt ❼ zusammen.

▶ Das **Feature** ist der Punkt, der verfolgt werden soll. In unserem Fall ist dies die Fingerspitze, die zur besseren Erkennung schwarz markiert ist. Der Tracker benötigt zum Verfolgen Punkte, die sich im gesamten aufgenommenen Material klar von der Umgebung unterscheiden. Die Feature-Region wird später auf den zu verfolgenden Feature-Punkt gesetzt.

▶ Die **Suchregion** ist immer größer als die Feature-Region. Der Tracker sucht nur innerhalb dieser Region in den zu verfolgenden Frames nach dem Feature-Punkt.

▶ Der **Anfügepunkt** liegt meistens genau in der Mitte der Feature-Region. Mit diesem Punkt legen Sie fest, wo ein Effektpunkt oder der Ebenenmittelpunkt einer Bilddatei angefügt wird, nachdem das Verfolgen bzw. das Tracking abgeschlossen wurde.

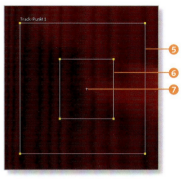

▲ **Abbildung 23.6**
Der Track-Punkt setzt sich aus Suchregion, Feature-Region und Anfügepunkt zusammen.

4 Track-Punkt anpassen

Um den Track-Punkt inklusive Feature-, Suchregion und Anfügepunkt zu verschieben, klicken Sie in eines der beiden Rechtecke der Suchregion oder der Feature-Region, ohne dabei den Anfügepunkt oder den Rahmen einer Region zu treffen. Bei Hinzunahme der Taste [Alt] verbleibt der Anfügepunkt an seiner ursprünglichen Position. Der Bildbereich der Feature-Region wird dabei zur haargenauen Positionierung stark vergrößert, wenn Sie nicht ohnehin schon in einer starken Vergrößerung arbeiten.

▶ **Tracker komplett löschen**

Einen Tracker, den Sie loswerden wollen, löschen Sie am besten in der Zeitleiste. Klicken Sie auf den Namen des unerwünschten Trackers, z. B. TRACKER 224, und drücken Sie die Taste [Entf].

◀ **Abbildung 23.7**
Standardmäßig wird der Bildbereich innerhalb der Feature-Region beim Verschieben des Track-Punkts stark vergrößert, wenn Sie nicht ohnehin eine große Vergrößerung gewählt haben.

Position der Zeitmarke

Vor dem Einrichten des Track-Punkts sollte sich die Zeitmarke im ersten Frame des zu verfolgenden Materials befinden.

Ein- und Auszoomen im Ebenenfenster

Hilfreich ist es, die Ansicht im Ebenenfenster, beispielsweise beim Einstellen der Feature-Region, zu vergrößern oder zu verkleinern. Dies erreichen Sie durch eine Bewegung Ihres Maus-Scrollrades. Alternativ nutzen Sie die Taste ⌨ (Komma) zum Verkleinern und die Taste ⌨ (Punkt) zum Vergrößern.

Bild im Ebenenfenster verschieben

Mit der Taste H oder der Leertaste verschieben Sie den Bildausschnitt im Ebenenfenster, falls der Track-Punkt am Rand verborgen ist.

▲ **Abbildung 23.9**
Das Tracking starten Sie mit den Analysieren-Schaltflächen.

Um die Suchregion zu skalieren, klicken Sie einen der Eckpunkte der Region an und ziehen an einem Punkt. Mit der Taste ⇧ vergrößern Sie die Region proportional. Zum Verschieben der Suchregion allein und ohne zu skalieren klicken Sie den Rahmen der Region an und ziehen die Region an eine neue Position.

Die Feature-Region skalieren Sie wie die Suchregion an den Eckpunkten.

Um den Anfügepunkt zu verschieben, klicken Sie ihn direkt an.

Ziehen Sie jetzt den gesamten Track-Punkt auf die Spitze des Zeigefingers. Achten Sie darauf, dass Sie das kleine Kreuz in der Mitte des vergrößerten Bildbereichs genau auf die Fingerspitze platzieren. Passen Sie anschließend die Feature-Region so an, dass sie etwas größer als die schwarze Fingerkuppe ist. Vergleichen Sie die Einstellungen mit Abbildung 23.8.

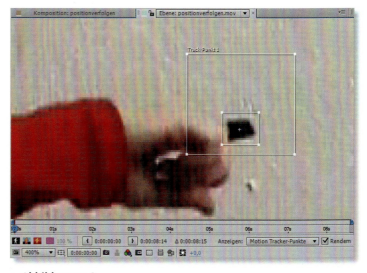

▲ **Abbildung 23.8**
Der Anfügepunkt liegt meist in der Mitte der Feature-Region. Diese sollte das Feature recht genau umschließen. Die Suchregion wird nicht viel größer gewählt.

5   Bewegung verfolgen

Wählen Sie eine Vergrößerung im Ebenenfenster, bei der Ihr gesamtes Videobild angezeigt wird. Stellen Sie sicher, dass in der Tracker-Steuerungen-Palette unter TRACK-ART der Eintrag TRANSFORMIEREN gewählt ist. In der Tracker-Steuerungen-Palette befinden sich bei ANALYSIEREN folgende Schaltflächen: FRAME RÜCKWÄRTS ANALYSIEREN ❶, RÜCKWÄRTS ANALYSIEREN ❷, VORWÄRTS ANALYSIEREN ❸ und FRAME VORWÄRTS ANALYSIEREN ❹.

Klicken Sie auf die Schaltfläche VORWÄRTS ANALYSIEREN ❸, um das Tracking in Abspielrichtung zu starten. Der Track-Punkt folgt

jetzt der Fingerkuppe, unserem Feature, solange dieses sich eindeutig von der Umgebung abhebt. Danach erscheinen im Ebenenfenster eine Reihe von Pünktchen, die Keyframe-Marken.
Diese werden in der Zeitleiste tatsächlich als einzelne Keyframes
gespeichert, und jeder dieser Keys enthält die Koordinaten des
Anfügepunkts bzw. des Feature-Zentrums für den jeweiligen
Frame.

Sie werden schon beim ersten Tracking bemerken, dass der
Track-Punkt plötzlich irgendwo hängenbleibt. In diesem Falle –
und das verursacht die Arbeit beim Tracking – müssen Sie den
Track-Punkt ab genau der Stelle anpassen, an der er das Feature verloren hat. Lassen Sie sich also davon nicht beirren! Oft
muss man mehrmals neu ansetzen oder das gesamte Tracking
wiederholen. Dies hängt auch entscheidend vom vorbereiteten
Tracking-Material ab. Und das ist – zugegeben – in diesem Workshop nicht ideal, zum Üben aber schon.

Wie Sie das Tracking präzisieren, erfahren Sie in Abschnitt
23.1.3, »Das Tracking verbessern«, nach diesem Workshop. Doch
zunächst möchte ich mit Ihnen die bereits vorhandenen Tracking-
Daten anwenden.

Zurücksetzen

Mit der Schaltfläche ZURÜCKSET-
ZEN in der Tracker-Steuerungen-
Palette löschen Sie sämtliche
Tracking-Daten des ausgewählten aktuellen Trackers. Haben Sie
diese bereits auf eine Zielebene
oder einen Effektpunkt angewendet, bleiben die Tracking-
Daten dort erhalten.

Maximale Qualität

After Effects setzt beim Tracking
automatisch die Bildauflösung
auf die beste Qualität und die
Auflösung auf 100 %. Beim
Tracking werden somit von
vornherein bessere Ergebnisse
gesichert.

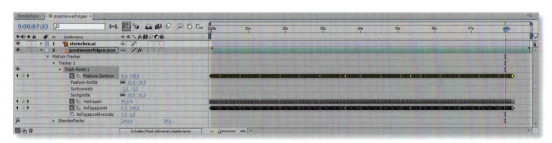

▲ **Abbildung 23.10**
In der Zeitleiste werden die Tracking-Daten in Keyframes gespeichert.

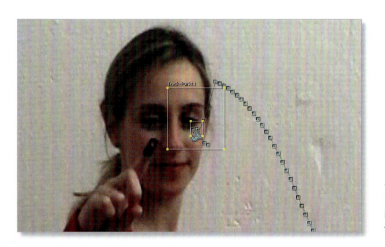

◄ **Abbildung 23.11**
In der Vergrößerung ist gut sichtbar, wo der Track-Punkt das Feature verloren hat.

▲ **Abbildung 23.12**
Mit der Schaltfläche ZIEL BEARBEI-
TEN legen Sie das Bewegungsziel
fest, und mit der Schaltfläche
ANWENDEN kopieren Sie Key-
frames zum Ziel.

Abbildung 23.13 ▶
Im Dialogfenster BEWEGUNGSZIEL
wählen Sie eine Ebene oder einen
Effektankerpunkt.

▲ **Abbildung 23.14**
In diesem Dialogfenster kön-
nen Sie die Bewegungen auf die
Dimension X oder Y beschränken.

**Standbilder im Menü
»Bewegungsquelle«**

Normalerweise erscheinen in der
Motion-Tracker-Palette unter
dem Eintrag BEWEGUNGSQUELLE
nur Movies. Für Standbilder
wählen Sie EBENE • UNTERKOM-
POSITION ERSTELLEN, um sie danach im Menü verfügbar zu machen.

6   **Tracking-Daten auf Bilder und Effekte anwenden**

Die ermittelten Tracking-Daten können Sie auf Bilddaten und
Effektpunkte anwenden. Eine weitere Verwendung bietet sich
mit Expressions, die auf die Tracking-Daten zugreifen können. In
unserem Falle wenden wir die Daten zuerst auf die Ebene »stern-
chen.ai« an. Klicken Sie in der Tracker-Steuerungen-Palette auf ZIEL
BEARBEITEN. Im Fenster BEWEGUNGSZIEL sollte unter EBENE bereits
das Sternchen zu finden sein. Dort können Sie aber auch jede
andere Ebene, sofern sie sich in der Zeitleiste befindet, auswählen.
Bestätigen Sie den Dialog mit OK.

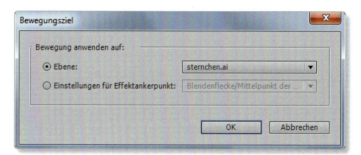

Betätigen Sie jetzt die Schaltfläche ANWENDEN. Im Fenster ANWEN-
DUNGSOPTIONEN FÜR MOTION-TRACKER wählen Sie unter DIMENSI-
ONEN ANWENDEN den Eintrag X UND Y. Eine davon abweichende
Wahl beschränkt die resultierende Bewegung auf die Dimen-
sion X oder Y. Bestätigen Sie mit OK.

In der Ebene »sternchen« befinden sich nun Keys für die
Eigenschaft POSITION. Schauen Sie sich in der Vorschau das Ergebnis an. Das Sternchen scheint an der Fingerspitze zu kleben! Erst
da, wo unser Feature verlorenging, bleibt das Sternchen einfach
unverändert stehen.

Weiter geht es mit dem Effekt. Grundsätzlich sollten Effekte,
auf deren Effektankerpunkte Sie die Tracking-Daten anwenden
wollen, in der Ebene enthalten sein, die das Feature enthält, das
wir verfolgen. In unserem Falle befindet sich daher der Effekt auf
der Ebene »positionverfolgen.mov«.

Wählen Sie in den Tracker-Steuerungen unter BEWEGUNGS-
QUELLE die Ebene »positionverfolgen.mov«. Wählen Sie unter
AKTUELLER TRACK den Eintrag TRACKER 1. Betätigen Sie die Schalt-
fläche ZIEL BEARBEITEN, und wählen Sie unter EINSTELLUNGEN FÜR
EFFEKTANKERPUNKT den Eintrag BLENDENFLECKE/MITTELPUNKT
DER LICHTBRECHUNG. Bestätigen Sie mit OK.

Klicken Sie auf die Schaltfläche ANWENDEN, und wählen Sie
unter DIMENSIONEN ANWENDEN den Eintrag X UND Y. Nach Ihrem
OK erscheinen Keyframes für den Effekt BLENDENFLECKE in der

Eigenschaft MITTELPUNKT DER LICHTBRECHUNG. In der Vorschau sehen Sie nun einen leuchtenden Stern an der Fingerkuppe.

Prima! Damit haben Sie schon die Grundlage für die weiteren Erläuterungen! Das fertige Beispiel befindet sich auf der DVD im Ordner 23_MOTION-TRACKER im Projekt »motiontracking.aep« und dort in der Komposition »positionverfolgen«.

◄ **Abbildung 23.15**
Nach dem erfolgreichen Anwenden der Tracking-Daten sind der Effekt und die Sternchen-Ebene mit der Bewegung des Zeigefingers synchron.

▲ **Abbildung 23.16**
Die angewendeten Tracking-Daten erscheinen als Keyframes in der Zeitleiste unter POSITION und MITTELPUNKT DER LICHTBRECHUNG. ◼

Track-Punkt hinzufügen | Sie können jedem Tracker weitere Track-Punkte hinzufügen, um mehr als ein Feature in Ihrem aufgenommenen Material zu verfolgen. Um einen neuen Track-Punkt hinzuzufügen, wählen Sie im Menü der Tracker-Steuerungen-Palette (die kleine Schaltfläche oben rechts) den Eintrag NEUER TRACK-PUNKT.

Allerdings ist dabei zu beachten, dass Sie die Daten zusätzlicher Track-Punkte nicht auf eine andere Ebene oder einen Effektankerpunkt übertragen können, solange Sie mit der Schaltfläche ANWENDEN der Tracker-Steuerungen-Palette arbeiten. Außerdem können zusätzliche Track-Punkte ausschließlich die

Effektankerpunkt

Einen Effektankerpunkt finden Sie nicht in jedem Effekt vor. Zudem tragen die Effektankerpunkte kaum jemals den gleichen Namen. Es handelt sich aber immer um Punkte, die Positionswerte beschreiben. Effekte mit solchen Positionswerten sind interessant für den Motion Tracker.

Ausgewählte Tracker einblenden

Befinden sich mehrere Tracker in der Zeitleiste, wählen Sie in der Tracker-Palette unter AKTUELLER TRACK den gewünschten Tracker aus und betätigen zweimal die Taste Ⓢ, um den Tracker in der Zeitleiste einzublenden.

Frame vorwärts/rückwärts analysieren

Um sich an einen Zeitpunkt heranzutasten, an dem die Feature-Region wegzudriften beginnt, sind die Schaltflächen FRAME VORWÄRTS ANALYSIEREN und FRAME RÜCKWÄRTS ANALYSIEREN sinnvoll, die Sie im vorigen Workshop kennengelernt haben, da sie Frame für Frame analysieren.

Mit der Schaltfläche RÜCKWÄRTS ANALYSIEREN erhalten Sie manchmal andere und eventuell bessere Ergebnisse als bei der Option VORWÄRTS ANALYSIEREN, da die Reihenfolge beim Vergleichen der Einzelbilder umgekehrt erfolgt.

Position verfolgen, nicht beispielsweise Position und Drehung gleichzeitig.

Sinnvoll ist die Verwendung mehrerer Track-Punkte also vor allem dann, wenn die Track-Daten später von Expressions ausgelesen werden sollen, um darüber andere Eigenschaften zu animieren. Mit der etwas uneleganteren Methode können Sie Keyframes der zusätzlichen Track-Punkte natürlich auch kopieren und in andere Ebenen einsetzen. Weitere Informationen zur Handhabung von Expressions finden Sie in Kapitel 24, »Expressions«.

23.1.3 Das Tracking verbessern

Wie Sie zuvor im Workshop bereits gesehen haben, verläuft das Tracking oft nicht in den gewünschten Bahnen. Ein Track-Punkt verliert leicht das Feature, das er verfolgen soll. Man nennt dies eine **driftende Feature-Region**.

Damit die Fehlerquote relativ gering bleibt, sollten Sie das Feature bereits vor der Aufnahme deutlich von der Umgebung abheben. Am besten eignet sich dafür ein Objekt, dessen Farbe, Kontrast und Form sich nicht stark ändern. Dies könnte ein farbiger Tischtennisball sein, den Sie dort platzieren, wo später neues Bildmaterial oder ein Effekt »angehängt« werden soll. Während der Aufnahme sollte dieses Feature möglichst nie verdeckt werden. Da sich die Beleuchtungsverhältnisse und der Blickwinkel auf das verfolgte Objekt während einer Aufnahme leicht ändern können, ist es kein Wunder, dass beim Tracken manchmal nicht gleich alles glattläuft. Aber der Tracker bietet einige Möglichkeiten für die verschiedensten Bedingungen, die im folgenden Abschnitt beschrieben sind.

Es bieten sich vier Möglichkeiten, das Tracking zu verbessern: das erneute Anpassen der Feature- und Suchregion, die Optionen für den Motion Tracker, das manuelle Korrigieren der Marken, die der Tracker für das Feature-Zentrum setzt, und die Anpassung der Werte unter VERTRAUEN bei problematischen Frames. Dazu werden die Werte dieser Frames analysiert. Wählen Sie dann etwas höhere Werte als den bereits vorgefundenen Maximalwert der Frames.

Feature-Region und Suchregion neu anpassen | Um einen wegdriftenden Track-Punkt in die gewünschte Bahn zu lenken, verwerfen Sie nicht etwa den bisherigen Teil des Trackings, bei dem alles gut lief. Vielmehr platzieren Sie die Zeitmarke kurz vor die Stelle, an der der Track-Punkt das Feature verlor. Nach dem erneuten Anpassen der Feature- und der Suchregion setzen Sie das Tracking einfach durch einen Klick auf eine der Schaltflächen bei ANALYSIE-REN fort. Die zuvor vom Tracker gespeicherten Keyframes werden dabei überschrieben. Den Anfügepunkt sollten Sie dabei nicht verschieben, sonst »holpert« es nachher in der Bewegung der angefügten Bilddatei oder des angefügten Effekts.

Optionen für den Motion Tracker | Hinter der Schaltfläche OPTIONEN der Tracker-Steuerungen-Palette verbergen sich umfangreiche Einstellungen zum Anpassen und Präzisieren des Trackings. Außerdem können Sie in dem sich öffnenden Dialogfeld OPTIONEN FÜR ›MOTION-TRACKER‹ einen neuer Track-Namen für den aktuellen Track vergeben oder, wenn vorhanden, ein Tracker-Plugin eines Drittanbieters wählen. Folgende weitere Optionen sind verfügbar:

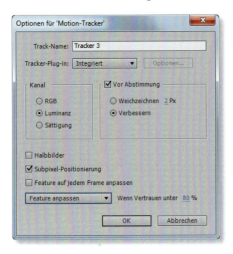

◄ **Abbildung 23.17**
Das Dialogfeld OPTIONEN FÜR ›MOTION-TRACKER‹ bietet viele Optionen zum Verbessern des Trackings.

▶ **Kanal:** Unter KANAL legen Sie fest, ob innerhalb der Feature-Region RGB-, Luminanz- oder Sättigungswerte des Features mit den nachfolgenden Frames verglichen werden. Wählen Sie beispielsweise RGB für ein stark andersfarbiges Feature, das verfolgt werden soll, oder LUMINANZ, wenn die Helligkeitswerte eindeutig verschieden von der Umgebung sind, z. B. bei einer bewegten Lichtquelle.

▶ **Vor Abstimmung:** Um während des Trackings Störungen im Material zu nivellieren, sind Werte von 2 Pixel unter WEICH-ZEICHNEN gängig. Das Weichzeichnen erfolgt nur während des Trackings innerhalb der Feature-Region. Mit der Option VER-BESSERN hebt der Tracker intern Konturen deutlicher hervor, um eine Verbesserung des Trackings zu erzielen.

▶ **Halbbilder:** Bei Videomaterial mit Halbbildern (Interlaced) sollten Sie hier ein Häkchen setzen. Es werden beide Videohalbbilder beim Verfolgen berücksichtigt, und auch die Framerate

»Wenn Vertrauen unter«

Unterschreitet die Genauigkeit, mit der das Feature vom Tracker bestimmt werden kann, einen bestimmten Prozentwert im Eingabefeld, wird eine der Optionen ausgeführt, die Sie im Einblendmenü gewählt haben. Die Bewegung kann gestoppt oder fortgesetzt werden, oder die Feature-Region kann automatisch angepasst werden. Wird die Bewegung extrapoliert, setzt der Tracker Keyframes, indem er vermutet, wo entlang sich das Feature weiterhin bewegt. Dies ist hilfreich, wenn das Feature kurzzeitig verdeckt ist.

wird verdoppelt. Das in den Beispielen verwendete Material ist allerdings progressiv.

▶ **Subpixel-Positionierung:** Wählen Sie diese Option, wird die Berechnungsgenauigkeit zur Platzierung von Positions-Keyframes erhöht und weitestgehend an die Feature-Region angepasst.

▶ **Feature auf jedem Frame anpassen:** Aktivieren Sie diese Box, versucht der Tracker, die Feature-Region automatisch an das Feature anzupassen.

Feature-Zentrum anpassen | Die sicherlich aufwendigste Methode, die Track-Daten zu korrigieren, ist das manuelle Verschieben der Marken, die der Tracker für das Feature-Zentrum setzt. Es soll hier trotzdem erwähnt sein, da sich kleine Korrekturen damit gut bewerkstelligen lassen. Eine Feature-Zentrum-Marke ❶ können Sie mit dem Auswahl-Werkzeug anklicken und manuell verschieben. Mit der Taste ⇧ lassen sich mehrere Marken nacheinander auswählen und dann verschieben. Die Taste Entf löscht ausgewählte Marken.

Das erfolgreiche Tracking erfordert etwas Erfahrung und Geduld und ist mit jedem neuen Material eine neue Herausforderung! Wenn es also nicht gleich beim ersten Mal so klappt, wie Sie sich das vorstellen, verzagen Sie nicht. Welche Methode für das Verbessern des Trackings am günstigsten ist, hängt stark vom Material ab – da hilft oft nur Probieren.

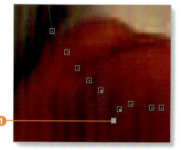

▲ **Abbildung 23.18**
Für kleine Korrekturen gut: das manuelle Verschieben der Marken für das Feature-Zentrum mit dem Auswahl-Werkzeug

Keyframe-Interpolation im Tracker anpassen

Die im Tracker in der Zeitleiste angezeigten Keyframes können wie die Keyframes eines Bewegungspfads interpoliert werden. Um eine andere Interpolationsmethode festzulegen, markieren Sie die entsprechenden Keyframes in der Zeitleiste und wählen ANIMATION • KEYFRAME-INTERPOLATION. Zur genauen Handhabung lesen Sie mehr in Kapitel 11, »Keyframe-Interpolation«.

23.1.4 Tracking-Daten in der Zeitleiste

Wie bereits erwähnt, wird mit jedem Betätigen einer der Schaltflächen BEWEGUNG VERFOLGEN oder BEWEGUNG STABILISIEREN ein neuer Tracker angelegt. In der Zeitleiste erscheint ein zusätzlicher Eintrag unter MOTION-TRACKER. Um die Tracker einzublenden, klicken Sie auf die kleinen Dreiecke. Jeder Tracker wird fortlaufend nummeriert und enthält sämtliche Track-Punkte, die jeweils gesetzt wurden.

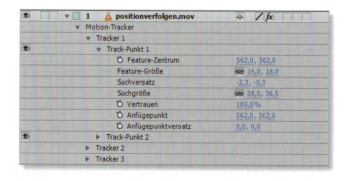

Abbildung 23.19 ▶
Jeder Track-Punkt ist mit einer Reihe animierbarer Eigenschaften ausgestattet.

Jeder Track-Punkt enthält folgende animierbare Eigenschaften:

▶ **Feature-Zentrum:** Ändern Sie die Werte für das FEATURE-ZENTRUM, verschiebt sich der gesamte Track-Punkt. Die Werte geben die Positionskoordinaten des Feature-Zentrums an.

▶ **Feature-Größe:** Die FEATURE-GRÖSSE gibt eigentlich die Größe der Feature-Region – also der Region, die an das zu verfolgende Feature angepasst wird – in Pixel an.

▶ **Suchversatz:** Wie der Name bereits besagt, handelt es sich hierbei um den Versatz der Suchregion gegenüber der Feature-Region.

▶ **Suchgröße:** Die SUCHGRÖSSE gibt die Größe der Suchregion in Pixel an.

▶ **Vertrauen:** Gibt die Genauigkeit an, mit der das verfolgte Feature durch den Tracker im Suchbereich bestimmt werden konnte.

▶ **Anfügepunkt:** Ändern Sie die Werte für den ANFÜGEPUNKT, verschiebt sich dieser unabhängig von der Feature- und der Suchregion. Eine Ebene oder einen Effektankerpunkt fügen Sie mit der Schaltfläche ANWENDEN an der Position des Anfügepunkts an das verfolgte Feature an.

▶ **Anfügepunktversatz:** Eine Änderung der Werte an dieser Stelle führt ebenfalls zu einer Verschiebung des Anfügepunkts unabhängig von der Feature- und Suchregion. Allerdings werden hier die Werte als Abstand zum Feature-Zentrum ausgedrückt. Den Anfügepunkt zu verschieben ist nur dann sinnvoll, wenn das anzufügende Objekt nicht genau auf dem verfolgten Feature platziert werden soll.

23.1.5 Track-Arten

In der Tracker-Steuerungen-Palette finden Sie unter TRACK-ART fünf Kategorien, mit denen verschiedene Anforderungen des Trackings erfüllt werden können. Um Ihnen einen Überblick zu geben, werden hier die Track-Arten im Einzelnen noch einmal genauer beschrieben.

Bewegung verfolgen (Track-Art »Transformieren«) | Wenn Sie einen Effekt oder eine Bildebene bestimmten Punkten im Filmmaterial, z. B. einem fliegenden roten Ball, folgen lassen wollen, wählen Sie in der Tracker-Steuerungen-Palette BEWEGUNG VERFOLGEN. Als TRACK-ART erscheint der Eintrag TRANSFORMIEREN.

▶ **Transformieren: Position:** Diese Art des Trackings ist für das Verfolgen einzelner Feature-Punkte wie z. B. des Rücklichts eines Autos gedacht. Es wird ein Häkchen bei POSITION gesetzt. Die ermittelten Tracking-Daten werden als Positions-Keyframes

Tracker oder Track-Punkt umbenennen

Zum Umbenennen eines Trackers oder Track-Punkts markieren Sie den bisherigen Namen in der Zeitleiste, drücken dann die Taste ⏎ im Haupttastaturfeld, geben den neuen Namen ein und bestätigen erneut mit der Taste ⏎.

▲ **Abbildung 23.20**
Es stehen die Track-Arten STABILISIEREN, TRANSFORMIEREN, PARALLELER ECKPUNKT, PERSPEKTIVISCHER ECKPUNKT und ROH zur Verfügung.

Beispiele

Zu den in diesem Abschnitt beschriebenen Track-Arten finden Sie auf der DVD zum Buch im Ordner 23_MOTION-TRACKER das Projekt »motiontracking.aep«. Darin sind mehrere Kompositionen mit Anwendungsbeispielen zu einigen der hier vorgestellten Track-Arten enthalten.

in eine von Ihnen gewählte Ebene, die Zielebene, oder einen Effektankerpunkt eingesetzt. Im Workshop »Bewegung verfolgen mit dem Motion Tracker – Position« finden Sie hierzu eine genaue Erläuterung, die als Grundlage für die weiteren Track-Arten dient.

▶ **Transformieren: Drehung:** Für diese Track-Art wird ein Häkchen in der Box DREHUNG gesetzt. Diese Art des Trackings wenden Sie an, um beispielsweise die Enden eines gefilmten Stabes in der Quellebene zu verfolgen, an die später eventuell ungeheure Gewichte geknüpft werden sollen.

Der Tracker setzt zur Ermittlung der Tracking-Daten automatisch zwei Track-Punkte, die im Beispiel aus Abbildung 23.21 manuell je auf ein Ende des Stabes verschoben wurden. Die Feature- und Suchregion wurden justiert. Wie bei allen Track-Arten starten Sie das Tracking der Drehung über eine der Analysieren-Schaltflächen der Tracker-Steuerungen-Palette. Beim Anwenden der ermittelten Track-Daten generiert der Tracker Keyframes für die Eigenschaft DREHUNG in der Zielebene.

Um das Bild aus Abbildung 23.22 zu erzeugen, wurde außer für die Drehung in der Box POSITION ein Häkchen gesetzt. So wurden in der Zielebene mit den zwei Erdkugeln Keyframes sowohl für die POSITION als auch für die DREHUNG generiert.

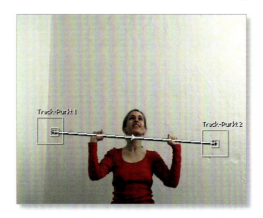

Abbildung 23.21 ▶
Um Keyframes für die Drehung erstellen zu können, ermittelt der Tracker den Winkel zwischen den zwei Track-Punkten.

▶ **Transformieren: Skalierung:** Ein Häkchen in der Box für SKALIERUNG bewirkt ein ähnliches Tracking wie das der DREHUNG. Es werden ebenfalls automatisch zwei Track-Punkte geschaffen. Bei der Anwendung des Track-Ergebnisses auf eine Zielebene werden dort Skalierungs-Keyframes generiert. Die Zielebene wird dabei proportional skaliert, und zwar im Verhältnis der Entfernung der beiden Track-Punkte zueinander. Verringert sich die Entfernung, wird die Zielebene also verkleinert, ansonsten vergrößert.

▲ **Abbildung 23.22**
Nach dem Betätigen der Schaltfläche ANWENDEN passt sich die Zielebene
(die beiden Erdkugeln) der Bewegung der zwei Track-Punkte an.

Eckpunkte verfolgen | Mit den beiden Track-Arten PARALLELER
ECKPUNKT und PERSPEKTIVISCHER ECKPUNKT bietet der Motion Tracker die Möglichkeit, jeweils vier Punkte in bewegtem Filmmaterial zu verfolgen. Auf diese Weise ersetzen Sie beispielsweise ein
Werbeplakat in einem Film leicht durch ein in der Postproduktion
erstelltes Standbild.

▶ **Paralleler Eckpunkt:** Diese Track-Art eignet sich dafür, vier
Punkte eines Rechtecks (also eines Werbeplakats, eines Fern-
sehers oder dergleichen) zu verfolgen, die günstigenfalls ohne
perspektivische Verjüngung aufgenommen wurden. Der Tracker
bietet dazu drei Track-Punkte an, während ein vierter automatisch berechnet wird. Vor dem Tracking platzieren Sie die
Feature- und die Suchregion der drei aktiven Track-Punkte auf
die Ecken des zu verfolgenden Rechtecks. Der vierte Punkt verschiebt sich automatisch. Welcher der vier Track-Punkte das
sein soll, können Sie selbst neu definieren. Dazu markieren Sie
den Punkt, der zukünftig automatisch berechnet werden soll,
und klicken bei gedrückter Alt-Taste auf die Feature-Region
des Track-Punkts.
Die Anfügepunkte (die kleinen Kreuze in der Mitte der Feature-
Region) können Sie außerhalb der Feature-Region platzieren.
Nach dem Anwenden der ermittelten Track-Daten setzen Sie
die Ecken einer Zielebene genau auf die Position der Anfügepunkte. Dies erreichen Sie über den Effekt ECKPUNKTE VER-
SCHIEBEN. Der Tracker generiert dort für jede Ecke Keyframes.
Außerdem legt er Keyframes für die Positionseigenschaft der
Zielebene an.

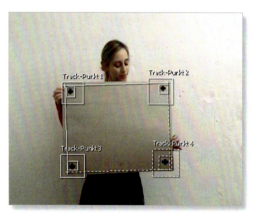

▲ **Abbildung 23.23**
Die schwarz markierten Feature-Punkte werden mit
drei Track-Punkten verfolgt, während der vierte
Punkt automatisch berechnet wird.

▲ **Abbildung 23.24**
Nach Anwendung der ermittelten Track-Daten werden
die Ecken der Zielebene auf der vorherigen Position
der Anfügepunkte platziert.

▶ **Perspektivischer Eckpunkt:** Diese Track-Art ähnelt der zuvor
beschriebenen Track-Art PARALLELER ECKPUNKT. Allerdings sind
nun alle vier Track-Punkte am Tracking beteiligt und müssen
auf die vier Ecken eines rechteckigen Features eingerichtet werden. Die Verwendung dieser Track-Art ist für rechteckige Flächen gedacht, die perspektivisch verjüngt aufgenommen wurden. Das könnte z. B. ein Buchdeckel sein, der geöffnet wird,
oder wie im abgebildeten Beispiel das schwarze Tuch. Nach der
Anwendung der Track-Daten werden auch hier Keyframes in
der gewählten Zielebene für den Effekt ECKPUNKTE VERSCHIE-
BEN und für die Eigenschaft POSITION generiert.

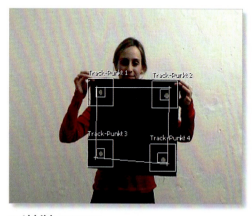

▲ **Abbildung 23.25**
Mit der Track-Art PERSPEKTIVISCHER ECKPUNKT tracken
Sie perspektivisch verjüngte Flächen. Alle vier Track-
Punkte sind aktiv.

▲ **Abbildung 23.26**
Die Ecken der Zielebene liegen auch hier nach
Anwendung der Track-Daten auf der vorherigen
Position der Anfügepunkte.

Roh | Die Track-Art ROH ist nicht etwa besonders grobschlächtig, sondern dafür gedacht, Punkte in bewegtem Material zu verfolgen, wenn eine Zielebene noch nicht vorhanden ist. Ist ROH gewählt, wird nur ein Track-Punkt sichtbar. Da Sie mit dieser Track-Art nur die Position eines Features verfolgen können, ist diese VERFOLGEN-Option schon von vornherein aktiviert, und weitere Optionen wie DREHUNG und SKALIERUNG sind nicht verfügbar.

Wenn Sie weitere Track-Punkte benötigen, fügen Sie sie über das Menü der Tracker-Steuerungen-Palette hinzu. Das Menü erreichen Sie über die kleine runde Schaltfläche oben links mit der Option NEUER TRACK-PUNKT. Die Feature- und die Suchregion des Track-Punkts richten Sie wie beschrieben ein. Nach dem Analysieren der Bewegung des Features werden die ermittelten Track-Daten dauerhaft in der Filmebene gespeichert.

Die Daten können Sie anschließend per Expression auslesen oder auf eine später hinzugekommene Zielebene anwenden. Dazu müssen Sie die TRACK-ART allerdings beispielsweise auf TRANSFORMIEREN umstellen, denn bei der TRACK-ART ROH sind die Schaltflächen ZIEL BEARBEITEN und ANWENDEN nicht aktiv.

Bewegung stabilisieren | Wenn Sie eine verwackelte Kamera-aufnahme nachträglich stabilisieren wollen, wählen Sie die Track-Methode BEWEGUNG STABILISIEREN. Erhoffen Sie sich aber nicht zu viel. Sehr stark verwackelte Aufnahmen büßen eine Menge Bildinformation an den Rändern der Aufnahme ein und sind auch schwierig zu tracken. Als TRACK-ART erscheint der Eintrag STABI-LISIEREN. Beim Stabilisieren einer Bewegung ist die Quellebene immer auch die Zielebene, da diese ja die verwackelte Aufnahme enthält und stabilisiert werden soll.

Stabilisieren: Position | Haben Sie diese Track-Art gewählt, können Sie auf dem Feature (also dem zu verfolgenden Punkt) im Film einen Track-Punkt platzieren, der nach Anwendung der ermittelten Track-Daten unverrückbar an derselben Stelle verbleiben soll. Die Feature-Region und den Suchbereich des Trackpunkts richten Sie wie bei allen Track-Arten ein. Das war bereits das Thema des Workshops »Bewegung verfolgen mit Motion Tracker – Position«.

Nach Anwendung der Track-Daten wackelt nicht mehr der Punkt im Bild, sondern der Bildrahmen verwackelt um den getrackten Punkt. Dies ist der Grund für Bildverluste an den Rändern der verwackelten Aufnahme, die eine Skalierung notwendig machen. Trotzdem ist dieses Tracking für kleinere Korrekturen gut geeignet. Damit der verfolgte Punkt fixiert bleibt, werden Keyframes für den Ankerpunkt der Ebene generiert, die die Verwacklung ausgleichen.

Größe der Ausgabedatei reduzieren

Stabilisieren ist eine Möglichkeit, die Größe der Ausgabedatei zu reduzieren. Da viele Encoder nur die sich ändernden Bilddaten abspeichern und redundante Bilddaten entfernen bzw. stärker komprimieren, ist ein stabiles Bild günstig. Verwackelte Videos enthalten mehr sich ändernde Bilddaten.

Abbildung 23.27 ►
Wenn eine verwackelte Aufnahme
stabilisiert wird, kommen leicht
Bildverluste an den Rändern
zustande. Verwenden Sie also
besser ein Stativ!

Stabilisieren: Drehung | Die Box für die DREHUNG wird oft gemein-
sam mit der Box POSITION verwendet. Zusätzlich können Sie damit
auch leichte Verwacklungen um die Kameraachse ausgleichen.
Dabei werden nach dem Anwenden der Track-Daten neben den
Keyframes für den Ankerpunkt auch Keyframes für die Drehung
generiert, die den Verwacklungen entgegenwirken. Wurde die
Kamera während der Aufnahme geschwenkt, sollten Sie die Box
POSITION deaktivieren.

23.2 Mocha 2

Während der in After Effects integrierte Motion Tracker pixelba-
siert arbeitet, kommt in Mocha ein flächenbasiertes Tracking zum
Einsatz. Der After-Effects-Tracker verfolgt also Pixel im Videoma-
terial und ist somit anfällig für jegliche Störungen wie Artefakte,
Unschärfen und verdeckte oder außerhalb des Bildes geratene
Pixel, die eigentlich verfolgt werden sollen. Da Mocha nicht die
Pixel, sondern die Form des Objekts verfolgt, werden die meisten
Fehler ausgeschlossen, und das Tracking geht schneller und ist prä-
ziser. Die gewonnenen Tracking-Daten können Sie dann für After
Effects und viele andere Applikationen exportieren und in den Ver-
sionen Adobe After Effects 6, 7, CS3, CS4 und CS5 verwenden.

Im folgenden Workshop werden Sie die Umgangsweise mit
Mocha erlernen.

Die Dateien für den Workshop sowie die fertigen Mocha- und
After-Effects-Projekte zur Kontrolle finden Sie auf der DVD im
Ordner 23_MOTION-TRACKER/MOCHA.

Imagineer Systems

Weitere Informationen zur Firma
Imagineer Systems und Mocha
finden Sie unter *www.imagineer-
systems.com*.

Schritt für Schritt: Eckpunkte verfolgen mit Mocha

1 Vorbereitung

Starten Sie Mocha über das Startmenü Ihres Rechners. Beim ersten Start werden Sie aufgefordert, Mocha zu konfigurieren. Automatisch erscheint der Dialog PREFERENCES. Ansonsten gelangen Sie dorthin über FILE • PREFERENCES. Zunächst legen Sie die Farbe der Benutzeroberfläche fest. Dazu wechseln Sie in die Karte SYSTEM und stellen die Farbe unter UI COLOR von DARK auf LIGHT.

Legen Sie sich auf Ihrer Festplatte einen Ordner namens »Mocha« an. In der Karte OUTPUT SETTINGS bestimmen Sie den Speicherpfad des Mocha-Projekts. Wechseln Sie dazu den Eintrag unter OUTPUT DIRECTORY von RELATIVE PATH auf ABSOLUTE PATH. Dadurch können Sie den Speicherpfad zu Ihrem Mocha-Ordner für die Projektdatei und die gerenderten Dateien definieren. Klicken Sie dazu auf das Ordner-Symbol ❶. Wählen Sie RELATIVE PATH, landet Ihre Projektdatei automatisch in einem Unterordner des Ordners, in dem sich Ihr Originalclip befindet.

Unter CACHE DIRECTORY legen Sie fest, in welchem Ordner Ihre Bilddaten und die automatisch gesicherten Projektdateien abgelegt werden. Setzen Sie ein Häkchen bei CACHE ORIGINAL CLIP, damit der Originalclip ebenfalls im bei CACHE DIRECTORY definierten Ordner gesichert wird. Dies beschleunigt die Wiedergabe und den Workflow. Bestätigen Sie den Dialog mit OK.

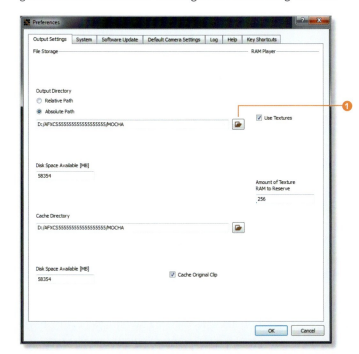

◄ **Abbildung 23.28**
Zunächst passen Sie die Voreinstellungen an.

2   Neues Mocha-Projekt

Sie haben die eigenständige Benutzeroberfläche vor sich. Wählen
Sie, um ein neues Projekt zu kreieren, den Weg FILE • NEW PRO-
JECT. Wählen Sie im Dialog NEW PROJECT WIZARD per Klick auf die
Schaltfläche CHOOSE... ❶ den Pfad zum zu importierenden Clip. In
unserem Fall finden Sie den Clip auf der beiliegenden DVD im Ord-
ner MOTION-TRACKER • MOCHA. Er heißt »mobile001.mov«. Geben
Sie eventuell einen neuen Projektnamen ein. Außerdem können
Sie unter LOCATION den Output-Ordner mit CHANGE neu wählen.
Aber das hatten wir schon.

In der Karte OPTIONS werden Informationen zum importier-
ten Clip zusammengefasst. Sie können die Länge unter FRAME
RANGE verändern und unter PIXEL ASPECT RATIO ein Standard-
Pixelseitenverhältnis wählen. Belassen Sie es vorerst bei CUSTOM.

Unter FRAME RATE wählen Sie die Zahl, die zur Framerate Ihres
After-Effects-Projekts passt. Da meist mit PAL gearbeitet wird
und unser Clip ebendiese Rate verwendet, wählen wir hier »25«.

Falls das Material aus Halbbildern besteht, wählen Sie bei
SEPARATE FIELDS den Eintrag LOWER FIELD FIRST oder UPPER FIELD
FIRST. Da es sich im Workshop um Material ohne Halbbilder han-
delt, wählen Sie OFF. Beenden Sie den Dialog mit OK.

Abbildung 23.29 ▶
Im Project Wizard legen Sie die
Importeinstellungen zum Clip
fest.

3   Der Clip in Mocha

Der Film wird nun im Bildfenster innerhalb von Mocha angezeigt.
Unten in der Karte CLIP finden Sie unter GENERAL noch einmal die

Möglichkeiten, neues Material zu importieren ❷ und den Ausgabeordner zu wechseln ❸, sowie unter ATTRIBUTES Informationen zum Clip.

In der Karte FILM verwenden wir die Einstellung CUSTOM aus dem Popup-Menü ❹, da unser Clip in einem eigenen Format erstellt wurde. Tragen Sie außerdem unter WIDTH den Wert »960« und bei HEIGHT den Wert »540« ein, um den Clip entzerrt anzuzeigen. Ansonsten wählen Sie dort den zu Ihrem Material passenden Standard, z. B. HD. Unter PIXEL ASPECT RATIO ändern Sie nichts. Dort steht eine »1«, da das Material mit quadratischen Pixeln erstellt ist. Wenn der Clip nicht zentriert angezeigt wird, drücken Sie die Taste ⊠ und verschieben den Clip dann mit der Hand.

Wenn Sie den Clip jetzt einmal mit den Steuerungen unter dem Bildfenster ❾ abspielen, sehen Sie, dass das Material recht unscharf ist, Artefakte aufweist und die rechte obere Ecke des Mobiltelefons oft außerhalb des Bildrands ist.

Außer mit der üblichen Steuerung können Sie schnell durch das Material spulen, indem Sie die Marke ❽ ziehen. Die roten Markierungen ❺ und ❿ dienen dazu, das Material am Anfang und am Ende zu beschneiden, wenn Sie nicht den ganzen Clip tracken wollen. Die Zahlenfelder ❻ und ❼ dienen dem gleichen Zweck. Wir wollen aber den ganzen Clip.

▼ **Abbildung 23.30**
In der Karte CLIP tauschen Sie bei Bedarf das Material aus und legen Einstellungen zum Clip fest.

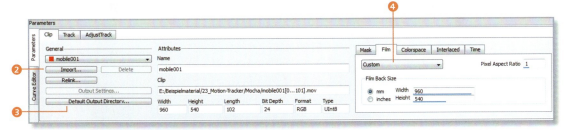

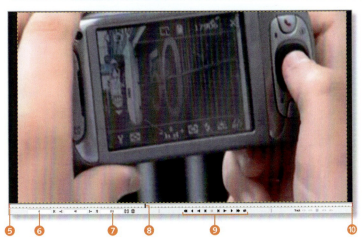

◄ **Abbildung 23.31**
Im Bildfenster steuern Sie den Clip oder beschneiden ihn.

4 | Objekt separieren

Damit der Tracker weiß, was er verfolgen soll, legen wir einen Rahmen oder besser einen Maskenpfad um das zu verfolgende Objekt an. Ziehen Sie die Zeitmarke auf den Frame 1, und klicken Sie dann auf Create X-Spline Layer Tool ❷.

Zeichnen Sie damit Klick für Klick einen Pfad um das Mobiltelefon. Und machen Sie das nicht zu genau. Der Pfad soll ein wenig Abstand zu den Objekträndern haben. Damit der Tracker besser arbeitet, setzen Sie auch bei geraden Objektkanten ein paar Punkte mehr. Richten Sie sich im Zweifel nach der Abbildung. Wenn Sie in die Nähe des Anfangspunkts kommen und die Maske beenden möchten, klicken Sie mit der rechten Maustaste.

Anschließend können Sie den Pfad mit dem Pick Tool ❶ bearbeiten. Klicken Sie damit auf Punkte, und verschieben Sie sie bei Bedarf. In den Ecken des Bildfensters werden dann für ein präzises Justieren vergrößerte Darstellungen des Bildausschnitts eingeblendet. Wenn Sie den blauen Anfasser an einem Punkt verkürzen, erhalten Sie an dieser Stelle einen stark gebogenen Pfad, beim Verlängern wird der Pfad eckig.

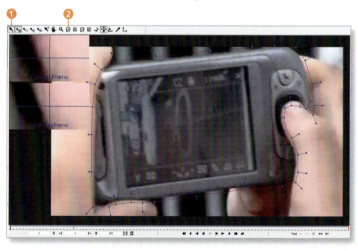

Abbildung 23.32 ▶
Im Bildfenster zeichnen Sie mit dem X-Spline Tool eine Art Maske um das Mobiltelefon.

5 | Flächen ausschließen

Problematisch für den Tracker können die auf dem Display des Mobiltelefons erscheinenden Reflexionen werden. Wir werden diese Fläche also aus der schon geschaffenen Maske aussparen.

Dazu wählen Sie das Werkzeug Add X-spline To Layer ❸. Zeichnen Sie damit im ersten Frame eine Maske in der Größe des Displays. Diesmal benötigen wir allerdings nur die vier Eckpunkte. Das fertige Rechteck hat abgerundete Ecken. Wir ändern das, indem wir mit dem Pick Tool auf einen Eckpunkt klicken. Drücken Sie dann die rechte Maustaste, und wählen Sie aus dem

Einblendmenü die Option SELECTION • SELECT ALL IN SPLINE. Ziehen Sie an dem Anfasser, bis der Pfad an allen vier Punkten eckig ist. Klicken Sie die einzelnen Eckpunkte noch einmal durch, und justieren Sie sie gegebenenfalls genauer in die Ecken.

Zur Kontrolle dessen, was wir gemeinsam fabriziert haben, klicken Sie rechts unter VIEW CONTROLS auf die Schaltfläche MATTES **4**. Sie sehen, das Display ist in der Matte ausgespart – so eine rosarote Brille brauchen wir in diesen krisengeschüttelten Zeiten.

◀ **Abbildung 23.33**
Um die Reflexionen des Displays beim Tracking auszuschließen, umranden Sie es mit einer weiteren Maske.

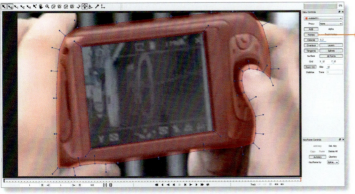

◀ **Abbildung 23.34**
Zur Kontrolle können Sie die fertige Matte farbig einblenden.

6 Tracking starten

Öffnen Sie im unteren Teil die Karte TRACK. Falls sie ausgegraut dargestellt ist, klicken Sie mit dem PICK TOOL auf eine der Masken. Setzen Sie unter MOTION ein Häkchen bei PERSPECTIVE **5**. Jetzt können Sie das Tracking starten.

Klicken Sie dazu auf die Schaltfläche TRACK FORWARDS **6**. Und nun können Sie sich wieder Ihrem Kollegenschwätzchen oder Ihrer Familie widmen oder mit Warren Buffet über gewinnbringende Anlagestrategien nachdenken.

▲ Abbildung 23.35
In der Karte TRACK justieren Sie die Tracker-Einstellungen.

▲ Abbildung 23.36
Starten Sie das Tracking mit den Tracker-Steuerungen.

7 Daten für Eckpunkte

Um in After Effects unser Tracking so verfügbar zu machen, dass wir ein anderes Bild auf das Display »kleben« können, müssen Sie noch festlegen, wo das Display sich überhaupt befindet. Sie haben dies noch nicht mit der zuletzt gezeichneten Maske getan, denn diese dient nur dazu, das Display für den Tracker auszusparen, damit die Reflexionen nicht zu Fehlern führen. Klicken Sie also unter VIEW CONTROLS auf die Schaltfläche SURFACE ❼. An den Ecken des Movies wird ein schlecht sichtbarer Rahmen eingeblendet, und dieser definiert nun die Eckpunkte für After Effects.

Mit dem PICK TOOL positionieren Sie im ersten Frame die Punkte des Rechtecks genau in den Ecken des Displays.

Zur Vorschau des Endergebnisses klicken Sie auf die Schaltfläche GRID ❽. Das eingeblendete Gitter bewegt sich beim Abspielen des Clips perspektivisch richtig.

Abbildung 23.37 ▼
Um Eckpunktdaten für After Effects zu erhalten, müssen Sie den Surface-Rahmen einrichten.

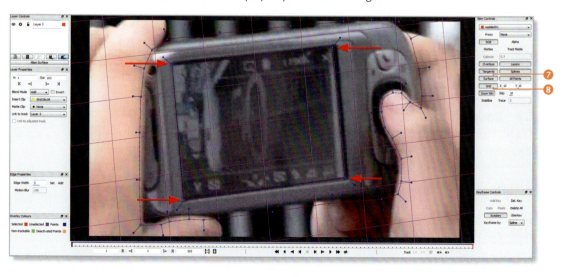

8 Adjust Track

Sollte das Surface an den Eckpunkten noch nicht ausreichend genau auf das Display passen, navigieren Sie mit der Zeitmarke zunächst bis zu dem letzten Frame, der noch ausreichend genau war. Nehmen Sie in unserem Workshop beispielsweise Frame 20.

Klicken Sie dann im Bildfenster den Pfad bzw. den Surface-Rahmen an. Klicken Sie jetzt auf die Karte ADJUST TRACK. Durch den Klick auf SET MASTER setzen Sie für den jeweils markierten Eckpunkt des Surface einen Keyframe, der für alle nachfolgenden Keyframes als Referenzpunkt dient. Mit SET MASTER ALL legen Sie alle Punkte des Surface als Referenzpunkte fest. In der Zeitleiste wird ein Keyframe eingefügt ❿, und im Bildfenster erscheinen vier Referenzpunkte (rote Kreuze). Diese dienen als Referenz, wo die Surface-Eckpunkte noch perfekt eingerichtet waren. Alles, was danach kommt, wird sich nun daran messen lassen müssen.

Navigieren Sie anschließend zu einem Frame, bei dem der Surface-Rahmen nicht hundertprozentig auf das Display passt, beispielsweise Frame 40. Klicken Sie mit dem PICK TOOL auf einen der gedrifteten Eckpunkte. Im Bildfenster werden zusätzlich zwei Vergrößerungen des Eckpunkts eingeblendet ❾. Davon ist die obere Darstellung die Ihres Master Frames (also dort, wo der Key gesetzt wurde), und die untere zeigt den Eckpunkt am aktuellen Frame. Jetzt korrigieren Sie entweder manuell oder automatisch: manuell, indem Sie den Punkt anklicken und per Maus dem Master anpassen; automatisch, indem Sie ihn anklicken und dann in der Karte ADJUST TRACK auf die Schaltfläche AUTO klicken. Mocha erledigt das dann für Sie, und Sie erhalten in jedem Falle einen neuen grünen Key in der Zeitleiste.

Set Master All

Mit SET MASTER ALL setzen Sie einen neuen Referenz-Keyframe für alle enthaltenen Referenzpunkte, auf den sich wieder nachfolgende Änderungen beziehen. Mit SET MASTER geschieht das Gleiche für den aktuell markierten Referenzpunkt.

Reference-Point-Linien

Die Referenzpunkte sind durch gestrichelte Linien miteinander verbunden. Erscheinen diese grün, sind die Referenzpunkte gut platziert, bei Rot sind sie schlecht platziert und bei Gelb mittelmäßig.

▼ **Abbildung 23.38**
Um das Surface haargenau auf das Display einzupassen, können Sie mittels Referenzpunkten und Keyframes korrigieren.

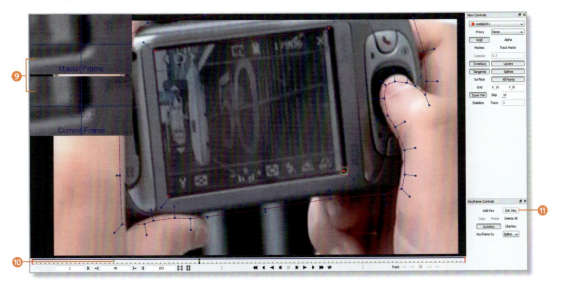

So fahren Sie fort, bis alle gedrifteten Punkte korrigiert sind. Für eine solche Korrektur müssten Sie mit dem After Effects Motion Tracker entweder das Tracking wiederholen oder die Track-Punkte auf jedem einzelnen Frame anpassen.

▲ **Abbildung 23.39**
Mit der Schaltfläche AUTO ist das Korrigieren ein Kinderspiel.

9 Export für After Effects

Sie können in den Karten TRACK und ADJUST TRACK unter EXPORT DATA auf die Schaltfläche EXPORT TRACKING DATA klicken.

Unter FORMAT im darauf erscheinenden Dialog können Sie folgende Auswahl treffen:

▶ **After Effects Corner Pin Data**: Hierbei exportieren Sie die X-, Y-Information der beim Surface befindlichen und getrackten Punkte. Es gibt zwei Varianten: eine unterstützt Red Giant Warp, die andere unterstützt die Bewegungsunschärfe in After Effects.

▶ **After Effects Transform Data:** Hierbei werden sowohl X- als auch Y-Positionswerte sowie Skalierungs- und Rotationswerte für das gesamte Surface exportiert.

Wählen Sie AFTER EFFECTS CORNER PIN [SUPPORTS MOTION BLUR].

Sie können mit SAVE eine Textdatei speichern, die es Ihnen ermöglicht, die Tracking-Daten auch auf einem anderen Computer zu verwenden. Wählen Sie aber COPY TO CLIPBOARD, da wir die Daten gleich in After Effects verwenden möchten.

Keyframes löschen

Wollen Sie einen Keyframe aus der Zeitleiste entfernen, navigieren Sie in den entsprechenden Frame und betätigen unter KEYFRAME CONTROLS die Schaltfläche DEL KEY ⑪ (siehe Abbildung 23.38)

Abbildung 23.40 ▶
Die Eckpunktdaten exportieren Sie entweder in die Zwischenablage oder als Textdatei.

10 Verwendung in After Effects

Öffnen Sie das auf der DVD mitgelieferte Projekt »Mocha.aep« aus dem Ordner MOTION-TRACKER/MOCHA. Es enthält eine Komposition namens »mobile001«. Markieren Sie darin die Ebene

»Screen.psd«. Wählen Sie dann BEARBEITEN • EINFÜGEN. Anschließend wird der Ebene automatisch der Effekt EFFEKTPUNKTE VER-
SCHIEBEN hinzugefügt. Auch die in After Effects dafür üblichen
Keyframes pro Frame sind eingefügt. Nur leider passt das Bild nicht
genau auf das Display.

Dies liegt daran, dass das Foto kleiner ist als die Video-Kom-
position und somit der Ankerpunkt nicht mit dem des Videos
übereinstimmt. Sie können das simpel lösen, indem Sie das Foto
manuell auf das Display verschieben.

Besser ist es allerdings, vorher eine Extra-Komposition für das
Foto in der Größe des Videos (960 × 540) anzulegen. Das Foto
skalieren Sie darin, bis es die Komposition ausfüllt.

Diese Komposition ziehen Sie dann in die Video-Komposi-
tion und wenden die Tracking-Daten darauf an. So geht es ganz
genau. Falls Sie nicht folgen konnten, schauen Sie im mitgelieferten Projekt in die Komposition »mobileFertig«. Hier habe ich
noch weitere Anpassungen mittels Weichzeichner-Effekt und
Blendmodi vorgenommen, um das Foto besser an die Videoqua-
lität anzugleichen.

Sie haben also gesehen, mit dem Mocha-Tracker ist es nicht
nötig, perfekt aufgenommenes Videomaterial für das Tracking zu
verwenden.

▼ **Abbildung 23.41**
Das kleinere Foto links soll in das
Display des Mobiltelefons rechts
eingepasst werden.

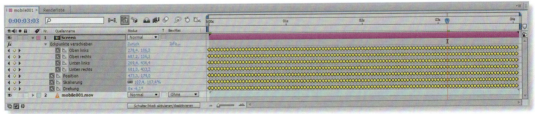

▲ **Abbildung 23.42**
In After Effects markieren Sie die Fotoebene oder Foto-Komposition und
fügen die Tracking-Daten ein.

Abbildung 23.43 ▶
Im Endergebnis passt das Foto ins Display, als wäre es das Originalmaterial.

23.2.1 Mocha Shape Data

Seit After Effects CS5 unterstützt After Effects auch das Mocha-Shape-Plugin. Durch die Unterstützung des Plug-ins erhalten Sie die Möglichkeit, die in Mocha erstellten Pfade, die Sie für die Form eines Objekts und für das Surface des Objekt erstellt haben, als Matte oder Maskenpfade in After Effects zu übernehmen. Auf diese Weise erhalten Sie eine weitere Möglichkeit zum Freistellen von Objekten in Filmmaterial.

▲ **Abbildung 23.44**
Wählen Sie den Layer, für den Daten exportiert werden sollen.

Schritt für Schritt: AE-Matte und AE-Masken erstellen mit Mocha

1 **Vorbereitung**

Um den Weg zur Verwendung von Mocha Shape nachzuvollziehen, nutzen Sie am besten das Projekt »mobile001.mocha« aus dem Ordner 23_MOTIONTRACKER • MOCHA von der DVD.

Nach dem Öffnen des Projekts klicken Sie oben links unter LAYER CONTROLS auf LAYER 3. Öffnen Sie dann unten die Karte TRACK und wählen Sie dort unter EXPORT DATA die Schaltfläche EXPORT SHAPE DATA.

Im folgenden Dialog wählen Sie SELECTED LAYER, um nur für diesen Layer Daten zu exportieren. Um die Daten gleich in After Effects weiterzuverwenden, wählen Sie COPY TO CLIPBOARD.

▲ **Abbildung 23.45**
Die Daten exportieren wir für den gewählten Layer.

2 Shape Data in After Effects

Öffnen Sie das Projekt »Mocha« aus dem gleichnamigen Ordner von der DVD. Öffnen Sie darin die Komposition »mobile001«. Schalten Sie das Augen-Symbol für die Ebene »Screen.psd« aus. Markieren Sie die Ebene »mobile001.mov«.

Fügen Sie die Mocha-Daten per `Strg`+`V` ein. Sofort erscheint die Ebene im Kompositionsfenster mit einer Matte. In der Zeitleiste erhalten Sie zwei Effekte, die den Namen des in Mocha markierten Layers tragen. Ein Effekt wurde für die Bewegungen des Surface eingefügt, der andere für den in Mocha erstellten Pfad rund um das Mobiltelefon. Alle Bewegungsdaten sind als Keyframes in der Zeitleiste enthalten.

▼ **Abbildung 23.46**
In der Zeitleiste werden die Bewegungsdaten als Keyframes angezeigt.

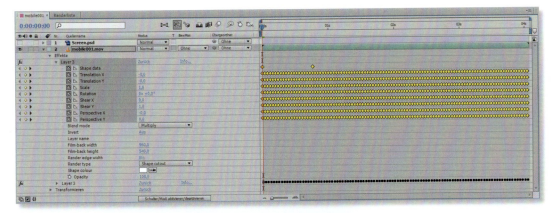

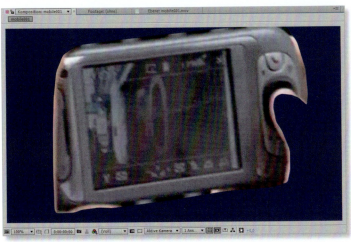

◄ **Abbildung 23.47**
Mocha Shape schafft aus den exportierten Mocha-Daten eine Matte für After Effects.

3 Einstellungen für Mocha Shape

Klicken Sie in der Zeitleiste doppelt auf einen der Effektnamen, um die Effekteinstellungen zu öffnen.

▶ Über BLEND MODE legen Sie fest, wie die beiden Matten des Mobiltelefons und des Surface miteinander interagieren.

Wechseln Sie zwischen MULTIPLY, SUBSTRACT und ADD, um entweder allein das Mobiltelefon oder das Surface zu separieren.

▶ Per INVERT kehren Sie die Matte um.

▶ Mit RENDER EDGE WITH können Sie weiche Kanten, die Sie zuvor in Mocha für den Pfad definiert haben, ein- und ausschalten. Da wir diese nicht verwendet haben, gibt es hierbei keine Veränderung.

▶ Unter RENDER TYPE wählen Sie mit COLOR COMPOSITE eine Farbe für den Bereich der Matte aus und blenden das Originalbild ringsum ein. COLOR SHAPE CUTOUT schafft eine Schwarzweißmatte, die Sie als Luma-Matte für andere Ebenen innerhalb der Zeitleiste verwenden können.

▶ Mit SHAPE COLOUR ändern Sie die Farbe der Matte und mit OPACITY deren Deckkraft.

Abbildung 23.48 ▶
In den Effekteinstellungen verändern Sie die Erscheinungsform der geschaffenen Matte.

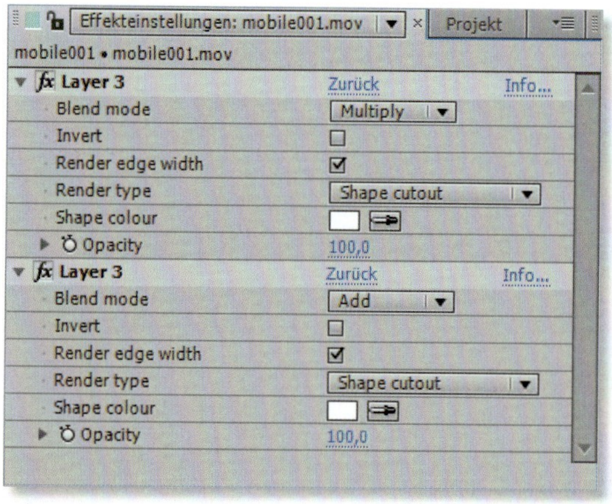

4 Mocha Shape Data als After-Effects-Masken

Um die Mocha-Daten nicht als Matte, sondern als Masken für After Effects zu übernehmen, exportieren Sie sie aus Mocha, markieren dann in After Effects die Zielebene und wählen BEARBEITEN • PASTE MOCHA MASK.

Abbildung 23.49 ▼
Die Mocha-Daten erscheinen als Maskenpfad-Keyframes in der Zeitleiste.

Die Bewegungsdaten erscheinen in der Eigenschaft MASKENPFAD. Eine weiche Kante können Sie nun noch nachträglich per WEICHE MASKENKANTE hinzufügen.

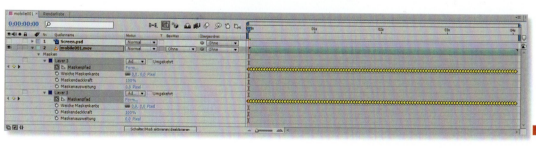

24   Expressions

Schon geringe Kenntnisse im Umgang mit Expressions geben Ihnen große Möglichkeiten an die Hand, komplexe Animationen ohne aufwendiges Setzen vieler Keyframes zu schaffen. Ändern Sie ganze Sets von animierten Eigenschaften im Handumdrehen, schaffen Sie Beziehungen zwischen verschiedenen Eigenschaften. Expressions sind ein weites Feld, gehen wir ein Stück hinein ...

24.1   Was sind Expressions?

Expressions sind eine oder mehrere Anweisungen bzw. Ausdrücke in Form von Formeln, die dazu dienen, einem **Parameter** (d. h. der Eigenschaft eines Objekts) einen **Wert** zuzuweisen.

Sie haben selbst schon den verschiedensten Eigenschaften Werte zugewiesen und damit eine Änderung oder Animation einer Eigenschaft erreicht. Zum Beispiel kann der Wert »100«, den Sie in der Eigenschaft DECKKRAFT ins Wertefeld eintippen, eine Expression sein. Sie können aber auch eine Berechnung wie 10*5 als Expression verwenden. Das Ergebnis dieser Berechnung verändert dann entsprechend die Eigenschaft, in der es verwendet wird.

Die Stärke der Expressions liegt aber nicht einfach nur darin, einer Eigenschaft einen unveränderlichen Wert zuzuweisen. Die Hauptanwendung von Expressions ist, verschiedene **Eigenschaften miteinander zu verbinden.**

In diesem Anwendungsfall sind Expressions vergleichbar mit einer Pipeline, die zwei Eigenschaften einer Ebene (wie beispielsweise die Position und die Drehung) miteinander verbindet. Durch diese Pipeline werden Werte von hier nach da, von einer Eigenschaft zur anderen übertragen. Allerdings geht das nur in eine Richtung.

Das bedeutet konkret, dass Sie für eine Animation beider Eigenschaften nur eine der Eigenschaften mit Keyframes bestücken müssen. Nennen wir sie die Quelleigenschaft – oder besser die Quelleigenschaften, denn es ist möglich, die Werte aus mehreren unterschiedlichen Eigenschaften per Expression zu einer Zieleigenschaft zu übertragen. Die Zieleigenschaft erhält anstelle von Keyframes eine Expression. Diese Expression liest die Werte der mit Keyframes animierten Eigenschaft aus und überträgt sie. Die übertragenen Werte werden dann in der Zieleigenschaft verwendet.

Schon ist die Beziehung definiert: Die Eigenschaft mit der Expression übernimmt jetzt immer die Werte der Quelleigenschaft, egal, wie dort die Keyframes verschoben werden. Hinzu kommt, dass alle möglichen Eigenschaften mit Expressions bestückt werden können. Auf diese Weise beeinflussen Sie eine ganze Heerschar an Eigenschaften über eine einzige, mit Keyframes bedachte Eigenschaft. Veränderungen sind im Nu bewerkstelligt. Wir haben es also mit einem sehr mächtigen Instrument zu tun.

Expressions sind bei aller Arbeitserleichterung, die sie bieten, sehr kleinlich, was ihre Schreibweise angeht. Weniger salopp ausgedrückt: Expressions basieren auf der Programmiersprache JavaScript und müssen eine genaue Schreibweise einhalten. Bei einer fehlerhaften Syntax droht die Expression mit gelben Warndreiecken und verweigert einfach den Dienst.

Sie mögen nun Angst bekommen und denken, dass Sie mit Expressions in diesem Fall nichts anfangen können. Sie brauchen sich aber auch als Nicht-Programmierer keine Sorgen zu machen, denn After Effects ist freundlich zu Ihnen und hilft Ihnen beim Schreiben der Expressions. Folgen Sie einfach den nächsten Workshops, und Sie werden sehen, dass es gar nicht so schwer ist, einen Einstieg zu finden.

24.1.1 Animationen übertragen

In After Effects haben Sie verschiedene Möglichkeiten, eine Animation auf einen Satz anderer Ebenen oder Eigenschaften zu übertragen. Dazu gehören die schon früher besprochenen verschachtelten Kompositionen, die ebenenhierarchische Verknüpfung (Parenting) und eben die Expressions.

Mehrere Ebenen einer Komposition lassen sich, wenn Sie sie in einer anderen Komposition verwenden, zu einer einzigen Ebene zusammenfassen. Eine Änderung in der auf diese Weise verschachtelten Kompositionsebene wirkt sich auf alle darin enthaltenen Ebenen gleichermaßen aus. Bei der ebenenhierarchischen Verknüpfung sieht es schon anders aus: Hier werden einzelne animierte Eigenschaften auf eine oder mehrere andere Ebenen, die hierarchisch mit der jeweils übergeordneten Ebene

Expressions professionell

Wenn es später richtig losgehen soll, empfehle ich Ihnen, ein Buch über JavaScript zu lesen, z. B. »JavaScript« von Christian Wenz, das ebenfalls bei Galileo Press erschienen ist (ISBN 978-3-8362-1397-4).

verknüpft sind, identisch übertragen. Eine Verschachtelung von Kompositionen ist dazu nicht nötig.

Noch ein wenig anders ist es bei den Expressions. Jede Expression überträgt Werte von einer oder mehreren Eigenschaften zu einer einzigen anderen Eigenschaft. Dabei spielt es keine Rolle, ob es sich dabei um gleiche oder um unterschiedliche Eigenschaften handelt. Sollen Animationen von einer Eigenschaft auf mehrere andere Eigenschaften übertragen werden, ist es notwendig, für jede dieser Eigenschaften eine eigene Expression zu schreiben.

Auch wenn das jetzt recht anspruchsvoll wirkt: In der Praxis sieht manches einfacher aus.

24.2 Expressions in der Praxis

Der folgende Workshop beschreibt ein einfaches Beispiel zum Erstellen von Expressions.

Schritt für Schritt: Eigenschaften verknüpfen

Für diesen Workshop und auch die folgenden finden Sie ein vorbereitetes Projekt auf der DVD zum Buch im Ordner 24_EXPRESSIONS vor. Kopieren Sie am besten den gesamten Ordner auf Ihre Festplatte. Der Ordner enthält das Projekt »expressions.aep«, mit dem Sie die Übungen nachvollziehen können, und das Projekt »expressions_fertig.aep«, anhand dessen Sie die Ergebnisse vergleichen können. Außerdem ist ein Ordner BILDMATERIAL mit den dazugehörenden Rohmaterialien enthalten.

1 **Vorbereitung**

Öffnen Sie das Projekt »expressions.aep«, und doppelklicken Sie dort auf die Komposition »start«. Sollte das Rohmaterial als fehlend angezeigt werden, öffnen Sie den Ordner BILDMATERIAL im Projektfenster und verlinken das Rohmaterial neu, indem Sie es im Projektfenster markieren und dann den Befehl DATEI • FOOTAGE ERSETZEN • DATEI wählen.

In der Komposition »start« befinden sich die zwei Ebenen »rad01« und »rad02«. Die Ebene »rad01« wurde mit Keyframes animiert. Markieren Sie die Ebene, und blenden Sie die Keyframes mit der Taste Ⓤ ein. Es wurden für die Eigenschaften SKALIERUNG, DREHUNG und DECKKRAFT Keys gesetzt. Unser Ziel ist es hier, die Ebene »rad02« auf die gleiche Weise zu animieren, ohne jedoch einen einzigen Keyframe dazu zu verwenden. Wir lösen diese Aufgabe mit Expressions.

Abbildung 24.1 ▶
Zu Beginn ist nur das linke Rad animiert. Mit Hilfe von Expressions übertragen wir die Animation auf das rechte Rad.

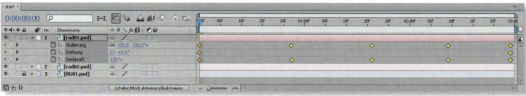

▲ **Abbildung 24.2**
Für das linke Rad wurden Keyframes für die Eigenschaften SKALIERUNG, DREHUNG und DECKKRAFT gesetzt.

2 | Expression hinzufügen

Markieren Sie die Ebene »rad02«, und drücken Sie zuerst die Taste S, um die Skalierung einzublenden, und danach ⇧+R und ⇧+T, um die Drehungs- und die Deckkrafteigenschaft anzuzeigen.

Für alle drei Eigenschaften sollen Expressions festgelegt werden, die die jeweiligen Eigenschaftswerte aus der Ebene »rad01« auslesen und übertragen.

Markieren Sie dazu zuerst das Wort SKALIERUNG, und wählen Sie dann ANIMATION • EXPRESSION HINZUFÜGEN. In der Zeitleiste erscheint die Skriptzeile transform.scale. Die Zeile bewirkt erst einmal nichts und ist die voreingestellte Expression. Ziehen Sie also, während der Skripttext markiert bleibt, das Gummiband ❶ auf das Wort SKALIERUNG der Ebene »rad01«, und lassen Sie es dort los. Die Ansicht im Kompositionsfenster wird kurz deaktiviert, ein roter Streifen macht dies sichtbar. Lassen Sie sich davon nicht stören. Zur Bestätigung der Expression drücken Sie die Taste ↵ im Ziffernblock.

Expressions ein- und ausblenden

Markieren Sie die Ebene, von der Sie annehmen, dass sie Expressions enthält, und drücken Sie zweimal kurz hintereinander die Taste E, um die Expressions einzublenden. Genauso blenden Sie sie wieder aus.

Abbildung 24.3 ▼
Nach dem Hinzufügen einer Expression können Sie eine Eigenschaft mit jeweils einer anderen Eigenschaft verknüpfen, wobei es sehr hilfreich ist, das Gummiband zu verwenden.

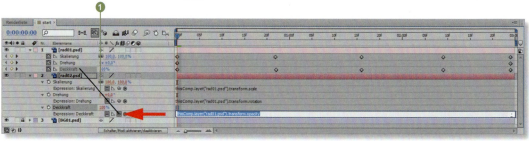

Der Expression-Text hat sich nach dem Einsatz des Gummibands geändert. Es ist zu lesen:

```
thisComp.layer("rad01.psd").transform.scale
```

Aus der Eigenschaft SKALIERUNG der Ebene »rad01« werden also die Werte dieser Komposition ausgelesen. Da die Expression in der Eigenschaft SKALIERUNG der Ebene »rad02« geschrieben ist, werden die ausgelesenen Werte dort verwendet. Fein.

Drücken Sie zur Bestätigung ⏎ im Ziffernblock, nicht ⏎ im Haupttastaturfeld. Alternativ klicken Sie in einen leeren Bereich der Oberfläche. Spielen Sie danach einmal die Animation ab. Das rechte Rad wird so skaliert wie das linke.

3   Noch zwei Expressions

Für die DREHUNG und die DECKKRAFT wiederholen Sie den Spaß. Diesmal fügen wir die Expressions aber auf anderem Weg hinzu.

Drücken Sie die Taste Alt, und klicken Sie dann jeweils auf das Stoppuhr-Symbol der Eigenschaften DREHUNG und DECKKRAFT. Ziehen Sie danach wieder bei markiertem Expression-Text jeweils das Gummiband von der DREHUNG bzw. der DECKKRAFT zur animierten DREHUNG bzw. DECKKRAFT der Ebene »rad01«.

Es werden wieder automatisch die passenden Expressions hinzugefügt. Die Syntax ist ebenfalls genau richtig. Das Gummiband ist also ein großer Helfer! Sie sehen, die Sache mit den Expressions kann ganz leicht von der Hand gehen. Nachdem Sie die Animationen übertragen haben, verändern Sie doch einmal die Keyframes in der Ebene »rad01«. Das Praktische an den Expressions ist nämlich, dass jetzt die Animationen der Ebene »rad02« automatisch angepasst werden. Toll, was? ◼

Rote Eigenschaftswerte | Als Sie im Workshop die Expressions hinzugefügt haben, färbten sich die Werte neben den Eigenschaften rot ein. Dies zeigt Ihnen an, dass sich dort eine Expression befindet. Wenn Sie diese roten Werte anklicken und neue Werte eintragen, beeinflusst das nicht das Ergebnis Ihrer Expression. Deaktivieren Sie die Expression, wirken sich Ihre Veränderungen aber doch aus. Haben Sie also nur mal so aus Quatsch eine Skalierung von 2.000 % eingestellt, so ist diese nach dem Ausschalten der Expression auch deutlich sichtbar.

Gummiband | Im Workshop haben Sie das Gummiband verwendet, um Werte direkt aus einer Eigenschaft in eine andere zu übertragen. Dies ist sowohl innerhalb einer Ebene möglich, um die Werte verschiedener Ebeneneigenschaften zu verknüpfen, als auch

Eine Expression ein- und ausschalten

Eine Expression wird durch ein Gleichheitszeichen in der Zeitleiste gekennzeichnet. Klicken Sie darauf, wird die Expression deaktiviert, und das Gleichheitszeichen erscheint durchgestrichen. Ein erneuter Klick schaltet die Expression wieder ein.

Expression hinzufügen und löschen

Um eine Expression hinzuzufügen, drücken Sie die Alt-Taste und klicken auf das Stoppuhr-Symbol der gewünschten Eigenschaft. Auf gleichem Wege können Sie Expressions auch wieder löschen.

Richtige Wertedimensionen

Eigenschaften können unterschiedliche Wertedimensionen besitzen. So hat die Eigenschaft DECKKRAFT die Dimension 1 (Prozentwert) und die SKALIERUNG die Dimension 2 (Breite und Höhe) oder 3 (Breite, Höhe und Tiefe). Wenn Sie Werte aus Eigenschaften mit der Wertedimension 1 in eine Eigenschaft mit der Wertedimension 2 oder 3 übertragen, so erhalten Sie durch Verwendung des Gummibands immer richtige Wertedimensionen. Auch mit der Syntax kann nichts schiefgehen.

ebenenübergreifend wie im Workshop. Auch ein kompositions-
übergreifender Einsatz des Gummibands ist möglich, wenn Sie die
Kompositionen nebeneinander in getrennten Fenstern öffnen, wie
in Abbildung 24.4.

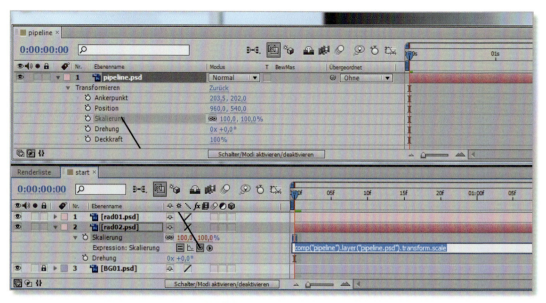

▲ **Abbildung 24.4**
Mit dem Gummiband können Sie Werte auch kompositionsübergreifend
auslesen. Dazu öffnen Sie zwei Kompositionen in getrennten Fenstern.

24.3 Die Sprache der Expressions

Die Expression-Sprache in After Effects ist objektorientiert.

Objekte | Objekte sind wie im realen Leben Dinge, die über
gewisse Eigenschaften verfügen. Objekte können beispielsweise
Kompositionen, Ebenen oder Masken sein.

Wie bei einer Matrioschka (den ineinander verschachtelten
russischen Holzpuppen) kann ein Objekt andere Objekte enthalten. Auf After Effects bezogen sind es in einer Komposition
allerdings mehrere mögliche Ebenen, wobei jede Ebene mehrere
Masken enthalten kann. Die Ebenen sind dabei die Unterobjekte
einer Komposition, und die Masken bilden wiederum Unterobjekte einer Ebene.

Attribute und Methoden | Zu jedem Objekt gehören spezifische
Attribute (Eigenschaften) und Methoden (Aktionen). Bei einer

Komposition wären das **Eigenschaften** wie Höhe, Breite und Dauer. Eine Ebene hat die Ihnen ebenfalls bekannten Eigenschaften wie Position, Skalierung, Deckkraft etc. Eine **Methode** kann es sein, Zahlenwerte per Zufall zu generieren. Wenn Sie z. B. für die Eigenschaft Deckkraft die Methode `random(100)` verwenden, werden zufällige Deckkraftwerte im Bereich von 0 bis 100 % generiert.

24.3.1 Adressierung

Um Werte aus der Eigenschaft einer Ebene, sagen wir der Quellebene, auszulesen und sie in einer anderen Eigenschaft, der Zielebene, zu verwenden, ist eine Adressierung nötig. Klar wird das, wenn Sie bedenken, dass eine Komposition mehrere Ebenen enthalten kann. In einer Expression müssen Sie also einen Adresspfad von der Ziel- zur Quellebene definieren.

In After Effects erfolgt die Adressierung hierarchisch vom äußeren zum inneren Objekt.

Gehen wir einmal von zwei Ebenen aus. In der Ebene »A« wurden Keyframes für die Drehung festgelegt. In der Ebene »B« sollen die Werte davon für die Deckkraft per Expression übernommen werden. In die Expression-Sprache übersetzt, liest sich das Ganze dann folgendermaßen:

```
thisComp.layer("A").rotation
```

Bei der Adressierung geben Sie also das äußerste Objekt, hier das Kompositionsobjekt `thisComp`, zuerst an. Um das Objekt `layer` vom übergeordneten Objekt `thisComp` (der aktuellen Komposition) zu trennen, setzen Sie einen Punkt. In Klammern (`"A"`) befindet sich zur Identifizierung der Ebene deren Ebenenname. Am Ende der Expression, wieder getrennt durch einen Punkt, findet sich die Eigenschaft `rotation`, aus der der entsprechende Wert ausgelesen werden soll.

Name statt Nummer

Um Objekte in einer Expression eindeutig identifizieren und referenzieren zu können, ist es für Ebenen und auch für Kompositionen, Effekte oder Masken sehr wichtig, dass Sie unverwechselbare Namen festlegen und diese in einer Expression anstelle einer Nummer verwenden.

Die Ebenennummer beispielsweise ändert sich bereits dann, wenn Sie eine Ebene in der Zeitleiste nach oben oder unten verschieben. In einer Expression wird die Nummer jedoch nicht aktualisiert. So kann die schönste Expression so wirkungsvoll sein wie ein Bier ohne Alkohol.

Eindeutige Ebenennamen

Bei der Benennung von Ebenen ist es sinnvoll, eindeutige, zu ihrer Funktion und ihrem Zweck passende Ebenennamen zu verwenden.

Innerhalb von Objekten | Sollen Werte von Eigenschaften innerhalb ein und derselben Ebene ausgelesen und übertragen werden, ist eine aufwendige Adressierung nicht nötig. Angenommen, wir wollten innerhalb der Ebene »hintergrundbild« den Wert der Eigenschaft Skalierung auslesen und in die Eigenschaft Position

▲ **Abbildung 24.5**
Hier werden die Drehungswerte der Ebene »A« ausgelesen und für die Deckkrafteigenschaft der Ebene »B« verwendet.

übertragen, dann könnten wir einfach das Wörtchen `scale` in das Expression-Feld der Positionseigenschaft tippen.

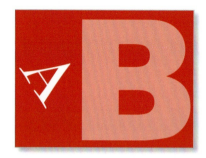

Machen wir es noch einmal einfacher: Tippen Sie beispielsweise das Wörtchen `width` als Expression in die Eigenschaft Drehung der Ebene »hintergrundbild«. Daraufhin übernimmt die Drehung den Wert der Breite des Hintergrundbildes. Tippen Sie anstelle dessen `thisComp.width` ein, so wird die Breite der aktuellen Komposition als Drehungswert eingesetzt.

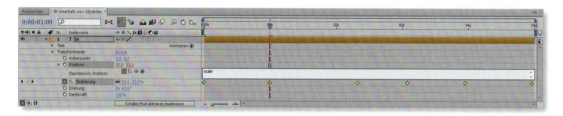

24.3.2 Globale Objekte

Eine spezielle Art von Objekten sind globale Objekte. Globale Objekte zeichnen sich dadurch aus, dass Sie auf diese Art von Objekten direkt zugreifen können. Damit wird auch klar, dass Sie bei einer Adressierung zuerst das globale Objekt angeben müssen.

Im Beispiel `thisComp.layer("A").rotation` ist das Objekt `thisComp` demzufolge ein globales Objekt. `thisComp` kann weitere, nicht globale Objekte enthalten. Hier wäre es das in diesem Falle nicht globale Objekt `layer("A")`, das u. a. die Eigenschaft `rotation` besitzt.

24.3.3 Attribute und Methoden

Attribute sind Eigenschaften eines Objekts. **Methoden** sind Aktionen, die ein Objekt durchführen kann.

Eine Methode erkennen Sie bei der objektorientierten Programmierung daran, dass auf sie immer zwei runde Klammern ( ) folgen, in denen oft Parameter stehen. Ein Beispiel wäre folgende Expression:

```
thisComp.layer("hintergrundbild").position.wiggle(4,
50)
```

Hier werden die Werte der Eigenschaft `position` der Ebene `layer("hintergrundbild")` ausgelesen und mit der Methode `wiggle()` verwackelt. In Klammern stehen die Parameter dafür. An erster Stelle wird angegeben, dass die ausgelesenen Positionswerte viermal pro Sekunde um einen Betrag von 50 verwackelt werden.

Da hier nicht auf sämtliche Attribute und Methoden, die After Effects anbietet, eingegangen werden kann, sei Ihnen die »Expression-Referenz« in der After-Effects-Hilfe (HILFE • EXPRESSION-REFERENZ) empfohlen, in der Sie eine Vielzahl an Informationen zu passenden Attributen und Methoden erhalten. Einen vertiefenden Einblick in den Umgang mit Expressions geben Ihnen die weiteren Workshops.

Syntax in After Effects

In der objektorientierten Programmierung folgen auf Methoden wie erwähnt zwei runde Klammern ( ). In After Effects wurde von dieser Konvention teilweise abgerückt.

24.3.4 Expression-Sprachmenü

Da es nicht ganz leicht ist, immer genau zu wissen, welche Attribute und Methoden ein Objekt besitzt, bietet Ihnen After Effects das Expression-Sprachmenü, das Sie in der Zeitleiste über den kleinen runden Button ❶ finden, sobald Sie eine Expression hinzugefügt haben. Das im Menü ausgewählte Element wird dort in Ihrer Expression platziert, wo sich gerade der Cursor befindet. Wenn Sie das Expression-Sprachmenü nutzen, können Sie sich also nur noch vertippen, wenn Sie den eingefügten Expression-Teil modifizieren.

▲ **Abbildung 24.8**
Über den kleinen runden Button in der Zeitleiste öffnen Sie das Expression-Sprachmenü.

Benutzen Sie das Menü wie ein Baukastensystem. Dazu ein kleines Beispiel: Angenommen, Sie wollten auf der Ebene »hintergrundbild«, auf der Sie eine Maske gezeichnet haben, für die Eigenschaft DREHUNG eine Expression bauen. So schauen Sie unter dem Listeneintrag GLOBAL, welche globalen Objekte zur Verfügung stehen, und wählen da, sagen wir, `thisComp`. Zur Trennung vom nächstfolgenden Sprachelement setzen Sie dann manuell einen Punkt.

Anschließend schauen Sie unter dem Eintrag `Comp`, welche Sprachelemente auf `thisComp.` folgen können. In der bei `Comp` eingeblendeten Liste wählen Sie vielleicht LAYER(NAME) und setzen wieder manuell einen Punkt. Unter LAYER SUB-OBJECTS wählen Sie dann ein Unterobjekt aus, sagen wir `mask(name)`, wieder gefolgt von einem Punkt. Schließlich wählen Sie noch unter MASK

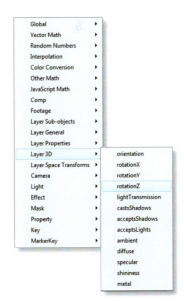

▲ **Abbildung 24.9**
Das Expression-Sprachmenü enthält Schreibweisen für Objekte, Eigenschaften und Methoden.

den Eintrag `maskOpacity` aus. Das Ganze liest sich dann mit den hinter jedem Sprachelement hinzugefügten Punkten so:

```
thisComp.layer(name).mask(name).maskOpacity
```

Nach einer kleinen Modifizierung, bei der Sie die wirklichen Namen der Ebene und der Maske eintragen, könnte es dann so aussehen:

```
thisComp.layer("hintergrundbild").mask("kreis").maskOpacity
```

Schon sollte die Eigenschaft DREHUNG mit den Werten der Maskendeckkraft versorgt werden.

24.4 Einheiten und Dimensionen

24.4.1 Werteanpassung

Bei der Arbeit mit Expressions werden oft Werte verschiedener Eigenschaften miteinander verknüpft. Da verschiedene Eigenschaften unterschiedliche Einheiten haben, sind nicht selten Werteanpassungen nötig, die der Expression hinzugefügt werden. Im folgenden Workshop nehmen wir das Problem genauer unter die Lupe.

Schritt für Schritt: Verschiedene Eigenschaften, verschiedene Einheiten

1 **Vorbereitung**

Öffnen Sie das Projekt »expressions.aep« aus dem Ordner 24_ EXPRESSIONS auf der DVD. Klicken Sie doppelt auf die Komposition »wertanpassung«.

Für die Ebene »schalter« wurde die Eigenschaft DREHUNG animiert. Sie finden einen Wertebereich von 0° bis 360° in der Animation vor. In After Effects wird das mit den Werten 0× 0,0° und 1× 0,0° ausgedrückt. Die Werte der Drehung sollen hier auf die Eigenschaft DECKKRAFT in der Ebene »lampe« übertragen werden.

Die Deckkraft verfügt aber nur über einen Wertebereich von 0% bis 100%. Übertragen Sie die Drehungswerte also eins zu eins, ergibt es sich, dass die Animation der Deckkraft jedes Mal beim Erreichen einer Drehung von 100° beendet ist. Unser Ziel ist es jedoch, dass die Deckkraft der Lampe nur dann 100% beträgt, wenn die Drehung 360° erreicht.

◄ **Abbildung 24.10**

Das Ziel dieses Workshops ist es, dass die Deckkraft der Lampe nur dann 100 % beträgt, wenn die Drehung des Schalters 360° erreicht.

▲ **Abbildung 24.11**

Für den Schalter wurde die Eigenschaft DREHUNG animiert. Die Drehungswerte sollen auf die Eigenschaft DECKKRAFT der Lampe übertragen werden. ■

2 Expression hinzufügen und anpassen

Markieren Sie die Ebene »lampe«, und drücken Sie die Taste T, um die Eigenschaft DECKKRAFT anzuzeigen. Klicken Sie bei gedrückter Alt-Taste auf das Stoppuhr-Symbol, um eine Expression hinzuzufügen. Ziehen Sie das Gummiband auf das Wort für die Eigenschaft DREHUNG, und schauen Sie sich die daraus resultierende Animation an.

So ganz passend zur Drehung scheint die Deckkraftanimation der Lampe nicht zu sein. Gleichen wir also die Werte der beiden Eigenschaften einander an.

3 Eigenschaftswerte anpassen

Klicken Sie auf den Text der Expression. Die Expression wird markiert und ist damit editierbar. Sie können das Expression-Feld am unteren Rand des Feldes vergrößern, sobald ein kleiner Doppelpfeil anstelle des Mauszeigers erscheint. Dies ist im Moment allerdings nur ein Hinweis. Wir brauchen das erst später.

Platzieren Sie den Textcursor am Ende der Expression, und tippen Sie dann folgende Werte und Operatoren in das Feld:

```
/ 360 * 100
```

> **Mathematische Operatoren**
>
> Die Schreibweise für mathematische Operatoren innerhalb einer Expression ist wie folgt: für Division /, für Multiplikation *, für Addition + und für Subtraktion −. Für die Umkehrung des Originals verwenden Sie * - 1. Nutzen Sie zum Tippen der Operatoren die Tastatur im Ziffernblock.

Bestätigen Sie mit ⏎ im Ziffernblock, nicht im Haupttastaturfeld, und spielen Sie nun noch einmal die Animation ab. Jetzt passt es!

▲ **Abbildung 24.12**
Nach dem Hinzufügen der Expression für die Eigenschaft DECKKRAFT beeinflusst die Drehung des Schalters die Deckkraft der Lampe.

Wenn ein Wert von 360 aus der Drehung ausgelesen wird, wird er durch 360 geteilt, was 1 ergibt. Multipliziert mit 100 erhalten wir den für die volle Deckkraft nötigen Wert. Natürlich können Sie gleich durch 3,6 teilen, achten Sie allerdings darauf, dass Expressions die amerikanische Schreibweise von 3.6 mit einem Punkt statt des Dezimalkommas benötigen. ■

▲ **Abbildung 24.13**
Um den ausgelesenen Drehungswert an den Wertebereich der Deckkraft anzupassen, modifizieren Sie die Expression.

24.4.2 Dimensionen und Arrays

Die Dimensionen, um die es in diesem Abschnitt gehen soll, sind die Wertedimensionen verschiedener Eigenschaften. Die Dimension einer Eigenschaft erkennen Sie daran, mit wie vielen Werten diese beschrieben werden muss. Eine eindimensionale Eigenschaft ist z. B. die DECKKRAFT.

Um die Position einer Ebene in der Komposition zu definieren, sind bereits zwei Werte für die X-Position und die Y-Position nötig. Handelt es sich um eine 3D-Ebene, kommt noch der Wert für die Z-Position hinzu. Die Wertedimension der Positionseigenschaft kann also zwei- oder dreidimensional sein. Ebenso verhält es sich mit der Skalierung. Auch vierdimensionale Eigenschaften sind möglich, wie z. B. bei Farben (R, G, B, Alpha).

Da Sie mit Expressions ein- und mehrdimensionale Eigenschaften miteinander verbinden können, entstehen kleine Kommunikationsprobleme, wenn Sie einer mehrdimensionalen Eigenschaft nur einen Eigenschaftswert mitteilen. In diesem Fall ist die Eigenschaft eingeschnappt und deaktiviert einfach die ungezogene Expression.

Schauen wir also im nächsten Workshop den Expressions auf die Finger, ob sie auch die richtige Wertedimension mitteilen.

Schritt für Schritt: Verschiedene Eigenschaften, verschiedene Dimensionen

1 **Vorbereitung**

Öffnen Sie das Projekt »expressions.aep« aus dem Ordner 24_ Expressions auf der DVD. Doppelklicken Sie auf die Komposition »arrays«. Darin enthalten sind die Ebenen »background«, »schalter«, »Skalierung« und »linie«. Die Ebene »schalter« wurde per Drehung animiert. Mit diesen Drehungswerten soll nun die Eigenschaft Skalierung der Textebene »Skalierung« versorgt werden. Die Linie soll in nur einer Dimension skaliert werden.

◀ **Abbildung 24.14**
In diesem Beispiel soll die Drehung des Schalters die X-, Y-Skalierung des Texts beeinflussen. Die Linie soll nur in einer Dimension skaliert werden.

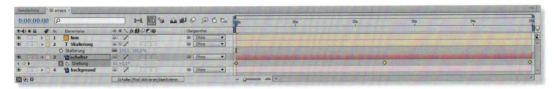

▲ **Abbildung 24.15**
Zu Beginn sind nur Keyframes für die Drehung des Schalters sichtbar.

2 **Expressions hinzufügen und Arrays kennenlernen**

Markieren Sie die Ebene »Skalierung«, und drücken Sie die Taste S, um die Skalierungseigenschaft einzublenden. Fügen Sie mit der Taste [Alt] und einem Klick auf das Stoppuhr-Symbol bei der SKALIERUNG eine Expression hinzu.

Markieren Sie die Ebene »schalter«, und drücken Sie die Taste [R], um die Eigenschaft DREHUNG anzuzeigen. Ziehen Sie das Gummiband von der SKALIERUNG auf das Wort DREHUNG, um die Drehungswerte auszulesen und die Expression automatisch zu ändern. Erweitern Sie das Expression-Feld, indem Sie an seinem unteren Rand ziehen. Folgender Code sollte zu sehen sein:

```
temp = thisComp.layer("schalter").transform.rotation;
[temp, temp]
```

After Effects hat also eine Variable mit dem Namen temp angelegt und verwendet diese als Zwischenspeicher für die Werte, die aus der Eigenschaft rotation der Ebene layer("schalter") ausgelesen werden.

In der letzten Zeile ist die Variable temp gleich zweimal in eckigen Klammern zu sehen. Hier wird der ausgelesene eindimensionale Drehungswert auf zwei Werte aufgeteilt, da es sich bei der Skalierung ja um eine zweidimensionale Eigenschaft handelt.

Solche in eckigen Klammern stehenden Werte werden Array genannt. Das tolle Gummiband hat also die richtige Dimension unserer Skalierung erkannt. Alles ist in Ordnung.

▲ **Abbildung 24.16**
Verwenden Sie das Gummiband zur Übertragung von Eigenschaftswerten, werden auch die Dimensionen der jeweiligen Eigenschaft richtig interpretiert.

Abbildung 24.17 ▶
Die Werte der eindimensionalen Eigenschaft DREHUNG werden mittels der Variablen temp auf die zweidimensionalen Skalierungswerte aufgeteilt.

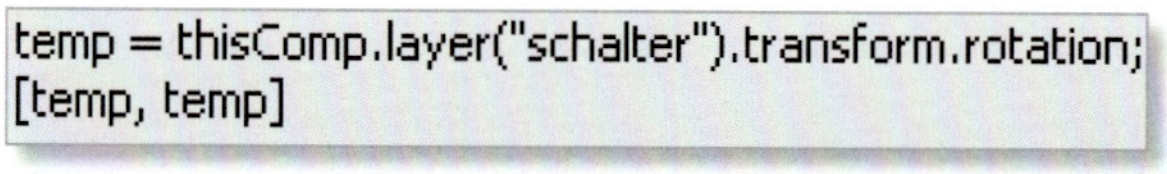

```
temp = thisComp.layer("schalter").transform.rotation;
[temp, temp]
```

Damit Sie nun auch einmal das Warnfenster kennenlernen, löschen Sie eine temp-Variable aus dem Array und drücken [↵] im Ziffernblock. In der Folge erscheint eine Fehlermeldung; die Expression wird deaktiviert und ist mit einem Warndreieck markiert. Machen Sie die Aktion also wieder rückgängig.

▲ **Abbildung 24.18**
Hier wurde die Dimension der Eigenschaft nicht beachtet.
Das wird mit einer Warnmeldung bestraft.

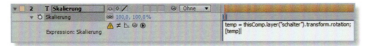

▲ **Abbildung 24.19**
Eine Expression, in der etwas nicht stimmt, wird deaktiviert
und mit einem Warndreieck markiert.

3 Linie skalieren

Nachdem die Skalierung des Textes erfolgreich war, geht es jetzt
darum, die Ebene »linie« ebenfalls zu skalieren. Hier soll jedoch
nur die Breite animiert werden. Fügen Sie zunächst eine Expression
für die Eigenschaft SKALIERUNG der Ebene »linie« hinzu. Ziehen Sie
das Gummiband wieder auf die Drehungseigenschaft der Ebene
»schalter«, und vergrößern Sie dann das Expression-Feld, bis die
gesamte Expression angezeigt wird.

Löschen Sie anschließend die zweite der im Array befindlichen
Variablen, und tippen Sie stattdessen den Wert 100 ins Array. Die
letzte Zeile sollte dann wie folgt aussehen:

```
[temp, 100]
```

Drücken Sie zum Beenden des Editierens ⏎ im Ziffernblock. Die
Linie wird anschließend nur noch horizontal skaliert, während die
vertikalen Werte immer 100 % betragen.

Expressions mit mehreren Anweisungen

Wenn eine Expression mehrere
Anweisungen enthält, ist es der
Übersichtlichkeit halber günstig,
die Expression in mehrere Zeilen
aufzuteilen. Die einzelnen Anweisungen schließen Sie dabei
durch Semikola ab; danach betätigen Sie ⏎ im Haupttastaturfeld, um in der nächsten Zeile
weiterzuschreiben.
Welchen Wert die Eigenschaft
annimmt, die eine Expression
mit mehreren Anweisungen enthält, hängt von der letzten Anweisung in der Expression ab.
Diese sollte in der letzten Zeile
stehen. Die letzte Anweisung
enthält den oder die Werte, die
Sie als Ergebnis der Expression
an die Eigenschaft übergeben,
und benötigt kein Semikolon.

Wertedimension und Array

Mehrdimensionale Eigenschaften
wie SKALIERUNG und POSITION
benötigen mehrere Werte, die
Sie in einem Array in eckigen
Klammern, z. B. [100, 100], angeben. Innerhalb des Arrays
trennen Sie die Werte durch
Kommata voneinander.

▲ **Abbildung 24.20**
Um die Linie nur vertikal zu skalieren, legen Sie den zweiten Wert
im Array, der für die vertikale Skalierung zuständig ist, auf den
Wert 100 fest. ■

24.4.3 Mehrdimensionale Eigenschaften auslesen

Im vorangegangenen Workshop haben Sie Arrays kennengelernt. Dazu ist noch zu sagen, dass die Werte innerhalb eines Arrays in einer bestimmten Reihenfolge gespeichert werden. Für die Positionseigenschaft einer 3D-Ebene müssten, da es sich um eine mehrdimensionale Eigenschaft handelt, drei Werte in einem Array stehen, z. B. [100, 100, 100]. Diese drei Werte stehen für die X-, Y- und die Z-Position der Ebene. Innerhalb des Arrays sind diese Werte intern nummeriert, und zwar beginnend mit 0, 1, 2. So steht `position[0]` für den X-Wert der Position.

Im folgenden Workshop werden wir uns dieses Wissen zunutze machen und spezielle Werte einer Eigenschaft zur Animation auslesen.

Schritt für Schritt: Den Wert der Eigenschaft eines Objekts auslesen

▲ **Abbildung 24.21**
Zu Beginn des Workshops existieren das Wort »Lesbar« und der Buchstabe »Q« unabhängig nebeneinander.

1 **Vorbereitung**

Wie auch in den anderen Workshops befindet sich eine vorbereitete Komposition im Projekt »expressions.aep« aus dem Ordner 24_Expressions auf der DVD. Klicken Sie doppelt auf die Komposition »arrays_auslesen«. Sie finden die Ebenen »Q« und »Lesbar« vor. Das »Q« wurde über die Eigenschaft Skalierung animiert. Auf die Ebene »Lesbar« soll sich nur der Y-Wert der zweidimensionalen Skalierung auswirken, und zwar auf die Eigenschaft Stärke des Effekts Gaussscher Weichzeichner, der bereits auf die Ebene angewandt wurde.

▲ **Abbildung 24.22**
Nur der Y-Wert der zweidimensionalen Eigenschaft Skalierung soll sich auf den Effekt Gaussscher Weichzeichner für das Wort »Lesbar« auswirken.

2 **Expression hinzufügen und modifizieren**

Blenden Sie den Effekt Gaussscher Weichzeichner mit der Taste E für die Ebene »Lesbar« ein. Fügen Sie in der Eigenschaft Stärke eine Expression hinzu. Blenden Sie die Eigenschaft Skalierung für die Ebene »Q« ein. Ziehen Sie dann das Gummiband von der

Eigenschaft STÄRKE der Ebene »Lesbar« auf das Wort SKALIERUNG. Es erscheint der folgende Expression-Text:

```
thisComp.layer("Q").transform.scale[0]
```

Es wird also automatisch der X-Wert der Skalierung ausgelesen, was Sie an der 0 in den eckigen Klammern erkennen. Eindimensionale Eigenschaften, die mehrdimensionale Eigenschaften auslesen, verwenden automatisch den ersten Wert der mehrdimensionalen Eigenschaft.

Um anstelle dessen den Y-Wert zu erhalten, tippen Sie statt der 0 eine 1 in die eckigen Klammern.

Wenn Sie nun die Animation abspielen, wirkt sich der ausgelesene Skalierungswert doch recht stark auf den Weichzeichner aus. Sie können das ändern, indem Sie die Expression um den Zusatz / 10 ergänzen. Die ausgelesenen Werte werden so durch 10 dividiert.

▲ **Abbildung 24.23**
Der Effekt GAUSSSCHER WEICH-ZEICHNER wird nach dem Hinzufügen der Expression in Abhängigkeit von der Skalierung des Buchstabens »Q« animiert.

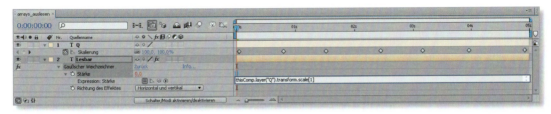

▲ **Abbildung 24.24**
Die Eins in den eckigen Klammern der Expression zeigt an, dass der Y-Wert der Skalierung der Ebene »Q« ausgelesen wird.

24.4.4 Mathematische Operationen mit Arrays

Im Workshop haben Sie den ausgelesenen Wert in der Expression durch 10 dividiert. Eine kleine Besonderheit bilden bei solchen Operationen die Arrays. Ein Array besteht immer aus mehreren Werten und kann mit jedem mathematischen Operator modifiziert werden. In diesem Sinne sind Arrays mit Vektoren vergleichbar, und die Gesetze der Vektorrechnung gelten demzufolge auch für Arrays.

Zum Beispiel ist es kein Problem, die Werte des Arrays [100, 100] mit einem Faktor zu multiplizieren, z.B. [100, 100] * 50. Auch die Division bereitet keine Schwierigkeiten: [100, 100] / 50.

Anders sieht es bei der Subtraktion und der Addition aus. Wenn Sie vorhaben, zu beiden Werten des Arrays den Wert 15 zu addieren, können Sie nicht einfach eine +15 hinter das Array schreiben. Stattdessen sieht die Operation so aus: [100, 100]+[15, 15]. Bei der Subtraktion sähe sie so aus: [100, 100] − [15, 15].

> **Weitere Expressions-Beispiele**
>
> Über DATEI • VORLAGENPROJEKTE DURCHSUCHEN können Sie Bridge starten und dort das Projekt EXPRESSION-BEISPIELE öffnen. Es enthält eine Menge Kompositionen mit weiteren Anwendungsbeispielen. Außerdem können Sie über das Menü ANIMATION • VORGABEN DURCHSUCHEN gehen und dann in Bridge im Ordner BEHAVIORS einer markierten Ebene entsprechende Verhalten zuweisen.

24.5 Expressions im Einsatz: Bewegung ohne Keyframes

Um den Einsatz von Expressions zu erläutern, werden Sie im folgenden Workshop ganz ohne Keyframes auskommen und eine Bewegung allein unter Verwendung von Expressions erzeugen.

Für die Erzeugung der Bewegung nutzen wir die Kosinusfunktion. Außerdem werden Sie Variablen einsetzen und eine **if-then**-Bedingung verwenden.

Schritt für Schritt: Herr Kosinus lernt laufen

1 **Vorbereitung**

Öffnen Sie wie in den anderen Workshops das Projekt »expressions.aep« aus dem Ordner 24_Expressions auf der DVD. Klicken Sie doppelt auf die Komposition »herrKosinus«. Die darin befindlichen Ebenen wurden in Illustrator erstellt und als Komposition importiert.

Herr Kosinus besteht aus mehreren Einzelteilen, die so animiert werden sollen, dass sich eine Laufbewegung ergibt. Eine schwingende Bewegung der Arme und Beine wäre dafür wünschenswert. Es bietet sich an, eine Sinus- oder eine Kosinusbewegung für die Arme und Beine zu erzeugen. Damit alles richtig funktioniert, befinden sich die Ankerpunkte der Einzelteile bereits an ihrem physikalisch richtigen Drehpunkt.

▲ **Abbildung 24.25**
Der Herr Kosinus vor dem Hinzufügen der Kosinusbewegung

▲ **Abbildung 24.26**
Die Illustrator-Datei wurde als Komposition in After Effects importiert und enthält die korrekten Ebenennamen für alle Gliedmaßen des Herrn Kosinus.

2 **Kosinusbewegung für ein Null-Objekt**

After Effects bietet die Möglichkeit, unsichtbare Hilfsebenen (Null-Objekte) anzulegen, die standardmäßig den Namen »Null« zugewiesen bekommen. Null-Objekte können Sie für andere Ebenen und Effekte als Steuerungsebenen verwenden.

◄ **Abbildung 24.27**
Ein Null-Objekt ist nur als Rahmen sichtbar. Nach dem Rendern ist vom Null-Objekt nichts mehr zu sehen.

Um uns Arbeit zu sparen und spätere Änderungen schneller bewerkstelligen zu können, ist es günstig, die Bewegung für die Gliedmaßen des Herrn Kosinus in einer solchen Ebene zu speichern. Wählen Sie also EBENE • NEU • NULL-OBJEKT.

3 Kosinusbewegung für die Gliedmaßen

Markieren Sie die neu geschaffene Ebene namens »Null 1«, und drücken Sie die Taste R, um die Drehungseigenschaft einzublenden. Fügen Sie für die Eigenschaft DREHUNG eine Expression hinzu, indem Sie bei gedrückter Alt-Taste auf das Stoppuhr-Symbol klicken. Lassen Sie die Skriptzeile transformation.rotation, die zuerst erscheint, markiert, und klicken Sie dann auf das kleine Dreieck ❶. Hier befindet sich das Expression-Sprachmenü. In dem Menü sind alle Sprachelemente enthalten, die Sie in Expressions verwenden können. Wählen Sie aus dem Menü den Eintrag JAVASCRIPT MATH und dort den Eintrag MATH.COS(VALUE). Das Sprachelement ersetzt nun die zuvor markierte Skriptzeile.

Damit sich der Kosinus tatsächlich auf unsere Drehungseigenschaft auswirkt, benötigt er noch ein paar Werte. Wir werden den Wert time, also die Kompositionszeit, dafür verwenden. Markieren Sie dazu das Wort value in der Expression, und ersetzen Sie es durch das Wort time. Es bewegt sich noch immer nichts. Also fügen Sie am Ende der Expression noch den Operator 40 hinzu, also:

```
Math.cos(time) * 40
```

Daraus ergibt sich eine Drehung im Bereich von 40° bis –40°. Noch sieht das ganz unspektakulär aus, da das Null-Objekt ja unsichtbar ist.

Als Nächstes übertragen wir diese Bewegung aber auf die Ebene »BeinLinks«. Blenden Sie mit der Taste R die Eigenschaft DREHUNG für diese Ebene ein, und fügen Sie eine Expression hinzu. Lassen Sie den Expression-Text ausgewählt, und ziehen Sie das Gummiband ❷ auf das Wort DREHUNG der Ebene »Null 1«. Automatisch wird folgende Expression generiert:

```
thisComp.layer("Null 1").transform.rotation
```

Drücken Sie die Taste 0 im Ziffernblock, um die Vorschau zu berechnen. Sie sehen, das Bein bewegt sich mit! Allerdings wirkt die Drehung noch zu langsam. Fügen Sie also in der Expression der Ebene »Null 1« hinter dem Wort time den Operator * 5 hinzu. Nun sieht es doch schon ganz realistisch aus!

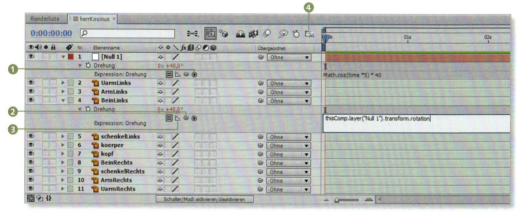

▲ **Abbildung 24.28**
In der Null-Objekt-Ebene »Null 1« definieren Sie die Kosinusbewegung für die Gliedmaßen.

Kurven für Expressions

Eine Kurve für den Expression-Verlauf können Sie über den kleinen Kurven-Schalter ❸ einblenden, wenn Sie gleichzeitig auch den Schalter für den Diagrammeditor ❹ aktiviert haben. Die Kosinusbewegung ist darin sehr schön erkennbar.

4 Parenting

Im nächsten Schritt widmen wir uns dem Unterschenkel mitsamt Fuß. Zuerst verknüpfen Sie die Ebene »schenkelLinks« mit dem eben animierten »BeinLinks«. Blenden Sie dazu, falls noch nicht vorhanden, die Spalte ÜBERGEORDNET ein, indem Sie mit der rechten Maustaste auf den grauen Bereich neben dem Ebenennamen klicken. Wählen Sie aus dem Einblendmenü den Eintrag SPALTEN • ÜBERGEORDNET. Deaktivieren Sie für den nächsten Schritt die Expression für die Ebene »BeinLinks«, indem Sie auf das Gleichheitszeichen klicken.

Klicken Sie anschließend auf das Wort OHNE in der Ebene »schenkelLinks«, und wählen Sie dort den Eintrag BEINLINKS. Sie haben damit dem Unterschenkel das Bein übergeordnet. Der Unterschenkel wird danach alle Bewegungen des Beins mitmachen.

Anders als bei Expressions, mit denen eine solche Verknüpfung natürlich auch möglich ist, können Sie beim eben eingesetzten Parenting mehrere Eigenschaften auf eine untergeordnete Ebene übertragen – in unserem Falle die Position und Drehung des Beins. Um das zu sehen, aktivieren Sie die Expression durch einen erneuten Klick auf das Gleichheitszeichen und spielen die Vorschau ab.

Vom Diagrammeditor zur Ebenenansicht

Zwischen Diagrammeditor und Ebenenansicht schalten Sie mit ⌂ + F3 um.

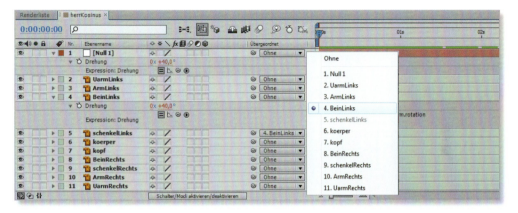

5 Drehung auslesen

Das Bein wirkt zurzeit noch wie an einen Besen gebunden. Gönnen wir dem Unterschenkel also eine eigene Drehbewegung. Fügen Sie dazu der Eigenschaft DREHUNG der Ebene »schenkelLinks« eine Expression hinzu. Ziehen Sie dann einfach das Gummiband auf das Wort DREHUNG der Ebene »BeinLinks«, um den dortigen Drehungswert auf den Unterschenkel zu übertragen. Die automatisch generierte Expression lautet:

```
thisComp.layer("BeinLinks").transform.rotation
```

Nun, finden Sie, dass es wie bei einem Hampelmann aussieht? Wir ändern das sofort.

6 Variable und if-then-Bedingung hinzufügen

Natürlich kann ein Bein nicht nach vorn umknicken. Es muss also eine Bedingung her, die die Drehbewegung des Unterschenkels beschränkt. Zuerst definieren wir dazu in der Ebene »schenkelLinks« eine Variable namens drehung. Tippen Sie die Variable und ein Gleichheitszeichen wie folgt vor der bisherigen Expression ein:

```
drehung = thisComp.layer("BeinLinks").transform.
rotation;
```

Die Drehungswerte werden ab jetzt in der Variable drehung gespeichert. Da noch weitere Zeilen folgen, lassen Sie die erste Zeile mit einem Semikolon ; enden. Das ist Pflicht! Per Druck auf die Taste

▲ **Abbildung 24.29**
Für den Herrn Kosinus erreichen wir die Animation über eine Mischung aus Expressions und Parenting.

⏎ im Haupttastaturfeld wechseln Sie in die nächste Zeile. Am unteren Rand des Felds ändert sich der Mauszeiger in einen kleinen Doppelpfeil. Vergrößern Sie das Expression-Feld durch Ziehen.

Nun kommt die Bedingung. Tippen Sie die folgenden weiteren Zeilen ins Expression-Feld:

```
if (drehung > 1) {
drehung = 1;
}
```

Abbildung 24.30 ▼
Eine if-then-Bedingung verhindert, dass Herrn Kosinus' Bein nach vorn umknickt.

Das war es auch schon mit der if-then-Bedingung. Das »then« muss in JavaScript nicht geschrieben werden. Die geschweifte Klammer reicht aus. Immer wenn die Drehungswerte 1° übersteigen, werden sie infolge der Bedingung auf 1 zurückgesetzt.

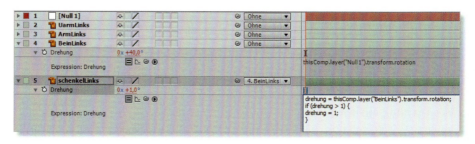

7   Das andere Bein bewegen

Wie Sie sich bestimmt denken können, ist der Rest der Animation nicht mehr besonders kompliziert. Es wiederholt sich nur alles – mit kleinen Modifizierungen.

Wählen Sie für die Ebene »schenkelRechts« aus der Spalte ÜBERGEORDNET den Eintrag BEINRECHTS, um die Ebenen per Parenting zu verknüpfen. Markieren Sie die beiden Ebenen »BeinRechts« und »schenkelRechts«, und drücken Sie die Taste R.

Fügen Sie zuerst für die Ebene »BeinRechts« eine Expression hinzu, und ziehen Sie dann das Gummiband auf das Wort DREHUNG der Ebene »Null 1«. Fügen Sie der Expression den Operator * - 1 hinzu, um eine gegenläufige Drehbewegung zu erhalten. Das Resultat sollte folgende Expression sein:

```
thisComp.layer("Null 1").transform.rotation * - 1
```

Fügen Sie anschließend eine Expression für die DREHUNG der Ebene »schenkelRechts« hinzu, und ziehen Sie das Gummiband auf das Wort DREHUNG der Ebene »BeinRechts«. Eigentlich müssten wir auch noch unsere if-then-Bedingung hinzufügen. Es fällt in diesem Beispiel ausnahmsweise aber kaum auf, wenn sie fehlt – es sei denn, Sie erhöhen den Drehungswert für die Ebene »schenkelRechts«. Ich habe die if-then-Bedingung jedenfalls hinzugetippt.

Geschweifte und eckige Klammern

Geschweifte Klammern erhalten Sie mit der Tastenkombination [AltGr]+[7] ({) und [0] (}). Eckige Klammern erhalten Sie mit [AltGr]+[8] ([) und [9] (]).

	8	BeinRechts	⊕	/					◎	Ohne	▼		
▼		Ŏ Drehung		0x -40,0°								I	
		Expression: Drehung		目 ⏗ ◎ ◉								thisComp.layer("Null 1").transform.rotation * - 1	
	9	schenkelRechts	⊕	/					◎	Ohne	▼		
▼		Ŏ Drehung		0x -40,0°								I	
				目 ⏗ ◎ ◉								drehung = thisComp.layer("BeinRechts").transform.rotation; if (drehung > 1) { drehung = 1;	
		Expression: Drehung										}	
	10	ArmRechts	◎	/					◎	Ohne	▼		

▲ **Abbildung 24.31**
Auch das andere Bein wird in seiner Bewegung mit einer if-then-Bedingung eingeschränkt.

8 Rest

Die Animation der Arme handhaben Sie genauso wie die der Beine. Verknüpfen Sie zuerst die Unterarme per Parenting mit den Oberarmen, und fügen Sie dann für die Oberarme die Expressions hinzu, die die Kosinusbewegung auslesen. Für die Unterarme lesen Sie wieder die Drehung der Oberarme aus und fügen eine if-then-Bedingung hinzu.

Falls Sie bei den einigermaßen vielen Ebenen den Überblick verloren haben, schauen Sie sich die fertige Animation in der Projektdatei »expressions_fertig.aep« aus dem Ordner 24_EXPRESSIONS auf der DVD an. Die entsprechende Komposition heißt auch dort »herrKosinus«.

Eine abgewandelte Animation befindet sich in der Komposition »herrKosinus2«. Diese liegt auch als gerenderte Version namens »herrKosinus.mov« vor.

Expressions kopieren und einfügen

Eine sehr bequeme Möglichkeit zum Kopieren von Expressions besteht darin, die entsprechende Eigenschaft, die die Expression enthält, zu markieren und BEARBEITEN • NUR EXPRESSION KOPIEREN zu wählen. Fügen Sie die Expression entweder in einer anderen Ebene oder in einer anderen Eigenschaft mit Strg+V ein, indem Sie zuvor die jeweilige Ebene oder Eigenschaft auswählen.

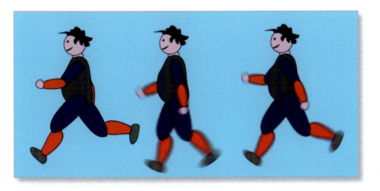

◄ **Abbildung 24.32**
Zum Schluss läuft
Herr Kosinus. ■

24.6 Effekte und Expressions

Bei der Arbeit mit Effekten geben Ihnen Expressions praktische Hilfsmittel an die Hand. Sehr nützlich sind Expressions beispielsweise, wenn Sie die Positionseigenschaft einer Ebene animiert haben und ein Effektpunkt sich deckungsgleich zur Ebenenposition bewegen soll oder umgekehrt. Im nächsten Workshop wird dies am praktischen Beispiel anschaulich.

Schritt für Schritt: Ebenenkoordinaten in Kompositionskoordinaten übersetzen

1 **Vorbereitung**

Öffnen Sie wieder das Workshop-Projekt »expressions.aep« aus dem Ordner 24_EXPRESSIONS auf der DVD. Doppelklicken Sie auf die Komposition »koordinaten1«.

Sie finden zwei Ebenen vor. Die Ebene »Hintergrund« enthält den Effekt STRUDEL aus der Effekt-Kategorie VERZERREN. Dieser Effekt besitzt die Eigenschaft MITTELPUNKT, die bereits animiert ist. Zur Positionierung verwendet der Effekt die Koordinaten der Ebene, auf die er angewendet wurde. Jetzt sollen die Positionskoordinaten des Mittelpunkts so auf die Position der Ebene »ring« übertragen werden, dass sich diese Ebene deckungsgleich mit dem Strudel bewegt.

Abbildung 24.33 ▶
Zu Beginn sind der Ankerpunkt der Ebene »ring« und der Mittelpunkt des Effekts STRUDEL nicht deckungsgleich. Sie sehen auch, dass die Ebenengröße des Hintergrunds nicht mit der Kompositionsgröße übereinstimmt.

Abbildung 24.34 ▼
Die Ebene »ring« soll die Animation des Effektpunkts MITTELPUNKT des Effekts STRUDEL als Positionswerte übernehmen.

2 **Mittelpunkt auslesen**

Der folgende Schritt wird Ihnen gleich ein kleines Problem aufzeigen, das wir dann anschließend lösen.

Blenden Sie die Eigenschaft POSITION der Ebene »ring« ein, und fügen Sie per gedrückter [Alt]-Taste eine Expression hinzu. Ziehen Sie das Gummiband auf das Wort MITTELPUNKT des Effekts STRUDEL in der Ebene »Hintergrund«, um die dort enthaltenen Werte auszulesen. Drücken Sie nun die Taste [0] im Ziffernblock, um die Vorschau zu berechnen.

Man sollte annehmen, dass Strudel und Ring deckungsgleich verlaufen. Dies ist jedoch nicht der Fall, da zuerst die Ebenenkoordinaten des Hintergrunds in Kompositionskoordinaten übersetzt werden müssen.

▼ **Abbildung 24.35**
Das einfache Auslesen der Positionswerte des Mittelpunkts erzeugt keine deckungsgleiche Animation.

3 Koordinaten übersetzen

Um eine deckungsgleiche Animation zu erhalten, ändern Sie die Expression und schalten einen Dolmetscher ein, der die Ebenenkoordinaten in Kompositionskoordinaten übersetzt. Markieren Sie dazu den Text der Expression, und tippen Sie dann:

```
hgebene = thisComp.layer("Hintergrund");
hgebene.toComp(hgebene.effect("Strudel").
param("Mittelpunkt"))
```

In der ersten Zeile wird also der Pfad zur Ebene »Hintergrund« in der Variablen namens hgebene gespeichert. In der nächsten Zeile kommt die Transformationsmethode toComp(point, t = time) zum Einsatz. Sie übersetzt einen Punkt aus dem Ebenenraum in den Kompositionsraum. In den Klammern der Methode stehen die Parameter der Eigenschaft MITTELPUNKT des Effekts STRUDEL der Ebene »Hintergrund«.

Wenn Sie jetzt die Animation erneut in der Vorschau anzeigen lassen, werden Sie bemerken, dass sich nun Ring und Strudel deckungsgleich bewegen.

▲ **Abbildung 24.36**
Die fertige Expression für den Ring

Abbildung 24.37 ▶

Nachdem wir die Ebenenkoordinaten in Kompositionskoordinaten übersetzt haben, sind Effektmittelpunkt und Ankerpunkt des Rings deckungsgleich.

In der Komposition »koordinaten2« im Projekt »expressions_fertig. aep« finden Sie noch ein Beispiel. In der Komposition habe ich die Ebene »ring« per Position animiert. Diesmal sollten die Positionswerte auf zwei Effektmittelpunkte, nämlich die des Effekts BLENDENFLECKE und die des Effekts KOMPLEXES WÖLBEN, übertragen werden. Ohne Dolmetscher für die Koordinaten stimmten diese auch hier nicht überein. Als Dolmetscher habe ich daher die Transformationsmethode `fromComp(point, t = time)` verwendet. Weitere solche Dolmetscher finden Sie im Expression-Sprachmenü (das kleine Dreieck neben jeder Expression) unter dem Unterpunkt LAYER SPACE TRANSFORMS.

24.6.1 Schieberegler für Expressions

Im folgenden Workshop werden Sie einige Effekte für Expressions kennenlernen. Das Ziel wird ein aus Textebenen bestehendes 3D-Objekt sein, das sich über Schieberegler manipulieren lässt.

Schritt für Schritt: Eine animierbare DNS

Auch diesmal finden Sie eine vorbereitete Komposition im Workshop-Projekt »expressions.aep« im Ordner 24_EXPRESSIONS auf der DVD vor. Klicken Sie doppelt auf die Komposition »dns«. In der Komposition befinden sich sechs Ebenen. Drei davon sorgen für die richtige Beleuchtung, eine Kamera kümmert sich um den richtigen Blickwinkel, eine Ebene bildet den Hintergrund. Die Ebene, um die es sich dreht, heißt »after effects«. Es ist eine Farbfläche mit dem Effekt EINFACHER TEXT.

Unser Ziel ist es, die Ebene mehrmals zu duplizieren und dabei zu erreichen, dass sie um einen Betrag auf der z-Achse versetzt wird, der ihrer Höhe entspricht. Die duplizierten Textzeilen müssten dann wie bei einer Jalousie untereinander erscheinen. Später wird diese Jalousie noch ähnlich einer DNS in sich verdreht.

◀ **Abbildung 24.38**
Zu Beginn ist nur eine beleuchtete
3D-Textzeile sichtbar.

▲ **Abbildung 24.39**
Drei Lichter kreieren die Beleuchtung. Eine Kamera sorgt für den
richtigen Blickwinkel auf den Text.

1 Expression für den Höhenversatz

Blenden Sie zunächst die Eigenschaft POSITION der Textebene mit
der Taste `P` ein. Fügen Sie dieser Eigenschaft eine Expression
hinzu, indem Sie die `Alt`-Taste drücken und auf das Stoppuhr-
Symbol klicken. Ersetzen Sie die vordefinierte Expression, und
tippen Sie anstelle dessen die folgenden Zeilen in das Expression-
Feld. Ziehen Sie dafür das Feld am unteren Rand etwas größer. Hier
der Code:

```
ebene = index - 1;
    Yauslesen = thisComp.layer(ebene).position[1];
    hoehe = height;
    Ypos = Yauslesen + hoehe;
[position[0], Ypos, position[2]]
```

Sie erhalten zunächst eine Fehlermeldung, und die Expression wird
deaktiviert. Darum kümmern wir uns später. Gehen wir die Expression Zeile für Zeile durch.

In der ersten Zeile wird die Ebenennummer in der Variablen
`ebene` gespeichert. Der Operator `- 1` sorgt dafür, dass mit `index`
nicht Werte der aktuellen Ebene ausgelesen werden, sondern die
Werte der Ebene mit der jeweils nächstgeringeren Nummer.

In der zweiten Zeile wird in der Variablen `Yauslesen` die aus
der zuvor definierten Ebene ausgelesene Y-Position zwischengespeichert. Dabei sorgt die im Array stehende »1« dafür, dass es
sich dabei auch wirklich um die Y-Position handelt: `position[1]`.

In der dritten Zeile wird die Höhe der aktuellen Ebene in der
Variablen »hoehe« gespeichert. In der vierten Zeile schließlich

wird der Wert für die Höhe zum Wert der ausgelesenen Y-Position addiert, woraus sich die neue Position der aktuellen Ebene ergibt.

Die fünfte Zeile enthält dann ein Array mit drei Werten: `position[0]` für die X-Position, die Variable `Ypos` für die Y-Position und `position[2]` für die Z-Position.

2 if-then-Bedingung

Um zu vermeiden, dass die Expression gleich zu Beginn deaktiviert wird, müssen wir die Expression modifizieren. Wir benötigen eine Bedingung für die Anweisung `index - 1`, denn die Ebene mit der Nummer 1 kann ja nicht Werte aus einer Ebene 0 auslesen, die es nicht gibt. Ergänzen Sie das kleine Programm also um folgende fettgedruckte Bedingung:

```
ebene = index - 1;
if (ebene < 1){
    ebene = 1;
}
Yauslesen = thisComp.layer(ebene).position[1];
    hoehe = height;
    Ypos = Yauslesen+hoehe;
[position[0], Ypos, position[2]]
```

Schon haben Sie das kleine Programm fertiggestellt und können es gleich anwenden.

Abbildung 24.40 ▶
Ein kleines Programm liest die Ebenenposition der Ebene mit der nächstkleineren Ebenennummer aus und versetzt auf dieser Basis die aktuelle Ebene ein Stück weiter auf der y-Achse.

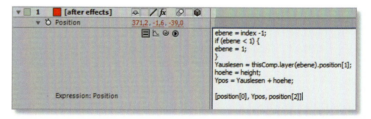

3 Duplikate, Duplikate

Duplizieren Sie die Ebenen einfach etwa 2.874-mal. Nein, nein – das ist nun doch zu viel. Aber ein paar Duplikate sollten Sie erzeugen, damit wir testen, ob das Programmchen auch richtig tickt. Markieren Sie also die Ebene »after effects«, und duplizieren Sie sie mit [Strg]+[D]. Jedes der Duplikate enthält dann die vorbereitete Expression. Die Ebenen sollten im Kompositionsfenster in regelmäßigem Versatz untereinander angeordnet werden. Wenn das so weit funktioniert, können Sie die Ebenen ab der Ebene 2 wieder löschen.

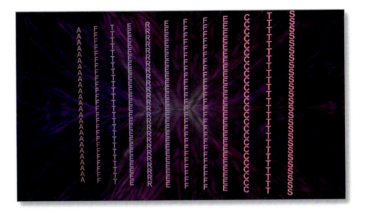

◄ **Abbildung 24.41**
Die entstandenen Duplikate werden anschließend noch einmal
entfernt, um weitere Einstellungsmöglichkeiten hinzuzufügen.

Noch sind wir nämlich nicht fertig mit allen Vorbereitungen. Die entstehende DNS soll noch in ihrer Höhenausdehnung verstellbar sein und auch in sich verdreht werden können. Löschen Sie also die Duplikate wieder, beginnend ab der Ebene mit der Nummer 2.

4 Null-Objekt und Schieberegler

Fügen Sie der Komposition über EBENE • NEU • NULL-OBJEKT eine Ebene hinzu, die als Einstellebene für die spätere DNS dienen soll. Das entstandene Null-Objekt ist in der Komposition unsichtbar und trägt standardmäßig den Namen »Null«. Benennen Sie die Ebene um, und geben Sie ihr den Namen »Einstellebene«. Ziehen Sie die Ebene in der Zeitleiste unter die Ebene »after effects«, und achten Sie darauf, dass sie dort auch in Zukunft bleibt.

Markieren Sie die neue »Einstellebene«, und wählen Sie dann EFFEKT • EINSTELLUNGEN FÜR EXPRESSIONS • EINSTELLUNGEN FÜR SCHIEBEREGLER. Drücken Sie die Taste E, um den Effekt einzublenden, und klappen Sie den Effekt in der Zeitleiste auf.

Der Schieberegler wird uns dazu dienen, die Abstände zwischen den Textzeilen flexibel zu gestalten. Positionieren Sie dazu den Cursor im Code unseres kleinen Programms genau hinter height, und tippen Sie wie folgt ein Additionszeichen hinzu:

```
hoehe = height +;
```

Belassen Sie den Cursor hinter dem Additionszeichen, und ziehen Sie das Gummiband auf das Wort SCHIEBEREGLER der »Einstellebene«. Automatisch wird der Expression eine lange Anweisung hinzugefügt:

```
hoehe = height+thisComp.layer("Einstellebene").
effect("Einstellungen für Schieberegler")
("Schieberegler");
```

Bestätigen Sie die Expression mit ⏎ im Ziffernblock, nicht im Haupttastaturfeld.

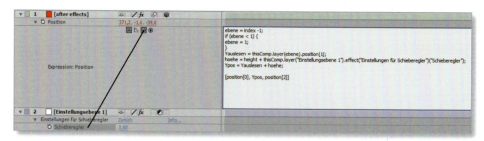

Abbildung 24.42 ▲
Um die Werte des Schiebereglers auszulesen, ziehen Sie das Gummiband auf das entsprechende Wort der »Einstellebene«.

5 Duplikate, zum Zweiten

Nun wieder Duplikate! Aber wieder nur zum Test. Nachdem Sie einige Duplikate erstellt haben, verändern Sie einmal die Werte des Schiebereglers durch Ziehen. Die Textzeilen wandern auseinander – aber auch die obere Zeile bewegt sich! Das macht sich schlecht für unsere DNS! Entschuldigung, aber die Duplikate müssen nochmals fort, beginnend ab Ebene 2.

6 else

Damit die erste Textzeile fixiert bleibt, fügen Sie bitte dem Programm die folgende if-else-Bedingung hinzu (an welcher Stelle genau, entnehmen Sie bitte Abbildung 24.43):

```
if (index > 1) {
    Ypos;
} else {
    Ypos = position[1];
}
```

Else ist nicht nur ein typischer Name für eine Großmutter, im Skript könnte man else mit »sonst« übersetzen. Die eingetippten neuen Zeilen lesen sich übersetzt: Wenn die aktuelle Ebenennummer größer ist als eins, dann führe das aus, was bei Ypos definiert wurde, else, nein, ansonsten setze Ypos gleich der Y-Position der aktuellen Ebene.

Prima! Jetzt wird es eine richtige Klasse-DNS.

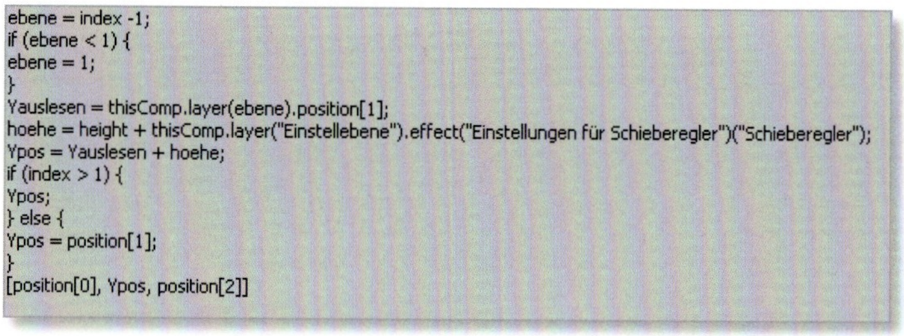

Kommentare hinzufügen

Kommentare stören den Ablauf der Expression nicht, wenn sie mit den richtigen Zeichen eingeleitet werden, helfen aber bei der Orientierung oder beim Teamwork. Sie können in jeder Zeile der Expression Kommentare wie folgt hinzufügen:
//dies ist eine Anmerkung
/* dies ist ein mehrzeiliger Kommentar*/

Abbildung 24.43 ►
Damit die erste Textzeile später nicht wandert, sondern fixiert bleibt, bestimmt eine if-else-Bedingung, dass die Ebenen erst ab Ebenennummer 2 versetzt werden.

```
ebene = index -1;
if (ebene < 1) {
ebene = 1;
}
Yauslesen = thisComp.layer(ebene).position[1];
hoehe = height + thisComp.layer("Einstellebene").effect("Einstellungen für Schieberegler")("Schieberegler");
Ypos = Yauslesen + hoehe;
if (index > 1) {
Ypos;
} else {
Ypos = position[1];
}
[position[0], Ypos, position[2]]
```

7 Noch ein paar Regler

Noch ein bisschen Arbeit, dann kommen wir zum Vergnügen an der Sache. Um die später duplizierten Textzeilen in sich verdrehen zu können, benötigen wir noch ein paar Regler.

Markieren Sie die »Einstellebene«, und wählen Sie dann dreimal den Weg EFFEKT • EINSTELLUNGEN FÜR EXPRESSIONS • EINSTELLUNGEN FÜR WINKEL. Markieren Sie den ersten der drei Effekte in der Zeitleiste, drücken Sie dann die Taste ← – diesmal im Haupttastaturfeld, nicht im Ziffernblock. Tippen Sie den Namen »x-drehung« in das Feld ein, und bestätigen Sie wieder mit ←. Verfahren Sie genauso mit den beiden anderen Effekten, und benennen Sie sie mit »y-drehung« und mit »z-drehung«. Klappen Sie die Effekte auf, so dass jeweils das Wort »Winkel« sichtbar wird.

Markieren Sie nun die Ebene »after effects«, und drücken Sie die Taste R zum Einblenden der Drehungseigenschaften. Fügen Sie mit der Alt-Taste der X- und der Z-DREHUNG jeweils eine Expression hinzu. Markieren Sie den jeweiligen Expression-Text, und ziehen Sie dann das Gummiband auf das Wort WINKEL des entsprechenden Effekts in der »Einstellebene« – also für X-DREHUNG auf den Schieberegler »x-drehung« etc. Bestätigen Sie jeweils mit ← im Ziffernblock. Sie sind fast fertig – fast.

Effekte für Expressions werden wie andere Effekte auch im Effektfenster angezeigt. Wenn Ihnen die Listen in der Zeitleiste zu lang werden, können Sie auch dort Einstellungen vornehmen. Auch das Gummiband können Sie bis ins Effektfenster auf eine Eigenschaft ziehen.

▼ **Abbildung 24.44**
Über die EINSTELLUNGEN FÜR WINKEL können Sie die Textzeilen in sich verdrehen.

8 Y-Drehung

Sie werden sehen, diese Expression lohnt sich ganz besonders. Fügen Sie der Eigenschaft Y-DREHUNG der Ebene »after effects« eine Expression hinzu. Tippen Sie folgenden Code in das Expression-Feld:

```
ebene = index - 1;
if (ebene < 1) {
    ebene = 1;
}
winkel = thisComp.layer(ebene).rotationY;
drehung = winkel+
```

Lassen Sie den Cursor hinter dem + verweilen, und ziehen Sie dann noch einmal das Gummiband auf das Wort »Winkel« im Effekt »y-drehung« der »Einstellebene«. Das Ergebnis zeigt Abbildung 24.45.

Es wird wieder die Ebenennummer der nächstgeringeren Ebene in der Variablen ebene zwischengespeichert. In der Variablen winkel wird dann der Wert der Y-Drehung dieser Ebene zwischengespeichert. Anschließend werden dieser Drehungswert und der Wert des Schiebereglers addiert, und in der Variablen drehung steht dann das Ergebnis dieser Operation. Jede neue Ebene wird gegenüber der vorigen Ebene um diesen Betrag versetzt.

Aber genug der langen Erläuterung. Die Wirkung wird nach dem Duplizieren der Ebene »after effects« erfahrbar.

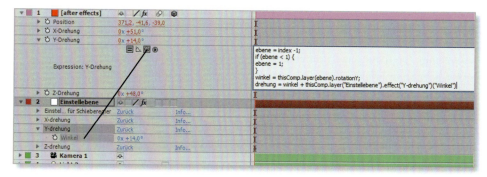

▲ **Abbildung 24.45**
Für die Y-DREHUNG programmieren wir einen Versatz zwischen den einzelnen Duplikaten der Ebenen.

9 Duplikate, zum Dritten

Duplizieren Sie die Ebene mindestens zehnmal. Und jetzt: Viel Spaß! Ziehen Sie an den Werten der Regler, um die Abstände und Winkel der einzelnen Textzeilen zu ändern.

Sie können für die Regler natürlich auch Keyframes setzen. Auch die Kameraposition können Sie animieren. Alles in allem ergeben sich fast süchtig machende Möglichkeiten. Zwei gerenderte Beispiele liegen dem Buch auf der DVD im Expression-Ordner bei. Sie heißen »dns.mov« und »dns1.mov«. Allerdings wurde hier noch etwas mehr getrickst. Eine Komposition dazu finden Sie im Projekt »expressions_fertig.aep«; sie heißt »dns2«. Die Komposition zur Übung heißt »dns1« und befindet sich im gleichen Projekt.

Ich könnte mir vorstellen, dass Sie nun eine Menge Zeit damit verbringen werden, die Möglichkeiten auszuprobieren. Ich konnte jedenfalls nicht gleich damit aufhören.

▲ **Abbildung 24.46**
Durch die Winkelveränderungen mit den Schiebereglern ergeben
sich vielfältige Formen.

▲ **Abbildung 24.47**
Noch ein paar Beispiele

24.7   Expression-Editor

Der Expression-Editor ist als Teil des Diagrammeditors in After
Effects enthalten. Bei Expressions, die aus mehreren Zeilen bestehen, ist die Arbeit darin etwas übersichtlicher.

Sie blenden den Diagrammeditor über den Button ❶ ein. Über
den Button DIAGRAMMTYP ❸ wählen Sie aus dem Einblendmenü
den Eintrag EXPRESSION-EDITOR ANZEIGEN. Wenn Sie anschließend eine Eigenschaft anklicken, die eine Expression enthält,
wird diese im Expression-Feld ❷ angezeigt, das sich unterhalb
der Werte- bzw. Geschwindigkeitskurven im Diagrammeditor
befindet. Sie können das Feld am oberen Rand erweitern bzw.
verkleinern.

Um Expressions anderer Eigenschaften anzuzeigen, wählen
Sie diese nacheinander aus. Es wird der jeweilige Programmcode
eingeblendet. Das Schreiben von Expressions im Editor unterscheidet sich nicht von der in diesem Kapitel beschriebenen Art
und Weise.

Externer Editor

Expressions können Sie ebenfalls
mit einem externen Editor erzeugen und anschließend ins Expression-Feld kopieren.

▼ **Abbildung 24.48**
Ein etwas bequemeres Arbeiten
ermöglicht – besonders bei langen
Expressions – der Expression-Editor, der im Diagrammeditor enthalten ist.

24.8 Audiospuren für Expressions nutzen

Audioamplitude glätten

Wurde die Audioamplitude für die Animation anderer Eigenschaften verwendet, wirken diese oft recht stark verwackelt. Verwenden Sie die Palette unter FENSTER • GLÄTTEN, um die Keyframes der Audioamplitude zu glätten und so weichere Animationen zu erhalten.

In früheren Versionen bot After Effects den Keyframe-Assistenten MOTION MATH an, um beispielsweise an die Audioinformation einer Ebene zu gelangen. Das Skript »layeraud.mm« erfreute sich zu diesem Zwecke großer Beliebtheit. Inzwischen hält After Effects schon längst die Möglichkeit bereit, Audioinformationen in Keyframes zu konvertieren. Wählen Sie dazu ANIMATION • KEYFRAME-ASSISTENT • AUDIO IN KEYFRAMES KONVERTIEREN.

After Effects generiert daraufhin aus allen in der Komposition enthaltenen Audioebenen eine Ebene mit dem Namen »Audioamplitude«. In dieser befinden sich drei Schieberegler für den linken, den rechten und für beide Audiokanäle. Zwei Beispiele, wie Sie die Keyframes der Audioamplitude für die Animation anderer Eigenschaften auswerten können, befinden sich im Projekt »expressions_fertig.aep« in den Kompositionen »audioInKeys1« und »audioInKeys2«.

Den Verlauf einer mit Expressions erzeugten Animation blenden Sie im Diagrammeditor über den Button KURVE NACH EXPRESSION ANZEIGEN ❶ ein. Dies sehen Sie besonders gut, wenn Sie mit einer Expression die Audiodaten einer Ebene auslesen.

Abbildung 24.49 ▼
Die Audioinformation von Soundebenen werten Sie über den Keyframe-Assistenten AUDIO IN KEYFRAMES KONVERTIEREN für die Animation mit Expressions aus.

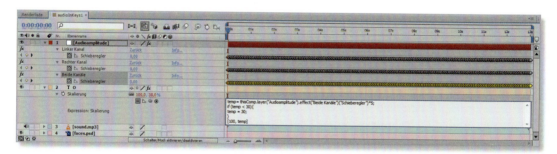

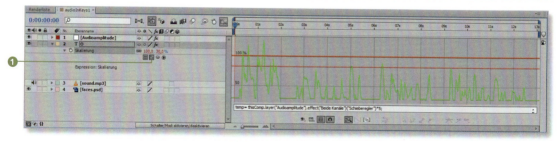

▲ **Abbildung 24.50**
Hier werden Audiodaten von einer Expression ausgelesen und für die Eigenschaft SKALIERUNG verwendet. Der Verlauf der Animation lässt sich im Diagrammeditor einblenden.

24.9 Expressions dauerhaft sichern

Expressions lassen sich nur auf einem kleinen Umweg vom Projekt getrennt dauerhaft sichern.

Eine Methode dabei ist, die Expression insgesamt auszuwählen, dann in einen Texteditor zu übertragen und das Dokument abzuspeichern.

Eine andere Methode wäre, die Expression zu kopieren und dann in einen Effekt wie z. B. den Effekt EINSTELLUNGEN FÜR SCHIEBEREGLER (im Menü unter EINSTELLUNGEN FÜR EXPRESSIONS) einzufügen. Anschließend können Sie den Effekt als Animationsvorgabe mitsamt der Expression dauerhaft sichern. Öffnen Sie dazu den Effekt mit F3 im Effektfenster, und markieren Sie den Namen des Effekts. Wählen Sie dann ANIMATION • ANIMATIONSVORGABE SPEICHERN.

Um den Effekt mitsamt Expression wieder auf eine andere Ebene anzuwenden (dies kann auch in einem anderen Projekt sein), wählen Sie ANIMATION • ANIMATIONSVORGABE ANWENDEN.

Zu beachten ist bei all diesen Möglichkeiten allerdings, dass sich Expressions oft auf ganz bestimmte Eigenschaften in anderen Ebenen beziehen. Diese Ebenen werden natürlich nicht mitkopiert, und so muss dann doch oft das ganze Projekt mit allen seinen internen Beziehungen und Abhängigkeiten gesichert werden.

Das A und O ist auch für Expressions wie immer die ».aep«-Datei.

TEIL XIII

After Effects im Workflow

25 Workflow mit Photoshop und Illustrator

25.1 Zusammenarbeit mit Adobe Photoshop

Das Programm Photoshop ist für die Welt der digitalen Bildbearbeitung so zentral wie das Fußballspiel für die Welt der Ballspiele. Eine Integration der von Photoshop kommenden Dateien ist auch für die Arbeit mit After Effects grundlegend. Und die Zusammenarbeit dieser beiden Programme hat einen goldenen Boden, schon allein deshalb, weil beide Programme aus dem gleichen Hause stammen. In Photoshop richtig vorbereitete Dateien können den Arbeitsprozess mit After Effects stark beschleunigen. So kann eine Photoshop-Datei bereits Ebeneneinstellungen, Ebenenstile, Masken, Effekte und einiges mehr enthalten, was größtenteils in After Effects übernommen werden kann. Photoshop bietet somit eine ideale Vorbereitungsmöglichkeit für Bilddateien, die anschließend in After Effects animiert werden sollen. Damit die Übergabe der Photoshop-Dateien reibungslos funktioniert, sind zuerst die Vorbereitungen in Photoshop unser Thema.

25.1.1 Bilddaten in Photoshop vorbereiten

Damit Bilddaten aus Photoshop korrekt an After Effects übergeben werden, ist es notwendig, ein paar Kleinigkeiten zu beachten.

Neue Datei erstellen | Photoshop unterstützt die gebräuchlichen Videoformate und Pixelseitenverhältnisse. Um für After Effects oder Premiere Pro korrekt erstellte Bilddateien zu produzieren, wählen Sie DATEI • NEU und dann im Dialog unter VORGABE den Eintrag FILM & VIDEO bzw. MOBILE GERÄTE oder WEB. Unter GRÖSSE stehen Ihnen dann die passenden Einstellungen, z. B. PAL D1/DV oder HDTV 1080P, zur Verfügung.

CMYK | Dateien im CMYK-Modus werden seit der Version CS3 von After Effects unterstützt. Um eine konsistente Bearbeitung

---

Photoshop-Version

Die folgenden Beschreibungen beziehen sich auf die Arbeit mit Photoshop CS5 Extended. Grundlegende Funktionalitäten unterscheiden sich aber nicht oder kaum von denen der Vorgängerversionen.

Datei extern bearbeiten

Alle Adobe-Applikationen haben den Befehl BEARBEITEN • DATEI EXTERN BEARBEITEN oder Strg + E gemeinsam. Die im jeweiligen Programm markierte Datei wird in der Originalanwendung geöffnet und kann dort bearbeitet werden. Nach dem Speichern wird die Datei dann automatisch in dem Programm aktualisiert, von wo aus die Bearbeitung aufgerufen wurde. Schade ist nur, dass jedes Mal der Befehl FOOTAGE NEU LADEN aufgerufen werden muss, wenn eine Änderung automatisch aktualisiert werden soll.

zu gewährleisten, empfiehlt es sich jedoch, sämtliche Dateien im RGB-Farbmodus anzulegen, da After Effects im RGB-Farbraum arbeitet. Die Daten sollten Sie vor dem Import also eventuell in den RGB-Farbmodus umwandeln oder am besten gleich in diesem erstellen. Ändern Sie den Modus in Photoshop unter BILD • MODUS auf RGB-FARBE, bzw. wählen Sie beim Anlegen einer Datei unter FARBMODUS den Eintrag RGB-FARBE.

Ebenennamen | Photoshop-Dateien bestehen häufig aus einer Vielzahl von Ebenen, die After Effects so übernimmt, wie sie in Photoshop erstellt wurden. Dazu zählen auch die in Photoshop vergebenen Ebenennamen. Eine eindeutige Benennung der Ebenen in Photoshop ist also nötig, um spätere Verwirrungen in After Effects zu vermeiden. Werden die Ebenennamen und -inhalte in Photoshop nachträglich verändert, so wird die in After Effects verwendete Photoshop-Datei beim nächsten Öffnen des Projekts (oder wenn Sie in After Effects die Option FOOTAGE NEU LADEN verwenden) aktualisiert. Eine nachträglich in Photoshop gelöschte Ebene wird in After Effects als fehlend angezeigt und durch einen Platzhalter ersetzt.

Auflösung | Die Auflösung einer Photoshop-Datei für After Effects ist anders zu betrachten als für eine Printausgabe. Während im Printbereich die Menge der Pixel pro Inch (dpi) für die Qualität der Ausgabe entscheidend ist, ist es für After Effects die Größe des Bildes, also die Menge der Pixel in Breite und Höhe. Wenn Sie eine Datei, die eine Breite und Höhe von beispielsweise 1.920 × 1.080 (HDTV) und eine dpi-Zahl von 600 hat, mit einer Datei vergleichen, die die gleiche Breite und Höhe bei 72 dpi hat, werden Sie in After Effects keinen Unterschied feststellen.

Wenn Sie also planen, das Photoshop-Bild in After Effects zu skalieren, sollten Sie nicht die dpi-Zahl erhöhen, sondern die Bildgröße in Photoshop auf den maximalen Wert Ihrer Skalierung einstellen. Angenommen, Sie möchten in einer After-Effects-Komposition mit der Größe von 1.920 × 1.080 Pixeln (HDTV) ein Photoshop-Bild von 0 % (unsichtbar) auf 100 % (kompositionsfüllend) skalieren, so legen Sie es in Photoshop in der Größe 1.920 × 1.080 Pixel an.

Wenn die Bildgröße im Nachhinein verändert werden soll, wählen Sie in Photoshop BILD • BILDGRÖSSE und im Dialog unter DOKUMENTGRÖSSE eine Prozentangabe ❷, indem Sie im Popup-Menü den Eintrag PROZENT statt CM wählen, oder Sie geben unter PIXELMASSE ❶ die neue notwendige Pixelanzahl ein. Die

Prozentangabe ist dort ebenfalls möglich. Bei AUFLÖSUNG müssen Sie nichts ändern.

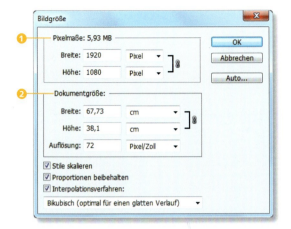

◀ **Abbildung 25.1**
Die Qualität, mit der eine Photoshop-Datei in After Effects dargestellt wird, hängt von der richtig gewählten Bildgröße, nicht von der Auflösung ab.

25.1.2 Import und Animation einer Photoshop-Datei

Den Umgang mit einer Photoshop-Datei lernt man am besten am praktischen Beispiel – daher folgt hier ein kleiner Workshop zum Thema.

Schritt für Schritt: Der Umgang mit Photoshop-Dateien

1 **Öffnen der Photoshop-Datei**

Für diesen Workshop habe ich eine Datei in Photoshop für Sie vorbereitet, die Sie, sofern Sie Photoshop installiert haben, am besten zuerst in Photoshop öffnen. Sie finden die Datei »herbstmusik.psd« im Ordner 25_INTEGRATION_CS5/PHOTOSHOP.

Schauen Sie sich die Ebenenorganisation in Photoshop gut an, und vergleichen Sie sie später in After Effects.

2 **Import der Photoshop-Datei**

Importieren Sie die Datei »herbstmusik.psd« aus oben genanntem Ordner mit Strg+I in ein neues After-Effects-Projekt. Unter IMPORTIEREN ALS wählen Sie den Eintrag KOMPOSITION – EBENENGRÖSSEN BEIBEHALTEN, um die Ebenen in ihrer vollen Größe zu erhalten. Bestätigen Sie das nachfolgende Dialogfeld mit OK.

3 **Ergebnis in After Effects**

Nach dem Import hat After Effects einen Ordner mit dem Namen der importierten Datei angelegt. Er enthält entsprechend den in Photoshop angelegten Ordnern bzw. Ebenengruppen drei Kompositionen. Diese drei Kompositionen wiederum sind in einer finalen

Komposition zusammengefasst, die wieder den Namen der Photoshop-Datei trägt.

▲ Abbildung 25.2
In Photoshop wurden die Ebenen in mehreren Ordnern als Ebenensätze verpackt und jeweils eindeutig benannt.

▲ Abbildung 25.3
After Effects übernimmt beim Import Ebenengruppen als Kompositionen, die in einer Gesamtkomposition enthalten sind. Sämtliche Benennungen werden korrekt wiedergegeben.

▲ Abbildung 25.4
In der Komposition »herbstmusik« sind alle anderen Kompositionen mit den Photoshop-Ebenengruppen bereits enthalten.

Außerdem ist ein Zugriff auf sämtliche in Photoshop angelegte Ebenen möglich. Die Ebenen sind dank der korrekten Übergabe der Ebenennamen eindeutig identifizierbar.

Abbildung 25.5 ▶
In der Photoshop-Datei wurde das Ausgangslayout bereits angelegt und von After Effects korrekt übernommen.

4   **Animation des Herbstlaubs**

Die Blätter überlagern in unserer Komposition das eigentliche Bild und sollen nacheinander den Hintergrund freigeben. Legen Sie zuvor die Dauer der Kompositionen auf jeweils fünf Sekunden fest. Markieren Sie dazu die jeweilige Komposition, und ändern Sie die Dauer über KOMPOSITION • KOMPOSITIONSEINSTELLUNGEN oder [Strg]+[K].

Öffnen Sie dann die Komposition »buchenblaetter« mit einem Doppelklick auf die Komposition im Projektfenster. Markieren Sie alle drei darin enthaltenen Ebenen, und drücken Sie die Taste [P], um die Positionseigenschaft einzublenden. Setzen Sie für die Ebene »buche2« den ersten Key bei 00:00, und verschieben Sie dann die Zeitmarke auf 01:14. Ziehen Sie nun das Blatt nach links aus dem Bild.

Weitere Importoption

Für Photoshop-Dateien mit mehreren Ebenen, die Sie als Komposition importieren wollen, ist es auch möglich, im Importdialog unter IMPORTIEREN ALS den Eintrag FOOTAGE zu wählen. In dem danach erscheinenden weiteren Importdialog finden Sie den Eintrag IMPORTART. Dort wählen Sie KOMPOSITION – EBENENGRÖSSEN BEIBEHALTEN, um die Maße der Ebenen beizubehalten. Mit der Option KOMPOSITION werden die Ebenen auf die Größe des Photoshop-Dokuments beschnitten.

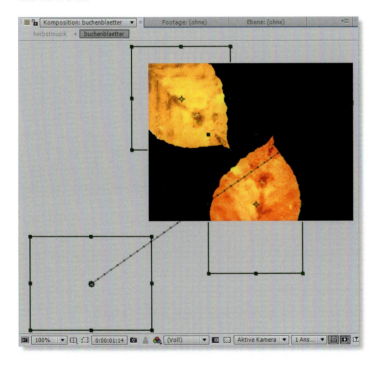

◄ **Abbildung 25.6**
Die Buchenblätter werden per POSITION und DREHUNG so animiert, dass sie von ihrer aktuellen Position zur gegenüberliegenden Seite durch das Bild fliegen.

Blenden Sie dann mit [⇧]+[R] die Rotationseigenschaft der Ebene ein, und setzen Sie wieder einen ersten Key bei 00:00. Den zweiten Key setzen Sie bei 01:14 automatisch durch Änderung des Drehungswerts auf »0 × 250°«.

Mit den beiden anderen Ebenen verfahren Sie ähnlich. Setzen Sie, wie in der Abbildung zu sehen, zeitlich versetzt Keys für die POSITION und die DREHUNG, und lassen Sie nach vier Sekunden alle Blätter verschwinden. Achten Sie darauf, dass die Blätter möglichst immer quer über das Bild »fliegen«.

▲ **Abbildung 25.7**
Variieren Sie die Animation der Buchenblätter zeitlich so, dass die Blätter sich nacheinander zu bewegen beginnen.

Lassen Sie die letzte Sekunde ohne Animation, indem Sie den letzten Key bei 04:00 setzen. Öffnen Sie danach die Komposition »ahornblaetter«, und animieren Sie die darin enthaltenen Ebenen in gleicher Weise mittels POSITION und DREHUNG. Lassen Sie auch diese Animation nach vier Sekunden enden.

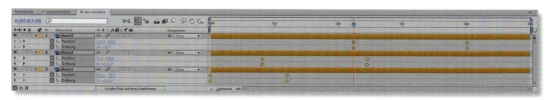

▲ **Abbildung 25.8**
Die Ahornblätter animieren Sie ähnlich wie die Buchenblätter zeitlich versetzt.

5 In editierbaren Text umwandeln

Nach erfolgreicher Herbstlaubanimation öffnen Sie die Komposition »herbstmusik« und schauen sich erst einmal Ihre Animation an. Die Blätter geben den Blick auf Noten, Trompete und Text frei. Da die Schriftart Arial nicht passend erscheint, werden wir sie ändern. Dazu öffnen Sie die Komposition »hintergrund«. Markieren Sie dort die Ebene »Musikherbst«, und wählen Sie dann EBENE • IN EDITIERBAREN TEXT UMWANDELN. Der Text lässt sich dadurch mit den After-Effects-Textwerkzeugen bearbeiten. Ändern Sie den Text nun nach Ihrem Geschmack.

Sollten im Workshop noch Fragen aufgekommen sein, schauen Sie sich vielleicht einmal die Projektdatei »musikherbst.aep« aus dem Workshop-Ordner an.

Text-Werkzeuge

Falls Sie sich mit den Text-Werkzeugen nicht auskennen, finden Sie nähere Informationen in Kapitel 16, »Texte erstellen und bearbeiten«.

Abbildung 25.9 ▶
Nach der Animation der Blätter wird das darunterliegende Bild sichtbar.

Photoshop-Dateien in Ebenen konvertieren | Wenn Sie Photoshop-Dateien mit mehreren Ebenen in After Effects als FOOTAGE und auf eine Ebene reduziert importiert haben, können Sie die Ebenen nachträglich in After Effects wiederherstellen.

Wählen Sie die entsprechende Ebene dazu in der Zeitleiste aus. Anschließend rufen Sie den Befehl EBENE • IN KOMPOSITION MIT EBENEN KONVERTIEREN auf. Es werden zusätzliche Kompositionen angelegt, die genau die Ebenen und Ebenengruppen enthalten, die auch in Photoshop angelegt wurden.

Photoshop-Sequenzen

Wie der Import von Photoshop-Sequenzen vonstattengeht, erfahren Sie genauestens in Abschnitt 5.2.2 im Workshop »Die Bilder lernen laufen – Trickfilm«.

25.1.3 Datei extern bearbeiten

Es gibt eine sehr komfortable Möglichkeit, Dateien, die bereits in After Effects importiert sind, ohne große Umwege zu bearbeiten. Wählen Sie die Datei dazu im Projektfenster aus. Über den Befehl BEARBEITEN • DATEI EXTERN BEARBEITEN oder $\boxed{\text{Strg}}$+$\boxed{\text{E}}$ öffnen Sie die Datei im externen Bearbeitungsprogramm, z. B. in Photoshop.

Sobald die Änderungen im Originalprogramm erstellt **und abgespeichert** sind, wird die Datei ohne weitere Schritte sofort in After Effects aktualisiert. Sie finden diesen Bearbeitungsbefehl übrigens auch in anderen Adobe-Programmen. Voraussetzung für das Funktionieren des Befehls ist natürlich, dass die jeweils zur Bearbeitung nötigen Programme in den aktuellen Versionen auch auf dem System installiert sind.

25.1.4 Was wird aus Photoshop übernommen?

In dem vorangegangenen Workshop haben Sie sich bereits mit der Integration von Photoshop-Dateien in After Effects vertraut machen können. Sie haben Ebensätze bzw. Ebenengruppen als Unterkompositionen in einer Gesamtkomposition sowie in Photoshop festgelegte Ebenennamen übernommen. Außerdem blieben beim Import die in Photoshop genau festgelegte Position der Ebenen und – was nicht auf den ersten Blick deutlich wurde – auch die Deckkraft, die Sichtbarkeit (Augen-Symbol) und die Transparenz erhalten. Den aus Photoshop übernommenen Text konnten Sie in After Effects editieren.

Die Integration mit Photoshop-Dateien umfasst noch einiges mehr, z. B. die Übernahme von Füllmethoden, Ebenenstilen, Ebenenmasken, Vektormasken, Beschnittgruppen, Einstellungsebenen und Hilfslinien. Wichtig ist, dass die Dateien, die korrekt importiert werden sollen, zuvor im PSD-Dateiformat abgespeichert wurden.

Beispieldateien

Zum eigenen Testen der von Photoshop übernommenen Einstellungen liegen auf der DVD im Ordner 25_INTEGRATION_CS5/ PHOTOSHOP/BEISPIELDATEIEN einige Photoshop-Dateien bereit. Importieren Sie die Dateien jeweils als Komposition, um die Übernahme aus Photoshop richtig beurteilen zu können.

Füllmethoden | Alle in Photoshop angewendeten Füllmethoden werden in After Effects korrekt übernommen. Sie entsprechen den

Ebenentransfermodi in After Effects. In Abbildung 25.10 sehen Sie das Ergebnis der Füllmethode LUMINANZ, die in Photoshop auf die Moskauer Basiliuskathedrale angewendet wurde.

Abbildung 25.10 ▶
Die beiden Bilder Metroplakat und Basiliuskathedrale wurden in Photoshop mit der Füllmethode LUMINANZ gemischt.

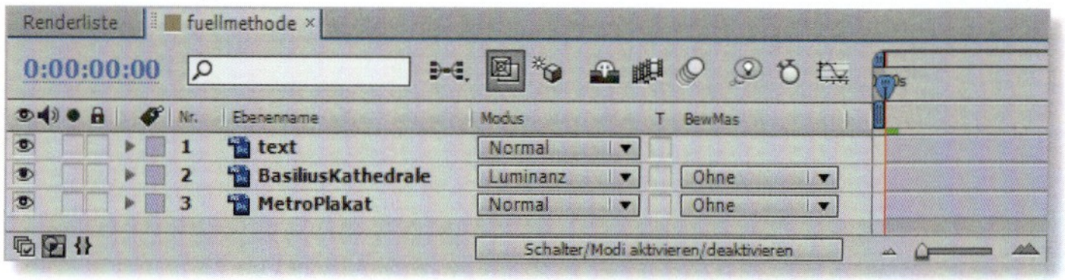

Abbildung 25.11 ▶
In After Effects wurde die in Photoshop festgelegte Füllmethode LUMINANZ richtig übernommen.

Ebenenmasken | In Photoshop erstellte Ebenenmasken werden in After Effects als Transparenzeinstellung der importierten Datei übernommen. Photoshop unterstützt für jede Ebene Transparenzen und eine Ebenenmaske. After Effects kombiniert diese beim Import im Alphakanal. Die Ebenenmaske selbst ist daher in After Effects nicht mehr veränderbar.

Vektormasken | Sie können in Photoshop aus einem Arbeitspfad oder einem Beschneidungspfad für jede Ebene eine Vektormaske erstellen. Wenn Sie die mit der Vektormaske abgespeicherte Datei in After Effects als Komposition importieren, wird für jede Ebene, die eine Vektormaske enthält, eine After-Effects-Maske generiert.

Abbildung 25.12 (links) ▶
Hier ein Bild ohne Vektormaske

Abbildung 25.13 (rechts) ▶
Das gleiche Bild mit Vektormaske bringt eine andere Ebene zum Vorschein.

◄ **Abbildung 25.14**
Im Register PFADE wird die in Photoshop angelegte Vektormaske angezeigt.

◄ **Abbildung 25.15**
Für die in Photoshop erstellte Vektormaske wird in After Effects eine Maske angelegt.

Beschnittgruppen | Wenn Sie in Photoshop eine Schnittmaske für eine Ebene festgelegt haben, sollten Sie die Datei in After Effects als Komposition importieren. Es wird dann automatisch eine Komposition erzeugt, die eine Unterkomposition enthält. In dieser Unterkomposition sind die in Photoshop über die Beschnittgruppe gruppierten Ebenen enthalten. Um das gleiche Ergebnis wie in Photoshop zu erzielen, hat After Effects den Schalter TRANSPARENZ ERHALTEN aktiviert ❶ (siehe Abbildung 25.19).

▲ **Abbildung 25.16**
Für die Füllebene wurde in Photoshop eine Schnittmaske festgelegt.

◄ **Abbildung 25.17**
Das Ergebnis der Schnittmaske: Der Himmel ist in der Trompete enthalten.

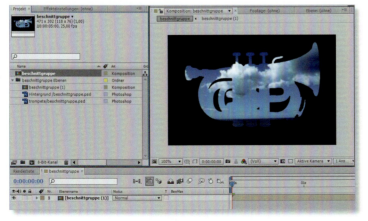

◄ **Abbildung 25.18**
After Effects legt für eine Photoshop-Beschnittgruppe automatisch eine Unterkomposition an, die die Photoshop-Ebenen enthält. Die Unterkomposition wird automatisch in eine Hauptkomposition verschachtelt.

▲ **Abbildung 25.19**
Um das gleiche Ergebnis wie in Photoshop zu erzielen, hat After Effects den Schalter TRANSPARENZ ERHALTEN aktiviert.

Musterüberlagerung

Der Photoshop-Effekt bzw. -Stil MUSTERÜBERLAGERUNG wird in After Effects zwar korrekt übernommen, ist aber nicht eigens in After Effects verfügbar.

Einstellungsebenen | In After Effects werden alle in Photoshop erstellten Einstellungsebenen wie SCHWARZWEISS, DYNAMIK, SELEKTIVE FARBKORREKTUR etc. mit der einzigen Ausnahme VERLAUFSUMSETZUNG übernommen. Damit After Effects dies richtig macht, müssen Sie die Photoshop-Datei mit den Einstellungsebenen als Komposition importieren. After Effects legt eigene Einstellungsebenen mit entsprechenden Effekten an, die Sie in After Effects ändern können. Sie erkennen die Einstellungsebenen an dem Symbol ❷ in der Zeitleiste.

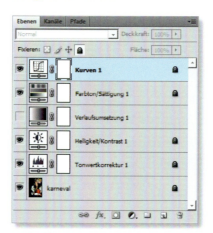

▲ **Abbildung 25.20**
Mehrere in Photoshop erstellte Einstellungsebenen

▲ **Abbildung 25.21**
Das Ergebnis der Bildbearbeitung

Abbildung 25.22 ▶
Bis auf die VERLAUFSUMSETZUNG werden sämtliche Einstellungsebenen in After Effects korrekt übernommen.

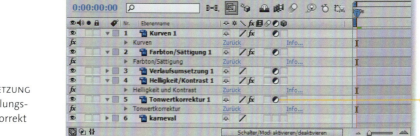

Ebeneneffekte bzw. -stile aus Photoshop und in After Effects |
After Effects übernimmt sämtliche Photoshop-Ebeneneffekte bzw.
-stile problemlos. Zudem sind die Ebenenstile in After Effects
ebenfalls vorhanden und können über EBENE • EBENENSTILE auf
jede Ebene angewendet und animiert werden.

Wenn Sie die Photoshop-Datei in After Effects als Komposition importieren und nicht als Footage, können Sie im Importdialog unter EBENENOPTIONEN zwischen EDITIERBARE EBENENSTILE
und EBENENSTILE IN FOOTAGE ZUSAMMENFÜHREN wählen. Bei erst-
genannter Option bleiben die Stile in After Effects voll editierbar
und können wie die After-Effects-Stile animiert werden. Letzt-
genannte Option führt dazu, dass die Ebenenstile ins Footage
eingerechnet werden und vorerst in After Effects nicht mehr veränderbar sind. Dies können Sie jederzeit ändern, indem Sie die
Ebenen in After Effects markieren und dann EBENE • EBENENSTILE
• IN EDITIERBARE FORMATE UMWANDELN wählen. In der Zeitleiste
haben Sie dann auf alle zuvor in Photoshop erstellten Ebenenstile
Zugriff.

Der Effekt SCHLAGSCHATTEN wird mit allen seinen Einstellmöglichkeiten nach After Effects übertragen. Vergleichen Sie dazu die
Abbildungen 25.24 und 25.25.

Die Effekte SCHATTEN NACH INNEN, SCHEIN NACH AUSSEN und
SCHEIN NACH INNEN, FARBÜBERLAGERUNG, GLANZ, VERLAUFSÜBER-
LAGERUNG und KONTUR werden ebenfalls vollständig übertragen.
Auch der Effekt ABGEFLACHTE KANTE UND RELIEF wird identisch
übernommen. Nur die Muster unter STRUKTUR und die Kurven-
tools unter KONTUR sind nicht verfügbar.

Renderreihenfolge

Ebenenstile werden in After Effects gleich nach den Transformationen gerendert. Sie gehören
nicht zu den Effekten. Letztere
werden noch vor den Transformationen gerendert.

Ebenenstile löschen

Zum Löschen eines Ebenenstils
markieren Sie diesen in der Zeitleiste und drücken die Taste
[Entf]. Zum Löschen aller Ebenenstile auf einer Ebene wählen
Sie EBENE • EBENENSTILE • ALLE
ENTFERNEN.

3D-Ebenen und Ebenenstile

Wenn Sie Ebenenstile auf 3D-
Ebenen anwenden, werden
diese nicht korrekt angezeigt,
wenn die 3D-Ebenen sich
schneiden. Auch Schatten von
einer 3D-Ebene auf eine andere
werden in diesem Fall nicht gerendert.

▲ **Abbildung 25.23**
In Photoshop wurde dem Schatten noch eine Störung hinzugefügt. Der Schatten wirkt daher
körnig.

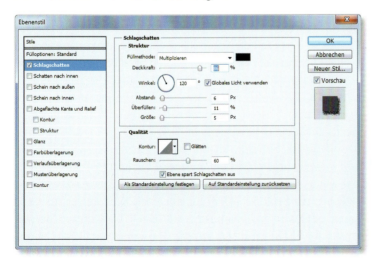

▲ **Abbildung 25.24**
Der Ebenenstil SCHLAGSCHATTEN in Photoshop

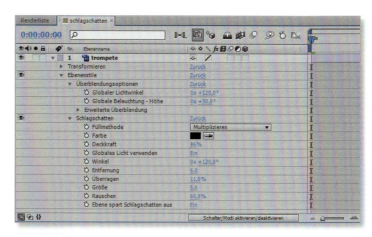

Abbildung 25.25 ▶
Alle Einstellungen des Photoshop-
SCHLAGSCHATTENS werden identisch nach After Effects
übernommen.

▲ **Abbildung 25.26**
Die Photoshop-Effekte SCHEIN NACH AUSSEN und
SCHEIN NACH INNEN sind hier recht deutlich sichtbar
und werden identisch in After Effects übernommen.

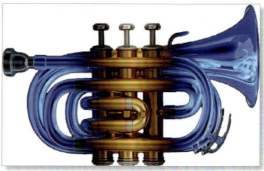

▲ **Abbildung 25.27**
Hier das Ergebnis des Effekts VERLAUFSÜBERLAGERUNG
in Photoshop. In After Effects sieht es ganz genauso
aus.

Überblendungsoptionen der Ebenenstile | Wie in Photoshop gibt
es auch in After Effects unterschiedliche Überblendungsoptionen
für die Ebenenstile. Diese Optionen sind allen Ebenenstilen eigen.

Sie können zunächst in der Zeitleiste unter ÜBERBLENDUNGS-
OPTIONEN die Werte für GLOBALER LICHTWINKEL und GLOBALE
BELEUCHTUNG – HÖHE verändern. Nicht bei allen Ebenenstilen
stellt sich da ein Unterschied ein. Verwenden Sie diese Optionen
beispielsweise bei dem Ebenenstil SCHLAGSCHATTEN. Haben Sie
dort wie in entsprechenden anderen Ebenenstilen auch (SCHAT-
TEN NACH INNEN etc.) die Option GLOBALES LICHT VERWENDEN
aktiviert, wird der Schatten nur noch mit dem Regler für GLO-
BALER LICHTWINKEL beeinflusst. Der Vorteil: Verwenden Sie verschiedene Ebenenstile, so werden die darin möglichen unterschiedlichen Winkelwerte durch den globalen Lichtwinkel ersetzt
und bleiben auf diese Weise immer synchron. Ebenso verhält es
sich mit dem Regler GLOBALE BELEUCHTUNG – HÖHE.

Unter dem Eintrag ERWEITERTE ÜBERBLENDUNG finden Sie die Eigenschaft FLÄCHENDECKKRAFT. Mit dieser Option blenden Sie bei allen Ebenenstilen nur die Pixel der Originalebene aus, nicht aber die Pixel des Ebenenstils. Haben Sie den Ebenenstil SCHLAGSCHATTEN verwendet, so wird also einzig und allein der Schatten nicht ausgeblendet, während bei der Verringerung der Deckkraft unter TRANSFORMIEREN alle Pixel der Ebene, auch die Ebenenstile, ausgeblendet werden. Ebenenstile blenden Sie separat über die in jedem Stil verfügbare eigene Deckkrafteinstellung ein und aus.

Eine weitere Option ist INNENFORMATE ALS GRUPPEN ZUSAMMENFASSEN. Es wird unterschieden zwischen Innenformaten, die sich auf die Ebene auswirken, auf die der Ebenenstil angewendet wurde (SCHEIN NACH INNEN, SCHATTEN NACH INNEN, FARB- UND VERLAUFSÜBERLAGERUNG, GLANZ und ABGEFLACHTE KANTE UND RELIEF), und Außenformaten, die mit darunterliegenden Ebenen interagieren (SCHEIN NACH AUSSEN und SCHLAGSCHATTEN). Aktivieren Sie die Option INNENFORMATE ALS GRUPPEN ZUSAMMENFASSEN, so werden die Innenformate bei der Verwendung von Ebenenmodi in die Berechnung einbezogen. Bleibt die Option deaktiviert, bleiben die Innenformate von den Ebenenmodi unbehelligt. Die letzte komplizierte Option ist ÜBERBLENDUNGSBEREICHE AUS QUELLE VERWENDEN.

Aus Photoshop kennen Sie die für jeden Ebenenstil einstellbaren ERWEITERTEN FÜLLMETHODEN. In After Effects entscheiden Sie mit oben genannter Option, ob diese erweiterten Füllmethoden aus der Photoshop-Datei übernommen werden sollen oder nicht.

Wollen Sie einzelne Farbkanäle bei der Berechnung der Ebenenfüllmethoden ausschließen, so ist das über die Optionen ROT, GRÜN und BLAU möglich.

◀ **Abbildung 25.28**
In diesem Beispiel wurden die Ebenenstile SCHEIN NACH AUSSEN, ABGEFLACHTE KANTE UND RELIEF sowie GLANZ auf den Text »Shine« angewendet.

Abbildung 25.29 ▶
Die Ebenenstile erscheinen in der Zeitleiste und können dort temporär ausgeblendet werden.

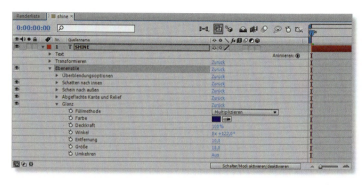

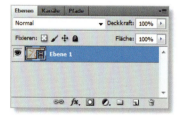

▲ **Abbildung 25.30**
Eine Videodatei, die in Photoshop Extended geöffnet wurde, erhält einen Zelluloidstreifen in der Ebenenminiatur.

Beispieldatei

Auf der Buch-DVD finden Sie im Ordner 25_INTEGRATION_CS5 die Datei »PSextended.mov«. Diese Datei können Sie für eigene Tests in Photoshop Extended verwenden.

Import von AVI und MPEG

Sie können in Photoshop Extended sowohl MOV- und AVI- als auch MPEG-Videos öffnen.

25.1.5 Import von Photoshop-Dateien mit Videoebenen

Seit der Photoshop-Version CS3 Extended können Sie Videos in Photoshop laden, dort in begrenztem Umfang bearbeiten und anschließend das Ergebnis als PSD abspeichern. PSDs, die Videodaten enthalten, können Sie in After Effects importieren und dort wie eine normale Videoebene behandeln.

Um ein PSD mit einem Videoinhalt zu versehen, öffnen Sie in Photoshop ab CS3 Extended Ihre Videodateien. Bestätigen Sie den Dialog zur Pixel-Seitenverhältnis-Korrektur mit OK.

Die Dateien werden in Photoshop wie normale Bilder angezeigt, und die Ebenenminiatur wird mit einem Zelluloidstreifen ausgestattet. Schalten Sie in Photoshop für die Videobearbeitung den Arbeitsbereich (oben rechts) von GRUNDELEMENTE auf BEWEGUNG um.

Sie erhalten anschließend ein Fenster mit einer Zeitleiste (oder über FENSTER • ANIMATION). Hier setzen Sie ähnlich wie in After Effects Keyframes. Um beispielsweise die Deckkraft einer Videoebene in Photoshop Extended zu animieren, klappen Sie die Einstellungen unter der standardmäßig benannten »Ebene 1« auf. Setzen Sie wie in After Effects einen ersten Key für DECKKRAFT bei 00:00, und ziehen Sie den DECKKRAFT-Regler in der Ebenen-Palette auf 0%. Setzen Sie den nächsten Key bei 01:00, indem Sie die DECKKRAFT wieder auf 100% erhöhen.

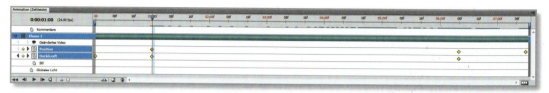

▲ **Abbildung 25.31**
In Photoshop Extended können Sie auf ähnliche Weise wie in After Effects Keyframes setzen. Die Animation wird im Format PSD gespeichert.

Sie können außerdem wie in jeder Photoshop-Datei weitere Ebenen über die Videoebene einfügen.

Speichern Sie die geänderte Datei über SPEICHERN UNTER als PSD. Photoshop legt daraufhin eine normale PSD an, die eine Verknüpfung zum Video enthält. Wird das Video gelöscht oder verschoben, meldet sich Photoshop beim nächsten Öffnen mit der Suche nach dem fehlenden Video.

Importieren Sie Ihre Video-PSDs wie gewohnt in After Effects. Die Bearbeitung unterscheidet sich nicht von anderen Videodateien.

25.1.6 3D-Modelle in Photoshop Extended und After Effects

Die 3D-Funktionalität ist seit der Version Photoshop Extended CS4 sehr umfangreich und leistungsstark geworden. Photoshop lässt sich durch die Unterstützung der 3D-Formate **.3ds** (3D Studio Max), **.u3D** (Universal 3D), **.obj**, **.kmz** (Google Earth) und **.dae** (Collada) auch als »Importtool auf Umwegen« für After Effects verwenden. Vor allem aber können Sie die in Photoshop Extended geöffneten 3D-Formate noch bearbeiten. So lassen sich Texturen erzeugen und verändern, Sie können auf den 3D-Objekten mit den üblichen Photoshop-Tools malen, oder Sie passen Materialoberflächen an und verändern Lichter. Kombinieren Sie mehrere 3D-Objekte miteinander, erzeugen Sie aus 2D-Ebenen einfache, schon vorgegebene 3D-Objekte, oder verwenden Sie Collada-Dateien, um die Preset-Liste um eigene 3D-Objekttypen zu erweitern. Eine Kombination von 2D- und 3D-Ebenen ist ebenfalls möglich, und Sie können alles auch animieren.

Video-PSDs zeitlich ändern

Sie können in After Effects importierte Video-PSDs zeitlich genauso bearbeiten wie sonstige Videodateien. Beispielsweise markieren Sie die Datei im Projektfenster und wählen dann aus dem sich mit der rechten Maustaste öffnenden Menü den Eintrag FOOTAGE INTERPRETIEREN • FOOTAGE EINSTELLEN. Im Dialog FOOTAGE INTERPRETIEREN können Sie unter SCHLEIFE Loops für das Material festlegen. Auch Funktionen wie ZEITVERZERRUNG können angewendet werden.

▼ **Abbildung 25.32**
In Photoshop CS5 Extended können Sie einfache Objekte wie hier einen Hut generieren oder Objekte aus anderen 3D-Programmen öffnen und bearbeiten.

In Photoshop können Sie jedes x-beliebige Bild öffnen und im Arbeitsbereich 3D eine vorgegebene 3D-Form wie z. B. Würfel, Hut, Weinflasche oder Kugelpanorama auf die Ebene anwenden. Nach der Bearbeitung können Sie die 3D-Datei als PSD speichern. In After Effects importieren Sie die fertig bearbeitete PSD-Datei als Komposition und setzen falls nötig ein Häkchen bei LIVE PHOTOSHOP 3D. Anschließend erhalten Sie eine neue Komposition mit Ihren in Photoshop angelegten Ebenen und zwei zusätzlichen Ebenen: »Kamera 1« und »Controller«.

After Effects hat also eine eigene Kamera generiert, die den Blickwinkel und die Einstellungen der Photoshop-Kamera übernimmt. Die Controller-Ebene ist eine Null-Ebene, das heißt, sie ist unsichtbar. Sie dient dazu, das 3D-Objekt im Raum zu steuern. Dazu wurden automatisch Expressions in der 3D-Objekt-Ebene erstellt. Für diese Ebene wurde übrigens nicht die 3D-Funktion (kleiner Würfel) aktiviert, und Sie müssen daran auch nichts ändern, da anstelle dessen der Effekt LIVE PHOTOSHOP 3D hinzugefügt wurde. Dieser berechnet das Objekt richtig. Wenn Sie die 3D-Objektebene öffnen, sehen Sie, dass sowohl für die Transformieren-Eigenschaften als auch für die Parameter des Effekts Expressions hinzugefügt wurden.

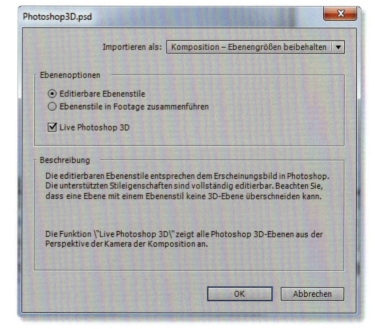

▲ **Abbildung 25.33**
Beim Import in After Effects aktivieren Sie die Option LIVE PHOTOSHOP 3D.

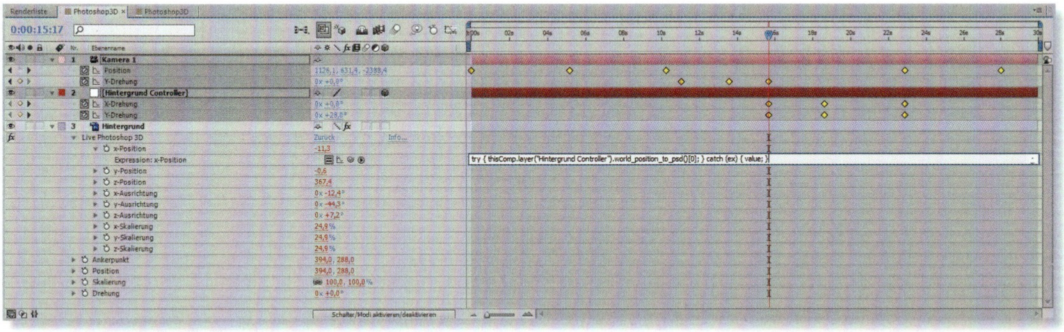

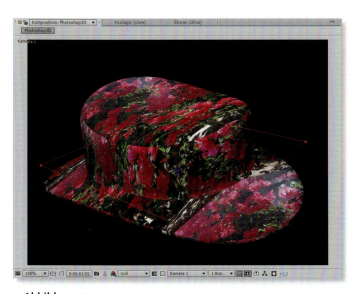

▲ Abbildung 25.34
After Effects generiert zusätzlich eine Kamera-Ebene und eine Steuerungsebene, über die das 3D-Objekt animiert wird.

Um das Objekt nun im Raum zu bewegen und zu animieren, können Sie wie gewohnt Keyframes in den Eigenschaften der Controller-Ebene setzen. Ebenso ist die Animation der Kameraeigenschaften möglich. Allerdings geht die Bearbeitung auf älteren Systemen eventuell sehr zäh vonstatten.

Konvertieren in Photoshop 3D

Falls Sie bei den aus Photoshop importierten Kompositionen die Option LIVE PHOTOSHOP 3D nicht aktiviert haben, können Sie dies im Nachhinein mit dem Befehl EBENE • IN LIVE PHOTOSHOP 3D KONVERTIEREN nachholen.

Photoshop-Kamera verwenden

In Photoshop können Sie die Kamera und auch die 3D-Ebene animieren. After Effects übernimmt die Kamera-Animation beim Import standardmäßig nicht. Um dennoch die Photoshop-Kamera-Animation zu erhalten, wählen Sie den Effekt LIVE PHOTOSHOP 3D aus und dort unter KAMERA die Option PHOTOSHOP-KAMERA VERWENDEN. Andernfalls wird die Kompositionskamera verwendet.

▲ Abbildung 25.35
Der Effekt LIVE PHOTOSHOP 3D berechnet echtes 3D in After Effects (ohne 3D-Objekte verformen zu können).

25.1.7 3D-Kompositionen aus Fluchtpunkt-Daten erzeugen

Bereits in Photoshop CS2 wurde das Feature FLUCHTPUNKT mitgeliefert. Es dient in Photoshop dazu, Fremdmaterial perspektivisch richtig in ein fotografiertes Motiv einzupassen. So ließe sich in Carl

Spitzwegs Bild »Der arme Poet« recht problemlos eine neue Innen-ausstattung für die Dachkammer des Poeten erfinden.

Wir werden das Feature im folgenden Workshop nutzen, um in After Effects eine 3D-Komposition aus einem Foto zu generieren.

Schritt für Schritt: 3D-Komposition aus Fluchtpunkt-Daten

1 Öffnen der Photoshop-Datei

Für diesen Workshop habe ich eine Datei für Sie vorbereitet, die Sie, sofern Sie Photoshop Extended installiert haben, zuerst in Photoshop öffnen. Sie finden die Datei »kubus.psd« im Ordner 25_INTEGRATION_CS5/PHOTOSHOP.

Rufen Sie das Feature über FILTER • FLUCHTPUNKT auf. Es öffnet sich ein eigenes Fenster. Hier werden wir über die Seitenflächen des Kubus mehrere Gitter aufziehen, anhand deren After Effects nachher die perspektivische Verzerrung der Seitenflächen und ihre räumliche Anordnung erkennen wird.

2 Gitter erstellen

Beginnen Sie mit einem Gitter für die linke Seitenfläche des Kubus. Aktivieren Sie dazu das Ebene-erstellen-Werkzeug (zweiter Button von links oben). Klicken Sie dann nacheinander die vier Ecken der Seitenfläche an, um ein Gitter zu erhalten.

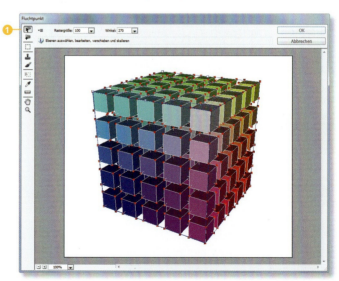

Abbildung 25.36 ▶
Mit dem Feature FLUCHTPUNKT erstellen Sie zuerst Gitter für die Seitenflächen des Kubus.

Zur Feinbearbeitung nutzen Sie falls nötig anschließend das Ebene-bearbeiten-Werkzeug (erster Button von links oben). Ziehen Sie damit an den vier Eckpunkten, bis das Gitter die Seitenfläche vollständig und perspektivisch richtig überlagert.

Wechseln Sie wieder zum Ebene-erstellen-Werkzeug, oder drücken Sie die Strg-Taste, um ein weiteres Gitter für die rechte Seitenfläche zu erstellen. Klicken Sie auf den mittleren rechten Anfasser, und ziehen Sie das neue Gitter auf.

Wenn das erste Gitter perspektivisch recht genau angelegt war, sollte eine Nachbearbeitung kaum nötig sein. Ansonsten bearbeiten Sie die Eckpunkte der zwei Gitter weiter, bis die Perspektive stimmt. Klicken Sie direkt auf das zweite Gitter, um es zu aktivieren, und erstellen Sie ein weiteres Gitter für die obere Seite des Kubus wie in der Abbildung 25.36.

3 | 3D-Szene generieren

Wir nutzen die fertiggestellten Gitterflächen, um eine 3D-Szene zu exportieren und diese in After Effects zu verwenden. Dazu klicken Sie auf den Button oben links neben den Werkzeugen innerhalb des Fluchtpunkt-Fensters ❶. Wählen Sie aus dem Popup-Menü den Eintrag IN AFTER EFFECTS (.VPE) EXPORTIEREN. Legen Sie einen Speicherort fest, und wählen Sie als Dateinamen »kubus«.

Um die VPE-Datei in After Effects zu importieren, wählen Sie nicht den üblichen Weg per Doppelklick ins Projektfenster, da die VPE-Datei hiermit nicht importiert werden kann. Stattdessen klicken Sie mit der rechten Maustaste in das Projektfenster und wählen dann IMPORTIEREN • FLUCHTPUNKT (.VPE). Nach dem OK erscheinen im Projektfenster eine automatisch generierte Komposition (»kubus.vpe«), ein Ordner mit vier PNG-Dateien und einer mit Null-Ebenen.

Parenting

Weitere Informationen zum Parenting finden Sie in Abschnitt 11.7, »Parenting: Vererben von Eigenschaften«.

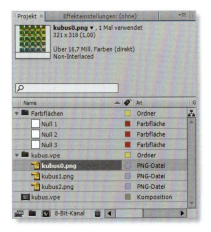

◄ **Abbildung 25.37**
Im Projektfenster wird für die importierte VPE-Datei automatisch eine Komposition angelegt, die alle für die 3D-Szene nötigen Ebenen enthält.

Öffnen Sie die Komposition per Doppelklick. Aufgrund der zuvor perspektivisch richtig angelegten Gitter wurden die PNG-Dateien bereits automatisch korrekt in die 3D-Szene eingebaut. Außerdem wurde überflüssiger Hintergrund rund um jedes Gitter entfernt.

Unverständlicherweise wird die eigentlich freigestellte Datei nicht gleich ebenso in After Effects interpretiert, sondern es wurde weißer Hintergrund anstelle der Transparenz aufgefüllt. Das macht es notwendig, die einzelnen PNGs nochmals in Photoshop zu öffnen, dort den weißen Hintergrund zu entfernen und erneut zu speichern. Sie aktualisieren die PNGs in After Effects, indem Sie sie alle markieren und dann per rechter Maustaste den Befehl FOOTAGE NEU LADEN wählen.

After Effects hat eine Null-Ebene (»Übergeordnet«) angelegt, mit der die PNGs per Parenting verbunden sind. Zudem gibt es eine Kamera-Ebene. Die Komposition entspricht noch keiner Standardgröße, da sie aus den Maßen der Bilddatei abgeleitet wurde. Ändern Sie die Kompositionseinstellungen über KOMPOSITION • KOMPOSITIONSEINSTELLUNGEN auf die Vorgabe HDV/HDTV 720 25 und die Dauer auf 10 Sekunden.

Abbildung 25.38 ▼
Die für die 3D-Szene generierten PNG-Dateien sind per Parenting mit einer Null-Ebene namens »Übergeordnet« verbunden.

4   Kamerafahrt erstellen

Zum Schluss erstellen wir eine Kamerafahrt um den Kubus. Importieren Sie zuvor zur visuellen Aufwertung noch die Datei »BG01« aus dem Ordner 25_INTEGRATION_CS5/PHOTOSHOP, und fügen Sie die Datei der Komposition hinzu.

Abbildung 25.39 ▼
In der Ansicht von oben richten Sie die Kamerafahrt ein.

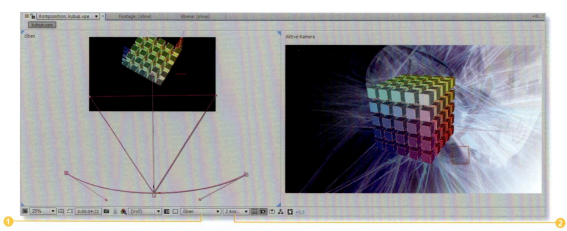

Wählen Sie anschließend im Kompositionsfenster ❷ die Einstellung 2 ANSICHTEN – HORIZONTAL. Klicken Sie in die rechte der beiden Ansichten, und schalten Sie sie auf OBEN ❶. Markieren Sie die Kamera in der Zeitleiste, um sie im Kompositionsfenster sichtbar zu machen. Drücken Sie die Taste P, um nur die Positionseigenschaft der Kamera anzuzeigen.

Setzen Sie einen ersten Key bei 00:00, und ziehen Sie die Kamera, ohne den Zielpunkt zu verschieben, in der Ansicht von oben nach links. Ziehen Sie die Zeitmarke an das Ende der Komposition, und verschieben Sie dann wieder nur die Kamera nach rechts. Wenn Sie nun die Animation abspielen, sollte sich die Kamera um den Kubus bewegen. Dabei werden Sie auch schon die Schwäche der per Fluchtpunkt generierten 3D-Szenen bemerken: Die zuerst perspektivisch richtig dargestellten kleineren Kuben wirken nun meist verzerrt, da die zugrundeliegenden PNGs nur aus einem Blickwinkel generiert wurden. Aber immerhin ...

3D-Ebenen, Kamera und Licht

Weitere Informationen zu 3D-Ebenen, Kameras und Licht erhalten Sie in Kapitel 21, »3D in After Effects«.

Fertige Datei

Das fertige Projekt zum Workshop finden Sie auf der DVD im Ordner 25_INTEGRATION_CS5/ PHOTOSHOP. Es heißt »VPEdaten. aep«.

▲ **Abbildung 25.40**
Die Kamera wird nur über Positions-Keyframes animiert. ■

25.1.8 Photoshop-Pfade in After Effects

In Photoshop erstellte Pfade können Sie in After Effects als Masken oder als Bewegungspfad verwenden. Dazu markieren Sie den in Photoshop generierten Pfad und kopieren ihn mit Strg+C. Anschließend fügen Sie den Pfad in After Effects auf einer beliebigen Ebene mit Strg+V ein.

Markieren Sie dabei nur die Ebene, legt After Effects für den eingefügten Pfad eine oder mehrere Masken an. Markieren Sie die Eigenschaft POSITION einer Ebene, fügt After Effects Bewegungs-Keyframes in die Ebene ein. Die Ebene folgt dann animiert dem Pfadverlauf. Dabei sollten Sie beachten, dass Sie natürlich nicht mehr als einen Pfad auf einmal in die Positionseigenschaft einfügen können.

Weitere Informationen

Zur Vertiefung Ihrer Kenntnisse lesen Sie Näheres über die Verwendung von Pfaden in After Effects in Abschnitt 11.4, »Pfade als Key-Generator«.

▼ **Abbildung 25.41**
Links: Einen in Photoshop kopierten Pfad können Sie in einer After-Effects-Ebene als Masken- oder Bewegungspfad einfügen. Hier sehen Sie den Pfad als Maske in einem Video.
Rechts: Ein Photoshop-Pfad kann in Photoshop ausgewählt und kopiert werden, um ihn anschließend in After Effects zu verwenden.

▲ Abbildung 25.42
In diesem Beispiel wurde ein Photoshop-Pfad einmal als Maske in eine
Bildebene eingesetzt und in der Formebene als Bewegungspfad verwendet. Die runden »Punkte« im Bewegungspfad sind Roving Keyframes
(zeitlich nicht fixierte Keyframes).

25.1.9 Photoshop-Dateien aus After Effects ausgeben und erzeugen

Aus After Effects können Sie einzelne Frames als Dateien im Pho-
toshop-Dateiformat ausgeben. Dies dient zum einen der Weitergabe einzelner Frames aus einer Animation zur Printausgabe, zum
anderen aber auch dazu, Standbilder der Animation in After Effects
weiterzuverwenden. Der aktuelle Frame wird dabei entweder als
Datei mit allen in After Effects angelegten Ebenen oder als eine zu
einer Ebene zusammengerechnete Datei gespeichert.

Die Optionen dazu befinden sich unter KOMPOSITION • FRAME
SPEICHERN UNTER • DATEI bzw. PHOTOSHOP MIT EBENEN. Haben
Sie die erste Option gewählt, wird die Renderliste geöffnet. Darin
legen Sie die Qualitätseinstellungen fest, und die Datei wird mit
dem Namen der Komposition und der genauen Nummer des
Frames, den Sie rendern, ausgegeben.

Wenn Sie eine Photoshop-Datei mit Ebenen ausgeben, müssen Sie die Datei nur abspeichern. Ein Rendern ist nicht erforderlich. Sämtliche After-Effects-Ebenen finden Sie auch in Photoshop
wieder. Wenn Ihre Komposition auch verschachtelte Kompositionen enthält, so werden diese in Photoshop als Ebenengruppe
angezeigt. Sie haben also auch auf die Ebenen der verschachtelten Komposition Zugriff. Eine Benennung der Ebenen ist hier
wieder einmal sehr ratsam.

Photoshop-Dateien erzeugen | Erfreulicherweise kann After
Effects selbst Photoshop-Dateien erzeugen. Dies geht über EBENE
• NEU • ADOBE-PHOTOSHOP-DATEI. Die automatisch geöffnete Photoshop-Datei erhält die Größe der After-Effects-Komposition und
kann nun bearbeitet werden. In After Effects wird die neue Datei
zugleich automatisch in der aktuellen Komposition verwendet. Leider werden Änderungen nicht automatisch aktualisiert. Sie müssen
daher jedes Mal den Befehl DATEI • FOOTAGE NEU LADEN verwenden, um Änderungen sichtbar zu machen.

25.2 Zusammenarbeit mit Adobe Illustrator

Die Integration mit Adobe Illustrator erlaubt es Ihnen, die umfangreichen Möglichkeiten dieser vektorbasierten Grafikapplikation mit After Effects zu neuen Höhen zu führen. Nutzen Sie Vektorgrafiken für animierte Tricksequenzen, für das Mischen mit Videomaterial oder als 3D-Material.

Im Verlaufe des Buches sind Sie des Öfteren mit Illustrator-Dateien in Berührung gekommen. Auffallend ist die perfekte Skalierbarkeit der Illustrator-Dateien, die ohne Qualitätsverlust in After Effects möglich ist. Auch für den 3D-Invigorator von Zaxwerks, der als kostenpflichtiges Plug-in für After Effects zu haben ist, ist Illustrator eine Grundlage, um 3D-Objekte in After Effects zu generieren.

25.2.1 Bilddaten in Illustrator vorbereiten

Neben Photoshop gehört Illustrator zu den wichtigsten mit After Effects assoziierten Applikationen, die aufgrund ihrer sehr guten Integration einen unkomplizierten Arbeitsablauf ermöglichen. Zuerst stellt sich wieder die Frage danach, was Sie in Illustrator (hier wurde mit Illustrator CS5 gearbeitet) vor dem Import in After Effects beachten sollten.

Damit Sie Grafikdateien aus Illustrator in After Effects möglichst problemlos verarbeiten können, sollten Sie folgende Hinweise beachten.

Neue Datei erstellen | Illustrator unterstützt die gebräuchlichen Videoformate und Pixelseitenverhältnisse. Um für After Effects oder Premiere Pro korrekt erstellte Grafiken zu produzieren, wählen Sie Datei • Neu und dann im Dialog Neues Dokument unter Neues Dokumentprofil den Eintrag Video und Film. Suchen Sie anschließend bei Grösse die passende Einstellung, z. B. PAL D1/DV oder HDTV 1080.

Speichern der Illustrator-Datei | Beim Speichern Ihrer Illustrator-Datei muss im Dialog Illustrator-Optionen ein Häkchen bei PDF-kompatible Datei erstellen gesetzt sein, da After Effects sonst die Datei nicht richtig anzeigen kann.

Wählen Sie als Format möglichst immer ».ai« und nicht ».eps«, damit After Effects die Datei mit bester Genauigkeit anzeigt.

> **Einheiten**
>
> Setzen Sie die Einheiten in Illustrator unter Bearbeiten • Voreinstellungen • Einheit im Einblendmenü Allgemein auf Pixel, um in After Effects und der Illustrator-Datei mit den gleichen Dimensionen arbeiten zu können.

▲ **Abbildung 25.43**
Mit den 3D-Effekten in Illustrator können Sie Grafiken und Text ein dreidimensionales Aussehen verleihen und diese in After Effects importieren.

CMYK | Es ist möglich, CMYK-Dateien, die im EPS- oder AI-Format gespeichert wurden, in After Effects zu importieren. Um in After Effects bestmögliche Ergebnisse ohne Farbverschiebungen zu erzielen, verwenden Sie in Illustrator bereits bei der Erstellung Ihrer Dateien den Modus RGB-FARBE. Unter DATEI • DOKUMENTFARBMODUS können Sie den Modus im Nachhinein ändern und verwenden auch hier den Eintrag RGB-FARBE.

Ebenen | Falls Objekte einer Illustrator-Datei in After Effects einzeln animiert werden sollen, müssen Sie sie in Illustrator bereits in einzelnen Ebenen angelegt haben. Wie bei Photoshop-Dateien sollten Sie Ebenen auch in Illustrator eindeutig benennen, um in After Effects die Zuordnung zu vereinfachen.

Sie können in Illustrator auch eine Ebene mit mehreren Objekten auswählen und dann im Kontextmenü der Palette EBENEN den Befehl EBENEN FÜR OBJEKTE ERSTELLEN (SEQUENZ) aufrufen. Allerdings legt Illustrator damit nicht wie erwartet und für After Effects nötig jede Ebene separat an, sondern erstellt pro Objekt eine Unterebene, die Sie dann manuell zu eigenständigen Ebenen machen müssen, indem Sie sie in der Ebenenpalette verschieben.

Um die in Ebenen aufgeteilte Illustrator-Datei in After Effects korrekt zu übernehmen, importieren Sie die Datei mit der Option KOMPOSITION – EBENENGRÖSSE BEIBEHALTEN.

Text | Soll die Illustrator-Datei auf verschiedenen Systemen verwendet werden, stellen Sie sicher, dass die in Illustrator verwendeten Fonts auf den anderen Systemen installiert sind. Es ist auch möglich, die Illustrator-Texte zuvor in Pfade umzuwandeln, um die Schriftart auf anderen Systemen in gleicher Weise anzuzeigen. Markieren Sie dazu den Text in Illustrator mit dem Auswahl-Werkzeug, und wählen Sie SCHRIFT • IN PFADE UMWANDELN. Ebenso komfortabel wie in Illustrator können Sie in After Effects Text editieren. Die dafür zur Verfügung stehenden Zeichen- und Absatz-Paletten gleichen denen in Illustrator.

Pfade | Sie können Illustrator-Pfade in After Effects verwenden. Kopieren Sie die Pfade ebenso wie in Photoshop zuerst in Illustrator mit Strg+C, und setzen Sie sie dann mit Strg+V entweder auf einer markierten Ebene als Maske oder in der markierten Positionseigenschaft einer Ebene oder eines Effekts als Bewegungs-Keyframes ein. Sollte es einmal nicht funktionieren, aktivieren Sie in Illustrator unter BEARBEITEN • VOREINSTELLUNGEN • DATEIEN VER-

ARBEITEN UND ZWISCHENABLAGE die Optionen AICB und PFADE BEI-BEHALTEN.

Schnittmarken und Dokumentmaße | Wenn Sie eine Illustrator-Datei in der richtigen Größe erhalten wollen, verwenden Sie am besten die Vorgaben (für After Effects VIDEO UND FILM), wenn Sie ein neues Dokument erstellen. Diese Vorgaben finden Sie auch im Kontextmenü, wenn Sie das Zeichenflächen-Werkzeug ⌂+0 verwenden. Dieses Werkzeug ist auch die richtige Wahl, wenn Sie bereits vorhandene Illustrator-Dateien verwenden, die keine Standardmaße aufweisen. Sie können die neuen Maße dann oben in der Kontextmenüleiste von Illustrator einstellen und bestätigen die Eingaben mit ↵. Wichtig ist hierbei, zuvor unter DATEI • DOKUMENT EINRICHTEN unter EINHEIT den Eintrag PIXEL zu wählen. Die Datei wird dann in After Effects in der entsprechenden Größe übernommen.

Innerhalb der Illustrator-Datei können Sie mehrere Zeichenflächen erstellen, indem Sie bei aktivem Zeichenflächen-Werkzeug und der Taste ⌂ einen Rahmen aufziehen. Um jede der Zeichenflächen als separate Datei zu speichern, wählen Sie DATEI • SPEICHERN und setzen dann in den ILLUSTRATOR-OPTIONEN ein Häkchen bei JEDE ZEICHENFLÄCHE IN EINER SEPARATEN DATEI SPEICHERN. Sie erhalten mehrere Dateien in den Abmessungen der jeweiligen Zeichenfläche.

In früheren Illustrator-Versionen mussten Schnittmarken definiert werden, da sonst die in After Effects importierte Illustrator-Datei in den Maßen der Ebenen mit den größten horizontalen und vertikalen Abmessungen erschien. Die in Illustrator festgelegte Dokumentgröße wurde dabei ignoriert. Um die Datei dennoch in der Größe des Dokuments in After Effects zu erhalten, legen Sie in älteren Versionen Schnittmarken fest. Achten Sie in Illustrator darauf, dass keine Ebene ausgewählt ist, und wählen Sie dann OBJEKT • SCHNITTBEREICH • ERSTELLEN. Es werden Schnittmarken in der Größe des Dokuments festgelegt.

Sichern | Beim Sichern der Illustrator-Datei wählen Sie das Illustrator-Dateiformat (».ai«). In den ILLUSTRATOR-OPTIONEN wählen Sie PDF-KOMPATIBLE DATEI ERSTELLEN und setzen auch ein Häkchen bei KOMPRIMIERUNG VERWENDEN. After Effects sollte dann die Datei ohne Probleme importieren können.

25.2.2 Import und Animation einer Illustrator-Datei

Den Umgang mit Illustrator-Dateien möchte ich Ihnen in dem folgenden Workshop an einem praktischen Beispiel verdeutlichen.

Text nicht editierbar

Textebenen, die in Illustrator erstellt wurden, können Sie nicht im Nachhinein in After Effects editieren. Dies ist nur bei Photoshop-Textebenen möglich.

Illustrator-3D-Effekte

Wenn Sie Ihren Texten oder Zeichnungen ein dreidimensionales Aussehen verleihen wollen, dann können Sie die 3D-Effekte in Illustrator dazu nutzen. Fügen Sie beispielsweise einer Textebene in Illustrator über EFFEKT • 3D einen der Effekte EXTRUDIEREN UND ABGEFLACHTE KANTE, KREISELN oder DREHEN hinzu. Importieren Sie die Datei anschließend in After Effects. Die 3D-Perspektive wird, wenn Sie Kameras in After Effects verwenden, bei dieser Art der Produktion jedoch nicht angepasst.

Illustrationen

Die hier abgebildeten Illustrationen hat das Büro für Gestaltung Anke Thomas (*www.anketho.de*) freundlicherweise zur Verfügung gestellt.

Schritt für Schritt: Der Umgang mit einer Illustrator-Datei

1 **Öffnen der Illustrator-Datei**

Sie müssen nicht erst selbst eine Datei in Illustrator erstellen. Für diesen Workshop liegt bereits die Datei »ueberflieger.ai« im Ordner 25_INTEGRATION_CS5/ILLUSTRATOR für Sie bereit. Schauen Sie sich die Datei zuerst in Illustrator an, sofern das Programm auf Ihrem System installiert ist.

2 **Import der Illustrator-Datei**

Importieren Sie die Datei »ueberflieger.ai« aus dem bereits genannten Ordner mit ⎡Strg⎤+⎡I⎤ in ein neues After-Effects-Projekt. Wählen Sie unter IMPORTIEREN ALS den Eintrag KOMPOSITION und unter FOOTAGE-MASSE den Eintrag EBENENGRÖSSE. Durch Verwendung dieser Option bleiben die Illustrator-Ebenen in ihrer Größe erhalten, und der Ankerpunkt wird auf den Mittelpunkt einer jeden Ebene gesetzt.

Mit der Option DOKUMENTGRÖSSE werden die Ebenen auf die Dokumentgröße beschnitten und in dieser Größe auch importiert. Der Ankerpunkt aller Ebenen entspricht dann dem Dokumentmittelpunkt.

> **Umwandlung beim Import**
>
> Beim Import einer Illustrator-Datei wandelt After Effects Text in Pfade um. Auf diese kann jedoch nicht zugegriffen werden – das Ganze dient »nur« der hervorragenden Darstellung des Texts bei Skalierungen. Leere Bereiche einer Grafik werden in After Effects durch Umwandlung in Alphakanäle transparent dargestellt. Die Vektorinformation der Illustrator-Datei wird in Pixel umgerechnet.

Abbildung 25.44 ▶
Mit der Importoption KOMPOSITION – EBENENGRÖSSEN BEIBEHALTEN bleiben die in Illustrator festgelegten Ebenengrößen auch in After Effects erhalten.

3 **Animation der Palmen**

Kontrollieren Sie zuerst die Dauer der Komposition, und ändern Sie sie gegebenenfalls auf etwa fünf Sekunden Länge.

Markieren Sie zur Animation die Ebene »palmen«, und blenden Sie mit der Taste ⎡P⎤ die Positionseigenschaft ein. Vergewissern Sie sich, dass die Zeitmarke auf dem Zeitpunkt 00:00 steht, und setzen Sie mit der Stoppuhr einen ersten Key. Drücken Sie die Taste ⎡Ende⎤, damit die Zeitmarke an das Ende der Komposition springt. Ziehen Sie dann die Ebene »palmen« bei gleichzeitigem Drücken der Taste ⌂ im Kompositionsfenster so weit nach links, bis der rechte Rand der Ebene fast mit dem rechten Rand der Komposition abschließt. Vor der Animation des Kalifs und seines Teppichs aktivieren Sie noch den Schalter OPTIMIEREN ❶.

▲ **Abbildung 25.45**
Die Ebene »palmen« wurde nach links verschoben und hier zur besseren Darstellung mit einem gelben Rahmen eingefärbt.

4 Unterkomposition für Kalif und Teppich

Jetzt sollen Kalif und Teppich gemeinsam animiert werden. Dazu ist es günstig, wenn beide Ebenen einen gemeinsamen Ankerpunkt besitzen. Andernfalls können bei der später geplanten Skalierung unerwünschte Ergebnisse auftreten. Zum Zusammenfassen der Ebenen mit einem gemeinsamen Ankerpunkt erstellen Sie eine Unterkomposition.

Markieren Sie dazu die Ebenen »kalif« und »teppich«, und wählen Sie im Menü unter EBENE den Eintrag UNTERKOMPOSITION ERSTELLEN. Geben Sie einen Namen für die neue Komposition ein (»kalif«). Mit der Option ALLE ATTRIBUTE IN DIE NEUE KOMPOSITION VERSCHIEBEN übernehmen Sie alle Einstellungen, die Sie an den Ebenen vorgenommen haben, in die neue Komposition. Lassen Sie die Option aktiviert, und bestätigen Sie mit OK.

Der Ankerpunkt der Unterkomposition sitzt nun genau in der Mitte des Kompositionsfensters, und die Umrahmung der

▲ **Abbildung 25.46**
Die Animation der »palmen«-Ebene erfolgt über die Eigenschaft POSITION mit zwei Keyframes.

Ebenen entspricht der Kompositionsgröße. Wollen Sie Änderungen an den einzelnen Ebenen der Unterkomposition vornehmen, müssen Sie die zugehörige Komposition öffnen. Aktivieren Sie auch für die neu entstandene Unterkomposition den Schalter OPTIMIEREN.

Abbildung 25.47 ▶
Die beiden Ebenen »kalif« und »teppich« wurden in einer Unterkomposition zusammengefasst. Diese ist danach als verschachtelte Komposition in der Hauptkomposition enthalten.

Verschachtelte Kompositionen öffnen

Zur schnellen Navigation in verschachtelten Kompositionen nutzen Sie das Mini-Flussdiagramm in der Zeitleiste. Klicken Sie darin auf die Komposition oder die Ebene, zu der Sie navigieren wollen.

5 Animation des Kalifs und seines Teppichs

Der Kalif ist recht froh, mit dem Teppich sicher verbunden zu sein, denn er soll jetzt über die Landschaft fliegen.

Um den Kalifen von rechts nach links durch das Bild schweben zu lassen, blenden Sie mit der Taste P die Positionseigenschaft der Unterkomposition ein. Ziehen Sie die Zeitmarke auf den Zeitpunkt 00:00, und setzen Sie einen ersten Positions-Key. Verschieben Sie den Kalifen im Kompositionsfenster nach rechts außen, bis er dort verschwindet. Verschieben Sie die Zeitmarke auf das Ende der Komposition, und ziehen Sie den Kalifen dann nach links außen, bis er dort wieder verschwindet.

Blenden Sie mit der Taste S die Eigenschaft SKALIERUNG für die Unterkomposition ein. Setzen Sie einen ersten Key bei 01:00 auf 100 %. Einen zweiten Key setzen Sie bei 02:10 mit dem Wert 180 %. Verschieben Sie dann den Kalifen im Kompositionsfenster ein wenig nach unten, bis das Gesicht des Kalifen zu sehen ist. Es entsteht automatisch ein neuer Key in der Positionseigenschaft. Einen letzten Skalierungs-Key benötigen wir noch bei 04:00 mit dem Wert 100 %. Sie sehen: Mit Illustrator-Dateien arbeitet es sich so bequem wie mit jedem anderen Rohmaterial.

Abbildung 25.48 ▶
Der animierte Kalif mit Bewegungspfad

▲ **Abbildung 25.49**
▲ **Abbildung 25.49**
Die Keyframes der fertigen Animation des Kalifen und seines Teppichs ▮

Kontinuierlich rastern | Im Workshop haben Sie die kontinuierliche Rasterung von importierten Illustrator-Dateien bereits erfolgreich eingesetzt, um die optimale Qualität der Datei auch bei hohen Skalierungen zu sichern. Der im Workshop beschriebene Schalter Optimieren bzw. Transformationen falten ist dafür verantwortlich, wie After Effects auf die Illustrator-Ebene angewendete Transformationen, Masken und Effekte rendert.

Zur Erläuterung: Beim Import der Illustrator-Datei wandelt After Effects die Vektorinformation in Pixel um. Wird nun die Datei in After Effects **ohne** aktiven Optimieren-Schalter über 100 % skaliert, wirkt die Grafik unscharf, da hier Pixel vergrößert werden. Ist der Schalter aber aktiv, werden die in After Effects angewendeten Transformationen wie Skalierung und Drehung zuerst mit der Originaldatei berechnet. Danach erfolgt erst das Rastern, also das Umwandeln in Pixel.

> **Illustrator-Sequenzen**
>
> After Effects importiert Illustrator-Sequenzen wie jede andere Sequenz auch. Es ist wie bei allen Sequenzen notwendig, vor dem Import die Illustrator-Dateien in gleicher Größe zu erstellen und fortlaufend zu nummerieren. Für die Dateien sollten Sie einen separaten Ordner anlegen.

▲ **Abbildung 25.50**
Bei einer Illustrator-Datei, die ohne die Option Kontinuierlich rastern über 100 % skaliert wird, wirken die Konturen unscharf.

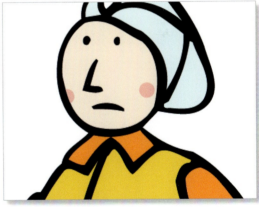

▲ **Abbildung 25.51**
Haben Sie die Option Kontinuierlich rastern aktiviert, gibt es bei der Darstellungsqualität von skalierten Dateien keine Probleme.

In früheren After-Effects-Versionen war es nicht möglich, Masken und Effekte auf optimierte Ebenen (auch verschachtelte optimierte Kompositionen) anzuwenden. Inzwischen ist dies jedoch kein Problem mehr. Sie können also getrost mit den Effekten und Masken arbeiten. Ein weinendes Auge bleibt allerdings dabei: Einige Effekte haben, auf optimierte Ebenen angewendet, ein anderes Aussehen als bei nicht optimierten Ebenen. Dies wird deutlich, wenn Sie die optimierte Ebene gemeinsam mit dem Effekt skalieren. Bei einer optimierten Ebene wird der Effekt nicht mitskaliert.

▲ **Abbildung 25.52**
Der Effekt KOMPLEXES WÖLBEN, auf eine nicht ska-lierte Illustrator-Datei angewendet

▲ **Abbildung 25.53**
Der Effekt wird bei der Skalierung der optimierten Ebene nicht mitskaliert und muss im Nachhinein angepasst werden.

26 Workflow mit Premiere Pro, Flash, Encore, Final Cut Pro, Avid und Motion

26.1 Zusammenarbeit mit Adobe Premiere Pro CS5

Premiere Pro hat einige Fortschritte im Vergleich zu anderen Schnittprogrammen gemacht und passend zum Namenszusatz »Pro« professionelle Funktionen erhalten. Premiere Pro zeichnet sich unter den Videoschnittlösungen durch die beste Integration mit After Effects aus. Für einen flüssigen Arbeitsprozess ist die gute Integrierbarkeit der Adobe-Applikationen untereinander ein großer Vorteil.

Wie bei allen Schnittprogrammen, deren Daten mit anderen Programmen ausgetauscht werden sollen, ist es auch für den Austausch zwischen Premiere und After Effects entscheidend, welche Daten der Zeitleiste und der darin bearbeiteten Clips übernommen werden sollen. Dabei geht es um die Übernahme von In- und Out-Points der geschnittenen Clips, Schnittmarken, Überblendungen, Effekte, Titel, Änderungen der Clipgeschwindigkeit und Transformationen.

After Effects übernimmt die Daten aus Premiere Pro in Form eines Premiere-Projekts oder via Dynamic Link. Dabei werden viele Funktionen unterstützt, aber es geht auch manches verloren. Der umgekehrte Weg ist, ein Premiere-Pro-Projekt aus After Effects zu exportieren und darüber die After-Effects-Bearbeitung in Premiere Pro zu verwenden oder alternativ wieder per Dynamic Link. Die nachfolgenden Beschreibungen beziehen sich auf die Verwendung von Premiere Pro CS5. Viele der Funktionen sind aber auch bei älteren Premiere-Versionen identisch oder ähnlich.

26.1.1 Videodaten in Premiere Pro vorbereiten

Wenn Sie vorhaben, die Bearbeitungsfunktionen von Premiere Pro zu nutzen und das Projekt dann in After Effects abzuschließen oder einige Bearbeitungsschritte dort vorzunehmen, sind ein paar Dinge zu beachten.

Clips | Es ist günstig, Clips innerhalb von Premiere Pro eindeutig zu benennen und sie in Ordnern zu organisieren. After Effects übernimmt beides und noch mehr.

Sequenzen | Sequenzen aus Premiere Pro werden in After Effects als Kompositionen eingesetzt. Eine eindeutige Benennung von Sequenzen in Premiere Pro ist angebracht. Das in der Sequenz enthaltene Rohmaterial wird automatisch mitimportiert, und die Bearbeitung innerhalb der Sequenz bleibt unter Beachtung der weiteren Ausführungen erhalten.

Titel und Texte | Sollten Sie planen, Ihr Premiere-Pro-Projekt in After Effects abzuschließen, empfehle ich Ihnen, dort auch Titel und Texte zu gestalten, denn After Effects lässt von den Premiere-Texten beim Import nicht viel übrig. Stattdessen finden Sie Farbflächen vor, die immerhin die Dauer der Titel und Texte widerspiegeln.

Effekte | Es ist empfehlenswert, in Premiere nur die Effekte anzuwenden, die auch in After Effects zur Verfügung stehen. Premiere-Pro-spezifische Videoüberblendungen wie EINSCHWINGEN, DEHNEN & STAUCHEN, HERAUSSCHÄLEN oder AUFFALTEN (in der Effekte-Palette von Premiere Pro mit einem Rechteck dargestellt) übernimmt After Effects nicht und stellt auch diese nur als Farbfläche dar, die noch die Dauer der Videoüberblendung erkennen lässt.

Transparenzen und Überblendungen | Deckkrafteinstellungen, die Überblendung WEICHE BLENDE aus dem Ordner VIDEOÜBERBLENDUNGEN und die Überblend-Effekte aus dem Ordner ÜBERBLENDEN werden von After Effects übernommen und können problemlos in Premiere Pro animiert und in After Effects modifiziert werden.

Bewegungen | Einstellungen und Animationen, die Sie in Premiere Pro für die Eigenschaften POSITION, SKALIERUNG, DREHUNG oder ANKERPUNKT festlegen, werden von After Effekts übernommen. Keyframes für animierte Eigenschaften finden Sie unter dem Eintrag TRANSFORMIEREN in der Zeitleiste.

Metadaten | Metadaten aus Premiere werden wie von Adobe Soundbooth und Adobe Encore problemlos übernommen. Zum Umgang mit Metadaten finden Sie mehr Informationen in Abschnitt 8.6, »XMP-Metadaten«.

26.1.2 Import einer Premiere-Pro-Datei

In diesem Workshop kommt es auf den Vergleich der Premiere-Pro-Datei mit dem in After Effects angezeigten Ergebnis nach dem Import des Premiere-Projekts an.

Schritt für Schritt: Der Umgang mit Premiere-Pro-Daten

1 **Öffnen der Premiere-Pro-Datei**

Starten Sie Premiere Pro, und öffnen Sie zuerst das Premiere-Projekt »integration.prproj« aus dem Ordner 26_INTEGRATION_VIDEO/PREMIERE. Falls Sie eine ältere oder gar keine Premiere-Version besitzen, vergleichen Sie einfach mit den hier abgebildeten Screenshots.

Das aus Premiere gerenderte Movie befindet sich im selben Ordner und trägt den Namen »footballmatch.mov«. Schauen Sie sich die Ordnerstruktur im Projektfenster von Premiere Pro an, und vergleichen Sie sie später in After Effects.

◄ **Abbildung 26.1**
Im Premiere-Projekt wurden Ordner und Rohmaterialien eindeutig benannt, um spätere Verwirrungen zu vermeiden.

2 **In Premiere Pro**

Im Schnittfenster des Premiere-Projekts befinden sich ein in Premiere Pro erstellter Titel, ein per Drehung und Position animierter Ball, eine Photoshop-Datei – ein Logo –, drei Videos und eine Audiodatei.

Auf die Videos habe ich die Videoüberblendungen WEICHE BLENDE und RADIALES WISCHEN und die Videoeffekte EINFÄRBEN und LINEARE BLENDE angewendet. Die beiden Letzteren gehören zu den Effekten, die in After Effects problemlos mit allen Keyframes übernommen werden. Sie erkennen dies am Stecker-Symbol ❶. WEICHE BLENDE ist aber in After Effects nicht vorhanden.

Abbildung 26.2 ▼
Im Premiere-Schnittfenster wurden mehrere Clips geschnitten und ineinander überblendet.

Zusätzlich habe ich den In-Point des allerersten Videos zum Standbild erklärt und die Geschwindigkeit des letzten Clips verlangsamt. In der Audiospur befinden sich Clipmarken. Mal sehen, was After Effects von all dem übrig lässt …

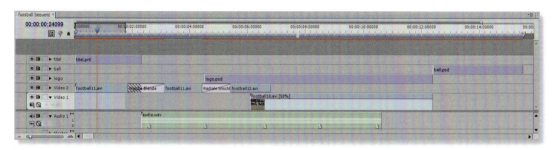

▲ Abbildung 26.3
Mit dem Stecker-Symbol gekennzeichnete Effekte, die auch in After Effects vorhanden sind, werden problemlos mit allen Keyframes nach After Effects übernommen.

3 Import der Premiere-Pro-Datei

Ein Premiere-Projekt, das Sie in After Effects importieren wollen, speichern Sie ganz normal wie jede andere Premiere-Pro-Projektdatei.

Starten Sie After Effects, und importieren Sie die Datei »integration.prproj« aus dem Ordner 26_INTEGRATION_VIDEO/PREMIERE über DATEI • IMPORTIEREN • ADOBE PREMIERE PRO-PROJEKT. Im Dialog PREMIERE PRO IMPORTER wählen Sie unter SEQUENZ AUSWÄHLEN den Eintrag ALLE SEQUENZEN und setzen gegebenenfalls ein Häkchen bei AUDIO IMPORTIEREN. After Effects übernimmt die in Premiere Pro angelegten Projektordner mit identischen Namen. Die in Premiere Pro erstellte Sequenz erscheint in After Effects als Komposition.

Abbildung 26.4 ▶
Im After-Effects-Projektfenster sieht es ganz ähnlich wie in Premiere Pro aus. Alle Benennungen sind erhalten geblieben. Die in Premiere Pro erstellte Sequenz erscheint hier als Komposition.

Was wurde übernommen?

Im Ordner FARBFLÄCHEN befinden sich von After Effects erzeugte Farbflächen, die anstelle der Videoüberblendung RADIALES WISCHEN und des Titels erscheinen. Die Überblendung und der Titel selbst sind dahin, und die Farbflächen deuten nur noch das Timing und die Position an. Doppelklicken Sie auf die Komposition im Projektfenster, um sie zu öffnen. Markieren Sie alle Ebenen in der Zeitleiste mit [Strg]+[A], und drücken Sie die Taste [U], um die in After Effects übernommenen Keys anzuzeigen.

Schauen wir einmal, was After Effects alles von Premiere Pro übernommen hat. Die Reihenfolge der in Premiere angelegten Spuren spiegelt sich in der Ebenenreihenfolge wider. Der Titel überdeckt als Farbfläche die darunter befindlichen Ebenen. Der Ball wurde mit den Keys für Position und Drehung übernommen. Das Logo wird mitsamt Transparenz korrekt angezeigt.

Das erste Video wird weiterhin als Standbild angezeigt. Zu verdanken ist dies der in After Effects angewendeten Zeitverzerrung ❷. Die Videoüberblendung WEICHE BLENDE wurde einfach ignoriert.

Für das Video »football12.avi« ist der Videoeffekt LINEARE BLENDE ❸, für das Video »football10.avi« der Effekt EINFÄRBEN komplett mit Keys erhalten geblieben. Auch die Geschwindigkeitsänderung ist vorhanden und wurde in einen Wert für die DEHNUNG ❹ übersetzt. Die Videoüberblendung RADIALES WISCHEN ist nur als Farbfläche ❺ sichtbar und enthält Anfang und Ende der Überblendung. Die In- und Out-Points der Videos werden korrekt angezeigt und können nun nachträglich noch verändert werden. Es bietet sich jedoch an, den Videoschnitt in Premiere Pro mit den dort vorhandenen professionellen Werkzeugen zu gestalten. Jetzt noch zur Audio-Ebene: Die Clipmarken sind Ebenenmarken in After Effects. Es ist doch eine ganze Menge übernommen worden.

Rohmaterial neu verlinken

Sollten beim Import der Premiere-Datei in After Effects Dateien als fehlend angezeigt werden, ist nur die Verknüpfung zu den Dateien abhandengekommen. Kopieren Sie in diesem Fall den Ordner PREMIERE aus dem Ordner 26_INTEGRATION_VIDEO auf Ihre Festplatte, und versuchen Sie den Import erneut, oder verlinken Sie das Rohmaterial neu mit dem importierten Projekt. Wählen Sie dazu die jeweils fehlende Datei im Projektfenster aus, und rufen Sie dann DATEI • FOOTAGE ERSETZEN • DATEI auf.

After Effects zuerst installieren

Das Premiere-Pro-Plugin, das für den Import der Premiere-Pro-Projekte in After Effects verantwortlich ist, wird erst mit der Installation von Premiere Pro installiert. Damit der Import der Premiere-Pro-Projekte in After Effects reibungslos funktioniert, empfiehlt es sich, After Effects vor Premiere Pro zu installieren.

▲ **Abbildung 26.5**
In der Zeitleiste wird sichtbar, dass einige Überblendungen und der Titel aus Premiere Pro verlorengegangen sind, aber das meiste wurde doch korrekt übernommen. ■

26.1.3 AAF-Dateien

Die Weitergabe von Zeitleisten- und Clipinformationen an andere Programme ist durch den Export als AAF (Advanced Authoring Format) aus Premiere Pro möglich. After Effects war bis zur Version CS4 wie andere Programme auch in der Lage, AAF-Dateien zu importieren. Seit CS5 wird der Import nicht mehr unterstützt.

Dieses Format ermöglichte es den Besitzern eines Mac, in After Effects mit Premiere-Pro-Daten aus älteren Premiere-Versionen zu arbeiten. In Premiere Pro können Sie auch in der aktuellen Version eine AAF-Datei über DATEI • EXPORTIEREN • AAF erzeugen.

26.1.4 Capturing über Premiere Pro (nur Production Premium und Master Collection)

Als Besitzer von Adobe Production Premium oder der Master Collection haben Sie die Möglichkeit, die Aufnahme von Videodaten direkt von After Effects aus zu starten. Sie wählen dazu DATEI • IMPORTIEREN • IN ADOBE PREMIERE PRO ERFASSEN.

Premiere Pro wird daraufhin gestartet, und nachdem Sie einen Dateinamen und einen Speicherort festgelegt haben, öffnet sich das Fenster AUFNEHMEN. Nach der Aufnahme erscheint das neue Rohmaterial automatisch importiert im After-Effects-Projektfenster.

26.1.5 After-Effects-Daten in Premiere Pro

After-Effects-Daten können Sie auf herkömmlichem Wege wie in den früheren After-Effects-Versionen als gerendertes Ergebnis in Premiere Pro weiterverwenden. Doch das ist natürlich nicht, was Sie hören wollen.

After-Effects-Projekte können Sie auch als Premiere-Pro-Projekte exportieren. Über Dynamic Link können Sie außerdem die Applikationen Premiere Pro, Adobe Encore, Adobe Soundbooth und natürlich After Effects miteinander verlinken. Sie können also After-Effects-Kompositionen ohne Rendervorgang in einem Premiere-Pro-Projekt oder in den anderen beiden Applikationen verwenden. Die After-Effects-Kompositionen werden dabei identisch übernommen. Dazu gleich mehr. Die letztere der beiden Möglichkeiten ist leider nur dem Besitzer von Adobe Production Premium oder der Master Collection zugänglich.

Premiere-Pro-Projekte exportieren | Um aus Ihrem After-Effects-Projekt ein Premiere-Pro-Projekt zu erzeugen, wählen Sie in After Effects DATEI • EXPORTIEREN • ADOBE PREMIERE PRO-PROJEKT.

Adobe Dynamic Link

Weitere Informationen zur Arbeit mit Adobe Dynamic Link finden Sie in Abschnitt 26.4, »Adobe Dynamic Link«.

Geben Sie anschließend einen Speicherort an. Das Rendern der After-Effects-Daten ist nicht nötig.

Das Premiere-Pro-Projekt starten Sie wie gewohnt.

Was übernimmt Premiere Pro? | In After Effects geschnittene Ebenen übernimmt Premiere Pro identisch. Transparente Dateien werden ebenso dargestellt wie in After Effects. Auch Deckkrafteinstellungen und sämtliche animierten Transformationseigenschaften werden in Premiere korrekt dargestellt und sind dort modifizierbar.

Verschachtelte Kompositionen übernimmt Premiere Pro als Sequenz, so dass Sie auch in Premiere immer noch Zugriff auf die einzelnen Elemente der Komposition haben. Ebenen, die in After Effects mit DEHNUNG zeitverzerrt wurden, werden in dieser veränderten Geschwindigkeit in Premiere angezeigt und können dort verändert werden.

Nicht unterstützte Effekte stellt Premiere Pro nicht dar, alle anderen Effekte werden mitsamt Keyframes korrekt übernommen. In After Effects erstellte Textebenen werden in Premiere Pro nicht übernommen. Ebenso ergeht es Licht- und Kamera-Ebenen. Maskierungen bleiben ebenso auf der Strecke wie Füllmethoden. Formebenen werden nicht übernommen. Farbflächen, die nicht in Kompositionsgröße erstellt wurden, werden nach dem Kopieren und Einsetzen in Premiere Pro in Kompositionsgröße dargestellt.

Der herkömmliche Weg | Wenn Sie auf herkömmlichem Wege Daten aus After Effects in Premiere Pro übernehmen wollen, beachten Sie bitte folgende Hinweise:

Es ist wichtig, Animationen, die weiterbearbeitet werden sollen, aus After Effects in optimaler Qualität auszugeben. Animationen rendern Sie in After Effects auf gewohnte Weise in ein Format, das in Premiere Pro importiert werden kann, wie QuickTime oder AVI. Dabei sollten Sie die Datei ohne verlustbehaftete Komprimierung speichern, um eine hohe Qualität beizubehalten ❹. Falls Sie Transparenzen mitspeichern wollen, ist die Ausgabeeinstellung RGB + ALPHAKANAL ❶ zwingend.

Geben Sie der Ausgabedatei die Transparenzinformation mit, empfiehlt es sich, unter FARBE den Eintrag DIREKT (OHNE MASKE) ❷ zu wählen. Es wird ein direkter Alphakanal separat neben den RGB-Kanälen angelegt. Mit der Option INTEGRIERT (MASKIERT) speichern Sie die Transparenzinformation in einem integrierten Alphakanal, bei dem es in Premiere Pro zu einer veränderten Anzeige halbtransparenter Flächen kommen kann. Vergleichen Sie dazu die folgenden Abbildungen. Mehr zu direkten und integrierten Alphakanälen lesen Sie in Kapitel 18, »Masken, Matten und Alphakanäle«.

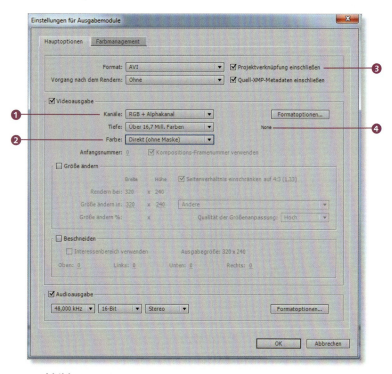

▲ **Abbildung 26.6**
Ein Projekt, das von After Effects aus in Premiere Pro weiterverarbeitet werden soll, wird als Filmdatei unkomprimiert gerendert und anschließend in Premiere Pro importiert.

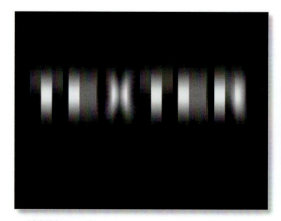

▲ **Abbildung 26.7**
Ein weichgezeichneter Text wird in Premiere richtig dargestellt, wenn er wie hier mit direktem Alphakanal aus After Effects ausgegeben wurde.

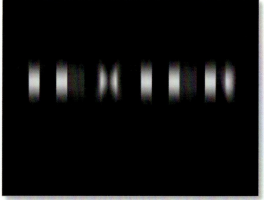

▲ **Abbildung 26.8**
Im Vergleich zur Abbildung des Texts mit direktem Alphakanal erscheint die Darstellung des Texts mit indirektem Alphakanal fehlerhaft.

Spätere Aktualisierung | Günstig ist es, ein Häkchen bei PROJEKTVERKNÜPFUNG EINSCHLIESSEN ❸ zu wählen, wenn Sie planen, Ihre After-Effects-Animationen später zu aktualisieren. In der gerenderten Datei wird dadurch ein Link zur Projektdatei mitgespeichert. Das After-Effects-Projekt starten Sie dann schnell von Premiere Pro aus, indem Sie in Premiere Pro den Befehl BEARBEITEN • ORIGINAL BEARBEITEN oder Strg+E verwenden.

Ausgabe von Bildsequenzen | Zur Weiterbearbeitung in Premiere Pro ist auch die Ausgabe einer Bildsequenz (TIFF, TGA oder PSD) unproblematisch, da Bildsequenzen von Premiere Pro ebenfalls importieren werden können. Auf diesem Weg können Sie z. B. in After Effects animierte Titel und Texte als gerenderte Sequenz in Premiere Pro verwenden.

Weitere Informationen zum Rendern von Dateien finden Sie in Kapitel 13, »Das Rendern«.

26.2 Zusammenarbeit mit Adobe Flash Professional

Das weitverbreitete und wohlbekannte Authoring-Programm Flash Professional ist seit der Übernahme von Adobe gut in die Produktpalette integriert worden. Inzwischen haben Sie nicht mehr nur die Möglichkeit, über SWFs, QuickTime-Filme, FLV- und F4V-Dateien Daten zwischen After Effects und Flash Professional auszutauschen, sondern können via XFL-Dateien auch After-Effects-Kompositionen in Flash annäherungsweise nachbilden.

Der Import von SWFs und aus Flash exportierten QuickTime-Filmen oder AVIs ist in After Effects möglich, und Sie können so die Flash-Animationen in After Effects weiterverarbeiten.

Bei der Frage, welches Animationstool Sie besser nutzen sollten, plädiere ich natürlich für After Effects. Viele Animationen, die in After Effects mit wenigen Klicks erledigt sind, fallen in Flash sehr umständlich aus, obwohl das Programm seit der CS4-Version um einige After-Effects-Funktionen erweitert wurde. Abgesehen davon ist die Effekte-Palette von After Effects weitaus umfangreicher. Was Interaktivität und Programmiersprache angeht, liegt Flash wiederum vorn. Für die Webausrichtung von Flash ist das so auch sinnvoll.

Export von SWF-, FLV- und F4V-Dateien für Flash | Trotz der separaten Überschrift gehe ich an dieser Stelle nicht auf die genannten Themen ein, sondern verweise Sie auf andere Kapitel, in denen Sie ausführliche Informationen finden. In Abschnitt 15.2, »SWF-Dateien ausgeben«, und in Abschnitt 15.3, »Ausgabe ins Flash

> **Verschachtelte Kompositionen**
>
> Ineinander verschachtelte Kompositionen werden als eine Ebene gerastert nach Flash übernommen.

Video-Format (FLV + F4V)«, erfahren Sie alles Wissenswerte zu
diesen Themen.

Import von SWF-, FLV- und F4V-Dateien in After Effects | Sie
können SWF-, FLV- und F4V-Dateien in After Effects importie-
ren. Interaktive Inhalte gehen dabei allerdings verloren. Anima-
tionen und Transparenzeinstellungen (der Alphakanal) in SWF-
Dateien bleiben beim Import vollständig erhalten. Enthalten Ihre
FLA-Dateien mehrere Ebenen, so können Sie auf diese nach der
Umwandlung in SWF nicht mehr zugreifen. Wie bei Illustrator-
Grafiken können Sie die SWF-Dateien außerdem verlustfrei in jede
Größe skalieren. Sämtliche Bearbeitungsmöglichkeiten von After
Effects stehen Ihnen wie bei jedem anderen importierten Material
zur Verfügung.

26.2.1　XFL-Export aus After Effects

Für die Übernahme von Kompositionen aus After Effects nach
Flash bietet sich der XFL-Export an. Die XFL-Datei können Sie in
Flash anschließend öffnen. Kompositionsinformationen werden
dabei genauso übertragen wie die in After Effects importierten
Materialien. Wie dies genau aussieht, schauen wir uns im folgen-
den Workshop an.

Schritt für Schritt: Von After Effects zu Flash

1 **Öffnen einer After-Effects-Datei**

Zunächst öffnen Sie das auf der DVD mitgelieferte Projekt »XFLEx-
port.aep«. Es liegt im Ordner 26_INTEGRATION_VIDEO/FLASH.

Das Projekt enthält ein importiertes Video, ein JPG und eine
Sounddatei. Alle Dateien wurden in der Komposition »finale«
verwendet, die eine HDV-Komposition ist.

In dieser Komposition sind eine Licht- und eine Kamera-
Ebene enthalten, außerdem ein Text in 3D und eine weitere
Komposition namens »formobjekt01«. Diese Komposition wiederum enthält zehn animierte Formebenen und ist selbst auf den
3D-Modus geschaltet.

Über das Mini-Flussdiagramm ❶ können Sie schnell zwischen
den beiden Kompositionen navigieren. Des Weiteren enthält
unsere Komposition einige Keyframes für Positions- und Deck-
krafteigenschaften und die Effekte STRICH und EINFÄRBEN.

◄ **Abbildung 26.9**
Diese Komposition soll nach Flash exportiert werden.

▲ **Abbildung 26.10**
Die Komposition ist mit einigen Animationen vollgepackt.

2 XFL-Export

Um die Ausgabezeit zu verkürzen, stellen Sie für diesen Test den Arbeitsbereich eventuell auf eine Sekunde Länge.

Für den Export gehen Sie über DATEI • EXPORTIEREN • ADOBE FLASH PROFESSIONAL (XFL). Es öffnet sich der Dialog ADOBE FLASH PROFESSIONAL (XFL)-EINSTELLUNGEN.

Wie beim Export von SWF-Dateien können Sie hier nicht unterstützte Funktionen bei der Ausgabe rastern lassen. Wenn Sie IGNORIEREN wählen, werden diese Funktionen einfach übergangen, ansonsten stehen FLV und PNG als Formate zur Verfügung. Das heißt, Ihre nicht unterstützten Animationen werden dann in eines der Formate gerendert. Klicken Sie auf FORMATOPTIONEN. Wählen Sie im Dialog FLV-OPTIONEN unter BITRATENEINSTELLUNGEN eine konstante Bitrate (CBR) für Videos mit wenig Bewegung oder eine variable Bitrate (VBR) für Videos mit vielen Änderungen und Bewegungen.

Weitere Informationen zu den Einstellungen finden Sie in Abschnitt 15.3, »Ausgabe ins Flash Video-Format (FLV + F4V)«. Bestätigen Sie die Dialoge mit OK, wählen Sie dann einen

---

Export als QuickTime, AVI oder PNG-Sequenz aus Flash

Um eine Flash-Animation als QuickTime auszugeben, rufen Sie in Flash DATEI • EXPORTIEREN • FILM EXPORTIEREN auf und wählen dann unter DATEITYP • QUICKTIME (*.MOV). Den gleichen Weg nehmen Sie für den Export von AVI-Dateien oder PNG-Sequenzen.

XFL-Exportformat

Für den Export von XFL-Dateien ist das Format FLV Standard, daher können Sie im Dialog (XFL)-EINSTELLUNGEN nicht das F4V-Format wählen.

Dateinamen, und klicken Sie auf SICHERN. Nun startet After Effects die Ausgabe.

Abbildung 26.11 ▶
Der Dialog für den XFL-Export öffnet sich.

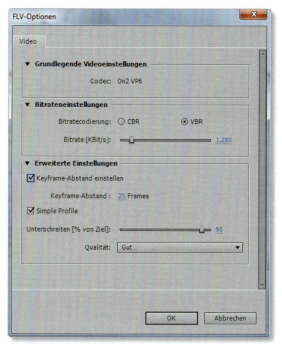

Abbildung 26.12 ▶
Der Dialog für die
FLV-Einstellungen

3 XFL in Flash

Um die XFL-Datei in Flash anzuzeigen, nehmen Sie den Weg DATEI • ÖFFNEN und wählen die XFL-Datei aus. Danach finden wir die Animation in Flash vor. Allerdings sieht sie übel zugerichtet aus. Von unseren Ebenen gibt es noch die JPG-, die Movie-Ebene und die Ebene der verschachtelten Komposition. Alle Animationen wurden als gerenderte FLV-Dateien in Movieclips eingebettet, wobei die Kompression sich stark auf die Videos ausgewirkt hat. Durch die

Art der Übernahme ist ein Zugriff auf sämtliche Keyframes, Maskierungen etc. nicht mehr möglich. Um die Audiodatei ist es mucksmäuschenstill geworden. Der Export als XFL ist also nur sinnvoll, wenn wir eine Menge After-Effects-Funktionen weglassen.

▼ **Abbildung 26.13**
In Flash sind von den Animationen nur gerenderte Filme übrig geblieben.

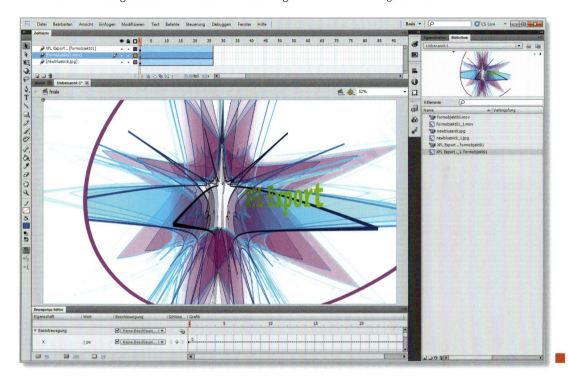

26.2.2 Einschränkungen beim XFL-Export

Die Gründe dafür, warum die Ebenen unserer Beispieldatei nicht wie gewünscht übernommen wurden, können Sie dem Bericht entnehmen, den After Effects automatisch in dieser Sache generiert hat. Dieser befindet sich im gleichen Ordner wie die exportierte XFL-Datei. Da stehen Gründe wie: die Ebene sei keine AV-, Text- oder Formebene, oder sie sei dreidimensional etc.

Damit beim XFL-Export alle Ebenen genauso in die XFL-Datei übernommen werden, wie sie erstellt wurden, müssen Sie Folgendes beachten:

▶ Die exportierte Komposition darf keine 3D-, Text-, Form-, Einstellungs-, Kamera- oder Lichtebenen enthalten.

▶ Die Framerate des importierten Rohmaterials muss der Framerate der Komposition entsprechen.

▶ Das importierte Rohmaterial wurde in After Effects nicht beschnitten.

▶ Die Komposition enthält keine Ebenen, die über den ersten oder letzten Frame des Arbeitsbereichs hinausragen.

- ▶ Es wurden keine Effekte angewendet.
- ▶ Es wurde weder eine Zeitverzerrung noch eine Bewegungsunschärfe, eine Frame-Überblendung oder die Option TRANSPARENZ ERHALTEN angewendet.
- ▶ Den Ebenen dürfen Sie keine Maskierungen hinzufügen.
- ▶ Obere Ebenen dürfen keine Füllmethoden enthalten (ausgenommen NORMAL).
- ▶ Außer den Eigenschaften ANKERPUNKT, POSITION, SKALIERUNG, DREHUNG und DECKKRAFT sollten Sie den Ebenen keine weiteren Eigenschaften hinzufügen.
- ▶ Das Rohmaterial sollte aus einer JPEG-, einer PNG-Sequenz oder aus einer FLV-Datei bestehen.
- ▶ Reine Audioebenen werden ignoriert.

Die Keyframes der Eigenschaften ANKERPUNKT, POSITION, SKALIERUNG, DREHUNG und DECKKRAFT werden nach Flash in stark veränderter Form übernommen. Flash erstellt nämlich für jeden Frame der Animation einen eigenen Keyframe. Dadurch haben Sie anschließend in Flash keinen Überblick mehr, zu welchen Zeitpunkten Sie in After Effects die Keyframes gesetzt hatten. Außerdem beziehen sich in Flash sämtliche Animationen nicht mehr auf den Mittelpunkt einer Ebene (in After Effects liegt der Mittel- bzw. Ankerpunkt standardmäßig in der Mitte), sondern auf die linke obere Ecke. Da Flash nicht mit denselben Eigenschaften wie After Effects arbeitet, um Bewegungen darzustellen, ergeben sich auch auf der Bühne andere oder mehr Keyframes als in After Effects, so dass die Modifikation der Animation nur sehr gewöhnungsbedürftig möglich ist.

Sollte Ihr Rohmaterial ein anderes Dateiformat aufweisen als JPEG, PNG oder FLV, wird es beim Export in PNG oder FLV umgewandelt. In diesem Fall werden Keyframes nach Flash ebenfalls wie beschrieben übernommen – aber nur, wenn Sie ansonsten die oben genannten Voraussetzungen eingehalten haben.

Haben Sie die ganzen Einschränkungen zuvor in den Wind geschrieben, versucht After Effects, Ihre Ebenen möglichst als Einzelebenen zu rastern, wobei dann die Keyframes vollständig verlorengehen. Aber auch hierfür gelten einige der obigen Einschränkungen. So darf die Ebene keine Maske enthalten, keine 3D-, Kamera-, Licht- oder reine Audioebene sein, Füllmethoden außer NORMAL enthalten etc. Andere Ebenen werden in Gruppen zusammengefasst und ebenfalls gerastert, ohne dass Keyframes erhalten bleiben.

▲ **Abbildung 26.14**
Wie wird diese kleine Animation in Flash aussehen?

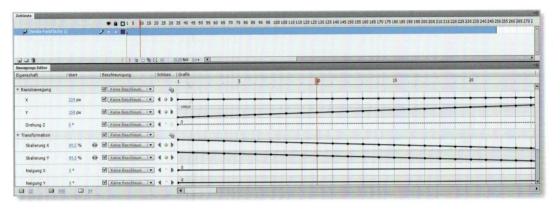

▲ **Abbildung 26.15**
In Flash gibt es – unübersichtlich – pro Frame einen Keyframe, und die Eigenschaften tragen teils andere Namen als in After Effects.

Fazit | Da komplexere Projekte mit Effekten und 3D-Ebenen etc. nur als gerasterte Dateien nach Flash übernommen werden, wächst für Flash-Ausgaben die Datenmenge meist zu stark an. Außerdem haben Sie keinen Zugriff mehr auf die zuvor erstellten Keyframes. Komplexe Kompositionen könnten Sie anstelle des Exports also auch einfach als FLV rendern und anschließend in Flash importieren.

Für sehr einfache Animationen mit den Transformationseigenschaften einer Ebene (ANKERPUNKT, POSITION, SKALIERUNG, DREHUNG und DECKKRAFT) mit gut vorbereitetem Rohmaterial (PNGs, FLVs) ist der XFL-Export jedoch gut geeignet, da auch die einzelnen Ebenen erhalten bleiben und Sie die Animationen verändern können.

Speicherwarnung

Flash lädt beim Öffnen der XFL-Datei alle Objekte in den Speicher. Für Kompositionen, deren Objekte größer als 580 MB oder deren resultierende PNG-Sequenzen größer als 1.050 Frames sind, gibt After Effects eine Warnmeldung aus, da solche XFL-Dateien eventuell in Flash nicht zu öffnen sind. Es empfiehlt sich dann, die Sequenzen in FLV-Dateien vorzurendern.

26.3 Zusammenarbeit mit Adobe Encore

Das Authoring-Programm Encore ist ein weiteres Produkt aus dem Hause Adobe, das sich nahtlos in After Effects integrieren lässt. Menüs aus Encore lassen sich in After Effects animieren und in Encore weiterverwenden. Es ist aber auch möglich, Menüs in After Effects zu erstellen und in Encore einzubauen.

32-Bit-Projekte

Sie sollten bei der Arbeit für Flash vermeiden, Projekte in 32 Bit anzulegen, da dies zu Farbindifferenzen führen kann. 8-Bit- und 16-Bit-Projekte stellen kein Problem dar.

Im Zusammenhang mit dem Erstellen von DVD-Menüs sollte eigentlich zuerst Photoshop erwähnt werden. Aufgrund der hervorragenden Zusammenarbeit von Photoshop und Encore werden die DVD-Menüs für die weitere Verwendung in Encore zumeist in Photoshop erstellt. Alle Elemente, die nötig sind, um eine Schaltfläche für Encore zu kreieren, können Sie in Photoshop als Ebenengruppen entwerfen und in Encore als Menü importieren. Mit Encore wiederum können Sie aus einem DVD-Menü ein After-Effects-Projekt erzeugen, um Schaltflächen in After Effects zu animieren. Das animierte Ergebnis ist danach in Encore beispielsweise als Intro der DVD-Menüs verwertbar.

26.3.1 Menüs erstellen mit After Effects, Photoshop und Encore

After Effects hält aber auch noch die Möglichkeit bereit, ein Menü gleich in After Effects zu gestalten und als Photoshop-Datei mit Ebenen auszugeben, die Sie dann in Encore als Menü verwenden können.

Diesen Weg schauen wir uns in dem nun folgenden Workshop genauer an. Für diesen Workshop habe ich Encore CS5 verwendet. Trotzdem ist der Workshop mit der Vorgängerversion nachvollziehbar.

Schritt für Schritt: Ausgabe eines Encore-Menüs aus After Effects

1 **Vorbereitung**

Für diesen Workshop finden Sie ein bereits vorbereitetes After-Effects-Projekt namens »dvdmenue.aep« im Ordner 26_Integration_Video/Encore vor. Es enthält die Komposition »commercials« mit einer Hintergrundebene und mehreren Ebenen, aus denen teilweise Schaltflächen für Encore entstehen sollen.

Das DVD-Menü habe ich in After Effects erstellt. Genauso gut wäre es natürlich möglich gewesen, ein solches Menü in Photoshop zu bauen und das Resultat anschließend in Encore als Menü zu importieren. Unser After-Effects-DVD-Menü besteht aus zwei Ebenen, die als Platzhalter für Videominiaturen dienen sollen. Dazu gehören ein paar leicht blau eingefärbte Rahmen, die nur dann eingeblendet werden sollen, wenn eines der Movies in Encore ausgewählt wird. Die Texte mit den Jahreszahlen sollen immer sichtbar sein.

◀ **Abbildung 26.16**
Die umrahmten Teile des DVD-
Menüs sollen aus After Effects als
Schaltflächen für Encore ausgege-
ben werden.

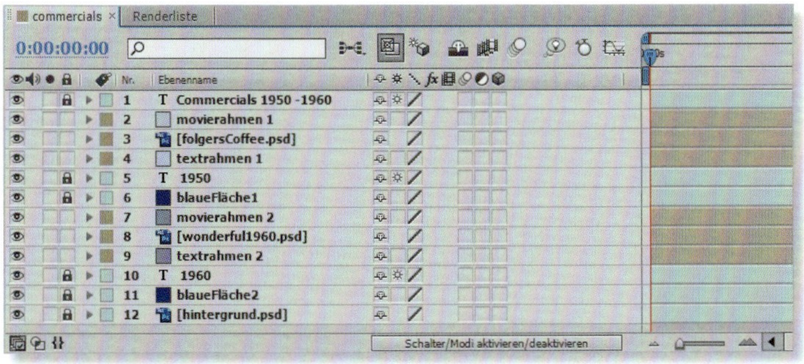

◀ **Abbildung 26.17**
In der Zeitleiste sind die Ebenen,
die Encore-Schaltflächen werden
sollen, sandsteinfarben
dargestellt.

2 Encore-Schaltflächen erstellen

Um eine Encore-Schaltfläche zu erstellen, markieren Sie zuerst die
Ebenen »movierahmen 1«, »folgersCoffee.psd« und »textrahmen
1« und wählen dann EBENE • ADOBE ENCORE • SCHALTFLÄCHE ERSTEL-
LEN. In dem sich öffnenden Dialog vergeben Sie einen Namen für
die neue Schaltfläche, z. B. »movies1950«. Unter SUBPICTURE 1
wählen Sie »textrahmen 1«, unter SUBPICTURE 2 »movierahmen 1«
und unter VIDEOMINIATUR »folgersCoffee.psd«. Bestätigen Sie den
Dialog mit OK.

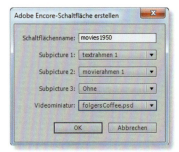

◀ **Abbildung 26.18**
Im Dialog zum Erstellen der
Encore-Schaltfläche wählen Sie
die einzelnen Ebenen aus, die
später zur Hervorhebung der
Videominiaturen dienen.

Die neu entstandene Schaltfläche wird in der Zeitleiste als verschachtelte Komposition angezeigt. Vor den von Ihnen vergebenen

Namen wurde das Präfix »(+)« gesetzt ❷. Encore erkennt daran, dass es sich um eine Schaltfläche handelt.

Öffnen Sie die neu entstandene Komposition »(+)movies1950«, indem Sie auf das Mini-Flussdiagramm-Symbol ❶ klicken und darin die Komposition »(+)movies 1950« auswählen. Die Komposition enthält die zuvor markierten Ebenen. Der als SUBPICTURE 1 definierten Ebene wurde das Präfix »(=1)«, der als Subpicture 2 definierten Ebene das Präfix »(=2)« hinzugefügt, während die Videominiatur mit einem »(%)« gekennzeichnet wurde. Diese Namenskonvention ist für eine richtige Interpretation der Ebenen in Encore zwingend.

Abbildung 26.19 ▶
Über das Mini-Flussdiagramm öffnen Sie die verschachtelte Komposition.

Abbildung 26.20 ▶
Die neu entstandene Schaltflächenkomposition enthält alle Ebenen der Schaltfläche. Encore benötigt zur Identifikation der Ebenen für jede Ebene ein Präfix.

Für die zweite Schaltfläche, die aus den Ebenen »textrahmen2«, »movierahmen2« und »wonderful1960.mov« bestehen soll, gehen Sie ebenso vor.

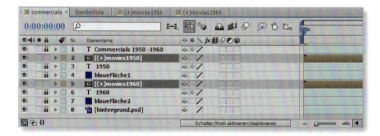

Abbildung 26.21 ▶
Die neu erstellten Encore-Schaltflächen erscheinen in der Zeitleiste als verschachtelte Kompositionen mit dem Präfix »(+)«.

3 Photoshop-Datei ausgeben

Um das von Ihnen erstellte Menü in Encore verwenden zu können, müssen Sie ein PSD erzeugen, das alle notwendigen Ebenen enthält. Da After Effects jeden Frame einer Komposition als PSD-Datei mit den in der Komposition enthaltenen Ebenen ausgeben kann, nutzen wir diese Möglichkeit.

Öffnen Sie die Komposition »commercials«, und wählen Sie dann KOMPOSITION • FRAME SPEICHERN UNTER • PHOTOSHOP MIT EBENEN. Speichern Sie die Datei. Die entstandene

Photoshop-Datei lässt sich anschließend als Menü in Encore importieren.

Und schon haben Sie ein erstes DVD-Menü in After Effects erstellt. Falls doch etwas schiefgegangen sein sollte: Eine fertige Projektdatei namens »dvdmenuefertig.aep« und die PSD-Datei »commercials.psd« liegen im Ordner ENCORE zum Ausprobieren bereit. In Encore wählen Sie den Importbefehl ALS MENÜ IMPOR-TIEREN. ■

26.3.2 Encore-Schaltflächen in After Effects animieren

Wenn Sie in Encore ein Menü erstellt haben, dessen Schaltflächen animiert werden sollen, bietet sich After Effects an, um damit die Animation zu bewerkstelligen. Aus Encore heraus ist es möglich, ein After-Effects-Projekt zu generieren, in dem dann die Animation erfolgt. Das Ergebnis der Animation rendern Sie anschließend und importieren es in Encore, um es dort beispielsweise als Intro zu verwenden.

Um in Encore ein After-Effects-Projekt zu generieren, suchen Sie ein in Encore geschaffenes Menü im Projektfenster aus und wählen dann MENÜ • AFTER EFFECTS-KOMPOSITION ERSTELLEN. Das Menü wird für After Effects als PSD-Datei unter einem von Ihnen festgelegten Namen gespeichert. Kurz darauf wird ein After-Effects-Projekt geöffnet, das Ihr Encore-Menü als Komposition enthält. Gleichzeitig wird die Renderliste angezeigt.

Namenskonvention für einzelne Ebenen

Sie können die Encore-Namenskonvention auch für einzelne Ebenen festlegen. Markieren Sie dazu die entsprechende Ebene, und wählen Sie EBENE • ADOBE ENCORE und eine der Auswahlmöglichkeiten SUBPICTURE 1 ZU-WEISEN, SUBPICTURE 2 ZUWEISEN, SUBPICTURE 3 ZUWEISEN oder ZU VIDEOMINIATUR ZUWEISEN. Das entsprechende Präfix wird dann dem Namen der Ebene beigefügt.

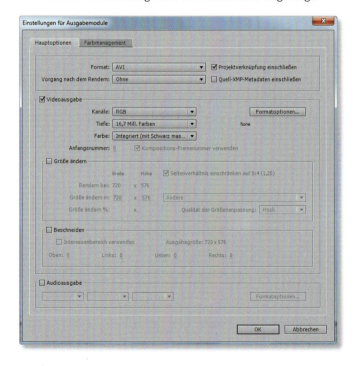

◀ **Abbildung 26.22**
Die hier abgebildeten After-Effects-Ausgabeeinstellungen sollten Sie beim Rendern einer Animation für den Import in Encore wählen.

Die Animation kann nun mit den in der Komposition enthaltenen Elementen erfolgen. Danach rendern Sie die Komposition als unkomprimiertes AVI mit bester Qualität. Als Ausgabeformat ist nur AVI für den späteren Import in Encore geeignet. Falls Sie aus Encore heraus später noch Änderungen an der After-Effects-Komposition beabsichtigen, empfiehlt es sich, eine Projektverknüpfung mitzuspeichern. Sie können dann über den in den Adobe-Programmen enthaltenen Befehl ORIGINAL BEARBEITEN oder [Strg]+[E] schnell Modifikationen vornehmen.

Nach dem Rendern rufen Sie in Encore den Importbefehl ALS ASSET IMPORTIEREN auf, um das entstandene AVI in Encore zu verwenden. Das unkomprimierte AVI wird beim Import automatisch in das MPEG-2-Format umgewandelt. Dies ist auch der Grund, warum Sie die Animation unkomprimiert aus After Effects ausgeben sollten.

26.3.3 DVD-Menü-Vorlagenprojekte

Im Funktionsumfang von After Effects sind auch DVD-Menü-Vorlagenprojekte enthalten, die Sie als Ausgangspunkt eigener Kreationen verwenden können. Sie öffnen die Vorschau auf diese Projekte über DATEI • VORLAGENPROJEKTE DURCHSUCHEN. Anschließend wird Adobe Bridge gestartet.

Abbildung 26.23 ▼
In Adobe Bridge verwalten Sie DVD-Menü-Vorlagenprojekte.

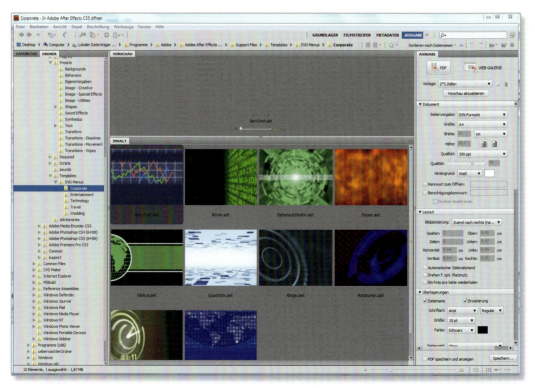

Dort können Sie wählen, ob Sie beispielsweise gerade an einem Hochzeitsmenü oder einem geschäftlichen Menü interessiert sind. Die Projektvorlagen sind in entsprechend bezeichneten Ordnern (DVD-Menüs) gespeichert. Im Vorschaufenster von Bridge können Sie sich die Projektvorlagen animiert anzeigen lassen. Wenn Sie auf eine Vorlage doppelklicken, wird diese als After-Effects-Projekt geöffnet. Dort befinden sich im Projektfenster jeweils für den gewünschten Ausgabetyp Ordner mit Kompositionen im Standard PAL und NTSC.

26.4 Adobe Dynamic Link (nur Production Premium und Master Collection)

Über Adobe Dynamic Link haben Sie in den Anwendungen Premiere Pro und Encore schnellen Zugriff auf Kompositionen aus After Effects. Der Arbeitsprozess wird dadurch sehr organisch gestaltet.

Adobe Dynamic Link ermöglicht die Übernahme von Kompositionen aus After Effects in Premiere Pro und Encore. Kompositionen müssen Sie nicht mehr erst rendern, um sie in den beiden anderen Applikationen zu verwenden. Umgekehrt können Sie in After Effects per Dynamic Link Premiere-Pro-Sequenzen ohne Zwischenrendern importieren. Außerdem kann auch Premiere Pro seine Sequenzen dynamisch mit Encore verlinken. Sie können also eine After-Effects-Komposition in Premiere Pro verlinken und die Premiere-Sequenz in Encore. Der Clou dabei ist: Wenn Sie in der Komposition innerhalb von After Effects Änderungen vornehmen und zuvor das Projekt speichern, werden diese Änderungen sofort auch in Premiere Pro bzw. Encore oder Soundbooth ohne zeit- und platzraubendes Rendering sichtbar. Und: Sämtliche in After Effects erstellten Animationen, Effekte etc. werden hundertprozentig gleich in den verbundenen Applikationen angezeigt. Ebenso verhält es sich umgekehrt, wenn Sie eine Premiere-Pro-Sequenz mit After Effects verlinkt haben. Die verlinkten Kompositionen oder Sequenzen können Sie behandeln wie jedes andere Rohmaterial auch, der einzige Unterschied ist eben, dass Änderungen in den verknüpften Programmen automatisch aktualisiert werden. Somit ergibt sich ein sehr produktiver Workflow innerhalb dieser drei Applikationen.

Übrigens: Sie können auch in Premiere Pro After-Effects-Kompositionen starten und in After Effects Premiere-Pro-Sequenzen. Diese sind danach im jeweiligen Programm verfügbar.

Metadaten per Dynamic Link

Metadaten werden auch bei per Dynamic Link verknüpften Kompositionen oder Sequenzen unterstützt. Somit ist es auch möglich, in After Effects Premiere-Sequenzen nach Schlüsselwörtern zu durchsuchen. Mehr dazu erfahren Sie in Abschnitt 8.6, »XMP-Metadaten«.

RGB zu YUV

Dynamisch verknüpfte Kompositionen werden in Premiere Pro vom After-Effects-Farbraum (RGB) in den Premiere-Pro-Farbraum (YUV) umgewandelt, wenn Sie ein entsprechendes Ausgabeformat gewählt haben.

26.4.1 After-Effects-Komposition verknüpfen

Sie finden die Option in Premiere Pro und Encore unter DATEI •
ADOBE DYNAMIC LINK • AFTER EFFECTS-KOMPOSITION IMPORTIEREN.
Suchen Sie dann ein Projekt aus. Die darin enthaltenen Kompositionen werden im Dialog KOMPOSITION IMPORTIEREN angezeigt,
und Sie fügen sie per Doppelklick oder mit OK hinzu. Der Import
per Drag & Drop von Projektfenster zu Projektfenster ist ebenfalls
möglich.

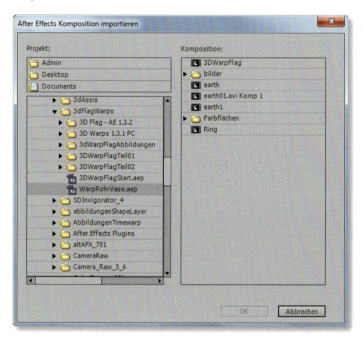

Abbildung 26.24 ▶
Auf der linken Seite des Import-
dialogs suchen Sie das Projekt.
Auf der rechten Seite sehen Sie
die enthaltenen Kompositionen.

Hervorzuheben ist, dass die After-Effects-Kompositionen vor der
Verwendung in einer der beiden anderen Applikationen nicht erst
gerendert werden müssen. Notwendig ist es allerdings, das After-
Effects-Projekt zuvor zu speichern.

Die Inhalte der Kompositionen werden wie gerendertes Material in Premiere Pro oder Encore eingefügt. Dabei wird allerdings
nur eine Verknüpfung zu der After-Effects-Komposition geschaffen. After Effects rendert daher die Komposition im Hintergrund,
wenn diese in Premiere Pro oder Encore angezeigt werden soll.
Somit ist es auch nicht verwunderlich, dass sämtliche Effekte,
Texte oder sonstigen Einstellungen, die in After Effects erstellt
wurden, in den drei Applikationen korrekt dargestellt werden.
Das Rendern im Hintergrund hat dafür seinen Preis und geht auf
alten Systemen zu Lasten der Vorschaugeschwindigkeit. Sie können sich Abhilfe mit Offline-Dateien schaffen, wie später noch
erläutert wird.

Verlinkungen löschen

In Premiere Pro oder Encore enthaltene verknüpfte Kompositionen löschen Sie mit der Taste
Entf. Bei Premiere Pro ist dies
sowohl im Schnittfenster als
auch im Projektfenster möglich.
Bei Encore ist es nur möglich,
wenn die Komposition nicht innerhalb des Projekts verwendet
wird.

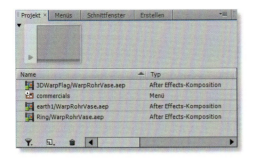

◄ **Abbildung 26.25**
Verknüpfte Kompositionen werden mit einem grünen Symbol im Projektfenster wie hier in Encore gekennzeichnet.

Sehr angenehm ist, dass Änderungen, die Sie an verknüpften Kompositionen in After Effects vornehmen, in den anderen Applikationen sofort aktualisiert werden. In Premiere Pro können Sie dazu die verlinkte Komposition wie anderes Material auch einer Sequenz hinzufügen und mit allen Premiere-Pro-Werkzeugen bearbeiten. Auch in Encore können Sie alle Werkzeuge zur Bearbeitung verwenden. Wenn die After-Effects-Komposition Audiomaterial enthält, wird dieses in allen Anwendungen ebenfalls separat verlinkt. Modifizierungen daran in After Effects werden in allen Applikationen unabhängig vom Bildmaterial aktualisiert. Mehrere Audioebenen werden grundsätzlich zu einer Spur zusammengefasst.

Sollten Sie das After-Effects-Projekt unter neuem Namen abspeichern, verwenden Premiere Pro und Encore weiterhin die Kompositionen des alten Projekts. Änderungen im neuen Projekt werden also nicht übernommen.

Original bearbeiten

Mit der Tastenkombination Strg + E können Sie eine im Projektfenster einer Adobe-Anwendung markierte Datei in der jeweiligen Originalanwendung öffnen und dort bearbeiten. Änderungen werden in dem Programm, von dem aus Sie die Bearbeitung gestartet haben, sofort aktualisiert. Für Kompositionen, die über Dynamic Link verknüpft wurden, gilt der Befehl in gleicher Weise.

26.4.2 Premiere-Pro-Clip durch After-Effects-Komposition ersetzen

In Premiere Pro haben Sie die schöne Möglichkeit, Clips innerhalb einer Sequenz durch eine After-Effects-Komposition zu ersetzen.

In Premiere Pro markieren Sie dazu die entsprechenden Clips und klicken sie dann mit der rechten Maustaste an. Im Kontextmenü wählen Sie den Eintrag DURCH AFTER EFFECTS-KOMPOSITION ERSETZEN. Daraufhin wird ein After-Effects-Projekt gestartet, das Sie zuerst abspeichern müssen.

Automatisch legt After Effects eine Komposition mit dem Namenszusatz »Verbundene Komposition« an.

In Premiere Pro sind die zuvor markierten Clips nun ebenfalls unter dem Titel VERBUNDENE KOMPOSITION zusammengefasst. Sämtliche Änderungen in der After-Effects-Komposition – ob es sich dabei um Effektbearbeitungen oder Textanimationen handelt – werden genauso in Premiere Pro übernommen.

Kompositionsnamen ändern

Sie können Kompositionen umbenennen, die mit anderen Anwendungen verknüpft wurden, ohne die Verknüpfung dadurch zu deaktivieren. Allerdings verwenden die anderen Anwendungen weiterhin den alten Kompositionsnamen.

Verbindung des Clips deaktivieren | In Premiere Pro können Sie die Verbindung eines Clips zu einer verlinkten Komposition zeitweise unterbrechen. Dazu markieren Sie den Clip in der Zeitleiste und wählen die Option CLIP • AKTIVIEREN. Das dort befindliche Häkchen wird entfernt – die Verbindung ist unterbrochen. Zum erneuten Aktivieren nehmen Sie den gleichen Weg.

An Encore senden | Die in Premiere enthaltene Sequenz, die wiederum die verbundene After-Effects-Komposition enthält, können Sie anschließend noch mit Encore verknüpfen und von dort aus auf DVD oder Blu-ray ausgeben. Dazu markieren Sie in Premiere Pro die Sequenz im Projektfenster und wählen DATEI • ADOBE DYNAMIC LINK • AN ENCORE SENDEN.

Sie werden zunächst aufgefordert, die Encore-Datei zu speichern. Anschließend transcodiert Encore die Sequenz. Sollten Sie nun weitere Änderungen in der verbundenen Komposition in After Effects vornehmen, erscheinen diese sofort danach in Premiere Pro und Encore. Alles ganz ohne zu rendern.

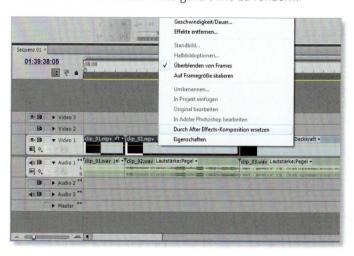

Abbildung 26.26 ▶
In Premiere Pro werden Clips markiert und durch eine After-Effects-Komposition ersetzt.

26.4.3 Neue After-Effects-Komposition

Sie finden die Option in Premiere Pro und Encore unter DATEI • ADOBE DYNAMIC LINK • NEUE AFTER EFFECTS-KOMPOSITION.

Wenn After Effects noch nicht geöffnet ist, wird es über die obige Option gestartet, und es werden ein neues Projekt sowie eine neue Komposition angelegt. In bereits geöffneten After-Effects-Projekten wird eine neue Komposition erstellt. Diese Komposition ist dynamisch verknüpft. Die Möglichkeiten sind also die gleichen wie bei sonstigen verknüpften Kompositionen.

Die Größe der neuen Komposition entspricht der des Premiere-Pro- bzw. Encore-Projekts. Auch das Pixelseitenverhältnis, die Framerate und die Audiosamplerate werden übernommen.

26.4.4 Premiere-Pro-Sequenzen verlinken

In After Effects und Encore haben Sie die Möglichkeit, Premiere-Pro-Sequenzen über Dynamic Link zu verknüpfen. Wählen Sie dazu DATEI • ADOBE DYNAMIC LINK • PREMIERE PRO-SEQUENZ IMPORTIEREN. Änderungen an der Sequenz werden in den verknüpften Programmen sofort aktualisiert.

26.4.5 Offline-Kompositionen

Offline-Kompositionen sind sinnvoll, wenn sich die Anzeige der verlinkten Kompositionen in Premiere Pro oder Encore sehr verlangsamt. Es ist aber auch möglich, dass eine Komposition offline angezeigt wird, wenn Sie das After-Effects-Projekt mit der verknüpften Komposition gelöscht, verschoben oder umbenannt haben.

Um eine Komposition offline zu stellen, wählen Sie in Premiere Pro bei markierter Komposition PROJEKT • OFFLINE BEARBEITEN. In Encore wird die Komposition in eine DVD-kompatible Datei konvertiert, um sie offline zu stellen. Wählen Sie dazu DATEI • JETZT TRANSKODIEREN.

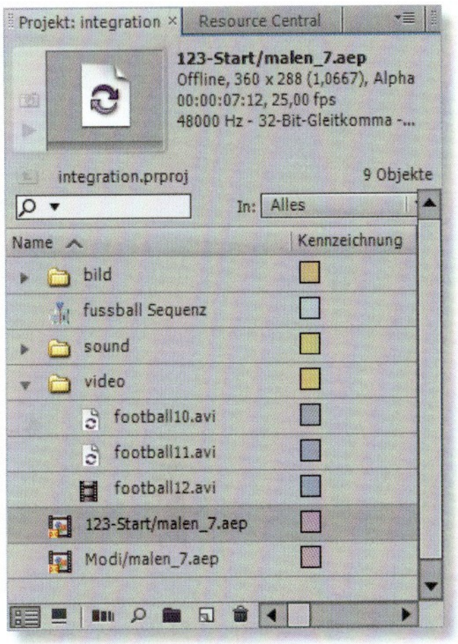

Wenn Sie die Komposition erneut verlinken wollen, wählen Sie einen der folgenden Wege:

1. In **Adobe Premiere Pro** markieren Sie die Komposition im Projektfenster und wählen PROJEKT • MEDIEN VERBINDEN. Suchen Sie anschließend das Projekt aus, das die zuvor verlinkte Komposition enthält, und klicken Sie es doppelt an, oder betätigen Sie die Schaltfläche AUSWÄHLEN. Es sollte automatisch die richtige Komposition neu verlinkt werden.

2. In **Encore** wählen Sie die Komposition im Projektfenster aus. Klicken Sie dann mit der rechten Maustaste auf die Komposition, und wählen Sie ORIGINAL WIEDERHERSTELLEN. Wenn sich ein Textinhalt in After Effects inzwischen von »Bettlerlohn« auf »Managergehalt« geändert hat, wird dieser nun wieder korrekt in Encore aktualisiert.

▲ **Abbildung 26.27**
Offline-Kompositionen werden mit einem orangefarbenen Symbol wie hier im Premiere-Pro-Projektfenster gekennzeichnet.

26.5 Automatic Duck für Apple Final Cut Pro, Apple Motion und Avid

Hätten Sie sich vorstellen können, dass eine automatische Ente der babylonischen Sprachverwirrung Herr werden konnte? Im Falle von Automatic Duck tut sie ihr Bestes, um Informationen zwischen verschiedensten Schnitt- und Compositing-Systemen auszutauschen. Das Plug-in ist zwar nicht kostenlos, ermöglicht dafür aber auch die Übersetzung der Zeitleisteninformation und vieler anderer

Informationen nach After Effects. Leider geht es darüber nicht auch umgekehrt von After Effects zu anderen Systemen.

Interessant für After Effects ist Automatic Duck deshalb, weil es die Integration mit Final Cut Pro, Avid und Apple Motion sehr vereinfacht. Wenn in allen diesen Applikationen das Export- bzw. Import-Plugin Automatic Duck Pro installiert ist, steht dem Austausch nicht mehr allzu viel im Wege.

26.5.1 Export und Import

Automatic Duck im Web

Auf die weitere Entwicklung von Automatic Duck darf man gespannt sein. Verfolgen können Sie sie unter *www.automatic-duck.com*.

Automatic Duck arbeitet beim Export und Import XML-, AAF- und OMF-basiert. XML-Dateien haben dabei den Vorteil, dass eine große Menge verschiedener Informationen eingebettet werden können. Solch eine XML-Datei können Sie in After Effects über Automatic Duck importieren.

Abbildung 26.28 ►
Das Plug-in Automatic Duck hilft sehr dabei, Informationen zwischen verschiedensten Schnitt- und Compositing-Systemen auszutauschen.

Final Cut Pro | Aus Final Cut Pro exportieren Sie eine XML-Datei über DATEI • EXPORT • AUTOMATIC DUCK XML EXPORT. Der Import dieser Datei in After Effects funktioniert ganz ähnlich über DATEI • IMPORT • AUTOMATIC DUCK PRO IMPORT. Es ist sogar der Import per Drag & Drop möglich. Dabei werden nicht nur die Schnittdaten übertragen, sondern auch gleich die verknüpften Mediendateien importiert und säuberlich in einem Extra-Ordner verwahrt. Durch die importierten Dateien ist Ihnen die Möglichkeit gegeben, die Clips innerhalb von After Effects neu zu trimmen oder den Inhalt eines Clips zu verschieben. Mehr Informationen dazu finden Sie in Abschnitt 8.3, »Trimmen von Ebenen«.

Avid | Für Avid erfolgt die Übernahme von Projekten nach After Effects über eine AAF- oder eine OMF 2.0-Datei. Diese erzeugen Sie aus Avid über FILE • EXPORT. Im Dialog EXPORT AS wählen Sie unter EXPORT SETTING den Eintrag AAF LINKED.

Der Import in After Effects erfolgt wieder über DATEI • IMPORT • AUTOMATIC DUCK PRO IMPORT. Dazu wählen Sie die AAF-Datei aus. Im Importfenster gelangen Sie über den Button MODIFY SETTINGS zu den Importeinstellungen. Hier sind erfreulicherweise bereits standardmäßig die Optionen REFERENCE RENDERED AVID MEDIA und COPY RENDERED MEDIA FOR SAFETY aktiviert. In Avid gerenderte Medien werden daher in After Effects mitimportiert. Nach dem Import finden sich sowohl die Originaldatei als auch die veränderte und gerenderte Version innerhalb einer separaten Komposition wieder. So können Sie auch Farbkorrekturen aus Avid übernehmen.

Der umgekehrte Weg – von After Effects zu Avid – ist über das Plug-in leider nicht möglich. Es bleibt nur die Ausgabe über die Renderliste, z. B. als fertig gerechnetes AVI.

Apple Motion | Aus Motion heraus müssen Sie nicht erst eine spezielle Datei exportieren. Stattdessen speichern Sie das Projekt einfach. Über den schon erwähnten Importweg wird es dann in After Effects als Komposition mit einem dazugehörigen Ordner angelegt, der die Mediendaten enthält. Ein Import der Motion-Projektdatei per Drag & Drop direkt ins After-Effects-Projektfenster ist ebenfalls möglich.

26.5.2 Was wird unterstützt?

Final Cut Pro | Aus Final Cut Pro 4.1 oder später werden wie auch in den anderen von Automatic Duck unterstützten Applikationen die meisten Informationen – also Bildgröße, Framerate, Layer, Schnittpunkte (In-/Out-Point), Ebenenmodi und Text von Plug-ins für Untertitel, Multiclips und Clipmarker – übernommen. Final Cut Pro 3.0 wird nicht unterstützt.

Außerdem werden von Final Cut Pro beispielsweise Überblendungen, Deckkraft, Skalierung, Position, Drehung aus dem Tab BEWEGUNG, Text (auch von Untertitelungen), Basic 3D, Geschwindigkeitsänderungen und Freeze Frames, Clip- und Sequenzmarker sowie einige in Final Cut Pro verwendete After-Effects-Plugins von Drittanbietern und deren Einstellungen übernommen. Dazu gehören z. B. Digi Effects, Conoa FX, Digital Film Tools, Profound FX, Boris FX, Digital Anarchy und Synthetic Aperture Color Finesse und Colorista (nicht sämtliche Plug-ins

---

AAF und OMF

Das Format AAF (Advanced Authoring Format) dient zum Austausch multimedialer Inhalte, enthält selbst aber keine Medien, wie Audio- und Videodateien, sondern nur Bearbeitungsinformationen und Verknüpfungen zu den Medien. Dies können auch OMF-Dateien sein. Das Format OMF (Open Media Framework) kann sowohl Projektinformationen als auch Medien enthalten.

Seit der Version CS5 kann After Effects weder AAF- noch OMF-Dateien importieren, außer über Automatic Duck.

---

jedes Herstellers werden unterstützt). Farbkorrekturen werden also auch in After Effects korrekt angezeigt.

Unterstützt werden auch alle Final-Cut-Pro-Mediendateien wie DVCPRO HD, HDV und XDCAM, R3D-Dateien und DPX-Sequenzen.

Avid | Von Avid werden unter anderem Bildgröße, Framerate, Layer, Schnittpunkte (In-/Out-Point), Überblendungen, Bildüberlagerungen, Freeze Frames, Matte Key, Deckkraft und Positionsinformationen übernommen. Texte, die mit dem Avid Title Tool erstellt wurden, bleiben erhalten. Allerdings werden die Stile nicht übernommen und müssen nachträglich in After Effects angepasst werden. Geschwindigkeitswechsel und Zeitverzerrungen werden in Dehnungswerte bzw. in die After-Effects-Zeitverzerrung übersetzt.

Clips, die Sie in After Effects als einzelne Ebenen einsetzen, können Sie trimmen, und Sie können das Material innerhalb der Schnittpunkte verschieben (Slip Edit). Dies liegt daran, dass nun auch die Medien in After Effects importiert werden.

Unterstützt werden außerdem ABVB, DV, DV50, Meridien, DNxHD und DVCPRO HD. HDV Native Media und 720p 1:1 werden nicht unterstützt.

Apple Motion | Für Apple Motion werden Deckkraft, Skalierung, Position, Drehung, Text und in Motion verwendete After-Effects-Plugin-Einstellungen sowie Effekteinstellungen von Drittanbietern wie z.B. Digi Effects, Conoa FX, Digital Film Tools, Profound FX, Boris FX, Digital Anarchy und Synthetic Aperture Color Finesse unterstützt (nicht sämtliche Plug-ins jedes Herstellers gehören dazu). Außerdem werden Marker und Blendmodi übernommen. Die Framerate des After-Effects-Footage wird an die Wiedergabegeschwindigkeit der Motion-Medien angepasst.

Für in Motion kreierte Partikel, Ebenen mit Verhalten und Replikatoren werden beim Import in After Effects QuickTime-Filme gerendert und sind auf diese Weise in After Effects als Ebenen in den Kompositionen enthalten. Diese Möglichkeit ist allerdings nur Mac-Usern vorbehalten. Dazu müssen Sie sowohl Motion als auch After Effects auf demselben Mac installiert haben.

Verschachtelte Clips und Ebenen übernimmt After Effects als verschachtelte Kompositionen.

26.6 Zusammenarbeit mit Adobe Soundbooth

Wie bei der Schnittbearbeitung ist es oft sinnvoll, umfangreiche Audiobearbeitungen außerhalb von After Effects vorzunehmen. Das Programm Adobe Soundbooth bietet hierbei eine gute Integration mit After Effects.

Um die Audiobearbeitung von After Effects aus zu starten, markieren Sie die jeweilige Ebene im Projektfenster oder in der Zeitleiste und wählen BEARBEITEN • IN ADOBE SOUNDBOOTH. Der gleiche Befehl für die Bearbeitung in Adobe Audition wurde in der Version CS5 entfernt.

▼ **Abbildung 26.29**
In Adobe Soundbooth passen Sie von After Effects aus Audiodaten schnell mit gängigen Audiobearbeitungen an.

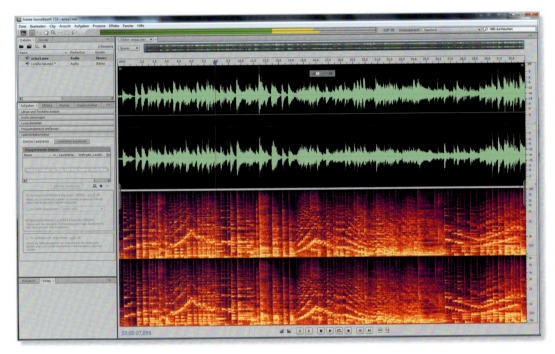

Einen kleinen Unterschied zwischen reinen Audiodateien (wie WAV, MP3 etc.) und sogenannten Containerformaten (also Dateien, die sowohl Audio als auch Video enthalten können) müssen Sie noch beachten.

Für reine Audiodateien wird die Originaldatei in Soundbooth bearbeitet, für die Containerformate dagegen legt das Programm eine Kopie des Originals an. Für reine Audiodateien wenden Sie die Bearbeitung über DATEI • SPEICHERN an. Die Audiobearbeitung wird dann automatisch in After Effects übernommen und auch bei weiteren Änderungen nach dem Speichern sofort aktualisiert. Für Containerformate wählen Sie DATEI • SPEICHERN

Audition und Soundbooth unter Mac OS

Unter Mac OS, das auf einem Power-PC-Prozessor läuft, sind Adobe Soundbooth und Adobe Audition nicht verfügbar. Besitzer eines Intel-Mac können nur Soundbooth nutzen. Dem Besitzer eines PCs stehen Soundbooth und Audition zur Verfügung.

UNTER. Hier ist ein erneuter Import in After Effects notwendig. Fügen Sie die geänderte Sounddatei zur Komposition hinzu. Den Sound in Ihrer ursprünglichen Video- und Sounddatei sollten Sie dann zugunsten der veränderten Audiodaten ausschalten.

Speichern im ASND-Format | Das ASND-Format (Adobe Sound Document) wird nativ von Adobe Soundbooth verwendet und bietet den Vorteil, Audiodaten verlustfrei zwischen den Programmen Flash CS5 Professional, Premiere Pro CS5 und After Effects CS5 austauschen zu können. Sie können im ASND-Format Multitrack-Sitzungen und Schnappschüsse speichern, mit denen ein früherer Zustand der Datei wiederherstellbar ist.

Es ist günstig, die Audiodaten von vornherein im ASND-Format zu speichern, um ein verlustfreies Arbeiten im Workflow mit den Adobe-Anwendungen zu gewährleisten.

26.6.1 Audio-Hardware Voreinstellung

Endlich können Sie in After Effects auch die Audio-Hardware passend zu Ihrer Soundkarte wählen. Dazu nehmen Sie den Weg: BEARBEITEN • VOREINSTELLUNGEN • AUDIO-HARDWARE. In den Voreinstellungen wählen Sie unter STANDARDGERÄT die entsprechende Audio-Hardware und können über EINSTELLUNGEN weitere Spezifikationen festlegen.

Außerdem können Sie Lautsprecher für die Ausgabe zuordnen. Wählen Sie dazu in den Voreinstellungen den Eintrag ZUORDNUNG DER AUDIO-AUSGÄNGE.

27 Integration mit 3D-Applikationen

In diesem Kapitel geht es um die Verwendung von Kamera- und 3D-Daten aus 3D-Applikationen in After Effects. Oft können nur einige Daten oder ein aus den Programmen ausgegebener Film verwendet werden, manchmal aber auch ganze Projekte.

27.1 Warum externe 3D-Programme nutzen?

Nachdem Sie bereits einige Erfahrungen mit dem 3D-Raum in After Effects gesammelt haben, werden Sie sich vielleicht fragen, wozu es sinnvoll sein soll, noch 3D-Applikationen zu After Effects hinzuzuziehen.

Wie schon erwähnt wurde und auch zu sehen war, bietet After Effects nicht die Möglichkeit, komplexe 3D-Objekte zu kreieren oder 3D-Objekte zu verformen, von Charakteranimation ganz zu schweigen. Dies wäre ein Grund dafür, spezielle 3D-Programme zu verwenden. Ein weiterer Grund liegt in den unterschiedlichen Stärken einer 2D-orientierten Anwendung wie After Effects und eines 3D-Programms. Oft lassen sich Aufgaben wie der Einbau eines 3D-Objekts in eine real gedrehte Filmszene schneller und komfortabler in After Effects bewerkstelligen. Die Anwendung von Effekten innerhalb eines 3D-Programms kann den Arbeitsprozess sehr verlangsamen. Da After Effects selbst mit einer großen Anzahl an Effekten ausgestattet ist, die Sie durch Plug-ins erweitern können, ist es auch hier oft sinnvoll, eine Kombination aus 3D- und 2D-Compositing zu nutzen.

27.2 Datenübergabe an After Effects

After Effects kann mit verschiedenen 3D-Applikationen wie Autodesk Maya, Maxon Cinema 4D, Autodesk 3ds Max, NewTek Light

Wave 3D, Luxology modo und weiteren zusammenarbeiten. Wesentlich bei der Zusammenarbeit mit allen 3D-Anwendungen ist die Frage, wie die Datenübergabe von 3D-Programmen an After Effects erfolgt.

Bei der Datenübergabe an After Effects geht es darum, auf Informationen aus der 3D-Szene Zugriff zu haben. Das betrifft die Position von Objekten, Lichtern und Kameras und weitere spezielle Informationen wie Orientierung und Blickwinkel einer Kamera oder die Lichtfarbe. Diese Informationen werden zusätzlich zu den Farb- und Alphakanälen in Hilfskanälen gespeichert und aus den 3D-Programmen entweder als separate Dateien oder innerhalb einer einzigen Datei ausgegeben.

Notwendig sind diese Daten, um die importierten 3D-Objekte, Lichter und Kameras bestmöglich mit dem 3D-Raum von After Effects in Einklang zu bringen. Kennen Sie die Position eines 3D-Objekts, die Beleuchtung und die Kamerafahrt aus der 3D-Anwendung, können Sie eine in After Effects kreierte 3D-Ebene an ähnlicher Stelle im Raum positionieren, durch die After-Effects-Lichter ähnlich beleuchten und mit einer After-Effects-Kamera aus dem gleichen Blickwinkel betrachten. Je mehr Daten Sie an After Effects übergeben können, desto mehr Kontrollmöglichkeiten bieten sich für eine reibungslose Integration der 3D-Daten.

Eine Einschränkung möchte ich hier noch erwähnen, da ich oft danach gefragt werde: Es ist nicht möglich, einzelne Objekte der importierten 3D-Szenen zu animieren, da diese in After Effects als 2D-Ebenen erscheinen, die das Ergebnis aus der 3D-Applikation oft inklusive der Hilfskanäle enthalten.

Die einzige Ausnahme bilden hier 3D-Modelle, die Sie in Photoshop Extended als PSD abspeichern. After Effects kann die über solche PSDs importierten Objekte wie in einem 3D-Programm anzeigen. Das nachträgliche Verformen allerdings bleibt After Effects weiterhin vorbehalten – aber es ist ja auch ein 2D-Programm. Durch die Einbindung von 3D-Dateien in After Effects erweitern sich die Möglichkeiten dennoch enorm.

27.2.1 Art der Datenübergabe

Die einzelnen 3D-Programme geben unterschiedlich viele Informationen weiter.

Cinema 4D | Besonders hervorzuheben ist die Integration mit Maxon Cinema 4D. Aus dem Programm können Sie sogar ganze After-Effects-Projekte ausgeben. Dadurch ist es möglich, über eine Vielzahl an Daten in After Effects zu verfügen. Da haben die

Entwickler von Maxon großartige Arbeit geleistet! Und auch die Ausgabe der Kompositionsdaten von After Effects zu Cinema 4D ist möglich. Doch dazu weiter hinten mehr.

RLA und RPF | Eine andere verbreitete Form der Datenübergabe wird über die Formate RLA und RPF gewährleistet. Die Ausgabe in diese Formate ist in verschiedenen 3D-Programmen wie beispielsweise in Autodesk 3ds Max möglich. RLA- und RPF-Dateien enthalten die Rot-, Grün-, Blau- und Alphakanäle (RGBA) und zusätzliche Informationen in den Hilfskanälen wie die Tiefeninformation innerhalb einer einzigen Datei. RPF-Dateien enthalten auch Kameradaten. Die Dateiendungen sind **.rpf** bzw. **.rla**.

OpenEXR | OpenEXR, herausgegeben von Industrial Light and Magic (ILM), ist ein High-Dynamic-Range-Format. Das Format unterteilt sich in Formate, deren Dynamikumfang 16-Bit- bzw. 32-Bit-Gleitkommadarstellung oder 32-Bit-Integer umfassen können. Es kann wie RLA und RPF Rot-, Grün-, Blau- und Alphakanäle und weitere Informationen in etlichen anderen Kanälen speichern.

Da es sich um einen offenen Standard handelt, wird das Format ständig weiterentwickelt. So kommen unter anderem immer neue Kompressionstechniken zum Einsatz. Derzeit entwickelt sich das Format in vielen 3D-Applikationen zum Standard-Render-Format. After Effects unterstützt das Format schon seit längerem, allerdings wird erst ab der Version CS4 der volle Funktionsumfang des Formats ausgeschöpft, wie weiter hinten noch erläutert wird.

Tiefeninformation | Basierend auf der Z-Information, also der Tiefeninformation, können Sie einer Ebene in After Effects eine Tiefenschärfe zuweisen. Eine andere Möglichkeit besteht darin, Objekte aus einer 3D-Applikation anhand der Tiefeninformation gezielt ein- oder auszublenden, um die 3D-Ebenen von After Effects zwischen dem Vorder- und Hintergrund einer 3D-Szene zu platzieren.

Die Tiefeninformation wird außer im Falle von RLA und RPF meist als separate Datei ausgegeben. Hier sind Softimage-Dateien und Electric-Image-Dateien zu erwähnen. Softimage-Dateien mit der Endung **.pic** speichern die Tiefeninformation in einer Datei mit der Endung **.zpic**. Electric-Image-Dateien mit der Dateiendung **.img** legen diese Information in einer Datei mit der Endung **.eiz** ab.

3D-Modelle aus Photoshop Extended | Wenn Sie 3D-Modelle aus Photoshop Extended verwenden, können Sie die importierten

Objekte auch in After Effects von allen Seiten betrachten. Da Photoshop Extended die Formate **.3ds** (3D Studio Max), **.u3D** (Universal 3D), **.obj**, **.kmz** (Google Earth) und **.dae** (Collada) unterstützt, können Sie 3D-Objekte über diesen Umweg doch noch in After Effects verwenden und vor allem auch animieren werden! – Eine kleine Revolution!

Wie das geht und wie Sie 3D-Modelle aus Photoshop Extended in After Effects verwenden, erfahren Sie in Abschnitt 25.1.6, »3D-Modelle in Photoshop Extended und After Effects«.

27.2.2   Wie kommt After Effects an die Daten heran?

Wie After Effects die Daten aus den verschiedenen Programmen empfängt, hängt sehr von der verwendeten 3D-Applikation ab. Im besten Falle werden die Kameras und Lichter, die in einer 3D-Szene enthalten sind, nach dem Import in After Effects in gleicher Weise mit den After-Effects-Kameras und -Lichtern dargestellt. Hier ist wieder **Cinema 4D** mit Lorbeeren zu bedenken, das die beste Integration ermöglicht. Besonders komfortabel ist dabei, dass Cinema 4D After-Effects-Kompositionen beim Import selbst kreiert und auch Licht- und Kameraebenen schon mit den passenden Einstellungen anlegt. Diese Möglichkeiten bieten andere Programme nur zum Teil, und es sind oft einige Anpassungen erforderlich, wenn es erwünscht ist, 3D-Ebenen von After Effects in diesen importierten 3D-Szenen genau zu platzieren.

Für eine sichere Übereinstimmung ist es häufig nötig, Objektdaten wie die Position, Kameradaten wie den Blickwinkel und bei Lichtern den Lichtkegel zu notieren und den dafür verwendeten Zettel nicht versehentlich als Butterbrotpapier zu nutzen. Die darauf enthaltenen Informationen müssen zur richtigen Einstellung von Lichtern und Kameras und zur Positionierung von 3D-Ebenen oft manuell eingegeben werden.

After Effects kann auf **Kanalinformationen**, die wie bei RLA- und bei RPF-Dateien innerhalb von Dateien mitgespeichert wurden, mit den eigens dafür geschaffenen 3D-Kanaleffekten zugreifen. Auf die in ZPIC- und EIZ-Dateien gespeicherten Informationen greift After Effects ebenfalls über die 3D-Kanaleffekte zu. Die in RPF-Dateien enthaltenen Kameradaten können importiert werden. After Effects kreiert dann eine auf den Daten basierende Kameraebene.

Ein wichtiger Helfer bei der Positionsbestimmung von Objekten innerhalb einer importierten 3D-Szene ist die in After Effects enthaltene **Info-Palette**. Auf Basis der in der Palette angezeigten Informationen stellen Sie Werte für 3D-Kanaleffekte wie 3D-Nebel und Tiefenschärfe ein.

27.3 Umgang mit 3D-Daten in After Effects

Der Umgang mit 3D-Daten in After Effects unterscheidet sich von Applikation zu Applikation, ist aber oft ähnlich. Im Folgenden wird der Umgang mit 3D-Daten anhand einiger wichtiger Formate veranschaulicht.

27.3.1 RPF/RLA-Sequenzen importieren

Dieser Workshop hat den Import und die Weiterverwendung einer RPF-Sequenz in After Effects zum Thema. In gleicher Weise wie nachfolgend beschrieben werden auch **RLA-Sequenzen** in After Effects weiterverarbeitet.

Schritt für Schritt: Umgang mit einer RPF-Sequenz

Das Beispielmovie für diesen Workshop liegt im Ordner 27_ INTEGRATION_3D/RPFIMPORT bereit und heißt »3draum.mov«. Die Kompositionsgröße müssen Sie nicht selbst bestimmen, sie ergibt sich bei den nächsten Schritten.

1 Import einer RPF-Sequenz

Importieren Sie aus dem Ordner 27_INTEGRATION_3D/RPFIMPORT/ SEQUENZ die Datei »3dsequenz.rpf«. Markieren Sie dafür eine der Dateien, setzen Sie gegebenenfalls ein Häkchen bei RLA/RPF SEQUENZ ❶, und klicken Sie auf ÖFFNEN.

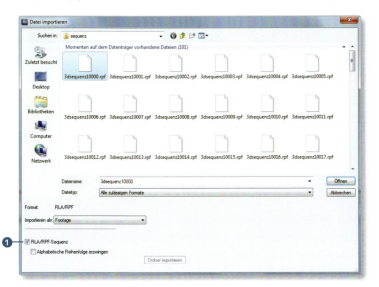

◄ **Abbildung 27.1**
Zum Importieren einer RLA/RPF-Sequenz muss ein Häkchen bei RLA/RPF SEQUENZ gesetzt sein.

Im folgenden Dialog FOOTAGE INTERPRETIEREN klicken Sie auf ERMITTELN und OK. After Effects erkennt dann automatisch, wie der Alphakanal des Rohmaterials erstellt wurde.

Ziehen Sie die RPF-Sequenz im Projektfenster auf die Kompositionsschaltfläche. Es wird automatisch eine Komposition in der richtigen Größe in der Länge der Sequenz angelegt. Importieren Sie anschließend die Datei »text.psd« mit der Option FOOTAGE aus dem Ordner 27_INTEGRATION_3D/ RPFIMPORT, und ziehen Sie die Datei beginnend am Zeitpunkt 00:00 in die entstandene Komposition.

Abbildung 27.2 ▶
Um eine Komposition in der Framegröße und Dauer der RPF-Sequenz anzulegen, ziehen Sie die Sequenz auf die Kompositionsschaltfläche.

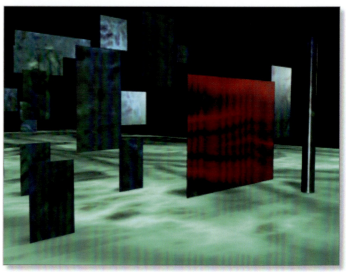

Abbildung 27.3 ▶
Die importierte 3D-Szenerie

2 | RPF-Kameradaten auslesen

Der Text »RPF« soll auf der roten Fläche in der 3D-Szene platziert werden und die perspektivische Verzerrung der in der Szene befindlichen Flächen übernehmen, die durch die Kamerabewegung entsteht. Um dies zu erreichen, müssen Sie in After Effects eine Kamera schaffen, die sich genauso bewegt wie die Kamera aus der 3D-Szene. Außerdem muss sich der Blickwinkel der beiden Kameras gleichen, damit der Text »RPF« sich so im Raum zu bewegen scheint wie die anderen Flächen.

Die Daten der Kamera aus der 3D-Szene kann After Effects auslesen, da sie in der RPF-Datei mitgespeichert sind. Dazu klicken Sie auf die RPF-Sequenz in der Zeitleiste, gehen zum Zeitpunkt 0:00:00 und wählen dann Animation • Keyframe-Assistent • RPF-Kamera-Import. After Effects legt daraufhin automatisch eine neue Kameraebene an. Markieren Sie einmal die Ebene, und lassen Sie sich mit der Taste U die in der Kameraebene enthaltenen Keys anzeigen. Für jeden Frame wurden die Daten für die Position und die Drehung der Kamera in Keys gespeichert.

▼ Abbildung 27.4
Nach dem Auslesen der RPF-Kameradaten werden für jeden Frame der Kameraebene mehrere Keyframes erstellt.

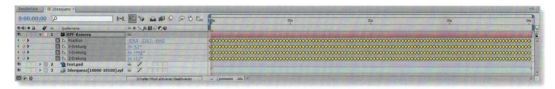

3   Text positionieren und Kamera anpassen

Damit der Text »RPF« dabei auch wirklich auf der roten Fläche landet, müssen Sie die 3D-Option ❶ für den Text aktivieren. Falls die Option nicht sichtbar ist, blenden Sie sie über die Schaltfläche für Ebenenschalter ❷ ein. Damit wirkt sich die Kamerabewegung auf den Text aus. Nur die Position des Textes im Raum stimmt noch nicht. Um den Text mit der roten Fläche in Übereinstimmung zu bringen, ist es notwendig, die Positionsdaten der roten Fläche zu kennen. Diese sehen Sie im 3D-Programm ein und notieren sie. Abhängig von der im 3D-Programm verwendeten Einheit müssen Sie hier eventuell noch die Werte umrechnen. In unserem Falle hatte die rote Fläche in der 3D-Applikation die Positionsdaten »0«, »0«, »150«. Markieren Sie die Ebene »text.psd«, und drücken Sie die Taste P, um die Positionseigenschaft einzublenden.

Tragen Sie die Positionsdaten der Fläche in veränderter Reihenfolge für den Text ein, und zwar: »0, −150, 0«. Die geänderte Reihenfolge ist notwendig, da nicht alle Positionskoordinaten in After Effects denen im 3D-Programm entsprechen. Je nach Programm werden die Koordinaten in XYZ oder XZY dargestellt.

Der Text hat sich der roten Fläche angenähert, passt aber immer noch nicht hundertprozentig. Der Grund ist, dass der Kamerablickwinkel in der RPF-Sequenz nicht enthalten ist und manuell angepasst werden muss. Aber der Blickwinkel der Kamera aus dem 3D-Programm ist uns ebenfalls bekannt, da wir ihn zuvor notiert haben. Er beträgt 45°. Klicken Sie doppelt auf die Kameraebene, um den Dialog KAMERAEINSTELLUNGEN anzuzeigen. Tragen Sie dort unter BLICKWINKEL den richtigen Wert ein.

Nun sollte es passen. Es hat sich aber ein anderes Problem ergeben: Der Text liegt über der Säule. Wie Sie ihn hinter die Säule bekommen, erfahren Sie im nächsten Workshop.

▲ **Abbildung 27.5**
Der Komposition wird die Ebene »text.psd« hinzugefügt, und die 3D-Option für die Ebene wird aktiviert. Erst dann wirkt sich die Kameraanimation auf die Textebene aus.

▲ **Abbildung 27.6**
Nach der richtigen Übernahme der Positionswerte auf die Textebene scheint diese tatsächlich im Raum der 3D-Szene zu liegen. ■

27.3.2 3D-Kanaleffekte

Im vorangegangenen Workshop haben Sie After-Effects-Kameradaten aus einer RPF-Sequenz auslesen lassen. Eine weitere Möglichkeit, an Informationen innerhalb einer RPF- oder RLA-Datei zu gelangen, ist es, 3D-Kanaleffekte zu verwenden. Einige davon schauen wir uns im nächsten Workshop genauer an.

Schritt für Schritt: 3D-Kanaleffekte »ID Matte« und »3D-Nebel« anwenden

Zur Anwendung der 3D-Kanaleffekte nutzen wir die im vorigen Workshop entstandene Projektdatei.

1 Der Effekt »ID Matte«

Um die Säule vor den Text zu bekommen und den Text trotzdem auf der roten Fläche zu belassen, bietet es sich an, den Effekt ID Matte anzuwenden. Im 3D-Programm kann jedem Objekt eine Objekt-ID zugewiesen werden, anhand derer jedes Objekt identifizierbar ist. Anhand der Objekt-ID kann der Effekt ID Matte Objekte der Szene ein- bzw. ausblenden.

Um den Effekt anzuwenden, markieren Sie die Sequenz in der Zeitleiste und wählen Effekt • 3D-Kanal • ID Matte. Es öffnet sich das Effektfenster mit den Effekteinstellungen. Da die Objekte in unserer Szene von eins bis vier nummeriert sind, ist erst einmal nichts mehr zu sehen.

Wenn Sie unter ID-Auswahl den Wert »1« eintippen, wird die Säule allein sichtbar. Der roten Fläche ist die Objekt-ID 2, den Flächen im Hintergrund allen gemeinsam der Wert 3 und dem Boden der Wert 4 zugeordnet. Für die weitere Arbeit wollen wir die Säule isolieren und belassen den Wert bei 1.

Der Effekt hat noch folgende andere Optionen: Unter Hilfs-kanal legen Sie fest, ob Sie die Objekte aufgrund ihrer Objekt-ID oder ihrer Material-ID auswählen. Mit der Option Weiche Kante zeichnen Sie die entstandene Matte an ihren Rändern weich. Die Option Umkehren kehrt die ID-Auswahl um. Abdeckung ver-wenden dient zum Entfernen unerwünschter Pixel entlang der Mattekante, ist aber nur wirkungsvoll, wenn die 3D-Sequenz einen sogenannten Abdeckungskanal (auch Coverage genannt) enthält. In der RPF-Sequenz ist das der Fall. Setzen Sie also ein Häkchen bei der Option.

2 Text zwischen Säule und roter Fläche

Sie haben die Säule isoliert, und jetzt muss der Rest der 3D-Datei wieder sichtbar gemacht werden. Ziehen Sie dazu die RPF-Sequenz ein zweites Mal in die Zeitleiste, und zwar so, dass sie sich unter der Sequenz mit der ID Matte befindet. Auch diese Sequenz muss am Zeitpunkt 00:00 beginnen. Damit der Text unter der Säule erscheint, ziehen Sie die Textebene in der Zeitleiste zwischen die beiden 3D-Sequenzen.

Im ID Matte-Effekt können Sie noch den Wert für Weiche Kante auf »1,00« setzen. Damit integriert sich die Säule noch besser ins Bild.

▲ **Abbildung 27.7**
Mit dem Effekt ID Matte isolieren Sie Objekte anhand ihrer Objekt- oder ihrer Material-ID.

▲ **Abbildung 27.8**
In dieser Abbildung sehen Sie die per ID Matte isolierte Säule aus der RPF-Sequenz. Die normaler-weise auf Schwarz voreingestellte Hintergrundfarbe wurde hier zur Verdeutlichung geändert.

Abbildung 27.9 ▶
Ziehen Sie die RPF-Sequenz ein
zweites Mal in die Zeitleiste, und
platzieren Sie den Text zwischen
die zwei RPF-Sequenzen.

Abbildung 27.10 ▶
In der Komposition ist nicht zu
erkennen, dass der Text erst nachträglich der 3D-Szene hinzugefügt
wurde.

3 **Der Effekt »3D-Nebel«**

Der Effekt 3D-NEBEL fügt der 3D-Szene anhand der Z-Tiefenin-
formation Nebel hinzu. Mit Hilfe einer Verlaufsebene können
Sie sehr realistische Nebeleffekte erzielen. Importieren Sie zuerst
die Verlaufsebene »graustufenfilm.mov« aus dem Ordner 27_
INTEGRATION_3D/RPFIMPORT.

Ziehen Sie den Film in die Zeitleiste, so dass er bei 00:00
beginnt, und klicken Sie auf das Augen-Symbol, um den Film
unsichtbar zu schalten. Wählen Sie anschließend die 3D-Sequenz
in der Zeitleiste aus, auf die bisher kein Effekt angewendet wurde.
Wählen Sie im Menü EFFEKT • 3D-KANAL • 3D-NEBEL.

Der Effekt ist so neblig eingestellt, dass das Bild verschwindet.
Sie müssen zunächst also die Werte für START DES NEBELS und
ENDE DES NEBELS ändern. Der Nebel wird damit in der 3D-Szene
anhand der Tiefeninformation verteilt. Da die hinterste Fläche
der 3D-Szene sehr weit entfernt ist, müssen Sie recht hohe Werte
wählen. Sie können die Werte durch Anklicken und gleichzeitiges
Ziehen intuitiv anpassen. Noch besser ist es, die Z-Tiefeninfor-
mation zur Verfügung zu haben und die Werte daraufhin einzustellen. Aus dem 3D-Programm sind die Werte für die nächst-
gelegene und die am weitesten entfernte Fläche der 3D-Szene
bekannt. Tragen Sie bei ENDE DES NEBELS »–3500« und bei START
DES NEBELS »800« ein.

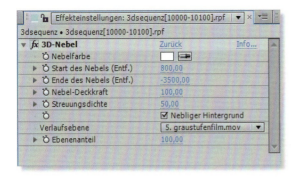

◄ **Abbildung 27.11**
Zur Anwendung des Effekts
3D-NEBEL sollten Sie die Z-Tiefen-
information kennen, um Start und
Ende des Nebels festzulegen.

Kennen Sie die Werte zuvor nicht, bringen Sie sie über die Info-Palette in Erfahrung. Sie öffnen die Info-Palette mit `Strg`+`2`. Klicken Sie danach auf das Wort 3D-NEBEL im Effektfenster. Das Wort muss ausgewählt sein! Wenn Sie dabei einzelne Flächen in der 3D-Sequenz innerhalb des Kompositionsfensters anklicken, werden die für den Effekt interessanten Werte in der Info-Palette angezeigt. Dies gilt für alle 3D-Kanaleffekte. Oft ist es notwendig, die Parameter der Effekte anhand der ausgelesenen Werte einzustellen.

Der Nebel zieht sich noch etwas undramatisch durch die Szene. Zum Hinzufügen der Dramatik wählen Sie den Graustufenfilm unter dem Eintrag VERLAUFSEBENE aus. Der Effekt verwendet die Helligkeitswerte der Graustufenebene, um die Anzeige des Effekts zu modifizieren. Sichtbar wird das aber erst so richtig, wenn Sie den Wert bei EBENENANTEIL auf »100 %« erhöhen. Verändern Sie ruhig noch die anderen Werte nach Ihrem Geschmack; sie sind selbsterklärend. Zu guter Letzt können Sie auf die isolierte Säule den Effekt 3D-NEBEL mit den gleichen Werten anwenden, um auch die Säule im Nebel zu sehen.

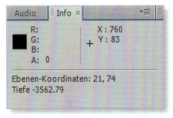

▲ **Abbildung 27.12**
Bei ausgewähltem Effekt können
Sie per Mausklick im Kompositionsfenster Werte wie die Z-Tiefe
in der Info-Palette anzeigen.

◄ **Abbildung 27.13**
Die 3D-Szene mit in After Effects
hinzugefügtem Nebel

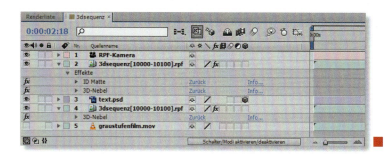

Abbildung 27.14 ▶

Fügen Sie den Effekt 3D-NEBEL beiden RPF-Sequenzen hinzu.

Weitere 3D-Kanaleffekte sind die Effekte 3D-KANAL EXTRAHIEREN, TIEFENMASKE und TIEFENSCHÄRFE.

3D-Kanal extrahieren | Mit dem Effekt 3D-KANAL EXTRAHIEREN lesen Sie Informationen wie die Z-Tiefe oder die Objekt-ID aus einer RPF- oder RLA-Sequenz aus.

Abbildung 27.15 ▶

Mit dem Effekt 3D-KANAL EXTRAHIEREN lesen Sie Informationen wie die Z-TIEFE oder die Objekt-ID aus einer RPF- oder RLA-Sequenz aus.

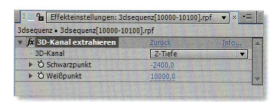

Im Falle der ausgelesenen Z-Tiefe wird über den Effekt eine Graustufenebene erstellt. Der Schwarzwert und der Weißwert sind einstellbar, um dem entferntesten Punkt der 3D-Szene die Farbe Schwarz und dem nächstgelegenen Punkt die Farbe Weiß zuzuordnen oder umgekehrt. Dazwischen werden alle Distanzen als Graustufen dargestellt. Auf diese Graustufeninformation kann z. B. der Effekt EBENENÜBERGREIFENDER WEICHZEICHNER zugreifen. Er wird auf eine weitere Bildebene angewandt, die anhand der Graustufeninformation weichgezeichnet werden soll.

▲ **Abbildung 27.16**

Der Effekt 3D-KANAL EXTRAHIEREN stellt einige Möglichkeiten bereit, um Informationen aus 3D-Dateien auszulesen.

Der ebenenübergreifende Weichzeichner verwendet weiße Pixel der Graustufenebene, um Bildteile unscharf erscheinen zu lassen, während schwarze Pixel das Bild unbeeinflusst lassen.

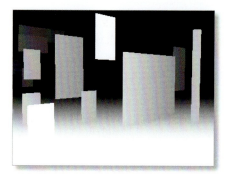

Abbildung 27.17 ▶

Hier wurde aus der im Workshop verwendeten RPF-Sequenz der Tiefenkanal mit dem Effekt 3D-KANAL EXTRAHIEREN isoliert.

Tiefenmaske | Im vorangegangenen Workshop »3D-Kanaleffekte ID MATTE und 3D-NEBEL anwenden« haben wir ein Objekt anhand seiner Objekt-ID isoliert. Mit dem Effekt TIEFENMASKE ist es ebenfalls möglich, Bildteile zu isolieren oder auszublenden.

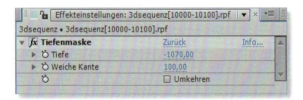

◀ **Abbildung 27.18**
Der Effekt TIEFENMASKE schneidet das Bild auf der z-Achse und blendet Bildteile vor bzw. hinter dem eingestellten TIEFE-Wert aus.

Der Effekt schneidet das Bild auf der z-Achse und blendet Bildteile aus, die sich vor bzw. hinter dem eingestellten Z-Wert befinden. Das stellen Sie über die Werte bei TIEFE ein.

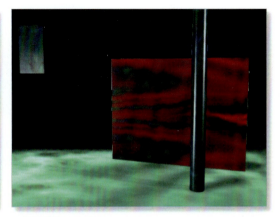

▲ **Abbildung 27.19**
Die RPF-Sequenz, hier ohne 3D-Kanaleffekt

▲ **Abbildung 27.20**
Nach Verwendung des Effekts DEPTH MATTE sind Bildteile ausgeblendet, die auf der z-Achse weiter hinten liegen.

Tiefenschärfe | Der Effekt TIEFENSCHÄRFE nutzt ebenfalls die Tiefeninformation einer 3D-Szene zum Weich- oder Scharfzeichnen von Bildteilen. Dabei wird eine Kamera simuliert, die auf einen bestimmten Wert auf der z-Achse fokussiert.

Diesen Wert geben Sie mit der FOKALEBENE an. Unter MAXIMALER RADIUS stellen Sie die Stärke des Weichzeichners ein, mit FOKUSBEREICH den Bereich, der optimal scharf angezeigt wird, und mit dem FOKALBEREICH bestimmen Sie, wie randscharf der Fokusbereich erscheint. Wie beim Effekt VERWACKELN sollten Sie aber nicht zu viel erwarten, da bei größeren Radien Artefakte an den Objektkanten und am Bildrand auftreten können.

Abbildung 27.21 ▶
Der Effekt TIEFENSCHÄRFE nutzt
die Tiefeninformation einer
3D-Szene zum Weich- oder
Scharfzeichnen von Bildteilen.

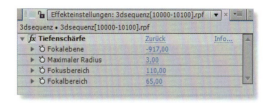

Abbildung 27.22 ▶
Hier wurde auf die RPF-Sequenz
der Effekt TIEFENSCHÄRFE
angewandt.

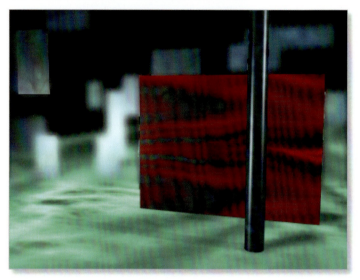

27.3.3 OpenEXR und ProEXR

OpenEXR-Dateien sind wie in RLA- und RPF-Dateien eindeutige
Kanäle zur Speicherung von Rot-, Grün-, Blau- und Alphawer-
ten (RGBA) zugeordnet. Im Gegensatz zu RLA- und RPF-Dateien
sind alle weiteren Kanäle zur Speicherung weiterer Informationen
wie Tiefeninformationen ohne eine bestimmte Zuordnung versehen. After Effects verfügt zwar über ein Zusatzmodul für das
OpenEXR-Format, das bereits in älteren Versionen vorhanden war,
allerdings haben die Adobe-Entwickler vergessen, noch die Datei
»OpenEXR_channel_map.txt« mit in den Ordner zu legen. Ohne
diese Datei ist es jedoch nicht möglich, den Namen von Kanälen
einer OpenEXR-Datei beim Import bestimmte Werte zuzuordnen,
damit danach auch bestimmte Effekte auf die enthaltenen Informationen zugreifen können.

Kurz und gut: Laden Sie sich die Textdatei kostenlos von der
Website der Firma fnord aus San Francisco herunter: *http://www.
fnordware.com/ProEXR/.*

Oder besser noch: Laden Sie sich gleich ProEXR herunter.
Damit erhalten Sie kostenlos vier der fünf Plug-ins: EXtractoR.
aex, IDentifier.aex, OpenEXR.aex, OrphExtract.aex und Pro-
EXR Comp Creator.aex. Die beiden Plug-ins EXtractoR.aex und
IDentifier.aex haben Sie schon. Adobe liefert sie seit CS4 mit.

Die restlichen können Sie in den Plugin-Ordner von After Effects kopieren (ADOBE AFTER EFFECTS CS5\SUPPORT FILES\PLUG-INS\ EFFECTS). Alle Effekte erscheinen nach dem Neustart von After Effects im EFFEKTE-Menü unter dem Punkt 3D KANAL.

Beim Download inklusive sind die erwähnte Textdatei und die Datei »ProEXR_Manual.pdf«, die Sie durcharbeiten können. Die darin enthaltene Aufforderung zum Entfernen des Adobe-OpenEXR-Plugins ist allerdings nicht nötig. Die Textdatei legen Sie in den Ordner PLUG-INS\FORMAT, damit das OpenEXR-Plugin die darin enthaltenen Informationen nutzt, um Kanäle beim Importieren einer OpenEXR-Datei mit Tags zu versehen.

Vorteile der fnord-Plugins | Durch die Plug-ins von fnord kommen Sie in den Genuss, alle Möglichkeiten von OpenEXR wie z. B. die folgenden zu nutzen:

▶ Lesen aller Kanäle (nicht nur RGBA)
▶ Unterstützung aller Kompressionsmethoden (inklusive B44-Kompression)
▶ Ausgabe als RGB oder Luminanz-/Chroma-Kanäle, um die Dateigröße zu minimieren
▶ Lesen und Schreiben der Farbrauminformation des Projekts
▶ Unterstützung sowohl für 32-Bit- als auch für 16-Bit-Gleitkommazahl
▶ Möglichkeit, den Alphakanal zu separieren

OpenEXR | Durch das Plug-in OpenEXR erhalten Sie die Möglichkeit, alle Kompressionsoptionen bei der Ausgabe einer OpenEXR-Sequenz auszuwählen. Außerdem werden Metadaten mitgespeichert, die Informationen zum Projekt, zum Computer etc. enthalten. Nach dem Import einer OpenEXR-Datei werden Ihnen per Klick auf die importierte Datei im Projektfenster Informationen zur verwendeten Kompression angezeigt und auch alle in der Datei enthaltenen Kanäle.

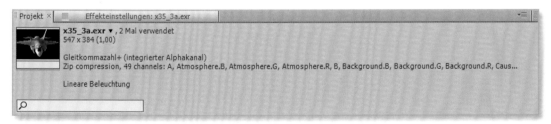

▲ **Abbildung 27.23**
Das Plug-in OpenEXR liest alle in der OpenEXR-Datei enthaltenen Informationen aus.

Abbildung 27.24 ▶
Mit dem Plug-in OpenEXR sind alle Kompressionsoptionen bei der Ausgabe als OpenEXR-Sequenz verfügbar.

EXtractoR | Das Plug-in EXtractoR ist für das Öffnen jeglicher in einer OpenEXR-Datei enthaltenen Kanäle (nur Gleitkommzahl) zuständig. Fügen Sie EXtractoR der entsprechenden Ebene direkt hinzu (nicht etwa einer verschachtelten Ebene). Unter CHANNEL INFO klicken Sie, um den Dialog einzublenden.

Abbildung 27.25 ▶
Das Plug-in EXtractor öffnet die Kanäle der OpenEXR-Datei.

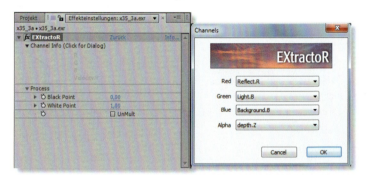

IDentifier | Über das Plug-in IDentifier gelangen Sie an Objekt- und Material-IDs. Unter CHANNEL INFO klicken Sie zuerst, um den Dialog einzublenden und dort auszuwählen, ob Material- oder Objekt-IDs bearbeitet werden. Danach können Sie unter DISPLAY wählen, ob den IDs per COLORS als Vorschau Farben zugeordnet werden. Mit LUMA- und ALPHA MATTE separieren Sie einzelne Objekte, indem Sie bei ID die entsprechende Nummer eingeben. Dies funktioniert auch bei RLA- und RPF-Dateien.

Abbildung 27.26 ▶
Über das Plug-in IDentifier separieren Sie Objekte per ID.

OrphExtract | Das Plug-in OrphExtract erscheint im EFFEKT-Menü unter dem Punkt 3D CHANNEL. Es unterscheidet sich nur insofern

von dem in After Effects schon seit langem verfügbaren Plug-in
3D-KANAL EXTRAHIEREN, als es mit Gleitkommagenauigkeit arbeitet. Wie Sie mit dem Plug-in arbeiten, erfahren Sie im Abschnitt
»3D-Kanal extrahieren« in Abschnitt 27.3.2.

ProEXR Comp Creator | Das Plug-in ProEXR Comp Creator ist nicht
kostenlos.

Um es anzuwenden, wählen Sie eine EXR-Datei im Projektfenster aus und wählen dann DATEI • CREATE PROEXR LAYER COMPS.
Das Plug-in generiert daraufhin für jeden in der EXR-Datei enthaltenen Kanal eine eigene Komposition mit einer Ebene passend
zum jeweiligen Render-Durchlauf des 3D-Programms. In einer
mit dem Namenszusatz »Assemble« versehenen Komposition
sehen Sie dann das Endergebnis, wie es im 3D-Programm erstellt
wurde. Dazu werden Berechnungsmethoden wie After-Effects-
Modi gleich mitgeneriert, und in den Quellkompositionen (für
die Einzelkanäle) werden die passenden Plug-ins hinzugefügt, um
an die jeweilige Kanalinformation zu gelangen.

◄ **Abbildung 27.27**
Mit dem Plug-in ProEXR Comp
Creator werden pro Kanal separate Kompositionen angelegt und
in einer Komposition mit dem
Namenszusatz »Assemble«
zusammengeführt.

27.4 Maya-Dateien übernehmen

Um 3D-Daten aus Maya in After Effects zu übernehmen, steht der schon beschriebene Weg über RLA- und RPF-Sequenzen zur Verfügung. After Effects ist aber auch in der Lage, Kameradaten aus Maya-Projektdateien zu übernehmen. Die Maya 3D-Szene wird aus Maya als IFF-Sequenz ausgegeben. Als solche können Sie sie wie jede andere Sequenz in After Effects importieren.

27.4.1 Vorbereitungen in Maya

Vor dem Import ist es wichtig, in Maya eine Renderkamera zu erstellen, die die Animation enthält, die Sie in After Effects übernehmen wollen.

Locator | Für eine korrekte Übernahme von Objekt-Positionsdaten nach After Effects ist es oft sinnvoll, Maya-Locator-Knoten zu verwenden, die Sie mit CREATE • LOCATOR erstellen. Daraufhin wird im 3D-Raum eine Referenz erstellt, die Sie nach dem Import in After Effects als Nullobjekt verwenden können. Damit später hinzugefügte Ebenen mit dem 3D-Raum von Maya übereinstimmen, platzieren Sie die Locators dort, wo sich später in After Effects 3D-Ebenen befinden sollen.

Korrekte Bezeichnung | Wichtig ist eine korrekte Benennung des Locators mit der Bezeichnung »Null« bzw. »null« oder »NULL« am Anfang, z. B. »null_leberwurst« oder »null_millionenbonuszahlung« oder ... na, lassen wir das. After Effects erstellt dann nach dem Import automatisch eine Nullebene mit den korrekten Transformationswerten. Diese Nullebenen verwenden Sie später in After Effects, um dort beispielsweise Videos oder Bilder zu platzieren, indem Sie die Nullobjekte damit austauschen.

Kameraanimation | Wenn Sie in Maya eine Kamera animieren, richten Sie sich am besten nach dem Locator als Orientierungshilfe, da dort die After-Effects-Ebenen landen sollen. Wenn Sie die Kamera animieren, sollten Sie darauf achten, dass nur Eigenschaften aus der Palette CHANNELS übernommen werden.

Baking | Außerdem sollten Sie im Maya-Projekt Keyframes für jeden Frame Ihrer Animation schaffen, indem Sie die Kameradaten einem sogenannten Baking unterziehen, sonst kann After Effects keine Animation erkennen. Dazu wählen Sie in Maya EDIT • KEYS • BAKE SIMULATION. Reduzieren Sie vor dem Baking das Projekt so weit wie möglich. Entfernen Sie alle für die Kameraanimation nicht relevanten Animationen, und löschen Sie statische Kanäle. Sie sparen Importzeit und Speicher.

Kompositionsgröße wählen | Um die Arbeit in After Effects zu vereinfachen, wählen Sie die Kompositionsgröße, die Sie später in After Effects verwenden wollen, bereits in Maya über WINDOW • RENDERING EDITOR • RENDER GLOBALS.

Sichern Sie die Datei als Projektdatei mit der Endung **.ma**.

27.4.2 Maya-Daten importieren

Beim Import eines Maya-Projekts wird automatisch die Option IMPORTIEREN ALS auf KOMPOSITION gesetzt. Nach dem Import sind entweder eine oder zwei Kompositionen entstanden. Dies hängt davon ab, ob in Maya mit einem quadratischen oder mit einem rechteckigen Pixelseitenverhältnis gearbeitet wurde. Wurden quadratische Pixel gewählt, entsteht nur eine Komposition, die die Kameradaten enthält. Ist das Maya-Projekt in rechteckigen Pixeln erstellt, entsteht eine Komposition mit rechteckigen Pixeln, die den Namenszusatz »Quadrat« erhält. In dieser Komposition sind die Kameradaten enthalten. Diese Komposition liegt in einer weiteren Komposition mit nicht quadratischen Pixeln, die in den Abmessungen der Originaldatei angelegt wird.

Der Komposition mit nicht quadratischen Pixeln können Sie die gerenderten Maya-Sequenzen und 3D-Ebenen hinzufügen, die Sie in After Effects erstellen wollen. Weitere Informationen zum Pixelseitenverhältnis finden Sie ab Abschnitt 5.6.3, »Pixel Aspect Ratio (PAR)«.

Nullobjekte | Wenn Sie in Maya mit einem oder mehreren Locators gearbeitet haben, werden in After Effects Nullobjekte generiert, die Sie im Ordner FARBFLÄCHEN finden.

Die Positionsdaten der After-Effects-Nullobjekte sollten denen der Maya-Locators entsprechen. Um die Positionsdaten dann auf in After Effects kreierte 3D-Ebenen zu übertragen, tragen Sie die Positionsdaten des entsprechenden Nullobjekts manuell in der Positionseigenschaft der 3D-Ebene ein oder verwenden besser noch Expressions. Für weitere Informationen zu Expressions lesen Sie Kapitel 24, »Expressions«.

Wollen Sie die beim Import generierten Nullobjekte direkt durch Bildmaterial ersetzen, markieren Sie das importierte Material und die Nullebene in der Zeitleiste. Ziehen Sie dann das Material bei gedrückter [Alt]-Taste auf die Nullebene. Anschließend müssen Sie den Ankerpunkt, der nun auf der oberen linken Ecke liegt, neu positionieren, da er in After Effects sonst

---

Orthografische und perspektivische Kameras

After Effects kann keine orthografischen oder perspektivischen Kameras importieren. Daher ist es notwendig, immer eine Renderkamera zu erstellen, selbst dann, wenn Renderkamera und Perspektivkamera übereinstimmen.

Maya-Einheiten

After Effects behandelt die in der Maya-Datei festgelegten linearen Einheiten als Pixel.

Maya-Einheiten umrechnen

In den neueren Maya-Versionen ist eine Umrechnung von Maya-Einheiten (cm) in After-Effects-Einheiten (Pixel) nicht nötig. Bei älteren Versionen werden die Maya-Werte durch den Faktor 0,035 dividiert, um den korrekten Pixelwert für After Effects zu erhalten.

standardmäßig in der Mitte der Ebene liegt. Dies geht schnell: Markieren Sie die Ebene, und klicken Sie dann doppelt auf das Ausschnitt-Werkzeug Ⓨ. Außerdem ist es noch nötig, die Deckkraft von 0% auf 100% zu setzen, damit Sie die Ebenen wiedersehen, denn Nullobjekte sind standardmäßig unsichtbar.

Abbildung 27.28 ▶
Nach dem Import der Maya-Datei sind Nullobjekte und Kompositionen entstanden. Die JPG-Dateien wurden danach importiert.

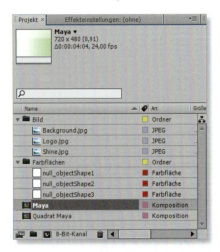

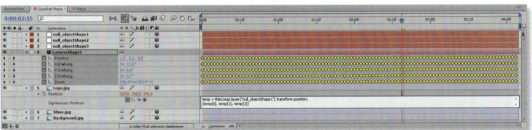

▲ **Abbildung 27.29**
Beim Import einer ».ma«-Datei wird eine Komposition generiert, die die Kameradaten und die Locators als Nullobjekte enthält.

27.5 Cinema 4D-Dateien übernehmen

Wenn Sie Cinema 4D-Nutzer sind und vorhaben, die Stärken von Cinema 4D mit denen von After Effects zu kombinieren, haben Sie sich für die beste Variante entschieden, 3D-Daten in After Effects zu integrieren. Dank der Pionierarbeit, die die Mitarbeiter der Firma Maxon für die Integration mit After Effects geleistet haben, können Sie alle möglichen Daten einer 3D-Szene in After Effects integrieren. Aus dem Cinema 4D-Projekt können Sie, was hervorragend ist, eine After-Effects-Projektdatei ausgeben, die bereits automatisch alle notwendigen Einstellungen zur Wiederherstellung der 3D-Szene in After Effects enthält.

So übernehmen Sie Kamerafahrten ohne die Notwendigkeit irgendeiner Umrechnung in After Effects. In Cinema 4D gesetzte Lichter werden auch in After Effects mit ihren korrekten Farben und Schatten dargestellt und sind sogar noch modifizierbar. Zum Übernehmen von Objekt-IDs oder zur Wiedergabe von Reflexionen und Glanzlichtern etc. in After Effects können Sie eine Vielzahl an zusätzlichen Kanälen in Cinema 4D wählen. Alle gewünschten Daten werden über das sogenannte Multi-Pass-Rendering in einem Durchgang aus dem Cinema 4D-Projekt ausgegeben.

▼ **Abbildung 27.30**
Das Projektfenster von Cinema 4D

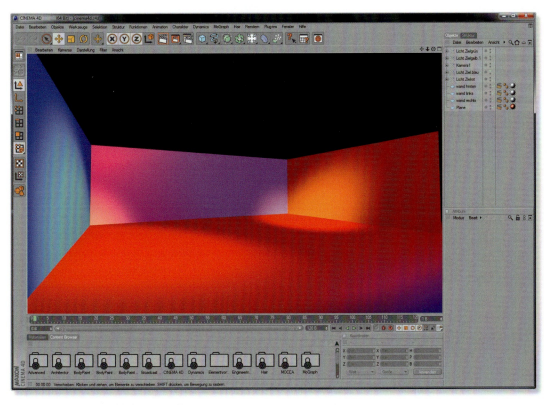

27.5.1 Vorbereitungen in Cinema 4D

Maßeinheiten | 3D-Applikationen nutzen oft andere Maßeinheiten als After Effects, um Objekte zu positionieren. Da After Effects in Pixel misst, sollten Sie in Cinema 4D die Maßeinheit ebenfalls auf Pixel umstellen. Sie ändern die Maßeinheit in Cinema 4D unter BEARBEITEN • PROGRAMM-VOREINSTELLUNGEN oder mit (Strg)+(E). In dem sich öffnenden Dialogfeld wählen Sie zuerst EINHEITEN und dann unter MASSEINHEITEN ❶ den Eintrag PIXEL.

Abbildung 27.31 ▶
Innerhalb des Cinema 4D-Projekts sollten Sie die Maßeinheit zum Arbeiten auf Pixel umstellen.

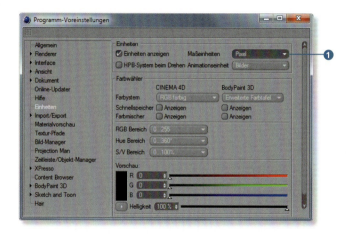

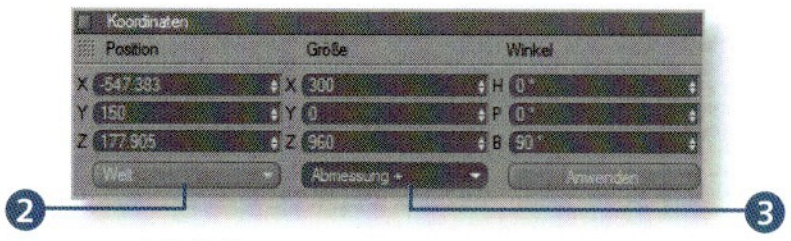

Cinema-Koordinaten | Um 3D-Ebenen innerhalb von After Effects korrekt in der Cinema 4D-Szene zu positionieren, ist es oft nötig, Positionswerte von 3D-Objekten aus Cinema 4D zu notieren und diese manuell in die Positionsdaten einer After-Effects-3D-Ebene einzusetzen. Die Cinema-Koordinaten sollten Sie dazu auf den Eintrag Welt ❷ setzen und für die Grösse der Objekte den Eintrag Abmessung+ ❸ wählen.

▲ **Abbildung 27.32**
Zur korrekten Übertragung von Positionswerten sollten Sie die Cinema-Koordinaten auf die Einträge Welt und Abmessung+ setzen.

Render-Voreinstellungen | Über die Render-Voreinstellungen legen Sie in Cinema 4D fest, ob beim Rendern eine After-Effects-Projektdatei geschrieben wird und welche Kanäle als Informationen hinzugefügt werden sollen. Das entsprechende Dialogfeld öffnen Sie in Cinema 4D über Rendern • Render-Voreinstellungen oder $\boxed{\text{Strg}}$+$\boxed{\text{B}}$.

Unter dem Eintrag Speichern klappen Sie die Liste unter Kompositions-Projektdatei ❻ auf, und aus dem Popup-Menü wählen Sie den Eintrag After Effects, um eine After-Effects-Projektdatei mit sämtlichen relevanten Daten zu generieren. Die resultierende Datei wird mit der Endung **.aec** unter der von Ihnen festgelegten Pfadangabe abgespeichert. Außerdem sollten Sie unter Multi-Pass Bild ein Häkchen bei Speichern ❹ setzen.

> **Drehung in Cinema 4D**
>
> In Cinema 4D werden Drehungen mit den Bezeichnungen »Heading«, »Pitch« und »Bank« angegeben. »Heading« steht für die x-Achse, »Pitch« für die y-Achse und »Bank« für die z-Achse.

Günstig ist es, unter Format ❺ bei Multi-Pass Bild den Eintrag QuickTime-Film zu wählen, da das QuickTime-Format auch Alphakanäle unterstützt. Die noch zu wählenden Kanäle und Lichter, die Sie der Datei mitgeben können, werden in das Format Ihrer Wahl, in diesem Fall als separate QuickTime-Filme, gerendert. In der von Cinema 4D geschriebenen After-Effects-Projektdatei werden diese dann zu einer kompletten 3D-Szene kombiniert, die der Cinema-Szene perfekt gleicht.

Um die resultierenden QuickTime-Filme unterscheiden zu können, lassen Sie das Häkchen bei Kanalname als Suffix ❼ stehen. Um die QuickTime-Filme im gleichen Ordner wie die After-Effects-Projektdatei (**.aec**) abzuspeichern, wählen Sie unter DATEI die entsprechende Pfadangabe.

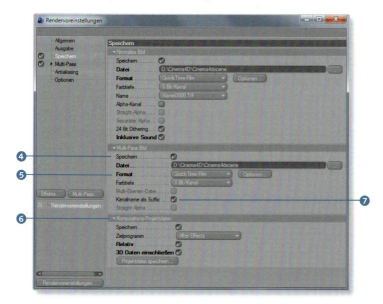

◄ **Abbildung 27.33**
In den RENDER-VOREINSTELLUNGEN aktivieren Sie die Ausgabe einer After-Effects-Projektdatei aus Cinema 4D.

Unter dem Eintrag MULTI-PASS ❿ befindet sich das Popup-Menü MULTI-PASS ❽. Hier wählen Sie aus einer Vielzahl an Kanälen, die in die resultierende Datei aufgenommen werden sollen. Hinzugefügte Kanäle erscheinen unter dem Eintrag MULTI-PASS ❿. Wenn Sie direkt auf diesen Eintrag klicken, sehen Sie auf der rechten Seite die Option SEPARATE LICHTER ❾. Sind Lichter in der 3D-Szene enthalten, können Sie diese separat ausgeben. Wählen Sie unter SEPARATE LICHTER den Eintrag ALLE oder, wenn Sie nur die zuvor ausgewählten Lichter ausgeben wollen, SELEKTIERTE.

◄ **Abbildung 27.34**
Unter MULTI-PASS legen Sie Kanäle und Lichter fest, die Sie der Datei mitgegeben wollen.

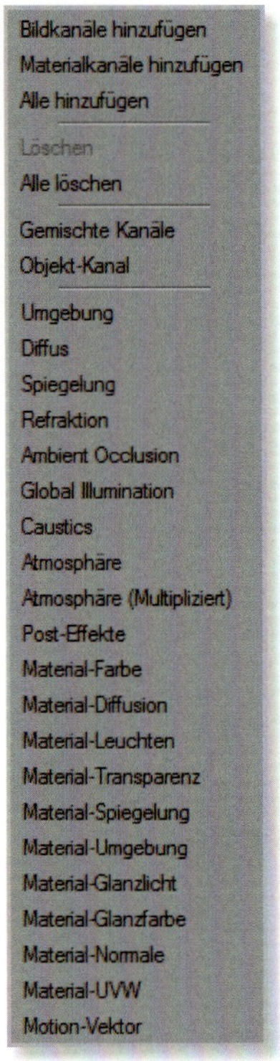

Bildkanäle hinzufügen
Materialkanäle hinzufügen
Alle hinzufügen

Löschen
Alle löschen

Gemischte Kanäle
Objekt-Kanal

Umgebung
Diffus
Spiegelung
Refraktion
Ambient Occlusion
Global Illumination
Caustics
Atmosphäre
Atmosphäre (Multipliziert)
Post-Effekte
Material-Farbe
Material-Diffusion
Material-Leuchten
Material-Transparenz
Material-Spiegelung
Material-Umgebung
Material-Glanzlicht
Material-Glanzfarbe
Material-Normale
Material-UVW
Motion-Vektor

▲ **Abbildung 27.35**
Eine ganze Menge zusätzlicher
Informationen geben Sie der
After-Effects-Projektdatei über
das Hinzufügen der hier abgebil-
deten Kanäle mit.

Unter dem Eintrag Ausgabe wählen Sie die Ausgabeauflösung, das Filmformat, die Dauer und die Bildrate der zu rendernden QuickTime-Dateien. Wenn Sie alle Einstellungen getroffen haben, rendern Sie die Cinema 4D-Datei, indem Sie auf das Render-Symbol in der Symbolleiste von Cinema 4D klicken.

Für jeden gewählten Kanal wird ein separater QuickTime-Film erzeugt. Zusätzlich wird eine **.aec**-Datei angelegt, die auf diese QuickTime-Dateien zugreift.

27.5.2 Cinema 4D-Daten importieren

Um eine Cinema 4D-Szene in After Effects zu verwenden, genügt es, die aus Cinema 4D geschriebene Projektdatei mit der Endung **.aec** in ein After-Effects-Projekt zu importieren.

Cinema-Import-Plugin | Damit das reibungslos funktioniert, müssen Sie zuvor das Cinema-Import-Plugin installieren. Wenn Sie es nicht zur Verfügung haben, laden Sie es sich von der Maxon-Website unter *http://www.maxon.net/de/downloads/updates-co/ updates/plugins.html* herunter. Sie finden für CS3, CS4 und CS5 passende Plug-ins vor. Das Plug-in kopieren Sie anschließend in den Ordner Plug-Ins im After-Effects-Installationsordner. Nach einem Neustart von After Effects sollte der Import der .aec-Datei funktionieren.

Cinema 4D Composition und Special Passes | Nach dem Import enthält das After-Effects-Projektfenster einen Ordner mit dem Namen der Cinema 4D-Datei und den Ordner Special Passes sowie Lichtkompositionen. Im Ordner Special Passes sind Zusatzinformationen gespeichert, die für die Darstellung der 3D-Szene weniger, aber für weiter gehende Anwendungen wie die Erstellung von Objektmatten sehr interessant sind.

Der Ordner CINEMA 4D COMPOSITION enthält die finale Komposition. Wenn Sie diese per Doppelklick öffnen, wird die korrekt wiedergegebene Cinema-Szene angezeigt. In dieser Komposition sind After-Effects-Lichtquellen und eine Kamera enthalten, die so eingestellt sind wie die Lichtquellen und die Kamera in Cinema 4D. Allerdings verfügen die After-Effects-Lichtquellen über weniger Einstellmöglichkeiten.

Auf der DVD zum Buch finden Sie im Ordner 27_INTEGRATION _3D/CINEMA4D die Datei »cinema4dszene.aec«. Importieren Sie diese Datei zum Testen ruhig einmal in ein After-Effects-Projekt. Oder öffnen Sie das After-Effects-Projekt »cinema.aep«. Dort wurde die ».aec«-Datei bereits importiert.

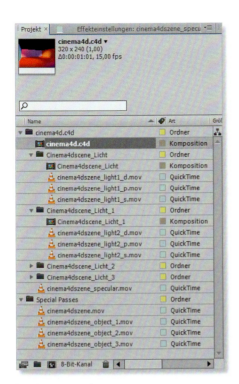

◀ **Abbildung 27.36**
Nach dem Import der ».aec«-
Datei werden eine Gesamtkom-
position, hier die Komposition
CINEMA4D.C4D, und mehrere
Lichtkompositionen angelegt.
Jede Komposition enthält die
von Cinema 4D erzeugten
QuickTime-Filme.

Lichtkompositionen | Um auf die Lichtstimmung der Cinema-
Szene auch im Nachhinein in After Effects Einfluss zu haben,
werden Extra-Lichtkompositionen angelegt. Sie können auf das
Augen-Symbol der Lichtkompositionen klicken, um die Lichter für
die Cinema-Szene ein- und auszublenden. Aus Cinema 4D separat
ausgegebene Lichter werden in Extrakompositionen gespeichert.
Eine solche Lichtkomposition enthält mehrere Ebenen, die über
die Ebenenmodi so miteinander kombiniert sind, dass die Lichtver-
hältnisse der Cinema-Szene unverfälscht wiedergegeben werden.
Die Wirkung der einzelnen Ebenen testen Sie am besten durch das
Ein- und Ausblenden der Ebenen.

▼ **Abbildung 27.37**
Die Cinema 4D-Komposition enthält alle Lichtquellen des Cinema
4D-Projekts und zusätzliche entsprechende After-Effects-Lichtquellen, um After-Effects-3D-Ebe-
nen zu beleuchten. Eine After-
Effects-Kamera enthält die
korrekten Einstellungen der
Cinema 4D-Kamera.

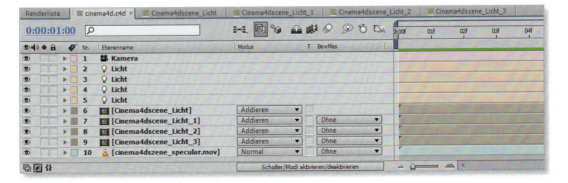

QuickTime | Sie sehen, dass eine Cinema-Szene in After Effects mit mehreren QuickTime-Filmen realisiert wird, die über entsprechende Ebenenmodi miteinander interagieren. Für die Darstellung von Schatten wird dabei der Modus MULTIPLIZIEREN verwendet, für Lichter der Modus ADDIEREN.

Abbildung 27.38 ►
Schatten werden im Modus MULTIPLIZIEREN und Lichter im Modus ADDIEREN übernommen.

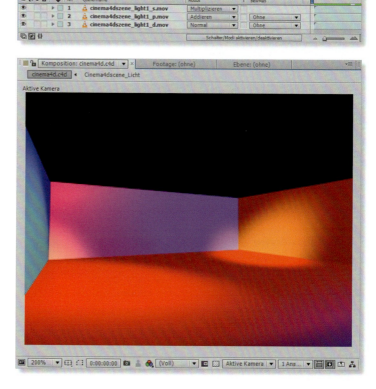

Abbildung 27.39 ►
Die Cinema 4D-Szene wurde korrekt in After Effects übernommen.

3D-Ebenen | Wenn Sie 3D-Ebenen, die Sie in After Effects erstellen, in die Cinema-Szene einbauen wollen, sollten Sie Positionswerte von Objekten aus der Cinema-Szene notiert haben, in deren Nähe Sie die 3D-Ebenen positionieren wollen. Wenn Sie z. B. eine in After Effects verwendete Grafik auf eine in Cinema 4D erstellte Fläche platzieren wollen, sollten Sie die Positionsdaten der Fläche kennen. Die Daten tragen Sie dann manuell in die Positionsdaten der Grafik ein (für die Sie zuvor die 3D-Ebenen-Option aktiviert haben).

Da die y-Achse aus der Cinema-Szene in After Effects allerdings vertauscht ist, sind negative Werte in After Effects durch das Entfernen des Minuszeichens in positive Werte zu verwandeln und positive Werte durch ein Minuszeichen in negative

Werte. Abgesehen von diesem kleinen Haken werden Sie mit Cinema 4D die am weitesten reichende Integration erleben.

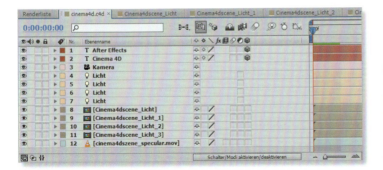

◄ **Abbildung 27.40**
Der Komposition wurden zwei After-Effects-3D-Ebenen hinzugefügt, die durch die von Cinema 4D automatisch erstellten Lichter und die Kamera beeinflusst werden, als wären sie in Cinema 4D erstellt worden.

◄ **Abbildung 27.41**
Hier wurden der Cinema 4D-Szene zwei After-Effects-3D-Ebenen hinzugefügt, die sich nahtlos in den Cinema 4D-Raum integrieren lassen.

27.5.3 After-Effects-Kompositionsdaten für Cinema 4D exportieren

Um After-Effects-Kompositionsdaten für Cinema 4D auszugeben, müssen Sie zunächst wie beim Import der Cinema-Daten in After Effects ins Internet.

Laden Sie sich dort das Export-Skript von Paul Tuersley herunter:

Suchen Sie unter *http://www.aenhancers.com/viewtopic. php?t=653* die Datei »pt_AEtoC4D_v1.4.zip«. Nach dem Entpacken kopieren Sie die Datei »pt_AEtoC4D.jsx« in den Ordner AFTER EFFECTS\SUPPORT FILES\SCRIPTS und die Datei »pt_AEtoC4D.CSC« in den Ordner CINEMA 4D\LIBRARY SCRIPTS.

Kompositionsdaten exportieren | Um Daten Ihrer Kompositionen zu exportieren, setzen Sie zunächst in After Effects unter BEARBEITEN • VOREINSTELLUNGEN • ALLGEMEIN ein Häkchen bei SKRIPTE KÖNNEN DATEIEN SCHREIBEN UND HABEN NETZWERKZUGANG. Markieren Sie dann die Ebenen und Kameras in Ihrer Komposition, und wählen Sie anschließend DATEI • SKRIPTEN • PTAEтоC4D.JSX. Daraufhin wird eine Textdatei generiert, die Sie in Cinema 4D über PLUGINS • USER SCRIPTS • PTAEтоC4D laden können.

Unterstützte Funktionen | Übergeben werden die Kameraposition und -rotation, Nullobjekte mit der Position und Rotation anderer Ebenen, die Kompositionsframerate, -dauer und der Startframe.

Nicht unterstützte Funktionen | Nicht erkannt wird die Option EBENE • TRANSFORMIEREN • AUTOMATISCHE AUSRICHTUNG. Schalten Sie diese auf AUS. Die Kamera darf nicht mit der Eigenschaft AUSRICHTUNG animiert sein, sondern nur mit den Eigenschaften für X, Y und Z. Auch die Kameraeigenschaft ZOOM wird nicht unterstützt. Ebenen, die per Parenting verknüpft sind, werden nicht exportiert.

Die DVD zum Buch

Für die Buch-DVD haben der Autor und der Verlag für Sie einige Schmankerl zusammengestellt. Sie finden 30-Tage-Testversionen von After Effects CS5 und Photoshop Extended CS5 für Mac und Windows, alle Workshop-Dateien des Buchs und Video-Lektionen, in denen Sie After Effects einmal »live« in Aktion erleben können.

Beispielmaterial

Auf der DVD finden Sie nach Kapiteln geordnet die Workshop-Dateien des Buchs.

In jedem Ordner liegt zumeist der fertige Film des Projekts, die zum Nachbau nötigen einzelnen Dateien und eine Projektdatei (aep). Als besonderen Service haben wir Ihnen die Projektdateien sowohl für Version CS5 als auch für die Versionen CS4 und CS3 von After Effects bereitgelegt, so dass Sie die Workshops auch mit älteren Versionen von After Effects nachvollziehen können.

Die auf der DVD mitgelieferten Filmdateien der fertigen Projekte schauen Sie sich am besten mit dem QuickTime-Player an, bevor Sie das Projekt beginnen. Unter Windows ist der Player nicht vorinstalliert. Sie können den aktuellen Player kostenlos von der Apple-Website downloaden. Hier der Link dazu: *www. apple.com/quicktime/download*.

Beachten Sie: Die Daten auf der DVD sind ausschließlich für Sie zum Üben vorgesehen! Sie dürfen nicht in kommerziellen Projekten verwendet und nicht weitergegeben werden.

Testversionen

Adobe Systems stellt seinen Kunden eine kostenlose 30-Tage-Voll-version zu After Effects CS5 zur Verfügung, die wir freundlicher-weise an Sie weitergeben dürfen. Es handelt sich um eine deutsch-sprachige Version für Macintosh und Windows. Außerdem finden Sie in dem Verzeichnis auch eine 30-Tage-Testversion von Adobe Photoshop CS5 Extended, ebenfalls für Windows und Mac.

Kopieren Sie am besten die Installationsdatei zunächst auf Ihre Festplatte, bevor Sie die Installation starten. Sollten Sie bereits einmal eine Demoversion von Adobe After Effects oder Photoshop auf Ihrem Rechner installiert haben, ist eine erneute Installation nicht möglich.

Video-Lektionen

In diesem Ordner finden Sie ein attraktives Special: Als Ergänzung zum Buch möchten wir Ihnen relevante Lehrfilme zur Verfügung stellen. So haben Sie die Möglichkeit, dieses neue Lernmedium kennenzulernen und gleichzeitig Ihr Wissen um After Effects CS5 zu vertiefen. Sie schauen einem Trainer bei der Arbeit zu und ler-nen intuitiv, wie man die Funktionen anwendet.

Um das Video-Training zu starten, klicken Sie als Windows-Benutzer die Datei »Start.exe« auf der obersten Ebene doppelt an (als Mac-Anwender die Datei »Start.app«). Alle anderen Dateien können Sie ignorieren.

Die Video-Lektionen wurden dem Video-Training von Markus Bledowsi »Adobe After Effects CS5« (ISBN 978-3-8362-1576-3) entnommen. Sie finden folgende Filme:

Kapitel 1: Animationen erstellen
1.1 Animieren mit Keyframes (09:35 Min.)
1.2 Parenting: Arbeiten mit mehreren Ebenen (13:15 Min.)
1.3 Verflüssigen & Marionetten-Werkzeug (10:34 Min.)

Kapitel 2: Effekte
2.1 Textureffekte erzeugen (08:17 Min.)
2.2 Zeitlupe und Zeitverkrümmung (12:37 Min.)

Kapitel 3: 3D mit After Effects
3.1 Im 3D-Raum navigieren (10:41 Min.)
3.2 Das richtige Licht setzen (06:58 Min.)
3.3 3D-Effekte mit FreeForm (08:43 Min.)

Index

Ansprechende Filme schneiden –
Schritt für Schritt

Fachwissen und Hintergründe
praxisnah erklärt

Mit komplettem Übungsfilm auf DVD

Robert Klaßen

Adobe Premiere Pro CS5

Schritt für Schritt zum perfekten Film

Dieses motivierende Praxisbuch zeigt Ihnen, wie Sie Filmmaterial
von der Kamera auf Ihren PC überspielen, schneiden, mit Effekten
versehen und ausgeben. Ausführlich wird dabei auch Encore DVD
und der Umgang mit HD-Material erläutert. Der Autor führt Sie
durch die täglichen Aufgabenstellungen und vermittelt kreative
Techniken z.B. rund um Retusche, Farbkorrektur, Audio und
Maskierung.

565 S., 2010, mit DVD, 39,90 Euro, 59,90 CHF
ISBN 978-3-8362-1585-5

>> www.galileodesign.de/2354

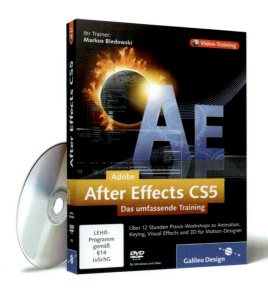

 Video-Training

Ideal für Einsteiger und
Fortgeschrittene

Inkl. Mocha, Expressions und Pixel
Bender

Mit Making-Of von professionellen
Projekten

Markus Bledowski

Adobe After Effects CS5

Das umfassende Training

Mit diesem Video-Training bekommen Sie After Effects CS5
in den Griff. Markus Bledowski, Animationsexperte und
Motion Graphics Designer, zeigt Ihnen anschaulich, wie Sie
die Werkzeuge von After Effects CS5 bedienen und spannende
Effekte und eindrucksvolle Animationen erstellen. Mit zahlreichen professionellen Beispielprojekten zum Mitmachen.

DVD, Windows und Mac, 100 Lektionen, 12 Stunden Spielzeit, 49,90 Euro, 74,90 CHF
ISBN 978-3-8362-1576-3

>> www.galileodesign.de/2348

Der Name Galileo Press geht auf den italienischen Mathematiker und Philosophen Galileo Galilei (1564–1642) zurück. Er gilt als Gründungsfigur der neuzeitlichen Wissenschaft und wurde berühmt als Verfechter des modernen, heliozentrischen Weltbilds. Legendär ist sein Ausspruch *Eppur se muove* (Und sie bewegt sich doch). Das Emblem von Galileo Press ist der Jupiter, umkreist von den vier Galileischen Monden. Galilei entdeckte die nach ihm benannten Monde 1610.

Lektorat Katharina Geißler, Anne Scheibe
Korrektorat Petra Biedermann, Reken
Herstellung Steffi Ehrentraut
Einbandgestaltung Klasse 3b, Hamburg
Coverfoto Getty Images, Bildnr. dv647028, Fotograf: R M Steele
Satz SatzPro, Krefeld
Druck Himmer AG, Augsburg

Dieses Buch wurde gesetzt aus der Linotype Syntax (9 pt/13 pt) in Adobe InDesign CS4. Gedruckt wurde es auf mattgestrichenem Bilderdruckpapier (115 g/m^2).

Gerne stehen wir Ihnen mit Rat und Tat zur Seite:
katharina.geissler@galileo-press.de
bei Fragen und Anmerkungen zum Inhalt des Buches

service@galileo-press.de
für versandkostenfreie Bestellungen und Reklamationen

julia.bruch@galileo-press.de
für Rezensions- und Schulungsexemplare

Bibliografische Information der Deutschen Nationalbibliothek
Die Deutsche Nationalbibliothek verzeichnet diese Publikation in der Deutschen Nationalbibliografie; detaillierte bibliografische Daten sind im Internet über *http://dnb.d-nb.de* abrufbar.

ISBN 978-3-8362-1593-0

© Galileo Press, Bonn 2010
1. Auflage 2010

In unserem Webshop finden Sie unser aktuelles
Programm mit ausführlichen Informationen,
umfassenden Leseproben, kostenlosen Video-Lektionen –
und dazu die Möglichkeit der Volltextsuche in allen Büchern.

www.galileodesign.de

Know-how für Kreative.